Keller

Insolvenzrecht

Insolvenzrecht

von

Ulrich Keller

Professor an der
Fachhochschule für Verwaltung
und Rechtspflege Berlin

Verlag Franz Vahlen München 2006

Verlag Franz Vahlen im Internet:
Vahlen.de

ISBN 3 8006 3288 8

Wilhelmstraße 9, 80801 München

Satz und Druck: Druckerei C. H. Beck, Nördlingen
(Adresse wie Verlag)

Gedruckt auf säurefreiem, alterungsbeständigem Papier
(hergestellt aus chlorfrei gebleichtem Zellstoff)

Vorwort

Das Insolvenzrecht erscheint gemeinhin als besonders schwieriges Rechtsgebiet, da es sehr viele – um nicht zu sagen fast alle – sonstigen Rechtsgebiete beeinflusst, erfasst und überlagert. Mit seinen Spielarten beispielsweise des Gesellschaftsrechts, des Sachenrechts, des allgemeinen Schuldrechts, des Arbeitsrechts oder des Steuerrechts erscheint es wie das Glasperlenspiel in *Hermann Hesses* gleichnamigem Roman, bei welchem alle wissenschaftlichen Erkenntnisse in das jährlich stattfindende Spiel eingewoben werden.

Das vorliegende Buch bringt entsprechend der Zielsetzung der Reihe, in welcher es erscheint, einen Überblick sowohl des materiellen Insolvenzrechts als auch des Verfahrensrechts. Dem Benutzer wird die Systematik insolvenzrechtlicher Regelungen in fünfzehn Kapiteln umfassend vermittelt. Breiten Raum muss dabei die Darstellung der jeweiligen Rechtsstellung, der Aufgaben und der Befugnisse eines jeden Beteiligten des Insolvenzverfahrens im zweiten Kapitel einnehmen. Es ist gleichsam unerlässlich, vor Beginn der Tragödie die handelnden Personen darzustellen und ihre jeweilige Rolle zu erläutern. Das dritte und das vierte Kapitel behandeln den Ablauf eines Insolvenzverfahrens, beginnend vom Insolvenzantrag bis zur Verfahrensbeendigung. Auch die Kapitel zu den besonderen Insolvenzverfahren, dem Insolvenzplanverfahren und der Eigenverwaltung sowie die Kapitel zur Restschuldbefreiung und zur Verbraucherinsolvenz beschäftigen sich mit verfahrensrechtlichen Regelungen. Das eigentliche materielle Insolvenzrecht, das in der Rechtspraxis wesentlich den Insolvenzverwalter, Vertragspartner des Schuldners, Arbeitnehmer und die Insolvenzgläubiger betrifft, ist im dritten Teil mit den Kapiteln 5 bis 11 erläutert. Es werden dabei Bezüge des Insolvenzrechts insbesondere zum Immobiliarsachenrecht, zum allgemeinen Schuldrecht oder zum Zwangsvollstreckungsrecht hergestellt.

Die Aufgabe, das gesamte Insolvenzrecht einführend darzustellen, darf aber nicht einzelne besonders heikle oder streitige Rechtsfragen unangesprochen oder unbeantwortet lassen. Auf solche Fragen und Probleme wird in dem Buch zwar nicht mit dem Anspruch auf höchste wissenschaftliche Vollständigkeit, wohl aber mit dem notwendigen Bezug zur Rechtspraxis, die aus eigener gerichtlicher Tätigkeit bestens bekannt ist, eingegangen. Die Darstellung des materiellen Insolvenzrechts, vor allem aber die des sonst gerne vernachlässigten Verfahrensrechts, wendet stets ihren Blick auf die Bewältigung insolvenzrechtlicher Probleme in der Praxis der Insolvenzabwicklung.

Das Buch beinhaltet mehr als 130 Beispielsfälle. Die Sachverhalte der Beispielsfälle orientieren sich wesentlich an der Rechtsprechung des Bundesgerichtshofs. Gerade die in die Sammlung der Entscheidungen des Bundesgerichtshofs in Zivilsachen *(BGHZ)* aufgenommene Rechtsprechung zum Konkursrecht und zum Insolvenzrecht ist umfangreich berücksichtigt. Das gilt insbesondere für das Anfechtungsrecht und für die Abwicklung gegenseitiger Verträge; in beiden Teilgebieten hat der Bundesgerichtshof durch seine Rechtsprechung das Insolvenzrecht nachhaltig geprägt und beeinflusst.

Die Zitierung älterer Literatur und insbesondere der Rekurs auf ältere konkursrechtliche Kommentare darf nicht als bloße Attitüde verstanden werden. Es wird damit gezeigt, dass sehr viele insolvenzrechtliche Fragestellungen seit jeher die Juristen beschäftigen, und dass nicht erst nach Einführung der Insolvenzordnung vielerlei Probleme bewältigt wurden. Die Insolvenzordnung steht mit ihren Regelungen nicht singulär und ohne Vorläufer da; auch sie ist nichts anderes als eine Spielart des seit gut zweitausend Jahren geltenden Rechts der Vermögensexekution und Gesamtvollstreckung.

Es ist angemessen, gerade aus Anlass einer ersten Auflage all jenen zu danken, die am Gelingen des Werkes beteiligt waren. Der Dank gilt hier den Kolleginnen und Kollegen aus der eigenen Zeit der praktischen Tätigkeit im Insolvenzbereich; der stete Diskurs mit ihnen ist auch heute noch ein Gewinn. Gedankt sei auch den Studenten der Fachhochschule der Sächsischen Verwaltung in Meißen und der Fachhochschule für Verwaltung und Rechtspflege Berlin, die als Versuchsobjekte zahlreicher Beispielsfälle und Klausuren dienen mussten. Dank sei gesagt dem Verlag für seine Geduld mit dem Autor. Vor allem aber danke ich meinen Eltern, ihnen widme ich dieses Buch.

Berlin, im Februar 2006 Ulrich Keller

Inhaltsverzeichnis

1. Teil. Grundsätze des Insolvenzrechts

1. Kapitel. Die Stellung des Insolvenzrechts im Wirtschafts- und Rechtsleben

2. Kapitel. Die Beteiligten des Insolvenzverfahrens

2. Teil. Der Ablauf des Regelinsolvenzverfahrens

3. Kapitel. Das Insolvenzeröffnungsverfahren

3. Teil. Das so genannte materielle Insolvenzrecht

5. Kapitel. Die vermögensrechtlichen Wirkungen der Insolvenzeröffnung

6. Kapitel. Die Leistungserfüllung nach Insolvenzeröffnung

7. Kapitel. Die Wirkungen der Insolvenzeröffnung auf anhängige Prozesse

8. Kapitel. Das Verbot der Einzelzwangsvollstreckung

9. Kapitel. Die Zulässigkeit der Aufrechnung nach Insolvenzeröffnung

11. Kapitel. Die Insolvenzanfechtung

4. Teil. Die besonderen Verfahrensarten

12. Kapitel. Das Insolvenzplanverfahren

13. Kapitel. Das Verfahren der Eigenverwaltung

14. Kapitel. Das Restschuldbefreiungsverfahren

15. Kapitel. Das Verbraucherinsolvenzverfahren

Abkürzungsverzeichnis

Abs.	Absatz
Abschn.	Abschnitt
a. E.	am Ende
AG	Amtsgericht
AG	Die Aktiengesellschaft (Jahr, Seite)
AktG	Aktiengesetz
AnfG	Anfechtungsgesetz
Anl.	Anlage
Anm.	Anmerkung
AO	Abgabenordnung
ArbG	Arbeitsgericht
ArbPlSchG	Arbeitsplatzschutzgesetz
BAG	Bundesarbeitsgericht
BauGB	Baugesetzbuch
BayGZVJu	Verordnung des Bayerischen Staatsministeriums der Justiz über gerichtliche Zuständigkeiten im Bereich des Staatsministeriums der Justiz
BayObLG	Bayerisches Oberstes Landesgericht
BB	Der Betriebs-Berater (Jahr, Seite)
BBodSchG	Bundesboden-Schutzgesetz
BerHG	Gesetz über Rechtsberatung und Vertretung für Bürger mit geringem Einkommen
BetrVG	Betriebsverfassungsgesetz
BeurkG	Beurkundungsgesetz
BFH	Bundesfinanzhof
BFHE	Entscheidungssammlung des Bundesfinanzhofs (Band, Seite)
BGB	Bürgerliches Gesetzbuch
BGBl.	Bundesgesetzblatt
BGHSt	Entscheidungen des Bundesgerichtshofs in Strafsachen (Band, Seite)
BGHZ	Entscheidungen des Bundesgerichtshofs in Zivilsachen (Band, Seite)
BImSchG	Bundesimmissionsschutzgesetz
BKR	Zeitschrift für Bank- und Kapitalmarktrecht (Jahr, Seite)
BNotO	Bundesnotarordnung
BRAGO	Bundesrechtsanwaltsgebührenordnung
BRAO	Bundesrechtsanwaltsordnung
BSG	Bundessozialgericht
BStBl.	Bundessteuerblatt
BT-Drucks	Bundestags-Drucksache (Legislaturperiode, laufende Nummer)
BUrlG	Bundesurlaubsgesetz
BVerfGE	Entscheidungssammlung des Bundesverfassungsgerichts (Band, Seite)
BVerwG	Bundesverwaltungsgericht

BZRG .... Bundeszentralregistergesetz
ca. .... circa

D .... Digesta Iustiniani Augusti (Buch, Titel)
DB .... Der Betrieb (Jahr, Seite)
DepotG .... Depotgesetz
ders. .... derselbe
DGVZ .... Deutsche Gerichtsvollzieherzeitung (Jahr, Seite)
dies. .... dieselbe/n
DStR .... Deutsches Steuerrecht (Jahr, Seite)
DtZ .... Deutsch-Deutsche Rechtszeitschrift (Jahr, Seite)
DZWIR .... Deutsche Zeitschrift für Wirtschafts- und Insolvenzrecht (Jahr, Seite)

e. V. .... eingetragener Verein
EGInsO .... Einführungsgesetz zur Insolvenzordnung
Einf. .... Einführung
Einl. .... Einleitung
EnWG .... Energiewirtschaftsgesetz
ErbbauVO .... Erbbaurechtsverordnung
EuInsVO .... Verordnung des Rates der Europäischen Union über Insolvenzverfahren
EuIÜ .... Europäisches Übereinkommen über Insolvenzverfahren
EUR .... Euro
EWIV .... Europäische Wirtschaftliche Interessenvereinigung
EWIVG .... EWIV-Ausführungsgesetz

FGG .... Gesetz über die Angelegenheiten der freiwilligen Gerichtsbarkeit
FGPrax .... Praxis der freiwilligen Gerichtsbarkeit (Jahr, Seite)

GBl. .... Gesetz- und Verordnungsblatt
GBO .... Grundbuchordnung
GenG .... Genossenschaftsgesetz
GesO .... Gesamtvollstreckungsordnung
GG .... Grundgesetz für die Bundesrepublik Deutschland
GKG .... Gerichtskostengesetz
GmbH .... Gesellschaft mit beschränkter Haftung
GmbHG .... Gesetz betreffend die Gesellschaft mit beschränkter Haftung
GmbHR .... GmbH-Rundschau (Jahr, Seite)
GrdEStG .... Grunderwerbsteuergesetz
GrdStG .... Grundsteuergesetz
GrdstVG .... Grundstücksverkehrsgesetz
GuG .... Grundsücksmarkt und Grundstückswert (Jahr, Seite)
GVBl. .... Gesetz- und Verordnungsblatt
GVG .... Gerichtsverfassungsgesetz
GVGA .... Geschäftsanweisung für Gerichtsvollzieher
GVO .... Grundstücksverkehrsordnung

HGB .... Handelsgesetzbuch

i. Bay. .... in Bayern
IDW .... Institut der Deutschen Wirtschaftsprüfer e. V.

INDat-Report	INDat-Report – Verwalter – Verfahren – Gerichte (Heft/Jahr)
InsNetV	Verordnung zur öffentlichen Bekanntmachung in Insolvenzverfahren im Internet
InsO	Insolvenzordnung
InsOÄndG	Gesetz zur Änderung der Insolvenzordnung und anderer Gesetze
InsVV	Insolvenzrechtliche Vergütungsverordnung
InVo	Insolvenz und Vollstreckung (Jahr, Seite)
JR	Juristische Rundschau (Jahr, Seite)
JurBüro	Das Juristische Büro (Jahr, Seite)
JVEG	Justizvergütungs- und -entschädigungsgesetz
JW	Juristische Wochenschrift (Jahr, Seite)
KG	Kammergericht
KO	Konkursordnung
KostVfg	Kostenverfügung
KrW/-AbfG	Kreislaufwirtschafts- und Abfallgesetz
KTS	Zeitschrift für Insolvenzrecht Konkurs – Treuhand – Sanierung (Jahr, Seite)
KV GKG	Kostenverzeichnis zum Gerichtskostengesetz
KWG	Gesetz über das Kreditwesen
LAG	Landesarbeitsgericht
LG	Landgericht
lit.	Buchstabe
Luk	Evangelium nach Lukas
m. abl. Anm.	mit ablehnender Anmerkung
m. Anm.	mit Anmerkung
MDR	Monatsschrift für Deutsches Recht (Jahr, Seite)
MittBayNot	Mitteilungen des Bayerischen Notarvereins (Jahr, Seite)
MittRhNotK	Mitteilungen der Rheinischen Notarkammer (Jahr, Seite)
Mt	Evanglium nach Matthäus
MuSchG	Mutterschutzgesetz
mwN	mit weiteren Nachweisen
NJW	Neue Juristische Wochenschrift (Jahr, Seite)
NJW-RR	Neue Juristische Wochenschrift – Rechtsprechungs-Report (Jahr, Seite)
NotBZ	Zeitschrift für die notarielle Beratungspraxis (Jahr, Seite)
Nr.	Nummer
NStZ	Neue Zeitschrift für Strafrecht (Jahr, Seite)
NZA	Neue Zeitschrift für Arbeitsrecht (Jahr, Seite)
NZA-RR	NZA-Rechtsprechungsreport-Arbeit (Jahr, Seite)
NZG	Neue Zeitschrift für Gesellschaftsrecht (Jahr, Seite)
NZI	Neue Zeitschrift für das Recht der Insolvenz und Sanierung (Jahr, Seite)
OLG	Oberlandesgericht
OVG	Oberverwaltungsgericht

PartGG	Partnerschaftsgesellschaftsgesetz
PatAnwO	Patentanwaltsordnung
RabelsZ	Rabels-Zeitschrift (Band [Jahr], Seite)
Rdn.	Randnote
RGBl.	Reichsgesetzblatt
RGZ	Entscheidungen des Reichsgerichts in Zivilsachen (Band, Seite)
Rpfleger	Der Deutsche Rechtspfleger (Jahr, Seite)
RPflG	Rechtspflegergesetz
RpflStud	Rechtspfleger-Studienhefte (Jahr, Seite)
RVG	Rechtsanwaltsvergütungsgesetz
S.	Satz/Seite
SachenRBerG	Sachenrechtsbereinigungsgesetz
SächsAGZPO	Sächsisches Ausführungsgesetz zur Zivilprozessordnung
SächsJuZustVO	Verordnung des Sächsischen Staatsministeriums der Justiz über gerichtliche Zuständigkeiten und Zuständigkeiten in Justizverwaltungssachen
SchG	Scheckgesetz
Senatsurt.	Senatsurteil
SGB I	Sozialgesetzbuch Erstes Buch – Allgemeiner Teil
SGB III	Sozialgesetzbuch Drittes Buch – Arbeitsförderungsrecht
SGB VI	Sozialgesetzbuch Sechstes Buch – Gesetzliche Rentenversicherung
Sp.	Spalte
StBerG	Steuerberatergesetz
StPO	Strafprozessordnung
Überbl.	Überblick
UPR	Umwelt- und Planungsrecht (Jahr, Seite)
UrhG	Urheberrechtsgesetz
VAG	Versicherungsaufsichtsgesetz
VerglO	Vergleichsordnung
VerlG	Verlagsgesetz
VGH	Verwaltungsgerichtshof
VIZ	Zeitschrift für Vermögens- und Immobilienrecht (Jahr, Seite)
VOB	Verdingungsordnung für Bauleistungen
VuR	Verbraucher und Recht (Jahr, Seite)
VVG	Versicherungsvertragsgesetz
WEG	Wohnungseigentumsgesetz
WIB	Wirtschaftsrechtliche Beratung (Jahr, Seite)
WirtschaftsPrO	Wirtschaftsprüferordnung
WM	Wertpapiert-Mitteilungen (Jahr, Seite)
WoGG	Wohngeldgesetz
WRV	Weimarer Reichsverfassung
z. B.	zum Beispiel
ZEuP	Zeitschrift für Europäisches Privatrecht (Jahr, Seite)
ZEV	Zeitschrift für Erbrecht und Vermögensnachfolge (Jahr, Seite)

ZfIR	Zeitschrift für Immobilienrecht (Jahr, Seite)
ZInsO	Zeitschrift für das gesamte Insolvenzrecht (Jahr, Seite)
ZIP	Zeitschrift für Wirtschaftsrecht (Jahr, Seite)
ZMR	Zeitschrift für Mietrecht und Raumrecht (Jahr, Seite)
ZPO	Zivilprozessordnung
ZRP	Zeitschrift für Rechtspolitik (Jahr, Seite)
ZSEG	Gesetz über die Entschädigung von Zeugen und Sachverständigen
ZVG	Zwangsversteigerungsgesetz
ZVI	Zeitschrift für Verbraucher- und Privat-Insolvenzrecht (Jahr, Seite)
ZwVwV	Zwangsverwalterverordnung
ZZP	Zeitschrift für Zivilprozess (Jahr, Seite)

Literaturverzeichnis

Ampferl — Der „starke“ vorläufige Insolvenzverwalter in der Unternehmensinsolvenz, Köln 2002
zitiert: *Ampferl*

Apathy/Klingenberg/Stiegler — Einführung in das römische Recht, 2. Auflage Wien 1998
zitiert: *Apathy/Klingenberg/Stiegler*

Arbeitskreis für Insolvenz und Schiedsgerichtswesen e. V. (Hrsg.) — Kölner Schrift zur Insolvenzordnung, 2. Aufl. Herne/Berlin 2000
zitiert: *Bearbeiter* in: KS

Arbeitskreis für Insolvenz und Schiedsgerichtswesen e. V. (Hrsg.) — Aktuelle Probleme des neuen Insolvenzrechts – 50 Jahre Kölner Arbeitskreis Jubiläumskongress 1999, Köln 2000
zitiert: *Bearbeiter* in: Aktuelle Probleme

Arnold/Meyer-Stolte/Hermann/Hansens/Rellermeyer — Rechtspflegergesetz, 6. Auflage Bielefeld 2002
zitiert: *Bearbeiter* in: *Arnold/Meyer-Stolte*, RPflG

Bauer/v. Oefele — Grundbuchordnung, München 1999
zitiert: *Bearbeiter* in: *Bauer/v. Oefele*, GBO

Baumbach/Hopt — Handelsgesetzbuch, 31. Auflage München 2003
zitiert: *Baumbach/Hopt*, HGB

Baumbach/Hueck — GmbH-Gesetz, 17. Auflage München 2000
zitiert: *Bearbeiter* in: *Baumbach/Hueck*, GmbHG

Baur/Stürner — Zwangsvollstreckungs-, Konkurs- und Vergleichsrecht Band I – Einzelvollstreckungsrecht, 12. Auflage Heidelberg 1995
zitiert: *Baur/Stürner*, EinzelvollstreckungsR

Baur/Stürner — Zwangsvollstreckungs-, Konkurs- und Vergleichsrecht Band II – Insolvenzrecht, 12. Auflage Heidelberg 1990
zitiert: *Baur/Stürner*, InsolvenzR

Baur/Stürner — Sachenrecht, 17. Auflage München 1999
zitiert: *Baur/Stürner*, SachenR

Beck/Depré (Hrsg.) — Praxis der Insolvenz, München 2003
zitiert: *Bearbeiter* in: *Beck/Depré*

Berger/Bähr/Naumann/Winderlich/Ferber/Melchior/Sturm (Hrsg.) — Dritter Leipziger Insolvenzrechtstag – Beiträge aus Wissenschaft und Praxis zu Problemen des Insolvenzrechts, Berlin 2002
zitiert: *Bearbeiter* in: Dritter Leipziger Insolvenzrechtstag

Bökelmann/Henckel Jahr (Hrsg.)	Festschrift für Friedrich Weber, Berlin 1975 zitiert: *Bearbeiter* in: FS Weber
Bork	Einführung in das Insolvenzrecht, 4. Auflage Tübingen 2005 zitiert: *Bork*, Einführung
Bork	Zahlungsverkehr in der Insolvenz, Köln 2002 zitiert: *Bork*, Zahlungsverkehr
Bork/Koschmieder (Hrsg.)	Fachanwaltshandbuch Insolvenzrecht, Köln 2004 ff.; Stand 5/2004 zitiert: Bearbeiter in: *Bork/Koschmieder*
Böttcher	Zwangsversteigerungsgesetz, 4. Auflage München 2005 zitiert: *Böttcher*, ZVG
Braun	Insolvenzordnung, 2. Auflage München 2004 zitiert: *Bearbeiter* in: *Braun*, InsO
Braun/Uhlenbruck	Unternehmensinsolvenz, Düsseldorf 1997 zitiert: *Braun/Uhlenbruck*
Breutigam/Blersch/ Goetsch	Insolvenzordnung, Freiburg/Berlin 1998 ff.; Stand 7/2003 zitiert: *Breutigam/Blersch/Goetsch*, InsO
Brox/Walker	Zwangsvollstreckungsrecht, 7. Auflage Köln 2003 zitiert: *Brox/Walker*
Bub/Treier (Hrsg.)	Handbuch der Geschäfts- und Wohnraummiete, 3. Auflage München 1999 zitiert: *Bearbeiter* in: *Bub/Treier*
Busch/Erler/Lobe/ Michaelis/Degg/Sayn/ Schliewen/Seyffarth	Das Bürgerliche Gesetzbuch unter besonderer Berücksichtigung der Rechtsprechung des Reichsgerichts, 7. Auflage Berlin 1929 zitiert: *Bearbeiter* in: RGRK-BGB
Canaris/Heldrich/Hopt/ Roxin/K. Schmidt/ Widmaier (Hrsg.)	Fünfzig Jahre Bundesgerichtshof – Festgabe aus der Wissenschaft, Band III Zivilprozess, Insolvenz, München 2000 zitiert: *Bearbeiter* in: Fünfzig Jahre Bundesgerichtshof
Clemente	Recht der Sicherungsgrundschuld, 3. Auflage Köln 1999 zitiert: *Clemente*
Dassler/Schiffhauer/ Gerhardt/Muth	Zwangsversteigerungsgesetz, 12. Auflage Stuttgart 1991 zitiert: *Dassler/Schiffhauer/Gerhardt/Muth*, ZVG
Demharter	Grundbuchordnung, 25. Auflage München 2005 zitiert: *Demharter*, GBO
Depré/Mayer	Die Praxis der Zwangsverwaltung, 3. Auflage Bonn 2005 zitiert: *Depré/Mayer*
Dernburg	Pandekten, 6. Auflage Berlin 1901 zitiert: *Dernburg*, Pandekten

Döbereiner	Die Restschuldbefreiung nach der Insolvenzordnung, Bielefeld 1997 zitiert: *Döbereiner*
Dulckeit/Schwarz/ Waldstein	Römische Rechtsgeschichte, 9. Auflage München 1995 zitiert: *Dulckeit/Schwarz/Waldstein*
Eickmann	Vergütungsrecht. Sonderband 5 zu *Kübler/Prütting*, Insolvenzordnung, 2. Auflage Köln 2001 zitiert: *Eickmann*, VergütungsR
Eickmann	Grundbuchverfahrensrecht, 3. Auflage Bielefeld 1994 zitiert: *Eickmann*, GrundbuchverfahrensR
Eickmann/Flessner/ Irschlinger/Kirchhof/ Kreft/Landfermann/ Marotzke/Stephan	Heidelberger Kommentar zur Insolvenzordnung, 3. Auflage Heidelberg 2003 zitiert: *Bearbeiter* in: HK-InsO
Emmerich/Sonnen- schein (Hrsg.)	Miete – Handkommentar, 8. Auflage Berlin 2003 zitiert: Bearbeiter in: *Emmerich/Sonnenschein*, Miete
Enneccerus/Kipp/Wolff	Lehrbuch des Bürgerlichen Rechts, III. Band Sachenrecht, bearbeitet von *Wolff/Raiser*, 10. Auflage Tübingen 1957 zitiert: *Wolff/Raiser*
Erman	Bürgerliches Gesetzbuch, 11. Auflage Köln 2004 zitiert Erman/*Bearbeiter*, BGB
Foerste	Insolvenzrecht, 2. Auflage München 2004 zitiert: *Foerste*
Frege/Keller/Riedel	Insolvenzrecht – Handbuch der Rechtspraxis, Band 3, 6. Auflage München 2002 (bis zur 5. Auflage 1990 unter dem Titel *Uhlenbruck/Delhaes*, Konkurs- und Vergleichsverfahren) zitiert: *Frege/Keller/Riedel*
Gerhardt/Diederichsen/ Rimmelspacher/Costede (Hrsg.)	Festschrift für Wolfram Henckel, Berlin 1995 zitiert: *Bearbeiter* in: FS Henckel
Gerhardt/Haarmeyer/ Kreft (Hrsg.)	Insolvenzrecht im Wandel der Zeit – Festschrift für Hans-Peter Kirchhof, Herne 2003 zitiert: *Bearbeiter* in: FS Kirchhof
Gerhardt/Henckel/ Kilger/Kreft (Hrsg.)	Festschrift für Franz Merz, Köln 1992 zitiert: *Bearbeiter* in: FS Merz
Gerhardt/Kreft	Aktuelle Probleme der Insolvenzanfechtung, 9. Auflage Köln 2005 zitiert: *Gerhardt/Kreft*
Gierke, v.	Der Entwurf eines bürgerlichen Gesetzbuchs und das deutsche Recht, Leipzig 1889 zitiert: *v. Gierke*
Göppinger/Wax	Unterhaltsrecht, 8. Auflage Bielefeld 2003 zitiert: *Bearbeiter* in: *Göppinger/Wax*

Gottwald, P. (Hrsg.) Insolvenzrechts-Handbuch, 2. Auflage München 2001
zitiert: *Bearbeiter* in: *Gottwald*

Gottwald, U./Riedel (Hrsg.) Praxishandbuch Insolvenzrecht, Kissing 1998 ff., Stand 12/2005
zitiert: *Bearbeiter* in: *Gottwald/Riedel*

Graf (Hrsg.) Einleitung in die lateinische Philologie, Stuttgart/Leipzig 1997
zitiert: *Bearbeiter* in: *Graf*

Graf-Schlicker/Livonius Restschuldbefreiung und Verbraucherinsolvenz nach der InsO, Köln 1999
zitiert: *Graf-Schlicker/Livonius*

Güthe/Triebel Grundbuchordnung, 6. Auflage Berlin 1937
zitiert: *Güthe/Triebel*, GBO

Haarmeyer/Hirte/Kirchhof/Graf von Westphalen (Hrsg.) Verschuldung – Haftung – Vollstreckung – Insolvenz – Festschrift für Gerhart Kreft, Herne 2004
zitiert: *Bearbeiter* in: FS Kreft

Haarmeyer/Wutzke/Förster Insolvenzrechtliche Vergütungsverordnung, 3. Auflage München 2002
zitiert: *Haarmeyer/Wutzke/Förster*, InsVV

Haarmeyer/Wutzke/Förster Handbuch zur Insolvenzordnung – InsO/EGInsO, 3. Auflage München 2001
zitiert: *Haarmeyer/Wutzke/Förster*

Haarmeyer/Wutzke/Förster Gesamtvollstreckungsordnung, 4. Auflage Köln 1998
zitiert: *Haarmeyer/Wutzke/Förster*, GesO

Haarmeyer/Wutzke/Förster/Hintzen Zwangsverwaltung, 3. Auflage München 2004
zitiert: *Haarmeyer/Wutzke/Förster/Hintzen*, Zwangsverwaltung

Haas/Medicus/Rolland/Schäfer/Wendtland Das neue Schuldrecht, München 2002
zitiert: *Haas/Medicus/Rolland/Schäfer/Wendtland*

Häsemeyer Insolvenzrecht, 3. Auflage Köln 2003
zitiert: *Häsemeyer*

Henckel/Gerhardt (Hrsg.) *Jaeger* – Insolvenzordnung, Berlin 2004 (Band 1 §§ 1–55)
zitiert: *Bearbeiter* in: *Jaeger*, InsO

Henckel/Kreft (Hrsg.) Insolvenzrecht 1998, Köln 1999
zitiert: *Bearbeiter* in: *Henckel/Kreft*

Henze Handbuch zum GmbH-Recht, 2. Auflage Köln 1997
zitiert: *Henze*

Hess Konkursordnung, 6. Auflage Neuwied 1998
zitiert: *Hess*, KO

Hess Insolvenzordnung und Einführungsgesetz zur Insolvenzordnung, Heidelberg 1999
zitiert: *Hess*, InsO

Hess/Binz/Wienberg	Gesamtvollstreckungsordnung, 4. Auflage Neuwied 1998 zitiert: *Hess/Binz/Wienberg*, GesO
Hess/Fechner	Praxis der Unternehmenssanierung, Neuwied 1999 zitiert: *Hess/Fechner*
Hess/Obermüller	Insolvenzplan, Restschuldbefreiung und Verbraucherinsolvenz, 2. Auflage Heidelberg 1999 zitiert: *Hess/Obermüller*
Hess/Weis/Wienberg	Insolvenzordnung und Einführungsgesetz zur Insolvenzordnung, 2. Auflage Heidelberg 2001 zitiert: *Hess/Weis/Wienberg*, InsO
Jaeckel/Güthe	Zwangsversteigerungsgesetz, 6. Auflage Berlin 1929, bearbeitet von *E. Volkmar* und *E. Armstroff* zitiert: *Jaeckel/Güthe*, ZVG
Jaeger	Konkursordnung, 6. und 7. Auflage Berlin 1931 zitiert: *Jaeger*, KO
Jaeger	Lehrbuch des Deutschen Konkursrechts, 8. Auflage Berlin 1932 zitiert: *Jaeger*
Jaeger	Konkursordnung, 8. Auflage Berlin 1957 bis 1973, bearbeitet von *Friedrich Lent* und *Friedrich Weber* zitiert: Jaeger/*Bearbeiter*, KO
Jaeger	Konkursordnung, 9. Auflage Berlin 1977 bis 1997, bearbeitet von *Wolfram Henckel* zitiert: *Jaeger/Henckel*, KO
Kaser	Das Römische Privatrecht, 2. Auflage München 1975 zitiert: *Kaser*
Kaser/Knütel	Römisches Privatrecht, 17. Auflage München 2003 zitiert: *Kaser/Knütel*
Keidel/Krafka/Willer	Registerrecht, 6. Auflage München 2003 zitiert: *Keidel/Krafka/Willer*
Keidel/Kuntze/Winkler	Freiwillige Gerichtsbarkeit, 15. Auflage München 2003 zitiert: *Bearbeiter* in: *Keidel/Kuntze/Winkler*, FGG
Keller	Grundstücke in Vollstreckung und Insolvenz, Bielefeld 1998 zitiert: *Keller*, Grundstücke
Keller	Vom concursus creditorum zum Insolvenzplan, Meißen 1999 zitiert: *Keller*, concursus
Keller	Die eidesstattliche Versicherung nach §§ 807, 899 ZPO, 2. Auflage Bielefeld 2000 zitiert: *Keller*, Eidesstattliche Versicherung
Keller	Vergütung und Kosten im Insolvenzverfahren, Köln 2000 zitiert: *Keller*, Vergütung
Keller	Taktik in der Vollstreckung (II) – Zwangsvollstreckung in Geldforderungen, Köln 2001 zitiert: *Keller*, Zwangsvollstreckung in Geldforderungen
Keller/Steder	Taktik in der Vollstreckung (III) – Sachpfändung und eidesstattliche Versicherung, Köln 2002 zitiert: *Keller/Steder*, Sachpfändung

Kilger/K. Schmidt — Insolvenzgesetze, 17. Auflage München 1997
zitiert: *Kilger/K. Schmidt*, Insolvenzgesetze

Kirchhof/Lwowski/Stürner (Hrsg.) — Münchner Kommentar zur Insolvenzordnung, München 2001 bis 2003
zitiert: *Bearbeiter* in: MüKo-InsO

Koch — Die Eigenverwaltung nach der Insolvenzordnung, Frankfurt am Main 1998
zitiert: *Koch*

Kübler/Prütting (Hrsg.) — Insolvenzordnung, Köln 1998 ff., Stand 10/2005
zitiert: *Bearbeiter* in: *Kübler/Prütting*, InsO

Kuhn/Uhlenbruck — Konkursordnung, 11. Auflage München 1994
zitiert: *Kuhn/Uhlenbruck*, KO

Kuntze/Ertl/Herrmann/Eickmann — Grundbuchrecht, 5. Auflage Berlin 1999
zitiert: *Bearbeiter* in: *Kuntze/Ertl/Herrmann/Eickmann*, GBO

Larenz — Lehrbuch des Schuldrechts I: Allgemeiner Teil, 14. Auflage München 1987
zitiert: *Larenz*

Leipold (Hrsg.) — Insolvenzrecht im Umbruch, KTS-Schriften zum Insolvenzrecht, Band 1, Köln 1991
zitiert: *Bearbeiter* in: *Leipold*

Lüke/Wax (Hrsg.) — Münchener Kommentar zur Zivilprozessordnung, 2. Auflage München 2000 bis 2002
zitiert: *Bearbeiter* in: MüKo-ZPO

Lützenkirchen — Neue Mietrechtspraxis, Köln 2001
zitiert: *Lützenkirchen*

Lutter/Hommelhoff — GmbH-Gesetz, 15. Auflage Köln 2000
zitiert: *Lutter/Hommelhoff*, GmbHG

Marotzke — Gegenseitige Verträge im neuen Insolvenzrecht, 3. Auflage Neuwied 2003
zitiert: *Marotzke*

Medicus — Allgemeiner Teil des BGB, 6. Auflage Heidelberg 1996
zitiert: *Medicus*, Allgemeiner Teil des BGB

Medicus — Schuldrecht I – Allgemeiner Teil, 16. Auflage München 2005
zitiert: *Medicus*, Schuldrecht I

Medicus — Schuldrecht II – Besonderer Teil, 12. Auflage München 2004
zitiert: *Medicus*, Schuldrecht II

Meikel — Grundbuchrecht, 9. Auflage Neuwied 2004
zitiert: *Bearbeiter* in: *Meikel*, GBO

Messner/Hofmeister — Endlich schuldenfrei – Der Weg in die Restschuldbefreiung, München 1998
zitiert: *Messner/Hofmeister*

Mohrbutter/Mohrbutter (Hrsg.) — Handbuch der Insolvenzverwaltung, 7. Auflage Köln 1997
zitiert: *Bearbeiter* in: *Mohrbutter/Mohrbutter*

Möhlmann — Die Berichterstattung im neuen Insolvenzverfahren, Köln 1999
zitiert: *Möhlmann*

Moser-Merdian/Flik/Keller — Das Grundbuchverfahren in den neuen Bundesländern, Band I – Leitfaden zum Grundstücksrecht, 3. Auflage Stuttgart/Dresden 1995
zitiert: *Moser-Merdian/Flik/Keller*

Musielak — Zivilprozessordnung, 4. Auflage München 2005
zitiert: Musielak/*Bearbeiter*, ZPO

Nerlich/Römermann (Hrsg.) — Insolvenzordnung, München 1999 ff., Stand 10/2004
zitiert: *Bearbeiter* in: *Nerlich/Römermann*, InsO

Neumann — Der Konkurs der BGB-Gesellschaft, Bielefeld 1985
zitiert: *Neumann*

Nussbaum — Deutsches Hypothekenwesen, 2. Auflage Tübingen 1921
zitiert: *Nussbaum*

Obermüller — Insolvenzrecht in der Bankpraxis, 5. Auflage Köln 1999
zitiert: *Obermüller*

Onusseit/Kunz — Steuern in der Insolvenz, 2. Auflage Köln 1997
zitiert: *Onusseit/Kunz*

Palandt — Bürgerliches Gesetzbuch, 64. Auflage München 2005
zitiert: Palandt/*Bearbeiter*, BGB

Pape/Uhlenbruck — Insolvenzrecht, München 2002
zitiert: *Pape/Uhlenbruck*

Pelka/Niemann — Praxis der Rechnungslegung im Insolvenzverfahren, 4. Auflage Köln 1997
zitiert: *Pelka/Niemann*

Pfeifer (Hrsg.) — Etymologisches Wörterbuch des Deutschen, 2. Auflage München 1993
zitiert: *Pfeifer*

Pohlmann — Befugnisse und Funktionen des vorläufigen Insolvenzverwalters, Köln 1998
zitiert: *Pohlmann*

Prütting/Vallender (Hrsg.) — Insolvenzrecht in Wissenschaft und Praxis – Festschrift für Wilhelm Uhlenbruck, Köln 2001
zitiert: *Bearbeiter* in: FS Uhlenbruck

Rebmann/Säcker/Rixecker (Hrsg.) — Münchener Kommentar zum Bürgerlichen Gesetzbuch, 3. Auflage München 1992 bis 2001
zitiert: *Bearbeiter* in: MüKo-BGB

Reichsministerium der Justiz (Hrsg.) — Motive zum Entwurfe eines Bürgerlichen Gesetzbuches für das Deutsche Reich – amtliche Ausgabe, Berlin 1888
zitiert: Motive zum BGB

Rosenberg/Gaul/Schilken — Zwangsvollstreckungsrecht, 11. Auflage München 1997
zitiert: *Rosenberg/Gaul/Schilken*

Savigny — System des heutigen römischen Rechts – Monographie in acht Bänden, Berlin 1840 bis 1856
zitiert: *Savigny*

Schiessler — Der Insolvenzplan, Bielefeld 1997
zitiert: *Schiessler*

Schilken/Kreft/Wagner/Eckardt (Hrsg.) — Festschrift für Walter Gerhardt, Köln 2004
zitiert: *Bearbeiter* in: FS Gerhardt

Schlegel — Die Eigenverwaltung in der Insolvenz, Berlin 1999
zitiert: *Schlegel*

Schmidt, K. — Wege zum Insolvenzrecht der Unternehmen, Köln 1990
zitiert: *K. Schmidt*, Wege

Schmidt, K. — Handelsrecht, 5. Auflage Köln 1999
zitiert: *K. Schmidt*, HandelsR

Schmidt, K. — Gesellschaftsrecht, 4. Auflage Köln 2002
zitiert: *K. Schmidt*, GesellschaftsR

Schmidt, K./Uhlenbruck (Hrsg.) — Die GmbH in Krise, Sanierung und Insolvenz, 3. Auflage Köln 2003
zitiert: *Bearbeiter* in: *K. Schmidt/Uhlenbruck*

Schöner/Stöber — Grundbuchrecht – Handbuch der Rechtspraxis Band 4, 13. Auflage München 2004
zitiert: *Schöner/Stöber*

Scholz — GmbH-Gesetz, 9. Auflage Köln 2000
zitiert: *Bearbeiter* in: *Scholz*, GmbHG

Schreiber (Hrsg.) — Immobilienrecht, Berlin 2001
zitiert: *Bearbeiter* in: *Schreiber*

Schuschke/Walker — Vollstreckung und vorläufiger Rechtsschutz Band I – Zwangsvollstreckung §§ 704–915 h ZPO, 3. Auflage Köln 2002
zitiert: *Schuschke/Walker*, Zwangsvollstreckung

Serick — Eigentumsvorbehalt und Sicherungsübertragung. Monographie in sechs Bänden, Heidelberg 1963 bis 1986
zitiert: *Serick*

Serick — Eigentumsvorbehalt und Sicherungsübertragung – Neueste Rechtsentwicklungen, 2. Auflage Heidelberg 1993
zitiert: *Serick*, Neueste Rechtsentwicklungen

Smid (Hrsg.) — Insolvenzordnung, 2. Auflage Stuttgart 2001
zitiert: *Bearbeiter* in: *Smid*, InsO

Smid — Das Insolvenzrecht der neuen Bundesländer, 2. Auflage Köln 1996
zitiert: *Smid*

Smid — Grundzüge des Insolvenzrechts, 4. Auflage München 2002
zitiert: *Smid*, Grundzüge

Smid/Rattunde — Der Insolvenzplan, Stuttgart 1998
zitiert: *Smid/Rattunde*

Staudinger — Bürgerliches Gesetzbuch, München 1900 bis 1903
zitiert: *Bearbeiter* in: *Staudinger*, BGB

Staudinger — Bürgerliches Gesetzbuch, 13. Bearbeitung Berlin 1994 und weitere
zitiert: Staudinger/*Bearbeiter*, BGB (Jahr der Neubearbeitung)

Stein/Jonas — Zivilprozessordnung, 22. Auflage Tübingen 2002 ff.
zitiert: Stein/Jonas/*Bearbeiter*, ZPO

Steiner — Zwangsversteigerungsgesetz, 9. Auflage München 1984 bis 1986
zitiert: Steiner/*Bearbeiter*, ZVG

Stern — Das Staatsrecht der Bundesrepublik Deutschland, München 1980 bis 2000
zitiert: *Stern*

Stöber — Zwangsversteigerungsgesetz, 18. Auflage München 2006
zitiert: *Stöber*, ZVG

Stöber — Forderungspfändung, 14. Auflage Bielefeld 2005
zitiert: *Stöber*, Forderungspfändung

Stöber — GBO-Verfahren und Grundstückssachenrecht, 2. Auflage München 1998
zitiert: *Stöber*, GBO-Verfahren

Terbrack — Die Insolvenz der eingetragenen Genossenschaft, Köln 2000
zitiert: *Terbrack*

Uhlenbruck — Insolvenzordnung, 12. Auflage München 2003 (bis zur 11. Auflage 1994 unter dem Titel *Kuhn/Uhlenbruck*, Konkursordnung)
zitiert: *Bearbeiter* in: *Uhlenbruck*, InsO

Uhlenbruck/Delhaes — Konkurs- und Vergleichsverfahren – Handbuch der Rechtspraxis Band 3, 5. Auflage München 1990
zitiert: *Uhlenbruck/Delhaes*

Uhlenbruck/Klasmeyer/Kübler (Hrsg.) — Einhundert Jahre Konkursordnung 1877–1977. Festschrift des Arbeitskreises für Insolvenz und Schiedsgerichtswesen e. V., Köln, zum einhundertjährigen Bestehen der Konkursordnung vom 10. Februar 1877, Köln 1977
zitiert: *Bearbeiter* in: FS Einhundert Jahre Konkursordnung

Weigand — Deutsches Wörterbuch, 4. Auflage Gießen 1881
zitiert: *Weigand*

Weinbörner — Das neue Insolvenzrecht mit EU-Übereinkommen, Freiburg/Berlin 1998
zitiert: *Weinbörner*

Weirich — Grundstücksrecht, 2. Auflage München 1996
zitiert: *Weirich*

Weisemann/Smid (Hrsg.) — Handbuch Unternehmensinsolvenz, Köln 1999
zitiert: *Bearbeiter* in: *Weisemann/Smid*

Wesel — Geschichte des Rechts, München 1997
zitiert: *Wesel*

Westermann — Sachenrecht, 7. Auflage Heidelberg 1998
zitiert: *Bearbeiter* in: *Westermann*

Wilmowski, v. — Reichskonkursordnung, 6. Auflage Berlin 1906 bearbeitet von *K. Kurlbaum*, *A. Kurlbaum* und *W. Kühne*
zitiert: *v. Wilmowski*, KO

Wimmer (Hrsg.) Frankfurter Kommentar zur Insolvenzordnung, 3. Auflage Neuwied 2002
zitiert: *Bearbeiter* in: FK-InsO

Windscheid/Kipp Lehrbuch des Pandektenrechts, 8. Auflage Frankfurt am Main 1901
zitiert: *Windscheid/Kipp*

Zöller Zivilprozessordnung, 25. Auflage Köln 2005
zitiert: Zöller/*Bearbeiter*, ZPO

Verzeichnis der Schaubilder

1. Teil. Grundsätze des Insolvenzrechts

1. Kapitel. Die Stellung des Insolvenzrechts im Wirtschafts- und Rechtsleben

„Es erwies sich, dass das konsumierende Publikum sich mehr und mehr gegen unsere Schaumweinmarke ablehnend verhalten hatte. Weder durch weitere Verbilligung, die selbstverständlich keine Aufbesserung der Beschaffenheit mit sich bringen konnte, noch durch die überaus verführerischen Reklamedessins, welche mein Pate Schimmelpreester wider besseres Wissen und aus reiner Gefälligkeit der Firma geliefert hatte, war die genussfreudige Welt für unseren Artikel zu gewinnen gewesen, die Bestellungen waren schließlich gleich Null, und eines Tages, im Frühling des Jahres, in dem ich das achtzehnte meines Lebens vollendete, war es um meinen armen Vater geschehen." – „Und bald darauf erschien der ernste, schwer bedeutsame und für mich doch auch so abwechslungsvolle und belebende Tag, an welchem die Fabrik- und Kontorräume der Firma geschlossen blieben und eine Gruppe von kalt blickenden Herren mit gekniffenen Mündern sich in unserer Villa einfand, um unsere Habe mit Beschlag zu belegen. In ausgesuchten Wendungen und mit seinem treuherzig verschnörkelten Namenszuge, den ich so meisterlich nachzubilden verstand, hatte mein armer Vater bei Gericht seine Zahlungsunfähigkeit erklärt, und das Konkursverfahren war feierlich eingeleitet worden."

Mit höchst unterhaltsamen Worten beschreibt *Thomas Mann* die Insolvenz der väterlichen Sektfabrik seiner Hauptfigur, des Hochstaplers Felix Krull.[1] Mit dieser Episode zu Beginn der Bekenntnisse und Memoiren des Hochstaplers Felix Krull hat er gleichsam der wirtschaftlichen Krise eines Unternehmens, dem Berufsstande des Insolvenzverwalters und dem Konkurs selbst ein – wenn auch sehr kleines – literarisches Denkmal gesetzt. Freilich darf bei dieser amüsanten Beschreibung die Tragik eines jeden Einzelfalles einer Insolvenz, gerade auch bei natürlichen Personen, nicht vergessen werden, und das Insolvenzrecht nicht bloß als Spiel begriffen werden.

---

[1] *Th. Mann,* Bekenntnisse des Hochstaplers Felix Krull – Der Memoiren erster Teil, Erste Buchausgabe: Frankfurt am Main 1954, Neuntes Kapitel.

I. Die wirtschaftliche und rechtliche Bedeutung des Insolvenzrechts

1. Der Zweck des Insolvenzrechts im Wirtschaftsleben

a) Das Insolvenzrecht als Folge wirtschaftlichen Handelns

1 Was ist Insolvenzrecht? Welchem wirtschaftlichen Zweck dient das Verfahren? Wessen Interessen dient es? Ist das Insolvenzverfahren ein gerechtes Verfahren für Gläubiger, Schuldner und sonstige Beteiligte? Um diese Fragen zu beantworten, bedarf es zunächst einiger Überlegungen zu den wirtschaftlichen Ursachen einer Insolvenz und zum Zweck des Insolvenzverfahrens. In klassischer juristischer Definition bezeichnet das Insolvenzrecht die Summe der materiellrechtlichen und der verfahrensrechtlichen Rechtsnormen, die in einem staatlich geordneten Verfahren der gemeinschaftlichen Verwirklichung der Vermögenshaftung eines Schuldners dienen, der zur vollen Befriedigung aller Gläubiger nicht mehr in der Lage ist.[1] Diese Definition beschreibt die zwei wesentliche Faktoren, die das Insolvenzrecht kennzeichnen:

2 – Erstens wird die wirtschaftliche Situation des Schuldners beschrieben, der nicht mehr in der Lage ist, alle gegen ihn gerichteten fälligen Forderungen zu befriedigen. Die Insolvenzordnung definiert diesen Zustand in § 17 InsO als Zahlungsunfähigkeit des Schuldners, bei juristischen Personen tritt daneben der Tatbestand der Überschuldung nach § 19 InsO. Umgangssprachlich wird auch bei natürlichen Personen und privaten Haushalten häufig von einer Überschuldung gesprochen, sie liegt vor, wenn das monatliche Haushaltseinkommen nicht ausreicht, um unter Berücksichtigung der Tilgungsreihenfolge des § 367 BGB[2] die Kosten und Zinsen der fälligen Forderungen wegzufertigen. Mit dem laufenden Einkommen, unter Berücksichtigung der für die Haushaltsführung notwendigen Ausgaben, kann in einem solchen Fall niemals auf die Hauptforderung gezahlt werden, diese bleibt unangetastet, durch die laufend anfallenden Schuldzinsen wächst die Schuldenlast unaufhörlich weiter. Der Schuldner befindet sich im „modernen Schuldturm".[3]

---

[1] *Prütting* in: *Kübler/Prütting*, InsO, Einleitung Rdn. 1; *Häsemeyer*, Rdn. 1.01.

[2] Dazu Erman/*Westermann*, BGB, § 367 Rdn. 1 und 2; ein Bestimmungsrecht nach § 366 BGB steht dem Schuldner in der Zwangsvollstreckung regelmäßig nicht zu, BGHZ 140, 391.

[3] *Vallender* in: *Uhlenbruck*, InsO, Vor § 286 Rdn. 10; *Balz*, ZIP 1988, 273; *Uhlenbruck*, MDR 1990, 4; *ders.*, KTS 1994, 499; *ders.*, DGVZ 1992, 33; *Kothe*, ZIP 1994, 184; überholt insoweit *Jaeger*, § 1 I.; der betont, dass Überschuldung des Schuldners, der natürliche Person ist, allein kein Insolvenzauslöser ist, da der Schuldner durch eigene „Tüchtigkeit" den Ausstieg aus der Überschuldung bewirken könne.

- Zweitens wird der Zweck des Insolvenzrechts als möglichst vollständige Befriedigung aller Gläubiger aus dem Schuldnervermögen beschrieben (§ 1 Satz 1 InsO). Die Verwirklichung der Vermögenshaftung des Schuldners erfolgt allgemein durch Liquidation seines Vermögens. Daneben ist aber auch eine Sanierung des Schuldners denkbar und sinnvoll, eine investive Nutzung des Schuldnervermögens durch Sanierung des schuldnerischen Unternehmens kann ebenso eine gemeinschaftliche Befriedigung der Gläubiger ermöglichen.[1] 3

Das Insolvenzrecht greift, sobald sich die Zahlungsunfähigkeit des Schuldner offenbart, die nach § 17 Abs. 2 InsO insbesondere mit der Zahlungseinstellung vermutet wird.[2] Allein bei Zahlungsunwilligkeit des Schuldners oder bei Nichtbefriedigung nur einzelner Forderungen kann durch die Gläubiger die Einzelzwangsvollstreckung betrieben werden. Sie ist geprägt vom Prioritätsgrundsatz des § 804 ZPO.[3] In diesen Fällen besteht für ein Eingreifen des Insolvenzrechts kein Bedürfnis.[4] Das Insolvenzrecht, sieht dagegen die Gleichbehandlung der Gläubiger seit alters her als höchstes Ziel des Insolvenzverfahrens.[5] Die Gläubiger bilden im Insolvenzfall eine Schicksals- und Verlustgemeinschaft, die gleichmäßig am wirtschaftlichen Verlust des Schuldners teilhaben soll. 4

Dem Schuldner selbst bietet das Insolvenzverfahren zunächst Schutz vor Zwangsvollstreckungsmaßnahmen einzelner Gläubiger, ferner soll es ihm die Chance eines wirtschaftlichen Neubeginns geben. Die Insolvenzordnung macht dies an vielen Einzelregelungen deutlich. So soll beispielsweise durch die erleichterte Verfahrenseröffnung bei drohender Zahlungsunfähigkeit nach § 18 InsO für den Schuldner eine frühzeitige Antragstellung ermöglicht werden.[6] Insbesondere aber die Möglichkeit der Eigenverwaltung nach §§ 270 ff. InsO und das Insolvenzplanverfahren nach §§ 217 ff. InsO dienen einer Sanierung des schuldnerischen Unternehmens.[7] Der Schuldner, der natürliche Person ist, kann schließlich nach Durchlaufen des Restschuldbefreiungsverfahrens nach §§ 286 ff. InsO wieder vollständig am Wirtschaftsleben teilnehmen. 5

Diese Vorstellungen des Gesetzgebers setzen auch eine Neuorientierung in der Bewertung und Beurteilung des Insolvenzfalles in unserem Wirtschafts- und Gesellschaftsleben voraus. Nach wie vor herrscht jedoch eine negative Bewertung gegenüber der Insolvenz und dem Insol- 6

---

[1] *Henckel* in: *Jaeger,* InsO, § 1 Rdn. 8; *Prütting* in: *Kübler/Prütting,* InsO, Einleitung Rdn. 1.

[2] Dazu bereits *Jaeger,* § 1 I.; zu Einzeltatbeständen *Müller* in: *Jaeger,* InsO, § 17 Rdn. 32.

[3] Stein/Jonas/*Münzberg,* ZPO, § 804 Rdn. 38 mit umfangreichen Nachweisen.

[4] *Baur/Stürner,* InsolvenzR, Rdn. 1.2.

[5] BGHZ 88, 147; *Kuhn/Uhlenbruck,* KO, § 3 Rdn. 1–3; *Jaeger,* § 11 I.; *Häsemeyer,* Rdn. 2.31 ff.; *Baur/Stürner,* InsolvenzR, Rdn. 5.36 ff.; eingehend *Häsemeyer,* KTS 1982, 507.

[6] Begründung des Regierungsentwurfs BT-Drucks. 12/2443, S. 84 ff.

[7] Begründung des Regierungsentwurfs BT-Drucks. 12/2443, S. 90 ff.

venzverfahren vor.[1] Das Insolvenzrecht ist auch mit dem Ergebnis einer Liquidation des schuldnerischen Vermögens oder der Stilllegung des Unternehmens jedoch notwendiger Bestandteil der marktwirtschaftlichen Ordnung. Es hat die Funktion einer Marktbereinigung, die nicht unterschätzt werden darf und nicht zu negativ beurteilt werden sollte.[2]

b) Der Zweck und die Funktionen des Insolvenzverfahrens

7 Der Zweck des eigentlichen Insolvenzverfahrens wird durch § 1 Satz 1 InsO bestimmt,[3] ohne dass dieser Vorschrift eigenständige Bedeutung im Sinne einer Legaldefinition oder einer Anspruchsgrundlage zukommt.[4] Das Insolvenzverfahren dient der gleichmäßigen Befriedigung aller Gläubiger des Schuldners durch Verwertung seines Vermögens und Verteilung des Erlöses oder durch abweichende Regelungen in einem Insolvenzplan insbesondere zum Erhalt des Unternehmens. Satz 2 der Vorschrift, der dem Schuldner, der natürliche Person ist, die Möglichkeit der Restschuldbefreiung offeriert, wurde erst im Rahmen der späteren Gesetzesberatungen angefügt und hat lediglich deklaratorischen Charakter, er kann nicht als Auslegungsnorm für die Vorschriften der Insolvenzordnung herangezogen werden.[5]

8 Die rechtsdogmatische Einordnung des Insolvenzrechts ist in Einzelheiten streitig,[6] große praktische Bedeutung kommt den einzelnen Streitfragen nicht zu. Die Insolvenzordnung enthält sowohl Vorschriften des so genannten materiellen Insolvenzrechts als auch und besonders Regelungen zum Insolvenzverfahren:

9 – Das so genannte materielle Insolvenzrecht ist Sonderprivatrecht für den Fall der Insolvenz einer Vertragspartei.[7] Es modifiziert vertragliche und gesetzliche Schuldverhältnisse sowie sachenrechtliche Befugnisse des Schuldners im Interesse der am Insolvenzverfahren Beteiligten und im Hinblick auf den Zweck des Insolvenzverfahrens.[8] Hat der Schuldner beispielsweise vor Insolvenzeröffnung zweiseitig ver-

---

[1] Mit treffenden Worten schon *Jaeger,* § 3 II.

[2] Dazu treffend *Uhlenbruck/Delhaes,* Rdn. 1; zu weiteren wirtschaftpolitischen Aspekten *Graf Lambsdorff,* ZIP 1987, 809.

[3] Begründung des Regierungsentwurfs BT-Drucks. 12/2443, S. 108; der ursprüngliche § 1 des Referentenentwurfs war noch umfangreicher und wurde stark gekürzt; *Prütting* in: *Kübler/Prütting,* InsO, § 1 Rdn. 2; allgemein *Prütting* in: KS, S. 221 ff.

[4] Zu Recht daher sehr kritisch gegen diese auch sprachlich nicht sehr geglückte Vorschrift, *Becker* in: *Nerlich/Römermann,* InsO, § 1 Rdn. 1; ferner *Smid,* Grundzüge des neuen Insolvenzrechts, Rdn. 10 ff.; allgemein zur Sprache der Insolvenzordnung *Henckel* in: *Jaeger,* InsO, Einleitung Rdn. 87 ff.; sehr lesenswert die Kritik von *Rother,* ZRP 1998, 205.

[5] Beschlussempfehlung des Rechtsausschusses, BT-Drucks. 12/7302, S. 155; *Henckel* in: *Jaeger,* InsO, § 1 Rdn. 2 und 20.

[6] Ausführlich *Häsemeyer,* Rdn. 1.05 ff.; *Prütting* in: KS, S. 221 ff.; *Jaeger,* § 1 IV.; *v. Wilmowski,* KO, Erster Titel – Allgemeine Bestimmungen, S. 23 ff.

[7] *Häsemeyer,* Rdn. 1.05 ff.

[8] *Häsemeyer,* Rdn. 1.06, 3.02 ff.; *Baur/Stürner,* InsolvenzR, Rdn. 1.11.

pflichtende Verträge geschlossen und sind diese bei Insolvenzeröffnung von keiner Seite vollständig erfüllt, regeln ihre Abwicklung im Insolvenzverfahren die §§ 103 ff. InsO. Hat der Schuldner vor Insolvenzeröffnung einen Vermögensgegenstand veräußert oder Leistungen an einzelne Gläubiger getätigt, obwohl diesen seine Zahlungsunfähigkeit bereits bekannt war, regeln die §§ 129 ff. InsO mit der so genannten Insolvenzanfechtung die Möglichkeit des Insolvenzverwalters, solche Rechtshandlungen rückgängig zu machen.

- Das Insolvenzverfahren ist als gerichtliches Verfahren der streitigen Gerichtsbarkeit zuzuordnen,[1] dies wird bereits aus der Generalverweisung auf die Regelungen der Zivilprozessordnung in § 4 InsO deutlich. Das Insolvenzverfahren ist in erster Linie Zwangsvollstreckungsverfahren, es enthält aber auch wesentliche Elemente eines Erkenntnisverfahrens,[2] insbesondere im Rahmen der Forderungsprüfung und Forderungsfeststellung nach §§ 174 ff. InsO. Soweit über das Bestehen einer Forderung im allgemeinen Prüfungstermin Streit besteht (§ 176 InsO), ist dieser im ordentlichen Prozesswege zu klären (§ 179 InsO). Das Insolvenzgericht ist mit der Klärung materiellrechtlicher Sachverhalte und dem Bestehen einzelner Ansprüche nicht befasst. Dagegen war das gemeinrechtliche Konkursverfahren mit der so genannten vis attractiva concursus noch bemüht, alle Rechtsverhältnisse und Streitfragen in das Konkursverfahren einzubinden. Es war ein bedeutender Fortschritt schon der Konkursordnung, das Verfahren von der Klärung materiellrechtlicher Fragen zu befreien und das eigentliche Insolvenzverfahren damit erheblich zu beschleunigen.[3] Gegenüber den besonderen Verfahren der verwaltungs-, sozial- oder Finanzgerichtsbarkeit hat das Insolvenzverfahren grundsätzlich Vorrang, die Regelungssystematik ist jedoch nicht einheitlich und gerade im Steuerrecht unübersichtlich.[4] 10

c) Der Verfahrensablauf im Regelinsolvenzverfahren

Das Nebeneinander von materiellem Insolvenzrecht und Insolvenzverfahren ist nicht auf den ersten Blick verständlich und überschaubar. Obwohl die Insolvenzordnung in ihrer Gliederung übersichtlicher ge- 11

---

[1] So bereits *Jaeger,* § 1 IV. Fn. 8; *Kuhn/Uhlenbruck,* KO, § 72 Rdn. 1; *Schmerbach* in: FK-InsO, § 4 Rdn. 2; *Prütting* in: *Kübler/Prütting,* InsO, § 5 Rdn. 4; *Uhlenbruck/Delhaes,* Rdn. 22; *Vallender* in: KS, S: 249; ausführlich *Häsemeyer,* Rdn. 3.01, insbesondere Rdn. 3.05; ausführlich bereits *Jaeger,* KO, § 72 Anm. 1; tendenziell abweichend *Klopp/Kluth* in: *Gottwald,* § 17 Rdn. 20; für eine Einordnung in den Bereich der freiwilligen Gerichtsbarkeit *Smid,* Grundzüge des neuen Insolvenzrechts, Rdn. 40 m. w. N., insbesondere *Berges,* KTS 1957, 49; *ders.,* KTS 1960, 1.

[2] *Jaeger,* KO, § 71 Anm. 1, betont jedoch, dass es sich bei dem Konkursverfahren um kein eigentliches Erkenntnisverfahren handelt.

[3] *Jaeger,* § 1 III.; *Baur/Stürner,* InsolvenzR, Rdn. 3.30; *Häsemeyer,* Rdn. 2.10; ausführlich *Lent,* KTS 1959, 73.

[4] Allgemein dazu *Frotscher* in: *Gottwald,* 1. Aufl. München 1990, § 112 Rdn. 1, § 118 Rdn. 2 ff.; *Onusseit/Kunz,* Rdn. 268 ff.; *Häsemeyer,* Rdn. 1.10 ff.

staltet ist als die frühere Konkursordnung, erschließt sich der Verfahrensablauf nicht ohne weiteres. In einer groben Skizzierung ist das Insolvenzverfahren wie folgt gegliedert.[1]

aa) Das Insolvenzeröffnungsverfahren

12 Das Insolvenzverfahren wird nur auf Antrag eröffnet (§ 13 InsO). Antragsberechtigt sind der Schuldner und jeder Insolvenzgläubiger. Durch einen zulässigen Insolvenzantrag wird das Insolvenzeröffnungsverfahren eingeleitet, in welchem das Gericht prüft, ob beim Schuldner ein Insolvenzgrund vorliegt und ob genügend Insolvenzmasse vorhanden ist, um die Kosten eines Insolvenzverfahrens decken zu können. Insolvenzgrund ist die Zahlungsunfähigkeit nach § 17 InsO, bei juristischen Personen oder Gesellschaften, bei welchen keine natürliche Person unbeschränkt haftet, daneben auch die Überschuldung nach § 19 InsO.[2] Um eine frühzeitige Verfahrenseröffnung und eine Sanierung des schuldnerischen Unternehmens zu ermöglichen, wurde mit § 18 InsO die so genannte drohende Zahlungsunfähigkeit als weiterer Insolvenzgrund eingeführt.[3] Auf sie kann nur der Schuldner seinen Insolvenzantrag stützen, nicht ein Gläubiger.

13 Das Gericht kann nach § 21 InsO umfassende Sicherungsmaßnahmen anordnen, insbesondere vorläufige Insolvenzverwaltung anordnen und einen vorläufigen Insolvenzverwalter (§ 21 Abs. 2 Nr. 1 mit § 22 InsO) bestellen oder die Einstellung laufender Zwangsvollstreckungsmaßnahmen einzelner Gläubiger gegen den Schuldner anordnen. Kommt das Gericht zu dem Ergebnis, dass ein Insolvenzgrund vorliegt, wird das Insolvenzverfahren eröffnet (§ 27 InsO). Ist das Vermögen des Schuldners zur Deckung der Verfahrenskosten nicht ausreichend, wird die Eröffnung mangels Masse abgewiesen (§ 26 InsO).

bb) Die Aufgaben des Insolvenzverwalters

14 Mit der Insolvenzeröffnung erfolgt die Bestellung eines Insolvenzverwalters, auf den nach § 80 InsO die Verwaltungs- und Verfügungsbefugnis für das gesamte Schuldnervermögen übergeht. Der Schuldner kann über sein eigenes Vermögen nicht mehr verfügen, seine Verfügungsbefugnis ist ihm kraft Gesetzes entzogen (§§ 80, 81 InsO).

15 Nicht erfüllte gegenseitige Verträge des Schuldners hat der Insolvenzverwalter nach Maßgabe der §§ 103ff. InsO abzuwickeln. Hierher gehören insbesondere auch Dauerschuldverhältnisse, vor allem Arbeitsverhältnisse. Von diesen kann sich der Insolvenzverwalter mit den besonderen Regelungen der §§ 113ff. InsO unter Einhaltung einer Kündigungsfrist von drei Monaten lösen. Es gehört auch den Aufgaben des

---

[1] Einen guten Überblick zum Verfahrensablauf bieten ferner *Baur/Stürner,* InsolvenzR, Rdn. 1.5ff., 2.1ff.; *Häsemeyer,* Rdn. 2.01ff.; *Braun/Uhlenbruck,* S. 39ff.

[2] Zur Neudefinition der Überschuldung *Braun/Uhlenbruck,* Düsseldorf 1997, S. 286ff.

[3] Begründung des Regierungsentwurfs BT-Drucks. 12/2443, S. 114.

Insolvenzverwalters, Ansprüche gegen Dritte geltend zu machen. Dies können einfache Forderungen gegen Drittschuldner sein, aber auch Haftungsansprüche aus gesellschaftsrechtlichen Regelungen (insbesondere §§ 9, 19, 30ff. GmbHG) kommen in Betracht. Der Insolvenzverwalter hat auch Ansprüche aus Insolvenzanfechtung nach §§ 129ff. InsO zu prüfen und zu verfolgen.

Der Insolvenzverwalter hat das Vermögen des Schuldners in Besitz zu 16
nehmen (§§ 148ff. InsO). In der ersten Gläubigerversammlung nach § 156 InsO, dem so genannten Berichtstermin, hat er über die Ursachen der Insolvenz, die Chancen einer Sanierung des Unternehmens und über den zu erwartenden Erlös bei einer Liquidation zu berichten. Die Insolvenzgläubiger entscheiden über die Art der Verwertung des schuldnerischen Vermögens und die mögliche Fortführung des Geschäftsbetriebes; sie können den Insolvenzverwalter beauftragen, einen Insolvenzplan zu erstellen (§§ 157, 217ff. InsO). Die Verwertung der Insolvenzmasse erfolgt durch den Insolvenzverwalter (§§ 165ff. InsO). Grundstücke sind meist mit Grundpfandrechten für einzelne Gläubiger belastet, diesen steht Absonderungsrecht nach § 49 InsO zu. Immobiliarvermögen wird entweder unter Ablösung dieser Rechte durch den Verwalter freihändig veräußert oder zwangsversteigert.[1] Bewegliches Vermögen wird durch den Insolvenzverwalter verwertet (§§ 166ff. InsO). Die Verwertungsbefugnis steht ihm gerade auch dann zu, wenn die Gegenstände durch Eigentumsvorbehalt oder Sicherungsübereignung mit so genannten Absonderungsrechten einzelner Gläubiger zur vorzugsweisen Befriedigung belastet sind (§§ 50ff. InsO).[2] Der jeweilige Gläubiger wird aus dem Verwertungserlös abgelöst, wobei ihm zudem ein pauschaler Kostenanteil für Feststellung des Wertes und Verwertung abgezogen wird (§ 171 InsO).

cc) Die Feststellung der Forderungen und die Erlösverteilung

Am Insolvenzverfahren sind alle Insolvenzgläubiger beteiligt, die im 17
Zeitpunkt der Eröffnung des Verfahrens einen gegen den Schuldner begründeten Vermögensanspruch haben (§ 38 InsO). Sie haben ihre Forderungen innerhalb einer vom Gericht bestimmten Frist beim Insolvenzverwalter anzumelden (§§ 28 Abs. 1, 174ff. InsO). Die angemeldeten Forderungen werden im Rahmen einer weiteren Gläubigerversammlung, dem allgemeinen Prüfungstermin, durch den Insolvenzverwalter und die Insolvenzgläubiger geprüft und gegebenenfalls festgestellt (§§ 176, 178 InsO). Das allseitige Anerkenntnis einer Forderung und die entsprechende Eintragung in die Insolvenztabelle hat die Wirkung eines rechtskräftigen Urteils (§ 178 Abs. 3 InsO). Wird eine Forderung durch den Insolvenzverwalter oder einen Insolvenzgläubiger bestritten, ist ihr Bestand in einem besonderen Feststellungsprozess durch Klage geltend zu machen (§§ 179ff. InsO).

---

[1] Eingehend *Knees,* ZIP 2001, 1568; *Keller,* ZfIR 2002, 861.
[2] Begründung des Regierungsentwurfs BT-Drucks. 12/2443, S. 86ff.

18 Den Verwertungserlös hat der Insolvenzverwalter an die Insolvenzgläubiger festgestellter Forderungen zu verteilen. Zwischen den Insolvenzgläubigern besteht anders als im bisherigen Recht (§ 61 KO und § 17 Abs. 3 GesO) keinerlei Rangfolge, alle Gläubiger werden gleichrangig befriedigt und erhalten vom Erlös ihre jeweilige Befriedigungsquote. Nach Abschluss der Verwertung der Insolvenzmasse hat der Insolvenzverwalter die Schlussverteilung dem Gericht anzuzeigen und genehmigen zu lassen (§ 196 InsO). In einer letzten Gläubigerversammlung, dem so genannten Schlusstermin, entscheiden die Gläubiger über die Schlussrechnung des Verwalters oder über nicht verwertbare Gegenstände der Insolvenzmasse (§ 197 InsO). Nach Vornahme der Schlussverteilung wird das Insolvenzverfahren aufgehoben (§ 200 InsO).

dd) Das Insolvenzplanverfahren

19 Abweichend vom Regelinsolvenzverfahren können in einem Insolvenzplan die Befriedigung der Gläubiger und die Verwertung der Masse oder die Haftung des Schuldners nach Beendigung des Verfahrens geregelt werden (§ 217 InsO). Der Insolvenzplan ersetzt den Vergleich und Zwangsvergleich des früheren Konkursrechts durch einheitliche Regelungen innerhalb des Insolvenzverfahrens.[1] Inhaltlich kann im Insolvenzplan alles geregelt werden, was rechtlich zulässig ist, die Gestaltungsmöglichkeiten für die Beteiligten gehen damit weiter als im bisherigen Vergleichsverfahren. Der Gesetzgeber hatte hier vor allem die Möglichkeit der übertragenden Sanierung im Auge.[2]

20 Die Einbringung des Insolvenzplans kann durch den Schuldner oder den Insolvenzverwalter erfolgen (§ 218 InsO),[3] Die Insolvenzgläubiger stimmen in so genannten Gläubigergruppen nach § 222 InsO über den Plan ab (§§ 243 ff. InsO). Werden in einer Gruppe die erforderlichen Mehrheiten nicht erreicht, gelten sie trotzdem als erreicht, wenn die Gläubiger durch den Plan keine Verschlechterung erleiden, § 245 Abs. 1 InsO. Durch dieses Obstruktionsverbot soll verhindert werden, dass einzelne Gläubiger in Verweigerungshaltung den Plan zum Kippen bringen.[4]

2. Die Aussagekraft der Insolvenzstatistiken

21 Die Bedeutungen des Insolvenzrechts für das Wirtschaftsleben wird gerne mit Hilfe der Insolvenzstatistiken zu verdeutlichen versucht, stets

---

[1] Begründung des Regierungsentwurfs BT-Drucks. 12/2443, S. 90.

[2] Begründung des Regierungsentwurfs BT-Drucks. 12/2443, S. 95; dazu *Braun/Uhlenbruck*, S. 563 ff.

[3] Der Insolvenzverwalter kann durch die Gläubigerversammlung beauftragt werden, einen Insolvenzplan auszuarbeiten, er kann auch aus eigenem Recht und Initiative einen solchen in das Verfahren einbringen, *Otte* in: *Kübler/Prütting*, InsO, § 218 Rdn. 11 m. w. N. auch zur Gegenansicht, insbesondere *Schiessler*, S. 98, 227.

[4] Begründung des Regierungsentwurfs BT-Drucks. 12/2443, S. 208; sehr ausführlich dazu *Braun/Uhlenbruck*, S. 604 ff.

widmen auch die Medien in ihren Nachrichtensendungen oder Zeitungsmeldungen den aktuellen statistischen Entwicklungen eine Meldung. Schon *Ernst Jaeger* stellte in seinem 1931 im 8. Auflage erschienenen Lehrbuch des Deutschen Konkursrechts die Konkursstatistiken der Jahre 1914 bis 1930 dar.[1] Für das Jahr 2002 meldete das Statistische Bundesamt Wiesbaden eine Gesamtzahl von 84.427 Insolvenzverfahren insgesamt, davon 61.690 Insolvenzeröffnungen und 21.551 Abweisungen mangels Masse (§ 26 InsO). In dieser Zahl sind allerdings sowohl Unternehmens- als auch Privatinsolvenzen enthalten, die Zeitschrift INDat-Report meldete für das Jahr 2002 eine Zahl von 27.547 eröffneten Insolvenzverfahren über das Vermögen natürlicher Personen.[2] Im Jahr 2003 waren nach Angaben des Statistischen Bundesamtes Wiesbaden bei insgesamt 100.723 Insolvenzen 39.320 Unternehmen und 33.609 Privatpersonen von einer Insolvenz betroffen.

Eine Aussagekraft kann der Insolvenzstatistik pauschal aber nicht 22 beigemessen werden.[3] Zunächst ist zu differenzieren zwischen den gestellten Insolvenzanträgen insgesamt, hiervon denjenigen, welche von den Antragstellern zurückgenommen oder für erledigt erklärt worden sind, welche mangels Masse abgewiesen worden sind und schließlich welche auch tatsächlich eröffnet worden sind. Aussagekräftig ist das Verhältnis der mangels Masse abgewiesenen Verfahren zu dem eröffneten Insolvenzverfahren, weil es gerade der Wille des Gesetzgebers der Insolvenzordnung war, mehr Insolvenzanträge zur Eröffnung zu führen, als dies während der Geltung der Konkursordnung der Fall war.[4] Mit der Verringerung der für die Eröffnung eines Verfahrens erforderlichen Insolvenzmasse (§§ 26 und 54 InsO) wie auch mit der Abschaffung der Gläubigervorrechte (§ 38 InsO) und damit verbunden einer Verschärfung des Anfechtungsrechts (§§ 129ff. InsO) ist dies gelungen. Eine Erhöhung der Zahl der eröffneten Unternehmensinsolvenzverfahren ist gerade im Hinblick auf das Verfahrensziel der Unternehmenssanierung vom Gesetzgeber gerade gewollt.

Gleiches gilt für die Insolvenz der natürlichen Person, insbesondere 23 für das Verbraucherinsolvenzverfahren. Nach den Korrekturen des Insolvenzrechtsänderungsgesetzes,[5] das am 1. Dezember 2001 in Kraft getreten ist, und mit Einführung der so genannten Kostenstundung nach §§ 4a ff. InsO ist die Zahl der Insolvenzverfahren über das Vermögen natürlicher Personen explosionsartig gestiegen. Gerade hier spiegelt die Insolvenzstatistik nur eine bereits seit langem bestehende gesellschaftliche Wirklichkeit wider. Die immens hohe Zahl zahlungsunfähiger Schuldner und privater Haushalte wurde erst durch die Insolvenzordnung mit der Möglichkeit der Restschuldbefreiung bekannt und

---

[1] *Jaeger*, § 4 II.
[2] INDat-Report 1/2003, S. 16.
[3] *Wellensiek*, NZI aktuell 2/2004, S. V.
[4] Begründung des Regierungsentwurfs BT-Drucks. 12/2443, S. 84ff.
[5] InsOÄndG vom 26. 10. 2001 (BGBl. I S. 2710).

statistisch erfasst. Gerade im Hinblick auf die Restschuldbefreiung ist eine hohe Zahl von Insolvenzen natürlicher Personen vom Gesetzgeber beabsichtigt und gewollt.

II. Zur Geschichte des Insolvenzrechts

1. Die Bedeutung der rechtsgeschichtlichen Entwicklung

24 Die Insolvenzordnung knüpft inhaltlich an das frühere Konkursrecht an, sie erweitert es, klärt alte Streitfragen und wirft vor allem neue Fragen und Probleme auf. Durch das In-Kraft-Treten der Insolvenzordnung ist die bisherige Literatur und Rechtsprechung zu Konkurs und Gesamtvollstreckung keineswegs hinfällig geworden, sondern in einigen Teilen sogar für das Gesetzgebungsverfahren befruchtend gewesen. In ihrer Nachfolge zur Konkursordnung[1] und zur Gesamtvollstreckungsordnung[2] steht die Insolvenzordnung nicht singulär in unserer Rechtsordnung. Sie ist vielmehr letztes Glied einer Entwicklung des Insolvenzrechts, deren genauer Beginn wohl nicht datiert werden kann, der aber wie in vielen Fällen auch im römischen Recht zu suchen ist. So haben Grundzüge des römischen Prozess-, Vollstreckungs- und Insolvenzrechts auch heute noch Geltung. Die Bedeutung der Kenntnis von der Geschichte des Insolvenzrechts darf dabei nicht hoch genug geschätzt werden.[3]

2. Das Altertum und das römische Recht

a) Die Ansätze einer insolvenzrechtlichen Rechtspraxis im Orient

25 Die Ursprünge dessen, was wir heute Zivilrecht oder Zivilprozessrecht nennen, sind uns wenig bekannt. Eine strenge Unterscheidung zwischen materiellem Recht und Prozessrecht schien es anfangs ohnehin nicht zu geben. Erste Ansätze einer Praxis des Vollstreckungsrechts im vorderasiatisch-orientalischen Raum finden sind im Rechtsbuch des babylonischen Königs *Hammurabi,*[4] dem so genannten Codex Hammurabi.[5] Der Schuldner konnte danach samt seiner Familie in Schuldknecht-

---

[1] Vom 10. 2. 1877 (RGBl. I S. 351), in Kraft getreten am 1. 10. 1879; in der Fassung der Bekanntmachung vom 20. 5. 1898 (RGBl. I S. 612); zuletzt geändert durch Gesetz vom 17. 12. 1997 (BGBl. I S. 3039).

[2] Vom 18. 12. 1975 (GBl. 1976 I S. 5); zuletzt geändert durch Gesetz vom 6. 6. 1990 (GBl. I S. 107). Anl. II Kap. III Sachg. A Abschn. II Nr. 1 zum Einigungsvertrag vom 31. 8. 1990 (BGBl. II S. 889); zuletzt geändert durch Gesetz vom 18. 6. 1997 (BGBl. I S. 1430).

[3] Dies betonen zu Recht *Baur/Stürner,* InsolvenzR, Rdn. 3.1.

[4] Auch *Hammurapi* oder *Chammurabi;* König der ersten altbabylonischen Dynastie um 1728 bis 1686 v. Chr.; ausführlich *v. Soden* in: *Mann/Heuß,* Propyläen Weltgeschichte, Berlin 1991, Band 2, S. 39 ff.

[5] Sehr anschaulich Meyers Konversationslexikon, 6. Auflage Leipzig 1902 bis 1911, Band 8, S. 705.

schaft des Gläubigers verfallen und musste in dessen Haus und Hof seine Schuld abarbeiten. Nach Ablauf von drei Jahren erlosch die Schuldknechtschaft und der Schuldner wurde frei.[1] Das Alte Testament kennt verschiedene Rechtsbestimmungen, die mittelbar eine ähnliche Rechtspraxis ansprechen.[2] Die Evangelien des Neuen Testamentes berichten in zwei Gleichnissen Jesu von einer Rechtspraxis des Schuldrechts und des Vollstreckungsrechts.[3] Die Personalexekution durch Inhaftierung des Schuldners, wie sie Mt 18, 23–35 beschreibt, sollte den zahlungsunwilligen Schuldner zur Zahlung bewegen. Es sollten aber auch mitleidige Verwandte des Schuldners erpresst werden, die Schuld zu begleichen.[4]

Dem jüdischen Kulturkreis verdanken wir schließlich im sprachlichen Gebrauch das eher umgangssprachliche Wort der „Pleite" und des „Pleitegeiers". Der Begriff stammt aus dem Jiddischen und meint als Verbum „entwischen", „fliehen" oder „flüchten".[5] Der „Pleitegeier" hat sich aus der jiddischen Diktion von „Pleitegeher" also desjenigen, welcher „pleite geht", entwickelt; er hat damit nichts mit dem Geier als Vogel zu tun. Aus dem Plattdeutschen „fleuten gahn" hat sich im weiteren das synonyme „Flötengehen" herausgebildet.[6] 26

b) Das römische Privatrecht

aa) Die Personalexekution des Legisaktionenverfahrens

In der historischen Entwicklung des Zivilprozessrechts[7] begegnen uns im römischen Recht drei Prozessarten, die zeitlich einander ablös- 27

---

[1] § 117 Codex Hammurabi, *Hess,* InsO, Einleitung vor § 1 Rdn. 19; zu weitgehend für das heutige Recht *Trinkner,* BB 1992, 2441.

[2] Ex 21, 2 (zur Sklavenfreilassung und Entschuldung); zum Schulderlass im so genannten Jubeljahr Lev 25, 10; ausführlich Meyers Konversationslexikon, 6. Auflage Leipzig 1902 bis 1911 Band 10 S. 324; *Jakob* und *Wilhelm Grimm,* Leipzig 1854–1971, Band 10 Sp. 2341.

[3] Mt 18, 23–35; Luk 16, 1 bis 8; *Gnilka,* Jesus von Nazareth, 2. Auflage Freiburg 1993, S. 162, vergleicht es in seiner Anlage als humoresken Schwank; ähnlich *Biser,* Gott für uns, Düsseldorf 1997, S. 127, der wohl eher ironisch von einem Fall noch heute im Orient üblicher Korruption spricht.

[4] *Dulckeit/Schwarz/Waldstein,* § 23 I 6.

[5] *Pfeifer,* S. 1019; *Duden,* Herkunftswörterbuch der deutschen Sprache, 2. Auflage Mannheim 1989, S. 536; *Jaeger,* KO, Einleitung, S. XV Fn. 2.

[6] *Weigand,* S. 560; nicht ganz sicher *Pfeifer,* S. 358.

[7] Zu den Zwölftafelgesetzen *Dulckeit/Schwarz/Waldstein,* § 10; *Wesel,* S. 158 ff.; *Apathy/Klingenberg/Stiegler,* § 2 I; zum corpus iuris civils *Dulckeit/Schwarz/Waldstein,* § 43; *Wesel,* S. 234 ff.; *Manthe* in: *Graf,* S. 449, 457 ff.; *Dernburg,* Pandekten, Band 1 S. 12–22; Der Neue Pauly, Enzyklopädie der Antike, Stuttgart/Weimar 1996 bis 2003, Band 3 Sp. 54; zu den digestae *Dulckeit/Schwarz/Waldstein,* § 43 II; eingehend *Dernburg,* Pandekten, Band 1 S. 16 ff.; *Windscheid/Kipp,* Band 1 S. 17 ff.; *Manthe* in: *Graf,* S. 449, 458, 461 ff.; eine heute noch gültige Ausgabe der Digesten legte *Theodor Mommsen, Mommsen,* Digesta Iustiniani Augusti, Berlin 1868 bis 1870, vor; diese Kodifikationen hatten in Deutschland Wirkung und Gültigkeit als so genanntes „Pandektenrecht" bis zum Inkrafttreten des Bürgerlichen Gesetzbuchs, *Manthe* in: *Graf,* S. 449; *Dulckeit/Schwarz/Waldstein,* § 44 II; *Dernburg,* Pandekten, Band 1 S. 12–50, 77 ff.

ten.[1] Der frühe Legisaktionenprozess[2] bestand in einer strengen Abfolge von Spruchformeln, die vor dem Gericht angebracht werden mussten. Das Legisaktionenverfahren wurde abgelöst durch den Formularprozess,[3] bei welchem weitere Formen der Klagen und der Klageansprüche zugelassen wurden.[4] Mit Übergang der Gerichtsbarkeit auf Beamte des römischen Staates wurde auch diese Prozessart durch das Kognitionsverfahren abgelöst.

28 Nach Verurteilung im Legisaktionenverfahren hatte der Beklagte und Schuldner dreißig Tage Zeit, die geschuldete Geldsumme an den Gläubiger zu zahlen. Die weitere Vollstreckung war primär Personalvollstreckung:[5] Der Gläubiger durfte den Schuldner in Haft nehmen und in Fesseln gefangen halten. Die Fesseln durften dabei nicht mehr als fünfzehn Pfund wiegen, dem Schuldner musste täglich mindestens ein Pfund Brot gewährt werden.[6] Für weitere sechzig Tage sollte den Angehörigen des Schuldners Gelegenheit gegeben werden, die (verdoppelte) Schuldsumme zu zahlen. Nach Ablauf dieser Frist durfte der Gläubiger den Schuldner an drei aufeinander folgenden Markttagen öffentlich zur Auslösung anbieten, der Schuldner wurde gleichsam verkauft. In letzter Konsequenz durfte der Schuldner durch den Gläubiger getötet oder trans Tiberim („über den Tiber" in das nicht römische Ausland) verkauft werden.

bb) Die Vermögensexekution im Formularprozess

29 Im Formularprozess hatte der Gläubiger zunächst weitere Vollstreckungsklage gegen den Schuldner zu erheben (actio iudicati). Dieses Verfahren erlangte zunehmend den Charakter einer Berufungs- und Revisionsinstanz.[7] Regelmäßige Form der Vermögensexekution war die Gesamtvollstreckung des schuldnerischen Vermögens.[8] Aus dem Schuldnervermögen sollte nicht nur der vollstreckende sondern alle Gläubiger des Schuldners möglichst gleichwertig befriedigt werden.[9] Zunächst wurde der Gläubiger förmlich in das Vermögen des Schuldners einge-

---

[1] Allgemein *Apathy/Klingenberg/Stiegler,* § 46 I; *Dulckeit/Schwarz/Waldstein,* §§ 14, 23; *Wesel,* S. 174 ff.

[2] Dazu ausführlich *Dulckeit/Schwarz/Waldstein,* § 14 II 2. a), 3., § 23 I 3., *Apathy/Klingenberg/Stiegler,* § 47; zum Ganzen auch *Dernburg,* Pandekten, Band 1 S. 297 ff.

[3] Dazu anschaulich mit Verfahrensablaufschema *Apathy/Klingenberg/Stiegler,* § 48; *Manthe* in: *Graf,* Einleitung in die lateinische Philologie, S. 449, 454; *Dernburg,* Pandekten, Band 1, S. 43.

[4] *Dulckeit/Schwarz/Waldstein,* § 22 IV 2, § 23 I 5; *Manthe* in: *Graf,* S. 449, 453 unten; *Dernburg* zählte in seinem Lehrbuch des Pandektenrechts zuletzt noch sechzig actiones; ausführlich *Dernburg,* Pandekten, Band 1 S. 362 ff.

[5] *Apathy/Klingenberg/Stiegler,* § 47; nach *Hess,* InsO, Einleitung vor § 1 Rdn. 25 sollen die Gläubiger berechtigt gewesen sein, den Schuldner „in Stücke zu hauen".

[6] *Dulckeit/Schwarz/Waldstein,* § 14 II 3 d) a. E.; das Halten in Fesseln wurde später gelockert für Schuldner, deren Schuld nicht aus deliktischen Handlungen resultierte.

[7] *Apathy/Klingenberg/Stiegler,* § 48 X 1.

[8] *Apathy/Klingenberg/Stiegler,* § 48 X 2.

[9] *Häsemeyer,* Rdn. 4.01.

wiesen (missio in bona). Durch öffentliche Bekanntmachung sollten möglichst alle Gläubiger am Verfahren beteiligt werden und ihre Forderungen gegen den Schuldner anmelden (proscriptio bonorum). Das Vermögen des Schuldners wurde schließlich durch einen von den Gläubigern gewählten magister bonorum öffentlich versteigert (venditio bonorum). Der Preis, den der Ersteher für das Vermögen zu zahlen bereit war, wurde als Quote ihrer jeweiligen Forderung an die Gläubiger verteilt. Als Gläubiger wurden der Fiskus wegen Steuerforderungen oder auch die Ehefrau wegen ihres Anspruchs auf Rückgabe der Mitgift bevorrechtigt befriedigt. Insoweit wurde auch hier schon der Grundsatz gleichmäßiger Gläubigerbefriedigung durchbrochen.[1] Ein Dritter, der an bestimmten Gegenständen ein Eigentumsrecht geltend machen konnte, konnte diese aus dem Vermögen des Schuldners herausverlangen (rei vindicatio), ebenso konnten Pfandgläubiger aus den ihnen verhafteten Gegenständen bevorzugt Befriedigung erlangen. Bezüglich der offenen Restforderungen haftete der Schuldner weiterhin den Gläubigern, er erlangte keine Restschuldbefreiung durch das Verfahren. Lediglich im ersten Jahr nach Beendigung des Verfahrens wurde dem Schuldner ein Existenzminimum belassen (beneficium competentiae).[2]

Soweit der Schuldner unverschuldet seine Zahlungen an die Gläu- 30
biger nicht mehr leisten konnte, erlaubte die lex Iuliae iudiciorum privatorum et publicorum des Kaisers *Augustus* dem Schuldner, durch Abtretung seines Vermögens an die Gläubiger der Personalexekution zu entkommen (cessio bonorum).[3] Der Schuldner wurde in diesem Fall nur seinem Leistungsvermögen entsprechend verurteilt (id quod facere potest).[4]

3. Die europäischen Entwicklungen und die Neuzeit

a) Das italienische Statutarrecht der frühen Neuzeit

In Anknüpfung an das nachklassische justinianische Recht entwickelte 31
sich im späten Mittelalter des 13. Jahrhunderts in den italienischen Handelsstädten wie etwa Florenz, Venedig, Genua, ein eigenes Insolvenzrecht, das als italienisches Statutarrecht die Grundsätze des römi-

[1] Zur dogmatischen Einordnung der Gläubigergleichbehandlung *Häsemeyer,* Rdn. 2.17 ff., 2.28; Vorrechte des Fiskus bestanden bis zuletzt durch § 61 Abs. 1 Nr. 2 KO und § 17 Abs. 3 Nr. 2 GesO; indes ist Gleichbehandlung der Gläubiger nicht gleichzusetzen mit absolut gleichmäßiger Befriedigung, Vorrechte aus bestimmten Gründen stellten nach bisheriger Ansicht zum Konkursrecht keine Verletzung dieses Grundsatzes dar, *Baur/Stürner,* InsolvenzR, Rdn. 11.19 ff.

[2] Der Neue Pauly, Enzyklopädie der Antike, Stuttgart/Weimar 1996 bis 2003, Band 2 Sp. 1077.

[3] Der Neue Pauly, Enzyklopädie der Antike, Stuttgart/Weimar 1996 bis 2003, Band 2 Sp. 1076 ff.; *Apathy/Klingenberg/Stiegler,* § 48 X 1.

[4] Der Neue Pauly, Enzyklopädie der Antike, Stuttgart/Weimar 1996 bis 2003, Band 2 Sp. 1077.

schen Rechts erhalten und weiterführen sollte.[1] Das Verfahren der Gesamtvollstreckung verlor dabei seinen Charakter als Verfahren der Urteilsvollstreckung[2] und wurde zu einem eigenen Verfahren, das ein vollstreckbares Urteil gegen den Schuldner nicht mehr voraussetzte. Der Gläubiger, der gegen den Schuldner das Verfahren beantragte, musste lediglich seine Forderung sowie die Zahlungsunfähigkeit des Schuldners summarisch glaubhaft machen. Durch den Magistrat (magistratus ruptorum) erging bei zulässigem und begründetem Antrag ein Beschluss zur Verwaltung des Schuldnervermögens, es wurde ein Verwalter eingesetzt (syndicus, curator bonorum, capi dei creditori). Der Verwalter hatte das Vermögen des Schuldners zu verwerten und den Erlös gleichmäßig an die Gläubiger zu verteilen. Wohl als Ausprägung des für den Kaufmann ausgerichteten Verfahrens ermöglichte das Statutarrecht erstmals eine Verfahrensbeendigung durch Vergleich des Schuldners mit den Gläubigern.[3]

32 Erhalten hat sich bis in den heutigen Sprachgebrauch noch das Wort vom „Bankrott" des Schuldners, abgeleitet aus dem italienischen „banca rotta". Dies bezeichnete zunächst nur die öffentliche Zerschlagung der Wechselbank des zahlungsunfähigen Geldwechslers oder Bankiers[4] als Zeichen seiner Insolvenz. Später wurde „Bankrott" zum Allgemeinbegriff für kaufmännischen und wirtschaftlichen Untergang. In juristischer Terminologie wird er lediglich strafrechtlich gebraucht als Tatbestand der Konkursstraftaten des Strafgesetzbuchs (§§ 283ff. StGB).

b) Der Konkursprozess nach *Salgado de Samoza*

33 Einen anderen – für die Entwicklung des deutsches Insolvenzrechts nicht weniger bedeutsamen – Weg wählte das Spanien der frühen Neuzeit. *Don Alfonso X.*,[5] genannt „der Weise", König von Kastilien und Leon, regte eine allgemeine Gesetzgebung für Spanien an, die mit der in sieben Bücher gegliederte „Siete partidas" im Jahre 1348 ihren Abschluss fand, diese enthielten als allgemeines Verfahrensgesetz auch Regeln für ein Insolvenzverfahren. Bemerkenswert ist hier die rechtliche Unterscheidung zwischen der Insolvenz des Kaufmanns und der des Privatmanns, der kein Gewerbe betrieben hatte. Als theoretisches Grundwerk zu einem Insolvenzverfahren gilt der von dem Gelehrten *Salgado de Samoza* verfasste Labyrinthus creditorum concurrentium ad litem per debitorem communem inter illos causatam.[6] Dieses eher theo-

---

[1] Ausführlich *Baur/Stürner*, InsolvenzR, Rdn. 3.7.

[2] *Baur/Stürner*, InsolvenzR, Rdn. 3.4.

[3] *Baur/Stürner*, InsolvenzR, Rdn. 3.7.

[4] *Weigand*, 4. Auflage Gießen 1881, S. 151; *Jaeger*, KO, Einleitung, S. XV Fn. 2; *Pfeifer*, S. 95.

[5] (23. 11. 1221 bis 4. 4. 1284) sehr anschaulich Meyers Konversationslexikon, 6. Auflage Leipzig 1902 bis 1911, Band 1 S. 311 ff.

[6] *Baur/Stürner*, InsolvenzR, Rdn. 3.12.

retisch denn praktisch angelegte Regelwerk erschien im Jahre 1646 in lateinischer Sprache.[1] *Salgado de Samoza* behielt die Unterscheidung zwischen Kaufmanns- und Privatkonkurs bei und versuchte in seinem Werk in komplexer Weise alle Fragen des materiellen Konkursrechts wie auch des Verfahrensrechts zu erfassen und abzuhandeln. Sein Konkursrecht räumte dem Gericht als verfahrensleitendes Organ umfangreiche Befugnisse ein, während der Konkursverwalter eher nur ausführendes Organ war. Dies führte in der Praxis zu einem mehr und mehr formalistischen Verfahren, das allen Beteiligten wenig Nutzen brachte, insbesondere bei langer Verfahrensdauer die Chancen der Gläubigerbefriedigung verminderte.[2] Obwohl es daher heftig kritisiert wurde, hatte das Werk *Salgados* prägenden Einfluss auf das gemeine römischrechtliche Konkursrecht in Deutschland.

Als erster beschrieb *Salgado* in seinem Werk den concursus creditorum, als das Zusammenkommen der Gläubiger zur gemeinschaftlichen Befriedigung aus dem Schuldnervermögen. Letztlich ist ihm daher der heute noch gebräuchliche Begriff des „Konkurses“ zu verdanken.[3] 34

c) Das kaufmännische Insolvenzrecht im Frankreich des 17. Jahrhunderts

Angeregt durch gegenseitige Handelsbeziehungen erlangte das italienische Statutarrecht Einfluss auf das französische Insolvenzrecht. Im Jahre 1673 erließ Louis XIV. mit der Ordonnance du commerce ein allgemeines Handelsgesetz mit Regelungen auch für die Insolvenz des Kaufmanns, diese wurde als falliment[4] bezeichnet. Im Jahre 1807 erfuhr das französische Konkursverfahren durch den Code du commerce grundlegende Neuregelungen mit insolvenzrechtlichen Regelungen im dritten Buch „des faillites et banqueroutes“, die jedoch nur den Kaufmann betrafen, der Konkurs des Privatmannes wurde 1806 durch den Code de prócedure civile geregelt.[5] Das Verfahren war von starker 35

[1] Nach anderer Angabe war das Erscheinungsjahr 1653; in Deutsch erschienen 1663, *Hess,* InsO, Einleitung vor § 1 Rdn. 73; *Henckel* in: *Jaeger,* InsO, Einleitung Rdn. 6 Fn. 10 nennt das Jahr 1665.

[2] *Baur/Stürner,* InsolvenzR, Rdn. 3.12; *Hess,* InsO, Einleitung vor § 1 Rdn. 79.

[3] *Pfeifer,* S. 707; nicht sehr deutlich bei *Duden,* Herkunftswörterbuch der deutschen Sprache, 2. Auflage Mannheim 1989, S. 372; dass stattdessen nurmehr von der Insolvenz des Schuldners gesprochen wird und demzufolge die Insolvenzordnung diesen Namen erhalten hat, hat eher sprachkosmetische Gründe; der negative Beigeschmack von dem „in Konkurs gegangenen“ Schuldner soll vermieden werden; eher übertrieben kritisch hiergegen *Henckel* in: *Jaeger,* InsO, Einleitung Rdn. 87 ff.

[4] Der Begriff ist dem Italienischen entlehnt, als falliti wurden die Schuldner des Insolvenzverfahrens bezeichnet; nach dem Deutschen Wörterbuch von *Jacob* und *Wilhelm Grimm,* Leipzig 1854–1971, Band 3 Sp. 1288, ist das deutsche Verbum „fallieren“ dem italienischen fallire entlehnt mit den Bedeutungen „fehlen“, „fehlschlagen“ oder „unvermögend sein zu zahlen“ belegt.

[5] *Baur/Stürner,* InsolvenzR, Rdn. 3.20.

Herrschaft der Gläubiger geprägt,[1] ebenso bekannt waren die Anfechtung benachteiligender Rechtshandlungen oder die Unwirksamkeit von Rechtshandlungen des Schuldners nach Eröffnung des Verfahrens.[2] Das französische Konkursrecht wurde in den Jahren 1838, 1856 und 1889 novelliert.[3] Durch Gesetz vom 4. März 1889 wurde dem Schuldner ferner die Möglichkeit gegeben, durch ein abgeschwächtes Konkursverfahren mit abschließendem Vergleich, die Konkurseröffnung selbst abzuwenden.[4] In der weiteren Entwicklung wurde das Insolvenzrecht in Frankreich im Jahre 1985 reformiert, auch diese Gesetzgebung hatte auf die deutsche Insolvenzordnung Einfluss.[5]

4. Die Entwicklung des gemeinrechtlichen deutschen Konkurses

a) Der Einfluss des italienischen Statutarrechts auf deutsche Handelsstädte

36 In verschiedenen deutschen Stadtrechten des späten Mittelalters hatte zunächst das italienische Statutarrecht seine Spuren hinterlassen. Es entwickelte sich beginnend im 13. Jahrhundert bis zum 16. Jahrhundert aus einem Klageverfahren gegen den insolventen oder flüchtigen Schuldner, an welches sich alle Gläubiger anschließen konnten.[6] So galt in der Hansestadt Lübeck ab 1294 ein Kodex mit Regelungen zur Vermögensbeschlagnahme seitens der Gläubiger, dieser enthielt auch erste Regelungen zu einer Art Vergleich zwischen dem Schuldner und den Gläubigern.[7]

b) Die landesrechtlichen Regelungen in der Neuzeit

37 Ab dem 16. Jahrhundert entstanden in den deutschen Ländern erste Landesrechte zur Regelung eines Zivilverfahrens und damit auch des Vollstreckungs- und Konkursrechtes. Einen ersten Bericht über ein so genanntes Gantverfahren[8] zur Versteigerung des schuldnerischen Besitzes oder verpfändeter Habe gibt das „Peffersche Zuchtbuch" aus dem Jahre 1523, das die Versteigerung des Schuldnerbesitzes durch den Gläubiger regelt.[9] 1616 wurde in Bayern eine Gantordnung erlas-

---

[1] *Hess,* InsO, Einleitung vor § 1 Rdn. 89.

[2] *Baur/Stürner,* InsolvenzR, Rdn. 3.20.

[3] *Baur/Stürner,* InsolvenzR, Rdn. 3.20; *Jaeger,* KO, Einleitung, S. XXII.

[4] *Jaeger,* KO, Einleitung, S. XXII.

[5] Begründung des Regierungsentwurfs BT-Drucks. 12/2443, S. 105; *Häsemeyer,* Rdn. 4.02.

[6] *Baur/Stürner,* InsolvenzR, Rdn. 3.9; *Hess,* InsO, Einleitung vor § 1 Rdn. 49 ff.

[7] *Hess,* InsO, Einleitung vor § 1 Rdn. 52 ff.

[8] Zum Begriff *Jakob* und *Wilhelm Grimm,* Leipzig 1854–1971, Band 4 Sp. 1282 ff.

[9] Nachgewiesen bei *Jakob* und *Wilhelm Grimm,* Leipzig 1854–1971, Band 4 Sp. 1283, 1285.

sen, die inhaltlich jedoch mehr von dem Prioritätsgrundsatz des Einzelzwangsvollstreckungsrechts geprägt war und bezüglich des Konkurses eher zurückhaltende Regelungen enthielt.[1] Das württembergische Landrecht von 1555 gab dagegen das Prioritätsprinzip zu Gunsten aller Gläubiger ausdrücklich auf,[2] ließ jedoch zahlreiche Vorrechte zu. Das kursächsische Recht von 1622 war hier schon detaillierter: Im Falle der Überschuldung des Schuldners wurden alle Gläubiger zur gemeinschaftlichen Befriedigung in fünf Klassen eingeteilt, je nach der Art oder Besicherung ihrer Forderung. Diese Einteilung war vorbildlich für die Klassifizierung der Gläubiger im späteren gemeinrechtlichen Konkurs. Die Gerichtsordnung von Sachsen-Gotha aus dem Jahre 1670 sah in ihrem Konkursverfahren zur Feststellung der Gläubigerforderungen und ihrer Vorrechte die Ladung sämtlicher Gläubiger und des Schuldners zur gemeinsamen Verhandlung vor, nicht erschienene Gläubiger wurden mit ihrer jeweiligen Forderung ausgeschlossen.[3]

c) Das so genannte gemeinrechtliche Konkursverfahren

Während die frühen Stadtrechte dem italienischen Statutarrecht an- 38
gelehnt waren, verstand sich der gemeinrechtliche deutsche Konkurs als Weiterentwicklung des römischen Rechts unter besonderer Berücksichtigung des spanischen Rechts mit dem Werk *Salgado de Samozas.* Das Wesen des Konkursverfahrens als im römischen Rechtssystem beschreibt *Bernhard Windscheid* ausführlich unter Darlegung der Quellen des justinianischen Rechts.[4] Das Konkursverfahren war stark gerichtsorientiert und formalistisch angelegt, es war wenig flexibel und bot den Gläubigern wie dem Schuldner wenig Einflussmöglichkeit.[5] Mit Eröffnung des Konkursverfahrens wurde dem Schuldner die Befugnis entzogen, über sein Vermögen weiter zu verfügen,[6] gegen die Gläubiger bestand ein Vollstreckungsverbot. Ein vom Gericht eingesetzter Kurator hatte das Vermögen des Schuldners zu verwalten und zu verwerten. Das eigentliche Konkursverfahren war dreigeteilt:

- In einem ersten Liquidationsverfahren erfolgte die Feststellung der 39
  Gläubigerforderungen. Sie hatten diese innerhalb einer vom Gericht gesetzten Frist anzumelden, bei nicht genügend entschuldigter Fristversäumnis wurde die Forderung nicht mehr zum Verfahren zugelassen.[7] Der Anmeldepflicht unterlagen auch Gläubiger, die ihre Forderungen gegen den Schuldner bereits eingeklagt hatten, laufende

---

[1] *Baur/Stürner,* InsolvenzR, Rdn. 3.11.
[2] *Baur/Stürner,* InsolvenzR, Rdn. 3.11.
[3] *Baur/Stürner,* InsolvenzR, Rdn. 3.11.
[4] *Windscheid/Kipp,* Band 2, S. 103 ff.; ausführlich *Hess,* InsO, Einleitung vor § 1 Rdn. 83.
[5] *Savigny,* Band 8, S. 283 unten.
[6] *Windscheid Kipp,* Band 2, S. 108.
[7] *Savigny,* Band 8, S. 284.

Prozesse wurden durch das Konkursverfahren unterbrochen.[1] Der vom Gericht bestellte Kontradiktor hatte die angemeldeten Forderungen zu prüfen, festzustellen und gegebenenfalls gegenüber dem Gläubiger zu bestreiten, in diesem Fall wurde der Bestand der Forderung vor Gericht im Rahmen eines gestrafften Erkenntnisverfahrens geprüft. Im Rahmen des Liquidationsverfahrens wurden auch Rechte Dritter an einzelnen Vermögensgegenständen geprüft und anerkannt, Rechte auf Aus- und Absonderung, so genannte Vindicanten und Separatisten, waren damit in das Verfahren eingebunden.[2]

40 – Im zweiten Verfahrensteil, dem Prioritätsverfahren,[3] wurde der Rang der einzelnen Forderungen in ähnlicher Verfahrensweise festgestellt. Der gemeinrechtliche Konkurs kannte fünf Rangklassen.[4] Das Gericht führte für alle Forderungen und ihre Vorrechte eine Tabelle. Bei Streit über ein bestehendes Vorrecht einer Forderung hatte wiederum das Gericht im ordentlichen Prozess zu entscheiden.[5]

41 – Dritter Verfahrensteil des Konkursverfahrens war endlich das Distributionsverfahren mit der Verwertung des Schuldnervermögens durch den Kurator und der Verteilung des Erlöses an die Gläubiger entsprechend ihrer Rangklassen. Nach Beendigung des Verfahrens haftete der Schuldner den Gläubigern weiterhin bezüglich des nicht befriedigten Teils ihrer jeweiligen Forderung, es bestand der Grundsatz der unbeschränkten Nachforderung.

42 In den zivilrechtlichen Nebengesetzen wurde auf das Konkursverfahren insoweit eingegangen, als dieses Einfluss auf das materielle bürgerliche Recht hatte. So enthält das Allgemeine Preußische Landrecht[6] nachlassrechtliche Regelungen zum Konkurs des Erben (I. Theil IX. Titel § 410). Für den Konkurs eines Gesellschafters einer Handelsgesellschaft bestimmte das Allgemeine Preußische Landrecht die Auflösung derselben (II. Theil VIII. Titel § 667). Auch die Vorzugsrechte der Ehefrau des Schuldners waren geregelt (II. Theil I. Titel §§ 258 ff.). Das Allgemeine Preußische Landrecht regelte daneben eine Vielzahl von Gläubigervorrechten und -pfandrechten[7] im Konkursverfahren und setzte dafür das Verfahren des gemeinrechtlichen Konkurses voraus.

---

[1] *Savigny,* Band 8, S. 284.

[2] *Savigny,* Band 8, S. 282 ff.; *Windscheid/Kipp,* Band 2, S. 107.

[3] *Windscheid/Kipp,* Band 2, S. 103 ff.; *Savigny,* Band 8, S. 284; *Hess,* KO, Einleitung vor § 1 Rdn. 83 ff.; *Baur/Stürner,* InsolvenzR, Rdn. 3.13 ff.; etwas verallgemeinernd *Uhlenbruck* in: FS Einhundert Jahre Konkursordnung, S. 3.

[4] *Savigny,* Band 8, S. 282 ff.; differenzierend *Windscheid/Kipp,* Band 2, S. 104 ff.

[5] *Baur/Stürner,* InsolvenzR, Rdn. 3.17.

[6] Allgemeines Landrecht für die Preußischen Staaten; erlassen von König Friedrich Wilhelm III. am 5. 2. 1794; in Kraft getreten am 1. 6. 1794; *Hattenhauer,* Allgemeines Landrecht für die Preußischen Staaten, 3. Auflage Neuwied 1996.

[7] Ausführlich nachgewiesen bei *Hattenhauer,* Allgemeines Landrecht für die Preußischen Staaten, 3. Auflage Neuwied 1996, S. 754.

Der gemeinrechtliche Konkurs verlor in den deutschen Ländern aber seine Geltung, in welchen eigene Gesetze zur Abwicklung eines Konkursverfahrens eingeführt wurden. So galt in Hannover ab 1850 eine eigene Prozessordnung, in Nassau eine Konkursverordnung aus dem Jahre 1859, weitere eigene Konkursordnungen hatten Baden, Oldenburg, Braunschweig, Sachsen-Gotha, Waldeck, Lippe und die Hansestädte.[1] Im Königreich Bayern galt eine Prozessordnung vom 29. April 1869, die in ihrem fünften Buch das so genannte „Gantverfahren" regelte.[2] Die Preußische Konkursordnung vom 8. Mai 1855 lehnte sich stark an den französischen Code commerce an, übernahm ihn sogar teilweise wörtlich.[3] Die Preußische Konkursordnung von 1855 war wesentliches Vorbild für die Konzeption der späteren Reichskonkursordnung. 43

5. Von der Reichskonkursordnung zur Insolvenzrechtsreform

a) Die Entstehung der Konkursordnung für das Deutsche Reich

Die Gründung des Norddeutschen Bundes nach 1866 und später des Zweiten Deutschen Kaiserreiches im Jahre 1871 war Anlass auf politischer Ebene, eine Rechtsvereinheitlichung in den deutschen Ländern voranzutreiben. So wurde bereits 1870 durch den Bundesrat des Norddeutschen Bundes der Bundes- und spätere Reichskanzler mit der Vorlage eines Entwurfs zu einer Reichskonkursordnung beauftragt.[4] Auf der Grundlage der Preußischen Konkursordnung von 1855 erarbeitete eine Expertenkommission unter Vorsitz des Geheimen Oberjustizrates *Franz Förster* einen Entwurf einer Reichskonkursordnung.[5] Wesentliche Arbeit leistete aber der damals erst fünfunddreißigjährige Referent der Kommission, Assessor *Carl Hagens,* er gilt mithin als Vater der Konkursordnung.[6] 44

Der „Entwurf einer Gemeinschuldordnung" aus dem Jahre 1873[7] wurde am 21. Dezember diesen Jahres einer Vorkommission übergeben, die ihre Beratungen hierüber nach 73 Sitzungen im Juli 1874 abschloss.[8] Eine wesentliche Änderung dieser Kommission bestand darin, 45

---

[1] Die Konkursordnung von Lippe-Detmold vom 25. 12. 1779; die Braunschweigische Zivilprozessordnung vom 19. 3. 1850 und die Hamburger Neue Fallitenordnung von 1753 standen noch stark unter dem gemeinrechtlichen Einfluss, *Baur/Stürner,* InsolvenzR, Rdn. 3.12; *Hess,* InsO, Einleitung vor § 1 Rdn. 85.

[2] *Jaeger,* KO, Einleitung, S. XIV.

[3] *Baur/Stürner,* InsolvenzR, Rdn. 3.21.

[4] *Baur/Stürner,* InsolvenzR, Rdn. 3.22; *Jaeger,* KO, Einleitung, S. XIV; *Hess,* InsO, Einleitung vor § 1 Rdn. 98.

[5] *Baur/Stürner,* InsolvenzR, Rdn. 3.22; *Hess,* InsO, Einleitung vor § 1 Rdn. 100, 101.

[6] *Jaeger,* KO, Einleitung, S. XIV Fn. 1.

[7] *Hagens,* Entwurf einer Deutschen Gemeinschuldordnung, Berlin 1873.

[8] *Jaeger,* KO, Einleitung, S. XV; *Hess,* InsO, Einleitung vor § 1 Rdn. 102, 103.

das künftige Gesetz „Konkurs-“ und nicht „Gemeinschuldordnung“ zu nennen,[1] im Übrigen wurde der Entwurf *Carl Hagens* ohne große Änderungen übernommen. Der Gesetzesentwurf wurde am 21. Januar 1875 samt den Motiven zu dem Gesetz in den Bundesrat eingebracht und am 21. Dezember 1876 in dritter Lesung einstimmig angenommen. Unter dem 10. Februar 1877 zusammen mit dem Einführungsgesetz im Reichsgesetzblatt veröffentlicht[2] trat die Konkursordnung im gesamten Deutschen Reich am 1. Oktober 1879 in Kraft.

46 Inhaltlich orientierte sich die Konkursordnung stark an die Preußische Konkursordnung von 1855, die ihrerseits ihr Vorbild im französischen Konkursrecht hatte. Anders als das französische Vorbild unterschied die Konkursordnung aber nicht mehr zwischen dem Schuldner, der Kaufmann war und dem Nichtkaufmann. Für beide galten die gleichen Voraussetzungen und wurde das gleiche Verfahren angewendet. Wesentliche Errungenschaft der neuen Konkursordnung war ferner eine Flexibilisierung des Verfahrens durch Verlagerung von der Gerichtsmacht des gemeinrechtlichen Konkurses zur Verwaltermacht. Dieser konnte weitgehend eigenständig das Verfahren betreiben und unterlag nur einer allgemeinen Aufsicht durch das Gericht, eine Abberufung des Verwalters war überhaupt nur auf Antrag der Gläubigerversammlung oder des Gläubigerausschusses möglich. Was dagegen ebenfalls unter dem Aspekt einer Verfahrensvereinfachung zunächst als Vorteil angesehen wurde, erwies sich später als starkes Hemmnis für das Konkursverfahren, nämlich die Behandlung von Absonderungsrechten: Gläubiger, die an einzelnen Gegenständen Pfand- oder Sicherungsrechte hatten, mussten sich mit diesen am Verfahren nicht beteiligen, sondern konnten selbstständig abgesonderte Befriedigung betreiben und nahmen nur mit ihrem Forderungsausfall am Verfahren teil. Dies führte in immer stärkerem Maße zur Belastung des schuldnerischen Vermögens und damit der Konkursmasse mit zumeist verdeckten Fremdrechten, die im Falle der drohenden Konkurseröffnung offengelegt die für den Verwalter verwertbare Masse erheblich schmälerten.

47 Obgleich die Konkursordnung als das trefflichste der Justizgesetze galt,[3] wurde nicht an Kritik gespart.[4] Bereits 1893 wurde daher ein Antrag zur Änderung der Konkursordnung in das Parlament eingebracht, der wesentlich Verschärfungen des Konkursstrafrechts, strengere Maßstäbe an einen Zwangsvergleich und den Verlust der bürgerlichen Ehrenrechte für den Schuldner zu Gegenstand hatte.[5] Diese mehrfach eingebrachten Änderungsanträge hatten keinen Erfolg. Gemessen an der Geltungsdauer des Gesetzes vom 1. Oktober 1879 bis 31. Dezember

---

[1] *Jaeger,* KO, Einleitung, S. XV; ähnlich kritisch zur Verwendung des lateinischen Begriffs der Insolvenz *Henckel* in: *Jaeger,* InsO, Einleitung, Rdn. 87 ff.

[2] RGBl. S. 351.

[3] *Jaeger,* KO, Einleitung, S. XV.

[4] *Jaeger,* KO, Einleitung, S. XVI.

[5] *Jaeger*, KO, Einleitung, S. XVI, dort auch m. w. N. Fn. 4.

1998 wurde die Konkursordnung wenig geändert; ihre Grundstrukturen blieben bis zuletzt erhalten. Zusammengefasst hat die Konkursordnung nach ihrer Neubekanntmachung vom 20. Mai 1898[1] fünfunddreißig Änderungen erfahren.[2]

b) Die Vergleichsordnung und die Gesamtvollstreckungsordnung

Die Konkursordnung enthielt lediglich Regelungen zum Abschluss 48
des so genannten Zwangsvergleichs innerhalb des Konkursverfahrens (§§ 173 ff. KO). Schon bald zeigte sich aber die Notwendigkeit für ein solches Vergleichsverfahren, das zum Ziel haben sollte, zwischen dem Schuldner und den Gläubigern einen Vergleich mit Stundung oder Erlass der Forderungen zu erzielen. Bereits im Jahre 1901 wurden mehr als 10.000 Konkursverfahren in Deutschland gezählt.[3] In den weiteren Jahren verschärfte sich diese Problematik, entsprechende Gesetzgebungsvorschläge hatte der Gesetzgeber aber nicht aufgegriffen.[4] Erst durch den ersten Weltkrieg veranlasst wurde im Jahre 1914 ein Gesetz über eine Geschäftsaufsicht über das schuldnerische Unternehmen zur Abwendung des Konkursverfahrens erlassen.[5] Nach diesem konnte ein Konkursverfahren abgewendet werden, wenn der Konkursgrund sich als behebbare Kriegsfolge eingestellt hatte. Die Fortbildung dieser Geschäftsaufsicht führte 1916 zu einer Verordnung über den konkursabwendenden Zwangsvergleich.[6] Eine erste Vergleichsordnung in Form eines Gesetzes wurde 1927 verabschiedet.[7] Die Vergleichsordnung vom 26. Februar 1935[8] ist am 1. April 1935 in Kraft getreten. Sie war das Ergebnis jahrelanger Bestrebungen seitens verschiedener Organisationen zur Reformierung des Vergleichsrechts.[9] Analog zum Konkursverfahren bestand das Vergleichsverfahren in einem Vorverfahren, in welchem das Gericht über eine Eröffnung des Verfahrens zu entscheiden hatte, im eigentlichen Hauptverfahren, in welchem die Gläubiger über den Vergleichsvorschlag abzustimmen hatten, und in einem Nachver-

---

[1] RGBl. S. 612; Die Neubekanntmachung erfolgte nach den Änderungen aus Anlass der Einführung des Bürgerlichen Gesetzbuchs durch Gesetz vom 17. 5. 1898; dazu *Jaeger,* KO, Einleitung, S. XVII.

[2] Im Einzelnen mit Kommentierungen nachgewiesen bei *Hess,* InsO, Einleitung Rdn. 107 a bis 128.

[3] *Baur/Stürner,* InsolvenzR, Rdn. 4.1.

[4] *Jaeger,* KO, Einleitung, S. XVIII unten.

[5] Gesetz vom 8. 8. 1914 (RGBl. S. 363); dazu *Jaeger,* KO, Einleitung, S. XIX; *Kilger/K. Schmidt,* Insolvenzgesetze, Einleitung VerglO Anm. I 2.

[6] Verordnung vom 14. 12. 1916 (RGBl. S. 1363); dazu *Jaeger,* KO, Einleitung, S. XIX m. w. N. auch zur weiteren Rechtsentwicklung in der ersten Nachkriegszeit.

[7] Gesetz über den Vergleich zur Abwendung des Konkurses vom 5. 7. 1927 (RGBl. I S. 139); *Jaeger,* KO, Einleitung, S. XIX.

[8] RGBl. I S. 321.

[9] *Kilger/K. Schmidt,* Insolvenzgesetze, Einleitung VerglO Anm. II 1. ff.; *Uhlenbruck/Delhaes,* Rdn. 1083 ff.

fahren zur Überwachung der Vergleichserfüllung. Das Verfahren konnte nur auf Antrag des Schuldners unter Vorlage eines konkreten Vergleichsvorschlags eröffnet werden, Gläubiger hatten kein Antragsrecht. Die Vergleichsordnung fand in der Praxis zunächst großen Anklang, sie machte in den ersten Jahren nach ihrem Inkrafttreten bis zu 30% der gesamten Insolvenzverfahren aus.[1] Das Vergleichsverfahren verlor jedoch zunehmend an Bedeutung, zuletzt wurden in den alten Ländern der Bundesrepublik Deutschland jährlich nurmehr 30 bis 50 Vergleichsverfahren eröffnet.[2] Die Mehrzahl der Vergleichsverfahren wurde in das so genannte Anschlusskonkursverfahren übergeleitet. Als Gründe hierfür wurden angegeben die mangelnde Masse des Schuldnervermögens, damit verbunden unzureichende Vergleichsquoten, die den Gläubigern angeboten werden konnten und nicht zuletzt Obstruktion seitens der Gläubiger. Die Vergleichsordnung hatte zuletzt keine praktische Bedeutung mehr.

49 Die Entwicklung der Gesamtvollstreckungsordnung in den neuen Ländern ist zu verstehen als Teil der Rechtsentwicklung innerhalb der Deutschen Demokratischen Republik. Die Konkursordnung hatte bis 1. Januar 1976 Geltung, mit diesem Datum wurde sie durch die Gesamtvollstreckungsverordnung vom 18. Dezember 1975[3] ersetzt. Diese hatte in ihren Regelungen ein weitaus einfacheres Insolvenzverfahren zum Inhalt als die in den Augen sozialistischer Justiz zu komplizierte und einer kapitalistischen Wirtschaftsordnung verpflichtete Konkursordnung. Große praktische Bedeutung hatte das Verfahren der Gesamtvollstreckungsverordnung in der Deutschen Demokratischen Republik jedoch nicht, in den Jahren 1976 bis 1990 sollen insgesamt nur etwa fünfhundert Verfahren beantragt worden sein.[4] Die Gesamtvollstreckungsverordnung wurde angesichts der bevorstehenden Wiedervereinigung der deutschen Staaten revidiert und der künftigen Wirtschaftsordnung angepasst, dabei wurden Regelungslücken des Gesetzes bewusst in Kauf genommen.[5] Sie wurde nach teilweiser Umarbeitung am 6. Juni 1990 neu bekannt gemacht[6] und trat am 1. Juli 1990 in dieser Fassung zusammen mit der Wirtschafts- und Währungsunion in

---

[1] *Baur/Stürner,* InsolvenzR, Rdn. 4.1.

[2] Die Zahl der eröffneten Vergleichsverfahren sank von 1721 im Jahre 1950 auf nur 35 im Jahre 1997; dagegen stieg im gleichen Zeitraum die Zahl der eröffneten oder mangels Masse abgewiesenen Konkursverfahren von 4497 auf 24.529; Insolvenzstatistik nach *Hess,* InsO, Einleitung vor § 1 Rdn. 176; mit eingehender Erläuterung *Baur/Stürner,* InsolvenzR, Rdn. 4.2.

[3] GBl. 1976 I S. 5.

[4] *Lübchen/Landfermann,* ZIP 1990, 829; *Haarmeyer/Wutzke/Förster,* GesO, Einleitung Rdn. 57; *Hess,* InsO, Einleitung vor § 1 Rdn. 134.

[5] *Haarmeyer/Wutzke/Förster,* GesO, Einleitung Rdn. 67 ff.; *Hess,* InsO, Einleitung vor § 1 Rdn. 139; Denkschrift der Bundesregierung zum Staatsvertrag über die Schaffung der Währungs- und Sozialunion BT-Drucks. 11/7350, S. 127.

[6] GBl. I S. 285; dazu *Haarmeyer/Wutzke/Förster,* GesO, Einleitung Rdn. 67; *Hess/Binz/Wienberg,* GesO, Einleitung Rdn. 6; *Hess,* InsO, Einleitung vor § 1 Rdn. 134 ff.

Kraft.[1] Durch den Einigungsvertrag wurde zwar weitgehend das bundesdeutsche Recht als Bundesrecht in den neuen Ländern in Kraft gesetzt, das galt aber nicht für das Insolvenzrecht. Nach Anlage II Kapitel III Sachgebiet A Abschnitt II Nr. 1 zum Einigungsvertrag galt in den neuen Bundesländern statt der Konkursordnung die Gesamtvollstreckungsverordnung unter Umbenennung in Gesamtvollstreckungsordnung mit weiteren Maßgaben und Änderungen fort.[2] Als Gründe für diese unterschiedliche Regelungen zum Insolvenzrecht wurden vorwiegend vorgetragen, die Gesamtvollstreckungsordnung sei innerhalb der aufzubauenden neuen Wirtschaftsordnung einfacher und leichter zu handhaben als die doch eher strenge Konkursordnung.[3] Im Hinblick auf die geringe Personalausstattung der Gerichte sei sie ferner durch ihre deregulativen Regelungen effizienter. Schließlich sollten durch die Gesamtvollstreckungsordnung Reformgedanken eines neuen Insolvenzrechts aufgegriffen und die Insolvenzrechtsreform wieder angestoßen werden.[4]

Tatsächlich bereitete aber gerade die Anwendung der in vielen 50
Punkten bewusst oder unbewusst lückenhaften Gesamtvollstreckungsordnung große Schwierigkeiten. Dies führte zunehmend zur Frage einer analogen Anwendung der konkursrechtlichen Regelungen,[5] obgleich stets betont wurde, dass eine Generalverweisung auf die Konkursordnung vom Gesetzgeber nicht vorgesehen sei und diese wohl nicht als „Lückenfüller" für die Gesamtvollstreckungsordnung zur Verfügung stehe. Die Gesamtvollstreckungsordnung führte im Ergebnis zu einer Vielzahl von Streitfragen im Rahmen ihrer Anwendung, zu einer Fülle an Einzelfallrechtsprechung und nicht zuletzt zu zahlreicher Aufsatz- und Kommentarliteratur. Ein anfangs an ihr empfundener Charme als schlankem Insolvenzgesetz war daher schnell verflogen.[6]

---

[1] Vertrag über die Schaffung einer Wirtschafts- und Sozialunion vom 18. 5. 1990 (BGBl. II S. 537).

[2] Zu den Motiven des Gesetzgebers *Hess,* InsO, Einleitung vor § 1 Rdn. 143; zu den einzelnen Änderungen ebenda Rdn. 147.

[3] Grundlegend *Lübchen/Landfermann,* ZIP 1990, 829; *Hess/Binz/Wienberg,* GesO, Einleitung, Rdn. 6; *Haarmeyer/Wutzke/Förster,* GesO, Einleitung Rdn. 59 ff., 71 ff., 108 ff.; *Hess,* InsO, Einleitung vor § 1 Rdn. 139.

[4] Begründung des Regierungsentwurfs BT-Drucks. 12/2443, S. 105; *Haarmeyer/Wutzke/Förster,* GesO, Einleitung Rdn. 60; *Hess/Binz/Wienberg,* GesO, Einleitung Rdn. 44.

[5] BGHZ 130, 76 und BGHZ 135, 30 (Zulässigkeit der Aufrechnung); BGHZ 139, 319 (Ersatzaussonderung); BGHZ 143, 332 (Anfechtung von Vollstreckungsmaßnahmen); *Hess/Binz/Wienberg,* GesO, Einleitung Rdn. 62 ff.; kritisch differenzierend dagegen *Haarmeyer/Wutzke/Förster,* GesO, Einleitung Rdn. 104 ff.

[6] *Hess/Binz/Wienberg,* GesO, Einleitung Rdn. 33 ff.; ebenso *Hess,* InsO, Einleitung vor § 1 Rdn. 149 ff.; ein gutes Zeugnis bescheinigen dagegen *Haarmeyer/Wutzke/Förster,* GesO, Einleitung Rdn. 94.

6. Die Insolvenzrechtsreform bis zur Insolvenzordnung

51 Trotz des allseitigen Lobes auf die Konkursordnung von 1877 war die Insolvenzrechtsgeschichte nie frei von Reformdiskussionen.[1] Im Jahre 1930 fand in diesem Zusammenhang in Wien ein Internationaler Kongress für Gläubigerschutz, veranstaltet vom „Creditoren-Verein von 1870“, statt.[2] Gesetzesentwürfe zu reformierenden Änderungen der Konkursordnung wurden 1937/38 und 1955/59 vorgelegt.[3] Die eigentliche Insolvenzrechtsreform wurde 1977 durch den Kölner Insolvenzrechtskongress des Kölner Arbeitskreises für Insolvenz- und Schiedsgerichtswesen e.V. angestoßen.[4] Der Bundesminister der Justiz *Hans Jochen Vogel* setzte daraufhin im Jahre 1978 eine Kommission zur Erarbeitung von Vorschlägen zu einer Insolvenzrechtsreform ein. Er ging dabei von der Vorstellung aus, dass ein insolventes oder insolvenzbedrohtes Unternehmen vor einer wertzerschlagenden Vernichtung bewahrt werden müsse, wenn sich der finanzielle Zusammenbruch durch eine den Gläubigern zumutbare und für die Volkswirtschaft tragbare Sanierungslösung vermeiden ließe und die Ertragsfähigkeit wiederhergestellt werden könne.[5] Die Kommission legte 1985 einen ersten und 1986 einen zweiten Bericht vor.[6] Dem folgte ein erster Diskussionsentwurf des Bundesjustizministeriums zu einer Insolvenzordnung von 1988.[7] Der erste Regierungsentwurf zur Insolvenzordnung wurde am 15. April 1992 als Gesetzentwurf vorgelegt.[8] Nach den Beratungen im Rechtsausschuss und Anhörung zahlreicher Experten gab der Rechtsausschuss des Bundestages am 19. April 1994 eine Beschlussempfehlung zur Insolvenzordnung.[9] Der Bundestag beschloss sie am 21. April 1994. Zahlreiche Änderungsvorschläge des Bundesrates führten das Gesetz aber zunächst in den Vermittlungsausschuss von Bundestag und Bundesrat. Ergebnis der Beratungen im Rechtsausschuss wie im Vermittlungsausschuss war unter anderem der Neunte Teil der Insolvenzordnung mit den besonderen Regelungen zum Verbraucherinsolvenzverfahren, ferner ein späteres Inkrafttreten der

---

[1] Dazu schon *Jaeger,* KO, Einleitung, S. XV ff.

[2] *Jaeger,* KO, Einleitung, S. XX m. w. N.

[3] Begründung des Regierungsentwurfs BT-Drucks. 12/2443, S. 102; *Hess,* InsO, Einleitung vor § 1 Rdn. 156.

[4] *Uhlenbruck/Klasmeyer/Kübler* (Hrsg.), FS Einhundert Jahre Konkursordnung 1877 bis 1977, Köln 1977.

[5] *Braun/Uhlenbruck,* S. 159; der Bundesjustizminister wird dort fälschlich mit dem Vornamen *Joachim* benannt.

[6] Dokumentiert im RWS-Verlag Kommunikationsforum GmbH Köln 1985/86.

[7] *Braun/Uhlenbruck,* S. 159 unten.

[8] Begründung des Regierungsentwurfs BT-Drucks. 12/2443; das Einführungsgesetz folgte mit Entwurf vom 24. 11. 1992, BT-Drucks. 12/3803.

[9] Beschlussempfehlung des Rechtsausschusses, BT-Drucks. 12/7302; Beschlussempfehlung zum Einführungsgesetz vom 18. 4. 1994, BT-Drucks. 12/7303.

Insolvenzordnung erst zum 1. Januar 1999 und nicht bereits – wie vom Bundestag beschlossen – zum 1. Januar 1997. Die Insolvenzordnung in dieser Fassung wurde am 7. Juni 1994 vom Bundestag verabschiedet und passierte den Bundesrat am 8. Juli 1994. Sie konnte daraufhin am 5. Oktober 1994 ausgefertigt und im Bundesgesetzblatt[1] veröffentlicht werden.

Die Insolvenzrechtsreform und ihre Diskussion war geprägt von 52
Schlagworten und plakativen Formulierungen gegen das bisher geltende Konkursrecht. Weithin wurde eine Funktionslosigkeit des geltenden Konkurs- und Vergleichsrechts festgestellt[2] und eine marktkonformes neues Insolvenzrecht gefordert.[3] Betont wurde, dass die Regelungen der Konkursordnung primär auf Zerschlagung der Vermögenswerte des Schuldners und nicht auf Erhaltung des Unternehmens ausgerichtet gewesen seien.[4] Demgegenüber war es wesentliches Ziel der Insolvenzrechtsreform, eine Sanierung des sanierungsfähigen schuldnerischen Unternehmens zu ermöglichen.[5] Das Modell der so genannten übertragenden Sanierung als besondere Form einer Gesamtvermögensliquidation wurde bereits in verschiedenen Konkursverfahren praktiziert, ihm wurde im Insolvenzrecht besonderes Augenmerk geschenkt.[6] Durch Herabsetzung der Kostenschwelle für die Eröffnung eines Insolvenzverfahrens[7] und Neudefinition der Insolvenzgründe Zahlungsunfähigkeit, Überschuldung und – neu – drohende Zahlungsunfähigkeit[8] sollte die Zahl der eröffneten Insolvenzverfahren erhöht und so die Befriedigungsgerechtigkeit der Gläubiger gestärkt werden. Nicht zuletzt sollte generell die Stellung der Gläubiger im Verfahren gestärkt werden.[9] Als ein wesentliches Problem wurde in diesem Zusammenhang auch das „Ausbluten" der Konkursmasse durch Sicherungsrechte der Gläubiger angesehen,[10] diese sollten künftig in das Verfahren eingebunden werden, wesentlich dadurch, dass das Verwertungsrecht auch mit solch Rechten Dritter belasteter Gegenstände dem Insolvenzverwalter und nicht dem Gläubiger zustehen soll.[11] Das Nebeneinander von Konkurs und Vergleich und insbesondere die Sperrwirkung eines schuldnerischen Vergleichsantrags gegenüber Konkursanträgen der Gläubiger wurde als misslich empfunden, beide Elemente sollten in

---

[1] BGBl. I S. 2866.

[2] Begründung des Regierungsentwurfs BT-Drucks. 12/2443, S. 73 unten.

[3] Begründung des Regierungsentwurfs BT-Drucks. 12/2443, S. 77; ausführlich auch *Balz* in: KS, 1. Auflage Herne/Berlin 1997, S. 3 ff.

[4] Begründung des Regierungsentwurfs BT-Drucks. 12/2443, S. 72 ff.

[5] Begründung des Regierungsentwurfs BT-Drucks. 12/2443, S. 94 ff.

[6] Begründung des Regierungsentwurfs BT-Drucks. 12/2443, S. 94 ff.

[7] Begründung des Regierungsentwurfs BT-Drucks. 12/2443, S. 118.

[8] Begründung des Regierungsentwurfs BT-Drucks. 12/2443, S. 114.

[9] Begründung des Regierungsentwurfs BT-Drucks. 12/2443, S. 79, 81, 83, 86, 90, 99.

[10] Begründung des Regierungsentwurfs BT-Drucks. 12/2443, S. 79, 86 ff., 176 ff.

[11] Begründung des Regierungsentwurfs BT-Drucks. 12/2443, S. 86 ff.

ein einheitliches Verfahren eingebunden werden.[1] Hieraus wurde das neue Insolvenzplanverfahren konzipiert, das in Anlehnung an das U.S.-amerikanische Recht[2] innerhalb des Insolvenzverfahrens sowohl eine individuelle Liquidation als auch Formen der Unternehmenssanierung ermöglichen soll.[3] Schließlich war es ein besonderes sozialpolitisches Anliegen, dem Schuldner die Möglichkeit zu geben, sich von seinen Verbindlichkeiten vollständig, also auch nach Beendigung des Insolvenzverfahrens bezüglich der verbleibenden Restforderungen, zu befreien. Das hier konzipierte Restschuldbefreiungsverfahren für natürliche Personen hat Vorbilder im neueren französischen und österreichischen Recht.[4]

53 Die Reformdiskussion ist auch sechs Jahre nach Inkrafttreten der Insolvenzordnung nicht abgeschlossen. Das Insolvenzrechtsänderungsgesetz vom 26. Oktober 2001[5] brachte einschneidende Neuregelungen zur Verbraucherinsolvenz und zur Einführung der so genannten Kostenstundung (§§ 4a ff. InsO). Seine Regelungen basieren wesentlich auf den Erkenntnissen einer vom Bundesministerium der Justiz und den Landesjustizverwaltungen eingesetzten Arbeitsgruppe.[6] Die Internationalisierung des Insolvenzrechts führte zur Schaffung eines neuen Elften Teils der Insolvenzordnungen mit Regelungen zum Insolvenzverfahren bei Auslandsbezug; die Regelungen wurden eingefügt durch den am 20. März 2003 in Kraft getretenen Art. 2 Nr. 1 des Gesetzes zur Neuregelung des Internationalen Insolvenzrechts vom 14. März 2003.[7] Das Insolvenzverfahren über das Vermögen natürlicher Personen wie auch einzelne Fragen der Unternehmensinsolvenz sind auch weiterhin in der rechtspolitischen Diskussion. Das Bundesministerium der Justiz legte im April 2003 sowie im September 2004 Entwürfe für weitere Reformen der Insolvenzordnung vor.[8] Konkrete Änderungen der Insolvenzordnung sind angesichts kontroverser Diskussionen um Einzelfragen

---

[1] Begründung des Regierungsentwurfs BT-Drucks. 12/2443, S. 82 ff., 90 ff.

[2] Dazu sehr ausführlich *Braun/Uhlenbruck,* S. 427 ff., 491 ff.; zum U.S.-amerikanischen Insolvenzrecht auch *Hess,* InsO, Art. 102 EGInsO Rdn. 1147 ff.; *Paulus,* NZI 2005, 439.

[3] Begründung des Regierungsentwurfs BT-Drucks. 12/2443, S. 77, 194 ff.

[4] Begründung des Regierungsentwurfs BT-Drucks. 12/2443, S. 105, 187 ff.; zum französischen Recht *Klopp,* KTS 1992, 347; *Hess,* InsO, Art. 102 EGInsO Rdn. 368 ff., 440; zum österreichischen Recht *Hess,* InsO, Art. 102 EGInsO Rdn. 735 ff.

[5] InsOÄndG vom 26. 10. 2001 (BGBl. I S. 2710).

[6] Begründung des Gesetzentwurfs der Bundesregierung BT-Drucks. 14/5680, S. 11 ff.; dazu auch *Graf-Schlicker,* NZI 2001, 569; *dies.*, ZIP 2002, 1166.

[7] Gesetz zur Neuregelung des Internationalen Insolvenzrechts vom 14. März 2003 (BGBl. I S. 345); zur Rechtsentwicklung ausführlich *Lüer* in: *Uhlenbruck,* InsO, Art. 102 EGInsO Rdn. 20 ff.

[8] Diskussionsentwurf des Bundesministeriums der Justiz zu einem Gesetz zur Änderung der Insolvenzordnung und anderer Gesetze vom 16. September 2004; abgedruckt in ZIP 2004, 1868; dazu *Stephan,* ZVI 2004, 505; *ders.*, NZI 2004, 521; *I. Pape,* NZI 2004, 601; *Ehricke,* ZIP 2004, 2262.

insbesondere des Verbraucherinsolvenzrechts und der Kostenstrukturen[1] aber nicht abzusehen.

---

[1] *Vallender/Fuchs,* NZI 2003, 292; *Wiedemann,* ZVI 2004, 645; *Ohle/Jäger,* ZVI 2004, 714 und 767; *Ahrens,* ZVI 2005, 1; *Kothe,* ZVI 2005, 9; *Jäger,* ZVI 2005, 15; *Sternal,* NZI-aktuell 8/2005, S. V; *Vallender,* NZI 2005, 599; *Pape,* ZInsO 2005, 842; *Paulus,* ZIP 2005, 2301.

2. Kapitel. Die Beteiligten des Insolvenzverfahrens

I. Das Insolvenzgericht

1. Allgemeine Vorüberlegungen

a) Das Insolvenzverfahren als gerichtliches Verfahren

54 Das Insolvenzverfahren gehört als gerichtliches Verfahren zu den Kernbereichen echter Rechtsprechung, gleich welche Definition des Begriffs der Rechtsprechung man zu Grunde legen will.[1] Diese Feststellung erscheint selbstverständlich, ist aber doch bemerkenswert, das Insolvenzverfahren gerade über juristische Personen oder Handelsgesellschaften könnte nämlich auch als Liquidationsverfahren bei den entsprechenden Kammerorganisationen oder Verwaltungsbehörden angesiedelt sein. Schon im früheren Konkursrecht war jedoch nahezu unstreitig, dass das Konkurs- oder das Vergleichsverfahren – ebenso natürlich die Gesamtvollstreckung nach der Gesamtvollstreckungsordnung – Teil der Rechtsprechung im materiellen Sinne sind und zum Aufgabenbereich der ordentlichen Gerichtsbarkeit gehören. Der Zweck des Insolvenzverfahrens besteht darin, *„die persönliche Haftung eines in Vermögensverfall geratenen Schuldners unter Verlustgemeinschaft der Gläubiger mit Hilfe der Staatsgewalt zu verwirklichen."*[2] Diesem Zweck kann nur in einem Verfahren der rechtsprechenden Gewalt entsprochen werden.

55 Dem Insolvenzverfahren kommt auch rechtsfürsorgende Bedeutung gegenüber dem Schuldner und gegenüber den Gläubigern zu. Gegenüber dem Schuldner beispielsweise, weil dieser während des Insolvenzverfahrens vor Einzelzwangsvollstreckung durch die Gläubiger geschützt wird (§ 89 Abs. 1 InsO) oder als natürliche Person nach Beendigung des Insolvenzverfahrens Restschuldbefreiung erlangen kann (§§ 1 Satz 2, 286 ff. InsO); gegenüber den Gläubigern, weil durch das Verfahren eine möglichst gleichmäßige Befriedigung der Gläubiger gewährleistet wird. Auch das Insolvenzplanverfahren (§§ 217 ff. InsO), mit welchem in der Unternehmensinsolvenz von den Regelungen der Insolvenzordnung weitgehend abgewichen werden kann und insbesondere die Sanierung des schuldnerischen Unternehmens gefördert werden soll, zeigt den rechtsfürsorgenden Charakter des Insolvenzverfahrens. Es wäre jedoch zu weit gegriffen, das Insolvenzverfahren deshalb zum Bereich der freiwilligen Gerichtsbarkeit und nicht zu

---

[1] Dazu *Stern*, Band II § 43; *Wolf*, ZZP 1986, 362.
[2] *Jaeger*, KO, § 71 Anm. 1.

dem der streitigen Gerichtsbarkeit und dem Zivilprozess zählen zu wollen.[1]

b) Die Gewährung des rechtlichen Rahmens durch das Insolvenzgericht

Die vornehmste Aufgabe des Insolvenzgerichts besteht darin, den rechtlichen Rahmen für den Ablauf des Insolvenzverfahrens zu schaffen. Im eröffneten Insolvenzverfahren entscheidet das Gericht nicht über eine bestimmte Art der Verwertung des schuldnerischen Vermögens oder über die mögliche Fortführung des schuldnerischen Geschäftsbetriebes, die Entscheidungsbefugnis hierüber liegt allein bei dem Insolvenzverwalter und den Gläubigern. In das eigentliche Geschehen der Insolvenzabwicklung greift das Gericht dann ein, wenn dies durch besondere Umstände zwingend erforderlich ist, beispielsweise durch Entlassung des Insolvenzverwalters aus wichtigem Grund (§ 59 Abs. 1 Satz 1 InsO), wenn zwischen den Beteiligten Streit über einzelne Verfahrensrechte besteht, beispielsweise durch Festsetzung eines Gläubigerstimmrechts einer nicht geprüften oder bestrittenen Forderung (§ 77 Abs. 2 Satz 2 InsO), oder wenn einzelnen Beteiligten unabwendbarer Schaden durch Maßnahmen des Insolvenzverwalters oder durch Beschlüsse der Gläubigerversammlung droht, beispielsweise durch vorläufige Untersagung der Unternehmensstilllegung auf Antrag des Schuldners (§ 158 Abs. 2 Satz 2 InsO) oder durch Aufhebung eines Beschlusses der Gläubigerversammlung, wenn dieser dem gemeinsamen Interesse der Gläubiger widerspricht (§ 78 Abs. 1 InsO). Demnach ist die Tätigkeit des Insolvenzgerichts im eröffneten Verfahren keineswegs gering zu achten, das Insolvenzgericht hat mit der Gewährung des rechtlichen Rahmens durch Überwachung des ordnungsgemäßen Verfahrensablaufs alle Beteiligten zu schützen. 56

Vor Eröffnung des Insolvenzverfahrens ist das Insolvenzgericht zur Klärung materieller Fragen insoweit berufen, als es durch Beschluss das Insolvenzverfahren zu eröffnen hat, wenn zu seiner Überzeugung die Zahlungsunfähigkeit oder gegebenenfalls auch die Überschuldung des Schuldners feststeht (§ 27 InsO). Die Prüfung, ob ein solcher Insolvenzgrund vorliegt, ist im Rahmen des Eröffnungsverfahrens wesentliche Aufgabe des Insolvenzgerichts. Rechtsfürsorgend wird das Insolvenzgericht im Eröffnungsverfahren tätig, wenn es vorläufige Maßnahmen zur Sicherung des schuldnerischen Vermögens erlässt (§ 21 InsO). 57

---

[1] So bereits *Jaeger,* KO, § 71 Anm. 2, § 72 Anm. 1; *Kuhn/Uhlenbruck,* KO; § 72 Rdn. 1; ausführlich *Häsemeyer,* Rdn. 3.05; m. w. N. auch *Frege/Keller/Riedel,* Rdn. 9.

2. Die Zuständigkeit des Insolvenzgerichts

a) Die sachliche Zuständigkeit des Amtsgerichts

58 Das Insolvenzverfahren ist in die sachliche Zuständigkeit des Amtsgerichts als Insolvenzgericht gelegt (§ 2 Abs. 1 InsO). Zugleich sollen nach der Regelung des § 2 Abs. 1 InsO nur diejenigen Amtsgerichte Insolvenzgerichte sein, in deren Bezirk das jeweilige Landgericht seinen Sitz hat. Das Gesetz bestimmt damit eine Zuständigkeitskonzentration, die im bisherigen Konkurs- oder Gesamtvollstreckungsrecht den Ländern überlassen war (§ 71 Abs. 3 KO, § 1 Abs. 2 GesO) und von welcher die meisten Bundesländer Gebrauch gemacht hatten. Durch die Konzentration auf das Amtsgericht am Landgericht soll gerade in der Unternehmensinsolvenz eine effektive und kompetente Verfahrensabwicklung durch erfahrene Insolvenzrichter und Rechtspfleger gewährleistet werden. Es soll vermieden werden, dass bei kleinen Amtsgerichten nur wenige Insolvenzverfahren pro Jahr anhängig werden. Eine Beeinträchtigung der Rechte der Beteiligten, etwa durch fehlende Bürgernähe der Justiz ist nicht zu befürchten und hat sich auch in den letzten Jahren seitens der Praxis nicht ergeben. Gerade im Bereich der Unternehmensinsolvenz hat sich die Zuständigkeitskonzentration des § 2 Abs. 1 InsO als sinnvoll erwiesen.

59 Mit § 2 Abs. 2 InsO werden die Landesregierungen weiterhin ermächtigt, zur sachdienlichen Forderung oder schnelleren Erledigung der Insolvenzverfahren zusätzliche Amtsgerichte zu Insolvenzgerichten zu erheben oder auch die Konzentration noch enger zu fassen.[1] Von dieser Ermächtigung haben die meisten Bundesländer Gebrauch gemacht und teilweise Insolvenzverfahren weiter konzentriert (so beispielsweise die Freistaaten Bayern mit § 29 Abs. 1 BayGZVJu und Sachsen mit Anl. 1 zu § 1 SächsJuZustVO) oder umgekehrt die Zuständigkeitskonzentration gelockert (so beispielsweise das Land Berlin mit § 5 der Zweiten Verordnung der Senatsverwaltung für Justiz über die Konzentration amtsgerichtlicher Zuständigkeiten).[2] Eine Lockerung der Zuständigkeitskonzentrationen erfolgt zumeist dergestalt, dass Verbraucherinsolvenzverfahren nach §§ 304 ff. InsO bei jedem Amtsgericht als Insolvenzgericht durchzuführen sind und nur das Regelinsolvenzverfahren auf ein Amtsgericht konzentriert wird. Damit soll für den Verbraucher als Schuldner des Verfahrens Bürgernähe geschaffen werden. Diese Intention überzeugt nicht, da sie zu einer für den Bürger nicht immer nachvollziehbaren Zersplitterung der Zuständigkeit führt.

---

[1] Eine umfassende Darstellung der Regelungen mit dem Stand vom April 2002 bringen *Becker* in: *Nerlich/Römermann*, InsO, § 2 Rdn. 17 sowie § 2 Anhang; *Ganter* in: MüKo-InsO, § 2 Rdn. 18; *Frege/Keller/Riedel*, Rdn. 264; sowie *Becker*, KTS 2000, 157.

[2] Vom 27. 11. 1998 (GVBl. S. 397); dazu LG Berlin DZWIR 1999, 517.

Die Abgrenzung zwischen dem Schuldner als Verbraucher und dem als Unternehmer nach § 304 InsO ist nicht einfach und in einzelnen Punkten auch strittig; der Schuldner, der sich selbst als Verbraucher ansieht, seitens des Gerichts möglicherweise aber dem Regelinsolvenzverfahren zugeordnet wird, sieht sich unvermittelt beim falschen Gericht. Umgekehrt erfordert die Durchführung des Insolvenzverfahrens keineswegs ständige Präsenz des Schuldners und macht es für diesen regelmäßig auch nicht erforderlich, häufig bei Gericht zu erscheinen, so dass Bürgernähe als Argument einer dezentralen Zuständigkeitsregelung nicht zwingend greift.

b) Die örtliche Zuständigkeit

aa) Die Zuständigkeit nach dem allgemeinen Gerichtsstand des Schuldners

Durch die gesetzliche Zuständigkeitskonzentration des § 2 Abs. 1 InsO verschwimmt die sonst im Zivilverfahren übliche Unterscheidung zwischen sachlicher und örtlicher Zuständigkeit. Die eigentliche örtliche Zuständigkeit des Insolvenzgerichts regelt § 3 InsO. Örtlich zuständig ist ausschließlich das Amtsgericht, in dessen Bezirk der Schuldner seinen allgemeinen Gerichtsstand hat (§ 3 Abs. 1 Satz 1 InsO). Die Insolvenzordnung nimmt mit dieser Formulierung Bezug auf die allgemeinen Gerichtsstandsregelungen der Zivilprozessordnung in den §§ 13ff. ZPO. Der Gerichtsstand des Schuldners, der eine natürliche Person ist, wird danach nach seinem Wohnsitz bestimmt (§ 13 ZPO). Der Gerichtsstand juristischer Personen oder auch von Personengesellschaften bestimmt sich nach deren satzungsmäßigem oder gesellschaftsvertraglichem Sitz (§ 17 ZPO). Unproblematisch ist dies zunächst bei juristischen Personen, bei welchen der Sitz im Vereins-, Handels- oder Genossenschaftsregister eingetragen ist (beispielsweise nach § 64 BGB, § 39 Abs. 1 Satz 1 AktG, § 10 Abs. 1 Satz 1 GmbHG, § 106 Abs. 1 und Abs. 2 Nr. 1 HGB oder § 6 Nr. 1 mit § 11 Abs. 2 Nr. 1 GenG). Bei der Gesellschaft bürgerlichen Rechts, die als solche insolvenzfähig ist, aber in kein Register eingetragen wird, bestimmt sich der Sitz der Gesellschaft allein nach dem Gesellschaftsvertrag, Anhaltspunkt für den Sitz kann nach § 17 Abs. 1 Satz 2 ZPO letztlich der Ort der Verwaltung der Gesellschaft sein. 60

Handelsgesellschaften oder juristische Personen führen nicht selten Zweigniederlassungen nach § 13 HGB. In der Rechtspraxis ist hier immer wieder fraglich, welches Gericht für die Durchführung des Insolvenzverfahrens zuständig ist oder ob die Zweigniederlassung als solche auch insolvenzfähig ist. Die Frage ist damit nicht allein eine solche der örtlichen Zuständigkeit sondern auch eine der Insolvenzverfahrensfähigkeit. Die Zweigniederlassung nach § 13 HGB ist rechtlich nicht selbstständig, sie kann dies schon deshalb nicht sein, weil auch der Einzelkaufmann als natürliche Person eine Zweigniederlassung begründen 61 kann, sich deshalb aber seine Rechtsfähigkeit nicht etwa aufspaltet. Gleiches gilt für die Zweigniederlassung der Handelsgesellschaft und insbesondere der juristischen Person. Die Zweigniederlassung besitzt keine eigene Rechtspersönlichkeit sondern teilt das Schicksal des Kaufmanns, der Handelsgesellschaft oder der juristischen Person als solcher. Damit kann auch allein über die Zweigniederlassung kein Insolvenzverfahren eröffnet werden, umgekehrt erfasst die Eröffnung des Insolvenzverfahrens am Hauptsitz ohne weiteres die Zweigniederlassung.[1] Die Insolvenzeröffnung ist auch in das Handelsregister der Zweigniederlassung einzutragen (§ 13c Abs. 1 HGB). Das Insolvenzgericht hat deshalb bei Prüfung eines Insolvenzantrags sich durch Einsicht in das Handelsregister sorgfältig zu vergewissern, dass der Schuldner oder die Gesellschaft dort auch wirklich eingetragen ist und nicht lediglich eine Zweigniederlassung besteht.

bb) Die Zuständigkeit nach dem Mittelpunkt wirtschaftlicher Tätigkeit

62 Von der Grundregelung des § 3 Abs. 1 Satz 1 InsO ist die Ausnahmeregelung des Satz 2 der Vorschrift scharf zu trennen. Sie greift dann ein, wenn der Schuldner an einem anderen Ort als seinem allgemeinen Gerichtsstand den Mittelpunkt seiner selbstständigen wirtschaftlichen Tätigkeit unterhält. In diesem Fall ist ausschließlich das Insolvenzgericht dieses Ortes zuständig.[2] Die Regelung greift also nicht, wenn der allgemeine Gerichtsstand und der Mittelpunkt der wirtschaftlichen Tätigkeit nicht divergieren, sie wäre dann sogar überflüssig. Es kann aber ohne weiteres der Einzelkaufmann sein Geschäft an einem anderen Ort und in einem anderen Gerichtsbezirk als dem seines Wohnsitzes führen; gleiches gilt für die Handelsgesellschaft und insbesondere für die juristische Person. Es ist dann ausschließlich das Gericht zuständig, in dessen Bezirk die tatsächliche Geschäftsführung erfolgt. Hat eine GmbH ihre Geschäftstätigkeit dagegen eingestellt, bleibt das Gericht des satzungsmäßig festgelegten Sitzes nach § 3 Abs. 1 Satz 1 InsO zuständig.[3]

63 Der Gesetzgeber verfolgt mit der für die Rechtspraxis sehr sinnvollen Regelung zweierlei Ziele: Zum einen soll die Verschleierung des satzungsmäßigen Sitzes verhindert werden, wenn beispielsweise eine Gesellschaft an ihrem satzungsmäßigen Sitz nur den berühmten Briefkasten unterhält, die Geschäfte tatsächlich aber woanders geführt werden.[4] Zum anderen soll die kurzfristige Sitzverlegung[5] zum Zwecke der geräuschlosen Liquidation durch das Insolvenzverfahren vereitelt wer-

---

[1] Dazu bereits *Jaeger*, KO, § 71 Anm. 10.

[2] AG Göttingen ZIP 2001, 387.

[3] BayObLG NZI 1999, 457 = ZIP 1999, 1714; OLG Düsseldorf DZWIR 1999, 463; OLG Hamm ZInsO 1999, 533; BayObLG NZI 2004, 90.

[4] AG Göttingen ZIP 2001, 387.

[5] Dazu OLG Naumburg ZIP 2001, 753; BayObLG NZI 2001, 372; BayObLG NZI 2004, 147.

den.[1] In beiden Fällen ist unabhängig vom satzungsmäßigen Sitz das Gericht zuständig, in dessen Bezirk tatsächlich der Mittelpunkt der wirtschaftlichen Tätigkeit liegt oder lag. § 3 Abs. 1 Satz 2 InsO schützt auf diese Weise die Gläubiger des Schuldners, die unbefangen den Mittelpunkt der wirtschaftlichen Tätigkeit auch als den Sitz des schuldnerischen Unternehmens angesehen haben und letztlich auch selbst dort ansässig sind.

Die Insolvenzordnung kennt keine besondere örtliche Zuständigkeit 64
für die so genannte Konzerninsolvenz mehrerer voneinander abhängiger Gesellschaften. Es ist in jedem Einzelfall die besondere Zuständigkeit für das jeweilige Verfahren zu bestimmen. Hat im Rahmen eines Konzerns die Muttergesellschaft ihren Sitz bei einem anderen Amtsgericht als die Tochtergesellschaften, erfolgt grundsätzlich keine Zuständigkeitskonzentration auf das Gericht der Muttergesellschaft. Vereinzelt wird dies angenommen, wenn die Tochterunternehmen zentral durch die Muttergesellschaft gelenkt werden, dann könnte die Zuständigkeit des Gerichts der Muttergesellschaft durch eine weite Auslegung des § 3 Abs. 1 Satz 2 InsO hergeleitet werden.[2] Auch für die so genannte Doppelinsolvenz einer Gesellschaft und ihrer Gesellschafter bestehen keine Sonderregelungen. Es darf danach auch nicht ohne weiteres davon ausgegangen werden, dass der Gesellschafter beispielsweise einer Handelsgesellschaft den Mittelpunkt seiner eigenen wirtschaftlichen Tätigkeit im Sinne des § 3 Abs. 1 Satz 2 InsO stets am Ort der Gesellschaft hat, im Einzelfall kann dies freilich möglich sein.[3] Dass in den Fällen der Konzerninsolvenz oder der Doppelinsolvenz von Gesellschaft und Gesellschafter eine harmonisierte Insolvenzabwicklung mindestens zweckdienlich wenn nicht gar notwendig ist, steht außer Frage.[4]

cc) Der Kompetenzkonflikt bei mehrfacher Zuständigkeit

Einen seltenen Fall regelt § 3 Abs. 2 InsO: Danach schließt bei gleich- 65
berechtigter Zuständigkeit mehrerer Amtsgerichte das Amtsgericht die Übrigen aus, bei welchem zuerst die Insolvenzeröffnung beantragt worden ist. § 3 Abs. 2 InsO setzt die örtliche Zuständigkeit mehrerer Gerichte voraus, sie ist gegeben, wenn der Schuldner mehrere gleichberechtigte Wohnsitze unterhält oder die Handelsgesellschaft oder juristische Person mehrere Sitze hat und bei den verschiedenen Registergerichten als solche eingetragen ist (nicht also bei Eintragung von Hauptniederlassung und Zweigniederlassung). Ferner muss bei den

---

[1] OLG Celle NZI 2004, 258 = ZIP 2004, 1022; OLG Celle NZI 2004, 260 m. Anm. *Neuenhahn;* OLG Karlsruhe NZI 2004, 262; OLG Schleswig NZI 2004, 264; OLG Stuttgart ZInsO 2004, 750; OLG Karlsruhe NZI 2005, 505.

[2] OLG Brandenburg NZI 2002, 438 = ZIP 2002, 1590; LG Dessau ZIP 1998, 1006; w.N. bei *Uhlenbruck* in: *Uhlenbruck,* InsO, § 3 Rdn. 13; *Ehricke,* ZInsO 2002, 393.

[3] KG NZI 2001, 156; KG ZIP 2000, 1170.

[4] Hierzu *Paulus,* ZIP 2005, 1948; *Sester,* ZIP 2005, 2099.

mehreren zuständigen Amtsgerichten jeweils ein Insolvenzantrag eingehen, damit die Zuständigkeitsfrage des § 3 Abs. 2 InsO überhaupt relevant wird.

66 Besteht zwischen verschiedenen Gerichten Unklarheit über deren Zuständigkeit nach § 3 Abs. 1 Satz 1 InsO, beispielsweise weil diese Gerichte jeweils ihre örtliche Zuständigkeit beanspruchen oder bestreiten, entscheidet nach § 36 Abs. 1 Nr. 5 oder 6 ZPO das gemeinsame im Rechtszug höhere Gericht. Wegen der Zuständigkeitskonzentration des § 2 Abs. 1 InsO kann dies bei Amtsgerichten innerhalb eines Bundeslandes mindestens nur das gemeinsame Oberlandesgericht sein, die Zuständigkeitsbestimmung kann aber auch unmittelbar dem Bundesgerichtshof obliegen.

dd) Die Ausschließlichkeit der örtlichen Zuständigkeit

67 Die Regelungen zur örtlichen Zuständigkeit können von den Beteiligten nicht geändert werden, der Gerichtsstand ist ausschließlich. Es wäre auch schwer vorstellbar, wenn der den Insolvenzantrag stellende Gläubiger und der Schuldner die örtliche Zuständigkeit eines bestimmten Gerichts vereinbarten. Wird Insolvenzantrag bei einem örtlich unzuständigen Gericht gestellt, hat dieses gemäß § 281 Abs. 1 ZPO auf Antrag des Antragstellers das Verfahren an das örtlich zuständige Gericht zu verweisen. Die Verweisung ist unanfechtbar und für das Gericht, an das verwiesen wird, bindend (§ 281 Abs. 2 Satz 2 und 4 ZPO). Allein bei schwerwiegenden Verfahrensfehlern entfällt die Bindungswirkung des § 281 Abs. 2 Satz 4 ZPO.[1] Wird auch auf rechtlichen Hinweis des angegangenen Gerichtes kein Verweisungsantrag gestellt, wird der Insolvenzantrag wegen fehlender örtlicher Zuständigkeit als unzulässig verworfen. Die Eröffnung des Insolvenzverfahrens durch das örtlich unzuständige Gericht ist aber trotzdem wirksam.[2]

68 Zu einer faktischen Wahl des örtlich zuständigen Insolvenzgerichts kann es kommen, wenn der Schuldner selbst Antrag auf Eröffnung des Insolvenzverfahrens stellt, das angegangene Gericht seine nach § 3 Abs. 1 Satz 2 InsO möglicherweise nicht gegebene Zuständigkeit nicht verneint und das Insolvenzverfahren eröffnet. Die Rechtskraft der Insolvenzeröffnung heilt einen solchen Zuständigkeitsmangel vollständig.[3]

ee) Die besondere örtliche Zuständigkeit im Nachlassinsolvenzverfahren

69 Eine besondere örtliche Zuständigkeit regelt § 315 Abs. 1 InsO für das Insolvenzverfahren über einen Nachlass. Örtlich zuständig ist das Amtsgericht, in dessen Bezirk der Erblasser seinen allgemeinen Ge-

---

[1] Grundlegend BGHZ 28, 349, 350; für das Insolvenzverfahren KG NZI 1999, 499; OLG Düsseldorf NZI 2000, 601 (offensichtlich fehlerhafte Verweisung an das Wohnsitzgericht des Geschäftsführers bei der Insolvenz einer GmbH).

[2] BGHZ 138, 40.

[3] BGHZ 138, 40.

richtsstand hatte. Die örtliche Zuständigkeit des Insolvenzgerichts korrespondiert damit mit derjenigen des Nachlassgerichts nach § 73 Abs. 1 FGG. Auf den allgemeinen Gerichtsstand des oder der Erben kommt es hier nicht an.

c) Die funktionelle Zuständigkeitsverteilung am Insolvenzgericht

Innerhalb des Insolvenzgerichts besteht eine funktionelle Arbeitsteilung zwischen Richter, Rechtspfleger und Urkundsbeamtem der Geschäftsstelle. Die verschiedenen Aufgaben dieser Personen sind miteinander verwoben und ergänzen sich gegenseitig. Die Aufgabenverteilung zwischen Richter und Rechtspfleger ist in § 3 Nr. 2 lit. e) mit § 18 RPflG geregelt. Die Zuständigkeiten des Urkundsbeamten der Geschäftsstelle (§ 153 GVG) ergeben sich unmittelbar aus der Insolvenzordnung. 70

aa) Die Zuständigkeiten des Urkundsbeamten der Geschäftsstelle

Dem Urkundsbeamten der Geschäftsstelle sind vorwiegend verwaltende und beurkundende Tätigkeiten zugewiesen.[1] In aller Regel handelt der Urkundsbeamte der Geschäftsstelle nach entsprechender Verfügung und auf Weisung des funktionell zuständigen Richters oder Rechtspflegers. 71

bb) Die Zuständigkeitsverteilung zwischen Richter und Rechtspfleger

Das Insolvenzverfahren ist nach § 3 Nr. 2 lit. e) RPflG grundsätzlich dem Rechtspfleger übertragen. Die Zuständigkeiten des Richters ergeben sich aus dem Vorbehalt des § 18 RPflG.[2] Die Vorschrift unterscheidet bei den dem Richter vorbehaltenen Geschäften zwischen Regelinsolvenzverfahren, Verbraucherinsolvenzverfahren und Restschuldbefreiung: 72

- Nach § 18 Abs. 1 Nr. 1 RPflG ist im Rahmen des Regelinsolvenzverfahrens der Richter für sämtliche Geschäfte bis zur Insolvenzeröffnung zuständig, ihm ist damit das gesamte Eröffnungsverfahren übertragen. Die Regelung enthält zunächst eine zeitliche Abgrenzung, die aber auch sachlich zu verstehen ist, so dass der Richter auch für die Eröffnung des Insolvenzverfahrens selbst nebst den dazugehörigen Geschäften wie etwa der Veranlassung der Eintragung der Insolvenzeröffnung in das Grundbuch (§ 32 InsO) oder der Anordnung der öffentlichen Bekanntmachung und Mitteilung (§ 30 InsO) zuständig ist. Im Rahmen des Verbraucherinsolvenzverfahrens liegt die Durchführung des gerichtlichen Schuldenbereinigungsverfahrens, dass nach §§ 305 ff. InsO systematisch zum Eröffnungsverfahren gehört, in der Zuständigkeit des Richters. 73

[1] *Frege/Keller/Riedel,* Rdn. 195.
[2] Umfassend *Rellermeyer* in: *Arnold/Meyer-Stolte,* RPflG, § 18 Rdn. 11 bis 39.

74 – Nach § 18 Abs. 1 Nr. 2 RPflG ist der Richter zur Entscheidung über die Erteilung oder Versagung der Restschuldbefreiung berufen, wenn ein Insolvenzgläubiger die Versagung der Restschuldbefreiung aus den Gründen des § 290 Abs. 1 InsO oder bei Verletzung einer Obliegenheit nach §§ 295 ff. InsO beantragt. Die Versagung der Restschuldbefreiung bei fehlender Deckung der Mindestvergütung des Treuhänders nach § 298 InsO oder wegen fehlender Zahlung des Schuldners im Falle der vereinfachten Verteilung nach § 314 InsO ist hier nicht genannt, so dass der Rechtspfleger in diesen Fällen für die Versagung der Restschuldbefreiung zuständig ist.

75 Trotz dieser scheinbar klaren Abgrenzung bestehen in einzelnen Verfahrensabschnitten und bei einzelnen Entscheidungen Unklarheiten über die funktionelle Zuständigkeit des Richters oder Rechtspflegers, die in Literatur und Rechtsprechung teilweise sehr kontrovers diskutiert werden:[1]

76 So ist beispielsweise streitig, wer nach Insolvenzeröffnung die Vergütung des vorläufigen Insolvenzverwalters im Eröffnungsverfahren festsetzt. Es könnte die Zuständigkeit des Rechtspflegers angenommen werden, wenn die Vergütungsfestsetzung zeitlich nach Eröffnung des Insolvenzverfahrens erfolgt. Es kann aber auch die Zuständigkeit des Richters bejaht werden, weil die Vergütung des vorläufigen Insolvenzverwalters sachlich zum Eröffnungsverfahren gehört.[2]

77 Auch wird vertreten, die Zuständigkeit des Richters zur Ernennung des Insolvenzverwalters erstrecke sich über den Wortlaut des § 18 Abs. 1 Nr. 1 RPflG hinaus auch auf das eröffnete Verfahren, etwa wenn nach § 59 Abs. 1 Satz 1 InsO der bisherige Insolvenzverwalter entlassen und ein neuer ernannt wird.[3] Eine solche Zuständigkeit ist aus dem diesbezüglich völlig klaren Wortlaut der Vorschrift nicht herleitbar.[4]

78 Unklar ist auch die funktionelle Zuständigkeit für die Entscheidung über Einwendungen gegen die Zulässigkeit der Zwangsvollstreckung, für die nach § 89 Abs. 3 InsO das Insolvenzgericht zuständig ist. Da es sich sachlich hier um eine Entscheidung über eine Vollstreckungserinnerung nach § 766 ZPO handelt, wird man richtigerweise in Anwendung des § 20 Nr. 17 RPflG die Zuständigkeit des Richters annehmen müssen.[5]

---

[1] Eingehend dazu *Frege/Keller/Riedel,* Rdn. 196 bis 234; auch *Keller,* RpflStud 2002, 33.

[2] Dazu *Frege/Keller/Riedel,* Rdn. 204 und 2530.

[3] AG Göttingen ZIP 2003, 590, dazu EWiR 2003, 935 *(Keller)*; LG Hechingen ZIP 2001, 1970; dagegen LG Göttingen ZIP 2003, 1760; *Hössl* in: FK-InsO, § 59 Rdn. 17.

[4] Eingehend *Keller,* RpflStud 2002, 33, 38; auch *Keller,* NZI 3/2002 S. V.

[5] AG Hamburg NZI 2000, 96; anders AG Duisburg NZI 2000, 608; eingehend *Frege/Keller/Riedel,* Rdn. 219.

Das Insolvenzplanverfahren nach §§ 217ff. InsO ist systematisch vollständig in das eröffnete Insolvenzverfahren integriert, es liegt damit in der alleinigen Zuständigkeit des Rechtspflegers. Bei dem Verfahren der Eigenverwaltung nach §§ 270ff. InsO ist dagegen zu unterscheiden, ob diese Eigenverwaltung bereits mit Eröffnung des Insolvenzverfahrens angeordnet wird oder auf der Beschluss der Gläubigerversammlung hin erst nach Eröffnung des Insolvenzverfahrens. 79

Eine methodisch und rechtspolitisch höchst fragwürdige Regelung enthält zuletzt § 18 Abs. 2 RPflG.[1] Danach kann sich der Richter auch das eröffnete Insolvenzverfahren ganz oder teilweise vorbehalten und das Verfahren an sich ziehen. Sachliche Kriterien für eine solche Evokation sind nicht gefordert, sie ist vom Richter allenfalls aktenkundig zu machen.[2] Zu Recht wird aber gefordert, dass der Richter das Verfahren nur dann an sich ziehen kann, wenn er sich dies bei Eröffnung ausdrücklich vorbehalten hat. Insgesamt verletzt die Vorschrift die durch Art. 101 Abs. 1 Satz 2 GG geforderte Garantie zur Transparenz der Entscheidungszuständigkeit bei Gericht für den betroffenen Bürger.[3] Schließlich findet sich keine Literaturstelle und keine Rechtsprechung, in welchen sachliche Tatbestände und Argumente für die Ausübung eines Vorbehalts nach § 18 Abs. 2 RPflG genannt sind.[4] 80

3. Die Aufgaben des Insolvenzgerichts

a) Die allgemeine Leitung des Insolvenzverfahrens

Die Aufgabe der Verfahrensleitung wird im Ablauf des Regelinsolvenzverfahrens besonders gut deutlich. Einzelne Kompetenzen des Insolvenzgerichts im Rahmen des Regelinsolvenzverfahrens seien beispielhaft aufgezählt: 81

- Eröffnung des Verfahrens und Ernennung des Insolvenzverwalters bei Eröffnung des Insolvenzverfahrens (§ 27 InsO).
- Allgemeine Aufsicht über die Tätigkeit des Insolvenzverwalters (§§ 58, 59 InsO).
- Einberufung und Leitung der Gläubigerversammlungen (§§ 74ff. InsO).

---

[1] Dazu sehr lesenswert *E. Schneider,* Rpfleger 1999, 173.

[2] BGHZ 50, 258 zu einer ähnlichen Regelung für das Zwangsversteigerungsverfahren nach dem Rechtspflegergesetz von 1957.

[3] *Eickmann,* Rpfleger 1976, 158, 161; allgemein *Rellermeyer* in: *Arnold/Meyer-Stolte,* RPflG, § 18 Rdn. 40ff.

[4] Vielleicht mag ein solcher auch im Sachverhalt liegen, etwa wenn das Insolvenzverfahren über das Vermögen eines in der Oberliga spielenden Fußballvereins eröffnet wird; so im Sachverhalt der Entscheidung des AG Göttingen (ZIP 2003, 590) zur contra legem angenommenen Zuständigkeit des Richters für die Entlassung des Insolvenzverwalters nach § 59 InsO.

- Durchsetzung der Mitwirkungspflichten des Schuldners durch Anordnung zwangsweiser Vorführung oder Haft (§§ 97 ff. InsO).
- Prüfung der Rechnungslegung des Insolvenzverwalters, Genehmigung der Schlussverteilung, Entscheidung über Einwendungen gegen das Schlussverzeichnis der Gläubiger (§§ 66 Abs. 2, 196 Abs. 2, 194, 197 InsO).
- Entscheidung über die Beendigung des Insolvenzverfahrens (§§ 200, 207, 208 ff. InsO).

82 Im Insolvenzplanverfahren hat das Insolvenzgericht neben der verfahrensleitenden Funktion weitgehendere Prüfungskompetenzen:

- Es prüft den vorgelegten Insolvenzplan auf seine formale Vollständigkeit und Richtigkeit, seine offensichtliche Erfüllbarkeit und seine offensichtliche Aussicht auf Annahme durch die Gläubiger (§ 231 InsO).
- Es leitet die zur Forderung und Abstimmung über den Insolvenzplan einberufene Gläubigerversammlung, den so genannten Erörterungs- und Abstimmungstermin (§§ 235 ff. InsO).
- Das Insolvenzgericht hat den von den Gläubigern angenommenen Insolvenzplan durch Beschluss zu bestätigen (§ 248 InsO), es hat dabei zu prüfen, ob die zwingenden Verfahrensregelungen eingehalten worden sind, es hat aber auch zu prüfen, ob nach § 245 InsO die Zustimmung einzelner Gläubiger, die sich dem Insolvenzplan verweigert hatten, kraft Gesetzes als erteilt gilt.

83 Im Restschuldbefreiungsverfahren wird der rechtsprechende Charakter des Verfahrens durch die Umgestaltung der Insolvenzforderungen zu Naturalobligationen mit Erteilung der Restschuldbefreiung (§ 301 InsO) deutlich. Wesentliche Aufgaben des Insolvenzgerichts sind hier:

- Ankündigung der Restschuldbefreiung im Schlusstermin (§§ 289, 291 InsO); gegebenenfalls bereits Versagung der Restschuldbefreiung, wenn ein Gläubiger wegen eines Versagungstatbestandes nach § 290 Abs. 1 InsO diese beantragt und ein Versagungstatbestand vorliegt.
- Versagung der Restschuldbefreiung vor Ablauf der Wohlverhaltensperiode, wenn ein Gläubiger aus den Gründen der §§ 295, 296 oder 297 InsO dies beantragt und die Voraussetzungen der Versagung vorliegen.
- Erteilung der Restschuldbefreiung nach Ablauf der Wohlverhaltensperiode (§ 301 Abs. 1 InsO).

84 Die unparteiische Stellung des Gerichts zeigt sich im Restschuldbefreiungsverfahren auch dadurch, dass das Insolvenzgericht den Schuldner nicht von Amts wegen bezüglich der Erfüllung seiner Obliegenheiten (§ 295 InsO) überwacht und die Restschuldbefreiung in jedem Fall nur auf Antrag eines Insolvenzgläubigers oder im Ausnahmefall des § 298 InsO auch auf Antrag des Treuhänders, keinesfalls aber von Amts wegen versagt.

b) Die Stellung des Gerichts gegenüber dem Insolvenzverwalter

aa) Das allgemeine Aufsichtsrecht des Insolvenzgerichts

Gegenüber dem Insolvenzverwalter hat das Insolvenzgericht das 85
Recht und die Pflicht zu allgemeiner Aufsichtsführung nach §§ 58ff. InsO. Der Insolvenzverwalter handelt selbstständig und eigenverantwortlich, Aufgabe des Gerichts ist es, ihn daraufhin zu überwachen und anzuhalten, dass er die ihm gesetzlich obliegenden Handlungen vornimmt und die Verwaltung und Verwertung der Insolvenzmasse mit größtmöglicher Beschleunigung durchführt. Die Funktion des Insolvenzgerichts ist die eines unparteiischen Wächters über die Tätigkeit des Insolvenzverwalters. Hieraus folgt, dass die Aufsicht des Insolvenzgerichts nicht als Fachaufsicht im Sinne einer Weisungsbefugnis gegenüber dem Insolvenzverwalter verstanden werden darf sondern im Sinne einer allgemeinen Dienstaufsicht.

Im Allgemeinen hat das Gericht die Zweckmäßigkeit des Handelns 86
des Insolvenzverwalters nicht zu prüfen.[1] Einzuschreiten hat das Gericht, wenn die Rechtmäßigkeit des Handelns des Verwalters in Frage steht oder sein Handeln ganz offensichtlich dem Insolvenzzweck zuwiderläuft, er beispielsweise Vermögenswerte unentgeltlich veräußert.[2] Die Ausübung einer allgemeinen Dienstaufsicht erfolgt zumeist in der Weise, dass das Gericht sich in bestimmten Abständen Bericht über den Gang der Insolvenzabwicklung erstatten lässt, dabei ist es nicht gehalten, sich nur turnusmäßig Bericht erstatten zu lassen. Die Aufsichtspflicht ist vielmehr eine Daueraufgabe, mit der Folge, was der Insolvenzverwalter jederzeit Auskünfte zu erteilen und Bericht zu erstatten hat.[3] In der Gerichtspraxis wird eine derartige Ausübung des Aufsichtsrechtes seitens mancher Insolvenzverwalter als Schikane empfunden. Es sollte aber bedacht werden, dass das Insolvenzgericht auch im Sinne der Gläubiger handelt, mitunter deren Informationsbedürfnis zu befriedigen hat, und dass schließlich Berichte des Insolvenzverwalters über den Fortgang der Insolvenzabwicklung der Transparenz des Verfahrens gegenüber allen Beteiligten und damit auch dem Schutz des Insolvenzverwalters selbst dienen. Nicht selten beschweren sich Insolvenzgläubiger oder auch der Schuldner über das Handeln des Insolvenzverwalters bei Gericht, nicht selten auch nur deshalb, weil sein Handeln ihren persönlichen Interessen zuwiderläuft. Es ist hier Aufgabe des Insolvenzgerichts, den Sachverhalt zu klären und das Handeln des Insolvenzverwalters zu überprüfen. Zumeist ergibt eine solche Prüfung die Rechtmäßigkeit des Verwalterhandelns, was dem beschwerdeführenden Gläubiger oder Schuldner mitzuteilen ist. Die Aufsicht des

[1] Dies betont bereits *Jaeger,* KO, § 83 Anm. 1.

[2] Zur absoluten Unwirksamkeit insolvenzzweckwidriger Verfügungen bereits RGZ 23, 54; RGZ 29, 80; *Uhlenbruck* in: *Uhlenbruck,* InsO, § 80 Rdn. 101.

[3] So zutreffend *Pape/Uhlenbruck,* Rdn. 174.

Insolvenzgerichts stellt damit auch einen Schutz für den Insolvenzverwalter dar.

87 Die Ausübung der allgemeinen Aufsicht des Gerichts über den Verwalter kann hierarchisch in drei Bereiche gegliedert werden:

- Das Gericht kann vom Insolvenzverwalter in wiederkehrenden Abständen oder bei besonderen Anlässen Bericht zum Stand der Insolvenzabwicklung sowie Zwischenrechnungen über die Verwaltung der Insolvenzmasse verlangen (§ 58 Abs. 1 Satz 2 InsO).
- Das Gericht kann und soll den Insolvenzverwalter bei einzelnen Rechtshandlungen auf mögliche Gefahren, eigene Interessenkollisionen oder auf eine mögliche persönliche Haftung des Insolvenzverwalters hinweisen.
- Das Gericht kann im äußersten Ausnahmefall dem Verwalter die Vornahme einer bestimmten Tätigkeit untersagen oder die Rückgängigmachung einer Handlung fordern, wenn diese offensichtlich dem Zweck des Insolvenzverfahrens zuwiderläuft und den gemeinsamen Interessen der Gläubiger nicht entspricht, diese mitunter schädigt.

88 Gegenstände der Aufsichtsführung des Insolvenzgerichts sind letztlich auch die Prüfung der Schlussrechnung des Insolvenzverwalters nach § 66 Abs. 2 InsO und die Genehmigung der Schlussverteilung nach § 196 Abs. 2 InsO.

89 Erfüllt der Insolvenzverwalter die ihm obliegenden Pflichten nicht, erstattet er beispielsweise auch gegenüber dem Insolvenzgericht nicht ausreichend Bericht, kann gegen ihn Zwangsgeld festgesetzt werden (§ 58 Abs. 2 InsO). Das einzelne Zwangsgeld darf den Betrag von 25.000 EUR nicht übersteigen, zusammengerechnet dürfen die Zwangsgelder aber darüber hinausgehen.[1] Mit der Androhung und der Festsetzung von Zwangsgeld soll der Insolvenzverwalter angehalten werden, die ihm obliegenden Pflichten zu erfüllen.[2]

bb) Die Entlassung aus dem Amt

90 Als äußerste Maßnahme kann das Insolvenzgericht den Insolvenzverwalter von Amts wegen, auf Antrag des Gläubigerausschusses oder der Gläubigerversammlung aus seinem Amt entlassen (§ 59 Abs. 1 InsO). Eine Entlassung ist nur aus wichtigem Grund zulässig, insbesondere wenn die Pflichtwidrigkeit des Insolvenzverwalters so schwerwiegend ist, dass eine weitere Amtsführung durch ihn untragbar wäre. Ein solcher Fall ist beispielsweise gegeben, wenn der Insolvenzverwalter in strafbarer Weise einen akademischen Titel vorspiegelt, um seine angebliche Qualifikation nachzuweisen.[3] Gegen die Entlassung steht dem Verwalter die sofortige Beschwerde zu (§ 59 Abs. 2 Satz 1 InsO).

---

[1] BGH NZI 2005, 391.
[2] Eingehend dazu *Frege/Keller/Riedel*, Rdn. 812 ff.
[3] BGHZ 159, 122.

c) Die Stellung des Gerichts gegenüber den Gläubigern

Die Gläubiger des Insolvenzverfahrens sind im besonderen Maße 91
auf das Insolvenzgericht angewiesen, da sie einerseits selten über ausreichend insolvenzrechtliche Sachkenntnis verfügen, andererseits auf Grund ihrer hohen Zahl ihre Interessen gebündelt und organisiert werden müssen.

Dem dienen zum einen die Gläubigerversammlungen, bei welchen 92
das Gericht nicht nur die Leitung übernimmt, sondern auch in die Gegenstände der Beschlussfassung einzuführen und den Gläubigern zu erläutern hat. Es ist in der gerichtlichen Praxis häufig zu beobachten, dass Gläubiger ohne jede Vorbereitung und mit völlig falschen Erwartungen die erste Gläubigerversammlung des Insolvenzverfahrens (Berichtstermin, § 156 InsO) besuchen. Die rechtsfürsorgende Aufgabe des Insolvenzrechtspflegers besteht darin, diesen Gläubigern den Ablauf des Insolvenzverfahrens und die Gegenstände ihrer jeweiligen Beschlussfassung zu erläutern, ohne dass dies freilich zu weitschweifigen Ausführungen führen darf.

Häufige Frage der Rechtspraxis ist auch, in welchem Umfang das 93
Gericht den Gläubigern gegenüber zu Einzelauskünften betreffend den Stand der Insolvenzabwicklung oder zur Gewährung von Akteneinsicht verpflichtet ist.[1] Allgemein können sich die Gläubiger durch Teilnahme an den Gläubigerversammlungen ausreichend über das Insolvenzverfahren informieren, Akteneinsicht ist ihnen über § 4 InsO im Rahmen des § 299 ZPO zu gewähren. Zu darüber hinaus gehenden Einzelauskünften ist das Gericht nicht verpflichtet, oft werden sie aber erteilt; es haben sich in der Praxis verschiedene Modelle zur Bewältigung der Anfragenflut entwickelt.[2]

4. Allgemeine Regelungen des Verfahrensrechts

a) Die subsidiäre Geltung der Zivilprozessordnung

Das Insolvenzverfahren ist ein Verfahren des Zivilprozesses. Über § 4 94
InsO finden die Vorschriften der Zivilprozessordnung auf das Insolvenzverfahren entsprechende Anwendung. Eine entsprechende Anwendung der Regelungen der Zivilprozessordnung erfolgt dann, wenn die

---

[1] OLG Köln NZI 1999, 502 = ZIP 1999, 1449; OLG Brandenburg NZI 1999, 503; OLG Brandenburg NZI 2000, 485 = ZIP 2000, 1541; OLG Celle NZI 2000, 319; OLG Brandenburg ZIP 2001, 1922; OLG Hamburg ZIP 2002, 266; OLG Celle ZIP 2002, 446; OLG Brandenburg NZI 2001, 49 = ZIP 2001, 1922; OLG Brandenburg ZIP 2002, 2320; OLG Stuttgart NZI 2002, 663; OLG Dresden NZI 2003, 39; OLG Celle ZIP 2004, 370; AG Göttingen NZI 2002, 266; *Graf/Wunsch*, ZIP 2001, 1800; *Zipperer*, NZI 2002, 244; *Pape*, ZIP 2004, 598.

[2] Dazu *Frege/Keller/Riedel*, Rdn. 162 bis 192.

Insolvenzordnung keine selbstständigen Regelungen enthält und die Regelungen der Zivilprozessordnung ihrem Gehalt nach auf das Insolvenzverfahren sachlich anwendbar sind. In einzelnen Vorschriften verweist die Insolvenzordnung selbst auf Regelungen der Zivilprozessordnung beispielsweise in den §§ 35 und 36 InsO, bei welchen es um den Bestand der Insolvenzmasse als das der Pfändung unterliegende Vermögen des Schuldners geht. Entsprechend anwendbar sind hier die §§ 811, 850ff. und insbesondere § 851 ZPO.

95 Zur Bestimmung der örtlichen Zuständigkeit des Insolvenzgerichts nach § 3 Abs. 1 InsO sind die Regelungen über den allgemeinen Gerichtsstand nach §§ 13 bis 19 ZPO entsprechend anzuwenden. Auch die allgemeinen Vorschriften über die Parteifähigkeit, Prozessfähigkeit und Verfahrensvertretung der §§ 50ff. und §§ 80ff. ZPO gelten entsprechend. Anwendung finden die Vorschriften der §§ 41 bis 49 ZPO betreffs die Ausschließung und Ablehnung von Gerichtspersonen wegen Besorgnis der Befangenheit. Eine solche besteht aber nicht schon dann, wenn der Richter einen Insolvenzantrag als unzulässig verwirft.[1] Auch eine gemeinsame Autorentätigkeit von Insolvenzrichter und Gutachter oder Insolvenzrechtspfleger und Insolvenzverwalter gibt noch keinen Anlass zur Ablehnung dieser Personen.[2] Differenzen zwischen Insolvenzrechtpfleger und Insolvenzverwalter können nur dann eine Besorgnis der Befangenheit begründen, wenn sie sich zum Nachteil des Schuldners auswirken.[3]

96 Entsprechende Anwendung finden die Vorschriften über die Berechnung der Fristen (§§ 222ff. ZPO), über gerichtliche Termine und Terminsänderungen (§ 227 ZPO) sowie über Wiedereinsetzung in den vorigen Stand (§§ 233ff. ZPO).

97 Vom Insolvenzgericht sind selbstverständlich auch die Regelungen des Gerichtsverfassungsgesetzes, insbesondere jene zur Sitzungsleitung der gerichtlichen Verhandlungen (§§ 176ff. GVG) und zur Protokollführung (§§ 182ff. GVG, §§ 159ff. ZPO), zu beachten. Die Gläubigerversammlungen als gerichtlichen Verhandlungen sind nicht öffentlich, das Gericht ist nicht erkennendes Gericht im Sinne des § 169 GVG.

b) Der Grundsatz der Amtsermittlung

98 Von der Dispositionsmaxime des Zivilprozesses weicht die Regelung des § 5 InsO entscheidend ab: Das Insolvenzverfahren ist ähnlich den Verfahren der freiwilligen Gerichtsbarkeit ein amtswegiges Verfahren,

---

[1] OLG Karlsruhe InVo 2000, 51; OLG Köln NZI 2001, 658 = ZIP 2001, 2146.

[2] LG Göttingen NZI 1999, 370 = ZIP 1999, 1565.

[3] OLG Zweibrücken NZI 2000, 222 = ZIP 2000, 1400; zur Unzulässigkeit weiterer Beschwerde OLG Köln NZI 2001, 657 = ZIP 2001, 2057, dazu EWiR 2001, 1097 *(Bork);* zum Antrag des Gläubigers gegen den Insolvenzrechtspfleger LG Detmold NZI 2003, 176.

das Insolvenzgericht hat von Amts wegen alle Umstände zu ermitteln die für das Insolvenzverfahren und die eigene Entscheidungsfindung von Bedeutung sind. Das Gericht ist dort auf Anträge der Beteiligten angewiesen, wenn dies ausdrücklich im Gesetz genannt ist. Selbstverständlich kann wegen § 5 Abs. 1 Satz 1 InsO kein Insolvenzverfahren von Amts wegen eröffnet werden, da § 13 InsO ausdrücklich das Antragserfordernis vorschreibt. Nach Stellung eines zulässigen Insolvenzantrags ist aber bereits während des Eröffnungsverfahrens das Gericht befugt, selbstständig Ermittlungen anzustellen, Beweise zu erheben, den Schuldner zu vernehmen und zwangsweise vorführen zu lassen (§§ 20 Abs. 1 mit 97ff. InsO) oder einen Sachverständigen zu beauftragen (§ 5 Abs. 1 Satz 2 InsO).

Entscheidungen des Insolvenzgerichts müssen nicht in mündlicher 99
Verhandlung ergehen (§ 5 Abs. 2 Satz 1 InsO). Sie sind den Beteiligten regelmäßig von Amts wegen zuzustellen (§ 8 Abs. 1 Satz 1 InsO).

In Einzelfällen wird der Amtsermittlungsgrundsatz vom Beibrin- 100
gungsgrundsatz ergänzt, wenn eine Entscheidung des Insolvenzgerichts nur auf Antrag ergehen kann und der Antragsteller besondere Nachweise erbringen muss. Bestes Beispiel ist hier die Versagung der Restschuldbefreiung auf Antrag eines Insolvenzgläubigers im Schlusstermin des Insolvenzverfahrens nach §§ 289, 290 InsO. Die Restschuldbefreiung wird nur auf Antrag versagt, der Antrag des Gläubigers ist nach § 290 Abs. 2 InsO nur zulässig, wenn er den vorgebrachten Versagungsgrund nach § 290 Abs. 1 Nrn. 1 bis 6 InsO glaubhaft macht. Für die Glaubhaftmachung des Gläubigers gilt § 294 ZPO, es muss das Beweismittel der Glaubhaftmachung unmittelbar präsent sein. Selbstständige Ermittlungen im Rahmen des § 5 Abs. 1 InsO darf das Gericht ohne diese Glaubhaftmachung hier nicht anstellen.[1]

c) Die Vornahme von Zustellungen im Insolvenzverfahren

Die Zustellung gerichtlicher Entscheidungen ist ein wichtiges Instru- 101
ment des Insolvenzverfahrens. Die Insolvenzordnung regelt an vielen Stellen die Zustellung an bestimmte Beteiligte.[2] Einfaches Beispiel ist hier die Regelung des § 30 Abs. 2 InsO, wonach der Eröffnungsbeschluss den Gläubigern und Schuldnern des Schuldners und dem Schuldner selbst zuzustellen ist. Im Übrigen gilt bei der Frage der Notwendigkeit der Zustellung der allgemeine Grundsatz, dass eine gerichtliche Entscheidung einem Beteiligten dann zuzustellen ist, wenn ihm hiergegen ein fristgebundenes Rechtsmittel zusteht.

Allgemein regelt § 8 InsO das Verfahren der Zustellung im Insol- 102
venzverfahren: Die Zustellungen erfolgen von Amts wegen, anzuwen-

---

[1] BGHZ 156, 139.

[2] Zusammenstellung aller Einzelvorschriften bei *Hess/Weis/Wienberg,* InsO, § 8 Rdn. 4ff.

den sind die §§ 166ff. ZPO. Es kann danach durch Zustellungsurkunde nach §§ 177ff. ZPO, durch Einschreiben mit Rückschein nach § 175 ZPO, oder durch Empfangsbekenntnis an die in § 174 ZPO genannten Personen zugestellt werden.[1] § 8 Abs. 1 Satz 2 InsO sieht die Zustellung durch Aufgabe zur Post als besonders vereinfachte Form der Zustellung vor. In entsprechender Anwendung des bis 1. Juli 2002 hierfür geltenden § 175 ZPO galt die Zustellung mit Aufgabe zur Post als bewirkt.[2] Dagegen bestimmt § 184 Abs. 2 Satz 1 ZPO für die Zustellung durch Aufgabe zur Post seit 1. Juli 2002 die Wirksamkeit der Zustellung zwei Wochen nach Aufgabe des Schriftstücks. Ob durch diese Regelung die mit § 8 Abs. 1 Satz 2 InsO beabsichtigte Vereinfachung der Zustellungen verwirklicht werden kann, ist fraglich.

d) Die öffentliche Bekanntmachung im Insolvenzverfahren

aa) Die Bewirkung der öffentlichen Bekanntmachung

103 Mehr noch als die Zustellung stellt die öffentliche Bekanntmachung ein wichtiges Instrument der Rechtsgewährung im Insolvenzverfahren dar. Es ist zu bedenken das wegen der Vielzahl der beteiligten Gläubiger das Insolvenzverfahren ein gerichtliches Verfahren mit einer unbestimmten Zahl von Verfahrensbeteiligten ist. Die rechtsstaatliche Durchführung des Verfahrens kann damit nur erfolgen, wenn Tatsachen des Verfahrens oder Entscheidungen des Gerichts öffentlich bekannt gemacht werden und damit jedem, auch möglicherweise bis dato unbekannten Beteiligten, die Möglichkeit gegeben wird, sich am Insolvenzverfahren zu beteiligen. Die öffentliche Bekanntmachung dient keinesfalls der Diskreditierung und Herabwürdigung des Schuldners sondern ist notwendiges Mittel zum rechtsstaatlichen Ablauf des Insolvenzverfahrens.

104 Die Insolvenzordnung regelt in jedem Fall, welche Tatsache oder Entscheidung öffentlich bekanntzumachen ist.[3] Soweit eine gerichtliche Entscheidung öffentlich bekanntzumachen ist, kann sie daneben auch bestimmten Beteiligten besonders zuzustellen sein, die öffentliche Bekanntmachung ersetzt trotz der Regelung des § 9 Abs. 3 InsO nicht das Erfordernis der besonderen Zustellung.

105 In welcher Art und Weise die öffentliche Bekanntmachung zu erfolgen hat regelt allgemein § 9 InsO:[4] Die öffentliche Bekanntmachung erfolgt nach § 9 Abs. 1 Satz 1 InsO in dem durch Landesrecht bestimmten Amtsblatt. Zusätzlich kann das Insolvenzgericht weitere Veröffentlichungen veranlassen (§ 9 Abs. 2 Satz 1 InsO), regelmäßig veranlasst

---

[1] Umfassend *Keller*, NZI 2002, 581.
[2] BGH NJW-RR 1996, 387.
[3] Zusammenstellung aller Einzelvorschriften bei *Hess/Weis/Wienberg*, InsO, § 9 Rdn. 6ff.
[4] Umfassend *Keller*, ZIP 2003, 149.

es die öffentliche Bekanntmachung auch in der Tageszeitung oder in einschlägigen Branchenblättern.[1] § 9 Abs. 1 InsO erlaubt auch die öffentliche Bekanntmachung durch das Internet. In Ausführung des § 9 Abs. 2 Satz 2 InsO wurde hierzu die Verordnung zur öffentlichen Bekanntmachung im Insolvenzverfahren im Internet erlassen.[2] Sie regelt Inhalt und Umfang der öffentlichen Bekanntmachung im Internet insbesondere im Hinblick auf Datensicherheit. Die Veröffentlichung über das Internet tritt an die Stelle der öffentlichen Bekanntmachung im Amtsblatt, wenn dies landesrechtlich besonders bestimmt ist (§ 1 Satz 1 InsNetV). Nahezu alle Bundesländer haben inzwischen das federführend von Nordrhein-Westfalen eingerichtete Internetportal „www.insolvenzbekanntmachungen.de“ als Veröffentlichungsorgan bestimmt.

Besonders wichtige Tatbestände sind neben der Veröffentlichung in 106
Amtsblatt, Tageszeitung oder Internet auch im Bundesanzeiger zu veröffentlichen. Die Insolvenzordnung schreibt dies für die Eröffnung des Insolvenzverfahrens (§ 30 Abs. 1 Satz 2 InsO) und die Aufhebung des Insolvenzverfahrens (§ 200 Abs. 2 Satz 2, § 215 Abs. 1 Satz 3, § 258 Abs. 3 Satz 3 InsO) ausdrücklich vor.

bb) Die Wirkungen der öffentlichen Bekanntmachung

Die öffentliche Bekanntmachung hat nicht allein verfahrensrechtliche 107
Bedeutung, sie kann auch Auswirkungen auf das materielle Insolvenzrecht haben. Die öffentliche Bekanntmachung wird nach § 9 Abs. 1 Satz 3 InsO mit Ablauf von zwei Tagen nach ihrem Erscheinen im Amtsblatt wirksam. Als Tag des Erscheinens ist derjenige der tatsächlichen Ausgabe gemeint, nicht unbedingt das gedruckte Erscheinungsdatum.[3] Für die Fristberechnung gilt § 222 ZPO, es gilt auch § 222 Abs. 2 ZPO, wenn der zweite Tag ein Samstag, Sonntag oder allgemeiner Feiertag ist.[4]

Auswirkung auf das materielle Insolvenzrecht hat die öffentliche Be- 108
kanntmachung beispielsweise dann, wenn ein Schuldner des Schuldners nach Eröffnung des Insolvenzverfahrens an den Schuldner selbst statt an den Insolvenzverwalter die ihm obliegenden Leistung erbracht hat. § 82 Satz 2 InsO bestimmt für diesen Fall eine Kenntnisvermutung und Beweislastregel ausgehend vom Zeitpunkt der öffentlichen Bekanntmachung der Insolvenzeröffnung. Schließlich soll die öffentliche Bekanntmachung der Insolvenzeröffnung allgemein auch den guten Glauben des Rechtsverkehrs zerstören, wobei aber dem gutgläubigen Erwerber

[1] Lesenwert *Jaeger,* KO, § 111 Anm. 4.

[2] Verordnung zur öffentlichen Bekanntmachung im Insolvenzverfahren im Internet vom 12. Februar 2002 – InsNetV (BGBl. I S. 677); zur Verfassungsmäßigkeit LG Duisburg NZI 2005, 43.

[3] BGH KTS 1993, 415.

[4] BGHZ 64, 1 zum Wirksamwerden der öffentlichen Bekanntmachung des Aufhebungsbeschlusses des Konkursverfahrens.

eines Grundstücksrechts nach § 892 Abs. 1 Satz 2 BGB (§ 81 Abs. 1 Satz 2 InsO) ausgehend von der öffentlichen Bekanntmachung nicht automatisch Kenntnis von der Insolvenzeröffnung unterstellt werden kann.

109 Die öffentliche Bekanntmachung gilt nach § 9 Abs. 3 InsO als Zustellung an alle Beteiligten, auch wenn daneben eine besondere Zustellung erforderlich war. Mit dieser Regelung wird für alle Beteiligten ein einheitlicher Zeitpunkt für den Lauf einer möglichen Beschwerdefrist gesetzt. Ohne diese Zustellungsfiktion könnte nämlich eine gerichtliche Entscheidung, die von jedem Insolvenzgläubiger angefochten werden kann, aber nicht jedem Insolvenzgläubiger zugestellt werden kann, nicht rechtskräftig werden. Die Zustellungsfiktion des § 9 Abs. 3 InsO gilt auch dann, wenn die tatsächliche Zustellung einer gerichtlichen Entscheidung vor dem Zeitpunkt des Wirksamwerdens der öffentlichen Bekanntmachung lag.[1]

e) Das Rechtsmittel der sofortigen Beschwerde

aa) Die Beschwerde als allgemeines Rechtsmittel

110 Entscheidungen des Insolvenzgerichts sind nach § 6 Abs. 1 InsO nur dann anfechtbar, wenn die Insolvenzordnung dies im Einzelfall ausdrücklich zulässt; beschwerdefähige Entscheidungen müssen als solche jeweils benannt sein.[2] Beispielsweise bestimmt § 34 InsO die Anfechtbarkeit der Insolvenzeröffnung für den Schuldner oder § 59 Abs. 2 Satz 1 InsO die Anfechtbarkeit der Entlassung für gegen Insolvenzverwalter. Anfechtbar sind im Übrigen nur gerichtliche Entscheidungen, nicht lediglich verfahrensleitende Verfügungen, die die Bestellung eines Gutachters oder die Androhung der zwangsweise Vorführung an den Schuldner (anfechtbar ist erst der Haftbefehl selbst, § 98 Abs. 3 Satz 3 InsO). Nicht anfechtbar sind schließlich Maßnahmen des Insolvenzverwalters und Beschlüsse der Gläubigerversammlung.[3]

111 Allgemeines Rechtsmittel im Insolvenzverfahren ist die (sofortige) Beschwerde, für die über § 4 InsO die §§ 567ff. ZPO Anwendung finden. Die Beschwerdefrist des § 569 Abs. 1 ZPO von zwei Wochen soll nach § 6 Abs. 2 InsO mit der Verkündung der Entscheidung beginnen, soweit eine Entscheidung nach § 5 Abs. 2 Satz 1 InsO nicht verkündet wird (was in der Praxis die Regel ist), soll die Beschwerdefrist mit der Zustellung der Entscheidung zu laufen beginnen. § 6 Abs. 2 InsO wird hierbei ergänzt von der Zustellungsfiktion des § 9 Abs. 3 InsO.

---

[1] Anders OLG Köln ZIP 2000, 195 = NZI 2000, 169 und weite Teile der Literatur, ihnen zuletzt ohne eigenständige Begründung folgend BGH ZIP 2003, 768, dazu EWiR 2003, 977 *(Keller)*; kritisch mit umfangreichen Nachweisen *Keller*, ZIP 2003, 149, 159; wie hier *Gerhardt* in: *Jaeger*, InsO, § 9 Rdn. 6, jedoch ohne Berücksichtigung der Entscheidung des Bundesgerichtshofs; treffend bereits *Jaeger*, KO, § 76 Anm. 5.

[2] Zusammenstellung aller Einzelvorschriften bei *Kirchhof* in: HK-InsO, § 6 Rdn. 3.

[3] LG Göttingen NZI 2000, 490 = ZIP 2000, 1501.

Für die Erhebung der Beschwerde und ihre Zulässigkeitsvoraussetzungen bestehen keine insolvenzrechtlichen Besonderheiten, es gelten allgemein §§ 568 ff. ZPO. Das Insolvenzgericht kann nach § 572 Abs. 1 ZPO der Beschwerde abhelfen. Im Übrigen entscheidet über die Beschwerde das Landgericht als Beschwerdegericht (§ 72 GVG). **112**

Gegen die Entscheidung des Beschwerdegerichts ist nach Maßgabe des § 7 InsO und unter den Voraussetzungen des § 574 Abs. 1 Nr. 1 und Abs. 2 ZPO die Rechtsbeschwerde zum Bundesgerichtshof (§ 133 GVG) statthaft.[1] **113**

bb) Die besondere Anfechtbarkeit von Rechtspflegerentscheidungen

Die Beschwerde ist allgemeines Rechtsmittel gegen Entscheidungen des Richters wie des Rechtspflegers. § 11 Abs. 1 RPflG stellt lediglich klar, dass gegen Entscheidungen des Rechtspflegers die allgemeinen verfahrensrechtlichen Rechtsmittel statthaft sind. Entscheidungen des Insolvenzgerichts sind im Einzelfall unanfechtbar, beispielsweise die Aufhebung des Verfahrens nach § 200 InsO oder Entscheidungen im Rahmen der Vorschussgewährung nach § 9 InsVV.[2] In diesem Fall ist gegen die Entscheidung des Rechtspflegers die befristete Erinnerung nach § 11 Abs. 2 RPflG statthaft. Über sie entscheidet der Richter abschließend; der Rechtspfleger kann einer solchen Erinnerung nach § 11 Abs. 2 Satz 4 RPflG abhelfen. **114**

Einen absoluten Sonderfall regelt § 11 Abs. 3 RPflG. Danach ist eine Stimmrechtsentscheidung in einer Gläubigerversammlung nach § 77 Abs. 2 Satz 2 InsO auch als Rechtspflegerentscheidung unanfechtbar. Es kann jedoch seitens eines von Stimmrechtsentscheidung und der nachfolgenden Beschlussfassung betroffener Gläubiger in der Gläubigerversammlung die richterliche Überprüfung der Stimmrechtsentscheidung des Rechtspflegers beantragen (§ 18 Abs. 3 RPflG).[3] Es handelt sich damit nicht um ein eigentliches Rechtsmittel gegen die Rechtspflegerentscheidung sondern um einen besonderen Antrag auf mögliche Neufestsetzung des Stimmrechts. Praktisch kann die Regelung des § 18 Abs. 3 Satz 2 RPflG sehr nachteilig wirken, da in der Gläubigerversammlung der Richter regelmäßig nicht anwesend ist und eine sofortige Überprüfung der Stimmrechtsentscheidung schwer möglich ist. Ein entsprechender Antrag eines von der Stimmrechtsentscheidung betroffenen Gläubigers kann daher eher zu Verfahrensverzögerungen führen, da er eine abschließende Beschlussfassung der Gläubiger faktisch hemmen kann. **115**

---

[1] Zu den Voraussetzungen der Zulassung BGHZ 150, 133; BGH DZWIR 2002, 462 m. Anm. *Graeber* = NZI 2002, 509 = ZIP 2002, 1459; BGH NZI 2002, 629; *Lüke*, ZIP 2001, 1661; *I. Pape*, NZI 2001, 516.

[2] Zu Letzterem BGH NZI 2003, 31; dazu sehr kritisch *Keller*, DZWIR 2003, 101.

[3] OLG Celle ZIP 2001, 658.

f) Die Gewährung rechtlichen Gehörs

aa) Rechtliches Gehör und Anhörung

116 Das Gebote der Gewährung rechtlichen Gehörs nach Art. 103 Abs. 1 GG gilt auch im Insolvenzverfahren. Davon zu unterscheiden sind die besonderen Fälle der Anhörung von Beteiligten, die im Insolvenzverfahren besonders geregelt sind. Zu dem Insolvenzantrag eines Gläubigers ist beispielsweise nach § 14 Abs. 2 InsO der Schuldner besonders zu hören, der Insolvenzverwalter ist beispielsweise gemäß § 59 Abs. 1 Satz 3 InsO vor der Entscheidung über seine Entlassung zu hören. Auch die Gläubigerversammlung als Kollektivorgan ist vor bestimmten Entscheidungen zu hören, hilfsweise vor der Einstellung des Insolvenzverfahrens mangels Masse (§ 207 Abs. 2 InsO). Gerade in diesem letzten Beispiel wird deutlich, dass Anhörung und rechtliches Gehör sich nicht immer decken.

117 Von einer Anhörung des Schuldners kann in den Fällen des § 10 InsO abgesehen werden.[1] Die Anhörung kann unterbleiben, wenn sich der Schuldner im Ausland aufhält oder wenn seine Anhörung das Verfahren übermäßig verzögern würde; ist sein Aufenthalt unbekannt, kann er schon deswegen nicht angehört werden.

bb) Die Gewährung rechtlichen Gehörs in Einzelfällen

118 Rechtliches Gehör im Insolvenzverfahren ist insbesondere dem Schuldner zu gewähren, aber auch allen sonstigen Beteiligten, gegen die eine gerichtliche Entscheidung ergeht. Vor Erlass der Entscheidung darf dem Schuldner jedoch kein rechtliches Gehör gewährt werden, wenn dadurch der höherrangige Zweck der Entscheidung vereitelt werden könnte. So wäre es nicht sinnvoll, vor Erlass einstweiliger Sicherungsmaßnahmen nach § 21 InsO den Schuldner hierüber anzuhören, wenn er dadurch letztlich Gelegenheit erhält, Vermögenswerte noch beiseite zu schaffen. Gleiches gilt für die Anordnung der Postsperre nach § 99 InsO, bei welcher ausdrücklich geregelt ist, dass die einstweilen unterbliebene Anhörung nach Erlass der Postsperre unverzüglich nachzuholen ist (§ 99 Abs. 1 Satz 3 InsO). Im Einzelfall kann es auch geboten sein, den genauen Zeitpunkt der Insolvenzeröffnung selbst gegenüber dem Schuldner als „Überraschung“ zu gestalten, um masseschädigende Handlungen zu verhindern.

g) Die Anwendung kostenrechtlicher Vorschriften

aa) Die gerichtlichen Kosten des Insolvenzverfahrens

119 Die gerichtlichen Kosten der Durchführung des Insolvenzverfahrens gehören nach § 54 Nr. 1 InsO zu den vorweg aus der Insolvenzmasse

---

[1] Sehr lesenswert zu den sprachlichen und logischen Fehlern dieser Vorschrift *Rother,* ZRP 1998, 205.

zu befriedigenden Forderungen, das Insolvenzverfahren darf nicht eröffnet werden, wenn diese Kosten nicht gedeckt sind (§ 26 InsO), ein bereits eröffnetes Insolvenzverfahren ist wegen Masselosigkeit einzustellen (§ 207 InsO). Die Gerichtskosten ergeben sich aus KV GKG 2310 bis 2364.[1] Der Gegenstandswert der Kosten ist in § 58 GKG geregelt, die Kostenschuldner ergeben sich aus § 23 GKG.[2]

Für das Eröffnungsverfahren entsteht nach KV GKG 2310 eine Ge- 120
bühr von 0,5 der Gebührentabelle berechnet aus dem Wert der Insolvenzmasse nach § 58 Abs. 1 GKG. Bei dem Insolvenzantrag eines Gläubigers beträgt die Gebühr nach KV GKG 2311 mindestens 150 EUR, Gegenstandswert ist hier grundsätzlich der Wert der Gläubigerforderung nach § 58 Abs. 2 GKG.

Für die Verfahrensdurchführung entsteht grundsätzlich eine Gebühr 121
von 3,0 der Gebührentabelle (KV GKG 2330) nach dem Wert der Insolvenzmasse. Die Gebühr ermäßigt sich auf 2,5 der Gebührentabelle, wenn das Insolvenzverfahren auf Eigenantrag des Schuldners eröffnet worden ist (KV GKG 2320). Die Gebühr ermäßigt sich weiter, wenn das Verfahren wegen Masselosigkeit vor oder nach Abhaltung des allgemeinen Prüfungstermins eingestellt wird (KV GKG 2321, 2322, 2331, 2332).

Besondere Gebühren werden fällig für die nachträgliche Prüfung 122
von Forderungen nach § 177 InsO (Festgebühr von 15 EUR nach KV GKG 2340), oder für das Beschwerdeverfahren (KV GKG 2360 bis 2364).

Einen beträchtlichen Kostenfaktor stellen die Auslagen des Gerichts 123
dar, die zusammen mit den Gerichtskosten zu erheben sind. Es sind dies in erster Linie die Kosten der öffentlichen Bekanntmachung nach KV GKG 9004 sowie die Sachverständigenentschädigung nach § 9 JVEG (KV GKG 9005).[3]

bb) Die Kostentragungspflicht im Insolvenzverfahren

Im eröffneten Insolvenzverfahren sind die Kosten aus der Insolvenz- 124
masse aufzubringen, dies ergibt sich einerseits aus § 53 InsO, andererseits aus §§ 23, 31 GKG.

Wird das Insolvenzverfahren nicht eröffnet, ist Kostenschuldner 125
grundsätzlich der Antragsteller (§ 23 Abs. 1 Satz 1 InsO). Damit ist insbesondere der antragstellende Gläubiger Kostenschuldner der Antragsgebühr nach KV GKG 2311 sowie der entstandenen Auslagen. Im

---

[1] Die Neuregelung der Gerichtskosten durch das Kostenrechtsmodernisierungsgesetz (KostRMoG) vom 5. 5. 2004 (BGBl. I S. 718) zum 1. 7. 2004 hat für das Insolvenzverfahren keine Änderungen gebracht, BT-Drucks. 15/1971, S. 156.

[2] Umfassend zum Kostenrecht *Keller,* Vergütung, Rdn. 265 ff.; *Frege/Keller/Riedel,* Rdn. 2558 ff.

[3] Justizvergütungs- und Entschädigungsgesetz, als Art. 2 des Kostenrechtsmodernisierungsgesetzes (KostRMoG) vom 5. 5. 2004 (BGBl. I S. 718) in Kraft getreten am 1. 7. 2004.

Einzelnen ist aber zu unterscheiden, aus welchem Grunde das Insolvenzverfahren nicht eröffnet wird:

- Bei Antragsrücknahme durch den Gläubiger treffen ihn die Kosten des Verfahrens schon in entsprechender Anwendung des § 269 Abs. 3 Satz 2 ZPO.
- Der Gläubiger kann den Insolvenzantrag in entsprechender Anwendung des § 91a ZPO für erledigt erklären;[1] dies erfolgt insbesondere, wenn der Schuldner auf Druck des Insolvenzantrags die Forderung des Gläubigers befriedigt.[2] Das Gericht hat in entsprechender Anwendung des § 91a ZPO dem Schuldner die Kosten des Eröffnungsverfahrens aufzuerlegen (§ 29 Nr. 1 GKG); der antragstellende Gläubiger bleibt kostenrechtlich aber Zweitschuldner nach § 31 GKG.[3]
- Bei Abweisung mangels Masse (§ 26 InsO) soll es sich sachlich um ein Obsiegen des Antragstellers handeln, da die Insolvenzeröffnung nur mangels ausreichender Masse unterbleibt. Das Gericht hat auch in diesem Fall die Kosten dem Schuldner aufzuerlegen (§ 308 Abs. 2 ZPO, § 29 Nr. 1 GKG), die Zweitschuldnerhaftung des antragstellenden Gläubigers entfällt damit aber nicht.

126 Der Kostenansatz nach §§ 4, 27ff. KostVfg obliegt regelmäßig dem Kostenbeamten des gehobenen Dienstes.[4] Im eröffneten Insolvenzverfahren sind nach § 22 Abs. 1 Nr. 1, Abs. 2 KostVfg die Gerichtskosten aus der Masse zu entnehmen, regelmäßig können die endgültigen Kosten des Verfahrens erst nach seiner vollständigen Beendigung berechnet werden.

cc) Die Gewährung der Kostenstundung

127 Durch das Insolvenzrechtsänderungsgesetz vom 26. Oktober 2001[5] wurden mit Wirkung zum 1. Dezember 2001 die Regelungen zur so genannten Kostenstundung in die Insolvenzordnung eingefügt (§§ 4aff. InsO). Durch sie sollte vor dem Hintergrund der bis dato höchst strittigen Frage der Gewährung von Prozesskostenhilfe für den völlig mittellosen Schuldner diesem der Zugang zum gerichtlichen Verfahren und letztlich zur Restschuldbefreiung ermöglicht werden.[6] Mit Gewährung der Kostenstundung durch das Gericht erhält der Schuldner die Kosten des Verfahrens bis zu dessen Beendigung gestundet, die Kosten müssen daher nicht mehr vollständig aus der Insolvenzmasse entnommen wer-

[1] BGHZ 149, 178, 181.
[2] BGHZ 157, 242.
[3] LG Dresden ZVI 2005, 329.
[4] Eingehend *Frege/Keller/Riedel*, Rdn. 2570 ff.
[5] BGBl. I S. 2710.
[6] BGHZ 144, 78; zur Rechtsentwicklung *Ganter* in: MüKo-InsO, § 4 Rdn. 17 ff.; *Wenzel* in: *Kübler/Prütting*, InsO, § 286 Rdn. 87 ff.; *Uhlenbruck* in: *Uhlenbruck*, InsO, § 4a Rdn. 1; *Frege/Keller/Riedel*, Rdn. 98 ff.; *Graf-Schlicker* in: FS Uhlenbruck, S. 573.

den können. Der Schuldner kann sie nach Beendigung des Verfahrens mit Gewährung einer Verlängerung der Stundung in Raten zurückzahlen. Systematisch beinhalten die §§ 4a ff. InsO eine Prozesskostenhilfe mit gestundeter Ratenzahlung.[1]

Kostenstundung erhält nur die natürliche Person als Schuldner. Voraussetzung ist, dass ein Antrag auf Gewährung von Restschuldbefreiung nach § 287 InsO gestellt ist und das Vermögen des Schuldners die Kosten des Insolvenzverfahrens nicht zu decken vermag (§ 4a Abs. 1 Satz 1 InsO),[2] es darf zuletzt kein Grund zur Versagung der Restschuldbefreiung nach § 290 Abs. 1 Nr. 1 und 3 InsO vorliegen (§ 4a Abs. 1 Satz 3 und 4 InsO). Die Kostenstundung wird durch das Gericht bereits mit Eröffnung des Insolvenzverfahrens ausgesprochen oder erst während des Verfahrens, wenn sich hier die Masselosigkeit ergibt (§ 207 Abs. 1 Satz 2 erster Halbsatz InsO). Das Gericht kann in besonderen Fällen dem Schuldner einen Rechtsanwalt beiordnen (§ 4a Abs. 2 InsO),[3] dessen Gebühren bestimmen sich nach §§ 12, 45 ff. RVG (§§ 123 ff. BRAGO). 128

Mit Gewährung der Kostenstundung kann die Staatskasse die entstandenen Kosten nicht mehr gegen den Schuldner geltend machen (§ 4a Abs. 3 Nr. 1 InsO), dieser muss erst nach Beendigung des Insolvenzverfahrens durch Raten an die Staatskasse die Kosten zahlen, sofern sie nicht aus der Insolvenzmasse gedeckt werden können.[4] Die Vergütung des Insolvenzverwalters oder des Treuhänders wird aus der Staatskasse gewährt (§ 63 Abs. 2 InsO) und von dieser als Auslagentatbestand beim Schuldner mit eingezogen (KV GKG 9017). 129

Während des Restschuldbefreiungsverfahrens hat der Treuhänder aus dem pfändbaren Teil des Arbeitseinkommens des Schuldners, das er auf Grund der Abtretungserklärung des § 287 Abs. 2 InsO nach § 292 InsO vereinnahmt, zunächst die Kosten des Verfahrens zu befriedigen (§ 292 Abs. 1 Satz 2 InsO). Der Schuldner hat nach Beendigung des Restschuldbefreiungsverfahrens die noch übrigen Kosten des Verfahrens zu zahlen. Ihm kann eine Verlängerung der Stundung mit Anordnung von Ratenzahlung gewährt werden (§ 4b InsO). Hierfür gelten die § 115 Abs. 1 und 2, § 120 Abs. 2 ZPO entsprechend. 130

In den Fällen des § 4c InsO kann das Insolvenzgericht die Kostenstundung vorzeitig aufheben. Der Schuldner ist dann unmittelbar und sofort zur Zahlung der Kosten verpflichtet. 131

---

[1] Umfassend *Prütting/Wenzel* in: *Kübler/Prütting*, InsO, § 4a Rdn. 11 ff.; *Frege/Keller/Riedel*, Rdn. 101 bis 158.

[2] Zur Frage der Darlegungspflicht des Schuldners BGH NZI 2005, 273 = ZVI 2005, 120; BGH ZVI 2005, 119; BGH ZVI 2005, 124 zur Frage der Vorschusspflicht des Ehegatten nach § 1360a Abs. 4 BGB BGHZ 156, 92; LG Düsseldorf NZI 2002, 504; AG Hamburg NZI 2002, 394; *Schäferhoff*, ZVI 2004, 80.

[3] LG Bremen NZI 2002, 675.

[4] Dazu *Eckardt* in: *Jaeger*, InsO, § 4a Rdn. 60; *Uhlenbruck* in: *Uhlenbruck*, InsO, § 4a Rdn. 12.

132 In der Rechtspraxis hat die Möglichkeit der Kostenstundung zu einer wahren Flut von Insolvenzverfahren über das Vermögen natürlicher Personen geführt. Im Jahre 2002 wurden 27.547 solcher Insolvenzverfahren eröffnet.[1] Da die betroffenen Schuldner in aller Regel aber auch keinerlei verwertbares Vermögen besitzen, erscheint das Insolvenzverfahren nur als notwendige Zwischenstufe zur Restschuldbefreiung. Ob das aufwändig gestaltete Insolvenzverfahren der Mühe lohnt, wird in der aktuellen Rechtsdiskussion immer wieder bezweifelt, in der Flutwelle der Verfahren scheinen Insolvenzverwalter, Insolvenzrichter und Rechtspfleger zu ertrinken.[2]

II. Der Schuldner im Insolvenzverfahren

1. Die Insolvenzverfahrensfähigkeit

a) Der Begriff der Insolvenzverfahrensfähigkeit

133 Das Insolvenzverfahren kann nur eröffnet werden, wenn der Schuldner auch insolvenzfähig ist. Der allgemein verwendete Begriff der Insolvenzfähigkeit hat eine zweifache Bedeutung:

- Materiell beschreibt Insolvenzfähigkeit die Möglichkeit des Schuldners, zahlungsunfähig zu werden oder überschuldet zu sein; die Tatbestände der Zahlungsunfähigkeit oder Überschuldung im Sinne der §§ 17 und 19 InsO können materiellrechtlich beim Schuldner unabhängig von der Frage, ob ein Insolvenzverfahren eröffnet werden kann oder soll, auftreten. Zahlungsunfähigkeit oder Überschuldung als Merkmale materieller Insolvenz können aber auch nur dann in Erscheinung treten, wenn der Schuldner aktiv am Rechts- und Wirtschaftsleben teilnimmt.
- Verfahrensrechtlich beschreibt Insolvenzfähigkeit die Möglichkeit, über das Vermögen des Schuldners ein Insolvenzverfahren eröffnen zu können. Die Insolvenzfähigkeit bezüglich des Insolvenzverfahrens ist im Regelfall Folge materieller Insolvenz: Wer aktiv am Rechts- und Wirtschaftsleben teilnimmt und materiell insolvent werden kann, über dessen Vermögen muss auch die Eröffnung eines entsprechenden Verfahrens möglich sein. Die Insolvenzordnung hält diese Folgerung nicht in jedem Fall durch.

134 Ausgehend von § 11 InsO, der allgemeiner Begrifflichkeit folgend die Insolvenzfähigkeit des Schuldners beschreibt, ist besser von einer Insolvenzverfahrensfähigkeit zu sprechen, da § 11 InsO lediglich die Möglichkeit der Durchführung des Insolvenzverfahrens über den Schuldner verschiedener Rechtspersönlichkeit eröffnet.

---

[1] INDat-Report 1/2003, S. 16.

[2] Treffend *Schmerbach*, NZI 7/2002, NZI-Aktuell S. V.

Dogmatisch entspricht die Insolvenzverfahrensfähigkeit der passiven Parteifähigkeit des Zivilverfahrensrechts.[1] Aus dieser Feststellung beschreibt § 11 InsO die Verfahrensfähigkeit natürlicher und juristischer Personen sowie von Personengesellschaften als ergänzende Erläuterung. Allein die Regelung des § 11 Abs. 2 Nr. 2 InsO erhält eigenständige Bedeutung, sie beschreibt die Insolvenzverfahrensfähigkeit besonderer Vermögensmassen, die als solche nicht rechts- und parteifähig sind. 135

b) Die natürliche Person als Schuldner

aa) Der Grundsatz der Insolvenzverfahrensfähigkeit

Insolvenzverfahrensfähig ist nach § 11 Abs. 1 Satz 1 InsO jede natürliche Person. Die passive Parteifähigkeit der natürlichen Person (§ 50 Abs. 1 ZPO, § 1 BGB) besteht unabhängig von der Geschäftsfähigkeit derselben, in gleicher Weise verhält es sich beim Insolvenzverfahren. Es kann das Insolvenzverfahren über das Vermögen einer jeden natürlichen Person eröffnet werden, gleich welchen Alters, gleich welchen Grades der Geschäftsfähigkeit. Damit ist das Insolvenzverfahren auch denkbar über das Vermögen eines Minderjährigen oder einer Person, die unter Betreuung steht, auch wenn ein Einwilligungsvorbehalt nach § 1903 Abs. 1 Satz 1 BGB besteht. Verfahrensrechtlich ist in diesen Fällen die gesetzliche Vertretung des insoweit prozessunfähigen Schuldners zu beachten (§§ 51, 52 ZPO). 136

Die Insolvenzverfahrensfähigkeit einer jeden natürlichen Person war auch bereits im früheren Konkurs- und Gesamtvollstreckungsrecht gegeben.[2] Vielerorts war im Rahmen der Insolvenzrechtsreform die Rede, ein Konkursverfahren über eine Privatperson sei nicht möglich gewesen. Diese Aussage ist unzutreffend, aber auch erklärbar. Auch über das Vermögen der natürlichen Person konnte ein Konkurs- oder Gesamtvollstreckungsverfahren eröffnet werden. Wegen des unbegrenzten Nachforderungsrechtes der Konkursgläubiger nach Beendigung des Konkursverfahrens (§ 164 KO) war das Konkursverfahren für die natürliche Person praktisch aber wertlos, weil es zu keiner wirklichen Entschuldung führte. Dies hat sich mit der Insolvenzordnung und der Möglichkeit der Erlangung der Restschuldbefreiung nach §§ 286ff. InsO grundlegend geändert. 137

bb) Die Unterscheidung zwischen Regel- und Verbraucherinsolvenz

Eine verfahrensrechtliche Unterscheidung der natürlichen Personen bringt die Insolvenzordnung mit den besonderen Regelungen für das Verbraucherinsolvenzverfahren nach §§ 304ff. InsO. Er sollten damit insbesondere natürliche Personen, die keinerlei Gewerbe ausüben, vor 138

---

[1] *Prütting* in: *Kübler/Prütting*, InsO, § 11 Rdn. 5ff.; *Jaeger*, I. § 5 1 (S. 20ff.)

[2] Für den heutigen Leser eher amüsant *Jaeger*, Einleitung § 1 III.

Stellung des Insolvenzantrags und Durchführung des Insolvenzverfahrens obligatorisch darauf verwiesen werden, zunächst außergerichtlich mit ihren Gläubigern sich über eine mögliche Schuldenbereinigung zu vergleichen (§ 305 Abs. 1 Nr. 1 InsO).[1] Inzident hat der Gesetzgeber damit wieder eine Trennung zwischen Verbraucher und Unternehmer (Kaufmann) vorgenommen, deren Abschaffung in der Konkursordnung als bedeutende Errungenschaft gerühmt worden ist.[2]

139 Die Regelung des § 304 InsO, die den Verbraucher vom Unternehmer abgrenzt, war ursprünglich wenig geglückt formuliert und führte zu zahlreichen Problemen der Rechtspraxis, insbesondere bei dem Schuldner, der ein Gewerbe ausgeübt hatte und dessen Verbindlichkeiten vorwiegend aus dieser gewerblichen Tätigkeit stammten. Mit Wirkung zum 1. Dezember 2001[3] wurde § 304 InsO völlig neu gefasst, um diese Abgrenzungsschwierigkeiten zu beseitigen:[4]

140 – Verbraucher ist zunächst derjenige Schuldner, der keinerlei selbstständige wirtschaftliche Tätigkeit ausübt oder ausgeübt hat (§ 304 Abs. 1 Satz 1 InsO). Diese Person ist Verbraucher unabhängig von der Zahl der Gläubiger oder dem Umfang seines Vermögens. Zwar nimmt der Gesetzgeber – für die Praxis überwiegend zu Recht – an, dass der Verbraucher über kein oder wenig Vermögen verfüge, in jedem Fall zutreffen muss diese Annahme aber nicht, ein Verbraucher im Sinne des § 304 Abs. 1 Satz 1 InsO kann durchaus vermögend und trotzdem zahlungsunfähig sein.[5]

141 – Verbraucher ist auch der Schuldner, der eine selbstständige wirtschaftliche Tätigkeit ausgeübt hat, wenn seine Vermögensverhältnisse überschaubar sind und keine Forderungen aus Arbeitsverhältnissen bestehen (§ 304 Abs. 1 Satz 2 InsO). Als Kriterium der Überschaubarkeit nennt § 304 Abs. 2 InsO die Zahl der gegen den Schuldner stehenden Gläubiger, sie darf höchstens 19 betragen. Maßgeblicher Zeitpunkt für die Bestimmung der Überschaubarkeit der Vermögensverhältnisse ist der Zeitpunkt der Stellung des Antrags auf Eröffnung des Insolvenzverfahrens.[6] Der ehemals Gewerbetreibende ist damit regelmäßig Verbraucher, wenn er höchstens 19 Gläubiger hat und von diesen keiner eine Forderung aus Arbeitsverhältnis geltend macht. Im Einzelnen ist auch hier einiges streitig, beispielsweise ob auch die Forderungen der Krankenkassen auf So-

---

[1] *Ott* in: MüKo-InsO, § 304 Rdn. 10ff.

[2] *Jaeger*, KO, Einleitung, S. XXII: „*Der Einheitskonkurs ist das Verfahren der Zukunft.*“

[3] Insolvenzrechtsänderungsgesetz vom 26. Oktober 2001 (BGBl. I S. 2710).

[4] Begründung des Gesetzesentwurfs der Bundesregierung BT-Drucks. 14/5680, S. 30.

[5] Daher kritisch *Häsemeyer*, Rdn. 29.04, 29.07.

[6] Begründung des Gesetzesentwurfs der Bundesregierung BT-Drucks. 14/5680, S. 30; *Vallender* in: *Uhlenbruck*, InsO, § 304 Rdn. 21 mit umfangreichen Nachweisen auch zur Rechtslage vor 1. 12. 2001.

zialversicherungsbeiträge als Forderungen aus Arbeitsverhältnissen gelten oder ob ein Schuldner, der weniger als 20 Gläubiger hat, wegen nicht überschaubarer Vermögensverhältnisse im Sinne des § 304 Abs. 1 Satz 2 InsO trotzdem als Unternehmer angesehen werden kann.[1]

Beispiel 1: Die Schuldnerin betrieb bis Ende 2002 eine Bestellagentur für ein Versandhaus. Der Vermieter der Gewerberäume kündigte den Mietvertrag wegen rückständiger Miete von insgesamt 25.000 EUR fristlos. Gegen die Schuldnerin bestehen Forderungen weiterer Gläubiger in Höhe von insgesamt 15.000 EUR. Stellt die Schuldnerin im Jahre 2003 Insolvenzantrag, ist fraglich, ob sie als Verbraucherin im Sinne des § 304 Abs. 1 Satz 2 InsO anzusehen ist. Bestünde auch nur eine Forderung aus Arbeitsverhältnis, wäre dies nicht der Fall und die Schuldnerin wäre schon deshalb insolvenzverfahrensrechtlich als Unternehmerin anzusehen. Weiter ist zu prüfen, ob die Vermögensverhältnisse der Schuldnerin überschaubar sind. Die Gesamtzahl der Gläubiger soll im vorliegenden Fall keine 19 betragen, so dass im Sinne des § 304 Abs. 2 InsO die Vermögensverhältnisse nicht deshalb als nicht mehr überschaubar anzusehen sind. Dies bedeutet aber nicht, dass die Schuldnerin zwingend als Verbraucherin anzusehen ist, ihre Vermögensverhältnisse könnten trotzdem als nicht überschaubar bewertet werden. Erforderlich ist daher im Einzelfall eine Überprüfung der Verschuldensstruktur der Schuldnerin. 142

Der Schuldner, der im Zeitpunkt der Antragstellung eine selbstständige wirtschaftliche Tätigkeit ausübt, ist in keinem Fall Verbraucher im Sinne des § 304 Abs. 1 InsO, über sein Vermögen ist stets das Regelinsolvenzverfahren zu eröffnen.[2] 143

c) Die juristische Person als Schuldner

Parteifähig und damit nach § 11 Abs. 1 Satz 1 InsO insolvenzverfahrensfähig ist jede juristische Person des Privatrechts. Ein Insolvenzverfahren kann eröffnet werden über den rechtsfähigen Verein (§ 42 Abs. 1 BGB), die Aktiengesellschaft (§ 1 Abs. 1 Satz 1 AktG), die Kommanditgesellschaft auf Aktien (§ 278 Abs. 1 AktG), die Gesellschaft mit beschränkter Haftung (§ 13 Abs. 1 GmbHG) und die eingetragene Genossenschaft (§ 17 GenG). Der nicht rechtsfähige Verein, der nach § 54 BGB wie eine Gesellschaft bürgerlichen Rechts behandelt werden soll,[3] 144

[1] Dazu BGH NZI 2003, 647; *Vallender* in: *Uhlenbruck,* InsO, § 304 Rdn. 17 und 23.

[2] BGH ZVI 2002, 449 (Schuldner war als niedergelassener Zahnarzt tätig und beantragte die Eröffnung des Verbraucherinsolvenzverfahrens); BGH NZI 2005, 676 = ZIP 2005, 2070 und LG Köln NZI 2004, 673 = ZIP 2004, 2249 (Alleingesellschafter und Geschäftsführer einer GmbH); AG Hamburg NZI 2004, 675 (nebenberufliche selbstständige Tätigkeit).

[3] Zur weitgehend eingeschränkten Anwendung der Norm im heutigen Rechtsleben BGHZ 42, 210, 216; BGHZ 50, 325 (jeweils zur aktiven Parteifähigkeit der Gewerkschaften); dagegen aber BGHZ 109, 15 (keine aktive Parteifähigkeit einer Siedlergemeinschaft); eingehend zur Diskussion *Reuter* in: MüKo-BGB, § 54 Rdn. 3 ff.

ist nach § 50 Abs. 2 ZPO ausdrücklich passiv parteifähig. Dem entspricht die Regelung des § 11 Abs. 1 Satz 2 InsO, wonach der nicht rechtsfähige Verein einer juristischen Person gleichgestellt und für insolvenzrechtsfähig erklärt wird.

145 Die Eröffnung des Insolvenzverfahrens ist auch nach Auflösung der juristischen Person zulässig, solange die Verteilung ihres Vermögens nicht abgeschlossen ist (§ 11 Abs. 3 InsO), das Insolvenzverfahren über eine solche Liquidationsgesellschaft tritt dann an die Stelle der gesellschaftsrechtlichen Liquidation. Selbst nach Beendigung der Liquidation und Löschung der Gesellschaft im Handelsregister ist die Eröffnung des Insolvenzverfahrens zulässig, sie kommt dann der Nachtragsliquidation im Sinne des § 273 Abs. 4 AktG gleich.[1]

146 § 11 InsO regelt nicht, ob auch bereits im Gründungsstadium einer juristischen Person oder sogar im Stadium der so genannten Vorgründung ein Insolvenzverfahren zulässig ist. Die Vorgesellschaft, insbesondere bei der Gesellschaft mit beschränkter Haftung, wird allgemein als Personenvereinigung eigener Art angesehen, auf welche die Normen des GmbH-Rechts entsprechende Anwendung finden, soweit nicht zwingend die Rechtsfähigkeit der Gesellschaft vorausgesetzt wird.[2] Die Insolvenzverfahrensfähigkeit ist deshalb zu bejahen, die Vorgesellschaft ist mindestens wie eine Personengesellschaft teilrechtsfähig.[3] Die Vorgründungsgesellschaft der juristischen Personen wird allgemein als Gesellschaft bürgerlichen Rechts angesehen, offene Handelsgesellschaft ist sie, wenn bereits ein kaufmännisches Gewerbe betrieben wird. Ein Insolvenzverfahren kann in Anwendung des § 11 Abs. 2 Nr. 1 InsO auch hier eröffnet werden.

147 Insolvenzrechtliche Sonderregelungen bestehen für die eingetragene Genossenschaft in den §§ 98ff. GenG. Die Genossenschaft kann in ihrem Statut eine auf einen Geldbetrag beschränkte aber auch eine unbeschränkte Nachschusspflicht ihrer Genossen für den Fall der Eröffnung des Insolvenzverfahrens über das Vermögen der Genossenschaft vorsehen (§ 6 Nr. 3 GenG). Im eröffneten Insolvenzverfahren ist es Aufgabe des Insolvenzverwalters, diese Nachschüsse bei den Genossen einzufordern (§§ 105ff. GenG). Der Insolvenzverwalter beantragt hierzu beim Insolvenzgericht unter Vorlage einer Vorschussberechnung auf die Nachschusspflicht die Einberufung eines so genannten Erklärungstermins, in welchem alle Genossen gegen ihre Nachschusspflicht Einwendungen erheben können (§ 108 Abs. 1 GenG). Das Insolvenzgericht erklärt unter Berücksichtigung möglicher Einwendungen die Vorschuss-

---

[1] BGH NZI 2005, 225.

[2] BGHZ 21, 242; BGHZ 51, 30; BGHZ 72, 45; zur so genannten Verlustdeckungshaftung der Gesellschafter der Vor-GmbH BGHZ 134, 333; ergänzend zur Haftung bei fortgesetzter Geschäftstätigkeit nach gescheiterter Gründung der Gesellschaft BGHZ 152, 290.

[3] BGHZ 117, 323, 326; zur Insolvenzfähigkeit BGH NZI 2004, 28 = ZIP 2003, 2123; *Hueck/Fastrich* in: *Baumbach/Hueck*, GmbHG, § 11 Rdn. 11ff.

berechnung des Insolvenzverwalters gegen die einzelnen Genossen für vollstreckbar (§ 108 Abs. 2 Satz 1 GenG).[1]

Sonderregelungen bestehen auch für die Insolvenz von Banken, Versicherungen und Bausparkassen. Sie sind je nach Rechtsform (zumeist in der Rechtsform einer juristischen Person) regelmäßig insolvenzfähig. Die Eröffnung des Insolvenzverfahrens über einen Kredit- oder Finanzdienstleistungsinstitut ist nach § 46b KWG nur auf Antrag des Bundesamtes für Finanzdienstleistungsaufsicht (§ 6 KWG) zulässig; das Institut hat diesem die Zahlungsunfähigkeit oder Überschuldung unverzüglich anzuzeigen. Gleiches gilt für die Insolvenz eines Versicherungsunternehmens nach § 88 VAG. 148

d) Die Gesellschaft ohne Rechtspersönlichkeit als Schuldner

Als insolvenzverfahrensfähig nennt § 11 Abs. 2 Nr. 1 InsO ausdrücklich die Gesellschaft ohne Rechtspersönlichkeit. Gemeint sind hiermit die Personengesellschaften, denen so genannte Teilrechtsfähigkeit in der Art und Weise zukommt, dass sie als solche am Rechtsverkehr teilnehmen dürfen, jedoch nicht eigenständige juristische Person sind. Es sind dies unter Bezugnahme auf die Aufzählung in § 11 Abs. 2 Nr. 1 InsO insbesondere die offene Handelsgesellschaft (§ 124 HGB), die Kommanditgesellschaft (§§ 161 Abs. 2 mit 124 HGB), die Partnerschaftsgesellschaft (§ 7 Abs. 2 PartGG mit § 124 HGB), die Europäische Wirtschaftliche Interessenvereinigung[2] und die Gesellschaft bürgerlichen Rechts (§§ 705ff. BGB). Die Bruchteilsgemeinschaft nach §§ 741ff. BGB ist nicht insolvenzverfahrensfähig.[3] 149

Als Personengesellschaft verfahrensfähig ist auch die GmbH & Co. KG. Insolvenzrechtlich gelten für die GmbH & Co. KG wie auch für die offene Handelsgesellschaft, deren Gesellschafter ihrerseits nur beschränkt haftende juristische Personen sind, Sonderregelungen in den §§ 130a und 177a HGB. 150

Die stille Gesellschaft nach §§ 230ff. HGB stellt insolvenzrechtlich betrachtet keine Gesellschaftsform sondern eine Beteiligungsform am Unternehmen eines anderen dar. Sie ist daher selbst nicht insolvenzverfahrensfähig, das Insolvenzverfahren wird lediglich über das Vermögen des Inhabers des Handelsgeschäftes eröffnet, die Einlage des stillen Teilhabers ist insoweit betroffen, als sie in das Vermögen des Inhabers des Handelsgeschäftes übergegangen ist (§ 230 Abs. 1 HGB). 151

---

[1] Eingehend zur Nachschusspflicht und zum Verfahren der Nachschussberechnung *Terbrack,* Rdn. 293 bis 492; *Frege/Keller/Riedel,* Rdn. 2428 bis 2478; *Hirte* in: FS Uhlenbruck, S. 637ff.; *Beuthien/Titze,* ZIP 2002, 1116.

[2] Verordnung der Europäischen Gemeinschaft über die Schaffung einer EWIV vom 25. Juli 1985 (Amtsblatt der Europäischen Gemeinschaft Nr. L 199/1 vom 31. 7. 1985), Gesetz über die Europäische Wirtschaftliche Interessenvereinigung vom 14. April 1988 (BGBl. I S. 514).

[3] *Bork,* ZIP 2001, 545, in Ablehnung zu AG Göttingen ZIP 2001, 580.

e) Die Besonderheiten bei der Gesellschaft bürgerlichen Rechts

152 Einer besonderen Betrachtung bedarf die Insolvenz der Gesellschaft bürgerlichen Rechts, die nach § 11 Abs. 2 Nr. 1 InsO ausdrücklich zulässig ist. Der Gesetzgeber klärte mit dieser Regelung eine alte Streitfrage des früheren Konkursrechts zur Frage der Konkursfähigkeit dieser Gesellschaftsform.[1] Er nahm für das Insolvenzverfahren gleichsam auch die Rechtsprechung des Bundesgerichtshofs vorweg, der mit Urteil vom 29. Januar 2001 die Parteifähigkeit der am Rechtsverkehr teilnehmenden (Außen-)Gesellschaft endgültig anerkannt hat.[2] Innerhalb des Insolvenzrechts ist damit die am Rechtsverkehr teilnehmende Gesellschaft bürgerlichen Rechts den übrigen Personengesellschaften, insbesondere der offenen Handelsgesellschaft gleichzustellen. Dem entspricht auch die Anerkennung der Gesellschafterhaftung entsprechend § 128 HGB nach der so genannten Akzessorietätstheorie.[3]

153 Bei der Insolvenz der Gesellschaft bürgerlichen Rechts ergeben sich in der Rechtspraxis wesentlich zwei Probleme:

- In welchem Umfang wird das Gesellschaftsvermögen von der Insolvenz erfasst? Erfasst auch die Insolvenzeröffnung über das Vermögen eines Gesellschafters das Gesellschaftsvermögen?
- In welcher Art und Weise sind Gesellschafter noch zur Verfügung über Gesellschaftsvermögen befugt, wenn über ihr eigenes Vermögen das Insolvenzverfahren eröffnet wird?

154 Mangels Anerkennung der Konkursfähigkeit der Gesellschaft bürgerlichen Rechts konnte im früheren Konkursrecht nur über die dogmatisch angreifbare Hilfskonstruktion der Konkurseröffnung über das Vermögen sämtlicher Gesellschafter unmittelbar auf das Gesellschaftsvermögen zugegriffen werden.[4] Der Bundesgerichtshof wusste selbst um die Zweifelhaftigkeit dieses Postulats, sah aber gleichzeitig die Gefahr des Zugriffs eines Gesellschaftsgläubigers auf das Gesellschaftsvermögen und wollte dies verhindern.[5] Mit Anerkennung der vollen Insolvenzfähigkeit – materiell wie verfahrensrechtlich – bedarf es dieser Hilfskonstruktion nicht mehr. Das Gesellschaftsvermögen wird unmittelbar dann von der Insolvenzeröffnung erfasst, wenn über das Vermögen der Gesellschaft selbst das Insolvenzverfahren eröffnet wird.

---

[1] *Prütting* in: *Kübler/Prütting*, InsO, § 11 Rdn. 21 ff.; *Kirchhof* in: HK-InsO, § 11 Rdn. 16; grundlegend bereits *K. Schmidt*, Wege, S. 28 ff.; *K. Schmidt* in: KS, S. 1199 Rdn. 7; *Neumann*, S. 10 ff.

[2] BGHZ 146, 341 (mit ausdrücklichem Hinweis auf § 11 Abs. 2 Nr. 1 InsO auf S. 346); dazu statt vieler *K. Schmidt*, NJW 2001, 993; *Ulmer*, ZIP 2001, 585.

[3] BGHZ 146, 341, 358; bereits angedeutet in BGHZ 142, 315.

[4] BGHZ 23, 307.

[5] BGHZ 23, 307, 314.

Erfolgt die Insolvenzeröffnung nur über das Vermögen eines Gesellschafters, wird nach der gesetzlichen Regelung des § 728 Abs. 2 BGB die Gesellschaft aufgelöst. Die Regelung des § 728 Abs. 2 BGB begründet keinen unmittelbaren Zugriff auf das Gesellschaftsvermögen, sie ist lediglich Tatbestand für die Liquidation der Gesellschaft, zudem kann sie gesellschaftsvertraglich abbedungen werden.[1] Das Gesellschaftsvermögen ist von der Insolvenz nur insoweit betroffen, als es im Rahmen der Liquidation der Gesellschaft nach §§ 730 ff. BGB auseinanderzusetzen ist. Der Insolvenzverwalter kann auf das Gesellschaftsvermögen nur im Rahmen der Auseinandersetzungen gemeinsam mit den übrigen Gesellschaftern einwirken, an Stelle des insolventen Gesellschafters hat er bei der Auseinandersetzung mitzuwirken. Von erheblicher praktischer Bedeutung ist die Problematik im Grundstücksverkehr, bei welchem bereits streitig ist, ob bei der Insolvenz eines Gesellschafters ein Insolvenzvermerk nach § 32 Abs. 1 Nr. 1 InsO in das Grundbuch eingetragen werden kann.[2] Überwiegend wird dies mit der Begründung bejaht, es müsse verhindert werden, dass der insolvente Gesellschafter mit den übrigen Gesellschaftern zum Schaden der Insolvenzgläubiger über das Grundstück verfügt.[3] Tatsächlich ist das Grundstück als Gesellschaftsvermögen nicht der Insolvenzmasse zugehörig, es liegt bei Nichteintragung des Insolvenzvermerks auch keine Grundbuchunrichtigkeit im Sinne des § 892 Abs. 1 Satz 2 BGB vor; Rechtsträger des Grundstücks ist nicht der insolvente Gesellschafter sondern die Gesellschaft bürgerlichen Rechts selbst. Daher wird in neuerer Rechtsprechung und Literatur zu Recht die Eintragung des Insolvenzvermerks abgelehnt.[4] 155

Beispiel 2 (nach LG Leipzig Rpfleger 2000, 111, OLG Dresden ZIP 2003, 130 und OLG Rostock NZI 2003, 648): Als Eigentümer eines Grundstücks sind im Grundbuch eingetragen A und B in Gesellschaft bürgerlichen Rechts. Über das Vermögen des A wird das Insolvenzverfahren eröffnet. Das Insolvenzgericht ersucht das Grundbuchamt um Eintragung des Insolvenzvermerks (§ 32 Abs. 1 Nr. 1, Abs. 2 Satz 1 InsO, § 38 GBO). Das Grundbuchamt weist das Ersuchen auf 156

[1] Vergleiche für die offene Handelsgesellschaft § 131 Abs. 3 Satz 1 Nr. 2 HGB, wonach die Insolvenz lediglich das Ausscheiden des Gesellschafters bewirkt.

[2] Eingehend *Keller,* Rpfleger 2000, 201.

[3] Beispielhaft LG Hamburg ZIP 1986, 1590; LG Neubrandenburg NZI 2001, 325; *Schmahl* in: MüKo-InsO, § 32 Rdn. 17; *Uhlenbruck* in: *Uhlenbruck,* InsO, § 32 Rdn. 6; *Schöner/Stöber,* Rdn. 1635 a; w. N. bei *Keller,* Rpfleger 2000, 201 Fn. 22.

[4] OLG Dresden ZIP 2003, 130; OLG Rostock NZI 2003, 648 = DZWIR 2004, 38 m. Anm. *Keller* = ZIP 2004, 44; dazu EWiR 2004, 73 *(Undritz)*; LG Leipzig Rpfleger 2000, 111; LG Neubrandenburg InVo 2001, 251; für den Zustimmungsvorbehalt nach § 21 Abs. 2 Nr. 2 InsO LG Frankenthal Rpfleger 2002, 72; *Schilken* in: *Jaeger,* InsO, § 32 Rdn. 8; *Kind* in: *Braun,* InsO, § 32 Rdn. 10; *Bauer* in: *Bauer/v. Oefele,* GBO, § 38 Rdn. 70; anders *Raebel* in: FS Kreft, S. 483, der aber zu bedenken gibt, dass in dem einzutragenden Insolvenzvermerk ausdrücklich klargestellt werden müsse, dass er sich nur auf den insolventen Gesellschafter und seine Rechte an der Gesellschaft bezieht; damit würde aber mittelbar das Grundbuch zum „Nebenhandelsregister" der Gesellschaft bürgerlichen Rechts.

Eintragung zu Recht zurück, die Eintragung des Vermerks ist nicht möglich. Betrachtet man mit dem Wortlaut des § 11 Abs. 2 Nr. 1 InsO die Gesellschaft selbst als insolvenzfähig, kann ein entsprechender Vermerk nur dann eingetragen werden, wenn auch tatsächlich das Insolvenzverfahren über die Gesellschaft selbst eröffnet wird. Dem Grundbuchamt fehlt es insoweit bereits an der Voreintragung des Schuldners nach § 39 GBO.

157 Mit Eröffnung des Insolvenzverfahrens über das Vermögen eines Gesellschafters und Auflösung der Gesellschaft nach § 728 Abs. 2 BGB, soweit der Gesellschaftsvertrag nichts anderes vorsieht, tritt bei der Gesellschaft im Rahmen der Liquidation der Insolvenzverwalter an die Stelle des insolventen Gesellschafters (für die offene Handelsgesellschaft ausdrücklich § 146 Abs. 3 HGB). Die Insolvenz des Gesellschafters bewirkt damit keine Verfügungsentziehung gegenüber der Gesellschaft, sondern lediglich eine Änderung in den Vertretungsbefugnissen.[1] Für den Rechtsverkehr ist dies wiederum bedeutsam, weil Verfügungen der Gesellschaft aus der Zeit vor Insolvenzeröffnung eines Gesellschafters mit dieser nicht unwirksam werden, im Zeitpunkt der Verfügung wurde die Gesellschaft nämlich ordnungsgemäß vertreten. Dass gesellschaftsrechtlich das Insolvenzverfahren eines Gesellschafters sich lediglich hinsichtlich der Vertretung auf die Gesellschaft auswirkt, nicht aber hinsichtlich ihrer eigenen Verfügungsbefugnis, wird in Literatur und Rechtsprechung bisweilen nicht beachtet.[2] Überwiegend wird wie im bisherigen Konkursrecht noch angenommen, die Insolvenz des Gesellschafters oder aller Gesellschafter bewirke auch eine Verfügungsentziehung gegenüber der Gesellschaft selbst. Dies widerspricht aber der gesetzlichen Regelung des § 11 Abs. 2 Nr. 1 InsO, die mit der vollen Anerkennung der Insolvenzfähigkeit der Gesellschaft diese auch als eigenes Rechtssubjekt anerkennt und somit von den Gesellschaftern unabhängig betrachtet.

158 **Beispiel 3** (nach OLG Zweibrücken NZI 2001, 431): Als Eigentümer eines Grundstücks sind A und B als Gesellschaft bürgerlichen Rechts im Grundbuch eingetragen. Im Jahre 1993 veräußern sie einen ideellen Miteigentumsanteil an den Erwerber. Im Jahre 1998 wird über das Vermögen des A das Konkursverfahren eröffnet, in Jahre 1993 über das Vermögen des B das Insolvenzverfahren. Der danach beim Grundbuchamt gestellte Antrag auf Eigentumsumschreibung aus der Veräußerung von 1993 wird zurückgewiesen, Beschwerde und weitere Beschwerde sind erfolglos.

Das Oberlandesgericht Zweibrücken stellte dazu fest, dass spätestens nach Eröffnung des Insolvenzverfahrens über das Vermögen des zweiten Gesellschafters eine Verfügungsentziehung gegenüber der Gesellschaft eingetreten und ein Rechtserwerb nicht mehr möglich sei. Das Oberlandesgericht Zweibrücken differenzierte nicht zwischen der Konkurseröffnung und der Gesamtvollstreckungseröffnung der beiden Gesellschafter, sondern wandte letztlich ohne Beachtung des § 11 Abs. 2 Nr. 1 InsO die Rechtsprechung des Bundesgerichtshofs zum Konkurs

[1] Ausführlich *Keller,* NotBZ 2001, 397; nicht berücksichtigt von *Raebel* in: FS Kreft, S. 483.

[2] Beispielhaft OLG Zweibrücken NZI 2001, 431 = ZIP 2001, 1207.

der Gesellschaft bürgerlichen Rechts (BGHZ 23, 307) auf das Insolvenzverfahren an. Tatsächlich wäre zu prüfen gewesen, ob bei der Veräußerung im Jahre 1993 die Gesellschaft durch ihre Gesellschafter ordnungsgemäß vertreten worden ist. Ist dies zu bejahen, könnte der Rechtserwerb auch nach Konkurs- oder Insolvenzeröffnung noch vollzogen werden, da ja der Wegfall der Vertretungsmacht nicht auch die Unwirksamkeit der vom Vertreter ordnungsgemäß abgegebenen Willenserklärungen zur Folge hat.

Das Verhältnis von Gesellschafterinsolvenz und Gesellschaftsinsolvenz ist bei der Gesellschaft bürgerlichen Rechts im Ergebnis in gleicher Weise zu betrachten wie bei der offenen Handelsgesellschaft. Gesellschaftsinsolvenz und Gesellschafterinsolvenz sind streng voneinander zu trennen. Diese in der Rechtspraxis nicht immer vorgenommene Trennung liegt einerseits darin begründet, dass der Gesellschaft bürgerlichen Rechts einerseits noch nicht vollständige Parteifähigkeit zugebilligt wird, ihr andererseits die eigentlich notwendige Registerpublizität fehlt. 159

f) Die insolvenzverfahrensfähigen Sondervermögen

Nach der Regelung des § 11 Abs. 2 Nr. 2 InsO kann ein Insolvenzverfahren eröffnet werden über einen Nachlass, über das Gesamtgut einer fortgesetzten Gütergemeinschaft (§§ 1483 ff. BGB) sowie über das Gesamtgut einer gemeinschaftlich verwalteten Gütergemeinschaft (§§ 1415 ff., 1450 ff. BGB). Sonderregelungen für diese Verfahren enthalten die §§ 315 bis 334 InsO. Praktische Bedeutung hat allein das Nachlassinsolvenzverfahren. 160

aa) Das Nachlassinsolvenzverfahren

Das Nachlassinsolvenzverfahren ist aus nachlassrechtlicher Sicht die stärkste Form der Haftungsbeschränkung des Erben gegenüber den Nachlassgläubigern. Die Stellung des Erben gegenüber den Nachlassgläubigern regeln die §§ 1975 ff. BGB, für das Insolvenzverfahren selbst gelten die allgemeinen Regelungen der Insolvenzordnung mit den sich aus §§ 315 ff. InsO ergebenden Besonderheiten.[1] Die Eröffnung des Nachlassinsolvenzverfahrens bewirkt für den oder die Erben die Beschränkung der Haftung für Nachlassverbindlichkeiten (§ 1967 BGB) auf den Nachlass, zwischen Nachlass und sonstigem Vermögen des Erben tritt gleichsam rückwirkend eine Vermögenstrennung ein (§ 1976 BGB, § 326 InsO). Das Nachlassinsolvenzverfahren hat seine Wurzeln im so genannten Separationsverfahren des römischen Konkursrechts, nach welchem ebenfalls eine Trennung zwischen Nachlass und eigenem Vermögen des Erben und Beschränkung der Haftung für Nachlassverbindlichkeiten auf den Nachlass durchgeführt wurde.[2] Der Erbe ist 161

[1] Eingehend *Döbereiner* in: *Gottwald*, § 109 bis 117; *Häsemeyer*, Rdn. 33.01 ff.; *Frege/Keller/Riedel*, Rdn. 2319 bis 2399.

[2] *Dernburg*, Pandekten, Band 3 S. 332; *Windscheid/Kipp*, Band 3 S. 461 ff.

nach § 1980 BGB zur Antragstellung auf Eröffnung des Insolvenzverfahrens verpflichtet, sobald er Kenntnis von der Zahlungsunfähigkeit oder der Überschuldung des Nachlasses (§ 320 InsO) hat. Für sein bisheriges Handeln haftet er den Nachlassgläubigern gegenüber als Beauftragter oder aus Geschäftsführung ohne Auftrag nach §§ 1978 und 1979 BGB. Insolvenzantrag kann auch jeder Nachlassgläubiger, einen Nachlassverwalter oder ein Testamentsvollstrecker stellen (§ 317 InsO). Durch § 324 InsO wird für das Nachlassinsolvenzverfahren der Kreis der Masseverbindlichkeiten (§§ 54, 55 InsO) erheblich erweitert. Ähnliches gilt nach § 327 InsO für Insolvenzforderungen, die im Range nach denjenigen des § 39 InsO zu befriedigen sind.

162 **Beispiel 4:** Der Erblasser ist am 17. 5. 2003 verstorben, sein Alleinerbe ist E. Er nimmt die Erbschaft durch ausdrückliche Erklärung gegenüber dem Nachlassgericht an. Gegen den Erblasser stand ihm selbst eine Forderung von 500 EUR zu. Nachdem E bereits einige Nachlassgläubiger aus eigenen Mitteln befriedigt hat, stellt er die Überschuldung des Nachlasses fest und beantragt die Eröffnung des Insolvenzverfahrens.

Mit Eröffnung des Insolvenzverfahrens tritt zu Gunsten des Erben die Haftungsbeschränkung auf den Nachlass ein, Nachlass und eigenes Vermögen des Erben werden rückwirkend gleichsam wieder voneinander getrennt (§ 1975 BGB). Verfahrensrechtlich nimmt der Erbe die Stellung des Schuldners des Insolvenzverfahrens ein. Gleichzeitig ist er auch Insolvenzgläubiger hinsichtlich seiner gegen den Erblasser bestehenden Forderung, die mit Eintritt des Erbfalles ursprünglich zwar durch Konfusion erloschen, mit Eröffnung des Insolvenzverfahrens rückwirkend jedoch nicht als erloschen gilt (§ 1976 BGB, § 326 Abs. 1 InsO). Von Annahme der Erbschaft bis zur Eröffnung des Insolvenzverfahrens gilt er den Nachlassgläubigern gegenüber als Beauftragter im Sinne der §§ 662 ff. BGB (§ 1978 Abs. 1 Satz 1 BGB). Da er bei Befriedigung einzelner Nachlassgläubiger von der Überschuldung des Nachlasses keine Kenntnis hatte, ist diese Befriedigung den übrigen Gläubigern gegenüber wirksam (§ 1979 BGB). Mit seinem Aufwendungsersatzanspruch aus § 670 BGB ist der Erbe Massegläubiger nach § 324 Abs. 1 Nr. 1 InsO. Hätte er dagegen von der Überschuldung des Nachlasses Kenntnis gehabt und trotzdem einzelne Nachlassgläubiger mit Mitteln des Nachlasses befriedigt, wäre er dem Nachlass gegenüber ersatzpflichtig. Zum Ausgleich gingen nach § 326 Abs. 2 InsO die Forderungen der befriedigten Nachlassgläubiger auf ihn über, an ihrer Stelle nähme er dann als Insolvenzgläubiger am Verfahren teil.

bb) Das internationale Insolvenzrecht

163 Im Bereich der Unternehmensinsolvenz gewinnt das internationale Insolvenzrecht zunehmend an Bedeutung. Innerhalb der Insolvenzverfahrensfähigkeit besonderer Sondervermögen ist die Frage zu klären, unter welchen Voraussetzungen über das im Inland befindliche Vermögen einer Gesellschaft, die im Ausland ihren Sitz hat, das Insolvenzverfahren eröffnet werden kann, umgekehrt, inwieweit ein im Ausland eröffnetes Insolvenzverfahren das im Inland belegene Vermögen erfasst. Das bisherige internationale Konkursrecht behandelte diese Fragen unter den Stichworten Universalitätsprinzip (umfassende Wirkung des deutschen Insolvenzverfahrens auf im Ausland befindliches Vermögen)

und Territorialprinzip (Anerkennung eines ausländischen Insolvenzverfahrens im Inland).[1]

164 Rechtsgrundlage des internationalen Insolvenzrechts ist auf europäischer Ebene die Verordnung des Rates der Europäischen Union über Insolvenzverfahren (EuInsVO) Nr. 1346/2000 vom 29. Mai 2000,[2] die am 31. Mai 2002 in Kraft getreten ist. Sie ersetzt das ursprünglich geplante europäische Insolvenzrechtsübereinkommen (EuIÜ) vom 23. November 1995,[3] das nicht von allen Mitgliedsstaaten der Europäischen Union ratifiziert worden war. Die Verordnung regelt die örtliche Zuständigkeit eines Gerichtes des Mitgliedstaates für die Eröffnung des so genannten Hauptinsolvenzverfahrens über das Vermögen der Gesellschaft (Art. 3 EuInsVO). Sie regelt ferner die Anwendung materiellrechtlicher Vorschriften des Insolvenzrechts in den jeweiligen Mitgliedsstaaten. Die Eröffnung des Hauptinsolvenzverfahrens in einem Mitgliedstaat ist von den übrigen Mitgliedsstaaten anzuerkennen (Art. 16 ff. EuInsVO), bei diesen kann über das dort belegene Vermögen der Gesellschaft ein so genanntes Sekundärinsolvenzverfahren eröffnet werden (Art. 27 ff. EuInsVO).[4]

165 Auf nationaler Ebene entspricht die Regelung des Art. 102 § 1 EGInsO dem Grundsatz der Anerkennung des ausländischen Insolvenzverfahrens und regelt in den §§ 2 bis 11 die verfahrensrechtliche Durchführung der Anerkennung.[5] Dem entsprechend regelt der elfte Teil der Insolvenzordnung mit den §§ 335 bis 358 InsO der Anerkennung des ausländischen Insolvenzverfahrens unter ordre-public-Vorbehalt (§ 343 Abs. 1 InsO) sowie die materiellrechtlichen Wirkungen der Eröffnung des Hauptinsolvenzverfahrens (§§ 336 bis 342 InsO). Für die Eröffnung des Sekundärinsolvenzverfahrens über das im Inland belegene Vermögen gelten die §§ 356 bis 358 InsO.

g) Die Insolvenzunfähigkeit juristischer Personen des öffentlichen Rechts

166 Über das Vermögen des Bundes oder eines Bundeslandes kann kein Insolvenzverfahren eröffnet werden (§ 12 Abs. 1 Nr. 1 InsO). Den so genannten Staatsbankrott in Form des Insolvenzverfahrens kennt das

---

[1] Grundlegend zum Universalitätsprinzip BGHZ 88, 147; *Hess/Weis/Wienberg,* InsO, Art. 102 EGInsO Rdn. 60 ff.; *Häsemeyer,* Rdn. 35.14 ff.

[2] Amtsblatt der Europäischen Union Nr. L 160/1 vom 30. 6. 2000; dazu *Paulus,* ZIP 2002, 729.

[3] Abgedruckt in ZIP 1996, 976; *Hess/Weis/Wienberg,* InsO, Art. 102 EGInsO Rdn. 110.

[4] Eingehend zum Internationalen Insolvenzrecht *Lüer* in: *Uhlenbruck,* InsO, Art. 102 EGInsO Rdn. 50 ff.; *Reinhart* in: MüKo-InsO, Art. 102 EGInsO Rdn. 30 ff.; *Gottwald* in: *Gottwald,* §§ 127 bis 132; *Frege/Keller/Riedel,* Rdn. 2642 bis 2717.

[5] Art. 102 EGInsO geändert durch Gesetz zur Neuregelung des Internationalen Insolvenzrechts vom 14. 3. 2003 (BGBl. I S. 345); in Kraft getreten am 20. 3. 2003.

deutsche Insolvenzrecht im Unterschied zu ausländischen Rechtsordnungen nicht.[1] Mit dieser Regelung soll die Funktionsfähigkeit des Staatswesens, insbesondere im Bereich hoheitlicher Tätigkeit geschützt werden.[2] Aus dem gleichen Grunde ist auch die Zwangsvollstreckung gegen juristische Personen des öffentlichen Rechts nur begrenzt möglich (§ 882 ZPO).

167 Nach § 12 Abs. 1 Nr. 2 InsO kann ein Insolvenzverfahren auch nicht über juristische Personen des öffentlichen Rechts, die unter Aufsicht eines Landes stehen, eröffnet werden, wenn das Landesrecht dies bestimmt. Gemeint sind hierbei in erster Linie die Gemeinden und weiteren Gebietskörperschaften sowie Körperschaften, Anstalten und Stiftungen des öffentlichen Rechts. Durchgehend haben alle Bundesländer die Insolvenzverfahrensfähigkeit ihrer Gemeinden und weiteren Gebietskörperschaften ausgeschlossen. Bei Körperschaften und Anstalten des öffentlichen Rechts sind die landesrechtlichen Regelungen unterschiedlich.[3]

168 Öffentlich-rechtliche Kreditinstitute sind nicht insolvenzverfahrensfähig, wenn für die sie tragende Gebietskörperschaft eine öffentlichrechtlichen Verpflichtung zur Aufrechterhaltung der Körperschaft oder Anstalt besteht, dies gilt namentlich für die Sparkassen und Girozentralen.[4] Wegen ihres besonderen verfassungsrechtlichen Auftrages sollen auch die öffentlich-rechtlichen Rundfunkanstalten nicht insolvenzverfahrensfähig sein.[5] Besonderen Schutz sollen wegen Art. 137 Abs. 3 WRV (Art. 140 GG) auch Kirchen und Religionsgemeinschaften genießen, wenn sie als öffentlich-rechtliche Körperschaften organisiert sind.[6]

2. Die allgemeinen Wirkungen der Insolvenzeröffnung

a) Die vermögens-, familien- und nachlassrechtlichen Wirkungen

aa) Die vermögensrechtlichen Wirkungen im Überblick

169 Das Insolvenzverfahren dient der Befriedigung aller Insolvenzgläubiger durch Verwertung der Insolvenzmasse, die aus dem gesamten pfändbaren Vermögen des Schuldners besteht (§§ 35, 36 InsO). Die für den Schuldner einschneidendste Folge der Insolvenzeröffnung ist deshalb der Entzug der Verwaltungs- und Verfügungsbefugnis über sein

---

[1] Mit Hinweisen auf die Insolvenz öffentlich-rechtlicher Körperschaften in den vereinigten Staaten von Amerika *Hirte* in: MüKo-InsO, § 12 Rdn. 2.

[2] Ein illustres Beispiel der Insolvenz einer Gemeinde beschreibt *Jaeger,* I. § 5 1. II. 2. Fn. 4 (S. 22).

[3] Nachweise und Fundstellen bei *Prütting* in: *Kübler/Prütting,* InsO, § 12 Rdn. 4; *Kirchhof* in: HK-InsO, § 12 Rdn. 3.

[4] BGHZ 90, 161, 168 a. E.; zur Regelungskompetenz der Länder BVerfGE 60, 135; dazu auch *Hirte* in: MüKo-InsO, § 12 Rdn. 9.

[5] BVerfGE 144, 151.

[6] BVerfGE 60, 1; AG Potsdam DZWIR 2001, 527.

gesamtes zur Insolvenzmasse gehörende Vermögen (§ 80 Abs. 1 InsO). Jede Verfügung des Schuldners nach Insolvenzeröffnung ist absolut unwirksam (§ 81 Abs. 1 Satz 1 InsO). Durch die weitere Vorschrift des § 91 InsO soll jeder Rechtserwerb aus der Insolvenzmassen verhindert werden, auch wenn nicht unmittelbar eine Verfügung des Schuldners zu Grunde liegt.

bb) Die familien- und nachlassrechtlichen Wirkungen

Während das frühere Konkursrecht mit Eröffnung des Konkurs- 170
verfahrens noch einen Entzug der Vermögenssorge des Schuldners über seine Kinder vorsah (§ 1670 BGB), hat die Insolvenzeröffnung keine unmittelbar nachteiligen Folgen für den Schuldner bezüglich der Ausübung der Vermögenssorge.[1] Soweit im Einzelfall eine Gefährdung des Kindesvermögens zu besorgen ist, hat das zuständige Familiengericht im Rahmen der §§ 1666 und 1667 BGB tätig zu werden. Dem Schuldner als Inhaber der Vermögenssorge kann auferlegt werden, ein Verzeichnis des Kindesvermögens einzureichen und dessen Vollständigkeit und Richtigkeit zu versichern (§ 1667 Abs. 1 Satz 1 und 2 BGB); es kann auch angeordnet werden, dass das Vermögen des Kindes in bestimmter Weise anzulegen sei und nur mit Genehmigung des Familiengerichts hierüber verfügt werden dürfe (§ 1667 Abs. 2 Satz 1 BGB). Im äußersten Fall kann das Familiengericht dem Schuldner die Vermögenssorge entziehen (§ 1666 Abs. 1 BGB).[2] Das Familiengericht wird von Amts wegen tätig (§ 12 FGG), das Insolvenzgericht gibt ihm lediglich Mitteilung von der Insolvenzeröffnung, wenn bekannt ist, dass der Schuldner minderjährige Kinder hat. Das Familiengericht entscheidet nach Anhörung des Schuldners und gegebenenfalls des betroffenen Kindes, es kann vorläufige Anordnungen treffen. Die funktionelle Zuständigkeit am Familiengericht liegt beim Rechtspfleger (§ 3 Nr. 2 lit. a) RPflG); der Richtervorbehalts des § 14 Nr. 8 RPflG findet bei Gefährdung des Kindesvermögens keine Anwendung.

§ 1666 BGB gilt entsprechend für den Vormund (§ 1837 Abs. 4 BGB) 171
und den Pfleger (§ 1915 Abs. 1 mit § 1837 Abs. 4 BGB). Die Eröffnung des Insolvenzverfahrens kann ferner die Untauglichkeit zum Amt des Vormunds, des Pflegers oder auch des Betreuers begründen, in jedem Fall muss aber eine konkrete Gefährdung des Mündelvermögens zu besorgen sein (§§ 1886, 1915 Abs. 1 und 1908 b BGB).

Vermögen, das der Schuldner durch Verfügung von Todes wegen er- 172
wirbt, gehört zur Insolvenzmasse. Dabei ist gleichgültig, ob der Erbfall vor oder nach Insolvenzeröffnung eintritt, weil auch der so genannte Neuerwerb nach § 35 InsO zur Insolvenzmasse gehört. Dem Schuldner

[1] Aufhebung des § 1670 BGB durch Art. 33 Nr. 28 EGInsO und überholend Art. 1 Nr. 48 Kindschaftsrechtsreformgesetz vom 16. 12. 1997 (BGBl. I S. 2942).

[2] Palandt/*Diederichsen*, BGB, § 1667 Rdn. 7.

verbleibt jedoch das Recht zur Ausschlagung einer ihm angefallenen Erbschaft (§§ 1944ff. BGB) oder eines Vermächtnisses als höchstpersönliches Recht (§ 83 InsO).[1] Ist der Erbe lediglich Vorerbe, kann der Insolvenzverwalter nur im Rahmen des § 2115 BGB über den Nachlass verfügen (§ 83 Abs. 2 InsO).

b) Die handels- und gesellschaftsrechtlichen Wirkungen

aa) Die handelsrechtlichen Wirkungen der Insolvenzeröffnung

173 Der Schuldner verliert mit Eröffnung des Insolvenzverfahrens nicht seine Kaufmannseigenschaft nach § 1 HGB. Während des Insolvenzverfahrens gelten damit auch für und gegen den Insolvenzverwalter, der selbst aber nicht Kaufmann ist, die besonderen Vorschriften des Handelsrechts, insbesondere auch diejenigen über Handelsgeschäfte (§§ 343ff. BGB).[2] Im Bereich des allgemeinen Schuldrechts ist der Insolvenzverwalter als Unternehmer im Sinne des § 14 BGB anzusehen, wenn der Schuldner bisher ebenfalls Unternehmer im Sinne dieser Vorschrift war.[3] Bei der Verwertung der Insolvenzmasse hat der Insolvenzverwalter deshalb die besonderen Vorschriften des Schuldrechts zu den so genannten Verbraucherverträgen zu beachten. Es gelten insbesondere die §§ 355ff. BGB zum Widerrufs- und Rückgaberecht bei Verbraucherverträgen, insbesondere zu den Belehrungspflichten, sowie die §§ 474ff. BGB zu den Besonderheiten des Gewährleistungsrechtes beim Verbrauchsgüterkauf. Den Insolvenzverwaltern bereitet in der Rechtspraxis hierbei besonders die Vorschrift des § 475 Abs. 1 Satz 1 BGB Probleme, wonach die Gewährleistungsansprüche des Verbrauchers nicht ausgeschlossen werden können.[4]

174 Ob der Insolvenzverwalter an Stelle des Schuldners auch berechtigt ist, im Rahmen der Führung des insolventen Handelsgeschäftes nach § 48 HGB Prokura zu erteilen, ist umstritten. Während ihm dies unter Geltung der Konkursordnung überwiegend versagt wurde,[5] plädieren namhafte Stimmen für eine Zulässigkeit der Prokuraerteilung im Insolvenzverfahren.[6] Begründet wird dies mit der gesetzlich ausdrücklich geregelten Unternehmensfortführung durch den Insolvenzverwalter und

---

[1] Eingehend *Marotzke*, ZVI 2003, 309.

[2] Allgemein zu demjenigen, der ohne selbst Kaufmann zu sein ähnlich einem solchen am Geschäftsleben teilnimmt BGHZ 40, 42; für den Insolvenzverwalter *Uhlenbruck* in: *Uhlenbruck*, InsO, § 80 Rdn. 10.

[3] Palandt/*Heinrichs*, BGB, § 14 Rdn. 2.

[4] Eingehend *Haas/Medicus/Rolland/Schäfer/Wendtland*, 5. Kap. Rdn. 425ff.; *Marotzke*, ZInsO 2002, 501; *Ringstmeier/Homann*, ZIP 2002, 505; *Scherer*, NZI 2002, 356; *Schmidt*, ZInsO 2002, 103.

[5] BGHZ WM 1958, 430; *Kuhn/Uhlenbruck*, KO, § 6 Rdn. 6; so auch noch *Lüke* in: *Kübler/Prütting*, InsO, § 80 Rdn. 13; *Wittkowski* in: *Nerlich/Römermann*, InsO, § 80 Rdn. 33.

[6] Grundlegend *K. Schmidt*, HandelsR, § 16 III. 2. d); *K. Schmidt*, Wege, S. 123ff.; ihm folgend *Baumbach/Hopt*, HGB, § 48 Rdn. 1; *Uhlenbruck* in: *Uhlenbruck*, InsO, § 80 Rdn. 10; *Ott* in: MüKo-InsO, § 80 Rdn. 103.

der Sanierung des schuldnerischen Unternehmens als weiteres Ziel des Insolvenzverfahrens.

Die Fähigkeit des Schuldners, Schecks und Wechsel auszustellen, 175 wird durch die Insolvenzeröffnung nicht beeinträchtigt. Die von ihm eingegangene Wechselverpflichtung berührt jedoch nicht die Insolvenzmasse, die Forderung aus einem solchen Wechsel ist keine Insolvenzforderung und erst recht keine Masseverbindlichkeiten.

bb) Die gesellschaftsrechtlichen Wirkungen der Insolvenzeröffnung

Die Eröffnung des Insolvenzverfahrens über eine juristische Person 176 oder eine Personengesellschaft führt unmittelbar zur Auflösung der Gesellschaft. Die Gesellschaft tritt damit in das gesellschaftsrechtliche Stadium der Liquidation. Die Insolvenzeröffnung als Auflösungsgrund ist jeweils in den gesellschaftsrechtlichen Vorschriften geregelt, es werden mit Insolvenzeröffnung aufgelöst

- die Gesellschaft bürgerlichen Rechts nach § 728 Abs. 1 BGB;
- die offene Handelsgesellschaft, die Kommanditgesellschaft und die Europäische Wirtschaftliche Interessenvereinigung nach § 131 Abs. 1 Nr. 3 HGB;
- die Partnerschaftsgesellschaft nach § 9 Abs. 1 PartGG mit § 131 Abs. 1 Nr. 3 HGB;
- der eingetragene Verein nach § 42 Abs. 1 BGB (im bisherigen Konkursrecht verlor der Verein lediglich die Rechtsfähigkeit mit Eröffnung des Verfahrens);
- die Aktiengesellschaft nach § 262 Abs. 1 Nr. 3 AktG;
- die Kommanditgesellschaft auf Aktien nach § 289 Abs. 1 AktG mit §§ 161 Abs. 2, 131 Abs. 1 Nr. 3 HGB;
- die Gesellschaft mit beschränkter Haftung nach § 60 Abs. 1 Nr. 4 GmbHG;
- die eingetragene Genossenschaft nach § 101 GenG.

Die Abweisung der Insolvenzeröffnung mangels Masse (§ 26 InsO) 177 führt gleichfalls zur Auflösung der Kapitalgesellschaften (§ 262 Abs. 1 Nr. 4 AktG, § 289 Abs. 2 Nr. 1 AktG, § 60 Abs. 1 Nr. 5 GmbHG) und der eingetragenen Genossenschaft (§ 81a Nr. 1 GenG) sowie der offenen Handelsgesellschaft oder der Kommanditgesellschaft, wenn keine natürliche Person persönlich haftender Gesellschafter ist (§ 131 Abs. 2 Satz 1 Nr. 1 HGB). Der eingetragene Verein wird bei Abweisung mangels Masse nicht aufgelöst, die Abweisung mangels Masse ist als Auflösungsgrund in § 42 BGB nicht genannt. Die Liquidation der Gesellschaft bei Abweisung mangels Masse hat durch das nach Gesellschaftsrecht berufene Liquidationsorgan zu erfolgen (§ 265 Abs. 1 AktG, § 66 Abs. 1 GmbHG). Allzu oft wird dies jedoch in der Rechtspraxis unterlassen, zumeist bei der Gesellschaft mit beschränkter Haftung entfaltet der Geschäftsführer nach Abweisung mangels Masse keinerlei Tätigkeit mehr. Im Handelsregister ist die Gesellschaft als vermögenslos nach § 141 a FGG zu löschen.[1] Nicht zu Unrecht ist gerade bei der Gesellschaft mit beschränkter Haftung häufig von einer *„Flucht in die Masselosigkeit"* die Rede, da nach Abweisung der Insolvenzeröffnung mangels Masse kein staatliches Organ und kein Insolvenzverwalter die bisherige Geschäftsführung und die wirtschaftlichen Verhältnisse des Unternehmens überprüft und für eine geordnete Liquidation sorgt.[2]

cc) Die Vollbeendigung der Gesellschaft im Insolvenzverfahren

178 Auf welche Art und Weise die gesellschaftsrechtliche Liquidation der Gesellschaft nach Eröffnung des Insolvenzverfahrens erfolgen soll, ist dogmatisch nicht abschließend geklärt. Ein weitgehend schlüssiges Konzept vertritt *Karsten Schmidt* mit der von ihm entwickelten Theorie der Vollbeendigung der Gesellschaft im Insolvenzverfahren.[3] Nach dieser ist es Aufgabe des Insolvenzverwalters als insolvenzrechtliches und zugleich gesellschaftsrechtliches Liquidationsorgan die Gesellschaft vollständig zu liquidieren, gleichsam bis zur Löschungsreife im Handelsregister. Vollbeendigung der Gesellschaft tritt dann mit vollständiger Vermögensliquidation durch Insolvenzabwicklung und Löschung im Handelsregister ein. Nach dieser Theorie kann es bei der Gesellschaftsinsolvenz kein insolvenzfreies Vermögen geben, es ist sämtlich durch den Insolvenzverwalter zu verwerten.[4] Als Liquidationsorgan tritt der Insolvenzverwalter aber nicht vollständig an die Stelle des Geschäftsführers der Gesellschaft mit beschränkter Haftung, dieser bleibt weiterhin in seinem Amt und vertritt die Gesellschaft als Schuldnerin im Insolvenzverfahren, im Verhältnis zu den Gesellschaftern bleibt weiterhin der Geschäftsführer rechenschaftspflichtig.[5]

179 Die Theorie der Vollbeendigung der Gesellschaft im Insolvenzverfahren wirft auch Fragen auf: Konsequent gedacht verbietet sie dem Insolvenzverwalter die Freigabe einzelner Vermögensgegenstände aus der Insolvenzmasse an den Schuldner. Die Freigabe wird in § 32 Abs. 3 InsO jedoch ausdrücklich als zulässig vorausgesetzt. Sie ist in vielen Fällen auch notwendig, etwa wenn zur Insolvenzmasse mit Altlasten kontaminierte Grundstücke gehören, bei welchen den Insolvenzver-

---

[1] Dazu *Winkler* in: *Keidel/Kuntze/Winkler*, FGG, § 141 a Rdn. 6 ff.

[2] Aus rechtspolitischer Sicht daher zu Recht warnend *K. Schmidt* in: *K. Schmidt/Uhlenbruck*, Rdn. 1169.

[3] Grundlegend *K. Schmidt*, Wege, S. 69 ff., 99 ff.; *ders.*, GesellschaftsR, § 11 VI. 4.; *Hirte* in: *Uhlenbruck*, InsO, § 11 Rdn. 148; *Noack* in: Kübler/Prütting, InsO – Gesellschaftsrecht, Rdn. 84 ff.; *Ott* in: MüKo-InsO, § 11 Rdn. 13, 71, 72; *K. Schmidt* in: KS, S. 1199 Rdn. 14 ff.; *K. Schmidt/Schulz*, ZIP 1982, 1015; *K. Schmidt*, KTS 1984, 354; *ders.*, NJW 1995, 911; *ders.*, ZIP 1997, 1441; *ders.*, 2000, 1913.

[4] Zur Frage der Prozessführungsbefugnis der Gesellschaft mit beschränkter Haftung hatte der Bundesgerichtshof die Freigabe durch den Konkursverwalter inzident bejaht, BGHZ 35, 180.

[5] Verschiedentlich wurde auch bereits ein Informationsanspruch der Gesellschafter gegen den Insolvenzverwalter nach § 51 a GmbHG bejaht, OLG Hamm NJW-RR 2002, 1396; LG Wuppertal NJW-RR 2003, 332.

walter öffentlich-rechtliche Pflichten zur Altlastensanierung drohen. Diesen kann er sich in aller Regel nur durch Freigabe der Grundstücke entziehen.[1] Verneint man deren Zulässigkeit, käme nur eine Aufgabe des Eigentums nach § 928 BGB in Betracht.[2] Auch registerrechtlich lässt die Theorie der Vollbeendigung Fragen offen: Die Löschung der Gesellschaft ist durch den Geschäftsführer (§ 78 GmbHG) oder den Vorstand als Abwickler (§ 273 Abs. 1 Satz 1 AktG) zur Eintragung in das Handelsregister anzumelden, eine Anmeldebefugnis wird dem Insolvenzverwalter als Liquidationsorgan nicht zuerkannt. Mit Abschluss der Liquidation durch den Insolvenzverwalter bliebe die Gesellschaft im Handelsregister eingetragen, wenn deren Löschung nicht angemeldet wird oder das Registergericht nicht nach § 141 a FGG vorgeht.

Zur Vollbeendigung der Gesellschaft im Insolvenzverfahren trifft die 180
Insolvenzordnung keine eindeutige Aussage. Ein § 1 Abs. 2 Satz 3 des Regierungsentwurfs zur Insolvenzordnung, der an die Stelle der gesellschaftsrechtlichen Liquidation des Unternehmens die Liquidation im Insolvenzverfahren setzen sollte,[3] fiel redaktioneller Kürzung zum Opfer.[4] Lediglich aus der Begründung zu § 141 a FGG könnte entnommen werden, dass der Gesetzgeber von einer Vollbeendigung der Gesellschaft im Insolvenzverfahren ausgegangen ist.[5] Dass der Gesetzgeber die Vollbeendigung der Gesellschaft als Aufgabe des Insolvenzverwalters ansieht, wird auch aus der Regelung des § 199 Satz 2 InsO hergeleitet, wonach der Insolvenzverwalter einen möglichen Überschuss nach Verteilung der Insolvenzmasse an die Gesellschafter im Verhältnis ihrer Beteiligung auszukehren habe.

Der Bundesgerichtshof äußerte sich zur Theorie der Vollbeendigung 181
der Gesellschaft anfangs zurückhaltend: In einem Urteil vom 5. Juli 2001[6] betreffend die Qualität des Herausgabeanspruchs des Vermieters gegenüber der insolventen Gesellschaft als mögliches Aussonderungsrecht ordnet er die Aufgabe des Insolvenzverwalters als Liquidationsorgan dem Zweck der Gläubigerbefriedigung unter und sieht auch unter Berücksichtigung des § 199 Satz 2 InsO die Vollbeendigung der Gesellschaft nicht als Leitaufgabe des Insolvenzverwalters.[7] Im Zusammenhang mit der umstrittenen Frage der Altlastenhaftung des

---

[1] Dazu *Lwowski* in: MüKo-InsO, § 35 Rdn. 104 ff., 113; *Andres* in: *Nerlich/Römermann,* InsO, § 36 Rdn. 58; *Hess/Weis/Wienberg,* InsO, § 80 Rdn. 213; *Eickmann* in: HK-InsO, § 35 Rdn. 28, § 80 Rdn. 10; zur Freigabe im Konkursrecht BGHZ 35, 180; *Kuhn/Uhlenbruck,* KO, § 1 Rdn. 5 ff.; allgemein *Lwowski/Tetzlaff,* NZI 2000, 393; *Tetzlaff,* ZIP 2001, 10.

[2] Dazu eingehend *Keller,* ZfIR 2002, 861, 870.

[3] Begründung des Regierungsentwurfs BT-Drucks. 12/2443, S. 109.

[4] Bericht des Rechtsausschusses BT-Drucks. 12/7308, S. 155.

[5] Begründung des Regierungsentwurfs zum Einführungsgesetz zur Insolvenzordnung BT-Drucks. 12/3808, S. 70.

[6] BGHZ 148, 252.

[7] BGHZ 148, 252, 258.

Insolvenzverwalters und der Ansprüche eines Grundstückseigentümers gegen die insolvente Gesellschaft als Gebäudenutzer aus § 82 SachenRBerG sieht der Bundesgerichtshof auch keine vorrangige Liquidationsaufgabe des Insolvenzverwalters, insbesondere dann nicht, wenn sie dem Zweck bestmöglicher Gläubigerbefriedigung zuwiderliefe.[1]

dd) Die Geltendmachung der persönlichen Haftung bei Personengesellschaften

182 Den Gläubigern der offenen Handelsgesellschaft, der Kommanditgesellschaft und der Gesellschaft bürgerlichen Rechts haften die Gesellschafter unmittelbar und unbeschränkt nach § 128 HGB (bei der Kommanditgesellschaft freilich nur die Komplementäre).[2] Im Insolvenzverfahren der Gesellschaft könnten die Gläubiger nun versucht sein, auf ihre Teilnahme an Insolvenzverfahren zu verzichten und Befriedigung unmittelbar beim persönlich haftenden Gesellschafter zu suchen. Dem will § 93 InsO begegnen.[3] Nach Eröffnung des Insolvenzverfahrens kann die persönliche Haftung eines Gesellschafters nur durch den Insolvenzverwalter geltend gemacht werden. Die Vorschrift enthält gegenüber den Gesellschaftsgläubigern eine Sperrwirkung und verhindert den Wettlauf der Gläubiger um die persönliche Haftung des Gesellschafters. Gegenüber dem Insolvenzverwalter enthält sie eine Ermächtigungswirkung, er darf gegen den Gesellschafter die den Gläubigern zustehenden Forderungen, für die dieser persönlich haftet, geltend machen.[4]

183 In der praktischen Umsetzung der Vorschrift des § 93 InsO sind noch zahlreiche Fragen offen: So ist beispielsweise fraglich, ob der Insolvenzverwalter einen bereits von einem Gläubiger erwirkten Vollstreckungstitel analog § 727 ZPO umschreiben lassen kann,[5] und ob nach Beendigung des Insolvenzverfahrens eine Rückumschreibung auf den Gläubiger möglich ist. Muss der Insolvenzverwalter die persönliche Haftung erst klageweise geltend machen, hat er sämtliche Gläubigerforderungen einzeln auszuweisen, da der Gesellschafter je unterschiedlichen Einwendungen oder Einreden geltend machen kann. Ist auch über das Vermögen des Gesellschafters das Insolvenzverfahren eröffnet, muss der Insolvenzverwalter die Gläubigerforderungen, für die der Gesellschafter persönlich haftet, zur Insolvenztabelle anmelden.[6] Was der Insolvenzverwalter auf Grund der Geltendmachung der persönlichen Haftung erlangt, darf er nicht zur Insolvenzmasse ziehen und an alle

[1] BGHZ 150, 305, 318; ergänzend BGH NZI 2005, 387 = ZIP 2005, 1034.
[2] Zur Anwendung des § 128 HGB auf die Gesellschaft bürgerlichen Rechts BGHZ 146, 341, 358.
[3] Grundlegend *K. Schmidt,* Wege, S. 80 ff.; allgemein *Fuchs,* ZIP 2000, 1089; *Gerhardt,* ZIP 2000, 2181.
[4] *Brandes* in: MüKo-InsO, § 93 Rdn. 13 ff.
[5] Bejahend OLG Dresden ZInsO 2000, 607.
[6] BGH Rpfleger 2002, 94.

Gläubiger der Gesellschaft verteilen, die Verteilung darf nur an diejenigen Gläubiger erfolgen, denen der Gesellschafter persönlich haftet. Was diese Gläubiger hierdurch erlangen, haben sie sich auf ihre Insolvenzforderung anrechnen zu lassen.

Streitig ist schließlich die Frage, ob auch so genannte Parallelsicher- 184
heiten eines Gesellschafters unter den Anwendungsbereich des § 93 InsO fallen.[1] Praktisch bedeutsam sind die Fälle, bei welchen sich der Gesellschafter dem Gläubiger gegenüber zusätzlich verbürgt hat oder eigenes Vermögen als Sicherheit gegeben hat. Teilweise wird gefordert, dass auch diese Parallelsicherheiten von § 93 InsO erfasst sein sollen, da andernfalls die Vorschrift leicht umgangen werden kann. Der Bundesgerichtshof hatte sich jedoch gegen eine erweiterte Anwendung der Norm ausgesprochen.[2]

Beispiel 5: Über das Vermögen der „A+B oHG" wird das Insolvenzverfahren er- 185
öffnet. Die Gesellschafter A und B haften den Gläubigern persönlich und unmittelbar (§ 128 HGB). Seitens des Gläubigers G ist bereits gegen A ein Prozess anhängig, dieser wird in Anwendung des § 240 ZPO kraft Gesetzes unterbrochen (BGH ZIP 2003, 39). Die Fortführung des Prozesses erfolgt durch den Insolvenzverwalter, er hat sämtliche persönliche Haftungsansprüche der Gläubiger gegen die Gesellschafter geltend zu machen. Betragen die Forderungen insgesamt ca. 500.000 EUR, hat der Insolvenzverwalter diesen Geldbetrag bei jedem Gesellschafter in gesamtschuldnerischer Haftung einzufordern. Die von den Gesellschaftern hierauf erbrachten Leistungen hat er in Anrechung auf ihre Insolvenzforderungen an die Gläubiger abzuführen, die von den Gesellschaftern erbrachten Leistungen sind nicht Teil der Insolvenzmasse. Sollten im seltensten Fall die Insolvenzmasse sowie die von den Gesellschaftern geleisteten Zahlungen zur vollen Befriedigung der Gläubiger ausreichen, ist ein Überschuss entsprechend § 199 InsO an die Gesellschafter zurückzuzahlen. Insofern kommt die Konzeption des § 93 InsO einer Ausfallhaftung der Gesellschafter gleich (dazu *K. Schmidt/Bitter,* ZIP 2000, 1077).

ee) Die Auflösung der Gesellschaft in der Gesellschafterinsolvenz

Die Auflösung der Gesellschaft nach Eröffnung des Insolvenzverfah- 186
rens über das Vermögen eines Gesellschafters ist lediglich bei der Gesellschaft bürgerlichen Rechts nach § 728 Abs. 2 BGB der gesetzliche Regelfall, auch hier kann der Gesellschaftsvertrag Abweichendes regeln, beispielsweise in Anlehnung an § 131 Abs. 1 Nr. 3 HGB das Ausscheiden des insolventen Gesellschafters aus der Gesellschaft. Für den praktisch seltenen Fall der Auflösung der Gesellschaft bestimmt § 84 InsO, dass diese Auflösung außerhalb des Insolvenzverfahrens stattzufinden habe. Die Auflösung erfolgt mithin nach dem gesellschaftsrechtlichen Regelungen, wobei der Insolvenzverwalter anstelle des insolventen Gesellschafters bei der Auflösung mitwirkt.

---

[1] Bejahend *Bork,* NZI 2002, 362; ablehnend LG Bayreuth ZIP 2001, 1782; *Theißen,* ZIP 1998, 1625; *Haas/Müller,* NZI 2002, 366; *Klinck,* NZI 2004, 651.

[2] BGHZ 151, 245; BFH ZIP 2002, 1492; OLG Schleswig ZIP 2001, 1968; zur Abführungspflicht des Insolvenzverwalters für Steuern und öffentliche Abgaben; dazu auch *Kling,* ZIP 2002, 881; *Kessler,* ZIP 2002, 1974.

187 § 84 InsO gilt auch für die Auflösung einer Bruchteilsgemeinschaft, an welcher der Schuldner beteiligt ist, deren Auseinandersetzung erfolgt nach §§ 749 ff. BGB. Ist der Schuldner Miteigentümer eines Grundstücks oder eines grundstücksgleichen Rechtes, kann der Insolvenzverwalter auch die Versteigerung zum Zwecke der Aufhebung der Gemeinschaft nach §§ 180 ff. ZVG betreiben.

188 **Schaubild 1: Gesellschaftsinsolvenz und Gesellschafterinsolvenz**

Insolvenz der Gesellschaft

Personengesellschaft	**Kapitalgesellschaft**
– Gesellschaft bürgerlichen Rechts (§ 728 Abs. 1 Satz 1 BGB); – Offene Handelsgesellschaft (§ 131 Abs. 1 Nr. 3 HGB); – Kommanditgesellschaft (§§ 161, 131 Abs. 1 Nr. 3 HGB); – Partnerschaftsgesellschaft (§ 9 Abs. 1 PartGG, § 131 Abs. 1 Nr. 3 HGB).	– Aktiengesellschaft (§ 262 Abs. 1 Nr. 3 AktG); – Gesellschaft mit beschränkter Haftung (§ 60 Abs. 1 Nr. 4 GmbHG).

Die Liquidation insbesondere der juristischen Person erfolgt durch den Insolvenzverwalter als Liquidationsorgan bis zur Vollbeendigung der Gesellschaft im Insolvenzverfahren.

Gegen den einzelnen Gesellschafter kann der Gesellschaftsgläubiger nicht mehr vorgehen (§ 93 InsO); die persönliche Haftung des § 128 HGB wird nur durch den Insolvenzverwalter geltend gemacht.

Insolvenz eines Gesellschafters

Personengesellschaft	**Kapitalgesellschaft**
– Gesellschaft bürgerlichen Rechts (§ 728 Abs. 2 BGB: Auflösung der Gesellschaft); – Offene Handelsgesellschaft und Kommanditgesellschaft (§ 131 Abs. 3 Nr. 2 HGB; Ausscheiden des insolventen Gesellschafters); – Partnerschaftsgesellschaft (§ 9 Abs. 2 PartGG; Ausscheiden des insolventen Gesellschafters).	Die Insolvenzeröffnung hat keine Auswirkungen auf den Bestand der Gesellschaft (Auflösung der Aktiengesellschaft mit Insolvenz eines Aktionärs?). Der Gesellschaftsvertrag oder die Satzung können Abweichendes regeln.

c) Die staatsbürgerlichen und standesrechtlichen Folgen der Insolvenz

Während noch im Konkursverfahren des römischen Rechts die Verfahrenseröffnung zu einer Einschränkung oder gar dem Verlust staatbürgerlicher Rechte führte und unmittelbar strafrechtliche Folgen nach sich zog, hatte sich bereits das Konkursrecht von 1877 davon gelöst und den Konkurs als reine Vermögensliquidation betrachtet.[1] 189

Auch das heutige Insolvenzrecht verhält sich gegenüber den staatsbürgerlichen und standesrechtlichen Rechten und Pflichten des Schuldners weitgehend neutral. Es finden sich an wenigen Stellen Einschränkungen dieser Rechte, vor allem bei rechts- und wirtschaftsberatenden Berufen: Dem Rechtsanwalt ist nach Eröffnung des Insolvenzverfahrens regelmäßig die Zulassung zu entziehen (Widerruf nach § 7 Nr. 9, § 14 Abs. 2 Nr. 7 BRAO),[2] ebenso dem Patentanwalt (§ 14 Abs. 1 Nr. 1 und § 21 Abs. 2 Nr. 10 PatAnwO). Gleiches gilt für den Notar (§ 6 und § 50 Abs. 1 Nr. 5 BNotO),[3] den Steuerberater (§ 46 Nr. 5 StBerG) und den Wirtschaftsprüfer (§ 10 Abs. 2 und § 20 Abs. 3 Nr. 1 WirtschaftsPrO). Ein Verlust der allgemeinen Gewerbeerlaubnis nach der Gewerbeordnung ist mit der Insolvenzeröffnung nicht verbunden, im Einzelfall kann sie aber Auslöser für eine zulässige Ermessensausübung der Gewerbeaufsicht in diese Richtung sein.[4] 190

Der insolvente Schuldner soll während der Dauer des Insolvenzverfahrens nicht zum Schöffen berufen werden (§ 33 Nr. 5 GVG). Während eines Strafprozesses, bei welchem er als Schöffe berufen ist, bleibt er im Amt, da sonst das Strafverfahren nicht mehr ordnungsgemäß durchgeführt werden könnte (§ 226 StPO). Eine Bestellung als Vormund, Pfleger oder Betreuer kann wegen zu besorgender Gefährdung des Mündelvermögens im Einzelfall nicht möglich sein (§§ 1886, 1908 b, 1915 Abs. 1 BGB). 191

Die Eröffnung des Insolvenzverfahrens führt nicht automatisch zu einer strafrechtlichen Verfolgung, es ist nicht strafbar, zahlungsunfähig zu werden. Allerdings kann sich der Schuldner im Vorfeld der Insolvenz wegen Vergehen nach §§ 283 ff. StGB strafbar gemacht haben oder weiter auch allgemeine Delikte wie Urkundenfälschung (§ 267 StGB), Betrug (§ 263 StGB) oder Untreue (§ 266 StGB) begangen haben. Re- 192

---

[1] Dies war nicht unumstritten, bereits 1893 lag ein Gesetzentwurf vor, nach welchem der Abschluss eines Zwangsvergleichs erschwert und die *„staatsbürgerliche Entrechtung des Gemeinschuldners über den Konkurs hinaus verlängert und das Konkursstrafrecht verschärft werden sollte"*; nachgewiesen bei *Jaeger*, KO, Einleitung, S. XVI.

[2] Zur Wiederzulassung während des Restschuldbefreiungsverfahrens BGH NZI 2005, 274.

[3] BGH ZIP 2004, 1006.

[4] Dazu *Onusseit* in: *Kübler/Prütting*, InsO, § 157 Rdn. 9 ff.; *Antoni*, NZI 2003, 246; zur Fortsetzung eines Gewerbeuntersagungsverfahrens nach Insolvenzeröffnung VG Gießen ZVI 2003, 401.

gelmäßig ist bei Insolvenzeröffnung daher den Staatsanwaltschaften Mitteilung zu geben, und regelmäßig fordern diese die Insolvenzakten zur Prüfung strafrechtlich relevanter Sachverhalte an.

3. Die Pflichten des Schuldners im Insolvenzverfahren

a) Die allgemeine Auskunftspflicht des Schuldners

193 Nach § 97 InsO ist der Schuldner zu allgemeinen und umfassenden Auskünften betreffend seine Insolvenz sowie zur Mitwirkung mit dem Insolvenzverwalter verpflichtet. Nach § 20 Abs. 1 Satz 2 InsO trifft ihn diese Auskunfts- und Mitwirkungspflicht bereits im Eröffnungsverfahren. Mit der Regelung des § 98 InsO kann die Auskunft des Schuldners durch Verpflichtung zur Abgabe einer eidesstattlichen Versicherung und durch Haftanordnung erzwungen werden kann.

194 In der Insolvenz der Personengesellschaften oder der juristischen Person sind die vertretungsberechtigten persönlich haftenden Gesellschafter sowie jedes Mitglied des Vertretungsorgans (Geschäftsführer nach § 35 Abs. 1 GmbHG, Vorstand nach § 78 Abs. 1 AktG, Vorstand nach § 24 Abs. 1 GenG) oder des Aufsichtsorgans (Aufsichtsrat nach § 111 Abs. 1 AktG) zur Auskunft verpflichtet (§ 101 Abs. 1 Satz 1 InsO). Zur Auskunft ist auch der frühere Geschäftsführer, Vorstand oder Gesellschafter verpflichtet, wenn er innerhalb der letzten zwei Jahre vor dem Insolvenzantrag aus seinem Amt ausgeschieden ist (§ 101 Abs. 1 Satz 2 InsO), der Gesetzgeber will damit insbesondere einer Amtsniederlegung begegnen, die oft genug nur zu dem Zwecke erklärt wird, sich dieser Pflichten zu entziehen.[1] Die Auskunftspflicht trifft auch den so genannten faktischen Geschäftsführer oder den faktischen Vorstand, der in dieser Eigenschaft auch zur Insolvenzantragstellung verpflichtet sein kann.[2]

195 Nach § 101 Abs. 2 InsO sind auch Angestellte und frühere Angestellte des Schuldners zur Auskunft verpflichtet, Zwangsmaßnahmen des § 98 InsO können gegen sie aber nicht verhängt werden.

196 Die Auskunftspflicht des Schuldners besteht gegenüber dem Insolvenzgericht, dem Insolvenzverwalter und dem Gläubigerausschuss. Gegenüber der Gläubigerversammlung ist der Schuldner nur auf Anordnung des Gerichts zur Auskunft verpflichtet. Inhaltlich hat der Schuldner über alle tatsächlichen, wirtschaftlichen und rechtlichen Verhältnisse Auskunft zu geben, die mit dem Insolvenzverfahren im Zusammenhang stehen können. Diese können beispielsweise von ihm getätigte Geschäfte betreffen, Fragen der Wirksamkeit oder Anfecht-

---

[1] Zur Problematik der Amtsniederlegung in diesen und ähnlichen Fällen *Schulze-Osterloh* in: *Baumbach/Hueck*, GmbHG, § 64 Rdn. 41; BGHZ 78, 82; BGHZ 121, 257, 260; BayObLG ZIP 1999, 1599.

[2] BGHZ 104, 44.

barkeit solcher Geschäfte, die Erhebung möglicher Einwendungen oder Einreden. Der Schuldner hat Auskunft zu geben über den Verbleib einzelner Vermögensgegenstände, insbesondere über Auslandsvermögen, über mögliche Aussonderungsrechte oder Absonderungsrechte. Fragen der Buchführung des Unternehmens, steuerrechtliche Fragen oder Fragen zur Gesellschaftsstruktur und zu möglichen Ansprüchen gegen Gesellschafter können ebenfalls Gegenstand der Auskunftspflicht sein. Nach § 97 Abs. 1 Satz 2 InsO ist der Schuldner auch dann zur Auskunft verpflichtet, wenn er eine eigene Straftat oder Ordnungswidrigkeiten offenbaren muss. Diese Auskünfte unterliegen nach § 97 Abs. 1 Satz 3 InsO einem strafrechtlichen Verwertungsverbot.

b) Die Mitwirkungspflicht gegenüber dem Insolvenzverwalter

Der Schuldner hat nach § 97 Abs. 2 InsO den Insolvenzverwalter bei **197**
der Erfüllung seiner Aufgaben zu unterstützen. Diese Mitwirkungspflicht des Schuldners ist regelmäßig nicht als Daueraufgabe anzusehen sondern als punktuelle und einzelfallbezogene Mitwirkungspflicht.[1] § 97 Abs. 2 InsO ist vielmehr so zu lesen, dass der Schuldner in einzelnen Fragen dem Insolvenzverwalter Rede und Antwort zu stehen hat. Die Mitwirkungspflicht kann sich dann sowohl auf Fragen der geschäftlichen Unternehmensführung, aber auch auf technische Fragen beziehen. Die Mitwirkungspflicht erstreckt sich auch auf die Prüfung der angemeldeten Insolvenzforderungen oder auf die Erfüllung der steuerrechtlichen Pflichten. Gerade wenn der Schuldner eine natürliche Person ist, ist es dem Insolvenzverwalter häufig nicht möglich, ohne Mithilfe des Schuldners ordnungsgemäße Steuererklärungen unter Berücksichtigung sämtlicher möglicher Einkünfte, Abschreibungsmöglichkeiten oder Verlustabzüge zu erstellen.

c) Die Präsenzpflicht des Schuldners

Nach § 97 Abs. 3 InsO ist der Schuldner verpflichtet, sich auf An- **198**
ordnung des Gerichts jederzeit zur Verfügung zu halten. Diese Präsenzpflicht dient der Erfüllung der Auskunfts- und Mitwirkungspflicht des Schuldners. Sie ist nicht in dem Sinne zu verstehen, dass der Schuldner sich jederzeit am der Ort des Insolvenzgerichts aufhalten muss, ein Wohnsitzwechsel ohne Mitteilung an das Insolvenzgericht würde jedoch gegen § 97 Abs. 3 InsO verstoßen.

d) Die Durchsetzung der Schuldnerpflichten durch das Insolvenzgericht

Soweit es zur Herbeiführung wahrheitsgemäßer Aussagen erforder- **199**
lich erscheint, kann das Insolvenzgericht vom Schuldner die Vollstän-

---

[1] *Eickmann* in: HK-InsO, § 97 Rdn. 6.

digkeit und Richtigkeit der von ihm nach § 97 Abs. 1 InsO gemachten Angaben an Eides statt versichern lassen (§ 98 Abs. 1 Satz 1 InsO). Die Abnahme der eidesstattlichen Versicherung ist nicht erst dann geboten, wenn der Verdacht besteht, der Schuldner habe wahrheitswidrige Angaben gemacht, es genügt ein allgemeines Bedürfnis für die Bekräftigung der Richtigkeit und Vollständigkeit seiner Auskünfte. Für das Verfahren über die Abnahme der eidesstattlichen Versicherung gelten die §§ 478 ff. ZPO entsprechend (§ 98 Abs. 1 Satz 2 InsO), der Schuldner ist über die strafrechtlichen Folgen einer falsch abgegebenen Versicherung an Eides statt zu belehren (§§ 156, 163 StGB).[1]

200 § 98 Abs. 2 InsO ermöglicht ferner den Erlass eines Haftbefehls gegen den Schuldner zu dessen zwangsweiser Vorführung an das Insolvenzgericht. Der Erlass des Haftbefehls kommt in Betracht, wenn der Schuldner eine Auskunft oder die Abgabe der eidesstattlichen Versicherung verweigert, sich einer Auskunftserteilung insbesondere durch Flucht zu entziehen droht oder wenn dies allgemein zur Vermeidung masseschädigender Handlungen erforderlich erscheint. Für den Erlass des Haftbefehls und die Verhaftung gelten über § 98 Abs. 3 InsO die §§ 904 ff. ZPO des Verfahrens zur Abnahme der eidesstattlichen Versicherung entsprechend. Der Schuldner kann in entsprechender Anwendung des § 913 ZPO längstens sechs Monate in Haft gehalten werden. Besondere praktische Bedeutung hat die Haftanordnung gegen den Schuldner während des Eröffnungsverfahrens, sie ist regelmäßig taugliches Druckmittel gegen den Schuldner zur Erzielung der für die Entscheidung über die Insolvenzeröffnung erforderlichen Auskünfte.

201 Schließlich kann das Insolvenzgericht gegen den Schuldner eine Postsperre erlassen. Ihre Anordnung ist unter der Voraussetzung des § 99 Abs. 1 Satz 1 InsO möglich. Dabei hat das Insolvenzgericht auf den Einzelfall bezogen zu begründen, weshalb der Erlass einer Postsperre erforderlich ist.[2] In der Rechtspraxis verschiedener Gerichte anzutreffende Allgemeinbegründungen – womöglich aus Textbausteinen zusammengestellt – sind nicht zulässig.[3] Das Gericht hat vor Erlass der Postsperre den Schuldner zu hören, das Unterlassen einer vorherigen Anhörung des besonders zu begründen, die Anhörung ist unverzüglich nachzuholen (§ 99 Abs. 1 Satz 2 InsO). Mit Anordnung der Postsperre sind alle an den Schuldner adressierten Sendungen dem Insolvenzverwalter zuzuleiten (§ 99 Abs. 2 InsO). Die Postsperre dient nicht zuletzt der Ermittlung möglicher Vermögensgegenstände der Insolvenzmasse, aber auch der Verhinderung masseschädigender Handlungen seitens des Schuldners oder von Dritten.

---

[1] Formularmuster bei *Frege/Keller/Riedel*, Rdn. 857 ff.
[2] OLG Celle ZIP 2002, 578; Formularmuster bei *Frege/Keller/Riedel*, Rdn. 873.
[3] Begründung des Regierungsentwurfs BT-Drucks. 12/2443, S. 143; BGH NZI 2003, 647 = ZIP 2003, 1953; *Frege/Keller/Riedel*, Rdn. 870.

4. Die Rechte des Schuldners im Insolvenzverfahren

a) Die allgemeinen Verfahrensrechte

Die Rechte des Schuldners im Insolvenzverfahrensablauf beschränken sich zunächst auf formale Beteiligungs- und Auskunftsrechte. Der Schuldner ist berechtigt, an einer Gläubigerversammlung teilzunehmen (§ 74 Abs. 1 Satz 2 InsO) an die Beschlüsse der Gläubigerversammlung ist er gebunden, er kann auch nicht deren Aufhebung nach § 78 InsO beantragen. Gegenüber dem Insolvenzverwalter hat der Schuldner einen allgemeinen Anspruch auf Auskunftserteilung, der auch im Wege der gerichtlichen Aufsicht nach § 58 InsO durchgesetzt werden kann.[1] 202

Vor einer gerichtlichen Entscheidung ist der Schuldner regelmäßig zu hören. Die Anhörung ist teilweise ausdrücklich vorgeschrieben, beispielsweise beim Insolvenzantrag eines Gläubigers (§ 14 Abs. 2 InsO) oder vor Erlass von Zwangsmaßnahmen nach §§ 98 und 99 InsO.[2] 203

Als Beteiligter des Insolvenzverfahrens hat der Schuldner jederzeit Recht auf Einsicht in die gerichtlichen Insolvenzakten nach § 299 ZPO (§ 4 InsO). Er hat ebenso Einsichtsrecht in die Insolvenztabelle sowie in die Schlussrechnung des Insolvenzverwalters nach § 66 InsO. 204

Der Schuldner kann unmittelbar in das Insolvenzverfahren eingreifen, wenn die Insolvenzordnung ihm dies ausdrücklich erlaubt, ihm insbesondere Initiativrechte gewährt. Beispielsweise kann der Schuldner einen Insolvenzplan in das Verfahren einbringen (§§ 217 und 218 Abs. 1 Satz 3 InsO) oder die Einstellung des Insolvenzverfahrens nach §§ 212 oder 213 InsO beantragen. Vor der ersten Gläubigerversammlung (Berichtstermin) kann der Schuldner eine mögliche Stilllegung des Geschäftsbetriebs durch den Insolvenzverwalter mittels Antrag an das Gericht zu verhindern suchen (§ 158 Abs. 2 Satz 2 InsO); Gleiches gilt für die Vornahme bedeutender Rechtshandlungen durch den Insolvenzverwalter oder die Betriebsveräußerung (§ 161 Satz 2 und § 163 Abs. 1 InsO). 205

b) Das Recht auf Unterhaltsgewährung

Dem Schuldner und seiner Familie kann aus der Insolvenzmasse Unterhalt gewährt werden (§ 100 Abs. 1 InsO), Unterhalt kann auch den persönlich haftenden Gesellschaftern einer Personengesellschaft als Schuldnerin gewährt werden (§ 101 Abs. 1 Satz 3 InsO). Über die Unterhaltsgewährung entscheidet die Gläubigerversammlung, einen ein- 206

---

[1] *Frege/Keller/Riedel*, Rdn. 877.
[2] Ausführlich *Kirchhof* in: HK-InsO, § 10 Rdn. 3.

klagbaren Anspruch auf Unterhaltsgewährung hat der Schuldner nicht.[1] Die Gläubigerversammlung hat grundsätzlich zu beschließen, ob dem Schuldner Unterhalt gewährt wird, sie hat auch die Höhe der Unterhaltsgewährung festzusetzen. Regelmäßig ist eine Unterhaltsgewährung aus der Insolvenzmasse dann ausgeschlossen, wenn diese hierfür nicht ausreicht. Unterhaltsgewährung ist auch dann nicht erforderlich, wenn der Schuldner eigenes Einkommen erzielt. Dieses ist nach § 36 InsO in Verbindung mit § 850c ZPO unpfändbar und sichert auf diese Weise den Lebensunterhalt des Schuldners.

207 Vor Beschlussfassung der Gläubigerversammlung kann der Insolvenzverwalter dem Schuldner den notwendigen Unterhalt gewähren (§ 100 Abs. 2 InsO). Im Falle der Fortführung des Geschäftsbetriebs des Schuldners kann der Insolvenzverwalter diesen auch als Angestellten beschäftigen und in Form regulär gezahlten Arbeitsentgeltes diesem und seiner Familie Unterhalt gewähren.[2]

208 Eine Unterhaltsgewährung seitens des Insolvenzgerichts ist gesetzlich nicht geregelt und deshalb auch nicht möglich. Das Insolvenzgericht kann nicht an die Stelle des Insolvenzverwalters oder der Gläubigerversammlung treten.[3]

5. Die Bildung der Insolvenzmasse

a) Der Schuldner als Rechtsträger der Insolvenzmasse

209 Die Insolvenzmasse als Verwertungsobjekt des Insolvenzverfahrens ist auch nach Insolvenzeröffnung rechtlich dem Schuldner zugeordnet, er bleibt als natürliche Person, juristische Person oder Personengesellschaft ohne Rechtspersönlichkeit Eigentümer der Gegenstände und Rechte der Insolvenzmasse. Mit Insolvenzeröffnung wird die Insolvenzmasse nicht etwa zur selbstständigen juristischen Person oder zu einer vom Schuldner losgelösten Vermögensmasse.[4] Bedeutung hat diese eher dogmatische Feststellung für die rechtliche Qualifikation des Insolvenzverwalters, der durch sein Handeln Masseverbindlichkeiten für die Insolvenzmasse begründen kann.[5]

210 Eine gewisse rechtliche Selbstständigkeit kann der Insolvenzmasse allenfalls im Nachlassinsolvenzverfahren zugebilligt werden, weil hier-

---

[1] Begründung des Regierungsentwurfs BT-Drucks. 12/2443, S. 167; BGHZ 12, 380, 392.

[2] *Frege/Keller/Riedel*, Rdn. 893; OLG Schleswig, NZI 2001, 251 = DZWIR 2001, 215 m. Anm. *Keller.*

[3] *Steder*, ZIP 1999, 1874; anders für das Verbraucherinsolvenzverfahren LG Dortmund NZI 2000, 182.

[4] *Jaeger*, § 14 i. 1 IV.; *Lwowski* in: MüKo-InsO, § 35 Rdn. 22; rechtsvergleichend *Uhlenbruck* in: *Uhlenbruck*, InsO, § 35 Rdn. 4.

[5] Sähe man die Insolvenzmasse als juristische Person, wäre der Insolvenzverwalter ihr organschaftlicher Vertreter, dazu *Häsemeyer*, Rdn. 15.03 ff.

bei der Nachlass gleichsam vom sonstigen Vermögen des Erben getrennt und rechtlich verselbstständigt wird. Dies wird insbesondere an den Regelungen der § 1976 BGB und § 326 Abs. 1 InsO deutlich, wonach die mit dem Erbfall erloschenen Ansprüche des Erben gegen den Erblasser rückwirkend als nicht erloschen gelten. Das Konkursrecht des römischen Rechts bezeichnete deshalb das Nachlassinsolvenzverfahren auch als so genannte Separationsverfahren zur Trennung des Nachlasses vom eigenen Vermögen des Erben.[1]

b) Die Insolvenzmasse als Haftungsobjekt der Insolvenzgläubiger

Die Insolvenzordnung spricht in vielfältiger Weise von der Insol- 211
venzmasse und meint damit mitunter auch unterschiedliche Dinge. Was als Insolvenzmasse anzusehen ist, regeln grundlegend die §§ 35 und 36 InsO. In der Terminologie des Insolvenzrechts wird dabei von der so genannten Soll-Masse und der so genannten Ist-Masse unterschieden.[2] Als so genannte Soll-Masse wird insbesondere die Insolvenzmasse im Sinne des § 35 InsO bezeichnet, sie ist die Summe der Vermögensgegenstände und Vermögenswerte des Schuldners, die den Tatbestandsmerkmalen der Norm entspricht und mit ihrer Verwertung durch den Insolvenzverwalter der Befriedigung der Gläubiger dienen soll. Davon zu unterscheiden ist die so genannte Ist-Masse als Summe aller Vermögensgegenstände, die der Insolvenzverwalter bei Eröffnung des Insolvenzverfahrens vorfindet und nach § 148 InsO in Besitz zu nehmen hat. Zur so genannten Ist-Masse gehören auch Gegenstände oder Vermögensrechte, die nicht im Eigentum des Schuldners stehen oder an denen einzelne Beteiligte besondere Rechte geltend machen können. Damit gehören auch die der Aussonderung oder der Absonderung (§ 47 und §§ 49ff. InsO) unterliegenden Gegenstände und Vermögenswerte der so genannten Ist-Masse. Im Rahmen seiner Aufgabe der Masseverwertung hat der Insolvenzverwalter diese zu berücksichtigen und die so genannte Ist-Masse zur Soll-Masse zu bereinigen.

c) Die Bildung der Insolvenzmasse nach § 35 und § 36 InsO

Als Grundsatz bestimmt § 35 InsO dasjenige Vermögen des Schuld- 212
ners zur Insolvenzmasse, das ihm zurzeit der Insolvenzeröffnung gehört, und welches er während des Verfahrens erlangt. Negativ schließt § 36 Abs. 1 InsO bestimmte Gegenstände und Vermögenswerte aus der Insolvenzmasse aus. Die Vorschrift nimmt sowohl mittelbar als auch

---

[1] Zu den Grundsätzen des römischen Rechts *Leipold* in: MüKo-BGB, Vor § 1967 Rdn. 1; *Windscheid/Kipp*, Band 3 S. 456 Fn. 6, S. 461 ff.; bereits mit Hinweisen zum Nachlasskonkurs *Dernburg*, Pandekten, Band 3 S. 332 ff.; allgemein Palandt/*Edenhofer*, BGB, Einf. vor § 1967 Rdn. 2.

[2] *Jaeger*, KO, § 1 Anm. 2; *Uhlenbruck* in: *Uhlenbruck*, InsO, § 35 Rdn. 5.

unmittelbar Bezug auf die Pfändungsvorschriften der Zivilprozessordnung, die für die Einzelzwangsvollstreckung bestimmter Gegenstände und Forderungen für unpfändbar erklärt.

aa) Das Vermögen des Schuldners im Zeitpunkt der Insolvenzeröffnung

213 Zur Insolvenzmasse gehört das gesamte Vermögen des Schuldners, das ihm im Zeitpunkt der Insolvenzeröffnung gehört. Es sind dies sämtliche unbeweglichen und beweglichen Gegenstände, Forderungen und sonstige Vermögensrechte, zu nennen sind insbesondere:[1]

214 – Grundstücke, bei welchen der Schuldner als Eigentümer in Abteilung I des Grundbuchs eingetragen ist, gehören in vollem Umfang zur Insolvenzmasse, unpfändbares Grundstückseigentum gibt es nicht; vollstreckungsrechtlich sind dem Grundstückseigentümer auch das Zubehör und die Erzeugnisse zugeordnet, soweit sie im Eigentum des Grundstückseigentümers stehen (§ 865 ZPO mit §§ 1120 und 97 BGB); es macht keinen Unterschied, ob der Schuldner als Alleineigentümer oder mit weiteren Eigentümern in Gemeinschaft nach Bruchteilen eingetragen ist.

215 – Wohnungseigentum und Teileigentum ist als besondere Form des Grundstückseigentum nach dem Wohnungseigentumsgesetz zur Insolvenzmasse gehörig. Ein Erbbaurecht gehört zur Insolvenzmasse unter den gleichen Voraussetzungen wie das Grundstückseigentum (§ 11 Abs. 1 ErbbauVO); gleiches gilt für das selbstständige Gebäudeeigentum in den neuen Bundesländern (Art. 231 §§ 5 Abs. 1 und Art. 233 § 4 Abs. 1 Satz 1 EGBGB). Dem Grundstückseigentum steht schließlich das Eigentum an im Schiffsregister eingetragenen Schiffen und Schiffsbauwerken gleich.

216 – Bewegliche Gegenstände gehören grundsätzlich in vollem Umfang zur Insolvenzmasse, auch wenn der Schuldner nur Miteigentümer ist; im Gegensatz zum unbeweglichen Eigentum erlangt die Unpfändbarkeit einzelner Gegenstände nach § 36 Abs. 1 Satz 1 InsO mit § 811 ZPO praktische Bedeutung und verlangt eine eigene Betrachtung.

217 – Zum beweglichen Vermögen gehören sämtliche Forderungen des Schuldners gegen Dritte, neben den Forderungen sind dies auch alle sonstigen Ansprüche auf Leistung vertretbarer oder unvertretbarer Sachen, soweit diese Ansprüche einen Vermögenswerte besitzen, sowie sonstige Vermögensrechte im Sinne des § 857 ZPO; die mögliche Unpfändbarkeit einer Forderung oder eines Vermögenswertes ist grundsätzlich nach § 851 ZPO zu beurteilen.

218 Als Forderungen, die zur Insolvenzmasse gehören, sind beispielsweise zu nennen die Außenstände des Handwerkers oder Lieferanten gegenüber seinen Auftraggebern oder Kunden, Steuererstattungsansprüche gegen den Fiskus, Versicherungsansprüche auf Schuldbefrei-

---

[1] Umfassend *Henckel* in: *Jaeger,* InsO, § 35 Rdn. 8 ff., § 36 Rdn. 5 bis 68.

ung,[1] Ansprüche gegen Gesellschafter der insolventen Gesellschaft mit beschränkter Haftung auf Zahlung der Stammeinlage (§ 19 GmbHG), auf Zahlung aus Differenzhaftung (§ 9 GmbHG), aus Vorbelastungs- oder Verlustdeckungshaftung[2] oder auf Rückzahlung zu Unrecht ausgezahlten Stammkapitals (§§ 30, 31 GmbHG). Zur Insolvenzmasse gehören auch Haftungs- oder Schadensersatzansprüche gegen die organschaftlichen Vertreter, beispielsweise aus § 43 Abs. 2 GmbHG.[3] Ansprüche aus einer Lebensversicherung gehören nur zur Insolvenzmasse, wenn das Bezugsrecht nach § 166 VVG widerruflich ausgestaltet ist, der Insolvenzverwalter kann dann den so genannten Rückkaufswert (§ 176 VVG) der Lebensversicherung zur Insolvenzmasse ziehen.[4]

Als sonstige Vermögensrechte, die zur Insolvenzmasse zu hören, 219
sind zu nennen das Anwartschaftsrecht auf Grundstückseigentum[5] oder das Anwartschaftsrecht auf bewegliche Sachen aus bedingter Übereignung, insbesondere Eigentumsvorbehalt.[6] Grundstücksrechte gehören als sonstige Vermögensrechte zur Insolvenzmasse, wenn sie als übertragbare Rechte einen Vermögenswerte haben; zu bejahen ist dies ein erster Stelle bei der Grundschuld, ferner bei der Reallast, insbesondere wenn sie eine Geldleistung zum Inhalt hat, zu verneinen ist dies beim nicht übertragbaren Vorkaufsrecht, bei der beschränkten persönlichen Dienstbarkeit und insbesondere beim Wohnungsrecht.[7] Die Hypothek als Grundstücksrecht gehört schon wegen ihrer Akzessorietät zur gesicherten Forderung mit dieser zur Insolvenzmasse.

Patente, Marken, Geschmacksmuster und Urheberrechte des Schuld- 220
ners gehören zur Insolvenzmasse, soweit sie als Vermögensrechte verwertet werden können, beim Urheberrecht insbesondere, soweit ein Nutzungs- und Verwertungsrecht eingeräumt werden kann. Ebenso wie bei der Pfändung des Urheberrechts ist auch zu dessen Zugehörigkeit zur Insolvenzmasse die Einwilligung des Schuldners

---

[1] BGHZ 57, 78, 81 (zum Schicksal des Anspruchs beim Zwangsvergleich); m. w. N. zu früherer Rechtsprechung BGH NZI 2001, 539; eingehend *Lwowski* in: MüKo-InsO, § 35 Rdn. 399 ff.; *Uhlenbruck* in: *Uhlenbruck*, InsO, § 35 Rdn. 63.

[2] BGHZ 134, 333; dazu *Hueck/Fastrich* in: *Baumbach/Hueck*, GmbHG, § 11 Rdn. 23 ff.

[3] BGH ZIP 1993, 144, 146; *Uhlenbruck* in: *Uhlenbruck*, InsO, § 35 Rdn. 134 ff.

[4] BGH ZIP 1993, 600, 601; BGH NZI 2005, 384 m. Anm. *Ampferl* (Einziehungsrecht bei verpfändeter Versicherung); OLG Hamm NJW 1991, 707; OLG Hamm NJW-RR 1998, 1062; OLG Dresden ZIP 2005, 631; bei unwiderruflicher Bezugsberechtigung ist streitig, ob der Insolvenzverwalter diese (vertragswidrig) widerrufen kann, dazu *Frege/Keller/Riedel*, Rdn. 1328; *Uhlenbruck* in: *Uhlenbruck*, InsO, § 35 Rdn. 86, 87 a. E.

[5] Dazu *Wacke* in: MüKo-BGB, § 873 Rdn. 43; *Eickmann* in: *Westermann*, § 75 I. 6.

[6] Dazu *Westermann* in: MüKo-BGB, § 455 Rdn. 44 ff.; *Serick*, Band I § 11; zum Insolvenzbeschlag *Uhlenbruck* in: *Uhlenbruck*, InsO, § 35 Rdn. 53 ff.

[7] BGH NJW 1962, 1392; *Uhlenbruck* in: *Uhlenbruck*, InsO, § 35 Rdn. 72.

als Urheber erforderlich (§ 113 UrhG).[1] Zur Insolvenzmasse gehört beispielsweise auch die Befugnis des insolventen Basketball-Vereins zur Teilnahme an Liga-Spielen, soweit dieses durch die Bundesliga übertragen ist.[2]

221 – Mitgliedschaftsrechte des Schuldners an Personengesellschaften oder juristischen Personen gehören zur Insolvenzmasse, soweit sie einen Vermögenswert darstellen und als solche übertragbar sind; unproblematisch ist dies beim Gesellschaftsanteil des Schuldners an einer Gesellschaft mit beschränkter Haftung oder bei seinem Aktienbesitz. Ist der Schuldner Gesellschafter einer Gesellschaft bürgerlichen Rechts oder einer Handelsgesellschaft, gelten nach Insolvenzeröffnung die § 728 BGB oder § 131 Abs. 3 Satz 1 Nr. 2 HGB, zur Insolvenzmasse gehört das so genannte Auseinandersetzungsguthaben des Schuldners nach Auflösung der Gesellschaft oder nach seinem Ausscheiden. Das Mitgliedschaftsrecht des Schuldners an einem Verein ist nach § 38 Satz 1 BGB nicht übertragbar und selbstverständlich nicht zur Masse gehörig.

222 Die Insolvenzordnung unterscheidet nicht, ob sich der einzelne Vermögenswert im Inland oder im Ausland befindet. Nach dem so genannten Universitätsprinzip erfasst deshalb die Insolvenzeröffnung auch das im Ausland befindlichen Vermögen des Schuldners.[3] Eine andere Frage ist, unter welchen Voraussetzungen der Insolvenzverwalter auf dieses Vermögen Zugriff nehmen kann, es sind in diesem Fall die Besonderheiten des internationalen Insolvenzrechts zu berücksichtigen. Gegebenenfalls hat der Schuldner dem Insolvenzverwalter auch eine Vollmacht zur Verfügung über das im Ausland befindliche Vermögen zu erteilen.[4]

bb) Das der Zwangsvollstreckung unterliegende Vermögen

223 Nach § 36 Abs. 1 Satz 1 InsO gehört das Vermögen des Schuldners insoweit zur Insolvenzmasse, als es der Zwangsvollstreckung unterliegt. Über § 4 InsO sind damit insbesondere die Regelungen der §§ 811 und 851 ZPO anwendbar. Bewegliche Gegenstände, die nach § 811 Abs. 1 InsO nicht gepfändet werden können, gehören nicht zur Insolvenzmasse. Es sind dies beispielsweise die dem persönlichen Gebrauch dienenden Gegenstände des Schuldners, wozu nach allgemeiner Ansicht auch das Fernsehgerät gehört (§ 811 Abs. 1 Nr. 1 ZPO),[5] oder die zu seiner Erwerbstätigkeit erforderlichen Gegenstände, beispielsweise auch das Kraftfahrzeug, ohne welches er nicht zu seiner Arbeitsstätte gelangen kann (§ 811 Abs. 1 Nr. 5 ZPO). Ist Schuldner des Insolvenzverfahrens

---

[1] *Jaeger,* KO, § 35 Anm. 9; zur Pfändung *Stöber,* Forderungspfändung, Rdn. 1758 ff.

[2] BGH NZI 2001, 360 = ZIP 2001, 889, dazu EWiR 2001, 683 *(Eckardt).*

[3] Grundlegend BGHZ 68, 16 und BGHZ 88, 147; *Lüer* in: *Kuhn/Uhlenbruck,* KO, §§ 237, 238 Rdn. 6, 17 ff.; *Häsemeyer,* Rdn. 35.14 ff.

[4] BGH NZI 2004, 21 m. Anm. *Uhlenbruck.*

[5] Statt aller Zöller/*Stöber,* ZPO, § 811 Rdn. 15.

eine Personengesellschaft oder eine juristische Person, kommt eine Anwendung des § 811 ZPO praktisch kaum in Betracht. Abweichend von § 811 Abs. 1 ZPO gehören nach § 36 Abs. 2 Nr. 1 und 2 InsO die Geschäftsbücher des schuldnerischen Unternehmens sowie landwirtschaftliches Gerät und Erzeugnisse (§ 811 Abs. 1 Nr. 4 ZPO) sowie das Inventar einer Apotheke (§ 811 Abs. 1 Nr. 9 ZPO).

Eine Austauschpfändung nach § 811a ZPO bezüglich der nach § 811 224
Abs. 1 Nrn. 1, 5 und 6 ZPO unpfändbaren Gegenstände wird auch im Insolvenzverfahren für zulässig erachtet.[1] Nach § 36 Abs. 3 InsO gehört der gewöhnliche Hausrat des Schuldners nicht zur Insolvenzmasse, die Vorschrift entspricht inhaltlich § 812 ZPO.

Die Unpfändbarkeit von Forderungen und sonstigen Vermögens- 225
rechten bestimmt sich nach § 851 ZPO nach deren Übertragbarkeit über § 398 BGB. Soweit eine Forderung oder ein Vermögenswert kraft gesetzlicher Anordnung nicht übertragbar ist, ist er unpfändbar und gehört auch nicht zur Insolvenzmasse, dies gilt beispielsweise für einen dem Schuldner zustehenden Nießbrauch an einem Grundstück nach § 1059 Satz 1 BGB. Gleiches gilt, wenn mit der Abtretung der Forderung oder des Vermögensrechts eine wesentliche Änderung des Inhalts oder der Zweckbestimmung verbunden wäre (§ 399 erste Alternative BGB). Hat der Schuldner mit dem Drittschuldner die Übertragbarkeit der ihm zustehenden Forderung abbedungen (§ 399 zweite Alternative BGB), hängt die Pfändbarkeit und Zugehörigkeit zur Insolvenzmasse davon ab, ob der Gegenstand der Forderungen selbst gepfändet werden kann; handelt es sich beispielsweise um eine Geldforderung, ist diese stets massezugehörig, da Geld stets pfändbar ist. Als pfändbar und damit zur Insolvenzmasse gehörend sind in diesem Zusammenhang schließlich die Honorar- und Gebührenforderungen des Arztes, des Steuerberaters oder des Rechtsanwalts zu nennen.[2]

cc) Der so genannte Neuerwerb

Nach § 35 InsO gehört zur Insolvenzmasse auch dasjenige Vermö- 226
gen, das der Schuldner während des Insolvenzverfahrens erwirbt. Die Einbindung dieses so genannten Neuerwerbs zur Insolvenzmasse stellt eine gewichtige Neuregelung gegenüber dem früheren Konkursrecht dar. Der Gesetzgeber beabsichtigte mit der Einbindung des Neuerwerbs eine Erhöhung der Insolvenzmasse und damit größere Befriedigung der Insolvenzgläubiger.[3] Eine plausible Begründung für die Einbeziehung des Neuerwerbs ist dies jedoch nicht. Der Gesetzgeber der Konkursordnung sah ausdrücklich davon ab, weil er die Gefahr erkannte, das der Schuldner nach Konkurseröffnung Massebestandteile dem Konkursverwalter vorenthalten und selbst in die Schattenwirtschaft oder

---

[1] *Uhlenbruck* in: *Uhlenbruck,* InsO, § 36 Rdn. 30.
[2] BGHZ 141, 173; BGH NZI 2004, 29; BGH NZI 2005, 263.
[3] Begründung des Regierungsentwurfs BT-Drucks. 12/2443, S. 122.

Schwarzarbeit abdriften könnte.[1] Diese Erwägungen sind auch heute keineswegs veraltet, gerade die Einbindung des Arbeitseinkommens als Neuerwerb in die Insolvenzmasse oder auch die Insolvenz Selbstständiger zeigen in der Praxis, welche Schwierigkeiten mit der tatsächlichen Erfassung des Neuerwerbs durch den Insolvenzverwalter auch unter Berücksichtigung des Verhaltens des Schuldners verbunden sind.[2] Zudem werden durch die Einbeziehung des Neuerwerbs die so genannten Neugläubiger des Schuldners, die ihre Forderungen nach Insolvenzeröffnung erwerben, benachteiligt, weil ihnen praktisch keinerlei Vermögen des Schuldners als Haftungsmasse zur Verfügung steht.[3]

227 Mit der Einbindung des Neuerwerbs in die Insolvenzmasse ist allerdings der Streit um die Frage geklärt, ob die juristische Person als Schuldner konkursfreies Neuvermögen erwerben könne. Nach der Theorie der Vollbeendigung der Gesellschaft im Insolvenzverfahren ist ein insolvenzfreier Neuerwerb nicht denkbar, dem entspricht logisch die Einbindung des Neuerwerbs in die Insolvenzmasse nach § 35 InsO.[4]

dd) Die Besonderheiten bei laufenden Bezügen des Schuldners

228 Für die Rechtspraxis besonders relevant ist die Einbeziehung des laufenden Arbeitseinkommens des Schuldners oder laufender Sozialleistungen in die Insolvenzmasse. Das Arbeitseinkommen des Schuldners ist nach Maßgabe der §§ 850ff. ZPO pfändbar, gleiches gilt für laufende Sozialleistungen, die regelmäßig so genannten Lohnersatzcharakter haben (§ 54 Abs. 4 SGB I). In der Insolvenz des Schuldners soll der Insolvenzverwalter gleichsam die Stellung eines gewöhnlichen Gläubigers haben, der das Arbeitseinkommen nach § 850c ZPO pfändet. Zur Insolvenzmasse gehört danach der unter Berücksichtigung der Unterhaltsverpflichtungen des Schuldners nach der Tabelle zu § 850c Abs. 3 ZPO pfändbare Teil des Arbeitseinkommens. In Anwendung des § 850c Abs. 4 ZPO kann ein Unterhaltsberechtigter des Schuldners außer Betracht bleiben, wenn er eigenes Einkommen erzielt.[5] Zu Gunsten des Schuldners könnte auch eine Erhöhung des unpfändbaren Betrages nach § 850f Abs. 1 ZPO in Betracht kommen.

229 Die Anwendung dieser Vorschriften zur Pfändung des Arbeitseinkommens im Rahmen des Insolvenzverfahren war in Rechtsprechung

---

[1] Motive zur Konkursordnung, nachgewiesen bei *Jaeger*, KO, § 1 Anm. 53.

[2] Dazu *Tetzlaff*, ZVI 2004, 1; *Ries*, ZVI 2004, 221; *Andres/Pape*, NZI 2005, 141; zu steuerrechtlichen Fragen *Maus*, ZIP 2004, 389.

[3] *Henckel* in: *Jaeger*, InsO, § 35 Rdn. 123; *Henckel* in: Aktuelle Probleme, S. 97, 113.

[4] *K. Schmidt*, Wege, S. 70; *K. Schmidt*, GesellschaftsR, § 11 VI. 4. b) bb); zum Konkursrecht noch *Kuhn/Uhlenbruck*, KO, § 1 Rdn. 4a.

[5] Eingehend BGH Rpfleger 2005, 371 = ZVI 2005, 254 m. Anm. *Zimmermann;* BGH Rpfleger 2005, 201 m. abl. Anm. *B. Schmidt* = ZVI 2005, 192; Zöller/*Stöber*, ZPO, § 850c Rdn. 15a; *Stöber*, Forderungspfändung, Rdn. 1062ff.

und Literatur zunächst streitig.[1] Der Gesetzgeber klärte diese Unstimmigkeiten mit Einfügung des § 36 Abs. 1 Satz 2 sowie des Abs. 4 InsO durch das Insolvenzrechtsänderungsgesetz zum 1. Dezember 2001.[2] In Anwendung beispielsweise des § 850c Abs. 4 ZPO kann nunmehr der pfändbare Teil des Arbeitseinkommens zu Gunsten der Insolvenzmasse erhöht werden, umgekehrt kann er unter den besonderen Voraussetzungen des § 850f Abs. 1 ZPO auch vermindert werden. Für die nach dieser Vorschriften dem Vollstreckungsgericht zukommenden Entscheidungen soll nach § 36 Abs. 4 Satz 1 InsO das Insolvenzgericht zuständig sein. Anstelle des Gläubigers der Einzelzwangsvollstreckung kann der Insolvenzverwalter entsprechende Anträge auf Änderung des pfändbaren Betrages stellen (§ 36 Abs. 4 Satz 2 InsO). Noch nicht vollständig geklärt ist, unter welchen verfahrensrechtlichen Voraussetzungen das Insolvenzgericht (Rechtspfleger) entscheidet, wie seine Entscheidung den Beteiligten bekannt zu geben ist und ob ein Rechtsmittel hiergegen statthaft ist.[3] Der Bundesgerichtshof sieht die Anfechtbarkeit der Entscheidung nach allgemeinen vollstreckungsrechtlichen Vorschriften, da das Insolvenzgericht kraft Zuweisung funktional als Vollstreckungsgericht entschieden habe.[4] Es ist dann sofortige Beschwerde nach § 793 ZPO statthaft.

Beispiel 6: Der Schuldner erhält aus nicht selbstständiger Tätigkeit ein Arbeitseinkommen von 1.700 EUR netto monatlich, er ist verheiratet und hat ein minderjähriges Kind. Seine Ehefrau ist ebenfalls berufstätig und erzielt Arbeitseinkommen in Höhe von 1.200 EUR netto monatlich. 230

Zur Insolvenzmasse gehört zunächst der pfändbare Teil des Arbeitseinkommens des Schuldners unter Berücksichtigung von zwei Unterhaltsverpflichtungen, es sind dies nach der Tabelle zu § 850c Abs. 3 ZPO seit 1. Juli 2005 nunmehr 55,01 EUR monatlich. Der Insolvenzverwalter kann beim Insolvenzgericht Antrag auf Nichtberücksichtigung der Ehefrau nach § 850c Abs. 4 ZPO stellen (§ 36 Abs. 4 Satz 2 mit Abs. 1 Satz 2 InsO). Bei einem eigenen Arbeitseinkommen eines Unterhaltsberechtigten in Höhe von 1.200 EUR kann eine Nichtberücksichtigung mindestens zur Hälfte erfolgen (dazu BGH Rpfleger 2005, 371; Zöller/*Stöber,* ZPO, § 850c Rdn. 15a). Der pfändbare Betrag des Arbeitseinkommens erhöht sich dann auf 113,53 EUR (bei nur einer Unterhaltsverpflichtung beträgt er 172,05 EUR).

Ist der Schuldner als Handwerker, Gewerbetreibender, Freiberufler oder sonst selbstständig tätig, fällt grundsätzlich sein gesamter Umsatz- 231

---

[1] Allgemein *Henckel* in: *Jaeger,* InsO, § 35 Rdn. 119ff., § 36 Rdn. 15ff.; *Andres* in: *Nerlich/Römermann,* InsO, § 35 Rdn. 37; *Holzer* in: *Kübler/Prütting,* InsO, § 35 Rdn. 77; *Klopp/Kluth* in: *Gottwald,* § 25 Rdn. 19; eingehend *Grub/Smid,* DZWIR 1999, 2; *Steder,* ZIP 1999, 1874; mit umfangreichen Rechtsprechungsnachweisen *Keller,* NZI 2001, 449.

[2] InsOÄndG vom 26. 10. 2001 (BGBl. I S. 2710).

[3] Dazu eingehend *Frege/Keller/Riedel,* Rdn. 2138, 2139; *Keller,* NZI 2001, 449; die Zulässigkeit der Beschwerde wird verneint von OLG Köln NZI 2000, 590; das LG Bückeburg ZVI 2002, 78, sieht folgerichtig nur die befristete Erinnerung nach § 11 Abs. 2 RPflG als gegeben an.

[4] BGH NZI 2004, 278 = ZIP 2004, 732 = ZVI 2004, 441, dazu EWiR 2004, 1231 *(Lüke/Ellke).*

erlös als Neuerwerb in die Insolvenzmasse. Aus dieser ist ihm nach § 100 InsO Unterhalt zu gewähren. Gerade hier zeigt sich aber die Problematik der Einbeziehung des Neuerwerbs in die Insolvenzmasse, da der Insolvenzverwalter praktisch nicht kontrollieren kann, ob der Schuldner sämtliche Umsätze gegenüber dem Insolvenzverwalter offen legt und nicht etwa Einkünfte beiseite schafft.

ee) Das Handelsgeschäft oder die freiberufliche Praxis des Schuldners

232 Das Handelsgeschäft des Schuldners gehört als Gesamtheit seiner Vermögenswerte ohne weiteres zur Insolvenzmasse und ist letztlich dessen wichtigster Bestandteil. In der Insolvenzpraxis ergeben sich hier zahlreiche Probleme und Fragestellungen der Zugehörigkeit einzelner Bestandteile des Handelsgeschäfts des Schuldners zur Insolvenzmasse.

233 Die Geschäftsbücher des schuldnerischen Unternehmens gehören schon nach § 36 Abs. 2 Nr. 1 InsO zur Insolvenzmasse und sind vom Insolvenzverwalter in Besitz zu nehmen. Im Rahmen seiner handels- und steuerrechtlichen Rechnungslegungspflichten nach § 155 InsO bilden sie auch die Grundlage seiner weiteren Tätigkeit.

234 Die Firma des Handelsgeschäfts des Schuldners ist nach allgemeiner Ansicht Bestandteil der Insolvenzmasse.[1] Seit jeher war streitig, ob der Insolvenzverwalter, wenn er das Handelsgeschäft veräußert, die Firma ohne Zustimmung des Inhabers des Handelsgeschäfts veräußern darf (§ 23 HGB), Reichsgericht und Bundesgerichtshof verneinten dies in früherer Rechtsprechung.[2] Die Zustimmungspflicht des Inhabers des Handelsgeschäfts wird nach § 22 HGB gefordert. Die Vorschrift hat ihren Kern noch in dem vor In-Kraft-Treten des Handelsrechtsreformgesetzes vom 22. Juni 1998[3] geltenden Firmenrecht, nach welchem die Firma des Einzelkaufmanns oder der Personengesellschaft den Namen des Inhabers des Handelsgeschäfts oder eines persönlich haftenden Gesellschafters enthalten musste.[4] Die §§ 18 und 19 HGB fordern für die Bildung der Firma nunmehr lediglich Unterscheidungskraft und Rechtsformzusatz.[5] Ob deshalb der Insolvenzverwalter bei Veräußerung der Firma die Einwilligung des Schuldners als Inhaber einholen muss, wird zunehmend in Frage gestellt.[6] Der Schuldner ist frei in der Entschei-

---

[1] BGHZ 109, 364; *Lwowski* in: MüKo-InsO, § 35 Rdn. 484 ff.; *Uhlenbruck* in: *Uhlenbruck*, InsO, § 36 Rdn. 100 ff.; *Holzer* in: *Kübler/Prütting*, InsO, § 35 Rdn. 71 ff.; *K. Schmidt*, Wege, S. 72, 242; *Wertenbruch*, ZIP 2002, 1931.

[2] RGZ 58, 166, 169; BGHZ 32, 103; zum früheren Streitstand *Lwowski* in: MüKo-InsO, § 35 Rdn. 492; lesenswert auch noch *Jaeger*, KO, § 1 Anm. 7.

[3] Gesetz zur Neuregelung des Kaufmanns- und Firmenrechts und zur Änderung anderer handels- und gesellschaftsrechtlicher Vorschriften vom 22. 6. 1998 (BGBl. I S. 1474).

[4] Dazu noch *Baumbach/Duden/Hopt*, HGB, 29. Auflage München 1989, § 18 Anm. 1.

[5] Eingehend *Keidel/Krafka/Willer*, Rdn. 203 bis 278.

[6] *Uhlenbruck* in: *Uhlenbruck*, InsO, § 36 Rdn. 101; eingehend *Uhlenbruck*, ZIP 2000, 401; *Benner*, Rpfleger 2002, 342; *Barnert*, KTS 2003, 529.

dung, seine Firma mit seinem persönlichen Namen zu versehen. In der Insolvenz muss er daher auch hinnehmen, dass seine Firma als selbstständiger Vermögenswert verwertet wird. Die Verwertbarkeit der Firma durch den Insolvenzverwalter wird daher auch dann für zulässig gehalten, wenn das Unternehmen im Übrigen liquidiert wird.[1] In der Insolvenz der juristischen Person stellt sich dieses Problem weniger gravierend, da seit jeher der Name eines Gesellschafters nicht Bestandteil der Firma sein musste. Der Insolvenzverwalter kann hier ohne weiteres ohne Zustimmung des Namensgebers die Firma veräußern.[2]

Bestandteil des Handelsgeschäfts zusammen oder neben der Firma ist 235 oft auch der so genannte „good will". Als solcher wird allgemein der Name des schuldnerischen Unternehmens im Geschäftsverkehr, die Akzeptanz und Verbreitung der Produkte oder der Kundenstamm[3] angesehen. Der „good will" ist selbst kein Vermögenswert sondern wird durch die Firma, die Produkte des Unternehmens, Markenrechte, Patente oder Geschmacksmuster gebildet; diese einzelnen Vermögensrechte stellen daher die Insolvenzmasse dar.

Keineswegs theoretisch ist heute die Frage der Massezugehörigkeit 236 einer vom Schuldner freiberuflich betriebenen Praxis, insbesondere als Arzt, Rechtsanwalt oder Steuerberater.[4] Unzweifelhaft gehören die Ausstattungsgegenstände wie die Möbel, die Bibliothek des Rechtsanwalts oder die Diagnosegeräte des Arztes zur Insolvenzmasse, ebenso die Honorarforderungen, auch wenn ihre Abtretung nach § 203 StGB strafbar sein kann.[5] Soweit der Schuldner seine freie Berufstätigkeit fortführt, stellt sich aber die Frage, ob ihm nicht die hierfür erforderlichen Gegenstände und Geräte zu belassen sind. Das Amtsgericht Köln entschied in einem solchen Falle gleichsam rechtsfortbildend zu Gunsten eines Arztes, der nach Eröffnung des Insolvenzverfahrens seine Praxis weiter betreiben wollte.[6] Die weiteren Bestandteile einer ärztlichen Praxis, insbesondere auch die Patientenkartei und der so genannte „good will" gehören zur Insolvenzmasse und können vom Insolvenzverwalter grundsätzlich verwertet werden, freilich nur mit Zustimmung der Patienten.[7] Ein Rechtsan-

[1] *Uhlenbruck* in: *Uhlenbruck,* InsO, § 36 Rdn. 100 m. w. N.; kritisch dagegen *Haas* in: *Gottwald,* § 92 Rdn. 162, 162.

[2] BGHZ 85, 221 (Firma der GmbH); BGHZ 109, 364 (Firma der GmbH & Co. KG).

[3] OLG Saarbrücken ZIP 2001, 164.

[4] Für die Anwaltskanzlei OLG Rostock ZIP 2004, 1857; allgemein *Uhlenbruck* in: *Uhlenbruck,* InsO, § 35 Rdn. 47 mit umfangreichen Nachweisen; ablehnend *Eickmann* in: HK-InsO, § 35 Rdn. 20; kritisch für die Rechtsanwaltspraxis auch *Smid* in: *Smid,* InsO, § 35 Rdn. 11 a. E.; eingehend auch *Ries,* ZVI 2004, 221; *Tetzlaff,* ZVI 2004, 2.

[5] BGHZ 141, 173, dazu EWiR 1999, 857 *(Johlke); Henckel* in: *Jaeger,* InsO, § 35 Rdn. 14, § 36 Rdn. 36; *Uhlenbruck* in: *Uhlenbruck,* InsO, § 35 Rd. 84.

[6] AG Köln NZI 2003, 387; eingehend mit praktischen Hinweisen *Vallender,* NZI 2003, 530.

[7] BGH NJW 1996, 2087; BGH NJW 1995, 2026; BGH NJW 1992, 2348; *Uhlenbruck* in: *Uhlenbruck,* InsO, § 35 Rdn. 50; *Klopp/Kluth* in: *Gottwald,* § 26 Rdn. 9;

walt oder Steuerberater wird nach Insolvenzeröffnung allerdings regelmäßig seine Zulassung verlieren (§ 7 Nr. 9, § 14 Abs. 2 Nr. 7 BRAO, § 46 Nr. 5 StBerG), eine Kanzleifortführung kommt hier kaum in Betracht.

d) Die Insolvenzmasse in den Sonderinsolvenzen

aa) Die Insolvenzmasse bei der Gütergemeinschaft nach § 37 InsO

237 Einen in der Rechtspraxis so gut wie nie auftauchenden Fall behandelt § 37 InsO, die Insolvenz der Gütergemeinschaft. Das Gesamtgut der Gütergemeinschaft (§ 1416 BGB) gehört dann zur Insolvenzmasse, wenn über das Vermögen des Ehegatten das Insolvenzverfahren eröffnet wird, der nach §§ 1422 ff. BGB das Gesamtgut allein verwaltet (§ 37 Abs. 1 Satz 1 InsO). Das Insolvenzverfahren erfasst neben dem Gesamtgut auch das Vorbehaltsgut (§ 1418 BGB) dieses Ehegatten. Das Vorbehaltsgut des nicht verwaltenden Ehegatten ist von der Insolvenz nicht betroffen. Umgekehrt berührt die Insolvenz des nicht verwaltenden Ehegatten das Gesamtgut nicht (§ 37 Abs. 1 Satz 3 InsO). Verwalten die Ehegatten das Gesamtgut gemeinschaftlich, sehen die §§ 333 und 334 InsO Besonderheiten des Insolvenzverfahrens vor.

bb) Die Insolvenzmasse im Nachlassinsolvenzverfahren

238 Im Nachlassinsolvenzverfahren wird die Insolvenzmasse allein durch den Nachlass und nicht durch das Eigenvermögen des Erben gebildet. Dies gilt auch dann, wenn der Erbe bei Eröffnung des Nachlassinsolvenzverfahrens den Nachlassgläubigern gegenüber bereits unbeschränkt haftet. Maßgeblicher Zeitpunkt für die Bestimmung des Nachlasses als Insolvenzmasse ist die Insolvenzeröffnung und nicht etwa rückwirkend der Erbfall.[1] Hat der Erbe nach dem Erbfall und vor Eröffnung des Insolvenzverfahrens über einzelner Gegenstände des Nachlasses verfügt, hat der Insolvenzverwalter zu versuchen, diese durch Insolvenzanfechtung wieder zurückzuerlangen. Gegebenenfalls ist der Erbe aus §§ 1978, 1979 BGB dem Nachlass gegenüber haftbar. Im Übrigen bleibt aber eine Verfügung des Erben wirksam, auch ein möglicher Gegenleistungsanspruch gehört nicht zur Insolvenzmasse, eine Art dinglicher Surrogation findet nicht statt.[2] Allerdings kann der Erbe dem Insolvenzverwalter gegenüber zur Abtretung des Anspruchs

---

eingehend *Uhlenbruck* in: FS Henckel, S. 877; *Runkel* in: FS Gerhardt, S. 839; *Kluth*, NJW 2002, 186.

[1] *Kuhn/Uhlenbruck*, KO, § 214 Rdn. 2 ff.; *Kemper* in: *Kübler/Prütting*, InsO, § 315 Rdn. 11 ff.; *Riering* in: *Nerlich/Römermann*, InsO, § 315 Rdn. 23; *Döbereiner* in: *Gottwald*, § 112 Rdn. 1 ff.; unrichtig *Hess/Weis/Wienberg*, InsO, § 315 Rdn. 14 (Zeitpunkt des Erbfalls); *Schallenberg/Rafiqpoor* in: FK-InsO, § 315 Rdn. 16, messen dem Streit keine Praxisrelevanz zu.

[2] *Kuhn/Uhlenbruck*, KO, § 214 Rdn. 3; *Schallenberg/Rafiqpoor* in: FK-InsO, § 315 Rdn. 16; *Siegmann* in: MüKo-BGB, § 1978 Rdn. 6 a; *Döbereiner* in: *Gottwald*, § 112 Rdn. 5.

auf die Gegenleistung verpflichtet sein, insgesamt hat er sämtliche Nutzungen und Ersatzansprüche für verbrauchte Gegenstände des Nachlasses an die Masse herauszugeben.[1]

e) Der Streit um die Massezugehörigkeit

Besteht zwischen dem Insolvenzverwalter und weiteren Beteiligten, 239
insbesondere einem möglichen Aussonderungsberechtigten, Streit über die Massezugehörigkeit eines Gegenstandes, ist dieser vor den ordentlichen Gerichten im Prozesswege zu klären, eine Zuständigkeit des Insolvenzgerichts besteht nicht.[2]

Dies gilt grundsätzlich auch für den Streit über die Massezugehö- 240
rigkeit eines Gegenstandes oder einer Forderung zwischen dem Insolvenzverwalter und dem Schuldner.[3] Nach der Systematik des Insolvenzrechts hat der Insolvenzverwalter nach Insolvenzeröffnung die gesamte Ist-Masse in Besitz zu nehmen (§ 148 InsO). Soweit ein Dritter oder der Schuldner geltend machen, dass ein Gegenstand nicht zur Insolvenzmasse gehört, haben sie dieses materielle Recht durch Klage gegen den Insolvenzverwalter zu verfolgen. Hiervon macht die Insolvenzordnung für den Schuldner zwei Ausnahmen: Zum einen verweist § 148 Abs. 2 Satz 2 InsO auf die Vollstreckungserinnerung des § 766 ZPO, wenn der Insolvenzverwalter mit Hilfe des Gerichtsvollziehers im Wege der Zwangsvollstreckung die Insolvenzmasse beim Schuldner in Besitz nimmt.[4] Mit der Vollstreckungserinnerung des § 766 ZPO kann der Schuldner aber nur verfahrensrechtliche Mängel der Zwangsvollstreckung geltend machen, unter Berücksichtigung des § 36 Abs. 1 Satz 1 InsO mit § 811 ZPO könnte er die Unpfändbarkeit einzelner Gegenstände einwenden.[5] Zum anderen bestimmt hinsichtlich des laufenden Arbeitseinkommens als Bestandteil der Insolvenzmasse § 36 Abs. 4 Satz 1 InsO selbst die Zuständigkeit des Insolvenzgerichts für Entscheidungen hierüber. Gerade diese letzte Zuständigkeitsbestimmung muss als Systembruch angesehen werden. Systematisch richtiger wäre es, und auch für die

---

[1] *Riering* in: *Nerlich/Römermann,* InsO, § 315 Rdn. 28 ff.; *Hess/Weis/Weinberg,* InsO, § 315 Rdn. 20 ff.; *Döbereiner* in: *Gottwald,* § 112 Rdn. 5; *Frege/Keller/Riedel,* Rdn. 2393.

[2] Allgemeine Ansicht, statt aller *Uhlenbruck* in: *Uhlenbruck,* InsO, § 35 Rdn. 111, 112.

[3] BGHZ 92, 339 (Zugehörigkeit von Leistungen der Sozialversicherung zur Konkursmasse); *Uhlenbruck* in: *Uhlenbruck,* InsO, § 35 Rdn. 111; *Füchsl/Weishäupl* in: MüKo-InsO, § 148 Rdn. 74.

[4] Bemerkenswert ist, dass es schon in den ersten Jahren des Konkursrechts höchst streitig war, ob der Schuldner die Massezugehörigkeit einzelner Gegenstände oder Forderungen nicht auch mit Hilfe der Vollstreckungserinnerung nach § 766 ZPO angreifen kann, dazu eingehend *Jaeger,* KO, § 1 Anm. 50; *v. Wilmowski,* KO, § 1 Anm. 23.

[5] So im Fall des AG Köln zur Zugehörigkeit des Inventars der Arztpraxis zur Insolvenzmasse (AG Köln NZI 2003, 387).

Praxis des Insolvenzverwalters besser, der Insolvenzverwalter nähme das gesamte Arbeitseinkommen des Schuldners in Besitz und zahlte diesem den unpfändbaren Teil als insolvenzfrei aus. Es wäre dann der Schuldner gehalten, hiergegen vorzugehen.[1]

f) Die Freigabe einzelner Massegegenstände durch den Insolvenzverwalter

241 Als Freigabe durch den Insolvenzverwalter wird die Rückgabe eines Massegegenstandes an den Schuldner bezeichnet. Die Insolvenzordnung erwähnt die Freigabe lediglich in § 32 Abs. 3 Satz 1 InsO im Zusammenhang mit der Löschung des Insolvenzverwalters im Grundbuch.[2] Dogmatisch gibt mit der Freigabe der Insolvenzverwalter dem Schuldner die durch die Insolvenzeröffnung mit § 80 Abs. 1 InsO entzogene Verfügungsbefugnis wieder zurück, Eigentümer ist der Schuldner als Träger der Insolvenzmasse auch nach Insolvenzeröffnung geblieben.

242 Die Freigabe erfolgt durch empfangsbedürftige Willenserklärung des Insolvenzverwalters an den Schuldner.[3] Die Freigabe stellt keinen Vertrag zwischen Insolvenzverwalter und Schuldner dar. Der Schuldner, der schon immer Eigentümer des Gegenstandes war und ist, kann sich auch nicht dagegen wehren, wieder volle Verfügungsbefugnis zu haben. Bemerkenswert ist diese Feststellung, weil die Freigabe durch den Insolvenzverwalter oft genug erfolgt, um Nachteile für die Insolvenzmasse abzuwenden oder sich möglicher öffentlich-rechtlicher Pflichten zu entledigen. Von großer praktischer Bedeutung ist dabei die Freigabe kontaminierter Grundstücke, bei welchen dem Insolvenzverwalter umweltrechtliche und ordnungsrechtliche Haftung droht (zum Beispiel aus § 5 Abs. 1 BImSchG, § 13 Abs. 1 KrW-/AbfG, nicht aber aus § 4 BBodSchG).[4] Nicht selten erscheint die Freigabe als letzte Möglichkeit des Insolvenzverwalters, sich solcher Pflichten zu entziehen. Umstritten ist die Zulässigkeit der Freigabe in der Insolvenz der juristischen Person, da sie dem Zweck der Vollbeendigung der Gesellschaft zuwiderläuft. In der Insolvenz der juristischen Person soll es kein insolvenzfreies Vermögen geben. Der Bundesgerichtshof hat sich zu diesem Problem obiter dictum geäußert; er sieht die Aufgabe der Vollbeendigung der juristi-

---

[1] So insbesondere *Grub* in: KS, S. 671 Rdn. 99; *Grub/Smid* DZWIR 1999, 2.

[2] Umfassend *Lwowski* in: MüKo-InsO, § 35 Rdn. 84 ff., § 165 Rdn. 183 ff. (speziell zur Grundstücksfreigabe); *Uhlenbruck* in: *Uhlenbruck*, InsO, § 35 Rdn. 23 ff.; *Holzer* in: *Kübler/Prütting*, InsO, § 35 Rdn. 21 ff.; *Wittkowski* in: *Nerlich/Römermann*, § 80 Rdn. 95 ff.; *Hess/Weis/Wienberg*, InsO, § 80 Rdn. 212 ff.; zu umsatzsteuerrechtlichen Fragen BFH ZIP 2002, 230; *Onusseit*, ZIP 2002, 1344.

[3] *Kuhn/Uhlenbruck*, KO, § 1 Rdn. 5 d; *Lwowski* in: MüKo-InsO, § 35 Rdn. 100.

[4] BVerwG ZIP 2004, 2145 (zur Haftung nach § 4 Abs. 3 BBodSchG nach Freigabe); Eingehend dazu *Lwowski* in: MüKo-InsO, § 165 Rdn. 191 ff.; *Ott* in: MüKo-InsO, § 80 Rdn. 139 ff.; *Wittkowski* in: *Nerlich/Römermann*, InsO, § 80 Rdn. 139 ff.; zu § 4 BBodSchG *Gerbers* in: *Braun*, InsO, § 148 Rdn. 12.

schen Person dem Zweck der Gläubigerbefriedigung untergeordnet und lässt die Freigabe durch den Insolvenzverwalter grundsätzlich zu.[1] Mit Urteil vom 21. April 2005[2] konkretisierte er seine Ansicht endgültig dahin, dass eine Freigabe durch den Insolvenzverwalter auch in der Insolvenz der juristischen Person oder der Gesellschaft ohne Rechtspersönlichkeit zulässig sei.

Fraglich ist zuletzt, ob der Insolvenzverwalter eine erklärte Freigabe widerrufen kann. Betrachtet man die Freigabe nicht als Rechtsgeschäft des bürgerlichen Rechts, sondern mit Rückgabe der Verfügungsbefugnis an den Schuldner als Verfahrenshandlung, ist ein Widerruf oder eine Anfechtung entsprechend der §§ 119ff. BGB nicht möglich.[3] 243

III. Der Insolvenzverwalter

1. Die Bedeutung des Insolvenzverwalters

a) Der Insolvenzverwalter als zentrale Person des Verfahrens

Der Insolvenzverwalter ist die zentrale Person des Insolvenzverfahrens. Treffend beschrieb bereits *Ernst Jaeger* den Konkursverwalter als wichtigste Person des Konkursverfahrens, seine Worte zum Amt des Verwalters und zu seiner Auswahl sind auch heute gültig und vielzitiert:[4] *„Die Auslese des Verwalters ist die Schicksalsfrage des Konkurses."* 244

Der Insolvenzverwalter hat wesentlich für die materielle Abwicklung der Insolvenz zu sorgen, ihm kommen Aufgaben und Befugnisse sowohl im Verfahrensablauf als auch im materiellen Insolvenzrecht zu. Der Insolvenzverwalter ist mit Eröffnung des Insolvenzverfahrens Träger der Verwaltungs- und Verfügungsbefugnis des Schuldners über die Insolvenzmasse (§ 80 Abs. 1 InsO). 245

Ebenso soll der Insolvenzverwalter die mögliche Sanierung des schuldnerischen Unternehmens als Ziel des Insolvenzverfahrens berücksichtigen. Nicht selten wird der Insolvenzverwalter bei Fortführung eines schuldnerischen Unternehmens daher auch als Unternehmer und Kaufmann tätig. Aus überkommener Vorstellung wird der Verwalter immer noch als reines Zerschlagungs- und Liquidationsorgan gesehen, zu wenig wird berücksichtigt, dass der Insolvenzverwalter auch für den Schuldner und das schuldnerische Unternehmen handelt, etwa bei Be- 246

---

[1] BGHZ 150, 305, 318 (Freigabe eines abbruchreifen Gebäudes aus der Insolvenzmasse zur Vermeidung der Inanspruchnahme durch den Grundstückseigentümer aus § 82 SachenRBerG).

[2] BGH NZI 2005, 387 = ZIP 2005, 1034.

[3] Differenzierend *Andres* in: *Nerlich/Römermann*, InsO, § 36 Rdn. 55.

[4] *Jaeger*, KO, § 78 Anm. 7.

mühungen um eine Sanierung des schuldnerischen Unternehmens dessen Interesse im Auge behalten muss. Auch bereits bei der Feststellung der Gläubigerforderungen wird der Insolvenzverwalter für den Schuldner und im besten Falle auch in Kooperation mit diesem tätig. So betrachtet ist der Insolvenzverwalter unabhängig von der Frage seiner rechtlichen Stellung Dienstleister für alle Beteiligten des Insolvenzverfahrens.[1]

b) Die Rechtsstellung gegenüber anderen Verfahrensbeteiligten

247 Aus diesen Überlegungen lässt sich die Rechtsstellung des Insolvenzverwalters gegenüber den übrigen Verfahrensbeteiligten wie folgt skizzieren:[2]

248 – Gegenüber dem einzelnen Insolvenzgläubiger hat er wesentlich die Pflicht, dessen Forderung zur Insolvenztabelle aufzunehmen, zu prüfen und gegebenenfalls anzuerkennen; im Interesse der übrigen Gläubiger aber auch des Schuldners ist es dagegen seine Pflicht, einer nicht bestehenden oder streitigen Forderung eines Gläubigers zu widersprechen (§§ 174ff. InsO). Gleiches gilt für die Geltendmachung von Absonderungsrechten einzelner Gläubiger (§§ 49ff. InsO) oder von Aussonderungsrechten (§ 47 InsO). Mit der durch § 56 InsO geforderten Unabhängigkeit des Insolvenzverwalters ist es nicht vereinbar, wenn der Insolvenzverwalter mit einzelnen Gläubigern besondere Rechtsbeziehungen pflegt, beispielsweise für diese Treuhandaufträge wahrnimmt.

249 – Gegenüber der Gläubigerversammlung als der im Insolvenzverfahren konstituierten Gesamtheit der Gläubiger ist der Insolvenzverwalter allgemein verantwortlich und rechenschaftspflichtig. Die Gläubigerversammlung kann im Rahmen des § 57 InsO den Insolvenzverwalter wählen, sie kann nach § 59 Abs. 1 Satz 2 InsO die Entlassung des Insolvenzverwalters beantragen. Bei Beendigung seines Amtes ist der Insolvenzverwalter berichts- und rechnungslegungspflichtig (§ 66 InsO).

250 – Gegenüber dem Gläubigerausschuss als Exekutivorgan der Gläubiger (§§ 67ff. InsO) ist der Insolvenzverwalter in erweitertem Umfang verpflichtet. Aufgabe der Mitglieder des Gläubigerausschusses ist es, den Insolvenzverwalter bei seiner Tätigkeit zu unterstützen aber auch zu überwachen (§ 69 InsO). Auch der Gläubigerausschuss kann die Entlassung des Insolvenzverwalters nach § 59 InsO beantragen. In den Fällen der §§ 160ff. InsO bedarf der Insolvenzverwalter gegebenenfalls der Zustimmung des Gläubigerausschusses oder der Gläubigerversammlung zur Vornahme besonderer Rechtshandlungen.

---

[1] Auch hierzu bereits treffend *Jaeger,* III: § 13 II.

[2] Eingehend *Frege/Keller/Riedel,* Rdn. 1003ff.; eingehend auch *Henssler,* ZIP 2002, 1053.

- Gegenüber dem Schuldner kommt dem Insolvenzverwalter zunächst die Pflicht der Vermögensverwaltung und -verwertung zu. Im Rahmen der Forderungsprüfung, der Prüfung der Sanierungswürdigkeit eines schuldnerischen Unternehmens oder auch im Restschuldbefreiungsverfahren kommt dem Insolvenzverwalter aber auch eine fürsorgende Tätigkeit gegenüber dem Schuldner zu. Der Insolvenzverwalter ist dem Schuldner gegenüber grundsätzlich auch zur Auskunft und zur Rechenschaft verpflichtet.[1] 251
- Gegenüber dem Insolvenzgericht handelt der Insolvenzverwalter eigenverantwortlich, im Rahmen des § 58 InsO steht er unter der allgemeinen Verfahrensaufsicht. 252

2. Die Bestellung des Insolvenzverwalters durch das Insolvenzgericht

a) Die Bestellung eines vorläufigen Insolvenzverwalters

Zwar wird der Insolvenzverwalter selbst erst bei Eröffnung des Insolvenzverfahrens ernannt (§ 27 Abs. 2 Nr. 2 InsO), seine Auswahl erfolgt in den meisten Fällen bereits vorher. Im Rahmen des Insolvenzeröffnungsverfahrens kann das Insolvenzgericht nach § 21 Abs. 2 Nr. 1 InsO einen so genannten vorläufigen Insolvenzverwalter bestellen, für welchen weitgehend die Vorschriften des Insolvenzverwalters nach §§ 56ff. InsO entsprechend gelten. Die Aufgabe des vorläufigen Insolvenzverwalters vor Eröffnung des Insolvenzverfahrens besteht wesentlich in der Sicherung und Erhaltung der künftigen Insolvenzmasse (§ 22 Abs. 1 Nr. 1 InsO für den so genannten „starken vorläufigen Insolvenzverwalter"). 253

In der Unternehmensinsolvenz bestellt das Gericht zumeist einen Gutachter, der zur Frage des Vorliegens des Insolvenzgrundes sowie zur Massekostendeckung Auskunft geben soll. Als Gutachter wird auch hier zumeist der vorläufige Insolvenzverwalter und spätere endgültige Insolvenzverwalter bestellt. Wenn deshalb immer wieder von der Auswahl und der persönlichen Eignung des Insolvenzverwalters die Rede ist, setzt diese Frage nicht erst bei der Insolvenzeröffnung sondern bereits bei der Bestellung des Gutachters oder Ernennung des vorläufigen Insolvenzverwalters im Eröffnungsverfahren an. 254

b) Die Bestellung des Insolvenzverwalters mit Insolvenzeröffnung

Das Insolvenzgericht ist bei der Auswahl der Person in keinem Fall an Anträge, Wünsche oder Vorgaben des Schuldners oder der Gläubiger gebunden. Es hat allein nach den Anforderungen des § 56 InsO die geeignete Person zum Verwalter zu bestellen. Die Auswahl und Ernennung des Insolvenzverwalters wird allgemein als Akt rechtspre- 255

[1] *Frege/Keller/Riedel*, Rdn. 877, 1021.

chender Gewalt angesehen.[1] Sie ist kein Justizverwaltungsakt, so dass gegen die Nichtberücksichtigung seitens eines Bewerbers kein Rechtsweg nach § 23 EGGVG zulässig ist.[2]

256 Die Praxis der Insolvenzgerichte bei der Auswahl des Insolvenzverwalters ist mehr als vielfältig. Zumeist werden bei den Gerichten mehr oder weniger offene Listen von Personen geführt, die als Insolvenzverwalter bestellt werden. Diese Praxis wird zunehmend heftig kritisiert und auch unter dem Lichte des Art. 12 GG kritisch betrachtet.[3] Die insolvenzrechtliche Literatur ist sich jedoch in der Feststellung einig, dass ein Rechtsanspruch auf Bestellung als Insolvenzverwalter in einem bestimmten Verfahren nicht besteht.[4] So genannte „Bewerbungen" beim Insolvenzgericht um Berücksichtigung bei der Bestellung als Insolvenzverwalter in künftigen Verfahren sind daher meist ohne großen Erfolg.

c) Die sachlichen und persönlichen Anforderungen an den Insolvenzverwalter

257 Nach § 56 InsO soll nur eine für den jeweiligen Einzelfall geeignete, insbesondere geschäftskundige und von den Gläubigern und vom Schuldner unabhängige natürliche Person zum Verwalter bestellt werden. Die Vorschrift übernimmt die Grundsätze des früheren Konkursrechts an die Qualifikation des Verwalters.[5]

258 Es kann nur eine natürliche Person zum Insolvenzverwalter bestellt werden, die Bestellung juristischer Personen oder Gesellschaften ist nicht zulässig. Während der Beratungen zur Insolvenzordnung wurde dies zwar erwogen, im Hinblick auf die persönliche Haftung des Insolvenzverwalters aus § 60 InsO letztlich aber verworfen. Im einzelnen Insolvenzverfahren soll auch nur ein Insolvenzverwalter bestellt werden, die Bestellung mehrerer Verwalter ist nicht möglich. Es ist damit auch

---

[1] BVerfG NZI 2004, 574 = ZIP 2004, 1649; dazu *Frind/Schmidt,* NZI 2004, 533; *Köster,* NZI 2004, 538; *Graeber,* NZI 2004, 546; *Pannen,* NZI 2004, 548; *Graeber* in: MüKo-InsO, § 56 Rdn. 50 bis 98; *Uhlenbruck* in: *Uhlenbruck,* InsO, § 56 Rdn. 5 ff.; *Hess/Weis/Wienberg,* InsO, § 56 Rdn. 7 bis 19 je m. w. N.

[2] OLG Hamm NZI 2005, 111 = ZIP 2005, 269; OLG Celle NZI 2005, 458 = ZIP 2005, 1288; anders OLG Koblenz NZI 2005, 453 = ZIP 2005, 1283 (unter Aufgabe früherer Rechtsprechung in NZI 2000, 276).

[3] Dazu *Kesseler,* ZIP 2000, 1565; *Lüke,* ZIP 2000, 2000, 485; *Lüke,* ZIP 2000, 1574; *Lüke,* ZiP 2003, 557; *Prütting,* ZIP 2005, 1097; *Runkel/Wältermann,* ZIP 2005, 1347; *Koenig/Hentschel,* ZIP 2005, 1937.

[4] Zur so genannten Vorauswahl OLG München ZIP 2005, 670; eingehend *Graeber* in: MüKo-InsO, § 56 Rdn. 56 ff.; *Uhlenbruck* in: *Uhlenbruck,* InsO, § 56 Rdn. 6 je mit weiteren Literaturnachweisen zu den verschiedenen Aspekten dieser Problematik; dazu ferner *Mönning* in: KS, S. 375; *Hess* in: FS Uhlenbruck, S. 453; *Robrecht,* KTS 1998, 63.

[5] *Kuhn/Uhlenbruck,* KO, § 78 Rdn. 2 ff.; lesenswert *Jaeger,* KO, § 78 Anm. 7; *Jaeger,* III. § 13 II.; zur Vorspiegelung der Qualifikation durch Gebrauch eines falschen Diplomtitels BGHZ 159, 122.

unzulässig, in einem Insolvenzverfahren einen leitenden „Ober-Insolvenzverwalter“ und einen oder mehrere „Unter-Insolvenzverwalter“ zu ernennen.

Der Insolvenzverwalter soll von den Gläubigern und vom Schuldner 259
unabhängig sein. Damit soll die rechtsstaatliche Verfahrensabwicklung im Interesse aller Beteiligten geschützt werden. Dies dient auch dem Insolvenzverwalter selbst, indem er sich dem Ruch der Parteilichkeit für einzelne Beteiligte entzieht. Ein Rechtsanwalt sollte das Amt des Insolvenzverwalters deshalb nicht übernehmen, wenn er im Vorfeld der Insolvenz für den Schuldner oder einzelne Gläubiger in irgendeiner Weise tätig geworden ist,[1] sei es als Prozessbevollmächtigter, Sanierungsberater oder Vertreter mehrerer Gläubiger in einem so genannten Gläubigerpool. Mit der Unparteilichkeit des Verwalteramtes ist es auch nicht vereinbar, wenn der Verwalter während des Insolvenzverfahrens Interessen einzelner Beteiligter wahrnimmt. Zu den einzelnen Aspekten der Unabhängigkeit und Objektivität eines Insolvenzverwalters hat der Arbeitskreis der Insolvenzverwalter Deutschland e. V. einen Verhaltenskodex erarbeitet, der für den Insolvenzverwalter Leitbild seiner Amtsführung sein soll.[2] Den Vorschlägen einzelner Gläubiger oder des Schuldners vor Insolvenzeröffnung, eine bestimmte Person möge oder könne doch zum Insolvenzverwalter ernannt werden, begegnen die Insolvenzgerichte zu Recht mit großer Vorsicht.

Der Insolvenzverwalter soll für das konkrete Verfahren geeignet 260
sein,[3] er soll insbesondere geschäftskundig sein. Die Insolvenzabwicklung erfordert für den Insolvenzverwalter vielfältige rechtliche und wirtschaftliche Spezialkenntnisse, sowohl im allgemeinen zivilrechtlichen, wie auch im sachenrechtlichen, vollstreckungsrechtlichen, arbeitsrechtlichen oder gesellschaftsrechtlichen Bereich, schließlich auch in Fragen der Betriebswirtschaft und Unternehmensführung. Deshalb kommen für das Amt des Insolvenzverwalters Rechtsanwälte, Diplom-Kaufleute, vereidigte Buchprüfer, Steuerberater oder Wirtschaftsprüfer bevorzugt in Betracht. Zwar verlangt § 56 InsO ausdrücklich keine berufliche Qualifikation, die Rechtspraxis hat sich jedoch dahin entwickelt, dass selbst bei Rechtsanwälten nur solche als Verwalter bestellt werden, die sich auf das Gebiet des Insolvenzrechts und seine Nebengebiete spezialisiert haben; die Qualifikation als Fachanwalt für Insolvenzrecht ist für die Bestellung zum Insolvenzverwalter nicht zwingen-

[1] BGH ZIP 2004, 1113; OLG Celle ZIP 2001, 1597.

[2] Richtlinien des Deutschen Anwaltsvereins und des Arbeitskreises der Insolvenzverwalter Deutschland e. V., AnwBl. 1992, 118 = DRiZ 1993, 192; abgedruckt bei *Uhlenbruck* in: *Uhlenbruck,* InsO, § 56 Rdn. 34 ff.; Verhaltenskodex der Mitglieder des Arbeitskreises der Insolvenzverwalter Deutschland e. V., NZI 2002, 23; abgedruckt bei *Uhlenbruck* in: *Uhlenbruck,* InsO, § 56 Rdn. 44 ff.; *Frege/Keller/Riedel,* Rdn. 997; zur Beachtung durch das Gericht AG Hamburg ZIP 2001, 2147.

[3] Ob hierzu auch permanente Erreichbarkeit für das Gericht gehört, sei dahingestellt, so jedenfalls AG Göttingen NZI 2003, 267 = ZIP 2003, 592.

de Voraussetzung, sie ist auch nicht alleiniger Nachweis für die in § 56 InsO geforderte Geschäftskunde.

3. Die Wahl des Insolvenzverwalters durch die erste Gläubigerversammlung

a) Die Wahl des Insolvenzverwalters als Ausfluss der Gläubigerautonomie

261 § 57 InsO gibt den Gläubigern die Möglichkeit, in der auf die Ernennung des Insolvenzverwalters folgenden Gläubigerversammlung statt des vom Gericht ernannten Insolvenzverwalters einen anderen Insolvenzverwalter zu wählen. Nach Eröffnung des Insolvenzverfahrens ist der Berichtstermin (§ 29 Abs. 1 Nr. 1 und §§ 156ff. InsO) stets die erste auf die Ernennung des Verwalters folgende Gläubigerversammlung. Aber auch während des eröffneten Insolvenzverfahrens kann ein Fall des § 57 InsO eintreten, beispielsweise wenn das Insolvenzgericht den Verwalter nach § 59 InsO entlässt und damit verbunden einen neuen Insolvenzverwalter bestellt oder wenn der Insolvenzverwalter stirbt und deshalb ein neuer bestellt werden muss. Gegebenenfalls ist dann allein wegen § 57 InsO eine besondere Gläubigerversammlung einzuberufen. Das Recht zur Wahl eines anderen Insolvenzverwalters steht den Gläubigern nur in einer solchen auf eine Ernennung folgenden Gläubigerversammlung zu. In einer späteren Gläubigerversammlung können die Gläubiger den in einer vorherigen Gläubigerversammlung nicht abgewählten Insolvenzverwalter nicht mehr abwählen. Es ist dann lediglich möglich, bei Gericht die Entlassung des Insolvenzverwalters zu beantragen (§ 59 Abs. 1 Satz 2 InsO).

262 Die Regelung des § 57 InsO darf nicht in dem Sinne verstanden werden, dass die Gläubigerversammlung den vom Gericht bestellten Insolvenzverwalter zu bestätigen oder neu zu wählen hat. Sie hat lediglich die Möglichkeit, statt des Ernannten einen anderen Verwalter zu wählen. Als Voraussetzung einer Beschlussfassung der Gläubigerversammlung muss daher ein konkreter Antrag auf Wahl einer bestimmten Person zum Insolvenzverwalter gestellt werden. Erfolgt dies nicht, ist auch eine Beschlussfassung unnötig, es bleibt der vom Gericht ernannte Verwalter im Amt.[1] Die Möglichkeit der Wahl eines anderen Insolvenzverwalters ist daher vergleichbar mit der Wahl eines neuen Bundeskanzlers durch den Bundestag in Form des so genannten konstruktiven Misstrauensvotums nach Art. 67 GG. Auch hier kann der Bundestag den Bundeskanzler nicht einfach abwählen, die Abwahl ist nur durch gleichzeitige Wahl eines neuen Kanzlers möglich.[2]

---

[1] Zur Praxis der Gerichte *Frege/Keller/Riedel*, Rdn. 26 Fn. 96.

[2] Zur Verfassungsmäßigkeit des § 57 InsO im Hinblick auf Art. 12 GG BVerfG ZIP 2005, 537 m. Anm. *Lüke*, dazu EWiR 2005, 507 *(Berg-Grünenwald/Hertzog)*.

b) Die Voraussetzungen der Verwalterwahl

Auch der von der Gläubigerversammlung zu wählende Insolvenzverwalter muss den Anforderungen des § 56 InsO entsprechen. Um zu verhindern, dass einzelne Großgläubiger mit der Macht ihrer Forderungsmehrheit den ihnen genehmen Kandidaten durchsetzen, verlangt § 57 Satz 2 InsO für die Wahl des Insolvenzverwalters eine doppelte Mehrheit: Neben der absoluten Mehrheit der Forderungsbeträge der abstimmenden Gläubiger (so genannte Summemehrheit nach § 76 Abs. 2 InsO) muss auch die Mehrheit der abstimmenden Gläubiger nach Köpfen (so genannte Kopfmehrheit) erreicht werden. Diese zusätzliche Mehrheit nach Köpfen wurde erst nachträglich in § 57 InsO eingefügt, nachdem das Missbrauchspotential der Vorschrift seitens einzelner Großgläubiger erkannt worden war.[1] 263

Beispiel 7: Im Vorfeld der Insolvenz einer großen Aktiengesellschaft nehmen die „DB Bank" und die „CB Bank", deren Forderungen zusammen ca. 57 Prozent der Gesamtforderungen gegen die Gesellschaft betragen, Kontakt mit dem Rechtsanwalt und Wirtschaftsprüfer M auf. Während des Insolvenzeröffnungsverfahrens legen sie dem Insolvenzgericht nahe, doch möglichst den M zum Insolvenzverwalter zu bestellen. Das Insolvenzgericht entspricht dem nicht und bestellt ohne weitere Anhörung und Begründung den X zum Insolvenzverwalter. Im Berichtstermin sind neben den Vertretern der beiden Banken noch vier Arbeitnehmer der Gesellschaft als Gläubiger anwesend. Der Vertreter der „DB Bank" beantragt die Wahl des M zum neuen Insolvenzverwalter. Für diesen Beschluss stimmen die Vertreter der „DB Bank", der „CB Bank" sowie ein Arbeitnehmer. Die drei anderen Arbeitnehmer stimmen gegen die Wahl des M zum Insolvenzverwalter. 264

Obwohl die beiden Banken mit ihren Forderungen allein schon die nach § 76 Abs. 2 InsO geforderte Summemehrheit erreichen, ist der M als neuer Insolvenzverwalter nicht gewählt. Nach § 57 Satz 2 InsO ist neben der Summemehrheit auch die so genannte Kopfmehrheit erforderlich, diese ist bei drei zustimmenden gegen drei ablehnenden Gläubigern nicht erreicht. Bei der Ermittlung der Mehrheiten werden im Übrigen nur die abgegebenen Ja- und Nein-Stimmen gezählt, Enthaltungen zählen nicht, der sich seiner Stimme enthaltende Gläubiger ist nicht „abstimmender Gläubiger" im Sinne des § 57 Satz 2 InsO oder des § 76 Abs. 2 InsO.

c) Die Bestätigung des Insolvenzverwalters durch das Gericht

Der von den Gläubigern gewählte Insolvenzverwalter ist grundsätzlich vom Insolvenzgericht zu ernennen, der bisherige Insolvenzverwalter ist zu entlassen. Das Amt des neuen Insolvenzverwalters beginnt mit seiner Ernennung, das des alten endet mit seiner Entlassung. Wiederum verglichen mit Art. 67 GG kommt dem Insolvenzgericht die Funktion des Bundespräsidenten zu, der den durch das konstruk- 265

[1] Art. 1 Nr. 8 InsOÄndG vom 26. 10. 2001 (BGBl. I S. 2710); Gesetzesbegründung BT-Drucks. 14/5680, S. 26; eingehend und zugleich außerordentlich lesenswert *Braun* in: FS Uhlenbruck, S. 463.

tive Misstrauensvotum gewählten Bundeskanzler zu ernennen hat. Im Gegensatz zum Bundespräsidenten (Art. 67 Abs. 1 Satz 2 GG) steht dem Insolvenzgericht aber eine sachliche Prüfungsbefugnis bei der Ernennung des von der Gläubigerversammlung gewählten Verwalters zu. Das Gericht hat nach § 57 Satz 3 InsO die Bestellung des Gewählten zu versagen, wenn dieser für die Übernahme des Amtes nicht geeignet ist, also den Anforderungen des § 56 InsO nicht entspricht.[1] Seine Bestellung ist beispielsweise zu versagen, wenn er ganz offensichtlich sein Amt nicht unabhängig[2] von den Gläubigern ausüben würde oder ganz offensichtlich nicht geschäftskundig ist. Bloße Zweckmäßigkeitserwägungen, wie etwa eine mögliche Verfahrensverzögerung oder Kostenaspekte dürfen für das Gericht dagegen keine Rolle spielen.[3] Dass mit der Ernennung eines neuen Insolvenzverwalters erhöhte Kosten schon deshalb verbunden sind, weil dem bisherigen Insolvenzverwalter für seine Tätigkeit eine angemessene Vergütung zu gewähren ist, ist hinzunehmen.

266 Gegen den versagenden Beschluss steht nach § 57 Satz 4 InsO jedem Insolvenzgläubiger die sofortige Beschwerde zu. Bis zur rechtskräftigen Entscheidung bleibt der vom Insolvenzgericht ernannte Insolvenzverwalter im Amt, erst wenn rechtskräftig der Beschwerde stattgegeben ist, ist der Gewählte zum Insolvenzverwalter zu ernennen. Durch dieses Wechselspiel von Gläubigerversammlung und Insolvenzgericht wird einerseits gewährleistet, dass nur eine wirklich geeignete Person zum Insolvenzverwalter bestellt wird, andererseits besteht die Gefahr gegenseitiger Blockade, wenn das Insolvenzgericht die Bestellung des Gewählten versagt und hiergegen Beschwerde eingelegt wird.

267 Die Beschlussfassung der Gläubigerversammlung selbst ist weder durch den betroffenen Verwalter[4] noch durch den Schuldner anfechtbar. Ob in Anwendung des § 78 InsO das Insolvenzgericht auf Antrag eines Gläubigers den Beschluss aufheben kann, wenn er den gemeinsamen Interessen der Gläubiger zuwiderläuft, ist in Rechtsprechung und Literatur streitig. Teilweise wird die Meinung vertreten, § 57 Satz 3 InsO verdränge die Anwendung des § 78 InsO,[5] teilweise wird eine Anwendung beider Vorschriften nebeneinander für zulässig erachtet.[6]

---

[1] Am Insolvenzgericht entscheidet funktionell der Rechtspfleger, *Graeber* in: MüKo-InsO, § 57 Rdn. 23; eingehend auch mit Nachweisen zu anderer Ansicht *Keller*, RpflStud 2002, 33, 38.

[2] BGH ZIP 2004, 1113; OLG Celle NZI 2001, 551 = ZIP 2001, 1597, dazu EWiR 2001, 1153 *(Hess)*.

[3] KG ZIP 2001, 2240.

[4] Zum möglichen Antragsrecht nach § 78 InsO *Ehricke* in: MüKo-InsO, § 78 Rdn. 15.

[5] BGH NZI 2003, 607 = ZIP 2003, 1613 m.w.N.; BGH NZI 2005, 32 = ZIP 2004, 2341; OLG Zweibrücken ZIP 2000, 2173; OLG Naumburg NZI 2000, 428 = ZIP 2000, 1394; KG ZIP 2001, 2240; LG Traunstein NZI 2002, 664 = ZIP 2002, 2142; *Lüke* in: *Kübler/Prütting*, InsO, § 57 Rdn. 7.

[6] Eingehend *Ehricke* in: MüKo-InsO, § 78 Rdn. 14.

4. Der Beginn und das Ende des Verwalteramtes

a) Die Annahme des Verwalteramtes

Das Amt des Insolvenzverwalters beginnt nicht schon mit der Ernennung durch das Insolvenzgericht, sondern erst dann, wenn der Ernannte das Amt auch annimmt. Dies folgt schon daraus, dass niemand gesetzlich verpflichtet ist, das Amt eines Insolvenzverwalters zu übernehmen. Die Annahme des Amtes durch den Insolvenzverwalter kann ausdrücklich durch Erklärung gegenüber dem Insolvenzgericht oder auch stillschweigend erfolgen. In der gerichtlichen Praxis nimmt das Insolvenzgericht regelmäßig vor Insolvenzeröffnung und Bestellung des Insolvenzverwalters mit dem Betreffenden Kontakt auf und fragt an, ob er zur Übernahme des Amtes bereit sei. 268

Der Insolvenzverwalter erhält vom Gericht eine Urkunde über seine Bestellung (§ 56 Abs. 2 Satz 1 InsO). Die Urkunde ist für den Rechtsverkehr Nachweis seines Verwalteramtes und seiner Verfügungsbefugnis für den Schuldner (§ 80 Abs. 1 InsO). Bei Beendigung seines Amtes hat der Insolvenzverwalter die Urkunde zurückzugeben (§ 56 Abs. 2 Satz 2 InsO), als Nachweis der Legitimation im Rechtsverkehr kann deshalb nur die Ausfertigung der Bestallungsurkunde ausreichend sein. Die Bestallungsurkunde ist nicht Vollmachtsurkunde im Sinne des § 172 BGB, sie begründet auch keinen öffentlichen Glauben wie etwa das Testamentsvollstreckerzeugnis nach § 2368 BGB.[1] 269

b) Die Beendigung des Amtes

Das Amt des Insolvenzverwalters endet mit vollständiger Beendigung des Insolvenzverfahrens. Es endet auch mit dem Tod des Insolvenzverwalters, das Amt geht dann nicht etwa auf einen weiteren in der Kanzlei des Verwalters tätigen Anwalt, Steuerberater oder Wirtschaftsprüfer über. Das Amt des Insolvenzverwalters endet auch, wenn er nach § 59 InsO entlassen wird. Eine Entlassung ist auch bei längerer Abwesenheit oder schwerer Krankheit denkbar. Der Insolvenzverwalter kann sein Amt nicht durch einseitige Erklärung niederlegen. Er kann lediglich beim Insolvenzgericht nach § 59 Abs. 1 Satz 2 InsO seine Entlassung beantragen. 270

---

[1] *Lüke* in: *Kübler/Prütting*, InsO, § 56 Rdn. 33; *Häsemeyer*, Rdn. 6.29.

5. Die rechtliche Qualifikation des Amtes des Insolvenzverwalters

a) Der Theorienstreit um das Verwalteramt

271 Seit jeher ist umstritten, wie das Amt des Insolvenzverwalters rechtlich zu qualifizieren ist.[1] Der Streit um die Theorien des Verwalteramtes wird mit Recht auch als „Erzübel" des Insolvenzrechts bezeichnet.[2] Vorweg ist jedoch festzustellen, dass dem Streit keine allzu große praktische Bedeutung zukommt, er primär akademisch und rechtsdogmatisch geführt wird. Kernfrage ist, wie das Amt des Insolvenzverwalters definiert ist und in welcher rechtlichen Position er gegenüber den Schuldner und den Gläubigern, insbesondere aber auch gegenüber Dritten für die Insolvenzmasse auftritt.

272 In den Anfangsjahren der modernen Konkursrechtswissenschaft wurden vor allem verschiedene so genannte Vertretertheorien postuliert:[3] Nach der „Gläubigervertretungstheorie" sollte die Insolvenzmasse dinglich den Gläubigern zugeordnet sein und der Insolvenzverwalter als gesetzliches Vertretungsorgan für diese handeln. Weiterführend sollte nach der so genannten „Organtheorie" die Insolvenzmasse eine rechtliche Verselbstständigung Im Sinne einer quasi-juristischen Person erhalten, für welche der Insolvenzverwalter als Vertretungsorgan handelt.[4] Die „Schuldnervertretungstheorie" sieht den Insolvenzverwalter als gesetzlichen Vertreter des Schuldners, wobei die Vertretungsmacht jedoch auf den Bestand der Insolvenzmasse und den Zweck des Insolvenzverfahrens beschränkt ist.[5]

b) Der Insolvenzverwalter als Partei kraft Amtes

273 Für die Rechtspraxis am besten geeignet ist die so genannte Amtstheorie, die den Insolvenzverwalter eigenständig und selbstverantwortlich handelnd als so genannte Partei kraft Amtes für den Schuldner sieht. Die Amtstheorie wird in Rechtsprechung und Literatur durchweg anerkannt, sie führt sowohl dogmatisch als auch praktisch in den entscheidenden Fragen zu sachgerechten Lösungen.[6]

---

[1] Siehe bereits *v. Wilmowski,* KO, Vorbem. 3 vor § 1; *Jaeger,* KO, § 6 Anm. 1 bis 18; *Kuhn/Uhlenbruck,* KO, § 6 Rdn. 17; in jeder Hinsicht einzigartig die Darstellung sämtlicher Fragen bei Jaeger/*Henckel,* KO, § 6 Rdn. 4 bis 146.

[2] *Klopp/Kluth* in: *Gottwald,* § 22 Rdn. 20; *Kluth,* NZI 2000, 351.

[3] *Häsemeyer,* Rdn. 15.03 ff.

[4] So beispielsweise im schwedischen Insolvenzrecht, nach welchem die Insolvenzmasse ein selbstständiges Rechtssubjekt darstellt, BGHZ 134, 116, 118 (zur Anfechtung einer in Deutschland vorgenommenen Rechtshandlung durch den schwedischen Konkursverwalter).

[5] Ausführlich dargelegt und vertreten von *Jaeger,* KO, § 6 Anm. 5 ff.

[6] RGZ 29, 29; BGHZ 12, 380, 386; BGHZ 21, 285, 291; BGHZ 24, 393, 396 (jeweils im Zusammenhang mit der Stellung des Vermögensverwalters der Militär-

Die Amtstheorie geht von der Überlegung aus, dass der Insolvenzverwalter nicht Träger eines öffentlichen Amtes oder gar Beamter ist, auch wenn sich seine Rechte und Pflichten aus dem Gesetz herleiten (Verwaltungs- und Verfügungsbefugnis nach § 80 Abs. 1 InsO), er der Aufsicht des Insolvenzgerichts unterliegt (§ 58 InsO) und den Gläubigern rechenschaftspflichtig ist (§ 66 InsO). Der Insolvenzverwalter handelt vielmehr im eigenen Namen und in eigener Person für den Schuldner und die Insolvenzmasse kraft der ihm verliehenen Befugnisse. Die Eigenständigkeit der Person des Insolvenzverwalters wird nicht zuletzt durch seine persönliche Haftung nach §§ 60 und 61 InsO deutlich. Ansprüche des Schuldners gegen Dritte, beispielsweise auf Herausgabe bestimmter Gegenstände zur Insolvenzmasse, kann der Insolvenzverwalter im eigenen Namen als Partei geltend machen, weil ihm die Verfügungsbefugnis des Schuldners nach § 80 Abs. 1 InsO kraft Gesetzes – nicht durch ausdrückliche Übertragung seitens des Gerichts – zusteht. Anfechtungsansprüche gegen Gläubiger nach §§ 129ff. InsO kann der Insolvenzverwalter als Partei geltend machen, weil ihm die Insolvenzordnung dies ausdrücklich als Aufgabe auferlegt. 274

Die Qualifikation des Insolvenzverwalters als Partei kraft Amtes lässt sich besonders gut an verschiedenen Aspekten der Prozessführung des Insolvenzverwalters ersehen: 275

- Die örtliche Zuständigkeit des Prozessgerichts für Klagen gegen den Insolvenzverwalter betreffend die Insolvenzmasse richtet sich nach § 19a ZPO nach dem Sitz des Insolvenzgerichts. Durch diese Regelung soll dem Sachzusammenhang des Prozesses mit dem Insolvenzverfahren Rechnung getragen werden.[1] Der Bundesgerichtshof hatte dagegen im Jahre 1983 den allgemeinen Gerichtsstand des Konkursverwalters als maßgeblich festgelegt, dies entspricht der Stellung des Verwalters als Partei kraft Amtes;[2] die Regelung des § 19a ZPO bringt das nur unvollkommen zum Ausdruck.
- Partei eines jeden Prozesses ist der Insolvenzverwalter selbst in Ausübung seines Amtes, seine Bezeichnung im Prozess und schließlich auch im Rubrum des Urteils lautet beispielsweise: *„Rechtsanwalt XY als Insolvenzverwalter über das Vermögen der ABC-GmbH“*. Folge der Parteistellung des Insolvenzverwalters ist unter anderem auch, dass der Schuldner selbst nicht Partei des Prozesses ist und somit grundsätzlich als Zeuge vernommen werden kann.[3]

---

regierung nach 1945); BGHZ 32, 114, 118; BGHZ 44, 1, 4; BGHZ 49, 11, 16; BGHZ 88, 331, 334; BGHZ 100, 346, 351; *Kuhn/Uhlenbruck*, KO, § 6 Rdn. 17, *Ott* in: MüKo-InsO, § 80 Rdn. 26ff., 34; *Uhlenbruck* in: *Uhlenbruck*, InsO, § 56 Rdn. 72ff.; *Lüke* in: *Kübler/Prütting*, InsO, § 80 Rdn. 37; *Häsemeyer*, Rdn. 15.06.

[1] Begründung des Regierungsentwurfs zum Einführungsgesetz zur Insolvenzordnung BT-Drucks. 12/3808, S. 67; Bericht des Rechtsausschusses BT-Drucks. 12/7308, S. 108.

[2] BGHZ 88, 331, 334.

[3] Dazu *Uhlenbruck* in: *Uhlenbruck*, InsO, § 80 Rdn. 12.

- Ist bereits für oder gegen den Schuldner ein Urteil ergangen oder liegt ein sonstiger Vollstreckungstitel vor, ist der Insolvenzverwalter als Rechtsnachfolger im Sinne des § 727 ZPO anzusehen, so dass für die Zwangsvollstreckung der bestehende Titel für und gegen den Insolvenzverwalter umgeschrieben werden kann; zur Zwangsvollstreckung gegen die Insolvenzmasse seitens eines Insolvenzgläubigers ist aber § 89 InsO zu beachten.[1]

c) Der Insolvenzverwalter als spezifisches Vertretungsorgan des Schuldners

276 Für die Insolvenz der juristischen Person wurde in konsequenter Fortführung der Theorie der Vollbeendigung der Gesellschaft im Insolvenzverfahren auch eine so genannte „neue Vertretertheorie" entwickelt, die auch in der Insolvenz der natürlichen Person Anwendung finden kann.[2] Nach dieser soll der Insolvenzverwalter, der die vollständige Liquidation der insolventen Gesellschaft zu besorgen hat, auch insolvenzspezifisches Liquidationsorgan dieser Gesellschaft und damit ihr gesetzlicher Vertreter sein. Der Insolvenzverwalter soll damit bezogen auf den Insolvenzzweck gesellschaftsrechtliches Organ der Gesellschaft sein. Als solches kann der Insolvenzverwalter den Vorstand der Aktiengesellschaft oder den Geschäftsführer der Gesellschaft mit beschränkter Haftung aber nicht vollständig verdrängen, die gesellschaftsrechtlichen und gegebenenfalls die registerrechtlichen Pflichten verbleiben bei diesen, auch sind der Vorstand oder der Geschäftsführer im Insolvenzverfahren weiterhin Vertreter des schuldnerischen Unternehmens, das als juristische Person selbst nicht prozessfähig ist. Dagegen soll die „neue Vertretertheorie" dem Insolvenzverwalter beispielsweise erlauben, Prokura für das insolvente Unternehmen zu erteilen. Im Ergebnis ist die „neue Vertretertheorie" eine konsequente Fortführung der Theorie der Vollbeendigung der Gesellschaft in Insolvenzverfahren, sie kollidiert in zahlreichen Punkten jedoch mit dem allgemeinen Gesellschaftsrecht, insbesondere mit sonstigen Verfahrensrechten und -pflichten der gesellschaftsrechtlichen Organe.

6. Die Aufgaben des Insolvenzverwalters im Überblick

a) Die Inbesitznahme der Insolvenzmasse

277 Der Insolvenzverwalter hat unmittelbar nach Eröffnung des Insolvenzverfahrens das gesamte zur Insolvenzmasse gehörende Vermögen des Schuldners in Besitz und Verwaltung zu nehmen (§ 148 Abs. 1

---

[1] Zöller/*Stöber*, ZPO, § 727 Rdn. 18 mit zahlreichen Nachweisen.

[2] *K. Schmidt*, Wege, S. 107; *ders.*, GesellschaftsR, § 11 VI. 4. b) cc); *ders.*, KTS 1984, 345; *ders.*, NJW 1987, 1905; *ders.*, KTS 1994, 309; *ders.*, NJW 1995, 911; zustimmend *Reuter* in: MüKo-BGB, § 42 Rdn. 7; *Lindacher* in: MüKo-ZPO, Vor § 50 Rdn. 29 ff.; dazu auch *Uhlenbruck* in: *Uhlenbruck*, InsO, § 56 Rdn. 71.

InsO). Als Insolvenzmasse ist zunächst die so genannte Soll-Masse nach § 35 InsO zu sehen, ebenso aber Gegenstände, die nicht zum Schuldnervermögen gehörend bei diesem sich befinden, mithin mit Aus- und Absonderungsrechten (§§ 47ff. InsO) behaftet sind; es handelt sich dabei um die so genannte Ist-Masse.[1] Die Inbesitznahme der Insolvenzmasse dient dazu, sie dem möglicherweise schädigenden Zugriff des Schuldners zu entziehen, sie aber auch vor unberechtigtem Zugriff einzelner Gläubiger oder Dritter zu schützen. Der Insolvenzverwalter muss die Insolvenzmasse letztlich in Besitz nehmen, um sie verwerten zu können (§§ 159ff. InsO).

Gegenüber dem Schuldner stellt der Eröffnungsbeschluss für den In- 278
solvenzverwalter einen Vollstreckungstitel im Sinne des § 794 Abs. 1 Nr. 3 ZPO dar (§ 148 Abs. 2 Satz 1 InsO). Eine zwangsweise Inbesitznahme erfolgt auf Grund des vollstreckbar ausgefertigten – also mit Vollstreckungsklausel versehenen und mindestens gleichzeitig zugestellten (§§ 724, 750 ZPO) – Eröffnungsbeschlusses durch den Gerichtsvollzieher als Herausgabevollstreckung nach § 883 ZPO.[2] Im streng vollstreckungsrechtlichen Sinne fehlt dem Eröffnungsbeschluss ein vollstreckungsfähiger Inhalt, Gegenstände der Insolvenzmasse sind darin nicht bezeichnet. Für den Gerichtsvollzieher findet in diesem Fall § 90 GVGA Anwendung, wonach der Insolvenzverwalter gegenüber dem Gerichtsvollzieher zu bestimmen hat, welche Gegenstände und Vermögenswerte in Besitz zu nehmen sind. Einer besonderen richterlichen Anordnung zur zwangsweisen Durchsuchung der Wohn- oder Geschäftsräume nach § 758a ZPO bedarf es nicht.[3] Der Eröffnungsbeschluss ist auch Vollstreckungstitel für eine mögliche Räumungsvollstreckung gegen den Schuldner; ob er auch gegen den Ehepartner, eingetragenen Lebenspartner oder nicht ehelichen Lebensgefährten wirkt, ist nicht abschließend geklärt.[4] Für die einfache Herausgabevollstreckung in einer ehelichen Wohnung findet jedenfalls § 739 ZPO Anwendung.

In der Praxis der Insolvenzverwaltung erfolgt die Inbesitznahme nach 279
§ 148 InsO regelmäßig auch unter Zuhilfenahme spezialisierter Sachverständiger oder Verwertungsunternehmen. Die einzelnen Vermögensgegenstände sind möglichst genau zu beschreiben, die Inbesitznahme ist protokollarisch, gegebenenfalls auch durch Photographien festzuhalten. Nur so kann in einen späteren Streitfall zwischen Schuldner und Insolvenzverwalter, aber auch gegenüber Dritten, dargelegt werden, welche Gegenstände beim Schuldner vorhanden waren und vom Insolvenzverwalter in Besitz genommen worden sind.

---

[1] *Uhlenbruck* in: *Uhlenbruck,* InsO, § 148 Rdn. 2.

[2] BGH NJW 1962, 1392; ausführlich *Füchsl/Weishäupl* in: MüKo-InsO, § 148 Rdn. 60ff.

[3] *Uhlenbruck* in: *Uhlenbruck,* InsO, § 148 Rdn. 20 m. w. N.

[4] Ablehnend für die Vollstreckung aus § 885 ZPO BGHZ 159, 383; für die Insolvenz LG Trier NZI 2005, 563; *Uhlenbruck* in: *Uhlenbruck,* InsO, § 148 Rdn. 21; *Füchsl/Weishäupl* in: MüKo-InsO, § 148 Rdn. 69.

b) Die Pflicht zur Inventarisierung und Bilanzierung der Insolvenzmasse

280 Der Insolvenzverwalter hat über die einzelnen Gegenstände der Insolvenzmasse ein Verzeichnis aufzustellen, möglichst unter Hinzuziehung des Schuldners (§ 151 Abs. 1 InsO). Das Verzeichnis hat den Wert des betreffenden Gegenstandes, Unternehmensfortführung auch den so genannten Fortführungswert anzugeben (§ 151 Abs. 2 InsO).

281 Der Insolvenzverwalter hat ein Verzeichnis aller gegen den Schuldner bestehenden Gläubigerforderungen aufzustellen, wie sie sich ihm aus den Büchern und Geschäftspapieren sowie nach den Angaben des Schuldners ergeben (§ 152 InsO). Dieses Gläubigerverzeichnis ist nicht gleichbedeutend mit der Insolvenztabelle, die nach §§ 174ff. InsO aufzustellen ist. Es sollen aber auch hier bereits die Forderungen ihrem Betrag und Grunde nach, sowie unter Angabe möglicher Absonderungsrechten oder Aufrechnungsmöglichkeiten bezeichnet werden.

282 Aus dem Inventar der Insolvenzmasse und dem Gläubigerverzeichnis hat der Insolvenzverwalter eine Eröffnungsbilanz zum Stichtag der Insolvenzeröffnung aufzustellen (§ 153 Abs. 1 InsO). Diese Eröffnungsbilanz ist keine handelsrechtliche Bilanz im Sinne der §§ 266ff. HGB, wenngleich sie sich in ihrer Gliederung an die Vorgaben des § 266 HGB orientieren kann. Entscheidend ist aber, dass die einzelnen Gegenstände der Insolvenzmasse auf der Aktivseite der Bilanz mit ihren tatsächlichen Werten, mithin mit dem voraussichtlichen Liquidationserlös oder gegebenenfalls auch dem zumeist höheren Fortführungswert angesetzt werden.[1]

283 Das Insolvenzgericht kann auf Antrag des Insolvenzverwalters oder eines Gläubigers vom Schuldner die Abgabe einer eidesstattlichen Versicherung zur Vollständigkeit und Richtigkeit der Vermögensübersicht verlangen (§ 153 Abs. 2 InsO).

284 Die nach §§ 151 bis 153 InsO erstellten Verzeichnisse sind zur Einsicht der Beteiligten spätestens eine Woche vor dem Berichtstermin bei der Geschäftsstelle des Insolvenzgerichts niederzulegen (§ 154 InsO).

c) Die handels- und steuerrechtlichen Buchführungspflichten

285 Nach § 155 Abs. 1 InsO bleiben die handels- und steuerrechtlichen Pflichten des Schuldners zur Buchführung und Rechnungslegung unberührt, ab dem Zeitpunkt der Insolvenzeröffnung hat sie der Insolvenzverwalter zu erfüllen. Mit dieser Regelung schließt der Gesetzgeber eine Lücke in den Vorschriften des bisherigen Konkursrechts und statuiert die Pflicht des Insolvenzverwalters zur internen und externen Rechnungslegung. Bereits im Jahre 1979 hatte der Bundesgerichtshof festgestellt, dass der Konkursverwalter verpflichtet ist, während des Kon-

---

[1] Mustergliederungen bei *Uhlenbruck* in: *Uhlenbruck,* InsO, § 153 Rdn. 1; *Füchsl/Weishäupl* in: MüKo-InsO, § 153 Rdn. 10; *Frege/Keller/Riedel,* Rdn. 1356, 1357.

kursverfahrens für eine ordnungsmäßige Erfüllung der steuerlichen Pflichten des Schuldners sowie für eine Erstellung oder Vervollständigung der Buchführung des Schuldners zu sorgen.[1]

Handelsrechtlich bleibt die Pflicht zur Buchführung und Bilanzierung 286 (§§ 238ff. HGB) bestehen, mit Eröffnung des Insolvenzverfahrens beginnt hierfür ein neues Geschäftsjahr (§ 155 Abs. 2 Satz 1 InsO). Ob der Insolvenzverwalter für das Rumpfgeschäftsjahr vor Insolvenzeröffnung zur Erstellung einer Schlussbilanz verpflichtet ist, ist streitig.[2]

Steuerrechtlich tritt der Insolvenzverwalter an die Stelle des Schuldners 287 (§ 34 Abs. 3 AO), er ist an dessen Stelle zur Abgabe aller anfallenden Steuererklärungen und selbstverständlich zur Abführung der als Masseschulden entstehenden Steuern verpflichtet. War beispielsweise der Schuldner als Kaufmann umsatzsteuerpflichtig, besteht diese steuerliche Veranlagung auch für die Insolvenzmasse fort.[3] Der Bundesfinanzhof sieht in ständiger Rechtsprechung den Insolvenzverwalter auch für Veranlagungszeiträume vor Insolvenzeröffnung steuererklärungspflichtig, es liege in übergeordnetem und hoheitlichem Interesse, auch für diese Zeit eine ordnungsgemäße steuerliche Veranlagung zu veranlassen.[4] In der Rechtspraxis ist diese steuerliche Pflicht in zweifacher Hinsicht problematisch: Zum einen sind Steuerforderungen für Veranlagungszeiträume vor Insolvenzeröffnung gewöhnliche Insolvenzforderungen im Sinne des § 38 InsO, sie erhalten nur quotale Befriedigung. Zum anderen verursacht die Erstellung von Steuererklärungen für den Insolvenzverwalter einen erheblichen Aufwand, bei Hinzuziehung spezialisierter Steuerberatungsbüros auch erhebliche Kosten, die letztlich der Insolvenzmasse zur Last fallen. Allerdings ist es denkbar, dass die steuerliche Veranlagung für vorinsolvenzliche Zeiträume auch zu einer Steuererstattung an die Insolvenzmasse führt.

d) Die Verwertung der Insolvenzmasse

Die primäre Aufgabe des Insolvenzverwalters besteht darin, die In- 288 solvenzmasse zu verwerten. Eine Verwertung der Insolvenzmasse kann in der Veräußerung der einzelnen Gegenstände und Vermögenswerte und in der Einziehung der Forderungen des Schuldners gegen Dritte liegen, sie kann aber auch durch Fortführung des laufenden Geschäftsbetriebes verbunden mit dessen Sanierung erfolgen. Eine so genannte

---

[1] BGHZ 74, 316; zur Entwicklung dieser so genannten dualen Betrachtungsweise der Buchführungspflichten des Insolvenzverwalters *Kübler* in: *Kübler/Prütting,* InsO, § 155 Rdn. 3, 8ff.; *Maus* in: *Uhlenbruck,* InsO, § 155 Rdn. 1 a.E.; grundlegend *Kilger/K. Schmidt,* Insolvenzgesetze, § 124 KO Anm. 1.

[2] Verneinend *Maus* in: *Uhlenbruck,* InsO, § 155 Rdn. 13; bejahend *Kübler* in: *Kübler/Prütting,* InsO, § 155 Rdn. 44.

[3] *Maus* in: *Uhlenbruck,* InsO, § 80 Rdn. 38; eingehend *Frotscher* in: *Gottwald,* § 122.

[4] Grundlegend BFHE 55, 522; die Erklärungspflicht trifft den Insolvenzverwalter auch im masselosen Verfahren, BFHE 175, 309; *Füchsl/Weishäupl* in: MüKo-InsO, § 155 Rdn. 40; *Gerke/Sietz,* NZI 2005, 373.

übertragende Sanierung in Form der Veräußerung des gesamten Geschäftsbetriebes an einen Übernehmer stellt dabei auch eine Form der Verwertung der Insolvenzmasse dar.[1]

289 Mit der Verwertung der Insolvenzmasse hat der Insolvenzverwalter unverzüglich nach dem Berichtstermin nach Maßgabe der dort erfolgten Beschlussfassung der Gläubigerversammlung zu beginnen (§ 159 InsO). Zur Vornahme besonders bedeutsamer Rechtshandlungen bedarf der Insolvenzverwalter der Zustimmung des Gläubigerausschusses oder, wenn ein solcher nicht bestellt ist, der Gläubigerversammlung (§ 160 Abs. 1 InsO). Die Zustimmung ist insbesondere erforderlich zur Veräußerung des schuldnerischen Unternehmens im ganzen, zur Veräußerung von Grundbesitz (§ 160 Abs. 2 Nr. 1 InsO), zur Aufnahme umfangreicher Kredite (§ 160 Abs. 2 Nr. 2 InsO) oder zur Führung von Prozessen mit erheblichem Streitwert (§ 160 Abs. 2 Nr. 3 InsO). Zur Veräußerung des Geschäftsbetriebes enthalten für besondere Fällen die §§ 162 und 163 InsO zusätzliche Sonderregelungen. Die Zustimmung des Gläubigerausschusses oder der Gläubigerversammlung nach § 160 InsO ist nicht Wirksamkeitsvoraussetzung für das Handeln des Insolvenzverwalters, es handelt sich lediglich um eine so genannte Innengenehmigung (§ 164 InsO). Dem Insolvenzverwalter droht jedoch persönliche Inanspruchnahme (§ 60 InsO), wenn den Gläubigern aus einem nicht ordnungsgemäß genehmigten Rechtsgeschäft Schaden erwächst.

Das Recht zur Verwertung der Insolvenzmasse steht dem Insolvenzverwalter auch an solchen Gegenständen zu, an denen Absonderungsrechte nach §§ 49ff. InsO lasten (§§ 165, 166ff. InsO).

e) Der Insolvenzverwalter als Unternehmer

290 Der Insolvenzverwalter kann unter Berücksichtigung der Sanierung des schuldnerischen Unternehmens auch aktiver Unternehmer, Kaufmann und im besten Sinne des Wortes Manager sein.[2] Bereits während des Eröffnungsverfahrens ist ein laufender Geschäftsbetrieb grundsätzlich aufrecht zu erhalten (§ 22 Abs. 1 Nr. 2 InsO für den so genannten starken vorläufigen Insolvenzverwalter). Im eröffneten Insolvenzverfahren hat der Insolvenzverwalter den laufenden Geschäftsbetrieb mindestens bis zur entsprechenden Beschlussfassung der Gläubigerversammlung über die Fortführung oder Stilllegung fortzuführen (§ 158 InsO). Beschließt die Gläubigerversammlung die Fortführung des schuldnerischen Geschäftsbetriebes, obliegt die Umsetzung dieses Beschlusses schließlich auch dem Insolvenzverwalter.

---

[1] *Uhlenbruck* in: *Uhlenbruck*, InsO, § 159 Rdn. 29; *Bork*, Einführung, Rdn. 375ff.; *K. Schmidt*, Wege, S. 141ff.; den Begriff prägte bereits *K. Schmidt*, ZIP 1980, 337; zu den arbeitsrechtlichen Fragen *Heinze* in: *Gottwald*, § 104 Rdn. 89ff.; *Hanau/Berscheid* in: KS, S. 1541.

[2] *Wellensiek* in: FS Uhlenbruck, S. 199; dazu bereits *Stüdemann* in: FS Einhundert Jahre Konkursordnung, S. 401.

Durch eine Unternehmensfortführung wird der Insolvenzverwalter aber nicht Kaufmann an Stelle des Schuldners, auch wenn er dessen handelsrechtliche Pflichten aus §§ 238 ff. HGB wahrzunehmen hat. Umgekehrt verliert der Schuldner die Kaufmannseigenschaft nicht mit Eröffnung des Insolvenzverfahrens, gerade bei der juristischen Person als Formkaufmann nach § 6 HGB wäre dies sinnwidrig. Gegenüber den Arbeitnehmern des Schuldners nimmt der Insolvenzverwalter die Stellung des Arbeitgebers ein, die Insolvenzordnung enthält in den §§ 113 bis 128 InsO besonderen Regelungen zum Individual- aber auch zum so genannten kollektiven Arbeitsrecht. 291

f) Die Pflicht zur Forderungserfassung und Forderungsprüfung

Nicht nur als verfahrensrechtliche Aufgabe darf die Pflicht des Insolvenzverwalters zur Erfassung der Insolvenzforderungen, zur Aufstellung der Insolvenztabelle und zur Forderungsprüfung gesehen werden (§§ 174 ff. InsO). Im Rahmen der Forderungsfeststellung im allgemeinen Prüfungstermin (§ 176 InsO) ist es Aufgabe des Insolvenzverwalters, für den Schuldner und für alle Gläubiger jede angemeldete Insolvenzforderung ihrem Betrage und Grunde nach zu prüfen, sie gegenüber dem Gläubiger anzuerkennen oder gegebenenfalls zu bestreiten. Im letzteren Falle ist auch die Prozessführung über die Feststellung einer Insolvenzforderung Aufgabe des Insolvenzverwalters (§§ 179 ff. InsO). 292

g) Die Verteilung der Insolvenzmasse

Die Feststellung der Insolvenzforderungen zur Insolvenztabelle ist Grundlage für die Verteilung der verwerteten Insolvenzmasse an die Gläubiger. Der Insolvenzverwalter hat hierzu ein so genanntes Verteilungsverzeichnis nach § 188 InsO zu erstellen. Die Verteilungen selbst (Abschlagsverteilungen, Schlussverteilung) werden vom Insolvenzverwalter vorgenommen (§ 187 Abs. 3 InsO). 293

7. Die Rechenschaftspflicht gegenüber den Gläubigern

Der Insolvenzverwalter untersteht verfahrensrechtlich der Aufsicht des Insolvenzgerichts (§ 58 InsO). Diese Aufsicht hat nicht nur den Sinn, die Amtsführung des Insolvenzverwalters zu überwachen, sie dient der Verwirklichung der materiellen Rechenschaftspflicht des Insolvenzverwalters gegenüber den Gläubigern, sie dient auch der Vermeidung möglicher persönlicher Haftung des Insolvenzverwalters. 294

Der Insolvenzverwalter ist den Gläubigern in ihrer Gesamtheit gegenüber auskunfts- und rechenschaftspflichtig.[1] Während des Insol- 295

[1] Eingehend mit Mustern zu Zwischenbericht und Bericht zur Gläubigerversammlung nach § 156 InsO *Frege/Keller/Riedel*, Insolvenzrecht. Rdn. 1037 bis 1045.

venzverfahrens wird diese Auskunft zumeist dadurch verwirklicht, dass der Insolvenzverwalter in regelmäßigen Abständen – zumeist halbjährlich – dem Gericht Bericht und Zwischenrechnung über seine Tätigkeit legt. Interessierte Gläubiger können diese Berichte bei Gericht einsehen oder auch unmittelbar vom Insolvenzverwalter abfordern, für den es nach dem heutigen Stand der Technik keine Schwierigkeiten sein dürfte, sie den Gläubigern zu übermitteln. Ist ein Gläubigerausschuss bestellt, hat dieser die Aufgabe, den Insolvenzverwalter bei seiner Amtsführung zu unterstützen und zu überwachen (§ 69 InsO).

296 In jedem Fall hat der Insolvenzverwalter bei Beendigung seines Amtes, letztlich auch bei Beendigung des Insolvenzverfahrens, der Gläubigerversammlung gegenüber Rechnung zu legen (§ 66 Abs. 1 InsO). Ein Anspruch eines einzelnen Gläubigers auf Rechnungslegung oder Auskunft während des Insolvenzverfahrens besteht nicht.[1] Die Schlussrechnung des Insolvenzverwalters unterliegt der Prüfung des Gläubigerausschusses und des Insolvenzgerichts (§ 66 Abs. 2 Satz 1 InsO). Im Schlusstermin als der abschließenden Gläubigerversammlung stellt die Erörterung der Schlussrechnung des Insolvenzverwalters einen zentralen Tagesordnungspunkt dar (§ 197 Abs. 1 Satz 2 Nr. 1 InsO).

8. Die persönliche Haftung des Insolvenzverwalters

a) Die Haftung im Rahmen der Erfüllung insolvenzrechtlicher Pflichten

297 Der Insolvenzverwalter haftet nach § 60 Abs. 1 InsO allen Beteiligten für die Erfüllung der ihm nach der Insolvenzordnung obliegenden Pflichten; er hat für die Sorgfalt eines ordentlichen und gewissenhaften Insolvenzverwalters einzustehen. Die persönliche Haftung des Verwalters war im früheren Konkursrecht in § 82 KO nur allgemein geregelt und in Einzelfragen daher sehr umstritten.[2] So war bereits unklar, ob rechtsdogmatisch die Haftung deliktischer Natur ist oder ihre Grundlage in einem gesetzlichen Schuldverhältnis zwischen dem Verwalter und den Beteiligten hat. Der Bundesgerichtshof hatte Letzteres bejaht, jedoch auch Vorschriften des Deliktsrechts ergänzend angewendet.[3] Allgemein wird die persönliche Haftung des Insolvenzverwalters heute in einem besonderen gesetzlichen Schuldverhältnis zwischen Insolvenzverwalter und Beteiligten gesehen.[4] Es wird ferner unterschieden zwischen der so genannten internen Verantwortlichkeit des Insolvenzver-

---

[1] BGHZ 62, 1, 3.
[2] *Kuhn/Uhlenbruck*, KO, § 82 Rdn. 1 ff.; eingehend auch *Smid* in: KS, S. 453.
[3] BGHZ 93, 278, 281 (Anwendung des § 852 BGB).
[4] BGHZ 100, 346; *Brandes* in: MüKo-InsO, §§ 60, 61 Rdn. 4 ff.; *Uhlenbruck* in: *Uhlenbruck*, InsO, § 60 Rdn. 1; *Häsemeyer*, Rdn. 6.35; *Bank/Weinbeer*, NZI 2005, 478.

walters gegenüber dem Schuldner und dem Schuldnerunternehmen und der so genannten externen Verantwortlichkeit gegenüber Dritten, zu welchen auch Massegläubiger und Aus- oder Absonderungsberechtigte zählen.

Pflichtverletzungen des Insolvenzverwalters begründen in entspre- 298
chender Anwendung des § 31 BGB primär eine Haftung der Insolvenzmasse, die Vorschrift zur organschaftlichen Verbandshaftung ist auch im Verhältnis zwischen Verwalter und Insolvenzmasse anwendbar.[1] Ob die persönliche Haftung des Insolvenzverwalters dagegen subsidiär zu betrachten ist oder neben die Haftung der Masse aus § 31 BGB tritt, ist streitig.[2]

Als Beteiligte im Sinne des § 60 InsO sind nicht allein die unmittel- 299
baren Verfahrensbeteiligten anzusehen, Beteiligter ist jeder, dem der Insolvenzverwalter aus der Insolvenzordnung zu ordnungsgemäßem Handeln verpflichtet ist. Der Bundesgerichtshof hatte bereits zu § 82 KO in Abkehr zur früheren Rechtsprechung des Reichsgerichts diesen weiten Beteiligtenbegriff angewendet.[3] Konkret ging es in dem vom Bundesgerichtshof entschiedenen Sachverhalt um die Fortführung des schuldnerischen Unternehmens durch den Konkursverwalter und die mögliche Haftung gegenüber Massegläubigern bei Eintritt der Masseunzulänglichkeit. Beteiligte im Sinne des § 60 InsO können daher neben dem Schuldner und den Gläubigern auch Aussonderungsberechtigte, Absonderungsberechtigte oder Massegläubiger sein. Prozessgegner des Insolvenzverwalters sind aber nicht durch § 60 InsO geschützt.[4]

Die wesentliche Voraussetzung der persönlichen Haftung ist eine 300
Sorgfaltspflichtverletzung des Insolvenzverwalters. Die Regelung des § 60 Abs. 1 InsO bezieht sich dabei ausdrücklich auf die ihm nach der Insolvenzordnung obliegenden Pflichten.[5] Lässt der Insolvenzverwalter beispielsweise grob fahrlässig die Anfechtungsfrist des § 146 InsO verstreichen und wird dadurch eine ansonsten Erfolg versprechende Anfechtung vereitelt, kann die Haftung nach § 60 InsO in Betracht kommen. Gleiches gilt, wenn der Insolvenzverwalter die mögliche Haftung des Gesellschafters einer Gesellschaft mit beschränkter Haftung aus § 9 GmbHG, aus §§ 30 und 31 GmbHG oder aus Verlustdeckungshaftung[6] nicht rechtzeitig geltend macht und die Ansprüche verjähren oder er die Ansprüche trotz ersichtlicher Uneinbringlichkeit einklagt.[7] Die Pflicht-

---

[1] *Uhlenbruck* in: *Uhlenbruck*, InsO, § 60 Rdn. 2; *Häsemeyer*, Rdn. 6.34, 14.10.

[2] Für eine subsidiäre Haftung *Uhlenbruck* in: *Uhlenbruck*, InsO, § 60 Rdn. 2; für eine gleichwertige Haftung *Brandes* in: MüKo-InsO, §§ 60, 61 Rdn. 112.

[3] BGHZ 99, 151, 153; in Abkehr zu RGZ 74, 258.

[4] BGHZ 148, 175; BGHZ 161, 236; BGH ZIP 2001, 1376; OLG Düsseldorf ZIP 2002, 902; *Pape*, ZIP 2001, 1701.

[5] Umfangreich mit zahlreichen Einzelfällen *Brandes* in: MüKo-InsO, §§ 60, 61 Rdn. 10 bis 67; *Uhlenbruck* in: *Uhlenbruck*, InsO, § 60 Rdn. 11 bis 27.

[6] BGHZ 134, 333.

[7] LG Mönchengladbach NZI 1999, 327.

verletzung des Insolvenzverwalters muss selbstverständlich für den eingetretenen Schaden kausal sein.

301 Die Pflichtverletzung muss schuldhaft erfolgt sein. Als Verschuldensmaßstab nennt § 60 Abs. 1 Satz 2 InsO die Sorgfalt eines ordentlichen und gewissenhaften Insolvenzverwalters. Damit soll den Besonderheiten des Insolvenzverfahrens und den Schwierigkeiten der konkreten Insolvenzabwicklung Rechnung getragen werden.[1]

302 Hinsichtlich der Schadensabwicklung wird allgemein zwischen einem so genannten Einzelschaden eines Beteiligten und einem Gesamtschaden der Insolvenzgläubiger in ihrer Gesamtheit unterschieden. Ein Gesamtschaden ist nach § 92 InsO von einem Insolvenzverwalter geltend zu machen.[2] Kommt eine persönliche Haftung nach § 60 InsO in Betracht, hat das Insolvenzgericht hierfür einen Sonderinsolvenzverwalter zu bestellen (§ 92 Satz 2 InsO).

303 Für eigenes Hilfspersonal haftet der Insolvenzverwalter wie bei eigenem Verschulden in Anwendung des § 278 BGB.[3] Die Regelung des § 60 Abs. 2 InsO, die ihm lediglich ein Auswahl- und Überwachungsverschulden auferlegt, findet nur Anwendung bei Heranziehung von Personal des Schuldners oder des Schuldnerunternehmens.

304 **Beispiel 8** (nach BGH NZI 2001, 544 = ZIP 2001, 1507): Ein beim Insolvenzverwalter als Sachbearbeiter tätiger Angestellter tätigt von Anfang 1995 bis Ende 1997 in vier Insolvenzverfahren insgesamt 21 Überweisungsaufträge an die Bank so, dass die jeweiligen Beträge nicht den Massegläubigern, sondern seinem eigenen Sparkonto zufließen. Er verwendet dabei ihm vom Insolvenzverwalter überlassene, blanko vorgezeichnete Überweisungsträger. Insgesamt entsteht ein Schaden von knapp 500.000 EUR.

Der Bundesgerichtshof bejaht eine Haftung des Verwalters auch für den als Sachbearbeiter tätigen Angestellten in Anwendung des § 278 BGB. Er bejaht auch den von der Norm geforderten unmittelbar sachlichen Zusammenhang zwischen dem schuldhaften Verhalten der Hilfsperson und den ihr zugewiesenen Aufgaben. Der Insolvenzverwalter kann sich nicht dadurch exkulpieren, dass er bei Auswahl und Überwachung des Angestellten ordnungsgemäß gehandelt habe.

b) Die besondere Haftung gegenüber Massegläubigern

305 Gegenüber Massegläubigern haftet der Insolvenzverwalter nach den besonderen Vorschriften des § 61 InsO.[4] Im Falle der Masseunzulänglichkeit nach §§ 208 ff. InsO können die Massegläubiger des § 55 InsO nicht vollständig befriedigt werden. Beruht ihre Forderung auf einer Rechtshandlung des Insolvenzverwalters, insbesondere auf einem Vertrag mit dem Insolvenzverwalter, kann dessen persönliche Haftung in Betracht kommen. Entsprechend der vom Bundesgerichtshof festgestell-

---

[1] *Lüke* in: *Kübler/Prütting*, InsO, § 60 Rdn. 36; *Uhlenbruck* in: *Uhlenbruck*, InsO, § 60 Rdn. 29.

[2] BGHZ 159, 25.

[3] BGHZ 93, 278, 283; *Uhlenbruck* in: *Uhlenbruck*, InsO, § 60 Rdn. 37.

[4] Allgemein *Pape* in: FS Kirchhof, S. 391.

ten Haftungsvoraussetzungen[1] begründet § 61 InsO eine persönliche Haftung des Insolvenzverwalters nur dann, wenn der Verwalter bei Begründung der Masseverbindlichkeit erkennen konnte, dass die Masse voraussichtlich zur Erfüllung nicht ausreichen würde.[2] Eine später eintretende Masseunzulänglichkeit führt nicht nachträglich zu einer Haftung nach § 61 InsO.[3] Verschuldensmaßstab soll auch hier das Verhalten eines ordentlichen und gewissenhaften Insolvenzverwalters sein. § 61 Satz 2 InsO enthält eine Beweislastregel dahingehend, dass nicht der Massegläubiger das schuldhafte Verhalten des Insolvenzverwalters beweisen muss, sondern dieser sich zu exkulpieren hat. Der Insolvenzverwalter kann dabei darlegen und beweisen, dass er auch bei Anwendung der Sorgfalt eines ordentlichen Insolvenzverwalters die eingetretenen Masseunzulänglichkeit nicht hätte erkennen können, er soll hierzu eine plausible Prognoserechnung der Massezulänglichkeit vorlegen. Als ordentlicher Insolvenzverwalter hat er ständig zu kontrollieren, ob die Masse zur Erfüllung der Masseverbindlichkeiten ausreicht.[4] Der Anspruch des § 61 InsO ist stets auf das so genannte negative Interesse gerichtet, der Massegläubiger ist so zu stellen, als wenn er das Geschäft mit dem Insolvenzverwalter nicht abgeschlossen hätte.[5] Eine nach der Rangfolge des § 209 Abs. 1 InsO auf ihn entfallende Quote muss sich der Massegläubiger zwar nicht auf seinen Schadensersatzanspruch anrechnen lassen, er hat aber entsprechend § 255 BGB dem Insolvenzverwalter die Forderung gegen die Insolvenzmasse zu überlassen.[6]

Beispiel 9 (nach BGHZ 99, 151): Unmittelbar nach Insolvenzeröffnung zeigt der Insolvenzverwalter Masseunzulänglichkeit nach § 208 InsO an. Die Gläubigerversammlung beschließt die Fortführung des schuldnerischen Unternehmens, das der Insolvenzverwalter später auch erfolgreich veräußern kann. Die für die Arbeitnehmer des Unternehmens während der Fortführung entstehenden Beiträge zur gesetzlichen Unfallversicherung kann der Insolvenzverwalter jedoch nicht vollständig abführen, weil die vorhandene Insolvenzmasse seitens des Finanzamts wegen ausstehender Umsatzsteuer gepfändet wird. Der Träger der Unfallversicherung will den Insolvenzverwalter persönlich in Haftung nehmen. 306

Eine persönliche Haftung des Insolvenzverwalters aus § 61 InsO ist im Ergebnis zu verneinen. Sie könnte allenfalls damit begründet werden, dass der Insolvenzverwalter *„das Risiko einer Masseunzulänglichkeit erkannt hatte, dennoch den Be-*

---

[1] Grundlegend BGHZ 159, 104 = NZI 2004, 435 m. Anm. *Kaufmann* = ZIP 2004, 1107, dazu EWiR 2004, 765 *(Vallender); Pape,* ZInsO 2004, 605.

[2] BGHZ 99, 151; BGHZ 103, 310 (Haftung des Sachwalters im Vergleichsverfahren); ein Fall des § 61 Satz 1 InsO liegt auch dann vor, wenn der Insolvenzverwalter durch pflichtwidrige Verwendung der Insolvenzmasse die Masseunzulänglichkeit selbst verursacht hat, OLG Hamm NZI 2003, 263.

[3] BGHZ 159, 104; BGH NZI 2005, 500 = ZIP 2005, 1327; LG Dresden ZIP 2004, 2016; zur Haftung aus culpa in contrahendo OLG Rostock ZIP 2005, 220.

[4] BGH NZI 2005, 222 m. Anm. *van Zwoll* = ZIP 2005, 311; LG Köln NZI 2003, 652.

[5] BGHZ 159, 104; OLG Celle NZI 2004, 630 (Leitsatz).

[6] BGHZ 159, 104.

trieb fortführte und damit zwangsläufig Schulden der Konkursmasse begründete, mit deren vollständiger Tilgung er nicht sicher rechnen konnte." (BGHZ 99, 151, 153). Diese haftungsbegründende Argumentation wird vom Bundesgerichtshof verworfen, weil durch sie eine schnelle und Erfolg versprechende Verwertung der Insolvenzmasse vereitelt werden könnte. Dies betrifft auch eine Fortführung des schuldnerischen Unternehmens. In solchen Fällen wäre es nach Ansicht des Bundesgerichtshof unbillig, wenn der Insolvenzverwalter auch für während der Fortführung anfallende Sozialversicherungsbeiträge persönlich haftbar wäre (eingehend BGHZ 99, 151, 155).

307 Die Schadensersatzansprüche gegen den Insolvenzverwalter verjähren nach den allgemeinen Regeln der §§ 194 ff. BGB (§ 62 Satz 1 InsO), mithin in drei Jahren nach Kenntniserlangung seitens des Geschädigten. Spätestens verjähren die Ansprüche drei Jahre nach Aufhebung des Insolvenzverfahrens (§ 62 Satz 2 InsO).

9. Die Vergütung des Insolvenzverwalters

a) Der Anspruch des Insolvenzverwalters auf angemessene Vergütung

308 Der Insolvenzverwalter hat nach § 63 Abs. 1 InsO Anspruch auf angemessene Vergütung seiner Tätigkeit sowie auf Erstattung seiner Auslagen. Der Vergütungsanspruch ist unmittelbar gesetzlicher Natur. Die Vergütung des Insolvenzverwalters gehört zu den Kosten des Insolvenzverfahrens, die nach §§ 53 und 54 InsO vorweg aus der Insolvenzmasse zu entnehmen sind und in jedem Fall gedeckt sein müssen (§§ 26, 207 InsO).[1]

309 § 63 Abs. 1 InsO gibt die Grundlinien vor, nach welchen die Vergütung des Insolvenzverwalters zu ermitteln sei. In Ausführung der Verordnungsermächtigung des § 65 InsO ist die Vergütung des Insolvenzverwalters detailliert in der Insolvenzrechtlichen Vergütungsverordnung[2] geregelt. Nicht erst seit Geltung der Insolvenzordnung hat sich das Vergütungsrecht zu einem eigenständigen Rechtsgebiet innerhalb des Insolvenzrechts entwickelt.[3]

---

[1] BGHZ 116, 233, 237 (zur vorrangigen Befriedigung des Vergütungsanspruchs bei Masseunzulänglichkeit); zum Vergütungsanspruch und Art. 12 GG BVerfGE 88, 145; BVerfG NJW 1993, 3129 = ZIP 1993, 1246; *Uhlenbruck* in: *Uhlenbruck*, InsO, § 63 Rdn. 4; *Eickmann*, VergütungsR, Vor § 1 Rdn. 1 m. w. N.; *Keller*, Vergütung, Rdn. 17.

[2] Vom 19. 8. 1998 (BGBl. I S. 2205); zuletzt geändert durch Gesetz vom 13. 12. 2001 (BGBl. I S. 3574).

[3] Eingehend dazu *Eickmann*, Vergütungsrecht – Sonderband 5 zu *Kübler/Prütting*, Insolvenzordnung, 2. Auflage Köln 2001; *Haarmeyer/Wutzke/Förster*, Insolvenzrechtliche Vergütungsverordnung, 3. Auflage München 2002; *Blersch*, Insolvenzrechtliche Vergütungsverordnung, Neuwied 2000; *Nowak* in: MüKo-InsO, §§ 1 ff. InsVV; *Uhlenbruck* in: *Uhlenbruck*, InsO, § 63 Rdn. 1 ff.; *Hess/Weis/Wienberg*, 2. Auflage Heidelberg 2001, § 1 ff. InsVV; *Frege/Keller/Riedel*, Rdn. 2479 bis 2543; *Last* in: *Gottwald*, § 126; *Keller*, Vergütung und Kosten im Insolvenzverfahren, Köln 2000.

b) Das Grundsystem der Vergütungsgewährung

aa) Die Bestimmung der Insolvenzmasse als Berechnungsgrundlage

Grundlage für die Vergütung des Insolvenzverwalters bildet die Insolvenzmasse im Zeitpunkt der Beendigung des Insolvenzverfahrens (§ 63 Abs. 1 Satz 2 InsO, § 1 Abs. 1 Satz 1 InsVV). Als Berechnungsgrundlage der Vergütung ist die Insolvenzmasse im Zeitpunkt der Beendigung des Insolvenzverfahrens nicht gleichbedeutend mit der Teilungsmasse, die den Insolvenzgläubigern zur gemeinschaftlichen Befriedigung zur Verfügung steht, sie ist eher eine rechnerische Größe. Die genaue Berechnung der Insolvenzmasse im Sinne des § 1 Abs. 1 Satz 1 InsVV erfolgt auf der Grundlage der Schlussrechnung des Insolvenzverwalters. Nach den Tatbeständen des § 1 Abs. 2 InsVV sind bestimmte Vermögenswerte aber nur in besonderen Fällen anzusetzen oder bestimmte Verbindlichkeiten nicht abzuziehen.[1] Beispielsweise sind die Masseverbindlichkeiten nach § 55 InsO nur dann und insoweit abzuziehen, als der Insolvenzverwalter das Unternehmen des Schuldners fortgeführt hat (§ 1 Abs. 2 Nr. 4 lit. b) InsVV). 310

bb) Die Bestimmung der so genannten Regelvergütung

Aus der nach § 1 InsVV ermittelten Insolvenzmasse ist nach § 2 InsVV rechnerisch eine so genannte Regelvergütung zu ermitteln.[2] Je nach Höhe der Insolvenzmasse besteht die Vergütung in einem niedriger werdenden Prozentsatz von dieser, die Regelvergütung entwickelt sich proportional zur Insolvenzmasse degressiv steigend. Bei einer Insolvenzmasse von beispielsweise 25.000 EUR beträgt die Vergütung 40 Prozent, mithin 10.000 EUR. Bei einer Insolvenzmasse von 725.000 EUR ist die Vergütung schrittweise nach den Staffelbeträgen des § 2 InsVV zu berechnen, ab einer Insolvenzmasse von 500.000 EUR beträgt sie hinsichtlich des Mehrbetrages nurmehr zwei Prozent, insgesamt berechnet beträgt sie 42.250 EUR. 311

Diese so genannte Regelvergütung soll die gesamte Tätigkeit des Insolvenzverwalters in einem Insolvenzverfahren abdecken, das nach Umfang und Schwierigkeitsgrad den allgemeinen Anforderungen eines gewöhnlichen Insolvenzverfahrens entspricht, ein so genanntes Normalverfahren darstellt. Als Kriterien für ein solches Normalverfahren werden insbesondere die Zahl der beteiligten Gläubiger, der Umfang von Aus- und Absonderungsrechten, der Umfang von zu führenden Prozessen oder die Verfahrensdauer angesehen.[3] 312

cc) Die Erhöhung oder Kürzung der Vergütung

Für das konkrete Insolvenzverfahren sind dem Insolvenzverwalter nach § 3 Abs. 1 InsVV Zuschläge zu seiner Vergütung zu gewähren, 313

---

[1] Umfassend *Keller,* Vergütung, Rdn. 37 bis 90.
[2] Berechnungsformeln bei *Keller,* NZI 2005, 23.
[3] BGH NZI 2003, 603; dazu Keller, NZI 2004, 465.

wenn in einzelnen Sachverhalten nach Umfang oder Schwierigkeitsgrad das Verfahren über ein so genanntes Normalverfahren hinausgeht. Tatbestände, die zu einer Erhöhung der Vergütung führen, sind beispielsweise die zeitweilige Unternehmensfortführung durch den Insolvenzverwalter, die Bewerkstelligung einer übertragenden Sanierung des Unternehmens, die Befassung mit einer außerordentlich hohen Zahl von Absonderungsrechten oder die Klärung besonders schwieriger rechtlicher Fragen.[1]

314 Die Literatur bietet zumeist so genannte Faustregeltabellen an, nach welchen Zuschläge zur Vergütung dem Grunde und der Höhe nach ermittelt werden können. Diese Tabellen sind nicht als schematische Vorgabe zu verstehen, sie stellen vielmehr eine Zusammenstellung aus Literatur und Rechtsprechung dar und wollen dem Anwender in der Praxis mehr Hilfestellung als Vorgabe sein.[2]

315 **Beispiel 10:** Nach vierjähriger Dauer kann der Insolvenzverwalter das Insolvenzverfahren über die „CDE-AG“ erfolgreich abschließen. Die Insolvenzmasse beträgt bereinigt nach § 1 InsVV ohne Abzug der Masseverbindlichkeiten 3.496.780 EUR. An dem Verfahren waren 576 Gläubiger beteiligt. Der Insolvenzverwalter führte das schuldnerische Unternehmen mit mehr als 300 Mitarbeitern über ein Jahr fort, er konnte es sodann zu einem bemerkenswert hohen Kaufpreis an einen Investor veräußern. Mit einem Absonderungsberechtigten musste ein Prozess mit einem Streitwert von 1.200.000 EUR bis in die Revisionsinstanz geführt werden. Der Insolvenzverwalter beantragt bei Gericht die Festsetzung seiner Vergütung, er beantragt für die Unternehmensfortführung, die übertragende Sanierung, die hohe Zahl der Gläubiger sowie für die Prozessführung eine Erhöhung der Vergütung.

Ausgehend von einer Insolvenzmasse als Berechnungsgrundlage der Vergütung von 3.496.780 EUR beträgt die Regelvergütung des § 2 InsVV 97.685,60 EUR. Die vom Insolvenzverwalter geltend gemachten Tatbestände rechtfertigen eine Erhöhung der Vergütung um bestimmte Prozentsätze: Für die Unternehmensfortführung ist ein Zuschlag von 100 Prozent zu gewähren, für die Betriebsveräußerung ein solcher von 50 Prozent; die Prozessführung kann zu einem Zuschlag von 25 Prozent führen, für die hohe Zahl der beteiligten Gläubiger können 25 Prozent Zuschlag gewährt werden. Die somit um 200 Prozent erhöhte Vergütung des Insolvenzverwalters beträgt insgesamt 293.056,80 EUR.

316 Weicht das konkrete Insolvenzverfahren negativ von den Kriterien des Normalverfahrens ab, kann auch eine Kürzung der Vergütung in Betracht kommen (§ 3 Abs. 2 InsVV).

dd) Der Ersatz von Auslagen und Umsatzsteuer

317 Durch die Vergütung sind die allgemeinen Kosten des Insolvenzverwalters abgegolten (§ 4 Abs. 1 InsVV), insbesondere hat er aus der Vergütung seine allgemeinen Büro- und Personalkosten zu bestreiten. Die

---

[1] Eingehend *Eickmann*, VergütungsR, § 3 Rdn. 13 bis 29; *Haarmeyer/Wutzke/Förster*, InsVV, § 3 Rdn. 36 bis 70.

[2] *Eickmann*, VergütungsR, § 3 InsVV Rdn. 31; *Hess/Weis/Wienberg*, InsO, § 3 InsVV Rdn. 83; *Keller*, Vergütung, Anhang I Schaubild 5; sehr kritisch dagegen *Uhlenbruck* in: *Uhlenbruck*, InsO, § 63 Rdn. 5.

Vergütung darf deshalb nicht als persönliches Honorar des Insolvenzverwalters angesehen werden, sie ist Umsatz aus seiner beruflichen Tätigkeit. Bezogen auf Verfahrensdauer, Personal- und Arbeitsaufwand muss damit die auf den ersten Blick enorme Höhe der Vergütung relativiert werden.

Auslagen, die dem Insolvenzverwalter durch das konkrete Insolvenz- 318
verfahren entstanden sind, können besonders erstattet werden (§ 4 Abs. 2 InsVV). Hierzu gehören insbesondere Porto- und Telefonkosten, die für das konkrete Verfahren angefallen sind, oder auch besondere Reisekosten. Sie sind dem Insolvenzverwalter konkret zu erstatten, er kann jedoch auch die Erstattung über den Weg einer Pauschale wählen (§ 8 Abs. 3 InsVV).

Auf seine Vergütung und den Auslagenersatz erhält der Insolvenz- 319
verwalter vollen Ersatz seiner Umsatzsteuer (§ 7 InsVV). Soweit die Insolvenzmasse selbst zur Umsatzsteuer veranlagt ist, fließt dieser Betrag im Rahmen der Steuererstattung regelmäßig zur Insolvenzmasse zurück.[1]

c) Das Verfahren der Vergütungsgewährung

Die Vergütung des Insolvenzverwalters wird auf seinen Antrag hin 320
vom Insolvenzgericht festgesetzt (§ 64 Abs. 1 InsO).[2] Der Antrag ist regelmäßig bei Beendigung des Insolvenzverfahrens zu stellen (§ 8 InsVV), während des Insolvenzverfahrens kann der Insolvenzverwalter mit Zustimmung des Gerichts Vorschüsse auf seine Vergütung entnehmen (§ 9 InsVV).[3]

d) Die Vergütung des vorläufigen Insolvenzverwalters

Der vorläufige Insolvenzverwalter erhält für seine Tätigkeit eine be- 321
sondere Vergütung (§ 21 Abs. 2 Nr. 1 mit § 63 Abs. 1 InsO, § 11 Abs. 1 InsVV). Die Tätigkeit als vorläufige Insolvenzverwalter wird nicht durch die allgemeine Vergütung des Insolvenzverwalters abgegolten, die Vergütungen sind auch nicht miteinander zu verrechnen. Die Vergütung des vorläufigen Insolvenzverwalters soll nach § 11 Abs. 1 InsVV regelmäßig in einem angemessenen Bruchteil der Vergütung des Insolvenzverwalters bestehen. Je nach Rechtsstellung des vorläufigen Insolvenzverwalters wird in Rechtsprechung und Literatur ein Bruchteil von 25 bis 60 Prozent als angemessen angesehen.[4]

---

[1] *Eickmann,* VergütungsR, § 7 InsVV Rdn. 2.

[2] Mit umfangreichen Mustern zu Vergütungsantrag und Festsetzungsbeschluss *Frege/Keller/Riedel,* Rdn. 2504 bis 1512.

[3] Dazu BGH NZI 2003, 31; ausführlich *Keller,* DZWIR 2003, 101.

[4] Dazu BGH NZI 2002, 509; BGH NZI 2003, 547 und 549; BGH NZI 2004, 251; eingehend, insbesondere auch zu BGHZ 146, 165 bezüglich der Bestimmung der Insolvenzmasse als Berechnungsgrundlage *Keller,* ZIP 2001, 1749; allgemein *Frege/Keller/Riedel,* Rdn. 2519 bis 2531.

e) Die Vergütung des Treuhänders im Verbraucherinsolvenzverfahren

322 Der Insolvenzverwalter im Verbraucherinsolvenzverfahren (Treuhänder, § 313 Abs. 1 InsO) erhält eine Vergütung nach § 13 InsVV. Sie soll linear 15 Prozent der Insolvenzmasse betragen.[1]

IV. Die Gläubiger im Insolvenzverfahren

1. Die Gläubiger des Insolvenzverfahrens im Überblick

323 Die Gläubiger sind unter den Beteiligten des Insolvenzverfahrens diejenigen mit den entscheidenden wirtschaftlichen Interessen. Die Insolvenzgläubiger können durch die Gläubigerversammlung und den Gläubigerausschuss in erheblichem Maße Einfluss auf den Ablauf des Insolvenzverfahrens und die Verwertung des schuldnerischen Vermögens nehmen. Die Insolvenzordnung will die Gläubigerautonomie ausdrücklich stärken und die in der Entwicklung des früheren Konkursrechtes beobachtete Zurückdrängung der gewöhnlichen Insolvenzgläubiger rückgängig machen und für die Zukunft vermeiden.[2]

324 Innerhalb des Insolvenzrechts gibt es zahlreiche unterschiedliche Arten von Gläubigern mit jeweils verschiedenen Beteiligungsmöglichkeiten, sie sind für die Beteiligten, insbesondere für den betroffenen Gläubiger selbst kaum überschaubar und sollen zunächst im Überblick stichwortartig dargestellt werden:

325 – Die Massekosten bestehen nach § 54 InsO in den Gerichtskosten für das Insolvenzverfahren sowie in den Vergütungen für den vorläufigen Insolvenzverwalter, den Insolvenzverwalter und den Mitgliedern eines Gläubigerausschusses. Die Kosten eines Insolvenzverfahrens müssen in jedem Fall gedeckt sein, damit das Verfahren eröffnet und durchgeführt werden kann (§§ 26, 207 InsO). Der Gläubiger einer Massekostenforderung ist nur begrenzt Beteiligter des Insolvenzverfahrens. Beispielsweise ist der Insolvenzverwalter befugt, gegen die Festsetzung seiner Vergütung Beschwerde einzulegen (§ 64 Abs. 3 InsO), in seiner Eigenschaft als Gläubiger des Vergütungsanspruchs kann er aber keinen Einfluss auf das Insolvenzverfahren selbst nehmen. In gleicher Weise ist die Staatskasse wegen der gerichtlichen Kosten des Verfahrens nicht Beteiligte des Insolvenzverfahrens.

---

[1] Eingehend *Keller,* Vergütung, Rdn. 218 ff.; *Keller,* ZVI 2002, 393 und 437; zur Problematik der so genannten Mindestvergütung BGHZ 157, 282 = NZI 2004, 196 und 224 = ZIP 2004, 417 und 424; dazu sehr kritisch *Graeber,* NZI 2004, 169; *Keller,* ZIP 2004, 633; zustimmend nur *Haarmeyer,* ZInsO, 2004, 264.

[2] Begründung des Regierungsentwurfs BT-Drucks. 12/2443, S. 99 ff.

- Die sonstigen Masseverbindlichkeiten nach § 55 InsO werden auch als Masseschulden bezeichnet. Sie entstehen nach Eröffnung des Insolvenzverfahrens und werden durch das Insolvenzverfahren selbst mittelbar oder unmittelbar begründet. Masseverbindlichkeiten sind beispielsweise jene aus Verträgen, die der Insolvenzverwalter im Rahmen seiner Tätigkeit abschließt (§ 55 Abs. 1 Nr. 1 InsO). Auch Steuern und Abgaben, die für die Insolvenzmasse nach Eröffnung des Verfahrens entstehen, sind solche Masseverbindlichkeiten. Die Masseverbindlichkeiten sind vor der Verteilung der Insolvenzmasse an die Insolvenzgläubiger vollständig zu befriedigen. Genügt die Insolvenzmasse nicht zur Befriedigung sämtlicher Masseverbindlichkeiten, regeln die §§ 208 ff. InsO die Abwicklung des Insolvenzverfahrens im Falle so genannter Masseunzulänglichkeit. Beteiligte des Insolvenzverfahrens sind die Gläubiger der Masseverbindlichkeiten regelmäßig nicht, sie sind beispielsweise nicht zur Teilnahme an einer Gläubigerversammlung berechtigt. 326
- Die eigentlichen Insolvenzgläubiger finden ihre Berücksichtigung in den §§ 38 bis 46 InsO. Den Insolvenzgläubiger als solchen definiert § 38 InsO, die §§ 41 bis 46 InsO enthalten Sonderregelungen für betagte oder bedingte Forderungen, für Forderungen mit gesamtschuldnerischer Haftung des Schuldners oder für Forderungen, die nicht auf Zahlung eines Geldbetrages gerichtet sind. Die Insolvenzgläubiger im Sinne des § 38 InsO sind jene, auf deren Befriedigung § 1 Satz 1 InsO abstellt. Sie konstituieren sich durch Gläubigerversammlung und Gläubigerausschuss. Die Befriedigung der Insolvenzgläubiger aus der Insolvenzmasse erfolgt nach deren Verwertung in dem Verfahren der §§ 188 ff. InsO. 327
- Innerhalb der Insolvenzgläubiger benennt § 39 InsO so genannte nachrangige Insolvenzgläubiger. Es handelt sich hierbei um Forderungen, die nach früherem Konkursrecht von der Teilnahme am Konkursverfahren völlig ausgeschlossen waren (§ 63 KO), jetzt aber in das Insolvenzverfahren eingebunden sein sollen. Befriedigung erhalten die nachrangigen Insolvenzgläubiger erst, wenn sämtliche nicht nachrangigen Insolvenzgläubiger vollständig befriedigt sind. Dieser Fall tritt in der Rechtspraxis freilich höchst selten auf. Aus verfahrensökonomischen Gründen sind die nachrangigen Insolvenzgläubiger daher von der Teilnahme am Insolvenzverfahren zumeist ausgeschlossen, sie sind bei Gläubigerversammlungen nicht stimmberechtigt (§ 77 Abs. 1 Satz 2 InsO) und können ihre Forderungen nur nach besonderer Aufforderung des Gerichts zur Insolvenztabelle anmelden (§ 174 Abs. 3 InsO). 328
- Die so genannten Neugläubiger sind am Insolvenzverfahren überhaupt nicht beteiligt. Ihre Forderungen entstehen zeitlich nach Eröffnung des Insolvenzverfahrens und sind nicht durch eine Rechtshandlung des Insolvenzverwalters begründet sondern durch den Schuldner selbst. Typischer Neugläubiger ist der Unterhaltsberechtig- 329

te des Schuldners wegen der nach Insolvenzeröffnung entstehenden Unterhaltsforderungen. Theoretisch ist es dem Neugläubiger möglich, Befriedigung beim Schuldner selbst aus dessen insolvenzfreiem Vermögen zu suchen. Da wegen § 36 Abs. 1 InsO und §§ 811 und 850 ff. ZPO aber nur unpfändbare Gegenstände und Vermögensrechte nicht zur Insolvenzmasse gehören, ist ein Zugriff des Neugläubigers auf das Vermögen des Schuldners praktisch nicht möglich.[1] Die Eröffnung eines weiteren Insolvenzverfahrens über das Vermögen des Schuldners noch vor Beendigung des laufenden Verfahrens ist jedoch unzulässig, da den Neugläubigern, die in einem solchen Insolvenzverfahren Insolvenzgläubiger wären, praktisch keine Insolvenzmasse zur Verfügung stünde.[2]

330 Aussonderungsberechtigte und Absonderungsberechtigte sind keine Insolvenzgläubiger, werden in diesem Zusammenhang jedoch meist erwähnt, logisch falsch wird auch gerne vom „aussonderungsberechtigten Gläubiger" gesprochen. Der Aussonderungsberechtigte hatte keinen Vermögensanspruch gegen den Schuldner sondern einen Anspruch auf Herausgabe eines bestimmten Gegenstandes oder Rechtes (§ 47 InsO). Er ist mit diesem Anspruch nicht Insolvenzgläubiger und nicht Beteiligter des Insolvenzverfahrens und kann den Anspruch unmittelbar gegen den Insolvenzverwalter geltend machen. Der Absonderungsberechtigte hat dagegen an bestimmten Gegenständen oder Rechten der Insolvenzmasse ein besonderes Pfandrecht oder sonstiges Sicherungsrecht (§§ 49, 50 und 51 InsO). Dieses Sicherungsrecht kann, muss aber nicht mit einer Forderungen gegen den Schuldner zusammentreffen, der Absonderungsberechtigte kann, muss aber nicht gleichzeitig Insolvenzgläubiger sein (§ 52 Satz 1 InsO). Soweit er gleichzeitig Insolvenzgläubiger ist, erhält er als solcher Befriedigung nur aus dem Betrag seiner Forderung, mit welchem er bei der so genannten abgesonderten Befriedigung (§§ 165 ff. InsO) ausgefallen ist (§ 52 Satz 2 InsO).

2. Die Masseverbindlichkeiten des Insolvenzverfahrens

a) Der Grundsatz des § 53 InsO

331 Aus der Insolvenzmasse sind die Kosten des Insolvenzverfahrens und die sonstigen Masseverbindlichkeiten vorweg zu berichtigen (§ 53 InsO). Bei diesen Masseverbindlichkeiten handelt es sich um Forderungen eigener Art, die nur durch das Insolvenzverfahren begründet werden können.[3] Massekosten und sonstige Masseverbindlichkeiten (Mas-

---

[1] Kritisch dazu *Henckel* in: Aktuelle Probleme, S. 97, 111 ff.

[2] BGH NZI 2004, 444.

[3] *Hefermehl* in: MüKo-InsO, § 53 Rdn. 5 („der Masse innewohnende Belastungen"); *Klopp/Kluth* in: *Gottwald,* § 54 Rdn. 1.

seschulden) sind vor der Verteilung der Insolvenzmasse an die Insolvenzgläubiger vollständig zu befriedigen.

b) Die Kosten des Insolvenzverfahrens nach § 54 InsO

Die Kosten des Insolvenzverfahrens bestehen aus den Gerichtskosten 332
für das Insolvenzverfahren (§ 54 Nr. 1 InsO) und den Vergütungen des vorläufigen Insolvenzverwalters, des Insolvenzverwalters und der Mitglieder des Gläubigerausschusses (§ 54 Nr. 2 InsO). Der Insolvenzverwalter hat die Kosten aus der Insolvenzmasse an die Staatskasse zu zahlen.[1] Mit rechtkräftiger Festsetzung der Vergütungsansprüche (§§ 64, 73 Abs. 2 InsO) ist der Insolvenzverwalter berechtigt, die ihm zugesprochene Vergütung aus der Insolvenzmasse zu entnehmen, beziehungsweise die den Mitgliedern des Gläubigerausschusses zugesprochene Vergütung auszuzahlen.

Das Insolvenzverfahren darf nicht eröffnet werden, wenn die Kosten 333
des § 54 InsO aus der Insolvenzmasse nicht gedeckt werden können, es erfolgt dann Abweisung der Insolvenzeröffnung mangels Masse (§ 26 InsO). Soweit seitens einzelner Beteiligter ein Kostenvorschuss geleistet wird,[2] kann das Insolvenzverfahren eröffnet werden. Der Kostenvorschuss ist zurückzuzahlen, sobald die Insolvenzmasse ausreicht, um die Kosten des Verfahrens zu decken.[3] In der Insolvenz der natürlichen Personen hat die Frage der Massekostendeckung wegen der in aller Regel gewährten Kostenstundung nach § 4a InsO praktisch keine Bedeutung mehr (§ 26 Abs. 1 Satz 2 InsO). Ergibt sich nach Eröffnung des Insolvenzverfahrens, dass die Kosten nicht gedeckt werden können, ist das Insolvenzverfahren mangels Masse einzustellen (§ 207 Abs. 1 InsO). Es ist lediglich den Gläubigern rechtliches Gehör zu gewähren, um ihnen die Gelegenheit zugeben, Kostenvorschuss zu leisten (§ 207 Abs. 2 InsO). Aus der baren Insolvenzmasse hat der Insolvenzverwalter die Kosten des Insolvenzverfahrens (Gerichtskosten und eigene Vergütung) anteilig zu befriedigen.

c) Die sonstigen Masseverbindlichkeiten nach § 55 Abs. 1 InsO

Dogmatisch sind die sonstigen Masseverbindlichkeiten im Sinne des 334
§ 55 InsO als Verbindlichkeiten des Insolvenzverwalters in Rahmen seines Handelns für den Schuldner und die Insolvenzmasse zu sehen.[4] In zeitlicher Systematik entstehen sie daher erst nach Eröffnung des In-

---

[1] Der Kostenansatz nach § 14 KostVfG wird in der gerichtlichen Praxis zumeist nicht angewendet, *Last* in: *Gottwald,* § 125 Rdn. 27; *Frege/Keller/Riedel,* Rdn. 2575; *Keller,* Vergütung, Rdn. 297 ff.

[2] *Last* in: *Gottwald,* § 125 Rdn. 18.

[3] OLG Frankfurt am Main ZIP 1986, 931, dazu EWiR 1986, 503 *(Brehm)*; *Last* in: *Gottwald,* § 125 Rdn. 19; *Frege/Keller/Riedel,* Rdn. 2577.

[4] *Jaeger,* KO, § 59 Anm. 1; sprachlich differenzierend *Hefermehl* in: MüKo-InsO, § 53 Rdn. 31; zum eher theoretischen Streit auch *Henckel* in: Aktuelle Probleme, S. 97, 103.

solvenzverfahrens.[1] Haftungsobjekt der Masseverbindlichkeiten ist die Insolvenzmasse, deren rechtlicher Träger zwar immer noch der Schuldner ist, nicht aber das sonstige insolvenzfreie Vermögen des Schuldners. Eine Masseverbindlichkeiten kann ihren Rechtsgrund in jedem rechtlich denkbaren Begründungsvorgang haben, sie kann auf vertraglicher oder gesetzlicher Grundlage beruhen, auch auf unerlaubter Handlung oder ungerechtfertigter Bereicherung; ebenso kann sie ihre Grundlage im allgemeinen Steuer- und Abgabenrecht haben.

335 Die sonstigen Masseverbindlichkeiten sind grundlegend in § 55 InsO genannt und zusammengefasst, die Insolvenzordnung erhebt aber auch an anderen Stellen bestimmte Forderungen zu Masseverbindlichkeiten, beispielsweise den Unterhaltsanspruch des Schuldners nach § 100 InsO oder die Sozialplanansprüche der Arbeitnehmer aus § 123 Abs. 2 Satz 1 InsO.

aa) Die Verbindlichkeiten aus Handlungen des Insolvenzverwalters

336 Nach § 55 Abs. 1 Nr. 1 InsO sind Verbindlichkeiten aus Handlungen des Insolvenzverwalters als Masseverbindlichkeiten zu qualifizieren. Ferner sind Masseverbindlichkeiten diejenigen Forderungen, welche durch die Verwaltung, Verwertung und Verteilung der Insolvenzmasse begründet werden. Der Begriff der Handlung des Insolvenzverwalters ist weit zu fassen, er umfasst sowohl rechtsgeschäftliches Handeln als auch sonstige Handlungen des Insolvenzverwalters im Rahmen der Ausübung seines Amtes. Masseverbindlichkeiten sind demnach alle Verbindlichkeiten, die beispielsweise durch die Fortführung des schuldnerischen Unternehmens begründet werden, auch Schadensersatzforderungen aus positiver Vertragsverletzung (§ 280 BGB) oder unerlaubter Handlung (§ 823 BGB) zählen hierzu. Verpflichtungen aus Kaufverträgen des Insolvenzverwalters sind ebenso Masseverbindlichkeiten wie solche aus Arbeitsverträgen, Mietverträgen,[2] Leasingverträgen oder Darlehensverträgen. Masseverbindlichkeiten sind die für vom Verwalter abgeschlossene Versicherungen zu zahlenden Prämien ebenso wie die Kosten für in Anspruch genommene Energielieferung. Führt der Insolvenzverwalter Prozesse, gehören auch die von ihm zu tragenden Prozesskosten zu den Masseverbindlichkeiten. Stellt der Insolvenzverwalter im Rahmen seiner Tätigkeit besonderer Hilfskräfte an, können auch deren Gehalts- und Honorarforderungen Masseschulden sein.[3]

337 **Beispiel 11:** Der Insolvenzverwalter führt nach Insolvenzeröffnung das Unternehmen des Schuldners für die Dauer von sechs Monaten fort. Im Rahmen

---

[1] *Frege/Keller/Riedel*, Rdn. 947.

[2] Nicht aber die dingliche Pflicht zur Zahlung eines Erbbauzinses, BGH ZIP 2005, 2267.

[3] Mittelbar ergibt sich dies auch aus § 4 Abs. 1 Satz 2 InsVV, wonach der Insolvenzverwalter berechtigt ist, Honorare für Hilfskräfte aus der Insolvenzmasse zu zahlen; *Hefermehl* in: MüKo-InsO, § 55 Rdn. 40 ff.; *Eickmann*, VergütungsR, § 4 Rdn. 14 ff.; *Eickmann*, KTS 1986, 197; grundlegend zur Zulässigkeit der Beschäftigung auch BGHZ 113, 262.

der Unternehmensführung erwirbt er vom Großhändler Waren zum Preis von 15.000 EUR und stellt neue Arbeitskräfte ein.

Als Masseverbindlichkeiten im Sinne des § 55 Abs. 1 Nr. 1 InsO sind ohne weiteres die Kaufpreisforderung des Großhändlers (§ 433 Abs. 2 BGB) wie auch die Lohnforderungen der Arbeitnehmer (§ 612 BGB) zu qualifizieren. Masseverbindlichkeit ist auch die Verpflichtung des Insolvenzverwalters, die Sozialversicherungsbeiträge für die Arbeitnehmer an die zuständige Krankenkasse abzuführen, gleiches gilt für die Pflicht zur Abführung der Lohnsteuer an das zuständige Finanzamt. Soweit im Rahmen der Unternehmensführung Körperschaftssteuer oder Gewerbesteuer entstehen, gehören auch diese zu den Masseverbindlichkeiten des § 55 Abs. 1 Nr. 1 InsO.

Masseverbindlichkeiten im Sinne des § 55 Abs. 1 Nr. 1 InsO sind die seitens des Insolvenzverwalters für die Insolvenzmasse zu zahlenden Steuern und Abgaben.[1] Für die Abgrenzung der Steuern und sonstiger öffentlich-rechtlicher Abgabenforderungen als Masseverbindlichkeit oder Insolvenzforderung kommt es auf den Zeitpunkt ihres Entstehens vor oder nach Insolvenzeröffnung an. Die Grundsteuer der Gemeinde entsteht beispielsweise am 1. Januar eines jeden Kalenderjahres für das gesamte Jahr, sie wird lediglich kalendervierteljährlich mittelschüssig fällig (§ 28 GrdStG). Wird das Insolvenzverfahren am 3. Januar eröffnet, ist die gesamte Grundsteuer für das laufende Kalenderjahr Insolvenzforderung, weil sie vor Insolvenzeröffnung entstanden ist, erst die Grundsteuer des folgenden Jahres ist Masseschuld im Sinne des § 55 Abs. 1 Nr. 1 InsO.[2] Kosten der Verwertung im Sinne dieser Vorschrift können beispielsweise die an einen Verwerter zu zahlenden Provisionen sein. Als Masseverbindlichkeiten werden zumindest seitens der verwaltungsgerichtlichen Rechtsprechung auch die Kosten der Altlastensanierung eines zur Insolvenzmasse gehörenden Grundstücks angesehen, unabhängig davon, ob der Insolvenzverwalter für den ordnungswidrigen Zustand verantwortlich ist oder nicht.[3] Seitens der Insolvenzrechtswissenschaft soll dagegen unterschieden werden, ob die Ansprüche oder Pflichten zur Altlastenbeseitigung dem Grunde nach schon vor Insol- 338

---

[1] Eingehend *Hefermehl* in: MüKo-InsO, § 55 Rdn. 70ff.; *Pape* in: *Kübler/Prütting,* InsO, § 55 Rdn. 12ff.; *Frotscher* in: *Gottwald,* § 60.

[2] Zur Frage der Teilbarkeit der Grundsteuer *Pape* in: *Kübler/Prütting,* InsO, § 55 Rdn. 16; *Frege/Keller/Riedel,* Rdn. 963.

[3] BVerwG NJW 1999, 246 = ZIP 1999, 538; BVerwG NJW 1999, 1416 = ZIP 1998, 2167; BVerwG ZIP 1984, 722; VGH München KTS 1983, 462 m. Anm. *Kölsch;* VGH Mannheim NJW 1992, 74 = ZIP 1991, 393; OVG Lüneburg NJW 1992, 1252 = ZIP 1991, 1607, dazu EWiR 1991, 1221 *(Pape);* OVG Schleswig NJW 1993, 2004 = ZIP 1993, 283, dazu EWiR 1993, 167 *(Pape);* OVG Sachsen-Anhalt ZIP 1994, 1130, dazu EWiR 1994, 675 *(Pape);* OVG Bautzen ZIP 1995, 852, dazu EWiR 1995, 793 *(Stoll)* = WIB 1995, 433 m. Anm. *Pape;* OVG Lüneburg NJW 1995, 413 = WIB 1995, 212 m. Anm. *Pape;* OVG Bautzen ZIP 1995, 856; OVG Mecklenburg-Vorpommern ZIP 1997, 1460; eingehend dazu *Lwowski* in: MüKo-InsO, § 165 Rdn. 191ff.; *Ott* in: MüKo-InsO, § 80 Rdn. 139ff.; *Wittkowski* in: *Nerlich/Römermann,* InsO, § 80 Rdn. 139ff.; *Lüke* in: KS, S. 859; *Henckel* in: Aktuelle Probleme S. 97, 107ff.; umfassend *Lwowski/Tetzlaff,* Umweltrisiken und Altlasten in der Insolvenz, München 2002.

venzeröffnung entstanden sind oder erst später; nur im letzteren Fall sind die Kosten der Altlastensanierung als Masseverbindlichkeiten anzusehen.[1] Im Rahmen einer Entscheidung vom 18. April 2002 zur Behandlung der Beseitigungsansprüche nach § 82 SachenRBerG neigt auch der Bundesgerichtshof dieser insolvenzrechtlichen Unterscheidung zu.[2]

bb) Die Verbindlichkeiten aus der Erfüllung gegenseitiger Verträge

339 Masseverbindlichkeiten nach § 55 Abs. 1 Nr. 2 InsO sind in zwei Alternativen denkbar. Sie gehen beide von der Nichterfüllung eines gegenseitigen Vertrages im Zeitpunkt der Insolvenzeröffnung aus. Nach § 103 Abs. 1 InsO kann der Insolvenzverwalter wählen, ob er einen solchen Vertrag noch erfüllt oder nicht. Im Falle der Erfüllungswahl erhält der Anspruch des Vertragspartners die Qualität einer Masseschuld (§ 55 Abs. 1 Nr. 2 erste Alternative InsO).[3] Dies ist schon deshalb logisch, weil es keinen Unterschied macht, ob der Insolvenzverwalter die Erfüllung eines Vertrages wählt oder mit dem vormaligen Vertragspartner einen neuen Vertrag abschließt. Die zweite Alternative des § 55 Abs. 1 Nr. 2 InsO betrifft die Erfüllung von Dauerschuldverhältnissen nach Insolvenzeröffnung. Diese Verträge, insbesondere Mietverträge und Dienstverträge, kann der Insolvenzverwalter unter Einhaltung der gesetzlichen Kündigungsfrist kündigen (§ 109 Abs. 1 Satz 1, § 113 Abs. 1 InsO). Bis zum Ablauf der Kündigungsfrist nach Insolvenzeröffnung muss der Insolvenzverwalter den Vertrag erfüllen, die Ansprüche des Vertragspartners sind deshalb Masseschulden. In diesem Zusammenhang wird auch häufig von so genannten oktroyierten Masseschulden gesprochen,[4] sie entstehen nicht durch freiwilliges Handeln des Insolvenzverwalters sondern werden in Folge notwendiger Einhaltung einer Kündigungsfrist ihm aufgezwungen.

cc) Die Verbindlichkeiten aus ungerechtfertigter Bereicherung

340 Nach § 55 Abs. 1 Nr. 3 InsO sind Ansprüche aus einer ungerechtfertigten Bereicherung der Masse Masseverbindlichkeiten. Es handelt sich hierbei um Ansprüche der §§ 812 ff. BGB. Die Bereicherung muss un-

---

[1] Aus der inzwischen stark angewachsenen Literatur beispielhaft *Uhlenbruck/Berscheid in: Uhlenbruck,* InsO, § 55 Rdn. 28 ff.; *v. Bismarck* in: *Beck/Depré,* § 33 Rdn. 68 ff.; *Pape,* ZIP 1991, 1544; *K. Schmidt,* BB 1991, 1273; *Uhlenbruck,* GuG 1992, 310; *Petersen,* NJW 1992, 1202; *Petersen,* ZIP 1992, 1437; *Pape,* KTS 1993, 551; *Erbguth/Stollmann,* UPR 1996, 281; *Peine,* UPR 1997, 53; *K. Schmidt,* ZIP 1997, 1441; *U. Riedel,* ZIP 1999, 94; *Lwowski/Tetzlaff,* WM 1998, 1509; *Lwowski/Tetzlaff,* NZI 2000, 393; *K. Schmidt,* ZIP 2000, 1913; *Tetzlaff,* ZIP 2001, 10; *Lwowski/Tetzlaff,* NZI 2001, 57; *Lwowski/Tetzlaff,* NZI 2001, 182.

[2] BGHZ 150, 305; zur Problematik jüngst *Pöhlmann,* NZI 2003, 486.

[3] In der Gesamtheit der Rechtsprechung zum gegenseitigen Vertrag zuletzt BGHZ 150, 353; dazu *Graf/Wunsch,* ZIP 2002, 2117, 2121.

[4] *Uhlenbruck/Berscheid* in: *Uhlenbruck,* InsO, § 53 Rdn. 1 m. w. N.

mittelbar der Insolvenzmasse zugeflossen sein.[1] Ist ein Bereicherungsfall bereits vor Insolvenzeröffnung eingetreten und der Anspruch aus § 812 BGB damit vor Insolvenzeröffnung entstanden, ist er gewöhnliche Insolvenzforderung.

d) Die weiteren Masseverbindlichkeiten des Insolvenzverfahrens

aa) Die Masseverbindlichkeiten des Insolvenzeröffnungsverfahrens

Der Grundsatz, dass Masseverbindlichkeiten erst nach Eröffnung des Insolvenzverfahrens entstehen, wird durch § 55 Abs. 2 InsO durchbrochen. Danach können Verbindlichkeiten aus Handlungen des vorläufigen Insolvenzverwalters Masseverbindlichkeiten sein. Die Vorschrift findet nur Anwendung, wenn im Insolvenzeröffnungsverfahren ein so genannter starker vorläufiger Insolvenzverwalter bestellt worden ist, auf den die Verfügungsbefugnis des Schuldners bereits übergegangen ist (§ 21 Abs. 2 Nr. 1, § 22 Abs. 1, § 24 Abs. 1, § 80 Abs. 1 InsO), sie ist in ihrem Anwendungsbereich eng auszulegen,[2] eine entsprechende Anwendung auf den so genannten schwachen vorläufigen Insolvenzverwalter, etwa dahingehend, dass dieser seitens des Gerichts ermächtigt werde, pauschal Masseverbindlichkeiten zu begründen, ist nicht zulässig.[3] Der Bundesgerichtshof lässt dies bei dem so genannten schwachen vorläufigen Verwalter nur zu, wenn die Ermächtigung auf bestimmte Verpflichtungsgeschäfte beschränkt ist, die für eine erfolgreiche Verwaltung notwendig sind.[4] Der so genannte starke vorläufige Insolvenzverwalter steht in seiner rechtlichen Verfügungsbefugnis einem endgültigen Insolvenzverwalter gleich, zum Schutze der Vertragspartner müssen deshalb die von ihm eingegangenen Verpflichtungen als Masseschulden des späteren Insolvenzverfahrens betrachtet werden.[5] Systematisch enthält die Vorschrift zwei Regelungstatbestände: Begründet der starke vorläufige Insolvenzverwalter durch eigene Handlung eine Verbindlichkeit, liegt gleichsam ein zeitlich vorgezogener Fall des § 55 Abs. 1 Nr. 1 InsO vor. Bei Dauerschuldverhältnissen, insbesondere bei Dienstverträgen wird der Anspruch des Vertragspartners dann zur Masseschuld, **341**

---

[1] *Hefermehl* in: MüKo-InsO, § 55 Rdn. 206 ff.; *Uhlenbruck/Berscheid* in: *Uhlenbruck,* InsO, § 55 Rdn. 75; *Pape* in: *Kübler/Prütting,* InsO, § 55 Rdn. 61.

[2] Grundlegend BGHZ 151, 353; so bereits OLG Köln ZIP 2001, 1422; OLG Frankfurt am Main ZIP 2002, 2185; eingehend *Pape* in: *Kübler/Prütting,* InsO, § 55 Rdn. 70 ff.; *Uhlenbruck/Berscheid* in: *Uhlenbruck,* InsO, § 55 Rdn. 81; *Prütting/Stickelbrock,* ZIP 2002, 1608.

[3] BGHZ 151, 353, 366; so noch OLG Hamm ZIP 2002, 676 (Abrede zwischen Gläubiger und vorläufigem Insolvenzverwalter); AG Neumünster ZIP 2002, 720 (analoge Anwendung auf den schwachen vorläufigen Insolvenzverwalter); AG Duisburg ZIP 2002, 1700 (Ermächtigung seitens des Insolvenzgerichts); dazu *Pape,* ZIP 2002, 2277, 2284.

[4] BGHZ 151, 353, 365, 366 mit unfangreichen Nachweisen.

[5] Eingehend zum Schutzzweck der Norm als Gläubigerschutzvorschrift *Pape* in: *Kübler/Prütting,* InsO, § 55 Rdn. 64 ff.; *Uhlenbruck/Berscheid* in: *Uhlenbruck,* InsO, § 55 Rdn. 80.

wenn der starke vorläufige Insolvenzverwalter[1] die Gegenleistung des Vertragspartners, bei Dienstverträgen die Arbeitsleistung des Arbeitnehmers, in Anspruch nimmt (§ 55 Abs. 2 Satz 2 InsO). Stellt er hingegen den Arbeitnehmer von der Arbeitsleistung frei, ist dessen gleichwohl bestehender Lohnanspruch keine Masseschuld sondern lediglich Insolvenzforderung.[2]

342 Die Regelung des § 55 Abs. 2 InsO dient dem Gläubigerschutz und ist unter Berücksichtigung der rechtlichen Stellung des so genannten starken vorläufigen Insolvenzverwalters logisch.[3] Sie bereitet der Rechtspraxis jedoch erhebliche Probleme, weshalb von der Anordnung der so genannten starken vorläufigen Insolvenzverwaltung nur zögerlich Gebrauch gemacht wird. Es besteht nämlich die Gefahr, dass während des Insolvenzeröffnungsverfahrens durch den vorläufigen Insolvenzverwalters bereits Masseverbindlichkeiten in erheblicher Höhe begründet werden, die nach späterer Insolvenzeröffnung nicht mehr vollständig befriedigt werden können. Dies führt einerseits zu sofortiger Masseunzulänglichkeit nach Eröffnung des Insolvenzverfahrens (§§ 208 ff. InsO), andererseits zu möglicher persönlicher Haftung des vorläufigen Insolvenzverwalters gegenüber den Massegläubigern (§ 21 Abs. 2 Nr. 1 mit § 61 InsO). Will der vorläufige Insolvenzverwalter einen Gewerbebetrieb des Schuldners während des Eröffnungsverfahrens fortführen, würden die Ansprüche der beschäftigten Arbeitnehmer nach § 55 Abs. 2 Satz 2 InsO als Masseverbindlichkeiten die spätere Insolvenzmasse erheblich belasten. Dies gälte auch dann, wenn die Lohnansprüche durch Leistung von Insolvenzgeld nach §§ 183 ff. SGB III auf die Bundesagentur für Arbeit übergehen.[4] Mit Änderung des § 55 InsO zum 1. Dezember 2001[5] wurde daher § 55 Abs. 3 InsO angefügt, nach welchem die auf die Bundesagentur für Arbeit übergegangenen Lohnansprüche nicht Masseverbindlichkeiten sondern gewöhnliche

---

[1] Streitig war, ob in diesem Fall nicht auch der so genannte schwache vorläufige Insolvenzverwalter gemeint sein kann, der Bundesgerichtshof verneint dies, BGHZ 151, 353; dazu auch *Hefermehl* in: MüKo-InsO, § 55 Rdn. 222; *Uhlenbruck/Berscheid* in: *Uhlenbruck*, InsO, § 55 Rdn. 83.

[2] Soweit aber die Kündigungsfrist in den Zeitraum nach Insolvenzeröffnung reicht, gilt wieder die Regelung des § 55 Abs. 1 Nr. 2 InsO; *Uhlenbruck/Berscheid* in: *Uhlenbruck*, InsO, § 55 Rdn. 5, sehen hierin einen Wertungswiderspruch.

[3] Eingehend zum Schutzzweck der Norm als Gläubigerschutzvorschrift *Pape* in: *Kübler/Prütting*, InsO, § 55 Rdn. 64 ff.; *Uhlenbruck/Berscheid* in: *Uhlenbruck*, InsO, § 55 Rdn. 80.

[4] Mit der so genannten Vorfinanzierung von Insolvenzgeld werden die Lohnansprüche der Arbeitnehmer durch einen Kreditgeber finanziert, der sie später im Rahmen der Insolvenzgeldzahlung durch die Bundesanstalt für Arbeit erstattet erhält; die Lohnansprüche gehen mit dem Antrag auf Zahlung von Insolvenzgeld auf die Bundesanstalt für Arbeit über; dazu *Berscheid* in: *Uhlenbruck*, InsO, § 22 Rdn. 147 ff.; *Wittig* in: *K. Schmidt/Uhlenbruck*, Rdn. 1095 ff.; sehr praxisnah *Braun/Wierzioch* in: *Beck/Depré*, § 21 A Rdn. 110 ff.; *Berkowsky*, NZI 2000, 253.

[5] Art. 1 Nr. 7 InsOÄndG vom 26. Oktober 2001 (BGBl. I S. 2710); Gesetzesbegründung BT-Drucks. 14/5680, S. 25.

Insolvenzforderungen sind. Der Gesetzgeber folgte insoweit der zur Anwendung der § 55 Abs. 2 Satz 2 und § 108 InsO ergangenen Rechtsprechung.[1]

Beispiel 12: Gegen die X-GmbH wird Insolvenzantrag gestellt. Das Insolvenzgericht bestellt einen so genannten starken vorläufigen Insolvenzverwalter. Dieser führt den bestehenden Geschäftsbetrieb weiter fort, er kauft beim Großhändler Waren im Wert von 15.000 EUR. Hinsichtlich der Arbeitnehmer des Unternehmens werden deren Lohnansprüche durch die D-Bank in Form eines Darlehens befriedigt, zur Sicherung des Darlehens treten die Arbeitnehmer ihre Lohnforderungen an die D-Bank ab. Mit Eröffnung des Insolvenzverfahrens wird beim zuständigen Arbeitsamt für die Arbeitnehmer Zahlung von Insolvenzgeld beantragt, die Zahlung erfolgt unmittelbar an die D-Bank (so genannte Vorfinanzierung von Insolvenzgeld). Die (zur Sicherheit an die D-Bank abgetretenen) Lohnforderungen der Arbeitnehmer gehen auf die Bundesanstalt für Arbeit über (§ 187 SGB III). 343

Die Kaufpreisforderung des Großhändlers ist ohne weiteres Masseverbindlichkeit nach § 55 Abs. 2 Satz 1 InsO. Auch die Lohnforderungen der Arbeitnehmer sind zunächst Masseforderungen nach § 55 Abs. 2 Satz 2 InsO. Sie sind durch § 187 SGB III nach Antrag auf Zahlung von Insolvenzgeld auf die Bundesanstalt für Arbeit übergegangen, nach § 55 Abs. 3 Satz 1 InsO sind sie damit nicht mehr Masseverbindlichkeit sondern gewöhnliche Insolvenzforderung. Die Regelung verschafft letztlich dem vorläufigen Insolvenzverwalter den Vorteil, während des Eröffnungsverfahrens die Arbeitnehmer beschäftigen zu können, ohne die Lohnforderungen als Masseverbindlichkeiten begleichen zu müssen.

bb) Die übrigen Masseverbindlichkeiten

Die Insolvenzordnung nennt an verschiedenen Stellen weitere Forderungen und Ansprüche, die als Masseverbindlichkeiten zu befriedigen sind, es sind dies 344

- der Anspruch des Schuldners auf angemessenen Unterhalt für sich und seine Familie nach § 100 InsO; mittelbar ergibt sich dies aus dem Wortlaut des § 209 Abs. 1 Nr. 3 InsO, wonach der Unterhaltsanspruch als Masseverbindlichkeit zu befriedigen ist.
- die Ansprüche der Arbeitnehmer aus einem mit dem Insolvenzverwalter vereinbarten Sozialplan nach § 123 Abs. 2 Satz 1 InsO; betrachtet man den Abschluss des Sozialplans als Handlung des Insolvenzverwalters, wäre hier bereits § 55 Abs. 1 Nr. 1 InsO einschlägig.
- die Kosten eines Antragstellers bei dem Antrag auf Zustimmung der Gläubigerversammlung zur Veräußerung des schuldnerischen Unternehmens nach § 163 Abs. 2 InsO.
- die Ansprüche des absonderungsberechtigten Gläubigers auf Zahlung der laufend geschuldeten Zinsen bis zur Verwertung des verhafteten Gegenstandes durch den Insolvenzverwalter nach § 169 InsO.
- im Nachlassinsolvenzverfahren die besonderen Masseverbindlichkeiten nach § 324 Abs. 1 Nrn. 1 bis 6 InsO.

---

[1] BAG NJW 2002, 1364 = NZI 2002, 118 = ZIP 2001, 1964, dazu EWiR 2001, 1063 *(Bork);* LAG Hamm ZIP 2000, 590; LAG Köln ZIP 2000, 805; zum früheren Streitstand noch *Hefermehl* in: MüKo-InsO, § 55 Rdn. 227 ff.

e) Die Beteiligung der Massegläubiger am Insolvenzverfahren

345 Der Massegläubiger ist nicht Beteiligter des Insolvenzverfahrens. Der Massegläubiger ist daher zur Teilnahme an einer Gläubigerversammlung nicht berechtigt. Der Massegläubiger kann und braucht seine Forderung nicht zur Insolvenztabelle anzumelden, sie wird nicht zur Insolvenztabelle festgestellt.

346 Die Masseverbindlichkeiten sind nach § 53 InsO vor der Verteilung der Insolvenzmasse an die Insolvenzgläubiger zu befriedigen. Die Feststellung einer Masseverbindlichkeit erfolgt nach allgemeinen zivilrechtlichen Regeln zwischen dem Massegläubiger und dem Insolvenzverwalter. Gegebenenfalls ist der Insolvenzverwalter auf Zahlung oder sonst geschuldete Leistung zu verklagen, gegen ihn kann auch in die Insolvenzmasse die Zwangsvollstreckung betrieben werden. Der Massegläubiger unterliegt nicht dem Vollstreckungsverbot des § 89 Abs. 1 InsO, es besteht lediglich ein zeitlich befristetes Vollstreckungsverbot für die so genannten oktroyierten Masseschulden nach § 90 Abs. 1 InsO.[1]

347 Reicht die Insolvenzmasse zur vollständigen Befriedigung der Massegläubiger nicht aus, liegt so genannte Masseunzulänglichkeit nach §§ 208 ff. InsO vor. Die Massegläubiger sind dann in der Rangfolge des § 209 Abs. 1 InsO zu befriedigen, wobei für den einzelnen Massegläubiger eine lediglich anteilige Befriedigung droht. Gegen den Insolvenzverwalter kann gegebenenfalls ein Haftungsanspruch aus § 61 InsO in Betracht kommen. Nach Anzeige der Masseunzulänglichkeit ist eine Zwangsvollstreckung gegen den Insolvenzverwalter nicht mehr zulässig (§ 210 InsO), auch kann der Massegläubiger keine Leistungsklage gegen den Insolvenzverwalter mehr erheben.[2] Nach Beendigung des Insolvenzverfahrens haftet der Schuldner den nicht vollständig befriedigten Massegläubigern gegenüber nur mit dem aus der Insolvenzmasse verbliebenen Restvermögen. Mit seinem neu erworbenen Vermögen haftet der Schuldner zwar den Insolvenzgläubigern gegenüber (§ 201 InsO), nicht aber gegenüber den Massegläubigern, da deren Verbindlichkeiten gerade nicht durch den Schuldner selbst sondern durch den Insolvenzverwalter für die Insolvenzmasse begründet worden sind.[3]

---

[1] *Uhlenbruck* in: *Uhlenbruck,* InsO, § 90 Rdn. 2; zum missglückten Wortlaut der Norm *Breuer* in: MüKo-InsO, § 90 Rdn. 9 ff.

[2] BGHZ 154, 358 = NZI 2003, 369 m. Anm. *Uhlenbruck;* dazu *Pape* in: *Kübler/Prütting,* InsO, § 210 Rdn. 8 a; *Uhlenbruck* in: *Uhlenbruck,* InsO, § 210 Rdn. 6; *Hefermehl* in: MüKo-InsO, § 210 Rdn. 23; *Runkel/Schnurbusch,* NZI 2000, 49; zur Geltendmachung der Masseunzulänglichkeit, wenn aus einem Leistungsurteil die Zwangsvollstreckung betrieben wird LG Heilbronn ZIP 2002, 1214, dazu EWiR 2002, 923 *(Keller).*

[3] *Uhlenbruck* in: *Uhlenbruck,* InsO, § 201 Rdn. 2; *Klopp/Kluth* in: *Gottwald,* § 58 Rdn. 18; kritisch *Häsemeyer,* Rdn. 25.30, der eine unbeschränkte Nachhaftung des Schuldners mit einer Art Verursachungsprinzip begründet.

3. Die Insolvenzgläubiger

a) Die nicht nachrangigen Insolvenzgläubiger nach § 38 InsO

aa) Die Definition des Insolvenzgläubigers

Insolvenzgläubiger ist, wer im Zeitpunkt der Eröffnung des Insolvenzverfahrens gegen den Schuldner einen begründeten Vermögensanspruch geltend machen kann (§ 38 InsO). Diese Definition grenzt den Insolvenzgläubiger sowohl vom Massegläubiger, dessen Anspruch nach Insolvenzeröffnung durch den Insolvenzverwalter begründet wird, als auch vom Neugläubiger ab. Gleichzeitig wird die einschneidende Wirkung des Zeitpunkts der Insolvenzeröffnung deutlich: Nur die bei Insolvenzeröffnung vorhandenen Gläubiger sollen als Insolvenzgläubiger aus der Insolvenzmasse befriedigt werden. 348

Als Vermögensanspruch im Sinne des § 38 InsO ist jeder Anspruch auf Leistung von Geld oder einer Sache oder Sachgesamtheit anzusehen. In gedankliche Hilfestellung kann als Vermögensanspruch angesehen werden, was gegen den Schuldner durch Erhebung von Leistungsklage eingeklagt und durch Zwangsvollstreckung in das Vermögen des Schuldners verwirklicht werden kann. Demnach sind Ansprüche auf Vornahme bestimmter Handlungen, Ansprüche auf Unterlassung, Beseitigungsansprüche oder auch Gestaltungsrechte keine Insolvenzforderungen. Hier könnte gegen den Schuldner zwar Leistungsklage erhoben werden, Zwangsvollstreckung erfolgt je nach Art des Anspruchs aber nach §§ 887ff. ZPO und nicht als Vollstreckung in das Vermögen des Schuldners. Vermögensanspruch im Sinne des § 38 InsO ist letztlich jeder Anspruch der in Leistung von Geld besteht oder in einen Geldwert umgerechnet werden kann. Als Insolvenzforderung sind neben der Hauptforderung auch die Kosten der Rechtsverfolgung und insbesondere die noch nicht verjährten Zinsen der Hauptforderung bis zum Zeitpunkt der Insolvenzeröffnung anzusehen. 349

Der Vermögensanspruch des Gläubigers muss gegen den Schuldner persönlich gerichtet sein, der Schuldner muss unmittelbar Verpflichteter des Anspruchs sein. Unerheblich ist, worin der Anspruch seine Grundlage hat, er kann im allgemeinen Schuldrecht, im Deliktsrecht, im Familienrecht oder Nachlassrecht seinen Grund haben, er kann vertraglich oder auch gesetzlich begründet sein. Auch sämtliche öffentlich-rechtlichen Ansprüche, insbesondere Steuer- und Abgabenforderungen sind Insolvenzforderungen, soweit der Schuldner unmittelbar Zahlungspflichtiger ist. Die Leistungspflicht muss aber nicht gegen den Schuldner allein gerichtet sein, der Gläubiger ist auch dann Insolvenzgläubiger, wenn der Schuldner zusammen mit anderen Personen in Schuldnermehrheit (Gesamtschuldnerschaft oder Teilschuldnerschaft) haftet. Ein Vermögensanspruch mit persönlicher Haftung des Schuldners im Sinne des § 38 InsO liegt nicht vor, wenn der Schuldner zur 350

Herausgabe eines bestimmten Gegenstandes verpflichtet ist oder wenn er mit einem Gegenstand oder einem Recht der Insolvenzmasse nur dinglich haftet. In diesen Fällen ist der Gläubiger des Herausgabe- oder des Duldungsanspruchs Aussonderungsberechtigter (§ 47 InsO) oder Absonderungsberechtigter (§§ 49 ff. InsO).

351 Der Anspruch muss schließlich im Zeitpunkt der Insolvenzeröffnung begründet sein. Dies liegt vor, wenn die den Anspruch begründenden Tatbestände vor Insolvenzeröffnung vollständig erfüllt sind. Bei vertraglich zu begründenden Ansprüchen muss damit der Vertrag wirksam vor Insolvenzeröffnung geschlossen sein, bei gesetzlichen Ansprüchen müssen alle Tatbestandsvoraussetzungen der entsprechenden Haftungsnorm (beispielsweise § 823 Abs. 1 BGB) vor Insolvenzeröffnung erfüllt sein.[1] § 38 InsO verlangt nicht, dass die Insolvenzforderung bei Insolvenzeröffnung bereits fällig ist; sie kann als aufschiebend bedingte Forderung auch noch von einer Bedingung abhängen, die erst nach Insolvenzeröffnung eintritt. Insgesamt genügt für die Begründetheit der Forderung im Sinne des § 38 InsO das Entstehen einer gewissen Forderungsanwartschaft für den Gläubiger, eine lediglich künftige Forderung ohne ausreichende Rechtsposition ist keine Insolvenzforderung.

352 Die Qualifikation als Insolvenzforderung mit dem Tatbestandsmerkmal der Begründetheit bei Insolvenzeröffnung ist insbesondere bei Steuerforderungen schwierig und umstritten.[2] Allgemein ist eine Steuerforderungen dann Insolvenzforderung, wenn der zur Steuerpflicht führende Tatbestand vor Insolvenzeröffnung verwirklicht ist, auf die Feststellung der Steuerpflicht seitens der zuständigen Behörde kommt es nicht an. Je nach der Steuerart ist demnach nur zu unterscheiden, wann und in welchem Umfang eine Steuerforderung Insolvenzforderung ist: Beispielsweise entsteht der Anspruch auf Umsatzsteuer gegen den Unternehmer mit Tätigung des Umsatzgeschäftes. Liegt dieses vor Insolvenzeröffnung, ist der Anspruch auf Umsatzsteuer Insolvenzforderung.[3] Der Anspruch auf Grundsteuer entsteht dagegen kraft Gesetzes am 1. Januar eines Jahres für das gesamte Kalenderjahr (§ 28 GrdStG), die Grundsteuer des bei Eröffnung laufenden Kalenderjahres ist damit Insolvenzforderung.[4] Ist der Schuldner zur Einkommensteuer veranlagt, beginnt mit Eröffnung des Insolvenzverfahrens ein neues steuerliches Wirtschaftsjahr, die für das Kalenderjahr einheitliche Einkommen-

---

[1] Zum Kostenerstattungsanspruch aus vorkonkurslichem Prozess OLG München NZI 1999, 498 = ZIP 2000, 31.

[2] Allgemein BFH NZI 2005, 276 m. Anm. *App* = ZIP 2005, 266, dazu EWiR 2005, 475 *(Onusseit)*; *Henckel* in: *Jaeger*, InsO, § 38 Rdn. 126 ff.; *Ehricke* in: MüKo-InsO, § 38 Rdn. 79 ff.; *Uhlenbruck* in: *Uhlenbruck*, InsO, § 38 Rdn. 6; *Klopp/Kluth* in: *Gottwald*, § 19 Rdn. 19, 20; *Frotscher* ebenda, § 62; eingehend *Onusseit/Kunz*, Rdn. 290 ff.

[3] *Onusseit/Kunz*, Rdn. 337, 338.

[4] *Pape* in: *Kübler/Prütting*, InsO, § 55 Rdn. 16; *Frotscher* in: *Gottwald*, § 123 Rdn. 12; *Frege/Keller/Riedel*, Rdn. 963.

steuerschuld ist dann in Insolvenzforderung und Neuverbindlichkeit gegen den Schuldner aufzuteilen.[1] Gleiches gilt für die Kraftfahrzeugsteuer.[2]

Als besonders schwerwiegend wird die zeitliche Zäsur des § 38 InsO bei Unterhaltsforderungen angesehen, die gegen den Schuldner gerichtet sind. Unterhaltsforderungen aus der Zeit vor Insolvenzeröffnung sind Insolvenzforderungen im Sinne des § 38 InsO. Die Unterhaltsforderungen, die gegen den Schuldner nach Insolvenzeröffnung entstehen, sind aber weder Insolvenzforderung noch Masseverbindlichkeit (soweit nicht Unterhalt aus der Insolvenzmasse nach § 100 InsO gewährt wird) sondern so genannte Neuforderung. Der Unterhaltsgläubiger als Neugläubiger nimmt am Insolvenzverfahrens überhaupt nicht teil, auf das Vermögen des Schuldners kann er nur soweit Zugriff nehmen, als dieses insolvenzfrei ist. Das in der Praxis einzige lohnenswerte Zugriffsobjekt ist für den Unterhaltsgläubiger das laufende Arbeitseinkommen des Schuldners, das ihm im bevorrechtigten Umfang des § 850d ZPO zur Verfügung steht (§ 89 Abs. 2 Satz 2 InsO).[3] 353

Sämtliche Insolvenzgläubiger nach § 38 InsO sind untereinander gleichrangig, der Gesetzgeber beseitigte mit der Insolvenzordnung sämtliche bisher bestehenden Konkursvorrechte nach § 61 KO oder § 17 GesO.[4] Es stehen damit die Forderungen der Lieferanten gleichrangig gegenüber denen des Steuerfiskus, die Forderungen der Arbeitnehmer gleichrangig gegenüber denen der Banken. Eine vollständige Gläubigergleichbehandlung wird aber auch in der Insolvenzordnung nicht durchgehalten, der Insolvenzgläubiger, der an einem Gegenstand oder Recht der Insolvenzmasse abgesonderte Befriedigung verlangen kann, hat mindestens wirtschaftlich gesehen ein Vorrecht gegenüber den anderen ungesicherten Gläubigern. 354

bb) Besondere Arten von Insolvenzforderungen

Die Behandlung von Insolvenzforderungen, die hinsichtlich ihres Inhalts oder der Leistungspflicht Besonderheiten aufweisen, regeln die §§ 41 ff. InsO:[5] 355

– Noch nicht fällige Insolvenzforderungen (betagte Forderungen) gelten kraft Gesetzes im Zeitpunkt der Insolvenzeröffnung als fällig 356

---

[1] *Henckel* in: *Jaeger,* InsO, § 38 Rdn. 135 ff.; *Frotscher* in: *Gottwald,* § 120 Rdn. 15, 16; zur in sich selbst streitigen Rechtsprechung der Senate des Bundesfinanzhofs betreffs die Behandlung der Einkommensteuer in der Insolvenz *Onusseit/Kunz,* Rdn. 294 ff., 475 ff.

[2] BFH NZI 2005, 279 m. Anm. *Gundlach/Frenzel* = ZIP 2005, 264.

[3] Ausführlich *Keller* in: *Gottwald/Riedel,* , Teil 6/6.8.3.

[4] Begründung des Regierungsentwurfs BT-Drucks. 12/2443, S. 81; dagegen kannte schon das römische Konkursrecht Vorrechte für bestimmte Forderungen, beispielsweise für den Fiskus und die Ehefrau des Schuldners wegen Rückzahlung der Mitgift, *Keller,* Concursus, S. 18, 29; zum Gleichbehandlungsgrundsatz auch *Häsemeyer,* Rdn. 2.17, 2.28.

[5] Allgemein *Bitter,* NZI 2000, 399.

(§ 41 Abs. 1 InsO); ist die Forderung verzinslich, kann der Gläubiger Zinsen nur bis zur Insolvenzeröffnung geltend machen, die weiteren Zinsen nach Insolvenzeröffnung sind nachrangige Insolvenzforderung nach § 39 Abs. 1 Nr. 1 InsO. Ist die betagte Forderungen unverzinslich, ist sie für die Zeit von Insolvenzeröffnung bis zur späteren Fälligkeit mit dem gesetzlichen Zinssatz (§ 246 BGB, § 352 HGB) abzuzinsen (§ 41 Abs. 2 InsO). Dem Gläubiger wird gleichsam der imaginäre Vorteil genommen, den er durch frühere Fälligkeit und Leistung seiner unverzinslichen Forderung erhält. Die Abzinsung wird allgemein nach der so genannten „Hoffmannschen Formel“ berechnet:[1]

$$x \text{ (Wert der Forderung bei Eröffnung)} = \frac{36.500 \times \text{Nennbetrag}}{36.500 + (4\ [\text{Zinssatz}] \times \text{Tage bis Fälligkeit})}$$

Die Berechnung des von der Forderung abzuziehenden Zinsvorteils kann auch nach allgemeiner Zinsrechnung für den Zeitraum von der Insolvenzeröffnung bis zur ursprünglichen Fälligkeit der Forderung erfolgen. Die Formel lautet dann:

$$x \text{ (abzuziehender Zinsvorteil)} = \frac{\text{Nennbetrag} \times 0{,}04\ [\text{Zinssatz}]}{365} \times \text{Tage bis Fälligkeit}$$

357 **Beispiel 13:** Der Gläubiger hat gegen den Schuldner eine am 1. August fällige unverzinsliche Forderung von 12.000 EUR; Insolvenzeröffnung erfolgt am 1. Juni. Der Betrag der Forderung ist für den 1. Juni zu bestimmen, dem Gläubiger sind die für die Zeit von 1. Juni bis 1. August entfallenden Zinsen auf die Forderung abzuziehen. Sie beträgt abgezinst noch 11.920,31 EUR.

358 – Auflösend bedingte Forderungen werden wie unbedingte Forderungen geltend gemacht und erhalten aus der Insolvenzmasse volle Zuteilung (§ 42 InsO). Tritt die auflösende Bedingung vor der Verteilung ein, fällt die Forderung weg und kann selbstverständlich keine Zuteilung mehr erhalten.

359 – Eine aufschiebend bedingte Forderung ist zunächst wie eine unbedingte Forderung zu behandeln, der bei der Verteilung auf sie entfallende Anteil ist aber bis zum Eintritt der aufschiebenden Bedingung zurückzubehalten (§ 191 Abs. 1 Satz 2 InsO).

360 – Eine Forderung, deren Inhalt nicht auf Zahlung von Geld gerichtet ist, ist nach § 45 InsO in ihrem umgerechneten Geldwert geltend zu machen. Der Gläubiger hat den umgerechneten Geldwert zur Insolvenztabelle anzumelden, mit Feststellung der Forderung wird sie in eine Geldforderung umgewandelt. Soweit Streit über die Höhe der

---

[1] *Uhlenbruck* in: *Uhlenbruck*, InsO, § 41 Rdn. 10; die Formel basiert auf der Zinsrechnung nach Kalendertagen, bei Rechnung nach Bankzinstagen ist von 360 Tagen auszugehen und jeweils mit „36.000“ zu rechnen.

angemeldeten Forderung besteht, ist dieser im Feststellungsprozess nach § 179 InsO zu klären.[1]

- Forderungen auf wiederkehrende Leistungen sind mit dem Zwischenzinsabzug nach § 41 Abs. 2 InsO auf den Zeitpunkt der Insolvenzeröffnung zu kapitalisieren (§ 46 InsO). 361

Kann der Gläubiger neben seiner Insolvenzforderung abgesonderte Befriedigung an einem Gegenstand oder Recht der Insolvenzmasse geltend machen, ist er sowohl Absonderungsberechtigter als auch Insolvenzgläubiger (§ 52 Satz 1 InsO). Als Insolvenzgläubiger wird er nur mit dem Betrag berücksichtigt, mit welchem er keine abgesonderte Befriedigung erhalten hat (§ 52 Satz 2 InsO). Im Insolvenzverfahren meldet der Gläubiger seine Insolvenzforderung zur Insolvenztabelle mit dem Hinweis auf das Absonderungsrecht an, bei der Verteilung hat er nach § 190 InsO anzugeben, mit welchem Betrag er bei der abgesonderte Befriedigung ausgefallen ist. Wirtschaftlich ist es für den Gläubiger natürlich sinnvoll, eine möglichst hohe abgesonderte Befriedigung zur erhalten und den Ausfall möglichst gering zu halten. 362

Beispiel 14: Der Gläubiger hat eine Forderung in Höhe von 90.000 EUR, zur Sicherung dieser Forderung lastet am Grundstück der Insolvenzmasse eine Grundschuld in gleicher Höhe. Bei der Versteigerung des Grundstückes erhält der Gläubiger Zuteilung aus dem Versteigerungserlös in Höhe von 70.000 EUR. Sein Ausfall bei abgesonderter Befriedigung beträgt damit 20.000 EUR; mit diesem Betrag ist er Insolvenzgläubiger. Beträgt die Quote bei der Verteilung aus der Insolvenzmasse zehn Prozent, erhält er weitere 2.000 EUR. Die gesamte Befriedigung des Gläubigers beträgt damit 72.000 EUR. 363

Haftet der Schuldner dagegen nur dinglich mit dem verhafteten Gegenstand für eine fremde Forderung, kann der absonderungsberechtigte Gläubiger wegen der Forderung abgesonderte Befriedigung soweit verlangen, als das Rechtsverhältnis zum persönlichen Schuldner dies rechtfertigt; der Gläubiger ist nicht Insolvenzgläubiger im Sinne des § 38 InsO, der Schuldner ist nur zur Duldung der Zwangsvollstreckung in das Grundstück verpflichtet. 364

cc) Gesamtschuldnerische Haftung des Schuldners

Forderungen, für die der Schuldner neben anderen Schuldnern als Gesamtschuldner haftet, werden nach § 43 InsO behandelt.[2] Der Gläubiger kann gegen jeden der gesamtschuldnerisch Haftenden den vollen Betrag seiner Forderung geltend machen, den er zum Zeitpunkt der Insolvenzeröffnung geltend machen konnte. Wurde gegen mehrere oder alle Schuldner das Insolvenzverfahren eröffnet, kann er in jedem Verfahren seine volle Forderung anmelden. Seine Quote erhält der Gläubiger aus dem vollen Betrag solange, solange er insgesamt nicht voll 365

---

[1] Allgemein zur Fremdwährungsschuld in der Insolvenz BGHZ 108, 123; *Fülbier,* NJW 1990, 2797; *K. Schmidt* in: FS Merz, S. 533.

[2] Eingehend zum Anwendungsbereich der Norm *Andres* in: *Nerlich/Römermann,* InsO, § 43 Rdn. 4 ff.; *Holzer* in: *Kübler/Prütting,* InsO, § 43 Rdn. 6 ff.

befriedigt ist. § 43 InsO beinhaltete damit eine kompromisslose Durchführung des Prinzips der gesamtschuldnerischen Haftung aus § 421 BGB.

366 **Beispiel 15:** Die Freunde A, B und C schulden gesamtschuldnerisch dem Gläubiger 1.200 EUR. Vor Insolvenzeröffnung zahlt A dem Gläubiger 300 EUR. Über das Vermögen der drei Freunde wird gleichzeitig jeweils das Insolvenzverfahren eröffnet. Der Gläubiger kann in jedem Insolvenzverfahren dem vollen Betrag seiner Forderung von noch 900 EUR geltend machen. Seine Insolvenzquote erhält er in jedem Verfahren auf diesen Betrag, solange er insgesamt nicht vollständig befriedigt ist. Hinsichtlich der Ausgleichsforderung von 300 EUR nach § 425 Abs. 1 BGB haften B und C dem A gegenüber ebenfalls gesamtschuldnerisch, er kann diesen Betrag gleichfalls als Insolvenzgläubiger geltend machen. Der Haftungsumfang in den Insolvenzverfahren des B und des C hat sich nicht erhöht, gegen beide werden Forderungen von insgesamt 1.200 EUR geltend gemacht.

367 Besondere Bedeutung erfährt die Regelung des § 43 InsO im Rahmen der Haftung eines Bürgen nach §§ 765 ff. BGB. Spätestens mit Eröffnung des Insolvenzverfahrens über das Vermögen des Schuldners entfällt für den Bürgen die Einrede der Vorausklage nach § 773 Abs. 1 Nr. 3 BGB, Schuldner und Bürge haften dem Gläubiger gegenüber nunmehr gesamtschuldnerisch. Für die Haftung des Bürgen und die Geltendmachung der Forderung im Insolvenzverfahren ergeben sich folgende Fallkonstellationen:

368 – Befriedigt der Bürge die Forderung vor Insolvenzeröffnung ganz oder teilweise, geht sie insoweit auf ihn über (§ 774 Abs. 1 S. 1 BGB); der Gläubiger kann und braucht sie nicht mehr zur Insolvenztabelle anmelden.[1] Stattdessen kann der Bürge die übergegangene Forderung im Insolvenzverfahren geltend machen. Befriedigt der Bürge den Gläubiger nur teilweise, könnte durch seine Teilnahme am Insolvenzverfahren die Befriedigung des Gläubigers hinsichtlich seiner restlichen Forderung negativ beeinträchtigt sein, weil die Insolvenzquote gemindert wird. § 774 Abs. 1 Satz 2 BGB verbietet aber dem Bürgen, die auf ihn übergegangene Forderung zum Nachteil des Gläubigers geltend zu machen. Dieser durch die Teilnahme des Bürgen am Insolvenzverfahren entstehende Quotennachteil ist nach allgemeiner Ansicht jedoch erst nach Beendigung des Insolvenzverfahrens – erst dann steht er letztlich fest – vom Gläubiger gegenüber dem Bürgen geltend zu machen, im Insolvenzverfahren ist er nicht zu berücksichtigen.[2]

369 – Befriedigt der Bürge den Gläubiger nach Insolvenzeröffnung, tritt zwar auch der Forderungsübergang nach § 774 Abs. 1 S. 1 BGB ein, der Gläubiger kann aber mit seinem vollen Betrag noch am Verfahren teilnehmen und quotale Befriedigung aus der Gesamtforderung

---

[1] *Eickmann* in: HK-InsO, § 43 Rdn. 9.

[2] *Uhlenbruck* in: *Uhlenbruck*, InsO, § 43 Rdn. 19 m.w.N.; anders (Berücksichtigung bei Verteilung durch Insolvenzverwalter) *Eickmann* in: HK-InsO, § 43 Rdn. 8, 10.

verlangen. Der Bürge kann mit der auf ihn übergegangenen Forderung nicht am Insolvenzverfahren teilnehmen, er ist insoweit nicht Insolvenzgläubiger im Sinne des § 38 InsO ist.[1] Erst wenn die Zahlungen durch den Bürgen an den Gläubiger sowie die Zuteilungen aus der Masse seine Gesamtforderung übersteigen, erfolgt eine Kürzung der Zuteilung.

Beispiel 16: In der Insolvenz des Schuldners zahlt der Bürge auf die Hauptforderung des Gläubigers von 100.000 EUR einen Teilbetrag von 60.000 EUR; die Insolvenzquote beträgt zehn Prozent. Der Bürge kann mit seinem übergegangenen Anspruch nun nicht am Verfahren teilnehmen, der Gläubiger erhält Zuteilung aus 100.000 EUR (§ 43 InsO). Erst wenn Zuteilung und Zahlungen des Bürgen diese Gesamtforderung übersteigen, wird die Quote für den Gläubiger gekürzt. 370

Mit dem nach Insolvenzeröffnung auf den zahlenden Gesamtschuldner (Bürgen) übergegangenen Anspruch kann dieser nur unter der Voraussetzung des § 44 InsO am Insolvenzverfahren teilnehmen. Voraussetzung ist, dass der Gläubiger seine Forderung in Höhe des vom Gesamtschuldner (Bürgen) gezahlten Betrages nicht mehr geltend macht. Der Gläubiger wird dies regelmäßig nicht tun, da er damit seine eigene Quote schmälert. Befriedigt der Gesamtschuldner (Bürgen) den Gläubiger vollständig, kann er ohne die Beschränkung des § 44 InsO am Insolvenzverfahren teilnehmen, da der Gläubiger als solcher vollständig weggefallen ist. 371

b) Die nachrangigen Insolvenzforderungen nach § 39 InsO

Im Range nach den Insolvenzforderungen des § 38 InsO sind die so genannten nachrangigen Insolvenzforderungen des § 39 Abs. 1 InsO zu befriedigen. Es handelt sich hierbei um Forderungen, die bisher von der Teilnahme am Konkursverfahren ausgeschlossen waren (§ 63 KO), die der Gesetzgeber nunmehr aber ausdrücklich in das Verfahren einbinden will.[2] Aussicht auf Befriedigung haben die nachrangigen Insolvenzforderungen in der Praxis nicht, da so gut wie nie alle gewöhnlichen Insolvenzforderungen vollständig befriedigt werden können. Die Beteiligungsmöglichkeiten der nachrangigen Insolvenzgläubiger im Insolvenzverfahren sind deshalb auch sehr eingeschränkt: Sie dürfen ihre Forderung nur nach besonderer Aufforderung des Gerichts zur Tabelle anmelden (§ 174 Abs. 3 InsO) und sind in der Gläubigerversammlung nicht stimmberechtigt (§ 77 Abs. 1 Satz 2 InsO). In einem Insolvenzplan gelten die nachrangigen Insolvenzforderungen im Zweifel als erlassen (§ 225 InsO). 372

Nachrangige Insolvenzgläubiger nach § 39 Abs. 1 InsO sind: 373

- Nr. 1: Die seit Insolvenzeröffnung laufenden Zinsen der Insolvenzforderungen; unter Berücksichtigung des § 41 Abs. 1 InsO sind die 374

[1] BGHZ 27, 51; *Uhlenbruck* in: *Uhlenbruck*, InsO, § 44 Rdn. 1.
[2] Begründung des Regierungsentwurfs BT-Drucks. 12/2443, S. 123.

Zinsen der Insolvenzforderungen bis zur Insolvenzeröffnung unter § 38 InsO zu subsumieren. Umgekehrt ist jeder Insolvenzgläubiger hinsichtlich der weiter laufenden Zinsen auch nachrangiger Gläubiger. Umstritten ist, ob auch Säumniszuschläge auf öffentlich-rechtliche Forderungen als laufende Zinsen anzusehen sind. Die verwaltungs-, sozial- und finanzgerichtliche Rechtsprechung sah sie im früheren Konkursrecht überwiegend als bevorrechtigte Konkursforderung an.[1] Ob Säumniszuschläge auf eine Insolvenzforderung des § 38 InsO nach Insolvenzeröffnung[2] erhoben werden können, ist nicht abschließend geklärt. Im Insolvenzverfahren können Säumniszuschläge jedenfalls nicht mehr als besonderes Druckmittel gegenüber dem Schuldner angesehen werden, es sollte ein Erlass nach § 227 AO in Betracht kommen.[3]

375 – Nr. 2: Die den einzelnen Gläubigern durch die Teilnahme am Insolvenzverfahren erwachsenden Kosten; hier wird klargestellt, dass der Gläubiger die Kosten eines Verfahrensbevollmächtigten oder etwa eigene Reisekosten nicht als Insolvenzforderungen geltend machen kann.

376 – Nr. 3: Geldstrafen, Geldbußen, Ordnungsgelder und Zwangsgelder; die Einbeziehung dieser Forderungen in das Insolvenzverfahren wird überwiegend als missglückt angesehen, weil der Strafcharakter dieser Forderungen verloren zu gehen droht.[4] Die nachrangigen Insolvenzgläubiger unterliegen wie die gewöhnlichen Insolvenzgläubiger nämlich dem Vollstreckungsverbot des § 89 InsO, es wäre damit der Vollstreckungsbehörde untersagt, die Geldstrafe beim Schuldner zwangsweise beizutreiben; wurde der Schuldner zu einer Geldstrafe verurteilt, bleibt nur die Vollziehung der Ersatzfreiheitsstrafe nach § 459e StPO, wenn der Schuldner die Geldstrafe nicht aus seinen insolvenzfreiem Vermögen zahlt oder von dritter Seite zahlen lässt.[5]

377 – Nr. 4: Forderungen auf eine unentgeltliche Leistung des Schuldners; unter diese Vorschrift fallen nicht vollzogene Schenkungsversprechen des Schuldners an Dritte. Für die Frage, ob eine Forderung auf eine unentgeltliche Leistung gerichtet ist, ist eine wirtschaftliche Betrachtungsweise maßgebend, die Gegenleistung des Gläubigers muss nicht aus einem Gegenseitigkeitsverhältnis herrühren.

---

[1] Für das Steuerrecht BFH WM 1983, 1218; für Sozialversicherungsbeiträge BSG ZIP 1983, 965; für die Erhebung von Säumniszuschlägen bei Masselosigkeit BSG ZIP 1999, 887 (Winterbauumlage); *Kuhn/Uhlenbruck*, KO, § 3 Rdn. 34a; *Hess/Weis/Wienberg*, InsO, § 55 Rdn. 626ff.; beinahe wörtlich ebenso *Boochs* in: FK-InsO, § 155 Rdn. 433.

[2] Bereits vor Insolvenzeröffnung festgesetzte Zuschläge fallen nicht unter § 39 Abs. 1 Nr. 1 oder 3 InsO, BFH ZIP 2005, 1035.

[3] *Hess/Weis/Wienberg*, InsO, § 55 Rdn. 630; einschränkend BFH ZIP 2001, 427.

[4] *Uhlenbruck* in: *Uhlenbruck*, InsO, § 39 Rdn. 7; *Franke*, NStZ 1999, 548; *Zeitler*, Rpfleger 2001, 337.

[5] Zur zulässigen Verhängung der Ersatzfreiheitsstrafe LG Leipzig ZIP 2002, 142.

- Nr. 5: Forderungen auf Rückgewähr kapitalersetzender Leistungen; die Ansprüche der Gesellschafter einer Gesellschaft mit beschränkter Haftung auf Rückgewähr kapitalersetzender Leistungen waren in früheren Konkursrecht nach § 32a GmbHG von der Teilnahme am Konkursverfahren ausgeschlossen. Sie sind nunmehr nachrangige Insolvenzforderungen an letzter Rangstelle. 378

Für das Nachlassinsolvenzverfahren bestimmt § 327 Abs. 1 InsO weitere nachrangige Verbindlichkeiten, die im Range nach den in § 39 Abs. 1 InsO bezeichneten Verbindlichkeiten zu erfüllen sind; es sind dies die Ansprüche der Pflichtteilsberechtigten sowie der Vermächtnisnehmer. 379

4. Der Aussonderungsberechtigte nach § 47 InsO

a) Die systematische Einordnung von Aussonderung und Absonderung

Bei Beginn des Insolvenzverfahrens findet der Insolvenzverwalter regelmäßig Vermögenswerte vor, die nicht im Eigentum des Schuldners stehen oder an denen bestimmte Sicherungsrechte und Ansprüche, zum Beispiel Pfandrechte, bestehen. Grundstücke des Schuldners sind regelmäßig mit Grundpfandrechten belastet, der Warenbestand des Unternehmens unterliegt oft Eigentumsvorbehalten oder verschiedenen Sicherungsübereignungen. Der Dritte, der ein Recht an dem Gegenstand hat, muss auch Insolvenzverfahren die Möglichkeit haben, seine Rechte geltend zu machen und den Gegenstand herauszuverlangen. Diese Rechte Dritter werden gesichert durch: 380

- Aussonderung (§ 47 InsO), wenn der Dritte Eigentümer eines Gegenstandes ist, der sich im Besitz des Schuldners befindet, oder wenn er sonst einen Herausgabeanspruch geltend machen kann.
- Absonderung (§§ 49ff. InsO), wenn der Dritte ein Pfandrecht am Gegenstand hat oder seine Forderung gegen den Schuldner durch Sicherungsübereignungen oder bestimmte Eigentumsvorbehalte an Vermögensgegenständen abgesichert sind.

Gerade die übermäßige Belastung der Insolvenzmasse mit Absonderungsrechten wurde in früheren Konkursrecht als Missstand empfunden, es wurde von einer Belastung der Masse zu Gunsten der gesicherten Gläubiger und zu Lasten der nicht gesicherten Gläubiger in Höhe von achtzig Prozent gesprochen.[1] Die Insolvenzordnung will diesem Mangel nicht durch Abschaffung der besonderen Sicherungsrechte begegnen sondern durch Einbindung der Berechtigten in das Verfahren. Der Absonderungsberechtigte ist zur Teilnahme an der Gläubigerversammlung berechtigt und erhält Stimmrecht auf sein Absonderungs- 381

[1] Begründung des Regierungsentwurfs BT-Drucks. 12/2443, S. 86.

recht (§ 76 Abs. 2 und § 77 Abs. 3 Nr. 2 InsO). Das Rechte zur Verwertung des mit einem Absonderungsrecht behafteten Gegenstandes steht anders als im bisherigen Konkursrecht (§ 126 KO) nunmehr dem Insolvenzverwalter zu, der Absonderungsberechtigte wird zudem an den Kosten der Verwertung des Gegenstandes oder des Rechtes beteiligt (§§ 170, 171 InsO).

b) Das Aussonderungsrecht nach § 47 InsO

382 Durch Aussonderung macht ein Dritter gegenüber dem Insolvenzverwalter geltend, dass er ein dingliches oder persönliches Recht an einem Gegenstand hat, und dieser Gegenstand daher nicht Bestandteil der Insolvenzmasse gemäß § 35 InsO ist. Nach § 47 Satz 2 InsO sind Aussonderungsrechte außerhalb des Insolvenzverfahrens geltend zu machen. Sie sind gegenüber dem Insolvenzverwalter als Besitzer der Masse so geltend zu machen, wie das materielle Recht es für den jeweiligen Anspruch erfordert. In der Regel hat der Aussonderungsberechtigte Herausgabe nach § 985 BGB zu verlangen und gegebenenfalls den Insolvenzverwalter hierauf zu verklagen, die Aussonderung kann je nach Gegenstand der Aussonderung und materiellem Recht aber auch auf Einräumung des Besitzes nach §§ 861, 1007 BGB oder auf Grundbuchberichtigung gehen (§ 894 BGB).

383 Ein materielles Recht auf Aussonderung verleihen dingliche oder persönliche Herausgabeansprüche, Leistungsansprüche im Sinne der Verschaffung des Eigentums an einer Sache können keine Aussonderung begründen, sie sind gewöhnliche Insolvenzforderung, die nicht auf einen Geldbetrag gerichtet ist (§ 45 InsO). Zur Aussonderung berechtigen nur Ansprüche und Rechtspositionen, die das allgemeine Recht zulässt, die Insolvenzordnung nennt hierzu keine Aufzählung. Vertraglich lassen sich für den Fall der Insolvenzeröffnung keine Aussonderungsrechte vereinbaren. Aussonderungsrechte ergeben sich aus materiellem Recht und sind danach zu beurteilen, ob sie aus einer dinglichen Rechtsposition stammen oder als persönlicher Anspruch eine Leistung zum Gegenstand haben, die nicht in der Verschaffung eines dinglichen Rechts liegt. Aussonderungsfähige Rechte sind:

384 – Das Eigentum; der Eigentumsanspruch ist letztlich aus § 985 BGB gegeben, der Schuldner darf kein Recht zum Besitz aus § 986 BGB haben. Auch das Miteigentum des Schuldners mit einem Dritten begründet für diesen ein Aussonderungsrecht auf Herausgabe des betreffenden Gegenstandes an die Gemeinschaft zwecks Auseinandersetzung (§§ 1011, 432 BGB, § 84 Abs. 1 InsO, §§ 749, 752 BGB).

385 – Der Besitz; der frühere Besitzer einer Sache kann Herausgabeansprüche aus §§ 861, 1007 BGB haben, diese begründen ein Aussonderungsrecht in der Insolvenz des fehlerhaften Besitzers.

- Der Erbschaftsanspruch; der Erbe kann in der Insolvenz des Erbschaftsbesitzers neben den Eigentums- und Besitzansprüchen auch §§ 2018 ff. BGB aussonderungsgleich geltend machen. 386
- Beschränkte dingliche Rechte an Grundstücken können ausgesondert werden, wenn sie als zum Schuldnervermögen gehörig im Grundbuch ausgewiesen sind, dies der Rechtslage aber nicht entspricht. Ausgesondert wird nicht das belastete Grundstück – das unter Umständen auch dem Schuldner nicht gehört –, sondern das Recht am Grundstück. Der Aussonderungsanspruch geht hier auf Grundbuchberichtigung nach § 894 BGB. 387
- Forderungen sind aussonderungsfähig, wenn sie nicht dem Schuldner zustehen sondern zum Beispiel wegen vorheriger wirksamer Abtretung einem Dritten; auch ein Gläubiger des Schuldners kann eine Forderung aussondern, wenn er diese wirksam vor Insolvenzeröffnung gepfändet und sich an Zahlungs Statt (nicht zur Einziehung) hat überweisen lassen (§§ 829, 835 Abs. 2 ZPO). Die Forderung steht als Vermögenswert in diesen Fällen nicht der Insolvenzmasse sondern dem Zessionar oder dem Gläubiger zu. Streng davon zu unterscheiden ist freilich die Sicherungszession, die nur zur Sicherung einer Forderung gegen den Schuldner erfolgt und deshalb nach § 51 Nr. 1 InsO lediglich ein Absonderungsrecht gewährt. 388
- Persönliche Herausgabeansprüche können auch Aussonderungsrechte begründen; zum Beispiel der Rückgabeanspruch des Vermieters oder Verpächters an der vermieteten Sache (§ 546 BGB). Der Anspruch des Verleihers nach § 604 BGB begründet ein Aussonderungsrecht ebenso wie der des Hinterlegers nach § 695 BGB; der Herausgabeanspruch des Auftraggebers auf das durch den Auftrag Erlangte nach § 667 BGB begründet nur dann ein Aussonderungsrecht, wenn der Auftraggeber an der herauszugebenden Sache bereits ein dingliches Recht hat, nicht also lediglich einen Übereignungsanspruch. 389

Beispiel 17: H und S haben über verschiedene Gegenstände folgende Vereinbarungen getroffen: 390

a: H hat dem S einen Wagen geliehen.
b: H hat dem S einen Wagen verkauft und übereignet, der Kaufpreis steht noch aus.
c: H hat dem S einen Wagen verkauft und übereignet; der Kaufvertrag war jedoch nichtig.

Über das Vermögen des S wird das Insolvenzverfahren eröffnet.

Im Grundfall a ist H immer noch Eigentümer des Wagens. Der Verleiher kann nach Ende der Leihzeit die Sache zurückverlangen (§ 604 BGB), daneben hat er als Eigentümer Anspruch aus § 985 BGB. Diese Ansprüche begründen im Insolvenzverfahren ein Aussonderungsrecht nach § 47 InsO. In Fall b hat H einen Anspruch auf Kaufpreiszahlung nach § 433 Abs. 2 BGB, dieser ist gewöhnliche Insolvenzforderung, Rückübereignung des Wagens kann der Verkäufer nicht verlangen, ihm steht erst recht kein Aussonderungsrecht zu. Nach Fall d besteht wegen des nichtigen Grundgeschäfts ein Anspruch auf Rückübereignung des Wagens nach § 812 Abs. 1 S. 1 erste Alternative BGB, auch hier handelt es sich nur um einen Verschaffungsanspruch, der in der Insolvenz eine Insolvenzforderung nach § 38 InsO darstellt. Allein wenn die Nichtigkeit ausnahmsweise auf § 138 BGB beruht oder das Grundgeschäft wegen arglistiger Täuschung oder Drohung angefochten wurde (§ 123 BGB) erfasst die Nichtigkeit auch das sachenrechtliche Verfügungsgeschäft (*Mayer-Maly* in: MüKo-BGB, § 138 Rdn. 139, 140; allgemein *Medicus,* Allgemeiner Teil des BGB, Rdn. 231 ff.). In diesem Fall wäre H noch Eigentümer des Wagens und hätte ein Aussonderungsrecht.

391 **Beispiel 18** (BGHZ 148, 252): P vermietete an die V-GmbH ein Betriebsgrundstück einschließlich wesentlicher Bestandteile. Wegen erheblicher Mietrückstände kündigt der Vermieter den Mietvertrag und verlangt von der inzwischen insolventen V-GmbH Räumung und Herausgabe des Betriebsgrundstücks, insbesondere aber die Beseitigung der „auf den … Flächen erfolgten Verfüllungen durch Bauschutt, Müll oder ähnlichem".

Ein Aussonderungsrecht des Vermieters ergibt sich bereits aus § 985 BGB, ferner ist der Mieter nach § 546 BGB verpflichtet, nach Beendigung des Mietverhältnisses die gemietete Sache zurückzugeben. Davon ist nach Ansicht des Bundesgerichtshofs die mietvertragliche Räumungspflicht zu unterscheiden. Sie hat grundsätzlich zum Inhalt, dass der Mieter bei Vertragsende die Mietsache in vertragsgemäß geschuldetem Zustand zurückzugeben, ihn notfalls herzustellen hat. Diese weitergehende Pflicht des Mieters beruht allein auf dem von ihm abgeschlossenen Vertrag. Als Masseverbindlichkeit nach § 55 Abs. 1 Nr. 1 InsO könnte sie angesehen werden, wenn das Mietverhältnis über den Zeitpunkt der Insolvenzeröffnung hinausgeht und den Insolvenzverwalter nachvertragliche Obhutspflichten zur Vermeidung weiterer Verschlechterungen obliegen (so in BGHZ 86, 204). Die Kosten, die bei der vertragsgemäßen Herstellung eines vor Insolvenzeröffnung beendeten Mietverhältnisses anfallen, begründen lediglich eine Insolvenzforderung (vgl. auch BGHZ 72, 263). Der Bundesgerichtshof weicht in dieser Entscheidung von seiner Rechtsprechung aus den Jahren 1994 (BGHZ 127, 156) und 1988 (BGHZ 104, 304) teilweise ab. Der seinerzeit für Konkurssachen noch zuständige XII. Senat habe aber auf Rückfrage erklärt, an der früheren Rechtsauffassung nicht mehr festhalten zu wollen (BGHZ 148, 252, Begründung Abschn. II 1. b) a. E.).

c) Die Ersatzaussonderung nach § 48 InsO

392 Hinsichtlich des Gegenstands, der mit einem Aussonderungsrecht behaftet ist, ist die Rechtslage problematisch, wenn der Schuldner vor Insolvenzeröffnung oder der Insolvenzverwalter während des Verfahrens wirksam über den Gegenstand der Aussonderung verfügt haben. Insofern kann der Berechtigte keine Aussonderung mehr verlangen, weil sich der Gegenstand nicht mehr in der Insolvenzmasse befindet und ein Eigentumsübergang auf einen Dritten stattgefunden hat.

393 Bei einer wirksamen Verfügung durch den Schuldner vor Insolvenzeröffnung hätte der Berechtigte Anspruch auf Herausgabe der Gegenleistung aus § 816 Abs. 1 S. 1 BGB; dieser Anspruch ist einfache Insolvenzforderung (§ 38 InsO).[1] Bei wirksamer Verfügung durch den

[1] Unstreitig im früheren Konkursrecht, *Kuhn/Uhlenbruck*, KO, § 46 Rdn. 5; der Rechtsausschuss des Bundestages befürwortete eine Erweiterung der Norm des § 48 InsO auf den Fall der Veräußerung durch den Schuldner vor Eröffnung des In-

Insolvenzverwalter ist hinsichtlich diesen Anspruchs die Masse dem Berechtigten gegenüber ungerechtfertigt bereichert, der Anspruch auf die Gegenleistung ist Masseschuld nach § 55 Abs. 1 Nr. 3 InsO.

Die Rechte des Aussonderungsberechtigten werden im Falle einer 394
Vereitelung seines Aussonderungsrechts durch § 48 InsO geschützt.[1] Er gestattet ihm die Aussonderung der Gegenleistung aus der wirksamen Veräußerung des Gegenstandes. Als Voraussetzung des § 48 InsO muss ein wirksames Aussonderungsrecht an dem veräußerten Gegenstand bestanden haben. Der Gegenstand der Aussonderung muss vor der Insolvenzeröffnung durch den Schuldner oder nach dieser durch den Insolvenzverwalter erfolgt sein; es muss sich um eine rechtsgeschäftliche und entgeltliche Verfügung handeln; war die Veräußerung nicht rechtswirksam oder unentgeltlich, kann der Berechtigte dem Dritten gegenüber seine dinglichen Rechte geltend machen oder den Gegenstand verlangen (§ 816 Abs. 1 Satz 2 BGB). Die aus der Verfügung erbrachte Gegenleistung muss noch ausstehen oder sich unterscheidbar in der Masse befinden, nur dann kann sie wie der vorherige Gegenstand aus dieser ausgesondert werden; eine Ersatzaussonderung ist daher nicht möglich, wenn die Gegenleistung aus der Masse nicht mehr in Natur erstattet werden kann. So soll Bargeld, das der Verwalter als Gegenleistung an sich genommen und zur Barkasse der Masse genommen hat, nicht ausgesondert werden können, weil sich Bargeld stets ununterscheidbar vermischt.[2] Richtiger erscheint es aber, Miteigentum am Barbestand der Kasse anzunehmen, das dem Berechtigten ein Ersatzaussonderungsrecht gewährt, solange der Kassenbestand ausreicht.[3] Bei Einzahlung der Gegenleistung auf ein Sonderkonto oder Geschäftskonto ist Unterscheidbarkeit dagegen gewährleistet, es genügt, wenn die Gutschrift durch die Belege feststellbar ist.[4] Dies gilt auch dann, wenn die Einzahlung auf ein Kontokorrentkonto erfolgt und damit ihre rechtliche Eigenständigkeit verliert.[5]

---

solvenzverfahrens mit der Begründung, eine unterschiedliche Behandlung sei nicht gerechtfertigt, Beschlussempfehlung des Rechtsausschusses, BT-Drucks. 12/7302, S. 160; zustimmend *Andres* in: *Nerlich/Römermann,* InsO, § 48 Rdn. 2 a. E.; *Gottwald* in: *Gottwald,* § 41 Rdn. 4; nicht ganz eindeutig *Eickmann* in: HK-InsO, § 48 Rdn. 11; kritisch *Uhlenbruck* in: *Uhlenbruck,* InsO, § 48 Rdn. 3; *Häsemeyer,* Rdn. 11.19.

[1] Dazu Begründung des Regierungsentwurfs BT-Drucks. 12/2443, S. 125; entsprechend § 46 KO und § 48 InsO wurde die Ersatzaussonderung auch im Gesamtvollstreckungsverfahren anerkannt, BGHZ 139, 319; zu Einzelfragen *Ganter,* NZI 2005, 1.

[2] Palandt/*Bassenge,* BGB; § 948 Rdn. 2.

[3] OLG Köln DZWIR 1999, 83; allgemein *Ganter* in: MüKo-InsO, § 48 Rdn. 57; im Übrigen sind die Berechtigten anteilig zu befriedigen, OLG Köln ZIP 2002, 947.

[4] BGHZ 10, 376, 384; zur Scheckzahlung OLG Stuttgart ZIP 2001, 2183; eingehend *Ganter* in: MüKo-InsO, § 48 Rdn. 59 ff.

[5] BGHZ 141, 116 in Abweichung zur Rechtsprechung aus dem Jahre 1972 (BGHZ 58, 257); *Ganter* in: MüKo-InsO, § 48 Rdn. 63.

395 Liegen diese Voraussetzungen vor, kann der Berechtigte nach § 48 InsO die noch ausstehende Gegenleistung zur Abtretung an sich verlangen; der Insolvenzverwalter hat die Gegenleistung an den Berechtigten zur Befriedigung seines Aussonderungsrechts abzutreten (§ 398 BGB). Die bereits erbrachte aber noch unterscheidbar in der Masse vorhandene Gegenleistung kann er als Ersatzaussonderung herausverlangen; das Aussonderungsrecht setzt sich gleichsam an der Gegenleistung fort.

396 **Beispiel 19:** Der Maler Paul hatte seiner Freundin Rita zur Verschönerung ihrer Büroräume ein wertvolles Bild geliehen. Nach Eröffnung des Insolvenzverfahrens über das Vermögen der Rita veräußert der Insolvenzverwalter das Bild an den Kunstsammler Kurt. Der Kaufpreis von 4.800 EUR wird auf das Konto des Verwalters überwiesen. Wie ist die Rechtslage, wenn Kurt von den Eigentumsverhältnissen am Bild keine Kenntnis hatte und wenn er davon wusste?

Paul hatte an dem Bild im Insolvenzverfahren ein Aussonderungsrecht (§ 47 InsO, §§ 604, 985 BGB). Mit der Veräußerung durch den Insolvenzverwalter an den Kunstsammler wurde dieses Recht vereitelt. Die Gegenleistung wurde bereits erbracht und befindet sich nachgewiesen durch Kontoauszug unterscheidbar in der Insolvenzmasse. Paul könnte diese Gegenleistung aussonderungsgleich herausverlangen (§ 48 Satz 2 InsO, § 816 Abs. 1 S. 1 BGB).

Wenn aber der Kunstsammler von den Eigentumsverhältnissen wusste, konnte er nicht wirksam Eigentum erwerben (§ 932 Abs. 2 BGB). Der Berechtigte hat gegen den Dritten seinen Herausgabeanspruch aus § 985 BGB. Andererseits befindet sich in der Masse die Gegenleistung. Es kann der Berechtigte des Aussonderungsrechts nun wählen, ob er aussonderungsgleich aus der Masse die Gegenleistung herausverlangt und den Eigentumsübergang auf den Dritten damit genehmigt (§ 185 Abs. 2 erste Alternative BGB), oder ob er gegen den Dritten seinen Herausgabeanspruch geltend macht. Bei der unwirksamen Verfügung des Insolvenzverwalters hat damit der Berechtigte ein faktisches Wahlrecht auf Ersatzaussonderung oder Geltendmachung seiner dinglichen Ansprüche gegen den Dritten.

5. Der Absonderungsberechtigte nach §§ 49 ff. InsO

a) Grundsätze zum Absonderungsrecht

397 Der Insolvenzgläubiger muss sich bei Befriedigung seiner Forderung grundsätzlich mit der Zuteilung aus der Insolvenzquote begnügen. Zur Sicherung ihrer Forderungen lassen sich deshalb Großgläubiger stets Sicherungsrechte an beweglichen Sachen und Vermögensrechten oder Grundpfandrechte an Grundstücken des Schuldners oder eines Dritten bestellen. Auch im Geschäftsverkehr ist die gegenseitige Sicherung von Leistungsansprüchen durch Sicherungsübereignung und Eigentumsvorbehalt üblich. Zweck dieser Absicherungen und Pfandrechte ist wesentlich die Sicherung vorrangiger Befriedigung in Zwangsvollstreckung und Insolvenz des Schuldners.

398 Zumindest theoretischer Prototyp der Sicherung ist das Faustpfandrecht nach §§ 1204 ff. BGB an einer beweglichen Sache: Zur Sicherung einer Sache wird zwischen Gläubiger und Eigentümer das Pfandrecht

vereinbart und die Sache dem Gläubiger übergeben. In der Insolvenz des Schuldners der Forderung kann der Gläubiger wegen seiner Forderung Befriedigung aus der verpfändeten Sache suchen. Ein Absonderungsrecht besteht nur in den gesetzlich zugelassenen Fällen. Das Recht, das gesetzlich ein Absonderungsrecht gewährt, muss vor Insolvenzeröffnung wirksam entstanden sein. Es kann als Deckungsgeschäft aber nach §§ 130, 131 InsO der Anfechtung durch den Insolvenzverwalter unterliegen.

§§ 49 ff. InsO unterscheiden unter den Absonderungsrechten nach 399 solchen an Grundstücken und grundstücksgleichen Rechten, an beweglichen Sachen und Absonderungsrechten nach besonderer Rechtsgrundlage.

b) Die Absonderungsrechte an Grundstücken nach § 49 InsO

Das Absonderungsrecht an unbeweglichen Gegenständen regelt § 49 400 InsO. Die Vorschrift betrifft alle Rechte, die nach § 864 ZPO der Immobiliarvollstreckung unterliegen: Neben Grundstücken sind Erbbaurechte, selbstständiges Gebäudeeigentum, Miteigentumsanteile oder eingetragene Luftfahrzeuge zu nennen. Auch Zubehör im Eigentum des Grundstückseigentümers unterliegt der Hypothekenhaftung und damit abgesonderter Befriedigung nach § 49 InsO (§§ 97, 1120 BGB, § 865 ZPO).

Zur abgesonderten Befriedigung aus einem Grundstück oder einem 401 gleichstehenden Recht berechtigen nach dem Wortlaut des § 49 InsO, die Rechte, die ein Recht auf Befriedigung aus dem Grundstück gewähren. Die Vorschrift nimmt die Formulierung des § 10 Abs. 1 ZVG auf, der für das Zwangsversteigerungsverfahren die zu berücksichtigenden Rechte und ihre Befriedigungsreihenfolge regelt. Absonderungsberechtigte sind daher in der Reihenfolge des § 10 Abs. 1 ZVG:[1]

– Öffentliche Lasten auf dem Grundstück (§ 10 Abs. 1 Nr. 3 ZVG); sie 402 berechtigen im Range des § 10 Abs. 1 Nr. 3 ZVG unbeschränkt zur abgesonderten Befriedigung auch gegen den Insolvenzverwalter. Zu beachten ist aber, dass der in § 10 Abs. 1 Nr. 3 ZVG vorgegebene zeitliche Rahmen für das Vorrecht wiederkehrenden oder einmaliger öffentlicher Lasten nach zwangsversteigerungsrechtlichen Regelungen, insbesondere nach § 13 ZVG zu berechnen ist und nicht etwa ab Insolvenzeröffnung.[2] Die Kommentarliteratur[3] zitiert in diesem Zusammenhang zumeist ohne kritische Hinterfragung ein sachlich un-

---

[1] Zumeist wird nur allgemein auf § 10 ZVG und die Grundpfandrechte als Absonderungsrechte verwiesen, *Ganter* in: MüKo-InsO, § 49 Rdn. 46 ff.; *Prütting* in: *Kübler/Prütting*, InsO, § 49 Rdn. 13; *Bäuerle* in: *Braun*, InsO, § 49 Rdn. 13; *Depré* in: *Smid*, InsO, § 49 Rdn. 42 ff.; etwas differenzierend *Andres* in: *Nerlich/Römermann*, InsO, § 49 Rdn. 21 ff.; *Eickmann* in: HK-InsO, § 49 Rdn. 8.

[2] Zu Einzelproblemen *Stöber*, ZVG, § 10 Rdn. 6.1 ff., 6.17.

[3] *Kuhn/Uhlenbruck*, KO, § 49 Rdn. 2 c; *Ganter* in: MüKo-InsO, § 49 Rdn. 4.

zutreffendes Urteil des Oberlandesgericht Hamm aus dem Jahre 1994,[1] wonach die öffentliche Last nur dann ein Absonderungsrecht gewähre, wenn durch einen anderen Gläubiger die Zwangsversteigerung betrieben werde und der Gläubiger der öffentlichen Last dort seine Forderung zur Berücksichtigung im geringsten Gebot zum Versteigerungstermin anmelde (§ 37 Nr. 4, §§ 44, 50, 49 Abs. 1 ZVG). Das ist nicht richtig. Im Wege der Verwaltungsvollstreckung kann der Träger einer öffentlichen Grundstückslasten im Range des § 10 Abs. 1 Nr. 3 ZVG auch selbstständig gegen den Grundstückseigentümer die Zwangsversteigerung betreiben,[2] er kann sie ohne weiteres auch gegen den Insolvenzverwalter betreiben und ist insoweit vollwertig Absonderungsberechtigter im Sinne des § 49 InsO.

403 – Im Grundbuch eingetragene dingliche Rechte (§ 10 Abs. 1 Nr. 4 ZVG); von diesen zuerst zu nennen sind natürlich die Grundpfandrechte:

Die Hypothek als Grundpfandrecht zur Sicherung einer Geldforderung (§ 1113 BGB); dies gilt auch für die Sicherungshypothek im Wege der Zwangsvollstreckung (§ 866 ZPO), sie unterscheidet sich von der rechtsgeschäftlich bestellten Sicherungshypothek nur in der Art der Begründung durch Zwangsvollstreckung; ist sie vor Insolvenzeröffnung wirksam entstanden und unterliegt sie nicht der Rückschlagsperre des § 88 InsO,[3] berechtigt sie ohne Beschränkung zur abgesonderten Befriedigung.

Die Grundschuld als abstraktes Sicherungsrecht (§§ 1191 ff. BGB); insbesondere aber natürlich die Sicherungsgrundschuld, die mittels Sicherungsvertrag oder Zweckvereinbarung die Forderungen des Gläubigers gegen den Schuldner (nicht notwendig Grundstückseigentümer und Insolvenzschuldner) sichert.

Die Reallast kann wegen ausstehender Leistungen aus §§ 1107, 1147 BGB ein Recht auf Befriedigung aus dem Grundstück gewähren.

Die weiteren Grundstücksrechte (Dienstbarkeit, Wohnungsrecht, Vorkaufsrecht) stellen keine Verwertungsrechte dar und gewähren damit auch kein Absonderungsrecht. Selbstverständlich hat der Insolvenzverwalter diese am Grundstück lastenden Rechte zu beachten.

404 – Wird die Zwangsversteigerung eines Grundstücks durch einen persönlichen Gläubiger in § 10 Abs. 1 Nr. 5 ZVG betrieben, hat er durch die Beschlagnahme gemäß § 23 ZVG eine Recht auf Befriedigung aus dem Grundstück erlangt. Die vor Insolvenzeröffnung wirksam angeordnete Zwangsversteigerung auch des persönlich betreibenden Gläubigers bleibt nach Insolvenzeröffnung wirksam bestehen und wird fortgeführt (§ 80 Abs. 2 Satz 2 InsO); der Gläubiger der Rang-

---

[1] OLG Hamm NJW-RR 1994, 469.

[2] Ausführlich *Glotzbach/Mayer,* Immobiliarvollstreckung aus der Sicht kommunaler Vollstreckungsbehörden, Siegburg 1997, Rdn. 252 ff.

[3] Dazu BayObLG Rpfleger 2000, 442 = ZIP 2000, 1261; eingehend *Keller,* ZIP 2000, 1324.

klasse § 10 Abs. 1 Nr. 5 ZVG ist insoweit absonderungsberechtigt.[1] Jedoch kann der Gläubiger der Rückschlagsperre des § 88 InsO unterliegen, oder es kann die Anordnung der Zwangsversteigerung anfechtbar sein nach § 131 Abs. 1 Nr. 1 InsO.

Beispiel 20: Am Grundstück des Schuldners lastet seit 1997 eine Buchgrundschuld zu Gunsten der D-Bank in Höhe von 100.000 EUR. Sie sichert eine Forderung der Bank gegen den Schuldner in Höhe von 96.000 EUR. Im Februar lässt ein persönlicher Gläubiger wegen einer ihm zustehenden Forderung von 12.300 EUR die Zwangsversteigerung des Grundstücks anordnen. Das Insolvenzverfahren wird im Oktober eröffnet. Im November beantragt die D-Bank den Beitritt zur Zwangsversteigerung (§ 27 ZVG). 405

Ein Absonderungsrecht an dem Grundstück haben sowohl die D-Bank auf Grund ihrer Grundschuld als auch der persönliche Gläubiger. Das Recht auf Befriedigung aus dem Grundstück wird der D-Bank in voller Höhe der Grundschuld gewährt, es ist nicht etwa auf den Betrag der gesicherten Forderung begrenzt; sollte die D-Bank in der Zwangsversteigerung des Grundstücks volle Zuteilung erhalten, hat der Insolvenzverwalter in Höhe des Differenzbetrages einen Rückgewähranspruch. Das Absonderungsrecht des die Zwangsversteigerung persönlich betreibenden Gläubigers resultiert aus § 10 Abs. 1 Nr. 5 mit § 23 ZVG, sein Recht auf Befriedigung aus dem Grundstück ist insolvenzfest und durch den Insolvenzverwalter nicht angreifbar.

c) Die Absonderungsrechte an beweglichen Gegenständen nach § 50 InsO

Die Absonderungsrechte an beweglichen Sachen regelt zunächst § 50 InsO. Zur Absonderung an beweglichen Sachen berechtigt zunächst das rechtsgeschäftlich bestellte (Faust-)Pfandrecht nach § 1204 BGB sowie das Pfandrecht an einer Forderung nach § 1273 BGB. Das Pfandrecht muss vor Insolvenzeröffnung wirksam bestellt worden sein. Die praktische Bedeutung des Faustpfandrechts ist äußerst gering. 406

Größere Bedeutung haben im Rahmen des § 50 Abs. 1 InsO die gesetzlichen Pfandrechte. Zu nennen sind hier: 407

- Das Pfändungspfandrecht (§ 804 ZPO); das wirksam entstandene Pfändungspfandrecht nach erfolgter Zwangsvollstreckung durch einen Gläubiger berechtigt zur abgesonderten Befriedigung. Voraussetzung ist hier eine wirksame Pfändung des Gegenstandes oder der Forderung vor Insolvenzeröffnung. Das Pfändungspfandrecht gewährt nur dann ein Absonderungsrecht, wenn es nicht von der Rückschlagsperre des § 88 InsO erfasst ist, es muss mithin vor dem letzten Monat vor dem maßgeblichen Insolvenzantrag wirksam entstanden sein (im Verbraucherinsolvenzverfahren drei Monate, § 312 Abs. 1 Satz 3 InsO).

  Auch das Arrestpfandrecht nach § 930 ZPO berechtigt zu abgesonderter Befriedigung, die Zustellung des Arrestbefehls nach § 929 Abs. 3 ZPO kann nach Insolvenzeröffnung erfolgen.

[1] Ausführlich *Keller* in: *Gottwald/Riedel,* Teil 6/6.5.3.2.

- Das Vermieterpfandrecht (§ 562 BGB); das Pfandrecht des Vermieters an den vom Mieter eingebrachten Gegenständen wegen rückständiger Mietzinsen berechtigt nach der Einschränkung in § 50 Abs. 2 InsO aber nur zur abgesonderten Befriedigung wegen rückständiger Mietzinsen des letzten Jahres vor Insolvenzeröffnung.
- Das Verpächterpfandrecht (§ 581 Abs. 2 mit § 562 BGB); das Pfandrecht des Verpächters eines landwirtschaftlichen Grundstücks nach § 592 BGB unterliegt der zeitlichen Beschränkung des § 50 Abs. 2 InsO nicht (§ 50 Abs. 2 Satz 2 InsO).
- Das Werkunternehmerpfandrecht (§ 647 BGB); wegen ausstehender Werklohnforderung hat der Unternehmer ein Pfandrecht an dem erstellten Werk des Bestellers.
- Das Spediteurspfandrecht (§ 410 HGB); wegen der Fracht, Provision, Auslagen und Verwendungen hat der Spediteur ein Pfandrecht an dem Frachtgut gegenüber dem Versender.

408 **Beispiel 21:** Der Gläubiger erwirkt auf Grund eines rechtskräftigen Urteils gegen den Schuldner die Pfändung und Überweisung eines Festgeldkontos des Schuldners (§§ 828, 829, 835 ZPO). Die Zustellung des Pfändungs- und Überweisungsbeschlusses erfolgt am 21. Oktober. Am 25. November wird Insolvenzantrag gestellt, das Insolvenzverfahren wird mit Beschluss vom 20. Dezember eröffnet.

Das Festgeldkonto wird bei Vorliegen der allgemeinen und besonderen Vollstreckungsvoraussetzungen durch Zustellung des entsprechenden Pfändungs- und Überweisungsbeschlusses an den Drittschuldner wirksam gepfändet (§§ 828, 829 Abs. 3 ZPO). Im Zeitpunkt der Insolvenzeröffnung gewährt die wirksame Pfändung dem Gläubiger ein Absonderungsrecht nach § 50 InsO. Von der Rückschlagsperre des § 88 InsO ist die Pfändung nicht betroffen, da sie nicht innerhalb des letzten Monats vor dem Insolvenzantrag wirksam geworden ist.

d) Die sonstigen Absonderungsrechte nach § 51 InsO

409 Besondere Absonderungsrechte enthält § 51 InsO. Die Vorschrift nimmt insbesondere in ihrer Nr. 1 Entwicklungen des Insolvenzrechts in Rechtsprechung und Literatur auf, die weniger einer sachenrechtlichen als mehr einer wirtschaftlichen Betrachtungsweise verpflichtet sind.[1] Nach § 51 InsO sind zur Absonderung berechtigt:

- Nr. 1: Gläubiger, denen der Schuldner zur Sicherung eines Anspruchs eine bewegliche Sache übereignet oder ein Recht übertragen hat; zwar ist der Gläubiger Eigentümer des Gegenstandes oder Berechtigter des Rechts und hätte damit ein Aussonderungsrecht, wegen des Sicherungscharakter der Sicherungsübereignung oder -abtretung wird ihm aber nur ein Absonderungsrecht gewährt.

---

[1] Begründung des Regierungsentwurfs BT-Drucks. 12/2443, S. 125; RGZ 124, 73, 75 (Drittwiderspruchsklage in der Einzelzwangsvollstreckung); RGZ 145, 188, 193; *Kuhn/Uhlenbruck*, KO, § 48 Rdn. 13, 13a m.w.N.; umfassend *Serick*, Band III § 35 I. 1.

- Nr. 2: Das Absonderungsrecht der Inhaber von Zurückbehaltungsrechten wegen nützlicher Verwendungen zum Beispiel aus §§ 102, 292 Abs. 2, 304, 347, 1057, 1216 BGB ist praktisch ohne Bedeutung. Das allgemeine Zurückbehaltungsrecht aus § 273 BGB berechtigt nicht zur Absonderung.
- Nr. 3: Kaufmännische Zurückbehaltungsrechte nach §§ 369 bis 372 HGB werden dem Pfandrecht gleichgestellt.
- Nr. 4: Der Fiskus hat wegen rückständiger Forderungen aus öffentlicher Abgabeverpflichtung ein Absonderungsrecht an in Beschlag genommenen Sachen, § 49 Abs. 1 Nr. 1 KO.

Für Forderungen aus Miteigentum oder einer Gesellschaft bürgerlichen Rechts gilt § 84 InsO. Die Gesellschaft wird durch das Insolvenzverfahren eines Gesellschafters kraft Gesetzes aufgelöst und ist zu liquidieren (§§ 728, 732 BGB). In Ansehung einer Forderung, welche die übrigen Gesellschafter gegen den Schuldner als Mitglied haben, steht ihnen an dem Auseinandersetzungsanteil des Schuldners nach § 738 BGB ein Absonderungsrecht nach § 84 Abs. 1 Satz 2 InsO zu; Gleiches gilt für die Auseinandersetzung der Gemeinschaft nach §§ 749, 752 BGB. 410

e) Sicherungsübereignung und Eigentumsvorbehalt

Im Waren- und Geschäftsverkehr werden zur Sicherung gegenseitiger Forderungen regelmäßig Sicherungsübereignungen von Gegenständen und Waren des Geschäfts und Sicherungsabtretungen von Forderungen vereinbart. Ferner hat der Eigentumsvorbehalt mit seinen Ausprägungen große Bedeutung. Innerhalb der Aus- und Absonderungsrechte werden diese Rechtsinstitute je nach ihrem wirtschaftlichen Zweck und der haftungsrechtlichen Zuordnung unterschiedlich behandelt. Dies muss im Einzelfall nicht mit der sachenrechtlichen Rechtslage konform gehen. Weil aber das Insolvenzrecht vorrangig auch wirtschaftliche Rechtsverhältnisse abwickeln muss, hat diese Betrachtungsweise Vorrang vor der sachenrechtlichen Rechtslage. Für Aus- und Absonderungsrechte sind besonders zu betrachten: 411

- Die Verwaltungstreuhand; bei ihr werden Forderungen oder Gegenstände übereignet, damit der Treuhänder sie zu einem bestimmten Zweck verwalte oder verwerte (Inkassoabtretung von Forderungen an ein Inkassobüro zur Einziehung).
- Die Sicherungstreuhand; hier werden Forderungen abgetreten oder Gegenstände an einen Gläubiger übereignet zur Sicherung bestehender oder künftiger Forderungen aus Geschäftsbeziehungen (Sicherungsübereignung, Sicherungsabtretung).
- Der Eigentumsvorbehalt; er soll den Verkäufer wegen seiner Kaufpreisforderung schützen, als im Rechtsverkehr übliche Gestaltungsmöglichkeiten haben sich der erweiterte, der verlängerte und der verlängerte Eigentumsvorbehalt mit Verarbeitungsklausel herausgebildet.

aa) Die Verwaltungstreuhand

412 Gegenstand der Verwaltungstreuhand ist die Übereignung oder Zession eines Vermögenswertes vom Treugeber an den Treuhänder zur Erfüllung bestimmter Aufgaben, zum Beispiel zur Verwaltung des Gegenstandes (treuhänderische Verwaltung eines Grundstücks) oder Verwirklichung einer Forderung (Inkassozession). Forderung und Gegenstand werden hierbei sachenrechtlich an den Treuhänder abgetreten beziehungsweise übereignet. Wirtschaftlich verbleiben sie aber beim Treugeber, ihm sind sie haftungsrechtlich zuzuordnen. Die Übereignung oder Abtretung dient insoweit nur der Erfüllung der treuhänderischen Aufgaben und hat keine eigenständige Bedeutung.

413 In der Insolvenz des Treuhänders kann der Treugeber seine Forderung oder den Gegenstand nach § 47 InsO aussondern, auch wenn er formell nicht Gläubiger oder Eigentümer der Sache ist. Wirtschaftlich ist sie ihm aber zuzuordnen, weil die Abtretung oder Zession nur treuhänderisch erfolgte. Die ganz herrschende Meinung billigt dem Treugeber in der Insolvenz des uneigennützigen Treuhänders ein Aussonderungsrecht zu.[1]

414 In der Insolvenz des Treugebers gehört das Treugut zur Masse. Hier kann der Insolvenzverwalter vom Treuhänder Herausgabe beziehungsweise Rückübereignung und -abtretung des Gegenstandes verlangen.[2] Die Frage, inwiefern der Treuhandvertrag Gültigkeit behalten soll, regelt sich nach §§ 116, 115 InsO.

bb) Die Sicherungsübereignung

415 Gegenstand der Sicherungsübereignung ist die Abtretung einer Forderung oder Übereignung eines Gegenstandes zur Sicherung einer bestehenden Forderung. Die Sicherungsübereignung stellt wirtschaftlich ein besitzloses Pfandrecht an einer Sache oder Forderung dar. Sie ist im Insolvenzverfahren daher wie ein solches zu behandeln, auch wenn der Sicherungsnehmer Eigentümer der Sache ist. Das Eigentum soll hier nur pfandrechtsähnlichen Charakter haben.

416 In der Insolvenz des Sicherungsnehmers kann der Sicherungsgeber seinen Gegenstand aussondern.[3] Er ist zwar sachenrechtlich nicht Eigentümer, ist aber als solcher zu behandeln. Denn Zweck der Sicherungsübereignung ist nur die Sicherung einer Forderung. Ist diese Forderung des Sicherungsnehmers fällig aber noch nicht beglichen, ist insoweit Verwertungsreife eingetreten und der Sicherungsgeber muss die Forderung zuerst befriedigen, bevor er aussondern kann.[4] Ist die Forderung noch nicht fällig, besteht noch kein Aussonderungsrecht, der Sicherungsgeber muss die Forderung beseitigen, er ist aber grundsätz-

---

[1] BGH ZIP 1993, 213; *Ganter* in: MüKo-InsO, § 47 Rdn. 359; *Uhlenbruck* in: *Uhlenbruck*, InsO, § 47 Rdn. 33.

[2] RGZ 145, 253; *Uhlenbruck* in: *Uhlenbruck*, InsO, § 47 Rdn. 34.

[3] *Uhlenbruck* in: *Uhlenbruck*, InsO, § 47 Rdn. 55 m. w. N.

[4] Grundlegend *Serick*, Band III § 35 II. 2.

lich nicht berechtigt – und auch nicht genötigt, die Forderung vor der vereinbarten Fälligkeit zu tilgen.[1]

In der Insolvenz des Sicherungsgebers ist für den Sicherungsnehmer regelmäßig der Verwertungsfall eingetreten, weil der Sicherungsgeber seine Forderung nicht mehr vertragsgemäß wird tilgen können. Die Sicherungsübereignung wird aber so behandelt wie ein Pfandrecht, denn sie steht diesem als besitzloses Pfandrecht gleich. Der Sicherungsnehmer hat dem Gegenstand nur ein Absonderungsrecht nach § 51 Nr. 1 InsO.[2] 417

Beispiel 22: Der Schuhfabrikant S hat am 2. 11. seiner Bank zur Sicherung eines Darlehens von DM 50.000 sein Warenlager übereignet und ihr ferner die ihm gegen L zustehende Kaufpreisforderung in Höhe von DM 10.000 abgetreten. Am 15. 12. fällt S in Insolvenz. Was kann die Bank tun? 418

In der Insolvenz des S ist für die Bank der Verwertungsfall der zur Sicherheit übereigneten Waren eingetreten, sie hat an diesen wie an den abgetretenen Forderungen ein Absonderungsrecht (§ 51 Nr. 1 InsO).

cc) Der Eigentumsvorbehalt

Mit dem Eigentumsvorbehalt nach § 449 BGB behält sich der Verkäufer bis zur vollständigen Bezahlung des Kaufpreises das Eigentum an der verkauften Ware vor. Der Käufer erwirbt an der Sache ein Anwartschaftsrecht, das mit vollständiger Kaufpreiszahlung zum Eigentum als Vollrecht erstarkt.[3] Mit dem Kaufvertrag liegt bei nur teilweiser Kaufpreiszahlung in erster Linie ein nicht erfüllter Vertrag im Sinne des § 103 InsO vor. Das Problem des Eigentumsvorbehalts im Insolvenzverfahren liegt daher zunächst nicht im Bereich der Aus- oder Absonderung sondern bei der Frage der Vertragserfüllung. Nur wenn der Insolvenzverwalter den nicht erfüllten Vertrag gegenüber dem Vertragspartner weiter nicht erfüllt, stellt sich für diesen die Frage, ob ihm an der Ware ein Aus- oder Absonderungsrecht zusteht. Es wird diesbezüglich auf die Ausführungen zur Behandlung des gegenseitigen nicht erfüllten Vertrages in Kapitel 10 verwiesen. 419

f) Die Ersatzabsonderung analog § 48 InsO

Für den Fall, dass durch unerlaubte Veräußerung eines der Absonderung unterliegenden Gegenstandes das Absonderungsrecht vereitelt wird, fehlt eine dem § 48 InsO entsprechende Regelung. In diesen Fällen wird § 48 InsO für das Absonderungsrecht analog angewendet.[4] Als Voraussetzung muss hier ein wirksames Absonderungsrecht bestanden 420

[1] *Uhlenbruck* in: *Uhlenbruck,* InsO, § 47 Rdn. 55 m. w. N.; *Serick,* Band III § 35 II. 2 b.

[2] *Uhlenbruck* in: *Uhlenbruck,* InsO, § 51 Rdn. 3, 4.

[3] Allgemein Palandt/*Putzo,* BGB, § 449 Rdn. 8, 9.

[4] Die ursprünglich geplante Regelung zur Ersatzabsonderung (§ 60 des Regierungsentwurfs) fiel redaktioneller Straffung zum Opfer, Begründung des Regierungsentwurfs BT-Drucks. 12/2443, S. 125; Beschlussempfehlung des Rechtsausschusses, BT-Drucks. 12/7302, S. 160.

haben. Über den Gegenstand muss eine Verfügung getroffen worden sein, entweder durch den Schuldner vor Insolvenzeröffnung oder später durch den Verwalter, das Absonderungsrecht muss hierdurch vereitelt worden sein. Steht aus der Veräußerung die Gegenleistung noch aus, kann entsprechend § 48 InsO der Berechtigte hieran Absonderung geltend machen. Gleiches gilt, wenn sie sich noch unterscheidbar in der Masse befindet. Wegen des Verwertungsrechts des Insolvenzverwalters aus § 166 InsO ist die Ersatzabsonderung praktisch aber wenig relevant, da der Insolvenzverwalter in aller Regel aus eigenem Recht berechtigt das Absonderungsgut verwertet.[1]

g) Die Verwertung durch den Insolvenzverwalter

421 Im Gegensatz zum bisherigen Konkursrecht werden auch die Gegenstände, an denen abgesonderte Befriedigung verlangt werden kann, vom Insolvenzverwalter verwertet (§§ 166 ff. InsO).[2] Der einzelne Gläubiger kann schon nach Anordnung der vorläufigen Verwaltung nach § 21 Abs. 2 Nr. 1 InsO sein Absonderungsrecht nicht mehr geltend machen.[3] Er hat nach Insolvenzeröffnung seinen Anspruch auf abgesonderte Befriedigung dem Verwalter mitzuteilen (§ 28 Abs. 2 InsO); im weiteren Verlauf des Verfahrens hat er Anspruch auf Auskunft über den Zustand der Sache nach § 167 Abs. 1 InsO und gegebenenfalls Anspruch auf Zahlung laufender Zinsen seines Anspruchs, § 169 InsO.[4]

422 An unbeweglichen Gegenständen besteht nach § 165 InsO ein Verwertungsrecht des Insolvenzverwalters. Er kann nach §§ 172 ff. ZVG die Zwangsversteigerung des Grundstücks betreiben. Das Recht der absonderungsberechtigten Gläubiger nach § 49 InsO wird dadurch aber nicht ausgeschlossen, auch sie können die Zwangsversteigerung des ihnen verhafteten Grundstücks betreiben, es gelten die Vorschriften des Zwangsversteigerungsgesetzes, mithin aber auch die Einstellungsmöglichkeiten des Verwalters aus § 30 d ZVG.[5] In der Rechtspraxis erfolgt die Einstellung des Zwangsversteigerungsverfahrens wegen der zwingenden Zinszahlungspflicht des § 30 e ZVG nur sehr selten.

aa) Die Verwertung beweglicher Gegenstände, § 166 InsO

423 Der Verwalter kann alle mit Absonderungsrechten behafteten Gegenstände verwerten, die sich in seinem Besitz befinden (§ 166 Abs. 1

---

[1] Eingehend dazu *Ganter/Bitter*, ZIP 2005, 93.

[2] Begründung des Regierungsentwurfs BT-Drucks. 12/2443, S. 178 ff.; eingehend *Mönning* in: FS Uhlenbruck, S. 239.

[3] *Kirchhof* in: HK-InsO, § 22 Rdn. 9.

[4] Zu den Voraussetzungen der Verzinsungspflicht BGH NZI 2003, 259 = ZIP 2003, 632; *Landfermann* in: HK-InsO, § 169 Rdn. 4 ff.

[5] Begründung des Regierungsentwurfs BT-Drucks. 12/2443, S. 176 rechte Spalte; *Stöber*, ZVG, § 30 d Rdn. 2.3; eingehend *Keller* in: *Gottwald/Riedel*, Teil 6/6.5.3.2; *Stöber*, NZI 1998, 105; *ders.*, NZI 1999, 439.

InsO); Gleiches gilt für sicherungszedierte Rechte und Forderungen (§ 166 Abs. 2 InsO).[1] Der Verwalter ist auch Besitzer von Gegenständen, die für einen Gläubiger durch den Gerichtsvollzieher gepfändet worden sind, dessen mittelbarer Besitz aus wirksamer Pfändung und Verstrickung aus § 808 ZPO überlagert nicht das Besitz- und Verwertungsrecht des Insolvenzverwalters.[2] Gegenstände, die sich bereits in Besitz des Gläubigers und Absonderungsberechtigten befinden, unterliegen insoweit nicht dem Besitzrecht des Verwalters, als der Gläubiger zum Besitz berechtigt ist, dies gilt zum Beispiel für die Absonderungsrechte aus Zurückbehaltungsrechten nach § 51 Nr. 2 InsO. In diesem Fall ist regelmäßig nach § 173 InsO der Gläubiger zur Verwertung befugt. Besitz an Forderungen des Schuldners hat der Verwalter auch dann, wenn diese an einzelne Gläubiger zur Sicherung übertragen worden sind und diese Sicherungsabtretung dem Drittschuldner bereits offengelegt worden ist (§ 166 Abs. 2 InsO).[3] Hat ein Gläubiger eine Forderung nach §§ 829, 835 ZPO aber wirksam gepfändet und wurde sie ihm zur Einziehung überwiesen, kann dieses Einziehungsrecht nicht durch den Verwalter geltend gemacht werden.[4]

Der Verwalter hat nach § 167 InsO die Gläubiger auf Verlangen über 424
den Zustand der Sache zu unterrichten. Die Auskunftspflicht beschränkt sich nicht allein auf den tatsächlichen Zustand der Sache, dies ließe sich aus § 167 Abs. 1 Satz 2 InsO entnehmen, sondern auch auf rechtliche Aspekte, zum Beispiel auf weitere Sicherungsrechte am Gegenstand. Bei Forderungen beinhaltet die Auskunftspflicht nach § 167 Abs. 2 InsO Angaben über Höhe und Fälligkeit der Forderungen oder auch deren Realisierbarkeit gegenüber dem Drittschuldner.[5]

Vor einer Verwertung der Sache oder Einziehung einer Forderung hat 425
der Insolvenzverwalter den Gläubiger zu unterrichten (§ 168 Abs. 1 Satz 1 InsO). Dieser kann auf eine günstigere oder eine erfolgreichere Möglichkeit der Verwertung hinweisen, wenn er zum Beispiel am Gegenstand besonders interessierte Personen benennen kann. Der Gläubiger kann auch anbieten, die Sache unter Anrechnung auf seine Forderung selbst zu übernehmen (§ 168 Abs. 3 InsO).[6] Der Insolvenzverwalter ist an einen Verwertungsvorschlag des Gläubigers im Rahmen des § 168 Abs. 2 InsO gebunden.

---

[1] LG Stendal ZIP 2002, 765; *Pape,* NZI 2000, 301; *Mitlehner,* ZIP 2001, 677; zur Verwertung von gewerblichen Schutzrechten *Häcker,* ZIP 2001, 995.

[2] Soweit sich der gepfändete Gegenstand noch beim Schuldner befindet, vom Gerichtsvollzieher also noch nicht zwecks Verwertung weggenommen wurde, gilt § 166 InsO; *Kemper* in: *Kübler/Prütting,* InsO, § 166 Rdn. 6; *Uhlenbruck* in: *Uhlenbruck,* InsO, § 166 Rdn. 6; zu allgemein *Lwowski* in: MüKo-InsO, § 166 Rdn. 39.

[3] BGH DZWIR 2002, 464 m. Anm. *Becker* = NZI 2002, 599 = ZIP 2002, 1630; dazu EWiR 2002, 921 *(Gundlach/Frenzel).*

[4] *Kemper* in: *Kübler/Prütting,* InsO, § 173 Rdn. 5; *Uhlenbruck* in: *Uhlenbruck,* InsO, § 173 Rdn. 2 m. w. N.

[5] *Uhlenbruck* in: *Uhlenbruck,* InsO, § 167 Rdn. 7.

[6] Dazu BGH ZIP 2005, 2214.

426 Die Verwertung der Insolvenzmasse durch den Insolvenzverwalter darf grundsätzlich erst nach dem Berichtstermin nach § 159 InsO erfolgen. Erst dann steht nach dem Beschluss der Gläubigerversammlung fest, ob und in welcher Weise das Vermögen des Schuldners verwertet werden soll, ob das Unternehmen fortgeführt oder ein Insolvenzplan erstellt werden soll. Ab dem Berichtstermin hat der Insolvenzverwalter den absonderungsberechtigten Gläubigern zu deren Sicherung und Ausgleich für die fehlende eigene Verwertungsmöglichkeit die laufenden Zinsen ihrer Forderung zu entrichten (§ 169 Satz 1 InsO). Der Anspruch ist Masseforderung. War der Gläubiger bereits durch die einstweiligen Sicherungsmaßnahmen nach § 21 InsO an einer Verwertung gehindert, erfolgt Zinszahlung spätestens ab dem dritten Monat nach Anordnung gerechnet (§ 169 Satz 2 InsO). Ist mit einer Befriedigung des Gläubigers aus dem Gegenstand überhaupt nicht zu rechnen, zum Beispiel weil sein Pfändungspfandrecht an aussichtsloser Rangstelle steht, entfällt die Zinspflicht (§ 169 Satz 3 InsO).[1] Unter Berücksichtigung des § 169 Satz 2 InsO hat der vorläufige und spätere Insolvenzverwalter nach Anordnung einer einstweiligen Sicherung nach § 21 InsO damit drei Monate Zeit, um über eine Verwertung des betreffenden Gegenstandes zu entscheiden. Im Berichtstermin sollte er hierüber bereits berichten können, um danach sofort mit der Verwertung zu beginnen.

427 Im Rahmen seines Verwertungsrechts kann der Verwalter bewegliche Sachen auch für die Insolvenzmasse benutzen und verarbeiten (§ 172 Abs. 1 und 2 InsO). Dies gilt besonders für Waren, die zur Weiterverarbeitung durch den Schuldner geliefert wurden und an denen durch Eigentumsvorbehalt und Verarbeitungsklausel ein Absonderungsrecht für den Gläubiger (Verkäufer) besteht. Allein die Verarbeitung nach § 172 Abs. 2 InsO stellt dabei keine Erfüllung des Kaufvertrages im Sinne des § 103 Abs. 1 InsO dar; § 172 Abs. 2 InsO findet auf den Eigentumsvorbehalt keine Anwendung.[2] Das Absonderungsrecht setzt sich dann an der hergestellten Sache fort (§§ 947, 949 Abs. 3 BGB).

bb) Die Erlösverteilung nach §§ 170 ff. InsO

428 Der Erlös, den der Verwalter bei der Verwertung erzielt, ist dem berechtigten Gläubiger auszuzahlen. Laufende Zinsen kann der Gläubiger bereits aus der Insolvenzmasse nach § 169 Satz 1 InsO erhalten. Die abgesonderte Befriedigung umfasst auch die laufenden Zinsen aus der

---

[1] Bei nur teilweiser Deckung des Absonderungsrechts aus dem voraussichtlichen Erlös besteht anteilige Zinszahlungspflicht, *Kemper* in: *Kübler/Prütting*, InsO, § 169 Rdn. 8; *Uhlenbruck* in: *Uhlenbruck*, InsO, § 169 Rdn. 11; *Landfermann* in: HK-InsO, § 169 Rdn. 8; *Gottwald* in: *Gottwald*, § 42 Rdn. 108.

[2] *Uhlenbruck* in: *Uhlenbruck*, InsO, § 172 Rdn. 12; *Riedel* in: *Gottwald/Riedel*, Teil 4/4.3.8.

Insolvenzforderung, die als solche nachrangige Forderungen nach § 39 Abs. 1 Nr. 1 InsO sind.[1]

429 Die Kosten der Verwertung hat der Insolvenzverwalter vorweg aus dem Verwertungserlös zu entnehmen (§ 170 Abs. 1 InsO). Die Kosten der Feststellung des Werts des Gegenstandes sind nach § 171 Abs. 1 InsO pauschal mit vier Prozent des Verwertungserlöses anzusetzen. Die Kosten der Verwertung sind zusätzlich mit fünf Prozent des Erlöses anzusetzen, soweit nicht die tatsächlichen Kosten erheblich niedriger oder erheblich höher waren (§ 171 Abs. 2 InsO). Der Gläubiger kann durch eigene Vorschläge im Rahmen des § 168 InsO diese Kostenbeträge beeinflussen. Insgesamt muss der Gläubiger aus dem Verwertungserlös aber einen pauschalen Abschlag von neun Prozent auf sein Absonderungsrecht hinnehmen.

430 Geklärt hat der Gesetzgeber die Frage des Ansatzes von Umsatzsteuer für die Verwertung absonderungsbehafteter Gegenstände. Nach bisheriger Rechtslage wurde durch Herausgabe eines Gegenstandes seitens des Verwalters an den Berechtigten die Masse mit Umsatzsteuer belastet, die nicht auf den Berechtigten abgewälzt werden konnte.[2] Durch § 171 Abs. 2 Satz 3 InsO ist nun zumindest im Grundsatz geklärt, dass eine Umsatzsteuer, die bei Verwertung durch den Verwalter anfällt, dem Gläubiger zuzurechnen ist; er muss einen zusätzlichen Abschlag in Höhe des Umsatzsteuerbetrages hinnehmen, kann dies aber über den eigenen Vorsteuerabzug ausgleichen. Ungeklärt war dabei anfangs, ob die Pauschbeträge nach § 171 InsO aus dem Bruttoerlös oder dem Nettoerlös nach Abzug der Umsatzsteuer zu entnehmen sind. Nach heute allgemein vertretener Meinung sind die Pauschbeträge dem Bruttoerlös zu entnehmen.[3]

cc) Die Verwertung durch den Gläubiger

431 Von dem Grundsatz der Verwertung durch den Verwalter gibt es zwei Ausnahmen: Der Verwalter kann nach § 170 Abs. 2 InsO den Gegenstand dem Gläubiger zur eigenen Verwertung überlassen. Der Gläubiger hat dann aus dem von ihm erzielten Verwertungserlös den Pauschsatz von vier Prozent für Feststellungskosten und die Umsatzsteuer an die Masse abzuführen (§ 170 Abs. 2 InsO). Verwertungskosten hat er selbst zu tragen. Gleiches gilt grundsätzlich, wenn er ohne Ermächtigung einen Gegenstand verwertet, er kann aber der Gläubi-

[1] Grundlegend noch für § 63 KO, aber auch für das Insolvenzrecht geltend BGHZ 134, 195; *Ganter* in: MüKo-InsO, § 52 Rdn. 29; *Eickmann* in: HK-InsO, § 52 Rdn. 9.

[2] So noch BGHZ 58, 292.

[3] AG Köln ZIP 2000, 2216; AG Düsseldorf ZInsO 2004, 1091; *Uhlenbruck* in: *Uhlenbruck*, InsO, § 171 Rdn. 3 m. w. N.; *Landfermann* in: HK-InsO, § 171 Rdn. 7; zum Streitstand *Mönning* in: FS Uhlenbruck, S. 239, 254.

gergesamtheit gegenüber über § 823 Abs. 2 BGB in Verbindung mit § 166 InsO haften.[1]

432 Der Gläubiger kann auch im Rahmen des § 173 InsO zu einer eigenen Verwertung berechtigt sein. Dies liegt vor, wenn er in rechtmäßigem Besitz des Gegenstandes ist. Die Verwertung obliegt hier allein dem Gläubiger außerhalb des Insolvenzverfahrens. Insoweit entspricht dies in etwa der Rechtslage, wie sie im bisherigen Konkursrecht galt (§ 127 Abs. 2 KO). Die Verwertung durch den Absonderungsberechtigten führt nach ständiger Rechtsprechung des Bundesfinanzhofs[2] zu einer doppelten Umsatzsteuerpflicht, da sowohl die seinerzeitige Sicherungsübereignung als auch die nunmehrige Verwertung im jetzigen Zeitpunkt verwirklichte Umsatzgeschäfte darstellen (Doppelumsatztheorie); der Bundesgerichtshof hat sich dem angeschlossen.[3] Da der verwertete Gegenstand weiterhin zur Insolvenzmasse gehört, sieht die Doppelumsatztheorie die Umsatzsteuer als Masseverbindlichkeit an.[4]

433 Der Insolvenzverwalter kann durch das Gericht dem Gläubiger eine Frist zur Verwertung bestimmen lassen (§ 173 Abs. 2 InsO). Nach deren fruchtlosem Ablauf geht das Verwertungsrecht kraft Gesetzes auf den Insolvenzverwalter über. Die durch das Insolvenzgericht einmal gesetzte Frist kann wegen dieser gesetzlich eintretenden Rechtsfolge nicht geändert, insbesondere nicht verlängert werden.[5]

6. Die Mitwirkungsrechte der Insolvenzgläubiger im Insolvenzverfahren

a) Individual- und Kollektivbefugnisse

434 Den Insolvenzgläubigern kommen im Insolvenzverfahren zahlreiche Befugnisse und Rechte zu. Diese verfahrensrechtlichen Rechte lassen sich in Individualbefugnisse und Kollektivbefugnisse einteilen. Das Insolvenzverfahren ist mit der Gesamtheit der Insolvenzgläubiger ein Verfahren mit einer unbestimmten Zahl von Beteiligten, weshalb die Interessen der Insolvenzgläubiger gebündelt werden müssen. Diese Interessenbündelung erfolgt durch die Gläubigerversammlung als höchstes Entscheidungsgremium der Gläubigergesamtheit sowie durch

---

[1] BGH DZWIR 2004, 205 m. Anm. *Notthof* = NZI 2004, 137 m. Anm. *Leithaus* = ZIP 2004, 42; BGH ZIP 2005, 40.

[2] BFHE 150, 379; grundlegend BFHE 131, 120; w. N. bei *Uhlenbruck* in: *Uhlenbruck*, InsO, § 170 Rdn. 15.

[3] BGHZ 58, 292 und BGHZ 77, 139.

[4] Eingehend mit Beispielen *Maus* in: *Uhlenbruck*, InsO, § 171 Rdn. 7 ff.; ferner *Kling* in: MüKo-InsO, Insolvenzsteuerrecht Rdn. 163 ff.; *Kemper* in: *Kübler/Prütting*, InsO, § 171 Rdn. 8; *Landfermann* in: HK-InsO, § 171 Rdn. 8 ff.; *Onusseit/Kunz*, Rdn. 342 ff.; *Mönning* in: FS Uhlenbruck, S. 239, 255 ff.

[5] Zur Angemessenheit der Frist *Lwowski* in: MüKo-InsO, § 173 Rdn. 26; *Kemper* in: *Kübler/Prütting*, InsO, § 173 Rdn. 13.

den Gläubigerausschuss als beratendes und kontrollierendes Gremium gegenüber dem Insolvenzverwalter. Individualbefugnisse stehen jedem Insolvenzgläubiger als Einzelperson zu, sie richten sich im Wesentlichen auf Informationsbeschaffung zu den einzelnen Sachverhalten des Insolvenzverfahrens sowie auf Anhörungsrechte und Beschwerdebefugnisse bei einzelnen gerichtlichen Entscheidungen.[1]

b) Antrags- und Initiativrechte

Antrags- und Initiativrechte der Insolvenzgläubiger sind zunächst Individualbefugnisse, jeder Insolvenzgläubiger kann entsprechende Anträge stellen oder Verfahrensschritte in Gang setzen. Solche Antrags- und Initiativrechte sind stichpunktartig: 435

- Antrag auf Eröffnung des Insolvenzverfahrens (§§ 13, 14 InsO).
- Antrag auf Einberufung der Gläubigerversammlung (§ 75 Abs. 1 Nrn. 3 oder 4 InsO).
- Antrag auf Änderung der Stimmrechtentscheidung des Insolvenzgerichts in einer Gläubigerversammlung (§ 77 Abs. 2 Satz 3 InsO).
- Antrag auf Aufhebung eines Beschlusses der Gläubigerversammlungen, wenn er dem gemeinsamen Interesse aller Insolvenzgläubiger widerspricht (§ 78 Abs. 1 InsO).
- Antrag auf Abgabe der eidesstattliche Versicherung des Schuldners über die vom Insolvenzverwalter erstellte Vermögensübersicht (§ 153 Abs. 2 Satz 1 InsO).
- Antrag auf vorläufige Untersagung einer nach § 160 InsO genehmigungspflichtigen Rechtshandlung des Insolvenzverwalters (§ 161 Satz 2 mit § 75 Abs. 1 Nrn. 3 oder 4 InsO).
- Antrag auf Entscheidung der Zustimmungspflicht der Gläubigerversammlung bei Betriebsveräußerung unter Wert (§ 163 Abs. 1 mit § 75 Abs. 1 Nr. 3 InsO).
- Antrag auf Anordnung einer Nachtragsverteilung (§ 203 Abs. 1 InsO).
- Antrag auf Versagung der Bestätigung eines Insolvenzplans (§ 251 Abs. 1 InsO).
- Antrag auf Aufhebung der Eigenverwaltung (§ 272 Abs. 1 Nr. 2 InsO).
- Antrag auf Anordnung der Zustimmungsbedürftigkeit einzelner Rechtshandlungen bei Eigenverwaltung (§ 277 Abs. 2 Satz 1 InsO).
- Antrag auf Versagung der Restschuldbefreiung (§ 290 Abs. 1, § 296 Abs. 1 Satz 1, § 297 Abs. 1 InsO).
- Antrag auf Widerruf der Restschuldbefreiung (§ 303 Abs. 1 InsO).

Auch der Gläubigerversammlung kommen Antrags- und Initiativrechte als Kollektivbefugnisse zu. Es sind diese stichpunktartig: 436

---

[1] Übersichten bei *Klopp/Kluth* in: *Gottwald,* § 19 Rdn. 3; *Frege/Keller/Riedel,* Rdn. 984.

- Antrag auf Entlassung des Insolvenzverwalters (§ 59 Abs. 1 Satz 2 InsO).
- Antrag auf Entlassung eines Mitgliedes des Gläubigerausschusses (§ 70 Satz 2 InsO).
- Beauftragung des Insolvenzverwalters zur Erstellung eines Insolvenzplans (§ 157 Satz 2 InsO).
- Antrag auf nachträgliche Anordnung der Eigenverwaltung (§ 271 Satz 1 InsO).
- Antrag auf Aufhebung der Eigenverwaltung (§ 272 Abs. 1 Nr. 1 InsO).
- Antrag auf Anordnung der Zustimmungsbedürftigkeit einzelner Rechtshandlungen bei Eigenverwaltung (§ 277 Abs. 1 Satz 1 InsO).

c) Beteiligungsrechte und Einspruchsrechte

437 Die Verfahrensbeteiligung der Insolvenzgläubiger erfolgt in der Regel durch die Gläubigerversammlung in Kollektivbefugnis, zu nennen sind:

- Wahl eines anderen Insolvenzverwalters in der ersten Gläubigerversammlung (§ 57 InsO).
- Einsetzung eines Gläubigerausschusses und Wahl der Mitglieder (§ 68 Abs. 1 Satz 1 InsO).
- Beschlussfassung über den Fortgang des Insolvenzverfahrens, insbesondere über die Fortführung eines bestehenden Geschäftsbetriebes (§ 157 InsO).
- Mitwirkung bei der Forderungsprüfung im allgemeinen Prüfungstermin (§§ 176 ff. InsO).
- Erörterung und Abstimmung über einen Insolvenzplan (§§ 235 ff. InsO).

438 In bestimmten Fällen steht auch jedem Insolvenzgläubiger ein individuelles Beteiligungs- oder Einspruchsrecht zu:

- Teilnahmerecht und Stimmberechtigung an den Gläubigerversammlungen (§ 74 Abs. 1 Satz 2 InsO).
- Widerspruch der Prüfung einer verspätet angemeldeten Forderung im allgemeinen Prüfungstermin (§ 177 Abs. 1 Satz 2 InsO).
- Erhebung von Einwendungen gegen das vom Insolvenzverwalter erstellte Verteilungsverzeichnis (§ 194 Abs. 1, § 197 Abs. 1 Satz 1 Nr. 2 InsO).
- Widerspruch gegen den Antrag auf Einstellung des Insolvenzverfahrens nach §§ 212 oder 213 InsO (§ 214 Abs. 1 Satz 3 InsO).

d) Anhörungsrechte und Beschwerdebefugnis

439 Die Anhörungsrechte vor Erlass einer gerichtlichen Entscheidung wie auch die Unterrichtung von derselben sowie die mögliche Beschwerdebefugnis sind zumeist Individualbefugnisse eines jeden Insolvenzgläu-

440

Schaubild 2 (*Frege/Keller/Riedel*, Insolvenzrecht, Rdn. 983): Die Beteiligtenstellung der Gläubiger

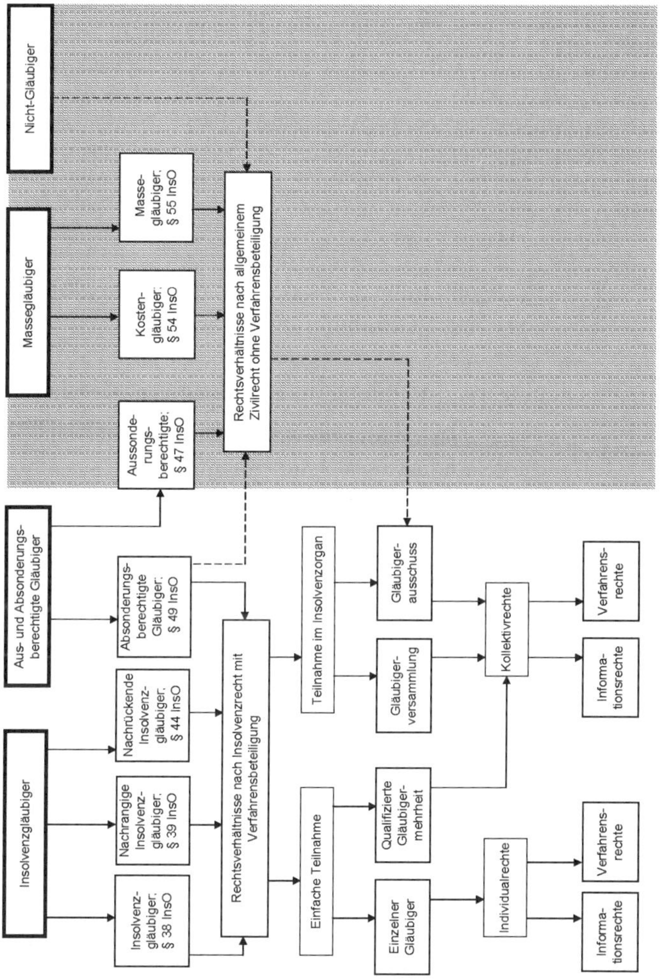

bigers. Die Beschwerdebefugnis eines Insolvenzgläubigers gegenüber gerichtlichen Entscheidungen ist jeweils im Einzelfall geregelt.[1]

441 Eine Anhörung seitens des Insolvenzgerichts erfolgt regelmäßig gegenüber der Gläubigerversammlung als Kollektivorgan. Die Gläubigerversammlung ist beispielsweise zu hören vor der Einstellung des Insolvenzverfahrens mangels Masse (§ 207 Abs. 2 InsO) oder vor Ankündigung der Restschuldbefreiung an den Schuldner (§ 289 Abs. 1 InsO).

7. Die Gläubigerversammlung als Organ der Gläubigergemeinschaft

a) Die Gläubigerversammlung im Regelinsolvenzverfahren

442 Die Gläubigerversammlung ist das höchste Entscheidungsgremium der Gläubigergesamtheit.[2] Sie kann im untechnischen Sinne mit der Hauptversammlung der Aktiengesellschaft oder noch besser mit der Mitgliederversammlung eines Vereins verglichen werden. In ihrer Eigenschaft als das Insolvenzverfahren beherrschende Selbstverwaltungsorgan der Gläubiger[3] entscheidet die Gläubigerversammlung über die Grundlinien des Ablaufs des Insolvenzverfahrens, insbesondere hinsichtlich der Art der Verwertung des schuldnerischen Vermögens. Die Praxis zeigt aber auch, dass Gläubiger nicht immer die ihnen zur Verfügung stehenden Einflussmöglichkeiten und Entscheidungskompetenzen in Anspruch nehmen, nicht selten – vor allem natürlich, wenn kaum Aussicht auf Befriedigung besteht – verhalten sich die Gläubiger gegenüber dem Insolvenzverfahren gleichgültig und nehmen an der Gläubigerversammlung erst gar nicht Teil.

443 Im Regelinsolvenzverfahren sind zwingend drei Gläubigerversammlungen abzuhalten:[4]

444 – Der Berichtstermin stellt die erste Gläubigerversammlung nach Eröffnung des Insolvenzverfahrens dar; er wird seitens des Gerichts bereits mit Eröffnung des Insolvenzverfahrens bestimmt und soll nicht später als sechs Wochen nach der Eröffnung stattfinden (§ 29 Abs. 1 Nr. 1 InsO). Im Berichtstermin sollen die Gläubiger wesentlich darüber befinden, in welcher Art und Weise das schuldnerischen Vermögen verwertet werden soll, ob ein laufender Geschäftsbetrieb fortgeführt werden soll und ob ein Insolvenzplan erstellt werden soll (§§ 156 ff. InsO).

445 – Der allgemeine Prüfungstermin dient der Prüfung und Feststellung aller seitens der Insolvenzgläubiger angemeldeten Insolvenzforderun-

[1] Zusammengestellt bei *Kirchhof* in: HK-InsO, § 6 Rdn. 3.
[2] Begründung des Regierungsentwurfs BT-Drucks. 12/2443, S. 99.
[3] *Klopp/Kluth* in: *Gottwald*, § 20 Rdn. 2; *Pape*, ZIP 1990, 1251.
[4] *Frege/Keller/Riedel*, Rdn. 1261 ff.

gen (§§ 176ff. InsO); auch er wird bereits bei Verfahrenseröffnung festgesetzt (§ 29 Abs. 1 Nr. 2 InsO). Nach § 29 Abs. 2 InsO ist es dem Gericht erlaubt, Berichtstermin und allgemeinen Prüfungstermin miteinander zu verbinden. Ob das Gericht hiervon Gebrauch macht, ist Frage des Einzelfalles; in Absprache mit dem Insolvenzverwalter werden beide Termine üblicherweise verbunden, wenn kein laufender Geschäftsbetrieb vorhanden ist (und deshalb kein Bedürfnis für einen frühen Berichtstermin besteht) und nur eine begrenzte Anzahl von Insolvenzgläubigern beteiligt ist.

– Der Schlusstermin findet statt, wenn die Verwertung des schuldnerischen Vermögens abgeschlossen ist und die abschließende Verteilung des Erlöses an die Gläubiger erfolgen soll (§ 197 InsO). 446

Unabhängig von diesen drei Terminen kann das Gericht weitere Gläubigerversammlungen anberaumen, wenn hierfür ein besonderer Grund vorliegt.[1] Eine Gläubigerversammlungen muss einberufen werden, wenn dies von den Insolvenzgläubigern nach § 75 InsO beantragt wird. 447

Im Verbraucherinsolvenzverfahren soll nach § 312 Abs. 1 Satz 2 InsO nur ein allgemeiner Prüfungstermin stattfinden. Die Tagesordnungspunkte, über welche die Gläubigerversammlung im Verbraucherinsolvenzverfahren zu entscheiden hat, entsprechen jedoch in weiten Teilen denen des Regelinsolvenzverfahrens, weshalb besser davon gesprochen werden sollte, in das im Verbraucherinsolvenzverfahren ein so genannter kombinierter Termin als Gläubigerversammlung abzuhalten ist. 448

Im Insolvenzplanverfahren findet nach §§ 235ff. InsO ein so genannter Erörterungs- und Abstimmungstermin statt. Auch er ist Gläubigerversammlung, Gegenstand der Beschlussfassung der Gläubiger ist die Abstimmung über den vom Schuldner oder vom Insolvenzverwalter eingebrachten Insolvenzplan. 449

b) Die Aufgaben und Befugnisse der Gläubigerversammlung

Wichtigste Gläubigerversammlung des Regelinsolvenzverfahrens ist der Berichtstermin. Innerhalb der einzelnen Gegenstände der Beschlussfassung der Gläubiger unterscheidet die Insolvenzordnung zwischen fakultativer Beschlussfassung und zwingenden Tagesordnungspunkten, über welche die Gläubigerversammlung einen Beschluss fassen muss:[2] 450

– Die erste Gläubigerversammlung nach Ernennung des Insolvenzverwalters kann statt des ernannten einen anderen Insolvenzverwalter wählen (§ 57 InsO). 451

---

[1] *Frege/Keller/Riedel,* Rdn. 1267; die Einberufung ist keine gerichtliche Entscheidung und daher nicht anfechtbar, LG Göttingen ZIP 2000, 1945.

[2] Zusammenstellungen bei *Ehricke* in: MüKo-InsO, § 74 Rdn. 13; *Kübler* in: *Kübler/Prütting,* InsO, § 74 Rdn. 5; *Hess/Weis/Wienberg,* InsO, § 74 Rdn. 22; *Frege/Keller/Riedel* (Fn. 2), Rdn. 1258.

452 – Die Gläubigerversammlung beschließt, ob ein Gläubigerausschuss gebildet werden soll und wählt dessen Mitglieder (§ 68 InsO).

453 – Die Gläubigerversammlung beschließt, ob das Unternehmen des Schuldners stillgelegt oder vorläufig fortgeführt werden soll (§ 157 Satz 1 InsO). Grundlage der Beschlussfassung der Gläubigerversammlung ist regelmäßig der vom Insolvenzverwalter erstattete Bericht über die Lage des schuldnerischen Unternehmens, die Ursachen der Insolvenz und die Aussichten einer Unternehmensfortführung (§ 156 Abs. 1 InsO). Die Beschlussfassung nach § 157 Satz 1 InsO kommt nur dann in Betracht, wenn bei Eröffnung des Insolvenzverfahrens noch ein laufender Geschäftsbetrieb des Schuldners vorliegt. Sehr häufig legt der Schuldner jedoch bereits vor Stellung des Insolvenzantrags den Geschäftsbetrieb still, eine Unternehmensfortführung durch den Insolvenzverwalter und damit auch eine Beschlussfassung durch die Gläubigerversammlung kommt dann nicht in Betracht. Die Gläubigerversammlung kann ihre Beschlussfassung über die Unternehmensfortführung in einem späteren Termin aufheben oder ändern (§ 157 Satz 3 InsO).

454 – Die Gläubigerversammlung beschließt, ob und in welchem Umfang dem Schuldner und seiner Familie Unterhalt aus der Insolvenzmasse gewährt wird (§ 100 InsO). Hierbei handelt es sich um eine zwingende Beschlussfassung der Gläubigerversammlung.[1] Nach § 101 Abs. 1 Satz 3 InsO gilt die Regelung zur Unterhaltsgewährung nach § 100 InsO in der Insolvenz der Gesellschaft ohne Rechtspersönlichkeit entsprechend für die vertretungsberechtigten persönlichen Gesellschafter des Schuldners.

455 – Regelmäßig beschließt die Gläubigerversammlung im Berichtstermin, nach welchen Zeitabschnitten der Insolvenzverwalter gegenüber dem Gericht für die Gläubigerversammlung Zwischenbericht zu erstatten und Zwischenrechnung zu legen hat (§ 66 Abs. 3 Satz 1 InsO).

456 – In Anwendung des § 149 Abs. 3 InsO wird häufig auch durch die Gläubigerversammlung bestimmt, in welcher Art und Weise der Insolvenzverwalter die erwirtschaftete Insolvenzmasse anzulegen hat.

457 Im allgemeinen Prüfungstermin werden keine Beschlüsse der Gläubigerversammlung gefasst, er dient allein der Forderungsprüfung. Die Beteiligung der Gläubiger erfolgt in der Weise, dass jeder Gläubiger die Möglichkeit hat, gegen angemeldete Insolvenzforderungen Widerspruch zu erheben (§§ 176 ff. InsO).

458 Der Insolvenzverwalter bedarf zur Vornahme bedeutender Rechtshandlungen der Zustimmung des Gläubigerausschusses oder der Gläubigerversammlung, wenn kein Gläubigerausschuss bestellt ist (§ 160 Abs. 1 InsO). Die Zustimmung ist insbesondere für die in § 160 Abs. 2 InsO genannten Rechtshandlungen erforderlich. Soweit bereits zum Berichtstermin konkrete Rechtshandlungen des Insolvenzverwalters zur

---

[1] *Eickmann* in: HK-InsO, § 100 Rdn. 3.

Genehmigung anstehen, kann die Gläubigerversammlung im Berichtstermin auch hierüber entscheiden. Soweit sich erst während des Insolvenzverfahrens die Genehmigungspflicht einzelner Rechtshandlungen ergibt, ist hierfür eine besondere Gläubigerversammlung einzuberufen oder im Rahmen der nächsten anstehenden Gläubigerversammlung zu beschließen.

Die Tagesordnungspunkte des Schlusstermins regelt § 197 Abs. 1 459
InsO, der Schlusstermin dient:

- Nach § 197 Abs. 1 Nr. 1 InsO der Erörterung der Schlussrechnung des Insolvenzverwalters; mit Beendigung des Insolvenzverfahrens hat der Insolvenzverwalter der Gläubigerversammlung Schlussrechnung nach § 66 InsO zu legen. Die Gläubiger können im Schlusstermin Einwendungen gegen die Schlussrechnung erheben und die Tätigkeit des Insolvenzverwalters insoweit beanstanden, eine persönliche Haftung des Insolvenzverwalters nach §§ 60, 61 InsO ist zivilrechtlich außerhalb des Insolvenzverfahrens geltend zu machen.
- Nach § 197 Abs. 1 Nr. 2 InsO der Erhebung von Einwendungen gegen das Schlussverzeichnis; das Schlussverzeichnis beinhaltet alle Insolvenzgläubiger festgestellter Insolvenzforderungen, die bei der Schlussverteilung berücksichtigt werden sollen (§§ 188 ff. InsO). Soweit ein Gläubiger zu Unrecht im Schlussverzeichnis berücksichtigt oder nicht berücksichtigt ist, können hiergegen Einwendungen vorgebracht werden, über die das Insolvenzgericht entscheidet (§ 197 Abs. 3 mit § 194 Abs. 2 und 3 InsO).
- Nach § 197 Abs. 1 Nr. 2 InsO der Beschlussfassung über nicht verwertbare Gegenstände der Insolvenzmasse; Gegenstände oder Rechte der Insolvenzmasse, die der Insolvenzverwalter nicht verwerten konnte, werden zumeist dem Schuldner überlassen und aus der Insolvenzmasse freigegeben. Die Gläubigerversammlung kann jedoch noch eine besondere Art der Verwertung beschließen und dem Insolvenzverwalter auftragen; möglich ist auch die Übernahme des Gegenstandes durch einen Gläubiger unter Anrechnung auf seine Quote.[1]

c) Die Einberufung und Leitung der Gläubigerversammlung

Die Einberufung der Gläubigerversammlungen erfolgt stets durch 460
das Insolvenzgericht, dem auch die Leitung der Versammlungen obliegt (§ 74 Abs. 1 Satz 1 und § 76 Abs. 1 InsO). Die Einberufung erfolgt bei den zwingend abzuhaltenden Terminen von Amts wegen. Das Insolvenzgericht kann auch weitere Gläubigerversammlungen von Amts wegen einberufen, wenn hierfür besondere Gründe vorliegen.

Auf Antrag muss die Einberufung der Gläubigerversammlung nach 461
§ 75 Abs. 1 InsO erfolgen. Antragsberechtigt sind der Insolvenzverwal-

---

[1] *Irschlinger* in: HK-InsO, § 197 Rdn. 7; *Frege/Keller/Riedel,* Rdn. 1706.

ter (§ 75 Abs. 1 Nr. 1 InsO), der Gläubigerausschuss (§ 75 Abs. 1 Nr. 2 InsO), mindestens fünf Gläubiger oder Absonderungsberechtigte, deren Forderungen oder Absonderungsrechte zwanzig Prozent aller Insolvenzforderungen betragen (§ 75 Abs. 1 Nr. 3 InsO) oder schließlich ein bis vier Gläubiger oder Absonderungsberechtigte, deren Forderungen oder Rechte mindestens 40 Prozent aller Forderungen betragen (§ 75 Abs. 1 Nr. 4 InsO).[1] Zusammen mit dem Antrag auf Einberufung der Gläubigerversammlung muss dem Gericht auch mitgeteilt werden, über welche Gegenstände als Tagesordnungspunkte die Gläubigerversammlung zu befinden habe. Das Insolvenzgericht ist nicht berechtigt, die in den Antrag auf Einberufung gewünschten Tagesordnungspunkte zu ändern.[2] Bei Einberufung der Gläubigerversammlung hat es aber den antragstellenden Beteiligten auf rechtliche Schwierigkeiten hinzuweisen und die Tagesordnung entsprechend zu fassen und zu formulieren.[3] Die Gläubigerversammlung soll nach § 75 Abs. 3 InsO spätestens drei Wochen nach dem Eingang des Antrags bei Gericht stattfinden.

462 Die Einberufung der Gläubigerversammlung erfolgt durch öffentliche Bekanntmachung unter Angabe der Zeit und des Ortes der Gläubigerversammlung (§ 74 Abs. 2 Satz 1 InsO). Die Gläubigerversammlung muss nicht zwingend in einem Sitzungssaal des Gerichtes stattfinden, wenn beispielsweise in einem Großverfahren eine Vielzahl von Gläubigern erwartet wird, kann das Insolvenzgericht auch einen anderen Wort (Veranstaltungssaal, Kongresszentrum) zur Abhaltung der Gläubigerversammlung wählen. In der öffentlichen Bekanntmachung sind die Tagesordnungspunkte, über welche die Gläubigerversammlung beraten und gegebenenfalls beschließen soll, anzugeben. Die Angabe muss dabei so konkret erfolgen, dass jeder Gläubiger für sich selbst entscheiden kann ob er an der Gläubigerversammlung teilnimmt. Mindestens müssen die Tagesordnungspunkte durch Stichworte angegeben sein, eine bloße Bezugnahme auf Vorschriften der Insolvenzordnung ist nicht zulässig.[4] Die Gläubigerversammlung kann nur dann einen wirksamen Beschluss fassen, wenn diese Beschlussfassung als Tagesordnungspunkt ausreichend bekannt gemacht worden ist.[5]

463 Die Gläubigerversammlung ist gerichtliche Verhandlung im Sinne des Sinne des Gerichtsverfassungsrechts. Zur Teilnahme sind nach § 74 Abs. 1 Satz 2 InsO alle Absonderungsberechtigten, alle Insolvenzgläu-

---

[1] Die Forderungen müssen nicht festgestellt sein, BGH NZI 2005, 31 = ZIP 2004, 2339.

[2] OLG Celle NZI 2002, 314 = ZIP 2002, 900; dazu *Gundlach/Frenzel/Schmidt*, ZInsO 2002, 1128.

[3] OLG Celle NZI 2002, 314 = ZIP 2002, 900; dazu *Gundlach/Frenzel/Schmidt*, ZInsO 2002, 1128.

[4] Dazu *Keller*, ZIP 2003, 149, 157.

[5] Ganz einhellige Meinung, LG Freiburg Rpfleger 1983, 493 m. zust. Anm. *Uhlenbruck* = ZIP 1983, 1098 m. abl. Anm. *Kübler; Kuhn/Uhlenbruck*, KO, § 98 Rdn. 2; *Ehricke* in: MüKo-InsO, § 74 Rdn. 45; *Delhaes* in: Nerlich/Römermann, InsO, § 74 Rdn. 9; *Frege/Keller/Riedel*, Rdn. 1274, 1303.

biger, der Insolvenzverwalter, die Mitglieder des Gläubigerausschusses und der Schuldner berechtigt. Die Gläubigerversammlung ist nichtöffentlich.[1] Über die Zulassung weiterer Personen entscheidet das Insolvenzgericht (Rechtspfleger) nach § 175 GVG.[2]

d) Die Beschlussfassung der Gläubiger

Beschlüsse der Gläubigerversammlung werden mit absoluter Mehr- 464
heit gefasst (§ 76 Abs. 2 Satz 1 InsO). Diese bestimmt sich nach den Forderungsbeträgen der abstimmenden Gläubiger und nicht nach der Zahl der Gläubiger (Summenmehrheit). Gezählt werden nur die Stimmen der in der Versammlung anwesenden Gläubiger, die nicht erschienenen Gläubiger sind an die Beschlüsse gebunden. Die Gläubigerversammlung ist beschlussfähig, wenn auch nur ein stimmberechtigter Gläubiger erschienen ist.[3] Auch werden nur die Gläubiger gezählt, die an der Abstimmung teilnehmen, Enthaltungen gelten danach als nicht abgegeben und werden bei der Ermittlung der Summenmehrheit nicht berücksichtigt.[4]

Ist ein Insolvenzgläubiger auch Absonderungsberechtigter, bestimmt 465
sich seine Stimmrecht nach dem vollen Wert seiner Insolvenzforderung, nicht etwa nur nach dem nach § 52 Satz 2 InsO bei der Verwertung zu berücksichtigenden Ausfall.[5] Dies ergibt sich aus der Einbindung der absonderungsberechtigten Gläubiger in die Gläubigerversammlung und mittelbar aus der Regelung des § 76 Abs. 2 zweiter Halbsatz InsO: Der Absonderungsberechtigte, dem der Schuldner nicht zugleich persönlich haftet, der also nicht gleichzeitig Insolvenzgläubiger ist, erhält Stimmrecht in Höhe des Wertes seines Absonderungsrechts. Der Wert des Absonderungsrechts bestimmt sich nach dem voraussichtlichen Erlös, den der Absonderungsberechtigte bei der abgesonderten Befriedigung erhalten wird.[6]

Beispiel 23: Für den Absonderungsberechtigten lastet an aussichtsloser Rang- 466
stelle eine Zwangshypothek zu 50.000 EUR am Grundstück des Schuldners. Der Wert des Absonderungsrechts beträgt Null; der Nennbetrag der Hypothek ist un-

---

[1] *Frege/Keller/Riedel*, Rdn. 76.

[2] *Frege/Keller/Riedel*, Rdn. 77; zur Zulassung der Presse lesenswert *Kübler* in: *Kübler/Prütting*, InsO, § 76 Rdn. 13; wenig überzeugend LG Frankfurt am Main ZIP 1983, 244 (Zulassung der Presse im Vergleichsverfahren der AEG).

[3] Zu Problem der so genannten ausgefallenen Gläubigerversammlung, wenn kein Gläubiger erscheint *Ehricke* in: MüKo-InsO, § 76 Rdn. 17 ff.; *Uhlenbruck* in: *Uhlenbruck*, InsO, § 76 Rdn. 19; *Pape*, Rpfleger 1993, 430; *Ehricke*, NZI 2000, 57.

[4] *Uhlenbruck* in: *Uhlenbruck*, InsO, § 76 Rdn. 22; *Eickmann* in: HK-InsO, § 76 Rdn. 8.

[5] Begründung des Regierungsentwurfs BT-Drucks. 12/2443, S. 133; *Ehricke* in: MüKo-InsO, § 76 Rdn. 25; *Kübler* in: *Kübler/Prütting*, InsO, § 76 Rdn. 19; *Uhlenbruck* in: *Uhlenbruck*, InsO, § 76 Rdn. 23; zu den praktischen Auswirkungen durch die damit verbundene Verteilung der Stimmenverhältnisse *Braun* in: FS Uhlenbruck, S. 463.

[6] Begründung des Regierungsentwurfs BT-Drucks. 12/2443, S. 133 rechts oben.

beachtlich, denn bei der Verwertung des Grundstücks in der Zwangsversteigerung hat die Hypothek keinerlei Aussicht auf Zuteilung.

Da bei der Zwangshypothek der Grundstückseigentümer auch Schuldner der persönlichen Forderung des Gläubigers ist, ist dieser sowohl Insolvenzgläubiger als auch Absonderungsberechtigter. Sein Stimmrecht auf sein Absonderungsrecht beträgt Null, weil sein Ausfall bei abgesonderter Befriedigung 100 Prozent sein wird. Damit bleibt er Insolvenzgläubiger in voller Höhe seiner Forderung und in dieser Höhe auch stimmberechtigt. Hätte er eine Befriedigungsaussicht von 25 Prozent bei abgesonderter Befriedigung, könnte man sein Stimmrecht gedanklich zusammensetzen aus 12.500 EUR auf das Absonderungsrecht (25 Prozent Wert des Absonderungsrechts) und 37.500 EUR auf die Insolvenzforderung (75 Prozent Ausfall).

467 Weil vor allem im Berichtstermin noch nicht genau feststeht, wer mit welchem Betrag als Gläubiger am Insolvenzverfahren teilnehmen kann, erfolgt die Gewährung des Stimmrechts zunächst danach, ob die Forderung eines Gläubigers nach § 174 InsO zur Insolvenztabelle angemeldet ist. Häufig erscheinen zum Berichtstermin auch Gläubiger, die ihre Forderungen noch nicht angemeldet haben, es muss auch die Anmeldefrist des § 28 Abs. 1 InsO noch nicht abgelaufen sein. Ihr Erscheinen mit dem Wunsch der Teilnahme an der Gläubigerversammlung kann dann gegenüber dem anwesenden Insolvenzverwalter gleichzeitig mit der Forderungsanmeldung verbunden werden. Stimmrecht erhält eine angemeldete Forderung dann, wenn weder der Insolvenzverwalter noch ein anderer Gläubiger dieses bestreitet (§ 77 Abs. 1 Satz 1 InsO). Nach dem allgemeinen Prüfungstermin rechtskräftig festgestellte Forderungen haben stets Stimmrecht.

468 Wird das Stimmrecht für eine Forderung vom Insolvenzverwalter oder von einem anderen Gläubiger bestritten, wird im Termin erörtert, ob dem Gläubiger Stimmrecht gewährt werden soll (§ 77 Abs. 2 Satz 1 InsO). Der Grund für das Bestreiten eines Stimmrechts des Gläubigers liegt natürlich darin, dass die zugrundeliegende Forderung nicht besteht. Für eine in Wirklichkeit nicht existierende Forderung soll kein Stimmrecht gewährt werden. Können sich die Beteiligten[1] nicht einigen, entscheidet das Insolvenzgericht (Rechtspfleger) über das Stimmrecht (§ 77 Abs. 2 Satz 2 InsO). Die Entscheidung ist auch als Rechtspflegerentscheidung unanfechtbar (§ 11 Abs. 3 S. 2 RPflG). Hat sich die Entscheidung des Rechtspflegers aber auf das Abstimmungsergebnis ausgewirkt, kann nach § 18 Abs. 3 RPflG beantragt werden, über die Stimmrechtsgewährung neu zu befinden; es entscheidet abschließend der Richter.[2]

469 Die Beschlüsse der Gläubigerversammlung sind für alle Gläubiger und den Insolvenzverwalter bindend und können nicht angefochten werden.[3] Gemäß § 78 Abs. 1 InsO hat aber das Gericht auf An-

---

[1] Zum Beteiligtenbegriff AG Hamburg ZVI 2005, 500.

[2] Zur Begründungspflicht für diesen BVerfG ZIP 2004, 1762.

[3] OLG Zweibrücken NZI 2001, 35; OLG Saarbrücken NZI 2000, 179; LG Göttingen NZI 2000, 490; statt aller ferner *Uhlenbruck* in: *Uhlenbruck*, InsO, § 76 Rdn. 26.

trag eines Insolvenzgläubigers den Beschluss aufzuheben, wenn er dem gemeinsamen Interesse der Gläubiger widerspricht. Einen Antrag auf Aufhebung kann nur ein Gläubiger stellen, der bei der Beschlussfassung gegen den entsprechenden Beschluss gestimmt hat.[1] Der Antrag auf Aufhebung ist nur bis zum Schluss der Gläubigerversammlung zulässig. Als sachliche Voraussetzung der Aufhebung nach § 78 InsO muss der Beschluss der Gläubigerversammlung dem gemeinsamen Interesse der Gläubigerversammlung widersprechen. Das ist insbesondere der Fall, wenn der Beschluss einen einzelnen Gläubiger oder einen Dritten zum Nachteil der Gläubigergesamtheit begünstigt oder niemandem nützt.[2] Durch die Möglichkeit des § 78 InsO sollen die Gläubiger vor Beschlüssen der durch ihre Forderungsmehrheit mächtigen Großgläubiger geschützt werden, wenn der Insolvenzzweck durch den Beschlusszweck vereitelt würde. Gegen Aufhebungsbeschluss des Gerichts ist die sofortige Beschwerde gegeben (§ 78 Abs. 2 Satz 2 InsO).

Schaubild 3: Muster einer Gläubigerversammlung, Berichts- und allgemeiner Prüfungstermin 470

Amtsgericht Leipzig
– Insolvenzgericht –
Bernhard-Göring-Str. 64, 04275 Leipzig

Az.: 94 IN 1333/03 Leipzig, 26. August 2003

Niederschrift

Gegenwärtig: Rechtspfleger Holzbein
zugleich als Urkundsbeamter der Geschäftsstelle

In dem Insolvenzverfahren über das Vermögen des
Rudolf Riebenkaufer
Gerichtsweg 14
04103 Leipzig
Inhaber der „Feinbäckerei Riebenkaufer"
Max-Liebermann-Str. 31, 04157 Leipzig

erschienen nach Aufruf:
1. Der Insolvenzverwalter Rechtsanwalt Joachim Jannsen,
2. Für den Schuldner Rechtsanwältin Luise Lauenberger,
3. Der Schuldner persönlich,
4. Gläubiger
   a) Herr Weißmeyer für die Oberbayerische Treuhand GmbH, Tab. Nr. 16
   (Vertretung ordnungsgemäß nachgewiesen)

[1] *Eickmann* in: HK-InsO, § 78 Rdn. 4.
[2] *Kuhn/Uhlenbruck*, KO, § 99 Rdn. 2; undifferenziert *Eickmann* in: HK-InsO, § 78 Rdn. 3; kritisch zur Anwendung des früheren § 99 KO bereits *Pape*, ZIP 1991, 841.

b) Frau Wollenberg für die BÄKO e. G., Halle-Leipzig, (Vertretung ordnungsgemäß nachgewiesen) Tab. Nr. 27
c) Herr Schlegelmeier für die Brehm GmbH, (Vertretung ordnungsgemäß nachgewiesen) Tab. Nr. 17
d) Herr Bernd Busch Tab. Nr. 18
e) Herr Wolfgang Wend Tab. Nr. 19

5. Gemäß § 175 Abs. 2 GVG werden zur Verhandlung zugelassen
   a) Frau Reinhilde Riebenkaufer (Ehefrau des Schuldners),
   b) Herr Holger Hübler (Rechtspflegeranwärter).

A. Berichtstermin

I. Feststellung ordnungsgemäßer Einberufung

Das Gericht stellt fest, dass eine ordnungsgemäße Einberufung der Gläubigerversammlung erfolgt ist. Die öffentliche Bekanntmachung erfolgte unter Angabe der Tagesordnungspunkte im Sächsischen Amtsblatt als dem nach § 9 InsO amtlichen Bekanntmachungsorgan am 7. August 2003. Die Ladungsfrist des § 217 ZPO ist eingehalten.

II. Feststellung der Beschlussfähigkeit

Das Gericht stellt fest, dass fünf stimmberechtigte Gläubiger erschienen sind und die Gläubigerversammlung im Sinne des § 76 InsO beschlussfähig ist. Es wird darauf hingewiesen, dass das Stimmrecht eines Gläubigers sich nach dem Betrag seiner Forderung richtet und ein Beschluss der Gläubigerversammlung mit der Mehrheit der Forderungsbeträge der Stimmengläubiger wirksam gefasst ist. Stimmenthaltungen finden demnach bei Ermittlung der Mehrheit keine Berücksichtigung.

III. Bericht des Insolvenzverwalters

Das Insolvenzverfahren wurde mit Beschluss vom 1. August 2003 um 8.30 Uhr wirksam eröffnet. Rechtsmittel gegen die Eröffnung des Insolvenzverfahrens wurde von keiner Seite eingelegt.
Der Insolvenzverwalter erstattet Bericht über die Ursachen der Zahlungsunfähigkeit des Schuldners, über die bisher ergriffenen Maßnahmen und über die wirtschaftliche Situation des vom Schuldner geführten Geschäftsbetriebes. Er führt aus, dass der Geschäftsbetrieb derzeit mit dreizehn Angestellten fortgeführt wird. Die von den Schuldner bisher unterhaltenen fünf Verkaufsstellen im Stadtbereich Leipzig werden weiterbetrieben, sie erwirtschaften unterschiedlich hohe Umsätze, zum Teil auch erhebliche Verluste.
Der Insolvenzverwalter prognostiziert eine voraussichtliche freie Masse von 77.483,53 EUR. Für die nicht nachrangigen Insolvenzgläubiger steht danach eine Quote von drei Prozent in Aussicht.
Bezüglich der weiteren Einzelheiten wird auf den schriftlichen Bericht vom 25. August 2003 verwiesen.
Die Möglichkeiten einer Unternehmensfortführung sowie einer Erstellung eines Insolvenzplans werden durch den Insolvenzverwalter dargelegt. Den Gläubiger wird die Möglichkeit gegeben, Fragen an den Insolvenzverwalter zu stellen.

IV. Wahl des Insolvenzverwalters

Das Gericht weist die Gläubiger auf ihre Möglichkeit hin, in der ersten Gläubigerversammlung statt des ernannten Insolvenzverwalters einen anderen Verwalter zu wählen (§ 57 InsO). Anträge zur Wahl eines anderen Insolvenzverwalters werden nicht gestellt. Das Gericht stellt fest, dass damit der bereits ernannte Insolvenzverwalter auch weiterhin Insolvenzverwalter in diesem Verfahren bleibt.

V. Einsetzung eines Gläubigerausschusses

Das Gericht weist die Gläubiger auf die Möglichkeit der Einsetzung eines Gläubigerausschusses hin (§ 68 InsO). Die Gläubigerversammlung fasst einstimmig Beschluss:
Es wird kein Gläubigerausschusses eingesetzt.

VI. Fortführung/Schließung des Unternehmens des Schuldners

Das Gericht weist die Gläubiger auf die nach § 157 Satz 1 InsO notwendige Beschlussfassung über die Fortführung oder Schließung des schuldnerischen Unternehmens hin. Die Gläubigerversammlung fasst einstimmig folgenden Beschluss:
Das schuldnerische Unternehmen soll vorläufig fortgeführt werden. Der Insolvenzverwalter wird ermächtigt, das schuldnerische Unternehmen teilweise oder ganz stillzulegen, soweit Verluste aus dem Geschäft eine Minderung der Insolvenzmasse in erheblichem Maße begründen. Dies betrifft insbesondere den Betrieb der Verkaufsstätten und die mit diesem verbundenen Verpflichtungen aus Mietverträgen.

VII. Erstellung eines Insolvenzplans

Das Gericht weist auf die nach § 157 Satz 2 InsO mögliche Beschlussfassung hin. Die Gläubigerversammlung fasst einstimmig folgenden Beschluss:
Ein Insolvenzplan soll vorläufig nicht erstellt werden.

VIII. Hinterlegung von Geldern

Der Insolvenzverwalter verwahrt die eingehenden Gelder des Verfahrens zu den üblichen Bedingungen auf dem als Anderkonto des Schuldners mit alleiniger Verfügungsberechtigung des Insolvenzverwalters geführten Konto bei der Baden-Würtembergische-Bank AG, Filiale Leipzig, Kontonummer 455 766 899. Bei Bedarf werden Festgeldkonten eingerichtet.

IX. Berichtspflicht des Insolvenzverwalters

Der Insolvenzverwalter hat gegenüber dem Gericht halbjährlich Bericht über die Verwaltung und Verwertung der Insolvenzmasse zu erstatten. Dem Bericht ist dabei eine Aufstellung aller Einnahmen und Ausgaben als Zwischenabrechnung beizufügen. Die dazugehörigen Belege werden durch das Gericht bei Bedarf angefordert. Die Berichte sind jeweils fällig am 26. August und 26. Februar (beginnend ab heute) eines jeden Jahres.

X. Genehmigungsbedürftige Rechtsgeschäfte

Beschlussfassung über die Genehmigung von Rechtsgeschäften gemäß § 160 InsO ist nach dem derzeitigen Stand des Insolvenzverfahrens nicht veranlasst.

XI. Verfahren bei Masselosigkeit

Das Gericht weist darauf hin, das im Falle einer Masselosigkeit nach § 207 Abs. 2 InsO vor Einstellung des Verfahrens die Gläubigerversammlung zum Zwecke der Zahlung eines Kostenvorschusses anzuhören ist. Die Gläubiger-

versammlung erklärt sich bereits jetzt für diesen Fall nicht bereit, einen Vorschuss zur Weiterführung des Verfahrens und zur Deckung der Kosten zu leisten, sie ist mit einer Einstellung des Verfahrens mangels Masse ohne nochmalige Anhörung einverstanden.
Das Gericht weist ergänzend auf die Regelung des § 207 Abs. 1 Satz 2 InsO und des § 4 a InsO hin.

XII. Unterhaltsgewährung an den Schuldner

Das Gericht weist auf die Regelung des § 100 Abs. 1 InsO hin, wonach die Gläubigerversammlung über einen angemessenen Unterhalt an den Schuldner und seine Familie aus der Insolvenzmasse zu beschließen hat. Es weist ausdrücklich darauf hin, dass die Beschlussfassung zunächst die Frage zu betreffen hat, ob dem Schuldner überhaupt Unterhalt gewährt werden soll. Die Gläubigerversammlung fasst einstimmig folgenden Beschluss:
Dem Schuldner und seine Familie wird aus der Insolvenzmasse ein monatlicher Unterhalt von 1.000 EUR gewährt. Der Insolvenzverwalter hat diesen Betrag aus den Einnahmen des laufenden Geschäftsbetriebs zu bestreiten, es bleibt ihm freigestellt, den Schuldner als sozialversicherungspflichtigen Arbeitnehmer des Geschäftsbetriebes zu führen.

XIII. Antrag auf Erteilung der Restschuldbefreiung

Das Gericht stellt fest, dass der Schuldner rechtzeitig nach § 287 InsO mit Schreiben vom 27. Juli 2003 Antrag auf Erteilung der Restschuldbefreiung gestellt hat.

B. Allgemeiner Prüfungstermin

I. Feststellung der Forderungsanmeldungen

Die Anmeldefrist des § 28 Abs. 1 InsO ist am 15. August 2003 abgelaufen. Das Gericht stellt fest, dass die Insolvenztabelle mit den Forderungsanmeldungen sowie den beigefügten Urkunden innerhalb des von § 175 Abs. 1 Satz 2 InsO genannten Zeitraums vom Insolvenzverwalter vorgelegt wurde und auf der Geschäftsstelle des Gerichts zur Einsicht der Beteiligten auslag.

II. Feststellung verspätet angemeldeter Forderungen

Der Insolvenzverwalter erklärt, dass nach Ablauf der Anmeldefrist vier Insolvenzforderungen angemeldet worden sind, er übergibt für diese angemeldeten Forderungen die Tabellenblätter Nrn. 34 bis 37 nebst den Anmeldeunterlagen und Urkunden.
Gegen die Prüfung dieser Forderungen in allgemeinen Prüfungstermin werden von keiner Seite Einwendungen erhoben (§ 177 Abs. 1 InsO).

III. Forderungsprüfung

Das Gericht weist darauf hin, dass jeder Insolvenzgläubiger die Möglichkeit hat, eine angemeldete Forderung zu bestreiten. Der Schuldner wird auf sein besonderes Widerspruchsrecht nach § 175 Abs. 2 InsO hingewiesen. Das Gericht weist darauf hin, dass ein Verlesen aller angemeldeten Forderungen nicht erfolgt (§ 176 Satz 2 InsO).
Seitens der anwesenden Gläubiger oder des Schuldners wird kein Widerspruch gegen angemeldete Forderungen erhoben. Der Insolvenzverwalter verweist auf

seine bereits bei Erstellung der einzelnen Tabellenblätter gedruckten Widerspruchsvermerke.
Das Gericht trägt das jeweilige Prüfungsergebnis in die Insolvenztabelle ein (§ 178 Abs. 2 InsO).

IV. Mitteilung des Prüfungsergebnisses

Das Gericht weist darauf hin, dass nur die Gläubiger bestrittener Forderungen Mitteilung erhalten (§ 179 Abs. 3 InsO). Den anwesenden Gläubiger wird das Prüfungsergebnis ihrer jeweiligen Forderung mündlich mitgeteilt.

V. Weitere Hinweise

Das Gericht weist darauf hin, dass die weitere Führung der Tabelle durch das Gericht erfolgt und Tabellenänderungen beispielsweise nach Rücknahme eines Widerspruchs oder nach § 183 Abs. 2 InsO der Eintragung in die Insolvenztabelle bedürfen.

C. Abschließende Feststellungen

Das Gericht stellt abschließend fest, dass alle notwendigen Beschlüsse der Gläubigerversammlung wirksam gefasst worden sind.
Der Inhalt des Protokolls wird den Beteiligten durch Verlesen zur Kenntnis gegeben.
Die Verhandlung wird geschlossen.

Holzbein
Rechtspfleger
zugleich als Urkundsbeamter der Geschäftsstelle

8. Der Gläubigerausschuss als Exekutivorgan

a) Die Rechtsstellung des Gläubigerausschusses

Durch den Gläubigerausschuss soll der ständige Einfluss der beteiligten Gläubiger auf den Ablauf des Insolvenzverfahrens sichergestellt werden.[1] Der Gläubigerausschuss entfaltet in seiner Tätigkeiten keine Außenwirkung, er wird nur im Innenverhältnis zum Insolvenzverwalter tätig. 471

Die Gläubigerversammlung bestimmt, ob ein Gläubigerausschuss gebildet werden soll und wählt dessen Mitglieder. Gegenüber der Gläubigerversammlung ist der Gläubigerausschuss nicht weisungsgebunden oder rechenschaftspflichtig. Die Gläubigerversammlung kann auch nicht Beschlüsse des Gläubigerausschusses aufheben oder ändern.[2] Teilweise wurde dies als Ausfluss der Gläubigerautonomie und der Ein- 472

---

[1] *Klopp/Kluth* in: *Gottwald,* § 21 Rdn. 1; *Frege/Keller/Riedel,* Rdn. 1185, 1186; *Heidland* in: KS, S. 711; *Frege,* NZG 1999, 478.

[2] *Gößmann* in: MüKo-InsO, § 69 Rdn. 10; *Kübler* in: *Kübler/Prütting,* InsO, § 69 Rdn. 7; *Frege/Keller/Riedel,* Rdn. 1185, 1186; *Frege,* NZG 1999, 478, 482.

setzungsbefugnis der Gläubigerversammlung angenommen.[1] Die Insolvenzordnung enthält jedoch bis auf wenige Ausnahmen (§ 149 Abs. 3 InsO) keine Regelung, nach welcher die Gläubigerversammlung den Gläubigerausschuss kontrollieren und dessen Entscheidungen ändern kann. Bei brisanten und wirtschaftlich umstrittenen Fragestellungen würde dies mitunter die Tätigkeit des Gläubigerausschusses erheblich behindern oder gar lähmen.

473 Gegenüber dem Insolvenzverwalter ist der Gläubigerausschuss unterstützendes und kontrollierendes Organ (§ 69 InsO). Gegenüber dem Insolvenzgericht ist der Gläubigerausschuss selbstständig und nicht rechenschaftspflichtig. Das Insolvenzgericht ist nicht berechtigt, ohne Zustimmung der Mitglieder des Gläubigerausschusses an dessen Sitzungen teilzunehmen.[2] Auch kann es nicht in analoger Anwendung des § 78 InsO Beschlüsse des Gläubigerausschusses aufheben.[3] Eine Zusammenarbeit zwischen Insolvenzgericht und Gläubigerausschuss ergibt sich aber aus der gemeinsamen Aufgabe der Kontrolle des Insolvenzverwalters. Beispielsweise unterliegt die Schlussrechnung des Insolvenzverwalters nach § 66 InsO sowohl der Prüfung des Insolvenzgericht als auch des Gläubigerausschusses; dies ergibt sich aus § 66 Abs. 2 Satz 2 InsO, wonach das Insolvenzgericht die Schlussrechnung zusammen mit den Prüfungsbemerkungen des Gläubigerausschusses zur Einsicht der Beteiligten niederzulegen hat.[4] In der Rechtspraxis hatte sich auch bewährt, dem Insolvenzgericht zu dessen Akten die Protokolle der Sitzungen des Gläubigerausschusses zu übermitteln. Dies dient letztlich der Transparenz der Tätigkeit des Gläubigerausschusses auch gegenüber den Gläubigern, die zur Einsicht der gerichtlichen Akten stets berechtigt sind.

b) Die Einsetzung des Gläubigerausschusses

aa) Die Einsetzung durch die Gläubigerversammlung

474 Ob ein Gläubigerausschuss bestellt wird, entscheidet die Gläubigerversammlung (§ 68 Abs. 1 Satz 1 InsO). Die Entscheidung wird regelmäßig im Berichtstermin getroffen. Bereits mit Insolvenzeröffnung kann das Insolvenzgericht nach § 67 Abs. 1 InsO einen so genannten vorläufigen Gläubigerausschuss einsetzen und dessen Mitglieder benennen. Die Gläubigerversammlung entscheidet im Berichtstermin dann über die Beibehaltung dieses Gläubigerausschusses (§ 68 Abs. 1 Satz 2 InsO).

---

[1] So noch zum Gläubigerausschuss der Konkursordnung und der Gesamtvollstreckungsordnung, *Haarmeyer/Wutzke/Förster,* GesO, § 15 Rdn. 33; *Hegmanns,* Der Gläubigerausschuss, Köln 1986, S. 61.

[2] *Klopp/Kluth* in: *Gottwald,* § 21 Rdn. 17; anders wohl *Kübler* in: *Kübler/Prütting,* InsO, § 69 Rdn. 9.

[3] *Gößmann* in: MüKo-InsO, § 69 Rdn. 12; *Kübler* in: *Kübler/Prütting,* InsO, § 69 Rdn. 9 und § 72 Rdn. 14; *Frege/Keller/Riedel,* Rdn. 1215, 1216; anders *Eickmann* in: HK-InsO, § 72 Rdn. 6; *Haarmeyer/Wutzke/Förster,* Kap. 6 Rdn. 5.

[4] *Frege/Keller/Riedel,* Rdn. 1677.

bb) Die Zulässigkeit eines Gläubigerausschusses im Eröffnungsverfahren

Umstritten ist, ob bereits vor Eröffnung des Insolvenzverfahrens – während des Eröffnungsverfahrens – ein vorläufiger Gläubigerausschuss gebildet werden kann. Sachdienlich erscheint dies vor allem in Großverfahren, bei denen schon im Eröffnungsverfahren vom vorläufigen Insolvenzverwalter Entscheidungen mit wirtschaftlich großer Tragweite getroffen werden müssen. Die Zulässigkeit eines solchen vorläufigen Gläubigerausschusses wurde erstmals durch das Amtsgericht Köln[1] postuliert, weitere Gerichte haben sich dem angeschlossen.[2] Nach dem Wortlaut der Insolvenzordnung ist ein solcher vorläufiger Gläubigerausschuss im Eröffnungsverfahren aber nicht vorgesehen. Nach dem Zweck des Eröffnungsverfahrens ist ein solcher Gläubigerausschuss auch nicht notwendig. Der Zweck des Eröffnungsverfahrens besteht in der Ermittlung des Insolvenzgrundes und der Massezulänglichkeit verbunden mit der Massesicherung. Eine Gläubigergemeinschaft kann sich vor Insolvenzeröffnung ebenfalls noch nicht gebildet oder konstituiert haben. Systematisch ist damit die Einsetzung eines Gläubigerausschusses für das Eröffnungsverfahren nicht zulässig.[3] Soweit wegen der besonderen Tragweite bestimmter Entscheidungen dem Gericht oder dem vorläufigen Insolvenzverwalter die Mitwirkung der Gläubiger als notwendig erscheint, müsste das Insolvenzverfahren eben frühzeitig eröffnet werden.[4] 475

cc) Die Zusammensetzung des Gläubigerausschusses

Ein Gläubigerausschuss muss aus mindestens zwei Personen bestehen, im Hinblick auf den Beschlussfassung nach § 72 InsO ist eine Mindestanzahl von drei Personen empfehlenswert. Im Gläubigerausschusses sollen nach § 67 Abs. 2 InsO die Absonderungsberechtigten, die Insolvenzgläubiger mit den höchsten Forderungen sowie die Kleingläubiger vertreten sein. Auch soll ein Vertreter der Arbeitnehmer (Betriebsrat) dem Gläubigerausschuss angehören, wenn die Arbeitnehmer nicht unerheblich als Gläubiger beteiligt sind (§ 67 Abs. 2 Satz 2 InsO). Zum Mitglied des Gläubigerausschusses kann auch gewählt werden, wer selbst nicht Gläubiger ist (§ 67 Abs. 3 InsO). Damit ist es auch möglich, besonders sachkundige Personen (Unternehmensberater, Steuerberater, Wirtschaftsprüfer) in den Gläubigerausschuss zu berufen. Zu Mitgliedern des Gläubigerausschusses können natürliche oder juristische Personen berufen werden, für die juristischer Person handelt ihr 476

---

[1] LG Duisburg NZI 2004, 95; AG Köln NZI 2000, 443.

[2] So das AG Duisburg im Insolvenzeröffnungsverfahren der Babcock Borsig AG und ihrer Töchter, zur Vergütung der Gläubigerausschussmitglieder AG Duisburg NZI 2003, 502 = ZIP 2003, 1460.

[3] *Frege/Keller/Riedel,* Rdn. 1204 ff.; kritisch auch *Uhlenbruck* in: *Uhlenbruck,* InsO, § 67 Rdn. 5, 6.

[4] Dass dies aus anderen Gründen (Arbeitnehmerbeschäftigung, Vorfinanzierung von Insolvenzgeld für drei Monate, Investorensuche, Steuerrecht) oft nicht möglich ist, wird nicht verkannt.

gesetzlicher Vertreter.[1] Eine juristische Person des öffentlichen Rechts (Gebietskörperschaft oder Behörde) soll nicht zum Mitglied des Gläubigerausschusses bestellt werden können, hier könne nur der Bedienstete selbst zum Mitglied bestellt werden.[2]

477 Aus der Regelung des § 67 Abs. 2 InsO wird gleichzeitig deutlich, in welchen Fällen in der Rechtspraxis die Einsetzung eines Gläubigerausschusses sinnvoll ist: Ein Gläubigerausschuss ist nützlich und hilfreich, wenn eine Vielzahl von Gläubigern am Insolvenzverfahren beteiligt ist, wenn bei Insolvenzeröffnung ein laufender Geschäftsbetrieb vorliegt, wenn durch den Insolvenzverwalter eine Vielzahl bedeutsamer Rechtshandlungen im Sinne des § 160 InsO zu tätigen sein wird oder wenn eine hohe Zahl von Arbeitnehmern am Insolvenzverfahren als Gläubiger beteiligt ist. Im Übrigen ist ein Gläubigerausschuss auch dann sinnvoll, wenn widerstreitende Interessen der Gläubiger – Großgläubiger und Kleingläubiger – zu bündeln sind. In diesen Fällen liegt die Einsetzung eines Gläubigerausschusses im Interesse aller Beteiligten, regelmäßig auch im Interesse des Insolvenzverwalters, der nicht selten bei Insolvenzeröffnung dem Gericht bereits signalisiert, dass er die Einsetzung eines Gläubigerausschusses für sinnvoll halte.

478 Die Mitglieder des Gläubigerausschusses erhalten für ihre Tätigkeit eine Vergütung nach § 73 InsO, die sich gemäß § 17 InsVV regelmäßig nach dem Aufwand der Tätigkeit richtet.[3] Die Mitglieder des Gläubigerausschusses haften ferner den Gläubigern gegenüber für die Erfüllung der ihnen nach der Insolvenzordnung obliegenden Verpflichtungen (§ 71 InsO). Der Abschluss einer Haftpflichtversicherung für die Mitglieder des Gläubigerausschusses durch den Insolvenzverwalter ist hier üblich.

479 Aus wichtigem Grund kann nach § 70 InsO ein Mitglied des Gläubigerausschusses aus seinem Amt entlassen werden.[4] Die Entlassung erfolgt durch das Insolvenzgericht von Amts wegen, auf Antrag des Mitglied des Gläubigerausschusses selbst oder auf Antrag der Gläubigerversammlung. Auch hieraus wird die Eigenständigkeit des Gläubigerausschusses gegenüber der Gläubigerversammlung deutlich: Die Gläubigerversammlung kann nicht selbstständig einzelne Mitglieder des Gläubigerausschusses abwählen oder austauschen, sie kann dies lediglich beim Insolvenzgericht beantragen, das Insolvenzgericht entscheidet hierüber selbstständig nach Anhörung der Beteiligten.

---

[1] BGHZ 124, 86; kritisch *Uhlenbruck* in: *Uhlenbruck,* InsO, § 67 Rdn. 11 mit umfangreichen Nachweisen.

[2] BGHZ 124, 86; für die Bundesanstalt für Arbeit OLG Köln ZIP 1988, 992; *Uhlenbruck* in: *Uhlenbruck,* InsO, § 67 Rdn. 12; anders aber *Kübler* in: *Kübler/Prütting,* InsO, § 67 Rdn. 23.

[3] Dazu *Uhlenbruck* in: *Uhlenbruck,* InsO, § 73 Rdn. 3 ff.; *Keller,* Vergütung, Rdn. 253 ff.

[4] BGH NZI 2003, 436.

c) Die Aufgaben und Befugnisse des Gläubigerausschusses

aa) Die allgemeine Aufgabenstellung des § 69 InsO

Der Gläubigerausschuss hat den Insolvenzverwalter bei seiner Tätigkeit zu überwachen und zu unterstützen (§ 69 InsO).[1] Die Mitglieder des Gläubigerausschusses können sich jederzeit über den Gang der Geschäfte unterrichten, die Bücher und Geschäftspapiere einsehen und den Geldverkehr prüfen. Sie können sich hierzu auch besonderer Hilfskräfte bedienen, beispielsweise den Geldverkehr durch einen vereidigten Buchprüfer prüfen lassen. Die weiteren in der Insolvenzordnung festgelegten Aufgaben und Befugnisse des Gläubigerausschusses sind Ausfluss dieses Grundsatzes des § 69 InsO. So hat der Gläubigerausschuss die Schlussrechnung des Insolvenzverwalters zu prüfen und mit entsprechenden Bemerkungen zu versehen (§ 66 Abs. 2 Satz 2 InsO),[2] bei der Anlegung von Geld und Wertpapieren hat der Gläubigerausschuss mitzuwirken (§ 149 Abs. 1 und 2 InsO), bei Vornahme einer Verteilung hat der Gläubigerausschuss den an die Gläubiger auszuzahlenden Bruchteil (Quote) zu bestimmen (§ 195 Abs. 1 Satz 1 InsO). 480

bb) Die Zustimmungspflichten nach §§ 160ff. InsO

Für die Vornahme der nach § 160 InsO besonders bedeutsamen Rechtshandlungen bedarf der Insolvenzverwalter der Zustimmung des Gläubigerausschusses (§ 160 Abs. 1 Satz 1 InsO). Die Zustimmung ist eine so genannte Innengenehmigung, die Rechtshandlungen des Insolvenzverwalters ist auch ohne Zustimmung des Gläubigerausschusses materiellrechtlich wirksam (§ 164 InsO). Gegenüber den Gläubigern macht sich der Insolvenzverwalter jedoch schadensersatzpflichtig, wenn er die notwendige Zustimmung nicht einholt. In gleicher Weise sind auch die Mitglieder des Gläubigerausschusses schadensersatzpflichtig (§ 71 InsO), wenn Sie pflichtwidrig eine inhaltlich nicht genehmigungsfähige Rechtshandlung genehmigen. 481

Der Insolvenzverwalter hat auch in weiteren Fällen die Genehmigung des Gläubigerausschusses einzuholen beziehungsweise den Gläubigerausschuss beratend einzubeziehen: 482

- § 100 Abs. 2 Satz 1 InsO; vorläufige Unterhaltsgewährung an den Schuldner vor der Beschlussfassung der Gläubigerversammlung,
- § 151 Abs. 3 Satz 2 InsO; Antrag des Insolvenzverwalters auf Absehen von der Aufstellung der Masseverzeichnisse,
- § 158 Abs. 1 InsO; Stilllegung des schuldnerischen Unternehmens vor dem Berichtstermin,

---

[1] Eingehend *Uhlenbruck,* ZIP 2002, 1373.

[2] Allgemein zur Kassenprüfung *Delhaes* in: *Nerlich/Römermann,* InsO, § 69 Rdn. 22ff.; *Kübler* in: *Kübler/Prütting,* InsO, § 69 Rdn. 26; *Hess/Weis/Wienberg,* InsO, § 69 Rdn. 10ff.; zur Schlussrechnungsprüfung *Onusseit* in: *Kübler/Prütting,* InsO, § 66 Rdn. 25ff.

- § 187 Abs. 3 Satz 2 InsO; Vornahme einer Verteilung an die Insolvenzgläubiger,
- § 218 Abs. 3 InsO; Aufstellung eines Insolvenzplans durch den Insolvenzverwalter,
- § 261 Abs. 2 Satz 1 und § 262 Satz 1 InsO; Berichtspflicht während der Überwachungsphase eines angenommenen unbestätigten Insolvenzplans,
- § 274 Abs. 3 Satz 1 InsO; im Verfahren der Eigenverwaltung Unterrichtungspflicht durch den Sachwalter.

cc) Antrags- und Initiativrechte

483 Dem Gläubigerausschuss kommen auch bei dem seitens des Insolvenzgerichts zu beachtenden Verfahren Anhörungsrechte und Antragsbefugnisse zu:

- Antrag auf Entlassung des Insolvenzverwalters (§ 59 Abs. 1 Satz 2 InsO),
- Anhörung zur Vergütungsfestsetzung des Insolvenzverwalters (argumentum ex § 64 Abs. 2 Satz 1 InsO),
- Teilnahmebefugnis an den Gläubigerversammlungen (§ 74 Abs. 1 Satz 2 InsO),
- Antrag auf Einberufung der Gläubigerversammlung (§ 75 Abs. 1 Nr. 2 InsO),
- Stellungnahme im Berichtstermin zum ersten Bericht des Insolvenzverwalters (§ 156 Abs. 2 Satz 1 InsO),
- Anhörung vor Einstellung des Verfahrens bei Wegfall des Eröffnungsgrundes oder mit Zustimmung der Gläubiger (§§ 212 und 213, § 214 Abs. 2 Satz 1 InsO),
- Stellungnahme zu einem vorgelegten Insolvenzplan (§ 232 Abs. 1 Nr. 1 InsO),
- Anhörung vor der Entscheidung über die Bestätigung des Insolvenzplans (§ 248 Abs. 2 InsO).

484 Ein Beschwerderecht gegen gerichtliche Entscheidungen steht den Mitgliedern des Gläubigerausschusses wie auch jedem anderen Verfahrensbeteiligten nur dann zu, wenn die Insolvenzordnung dies ausdrücklich regelt (beispielsweise § 59 Abs. 2 Satz 2 InsO).

dd) Zusammenkunft und Beschlussfassung

485 Die Insolvenzordnung regelt nicht, in welcher Art und Weise die Mitglieder des Gläubigerausschusses tagen und innerhalb welchen Verfahrens eine Beschlussfassung zu erfolgen hat. In § 72 InsO ist lediglich festgehalten, das eine Beschlussfassung mit der Mehrheit der abgegebenen Stimmen, das heißt mit der Mehrheit nach Köpfen erfolgt. Damit wollte der Gesetzgeber eine Korrektiv zur Summemehrheit in der Gläubigerversammlung schaffen und so die vermeintliche Übermacht der Großgläubiger einschränken.[1]

---

[1] *Uhlenbruck* in: *Uhlenbruck*, InsO, § 72 Rdn. 5.

Sinnvoll ist es, wenn sich der Gläubigerausschuss zu Beginn seiner Tätigkeit eine Geschäftsordnung gibt, in welcher die Modalitäten der Zusammenkunft und der Beschlussfassung niedergelegt sind.[1] Der Gläubigerausschuss tritt zumeist in regelmäßig wiederkehrenden Abständen zusammen, sollte in besonderen Fällen – insbesondere in den Fällen des § 160 InsO – aber auch außerordentlich einberufen werden können. Zumeist fungiert der Insolvenzverwalter als Initiator der Sitzungen des Gläubigerausschusses und sorgt für den organisatorischen Rahmen. Zur Teilnahme an den Sitzungen ist er regelmäßig schon wegen seiner Berichts- und Informationspflicht berechtigt; stimmberechtigt ist er selbstverständlich nicht. Die Mitglieder des Gläubigerausschusses können bei ihren Beratungen jedoch auch den Insolvenzverwalter ausschließen. 486

Eine Beschlussfassung kann entsprechend der selbst gegebenen Geschäftsordnung offen oder geheim im Rahmen einer Sitzung, aber auch schriftlich oder gar telephonisch erfolgen. Ist ein Mitglied des Gläubigerausschusses selbst vom Gegenstand einer Beschlussfassung betroffen, ist es von der Mitwirkung ausgeschlossen und hat kein Stimmrecht.[2] Soll beispielsweise über die Fortführung eines Prozesses gegen einen Gläubiger beschlossen werden (§ 160 Abs. 2 Nr. 3 InsO), ist dieser Gläubiger als Mitglied des Gläubigerausschusses nicht stimmberechtigt. 487

---

[1] Muster für Geschäftsordnung, Merkblatt für die Mitglieder des Gläubigerausschusses und Tagesordnung einer Sitzung bei *Frege/Keller/Riedel,* Rdn. 1191, 1192, 1193.

[2] *Uhlenbruck* in: *Uhlenbruck,* InsO, § 72 Rdn. 6 ff.; *Klopp/Kluth* in: *Gottwald,* § 21 Rdn. 15.

2. Teil. Der Ablauf des Regelinsolvenzverfahrens

3. Kapitel. Das Insolvenzeröffnungsverfahren

I. Der Antrag auf Eröffnung des Insolvenzverfahrens

Die Eröffnung des Insolvenzverfahrens setzt voraus, dass beim Schuldner ein Insolvenzgrund tatsächlich gegeben ist (§§ 16ff. InsO) und dass genügend Insolvenzmasse vorhanden ist, um die Kosten des Insolvenzverfahrens decken zu können (§ 26 InsO). Der Prüfung dieser beiden Voraussetzungen dient das so genannte Insolvenzeröffnungsverfahren. Entsprechend der allgemeinen verfahrensrechtlichen Systematik von Zulässigkeit und Begründetheit eines Antrags oder einer Klage kann auch hier unterschieden werden: 488

- Die Zulässigkeit des Insolvenzantrags wird durch die formalen Voraussetzungen bestimmt, beispielsweise durch das Antragsrecht, die Partei- und Prozessfähigkeit oder die substantiierte Darlegung der Insolvenzgründe. Es ist Sache des Antragstellers, die Zulässigkeit seines Insolvenzantrags darzulegen, das Insolvenzgericht ermittelt nicht von Amts wegen.[1]
- Die Begründetheit des Insolvenzantrags wird durch das tatsächliche Vorliegen eines Insolvenzgrundes bestimmt. Diesen hat das Insolvenzgericht von Amts wegen zu ermitteln. Die Amtsermittlungspflicht gilt auch dann, wenn der Schuldner selbst Insolvenzantrag stellt oder gegenüber einem Gläubiger den Insolvenzgrund zugesteht.[2]

1. Der Zweck des Insolvenzeröffnungsverfahrens

Das Insolvenzeröffnungsverfahren wird auch als „quasi-streitiges Parteiverfahren" bezeichnet, wenn ein Gläubiger Antrag auf Insolvenzeröffnung stellt. Der Streitgegenstand des Verfahrens besteht in der Frage des Vorliegens des Insolvenzgrundes.[3] Stellt ein Gläubiger 489

---

[1] BGH NZI 2003, 147 = ZIP 2003, 358 = ZVI 2003, 64; bereits für den Konkursantrag des Gläubigers BGH ZIP 1985, 363; LG Köln ZIP 1988, 664; LG Göttingen ZIP 1993, 447; LG Cottbus ZIP 1995, 234; *Gerhardt* in: *Jaeger,* InsO, § 5 Rdn. 11; *Kirchhof* in: HK-InsO, § 13 Rdn. 19; zu allgemein *Ganter* in: MüKo-InsO, § 5 Rdn. 14; *Uhlenbruck* in: *Uhlenbruck,* InsO, § 5 Rdn. 1; zutreffend ebenda § 14 Rdn. 70.

[2] OLG Köln NZI 2000, 480; *Gerhardt* in: *Jaeger,* InsO, § 16 Rdn. 10; *Schmahl* in: MüKo-InsO, § 16 Rdn. 32; *Uhlenbruck* in: *Uhlenbruck,* InsO, § 16 Rdn. 6.

[3] BGH NJW 1962, 2016; *Uhlenbruck* in: *Uhlenbruck,* InsO, § 13 Rdn. 4.

gegen den Schuldner Antrag auf Insolvenzeröffnung, hat er nach § 14 Abs. 1 InsO den Insolvenzgrund zunächst glaubhaft zu machen, der Schuldner kann dagegen den Insolvenzgrund bestreiten und Beweismittel zur Gegenglaubhaftmachung bringen.[1] Die Ermittlungen des Insolvenzgerichts erfolgen dann zwar von Amts wegen (§ 5 Abs. 1 InsO), haben letztlich aber die widerstreitenden Interessen der Parteien zum Gegenstand.

490 Für die zeitliche Dauer des Eröffnungsverfahrens bestehen gesetzlich keine Vorgaben. Es kann beispielsweise in einfach gelagerten Fällen der Verbraucherinsolvenz nur wenige Minuten dauern, in der Unternehmensinsolvenz, bei welcher die Prüfung der Eröffnungsvoraussetzungen sehr umfangreich ist und oft nur mit Hilfe eines Sachverständigen bewältigt werden kann, kann das Eröffnungsverfahren auch mehrere Monate in Anspruch nehmen. Während dieser Zeit ordnet das Insolvenzgericht regelmäßig Sicherungsmaßnahmen zur Sicherung des schuldnerischen Vermögens an.

491 Das Insolvenzeröffnungsverfahren schließt mit der Entscheidung des Insolvenzgerichts über die Insolvenzeröffnung. Die Entscheidung muss nicht in der Insolvenzeröffnung nach § 27 InsO liegen, das Insolvenzgericht kann und muss die Eröffnung abweisen, wenn eine die Verfahrenskosten decken der Insolvenzmasse nicht vorhanden ist (§ 26 InsO). Das Insolvenzeröffnungsverfahren kann auch durch Rücknahme des Insolvenzantrags nach § 13 Abs. 2 InsO oder durch Erledigung der Hauptsache entsprechend § 91 a ZPO beendet werden.

492 **Schaubild 4: Der Ablauf des Insolvenzeröffnungsverfahrens**

<table>
<tr><th colspan="2">Antrag auf Insolvenzeröffnung (§ 13 InsO)</th></tr>
<tr><th>durch Schuldner (§§ 13, 15 InsO)</th><th>durch Gläubiger (§ 14 InsO)</th></tr>
<tr><td>– Der Schuldner ist stets antragsberechtigt.
– Antragspflicht bei juristischen Personen oder wenn keine natürliche Person unbeschränkt haftet.
– Schuldner muss grundsätzlich nicht glaubhaft machen oder beweisen, dass er zahlungsunfähig oder gegebenenfalls überschuldet ist (Ausnahme § 15 Abs. 2 Satz 1 InsO).
– Schuldner kann auch schon bei drohender Zahlungsunfähigkeit Antrag stellen (§ 18 Abs. 1 InsO).</td><td>– Gläubiger muss glaubhaft machen, dass
  – er eine Forderung gegen den Schuldner hat,
  – und der Schuldner zahlungsunfähig oder gegebenenfalls übeschuldet ist.</td></tr>
</table>

[1] Allgemein zur Anhörung im Eröffnungsverfahren *Vallender* in: KS, S. 249 Rdn. 18 ff.

Insolvenzgericht prüft von Amts wegen (§ 5 Abs. 1 InsO), ob	
Insolvenzgrund vorliegt (§ 16 InsO)	**Masse vorhanden ist (§ 26 InsO)**
– Zahlungsunfähigkeit (§ 17 InsO) oder – Überschuldung (§ 19 InsO), wenn Schuldner eine juristische Person ist oder keine natürliche Person unbeschränkt haftet, oder – drohende Zahlungsunfähigkeit (§ 18 InsO) bei Eigenantrag des Schuldners.	Die Kosten des Verfahrens nach § 54 InsO müssen gedeckt sein, mithin – Gerichtskosten (Gebühren und Auslagen), – Vergütung des vorläufigen Insolvenzverwalters, des Verwalters, der Mitglieder des Gläubigerausschusses.

Abschluss des Eröffnungsverfahrens durch	
Rücknahme des Antrags	**Zurückweisung des Antrags**
– durch Schuldner bei Eigenantrag, – durch Gläubiger; auch möglich als Erledigung der Hauptsache analog § 91 a ZPO.	– wenn kein Insolvenzgrund gegeben ist.
Abweisung mangels Masse	**Eröffnung des Insolvenzverfahrens**
– wenn trotz Insolvenzgrund die Kosten des Verfahrens nicht gedeckt sind und kein Vorschuss geleistet wird.	– wenn Insolvenzgrund gegeben ist und – die Kosten des Verfahrens gedeckt sind.

2. Das Antragserfordernis des § 13 InsO

a) Der Antragsgrundsatz des § 13 InsO

Das Insolvenzverfahren wird nach § 13 InsO nur auf Antrag eröff- 493
net. Die Einleitung eines Insolvenzverfahrens von Amts wegen oder auf Antrag einer Behörde, die nicht als Gläubiger auftritt, ist mit unserer Wirtschafts- und Privatrechtsordnung, welche die Autonomie der Parteien und deren selbstverantwortliches Handeln voraussetzt, nicht vereinbar. Insbesondere kann ein Insolvenzverfahren nicht durch die Staatsanwaltschaft beantragt oder eingeleitet werden.[1] Auch wäre es nicht sinnvoll, durch eine staatliche Stelle die rechtzeitige Stellung eines Insolvenzantrags insbesondere durch den Schuldner zu überwachen

[1] Begründung des Regierungsentwurfs BT-Drucks. 12/2443, S. 113 rechte Spalte oben; *Gerhardt* in: *Jaeger*, InsO, § 13 Rdn. 2; *Schmahl* in: MüKo-InsO, § 13 Rdn. 9; zum europäischen Rechtsvergleich im Konkurs bereits *Jaeger*, KO, § 103 Anm. 14.

oder zu veranlassen. Das deutsche Recht kennt als einzig taugliches Mittel der Überwachung einer möglichen Insolvenzantragspflicht die Drohung mit strafrechtlichen Konsequenzen. Für das Insolvenzverfahren als Teil des zivilgerichtlichen Verfahrens bleibt es aber stets den Beteiligten, namentlich dem Schuldner und den Gläubigern, überlassen, ein Insolvenzverfahren in die Wege zu leiten.

494 Der Antragsgrundsatz (§ 13 Abs. 1 Satz 1 InsO) ist nicht zu verwechseln mit den im Zivilprozess geltenden Grundsätzen zur Parteidisposition und zur Beweiserhebung. Vielmehr führt der zulässige Insolvenzantrag zur Amtsermittlung des Insolvenzgerichts nach § 5 Abs. 1 Satz 1 InsO.

b) Die allgemeinen Zulässigkeitsvoraussetzungen für den Insolvenzantrag

495 Antragsberechtigt sind nach § 13 Abs. 1 Satz 2 InsO der Schuldner und jeder Insolvenzgläubiger. Für den Insolvenzantrag des Schuldners insbesondere bei juristischen Personen und Gesellschaften ohne Rechtspersönlichkeit gilt ergänzend § 15 InsO, die Zulässigkeitsvoraussetzungen für den Insolvenzantrag des Gläubigers bestimmt § 14 InsO.

496 Als Prozesshandlung kann ein Insolvenzantrag nur von einer prozessfähigen Partei im Sinne der §§ 50ff. ZPO gestellt werden. Die prozessunfähige Partei ist von ihrem gesetzlichen Vertreter zu vertreten.[1] Rechtsgeschäftliche Vertretung insbesondere durch einen Anwalt ist nach den allgemeinen Vorschriften der §§ 80ff. ZPO möglich, die Prozessvollmacht muss sich ausdrücklich auf den Insolvenzantrag beziehen. Einer Zulassung eines vollmachtlosen Vertreters nach § 89 ZPO sollte für den Insolvenzantrag im Hinblick auf dessen weitreichende Folgen mit Vorsicht begegnet werden.[2]

497 Für den Insolvenzantrag ist durch § 13 InsO keine bestimmte Form vorgeschrieben, regelmäßig wird er schriftlich gestellt. Üblich ist auch die Stellung des Insolvenzantrags zu Protokoll der Geschäftsstelle des Insolvenzgerichts, regelmäßig wird dieses Geschäft in Anwendung des § 24 Abs. 2 Nr. 3 RPflG vom Rechtspfleger wahrgenommen. Hierbei ist aber zu bedenken, dass es sich bei dem Insolvenzantrag nicht um einen Antrag im amtsgerichtlichen Verfahren im Sinne des § 496 ZPO handelt, da er keinem Prozessgegner oder keine anderen Parteien zuzustellen ist.[3] Der Insolvenzantrag kann auch durch Telefax übermittelt werden.[4]

---

[1] Allgemein *Uhlenbruck* in: *Uhlenbruck,* InsO, § 13 Rdn. 4; *Häsemeyer,* Rdn. 7.06; *Frege/Keller/Riedel,* Rdn. 378, 379.

[2] *Uhlenbruck* in: *Uhlenbruck,* InsO, § 13 Rdn. 11; *Frege/Keller/Riedel,* Rdn. 380.

[3] Allgemein zur Form *Uhlenbruck* in: *Uhlenbruck,* InsO, § 13 Rdn. 13; *Schmahl* in: MüKo-InsO, § 13 Rdn. 73ff.; *Frege/Keller/Riedel,* Rdn. 382.

[4] Allgemein BGHZ 144, 160 (Gemeinsamer Senat der obersten Gerichtshöfe); BGH NJW 1998, 3649; BGH NJW 1993, 3141; *Schmahl* in: MüKo-InsO, § 13 Rdn. 73.

Der Insolvenzantrag ist wie jede andere Prozesshandlung bedingungsfeindlich.[1] Zulässig ist dagegen die Stellung des Insolvenzantrags unter dem Vorbehalt der Bewilligung von Kostenstundung nach §§ 4a ff. InsO,[2] unzulässig ist ein Insolvenzantrag des Schuldners, der nur „rein vorsorglich“ gestellt wird, um Vollstreckungsmaßnahmen der Gläubiger abzuwehren.[3] 498

Der Insolvenzantrag hat ausreichend bestimmt darzulegen, dass die Eröffnung des Insolvenzverfahrens über das Vermögen des ausreichend bezeichneten Schuldners begehrt wird.[4] Es muss grundsätzlich nicht bestimmt werden, ob die Eröffnung eines Regel- oder eines Verbraucherinsolvenzverfahrens beantragt wird, die richtige Unterordnung des Schuldners unter die Vorschrift des § 304 InsO ist Sache des Insolvenzgerichts. Lediglich wenn im Insolvenzantrag ausdrücklich die Eröffnung in einer bestimmten Verfahrensart begehrt wird, hat das Gericht dies zu beachten und gegebenenfalls den Antragsteller auf eine Änderung seines Antrags hinzuweisen.[5] 499

Die Parteien des Verfahrens, der antragstellende Gläubiger, aber insbesondere der Schuldner sind in dem Antrag ausreichend zu bezeichnen. Der Schuldner ist mit seiner Firma und der ladungsfähigen Anschrift zu bezeichnen, ist Schuldner eine juristische Person oder eine Personengesellschaft gilt gleiches für die organschaftlichen Vertreter oder vertretungsberechtigten Gesellschafter.[6] 500

---

[1] Ganz allgemeine Meinung, *Gerhardt* in: *Jaeger,* InsO, § 13 Rdn. 33; *Uhlenbruck* in: *Uhlenbruck,* InsO, § 13 Rdn. 12; so bereits *Jaeger,* KO, § 103 Anm. 2 b.

[2] BGH NZI 2003, 147 = ZVI 2003, 64; zur Prozesskostenhilfe BGHZ 4, 328; *Frege/Keller/Riedel,* Rdn. 384.

[3] AG Köln NZI 2000, 284; *Pape* in: *Kübler/Prütting,* InsO, § 13 Rdn. 13; *Mönning* in: *Nerlich/Römermann,* InsO, § 13 Rdn. 12.

[4] Allgemein *Schmahl* in: MüKo-InsO, § 13 Rdn. 77 ff.; *Uhlenbruck* in: *Uhlenbruck,* InsO, § 13 Rdn. 14.

[5] OLG Köln NZI 2000, 542 = ZIP 2000, 172; OLG Celle NZI 2000, 229 = ZIP 2000, 802; LG Halle NZI 2000, 379; LG Frankfurt am Main ZIP 2000, 1067; LG Göttingen NZI 2001, 218; LG Mannheim NZI 2000, 490; AG Hamburg ZIP 2001, 2241; *Uhlenbruck* in: *Uhlenbruck,* InsO, § 14 Rdn. 18; *Vallender* in: *Uhlenbruck,* InsO, § 304 Rdn. 26 ff.; *Kirchhof* in: HK-InsO, § 13 Rdn. 22; *Wenzel* in: *Kübler/Prütting,* InsO, § 304 Rdn. 4 ff.; allgemein *Häsemeyer,* Rdn. 26.07; dazu auch *Henckel,* ZIP 2000, 2051.

[6] Allgemein *Uhlenbruck* in: *Uhlenbruck,* InsO, § 13 Rdn. 14; zu geschäftsführerlosen GmbH OLG Dresden NZI 2000, 136; *Frege/Keller/Riedel,* Rdn. 434; zur Amtsniederlegung BGHZ 78, 82, und BGHZ 121, 257; *Uhlenbruck* in: *Uhlenbruck,* InsO, § 13 Rdn. 37; die Amtsniederlegung entbindet nicht von der Mitwirkungspflicht aus §§ 20, 101, 97 InsO.

3. Die Stellung des Insolvenzantrags durch den Schuldner und durch einen Gläubiger

a) Der Insolvenzantrag des Schuldners

aa) Das Recht zur Antragstellung

501 Der Schuldner hat jederzeit das Recht, die Eröffnung des Insolvenzverfahrens über sein Vermögen zu beantragen, allgemein wird vom Eigenantrag des Schuldners gesprochen. Ein Insolvenzantrag des Schuldners selbst ist auch Voraussetzung für das Verfahren der Restschuldbefreiung nach §§ 286ff. InsO, hierauf ist der Schuldner nach § 20 Abs. 2 InsO hinzuweisen, wenn ein Gläubiger den Antrag auf Eröffnung des Insolvenzverfahrens stellt.[1]

502 Obwohl die Insolvenzordnung anders als für den Gläubigerantrag in § 14 InsO dies nicht ausdrücklich regelt, muss auch der Schuldner für seinen Insolvenzantrag ein Rechtsschutzbedürfnis haben, auch er darf mit dem Insolvenzantrag keine verfahrensfremden Ziele verfolgen. Dies ist beispielsweise der Fall, wenn der Insolvenzantrag offensichtlich dazu benutzt wird, um Druck innerhalb der Geschäftsführung eines Unternehmens auszuüben oder um Differenzen zwischen den Gesellschaftern der schuldnerischen Gesellschaft zu verschärfen.

bb) Die inhaltlichen Anforderungen an den Insolvenzantrag

503 Der Schuldner muss in seinem Insolvenzantrag den Insolvenzgrund nicht beweisen oder glaubhaft machen. Er muss aber substantiiert darlegen, dass ein Insolvenzgrund vorliegt, mithin dass er zahlungsunfähig oder überschuldet ist oder dass drohende Zahlungsunfähigkeit gegeben ist. Ein Insolvenzantrag des Schuldners, der lediglich aus dem Satz besteht, es werde die Eröffnung des Insolvenzverfahrens beantragt, ist nicht zulässig.[2]

504 Der Schuldner sollte zusammen mit der substantiierten Darlegung des Insolvenzgrundes auch eine Vermögensübersicht und eine Übersicht der Gläubigerforderungen vorlegen. Zulässigkeitsvoraussetzung ist die Vorlage diese Übersichten aber nicht.[3] Das Insolvenzgericht kann aber

---

[1] BGH NZI 2003, 511 (Schuldner stellte seinen Antrag neun Monate nach dem Insolvenzantrag des Gläubigers); LG Dresden ZVI 2002, 472; LG Memmingen NZI 2004, 44; LG Köln NZI 2004, 159; eingehend *Stephan* in: MüKo-InsO, § 287 Rdn. 12, 13; *Vallender* in: *Uhlenbruck*, InsO, § 287 Rdn. 10; anders AG Hamburg ZVI 2002, 475 und ZVI 2004, 56; *Landfermann* in: HK-InsO, § 287 Rdn. 2c; *Frege/Keller/Riedel*, Rdn. 2069; *Heyer*, ZInsO 2002, 59; *Pape*, NZI 2002, 186; *ders.*, ZVI 2002, 231; *Fuchs*, NZI 2002, 298.

[2] BGH NZI 2003, 147 = ZIP 2003, 358 = ZVI 2003, 64; LG Göttingen ZIP 2002, 1048; AG Hamburg NZI 2000, 238; *Kirchhof* in: HK-InsO, § 13 Rdn. 19; *Hess/Weis/Wienberg*, InsO, § 13 Rdn. 31; *Schmerbach* in: FK-InsO, § 14 Rdn. 90; eingehend *Uhlenbruck* in: *Uhlenbruck*, InsO, § 13 Rdn. 18, 19.

[3] BayObLG ZIP 2000, 1221; LG Göttingen NZI 2004, 149; eingehend *Pape* in: *Kübler/Prütting*, InsO, § 13 Rdn. 44ff.

mit Hilfe der §§ 20 und 97ff. InsO den Schuldner zwangsweise zur Mitwirkung anhalten.

cc) Der Insolvenzantrag bei juristischen Personen und Personengesellschaften

Ist Schuldner des Insolvenzverfahrens eine juristische Person oder 505
eine Gesellschaft ohne Rechtspersönlichkeit (§ 11 Abs. 2 Nr. 1 InsO), stellt sich häufig das Problem der Vertretungsberechtigung durch mehrere organschaftliche Vertreter oder Gesellschafter.[1] Hier gilt § 15 InsO, durch den der Gesetzgeber ausschließen möchte, dass mehrere organschaftliche Vertreter oder Gesellschafter missbräuchlich einen Insolvenzantrag stellen und den Insolvenzantrag gegenüber den übrigen Vertretern oder Gesellschaftern als Druckmittel verwenden.[2]

Ein Insolvenzantrag ist hier von jedem einzelnen Mitglied des Ver- 506
tretungsorgans oder von jedem Gesellschafter unabhängig von Einzel- oder Gesamtvertretungsbefugnis möglich (§ 15 Abs. 1 InsO).[3] Zulässig ist er, wenn er von allen organschaftlichen Vertretern oder vertretungsberechtigten Gesellschaftern gemeinsam gestellt wird. Die im Handelsregister eingetragene Vertretungsberechtigung beispielsweise bei der GmbH, bei der zumeist ein einzelner Geschäftsführer alleinvertretungsberechtigt ist, andere in unechter Gesamtvertretung zusammen mit einem anderen Geschäftsführer oder einem Prokuristen vertretungsberechtigt sind,[4] oder bei der offenen Handelsgesellschaft, wenn einzelne Gesellschafter von der Vertretung nach § 125 HGB ausgeschlossen sind, ist nicht anwendbar. Die Regelung des § 15 Abs. 1 InsO, die jedem organschaftlichen Vertreter oder vertretungsberechtigten Gesellschafter ein Antragsrecht zubilligt, ist isoliert betrachtet missverständlich: Der Antrag eines einzelnen organschaftlichen Vertreters oder persönlich haftenden Gesellschafters, auch wenn der als solcher alleinvertretungsberechtigt ist, ist nach § 15 Abs. 2 Satz 1 InsO nur dann zulässig, wenn der Insolvenzgrund nicht nur substantiiert dargelegt sondern auch glaubhaft gemacht wird. Die Glaubhaftmachung (§ 294 ZPO) ist hier echte Zulässigkeitsvoraussetzung. Das Insolvenzgericht hat nach § 15 Abs. 2 Satz 2 InsO die übrigen Organe oder Gesellschafter zu dem Insolvenzantrag zu hören. Diese können den Insolvenzgrund zugestehen und sich dem Insolvenzantrag anschließen oder den Insolvenzgrund bestreiten.[5] Kann dann der Insolvenzgrund durch den antragstellenden Vertreter nicht glaubhaft gemacht werden, ist der Insolvenzantrag als

---

[1] Eingehend *Schmahl* in: MüKo-InsO, § 15 Rdn. 9ff.; *Uhlenbruck* in: *Uhlenbruck,* InsO, § 15 Rdn. 2; *Kirchhof* in: HK-InsO, § 15 Rdn. 4ff.; *Frege/Keller/Riedel,* Rdn. 431ff.

[2] *Uhlenbruck* in: *Uhlenbruck,* InsO, § 15 Rdn. 11.

[3] *Schmahl* in: MüKo-InsO, § 15 Rdn. 9; *Gerhardt* in: *Jaeger,* InsO, § 15 Rdn. 6; *Uhlenbruck* in: KS, S. 1157; *Uhlenbruck,* GmbHR 1995, 195.

[4] *Zöllner* in: *Baumbach/Hueck,* GmbHG, § 35 Rdn. 54ff.; *Keidel/Krafka/Willer,* Rdn. 987ff.

[5] Allgemein *Schmahl* in: MüKo-InsO, § 15 Rdn. 50.

unzulässig zu verwerfen.[1] Die Regelung gilt auch für die Personengesellschaft, bei der keine natürliche Person persönlich haftender Gesellschafter ist (§ 15 Abs. 3 InsO), insbesondere für die GmbH & Co. KG.

507 **Beispiel 1:** Die AB-GmbH wird von zwei Geschäftsführern vertreten, denen entsprechend der Regelungen des Gesellschaftsvertrages und der Eintragung im Handelsregister jeweils Alleinvertretungsbefugnis zusteht. Die Geschäftsführer streiten sich über die weitere unternehmerische Zielsetzung ihrer Gesellschaft, die sich in wirtschaftlichen Schwierigkeiten befindet. Geschäftsführer A stellt beim zuständigen Amtsgericht Insolvenzantrag, eine Zahlungsunfähigkeit macht er nicht glaubhaft.

Es liegt ein so genannter Eigenantrag auf Eröffnung des Insolvenzverfahrens vor (§ 13 Abs. 1 Satz 2 InsO). Unabhängig von der Alleinvertretungsbefugnis ist der Geschäftsführer zur Stellung des Insolvenzantrags berechtigt (§ 15 Abs. 1 InsO) und im Rahmen des § 64 Abs. 1 GmbHG auch verpflichtet. Der Insolvenzantrag ist nach § 15 Abs. 2 Satz 1 InsO aber nur zulässig, wenn die Zahlungsunfähigkeit glaubhaft gemacht wird. Dies ist nicht erfolgt. Das Insolvenzgericht wird deshalb den zweiten Geschäftsführer zu dem Insolvenzantrag hören (§ 15 Abs. 2 Satz 2 InsO); widerspricht dieser dem Insolvenzantrag und bestreitet er die Zahlungsunfähigkeit, ist der Insolvenzantrag als unzulässig zu verwerfen. Das Insolvenzgericht tritt nicht in eine amtswegige Prüfung der Zahlungsunfähigkeit ein.

508 Ein Insolvenzantrag kann nicht durch den Prokuristen des schuldnerischen Unternehmens gestellt werden, der Eigenantrag auf Eröffnung des Insolvenzverfahrens gehört nicht zu den Geschäften, die ein Handelsgewerbe im Sinne der §§ 48 ff. HGB mit sich bringt.[2]

dd) Die Insolvenzantragspflicht bei beschränkter Haftung der Insolvenzmasse

509 Der Schuldner ist grundsätzlich nicht verpflichtet, bei Eintritt der Zahlungsunfähigkeit die Eröffnung des Insolvenzverfahrens über sein Vermögen zu beantragen. Allgemein ist es vielmehr sein Recht, sich durch den Insolvenzantrag vor dem Gläubigerzugriff zu schützen. Insbesondere für den Schuldner, der eine natürliche Person ist, besteht keine Insolvenzantragspflicht. Der Schuldner ist deshalb wegen vermeintlich verzögerter Antragstellung den Gläubigern gegenüber auch nicht schadensersatzpflichtig.

510 Zur Stellung des Insolvenzantrags ist im Interesse der Gläubigergesamtheit der Schuldner dann verpflichtet, wenn keine natürliche Person den Gläubigern gegenüber unbeschränkt haftet. Namentlich ist dies bei allen juristischen Personen der Fall, sowie bei Personengesellschaften, bei welchen keine natürliche Person unbeschränkt haftet sowie beim Nachlass. Die Insolvenzantragspflicht soll die Gläubiger schützen, weil nur eine begrenzte Vermögensmasse haftet. In der Insolvenz der natürlichen Person oder der Personengesellschaft mit unbeschränkter Haf-

---

[1] Nicht eindeutig *Kirchhof* in: HK-InsO, § 15 Rdn. 13; missverständlich *Schmahl* in: MüKo-InsO, § 15 Rdn. 50.

[2] *Schmahl* in: MüKo-InsO, § 13 Rdn. 69; *Uhlenbruck* in: *Uhlenbruck*, InsO, § 13 Rdn. 11.

tung einer natürlichen Person kann dagegen durch die persönliche Arbeitsleistung des Schuldners neue Wertschöpfung für die Gläubiger erzielt werden.[1] Diese zunächst überkommen klingende Begründung der Antragspflicht bei begrenzter Vermögenshaftung hat auch heute gerade in der Verbraucherinsolvenz ihre Berechtigung. Der Schuldner kann im einfachsten Fall laufendes Arbeitseinkommen beziehen, das den Gläubigern zur Befriedigung dient. Umgekehrt wäre es angesichts der Überschuldungssituation privater Haushalte beinahe fatal, auch für die Insolvenz der natürlichen Person eine Antragspflicht mit allen Konsequenzen begründen zu wollen.[2]

Die Insolvenzantragspflicht ist jeweils spezialgesetzlich geregelt, für **511**
die Rechtspraxis sind als häufig vorkommende Fälle zu nennen:[3]

- die Antragspflicht des Vorstands eines eingetragenen Vereins nach § 42 Abs. 2 BGB; Gleiches gilt über § 11 Abs. 1 Satz 2 InsO für den Vorstand des nicht eingetragenen Vereins.[4]
- die Antragspflicht des Vorstands eine Aktiengesellschaft nach § 92 Abs. 2 AktG; bei der Kommanditgesellschaft auf Aktien sind die persönlich haftenden Gesellschafter nach § 278 Abs. 3 mit § 283 Nr. 14 AktG zur Antragstellung verpflichtet.
- die Antragspflicht des Vorstands einer Genossenschaft nach § 99 Abs. 1 GenG.
- die Antragspflicht des Geschäftsführers einer GmbH nach § 64 Abs. 1 GmbHG; die Antragspflicht trifft auch den so genannten faktischen Geschäftsführer, der ohne als solcher bestellt oder in das Handelsregister eingetragen zu sein, die Geschicke der Gesellschaft wesentlich bestimmt und nach außen als deren Organ hervortritt.[5]
- die Antragspflicht des Erben in der Nachlassinsolvenz nach § 1980 Abs. 1 BGB.[6]

Eine Insolvenzantragspflicht besteht auch bei der Personengesell- **512**
schaft, bei der keine natürliche Person unbeschränkt haftet (§§ 130a und 177a HGB). Dies gilt insbesondere für die GmbH & Co. KG, die zwar als Kommanditgesellschaft eine Personengesellschaft ist, bei welcher als persönlich haftender Gesellschafter aber die GmbH auftritt, die

---

[1] *Jaeger,* KO, § 102 Anm. 4; Jaeger/*Weber,* KO, § 102 Rdn. 3; *Häsemeyer,* Rdn. 7.16.

[2] Dagegen aber für eine Antragspflicht zumindest der Personengesellschaft mit prägnantem Beispiel *K. Schmidt,* Wege, S. 59ff.

[3] Eingehend *Schmahl* in: MüKo-InsO, § 15 Rdn. 11ff.; *Gerhardt* in: *Jaeger,* InsO, § 15 Rdn. 74ff.; *Uhlenbruck* in: *Gottwald,* § 7 Rd. 2ff.; *Frege/Keller/Riedel,* Rdn. 440.

[4] *Frege/Keller/Riedel,* Rdn. 464.

[5] BGHZ 104, 44; BGHSt 31, 118; *Gerhardt* in: *Jaeger,* InsO, § 15 Rdn. 36ff.; *Uhlenbruck* in: *Uhlenbruck,* InsO, § 13 Rdn. 25, 54; *Schulze-Osterloh* in: *Baumbach/Hueck,* GmbHG, § 64 Rdn. 40; *Baumbach/Hopt,* HGB, § 130a Rd. 6; *Frege/Keller/Riedel,* Rdn. 432ff.; *Vallender,* MDR 1999, 280; zu den strafrechtlichen Risiken des faktischen Geschäftsführers *Uhlenbruck* in: *K. Schmidt/Uhlenbruck,* Rdn. 733.

[6] Hierzu BGHZ 161, 281; LG Köln NZI 2003, 501; *Vallender/Fuchs/Rey,* NZI 1999, 355.

beschränkte Haftung des Kommanditisten (§ 171 HGB) ist nicht maßgebend. Aber auch wenn eine offene Handelsgesellschaft aus mehreren juristischen Personen besteht, ist eine Pflicht zum Insolvenzantrag gegeben. Haben sich dagegen mehrere juristische Personen zu einer Gesellschaft bürgerlichen Rechts zusammengeschlossen, ist gesetzlich keine Insolvenzantragspflicht normiert; zumindest dann, wenn die Gesellschaft als Außengesellschaft auftritt, dürfte aber § 130a HGB entsprechend anwendbar sein.[1]

513 Der Insolvenzantrag ist zu stellen, sobald sich die Zahlungsunfähigkeit oder die Überschuldung der schuldnerischen Gesellschaft ergibt (§ 64 Abs. 1 GmbHG oder § 92 Abs. 2 AktG).[2] Über die Erfüllung der Insolvenzantragspflicht gerade bei der GmbH oder bei der Aktiengesellschaft bestehen in der Praxis vielerlei Unklarheiten und falsche Vorstellungen: So wird angenommen, dass der Geschäftsführer oder Vorstand allein mit dem Insolvenzantrag seiner Pflicht genügt, seine weitere Mitwirkungspflicht im Eröffnungsverfahren aus § 20 InsO wird zumeist ausgeblendet. Ferner wird auch seitens der Rechtsprechung zu den strafrechtlichen Folgen der Verletzung der Antragspflicht (84 Abs. 1 Nr. 2 GmbHG oder § 401 Abs. 1 Nr. 2 AktG) angenommen, auch ein unsubstantiierter Insolvenzantrag sei ausreichend.[3] Dem ist nicht so. Gerade im Falle der Insolvenzantragspflicht genügt der Geschäftsführer oder Vorstand dieser Pflicht nur, wenn er einen zulässigen Insolvenzantrag stellt, mithin den Insolvenzgrund und gegebenenfalls die Vermögensverhältnisse substantiiert darlegt.[4] Häufig ist auch die Meinung anzutreffen, nach Eintritt der Zahlungsunfähigkeit habe man drei Wochen Zeit, den Insolvenzantrag zu stellen. Dies ist grundlegend falsch! Sowohl nach § 64 Abs. 1 GmbHG als auch nach § 92 Abs. 2 AktG oder nach § 99 Abs. 1 GenG ist der Insolvenzantrag unverzüglich nach Eintritt der Zahlungsunfähigkeit zu stellen. Maßgebend für den Eintritt der Antragspflicht ist nicht der möglicherweise spätere Zeitpunkt der Kenntnis des Vorstands oder des Geschäftsführers,[5] da sich diese ständig über die Zahlungsunfähigkeit ihrer Gesellschaft Gewissheit verschaffen müssen, der Zeitpunkt des Eintritts einer Zahlungsunfähigkeit also unmittelbar erkannt werden muss.[6] Die Drei-Wochen-Frist stellt lediglich eine Höchstgrenze für das unverzügliche Handeln

---

[1] *Frege/Keller/Riedel*, Rdn. 443.

[2] Zur Frage der Prüfungspflicht des Geschäftsführers BGHZ 100, 19; *Schulze-Osterloh* in: *Baumbach/Hueck*, GmbHG, § 64 Rdn. 43.

[3] Dazu *Schulze-Osterloh* in: *Baumbach/Hueck*, GmbHG, § 84 Rdn. 25.

[4] Allgemein für den Eigenantrag BGH NZI 2003, 147 = ZIP 2003, 358 = ZVI 2003, 64.

[5] So noch BGHZ 75, 96 (Haftung der Vorstandsmitglieder im Vergleichsverfahren der Herstatt-Bank); BGHSt 15, 306, 310; *Schulze-Osterloh* in: *Baumbach/Hueck*, GmbHG, § 64 Rdn. 43 m. w. N. auch zur anderen Ansicht; eingehend auch *Henze/Bauer* in: KS, S. 1311 Rdn. 13.

[6] Sehr eindringlich *K. Schmidt* in: *K. Schmidt/Uhlenbruck*, Rdn. 682; *Wimmer*, NJW 1996, 2546; *K. Schmidt*, ZIP 1980, 328; *Lutter*, GmbHR 2000, 301.

im Sinne des § 121 Abs. 1 Satz 1 BGB dar. Der Geschäftsführer oder Vorstand soll nach Eintritt der Zahlungsunfähigkeit oder der Überschuldung nochmals sorgfältig prüfen, ob tatsächlich Zahlungsunfähigkeit oder Überschuldung vorliegt,[1] ob einzelne Vermögensgegenstände oder Forderungen richtig bewertet sind, ob Zahlungseingänge gebucht sind oder ob die Zahlungsunfähigkeit sich kurzfristig beseitigen lässt und deshalb nur eine so genannte Zahlungsstockung vorliegt.[2] Die entsprechenden betriebswirtschaftlichen und buchhalterischen Prüfungen müssen unverzüglich vorgenommen werden, hierfür bestimmt das Gesetz die Drei-Wochen-Frist als Höchstfrist.[3] Dies bedeutet aber auch umgekehrt, dass bei unzweifelhaft bestehender und nicht zu beseitigender Zahlungsunfähigkeit ein Insolvenzantrag nicht erst nach Ablauf dieser Frist sondern sofort gestellt werden muss.[4]

Die Verletzung der Insolvenzantragspflicht hat strafrechtliche Konse- 514
quenzen (§ 84 Abs. 1 Nr. 2 GmbHG, § 401 Abs. 1 Nr. 2 AktG, § 148 Abs. 1 Nr. 2 GenG).[5] Sie kann ferner zu einer unmittelbaren Haftung des Geschäftsführer oder Vorstands gegenüber den Gläubigern oder gegenüber dem Insolvenzverwalter führen.[6] Die Vorschriften zur Insolvenzantragspflicht sind Schutzgesetze im Sinne des § 823 Abs. 2 BGB.[7] Gegenüber einem Gläubiger, der seine Forderung nach Eintritt der Zahlungsunfähigkeit und damit nach dem Zeitpunkt erwirbt, zu welchem ein Insolvenzantrag hätte gestellt werden müssen, haftet der Geschäftsführer oder der Vorstand unmittelbar auf Schadensersatz.[8] Gegenüber der Gesellschaft – und damit nach Insolvenzeröffnung gegenüber dem Insolvenzverwalter – ist der Geschäftsführer oder Vorstand unmittelbar erstattungspflichtig nach § 64 Abs. 2 GmbHG oder § 93 Abs. 2 AktG. Insbesondere § 64 Abs. 2 GmbHG sichert die Gleichbehandlung der Gläubiger, wenn der Geschäftsführer nach Eintritt der Zahlungsunfähigkeit[9] Zahlungen an einzelne Insolvenzgläubiger leistet und insoweit die gleichmäßige Befriedigung der Gläubiger bereits im Vorfeld der Insolvenz vereitelt.[10] Es ist für die Ersatzpflicht nicht maßgebend, dass

---

[1] Zu den Anforderungen hieran BGHZ 100, 19.

[2] BGHZ 75, 96, 107, 108.

[3] *Schulze-Osterloh* in: *Baumbach/Hueck*, GmbHG, § 64 Rdn. 44.

[4] Zum Ganzen auch *Schmahl* in: MüKo-InsO, § 15 Rdn. 66 ff.; *Uhlenbruck* in: *Uhlenbruck*, § 13 Rdn. 35.

[5] Umfassend hierzu *Uhlenbruck* in: *K. Schmidt/Uhlenbruck*, Rdn. 693 ff.

[6] Allgemein *Uhlenbruck* in: *Uhlenbruck*, § 13 Rdn. 56 ff.; *Groß*, ZIP 2001, 945.

[7] BGHZ 29, 100; BGHZ 126, 181, 190; OLG Jena ZIP 2002, 631; *Schulze-Osterloh*, AG 1984, 141, 144; anders *Altmeppen/Wilhelm*, NJW 1999, 673.

[8] BGHZ 126, 181, 190, in Aufgabe von BGHZ 29, 100, dort wurde noch von einem Quotenschaden ausgegangen; zum Zusammentreffen der Haftung gegenüber einem Neugläubiger und gegenüber dem Insolvenzverwalter BGHZ 138, 211; eingehend auch *Uhlenbruck* in: *Uhlenbruck*, § 13 Rdn. 57.

[9] Zur Bestimmung des Zeitpunkts und zur Beweislast BGHZ 143, 184.

[10] BGHZ 146, 264, 278; BGH NZI 2005, 447 m. Anm. *Gundlach/Frenzel*; *Schulze-Osterloh* in: *Baumbach/Hueck*, GmbHG, § 64 Rdn. 70; *K. Schmidt*, ZIP 2005, 2177.

durch die Verletzung der Antragspflicht der Gesellschaft kein Schaden entstanden ist.[1] Der Geschäftsführer kann auch nicht die Anfechtbarkeit einzelner Rechtshandlungen gegenüber den Insolvenzgläubigern einwenden, die Haftung aus § 64 Abs. 2 GmbHG ist nicht subsidiär gegenüber den Ansprüchen aus §§ 129ff. InsO.[2] Zahlungen, die entgegen § 64 Abs. 2 GmbHG erfolgt sind, hat der Geschäftsführer ungekürzt an die Insolvenzmasse zu erstatten. Soweit vom befriedigten Gläubiger eine Rückzahlung erfolgt und die Masse hierdurch bereichert ist, hat sie dem Geschäftsführer nach Rang und Höhe – also als Insolvenzforderung – den Betrag zu erstatten, den der befriedigte Gläubiger erhalten hätte.[3] Eine Ersatzpflicht tritt nicht für diejenigen Zahlungen ein, die unter Beachtung der Sorgfalt eines ordentlichen Kaufmanns geleistet wurden (§ 64 Abs. 2 Satz 2 GmbHG). Hierunter fallen beispielsweise Zahlungen an absonderungsberechtigte Gläubiger oder Leistungen, bei denen eine vollwertige Gegenleistung zur Gesellschaft geflossen ist. Zahlungen an das Finanzamt oder an Sozialversicherungsträger, zu denen der Geschäftsführer unzweifelhaft verpflichtet ist, gehören jedoch nicht zu § 64 Abs. 2 Satz 2 GmbHG.[4] Hätte nämlich der Geschäftsführer seiner Antragspflicht entsprochen, wären die Zahlungen nicht mehr erfolgt und auch der Fiskus oder der Sozialversicherungsträger wäre mit seinem Anspruch gewöhnlicher Insolvenzgläubiger. Als subjektive Tatbestandsvoraussetzung für die Haftung nach § 64 Abs. 2 GmbHG genügt fahrlässiges Handeln auch im Hinblick auf die Kenntnis der Insolvenzantragspflicht.[5] Zuletzt kann für den Geschäftsführer oder Vorstand wegen Verletzung der Antragspflicht auch eine Ersatzpflicht aus § 43 Abs. 2 GmbHG oder § 93 Abs. 2 AktG hergeleitet werden.[6]

515 **Beispiel 2** (BGHZ 131, 325): Die A-GmbH ist zahlungsunfähig, die Gesellschafterversammlung beauftragt im Juni den Geschäftsführer mit der Stellung des Insolvenzantrags. Er kommt dieser Verpflichtung nach, leistet an verschiedene Gläubiger jedoch noch Zahlungen im Gesamtumfang von 30.000 EUR. das Insolvenzverfahren wird im Juli eröffnet. Der Insolvenzverwalter verlangt vom Geschäftsführer Erstattung der geleisteten 30.000 EUR. Dieser wendet ein, dass im Umfang von 12.000 EUR Anfechtungsansprüche gegen die Zahlungsempfänger bestehen und insoweit er nicht ersatzpflichtig sei.

Der Anspruch des Insolvenzverwalters ist nach § 64 Abs. 2 Satz 1 GmbHG gegeben. Der Geschäftsführer hätte spätestens nach der Gesellschafterversammlung unmittelbar das Insolvenzverfahren beantragen müssen, er hätte keine Zahlungen an einzelne Gläubiger mehr leisten dürfen. Soweit solche Zahlungen für den Insolvenzverwalter nach §§ 129ff. InsO anfechtbar sind, ist fraglich, ob dem

---

[1] Missverständlich wohl BGHZ 131, 325, 326 (Schadensersatz); dagegen ausdrücklich nicht als Schadensersatz bezeichnet BGHZ 146, 264, 278.

[2] BGHZ 131, 325.

[3] BGHZ 146, 264, 279.

[4] OLG Düsseldorf NZG 1999, 884; OLG Köln ZIP 1995, 1418; OLG Celle NJW-RR 1996, 481; *Schulze-Osterloh* in: *Baumbach/Hueck*, GmbHG, § 64 Rdn. 71.

[5] BGHZ 143, 184 (erkennbare Überschuldung); eingehend *Schulze-Osterloh* in: *Baumbach/Hueck*, GmbHG, § 64 Rdn. 75.

[6] *Schulze-Osterloh* in: *Baumbach/Hueck*, GmbHG, § 64 Rdn. 80ff.

Geschäftsführer hiergegen nicht wenigstens ein Leistungsverweigerungsrecht zusteht, da bei erfolgreicher Geltendmachung der Anfechtung die Insolvenzmasse doppelte Leistung erhielte (so am deutlichsten *K. Schmidt* in: *Scholz,* GmbHG, 8. Auflage Köln 1993/1995, § 64 Rdn. 35; Nachweise noch bei *Schulze-Osterloh* in: *Baumbach/Hueck,* GmbHG, § 64 Rdn. 76). Der Bundesgerichtshof schließt hieraus aber keine Subsidiarität des § 64 Abs. 2 GmbHG. Er billigt dem Insolvenzverwalter gleichsam ein Wahlrecht zu, ob er Anfechtungsansprüche oder den Anspruch aus § 64 Abs. 2 GmbHG geltend macht (BGHZ 131, 325, 329). Der in Anspruch genommene Geschäftsführer kann damit kein Leistungsverweigerungsrecht geltend machen.

Beim eingetragenen Verein oder beim Nachlass besteht eine unver- 516
zügliche Antragspflicht (§ 42 Abs. 2 und § 1980 BGB), die Höchstfrist von drei Wochen zur Antragstellung ist hier nicht anwendbar. Eine persönliche Haftung der Mitglieder des Vorstands des Vereins kann nach § 42 Abs. 2 Satz 2 BGB in Betracht kommen,[1] der Erbe haftet nach § 1980 Abs. 1 Satz 2 BGB.[2]

b) Der Insolvenzantrag eines Gläubigers

aa) Das Recht zur Antragstellung

Nach § 13 Abs. 1 Satz 1 InsO ist auch jeder Insolvenzgläubiger (§ 38 517
InsO) zur Stellung eines Insolvenzantrags gegen den Schuldner berechtigt. Ein Antragsrecht besteht auch für den nach § 39 Abs. 1 InsO nachrangigen Insolvenzgläubiger, ihm kann nicht ohne weiteres wegen seines Nachrangs ein Rechtsschutzbedürfnis für den Insolvenzantrag abgesprochen werden.[3] Ein Insolvenzgläubiger ist auch dann antragsberechtigt, wenn er an einem Vermögensgegenstand des Schuldners ein Sicherungsrecht besitzt, das ihm im Falle der Insolvenz abgesonderte Befriedigung gewährt. Dies ist zumindest dann unstreitig, wenn das Sicherungsrecht dem Gläubiger keine vollständige Befriedigung garantiert. Kann er sich dagegen aus dem Sicherungsgut auch außerhalb einer Insolvenz vollständig befriedigen, kann ihm im Einzelfall das Rechtsschutzbedürfnis für den Insolvenzantrag abgesprochen werden, letztlich ist er bei vollständiger Befriedigung auch kein Insolvenzgläubiger mehr.[4] Für das Insolvenzgericht ist die Beurteilung dieser Sachlage schwierig. Stellt ein dinglich gesicherte Gläubiger Insolvenzantrag, ist zunächst davon auszugehen, dass die bestehenden Sicherheiten nicht ausreichen, um seinen Anspruch voll zu befriedigen.[5]

---

[1] Allgemein Palandt/*Heinrichs,* BGB, § 42 Rdn. 4.

[2] Palandt/*Edenhofer,* BGB, § 1980 Rdn. 3 ff.

[3] *Frege/Keller/Riedel,* Rdn. 390; *Vallender,* MDR 1999, 280; die Fälle des § 39 Abs. 1 Nrn. 1 und 2 InsO scheiden aber praktisch aus *Gerhardt* in: *Jaeger,* InsO, § 14 Rdn. 13; *Smid* in: *Smid,* InsO, § 14 Rdn. 4.

[4] *Gerhardt* in: *Jaeger,* InsO, § 14 Rdn. 7 m. w. N.; unzutreffend *Smid* in: *Smid,* InsO, § 14 Rdn. 7, der unter Hinweis auf eine missverständliche Formulierung der Gesetzesbegründung auch ein Antragsrecht des Aussonderungsberechtigten erwägt; Begründung des Regierungsentwurfs BT-Drucks. 12/2443, S. 113 rechte Spalte oben.

[5] *Frege/Keller/Riedel,* Rdn. 401.

518 Steht einer Insolvenzforderung eine dauernde Einrede entgegen, soll dem Gläubiger das Rechtsschutzbedürfnis zum Insolvenzantrag fehlen.[1] Richtigerweise kann aber der Gläubiger, gegen dessen Forderung eine dauernde Einrede besteht, gar nicht als Insolvenzgläubiger im Sinne des § 38 InsO angesehen werden.[2] Bis zur Erhebung der Einrede ist der Gläubiger aber befugt, am Insolvenzverfahren teilzunehmen und damit auch einen entsprechenden Antrag zu stellen. Es ist Sache des Schuldners im Rahmen der Anhörung nach § 14 Abs. 2 InsO oder des Insolvenzverwalters im Rahmen der Forderungsprüfung nach § 176 InsO, die entsprechende Einrede zu erheben.[3]

519 Gleichgültig ist auch, welcher Art oder welchen Rechtsgrundes die Forderung des Gläubigers gegen den Schuldner ist. In der Praxis der Insolvenzverfahren werden Insolvenzanträge ganz überwiegend von Krankenkassen als Gläubiger der Sozialversicherungsbeiträge des Schuldners für die bei ihm beschäftigten Arbeitnehmer gestellt (§ 28h SGB IV), auch Insolvenzanträge seitens des Finanzamts oder Hauptzollamts sind nicht selten. Die Einzugstellen der Sozialversicherungsbeiträge oder der Fiskus agieren hier als gewöhnliche antragstellende Gläubiger im Sinne des § 13 InsO, eine Sonderstellung gegenüber anderen Insolvenzgläubigern haben sie nicht. Der Insolvenzantrag seitens einer Behörde hat nicht die Qualität eines Verwaltungsaktes im Sinne des § 118 AO.[4]

520 Zuletzt steht das Insolvenzantragsrecht auch dem Gläubiger zu, der nur eine geringe Forderung gegen den Schuldner geltend machen kann, die Insolvenzordnung schreibt keine Mindesthöhe einer antragsbegründenden Forderung vor. Vielmehr kann ähnlich wie im Falle einer Zwangsversteigerung eines Grundstücks wegen einer so genannten Bagatellforderung[5] davon ausgegangen werden, dass wenn der Schuldner eine geringe Forderung nicht erfüllen kann, umso mehr Zahlungsunfähigkeit vorliegt.[6]

521 Unabhängig vom Antragsrecht des § 13 Abs. 1 Satz 2 InsO stellt sich für den Insolvenzgläubiger in der Praxis zunächst die Frage, ob ein In-

---

[1] *Schmahl* in: MüKo-InsO, § 14 Rdn. 47; *Uhlenbruck* in: *Uhlenbruck*, InsO, § 14 Rdn. 2; *Mönning* in: *Nerlich/Römermann*, InsO, § 14 Rdn. 22; *Hess/Weis/Wienberg*, InsO, § 14 Rdn. 23; zur Stundung AG Göttingen NZI 2001, 606.

[2] *Gerhardt* in: *Jaeger*, InsO, § 14 Rdn. 12; zur Verjährung bereits *Jaeger*, KO, § 3 Anm. 14.

[3] Anders OLG Köln KTS 1970, 226; *Uhlenbruck* in: *Uhlenbruck*, InsO, § 14 Rdn. 5 m. w. N., wonach die Verjährung von Amts wegen zu beachten sei.

[4] *Gerhardt* in: *Jaeger*, InsO, § 13 Rdn. 16 mit Nachweisen auch zu anderer Ansicht; *Uhlenbruck* in: *Uhlenbruck*, InsO, § 14 Rdn. 99; eingehend auch *Schmahl* in: MüKo-InsO, § 14 Rdn. 90 ff.; *Häsemeyer*, Rdn. 7.09 a.

[5] Dazu *Stöber*, ZVG, Einl. Rdn. 48.4; *Schiffhauer*, ZIP 1982, 832; *Schiffhauer*, Rpfleger 1983, 236.

[6] BGH NJW-RR 1986, 1188; *Gerhardt* in: *Jaeger*, InsO, § 14 Rdn. 9; *Schmahl* in: MüKo-InsO, § 14 Rdn. 58; *Uhlenbruck* in: *Uhlenbruck*, InsO, § 14 Rdn. 7; *Kirchhof* in: HK-InsO, § 14 Rdn. 17; *Gerhardt* in: FS Weber, S. 181, 189.

solvenzantrag Erfolg versprechend und für ihn wirtschaftlich sinnvoll ist.[1] Der Gläubiger wird hierbei überlegen, ob er nicht im Wege der Einzelzwangsvollstreckung bessere Befriedigung erlangen kann. Zwischen dem Verfahren der Einzelzwangsvollstreckung nach dem Achten Buch der Zivilprozessordnung und dem Insolvenzverfahren besteht keine Priorität der Einzelzwangsvollstreckung oder Subsidiarität des Insolvenzrechts; der Gläubiger kann auch sofort Insolvenzantrag stellen, ohne vorher die Einzelvollstreckung versucht zu haben. Anzuraten ist ihm dies aber nicht, da er im Insolvenzverfahren nur anteilige Befriedigung erhält, im Verfahren der Einzelvollstreckung sich aber im besten Fall vollständig befriedigen kann. Der Gläubiger, der die Zahlungsunfähigkeit des Schuldners erkennt, und seinerseits an einer langfristigen vertraglichen Beziehung interessiert ist, könnte auch im Hinblick auf eine mögliche Sanierung des schuldnerischen Unternehmens einen Insolvenzantrag in Betracht ziehen. Schließlich kann auch die mögliche Abweisung mangels Masse nach § 26 InsO für den Gläubiger interessant sein, zum einen um den Schuldner als Mitbewerber vom Markt zu verdrängen, zum anderen um beispielsweise als Arbeitnehmer die Voraussetzungen für den Bezug von Insolvenzgeld § 183 SGB III zu schaffen. Dass in der Rechtspraxis der Unternehmensinsolvenz sehr häufig die Krankenkassen als Einzugstellen der Sozialversicherungsbeiträge (§ 28h SGB IV) Insolvenzantrag stellen, hat letztlich seinen Grund in der Verpflichtung dieser Gläubiger zur hoheitlichen Vollstreckung der Forderungen im öffentlichen Interesse und im eigenen Haftungsrisiko nach § 28r SGB IV.[2]

bb) Die Anforderungen an einen Insolvenzantrag des Gläubigers nach § 14 InsO

Der Insolvenzantrag des Gläubigers ist nach § 14 Abs. 1 InsO nur 522 dann zulässig, wenn er ein rechtliches Interesse an der Eröffnung des Insolvenzverfahrens hat und seine eigene Forderung sowie den Insolvenzgrund gegenüber dem Insolvenzgericht glaubhaft macht.

In der Regel ist dem antragstellenden Gläubiger ein Rechtsschutzbe- 523 dürfnis für die Insolvenzeröffnung zuzusprechen. Es kann im Ausnahmefall fehlen, wenn der Gläubiger mit seinem Antrag verfahrensfremde Ziele verfolgt. Einem Insolvenzantrag soll das Rechtsschutzbedürfnis fehlen, wenn der Gläubiger erkennbar nur auf den Schuldner Druck ausüben will, um ihn zur Zahlung zu bewegen.[3] Gerade in den zahlreichen Fällen der Insolvenzanträge der Krankenkassen erfolgt häufig

---

[1] Eingehend zum Gläubigerkalkül *Uhlenbruck* in: *Uhlenbruck*, InsO, § 14 Rdn. 1.

[2] LG Augsburg KTS 1975, 321; LG Bonn KTS 1985, 1342; *Schmahl* in: MüKo-InsO, § 14 Rdn. 88, 89; *Uhlenbruck* in: *Uhlenbruck*, InsO, § 14 Rdn. 104; *Uhlenbruck*, Rpfleger 1981, 377.

[3] BGH WM 1957, 69; OLG Köln ZIP 1989, 789; LG Meiningen ZIP 2000, 1451; LG Münster ZIP 1993, 1103; LG Koblenz Rpfleger 1975, 318; AG Hamburg ZIP 2000, 1019; *Uhlenbruck* in: *Uhlenbruck*, InsO, § 14 Rdn. 5; *Kirchhof* in: HK-InsO, § 14 Rdn. 16; *Frege/Keller/Riedel*, Rdn. 398.

Zahlung seitens des Schuldners, worauf seitens der Kassen der Insolvenzantrag als in der Hauptsache für erledigt erklärt wird. In diesen Fällen könnte allenfalls rückwirkend festgestellt werden, dass dem Insolvenzantrag ein Rechtsschutzbedürfnis fehlte. Soweit aber der antragstellende Gläubiger seine eigene Forderung sowie den Insolvenzgrund glaubhaft machen kann, kann ihm seitens des Insolvenzgerichts nicht sofort das Rechtschutzbedürfnis mit der Begründung abgesprochen werden, der Schuldner werde dadurch nur unter Druck gesetzt und zur Zahlung bewegt.[1]

524 Der antragstellende Gläubiger hat seine eigene Insolvenzforderung glaubhaft zu machen. Grund und Höhe des Anspruchs sind nachvollziehbar darzulegen, das Insolvenzgericht muss von bestehenden Forderung zwar nicht vollständig überzeugt sein, es muss jedoch ein sicherer Grad an der Wahrscheinlichkeit des Bestehens erzeugt werden (§ 294 ZPO).[2] Als Mittel der Glaubhaftmachung genügen regelmäßig die allgemeinen Beweismittel der Zivilprozessordnung sowie die Versicherung an Eides statt. In Betracht kommen insbesondere Vertragsurkunden, Lieferscheine, Schuldscheine, Arbeitsverträge, Gehaltsabrechnungen oder sonstige Rechnungen. Kann der Gläubiger seine Forderungen durch Urteil oder sonstige Vollstreckungstitel nachweisen, ist gleichsam die höchste Form der Glaubhaftmachung übertroffen.[3] Auch die Träger der Sozialversicherung, Krankenkassen und Behörden haben als antragstellende Gläubiger ihre Forderungen glaubhaft zu machen.[4] Die Forderungen sind regelmäßig durch Leistungsbescheide spezifiziert nachzuweisen. Dabei sind insbesondere die Einzelforderungen sowie mögliche Säumniszuschläge und Kosten anzugeben. Zahlt der Schuldner hierauf einzelne Ansprüche, sind aber zwischenzeitlich weitere Forderungen aufgelaufen, darf seitens der antragstellenden Kasse oder der Behörde eine Forderungsauswechselung erfolgen.[5]

525 Zuletzt hat der antragstellende Gläubiger den Insolvenzgrund des Schuldners glaubhaft zu machen. Er hat hier darzulegen, dass der

---

[1] Zu streng AG Hamburg ZIP 2000, 1019.

[2] OLG Köln ZIP 1988, 664; *Uhlenbruck* in: *Uhlenbruck,* InsO, § 14 Rdn. 41 ff.; *Frege/Keller/Riedel,* Rdn. 404.

[3] Unzutreffend LG Potsdam NZI 2000, 233, das einen nichtrechtskräftigen Vollstreckungsbescheid nicht anerkennt; zur fehlenden Rechtskraft *Gerhardt* in: *Jaeger,* InsO, § 14 Rdn. 29; differenzierend je nach Sachvortrag des Schuldners *Uhlenbruck* in: *Uhlenbruck,* InsO, § 14 Rdn. 46.

[4] BGH NZI 2004, 587 m. Anm. *Gundlach/Frenzel* = ZIP 2004, 1466; OLG Köln NZI 2000, 78 = ZIP 2000, 504; OLG Naumburg NZI 2000, 263; OLG Zweibrücken NZI 2001, 30 = ZIP 2000, 2260; OLG Dresden NZI 2001, 472; LG Hamburg ZIP 2002, 447; AG Duisburg NZI 1999, 507; AG Potsdam NZI 2003, 155; *Gerhardt* in: *Jaeger,* InsO, § 14 Rdn. 19, 20; *Schmahl* in: MüKo-InsO, § 14 Rdn. 88; *Uhlenbruck* in: *Uhlenbruck,* InsO, § 14 Rdn. 47; *Kirchhof* in: HK-InsO, § 14 Rdn. 7; großzügiger dagegen OLG Celle NZI 200, 214 = ZIP 2000, 1675, dazu EWiR 2000, 1025 *(Plagemann);* BayObLG NZI 2000, 320 (Insolvenzantrag des Finanzamts).

[5] LG Göttingen ZIP 1993, 446; LG Halle ZIP 1993, 1036; AG Köln NZI 2000, 94; *Uhlenbruck* in: *Uhlenbruck,* InsO, § 14 Rdn. 49.

Schuldner zahlungsunfähig im Sinne des § 17 InsO oder überschuldet im Sinne des § 19 InsO ist. Als zulässige Mittel der Glaubhaftmachung des Insolvenzgrundes werden insbesondere die Nachweise der Fruchtlosigkeit oder Unpfändbarkeit (§ 63 GVGA) des Schuldners seitens des Gerichtsvollziehers angesehen,[1] ebenso die Abgabe der eidesstattliche Versicherung (§ 807 ZPO) oder ein erlassener Haftbefehl nach § 901 ZPO. Diese Nachweise kann der Gläubiger freilich nur vorlegen, wenn er bereits einen Vollstreckungstitel gegen den Schuldner besitzt. Als weiteres Mittel der Glaubhaftmachung werden nicht gedeckte Schecks oder Wechsel angesehen.[2] Ob allein die längere Nichtabführung von Sozialversicherungsbeiträgen als Mittel der Glaubhaftmachung ausreicht, ist fraglich,[3] da es der Krankenkasse als Einzugsstelle regelmäßig unproblematisch möglich ist, gegen den Schuldner die Einzelvollstreckung zu betreiben. Insgesamt sollen an die Glaubhaftmachung des Insolvenzgrundes keine überspannten Anforderungen gestellt werden;[4] die Glaubhaftmachung bewirkt lediglich die Zulässigkeit des Insolvenzantrages, ob der Insolvenzgrund tatsächlich vorliegt, ist noch zu prüfen.

Der Insolvenzgläubiger kann nach Maßgabe des § 114 Abs. 1 ZPO **526** für seinen Insolvenzantrag Prozesskostenhilfe erhalten.[5] Hinreichende Aussicht auf Erfolg hat der Insolvenzantrag, wenn sich für den Gläubiger die Möglichkeit eröffnet, aus der Insolvenzmasse eine zumindest teilweise Befriedigung seiner Forderung zu erlangen. Ist deshalb die Abweisung des Insolvenzantrags mangels Masse ersichtlich, kann Prozesskostenhilfe nicht gewährt werden. Dies gilt nicht für den Arbeitnehmer, der mit seinen Insolvenzantrag auch im Hinblick auf die Abweisung mangels Masse lediglich die Voraussetzungen für den Bezug von Insolvenzgeld nach Maßgabe der §§ 183ff. SGB III schaffen will.[6] Die Beiordnung eines Anwalts gemäß § 121 ZPO kommt regelmäßig nicht in Betracht.

cc) Die Schadensersatzpflicht des Gläubigers bei mutwilliger Antragstellung

Der Gläubiger, der vorsätzlich gegen den Schuldner einen Insolvenz- **527** antrag stellt, obwohl ein Insolvenzgrund ersichtlich nicht vorliegt, kann diesem gegenüber schadensersatzpflichtig sein.[7] Ein unbegründeter In-

---

[1] *Frege/Keller/Riedel*, Rdn. 409.

[2] Zurückhaltend und einzelfallbezogen BGH, WM 1959, 891; BGH WM 1961, 1297; BGH WM 1972, 2994; BGH WM 1975, 6; Jaeger/*Weber*, KO, § 105 Rdn. 1.

[3] So aber OLG Celle NZI 2000, 214 = ZIP 2000, 1675, dazu EWiR 2000, 1025 *(Plagemann)*.

[4] *Gerhardt* in: *Jaeger*, InsO, § 14 Rdn. 18.

[5] Eingehend *Uhlenbruck* in: *Uhlenbruck*, InsO, § 14 Rdn. 73ff.

[6] *Frege/Keller/Riedel*, Rdn. 417.

[7] Eingehend *Gerhardt* in: *Jaeger*, InsO, § 13 Rdn. 54ff.; *Schmahl* in: MüKo-InsO, § 14 Rdn. 131ff.; *Uhlenbruck* in: *Uhlenbruck*, InsO, § 14 Rdn. 117; *Kuhn/Uhlenbruck*, KO, § 103 Rdn. 26; *App*, ZIP 1992, 460; *Pape*, ZIP 1995, 623.

solvenzantrag, bei welchem dem Gläubiger keine vorsätzliche Schädigungsabsicht unterstellt werden kann (§ 826 BGB) führt per se nicht zur Schadensersatzpflicht.[1] Auch kann dem Gläubiger ein Aufrechterhalten seines Insolvenzantrags nicht vorgehalten werden, wenn der Schuldner entgegen ursprünglicher Beteuerungen nicht zahlt.[2] Ist antragstellender Gläubiger eine Behörde, gehört der Insolvenzantrag zu den Amtspflichten dieser Behörde im Sinne des § 839 BGB, auch wenn er selbst kein Verwaltungsakt ist. Ein offensichtlich unbegründeter Insolvenzantrag kann dann zur Amtshaftung nach Art. 34 GG mit § 839 BGB führen; beweispflichtig ist allerdings der Schuldner.[3]

528 Eine Amtshaftung des Landes für das Insolvenzgericht nach Art. 34 GG mit § 839 BGB kann in Betracht kommen, wenn das Insolvenzgericht den unzulässigen Insolvenzantrag fehlerhaft zulässt.[4] Das Spruchrichterprivileg des § 839 Abs. 2 Satz 1 BGB greift nicht.[5]

dd) Die Stellung mehrerer Insolvenzanträge gegen den Schuldner

529 Es ist in der Rechtspraxis nicht selten, dass gegen den Schuldner seitens mehrerer Gläubiger, insbesondere seitens mehrerer Krankenkassen, Insolvenzantrag gestellt wird. Das Insolvenzverfahren selbst kann freilich nur einmal eröffnet werden. Dennoch ist zunächst jeder Insolvenzantrag selbstständig zu betrachten und unter einem eigenen Aktenzeichen zu führen,[6] es entsteht für jeden Insolvenzantrag auch die Gebühr nach KV GKG 2311 in Höhe von mindestens 150 EUR. Die verschiedenen Insolvenzeröffnungsverfahren werden seitens des Insolvenzgerichts regelmäßig miteinander verbunden, so dass eine einheitliche Eröffnungsentscheidung erfolgen kann (§ 4 InsO, § 147 ZPO). Die dann anfallenden Auslagen des Eröffnungsverfahrens sind von den antragstellenden Gläubigern anteilig zu tragen.[7]

c) Die Besonderheiten bei Kreditinstituten, Versicherungen und Bausparkassen

530 Besonderheiten bestehen für die Einleitung des Insolvenzverfahrens gegen Kreditinstitute und Bausparkassen. Antragsberechtigt sind hier

---

[1] Schadensersatzpflicht bei fahrlässig unberechtigtem Insolvenzantrag verneint BGHZ 36, 18; für das Verfahren zur Abnahme der eidesstattlichen Versicherung ebenso BGHZ 74, 9; zur Kritik der Literatur *Schmahl* in: MüKo-InsO, § 14 Rdn. 134; *Uhlenbruck* in: *Uhlenbruck*, InsO, § 14 Rdn. 117.

[2] Zum Insolvenzantrag des Arbeitnehmers OLG Celle ZIP 1998, 1444, dazu EWiR 1998, 733 *(Mankowski)*.

[3] BGHZ 110, 253; *Uhlenbruck* in: *Uhlenbruck*, InsO, § 14 Rdn. 118.

[4] BGH ZIP 1990, 805, dazu EWiR 1990, 681 *(App)*; LG Dortmund KTS 1984, 147 m. Anm. *Mohrbutter*; LG Dortmund Rpfleger 1983, 450 m. Anm. *Drischler*; *Gerhardt* in: *Jaeger*, InsO, § 14 Rdn. 16.

[5] Dazu eingehend *Keller*, RpflStud 2002, 130.

[6] Eingehend *Uhlenbruck*, KTS 1987, 561.

[7] Differenzierend und teilweise abweichend *Uhlenbruck* in: *Uhlenbruck*, InsO, § 14 Rdn. 31.

nach §§ 46b ff. KWG nur die Bundesanstalt für Finanzdienstleistungsaufsicht, die im Übrigen bei Insolvenzgefahr eines Kreditinstituts oder einer Bausparkasse einstweilige Anordnungen nach § 46 KWG treffen kann, die den einstweilige Anordnungen des Insolvenzgerichts nach § 21 Abs. 2 InsO vergleichbar sind.[1]

Für Insolvenzverfahren gegen Versicherung-Aktiengesellschaften und 531
Versicherungsvereinen auf Gegenseitigkeit gilt nach § 88 VAG gleiches, antragsberechtigt ist hier allein das Bundesaufsichtsamt für das Versicherungswesen.[2]

d) Die Rücknahme des Insolvenzantrags

aa) Die Antragsrücknahme bis zur Entscheidung über die Insolvenzeröffnung

Der Insolvenzantrag kann bis zur rechtskräftigen Entscheidung über 532
die Eröffnung des Insolvenzverfahrens vom Antragsteller zurückgenommen werden (§ 13 Abs. 2 InsO). Maßgeblicher Zeitpunkt ist derjenige der Wirksamkeit des Eröffnungsbeschlusses nach § 27 InsO oder derjenige der Rechtskraft des Abweisungsbeschlusses nach § 26 InsO.[3] Nach wirksamer Eröffnung des Insolvenzverfahrens kann dieses nur noch nach den allgemein geltenden Vorschriften beendet werden. Nach rechtskräftiger Abweisung mangels Masse sind die damit verbundenen Folgen unwiderruflich eingetreten und können durch eine Antragsrücknahme auch nicht mehr rückgängig gemacht werden. Ist der Schuldner des Verfahrens eine juristische Person oder einer Personengesellschaft, ist damit mit der Rechtskraft des Abweisungsbeschlusses kraft Gesetzes die Auflösung der Gesellschaft eingetreten (§ 60 Abs. 1 Nr. 5 GmbHG oder § 131 Abs. 2 Nr. 1 HGB).

Die Antragsrücknahme muss ebenso wie die Antragstellung unbe- 533
dingt erfolgen, eine vorübergehende Bewilligung des Ruhens des Antrags ist nicht zulässig.[4] Der Eigenantrag des Schuldners kann nur von diesem zurückgenommen werden, umstritten sind die Anforderungen an die Antragsrücknahme, wenn der Schuldner als juristische Person oder Personengesellschaft mehrheitlich vertreten wird.[5] Es wird überwiegend vertreten, das gleichsam im Umkehrschluss zu § 15 InsO nur alle Mitglieder des Vertretungsorgans oder alle Gesellschafter den Antrag gemeinsam zurücknehmen können.[6] Ausnahmen werden zugelas-

---

[1] BGH NZI 2003, 645 = ZIP 2003, 1641; eingehend *Uhlenbruck* in: *Uhlenbruck,* InsO, § 14 Rdn. 107 ff.

[2] *Uhlenbruck* in: *Uhlenbruck,* InsO, § 14 Rdn. 115.

[3] OLG Celle NZI 2000, 265 = ZIP 2000, 673; OLG Köln ZIP 1993, 936; *Schmahl* in: MüKo-InsO, § 13 Rdn. 102; *Uhlenbruck* in: *Uhlenbruck,* InsO, § 13 Rdn. 80; *Kirchhof* in: HK-InsO, § 13 Rdn. 13.

[4] *Frege/Keller/Riedel,* Rdn. 473.

[5] Eingehend *Uhlenbruck* in: *Uhlenbruck,* InsO, § 13 Rdn. 82, 83.

[6] LG Dortmund ZIP 1985, 1341; AG Duisburg NZI 2002, 209; AG Potsdam NZI 2000, 328.

sen, wenn zwischenzeitlich ein Mitglied des Vertretungsorgans abberufen worden ist und bei der Antragsrücknahme der neue Geschäftsführer der GmbH oder Vorstand der Aktiengesellschaft handelt.

534 Der Gläubiger kann seinen nach § 14 InsO gestellten Fremdantrag ohne weiteres zurücknehmen, er muss dies nicht begründen. Im Falle der Antragsrücknahme sind ihm entsprechend § 269 Abs. 3 Satz 2 ZPO auf Antrag des Schuldners die Kosten des Eröffnungsverfahrens aufzuerlegen, die Gerichtskosten treffen ihn als Antragschuldner bereits nach § 23 Abs. 1 Satz 1 GKG.[1]

bb) Die Erledigung des Insolvenzantrags in der Hauptsache

535 Der Insolvenzantrag kann nach ganz allgemeiner Ansicht entsprechend § 91a ZPO seitens des antragstellenden Gläubigers als in der Hauptsache für erledigt erklärt werden; einer übereinstimmenden Erledigungserklärung von Gläubiger und Schuldner bedarf es nicht.[2] Es kann dahingestellt bleiben, ob die Erledigung der Hauptsache als eine besondere Form der Antragsrücknahme mit besonderer Kostenfolge oder als gewohnheitsrechtlich eingeführtes besonderes Verfahrensrecht anzusehen ist.[3] Die für das Insolvenzeröffnungsverfahren gleichsam mustergültige Fallgestaltung ist folgende: Der Gläubiger stellt gegen den Schuldner einen zulässigen Insolvenzantrag nach § 14 InsO. Der Schuldner zahlt hierauf an den Gläubiger dessen Forderung. Der Gläubiger verliert seine Eigenschaft als antragsberechtigter Insolvenzgläubiger,[4] sein Insolvenzantrag war im Zeitpunkt der Antragstellung aber gleichwohl zulässig und berechtigt. Um nicht der Kostenfolge des § 269 Abs. 3 ZPO zu unterliegen, darf der Gläubiger einseitig seinen Insolvenzantrag für erledigt erklären. In entsprechender Anwendung des § 91a ZPO hat das Insolvenzgericht über die Kostenfolge so zu entscheiden, wie wenn die Zahlung seitens des Schuldners nicht erfolgt wäre.[5] Es wäre dann mithin der Insolvenzantrag des Gläubigers auch

---

[1] *Uhlenbruck* in: *Uhlenbruck,* InsO, § 13 Rdn. 84; *Frege/Keller/Riedel,* Rdn. 475 ff., 2562 ff.

[2] BGHZ 149, 178, 181; OLG Celle NZI 2001, 150; OLG Köln NZI 2001, 318; LG Koblenz NZI 2001, 265; LG Bonn NZI 2001, 488 = ZIP 2001, 342; AG Köln ZIP 1999, 1889; für das Konkursverfahren bereits OLG Köln ZIP 1993, 1483; OLG Celle KTS 1970, 309; LG Göttingen ZIP 1992, 572; LG Köln KTS 1988, 170; LG Münster ZIP 1993, 1103; LG Memmingen MDR 1988, 419; LG Düsseldorf ZIP 1985, 697; LG Augsburg Rpfleger 1987, 32; für das Gesamtvollstreckungsverfahren LG Frankfurt/Oder ZIP 1995, 1211; *Gerhardt* in: *Jaeger,* InsO, § 13 Rdn. 53, 68; *Schmahl* in: MüKo-InsO, § 13 Rdn. 111; *Uhlenbruck* in: *Uhlenbruck,* InsO, § 14 Rdn. 84 mit umfangreichen Nachweisen; *Kirchhof* in: HK-InsO, § 14 Rdn. 41 ff.; *Uhlenbruck* in: *Gottwald,* § 10 Rdn. 7 ff.; *Frege/Keller/Riedel,* Rdn. 479 ff.

[3] BGHZ 106, 359, 366 (Beendigung der Rechtshängigkeit); BGHZ 135, 58, 61 (Ausfluss der Dispositionsmaxime); zur einseitigen Erledigterklärung im Prozess Stein/Jonas/*Brehm,* ZPO, Vor § 1 Rdn. 117; Stein/Jonas/*Bork,* ZPO, § 91 a Rdn. 23 ff., 45 ff.; Zöller/*Vollkommer,* ZPO, § 91 a Rdn. 1, 8, 9, 34.

[4] LG Düsseldorf NZI 2003, 501.

[5] Muster bei *Frege/Keller/Riedel,* Rdn. 484.

begründet, weshalb die Kosten des Eröffnungsverfahrens regelmäßig dem Schuldner auferlegt werden. Das wesentliche Ziel der einseitigen Erledigterklärung besteht in der zulässigen und berechtigten Auferlegung der Kosten gegenüber dem Schuldner. War der Insolvenzantrag des Gläubigers von Anfang an unzulässig, müssen ihm die Kosten auferlegt werden.[1] Gleiches soll gelten, wenn die Zahlungen, die zur Erledigterklärung führen, in einem späteren Insolvenzverfahren anfechtbar sind.[2] Dies ist angesichts des § 131 Abs. 1 InsO regelmäßig der Fall, andererseits aber nur feststellbar, wenn später auch tatsächlich rechtzeitig noch ein Insolvenzverfahren eröffnet wird.

Die Erledigterklärung mit der Kostenfolge des § 91a ZPO entlässt 536
den Gläubiger nicht aus der so genannten Zweitschuldnerhaftung für die gerichtlichen Kosten und Auslagen nach § 31 Abs. 2 GKG. Können seitens der Justizkasse diese Kosten vom Schuldner als Entscheidungsschuldner nach § 29 Abs. 1 GKG nicht beigetreten werden, haftet immer noch der Gläubiger als Antragsteller nach § 23 Abs. 1 GKG.[3] Die Kosten der vorläufigen Insolvenzverwaltung werden hiervon nicht erfasst, insbesondere haftet der Gläubiger nicht für die Vergütung des vorläufigen Insolvenzverwalters.[4]

4. Die Prüfung der Zulässigkeit des Insolvenzantrags durch das Gericht

a) Die Prüfung der Zulässigkeit durch das Insolvenzgericht

Das Insolvenzgericht prüft wie in jedem anderen zivilgerichtlichen 537
Verfahren die Zulässigkeitsvoraussetzungen des Insolvenzantrags von Amts wegen, wobei es Sache des Antragstellers ist, die besonderen Zulässigkeitsvoraussetzungen, insbesondere im Falle des § 14 Abs. 1 InsO, beizubringen.

Das Insolvenzgericht prüft von Amts wegen seine Zuständigkeit nach 538
den §§ 2 und 3 InsO sowie die allgemeinen Prozessvoraussetzungen. Die substantiierte Darlegung der Zahlungsunfähigkeit durch den Schuldner bei Stellung eines Eigenantrags obliegt diesem. Ebenso ist es Sache des Gläubigers, seine eigene Forderung und den Insolvenzgrund nach § 14 Abs. 1 InsO glaubhaft zu machen.[5] Fehlt es in einzelnen

---

[1] LG Göttingen ZIP 1992, 272; LG Darmstadt KTS 1986, 509; LG Düsseldorf ZIP 1985, 697; AG Göttingen ZIP 2001, 798; *Frege/Keller/Riedel,* Rdn. 479; anders *Uhlenbruck* in: *Uhlenbruck,* InsO, § 14 Rdn. 86, 88; *Mönning* in: *Nerlich/Römermann,* InsO, § 13 Rdn. 112; missverständlich AG Köln NZI 2000, 89.

[2] AG Hamburg ZIP 2001, 257; zur Unzulässigkeit der Erledigterklärung in diesen Fällen AG Hamburg ZVI 2005, 42; AG Duisburg ZVI 2005, 129.

[3] Eingehend *Frege/Keller/Riedel,* Rdn. 2562.

[4] *Uhlenbruck* in: *Uhlenbruck,* InsO, § 14 Rdn. 89; *Frege/Keller/Riedel,* Rdn. 2566; für den vergleichbaren Fall der Ausfallhaftung bei Abweisung mangels Masse BGHZ 157, 370.

[5] Eingehend *Frege/Keller/Riedel,* Rdn. 487 bis 507.

Punkten an der Zulässigkeit des Antrags, fordert das Gericht in Anwendung des § 139 ZPO den Antragsteller zur Beseitigung der Mängel auf.[1]

539 Liegen die Voraussetzungen vor, ist der Insolvenzantrag zulässig und das Insolvenzgericht hat von Amts wegen (§ 5 Abs. 1 Satz 1 InsO) die Begründetheit des Insolvenzantrags zu prüfen. Eine eigene Entscheidung über die Zulassung des Insolvenzantrags erfolgt nicht.[2] Die Zulassung erfolgt vielmehr dadurch, dass das Gericht in die Prüfung des Insolvenzgrunds eintritt, die Zulassung ergibt sich mithin aus der Insolvenzakte.

b) Die Maßnahmen nach Zulassung des Insolvenzantrags

aa) Die Anhörung des Schuldners beim Gläubigerantrag nach § 14 Abs. 2 InsO

540 Ist der Antrag des Gläubigers auf Insolvenzeröffnung zulässig, ist nach § 14 Abs. 2 InsO der Schuldner hierzu zu hören. Dem Schuldner ist dabei eine Abschrift des Eröffnungsantrags zuzustellen und eine angemessene Frist zur Erwiderung zu bestimmen. Der Schuldner kann im Rahmen seiner Anhörung den vom Gläubiger glaubhaft gemachten Insolvenzgrund zugestehen, die amtswegige Prüfung des Insolvenzgerichts wird dadurch aber nicht ersetzt.[3]

541 Der Schuldner kann die Forderung des Gläubigers bestreiten oder Einreden erheben. Bei einer nicht titulierten Forderung kann er substantiiert darlegen, dass die Forderung nicht oder nicht mehr besteht.[4] Er hat die Gründe seiner Erwiderung glaubhaft zu machen. Es hat dann das Insolvenzgericht unter Prüfung der gegenseitig vorgelegten Beweismittel (§ 294 ZPO) über die Zulässigkeit des Insolvenzantrags zu entscheiden.[5] Das Gericht darf den Insolvenzantrag nicht mit der Begründung zurückweisen, der Gläubiger solle zunächst den ordentlichen Rechtsweg zur Feststellung seiner Forderung wählen.[6] Gegen eine titulierte Forderung kann der Schuldner erschwert durch die verfahrensrechtlichen Möglichkeiten, die gegen den Vollstreckungstitel noch möglich sind, die Gegenglaubhaftmachung antreten.[7]

---

[1] *Frege/Keller/Riedel*, Rdn. 500, 504.

[2] OLG Düsseldorf NJW-RR 1995, 32; OLG Köln ZIP 1993, 1723; LG Göttingen ZIP 1994, 1376; LG Göttingen ZIP 1993, 446; *Uhlenbruck* in: *Uhlenbruck*, InsO, § 14 Rdn. 60; *Mönning* in: *Nerlich/Römermann*, InsO, § 14 Rdn. 49; *Kirchhof* in: HK-InsO, § 20 Rdn. 3

[3] So bereits Jaeger/*Weber*, KO, § 105 Rdn. 2; *Frege/Keller/Riedel*, Rdn. 518.

[4] LG Göttingen DZWIR 2000, 342; LG Göttingen ZIP 1994, 1376; LG Göttingen ZIP 1992, 572.

[5] *Uhlenbruck* in: *Uhlenbruck*, InsO, § 14 Rdn. 92.

[6] So aber OLG Köln ZIP 1988, 664; OLG Hamm ZIP 1980, 259; OLG Frankfurt am Main KTS 1983, 148.

[7] LG Göttingen ZInsO 2001, 182; eingehend *Uhlenbruck* in: *Uhlenbruck*, InsO, § 14 Rdn. 93 ff.

bb) Die Mitwirkungspflicht des Schuldners nach § 20 Abs. 1 InsO

Der Schuldner ist im Insolvenzeröffnungsverfahren nach § 20 Abs. 1 InsO zur Mitwirkung gegenüber dem Insolvenzgericht verpflichtet. Er kann sich weder beim Eigenantrag noch beim Fremdantrag auf ein obstruierendes Verhalten zurückziehen.[1] Der Schuldner hat den Insolvenzgericht gegenüber die Auskünfte zu erteilen, die zur Entscheidung über den Insolvenzantrag erforderlich sind, mithin jene, welche zur Ermittlung des Insolvenzgrundes erforderlich sind.[2] Die Auskunfts- und Mitwirkungspflicht entspricht grundsätzlich jener des § 97 InsO im eröffneten Insolvenzverfahren, sie trifft den Schuldner selbst, die Mitglieder des Vertretungsorgans oder die Gesellschafter bei juristischen Personen oder Personengesellschaften sowie die früheren vertretungsberechtigten Organe in Anwendung des § 101 Abs. 1 Satz 2 InsO (§ 20 Abs. 1 Satz 2 InsO).[3] 542

Die Mitwirkungspflichten des Schuldners können in Anwendung des § 98 InsO erzwungen werden. Der Schuldner kann insbesondere zwangsweise vorgeführt werden, es kann gegen ihn Haftbefehl nach § 98 Abs. 2 und 3 InsO erlassen werden.[4] 543

II. Die Prüfung des Insolvenzgrundes nach § 16 InsO

1. Der Amtsermittlungsgrundsatz im Insolvenzeröffnungsverfahren

a) Die Prüfung der Begründetheit des Insolvenzantrags

Die Eröffnung des Insolvenzverfahrens setzt das Vorliegen eines Insolvenzgrundes nach §§ 17ff. InsO voraus, dies stellt mit sprachlich verunglückter Formulierung § 16 InsO klar.[5] Die Prüfung des Insolvenzgrundes als Tatbestand der Begründetheit des Insolvenzantrags erfolgt durch das Insolvenzgericht von Amts wegen, an Anträge oder vorgebrachte Beweismittel der Parteien ist das Gericht nicht gebunden. Das Insolvenzgericht kann sich der Mitwirkung des Schuldners bedienen (§ 20 Abs. 1 InsO) und tut dies regelmäßig auch. 544

---

[1] *Uhlenbruck* in: *Uhlenbruck*, InsO, § 20 Rdn. 4; *Frege/Keller/Riedel*, Rdn. 526.

[2] Eingehend *Schmahl* in: MüKo-InsO, § 20 Rdn. 26ff.; *Uhlenbruck* in: *Uhlenbruck*, InsO, § 20 Rdn. 18; mit Muster eines Fragebogens *Frege/Keller/Riedel*, Rdn. 529ff.

[3] *Schmahl* in: MüKo-InsO, § 20 Rdn. 56; *Uhlenbruck* in: *Uhlenbruck*, InsO, § 20 Rdn. 5.

[4] Eingehend *Frege/Keller/Riedel*, Rdn. 535ff.

[5] *Gerhardt* in: *Jaeger*, InsO, § 16 Rdn. 1; *Kirchhof* in: HK-InsO, § 16 Rdn. 1; keine wesentliche Bedeutung hat die von *Smid* in: *Smid*, InsO, § 16 Rdn. 2, betonte Unterscheidung von Eröffnungsgrund zu Insolvenzgrund; dazu auch *Smid*, Grundzüge, § 3 Rdn. 46 Fn. 129.

b) Die Beauftragung eines Sachverständigen im Insolvenzeröffnungsverfahren

545 Die Ermittlung der Zahlungsunfähigkeit (§ 17 InsO) und insbesondere der Überschuldung (§ 19 InsO) erfordert gerade bei der Unternehmensinsolvenz umfangreiche Kenntnisse über die finanz- und leistungswirtschaftliche Situation der schuldnerischen Unternehmens. Die hierzu erforderlichen Ermittlungen können vom Insolvenzgericht selbst nur in den seltensten Fällen angestellt werden.

546 Insbesondere in der Unternehmensinsolvenz ist es daher üblich, zur Ermittlung des Insolvenzgrundes und der Massekostensenkung im Hinblick auf § 26 InsO in Anwendung des § 5 Abs. 1 Satz 2 InsO einen Sachverständigen zu beauftragen.[1] Der Sachverständige muss selbstverständlich über die erforderliche Sachkunde verfügen, sowohl in juristischer als auch in betriebswirtschaftlicher Hinsicht.[2] Die Beauftragung des Sachverständigen stellt keine gerichtliche Entscheidung dar, Schuldner und Gläubiger müssen deshalb zur Person der Sachverständige nicht angehört werden, die Beauftragung ist auch nicht mit sofortiger Beschwerde anfechtbar.[3] Allerdings kann über § 4 InsO auch der Sachverständige wegen Besorgnis der Befangenheit nach § 406 mit §§ 41 ff. ZPO abgelehnt werden.[4]

547 Der Sachverständige hat in seinem Gutachten die rechtlichen und wirtschaftlichen Grundtatbestände des schuldnerischen Unternehmens darzustellen.[5] Er sollte die gesellschaftsrechtlichen Verhältnisse darlegen, sowie die Arbeitnehmerstruktur und Struktur der Gläubiger. Die wirtschaftlichen Verhältnisse des schuldnerischen Unternehmens sind im Hinblick auf die Ursachen der möglichen Zahlungsunfähigkeit darzustellen, insbesondere unter Berücksichtigung vertraglicher Verpflichtungen, Absatzentwicklung oder Entwicklung der liquiden Mittel. Die Vermögensverhältnisse des schuldnerischen Unternehmens sind möglichst genau darzustellen, die einzelnen Vermögenswerte sind auch mit Angabe des so genannten Fortführungswertes („going-concern“) aufzuführen, wenn eine Sanierung und Fortführung des schuldnerischen Unternehmens überwiegend möglich erscheint.

548 Regelmäßig schließt das Gutachten des Sachverständigen mit einer Empfehlung an das Gericht, dass Insolvenzverfahren zu eröffnen oder

---

[1] Mit Muster zur Sachverständigenbeauftragung *Frege/Keller/Riedel,* Rdn. 565.

[2] *Frege/Keller/Riedel,* Rdn. 557.

[3] BGH ZIP 1999, 319 (zur Gesamtvollstreckung); OLG Brandenburg NZI 2001, 42 = ZIP 2001, 207; OLG Celle ZIP 2001, 127; OLG Köln NZI 2001, 598; OLG Hamm ZIP 1986, 724; *Gerhardt* in: *Jaeger,* InsO, § 16 Rdn. 14; *Uhlenbruck* in: *Uhlenbruck,* InsO, § 5 Rdn. 26; *Kirchhof* in: HK-InsO, § 5 Rdn. 22; *Frege/Keller/Riedel,* Rdn. 562.

[4] LG Ulm NZI 2005, 117; allgemein Zöller/*Greger,* ZPO, § 406 Rdn. 8, 9.

[5] Mit umfangreichem Mustergutachten *Frege/Keller/Riedel,* Rdn. 566; zu den Befugnissen des Sachverständigen BGHZ 158, 212.

mangels Masse abzuweisen.[1] Das Insolvenzgericht ist an diese Empfehlung selbstverständlich nicht gebunden, folgt ihr aber doch meistens. Das Gutachten sollte vor der gerichtlichen Entscheidung dem antragstellenden Gläubiger und dem Schuldner zur Kenntnis- und Stellungnahme übersandt werden.

2. Die Insolvenzgründe der §§ 17ff. InsO

a) Der allgemeine Insolvenzgrund der Zahlungsunfähigkeit nach § 17 InsO

Allgemeiner Insolvenzgrund ist nach § 17 Abs. 1 InsO die Zahlungs- 549
unfähigkeit des Schuldners. Sie ist Insolvenzgrund für den Schuldner, der eine natürliche Person ist, ebenso für die juristische Person und für jede Personengesellschaft (§ 11 Abs. 2 Nr. 1 InsO) wie auch für den Nachlass (§ 320 Satz 1 InsO). Ist der Schuldner eine natürliche Person oder eine Personengesellschaft, bei welcher eine natürliche Person unmittelbar oder mittelbar unbeschränkt haftet, ist die Zahlungsunfähigkeit einziger Insolvenzgrund. Ist der Schuldner eine juristischer Person oder eine Personengesellschaft, bei welcher keine natürliche Person unbeschränkt haftet, ist neben der Zahlungsunfähigkeit auch die Überschuldung nach § 19 InsO als Insolvenzgrund denkbar. In der Rechtspraxis wird das Insolvenzverfahren auch in der Unternehmensinsolvenz aber ganz überwiegend wegen Zahlungsunfähigkeit des Schuldners eröffnet.

aa) Die Tatbestandsmerkmale der Zahlungsunfähigkeit nach § 17 Abs. 2 Satz 1 InsO

Der Insolvenzgrund der Zahlungsunfähigkeit war im früheren Kon- 550
kursrecht gesetzlich nicht definiert, Rechtsprechung und Wissenschaft entwickelten eine Definition der Zahlungsunfähigkeit, die der Gesetzgeber der Insolvenzordnung mit der Regelung des § 17 Abs. 2 Satz 1 InsO aufgegriffen hat.[2]

In klassischer Definition ist die Zahlungsunfähigkeit das auf einem 551
Mangel an Zahlungsmitteln (Geldilliquidität) beruhende dauernde Unvermögen des Schuldners, die gegen ihn bestehenden fälligen Zahlungspflichten im Wesentlichen zu begleichen.[3] In der Rechtspraxis bestanden Probleme unter anderem darin, das Merkmal des dauernden Unvermögens auszufüllen und damit die Zahlungsunfähigkeit von einer so genannten Zahlungsstockung abzugrenzen. Ferner war

---

[1] *Frege/Keller/Riedel,* Rdn. 567.

[2] Begründung des Regierungsentwurfs BT-Drucks. 12/2443, S. 114; *Uhlenbruck* in: *Uhlenbruck,* InsO, § 17 Rdn. 3; zu den Vorstellungen des Gesetzgebers auch *Eilenberger* in: MüKo-InsO, § 17 Rdn. 2.

[3] RGZ 50, 39, 41; RGZ 100, 62, 65; BGH NJW 1962, 102; Jaeger/*Lent,* KO, § 30 Rdn. 5; Jaeger/*Weber,* KO, § 102 Rdn. 2.

oft unklar, in welcher Art und Weise konkret das Merkmal der Wesentlichkeit bei den bestehenden Zahlungspflichten bestimmt werden sollte, die Rechtsprechung wollte hier nur diejenigen Forderungen berücksichtigen, welche von den Gläubigern ernsthaft eingefordert wurden.[1] Die gesetzliche Definition des § 17 Abs. 2 Satz 1 InsO verzichtet deshalb bewusst auf die Tatbestandsmerkmale einer zeitlichen Dauer der Zahlungsunfähigkeit und einer Wesentlichkeit der Zahlungsverpflichtungen. Der Gesetzgeber wollte damit den Spielraum für die Auslegung des Begriffs der Zahlungsunfähigkeit verringern, um Missbrauch zu verhindern und die Eröffnung des Insolvenzverfahrens zu fördern.[2]

552 Zahlungsunfähigkeit in der Definition des § 17 Abs. 2 Satz 1 InsO ist gegeben, wenn der Schuldner nicht in der Lage ist, die fälligen Zahlungspflichten zu erfüllen. Weiterhin muss die Zahlungsunfähigkeit auf einer so genannten Geldilliquidität beruhen und wenigstens sich in engen Grenzen die Merkmale der Dauer und der Wesentlichkeit der fälligen Zahlungsverpflichtungen berücksichtigen.[3]

553 Die Zahlungsunfähigkeit muss auf einem Mangel des Schuldners an Zahlungsmitteln beruhen.[4] Der Schuldner ist mithin nicht in der Lage, ausreichend Geld zur Befriedigung der gegen ihn gerichteten Forderungen zu beschaffen. Dabei kann er durchaus Vermögenswerte besitzen, die nicht mit Sicherungsrechten für einzelne Gläubiger belastet sind. Die Liquidierbarkeit von einzelnen Vermögenswerten ist keine Frage des Mangels an Zahlungsmitteln sondern eine Frage der Abgrenzung der Zahlungsunfähigkeit von der Zahlungsstockung, wenn der Schuldner in der Lage sein sollte, einzelnen Vermögenswerte kurzfristig zu Geld zu machen.[5] Daher liegt Zahlungsunfähigkeit unzweifelhaft vor, wenn der Schuldner zwar Vermögenswerte besitzt, diese auch unbelastet sind, er aber nicht in der Lage ist, diese Vermögenswerte kurzfristig in Geld umzuwandeln. Hat der Schuldner die Möglichkeit, kurzfristig einen Kredit aufzunehmen oder abzurufen, kann auch dieser als Zah-

---

[1] BGH WM 1955, 1468; BGH KTS 1960, 38; BGH ZIP 1991, 39; BGH ZIP 1995, 929, dazu EWiR 1995, 689 *(Gerhardt)*; BGH ZIP 1997, 1926, dazu EWiR 1998, 121 *(Paulus)*; BGH NZI 1998, 118 = ZIP 1998, 2008, dazu EWiR 1998, 1131 *(Gerhardt)*; Jaeger/*Lent*, KO, § 30 Rdn. 6; Jaeger/*Henckel*, KO, § 30 Rdn. 23 ff.; *Kuhn/Uhlenbruck*, KO, § 102 Rdn. 2 c; *Müller* in: *Jaeger*, InsO, § 17 Rdn. 9; *Pape* in: *Kübler/Prütting*, InsO, § 17 Rdn. 3; weiterhin will wohl *Kirchhof* in: HK-InsO, § 17 Rdn. 10, nur „eingeforderte" Verbindlichkeiten als fällige im Sinne des § 17 InsO berücksichtigen; ebenso *Kirchhof* in: KS, S. 285 Rdn. 9.

[2] Begründung des Regierungsentwurfs BT-Drucks. 12/2443, S. 80, 81, 114.

[3] Dazu *Müller* in: *Jaeger*, InsO, § 17 Rdn. 19, 23; *Uhlenbruck* in: *Uhlenbruck*, InsO, § 17 Rdn. 9, 10.

[4] *Uhlenbruck* in: *Uhlenbruck*, InsO, § 17 Rdn. 6; Jaeger/*Lent*, KO, § 30 Rdn. 9; *Kuhn/Uhlenbruck*, KO, § 102 Rdn. 2.

[5] *Uhlenbruck* in: *Uhlenbruck*, InsO, § 17 Rdn. 6 m. w. N.; *Eilenberger* in: MüKo-InsO, § 17 Rdn. 21 (Liquidierbarkeit in 20 Tagen); *Mönning* in: *Nerlich/Römermann*, InsO, § 17 Rdn. 20 (Liquidierbarkeit in 30 Tagen).

lungsmittel angesehen werden.[1] Eine Zahlungsunfähigkeit wäre dann nicht gegeben. Allerdings bemisst sich die Kreditwürdigkeit des Schuldners wesentlich wieder nach der Beleihbarkeit und Liquidierbarkeit seines Vermögens.

Die Zahlungsunfähigkeit muss sich auf die Zahlungspflichten des 554
Schuldners beziehen. Zu berücksichtigen sind zunächst nur Geldschulden. Schuldet der Schuldner Lieferung von Waren, Werkleistungen oder Dienstleistungen, sind diese als Verbindlichkeiten nur dann zu berücksichtigen, wenn sich bei Leistungsverzug des Schuldners und Rücktritt des anderen Teils der Anspruch in einen Schadensersatzanspruch umwandelt.[2] Geldschulden, die wegen ihres Nachrangs im Insolvenzverfahren nach § 39 Abs. 1 InsO praktisch keine Aussicht auf Befriedigung haben, sollen keine Berücksichtigung finden. Hierzu gehören insbesondere Ansprüche der Gesellschafter des schuldnerischen Unternehmens auf Zahlung kapitalersetzender Leistungen im Sinne des § 32a GmbHG oder auf Zahlung von Leistungen, die dem Auszahlungsverbot des § 30 GmbHG zuwiderlaufen.[3] Die für die Beurteilung der Zahlungsunfähigkeit maßgebenden Zahlungsansprüche müssen fällig sein.[4] Es bleiben deshalb Ansprüche unberücksichtigt, die erst in Zukunft fällig werden, der Schuldner könnte theoretisch zu einem solchen späteren Zeitpunkt wieder zahlungsfähig sein. Letztlich ist auch das eine Frage der Abgrenzung der Zahlungsunfähigkeit von der bloß vorübergehenden Zahlungsstockung. Wird das Insolvenzverfahren eröffnet, werden auch die noch nicht fälligen Forderungen als fällig mit Insolvenzeröffnung (§ 41 Abs. 1 InsO) in das Verfahren einbezogen. Der Begriff der Fälligkeit im Wortlaut des § 17 Abs. 2 Satz 1 InsO will diejenigen Forderungen ausnehmen, die dem Schuldner seitens des Gläubigers gestundet sind.[5] Dagegen soll ein bloßes Stillhalten des Gläubigers, mit welchem in früherer Definition des Begriffs der Zahlungsunfähigkeit das so genannte „ernsthafte Einfordern“ nicht gegeben war, nicht mehr ausreichen, um die Forderung bei der Bestimmung der Zahlungsunfähigkeit unberücksichtigt zu lassen.[6] Die Zahlungsunfähigkeit muss die fälligen Zahlungspflichten im Wesentlichen betreffen, geringfügige Liquiditätslücken dürfen unberücksichtigt bleiben.[7] Dabei kommt es nicht mehr auf das Verhältnis von erfüllbaren und nicht erfüllbaren

---

[1] *Müller* in: *Jaeger,* InsO, § 17 Rdn. 16; *Uhlenbruck* in: *Uhlenbruck,* InsO, § 17 Rdn. 6; *Uhlenbruck,* KTS 1986, 27; *Harz,* ZInsO 2001, 193.

[2] *Kirchhof* in: HK-InsO, § 17 Rdn. 6; Jaeger/*Henckel,* KO, § 30 Rdn. 25.

[3] *Uhlenbruck* in: *Uhlenbruck,* InsO, § 17 Rdn. 7; *Pape* in: *Kübler/Prütting,* InsO, § 17 Rdn. 7; *Schulze-Osterloh* in: *Baumbach/Hueck,* GmbHG, § 63 Rdn. 5.

[4] *Uhlenbruck* in: *Uhlenbruck,* InsO, § 17 Rdn. 8; *Pape* in: *Kübler/Prütting,* InsO, § 17 Rd. 6; *Kirchhof* in: HK-InsO, § 17 Rdn. 9.

[5] *Uhlenbruck* in: *Uhlenbruck,* InsO, § 17 Rdn. 8; *Pape* in: *Kübler/Prütting,* InsO, § 17 Rd. 6; *Kirchhof* in: HK-InsO, § 17 Rdn. 9.

[6] *Müller* in: *Jaeger,* InsO, § 17 Rdn. 10; *Uhlenbruck* in: *Uhlenbruck,* InsO, § 17 Rdn. 8; teilweise abweichend *Kirchhof* in: HK-InsO, § 17 Rdn. 10, 11.

[7] Begründung des Regierungsentwurfs BT-Drucks. 12/2443, S. 114.

Zahlungsverpflichtungen an, Zahlungsunfähigkeit ist nur dann zu verneinen, wenn nur ein kleiner Teil der fälligen Verbindlichkeiten nicht erfüllt werden kann.[1] Ob die Grenze bei einem Anteil von zehn Prozent[2] oder bereits bei fünf Prozent[3] zuziehen ist, ist Frage des Einzelfalles unter Berücksichtigung der Art der nicht erfüllten Verbindlichkeiten.

555 Die Zahlungsunfähigkeit ist von der bloßen Zahlungsstockung abzugrenzen, sie ist eine so genannte Zeitraumilliquidität.[4] Mit dem Wegfall des Merkmals der Dauer der Zahlungsunfähigkeit will der Gesetzgeber eine übermäßige Ausdehnung des Begriffs der Zahlungsstockung oder bloß vorübergehenden Zahlungsunfähigkeit verhindern.[5] Wie lange eine hinnehmbare Zahlungsstockung dauern darf, ist Frage des Einzelfalles, insbesondere unter Berücksichtigung der Größe des schuldnerischen Unternehmens oder der regelmäßig gegebenen Zahlungsziele.[6] Allgemein wird eine Zahlungsstockung von zwei bis drei Wochen hingenommen.[7] Der Bundesgerichtshof sieht in Entscheidungen zur Insolvenzanfechtung von Zahlungen an Gläubiger nach Eintritt der Zahlungsunfähigkeit sowie zur Geschäftsführerhaftung höchstens drei bis vier Wochen als tolerablen Zeitraum einer Zahlungsstockung an.[8] Ein Beitragsrückstand gegenüber Sozialversicherungsträgern im Umfang von sechs Monaten sei keinesfalls hinzunehmen.[9] Maßstab der Abgrenzung der Zahlungsunfähigkeit von der Zahlungsstockung ist objektiv der Zeitraum, der erforderlich und angemessen ist, und die volle Zahlungsunfähigkeit wieder herstellen zu können. Kann der Schuldner im konkreten Fall innerhalb des angemessenen Zeitraums dies nicht bewerkstelligen, liegt Zahlungsunfähigkeit vor. Sie ist erst dann beseitigt, wenn die geschuldeten Zahlungen im Allgemeinen wieder aufgenom-

---

[1] LG Hamburg ZIP 2001, 711; *Uhlenbruck* in: *Uhlenbruck,* InsO, § 17 Rdn. 10; *Pape* in: *Kübler/Prütting,* InsO, § 17 Rd. 12, 13; *Kirchhof* in: HK-InsO, § 17 Rdn. 20; *Beck* in: *Beck/Depré,* § 5 Rdn. 49 ff.

[2] BGH ZIP 2005, 1426; *Kirchhof* in: HK-InsO, § 17 Rdn. 20.

[3] AG Köln NZI 2000, 89, = ZIP 1999, 1889; so wohl auch *Mönning* in: *Nerlich/Römermann,* InsO, § 17 Rdn. 18; kritisch dagegen *Himmelsbach/Thonfeld,* NZI 2001, 11.

[4] *Müller* in: *Jaeger,* InsO, § 17 Rdn. 23 ff.; *Uhlenbruck* in: *Uhlenbruck,* InsO, § 17 Rdn. 9; mindestens missverständlich *Häsemeyer,* Rdn. 7.20; *Schmerbach* in: FK-InsO, § 17 Rdn. 8; kategorisch ablehnend *Niesert,* ZInsO 2001, 735.

[5] Begründung des Regierungsentwurfs BT-Drucks. 12/2443, S. 114.

[6] Dazu *Müller* in: *Jaeger,* InsO, § 17 Rdn. 24.

[7] LG Bonn NZI 2001, 488; AG Köln NZI 2000, 89 = ZIP 1999, 1889; *Pape* in: *Kübler/Prütting,* InsO, § 17 Rd. 11; *Kirchhof* in: HK-InsO, § 17 Rdn. 18; *Schmerbach* in: FK-InsO, § 17 Rdn. 17.

[8] BGHZ 149, 100, 108; BGH ZIP 1995, 929, dazu EWiR 1995, 689 *(Gerhardt)*; BGH ZIP 1997, 1509, dazu EWiR 1997, 897 *(Huber)*; BGH ZIP 1997, 1926, dazu EWiR 1998, 121 *(Paulus)*; BGH ZIP 1999, 76; BGH NZI 1998, 118 = ZIP 1998, 2008, dazu EWiR 1998, 1131 *(Gerhardt)*; BGH NZI 2002, 34 = ZIP 2001, 2097, dazu EWiR 2002, 209 *(Paulus)*; BGH NZI 2005, 547 m. Anm. *Thonfeld* = ZIP 2005, 1426 (drei Wochen bei Liquiditätslücke von mehr als zehn Prozent).

[9] Sehr deutlich BGHZ 149, 178, 187; OLG Celle NZI 2000, 214; OLG Dresden ZInsO 2000, 560; OLG Naumburg KTS 2000, 440.

men werden können.[1] Die Beweislast für den Wegfall einer Zahlungsunfähigkeit trägt derjenige, der sich hierauf beruft.[2]

Schließlich ist die Zahlungsunfähigkeit im Sinne des § 17 InsO von 556
der so genannten Zahlungsunwilligkeit des Schuldners abzugrenzen.[3] Ob eine solche Zahlungsunfähigkeit vorliegt, lässt sich in der Praxis a priori schwer nachprüfen. Stellt insbesondere ein Gläubiger einen nach § 14 Abs. 1 InsO zulässigen Insolvenzantrag, kann nicht ohne weiteres angenommen werden, dass der Insolvenzantrag als Druckmittel verwendet wird, um dem Schuldner zur Zahlung zu bewegen. Nicht selten schiebt ein Schuldner gegenüber seinen Gläubigern auch Zahlungsunwilligkeit vor, er erhebt beispielsweise Einreden gegen Forderungen, um Zahlungsaufschub zu erlangen und so eine bereits vorliegende Zahlungsunfähigkeit zu vertuschen.

Die Feststellung der Zahlungsunfähigkeit kann in der Unternehmens- 557
insolvenz ohne einen Sachverständigen praktisch nicht erfolgen. Er erstellt hierzu einen Finanzstatus (Liquiditätsstatus) des schuldnerischen Unternehmens, in welchem die aktuelle Zahlungsunfähigkeit, die Liquidierbarkeit von Vermögenswerten und in engem zeitlichen Rahmen ein Finanzplan für eine mögliche Wiederherstellung der Zahlungsunfähigkeit dargestellt werden.[4] In der Insolvenz über das Vermögen einer natürlichen Person, insbesondere eines Verbrauchers, kann die Zahlungsunfähigkeit einfacher unter Gegenüberstellung seiner meist monatlich zur Verfügung stehenden Geldmittel aus Arbeitseinkommen oder sonstigen Einkünften gegenüber den fälligen Verbindlichkeiten ermittelt werden.

Die Zahlungsunfähigkeit des § 17 InsO tritt niemals plötzlich und 558
unerwartet ein, sie ist sowohl in der Unternehmensinsolvenz als auch in der Insolvenz der natürlichen Person das Ergebnis eines kritischen Prozesses, an dessen Anfang kleine Anzeichen einer wirtschaftlichen Krise stehen, die unerkannt und nicht bekämpft sich zur Zahlungsunfähigkeit entwickeln können. So steht am Beginn einer Unternehmenskrise beispielsweise eine Absatzkrise bei bestimmten Produkten oder in Marktsegmenten, der Unternehmer erkennt Trends des Marktes nicht oder produziert zu lange technisch veraltete Produkte. In diesem Stadium ist die Krise meist beherrschbar.[5] Mit rückgängigem Umsatz steigt regelmäßig die Kostenlast des Unternehmens, insbesondere im Bereich der Lohnkosten, Krisenbewältigung muss dann häufig auf Kosten der Arbeitnehmer erfolgen. Nicht mehr beherrschbar wird die Krise, wenn sie

---

[1] *Uhlenbruck* in: *Uhlenbruck,* InsO, § 17 Rdn. 9 a.E.

[2] BGHZ 149, 100; BGHZ 149, 178.

[3] BGH NZI 2001, 417; *Uhlenbruck* in: *Uhlenbruck,* InsO, § 17 Rdn. 11; *Kuhn/Uhlenbruck,* KO, § 102 Rdn. 2d.

[4] Eingehend *Eilenberger* in: MüKo-InsO, § 17, Rdn. 14, 20; *Uhlenbruck* in: *Uhlenbruck,* InsO, § 17 Rdn. 18.

[5] Eingehend *Drukarczyk/Brüchner* in: *Gottwald,* § 2 Rdn. 5ff.; *Hess/Fechner,* S. 21ff.

559

Schaubild 5 (*Frege/Keller/Riedel*, Insolvenzrecht, Rdn. 375): Die Phasen einer Unternehmenskrise

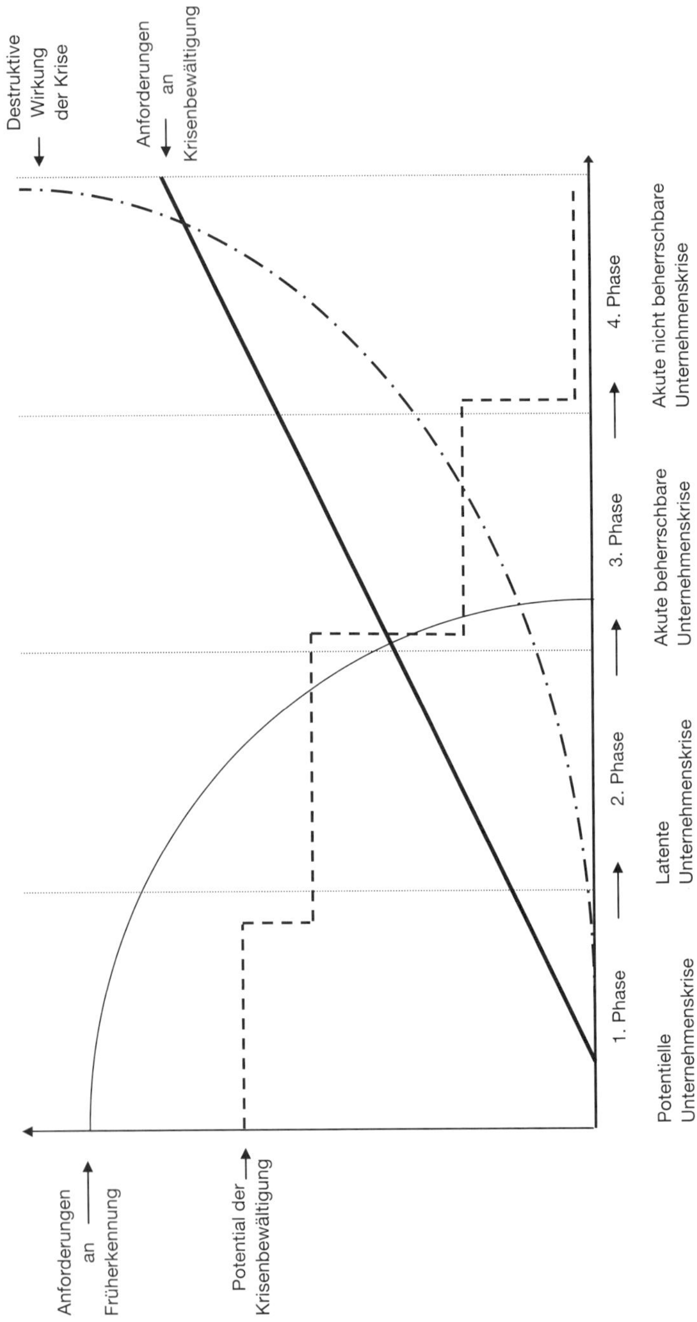

akut die Zahlungsfähigkeit des Unternehmens hinsichtlich laufender Verpflichtungen erfasst, wenn etwa Löhne und Gehälter nicht mehr gezahlt werden können oder Verpflichtungen aus Dauerschuldverhältnissen nicht mehr nachgekommen werden kann. Zumeist wird das Unternehmen kreditunwürdig, die Zahlungsunfähigkeit tritt letztlich mit der Kündigung von Krediten (§ 490 Abs. 1 BGB), dem Beharren auf Vorleistung seitens der Lieferanten oder der Offenlegung von Sicherungszessionen gegenüber den Drittschuldnern ein.

bb) Die Zahlungseinstellung als gesetzliche Vermutung des Eintritts der Zahlungsunfähigkeit

Die einzelnen Tatbestandsmerkmale der Zahlungsunfähigkeit sind insbesondere für den Gläubiger des Schuldners nicht ohne weiteres erkennbar. Daher bestimmt § 17 Abs. 2 Satz 2 InsO mit der so genannten Zahlungseinstellung die widerlegliche gesetzliche Vermutung vom Eintritt der Zahlungsunfähigkeit. Die Zahlungseinstellung ist das nach außen erkennbare Indiz der Zahlungsunfähigkeit und gleichsam ihre stärkste Ausdrucksform. Die Zahlungseinstellung muss für die beteiligten Verkehrskreise erkennbar sein.[1] Eine Zahlungseinstellung ist auch dann anzunehmen, wenn der Schuldner noch vereinzelt Zahlungen leisten kann.[2] 560

Die Zahlungseinstellung kann durch den Schuldner ausdrücklich erklärt werden.[3] Die gegenüber einem Gläubiger abgegebene Erklärung stellt für diesen ein ausreichendes Mittel der Glaubhaftmachung des Insolvenzgrundes nach § 14 Abs. 1 InsO dar. Die Zahlungseinstellung kann auch durch konkludentes Handeln des Schuldners erfolgen.[4] 561

Praktische Bedeutung hat die gesetzliche Vermutung des § 17 Abs. 2 Satz 2 InsO zum einen für den Insolvenzantrag des Gläubigers nach § 14 Abs. 1 InsO und die notwendige Glaubhaftmachung des Insolvenzgrundes, zum anderen für das Anfechtungsrecht, wenn eine anzufechtende Rechtshandlung nach Eintritt der Zahlungsunfähigkeit erfolgt ist und der Anfechtungsgegner Kenntnis von der Zahlungsunfähigkeit hatte. 562

---

[1] BGHZ 118, 171, 174; BGHZ 149, 100, 108, 109; BGH ZIP 1995, 929, dazu EWiR 1995, 689 *(Gerhardt);* BGH ZIP 1996, 2080, dazu EWiR 1997, 33 *(Gerhardt);* BGH ZIP 1997, 367, dazu EWiR 1997, 899 *(Henckel);* BGH NZI 1998, 118 = ZIP 1998, 2008, dazu EWiR 1998, 1131 *(Gerhardt)*; BGH NZI 2000, 363 = ZIP 2000, 1016, dazu EWiR 2000, 819 *(Eckardt);* BGH NZI 2001, 417 = ZIP 2001, 1155, dazu EWiR 2001, 821 *(Eckardt);* BGH NZI 2002, 34 = ZIP 2001, 2097, dazu EWiR 2002, 209 *(Paulus);* BGH NZI 2002, 486 = ZIP 2002, 1408; mit Hinweis auf die Motive zur Konkursordnung Jaeger/*Weber,* KO, § 102 Rdn. 2; *Uhlenbruck* in: *Uhlenbruck,* InsO, § 17 Rdn. 12; *Braun/Uhlenbruck,* S. 282 ff.

[2] Zur Insolvenzanfechtung BGHZ 149, 100; BGHZ 149, 178.

[3] BGH ZIP 1984, 812; *Kirchhof* in: HK-InsO, § 17 Rdn. 31.

[4] *Eilenberger* in: MüKo-InsO, § 17, Rdn. 29 ff.; zu den Anzeichen einer Zahlungseinstellung Jaeger/*Lent,* KO, § 30 Rdn. 9 a; *Frege/Keller/Riedel,* Rdn. 324.

b) Die drohende Zahlungsunfähigkeit nach § 18 InsO

563 Die drohende Zahlungsunfähigkeit ist nach § 18 Abs. 1 InsO nur für den Schuldner als Insolvenzgrund maßgebend, wenn dieser einen so genannten Eigenantrag stellt; der Gläubiger kann sich beim Fremdantrag nicht auf § 18 InsO berufen. Mit dem Insolvenzgrund der drohenden Zahlungsunfähigkeit soll dem Schuldner die Möglichkeit gegeben werden, frühzeitig die Eröffnung des Insolvenzverfahrens zu beantragen und herbeizuführen und so im besten Falle die Sanierung des schuldnerischen Unternehmens zu bewirken und die ursprünglich drohende Zahlungsunfähigkeit abzuwenden.[1]

564 Eine drohende Zahlungsunfähigkeit liegt nach § 18 Abs. 2 InsO[2] dann vor, wenn der Schuldner voraussichtlich nicht in der Lage sein wird, die gegenwärtig bestehenden Zahlungsverpflichtungen im Zeitpunkt ihrer späteren Fälligkeit zu erfüllen. Mit der Definition des § 18 Abs. 2 InsO hat der Gesetzgeber das zeitliche Merkmal der Zahlungsunfähigkeit von § 17 InsO auf die drohende Zahlungsunfähigkeit des § 18 InsO verlagert.[3] So kann die bereits eingetretene Zahlungsunfähigkeit nach § 17 InsO auch die künftig fällig werdenden Verbindlichkeiten erfassen – in der Rechtspraxis ist dies regelmäßig auch so –, dies ist aber von der Definition des § 17 Abs. 2 Satz 1 InsO nicht erfasst. Künftig fällig werdende Verbindlichkeiten sind im Rahmen der drohenden Zahlungsunfähigkeit zu berücksichtigen, wenn es um die Liquiditätsplanung und die voraussichtliche Befriedigung der bereits bestehenden Verbindlichkeiten geht. Das wird aus dem Gesetzwortlaut nicht hinreichend deutlich.[4] Er will dem Schuldner die Eröffnung des Insolvenzverfahrens ermöglichen, wenn dieser gegenwärtig zwar noch nicht zahlungsunfähig ist, unter Berücksichtigung einer realistischen Finanzplanung aber zukünftig werden könnte. Zu weit geht aber wohl *Stefan Smid,* wenn er annimmt, die substantiierte Darlegung der drohenden Zahlungsunfähigkeit durch den Schuldner sei vom Gericht nicht nachprüfbar und deshalb zwingend hinzunehmen.[5]

565 Wie auch im Falle des § 17 InsO beschreibt die drohende Zahlungsunfähigkeit eine Geldilliquidität. Sie bezieht sich aber nicht auf die

---

[1] Begründung des Regierungsentwurfs BT-Drucks. 12/2443, S. 114; *Uhlenbruck* in: *Uhlenbruck,* InsO, § 18 Rdn. 1 m. w. N.

[2] Der Wortlaut der Norm ist sprachlich und logisch falsch. Im Wortlaut der Norm ist das im Sinnzusammenhang zwingend adjektivisch zu gebrauchende Partizip Präsens Aktiv „drohend" zum Verb erhoben worden. Droht denn der Schuldner den Gläubigern damit, zahlungsunfähig zu werden? Oder liegt vielmehr drohende Zahlungsunfähigkeit vor, wenn ...?

[3] Eingehend *Drukarczyk/Schüler* in: KS, S. 95 Rdn. 35 ff.

[4] Auch die Begründung ist unklar Begründung des Regierungsentwurfs BT-Drucks. 12/2443, S. 114; kritisch deshalb *Drukarczyk* in: MüKo-InsO, § 18 Rdn. 11; *Uhlenbruck* in: *Uhlenbruck,* InsO, § 18 Rdn. 3; *Schmerbach* in: FK-InsO, § 18 Rdn. 6, 7; *Uhlenbruck* in: *K. Schmidt/Uhlenbruck,* Rdn. 848.

[5] *Smid,* Grundzüge, § 3 Rdn. 50.

gegenwärtig fälligen Verbindlichkeiten sondern auf die bestehenden und noch nicht fälligen Verbindlichkeiten. Noch nicht begründete Zahlungsverpflichtungen sind zunächst nicht zu berücksichtigen.[1] Unter Zugrundelegung des gegenwärtigen Finanzstatus des Schuldners und einer realistischen Prognoserechnung[2] seiner künftigen Zahlungsunfähigkeit ist zu prüfen, ob die Zahlungsverpflichtungen im Zeitpunkt ihrer späteren Fälligkeit erfüllt werden können oder nicht. In die Prognoserechnung fließen künftig zu erwartenden Einnahmen des Schuldners ebenso wie künftig noch zu begründende Zahlungsverpflichtungen ein.[3] Ist danach die künftige Liquidität nicht mehr gegeben, so dass die künftig fällig werdenden Zahlungsverpflichtungen im Wesentlichen nicht erfüllt werden können, liegt drohende Zahlungsunfähigkeit vor.

Welchen Zeitraum die Prognoserechnung zu umfassen hat, kann 566 nicht einheitlich gesagt werden. Teilweise wird vom Ende des auf die Erstellung der Prognoserechnung folgenden Geschäftsjahres ausgegangen,[4] teilweise wird eine Prognosezeitraum von bis zu drei Jahren für möglich erachtet.[5] Gerade in der Unternehmensinsolvenz ist auch hier zu bedenken, dass eine Finanzplanung an Seriosität und Verifizierbarkeit verliert, je mehr sie prognostisch in die Zukunft reicht.[6]

Große praktische Bedeutung hat § 18 InsO gegenwärtig noch nicht. 567 Insbesondere hat sich die Erwartung des Gesetzgebers, mit der drohenden Zahlungsunfähigkeit dem Schuldner einen Anreiz zu frühzeitiger Insolvenzantragstellung zu geben, noch nicht erfüllt. Für die Verfahrensgestaltung kann § 18 InsO aber interessant sein, wenn der Schuldner das Verfahren der Eigenverwaltung (§§ 270 ff. InsO) und die Erstellung eines Insolvenzplans (§§ 217 ff. InsO) anstrebt.

c) Die Überschuldung als weiterer Insolvenzgrund nach § 19 InsO

aa) Der Anwendungsbereich des § 19 InsO

Die Überschuldung ist nach § 19 Abs. 1 InsO alternativ Insolvenz- 568 grund bei juristischen Personen, wegen § 11 Abs. 1 Satz 2 InsO auch beim nicht rechtsfähigen Verein.[7] Sie ist auch Insolvenzgrund bei Personengesellschaften (§ 11 Abs. 2 Nr. 1 InsO), bei welchen keine natür-

---

[1] *Uhlenbruck* in: *Uhlenbruck,* InsO, § 18 Rdn. 5; *Mönning* in: *Nerlich/Römermann,* InsO, § 18 Rdn. 26; *Kirchhof* in: HK-InsO, § 18 Rdn. 6.

[2] *Uhlenbruck* in: *Uhlenbruck,* InsO, § 18 Rdn. 7 ff.; dazu auch die Anforderungen aus IDW-Standard vom 22. Januar 1999, ZIP 1999, 505.

[3] Begründung des Regierungsentwurfs BT-Drucks. 12/2443, S. 114, 115; *Drukarczyk/Schüler* in: MüKo-InsO, § 18 Rdn. 20 ff.; *Drukarczyk/Schüler* in: KS, S. 95 Rdn. 42, 45, 48.

[4] IDW-Standard vom 22. Januar 1999, ZIP 1999, 505, 507.

[5] *Mönning* in: *Nerlich/Römermann,* InsO, § 18 Rdn. 25; *Pape* in: *Kübler/Prütting,* InsO, § 18 Rdn. 6; *Drukarczyk/Schüler* in: KS, S. 95 Rdn. 38.

[6] *Uhlenbruck* in: *Uhlenbruck,* InsO, § 18 Rdn. 10 a. E.; *Braun/Uhlenbruck,* S. 448.

[7] Begründung des Regierungsentwurfs BT-Drucks. 12/2443, S. 115; dazu bereits Jaeger/*Weber,* KO, § 102 Rdn. 3.

liche Personen unmittelbar oder mittelbar unbeschränkt haftet (§ 19 Abs. 3 InsO). Schließlich ist die Überschuldung auch Insolvenzgrund im Nachlassinsolvenzverfahren (§ 320 Satz 1 InsO) oder in der Insolvenz der fortgesetzten Gütergemeinschaft (§ 323 Satz 1 InsO). Die Überschuldung als Insolvenzgrund neben der Zahlungsunfähigkeit korrespondiert mit der Insolvenzantragspflicht der vertretungsberechtigten Organe oder Gesellschafter einer juristischen Person (§ 64 Abs. 1 GmbHG oder § 92 Abs. 2 AktG) oder einer Personengesellschaft, bei der keine natürliche Personen unbeschränkt haftet (§§ 130a und 177a HGB).

569 In der Rechtspraxis tritt die Überschuldung regelmäßig hinter die Zahlungsunfähigkeit zurück, ein insolventes Unternehmen ist regelmäßig zahlungsunfähig und überschuldet, selten liegt nur eine Überschuldung vor. Der Begriff der Überschuldung war auch seit jeher rechtspolitisch umstritten.[1] So wurde und wird beispielsweise gefordert, die Überschuldung auch für die reine Personengesellschaft als Insolvenzgrund anzuerkennen.[2] Der Gesetzgeber ist dem mit der Regelung des § 19 InsO nicht gefolgt, er hat an der bisherigen Systematik der Insolvenzgründe festgehalten (§§ 102, 207ff. KO) und lediglich den bislang gesetzlich nicht näher bestimmten Begriff der Überschuldung durch § 19 Abs. 2 InsO allgemein zu definieren versucht.

bb) Die Definition der Überschuldung nach § 19 Abs. 2 InsO

570 Die Definition des § 19 Abs. 2 Satz 1 InsO beschreibt die Überschuldung als rechnerische Gegenüberstellung des Vermögens des Schuldners zu den bestehenden Verbindlichkeiten. Diese rechnerische Überschuldung genügt als rechtlicher Insolvenzgrund nicht, es muss für das insolvente Unternehmen weiter die Prüfung einer so genannten Fortbestehensprognose durchgeführt werden. Dabei soll betriebs- und finanzwirtschaftlich analysiert und festgestellt werden, ob das Unternehmen nachhaltig noch überlebensfähig ist, ihm eine negative oder positive Fortbestehensprognose bescheinigt werden kann.[3] In dem Dualismus zwischen rechnerischer Überschuldung und negativer Fortbestehensprognose entwickelten *Karsten Schmidt* und *Peter Ulmer* den so genannten zweistufigen Überschuldungsbegriff.[4] Dabei sollte die negative Fortbestehensprognose eigenständige Voraussetzung der rechtlichen Überschuldung neben der rechnerischen Überschuldung sein. Der Bundesgerichtshof ist dieser Ansicht ausdrücklich gefolgt und hat den

---

[1] *Müller* in: *Jaeger*, InsO, § 19 Rdn. 15ff.; *Uhlenbruck* in: *Uhlenbruck*, InsO, § 19 Rdn. 1, 2.

[2] *K. Schmidt*, Wege, S. 59ff.; *K. Schmidt*, JZ 1982, 165; *K. Schmidt*, ZIP 1980, 233.

[3] Eingehend zur Fortführungsprognose *Drukarczyk/Schüler* in: MüKo-InsO, § 19 Rdn. 58ff.

[4] *K. Schmidt*, Wege, S. 50ff.; *K. Schmidt* in: *Scholz*, GmbHG, § 63 Rdn. 10; erstmals erwähnt von *K. Schmidt*, AG 1978, 337; *Ulmer*, KTS 1981, 469; dazu auch *K. Schmidt* in: *K. Schmidt/Uhlenbruck*, Rdn. 849ff.

zweistufigen Überschuldungsbegriff mehrfach bestätigt.[1] Der Gesetzgeber wollte ihn dagegen in der gleichwertigen Berücksichtigung der negativen Fortbestehensprognose zur rechnerischen Überschuldung nicht übernehmen.[2] Nach § 19 Abs. 2 Satz 2 InsO soll die Fortbestehensprognose dergestalt Berücksichtigung finden, dass bei einer positiven Fortbestehensprognose die Überschuldung nach den so genannten Fortführungswerten („going-concern-Werten") der einzelnen Vermögensgegenstände des Schuldners zu prüfen sei.[3] Die Fortbestehensprognose ist damit gegenüber der rechnerischen Überschuldung nicht völlig gleichwertig sondern gibt Anlass zu einer anderen Bewertung des Vermögens.

Es ergibt sich für § 19 Abs. 2 InsO folgende Prüfungsreihenfolge:[4] 571

- Zunächst ist die rechnerische Überschuldung an Hand der so genannten Liquidationswerte der einzelnen Vermögensgegenstände zu prüfen; als Liquidationswert ist derjenige Wert zu bestimmen, der unter Berücksichtigung möglicher Fremdrechte bei der Einzelveräußerung, mithin unter der Voraussetzung der Liquidation des Unternehmens, zu erzielen sein wird.[5] Liegt eine rechnerische Überschuldung danach nicht vor, kann das Unternehmen auch rechtlich nicht überschuldet sein, eine weitere Prüfung erübrigt sich.
- Liegt eine rechnerische Überschuldung nach Liquidationswerten vor, ist in einem zweiten Schritt zu prüfen, ob dem schuldnerischen Unternehmen eine positive Fortbestehensprognose bescheinigt werden kann. Eine solche ist gegeben, wenn die betriebs- und finanzwirtschaftliche Situation des Unternehmens ein mittelfristiges Fortbestehen für wenigstens ein oder zwei Geschäftsjahre gewährleisten.[6] Fällt die Fortbestehensprognose negativ aus, ist das Unternehmen auch rechtlich überschuldet.
- Bei positiver Fortbestehensprognose ist die rechnerische Überschuldung nochmals zu prüfen. Dieser sind aber nun die so genannten Fortführungswerte oder „going-concern-Werte" des Unternehmens zugrunde zu legen (§ 19 Abs. 2 Satz 2 InsO). Die Vermögenswerte sind mit demjenigen Wert anzusetzen, den sie im Falle des Erhalts des

---

[1] BGHZ 119, 201, 214; BGHZ 126, 181, 199 (zur Haftung aus § 64 Abs. 2 GmbHG); BGHZ 129, 136, 154.

[2] Begründung des Regierungsentwurfs BT-Drucks. 12/2443, S. 115; vgl. auch die Stellungnahme der Kommission Rechnungswesen im Verein der Hochschullehrer für Betriebswirtschaft e. V., ZIP 1981, 212; dazu *Uhlenbruck* in: *Uhlenbruck,* InsO, § 19 Rdn. 13, 14.

[3] Eingehend *Drukarczyk/Schüler* in: MüKo-InsO, § 19 Rdn. 84 ff., 110 ff.

[4] *Drukarczyk/Schüler* in: MüKo-InsO, § 19 Rdn. 42; *Müller* in: *Jaeger,* InsO, § 19 Rdn. 28 ff.; *Uhlenbruck* in: *Uhlenbruck,* InsO, § 19 Rdn. 5, 17; *Beck* in: *Beck/Depré,* § 5 Rdn. 100 ff.

[5] *Drukarczyk/Schüler* in: MüKo-InsO, § 19 Rdn. 91 ff.; *Uhlenbruck* in: *Uhlenbruck,* InsO, § 19 Rdn. 6.

[6] BGH ZIP 2004, 1049; OLG Düsseldorf ZIP 2001, 2278; *Drukarczyk/Schüler* in: MüKo-InsO, § 19 Rdn. 58 ff.; *Müller* in: *Jaeger,* InsO, § 19 Rdn. 33 ff.; *Uhlenbruck* in: *Uhlenbruck,* InsO, § 19 Rdn. 29; *Frege/Keller/Riedel,* Rdn. 368 ff.

Unternehmens etwa im Rahmen einer Unternehmensveräußerung hätten.[1] Dem liegt die zutreffende Annahme zugrunde, dass die Fortführungswerte regelmäßig höher sind als die Liquidationswerte des Vermögens; auch hier gilt: „Das Ganze ist mehr als die Summe seiner Teile". Beispielsweise sind einzelne Maschinen oder Anlagen eines Produktionsbetriebes wegen ihres Alters im Rahmen einer Einzelveräußerung kaum werthaltig, innerhalb des fortgeführten Unternehmens sind sie aber weiterhin nutzbar.

- Ergibt die erneute Überschuldungsprüfung trotz positiver Fortbestehensprognose eine rechnerische Überschuldung, liegt diese im Sinne des § 19 Abs. 2 InsO endgültig vor. Dieses Ergebnis wird insbesondere von *Karsten Schmidt* heftig kritisiert, der anmerkt, dass nicht einzusehen sei, bei nach sachlichen Grundsätzen objektiv festgestellter positiver Fortbestehensprognose ein Unternehmen in die Insolvenz zu schicken, sofern es daneben nicht zahlungsunfähig ist.[2]

572 Für die Überschuldung wird sowohl nach Liquidationswerten als auch nach Fortführungswerten eine besondere Vermögensbilanz aufgestellt, bei der die handelsrechtlichen Bewertungsvorschriften nur sehr eingeschränkt Anwendung finden.[3] Insbesondere ist der Überschuldungsbegriff des § 19 InsO nicht mit der aus einer Jahresbilanz ausgewiesenen Überschuldung gleichzusetzen.[4] Auch die Bewertungskriterien des Handelsrechts, wie etwa das Anschaffungsprinzip oder das Prinzip der Einzelbewertung, finden keine Anwendung. Daraus folgt auch, dass sämtliche in einer Handelsbilanz versteckten Stillen Reserven in der Überschuldungsbilanz aufgedeckt werden müssen.[5] Lediglich das Gliederungsprinzip der Handelsbilanz nach Aktiva und Passiva wird auch für die Überschuldungsbilanz übernommen.[6] Besonderes Augenmerk ist in der Überschuldungsbilanz auf die Bewertung von Forderungen gegen Dritte zu richten, sie sind je nach voraussichtlicher Einbringlichkeit abzuwerten, ebenso auf Ansprüche gegen Geschäftsführer oder Gesellschafter der insolventen Gesellschaft.[7] Als Verbindlichkeiten sind auf der Passivseite sämtliche gegen das insolvente Unternehmen bestehenden Verbindlichkeiten aufzuführen, es werden nicht lediglich die fälligen Verbindlichkeiten wie im Falle des § 17 InsO einbezogen. Das Eigenkapital einer Kapitalgesellschaft, das bilanziell einen Passivposten darstellt, ist im Falle der Überschuldung regelmäßig nicht mehr durch ausreichend Aktivvermögen gedeckt; regelmäßig liegt deshalb auch eine

---

[1] *Drukarczyk/Schüler* in: MüKo-InsO, § 19 Rdn. 110ff.
[2] Eindringlich *K. Schmidt* in: *K. Schmidt/Uhlenbruck,* Rdn. 856, 858.
[3] BGHZ 125, 141.
[4] BGH NZI 2001, 300; BGH NZI 2001, 202; BGH NZI 2001, 196.
[5] BGHZ 119, 201, 214.
[6] *Uhlenbruck* in: *Uhlenbruck,* InsO, § 19 Rdn. 35ff.; *Frege/Keller/Riedel,* Rdn. 343ff.; ein sehr gutes Beispiel findet sich bei *Beck* in: *Beck/Depré,* § 5 Rdn. 121.
[7] *Uhlenbruck* in: *Uhlenbruck,* InsO, § 19 Rdn. 41; *Frege/Keller/Riedel,* Rdn. 353.

so genannte Unterbilanz vor.[1] Forderungen der Gesellschafter einer GmbH auf Rückzahlung eines eigenkapitalersetzenden Darlehens oder sonstige Leistungen im Sinne des § 32 a GmbHG sind grundsätzlich zu passivieren.[2] Sie können dann unberücksichtigt bleiben, wenn der Gesellschafter einen so genannten qualifizierten Rangrücktritt (§ 39 Abs. 2 InsO) erklärt hat.[3] Rückstellungen, die in einer Handelsbilanz für mögliche künftige Verpflichtungen (Risiken) gebildet werden müssen, finden in der Überschuldungsbilanz als Verbindlichkeiten Berücksichtigung, wenn mit einer Inanspruchnahme ernstlich zu rechnen ist.[4] Bei der Vermögensbewertung hängt die Feststellung einer Überschuldung ganz wesentlich von betriebswirtschaftlichen Faktoren ab, sowohl hinsichtlich der Bewertung einzelner Vermögenswerte, erst recht aber hinsichtlich der Erstellung einer möglichen Fortbestehensprognose.

III. Die Sicherungsmaßnahmen des Insolvenzgerichts nach § 21 InsO

1. Die Erforderlichkeit einstweiliger Anordnungen nach § 21 Abs. 1 InsO

Bis zur Entscheidung über die Eröffnung des Insolvenzverfahrens besteht regelmäßig ein Bedürfnis zur Sicherung der künftigen Insolvenzmasse. Das Vermögen des Schuldners soll einerseits vor Verfügungen des Schuldners selbst geschützt werden, er soll nicht die Möglichkeit erhalten, einzelne Vermögenswerte noch beiseite zu schaffen. Das Vermögen muss aber andererseits auch vor dem Zugriff einzelner Gläubiger insbesondere durch Zwangsvollstreckung geschützt werden. 573

§ 21 Abs. 1 Satz 1 InsO enthält für die einstweiligen Sicherungsmaßnahmen eine Generalklausel für das Insolvenzgericht.[5] Es kann selbstständig alle Maßnahmen zu treffen, die erforderlich erscheinen, um nachteilige Veränderungen in der Vermögenslage des Schuldners zu verhindern. Allgemeine Voraussetzung für die Anordnung einstweiliger 574

---

[1] Zum Verhältnis Unterbilanz zu Überschuldung *Uhlenbruck* in: *Uhlenbruck,* InsO, § 19 Rdn. 11; das Eigen- oder Stammkapital als Passivposten (§ 266 Abs. 3 HGB) bleibt bei der Bilanzierung im Übrigen außer Betracht, *Uhlenbruck* in: *Uhlenbruck,* InsO, § 19 Rdn. 51.

[2] Grundlegend mit eingehender Auseinandersetzung der Meinungen im Schrifttum BGHZ 146, 264, 270, 271; ebenso zur Passivierung zur Ermittlung einer Vorbelastungshaftung BGHZ 124, 282; *Uhlenbruck* in: *Uhlenbruck,* InsO, § 19 Rdn. 69.

[3] BGHZ 146, 264, 271.

[4] *Drukarczyk/Schüler* in: MüKo-InsO, § 19 Rdn. 116; *Uhlenbruck* in: *Uhlenbruck,* InsO, § 19 Rdn. 56, 57.

[5] *Gerhardt* in: *Jaeger,* InsO, § 21 Rdn. 6, 7; *Uhlenbruck* in: *Uhlenbruck,* InsO, § 21 Rdn. 10.

Sicherungsmaßnahmen ist lediglich die Zulässigkeit des Insolvenzantrags.[1] Die Regelung des § 21 Abs. 1 Satz 1 InsO gibt dem Insolvenzgericht insoweit einen Ermessenspielraum, als es alle Maßnahmen treffen kann, die zur Sicherung des Vermögens erforderlich erscheinen; damit können auch Maßnahmen angeordnet werden, die vielleicht nachträglich sich als nicht notwendig erweisen. Das Insolvenzgericht hat den Grundsatz der Verhältnismäßigkeit zu wahren, es sind nur solche Maßnahmen anzuordnen, von deren Erforderlichkeit das Gericht überzeugt ist.[2] Dies gilt umso mehr, als der Schuldner bei Anordnung der Maßnahmen regelmäßig nicht angehört wird,[3] unter Umständen aber durch sie massiv in seine Eigentums- oder Persönlichkeitsrechte eingegriffen wird.

575 Die Anordnung einstweiliger Sicherungsmaßnahmen erfolgt in der Praxis oft auch mit Zustimmung oder auf Wunsch des Schuldners. Nicht selten sind im Falle einer Unternehmensinsolvenz die Geschäftsführer einer GmbH erleichtert, wenn das Insolvenzgericht beispielsweise vorläufige Insolvenzverwaltung anordnet und einen vorläufigen Insolvenzverwalter bestellt. Auch und gerade die Anordnung der Einstellung laufender Zwangsvollstreckungsmaßnahmen erfolgt oft auf Wunsch des Schuldners.

2. Die Sicherungsmaßnahmen des § 21 Abs. 2 InsO im Überblick

576 Die Aufzählung der einstweiligen Sicherungsmaßnahmen in § 21 Abs. 2 Nrn. 1 bis 4 InsO ist nicht abschließend, sie ist lediglich beispielhaft. In der Rechtspraxis werden regelmäßig die in § 21 Abs. 2 InsO genannten Anordnungen getroffen, insbesondere weil sie zur Sicherung des schuldnerischen Vermögens ausreichend sind.[4] Im Einzelnen nennt das Gesetz folgende einstweilige Sicherungsmaßnahmen:

– § 21 Abs. 2 Nr. 1 InsO: Die Anordnung vorläufiger Insolvenzverwaltung und Bestellung eines vorläufigen Insolvenzverwalters, für ihn gelten wesentlich die Vorschriften über den Insolvenzverwalter entsprechend (§§ 56, 58 ff. InsO); die Rechtsstellung dieses vorläufigen Insolvenzverwalters hängt nach § 22 Abs. 1 und 2 InsO von der Art der Verführungsbeeinträchtigung, die gegen den Schuldner angeordnet wird, ab.

[1] OLG Köln ZIP 1988, 664; *Haarmeyer* in: MüKo-InsO, § 21 Rdn. 16, 17; *Uhlenbruck* in: *Uhlenbruck*, InsO, § 21 Rdn. 2; *Uhlenbruck* in: *Gottwald*, § 14 Rdn. 1; *Frege/Keller/Riedel*, Rdn. 585.

[2] BGH NJW-RR 1986, 1188; *Gerhardt* in: *Jaeger*, InsO, § 21 Rdn. 84, 86; *Haarmeyer* in: MüKo-InsO, § 21 Rdn. 23 ff.; *Uhlenbruck* in: *Uhlenbruck*, InsO, § 21 Rdn. 3 m. w. N.; *Kilger* in: FS Einhundert Jahre Konkursordnung, S. 189, 194.

[3] OLG Köln ZInsO 2000, 104; *Gerhardt* in: *Jaeger*, InsO, § 21 Rdn. 89 ff.; *Haarmeyer* in: MüKo-InsO, § 21 Rdn. 31 ff.; *Kirchhof* in: HK-InsO, § 21 Rdn. 33; *Schmerbach* in: FK-InsO, § 21 Rdn. 22 ff.; *Frege/Keller/Riedel*, Rdn. 594.

[4] *Frege/Keller/Riedel*, Rdn. 612.

577

Schaubild 6: Maßnahmen des Gerichts zur Sicherung der künftigen Insolvenzmasse

§ 21 Abs. 2 Nr. 1 InsO	§ 21 Abs. 2 Nr. 2 InsO	§ 21 Abs. 2 Nr. 3 InsO	§ 21 Abs. 2 Nr. 4 InsO
Anordnung der vorläufigen Insolvenzverwaltung	**Erlass eines allgemeinen Verfügungsverbots oder eines Zustimmungsvorbehalts**	**Untersagung oder einstweilige Einstellung der Einzelzwangsvollstreckung**	**Anordnung einer Postsperre**
– Vorläufiger Insolvenzverwalter hat die künftige Insolvenzmasse zu sichern und zu erhalten, grundsätzlich aber nicht bereits zu verwerten. – Bei Anordnung eines allgemeinen Verfügungsverbots wird dem vorläufigen Insolvenzverwalter bereits jetzt die Verfügungsbefugnis des Schuldners übertragen (§ 22 Abs. 1 InsO; sogenannter „starker vorläufiger Verwalter"). – Bei Anordnung lediglich eines Zustimmungsvorbehalts oder ohne Anordnung einer Beschränkung nach § 21 Abs. 2 Nr. 2 InsO ist der vorläufige Insolvenzverwalter sogenannter „schwacher vorläufiger Verwalter" (§ 22 Abs. 2 InsO).	– Allgemeines Verfügungsverbot entzieht dem Schuldner bereits jetzt die Verfügungsbefugnis, Wirkungen der Insolvenzeröffnung werden vorweggenommen (§ 24 Abs. 1, §§ 80, 81 InsO). – Zustimmungsvorbehalt macht die Wirksamkeit einer Verfügung von der Zustimmung des vorläufigen Insolvenzverwalters abhängig. – Verfügungen des Schuldners, die gegen die Anordnungen nach § 21 Abs. 2 Nr. 2 InsO verstoßen, sind absolut (!) unwirksam (§ 24 Abs. 1, §§ 80, 81 InsO).	– Untersagung der Einzelvollstreckung verbietet weitere Maßnahmen der Zwangsvollstreckung gegen den Schuldner (Vollstreckungshindernis im Sinne des § 775 Nr. 1 ZPO). – Einstweilige Einstellung der Einzelvollstreckung untersagt weitere Durchführung bereits erfolgter Vollstreckungsmaßnahmen (§ 775 Nr. 2 ZPO). – Betroffen sind alle Insolvenzgläubiger (§ 38 InsO), auch absonderungsberechtigte Gläubiger (§§ 49 ff. InsO), wohl auch Aussonderungsberechtigte (§ 47 InsO). – Betroffen ist nur Zwangsvollstreckung in das bewegliche Vermögen, nicht diejenige in das unbewegliche Vermögen.	– Postsperre entsprechend § 99 InsO bewirkt, dass alle Postsendungen des Schuldners an den vorläufigen Insolvenzverwalter geleitet werden.

- § 21 Abs. 2 Nr. 2 InsO: Gegen den Schuldner kann entweder ein allgemeines Verfügungsverbot erlassen werden oder ein so genannter Zustimmungsvorbehalt; im letzteren Fall bleibt der Schuldner verfügungsbefugt, kann aber nur mit Zustimmung eines vorläufigen Insolvenzverwalters handeln, im ersteren Fall wird die Verfügungsbefugnis vollständig entzogen.
- § 21 Abs. 2 Nr. 3 InsO: Gegenüber den Gläubigern kann die Anordnung der Einstellung laufender Zwangsvollstreckungsmaßnahmen und die Untersagung neuer Vollstreckungsmaßnahmen ausgesprochen werden.
- § 21 Abs. 2 Nr. 4 InsO: Gegen den Schuldner kann in entsprechender Anwendung des § 99 InsO eine vorläufige Postsperre erlassen werden.

578 Als weitere mögliche Sicherungsmaßnahmen, die von der Generalklausel des § 21 Abs. 1 Satz 1 InsO gedeckt sind, kommen auch persönliche Beschränkungen des Schuldners in Betracht (§ 21 Abs. 3 InsO).[1] Es kann beispielsweise dem Geschäftsführer der insolventen GmbH untersagt werden, die Geschäftsführung weiter auszuüben oder gar das Betriebsgelände und die Büros zu betreten, wenn hierdurch Schaden für die Insolvenzmasse zu besorgen ist oder die Mitarbeiter sich kategorisch weigern, mit dem Geschäftsführer weiterhin zusammen zu arbeiten. Einstweilige Sicherungsmaßnahmen können sich auch gegen Dritte richten, beispielsweise kann die Durchsuchung von Räumlichkeiten Dritter nach Geschäftsunterlagen des Schuldners angeordnet werden.[2]

3. Die Anordnung von Verfügungsbeeinträchtigungen gegen den Schuldner nach § 21 Abs. 2 Nr. 2 InsO

579 Die Anordnung von Verführungsbeeinträchtigungen gegen den Schuldner steht im Katalog der einstweiligen Sicherungsmaßnahmen zwar an zweiter Stelle, ist systematisch jedoch zuerst zu nennen, weil sich die Rechtsstellung des daneben zu bestellenden vorläufigen Insolvenzverwalters nach der Art der Verfügungsbeeinträchtigung des Schuldners richtet.

a) Die Anordnung des allgemeinen Verfügungsverbots

580 Das Insolvenzgericht kann nach § 21 Abs. 2 Nr. 2 erste Alternative InsO dem Schuldner ein allgemeines Verfügungsverbot auferlegen. Mit

---

[1] Beispiele bei *Gerhardt* in: *Jaeger,* InsO, § 21 Rdn. 15; *Haarmeyer* in: MüKo-InsO, § 21 Rdn. 88 ff.; *Frege/Keller/Riedel,* Rdn. 590 ff., 670 ff.

[2] AG Duisburg NZI 2000, 38; LG Mainz NZI 2001, 384; AG Gelsenkirchen ZIP 1997, 2097, dazu EWiR 1997, 1097 *(Vallender); Gerhardt* in: *Jaeger,* InsO, § 21 Rdn. 15; *Haarmeyer* in: MüKo-InsO, § 21 Rdn. 91; *Uhlenbruck* in: *Uhlenbruck,* InsO, § 21 Rdn. 10.

ihm wird dem Schuldner die Verfügungsbefugnis über sein zur künftigen Insolvenzmasse gehörendes Vermögen in gleicher Weise entzogen, wie wenn das Insolvenzverfahren unmittelbar eröffnet würde.[1] Es werden gleichsam die Wirkungen der Insolvenzeröffnung nach § 80 Abs. 1 InsO auf den Zeitpunkt des Eröffnungsverfahrens vorverlegt. In der Systematik der Verfügungsbeeinträchtigungen ist das allgemeine Verfügungsverbot eine Verfügungsentziehung und nicht lediglich ein Verfügungsverbot mit relativer Wirkung.[2] Die Verfügungsbefugnis geht auf den vorläufigen Insolvenzverwalter über (§ 22 Abs. 1 Satz 1 InsO). Hieraus ergibt sich auch, dass bei Anordnung des allgemeinen Verfügungsverbots nach § 21 Abs. 2 Nr. 2 erste Alternative InsO zwingend vorläufige Insolvenzverwaltung angeordnet werden muss, da sonst keine verfügungsbefugte Person bezüglich der künftige Insolvenzmasse vorhanden wäre.[3]

Die Wirkungen des allgemeinen Verfügungsverbots ergeben sich aus 581
§ 24 InsO. Nach § 24 Abs. 1 InsO sollen für Verfügungen des Schuldners die §§ 81 und 82 InsO entsprechende Anwendung finden.[4] Verfügungen des Schuldners über einzelne Vermögensgegenstände sind absolut unwirksam (§ 81 Abs. 1 Satz 1 InsO). Leistungen an den Schuldner können von Drittschuldnern wirksam nur unter der Voraussetzung des § 82 InsO erbracht werden.

Beispiel 3: Einen Tag nach Anordnung des allgemeinen Verfügungsverbots 582
nach § 21 Abs. 2 Nr. 2 erste Alternative InsO verkauft und übereignet der Schuldner Teile seines Warenlagers. Der Kaufpreis wird seitens des Käufers an den Schuldner selbst entrichtet, nach Übereignung des Warenlagers erklärt der vorläufigen Insolvenzverwalter, dass er mit dem Geschäft keineswegs einverstanden sei.

Der vorläufige Insolvenzverwalter hat Kraft der auf ihn übergegangenen Verfügungsbefugnis gegen den Käufer Anspruch auf Herausgabe des Warenlagers aus § 985 BGB. Die Übereignung durch den Schuldner einen Tag nach Insolvenzeröffnung ist wegen § 24 Abs. 1 mit § 81 Abs. 1 Satz 1 InsO unwirksam. Sie hätte lediglich durch Genehmigung seitens des vorläufigen Insolvenzverwalters entsprechend § 185 Abs. 2 erste Alternative BGB Wirksamkeit erlangen können. Der Schuldner konnte mit dem Kaufvertrag auch nur sich selbst hinsichtlich dessen nicht zur künftigen Insolvenzmasse gehörenden Vermögens verpflichten; deshalb kann der Käufer bei Nichterfüllung durch den Schuldner nur vom Kaufvertrag

---

[1] *Gerhardt in: Jaeger,* InsO, § 24 Rdn. 4 ff.; *Haarmeyer* in: MüKo-InsO, § 21 Rdn. 55; *Uhlenbruck* in: *Uhlenbruck,* InsO, § 21 Rdn. 17; *Pohlmann,* Rdn. 261 ff.; unter Hinweis auf § 7 KO *Gerhardt* in: KS, S. 193 Rdn. 38.

[2] Gleichwohl wird häufig von einem „absoluten Verfügungsverbot" gesprochen, so *Uhlenbruck* in: *Uhlenbruck,* InsO, § 21 Rdn. 17; zu Systematik der Verfügungsbeeinträchtigungen *Böttcher,* Rpfleger 1983, 49; *ders.,* Rpfleger 1983, 187; *ders.,* Rpfleger 1984, 377; *ders.,* Rpfleger 1985, 381.

[3] *Haarmeyer* in: MüKo-InsO, § 21 Rdn. 57 a. E.; *Uhlenbruck* in: *Uhlenbruck,* InsO, § 21 Rdn. 18; *Mönning* in: *Nerlich/Römermann,* InsO, § 21 Rdn. 52; *Kirchhof* in: HK-InsO, § 21 Rdn. 17; *Gerhardt* in: KS, S. 193 Rdn. 8.

[4] *Gerhardt in: Jaeger,* InsO, § 24 Rdn. 4, 5; *Haarmeyer* in: MüKo-InsO, § 24 Rdn. 10 je mit Nachweisen zu vereinzelt geäußerten kritischen Stimmen; *Uhlenbruck* in: *Uhlenbruck,* InsO, § 24 Rdn. 2.

zurücktreten (§ 323 BGB). Vom vorläufigen Insolvenzverwalter könnte er den Kaufpreis nur dann zurückverlangen, wenn er unmittelbar zu dem der vorläufigen Insolvenzverwaltung unterliegenden Vermögen geflossen wäre (§ 81 Abs. 1 Satz 3 InsO).

583 Fraglich ist, ob auch die Vorschrift des § 91 InsO anwendbar ist, sie ist innerhalb des § 24 Abs. 1 InsO nicht genannt. Dies wird allgemein als Redaktionsversehen des Gesetzgebers angesehen, § 91 InsO soll auch für die Anordnung des allgemeinen Verfügungsverbots gelten.[1] Damit ist ein Rechtserwerb an einzelnen Vermögensgegenständen des Schuldners nach Anordnung des allgemeinen Verfügungsverbots auch dann nicht mehr möglich, wenn dem keine Verfügung des Schuldners zu Grunde liegt. Dies gilt insbesondere für Vorausabtretungen und Globalzessionen, die der Schuldner hinsichtlich künftiger Forderungen erklärt hatte; nach Anordnung des allgemeinen Verfügungsverbots können wegen § 91 Abs. 1 InsO an später entstehenden Forderungen keine Sicherungsrechte mehr geltend gemacht werden.[2] Das allgemeine Verfügungsverbot begründet aber kein Verbot der Aufrechnung seitens eines Gläubigers gegenüber einer Forderung des Schuldners, die Zulässigkeit oder Anfechtbarkeit einer solchen Aufrechnung ist allein nach den §§ 94 ff. InsO zu beurteilen.[3]

584 Volle Wirksamkeit können Verfügungen des Schuldners ebenso wie im Falle der Insolvenzeröffnung nur im Bereich des Immobiliarrechts in Anwendung der Gutglaubensvorschrift des § 892 Abs. 1 Satz 2 BGB (§ 81 Abs. 1 Satz 2 oder § 91 Abs. 2 InsO) oder der Regelung des § 878 BGB (§ 91 Abs. 2 InsO) erlangen.[4]

585 **Beispiel 4:** Der Schuldner einigt sich mit der Bank noch vor Stellung des Insolvenzantrags über die Bestellung einer Buchgrundschuld zur Sicherung eines in Aussicht gestellten Darlehens. Der Antrag auf Eintragung der Grundschuld in das Grundbuch wird durch den die Grundschuldbestellung beurkundenden Notar im Namen aller Antragsberechtigten beim Grundbuchamt gestellt. Tags darauf stellt ein Gläubiger Insolvenzantrag gegen den Schuldner, das Insolvenzgericht erlässt ein allgemeines Verfügungsverbot. Die Grundschuld wird in das Grundbuch eingetragen. Der vorläufige Insolvenzverwalter verlangt von der Bank die Löschung des Rechts.

---

[1] Nur Hinweis auf § 878 BGB bei *Haarmeyer* in: MüKo-InsO, § 24 Rdn. 12; nicht eindeutig *Kirchhof* in: HK-InsO, § 24 Rdn. 3; allgemein zum so genannten gestreckten Rechtserwerb und der Wirksamkeit von Vorausverfügungen *Gerhardt* in: *Jaeger,* InsO, § 24 Rdn. 7; *Eckardt,* ZIP 1997, 957; eingehend *Eickmann* in: FS Uhlenbruck, S. 149.

[2] *Gerhardt in: Jaeger,* InsO, § 24 Rdn. 6; *Uhlenbruck* in: *Uhlenbruck,* InsO, § 21 Rdn. 19; *Kirchhof* in: HK-InsO, § 24 Rdn. 6; anders aber BGHZ 135, 140, zur Pfändung eines Kontos vor Erlass eines nur relativ im Sinne des § 135 BGB wirkenden Veräußerungsverbots nach § 106 KO; hierzu *Eckardt,* ZIP 1997, 957; *Marotzke,* JR 1998, 31.

[3] BGH NZI 2004, 580 = ZIP 2004, 1558; *Uhlenbruck* in: *Uhlenbruck,* InsO, § 21 Rdn. 21, § 24 Rdn. 4, 5 und § 96 Rdn. 2; *Kirchhof* in: HK-InsO, § 24 Rdn. 7; anders OLG Celle, ZIP 1998, 1232; zum Aufrechnungsverbot in der Gesamtvollstreckung BGHZ 130, 76.

[4] *Gerhardt* in: *Jaeger,* InsO, § 24 Rdn. 8; *Gerhardt* in: KS, S. 193 Rdn. 7, 36 ff.

Der vorläufige Insolvenzverwalter könnte einen Anspruch auf Löschung der Grundschuld aus § 894 BGB haben. Wesentliche Voraussetzung ist die Unrichtigkeit des Grundbuchs hinsichtlich des eingetragenen Grundpfandrechts. Die Grundschuld ist nach §§ 1192, 1115ff. und 873 BGB durch entsprechende Einigung zwischen dem Schuldner und der Bank und Grundbucheintragung entstanden. Im Zeitpunkt der Grundbucheintragung hatte der Schuldner wegen der zwischenzeitlichen Anordnung des allgemeinen Verfügungsverbots jedoch keine Verfügungsbefugnis mehr (§ 21 Abs. 2 Nr. 2 erste Alternative mit § 24 Abs. 1 InsO). Die Grundschuld kann aber über § 878 BGB wirksam entstanden sein; dass diese Vorschrift über § 91 Abs. 2 InsO in § 24 Abs. 2 InsO keine Erwähnung findet, schadet nicht. Auch die Erwähnung in § 91 Abs. 2 InsO stellt schließlich keine Verweisungsregelung dar, ohne welche die Vorschrift nicht anwendbar wäre. Die Voraussetzungen des § 878 BGB liegen vor, die Einigung ist für den Schuldner nach § 873 Abs. 2 vierte Alternative BGB bindend geworden, da durch die Antragstellung seitens des Notars auch für die Bank als Erwerber davon ausgegangen werden muss, dass die Eintragungsbewilligung der Bank ausgehändigt wurde. Der Eintragungsantrag an das Grundbuchamt wurde rechtzeitig gestellt, da eine Buchgrundschuld bestellt wurde, war auch die Grundbuch Eintragung letzter notwendiger Tatbestand zum Rechtserwerb. Die Grundschuld ist mit den wirksam entstanden, der vorläufige Insolvenzverwalter kann keinen Anspruch auf Grundbuchberichtigung geltend machen.

Nach Anordnung des allgemeinen Verfügungsverbots ist der Schuldner auch nicht mehr in der Lage, mit Wirkung gegen die künftige Insolvenzmasse Leistungen Dritter einzuziehen. Gegenüber den Arbeitnehmern ist er auch nicht mehr als Arbeitgeber anzusehen, auch diese Funktion geht auf den vorläufigen Insolvenzverwalter über. Bei Anordnung des allgemeinen Verfügungsverbots anhängige Prozesse werden in Anwendung des § 240 Satz 2 ZPO unterbrochen, für die Aufnahme durch den vorläufigen Insolvenzverwalter gelten die §§ 85 und 86 InsO (§ 24 Abs. 2 ZPO).[1] 586

b) Die Anordnung eines so genannten Zustimmungsvorbehalts

Das Insolvenzgericht kann nach § 21 Abs. 2 Nr. 2 zweite Alternative InsO dem Schuldner auch lediglich einen so genannten Zustimmungsvorbehalt auferlegen. Dieser soll die Wirkung haben, dass der Schuldner seine Verfügungsbefugnis zwar behält, wirksam über einzelne Vermögensgegenstände aber nur noch mit Zustimmung des vorläufigen Insolvenzverwalters verfügen kann.[2] Verfügungen des Schuldners, die ohne Zustimmung des vorläufigen Insolvenzverwalters getroffen werden, sind nach § 24 Abs. 1 mit § 81 Abs. 1 Satz 1 InsO ebenfalls absolut unwirksam. Der Zustimmungsvorbehalt kann auf einzelne Gegenstände des schuldnerischen Vermögens und vom ihm zu tätigende 587

---

[1] Eingehend *Gerhardt* in: *Jaeger*, InsO, § 24 Rdn. 11ff.; *Haarmeyer* in: MüKo-InsO, § 24 Rdn. 20ff.; *Uhlenbruck* in: *Uhlenbruck*, InsO, § 24 Rdn. 8ff.; umfassend ebenda § 22 Rdn. 195ff.

[2] *Haarmeyer* in: MüKo-InsO, § 21 Rdn. 65ff.; *Uhlenbruck* in: *Uhlenbruck*, InsO, § 21 Rdn. 24.

Verfügungen beschränkt werden, er kann auch das gesamte schuldnerischen Vermögen umfassen.[1]

588 Der praktische Unterschied zwischen der Anordnung des allgemeinen Verfügungsverbots oder eines Zustimmungsvorbehalts ist trotz der gleichen materiellrechtlichen Wirkungen beachtlich: Während beim allgemeinen Verfügungsverbot dem Schuldner jede rechtliche Befugnis und jede Einwirkungsmöglichkeit auf sein Vermögen genommen wird, bleibt sie ihm beim Zustimmungsvorbehalt grundsätzlich erhalten. Eine weitere Unternehmensfortführung erfolgt beispielsweise bei Anordnung des Verfügungsverbots allein durch den vorläufigen Insolvenzverwalter. Bei Anordnung eines Zustimmungsvorbehalts erfolgt sie durch den Schuldner und den vorläufigen Insolvenzverwalter gemeinsam, der Schuldner kann nicht ohne Zustimmung des vorläufigen Insolvenzverwalters handeln, der vorläufige Insolvenzverwalter ist selbst auch nicht Verfügender, da eben die Verfügungsbefugnis auf ihn nicht übergegangen ist. Handelnder und Verfügender ist weiterhin der Schuldner. Umgekehrt kann aber nicht ohne sein eigenes Tun verfügt werden. Schließlich erstreckt sich das allgemeine Verfügungsverbot zwingend auf das gesamte Vermögen des Schuldners, der Zustimmungsvorbehalt kann dagegen auch nur bezüglich bestimmter Vermögenswerte ausgesprochen werden.

589 **Beispiel 5:** Am 5. Juni stellt Gläubiger G Antrag auf Eröffnung des Insolvenzverfahrens gegen die „S GmbH“. Das Gericht erlässt am 6. Juni einen Zustimmungsvorbehalt gegen die schuldnerische Gesellschaft und ernennt Rechtsanwalt R zum vorläufigen Insolvenzverwalter. Am 8. Juni veräußert der Geschäftsführer der „S GmbH“ eine Baumaschine an einen gutgläubigen Dritten.

Da gegen die Schuldnerin kein allgemeines Verfügungsverbot erlassen wurde, ist die Verfügungsbefugnis nicht auf den vorläufigen Insolvenzverwalter übergegangen, er ist so genannter schwacher vorläufiger Insolvenzverwalter. Gleichwohl ist auf Grund des Zustimmungsvorbehalts die Veräußerung der Baumaschine ohne Zustimmung des vorläufigen Insolvenzverwalters absolut unwirksam (§§ 24 Abs. 1 mit 81 Abs. 1 Satz 1 InsO). Der Geschäftsführer kann die Baumaschinen nicht wirksam ohne Zustimmung des vorläufigen Insolvenzverwalters veräußern. Umgekehrt könnte aber auch der so genannter schwache vorläufige Insolvenzverwalter nicht eigenmächtig über das schuldnerischen Vermögen verfügen.

4. Die Anordnung der vorläufigen Insolvenzverwaltung nach § 21 Abs. 2 Nr. 1 InsO

a) Die Rechtsstellung des vorläufigen Insolvenzverwalters je nach Anordnung der Verfügungsbeeinträchtigung gegen den Schuldner

590 Die Anordnung der vorläufigen Insolvenzverwaltung setzt zunächst die Anordnung einer Verfügungsbeeinträchtigung gegen den Schuldner voraus, da sonst der vorläufige Insolvenzverwalter über keinerlei

[1] *Haarmeyer* in: MüKo-InsO, § 21 Rdn. 65; *Uhlenbruck* in: *Uhlenbruck,* InsO, § 21 Rdn. 25; *Kirchhof* in: HK-InsO, § 21 Rdn. 16.

Rechtsmacht verfügt. Die vorläufige Insolvenzverwaltung ist in der Praxis vor allem in den Fällen sinnvoll, bei welchen ein Unternehmen fortzuführen oder umfangreiches Vermögen zu sichern ist. Aufgabe des vorläufigen Insolvenzverwalters ist es in jedem Fall, die künftige Insolvenzmasse zu sichern und zu erhalten, Verwertungsmaßnahmen sind ihm grundsätzlich nicht gestattet. Die vorläufige Insolvenzverwaltung darf keine dem eröffneten Verfahren vorweggenommene Verwertung beinhalten.[1]

Als einstweilige Sicherungsmaßnahme ist die vorläufige Insolvenz- 591 verwaltung in § 21 Abs. 2 Nr. 1 InsO geregelt. Die Vorschrift erklärt auch die Regelungen zur Auswahl, zur Aufsicht, zur Rechnungslegungspflicht[2] und zur Haftung[3] des Insolvenzverwalters (§§ 56, 58 bis 66 InsO) für den vorläufigen Insolvenzverwalter für anwendbar. In aller Regel wird der vorläufige Insolvenzverwalter auch im eröffneten Verfahren zum Insolvenzverwalter bestellt, so dass das Anforderungsprofil des § 56 InsO auch und gerade für ihn gelten muss.[4]

Die Rechtsstellung des vorläufigen Insolvenzverwalters richtet sich 592 nach der Art der gegen den Schuldner verhängten Verfügungsbeeinträchtigung, je nachdem, ob durch Anordnung des allgemeinen Verfügungsverbots die Verfügungsbefugnis dem Schuldner entzogen wird oder bei ihm verbleibt (§ 22 Abs. 1 und 2 InsO). Es hat sich die Terminologie vom so genannten starken und so genannten schwachen vorläufigen Insolvenzverwalter durchgesetzt:[5]

- Wird dem Schuldner das allgemeine Verfügungsverbot auferlegt, geht die Verfügungsbefugnis auf den vorläufigen Insolvenzverwalter über (§ 22 Abs. 1 Satz 1 InsO), er ist so genannter starker vorläufiger Insolvenzverwalter.
- Wird gegen den Schuldner lediglich ein Zustimmungsvorbehalt ausgesprochen, hat das Insolvenzgericht in seiner Anordnung genau zu bestimmen, welche Rechte hierbei dem vorläufigen Insolvenzverwalter zukommen (§ 22 Abs. 2 InsO), er ist so genannter schwacher vorläufiger Insolvenzverwalter. Theoretisch wäre auch

---

[1] BGHZ 146, 165, 172; *Kirchhof* in: HK-InsO, § 22 Rdn. 13; eingehend *Uhlenbruck* in: *Uhlenbruck,* InsO, § 22 Rdn. 35 ff.; *Vallender,* DZWIR 1999, 268; *Becker,* DZWIR 2003, 337.

[2] *Haarmeyer* in: MüKo-InsO, § 22 Rdn. 202 ff.; *Uhlenbruck* in: *Uhlenbruck,* InsO, § 22 Rdn. 216 ff.; *Schmerbach* in: FK-InsO, § 21 Rdn. 65 ff.; *Pohlmann,* Rdn. 248; *Uhlenbruck,* NZI 1999, 289.

[3] Eingehend *Gerhardt* in: *Jaeger,* InsO, § 22 Rdn. 199 ff.; *Haarmeyer* in: MüKo-InsO, § 22 Rdn. 208 ff.; *Uhlenbruck* in: *Uhlenbruck,* InsO, § 22 Rdn. 222 ff.; zur Haftung des Sequesters im Konkurseröffnungsverfahren grundlegend BGHZ 105, 230.

[4] *Frege/Keller/Riedel,* Rdn. 616 ff., 991 ff.

[5] Zur Terminologie *Uhlenbruck* in: *Uhlenbruck,* InsO, § 22 Rdn. 1; *Ampferl,* Rdn. 40 ff.; *Uhlenbruck* in: KS, S. 325 Rdn. 6 Fn. 35, 36; *Marotzke* in: FS Kreft, S. 411; *Hauser/Hawelka,* ZIP 1998, 1261; *Pape,* NJW 1999, 29; *Bork,* ZIP 2001, 1521.

die Bestellung des vorläufigen Insolvenzverwalters ohne Anordnung einer Verfügungsbeeinträchtigung gegen den Schuldner denkbar, der vorläufige Insolvenzverwalter hätte dann wohl nur beratende Funktion.[1]

- Wird gegen den Schuldner ein Zustimmungsvorbehalt nur betreffend einzelne Vermögensgegenstände ausgesprochen, beschränkt sich auch die vorläufige Insolvenzverwaltung nur hierauf; in einer Zwischenstufe zwischen dem so genannten schwachen und dem starken vorläufigen Insolvenzverwalter wird auch vom so genannten halbstarken vorläufigen Insolvenzverwalter gesprochen.[2]

593 Mit dem Institut der vorläufigen Insolvenzverwaltung folgt die Insolvenzordnung dem Bild der so genannten „dynamischen Sequestration" des früheren Konkursrechts.[3] Die Konkurs- wie auch die Gesamtvollstreckungsordnung kannten nicht ausdrücklich den vorläufigen Konkurs- oder Gesamtvollstreckungsverwalter, die der vorläufigen Insolvenzverwaltung entsprechende Sequestration wurde aus der Generalklausel des § 106 KO hergeleitet.[4] Leitbild des Gesetzgebers der Insolvenzordnung war der so genannte starke vorläufige Insolvenzverwalter, der in der Rechtspraxis jedoch nur ausnahmsweise bestellt wird.[5]

aa) Der so genannte starke vorläufige Insolvenzverwalter nach § 22 Abs. 1 InsO

594 Wird dem Schuldner ein allgemeines Verfügungsverbot auferlegt, muss gleichzeitig vorläufige Insolvenzverwaltung angeordnet werden, der vorläufige Insolvenzverwalter ist zwingend ein so genannter starker vorläufiger Insolvenzverwalter (§ 22 Abs. 1 Satz 1 InsO). Seine wesentlichen Aufgaben und Befugnisse regelt § 22 Abs. 1 InsO:[6]

- § 22 Abs. 1 Satz 2 Nr. 1 InsO: Der vorläufige Insolvenzverwalter hat das Vermögen des Schuldners zu sichern und zu erhalten.
- § 22 Abs. 1 Satz 2 Nr. 2 InsO: Der vorläufige Insolvenzverwalter hat einen noch laufenden Geschäftsbetriebs bis zur Entscheidung über die Eröffnung des Insolvenzverfahrens fortzuführen.

---

[1] *Haarmeyer* in: MüKo-InsO, § 21 Rdn. 48 und § 22 Rdn. 28 ff.; *Bork*, Einführung, Rdn. 103.

[2] *Haarmeyer* in: MüKo-InsO, § 22 Rdn. 31; *Uhlenbruck* in: *Uhlenbruck*, InsO, § 22 Rdn. 11 ff.; *Frege/Keller/Riedel*, Rdn. 628; zu den Grenzen der Zulässigkeit *Bork*, ZIP 2001, 1521; *Spliedt*, ZIP 2001, 1941; zur streitigen Frage der relativen, schwebenden oder absoluten Unwirksamkeit schuldnerischer Verfügungen *Uhlenbruck* in: KS, S. 325 Rdn. 13; *Mankowski*, NZI 2000, 572.

[3] Zur rechtsgeschichtlichen Entwicklung *Haarmeyer* in: MüKo-InsO, § 22 Rdn. 5 ff.

[4] Jaeger/*Weber*, KO, § 106 Rdn. 12 ff.; *Kuhn/Uhlenbruck*, KO, § 106 Rdn. 6 ff.

[5] BGH ZInsO 2002, 822; *Uhlenbruck* in: *Uhlenbruck*, InsO, § 22 Rdn. 1; *Kirchhof* in: HK-InsO, § 22 Rdn. 4; *Prager/Thiemann*, NZI 2001, 635; *Heidrich/Prager*, NZI 2002, 654; *Undritz*, NZI 2003, 137.

[6] Sie bestimmen gleichsam den Kern der Neuordnung von Sicherungsmaßnahmen *Pape* in: *Kübler/Prütting*, InsO, § 22 Rdn. 1; *Frege/Keller/Riedel*, Rdn. 632.

- § 22 Abs. 1 Satz 2 Nr. 3 InsO: Der vorläufige Insolvenzverwalter hat als Gutachter zu prüfen, ob das Vermögen des Schuldners ausreicht, die Kosten des Insolvenzverfahrens zu decken; das Insolvenzgericht kann ihn ferner beauftragen, zu prüfen, ob ein Insolvenzgrund vorliegt und welche Aussichten für eine Fortführung des schuldnerischen Unternehmens bestehen.[1]

Die erste und wichtigste Aufgabe des vorläufigen Insolvenzverwalters 595
besteht in der Sicherung des Vermögens des Schuldners. Er hat sämtliche Vermögenswerte des Schuldners, die zur künftigen Insolvenzmasse gehören, in Besitz zu nehmen und sowohl vor dem Zugriff des Schuldners als auch vor dem Zugriff Fremder zu schützen.[2] Der vorläufige Insolvenzverwalter wird mit der Inbesitznahme unmittelbarer Fremdbesitzer im Sinne des § 854 Abs. 1 BGB, der Schuldner wird mittelbarer Eigenbesitzer.[3] Gegenüber dem Schuldner kann der vorläufige Insolvenzverwalter mit dem Bestellungsbeschluss als Vollstreckungstitel gemäß § 794 Abs. 1 Nr. 3 ZPO auch zwangsweise die Herausgabe einzelner Vermögensgegenstände erzwingen (§ 22 Abs. 3 InsO).[4] Der vorläufige Insolvenzverwalter ist auch befugt, die Geschäftsräume des Schuldners zu betreten (§ 22 Abs. 3 Satz 1 InsO); diese Befugnis steht dem Sachverständigen des Eröffnungsverfahrens nicht zu.[5] hinsichtlich des unbeweglichen Vermögens hat der vorläufige Insolvenzverwalter sich auch über die rechtlichen Verhältnisse nach dem Inhalt des Grundbuchs zu informieren, er hat zu prüfen, ob Gebäude ausreichend versichert sind, und er hat diese vor möglichen Einbrüchen zu sichern. Die Pflicht zur Inbesitznahme und Sicherung betrifft auch Forderungen und Immaterialgüter des Schuldners. Fällige Forderungen hat der vorläufige Insolvenzverwalter einzuziehen, droht eine Forderung beispielsweise zu verjähren, hat er geeignete Mittel zu ergreifen, um die Verjährung wenigstens zu hemmen. Guthaben des Schuldners auf Konten hat er sicherzustellen.[6] Er kann und muss auch Belastungsbuchungen im Einzugsermächtigungsverfahren durch Widerruf der Lastschrift verhindern.[7] Der vorläufige Insolvenzverwalter hat die künftige Insolvenz-

---

[1] Zur gutachterlichen Tätigkeit eingehend *Gerhardt* in: *Jaeger,* InsO, § 22 Rdn. 147ff.; *Haarmeyer* in: MüKo-InsO, § 22 Rdn. 138ff.; *Uhlenbruck* in: *Uhlenbruck,* InsO, § 22 Rdn. 198; *Pohlmann,* Rdn. 180; *Uhlenbruck,* NZI 2000, 289; *Vallender,* DZWIR 1999, 265.

[2] *Gerhardt* in: *Jaeger,* InsO, § 22 Rdn. 28ff.; *Haarmeyer* in: MüKo-InsO, § 22 Rdn. 37ff.; *Uhlenbruck* in: *Uhlenbruck,* InsO, § 22 Rdn. 19ff.; *Kirchhof* in: HK-InsO, § 22 Rdn. 9; *Pohlmann,* Rdn. 110ff.; *Ampferl,* Rdn. 300ff.

[3] *Kirchhof* in: HK-InsO, § 22 Rdn. 9, 47; *Pohlmann,* Rdn. 119.

[4] *Uhlenbruck* in: *Uhlenbruck,* InsO, § 22 Rdn. 19 m.w.N.; *Kirchhof* in: HK-InsO, § 22 Rdn. 9; *Ampferl,* Rdn. 327ff.

[5] BGHZ 158, 212, dazu EWiR 2004, 499 *(Bähr);* anders AG Duisburg NZI 2004, 388 = ZIP 2004, 1376.

[6] *Frege/Keller/Riedel,* Rdn. 634.

[7] BGHZ 161, 49 = NZI 2005, 99 m. Anm. *Dahl* = ZIP 2004, 2442 m. Anm. *Bork;* anders wohl OLG Hamm ZIP 2004, 814; dazu *Jungmann,* NZI 2005, 84; *Spliedt,* ZIP 2005, 1260.

masse zu erhalten, beispielsweise können Reparaturmaßnahmen von ihm in Auftrag gegeben werden oder sonst notwendige Erhaltungs- oder Verwaltungsmaßnahmen durchgeführt werden.[1] Die Pflicht zur Sicherung umfasst auch diejenigen Vermögensgegenstände oder Forderungen, die im eröffneten Insolvenzverfahren mit Absonderungsrechten nach §§ 49 ff. InsO behaftet sind oder der Aussonderung nach § 47 InsO unterliegen. Auch gegenüber Aussonderungsberechtigten ist der vorläufige Insolvenzverwalter nach § 60 InsO haftbar.[2] Betreibt der Schuldner beispielsweise eine Autowerkstatt, hat der vorläufige Insolvenzverwalter auch die dem Schuldner zur Reparatur überlassenen Wagen der Kunden zu sichern.

596 Eine Verwertung der Insolvenzmasse ist dem vorläufigen Insolvenzverwalter ausnahmsweise dann erlaubt, wenn die Verwertung notwendig ist, um einen Wertverlust der betreffenden Vermögenswerte zu verhindern. Dies gilt beispielsweise für die Veräußerung leicht verderblicher Ware im Lebensmittelhandel[3] oder für die Veräußerung von Saisonware im Textilhandel. Dies gilt aber auch für den Einzug von Forderungen des Schuldners gegen Dritte, wenn entweder zu besorgen ist, dass Drittschuldner die Leistung verweigern werden oder ihrerseits insolvent werden, oder wenn im Falle einer Sicherungszession mit der Offenlegung seitens des Gläubigers gedroht wird[4] und auch hierdurch ein Rechtsverlust für die Insolvenzmasse eintreten kann.[5] Natürlich hat der vorläufige Insolvenzverwalter den Erlös aus einem solchen Forderungseinzug an den berechtigten Gläubiger auszukehren. Im Übrigen endet das Recht des Schuldners, das mit der Verfügungsbefugnis auf den vorläufigen Insolvenzverwalter übergegangen ist, zum Einzug sicherungsabgetretener Forderungen nicht automatisch mit der Stellung des Insolvenzantrags oder der Anordnung der vorläufigen Insolvenzverwaltung.[6] Vielmehr ist im Rahmen ordnungsmäßiger Geschäftsführung der Sicherungszedent weiterhin berechtigt, Forderungen einzuziehen, solange diese Befugnis nicht ausdrücklich vom Sicherungsnehmer widerrufen wird. Feststellungskostenbeitrag und der Verwertungskostenbeitrag des § 171 InsO gebühren der Insolvenzmasse aber nur für den Forderungseinzug nach Insolvenzeröff-

---

[1] BGHZ 105, 230.

[2] BGHZ 105, 230; in Zusammenhang mit der Vergütung des vorläufigen Insolvenzverwalters BGHZ 146, 165; dazu *Keller*, ZIP 2001, 1749.

[3] So die Begründung des Regierungsentwurfs BT-Drucks. 12/2443, S. 117.

[4] Dazu *Kirchhof* in: HK-InsO, § 22 Rdn. 28; eingehend *Gerhardt* in: *Jaeger*, InsO, § 22 Rdn. 95 ff.; unrichtig KG NZI 1999, 500, wonach der Gläubiger nicht offen legen dürfe; zur Offenlegungsbefugnis auch BGHZ 154, 72; zur möglichen Anfechtbarkeit *Gundlach/Frenzel/Schmidt*, NZI 2004, 305.

[5] BayObLG NZI 2001, 592; *Uhlenbruck* in: *Uhlenbruck*, InsO, § 21 Rdn. 38 und § 22 Rdn. 42 ff.; das Insolvenzgericht kann über § 21 Abs. 1 Satz 1 InsO dem Gläubiger die Offenlegung verbieten, BayObLG NZI 2001, 592.

[6] BGHZ 144, 192; BGH ZIP 2001, 296; *Gerhardt* in: *Jaeger*, InsO, § 22 Rdn. 97; *Pape*, NZI 2000, 301.

nung.[1] Der vorläufige Insolvenzverwalter, der zur Sicherung abgetretene Forderungen einzieht, handelt nämlich nicht aus einer Befugnis nach § 166 Abs. 2 InsO, sondern als Inhaber der Verfügungsbefugnis des Schuldners, dem der Forderungseinzug grundsätzlich auch noch erlaubt gewesen wäre.

Der vorläufige Insolvenzverwalter hat einen laufenden Geschäftsbe- 597
triebs nach § 22 Abs. 1 Satz 2 Nr. 2 InsO grundsätzlich fortzuführen.[2] Damit soll die Möglichkeit der Unternehmensfortführung im eröffneten Insolvenzverfahren und die mögliche Sanierung des schuldnerischen Unternehmens erhalten bleiben. Voraussetzung des § 22 Abs. 1 Satz 2 Nr. 2 InsO ist, dass im Zeitpunkt der Anordnung der vorläufigen Insolvenzverwaltung noch ein laufender Geschäftsbetriebs vorhanden ist, einen bereits stillgelegten Geschäftsbetrieb muss der vorläufige Insolvenzverwalter nicht wiederaufnehmen. Die Stilllegung des Betriebes ist ihm mit Genehmigung des Insolvenzgerichts[3] nur erlaubt, wenn durch die weitere Fortführung eine erhebliche Minderung der künftigen Insolvenzmasse zu besorgen ist.[4] Verluste im weiteren operativen Geschäft sind hinzunehmen, eine Unternehmensstilllegung ist nur dann zulässig, wenn das Unternehmen nachhaltig nicht kostendeckend arbeitet. Dem vorläufigen Insolvenzverwalter stehen die materiellrechtlichen Möglichkeiten des endgültigen Insolvenzverwalters noch nicht zu. Der vorläufige Insolvenzverwalter kann beispielsweise nicht die Erfüllung oder Nichterfüllung gegenseitige Verträge nach § 103 InsO wählen,[5] er kann Mietverträge nicht unter Berufung auf § 109 InsO kündigen, er kann Arbeitnehmer nicht nach § 113 InsO entlassen,[6] er kann erst recht keine Anfechtung nach §§ 129 ff. InsO erklären.

Aus den Befugnissen und Aufgaben des starken vorläufigen Insol- 598
venzverwalters ergeben sich entscheidende negative Rechtsfolgen: Logische Konsequenz des Übergangs der Verfügungsbefugnis des Schuldners auf den vorläufigen Insolvenzverwalter und gleichsam der Vorverlagerung der materiellrechtlichen Wirkungen der Insolvenzeröffnung ist die Regelung des § 55 Abs. 2 InsO, wonach Verbindlichkeiten, die der starke vorläufige Insolvenzverwalter eingeht, im später eröffneten Insolvenzverfahren als Masseverbindlichkeiten zu befriedigen sind.[7] Dies gilt

[1] BGHZ 154, 72; *Gerhardt* in: *Jaeger,* InsO, § 22 Rdn. 100 m. w. N.

[2] *Haarmeyer* in: MüKo-InsO, § 22 Rdn. 88 ff.; *Uhlenbruck* in: *Uhlenbruck,* InsO, § 22 Rdn. 23 ff.

[3] Dazu ausführlich *Uhlenbruck* in: *Uhlenbruck,* InsO, § 22 Rdn. 29.

[4] AG Aachen NZI 1999, 279 = ZIP 1999, 1494; *Haarmeyer* in: MüKo-InsO, § 22 Rdn. 111 ff.; *Uhlenbruck* in: *Uhlenbruck,* InsO, § 22 Rdn. 26; *Kirchhof* in: HK-InsO, § 22 Rdn. 22, 23; *Mönning* in: *Nerlich/Römermann,* InsO, § 22 Rdn. 169 ff.; *Pohlmann,* Rdn. 139 ff.

[5] BGHZ 97, 87, 90; *Uhlenbruck* in: *Uhlenbruck,* InsO, § 22 Rdn. 45; eingehend *Gerhardt* in: *Jaeger,* InsO, § 22 Rdn. 44 ff.

[6] Umfassend zum Arbeitsrecht *Berscheid* in: *Uhlenbruck,* InsO, § 22 Rdn. 49 ff.

[7] *Hefermehl* in: MüKo-InsO, § 55 Rdn. 219 ff.; *Uhlenbruck/Berscheid* in: *Uhlenbruck,* InsO, § 55 Rdn. 80 ff.

auch für Steuerforderungen, die aus der Tätigkeit des vorläufigen Insolvenzverwalters entstehen, insbesondere für die abzuführende Umsatzsteuer aus Leistungsgeschäften, die der vorläufige Insolvenzverwalter erbringt.[1] Letztlich stellt sie für den vorläufigen Insolvenzverwalter und seine Aufgaben eine schwere Bürde dar, da er regelmäßig die Zulänglichkeit der Insolvenzmasse im später eröffneten Insolvenzverfahren nicht absehen kann. Es besteht dann die Gefahr der sofortigen Masseunzulänglichkeit des eröffneten Verfahrens (§§ 208 ff. InsO), vor allem aber haftet der vorläufige Insolvenzverwalter den Massegläubigern gegenüber persönlich aus § 61 InsO.[2]

599 Gerade im Hinblick auf die Pflicht zur Unternehmensfortführung sind § 55 Abs. 2 InsO und die Gefahr der persönlichen Haftung aus § 61 InsO verständliche Gründe, weshalb in der Rechtspraxis zumeist von der Anordnung der so genannten starken vorläufigen Insolvenzverwaltung Abstand genommen wird.

bb) Der so genannte schwache vorläufige Insolvenzverwalter nach § 22 Abs. 2 InsO

600 Wird gegen den Schuldner lediglich ein Zustimmungsvorbehalt angeordnet, ist der daneben bestellte vorläufige Insolvenzverwalter ein so genannter schwacher vorläufiger Insolvenzverwalter. Nach § 22 Abs. 2 InsO hat das Insolvenzgericht bei Anordnung dieser vorläufigen Insolvenzverwaltung genau zu bestimmen, welche Aufgaben und Befugnisse der vorläufige Insolvenzverwalter hat.[3] In der ersten Rechtspraxis nach Inkrafttreten der Insolvenzordnung wurden die gerichtlichen Beschlüsse zumeist unklar formuliert, die Befugnisse des schwachen vorläufigen Insolvenzverwalters wurden nicht eindeutig bestimmt. So wurde beispielsweise pauschal angeordnet, der vorläufige Insolvenzverwalter sei „nicht allgemeiner Vertreter des Schuldners“, er werde aber ermächtigt, „mit rechtlicher Wirkung für den Schuldner“ zu handeln.[4] Solch pauschalen Anordnungen nach § 22 Abs. 2 InsO ist der Bundesgerichtshof mit Urteil vom 18. Juli 2002[5] entschieden entgegengetreten. Es ist unzulässig, pauschal den schwachen vorläufigen Insolvenzverwalter dazu zu ermächtigen, *„für den Schuldner zu handeln“*. Das Insolvenzgericht muss vielmehr die Befugnisse des vorläufigen Insolvenzverwalters genau festlegen.[6] Dabei dürfen die übertragenen Einzelbefugnisse nicht

---

[1] *Maus* in: *Uhlenbruck*, InsO, § 22 Rdn. 187, 189; differenzierend zur Abführungspflicht *Gerhardt* in: *Jaeger*, InsO, § 22 Rdn. 264, 265.

[2] Eingehend *Uhlenbruck* in: *Uhlenbruck*, InsO, § 22 Rdn. 224; *Pohlmann*, Rdn. 370; *Kirchhof*, ZInsO 1999, 365.

[3] Beispiel eines Anordnungsbeschlusses *Frege/Keller/Riedel*, Rdn. 613.

[4] So der Sachverhalt bei BGHZ 151, 353.

[5] BGHZ 151, 353; bekräftigt durch BGHZ 154, 72, 82; zur Vergütung BGH NZI 2005, 627.

[6] Eingehend *Uhlenbruck* in: *Uhlenbruck*, InsO, § 22 Rdn. 1, 25; zu großzügig wohl noch, jedoch mit ausführlicher Darstellung des Streitstandes vor der Entscheidung des Bundesgerichtshofs *Gerhardt* in: *Jaeger*, InsO, § 22 Rdn. 127, 128; *Bork*, ZIP 1999, 781; *ders.*, ZIP 2001, 1521.

über die Pflichten und Rechte des starken vorläufigen Insolvenzverwalters hinausgehen (§ 22 Abs. 2 Satz 2 InsO), der schwache vorläufige Insolvenzverwalter kann nicht durch enumerative Aufzählung aller möglichen Befugnisse zum quasi-starken vorläufigen Insolvenzverwalter gemacht werden.

Regelmäßig wird der schwache vorläufige Insolvenzverwalter ermächtigt und beauftragt, das Vermögen des Schuldners zu sichern und zu erhalten. Insoweit decken sich seine Aufgaben mit denen des starken vorläufigen Insolvenzverwalters aus § 22 Abs. 1 Satz 2 Nr. 1 InsO.[1] Es ist auch zulässig und sinnvoll, den schwachen vorläufigen Insolvenzverwalter mit dem Einzug von Forderungen des Schuldners gegen Dritte zu beauftragen.[2] Erfahrungsgemäß sinkt nämlich die Zahlungswilligkeit der Drittschuldner rapide, sobald ihnen die Insolvenz ihres Gläubigers bekannt wird; dem kann der Forderungseinzug durch den vorläufigen Insolvenzverwalter entgegenwirken. 601

Mit der Unternehmensführung kann der schwache vorläufige Insolvenzverwalter unmittelbar nicht betraut werden.[3] Dies ist auch nicht notwendig, wenn dem Schuldner ein Zustimmungsvorbehalt auferlegt wird, er kann dann ohnehin nur mit Zustimmung des vorläufigen Insolvenzverwalters handeln. Es mag hier eingewendet werden, dass dies faktisch doch einer starken vorläufigen Insolvenzverwaltung gleichkomme. Dem ist aber nicht so. Der schwache vorläufige Insolvenzverwalter kann auch bei Anordnung des Zustimmungsvorbehalt nicht selbstständig das Unternehmen führen, er kann lediglich die Unternehmensführung durch den Schuldner mit der Zustimmungspflicht lenken, sich aber nicht über den Schuldner hinwegsetzen. 602

Verbindlichkeiten, die auch mit Zustimmung des schwachen vorläufigen Insolvenzverwalters begründet werden, sind im später eröffneten Insolvenzverfahren keine Masseverbindlichkeiten. § 55 Abs. 2 InsO ist weder direkt noch entsprechend anzuwenden.[4] Das Insolvenzgericht kann dem Schuldner aber ein Verfügungsverbot begrenzt auf bestimmte Vermögenswerte auferlegen und insoweit dem schwachen vorläufigen Insolvenzverwalter eine Verfügungsbefugnis zuerkennen. Verbindlichkeiten, die durch den vorläufigen Insolvenzverwalter in Ausübung dieser Befugnis begründet werden, sind dann Masseverbindlichkeiten im Sinne des § 55 Abs. 2 InsO.[5] 603

---

[1] *Uhlenbruck* in: *Uhlenbruck,* InsO, § 22 Rdn. 7; *Frege/Keller/Riedel,* Rdn. 658.

[2] *Frege/Keller/Riedel,* Rdn. 659, 660; zur Gewährung von Prozesskostenhilfe OLG Köln ZIP 2004, 2450.

[3] *Frege/Keller/Riedel,* Rdn. 659.

[4] Grundlegend BGHZ 151, 353, 366; so bereits OLG Köln ZIP 2001, 1422; OLG Frankfurt am Main ZIP 2002, 2185; LG Leipzig ZIP 2001, 1778; eingehend *Pape* in: *Kübler/Prütting,* InsO, § 55 Rdn. 70 ff.; *Uhlenbruck/Berscheid* in: *Uhlenbruck,* InsO, § 55 Rdn. 81; *Prütting/Stickelbrock,* ZIP 2002, 1608; anders noch OLG Hamm ZIP 2002, 676; AG Neumünster ZIP 2002, 720; AG Duisburg ZIP 2002, 1700.

[5] BGHZ 151, 353, 365, 366 mit unfangreichen Nachweisen.

b) Einzelne praktische Fragen der vorläufigen Insolvenzverwaltung

604 Dem Leitbild des Gesetzgebers von der starken vorläufigen Insolvenzverwaltung als dem Regelfall folgt die Rechtspraxis mit Recht nicht. Die Gefahren, die durch § 55 Abs. 2 InsO für das eröffneten Insolvenzverfahren und durch § 61 InsO für den vorläufigen Insolvenzverwalter selbst bestehen, sind regelmäßig zu groß, als dass den Vorstellungen des Gesetzgebers gefolgt werden müsste.[1] Wenn nicht gerade besonders schwerwiegende Gründe für eine starke vorläufige Insolvenzverwaltung sprechen, genügt in aller Regel auch für den Fall der Unternehmensfortführung die Anordnung eines Zustimmungsvorbehalts gegen den Schuldner und die Bestellung eines schwachen vorläufigen Insolvenzverwalters. Ein Grund für die Anordnung der starken vorläufigen Insolvenzverwaltung kann beispielsweise darin liegen, dass der Geschäftsführer der insolventen GmbH sich besonders obstruktiv und unternehmensschädigend verhält oder gar flüchtig ist.

605 Die Fortführung des Geschäftsbetriebes kann häufig unter so genannter Vorfinanzierung von Insolvenzgeld der Arbeitnehmer (§§ 183 ff. SGB III) erfolgen.[2] Je nachdem, in welchem Umfang der Schuldner als Arbeitgeber mit den Lohnzahlungen bereits im Rückstand ist, kann die Vorfinanzierung im besten Fall dazu führen, dass das insolvente Unternehmen für drei Monate ohne Lohnkosten produzieren oder sonst tätig sein kann. Mit Eröffnung des Insolvenzverfahrens steht den Arbeitnehmern für ihr Nettogehalt der letzten drei Monate gegenüber der Bundesagentur für Arbeit ein Anspruch auf Insolvenzgeldzahlung zu (§ 183 Abs. 1 Satz 1 Nr. 1 SGB III). Für die Zeit bis zur Insolvenzeröffnung, die dann spätestens in drei Monaten erfolgen muss, wird ihr Gehalt in Form eines Darlehens durch eine Bank finanziert. Zur Sicherung des Darlehensrückzahlungsanspruchs verkaufen die Arbeitnehmer ihre Lohnforderungen gegen den Arbeitgeber an die Bank. Nach Eröffnung des Insolvenzverfahrens kann der Anspruch auf Insolvenzgeld seitens der Bank bei der zuständigen Arbeitsagentur geltend gemacht werden. Die Lohnforderungen gehen nach § 187 SGB III auf die Bundesagentur für Arbeit über, sie sind in jedem Fall Insolvenzforderung nach § 55 Abs. 3 InsO. Dieser für das Unternehmen positive Effekt der Vorfinanzierung von Insolvenzgeld ist nach Einführung des § 55 Abs. 3 InsO durch das Insolvenzrechtsänderungsgesetz vom 26. Oktober 2001 mit Wirkung zum 1. Dezember 2001[3] auch bei Anordnung der starken vorläufigen Insolvenzverwaltung möglich,[4] er hat

---

[1] Umfassend dargestellt bei *Uhlenbruck* in: *Uhlenbruck*, InsO, § 22 Rdn. 11.

[2] *Berscheid* in: *Uhlenbruck*, InsO, § 22 Rdn. 147 ff.; *Wittig* in: *K. Schmidt/Uhlenbruck*, Rdn. 1095 ff.; sehr praxisnah *Braun/Wierzioch* in: *Beck/Depré*, § 21 A Rdn. 110 ff.; *Berkowsky*, NZI 2000, 253.

[3] InsOÄndG vom 26. Oktober 2001 (BGBl. I S. 2710).

[4] Die Problematik wurde erstmals erörtert von *Hauser/Hawelka*, ZIP 1998, 1261.

bislang aber nicht dazu geführt, die starke vorläufige Insolvenzverwaltung häufiger anzuordnen.

Forderungen, die bei Anordnung eines Zustimmungsvorbehalts und schwacher vorläufiger Insolvenzverwaltung der Schuldner im Eröffnungsverfahren begründet, sind im nachfolgenden Insolvenzverfahren als Insolvenzforderungen im Sinne des § 38 InsO zu befriedigen.[1] In bestimmten Fällen hat jedoch ein Gläubiger des Eröffnungsverfahrens ein berechtigtes Interesse daran, dass seine Leistungen im späteren Insolvenzverfahren vollständig befriedigt werden. Dies gilt beispielsweise für Lieferanten des Schuldners, wenn deren Leistungen für die Unternehmensfortführung unerlässlich sind und auch der vorläufige Insolvenzverwalter im Hinblick auf eine Unternehmensfortführung nach Insolvenzeröffnung den Lieferanten benötigt. Rechtsprechung und Literatur haben hierfür ein so genanntes Treuhandmodell zugelassen.[2] Danach sollen die Entgelte für erbrachte Leistungen, die insbesondere von einem Endabnehmer gezahlt werden, nicht über den vorläufigen Insolvenzverwalter gezahlt werden, sondern an einen von beiden Seiten – Lieferant und Endabnehmer – ermächtigten für beide Seiten handelnden Treuhänder. Im eröffneten Insolvenzverfahren kann der Lieferant an dem Treuhandkonto ein Aussonderungsrecht nach § 47 InsO geltend machen.[3] Er erhält damit volle Befriedigung. Die übrigen Insolvenzgläubiger sind nicht benachteiligt, da die den Lieferanten zufließende Leistung nicht aus dem originären Vermögen des Schuldners erbracht wurde und im treuhänderisch verwalteten Konto auch niemals in sein Vermögen gelangt ist; ihm auch wirtschaftlich nicht zustand.[4] Zur Insolvenzmasse fließt freilich ein möglicher Überschuss aus dem Geschäft, der auch bei normaler Geschäftstätigkeit in das Vermögen des Schuldners geflossen wäre. 606

Im Zusammenhang mit der Unternehmensfortführung während des Eröffnungsverfahrens ist häufig auch eine anfechtungsrechtliche Fragestellung von Bedeutung: Kann nach Eröffnung des Insolvenzverfahrens der Insolvenzverwalter auf solche Rechtshandlungen anfechten (§§ 129 ff. InsO), die er entweder selbst als starker vorläufiger Insolvenzverwalter vorgenommen hat oder zu welchen er als schwacher vorläufiger Insolvenzverwalter wenigstens seine Zustimmung erteilt hat? 607

[1] BGHZ 151, 353; *Uhlenbruck/Berscheid* in: *Uhlenbruck,* InsO, § 55 Rdn. 81 m. w. N.; zur Streitfrage bei Anordnung der Sequestration im Konkurseröffnungsverfahren *Kilger* in: FS Einhundert Jahre Konkursordnung, S. 189, 208, 211; *Uhlenbruck,* KTS 1982, 201, 209; *Gerhardt,* ZIP 1982, 1; *Eickmann,* ZIP 1984, 729.

[2] BGHZ 109, 47; BGH ZIP 2002, 535; *Uhlenbruck* in: *Uhlenbruck,* InsO, § 22 Rdn. 194; eingehend *Kreft* in: FS Merz, S. 313; *Kirchhof* in: FS Kreft, S. 359; *Bork,* NZI 1999, 337; ablehnend allein AG Hamburg NZI 2003, 153 = ZIP 2003, 43; AG Hamburg ZIP 2003, 1809, dazu EWiR 2003, 1091 *(Tetzlaff);* dazu auch *Undritz,* NZI 2003, 136; *Förster,* ZInsO 2003, 785; *Bork,* ZIP 2003, 1421; *ders.,* NZI 2005, 530; zuletzt großzügiger AG Hamburg NZI 2004, 386; dazu *Marotzke,* ZInsO 2004, 721.

[3] *Ganter* in: MüKo-InsO, § 47 Rdn. 354 ff., 386, 394; einschränkend zum Sicherheitenpool BGH NZI 2005, 622 = ZIP 2005, 1651; dazu *Leithaus,* NZI 2005, 592.

[4] BGHZ 109, 47, 53.

Im früheren Konkursrecht wurde ein Anfechtungsrecht bejaht.[1] Bei dieser Frage geht es nicht darum, dass der Insolvenzverwalter sein früheres Handeln aus sachfremden Beweggründen rückgängig machen möchte, sondern darum, das ein Vertragspartner oder Gläubiger in anfechtbarer Weise Leistungen abverlangt hat, die der vorläufige Insolvenzverwalter in der konkreten Situation erfüllen musste. Unmittelbar für das Insolvenzrecht bejahte der Bundesgerichtshof mit Urteil vom 13. März 2003[2] ein Anfechtungsrecht. In dem der Entscheidung zu Grunde liegenden Sachverhalt machte ein Lieferant die weitere Lieferung betriebsnotwendiger Stoffe davon abhängig, dass durch den (schwachen) vorläufigen Insolvenzverwalter auch Altforderungen des Lieferanten, die als solche allein Insolvenzforderungen gewesen wären, befriedigt werden müssten. Der vorläufige Insolvenzverwalter sah sich gezwungen, dem Lieferanten diese Zusage zu machen. Nach Eröffnung des Insolvenzverfahrens konnte er sie nach § 132 Abs. 1 Nr. 2 InsO als unmittelbar gläubigerbenachteiligende Rechtshandlung anfechten.[3]

608 Gerade in der Unternehmensinsolvenz werden im Eröffnungsverfahren die entscheidenden Weichen für den Fortgang des Insolvenzverfahrens und die mögliche Sanierung des Unternehmens gestellt. Stellt der vorläufige Insolvenzverwalter bereits fest, dass das Unternehmen weder finanz- noch leistungswirtschaftlich sanierungsfähig ist, wird auch im eröffneten Insolvenzverfahren eine Unternehmensfortführung kaum in Betracht kommen. Sind hier sowohl dem vorläufigen Insolvenzverwalter als auch dem Insolvenzgericht die Haftungsrisiken bei einer Betriebsstilllegung nach § 22 Abs. 1 Satz 2 Nr. 2 InsO zu groß, kann nur eine sofortige Insolvenzeröffnung mit anschließender Beschlussfassung der Gläubigerversammlung zur Betriebsstilllegung erfolgen. Zur einstweiligen Stilllegung im eröffneten Verfahren ist der Insolvenzverwalter im Übrigen nach § 158 InsO auch ohne Genehmigung des Insolvenzgerichts befugt. Ist das insolvente Unternehmen ganz oder in Teilen sanierungsfähig, kann und muss dies bereits im Eröffnungsverfahren in die Wege geleitet werden. Beispielsweise können und sollen mit möglichen Investoren Gespräche und Verhandlungen über eine Betriebsveräußerung geführt werden, es können auch Auffanggesellschaften gegründet werden, die eine solche so genannte übertragende Sanierung ermögli-

---

[1] BGHZ 86, 190; BGHZ 118, 374; eingehend *Kreft* in: HK-InsO, § 129 Rdn. 30; *Kirchhof* in: MüKo-InsO, § 129 Rdn. 46; *Gerhardt/Kreft*, Aktuelle Probleme der Insolvenzanfechtung, Rdn. 44 ff.

[2] BGHZ 154, 190; ergänzt durch BGHZ 161, 315 = NZI 2005, 218 m. Anm. *Leithaus;* OLG Stuttgart ZIP 2002, 1900; zur vergleichbaren Frage im Konkursrecht großzügig für ein Anfechtungsrecht sowie zur Nichtigkeit entsprechender Leistungen wegen Insolvenzzweckwidrigkeit BGHZ 118, 374, 379; großzügig auch LG Karlsruhe ZIP 2002, 362; gegen eine Anfechtung OLG Hamm ZIP 2002, 676; OLG Celle NZI 2005, 38.

[3] Zur Frage der Anfechtung nach § 130 InsO, wenn der vorläufige Insolvenzverwalter der Leistung zugestimmt hat BGHZ 154, 190, 193; ergänzend BGH ZIP 2005, 314; *Kirchhof* in: MüKo-InsO, § 129 Rdn. 46; *Kirchhof,* ZInsO 2000, 297.

chen können. Die vollständige oder teilweise Unternehmensveräußerung stellt jedoch eine Verwertungsmaßnahme dar, die dem vorläufigen Insolvenzverwalter in jedem Fall untersagt ist.[1] Sobald der vorläufige Insolvenzverwalter hier mit möglichen Investoren über eine vollständige oder teilweise Unternehmensveräußerung einig geworden ist, kann nur durch frühzeitige Insolvenzeröffnung und Beschlussfassung der Gläubigerversammlung nach § 160 Abs. 2 Nr. 1 InsO geholfen werden.

5. Die Anordnung der einstweiligen Einstellung von Zwangsvollstreckungsmaßnahmen nach § 21 Abs. 2 Nr. 3 InsO

a) Inhalt und Wirkungen des Vollstreckungsverbots nach § 21 Abs. 2 Nr. 3 InsO

Das Insolvenzgericht kann nach § 21 Abs. 2 Nr. 3 InsO Maßnahmen 609
der Einzelvollstreckung gegen den Schuldner untersagen oder deren einstweilige Einstellung anordnen. Das Interesse der Gläubigergesamtheit in der Insolvenz muss dem Einzelinteresse eines jeden Gläubigers im Verfahren der Einzelvollstreckung vorgehen. Dieses Gesamtinteresse muss bereits im Vorfeld der Insolvenzeröffnung Berücksichtigung finden. Treffend wird davon gesprochen, dass ein „Wettlauf der Gläubiger um die beste Befriedigung" verhindert werden müsse.[2] Die Anordnung nach § 21 Abs. 2 Nr. 3 InsO ist Teil des Gesamtgefüges verschiedener vollstreckungshindernder Vorschriften der Insolvenzordnung: Vollstreckungsmaßnahmen, die innerhalb des letzten Monats vor dem Eröffnungsantrag wirksam geworden sind, verlieren mit Insolvenzeröffnung ihre Wirksamkeit (Rückschlagsperre des § 88 InsO). Auch kann der Insolvenzverwalter Vollstreckungsmaßnahmen einzelner Gläubiger durch Anfechtung zu Fall bringen (§§ 141, 129 und 131 InsO). Die Anordnung nach § 21 Abs. 2 Nr. 3 InsO beugt diesen rückwirkend wirkenden Maßnahmen vor.[3]

Das Vollstreckungsverbot des § 21 Abs. 2 Nr. 3 InsO tritt nicht kraft 610
Gesetzes ein und wird durch das Gericht nicht in jedem Fall erlassen. Sein Erlass steht im pflichtgemäßen Ermessen des Insolvenzgerichts. Daher ist eine Einzelvollstreckung auch nach dem Insolvenzantrag solange möglich, als das Insolvenzgericht diese nicht untersagt. Dies wird in der Praxis oft weder vom Schuldner noch vom Gerichtsvollzieher bedacht, wenn etwa der Vollstreckungsversuch des Gerichtsvollziehers durch den Schuldner mit der Begründung zurückgewiesen wird, er habe doch Insolvenzantrag gestellt.

---

[1] *Uhlenbruck* in: *Uhlenbruck,* InsO, § 22 Rdn. 32; zur Rechtslage im Konkurs *Kuhn/Uhlenbruck,* InsO, § 106 Rdn. 13 a.

[2] Allgemein *Uhlenbruck* in: *Uhlenbruck,* InsO, § 21 Rdn. 26 a. E.; *Pape* in: *Kübler/Prütting,* InsO, § 21 Rdn. 15.

[3] *Kirchhof* in: HK-InsO, § 21 Rdn. 23; eingehend *Steder,* ZIP 2002, 65.

aa) Die vom Vollstreckungsverbot betroffenen Gläubiger

611 Ziel des Vollstreckungsverbots ist es, möglichst keinen fremden Zugriff auf die Insolvenzmasse zuzulassen; daher müssen möglichst alle Gläubiger von ihm betroffen sein. Unproblematisch trifft es die künftigen Insolvenzgläubiger des § 38 InsO.

612 Hat ein Gläubiger daneben ein Sicherungsrecht an einem Gegenstand der Insolvenzmasse und ist er insoweit absonderungsberechtigter Gläubiger nach §§ 49ff. InsO, könnte er sich wegen seiner Insolvenzforderung vorrangig aus dem ihm verhafteten Gegenstand befriedigen. Insoweit könnte man meinen, das Vollstreckungsverbot gelte nicht gegen ihn, da er im eröffneten Verfahren auf den Gegenstand Zugriff nehmen könnte. Da aber die Verwertung solcher Gegenstände anders als im bisherigen Konkursrecht nach §§ 166ff. InsO dem Insolvenzverwalter obliegt, würde ein Gläubiger mit Zwangsvollstreckung in den ihm verhafteten Gegenstand dieses künftige Verwertungsrecht des Insolvenzverwalters verletzen. Das Vollstreckungsverbot des § 21 Abs. 2 Nr. 3 InsO gilt daher auch gegenüber absonderungsberechtigten Gläubigern.[1] Hiervon geht auch die Insolvenzordnung selbst aus, indem sie in § 169 Satz 2 InsO anordnet, ab welchem Zeitpunkt dem Gläubiger die laufenden Zinsen seines Anspruchs erhält (drei Monate nach Erlass der Anordnung).

613 Allein unklar bei der Regelung des § 21 Abs. 2 Nr. 3 InsO ist, ob sie auch den so genannten Aussonderungsberechtigten nach § 47 InsO erfasst. Im Hinblick auf den durch die Regelung bezweckten vorläufigen Schutz der Insolvenzmasse wird allgemein angenommen, das Vollstreckungsverbot betreffe auch den Aussonderungsberechtigten.[2] Gegebenenfalls sollte das Gericht ausdrücklich vermerken, wenn Aussonderungsberechtigte nicht betroffen sein sollen.[3] Freilich gilt das Vollstreckungsverbot hier nur bis zur endgültigen Entscheidung über die Insolvenzeröffnung.

bb) Die vom Vollstreckungsverbot betroffenen Maßnahmen

614 Nach dem Wortlaut des § 21 Abs. 2 Nr. 3 InsO ist die Zwangsvollstreckung in das bewegliche Vermögen von dem Vollstreckungsverbot betroffen, mithin die Zwangsvollstreckung in körperliche Gegenstände durch den Gerichtsvollzieher oder in Forderungen und sonstige Vermögensrechte durch das Vollstreckungsgericht; auch die Vollziehung eines Arrestes oder einer einstweiligen Verfügung ist betroffen, soweit diese

---

[1] *Haarmeyer* in: MüKo-InsO, § 21 Rdn. 72 mit umfangreichen Nachweisen; *Uhlenbruck* in: *Uhlenbruck,* InsO, § 21 Rdn. 28.

[2] Zum Fall einer Räumungsvollstreckung AG Köln NZI 1999, 333; zur Unzulässigkeit der sofortigen Beschwerde LG Göttingen NZI 2004, 502; *Uhlenbruck* in: *Uhlenbruck,* InsO, § 21 Rdn. 28 m. N.; einschränkend nur für den Fall des späteren § 107 Abs. 2 InsO *Kirchhof* in: HK-InsO, § 21 Rdn. 24; verneinend noch *Frege/Keller/Riedel,* Rdn. 694.

[3] *Vallender,* ZIP 1997, 1993; dagegen *Uhlenbruck* in: *Uhlenbruck,* InsO, § 21 Rdn. 28.

eine künftige Insolvenzforderung sichern sollen. Verboten sind unter anderem:

- Pfändung von Geld oder eines körperlichen Gegenstandes durch den Gerichtsvollzieher nach §§ 803, 808 ZPO; zahlt der Schuldner an den Gerichtsvollzieher zur Abwendung der Vollstreckung (§ 105 Nr. 2 GVGA), ist dies keine Zwangsvollstreckung, damit von dem Verbot des § 21 Abs. 2 Nr. 3 InsO nicht erfasst; der Insolvenzverwalter kann diese Zahlung als inkongruente Deckung nach § 131 Abs. 1 InsO anfechten.[1]
- Pfändung von Forderungen und anderen Vermögensrechten durch das Vollstreckungsgericht nach §§ 828 ff., 857 ZPO; das Gericht darf keinen entsprechenden Beschluss erlassen, der Drittschuldner darf nicht mehr an den Pfändungsgläubiger leisten; auch die Vorpfändung nach § 845 ZPO als vorbereitende Maßnahme zur späteren Zwangsvollstreckung ist verboten, da das Pfändungspfandrecht bei späterer Pfändung auf den Zeitpunkt der Vorpfändung zurückwirkt (§ 845 Abs. 2 ZPO).

Umstritten ist, ob die Abnahme der eidesstattlichen Versicherung **615** nach §§ 807, 899 ff. ZPO als selbstständige Vollstreckungsmaßnahme verboten oder als lediglich vorbereitende Maßnahme noch erlaubt ist. Mit der Begründung, die Abnahme der eidesstattlichen Versicherung und Offenbarung des Vermögens stelle nur eine Form der Informationsbeschaffung des Gläubigers für eine künftige Vollstreckung dar und hindere eine Insolvenzeröffnung mangels Eingriff in die Masse nicht, soll das Vollstreckungsverbot des § 21 Abs. 2 Nr. 3 InsO die Vermögensoffenbarung und Abnahme der eidesstattlichen Versicherung nicht hindern.[2] Dem ist nicht zuzustimmen, die Regelung erfasst alle Vollstreckungsmaßnahmen in das bewegliche Vermögen, mithin auch die Abnahme der eidesstattlichen Versicherung.[3]

Fraglich ist ferner, ob so genannte vorbereitende Maßnahmen, wie **616** etwa die Klauselerteilung nach §§ 724 ff. ZPO oder die Zustellung des vollstreckbaren Titels nach § 750 ZPO vom Vollstreckungsverbot betroffen sind oder nicht. Für die Zustellung nach § 750 ZPO wird dies bejaht.[4] Eine Klauselerteilung wird man aber schon deshalb für zulässig erachten müssen, weil das Prozessgericht als die Vollstreckungsklausel erteilendes Organ die Voraussetzungen der Zwangsvollstreckung nicht zu prüfen hat.[5] Zu beachten ist, dass bei Bestellung eines so genannten „starken“ vorläufigen Insolvenzverwalters wegen

---

[1] BGHZ 136, 309; für die Anfechtung der Zahlung zur Abwendung des Insolvenzantrags noch weitergehend BGHZ 157, 242.

[2] LG Würzburg NZI 1999, 504; AG Rostock NZI 2000, 142.

[3] AG Wilhelmshaven NZI 2001, 436; *Uhlenbruck* in: *Uhlenbruck,* InsO, § 21 Rdn. 27; eingehend *Steder,* NZI 2000, 456.

[4] *Kirchhof* in: HK-InsO, § 21 Rdn. 25.

[5] Dieses Argument trifft jedoch auch auf die Zustellung zu; allgemein zur Klauselerteilung *Hintzen* in: KS, S. 1107.

des Übergangs der Prozessführungsbefugnis nach § 24 Abs. 2 InsO eine qualifizierte Vollstreckungsklausel gegen ihn analog § 727 ZPO erteilt werden muss.[1] Zudem macht die Erteilung der Vollstreckungsklausel nur Sinn, wenn der Gläubiger tatsächlich eine Zwangsvollstreckung betreiben kann.

617 **Beispiel 6:** Trotz Antrag auf Eröffnung des Insolvenzverfahrens über das Vermögen der „S GmbH" erwirkt Gläubiger G eine Vollstreckungsklausel für einen bereits erwirkten Vollstreckungstitel. Die Vollstreckungsklausel würde gegen die „S GmbH" erteilt werden, nicht gegen den vorläufigen Insolvenzverwalter, da auf ihn die Verfügungsbefugnis der Schuldnerin und damit auch die Prozessführungsbefugnis nicht übergegangen ist.

Wenn am 15. 6. das Insolvenzgericht ein Vollstreckungsverbot nach § 21 Abs. 2 Nr. 3 InsO erlässt, wird der Gläubiger von dem vollstreckbaren Titel aber keinen Gebrauch machen können. Er kann jedoch in das unbewegliche Vermögen die Zwangsvollstreckung betreiben, da diese von § 21 Abs. 2 Nr. 3 InsO nicht betroffen ist.

618 Die Vollstreckung einer vertretbaren oder einer unvertretbaren Handlung nach §§ 887, 888 ZPO ist von § 21 Abs. 2 Nr. 3 InsO nicht erfasst, da der Anspruch des Gläubigers keine Insolvenzforderung darstellt, auch wenn bei Ersatzvornahme oder der Verhängung von Ordnungsgeld gegen den Schuldner eine Geldforderung bestehen kann.[2]

cc) Die Wirkungen des Vollstreckungsverbots nach §§ 775, 776 ZPO

619 Das Vollstreckungsverbot nach § 21 Abs. 2 Nr. 3 InsO hat die Wirkung eines Vollstreckungshindernisses im Sinne des § 775 ZPO. Der Wortlaut der Norm unterscheidet zwischen Untersagung der Zwangsvollstreckung und einstweiliger Einstellung; dem zu Folge könnte man im ersten Fall von einem Vollstreckungshindernis nach § 775 Nr. 1 ZPO, im zweiten Fall von einem solchen nach Nr. 2 der Vorschrift ausgehen.[3] In den Folgen ist diese Unterscheidung aber bedeutungslos, da stets eine neue Zwangsvollstreckung nicht mehr erfolgen darf und sich lediglich die Frage stellt, ob bereits getroffene Maßnahmen bestehen bleiben oder aufgehoben werden. Es gilt:

- Nach Erlass des Vollstreckungsverbots (beachte § 27 Abs. 2 Nr. 3 InsO analog) dürfen bereits eingeleitete Maßnahmen nicht mehr fortgeführt werden. So darf etwa der Gerichtsvollzieher einen bereits gepfändeten Gegenstand nicht versteigern; ein Drittschuldner darf bei ausgebrachter Forderungspfändung nicht mehr an den Gläubiger leisten.
- Neue Zwangsvollstreckungsmaßnahmen dürfen nicht erfolgen; wie bei allen Vollstreckungshindernissen ist auch dieses vom Vollstreckungsorgan selbstständig zu beachten, soweit es hiervon Kenntnis hat.

---

[1] LG Cottbus NZI 2000, 183.
[2] LG Mainz NZI 2002, 444.
[3] *Kirchhof* in: HK-InsO, § 21 Rdn. 21; auch *Hintzen* in: KS, S. 1107 Rdn. 14.

Gegen Vollstreckungsmaßnahmen, die nach Erlass des Vollstreckungsverbots eingeleitet oder fortgeführt werden, ist mit dem Rechtsbehelf der Vollstreckungserinnerung nach § 766 ZPO vorzugehen. Erinnerungsbefugt sind der Schuldner und der vorläufige Insolvenzverwalter. Fraglich ist, wer zur Entscheidung über die Erinnerung befugt ist. Nach der Regelung des § 764 ZPO ist das Vollstreckungsgericht zuständig, in dessen Bezirk die Vollstreckung stattgefunden hat, eine verbreitete Meinung in der Literatur will entsprechend § 89 Abs. 3 InsO das Insolvenzgericht für sachlich zuständig erklären.[1] Dies ist nicht richtig, es sprechen keinerlei praktische Gründe für eine Zuständigkeit des Insolvenzgerichts, vor allem aber fehlt es an einer für eine analoge Anwendung des § 89 Abs. 3 InsO planwidrigen Regelungslücke im Gesetz. Die Zuständigkeit des Vollstreckungsgerichts ist mithin in § 766 ZPO festgelegt.[2] 620

b) Einzelne Fallgruppen der Zwangsvollstreckung bei Zwangsvollstreckung in das bewegliche Vermögen

Die praktische Bedeutung des Vollstreckungsverbots nach § 21 Abs. 2 Nr. 3 InsO ist sehr groß, da häufig Schuldner einen Insolvenzantrag stellen, um sich vor Zwangsvollstreckungsmaßnahmen einzelner Gläubiger zu schützen; dies gilt insbesondere für das Verbraucherinsolvenzverfahren, innerhalb dessen nach § 306 Abs. 2 InsO ebenfalls Sicherungsmaßnahmen angeordnet werden können. 621

In den nachfolgenden Beispielen soll jeweils Vollstreckungserinnerung nach § 766 ZPO eingelegt sein. Es ist jeweils davon auszugehen, dass die Vollstreckungserinnerung zulässig ist. Die Begründetheit bestimmt sich nach dem Zeitpunkt der Entscheidung (argumentum ex § 570 ZPO). 622

Beispiel 7: Noch vor dem Insolvenzantrag am 5. Juni pfändet der Gerichtsvollzieher am 24. Mai eine Baumaschine beim Schuldner. Am 15. Juni wird die Einstellung der Einzelzwangsvollstreckung angeordnet, für den 27. Juni setzt der Gerichtsvollzieher den Versteigerungstermin für die gepfändete Baumaschine an. 623

Die Vollstreckungserinnerung ist hier insoweit begründet, als der Beschluss vom 15. Juni ein Vollstreckungshindernis im Sinne des § 775 Nr. 2 ZPO darstellt und die weitere Zwangsvollstreckung hindert. Der Gerichtsvollzieher ist anzuweisen, den angesetzten Versteigerungstermin abzusetzen. Die Pfändung vom 24. Mai bleibt aber nach § 776 Satz 2 ZPO bestehen. Sie erfolgte mithin zu einem Zeitpunkt, zu welchem die Zwangsvollstreckung noch zulässig war. Würde abschließend das Insolvenzverfahren nicht eröffnet werden, entfiele das Vollstre-

---

[1] *Haarmeyer* in: MüKo-InsO, § 21 Rdn. 75; *Pape* in: *Kübler/Prütting,* InsO, § 21 Rdn. 31; *Schmerbach* in: FK-InsO, § 21 Rdn. 83b; *Blersch* in: *Breutigam/Blersch/Goetsch,* InsO, § 21 Rdn. 39; *Frege/Keller/Riedel,* Rdn. 702; *Vallender,* ZIP 1997, 1993; *Dörndorfer,* NZI 2000, 292.

[2] AG Köln NZI 1999, 381; AG Rostock NZI 2000, 142; *Uhlenbruck* in: *Uhlenbruck,* InsO, § 21 Rdn. 27 a.E., anders aber Rdn. 50 a.E.; *Kirchhof* in: HK-InsO, § 21 Rdn. 25; *Steder* in: *Weisemann/Smid,* Teil 8 Rdn. 17; *Steder,* ZIP 2002, 65.

ckungsverbot des § 21 Abs. 2 Nr. 3 InsO und der Gläubiger könnte die Zwangsvollstreckung in die Baumaschine weiter betreiben.

624 Hätte in diesem Fall statt der Pfändung durch den Gerichtsvollzieher eine Forderungspfändung durch das Vollstreckungsgericht stattgefunden, wäre ebenfalls die weitere Zwangsvollstreckung einzustellen, die Pfändung bliebe aber bestehen. Der Pfändungsbeschluss dürfte nicht aufgehoben werden, das Gericht hat lediglich die Einstellung der Vollstreckung zu beschließen und dies insbesondere dem Drittschuldner mitzuteilen, damit dieser nicht mehr an den Gläubiger leistet; er hat die gepfändete Forderung gegebenenfalls zu hinterlegen.[1]

625 **Beispiel 8:** Nach Anordnung des Vollstreckungsverbots am 15. Juni erlässt das Vollstreckungsgericht am 16. Juni einen Pfändungsbeschluss betreffend ein Kontoguthaben der schuldnerischen „S GmbH", der Beschluss wird der Drittschuldnerin am 18. Juni zugestellt.

In diesem Fall war bei Wirksamwerden der Forderungspfändung mit Zustellung des Pfändungsbeschlusses an die Drittschuldnerin nach § 829 Abs. 3 ZPO das Vollstreckungsverbot bereits existent. Der Pfändungsbeschluss hätte angesichts des Vollstreckungshindernisses nach § 775 Nr. 2 ZPO objektiv nicht erlassen werden dürfen. Anders als im vorhergehenden Fall ist die Pfändung daher nicht lediglich einzustellen sondern aufzuheben (*Kirchhof* in: HK-InsO, § 21 Rdn. 21; *Blersch* in: *Breutigam/Blersch/Goetsch,* InsO, § 88 Rdn. 15, 16; *Hintzen* in: KS, S. 1107 Rdn. 14; *Steder* in: *Weisemann/Smid,* Teil 8 Rdn. 14). Im Wege der Abhilfe analog § 571 ZPO kann dies auch durch den Rechtspfleger erfolgen. Ein Fall des § 776 ZPO liegt nicht vor, dieser gilt nur für Maßnahmen, die bei Erlass des Vollstreckungshindernisses bereits getroffen waren (allgemein Zöller/*Stöber,* ZPO, § 775 Rdn. 13; ausdrücklich so *Schuschke/Walker,* Zwangsvollstreckung, § 776 Rdn. 1). Die Aufhebung der Pfändung lässt sich auch damit begründen, dass der Gläubiger mit der Pfändung am 18. Juni ein Pfändungspfandrecht zu einem Zeitpunkt erlangt hat, zu welchem die Zwangsvollstreckung unzulässig war, gegenüber einem anderen Gläubiger, der ordnungsgemäß das Ende des Eröffnungsverfahrens abgewartet hätte, hätte er damit einen ungerechtfertigten Vorteil bei der weiteren Vollstreckung.

626 Die Aufhebung des Pfändungsbeschlusses ist dem Schuldner, dem betroffenen Gläubiger und vor allem dem Drittschuldner mitzuteilen, damit dieser nicht weiter an den Gläubiger leistet. Bereits erfolgte Leistungen hat der Gläubiger an den Schuldner oder den vorläufigen Insolvenzverwalter zu erstatten. Der betroffene Gläubiger hat gegen den Beschluss das Rechtsmittel der sofortigen Beschwerde nach § 793 ZPO.

c) Keine Geltung des § 21 Abs. 2 Nr. 3 InsO bei Zwangsvollstreckung in das unbewegliche Vermögen

627 Bemerkenswert ist, dass das Vollstreckungsverbot des § 21 Abs. 2 Nr. 3 InsO nur die Zwangsvollstreckung in das bewegliche Vermögen hindert, Zwangsvollstreckung in das unbewegliche Vermögen ist durch diese Vorschrift nicht verboten; allerdings könnte aus der General-

[1] Zum vergleichbaren Fall bei Gesamtvollstreckung BGHZ 140, 253.

klausel des § 21 Abs. 1 InsO das Insolvenzgericht durchaus auch die Zwangsvollstreckung in das unbewegliche Vermögen untersagen.[1] Zwangsvollstreckung in das unbewegliche Vermögen erfolgt nach § 866 Abs. 1 ZPO durch Zwangsversteigerung, Zwangsverwaltung und Eintragung einer Sicherungshypothek. Diese Vollstreckungsmaßnahmen sind im Insolvenzeröffnungsverfahren also trotz Anordnung eines Vollstreckungsverbots nach § 21 Abs. 2 Nr. 3 InsO grundsätzlich noch zulässig.

aa) Die Einstellung der Zwangsversteigerung nach § 30d Abs. 4 ZVG

Eine angeordnete Zwangsversteigerung kann aber nach § 30d Abs. 4 628
ZVG im Insolvenzeröffnungsverfahren einstweilen eingestellt werden. Voraussetzung der Einstellung ist in jedem Fall, dass ein vorläufiger Insolvenzverwalter bestellt ist, nur er kann beim Vollstreckungsgericht die Einstellung beantragen, nicht auch der Schuldner. Der Antrag ist an keine Frist gebunden, er kann bis zum Ende des Insolvenzeröffnungsverfahrens gestellt werden. Der vorläufige Insolvenzverwalter muss glaubhaft machen, dass mit der weiteren Fortführung des Versteigerungsverfahrens nachteilige Veränderungen in der Vermögenslage des Schuldners verbunden sind. § 30d Abs. 4 ZVG nimmt mit diesem Wortlaut auf die Regelung des § 21 Abs. 1 InsO Bezug. Vom Wortlaut wird keine Abwägung zwischen den Interessen der künftigen Gläubigergesamtheit im Insolvenzverfahren und den Interessen des die Versteigerung betreibenden Gläubigers gefordert, gleichwohl will die Literatur sie entsprechend Absatz 1 Satz 2 des § 30d ZVG vorgenommen wissen.[2]

Die Einstellung des Verfahrens kann bis zur Entscheidung über den 629
Insolvenzantrag andauern. Zum Ausgleich hat nach § 30e Abs. 1 Satz 2 ZVG der vorläufige Insolvenzverwalter an den oder die betreibenden Gläubiger ab drei Monate nach der Einstellung die ihnen geschuldeten laufenden Zinsen zu zahlen, geschuldete Zinsen sind hierbei die dinglichen Zinsen, wenn der Gläubiger in Rangklasse § 10 Abs. 1 Nr. 4 ZVG die Versteigerung betreibt.[3] Schon diese Zinszahlungspflicht führt in der Praxis dazu, dass Einstellungsanträge nach § 30d Abs. 4 ZVG kaum bis gar nicht gestellt werden. Für die Einstellung der Zwangsverwaltung im Insolvenzeröffnungsverfahren sieht das Gesetz keine

---

[1] Im Regierungsentwurf zur Insolvenzordnung vom 15. 4. 1992 – BT-Drucks. 12/2443 – war in § 25 Abs. 2 Nr. 3 noch vorgesehen, die Zwangsvollstreckung insgesamt zu untersagen; erst nach den Beratungen im Rechtsausschuss des Deutschen Bundestages wurde die Vorschrift dem jetzigen Wortlaut entsprechend geändert, Beschlussempfehlung des Rechtsausschusses, BT-Drucks. 12/7302, S. 13, 157.

[2] *Haarmeyer* in: MüKo-InsO, § 21 Rdn. 81; *Stöber,* ZVG, § 30d Rdn. 6.2; *Stöber,* NZI 1998, 105, Abschn. IV 1. d.

[3] *Stöber,* ZVG, § 30e Rdn. 2.2; *Böttcher,* ZVG, § 30e Rdn. 4; *Keller* in: *Gottwald/Riedel,* Teil 6/6.3.7; *Eickmann,* ZfIR 1999, 81; *Hintzen,* Rpfleger 1999, 256; *Alff,* Rpfleger 2000, 228; anders *Lwowski* in: MüKo-InsO, § 165 Rdn. 104ff.; *Kemper* in: *Kübler/Prütting,* InsO, § 165 Rdn. 38.

630

Schaubild 7: Auswirkungen der Anordnung nach § 21 Abs. 2 Nr. 3 InsO auf die Einzelvollstreckung

Zwangsvollstreckung in das bewegliche Vermögen

in körperliche Gegenstände

- Gerichtsvollzieher darf eine **bereits ausgebrachte Pfändung** nicht weiter betreiben (angesetzter Versteigerungstermin ist abzusetzen); die Pfändung selbst bleibt bestehen.
- Weitere Vollstreckung darf nicht erfolgen (unstreitig bei Pfändung, streitig bei Abnahmen der eidesstattlichen Versicherung nach § 807 ZPO), ein Pfändungsauftrag darf nicht weiter bearbeitet werden.
- **Pfändung**, die **nach Erlass** des Vollstreckungsverbot erfolgt ist, ist **aufzuheben**.

in Forderungen

- Vollstreckungsgericht darf einen **bereits erlassenen** Pfändungs- und Überweisungsbeschluss **nicht aufheben**, muss aber durch Beschluss die weitere Vollstreckung einstellen und den Drittschuldner hiervon informieren, damit dieser nicht weiter an den Gläubiger zahlt.
- **Neuer** Pfändungs- und Überweisungsbeschluss darf **nicht erlassen** werden; dem Gläubiger ist aufzugeben, den möglichen Wegfall des Vollstreckungshindernisses nachzuweisen, ansonsten Zurückweisung des Antrags.
- **Pfändung**, die **nach Erlass** des Vollstreckungsverbots erfolgt ist, ist **aufzuheben**.

Die Anordnung nach § 21 Abs. 2 Nr. 3 InsO ist **Vollstreckungshindernis** im Sinne des § 775 ZPO; es ist durch den Schuldner oder den vorläufigen Insolvenzverwalter im Wege der Vollstreckungserinnerung nach **§ 766 ZPO** geltend zu machen; streitig ist, ob hierfür das Vollstreckungsgericht (§ 764 Abs. 2 ZPO) oder das Insolvenzgericht (§ 89 Abs. 3 InsO analog) zuständig ist; bei neuer Zwangsvollstreckung ist das Vollstreckungshindernis von Amts wegen zu beachten (daher Mitteilung nach MiZi Abschn. XII).

Zwangsvollstreckung in das unbewegliche Vermögen

§ 866 Abs. 1 ZPO

- **Zwangsversteigerung** kann auf Antrag des vorläufigen Insolvenzverwalters (nicht des Schuldners) einstweilen eingestellt werden, wenn dadurch die künftige Masse gefährdet wird (§ 30 d Abs. 4 ZVG); dem Gläubiger sind die laufenden Zinsen seines Anspruchs aus der Masse zu erstatten (§ 30 e Abs. 1 ZVG).
- **Zwangsverwaltung** kann erst im eröffneten Verfahren nach § 153 b ZVG eingestellt werden, nicht bereits im Eröffnungsverfahren.
- Die **Sicherungshypothek** nach §§ 866, 867 ZPO oder die Vormerkung auf Grund einstweiliger Verfügung nach § 885 BGB, § 938 ZPO werden von § 21 Abs. 2 Nr. 3 InsO nicht erfasst, ihre Grundbucheintragung ist daher weiter möglich; sie unterliegen aber der Rückschlagsperre des § 88 InsO bei Insolvenzeröffnung (Sicherungshypothek wird analog § 868 ZPO Eigentümergrundschuld – BayObLG ZIP 2000, 1263).

Regelung vor, die §§ 30d ff. ZVG gelten nur für das Zwangsversteigerungsverfahren.[1]

bb) Die Eintragung einer Sicherungshypothek nach §§ 866, 867 ZPO

Die Eintragung der Sicherungshypothek in das Grundbuch im Wege 631
der Zwangsvollstreckung ist schließlich von keiner Vollstreckungsbeschränkung betroffen, es gilt weder § 21 Abs. 2 Nr. 3 InsO noch etwa § 30d Abs. 4 ZVG. Damit kann trotz Anordnung vorläufiger Verwaltung, Erlass eines allgemeinen Verfügungsverbots und Erlass eines Vollstreckungsverbots eine Sicherungshypothek in das Grundbuch des Schuldners eingetragen werden.

Vereinzelt wird dies als ungewollte Gesetzeslücke angesehen und ge- 632
fordert, § 21 Abs. 2 Nr. 3 InsO auch auf die Sicherungshypothek anzuwenden.[2] Notwendig ist das aber nicht: Wird nämlich das Insolvenzverfahren nicht eröffnet, behält der Gläubiger die Sicherungshypothek und kann aus ihr weiter gegen den Schuldner vollstrecken. Wird aber das Insolvenzverfahren eröffnet, tritt gegen die Sicherungshypothek die Rückschlagsperre des § 88 InsO in Kraft, sie wird analog § 868 ZPO zur Eigentümergrundschuld für den Schuldner und damit für die Insolvenzmasse.[3]

6. Die Anordnung einer einstweiligen Postsperre nach § 21 Abs. 2 Nr. 4 mit § 99 InsO

Das Insolvenzgericht kann gegen den Schuldner eine einstweilige 633
Postsperre nach § 21 Abs. 2 Nr. 4 InsO anordnen, für die Anordnung des § 99 InsO entsprechend. Die Anordnung einer einstweiligen Postsperre dient nicht nur der Sicherung des vorhandenen Vermögens des Schuldners, sie ermöglicht auch die Aufdeckung neue Vermögenswerte, die der Schuldner möglicherweise beiseite zu schaffen versucht.[4]

Die Anordnung der Postsperre darf nicht allgemein und pauschal be- 634
gründet erfolgen, sie muss für jeden Einzelfall erforderlich sein und als solche begründet werden.[5]

---

[1] *Schmerbach* in: FK-InsO, § 21 Rdn. 80a; *Steder,* ZIP 2002, 65; anders *Mönning* in: *Nerlich/Römermann,* InsO, § 21 Rdn. 94; *Kirchhof* in: HK-InsO, § 21 Rdn. 29; eingehend *Jungmann,* NZI 1999, 325; *Stöber,* ZVG, § 146 Rdn. 4.4i empfiehlt den Weg über § 765a ZPO.

[2] *Blersch* in: *Breutigam/Blersch/Goetsch,* InsO, § 21 Rdn. 33 a. E.

[3] BayObLG ZIP 2000, 1263; dazu eingehend *Keller,* ZIP 2000, 1324.

[4] OLG Celle NZI 2000, 583 = ZIP 2000, 1898; OLG Celle NZI 2001, 143 = ZIP 2001, 468; LG Göttingen DZWIR 1999, 471; LG Bonn ZInsO 2004, 818, für das eröffnete Verfahren LG Göttingen NZI 2001, 44; sie kann sich auch auf den Briefwechsel zwischen Häftling und Verteidiger richten, BVerfG NJW 2001, 745.

[5] Begründung des Regierungsentwurfs BT-Drucks. 12/2443, S. 143; *Uhlenbruck* in: *Uhlenbruck,* InsO, § 21 Rdn. 34; *Frege/Keller/Riedel,* Rdn. 678 ff.

7. Die Anordnung von Maßnahmen gegen die Person des Schuldners nach § 21 Abs. 3 InsO

635 Die Regelung des § 21 Abs. 3 InsO erlaubt zuletzt auch Beschränkungen gegenüber der Person des Schuldners. Soweit durch sein Handeln eine Gefährdung des Vermögens zu besorgen ist, kann er zwangsweise vorgeführt und in Haft genommen werden. Die Haftanordnung nach § 21 Abs. 3 InsO hat nicht den Zweck, den Schuldner zur Auskunft zu bewegen, hierfür gilt § 20 Abs. 1 Satz 2 mit § 98 InsO,[1] sie ist Sicherungshaft zum Schutz der künftigen Insolvenzmasse.[2]

8. Das Verfahren der Anordnung laufender Sicherungsmaßnahmen

a) Der Ermessensspielraum des Insolvenzgerichts nach § 21 Abs. 1 Satz 1 InsO

636 Das Insolvenzgericht entscheidet über die Anordnung von Sicherungsmaßnahmen selbstständig, es ist an Anträge der Beteiligten nicht gebunden, Maßstab ist allein die erscheinende Erforderlichkeit einer Sicherungsmaßnahme nach § 21 Abs. 1 Satz 1 InsO.

637 In der Praxis der Unternehmensinsolvenz ist es sinnvoll, zunächst nur einen Sachverständigen zur Prüfung des Insolvenzgrundes und der Kostendeckung durch die Insolvenzmasse zu beauftragen. Stellt dieser Sachverständige im Rahmen seiner Ermittlungen fest, dass die Anordnung vorläufiger Insolvenzverwaltung erforderlich ist, kann diese regelmäßig binnen kürzester Zeit erfolgen. Erklärt der Schuldner bereits im Insolvenzantrag, dass sein Geschäftsbetrieb noch läuft und eine Unternehmensfortführung denkbar sei, kann das Insolvenzgericht auch unmittelbar die vorläufige Insolvenzverwaltung anordnen.

b) Die Frage der Anhörung des Schuldners

638 Vor Erlass einer einstweiligen Anordnung wird der Schuldner regelmäßig nicht gehört. Gerade bei den Anordnungen, die erforderlich sind, um masseschädigendes Verhalten des Schuldners zu verhindern, ist eine vorherige Anhörung nicht angezeigt. Die Anhörung ist jedoch nachzuholen.[3]

---

[1] LG Duisburg ZIP 2001, 1065.

[2] *Uhlenbruck* in: *Uhlenbruck,* InsO, § 21 Rdn. 52, 53; zur Anordnung *Frege/Keller/Riedel,* Rdn. 681 ff.

[3] OLG Köln ZInsO 2000, 104; *Gerhardt* in: *Jaeger,* InsO, § 21 Rdn. 89 ff.; *Haarmeyer* in: MüKo-InsO, § 21 Rdn. 31 ff.; *Kirchhof* in: HK-InsO, § 21 Rdn. 33; *Schmerbach* in: FK-InsO, § 21 Rdn. 22 ff.; Jaeger/*Weber,* KO, § 106 Rdn. 1; *Gerhardt* in: KS, S. 193 Rdn. 26; *Uhlenbruck* in: *Gottwald,* § 14 Rdn. 20; *Frege/Keller/Riedel,* Rdn. 594.

c) Die Wirksamkeit der Anordnung entsprechend § 27 Abs. 2 Nr. 3 InsO

Die Insolvenzordnung enthält keine Regelung zu der Frage, zu welchem Zeitpunkt die einstweiligen Sicherungsmaßnahmen des § 21 InsO wirksam werden sollen. Nach allgemeinen zivilprozessualen Grundsätzen würden sie wirksam mit Bekanntgabe an den Betroffenen, mithin an den Schuldner.[1] Bereits zu den einstweiligen Anordnungen im Gesamtvollstreckungsverfahren nach § 2 Abs. 3 GesO hatte der Bundesgerichtshof aber eine entsprechende Anwendung der Regelungen zum Eröffnungsbeschluss selbst für möglich gehalten.[2] Dem wird für die einstweiligen Sicherungsmaßnahmen des § 21 InsO ausnahmslos gefolgt.[3] 639

Die Sicherungsmaßnahmen werden mit dem Zeitpunkt wirksam, welcher entsprechend § 27 Abs. 2 Nr. 3 InsO im Anordnungsbeschluss genannt ist; fehlt ein solcher Zeitpunkt, gilt die Mittagsstunde (§ 27 Abs. 3 InsO). Voraussetzung für das Wirksamwerden ist lediglich, dass der Anordnungsbeschluss nach außen hin wirksam wird, als solcher sich nicht mehr lediglich im Geschäftsablauf des Insolvenzgerichts befindet. 640

d) Die öffentliche Bekanntmachung und Eintragung in das Grundbuch nach § 23 InsO

Die Anordnung eines allgemeinen Verfügungsverbots oder eines Zustimmungsvorbehalts (§ 21 Abs. 2 Nr. 2 InsO) sowie die Anordnung der damit verbundenen vorläufigen Insolvenzverwaltung (§ 21 Abs. 2 Nr. 1 und § 22 InsO) sind öffentlich bekanntzumachen (§ 23 Abs. 1 Satz 1 InsO). Die öffentliche Bekanntmachung erfolgt nach § 9 InsO. Dem Schuldner und den bekannten Drittschuldnern sind die Anordnungen besonders zuzustellen, letzteren mit der Aufforderung, künftig nicht mehr an den Schuldner zu leisten (§ 23 Abs. 1 Satz 2 und 3 InsO). Dies entspricht den Regelungen des § 28 Abs. 3 und des § 30 Abs. 2 InsO für die Insolvenzeröffnung. 641

Die einstweiligen Sicherungsmaßnahmen sind dem Registergericht zur Eintragung in das Handels-, Genossenschafts- oder Vereinsregister mitzuteilen (§ 23 Abs. 2 InsO). 642

Die gegen den Schuldner angeordneten Verfügungsbeeinträchtigungen sind zur Zerstörung des guten Glaubens des Grundbuches aus § 892 Abs. 1 Satz 2 BGB (§ 24 Abs. 1 mit § 81 Abs. 1 Satz 2 und § 91 643

---

[1] So zu den Sicherungsmaßnahmen im Konkurseröffnungsverfahren BGH ZIP 1982, 464.

[2] BGH ZIP 1995, 40, dazu EWiR 1995, 57 *(Uhlenbruck)*; später ausdrücklich BGHZ 133, 307; zuletzt auch für § 106 Abs. 1 Satz 3 KO BGH NZI 2001, 203.

[3] Sehr gut dargestellt bei *Haarmeyer* in: MüKo-InsO, § 21 Rdn. 37; *Uhlenbruck* in: *Uhlenbruck*, InsO, § 21 Rdn. 48; *Frege/Keller/Riedel*, Rdn. 595.

Abs. 2 InsO) in das Grundbuch einzutragen (§ 23 Abs. 3 InsO). Die Eintragung erfolgt regelmäßig auf Ersuchen des Insolvenzgerichts in Anwendung des § 32 Abs. 3 InsO. Eingetragen wird lediglich die Anordnung des allgemeinen Verfügungsverbots oder des Zustimmungsvorbehalts, nicht die Anordnungen der vorläufigen Insolvenzverwaltung und erst recht nicht die Person des vorläufigen Insolvenzverwalters.[1]

644 Die Anordnung der einstweiligen Einstellung der Zwangsvollstreckung nach § 21 Abs. 2 Nr. 3 InsO wird nicht öffentlich bekannt gemacht und auch in kein öffentliches Register eingetragen. Dem Schuldner dient der Beschluss als Vollstreckungshindernis gegenüber weiteren Vollstreckungsmaßnahmen. Das Insolvenzgericht übermittelt die Anordnungen deshalb dem zuständigen Vollstreckungsgericht (§ 764 Abs. 2 ZPO) sowie der Gerichtsvollzieherverteilerstelle des Amtsgerichts, in dessen Bezirk der Schuldner seinen allgemeinen Gerichtsstand hat.

e) Die sofortige Beschwerde gegen die einstweiligen Anordnungen nach § 21 Abs. 1 Satz 2 InsO

645 Die Anordnung der einstweiligen Sicherungsmaßnahmen sollte ursprünglich unanfechtbar sein. Mit Wirkung zum 1. Dezember 2001 wurde die sofortige Beschwerde nach § 21 Abs. 1 Satz 2 InsO zugelassen.[2] Beschwerdeberechtigt ist allein der Schuldner, nicht etwa der Gläubiger, der Insolvenzantrag gestellt hat.[3]

646 Die Beschwerdefrist beginnt unter Berücksichtigung des § 23 Abs. 1 Satz 1 mit § 9 Abs. 1 Satz 3 InsO mit Wirksamwerden der öffentlichen Bekanntmachung des Sicherungsmaßnahmen (§ 6 Abs. 2 mit § 9 Abs. 3 InsO).

9. Die Aufhebung der einstweiligen Sicherungsmaßnahmen

647 Die einstweiligen Sicherungsmaßnahmen des § 21 InsO verlieren mit Insolvenzeröffnung automatisch ihre Wirksamkeit, sie werden gleichsam durch die Wirkungen der Insolvenzeröffnung ersetzt. Wird der Insolvenzantrag dagegen zurückgenommen (§ 13 Abs. 2 InsO) oder für erledigt erklärt (§ 91 a ZPO), müssen sie aufgehoben werden; Gleiches gilt für den Fall der Abweisung mangels Masse nach § 26 Abs. 1 InsO.[4] Die Aufhebung kann im Übrigen auch dann erfolgen, wenn die einzelne Sicherungsmaßnahme nicht mehr erforderlich ist.

---

[1] Eingehend *Schöner/Stöber*, Rdn. 1638 c; *Bachmann*, Rpfleger 2001, 105.

[2] InsOÄndG vom 26. 10. 2001 (BGBl. I S. 2710); dazu Begründung des Gesetzesentwurfs der Bundesregierung BT-Drucks. 14/5680, S. 25.

[3] *Frege/Keller/Riedel*, Rdn. 596; teilweise überholt *Uhlenbruck* in: *Uhlenbruck*, InsO, § 21 Rdn. 50.

[4] *Uhlenbruck* in: *Uhlenbruck*, InsO, § 25 Rdn. 2; *Frege/Keller/Riedel*, Rdn. 599.

Die Aufhebung der einstweiligen Sicherungsmaßnahmen ist nach § 25 Abs. 1 InsO in entsprechender Anwendung des § 23 InsO öffentlich bekanntzumachen und dem Schuldner, den Drittschuldnern und dem Registergericht mitzuteilen. Das Insolvenzgericht hat ferner um Löschung der im Grundbuch eingetragenen Verfügungsbeeinträchtigung zu ersuchen (§ 32 Abs. 3 Satz 1 InsO). 648

Der so genannte starke vorläufige Insolvenzverwalter hat vor der Aufhebung seiner Bestellung die von ihm begründeten Verbindlichkeiten, die als Masseverbindlichkeiten nach § 55 Abs. 2 InsO anzusehen sind, aus dem von ihm verwalteten Vermögen zu berichtigen (§ 25 Abs. 2 Satz 1 InsO). Die Vorschrift findet mindestens auf den vorläufigen Insolvenzverwalter entsprechende Anwendung, den das Gericht zur Vornahme einzelner Verfügungen ermächtigt hat.[1] Die Regelung des § 25 Abs. 2 InsO bereitet in der Praxis große Schwierigkeiten.[2] Es ist insbesondere unklar, ob ungeachtet der Bestellung des vorläufigen Insolvenzverwalters eine gegen den Schuldner angeordneten Verfügungsbeeinträchtigung vorab aufgehoben werden kann. Es bestünde dann die Gefahr, dass der Schuldner durch sein eigenes Handeln die Befriedigung der nach § 25 Abs. 2 Satz 1 InsO zu erfüllenden Verbindlichkeiten gefährdet. Insoweit könnte die Aufhebung der Verfügungsbeeinträchtigungen beschränkt werden.[3] Hinsichtlich der vom vorläufigen Insolvenzverwalter zu erfüllenden Verbindlichkeiten könnte auch entsprechend § 211 Abs. 3 InsO einen Nachtragsliquidation angeordnet werden.[4] Schließlich ist es denkbar, ungeachtet der sonstigen Verfahrensbeendigung, die Sicherungsmaßnahmen bis zur endgültigen Abwicklung aufrecht zu erhalten.[5] 649

Der vorläufige Insolvenzverwalter, sowohl der starke als auch der schwache, ist nach Beendigung seines Amtes nach § 66 InsO dem Insolvenzgericht gegenüber rechnungslegungspflichtig (§ 21 Abs. 2 Nr. 1 InsO).[6] Die praktische Umsetzung dieser Rechnungslegungspflicht ist umstritten. Teilweise wird vertreten, sie betreffe nur den starken vorläufigen Insolvenzverwalter, weil nur ihm die Verfügungsbefugnis des Schuldners übertragen worden war.[7] Dem ist nicht zu folgen, auch der schwache vorläufige Insolvenzverwalter ist rechnungslegungspflichtig, auch wenn sich diese Pflicht nur auf zustimmungsbedürftige Rechtsge- 650

---

[1] *Uhlenbruck* in: *Uhlenbruck*, InsO, § 25 Rdn. 5; *Kirchhof* in: HK-InsO, § 25 Rdn. 9; *Frege/Keller/Riedel*, Rdn. 601.

[2] *Prager/Thiemann*, NZI 2001, 634.

[3] LG Duisburg ZIP 2001, 1020; *Frege/Keller/Riedel*, Rdn. 604.

[4] *Mönning* in: *Nerlich/Römermann*, InsO, § 25 Rdn. 19; *Uhlenbruck* in: *Uhlenbruck*, InsO, § 25 Rdn. 12.

[5] OLG Celle ZIP 2001, 796; *Schmerbach* in: FK-InsO, § 25 Rdn. 20 ff.

[6] *Haarmeyer* in: MüKo-InsO, § 22 Rdn. 202 ff.; *Uhlenbruck* in: *Uhlenbruck*, InsO, § 22 Rdn. 216 ff.; *Schmerbach* in: FK-InsO, § 21 Rdn. 65 ff.; *Pohlmann*, Rdn. 248; *Uhlenbruck* in: *Gottwald*, § 14 Rdn. 74 ff.; *Uhlenbruck*, NZI 1999, 289.

[7] *Uhlenbruck* in: *Uhlenbruck*, InsO, § 22 Rdn. 217; *Pohlmann*, Rdn. 251; *Uhlenbruck*, NZI 1999, 289.

schäfte oder auf den ihm regelmäßig übertragenen Forderungseinzug bezieht. Der vorläufige Insolvenzverwalter hat mit Beendigung seines Amtes Rechnung zu legen, wird das Insolvenzverfahren eröffnet, hat die Rechnungslegung unmittelbar danach zu erfolgen. Vielfach erfolgt auch in der Praxis die Rechnungslegung des vorläufigen Insolvenzverwalters erst mit Beendigung des Insolvenzverfahrens im Zusammenhang mit der Schlussrechnung des Insolvenzverwalters. Auch wenn regelmäßig vorläufiger Insolvenzverwalter und endgültiger Insolvenzverwalter dieselbe Person sind, ist dies nicht richtig. Die Verfahrensabschnitte sind auch in der Rechnungslegung voneinander getrennt zu betrachten. Für die Prüfung der Rechnungslegung des vorläufigen Insolvenzverwalters ist in jedem Fall der Richter zuständig, da ihm die Zuständigkeit für das Eröffnungsverfahren zukommt.[1]

IV. Die Entscheidung des Insolvenzgerichts über die Eröffnung des Insolvenzverfahrens

1. Die Entscheidungsalternativen für die Beendigung des Insolvenzeröffnungsverfahrens

651 Nach Prüfung der Begründetheit des Insolvenzantrags ergeht die Entscheidung des Gerichts über die Insolvenzeröffnung je nach der Feststellung, ob der Insolvenzgrund gegeben und ausreichend Insolvenzmasse vorhanden ist:

- Ist kein Insolvenzgrund gegeben, der Schuldner mithin nicht zahlungsfähig, wird der Insolvenzantrag des Gläubigers zurückgewiesen; gegen diesen hat der Antragsteller das Rechtsmittel der sofortigen Beschwerde (§ 34 Abs. 1 InsO).
- Ist zwar ein Insolvenzgrund gegeben, muss der Antrag abgewiesen werden, wenn nicht genügend Insolvenzmasse vorhanden ist, um die Kosten des Verfahrens zu decken (§ 26 Abs. 1 InsO).
- Ist der Insolvenzgrund gegeben und ist das Vermögen des Schuldners zur Deckung der Verfahrenskosten ausreichend, wird das Insolvenzverfahren durch Beschluss des Insolvenzgerichts eröffnet (§ 27 InsO).

652 Es war erklärter Wille des Gesetzgebers, das statistische Verhältnis der Abweisungen mangels Masse gegenüber den Insolvenzeröffnungen zu Gunsten der Letzteren zu verändern.[2] Dem dient in erster Linie die Regelung des § 26 Abs. 1 InsO selbst, wonach zur Insolvenzeröffnung nur noch die eigentlichen Kosten des Insolvenzverfahrens gedeckt werden müssen[3] und nicht mehr wie im früheren Konkursrecht auch die

[1] *Uhlenbruck* in: *Uhlenbruck*, InsO, § 22 Rdn. 219.
[2] Begründung des Regierungsentwurfs BT-Drucks. 12/2443, S. 80.
[3] Begründung des Regierungsentwurfs BT-Drucks. 12/2443, S. 118.

voraussichtliche Masseverbindlichkeiten.[1] Daneben dienen auch beispielsweise die Vorschriften der §§ 166 ff. und insbesondere § 171 InsO der Anreicherung der Insolvenzmasse und damit der Insolvenzeröffnung.[2] Nicht selten kann in der Praxis ein Insolvenzverfahren nur auf Grund der zur Insolvenzmasse fließenden Kostenbeiträge des § 171 InsO eröffnet werden. Die Insolvenzeröffnung auch bei geringer Insolvenzmasse ist gerade in der Insolvenz eines kleinen Unternehmens, insbesondere eine GmbH, auch von ordnungspolitischer Bedeutung. Sie dient dazu, die Gesellschaft auf rechtsstaatlichem Wege zu liquidieren und beispielsweise Haftungsansprüche gegen Geschäftsführer oder Ansprüche gegen Gesellschafter geltend zu machen, die ansonsten unentdeckt blieben.[3]

2. Die Abweisung der Insolvenzeröffnung mangels Masse nach § 26 InsO

a) Die Massekostendeckung nach §§ 26 und 54 InsO

Das Insolvenzverfahren soll nicht durchgeführt werden, wenn aus 653
dem vorhandenen Vermögen nicht einmal mehr die Kosten des Verfahrens nach § 54 InsO bestritten werden können. Nach dem eindeutigen Wortlaut des Gesetzes sind allein die Kosten des § 54 InsO zu berücksichtigen.[4] Dennoch wird contra legrem vertreten, dass eine Abweisung mangels Masse auch dann erfolgen müsse, wenn so genannte unabwendbare Masseverbindlichkeiten nach Insolvenzeröffnung beglichen werden müssen.[5] Mit solchen unabwendbaren Masseverbindlichkeiten sind beispielsweise die Kosten der Entsorgung von Sondermüll und Altlasten gemeint, die der Insolvenzverwalter aus öffentlich-rechtlicher Verpflichtung durchführen muss. Aber auch in solchem Verfahren kann unmittelbar nach Insolvenzeröffnung durch Anzeige der Masseunzulänglichkeit (§ 208 InsO) oder unmittelbarer Einstellung mangels Masse (§ 207 InsO) das Haftungsrisiko des Insolvenzverwalters auf ein

---

[1] Hierzu *Hess,* KO, § 107 Rdn. 3 ff.; *Kuhn/Uhlenbruck,* KO, § 107 Rdn. 1; die Frage war bereits im Konkursrecht streitig, für eine Deckung nur der Kosten und nicht auch der voraussichtlichen Masseverbindlichkeiten Jaeger/*Weber,* KO, § 107 Rdn. 4; *Jaeger,* § 27 II. 2.; dazu auch *Henckel* in: FS Einhundert Jahre Konkursordnung, S. 169.

[2] Begründung des Regierungsentwurfs BT-Drucks. 12/2443, S. 86.

[3] Begründung des Regierungsentwurfs BT-Drucks. 12/2443, S. 75, 76, 83, 84; *K. Schmidt,* Wege, S. 179 ff.; aus rechtspolitischer Sicht zu Recht warnend *K. Schmidt* in: *K. Schmidt/Uhlenbruck,* Rdn. 1169.

[4] *Schilken* in: *Jaeger,* InsO, § 26 Rdn. 19 ff.; *Uhlenbruck* in: *Uhlenbruck,* InsO, § 26 Rdn. 5; *Kirchhof* in: HK-InsO, § 26 Rdn. 9, wonach die Gerichtsgebühr für das Eröffnungsverfahren unbeachtet bleibt, da diese ohnehin entstanden ist.

[5] AG Charlottenburg ZIP 1999, 1687, 1688, 1689, dazu EWiR 2000, 241 *(Pannen);* dagegen aber LG Berlin ZInsO 2000, 224; *Förster,* ZInsO 1999, 141; *Rattunde/Rötter,* DZWIR 1999, 309; *Wienberg/Voigt,* ZIP 1999, 1662; *Förster,* ZInsO 2000, 444; *Runkel,* NZI 2002, 2.

Minimum verringert werden.[1] Es ist vom Gesetzgeber gerade gewollt, dass ein Insolvenzverfahren auch dann eröffnet wird, wenn für die Insolvenzgläubiger realistisch keine Befriedigung zu erwarten ist. Im Übrigen zeigt die Praxis allzu oft, dass bei Insolvenzeröffnung scheinbar masseunzulängliche Verfahren durch Aufdeckung weiterer Vermögenswerte, Geltendmachung gesellschaftsrechtlicher Ansprüche oder durch Insolvenzanfechtung sich am Ende als doch erfolgreich herausstellen. Das Insolvenzgericht darf deshalb den Eröffnungsantrag nicht mit der Begründung ablehnen, dass das eröffnete Verfahren alsbald wegen Masseunzulänglichkeit eingestellt werden müsse.[2]

654 Das Insolvenzgericht hat bei Prüfung der Kostendeckung die bereits entstandenen und die noch entstehenden Verfahrenskosten mit dem vorhandenen Vermögen des Schuldners zu vergleichen. Künftig zur Insolvenzmasse fließende Beträge sind einzubeziehen, wenn ihr Eingang innerhalb absehbarer Zeit wahrscheinlich ist.[3] Forderungen des Schuldners gegen Dritte sind dann zu berücksichtigen, wenn ihre Einbringlichkeit innerhalb angemessener Zeit möglich erscheint. Anfechtungsansprüche nach §§ 129 ff. InsO kommen in Betracht, wenn die Liquidität des Anfechtungsgegners und das Prozesskostenrisiko sie als werthaltig erscheinen lassen.[4]

b) Der Massekostenvorschuss und die Kostenstundung

655 Auch wenn die Insolvenzmasse nicht ausreicht, um nur die Kosten des Verfahrens zu decken, kann eine Verfahrenseröffnung sinnvoll sein. Dies ist beispielsweise denkbar, wenn ein laufender Geschäftsbetrieb wenn auch mit Verlusten arbeitend fortgeführt werden soll, um später an einen Investor übertragen werden zu können. Ein Gläubiger kann auch dann ein Interesse an der Insolvenzeröffnung haben, wenn er an einzelnen Vermögenswerten und deren Verwertung interessiert ist. Ist beispielsweise ein Bauträger insolvent, bei welchem bereits zahlreiche Eigenheime oder Eigentumswohnungen errichtet und verkauft, die Veräußerungen aber noch nicht vollständig abgewickelt sind, kann die Gläubigerbank, die sowohl den Bauträger als auch die Käufer finanziert, ein Interesse an der Verfahrenseröffnung haben, weil dann der In-

---

[1] *Kirchhof*, ZInsO 1999, 365.

[2] AG Neu-Ulm NZI 2000, 386; eingehend und deutlich *Schilken* in: *Jaeger*, InsO, § 26 Rdn. 19 ff., 22; *Haarmeyer* in: MüKo-InsO, § 26 Rdn. 16; *Uhlenbruck* in: *Uhlenbruck*, InsO, § 26 Rdn. 7, 8 (anders aber für den Fall der Einstellung mangels Masse, *Uhlenbruck* in: *Uhlenbruck*, InsO, § 207 Rdn. 3); treffend bereits Jaeger/*Weber*, KO, § 107 Rdn. 4.

[3] BGH NZI 2004, 30 = ZIP 2003, 2171; *Schilken* in: *Jaeger*, InsO, § 26 Rdn. 26 ff.; *Uhlenbruck* in: *Uhlenbruck*, InsO, § 26 Rdn. 13; *Kirchhof* in: HK-InsO, § 26 Rdn. 5 ff.; großzügig *Schmerbach* in: FK-InsO, § 26 Rdn. 15.

[4] Eingehend zu einzelnen Wertansätzen *Schilken* in: *Jaeger*, InsO, § 26 Rdn. 13 ff.; *Uhlenbruck* in: *Uhlenbruck*, InsO, § 26 Rdn. 10, 11, 12.

solvenzverwalter die weitere Abwicklung der Veräußerungen übernehmen kann.

Die Abweisung mangels Masse unterbleibt deshalb, wenn ein ausreichender Kostenvorschuss geleistet wird (§ 26 Abs. 1 Satz 2 InsO). Hat den Insolvenzantrag ein Gläubiger gestellt, wird ihm unter Fristsetzung aufgegeben, einen entsprechenden Kostenvorschuss zur Insolvenzeröffnung zu leisten.[1] Der Gläubiger kann aber auch bereits im Insolvenzantrag erklären, dass er für den Fall der Masselosigkeit zur Zahlung eines Vorschusses nicht bereit sei. Die gerichtliche Anforderung eines Kostenvorschusses ist nicht selbstständig anfechtbar.[2] Anfechtbar ist nur der Beschluss über die Abweisung mangels Masse. Die Abweisung mangels Masse unterbleibt auch dann, wenn den Schuldner die Verfahrenskosten nach §§ 4a ff. InsO gestundet werden.[3] 656

Der Kostenvorschuss wird im eröffneten Insolvenzverfahren nicht Bestandteil der Insolvenzmasse, er ist an den Gläubiger zurückzuzahlen, sobald die Insolvenzmasse ausreicht, um die Kosten des Insolvenzverfahrens zu decken.[4] Gelingt das nicht und ist das Verfahren als masselos nach § 207 InsO einzustellen, ist der Kostenvorschuss für den Gläubiger verloren. 657

c) Der Erlass des Abweisungsbeschlusses

Die Abweisung mangels Masse selbst erfolgt durch Beschluss des Insolvenzgerichts, der zu begründen ist.[5] Vor Erlass des Beschlusses wird der antragstellende Gläubiger bereits wegen § 26 Abs. 1 Satz 2 InsO angehört, der Schuldner ist gesondert anzuhören. Die Anhörung des Schuldners kann unterbleiben, wenn er bereits durch den Sachverständigen über das Ergebnis der Ermittlungen informiert worden ist und dies aus dem Gutachten hervorgeht.[6] 658

Die Kosten des Eröffnungsverfahrens werden regelmäßig dem Schuldner auferlegt.[7] Für die Gerichtskosten ist er Entscheidungs- 659

---

[1] Eingehend *Uhlenbruck* in: *Uhlenbruck,* InsO, § 26 Rdn. 19, 21; *Frege/Keller/Riedel,* Rdn. 724 ff.

[2] OLG Köln NZI 2000, 217 = ZIP 2000, 548; LG Göttingen NZI 2000, 438; *Uhlenbruck* in: *Uhlenbruck,* InsO, § 26 Rdn. 21; *Kirchhof* in: HK-InsO, § 26 Rdn. 21; anders *Smid* in: *Smid,* InsO, § 26 Rdn. 20.

[3] Dazu *Frege/Keller/Riedel,* Rdn. 104 ff.; zur Vorschussanforderung an den Schuldner KG NZI 2001, 379; *Uhlenbruck* in: *Uhlenbruck,* InsO, § 26 Rdn. 21 a. E.; *Pape* in: *Kübler/Prütting,* InsO, § 26 Rdn. 11.

[4] OLG Frankfurt ZIP 1986, 931, dazu EWiR 1986, 503 *(Brehm); Uhlenbruck* in: *Uhlenbruck,* InsO, § 26 Rdn. 20 m. w. N.

[5] Mit Musterbeschluss *Frege/Keller/Riedel,* Rdn. 736, 739.

[6] Dazu BGH ZIP 2004, 724; *Haarmeyer* in: MüKo-InsO, § 26 Rdn. 24 ff.; *Uhlenbruck* in: *Uhlenbruck,* InsO, § 26 Rdn. 26; *Vallender* in: KS, S. 249 Rdn. 49.

[7] AG Köln NZI 2000, 384; eingehend *Schilken* in: *Jaeger,* InsO, § 26 Rdn. 72 ff.; *Uhlenbruck* in: *Uhlenbruck,* InsO, § 26 Rdn. 28; *Schmerbach* in: FK-InsO, § 26 Rdn. 68; *Frege/Keller/Riedel,* Rdn. 2564; *Boetius,* KTS 1964, 224; *Delhaes,* KTS 1987, 597; *Kuhn/Uhlenbruck,* KO, § 107 Rdn. 5 e; *Uhlenbruck,* KTS 1983, 311; *Vallender,* InVo 1997, 5; anders (Haftung des Antragstellers) LG Münster NZI 2000,

schuldner nach § 29 Nr. 1 GKG. Ein antragstellender Gläubiger ist als Antragschuldner nach § 23 Abs. 1 Satz 1 GKG weiterhin haftbar, er ist Zweitschuldner nach § 31 Abs. 2 GKG. Der antragstellende Gläubiger haftet im Falle der Abweisung mangels Masse auch für die gerichtlichen Auslagen,[1] ebenso wenig wie die Staatskasse aber für die Vergütung des vorläufigen Insolvenzverwalters.[2]

660 Die Abweisung mangels Masse ist dem antragstellenden Gläubiger und dem Schuldner zuzustellen.[3] Eine öffentliche Bekanntmachung der Abweisung mangels Masse erfolgt nicht, sie ist gesetzlich nicht geregelt,[4] wenn sie auch rechtspolitisch wünschenswert wäre.[5] Gegen den Abweisungsbeschluss steht dem Antragsteller die sofortige Beschwerde nach § 34 Abs. 1 InsO zu.[6]

661 Der Abweisungsbeschluss erwächst nicht in materielle Rechtskraft. Ein Insolvenzantrag kann erneut gestellt werden, die Deckung der Massekosten ist dann in besonderem Maße glaubhaft zu machen.[7]

d) Die Wirkungen der Abweisung mangels Masse gegen den Schuldner

aa) Die Eintragung in das Schuldnerverzeichnis nach § 26 Abs. 2 InsO

662 Der Schuldner wird nach § 26 Abs. 2 InsO in das Schuldnerverzeichnis beim Amtsgericht eingetragen. Das Schuldnerverzeichnis für die Abweisung mangels Masse ist nicht dasselbe Verzeichnis wie im Verfahren zur Abgabe der eidesstattliche Versicherung nach §§ 807, 899 ff. ZPO, jedoch gelten über § 26 Abs. 2 Satz 2 InsO die Vorschriften dieses Schuldnerverzeichnisses entsprechend.[8] Mit der Eintragung in das

---

383; Jaeger/*Weber*, KO, § 108 Anm. 6; vermittelnd vielleicht OLG Köln NZI 200, 374, wonach die Auferlegung der Kosten an den Gläubiger nicht greifbar gesetzeswidrig sei.

[1] LG Gera ZIP 2002, 1735.

[2] BGHZ 157, 370 (keine Ausfallhaftung des Staates), dazu *Keller*, NZI 2004, 465; für eine Haftung des Staates dagegen noch LG Wuppertal ZIP 1984, 734; LG Kassel ZIP 1985, 176; LG Frankfurt am Main Rpfleger 1986, 496; LG Frankfurt/Oder ZIP 1995, 485, dazu EWiR 1995, 363 *(Haarmeyer)*; LG Offenburg ZIP 1999, 244, dazu EWiR 2000, 39 *(Eckardt)*; *Haarmeyer/Wutzke/Förster*, InsVV, § 11 Rdn. 91 ff.; *Hess/Weis/Wienberg*, InsO, § 11 InsVV Rdn. 22; für eine Haftung des Gläubigers LG Mainz NZI 1998, 131; LG Münster DZWIR 1999, 423; LG Gera ZIP 2002, 1735; eingehend *Frege/Keller/Riedel*, Rdn. 2530; *Keller*, Vergütung, Rdn. 177.

[3] Zu den weiteren Mitteilungen *Frege/Keller/Riedel*, Rdn. 743 ff.

[4] Dazu *Uhlenbruck* in: *Uhlenbruck*, InsO, § 26 Rdn. 34; *Schmerbach* in: FK-InsO, § 26 Rdn. 73; *Mönning* in: *Nerlich/Römermann*, InsO, § 26 Rdn. 48; *Braun/Kind*, InsO, § 26 Rdn. 32; *Smid* in: *Smid*, InsO, § 26 Rdn. 23; *Kuhn/Uhlenbruck*, KO, § 76 Rdn. 6; *Uhlenbruck* in: *Gottwald*, § 16 Rdn. 7; *Keller*, ZIP 2003, 149; grundlegend bereits *Dempewolf*, DB 1976, 1141; *ders.*, ZIP 1981, 953.

[5] So bereits *Jaeger*, KO, § 107 Anm. 8.

[6] *Schilken* in: *Jaeger*, InsO, § 26 Rdn. 77 ff.; *Uhlenbruck* in: *Uhlenbruck*, InsO, § 26 Rdn. 35.

[7] BGH NZI 2002, 601 = ZIP 2002, 1695.

[8] *Uhlenbruck* in: *Uhlenbruck*, InsO, § 26 Rdn. 37 ff.; *Frege/Keller/Riedel*, Rdn. 751.

Schuldnerverzeichnis soll der Rechtsverkehr gegenüber dem insolventen Schuldner geschützt werden.

Für Angehörige der rechts- und wirtschaftsberatenden Berufe hat die Abweisung mangels Masse regelmäßig den Widerruf der berufsrechtlichen Zulassung zur Folge.[1] die Abweisung mangels Masse führt nicht automatisch zum Verlust der allgemeinen Gewerbeerlaubnis nach der Gewerbeordnung, im Einzelfall kann sie aber ebenso wie die Insolvenzeröffnung Auslöser für einen Entzug im Rahmen zulässiger Ermessensausübung sein.[2] 663

bb) Die gesellschaftsrechtlichen Folgen der Abweisung mangels Masse

Ist Schuldner des Insolvenzverfahrens eine Kapitalgesellschaft, wird sie mit Rechtskraft der Abweisung mangels Masse kraft Gesetzes aufgelöst (§§ 262 Abs. 1 Nr. 4, 278 Abs. 3 AktG, § 60 Abs. 1 Nr. 5 GmbHG).[3] Die Abweisung mangels Masse ist deshalb dem Registergericht mitzuteilen, das Registergericht leitet in aller Regel ein Verfahren zur Löschung wegen Vermögenslosigkeit nach § 141 a FGG ein. Die eigentliche Liquidation der Gesellschaft erfolgt durch die hierzu berufenen Organe nach den gesellschaftsrechtlichen Regelungen (§ 145 Abs. 3 HGB). In der Rechtspraxis unterbleibt dies meist, der Geschäftsführer der insolventen GmbH hat mitunter bewusst die Abweisung mangels Masse provoziert, um eine weitere Geschäftstätigkeit und Liquidation zu vermeiden. 664

cc) Die Haftung des Schuldners bei Insolvenzantragspflicht nach § 26 Abs. 3 InsO

Ein in der Rechtspraxis stumpfes Schwert ist die Regelung des § 26 Abs. 3 InsO, wonach der Gläubiger, der zu Verfahrenseröffnung einen Vorschuss nach § 26 Abs. 1 Satz 2 InsO geleistet hat, die Erstattung dieses Vorschusses von demjenigen organschaftlichen Vertreter oder Gesellschafter der schuldnerischen Gesellschaft verlangen kann, die entgegen gesetzlicher Verpflichtung nicht rechtzeitig Insolvenzantrag gestellt hat.[4] Der Ersatzanspruch rekurriert damit auf die Insolvenzantragspflicht insbesondere des § 64 Abs. 1 GmbHG oder des § 92 Abs. 2 AktG.[5] Er setzt für den einzelnen Gläubiger aber voraus, dass dieser Kostenvorschuss zur Insolvenzeröffnung leistet. Als besseres Druckmittel zur rechtzeitigen Insolvenzantragstellung hat sich dagegen weit mehr der Anspruch des § 64 Abs. 2 GmbHG seitens des Insolvenzverwalters oder der Anspruch eines Gläubigers auf Schadensersatz aus § 823 Abs. 2 BGB mit § 64 GmbHG erwiesen. 665

---

[1] *Frege/Keller/Riedel,* Rdn. 754; *Hess/Röpke,* NZI 2003, 233.

[2] Dazu *Onusseit* in: *Kübler/Prütting,* InsO, § 157 Rdn. 9 ff.; *Antoni,* NZI 2003, 246.

[3] Dazu *Uhlenbruck* in: *K. Schmidt/Uhlenbruck,* Rdn. 1139 ff.

[4] Eingehend hierzu *Schilken* in: *Jaeger,* InsO, § 26 Rdn. 89 ff.; *Uhlenbruck* in: *Uhlenbruck,* InsO, § 26 Rdn. 47 ff.; *Uhlenbruck* in: *K. Schmidt/Uhlenbruck,* Rdn. 1143 ff.; sehr kritisch *K. Schmidt* in: KS, S. 1199 Rdn. 41.

[5] OLG Hamm NZI 2002, 437.

3. Die Eröffnung des Insolvenzverfahrens nach § 27 InsO

a) Der Inhalt des Insolvenzeröffnungsbeschlusses nach § 27 Abs. 2 InsO

666 Die Eröffnung des Insolvenzverfahrens erfolgt endlich dann, wenn ein Insolvenzgrund gegeben ist und genügend Insolvenzmasse zur Deckung der Verfahrenskosten vorhanden ist. Das Gericht erlässt den Eröffnungsbeschluss nach § 27 InsO. Dieser hat zu enthalten:[1]

667 – Den Namen des Schuldners und seinen Wohnsitz; betreibt der Schuldner ein Handelsgewerbe, sind auch die Firma und die gewerbliche Niederlassung anzugeben (§ 27 Abs. 2 Nr. 1 InsO).[2] Ist Schuldner eine Personengesellschaft oder eine juristische Person, erfolgt die Bezeichnung mit Angabe der Firma und der organschaftlichen Vertreter beziehungsweise der vertretungsberechtigten Gesellschafter; die Gesellschaft bürgerlichen Rechts ist unter Nennung aller Gesellschafter zu bezeichnen.[3]

668 – Den Namen und die Anschrift des Insolvenzverwalters (§ 27 Abs. 2 Nr. 2 InsO).

669 – Den Tag und die Stunde (Uhrzeit, auch die Minute) der Insolvenzeröffnung (§ 27 Abs. 2 Nr. 3 InsO); mit diesem Zeitpunkt verliert der Schuldner seine Verfügungsbefugnis nach § 80 Abs. 1 InsO; fehlt die Zeitangabe, gilt als Eröffnungszeitpunkt die Mittagsstunde (§ 27 Abs. 3 InsO). Mit dem in § 27 Abs. 2 Nr. 3 InsO genannten Zeitpunkt ist derjenige Zeitpunkt gemeint, zu welchem der Richter tatsächlich den Eröffnungsbeschluss unterschreibt.[4] Häufig wird in der Praxis die Eröffnung des Insolvenzverfahrens um Mitternacht oder auch um 6.00 Uhr beschlossen. Dies mag zwar insbesondere für Lohnberechnungen und Berechnung von Insolvenzgeld praktisch sinnvoll sein, ist vom Sinn der Regelung des § 27 Abs. 2 Nr. 3 InsO aber nicht gedeckt und im Hinblick auf die materiellrechtliche Wirkung der Insolvenzeröffnung bedenklich.[5]

670 Das Insolvenzgericht kann vor der ersten Gläubigerversammlung bereits einen vorläufigen Gläubigerausschuss zur Unterstützung der

---

[1] Ausführlich *Frege/Keller/Riedel*, Rdn. 758 ff.

[2] Zum Verweis der Namensnennung auf die Akte zweifelhaft OLG Brandenburg ZIP 2002, 1097.

[3] AG Potsdam ZIP 2001, 797.

[4] Zur Eröffnung des Vergleichsverfahrens BGHZ 50, 242; anders *Schmahl* in: MüKo-InsO, § 27 bis 29 Rdn. 38.

[5] BGH DZWIR 2004, 329 m. Anm. *Graeber* = NZI 2004, 316 = ZIP 2004, 766 (Unzulässigkeit der Vordatierung), dazu EWiR 2004, 553 *(Bork)*; *Schilken* in: *Jaeger*, InsO, § 27 Rdn. 30, 31 mit umfangreichen Nachweisen; *Uhlenbruck* in: *Uhlenbruck*, InsO, § 27 Rdn. 9; *Frege/Keller/Riedel*, Rdn. 763; weit großzügiger *Schmahl* in: MüKo-InsO, §§ 27 bis 29 Rdn. 29 bis 38.

Tätigkeit des Insolvenzverwalters bestellen (§ 67 Abs. 1 InsO). Die Mitglieder des vorläufigen Gläubigerausschusses sind dann im Eröffnungsbeschluss zu benennen.

Nach §§ 28, 29 InsO hat das Insolvenzgericht bereits mit der Insolvenzeröffnung verschiedene Fristen und Termine für Gläubigerversammlungen zu bestimmen: 671

- Das Insolvenzgericht bestimmt eine Frist, innerhalb derer die Gläubiger ihre jeweiligen Forderungen bei Gericht anzumelden haben (§§ 28 Abs. 1, 174 ff. InsO); die Anmeldung der Forderung erfolgt nach §§ 174 ff. InsO beim Insolvenzverwalter.
- Das Insolvenzgericht bestimmt einen Termin für die erste Gläubigerversammlung (§ 29 Abs. 1 Nr. 1 InsO); in diesem so genannten Berichtstermin sollen die Gläubiger über die Wahl des Insolvenzverwalters entscheiden und über die Bildung eines Gläubigerausschusses (§§ 57, 68 InsO); auch über die Fortführung des Geschäftsbetriebs des Schuldners oder über eine Unterstützung an ihn kann entschieden werden (§§ 157, 100 InsO).
- Das Insolvenzgericht bestimmt einen Termin für die Gläubigerversammlung zur Prüfung der angemeldeten Forderungen (§ 176 InsO); bei kleineren Insolvenzverfahren können Berichts- und allgemeiner Prüfungstermin miteinander verbunden werden (§ 29 Abs. 2 InsO).

Für die Bestimmung der Termine und der Anmeldefrist sind bestimmte Fristen einzuhalten: 672

- Der Berichtstermin soll nicht später als drei Monate nach Insolvenzeröffnung abgehalten werden § 29 Abs. 1 Nr. 1 zweiter Halbsatz InsO).
- Die Anmeldefrist soll ab Insolvenzeröffnung zwischen zwei Wochen und drei Monaten betragen (§ 28 Abs. 1 Satz 2 InsO).
- Der Zeitraum zwischen Ablauf der Anmeldefrist und allgemeinem Prüfungstermin soll zwischen einer Woche und zwei Monaten liegen (§ 29 Abs. 1 Nr. 2 zweiter Halbsatz InsO).

Der Eröffnungsbeschluss enthält ferner:

- Die Aufforderung an die Insolvenzgläubiger, dem Insolvenzverwalter bestehende Sicherungsrechte an beweglichen Gegenständen mitzuteilen (§ 28 Abs. 2 InsO). Dabei sind der betroffene Gegenstand, Art und Entstehung des Sicherungsrechts und Höhe der gesicherten Forderung mitzuteilen. Die Anzeige dient der Verwertung der Gegenstände auch im Interesse des betreffenden Gläubigers (§§ 166 ff. InsO).
- Den so genannten offenen Arrest (§ 28 Abs. 3 InsO); allen Personen, die an die Insolvenzmasse etwas schulden, wird aufgegeben, nicht mehr an den Schuldner zu leisten und dem Insolvenzverwalter über die Forderung Nachricht zu geben; die Anzeigepflicht hat keine dingliche Wirkung; für die Wirksamkeit einer Leistung nach Insolvenzeröffnung gilt § 82 InsO.

673 Einer besonderen Begründung der Insolvenzeröffnung bedarf der Eröffnungsbeschluss nicht. Üblich ist es, den Insolvenzgrund anzugeben, das Gericht muss aber nicht ausführlich begründen, weshalb nach seiner Ansicht der Schuldner zahlungsunfähig ist. Auch die Nennung eines antragstellenden Gläubigers im Eröffnungsbeschluss ist nicht erforderlich.[1]

b) Die Mitteilung und Bekanntmachung der Insolvenzeröffnung an den Rechtsverkehr

674 Der Eröffnungsbeschluss wird wirksam, sobald er aus dem Geschäftsbereich des Insolvenzgerichts heraustritt und damit nicht mehr geändert werden kann.[2] Die Wirkungen der Insolvenzeröffnung treten aber mit dem im Beschluss genannten Zeitpunkt ein.

675 Der Beschluss ist dem Schuldner und bereits bekannten Gläubigern von Amts wegen zuzustellen (§ 30 Abs. 2 InsO). Er ist öffentlich bekanntzumachen (§ 30 Abs. 1 und § 9 InsO). Die Bekanntmachung im Bundesanzeiger erfolgt zusätzlich (§ 30 Abs. 1 Satz 2 InsO).[3] Die Insolvenzeröffnung ist dem Registergericht zur Eintragung im Handelsregister, Genossenschaftsregister oder im Vereinsregister mitzuteilen; die Eintragung erfolgt seitens des Registergericht jeweils von Amts wegen (§ 32 Abs. 1, § 143 Abs. 1 Satz 1 HGB, § 65 Abs. 1 GmbHG).

676 In das Grundbuch ist die Insolvenzeröffnung nach § 32 InsO einzutragen. Die Eintragung erfolgt auf Ersuchen des Insolvenzgerichts, § 32 Abs. 2 InsO mit § 38 GBO, oder auf Antrag des Insolvenzverwalters unter Nachweis seines Amtes (§ 32 Abs. 2 Satz 2 InsO).[4]

677 Mitzuteilen ist die Insolvenzeröffnung den nach XII a. Abschnitt der Anordnung über Mitteilungen in Zivilsachen (MiZi) genannten Stellen.[5]

c) Die sofortige Beschwerde gegen die Insolvenzeröffnung nach § 34 InsO

678 Gegen die Insolvenzeröffnung, die auf Antrag eines Gläubigers erfolgt ist, steht dem Schuldner die sofortige Beschwerde zu (§ 34 Abs. 2 InsO).[6] Erfolgte die Insolvenzeröffnung auf Eigenantrag des Schuldners, wird ihm ein Beschwerderecht mangels Beschwer versagt.[7] Einem an-

---

[1] Dazu *Frege/Keller/Riedel,* Rdn. 771, 772.

[2] BGH ZIP 1982, 464.

[3] Dazu *Frege/Keller/Riedel,* Rdn. 778 ff.

[4] *Schöner/Stöber,* Rdn. 1632 ff.; *Frege/Keller/Riedel,* Rdn. 796 ff.

[5] Ausführlich *Frege/Keller/Riedel,* Rdn. 800 ff.

[6] Dies auch mit die Ziel, eine Abweisung mangels Masse zu erreichen, BGH NZI 2004, 625 = ZIP 2004, 1727.

[7] OLG Celle NZI 1999, 493 = ZIP 1999, 1605; OLG Stuttgart NZI 1999, 491; zum Beschwerderecht, wenn der Schuldner Abweisung mangels Masse erstrebt hatte, *Schilken* in: *Jaeger,* InsO, § 34 Rdn. 17 ff., 26; eingehend auch *Uhlenbruck* in: *Uhlenbruck,* InsO, § 34 Rdn. 11 ff.

tragstellenden Gläubiger steht gegen den Eröffnungsbeschluss kein Rechtsmittel zu.

Die Beschwerdefrist beginnt mit Wirksamkeit der öffentlichen Bekanntmachung der Insolvenzeröffnung, die nach § 9 Abs. 3 InsO als Zustellung an alle Beteiligte gilt (§ 6 Abs. 2 InsO). 679

Schaubild 8: Muster eines Insolvenzeröffnungsbeschlusses 680

Amtsgericht Leipzig
– Insolvenzgericht –
Bernhard-Göring-Str. 64, 04275 Leipzig

Az.: 94 IN 1333/03 Leipzig, 1. August 2003

Beschluss

1. Über das Vermögen des
Rudolf Riebenkaufer
Gerichtsweg 14
04103 Leipzig
Inhaber der „Feinbäckerei Riebenkaufer“
Max-Liebermann-Str. 31, 04157 Leipzig

wird auf eigenen Antrag des Schuldners

heute um

8.30 Uhr

das

Insolvenzverfahren

auf Grund Zahlungsunfähigkeit des Schuldners eröffnet.

2. Zum Insolvenzverwalter wird bestellt:

Rechtsanwalt Joachim Jannsen
Nonnenstr. 34
04229 Leipzig

3. Die Insolvenzgläubiger werden aufgefordert, nicht nachrangige Forderungen (§ 38 InsO) bis zum

15. August 2003

beim Insolvenzverwalter schriftlich anzumelden.

4. Termin zur ersten Gläubigerversammlung (Berichtstermin), der auch der eventuellen Wahl eines anderen Insolvenzverwalters dient und in dem über die Einsetzung eines Gläubigerausschusses sowie über die in §§ 66, 100, 149, 157, 160, 162 InsO bezeichneten Angelegenheiten abzustimmen ist, wird bestimmt auf

23. August 2003

Gerichtsgebäude: Amtsgericht Leipzig, Bernhard-Göring-Str. 64, 04275 Leipzig
Sitzungssaal: 056.

5. Der allgemeine Prüfungstermin wird anberaumt auf

23. August 2003

Gerichtsgebäude: Amtsgericht Leipzig, Bernhard-Göring-Str. 64, 04275 Leipzig
Sitzungssaal: 056
Hinweis: Gläubiger deren Forderungen festgestellt werden, erhalten keine Benachrichtigung.

6. Die Gläubiger werden aufgefordert, dem Insolvenzverwalter unverzüglich mitzuteilen, welche Sicherungsrechte sie an beweglichen Sachen oder an Rechten des Schuldners in Anspruch nehmen. Der Gegenstand, an dem das Sicherungsrecht beansprucht wird, die Art und der Entstehungsgrund des Sicherungsrechts sowie die gesicherte Forderung sind zu bezeichnen. Wer die Mitteilung schuldhaft unterlässt oder verzögert, haftet für den daraus entstehenden Schaden (§ 28 Abs. 2 InsO). Personen, die Verpflichtungen gegenüber dem Schuldner haben, werden aufgefordert, nicht mehr an den Schuldner, sondern an den Insolvenzverwalter zu leisten (§ 28 Abs. 3 InsO).

Krüger
Richter am Amtsgericht

4. Kapitel. Das eröffnete Insolvenzverfahren

I. Der Verfahrensablauf nach Insolvenzeröffnung

1. Die Abwicklung der Insolvenz durch den Insolvenzverwalter

Der Insolvenzverwalter hat die Insolvenzabwicklung durchzuführen, er hat das Vermögen des Schuldners zu liquidieren, gegenseitige Verträge abzuwickeln, Ansprüche insbesondere aus Insolvenzanfechtung geltend zu machen oder auch das Unternehmen zu sanieren, soweit eine Sanierung im weitesten Sinne möglich ist. Diese so genannte materielle Insolvenzabwicklung obliegt dem Insolvenzverwalter. Die materielle Insolvenzabwicklung ist wesentlich Gegenstand in Teil 3 dieses Buches. 681

2. Der Ablauf des Verfahrens beim Insolvenzgericht

Das Insolvenzverfahren bei Gericht hat zum einen die ordnungsgemäße Durchführung der Gläubigerversammlungen zum Ziel, zum anderen das so genannte Feststellungsverfahren zur Anmeldung, Prüfung und Feststellung der Forderungen der Insolvenzgläubiger zur Berücksichtigung bei der Verteilung des Verwertungserlöses. 682

a) Die Forderungsanmeldung und Forderungsprüfung

Parallel zur materiellen Insolvenzabwicklung durch den Insolvenzverwalter verläuft das Verfahren zur Forderungsanmeldung und Forderungsprüfung der Insolvenzforderungen. Es ist in den §§ 174 ff. InsO geregelt und wird in Arbeitsteilung zwischen dem Insolvenzverwalter und dem Insolvenzgericht durchgeführt. 683

Das Verfahren der Forderungsprüfung kann mit einem stark vereinfachten allseitig wirkenden Zivilprozess verglichen werden:[1] 684

- Die Forderungsanmeldung durch den Gläubiger entspricht der Klageerhebung im ordentlichen Verfahren nach § 253 ZPO.
- Der allgemein Prüfungstermin stellt die mündliche Verhandlung im Sinne des § 279 ZPO dar.
- Wird weder vom Insolvenzverwalter noch von einem Insolvenzgläubiger eine angemeldeten Forderung widersprochen, wird sie gilt sie als anerkannt gleichsam wie im Falle des § 307 ZPO.
- Wird einer angemeldeten Forderung vom Insolvenzverwalter oder einem Insolvenzgläubiger widersprochen, ist über die Feststellung die-

[1] Die Grundlinien des Verfahrens sind bereits sehr gut dargestellt bei *Jaeger,* § 28.

ser Forderung zur Insolvenztabelle im ordentlichen Zivilprozess zu entscheiden (§ 179 InsO).

685 Mit der Feststellungs- und die Titulierungswirkung des § 178 Abs. 3 InsO bietet das Insolvenzverfahren für den einzelnen Insolvenzgläubiger in besten Falle eine einfache und kostengünstige Verfahrensweise der rechtskräftigen Feststellung seiner Forderung auch über das Insolvenzverfahren hinaus.

b) Die Durchführung der Verteilungen

686 Soweit hinreichend bare Masse vorhanden ist, soll der Insolvenzverwalter nach § 187 Abs. 2 Satz 1 InsO eine so genannte Abschlagsverteilung vornehmen. Die so genannte Schlussverteilung nach § 196 InsO erfolgt, sobald die Insolvenzmasse vollständig verwertet ist. In jedem Fall kann eine Verteilung frühestens nach Abhaltung des allgemeinen Prüfungstermins und damit nach rechtskräftiger Feststellung der Insolvenzforderungen durchgeführt werden (§ 187 Abs. 1 InsO).

II. Die Anmeldung der Insolvenzforderungen

1. Die Anmeldepflicht und die Teilnahme am Insolvenzverfahren

687 Jeder Insolvenzgläubiger (§ 38 InsO) kann mit seiner Forderung am Insolvenzverfahren teilnehmen. Er kann dies aber nur, wenn er seine Forderung zur Insolvenztabelle anmeldet.[1] Umgekehrt gelten für den, der sich am Verfahren nicht beteiligt, auch die negativen Wirkungen der Insolvenz.[2] Die Verfahrensbeteiligung drückt sich in der Teilnahme und Stimmberechtigung bei den Gläubigerversammlungen sowie bei der Verteilung aus. Im Insolvenzverfahren über das Vermögen einer natürlichen Person kommt hinzu, dass der Gläubiger im anschließenden Restschuldbefreiungsverfahren Zahlungen seitens des Treuhänders nach § 292 Abs. 1 Satz 1 InsO nur auf Grund des Schlussverzeichnisses als Verteilungsverzeichnis erhält. Von der erteilten Restschuldbefreiung ist nach § 301 Abs. 1 Satz 2 InsO auch der Gläubiger betroffen, der seine Insolvenzforderung im vorangegangenen Insolvenzverfahren nicht zur Tabelle angemeldet hat.

688 Nach § 87 InsO können die Insolvenzgläubiger ihre Forderungen gegen den Schuldner nur nach den Vorschriften der Insolvenzordnung, mithin nach §§ 174 ff. InsO, geltend machen. Damit soll ausgeschlossen werden, dass ein Gläubiger auf die Teilnahme am Insolvenzverfahren verzichtet und auf Grund eines gegen den Schuldner erwirkten Voll-

---

[1] Zu den dogmatischen Grundlagen der Verfahrensteilnahme *Jaeger*, § 28 Nr. 4; *Häsemeyer*, Rdn. 22.01 ff.

[2] *Uhlenbruck* in: *Uhlenbruck*, InsO, § 174 Rdn. 1.

streckungstitels im Übrigen die Zwangsvollstreckung gegen diesen betreibt;[1] im früheren Konkursverfahren wurde dem Gläubiger dieses Recht zugebilligt.[2] Da das insolvenzfreie Vermögen praktisch aber nurmehr aus unpfändbaren Gegenständen und Forderungen besteht (§ 36 InsO), hat diese Möglichkeit der Zwangsvollstreckung außerhalb des Insolvenzverfahrens keine praktische Bedeutung.[3]

2. Die Anmeldung einzelner Insolvenzforderungen

a) Die Anmeldung nicht nachrangiger Insolvenzforderungen nach § 38 InsO

Anzumelden sind die Ansprüche der Gläubiger nicht nachrangiger 689
Insolvenzforderungen nach § 38 InsO, gleichgültig ob es sich um zivilrechtliche Ansprüche, Steueransprüche oder sonstige öffentlich-rechtliche Ansprüche handelt.[4] Dabei ist es nicht von Bedeutung, ob der betreffende Gläubiger gegenüber dem Schuldner bereits einen vollstreckungsfähigen Titel besitzt oder nicht.[5] Steht die Insolvenzforderung mehreren Gläubigern zu, ist sie unter Angabe des jeweiligen Anteilsverhältnisses von allen Gläubigern gemeinsam anzumelden.[6] Steht eine Forderung mehreren Gläubigern als Gesamtgläubiger nach § 428 BGB zu, kann sie von jedem Gläubiger in voller Höhe zur Insolvenztabelle angemeldet werden; auf die Gesamtgläubigerschaft ist hinzuweisen. Das Stimmrecht in einer Gläubigerversammlung nach § 77 InsO kann nur gemeinschaftlich ausgeübt werden. Die Zuteilung einer Quote durch den Insolvenzverwalter erfolgt im Zweifel nach seiner Wahl an einen, mehrere oder alle Gläubiger.[7]

Der Gläubiger, dem der Schuldner gemeinsam mit anderen Schuld- 690
nern als Gesamtschuldner im Sinne der §§ 421 ff. BGB haftet, kann im Insolvenzverfahren eines jeden Schuldners den Betrag seiner Forderung geltend machen, den er bei Eröffnung des Insolvenzverfahrens zu fordern berechtigt war (§ 43 InsO).

---

[1] Begründung des Regierungsentwurfs BT-Drucks. 12/2443, S. 137; *Uhlenbruck* in: *Uhlenbruck,* InsO, § 174 Rdn. 11; *Lüke* in: *Kübler/Prütting,* InsO, § 87 Rdn. 2; *Pape* in: *Kübler/Prütting,* InsO, § 174 Rdn. 7, 8.

[2] BGHZ 25, 395; BGHZ 72, 234; BGH ZIP 1996, 842, dazu EWiR 1996, 751 *(Pluta/Seichter)*; zu vereinzelt vertretener Ansicht noch *Uhlenbruck* in: *Uhlenbruck,* InsO, § 87 Rdn. 13.

[3] So auch *Pape* in: *Kübler/Prütting,* InsO, § 174 Rdn. 8.

[4] Zur Anmeldung von Steuern und öffentlich-rechtlichen Forderungen *Uhlenbruck* in: *Uhlenbruck,* InsO, § 174 Rdn. 3 ff.; *Kling* in: MüKo-InsO, Insolvenzsteuerrecht Rdn. 270 ff.

[5] *Häsemeyer,* Rdn. 22.08; so bereits *Jaeger,* § 28; eingehend auch *Gaul* in: FS Weber, S. 155.

[6] Allgemein Palandt/*Heinrichs,* BGB, § 432 Rdn. 2; zur Zulässigkeit der Klageerhebung eines Wohnungseigentümers zur Leistung an alle Miteigentümer in Anwendung des § 432 BGB eingehend BGHZ 106, 222; BGHZ 121, 22.

[7] *Kilger/K. Schmidt,* Insolvenzgesetze, § 67 KO Anm. 3.

691 Für die Anmeldung betagter oder bedingter Forderungen sowie von Forderungen, die nicht auf Geldzahlung sind oder auf fremde Währung gerichtet sind, gelten die Regelungen der §§ 41 ff. InsO.[1]

692 Die Anmeldung einer Forderung im Insolvenzverfahren kann zwar mit einer Klageerhebung seitens des Gläubigers verglichen werden, sie hat aber nicht die Wirkung einer Rechtshängigkeit nach § 261 ZPO.[2] Die Anmeldung einer Forderung hemmt die Verjährung nach § 204 Abs. 1 Nr. 10 BGB.[3] Die Hemmung endet sechs Monate nach Beendigung des Insolvenzverfahrens (§ 204 Abs. 2 Satz 1 BGB).[4]

b) Die Anmeldung nachrangiger Insolvenzforderungen nach § 174 Abs. 3 InsO

693 Nachrangige Insolvenzgläubiger des § 39 Abs. 1 InsO können ihre Forderungen nur nach entsprechender Aufforderung seitens des Insolvenzgerichts anmelden (§ 174 Abs. 3 Abs. 1 InsO).[5] Das Gericht fordert die Gläubiger nachrangiger Forderungen zur Anmeldung auf, wenn eine Zuteilung aus der Insolvenzmasse auf diese Forderungen zu erwarten ist. Die Aufforderung kann bereits mit Eröffnung des Insolvenzverfahrens ergehen. Für die Gläubiger der nachrangigen Forderungen gilt dann wie für die übrigen Gläubiger auch die Anmeldefrist des § 28 Abs. 1 InsO.

694 Ergibt sich erst im späteren Insolvenzverfahren, dass eine Zuteilung auch auf nachrangige Gläubiger zu erwarten ist, hat das Insolvenzgericht die Gläubiger nachrangiger Forderungen besonders zur Forderungsanmeldung aufzufordern. Die Aufforderung ergeht durch Beschluss. Das Gericht bestimmt für die Gläubiger eine eigene Anmeldefrist entsprechend § 28 Abs. 1 InsO. Die Aufforderung ist öffentlich bekanntzumachen.[6]

c) Keine Anmeldung von Masseverbindlichkeiten

695 Forderung, die nach §§ 53 ff. InsO vom Insolvenzverwalter als Masseverbindlichkeiten zu befriedigen sind, können nicht zur Insolvenzta-

---

[1] Eingehend *Frege/Keller/Riedel,* Rdn. 1533 ff., dort auch zu so genannten Poolforderungen, Steuerforderungen und weiteren öffentlichen Abgaben.

[2] *Uhlenbruck* in: *Uhlenbruck,* InsO, § 174 Rdn. 28; *Kuhn/Uhlenbruck,* KO, § 139 Rdn. 1 q; *Häsemeyer,* Rdn. 22.11.

[3] Mit Einzelfragen *Uhlenbruck* in: *Uhlenbruck,* InsO, § 174 Rdn. 28; *Pape* in: *Kübler/Prütting,* InsO, § 174 Rdn. 34; *Kuhn/Uhlenbruck,* KO, § 139 Rdn. 1 b, 1 q; Palandt/*Heinrichs,* BGB, § 209 Rdn. 18; *Häsemeyer,* Rdn. 22.11; kritisch *Eckardt* in: KS, S. 743 Rdn. 12.

[4] Maßgeblich ist der Zeitpunkt der öffentlichen Bekanntmachung der Aufhebung oder Einstellung des Verfahrens, BGHZ 64, 1 (Wiederbeginn einer Rechtsmittelfrist nach Einstellung des Konkursverfahrens mangels Masse); Palandt/*Heinrichs,* BGB, § 214 Rdn. 1.

[5] *Uhlenbruck* in: *Uhlenbruck,* InsO, § 174 Rdn. 25; *Becker* in: *Nerlich/Römermann,* InsO, § 174 Rdn. 25.

[6] Eingehend *Frege/Keller/Riedel,* Rdn. 1580 ff.

belle angemeldet werden. Eine solche Anmeldung wäre wirkungslos und ohne rechtliche Bedeutung,[1] es tritt hierdurch auch keine Unterbrechung der Verjährung nach § 209 Abs. 2 Nr. 2 BGB ein.[2]

3. Die formalen Anforderungen an eine Forderungsanmeldung

a) Die Anmeldefrist des § 28 Abs. 1 InsO

Das Gericht bestimmt im Eröffnungsbeschluss eine Anmeldefrist, innerhalb derer die Gläubiger ihre Forderungen zur Insolvenztabelle anzumelden haben (§ 28 Abs. 1 InsO). Die Frist ist auf einen Zeitraum von mindestens zwei Wochen und höchstens drei Monaten nach Eröffnung des Verfahrens festzusetzen (§ 28 Abs. 1 Satz 2 InsO). Die Anmeldefrist ist keine Ausschlussfrist, verspätete Forderungsanmeldungen[3] sind weiter zuzulassen.[4] Gerade in größeren Insolvenzverfahren, bei denen eine hohe Zahl an Gläubigern beteiligt ist und die mehrere Jahre dauern, zeigt sich, dass auch weit nach Ablauf der Anmeldefrist neue Insolvenzgläubiger ermittelt werden und diese ihre Forderungen dann notwendig verspätet anmelden. 696

b) Die Form der Anmeldung

Die Forderungsanmeldung hat schriftlich zu erfolgen. Sie kann durch den Gläubiger selbst oder einen Verfahrensbevollmächtigten vorgenommen werden, es gelten die allgemeinen Vorschriften zur Vertretung nach § 4 InsO, §§ 80ff. ZPO. Die Forderungsanmeldung ist wegen § 184 GVG in deutscher Sprache abzufassen.[5] Die Insolvenzverwalter haben zur Forderungsanmeldung meist eigene Formblätter[6] erstellt, mit deren Hilfe eine leichtere Erfassung der angemeldeten Forderungen möglich ist. Ein gesetzlicher Formularzwang für die Forderungsanmeldung besteht nicht. 697

---

[1] OLG München ZIP 1981, 887; *Uhlenbruck* in: *Uhlenbruck,* InsO, § 174 Rdn. 7; *Pape* in: *Kübler/Prütting,* InsO, § 174 Rdn. 17; zur irrtümlichen Feststellung BAG ZIP 1987, 1266; BAG ZIP 1989, 1205, dazu EWiR 1989, 745 *(Balz); Pape* in: *Kübler/Prütting,* InsO, § 174 Rdn. 17; *Kuhn/Uhlenbruck,* KO, § 145 Rdn. 3c; *Hess,* KO, § 145 Rdn. 4.

[2] LAG Hamburg ZIP 1988, 1270, dazu EWiR 1988, 1109 *(Hess)*; *Pape* in: *Kübler/Prütting,* InsO, § 174 Rdn. 34; *Hess,* KO, § 139 Rdn. 29.

[3] Zur Behandlung verfrühter Anmeldungen *Frege/Keller/Riedel,* Rdn. 1549.

[4] Anders noch nach § 14 GesO, dazu *Haarmeyer/Wutzke/Förster,* GesO, § 14 Rdn. 5ff.

[5] *Uhlenbruck* in: *Uhlenbruck,* InsO, § 174 Rdn. 14; *Pape* in: *Kübler/Prütting,* InsO, § 174 Rdn. 25; *Irschlinger* in: HK-InsO, § 174 Rdn. 2; großzügiger *Eckardt* in: KS, S. 743 Rdn. 13.

[6] *Frege/Keller/Riedel,* Rdn. 1553, 1554.

c) Der Adressat der Anmeldung

698 Die Forderungsanmeldung hat an den Insolvenzverwalter zu erfolgen (§ 174 Abs. 1 Satz 1 InsO).[1] Forderungsanmeldungen, die irrtümlich bei Gericht eingereicht werden, sind nicht wirksam zum Insolvenzverfahren angemeldet. Das Gericht kann die bei ihm eingehenden Forderungsanmeldungen an den Insolvenzverwalter weiterleiten, erst dann ist die Forderung wirksam angemeldet im Sinne des § 174 InsO.

699 Im Verfahren der Eigenverwaltung nach §§ 270 ff. InsO erfolgt die Forderungsanmeldung gegenüber dem Sachwalter. Die Erstellung der Insolvenztabelle obliegt nicht dem Schuldner, auch wenn ihm im Prüfungstermin ein eigenes Widerspruchsrecht nach § 283 Abs. 1 Satz 1 InsO zusteht.[2]

d) Der Inhalt der Forderungsanmeldung

aa) Hauptsache, Zinsen und Kosten der Insolvenzforderung

700 Die Forderungsanmeldung hat nach § 174 Abs. 2 InsO den Betrag der geltend gemachten Insolvenzforderung anzugeben, gegebenenfalls unter Umrechnung nach § 45 InsO. Daneben können Zinsen sowie bisherige Kosten der Rechtsverfolgung, soweit sie nach § 788 ZPO mit dem Hauptsachebetrag vollstreckt werden können, geltend gemacht werden. Als Kosten können wegen § 39 Abs. 1 Nr. 2 InsO nur die vor Eröffnung des Insolvenzverfahrens entstandenen Kosten angemeldet werden. Gleiches gilt wegen § 39 Abs. 1 Nr. 1 InsO für Zinsen. In der Forderungsanmeldung sind Hauptsache, Zinsen und Kosten getrennt darzustellen.[3] Praktische Bedeutung hat dies vor allem im Hinblick auf die möglicherweise bereits eingetretene Verjährung rückständiger Zinsen einer bereits titulierten Forderung nach § 197 Abs. 2 mit § 195 BGB.[4]

bb) Die Angabe des Forderungsgrundes

701 Der Gläubiger hat in der Forderungsanmeldung den Grund der von ihm geltend gemachten Insolvenzforderung anzugeben. Anzugeben ist als Rechtsgrund der Forderung der ihr zu Grunde liegende Sachverhalt, mithin die Anspruchsgrundlage. Vergleicht man die Forderungsanmeldung mit einer Klageerhebung kommt nach der Lehre vom zweigliedrigen Streitgegenstand der Angabe des Forderungsgrundes die Funktion der Bestimmung des Klageantrags nach dem Lebenssachverhalt zu

[1] Insoweit wurde die Regelung des § 5 Satz 2 Nr. 3 GesO übernommen; die Gesetzesbegründung sah zunächst wie im Konkursverfahren die Anmeldung bei Gericht vor, die Änderung geht auf den Rechtsausschuss des Bundestages zurück; Beschlussempfehlung des Rechtsausschusses, BT-Drucks. 12/7302, S. 159.

[2] Kritisch *Pape* in: *Kübler/Prütting,* InsO, § 174 Rdn. 11.

[3] *Uhlenbruck* in: *Uhlenbruck,* InsO, § 174 Rdn. 19; *Eickmann* in: *Gottwald,* § 63 Rdn. 6 ff.

[4] Hierzu Palandt/*Heinrichs*, BGB, § 197 Rdn. 14.

(§ 253 Abs. 2 Nr. 2 ZPO).[1] Ausreichend ist es, wenn der Rechtsgrund der Forderung so bezeichnet wird, dass insbesondere der Insolvenzverwalter ohne weiteres die Anspruchsgrundlage der Forderung erkennen und diese von anderen Forderungen unterscheiden kann.

cc) Die Angabe abgesonderter Befriedigung

Kann der Gläubiger für seine Insolvenzforderung abgesonderte Be- 702
friedigung nach §§ 49ff. InsO geltend machen, hat er dies im Rahmen der Forderungsanmeldung mit anzugeben. Die abgesonderte Befriedigung wird in der Insolvenztabelle vermerkt, die Forderung wird im Hinblick auf die Regelung des § 52 InsO „für den Ausfall bei abgesonderter Befriedigung" festgestellt.

dd) Die Anmeldung einer Forderung aus vorsätzlich begangener unerlaubter Handlung

Der Gläubiger einer Forderung aus vorsätzlich begangener unerlaub- 703
ter Handlung des Schuldners soll dies nach § 174 Abs. 2 InsO[2] besonders angeben. Bedeutung hat diese Angabe für die Berücksichtigung der Forderung in der Restschuldbefreiung des Schuldners; die Forderung wird nach § 302 Nr. 1 InsO von der Restschuldbefreiung nicht erfasst. Die Angabe im Rahmen der Forderungsanmeldung ist daher nur in Insolvenzverfahren über das Vermögen natürlicher Personen erforderlich. Die Feststellung der Forderung aus deliktischer Handlung zur Insolvenztabelle nach § 178 InsO erfasst auch den Rechtsgrund der Forderung,[3] daher hat das Gericht den Schuldner nach § 175 Abs. 2 InsO besonders auf diese Forderung und auf die Wirkung des § 302 InsO hinzuweisen.[4] Dem Schuldner soll dadurch die Möglichkeit gegeben werden, die Qualität der Forderung als so genannte Deliktsforderung bestreiten zu können und so die Wirkung des § 302 Nr. 1 InsO zu verhindern.

e) Die Beifügung von Nachweisen zur Forderungsanmeldung

Der Forderungsanmeldung sollen urkundliche Nachweise, aus denen 704
sich die Forderung ergibt, im Abdruck beigefügt werden (§ 174 Abs. 1 Satz 2 InsO). Dies soll dem Insolvenzverwalter und den übrigen Betei-

---

[1] *Lüke* in: MüKo-ZPO, Vor § 253 Rdn. 31ff.; Zöller/*Vollkommer,* ZPO, Einleitung Rdn. 71, 82.

[2] § 174 Abs. 2 InsO eingefügt durch InsOÄndG Art. 1 Nr. 12a des Gesetzes zur Änderung der Insolvenzordnung und anderer Gesetze vom 26. 10. 2001 (BGBl. I S. 2710); zur Begründung BT-Drucks. 14/5680 S. 27; *Uhlenbruck* in: *Uhlenbruck,* InsO, § 174 Rdn. 16.

[3] Zum vergleichbaren Fall der privilegierten Pfändung des Arbeitseinkommens wegen einer Deliktsforderung nach § 850f Abs. 2 ZPO mit Nachweis des Deliktscharakters durch rechtskräftige Entscheidung BGHZ 109, 275; insbesondere aber BGHZ 152, 166; eingehend dazu Zöller/*Stöber,* ZPO, § 850f Rdn. 8ff.

[4] Eingehend *Uhlenbruck* in: *Uhlenbruck,* InsO, § 175 Rdn. 14; kritisch *Graf-Schlicker/Remmert,* NZI 2001, 569.

ligten die Prüfung der angemeldeten Forderung erleichtern. Vorzulegen sind beispielsweise Verträge, Rechnungen, Mahnungen, Schuldscheine, Lieferscheine, Quittungen, Abrechnungen über die Forderung, Klageerhebungen, Mahnbescheide, Wechsel und Wechselproteste, bei öffentlich-rechtlichen Forderungen entsprechende Bescheide und schließlich auch Vollstreckungstitel jeder Art, soweit die Insolvenzforderung bereits tituliert ist.[1] Im allgemeinen Prüfungstermin gilt die Forderung nur dann als bereits tituliert, wenn der Vollstreckungstitel spätestens im Termin vorgelegt wird.[2] Denn das mögliche Bestreiten der Forderung im Termin durch den Insolvenzverwalter oder einen anderen Gläubigern hängt entscheidend davon ab, ob und auf welche Weise gegen eine bereits titulierte Forderung noch vorgegangen werden kann. Legt deshalb ein Gläubiger ein möglicherweise bereits rechtskräftiges Urteil über seine Forderung nicht vor, gilt diese im Hinblick auf die Forderungsprüfung als nicht tituliert.

4. Die Behandlung der Forderungsanmeldung

a) Die Vorprüfung der Forderungsanmeldung

705 Die Forderungsanmeldungen unterliegen einer formalen Vorprüfung hinsichtlich der nach § 174 Abs. 1 und 2 InsO erforderlichen Angaben.[3] Streitig ist, ob diese Vorprüfung durch den Insolvenzverwalter erfolgen kann oder vom Insolvenzgericht vorzunehmen ist. Bei einer Vorprüfung durch den Insolvenzverwalter könnte sich der Gläubiger über § 58 InsO an das Insolvenzgericht wenden.[4] Bei einer Vorprüfung durch das Insolvenzgericht (Rechtspfleger) nach Vorlage der Insolvenztabelle durch den Verwalter nach § 175 InsO stünde dem Gläubiger die beschränkte Erinnerung des § 11 Abs. 2 RPflG zu.

706 Im Rahmen der Vorprüfung dürfen keine materiellrechtlichen Fragestellungen geprüft werden, die Vorprüfung dient allein der formalen Ordnungsmäßigkeit der Forderungsanmeldung. Eine Forderungsanmeldung einer beispielsweise nach § 39 Abs. 1 Nr. 5 InsO nachrangigen Insolvenzforderung sollte daher nicht im Wege der Vorprüfung beanstandet werden, es ist Pflicht des Insolvenzverwalters, die Forderung im

---

[1] Allgemein *Pape* in: *Kübler/Prütting*, InsO, § 174 Rdn. 28.; zur Vorlage des Vollstreckungstitels *Frege/Keller/Riedel*, Rdn. 1563.

[2] RGZ 85, 69; *Kuhn/Uhlenbruck*, KO, § 146 Rdn. 32; zu allgemein *Uhlenbruck* in: *Uhlenbruck*, InsO, § 179 Rdn. 14.

[3] Eingehend *Uhlenbruck* in: *Uhlenbruck*, InsO, § 174 Rdn. 21; *Pape* in: *Kübler/Prütting*, InsO, § 174 Rdn. 19ff. mit umfangreichen Nachweisen; *Frege/Keller/Riedel*, Rdn. 1566 und 1586; *Eickmann* in: *Gottwald*, § 63 Rdn. 15; *Eckardt* in: KS, S. 743 Rdn. 17ff., 23ff.; *Eckardt*, ZIP 1993, 1765; zum Vorprüfungsrecht des Gerichts im Konkursverfahren noch *Kuhn/Uhlenbruck*, KO, § 139 Rdn. 1n; *Uhlenbruck*, Rpfleger 1991, 445.

[4] *Irschlinger* in: HK-InsO, § 175 Rdn. 8; *Pape* in: *Kübler/Prütting*, InsO, § 175 Rdn. 4.

allgemeinen Prüfungstermin zu bestreiten.[1] Gleiches gilt, wenn beispielsweise laufende Zinsen angemeldet werden (§ 39 Abs. 1 Nr. 1 InsO) oder bereits verjährte Zinsen geltend gemacht werden.

b) Die Anlegung der Insolvenztabelle und Niederlegung bei Gericht nach § 175 Abs. 1 InsO

Der Insolvenzverwalter hat die angemeldeten Insolvenzforderungen 707
in die von ihm anzulegende Insolvenztabelle aufzunehmen (§ 175 Abs. 1 Satz 1 InsO).[2] Die Forderungen werden in der Insolvenztabelle chronologisch nach dem Zeitpunkt des Eingangs der Forderungsanmeldung nummeriert,[3] damit kann die Insolvenztabelle bei verspätet angemeldeten Forderungen unproblematisch fortgeführt werden. Unverzichtbar ist es, daneben ein alphabetisches Verzeichnis der Gläubiger zu führen.

Der Insolvenzverwalter hat nach Ablauf der Anmeldefrist die Insol- 708
venztabelle zusammen mit den Anmeldungen der Gläubiger sowie den beigefügten Urkunden bei Gericht zur Einsicht der Beteiligten niederzulegen (§ 175 Abs. 1 Satz 2 InsO). Einsicht in der Insolvenztabelle und die Anmeldungen ist jedem Insolvenzgläubiger und auch dem Schuldner zu gewähren.[4]

III. Das Verfahren der Forderungsfeststellung

1. Der allgemeine Prüfungstermin nach § 176 InsO

a) Der allgemeine Prüfungstermin als Gläubigerversammlung

Die angemeldeten Forderungen sind in einer Gläubigerversammlung, 709
dem allgemeinen Prüfungstermin, ihrem Betrag und ihrem Grunde nach zu prüfen (§§ 176 ff. InsO). Der allgemeine Prüfungstermin ermöglicht dem Insolvenzverwalter, den übrigen Gläubigern sowie dem Schuldner, Widerspruch gegen eine angemeldete Forderung zu erheben. Dem Insolvenzgericht kommt lediglich eine vermittelnde Position zwischen den Beteiligten zu, im Übrigen hat es das Ergebnis der Forderungsprüfung durch Eintragung in die Insolvenztabelle zu beurkunden.[5]

---

[1] LG Waldshut-Tiengen ZVI 2005, 217; *Pape* in: *Kübler/Prütting*, InsO, § 174 Rdn. 23, 39.

[2] Umfassend *Frege/Keller/Riedel*, Rdn. 1567 ff.

[3] Nicht praxisgerecht *Eickmann* in: *Gottwald*, § 63 Rdn. 19, der allein von alphabetischer Ordnung ausgeht.

[4] Zur Einschränkung des Einsichtsrechts in bestimmten Fällen *Eickmann* in: *Gottwald*, § 63 Rdn. 38.

[5] Allgemein *Uhlenbruck* in: *Uhlenbruck*, InsO, § 178 Rdn. 2; auch *Merkle*, Rpfleger 2001, 157.

710 Der allgemeine Prüfungstermin wird bereits im Eröffnungsbeschluss bestimmt (§ 29 Abs. 1 Nr. 2 InsO). Der Zeitraum zwischen dem Ablauf der Anmeldefrist und diesem Prüfungstermin soll mindestens eine Woche und höchstens zwei Monate betragen. Der allgemeine Prüfungstermin kann mit dem Berichtstermin, der spätestens drei Monate nach der Verfahrenseröffnung abzuhalten ist (§ 29 Abs. 1 Nr. 1 InsO), verbunden werden (§ 29 Abs. 2 InsO). Zur Teilnahme an dem Prüfungstermin sind nach § 74 Abs. 1 Satz 2 InsO der Schuldner sowie alle Insolvenzgläubiger berechtigt. Der Insolvenzverwalter ist zur Teilnahme am Prüfungstermin verpflichtet.[1] Der Schuldner kann durch das Insolvenzgericht zur Teilnahme verpflichtet werden (§ 97 Abs. 1 Satz 1 InsO), regelmäßig ist er nicht anwesend. Die Prüfung einer Forderung hängt nicht davon ab, dass deren Gläubiger im Termin anwesend ist. In der gerichtlichen Praxis sind Gläubiger im allgemeinen Prüfungstermin meist auch nur dann anwesend, wenn er mit dem Berichtstermin verbunden ist.

b) Die Prüfung der angemeldeten Forderungen nach § 176 Satz 2 InsO

711 Im allgemeinen Prüfungstermin werden diejenigen Forderungen geprüft, die bis zum Ablauf der Anmeldefrist angemeldet und vom Insolvenzverwalter in die Insolvenztabelle aufgenommen wurden. Forderungen, die nach Ablauf der Anmeldefrist, aber vor dem Termin angemeldet werden, können im allgemeinen Prüfungstermin geprüft werden, wenn weder der Insolvenzverwalter noch ein Insolvenzgläubiger der Prüfung widerspricht (§ 177 Abs. 1 Satz 1 InsO). Ein solcher Widerspruch richtet sich nicht gegen die Forderung selbst, sondern nur gegen ihre Prüfung im allgemeinen Prüfungstermin, es ist dann ein besonderer Prüfungstermin zu bestimmen. Der Insolvenzverwalter oder ein Gläubiger könnten der Forderungsprüfung etwa mit der Begründung widersprechen, dass sie nicht ausreichend Zeit zur Begutachtung der Forderung hatten. In der Rechtspraxis werden gegen die Einbeziehung der verspätet angemeldeten Forderungen in den allgemeinen Prüfungstermin regelmäßig keine Einwände erhoben. Die verspätet angemeldeten Forderungen werden jedoch nicht anerkannt, sondern vom Insolvenzverwalter vorbehaltlich einer späteren Prüfung zunächst bestritten.

712 Im allgemeinen Prüfungstermin erfolgt anders als im früheren Konkursrecht (§ 141 KO) kein Aufruf einer jeden angemeldeten Forderung, es wird auch nicht jede Forderung durch ausdrückliche Erklärung anerkannt. Gerade im Großverfahren mit mehreren hundert oder tausend Gläubigern wäre der allgemeine Prüfungstermin mit Einzelaufruf einer

---

[1] *Uhlenbruck* in: *Uhlenbruck,* InsO, § 176 Rdn. 8 mit umfangreichen Nachweisen zur Streitfrage der Höchstpersönlichkeit der Terminswahrnehmung; so bereits Jaeger/*Weber,* KO, § 131 Rdn. 7; ebenso *Nowak* in: MüKo-InsO, § 176 Rdn. 7; *Pape* in: *Kübler/Prütting,* InsO, § 176 Rdn. 8.

jeden Forderung selbst mit mehrfacher Vertagung zeitlich kaum zu bewältigen. Nach § 176 Satz 2 InsO müssen lediglich diejenigen Forderungen einzelnen erörtert werden, bei welchen ein Beteiligter Widerspruch erhebt. Es ist damit Sache eines jeden Beteiligten, sich vor dem allgemeinen Prüfungstermin über die angemeldeten Forderungen und ihre Rechtmäßigkeit Klarheit zu verschaffen, dem dient die Niederlegung der Insolvenztabelle nebst Urkunden nach § 175 Abs. 1 Satz 2 InsO.

2. Die Feststellung oder das Bestreiten von Forderungen

a) Die Alternativen der Feststellung oder des Bestreitens

Für die Forderungsprüfung selbst und für das Verhalten eines jeden Beteiligten im allgemeinen Prüfungstermin gibt es wesentlich zwei Alternativen: **713**

- Die Feststellung der Forderung erfolgt, wenn weder der Insolvenzverwalter noch ein Insolvenzgläubiger die Forderung bestreitet und Widerspruch erhebt (§ 178 Abs. 1 Satz 1 InsO).
- Ein Bestreiten oder die Erhebung eines Widerspruchs kann durch den Insolvenzverwalter, einen Insolvenzgläubiger oder auch den Schuldner erfolgen; der Widerspruch durch den Insolvenzverwalter oder einen Insolvenzgläubiger hindert nach § 178 Abs. 1 InsO die Feststellung der Forderung. Die Rechtmäßigkeit der Forderung ist dann im Prozesswege zu klären (§ 179 InsO).

Das Insolvenzgericht hat in die Insolvenztabelle einzutragen, wer bei welcher Forderung Widerspruch erhoben hat und diese deshalb bestreitet. Wird einer Forderung nicht widersprochen, trägt das Gericht den so genannten Feststellungsvermerk bei dieser Forderung in die Tabelle ein (§ 178 Abs. 2 Satz 1 InsO). **714**

Eine materielle Prüfungskompetenz hinsichtlich der zu prüfenden Forderungen hat das Insolvenzgericht nicht.[1] Der Insolvenzrechtspfleger kann aber vermittelnd und erklärend tätig werden, wenn beispielsweise der Insolvenzverwalter eine Forderung bestreitet, weil der Gläubiger erforderliche Urkunden nicht vorgelegt hat oder der Gläubiger diese Vorlage nicht für notwendig erachtet. Sehr häufig wird in der Praxis ein Widerspruch aus formalen Gründen erhoben, beispielsweise weil notwendige Beweisurkunden fehlen oder die Nebenkosten einer Forderung falsch berechnet worden sind. **715**

---

[1] Die vis attractiva concursus des römischen oder gemeinrechtlichen Konkursrechts sah dagegen die Zuständigkeit des Konkursgerichts auch für die Forderungsfeststellung vor, *Jaeger*, § 28 III. 1.; *Uhlenbruck* in: FS Einhundert Jahre Konkursordnung, S. 3, 9.

b) Die Feststellung einer Insolvenzforderung

716 Wird weder vom Insolvenzverwalter noch von einem Gläubiger Widerspruch erhoben, gilt die Forderung als festgestellt, ein Widerspruch des Schuldners ist unbeachtlich (§ 178 Abs. 1 InsO). Die Eintragung dieses Prüfungsergebnisses in die Insolvenztabelle durch das Gericht wirkt für die festgestellte Forderung gegenüber allen Verfahrensbeteiligten wie ein rechtskräftiges Urteil gegenüber allen Verfahrensbeteiligten (§ 178 Abs. 3 InsO).[1] Auch wenn die so erfolgte Forderungsfeststellung sehr vage einem allseitigen Anerkenntnis im Zivilprozess nahe kommt, ist die Wirkung des § 178 Abs. 3 InsO nicht einem Anerkenntnisurteil § 307 ZPO gleichzusetzen.[2]

717 Die Titulierungswirkung des § 178 Abs. 3 InsO tritt nur ein, wenn die Forderung anmeldefähig war und wirksam festgestellt worden ist. Insbesondere wird eine Masseverbindlichkeit nicht dadurch zur Insolvenzforderung, dass sie irrtümlich zur Insolvenztabelle angemeldet und festgestellt wird.[3]

718 Die Wirkung des § 178 Abs. 3 InsO tritt auch bei denjenigen Forderungen ein, die bereits durch rechtskräftiges Urteil oder einen sonstigen Vollstreckungstitel festgestellt waren. Die Feststellung zur Insolvenztabelle ersetzt den bisherigen Vollstreckungstitel im Umfang der Feststellung der Forderung.[4] Der Vollstreckungstitel verliert insoweit seine Wirksamkeit, aus ihm kann insbesondere nicht mehr die Zwangsvollstreckung betrieben werden.[5] Die Feststellung ist deshalb nach § 178 Abs. 2 Satz 2 InsO auf dem Vollstreckungstitel zu vermerken.[6] Wirksam bleibt der Vollstreckungstitel aber für den nicht festgestellten Teil der Insolvenzforderung, insbesondere für die seit Insolvenzeröffnung laufenden Zinsen. Der Zweck dieser umfassenden Wirkung des § 178 Abs. 3 InsO auch im Hinblick auf bereits rechtskräftig festgestellten Forderungen ist einfach: Sämtliche Insolvenzforderungen sollen einheitlich durch die Eintragung in der Insolvenztabelle festgestellt und hieraus ersichtlich sein, jeder Gläubiger soll sich in der Insolvenztabelle wieder finden, die Insolvenztabelle ist als Grundlage des Verteilungsverzeichnisses nach § 188 InsO schließlich Grundlage der Verteilung des Verwertungserlöses. Die Wirkung des § 178 Abs. 3 InsO tritt auch hinsichtlich öffentlich-rechtlicher Forderungen ein, auch wenn diese Forderungen bereits durch bestandskräftigen Bescheid festgestellt waren. Auch öffentlich-rechtliche Forderungen, insbesondere Steuerforde-

---

[1] Eingehend *Uhlenbruck* in: *Uhlenbruck*, InsO, § 178 Rdn. 12 ff.

[2] LG Aachen BB 1986, 808.

[3] BGH ZIP 1991, 456.

[4] RGZ 93, 209; RGZ 112, 300; RGZ 132, 115; *Uhlenbruck* in: *Uhlenbruck*, InsO, § 178 Rdn. 16 m. w. N.; Jaeger/*Weber*, KO, § 164 Rdn. 6; *Gaul* in: FS Weber, S. 155 mit Hinweis auf die Motive zur Konkursordnung in Fn. 1.

[5] RG 93, 209, 213; grundlegend erarbeitet von *Jaeger*, KO, § 164 Rdn. 7.

[6] *Frege/Keller/Riedel*, Rdn. 1563.

rungen des Fiskus, sind Insolvenzforderungen im Sinne des § 38 InsO und deshalb zur Insolvenztabelle anzumelden und festzustellen.[1] Die allseitige Feststellungswirkung für jede Insolvenzforderung ist gleichsam letztes – aber auch sinnvolles und notwendiges – Relikt der im römischen Konkursrecht geltenden vis attractiva concursus, nach welcher sämtliche Insolvenzforderungen auch in ihrem Bestand nur durch das Insolvenzverfahren festgestellt werden können.[2]

c) Das Bestreiten einer Forderung

aa) Das Recht, eine Forderung zu bestreiten

Jede angemeldete Forderung kann im allgemeinen Prüfungstermin 719
bestritten werden, man spricht auch von einem Widerspruch gegen diese Forderungen (§ 176 Satz 2 InsO). Der Widerspruch kann nur mündlich im Termin erhoben werden, ein schriftlicher Widerspruch im Vorfeld dessen ist unzulässig.[3] Üblicherweise übergibt der Insolvenzverwalter dem Insolvenzgericht die von Ihnen erstellte Insolvenztabelle bereits mit von ihm eingetragenen Widerspruchsvermerken bei einzelnen Forderungen. Dies ist noch nicht als Erhebung eines Widerspruchs anzusehen sondern dient lediglich der Verfahrensvereinfachung beim Insolvenzgericht.[4] Auch der Insolvenzverwalter muss im allgemeinen Prüfungstermin Widerspruch gegen eine angemeldete Forderung erheben. Widerspruchsberechtigt sind

- der Insolvenzverwalter; er kann in jedem Fall gegen jede Forderung Widerspruch erheben.
- jeder Insolvenzgläubiger, der selbst eine Forderung angemeldet hat; dabei kommt es nicht darauf an, ob die eigene Forderung anerkannt oder bestritten ist; dies kann auch dazu führen, dass Gläubiger durch gegenseitiges Bestreiten ihrer Forderungen sich selbst gleichsam blockieren; ein unmittelbarer Nachteil für das Insolvenzverfahren ist damit nicht gegeben.
- der Schuldner; sein Bestreiten hat keinen Einfluss darauf, ob die Forderung im Verfahren berücksichtigt wird (§ 178 Abs. 1 Satz 2 InsO); allerdings stellt die Insolvenztabelle keinen Vollstreckungstitel gegen ihn für die Zeit nach Aufhebung des Insolvenzverfahrens dar (§ 201 Abs. 2 Satz 1 InsO). Bleibt der Schuldner dem Prüfungstermin fern, gelten die Forderungen als von ihm nicht widersprochen.

---

[1] Zur Anmeldung *Uhlenbruck* in: *Uhlenbruck*, InsO, § 174 Rdn. 3 ff.; zur Feststellung *Uhlenbruck* in: *Uhlenbruck*, InsO, § 178 Rdn. 14 mit umfangreichen Nachweisen; eingehend auch *Frotscher* in: *Gottwald*, § 124 Rdn. 4 ff.

[2] *Jaeger*, § 28 III. 1.

[3] *Uhlenbruck* in: *Uhlenbruck*, InsO, § 176 Rdn. 11; *Frege/Keller/Riedel*, Rdn. 1617; anders wohl nur *Becker* in: *Nerlich/Römermann*, InsO, § 176 Rdn. 21.

[4] Eingehend *Frege/Keller/Riedel*, Rdn. 1575, 1625; zustimmend auch *Uhlenbruck* in: *Uhlenbruck*, InsO, § 178 Rdn. 2; *Eickmann* in: *Gottwald*, § 64 Rdn. 18; *Kübler* in: FS Henckel, S. 495, 508 (Forderungsfeststellung im Gesamtvollstreckungsverfahren).

Er kann aber, um die Wirkungen des § 201 Abs. 2 InsO zu vermeiden, Wiedereinsetzung in den vorigen Stand beantragen (§ 186 InsO), wenn die Voraussetzungen der §§ 233, 236 Abs. 2 ZPO vorliegen.

720 Ob auch ein Gläubiger einer nachrangigen Insolvenzforderung widerspruchsberechtigt ist, ist in den §§ 176 ff. InsO nicht geregelt. Geht man davon aus, dass ein Gläubiger selbst nur dann widerspruchsberechtigt ist, wenn er selbst eine Insolvenzforderung angemeldet hat, ist wegen § 174 Abs. 3 InsO für die Gläubiger nachrangiger Forderungen eine Widerspruchsmöglichkeit regelmäßig nicht gegeben.[1]

bb) Der Inhalt des Bestreitens

721 Der Widerspruch kann sich inhaltlich richten gegen

- die Anmeldbarkeit der Forderung; zum Beispiel wird vorgebracht, es handle sich um eine nach § 39 Abs. 1 InsO nachrangige und abgesehen von § 174 Abs. 3 InsO nicht anmeldbare Forderung; dieser Widerspruch erfasst die Anmeldung im Ganzen; Gleiches gilt bei Anmeldung einer Masseverbindlichkeit.
- die Person des Berechtigten; es wird vorgebracht, dem Gläubiger stehe die Forderung nicht zu, beispielsweise weil sie auf einen Dritten übergegangen ist; auch hier betrifft der Widerspruch die gesamte Anmeldung; in der Praxis ist dies häufig gegeben bei der Anmeldung von Lohnforderungen durch Arbeitnehmer, wenn diese bereits nach § 187 SGB III auf die Bundesagentur für Arbeit übergegangen sind.
- die Höhe der Forderung; hier wird der Anspruch seinem Grunde nach nicht bestritten, aber in der Höhe nicht anerkannt; die Forderung nicht in voller Höhe anerkannt; in der Praxis ist dies häufig der Fall, wenn Gläubiger Nebenkosten der Forderung falsch berechnen oder bereits verjährte Zinsen geltend machen, oder wenn beispielsweise Arbeitnehmer zu Recht ihre Bruttolohnforderung anmelden, daneben die zuständige Krankenkasse als Einzugsstelle der Sozialversicherungsabgaben die entsprechenden Sozialversicherungsbeiträge; hier müssen bis zur endgültigen Lohnberechnung durch den Insolvenzverwalter die Lohnforderungen der Arbeitnehmer mindestens in Höhe der möglichen Sozialversicherungsbeiträge bestritten werden.
- das angemeldete Vorrecht in den Fällen der Anmeldung nachrangiger Forderungen nach § 39 Abs. 1 InsO; die Forderung wird nach Grund, Höhe und Gläubiger anerkannt, aber das geltend gemachte Vorrecht aus § 39 Abs. 1 Nr. 1 bis 5 InsO wird bestritten.

722 In der Rechtspraxis üblich, gesetzlich aber nicht geregelt und letztlich auch fragwürdig ist die Einlegung eines so genannten „vorläufigen Widerspruchs". Hiermit will insbesondere der Insolvenzverwalter die sofortige Feststellung der Forderung verhindern vorbehaltlich einer näheren

[1] Dazu *Frege/Keller/Riedel*, Rdn. 1616.

ren Prüfung derselben.[1] Auch wenn die Höhe der Insolvenzforderung noch nicht genau feststeht, beispielsweise bei Lohnforderungen, Sozialversicherungsbeiträge oder Steuerforderungen, wird vom „vorläufigen Bestreiten" Gebrauch gemacht. Der Insolvenzverwalter will damit verhindern, dass der betreffende Gläubiger gegen ihn Klage nach § 179 Abs. 1 InsO erhebt.[2] Hierzu bedarf es aber nicht des „vorläufigen Widerspruchs", die Forderung kann ohne weiteres allgemein bestritten werden, zugleich ist dem betreffenden Gläubiger der genaue Grund des Bestreitens mitzuteilen. Auf diese Weise lassen sich auch Unklarheiten einer Forderungsanmeldung beseitigen.

Macht ein Gläubiger für seine Insolvenzforderung daneben abgeson- 723
derte Befriedigung nach §§ 49 ff. InsO geltend, erfolgt die Feststellung der Forderung „für den Ausfall". Diese Feststellung stellt keinen Widerspruch im Sinne des § 176 Satz 2 InsO dar, die Forderung ist gleichwohl festgestellt.[3] Es soll damit lediglich im Hinblick auf die Verteilungen und die Anrechnung der abgesonderten Befriedigung nach § 52 Satz 2 InsO vermerkt werden, dass die Forderung des Gläubigers nur unter den Voraussetzungen des § 190 InsO berücksichtigt werden kann.[4]

cc) Die Eintragung des Widerspruchs in die Insolvenztabelle

Über den Widerspruch haben sich die Beteiligten sofort zu erklären. 724
Der Widerspruch könnte nach entsprechender Sachaufklärung durch Rücknahme sogleich wieder beseitigt werden. Auch könnte der Gläubiger seine Anmeldung zurücknehmen und so die Forderung und den Widerspruch erledigen.

Im Übrigen wird durch das Insolvenzgericht der Widerspruch in die 725
Insolvenztabelle eingetragen (§ 178 Abs. 2 InsO). Einzutragen ist auch, wer Widerspruch erhoben hat.[5] Richtet sich der Widerspruch nur gegen einen Teil der Insolvenzforderung, ist er entsprechend zu beschränken.

Nach § 179 Abs. 3 Satz 1 InsO erhält der Gläubiger, dessen Forde- 726
rung bestritten worden ist, einen beglaubigten Auszug aus der Insolvenztabelle mit den eingetragenen Widerspruch. Damit soll dem Gläubiger die Möglichkeit gegeben werden, nach § 179 Abs. 1 InsO gegen den Widerspruch vorzugehen. Wird eine Forderung festgestellt, ist eine

---

[1] Mit umfangreichen Nachweisen *Uhlenbruck* in: *Uhlenbruck,* InsO, § 178 Rdn. 10; *Pape* in: *Kübler/Prütting,* InsO, § 179 Rdn. 5 ff.; *Kuhn/Uhlenbruck,* KO, § 144 Rdn. 2 g; *Frege/Keller/Riedel,* Rdn. 1538.

[2] Ein vorläufiges Bestreiten zulassend OLG Karlsruhe ZIP 1989, 791; OLG Celle ZIP 1994, 1197; LAG Hamm ZIP 2002, 770; LG Bonn ZIP 2000, 239; gegen das vorläufige Bestreiten OLG Köln KTS 1979, 119; LG Göttingen ZIP 1989, 1471; LG Göttingen ZIP 1995, 1103; differenzierend nach Gläubigerverhalten OLG Dresden ZIP 1997, 327.

[3] RGZ 139, 83; BGH NJW 1985, 271; *Mandlik,* Rpfleger 1980, 143.

[4] *Frege/Keller/Riedel,* Rdn. 1618.

[5] Zum Erfordernis der eigenhändigen Unterschrift durch den Rechtspfleger *Frege/Keller/Riedel,* Rdn. 1623 ff.; *Eickmann* in: *Gottwald,* § 64 Rdn. 18.

Benachrichtigung seitens des Insolvenzgericht nicht vorgesehen (§ 179 Abs. 3 Satz 3 InsO). Regelmäßig teilt der Insolvenzverwalter allen Gläubigern das Prüfungsergebnis mit, um allzu viele Nachfragen zu vermeiden.

d) Die klageweise Feststellung einer Forderung nach Bestreiten

aa) Das Ergebnis der Forderungsprüfung nach § 178 InsO

727 Nach Abschluss des allgemeinen Prüfungstermins ist bei jeder angemeldeten Forderung das Ergebnis der Prüfung in der Insolvenztabelle festgehalten (§ 178 Abs. 2 InsO). Für den Gläubiger ist das Ergebnis der Feststellung insofern von Bedeutung, als davon die Teilnahme an den Verteilungen nach §§ 187 ff. InsO abhängt. Hier wird wieder unterschieden, ob für die Forderung des Gläubigers bereits ein Vollstreckungstitel vorliegt oder nicht:

- Forderungen, die im Prüfungstermin zwar bestritten wurden, für die aber bereits ein Vollstreckungstitel vorgelegen hat, können ungeachtet des Widerspruchs an der Verteilung teilnehmen (§ 189 Abs. 1 InsO); der Gläubiger muss nicht nochmals das Bestehen seiner Forderung beweisen. Sie gilt solange als festgestellt, als sie durch Widerspruch nicht beseitigt ist.
- Forderungen, für die bisher kein Vollstreckungstitel vorliegt, und die im Termin bestritten wurden, können nur dann an den Verteilung teilnehmen, wenn nachgewiesen wird, dass die Feststellung der Forderung betrieben wird (§ 189 Abs. 1 InsO). Sie gilt solange als nicht festgestellt, als der Widerspruch nicht beseitigt ist.

728 Der Gläubiger einer bestrittenen und nicht titulierten Forderung ist daher bestrebt, den Widerspruch zu beseitigen und seine Forderung für das Insolvenzverfahren festzustellen.

bb) Die Feststellung einer bisher nicht durch Vollstreckungstitel ausgewiesenen Forderung

729 Nach § 179 Abs. 1 InsO bleibt es dem Gläubiger der bestrittenen Forderung überlassen, die Feststellung gegen den Widerspruch zu betreiben. Die Feststellung erfolgt durch Erhebung einer Klage nach § 180 Abs. 1 InsO. Der Gläubiger hat Feststellungsklage mit dem Ziel der Feststellung der Forderung zur Insolvenztabelle zu erheben, es gilt § 256 ZPO.[1] Im Zivilprozess wird freilich das Bestehen der Forderung als solche geprüft, die Klage ist gleichwohl keine Leistungsklage gegen den Insolvenzverwalter oder den bestreitenden Gläubiger. Auch für die bestrittene Forderung gilt, dass sie als festgestellte Forderung nur durch die Insolvenztabelle tituliert und aus ihr ersichtlich sein darf. Der Prozess hat die Aufgabe, dies festzustellen.

[1] Eingehend zur Feststellungsklage BGH WM 1957, 1226; BGH ZIP 1994, 1193; *Uhlenbruck* in: *Uhlenbruck*, InsO, § 179 Rdn. 11; Jaeger/*Weber*, KO, § 146 Rdn. 12 ff.; *Baur/Stürner*, InsolvenzR, Rdn. 21.16 ff.; *Lent*, KTS 1959, 76.

Dabei kann auch nur die Feststellung derjenigen Forderung eingeklagt werden, die im Insolvenzverfahren angemeldet worden ist, eine weitergehende Feststellung kann der Gläubiger vor Gericht nicht verlangen (§ 181 InsO). Auch eine Auswechselung der Forderung oder eine wesentliche Änderung des ihr zu Grunde liegenden Sachverhaltes ist unzulässig.[1] 730

Beklagter des Gläubigers ist derjenige, der im allgemeinen Prüfungstermin Widerspruch erhoben hat, dies hat sich aus dem entsprechenden Vermerk des Insolvenzgerichts zu ergeben (§ 178 Abs. 2 Satz 1 InsO). Wurde von mehreren Beteiligten, beispielsweise dem Insolvenzverwalter und weiteren Gläubigern, Widerspruch erhoben, sind alle zu verklagen.[2] Zwar liegt wohl keine notwendige Streitgenossenschaft im Sinne des § 62 ZPO vor,[3] der betroffene Gläubiger muss aber den Widerspruch eines jeden Bestreitenden beseitigen, um die Feststellung seiner Forderung zu erwirken. 731

Zuständig für die Klageerhebung ist nach § 180 Abs. 1 Satz 2, 3 InsO örtlich ausschließlich das Amtsgericht oder Landgericht, in dessen Bezirk das Insolvenzverfahren stattfindet, die sachliche Zuständigkeit richtet sich nach den allgemeinen Vorschriften (§§ 23, 71 GVG).[4] Allerdings bestimmt sich der Streitwert nach § 182 InsO nicht nach dem Betrag der bestrittenen Forderung, sondern nach der auf sie voraussichtlich entfallenden Quote bei der späteren Verteilung. Tatsächlich hat die Insolvenzforderung des Gläubigers auch nicht mehr den wirtschaftlichen Wert in Höhe ihres Betrages sondern nur noch den der voraussichtlichen Quote;[5] mindestens ist der gebührenrechtlich niedrigste Streitwert anzusetzen.[6] Inzident dient § 182 InsO auch der Prozessökonomie, da durch den niedrigen Streitwert Gläubiger oft davon abgehalten werden, Feststellungsklage zu erheben. 732

War schon ein Rechtsstreit über die Forderung anhängig, wurde dieser durch die Insolvenzeröffnung nach § 240 ZPO zunächst unterbrochen. Der Gläubiger kann ihn nun wieder aufnehmen (§ 180 Abs. 2 InsO). Der Klageantrag ist von Leistungs- auf die entsprechende Feststellungsklage zu ändern (§ 263 ZPO). Daraus ergibt sich, dass unterbrochene Passivprozesse erst nach dem allgemeinen Prüfungstermin mit 733

---

[1] BGH ZIP 2001, 2099; BGH DZWIR 2004, 200 m. Anm. *Becker* = NZI 2004, 214 = ZIP 2003, 2379; BAG ZIP 2000, 846; *Uhlenbruck* in: *Uhlenbruck*, InsO, § 181 Rdn. 5, 6 m. w. N.

[2] RGZ 51, 97; Jaeger/*Weber*, KO, § 146 Rdn. 7; *Uhlenbruck* in: *Uhlenbruck*, InsO, § 179 Rdn. 9 a. E.

[3] So aber *Uhlenbruck* in: *Uhlenbruck*, InsO, § 87 Rdn. 10; wie hier *Häsemeyer*, Rdn. 22.32.

[4] Zur fragwürdigen Zuständigkeiten des Strafgerichts bei eine Forderung auf „Buße“ diese verneinend *Jaeger*, KO, § 146 Anm. 17.

[5] BGH NZI 2002, 549; BGH ZIP 1980, 429; BGH ZIP 1993, 50, dazu EWiR 1993, 169 *(Mohrbutter)*; *Uhlenbruck* in: *Uhlenbruck*, InsO, § 182 Rdn. 2.

[6] BGH NZI 1999, 447; BGH NZI 2000, 115; *Uhlenbruck* in: *Uhlenbruck*, InsO, § 182 Rdn. 9.

dem entsprechenden Ergebnis vom Gläubiger aufgenommen werden können. Wird seine Forderung im allgemeinen Prüfungstermin festgestellt, ist der Prozess durch Erledigung der Hauptsache beendet.

734 Ein obsiegendes Urteil des Gläubigers wirkt nicht nur gegen die Parteien des Rechtsstreits, sondern gegen den Insolvenzverwalter und alle Insolvenzgläubiger (§ 183 Abs. 1 InsO). Die Berichtigung der Insolvenztabelle hat der Gläubiger selbst unter Vorlage der rechtskräftigen Entscheidung beim Insolvenzgericht zu veranlassen (§ 183 Abs. 2 InsO).[1]

735 Hat gegen eine angemeldete Forderung nur ein Gläubiger Widerspruch erhoben und hat dieser im Feststellungsprozess gesiegt, hat er durch Beseitigung dieser Forderung der Masse einen Vorteil verschafft, weil er die Schuldenmasse verringert hat. Dafür soll der Widerspruchsgläubiger gleichsam als Belohnung aus der Insolvenzmasse seine Prozesskosten erhalten (§ 183 Abs. 3 InsO). Er hat grundsätzlich gegen den Prozessgegner einen Kostenerstattungsanspruch aus § 91 ZPO, hierfür kann er aus der Insolvenzmasse den Anteil verlangen, der auf die angemeldete und nun entfallene Forderung des anderen Gläubigers entfallen wäre; insoweit hat die Masse durch die Prozessführung einen Vorteil. Der Gläubiger erhält damit seine Kosten aus der Masse erstattet, muss aber seinen Kostenerstattungsanspruch an diese abtreten. Die Regelung des § 183 Abs. 3 InsO ist zwar ausgeklügelt und logisch, praktisch aber ohne Bedeutung: Regelmäßig wird Widerspruch nur vom Insolvenzverwalter erhoben, die wenigsten Gläubiger erheben selbst Widerspruch gegen eine angemeldete Insolvenzforderung. § 183 Abs. 3 InsO gilt nicht, wenn ein Gläubiger neben dem Insolvenzverwalter Widerspruch erhoben hat. Es ist daher für den Gläubiger nicht ratsam, dies zu tun, da ihm dann ein Prozessrisiko neben dem Insolvenzverwalter droht.

736 Hat nur der Schuldner die Forderung bestritten, gilt sie für das Insolvenzverfahren trotzdem als festgestellt (§ 178 Abs. 1 Satz 2 InsO). Lediglich für die Zeit nach der Beendigung des Insolvenzverfahrens hat der Widerspruch Bedeutung, weil der Gläubiger gegen den Schuldner dann nicht aus der Insolvenztabelle als Vollstreckungstitel vollstrecken kann (§ 201 Abs. 2 InsO). In Betracht kommt dies nur bei den Schuldner, der natürliche Person ist. Um diesen nachinsolvenzlichen Zweck verfolgen zu können, muss es dem Gläubiger möglich sein, schon jetzt den Widerspruch durch Klage gegen den Schuldner zu beseitigen. Dies ermöglicht § 184 InsO. Es handelt sich auch hier um eine Feststellungsklage. War zwischen Gläubiger und Schuldner bisher schon ein Prozess anhängig, kann ihn der Gläubiger allein aufnehmen (§ 184 Satz 2 InsO). Wurde die angemeldete Forderung sowohl vom Insolvenzverwalter als auch vom Schuldner bestritten, hat der Gläubiger sowohl nach § 179 InsO als auch nach § 184 InsO zu klagen. Praktische Bedeutung hat der Widerspruch allein des Schuldners im Hinblick

[1] *Frege/Keller/Riedel*, Rdn. 1644 ff.

auf § 201 Abs. 2 InsO wegen des sich regelmäßig anschließenden Restschuldbefreiungsverfahrens nicht. Soweit aber der Gläubiger nach § 174 Abs. 2 InsO seine Forderung als Deliktsforderung angemeldet hat und der Schuldner diesem Deliktcharakter widersprochen hat, gilt § 184 InsO hierfür:[1] Damit die Forderung von der Restschuldbefreiung gemäß § 302 Nr. 1 InsO nicht erfasst wird, hat der Gläubiger den Schuldner auf Feststellung dahingehend zu verklagen, dass die Forderung aus vorsätzlich begangener unerlaubter Handlung resultiert. Umgekehrt wird dem Schuldner auch das Recht zur Erhebung einer negativen Feststellungsklage des Gegenteils zugebilligt.[2]

Ist für die angemeldete Forderung als solche nicht der ordentliche 737
Rechtsweg gegeben, verweist § 185 InsO in die Zuständigkeit der besonderen Verfahrensgesetze und der besonderen Gerichtsbarkeit. Die Vorschrift gilt für alle öffentlich-rechtlichen Forderungen, insbesondere für Steuerforderungen.[3] Hat § 174 Abs. 1 InsO gleichsam sämtliche Insolvenzforderungen an das Insolvenzverfahren gezogen und werden bei Anerkenntnis der Forderungen auch die öffentlich-rechtlichen Forderungen zur Insolvenztabelle festgestellt (§ 178 Abs. 3 InsO), verweist im Falle eines Widerspruchs § 185 InsO wieder zurück in die besonderen Verfahrensvorschriften. Das Wechselspiel des Verwaltungsverfahrens oder der steuerrechtlichen Festsetzungsverfahrens mit dem Insolvenzrecht ist insgesamt unvollkommen geregelt.[4] Einzige Vorschrift des öffentlichen Rechts für diesen Fall ist § 251 Abs. 3 AO, wonach durch die Finanzbehörde die Insolvenzforderung durch Verwaltungsakt festzustellen ist. Es ergeht ein so genannter Feststellungsbescheid, gegen den der Insolvenzverwalter oder der sonst bestreitende Gläubiger nach den allgemeinen Vorschriften des steuerlichen Festsetzungsverfahrens oder des Verwaltungsverfahrens Rechtsmittel (Einspruch nach § 348 Nr. 11 AO) einlegen kann.[5] Der Feststellungsbescheid richtet sich nicht automatisch gegen den Insolvenzverwalter sondern gegen jeden, der der Forderung im allgemeinen Prüfungstermin widersprochen hat.[6] Die Finanzbehörde oder sonstige Behörde ist also nicht gehalten, gegen den Insolvenzverwalter auf Feststellung ihrer Forderung zu klagen. Vielmehr entspricht es dem allgemeinen öffentlich-rechtlichen Festsetzungsverfahren, die Forderung durch Bescheid festzustellen und hiergegen dem Betroffenen den Rechtsbehelf des Ein-

---

[1] OLG Rostock ZVI 2005, 433; *Uhlenbruck* in: *Uhlenbruck,* InsO, § 174 Rdn. 16 und § 175 Rdn. 14; eingehend *Steder,* RpflStud 2003, 104.

[2] *Uhlenbruck* in: *Uhlenbruck,* InsO, § 174 Rdn. 17.

[3] *Uhlenbruck* in: *Uhlenbruck,* InsO, § 179 Rdn. 10 ff., 18 ff. und § 185 Rdn. 3 ff.; *Frotscher* in: *Gottwald,* § 124 Rdn. 10 ff.

[4] *Frotscher* in: *Gottwald,* § 118 Rdn. 1 ff.

[5] BFH ZVI 2005, 497; *Kling* in: MüKo-InsO, Insolvenzsteuerrecht Rdn. 279 ff.; *Frotscher* in: *Gottwald,* § 124 Rdn. 10 ff., jeweils m. w. N.

[6] BFH NJW 1998, 630; allein vom Bestreiten des Insolvenzverwalters geht *Kling* in: MüKo-InsO, Insolvenzsteuerrecht Rdn. 277 ff., aus.

spruchs[1] oder Widerspruchs zu gewähren. Erst nach Zurückweisung dieses Rechtsbehelfs kann durch den Betroffenen beim zuständigen Finanzgericht, Verwaltungsgericht oder Sozialgericht Widerspruchsklage nach den Vorschriften des Steuer-, Verwaltungs- oder Sozialrechts erhoben werden.

cc) Die Feststellung einer bereits durch Vollstreckungstitel ausgewiesenen Forderung

738 War die angemeldete und jetzt bestrittene Forderung bereits tituliert, muss sich nicht der Gläubiger um die Beseitigung des Widerspruchs bemühen, er muss nicht ein zweites Mal seinen Anspruch beweisen; allerdings wird ihm eine Klage auf Feststellung seiner Forderung auch zugebilligt.[2] Welcher Vollstreckungstitel der Forderung zugrunde liegt, ist nicht maßgeblich, es kann sich um ein vorläufig vollstreckbares Urteil (§ 704 ZPO), einen Vollstreckungsbescheid (§ 794 Abs. 1 Nr. 4 mit § 700 ZPO), eine vollstreckbare Urkunde nach § 794 Abs. 1 Nr. 5 ZPO oder auch um Leistungsbescheide der öffentlichen Hand handeln. Hier muss derjenige, der Widerspruch eingelegt hat, diesen verfolgen und so den titulierten Anspruch für das Insolvenzverfahren beseitigen (§ 179 Abs. 2 InsO).

739 Die Art und Weise, wie der Widerspruch zu verfolgen ist, richtet sich danach, wie gegen den Vollstreckungstitel selbst noch vorgegangen werden kann.[3] War beispielsweise das Urteil des Gläubigers bei Insolvenzeröffnung noch nicht rechtskräftig, kann das Verfahren durch Einlegung der Berufung oder der Revision wieder aufgenommen werden. Gegen das nicht rechtskräftige Versäumnisurteil oder den nicht rechtskräftigen Vollstreckungsbescheid ist der Einspruch nach § 338 ZPO statthaft. Gegen rechtskräftige Urteile ist möglicherweise Restitutions- oder Nichtigkeitsklage nach §§ 579, 580 ZPO denkbar oder – soweit ein materiellrechtlicher Einwand nach dem Schluss der mündlichen Verhandlung entstanden ist – Vollstreckungsgegenklage nach § 767 ZPO statthaft. Es wird auf Grund des Widerspruchs nach § 176 Satz 2 InsO nicht mehr neu über den titulierten Anspruch entschieden, dem Widersprechenden werden nur die prozessual zulässigen Verteidigungsmittel gegeben, die gegen den Vollstreckungstitel noch möglich sind. Ist ein solches Verteidigungsmittel nicht mehr denkbar, beispielsweise weil das Urteil des Gläubigers rechtskräftig oder der bereits vor Insolvenzeröffnung ergangene Bescheid der Behörde bestandskräftig ist, kann der Widerspruch für das Insolvenzverfahren nicht mehr durchgesetzt und die bestrittene Forderung nicht beseitigt werden.

---

[1] Zur Fortsetzung eines bereits vor Insolvenzeröffnung geführten Einspruchsverfahrens BFH ZIP 2005, 1184.

[2] Für das Gesamtvollstreckungsverfahren BGHZ 139, 132; OLG Dresden NZG 1998, 31 m. Anm. *Scheid*.

[3] Grundlegend Jaeger/*Weber*, KO, § 146 Rdn. 38; *Uhlenbruck* in: *Uhlenbruck*, InsO, § 179 Rdn. 17.

Schaubild 9: Das Ergebnis der Forderungsprüfung 740

Die angemeldete Forderung ist noch nicht durch Urteil oder sonstigen Vollstreckungstitel festgestellt.		Die angemeldete Forderung ist bereits durch Urteil oder sonstigen Vollstreckungstitel festgestellt.	
Anerkenntnis oder Bestreiten durch Insolvenzverwalter oder Gläubiger			
Anerkenntnis	**Bestreiten**	**Anerkenntnis**	**Bestreiten**
Die Forderung gilt als rechtskräftig festgestellt mit Eintragung in die Insolvenztabelle (§§ 178 Abs. 2, 3 InsO); nach Beendigung des Verfahrens ist die Zwangsvollstreckung gegen den Schuldner aus der Insolvenztabelle möglich (§ 201 InsO), aber nur, wenn auch dieser nicht ausdrücklich widersprochen hat (§ 201 Abs. 2 InsO).	Der Gläubiger muss den Widerspruch beseitigen durch Feststellungsklage gegen jeden Bestreitenden (§§ 179 Abs. 1, 180 InsO); örtliche Zuständigkeit § 180 Abs. 1 Satz 2 InsO (Klageantrag: „Forderung wird zur Insolvenztabelle festgestellt").	Die Forderung ist zwar bereits tituliert; die Eintragung in die Insolvenztabelle ersetzt den alten Vollstreckungstitel, es gilt auch hier § 178 Abs. 3 InsO.	Der Bestreitende muss den Widerspruch verfolgen (§ 179 Abs. 2 InsO); möglich ist dies nur noch mit den Mitteln, die prozessrechtlich gegen den Vollstreckungstitel zulässig sind (Berufung, Revision, Einspruch usw.).
Teilnahmeberechtigung an den Verteilungen			
Der Gläubiger nimmt ohne weiteres an der Verteilung teil.	Der Gläubiger kann nur teilnehmen, wenn er Feststellungsklage erhebt und dies nachweist (§ 189 Abs. 1 InsO); der auf ihn entfallende Anteil wird zurückbehalten (§ 189 Abs. 2 InsO).	Der Gläubiger nimmt ohne weiteres an der Verteilung teil.	Der Gläubiger nimmt grundsätzlich an der Verteilung teil; wird der Widerspruch verfolgt (insbesondere durch den Insolvenzverwalter), erfolgt Zurückbehaltung des Anteils entsprechend § 189 Abs. 2 InsO (vgl. § 168 Nr. 1 KO).

741 **Beispiel 1:** Am 4. November ergeht gegen den Schuldner ein Versäumnisurteil auf Betreiben des Gläubigers, durch welches der Schuldner zur Zahlung von 10.000 Forderung verurteilt wird. Am 8. November wird über sein Vermögen das Insolvenzverfahren eröffnet. Im allgemeinen Prüfungstermin am 21. Dezember bestreitet der Insolvenzverwalter die Forderung des Gläubigers.

Der Widerspruch des Insolvenzverwalter hindert zwar die Feststellung der Forderung zur Insolvenztabelle nach § 178 Abs. 1 und 3 InsO, an den Verteilungen kann der Gläubiger auf Grund des ohne Sicherheitsleistung vorläufig vollstreckbaren Versäumnisurteils (§ 708 Nr. 2 ZPO) als Vollstreckungstitel gleichwohl teilnehmen (§ 189 Abs. 1 InsO). Im Zeitpunkt der Insolvenzeröffnung war das Versäumnisurteil noch nicht rechtskräftig, der Zivilprozess wurde gemäß § 240 ZPO unterbrochen. Damit wurde auch die Einspruchsfrist des § 339 ZPO unterbrochen (§ 249 Abs. 1 ZPO). Der Insolvenzverwalter kann seinen Widerspruch nach § 179 Abs. 2 InsO durch Erhebung des Einspruchs gegen das Versäumnisurteil verfolgen, die Einspruchsfrist beginnt in dem Zeitpunkt zu laufen, zu welchem der Insolvenzverwalter durch Erhebung des Einspruchs den unterbrochenen Zivilprozess wieder aufnimmt; sie ist damit gleichsam automatisch gewahrt. Wäre das Versäumnisurteil in Zeitpunkt der Insolvenzeröffnung bereits rechtskräftig, hätte der Insolvenzverwalter keine Möglichkeit, seinen Widerspruch zu verfolgen. Schon die Erhebung des Widerspruchs wäre dann nutzlos.

3. Der besondere Prüfungstermin nach § 177 InsO

a) Die Voraussetzungen des besonderen Prüfungstermins

742 Die Anmeldefrist des § 28 Abs. 1 InsO ist keine Ausschlussfrist. Insolvenzforderungen können auch nach Ablauf dieser Frist angemeldet werden, in bestimmten Fällen entstehen Sie auch erst während des Insolvenzverfahrens, beispielsweise der Schadensersatzanspruch des Vertragspartners bei Nichterfüllung eines gegenseitigen Vertrages gemäß § 103 Abs. 2 Satz 1 InsO oder der Anspruch des Anfechtungsgegners bei erfolgreicher Insolvenzanfechtung durch den Insolvenzverwalter gemäß § 144 Abs. 1 InsO.

743 Forderungen, die bis zum allgemeinen Prüfungstermin angemeldet werden, können grundsätzlich geprüft werden, soweit nicht der Insolvenzverwalter oder ein Gläubiger nach § 177 Abs. 1 Satz 1 InsO widersprechen. In diesem Fall ist ein besonderer Prüfungstermin zu bestimmen. Zwingend notwendig ist ein besonderer Prüfungstermin für diejenigen Forderungen, die nach dem allgemeinen Prüfungstermin beim Insolvenzverwalter angemeldet werden. Für die Forderungsanmeldung gilt weiterhin § 174 InsO. Als nachträgliche Forderungsanmeldung gilt dabei auch die Änderung einer bereits angemeldeten oder geprüften Insolvenzforderungen, wenn sie sich erhöht oder der Rechtsgrund geändert wird (§ 177 Abs. 1 Satz 2 InsO).

b) Die Bestimmung des besonderen Prüfungstermins durch das Insolvenzgericht

744 Das Gericht bestimmt nicht für jede verspätete angemeldete Forderung einen eigenen Prüfungstermin. Ratsam ist es gerade in größeren

Insolvenzverfahren, zuzuwarten, bis mehrere verspätete angemeldete Forderungen vorliegen. Zulässig und sinnvoll ist es auch, den besonderen Prüfungstermin gegebenenfalls mit einer weiteren, ohnehin anstehenden Gläubigerversammlung zu verbinden. Soweit keine Verteilung durch den Insolvenzverwalter ansteht, besteht für den einzelnen Gläubiger auch kein Bedürfnis einer sofortigen Prüfung einer Forderung.

Auch der Schlusstermin nach § 197 InsO kann grundsätzlich die Prü- 745
fung verspätet angemeldete Forderungen zum Gegenstand haben. Nicht geklärt ist aber, ob und inwieweit hier festgestellte und insbesondere bestrittene Forderungen noch in das abschließende Verteilungsverzeichnis (Schlussverzeichnis) aufgenommen werden können.[1] Der Gläubiger einer bestrittenen Forderung kann nämlich die in § 189 Abs. 1 InsO vorgegebene Frist zum Nachweis der Klageerhebung (§ 179 Abs. 1 InsO) nicht mehr einhalten, da sie im Zeitpunkt des Schlusstermins zwingend bereits abgelaufen ist. Daher kann eine Forderung, die im Schlusstermin als besonderem Prüfungstermin geprüft wird, bei der Schlussverteilung nicht mehr berücksichtigt werden.[2] Die Forderungsprüfung hätte dann nur den Sinn, dem Gläubiger eine kostengünstige Feststellung seiner Forderung zu verschaffen. Das systematische Probleme liegt jedoch nicht in der Verbindung von Schlusstermin und besonderem Prüfungstermin sondern darin, dass die Insolvenzordnung keinen festen Endzeitpunkt für die zulässige Anmeldung von Insolvenzforderungen bestimmt.[3] Unter Berücksichtigung der Verfahrensvorschriften zur Schlussverteilung muss eine Forderung noch so rechtzeitig angemeldet werden, dass sie in das Verteilungsverzeichnis noch aufgenommen werden kann und dem betreffenden Gläubiger für den Fall des Bestreitens seiner Forderung der Klagenachweis nach § 189 Abs. 1 InsO noch gelingt.

Der besondere Prüfungstermin ist von Amts wegen zu bestimmen, er 746
ist öffentlich bekanntzumachen (§ 177 Abs. 3 Satz 1 InsO). Der Schuldner, der Insolvenzverwalter sowie die Gläubiger, deren Forderungen verspätet angemeldet sind, sind besonders zu laden (§ 177 Abs. 3 Satz 2 InsO).

Die Bestimmung des besonderen Prüfungstermins erfolgt nach § 177 747
Abs. 1 Satz 1 InsO auf Kosten des Säumigen. Für die besondere Forderungsprüfung entsteht je Forderung eine besondere Prüfungsgebühr von 15 EUR (GKG KV 2340). Die Kosten der öffentlichen Bekanntmachung des besonderen Prüfungstermins werden dem betroffenen Gläubiger nicht auferlegt (GKG KV 9004).[4]

---

[1] *Frege/Keller/Riedel,* Rdn. 1597 ff.

[2] OLG Köln NJW-RR 1992, 1336; Jaeger/*Weber,* KO, § 162, Rdn. 9; *Kuhn/Uhlenbruck,* KO, § 162 Rdn. 5; *Uhlenbruck/Delhaes,* Rdn. 818; anderer Ansicht *Tscheschke,* Rpfleger 1992, 96.

[3] BGH ZIP 1998, 515; so auch Jaeger/*Weber,* KO, § 142 Rdn. 2.

[4] Unzutreffend insoweit AG Bamberg ZInsO 2004, 965.

c) Die schriftliche Forderungsprüfung

748 Nach § 177 Abs. 1 Satz 1 InsO kann die Prüfung verspätet angemeldeter Forderungen auch schriftlich erfolgen. Zur Verfahrensgestaltung sagt die Vorschrift nichts. Empfohlen wird,[1] dass das Gericht durch öffentliche Bekanntmachung allen Beteiligten einen Termin bestimmt, bis zu welchem spätestens Widerspruch gegen einzelne Forderungen erhoben werden kann. Nach Ablauf des Termins trägt das Insolvenzgericht erhobene Widersprüche in die Insolvenztabelle ein und benachrichtigt die Beteiligten gemäß § 179 Abs. 3 InsO. Unabdingbar ist aber, dass die Insolvenztabelle mit allen Anmeldungen und Unterlagen gemäß § 175 Abs. 1 InsO zur Einsicht der Beteiligten beim Insolvenzgericht niedergelegt ist.

IV. Die Verteilung des Verwertungserlöses und die Verfahrensbeendigung

1. Das Verteilungsverzeichnis als Voraussetzung einer Verteilung

749 Die Verteilung des aus der Masse erwirtschafteten Erlöses muss nicht erst am Ende des Verfahrens erfolgen, sie kann vorgenommen werden, sobald genügend Erlös zur Verteilung vorhanden ist (Abschlagsverteilung nach § 187 Abs. 2 InsO). Die so genannte Schlussverteilung erfolgt, sobald die Insolvenzmasse vollständig verwertet ist (§ 196 InsO).

a) Die Aufstellung des Verzeichnisses durch den Insolvenzverwalter

aa) Die Aufnahme der Insolvenzforderungen in das Verteilungsverzeichnis

750 Eine Verteilung erfolgt auf Grund des vom Insolvenzverwalter erstellten Verteilungsverzeichnisses der Gläubiger (§ 188 InsO), in welchem ausgehend von den in der Insolvenztabelle festgestellten Forderungen die Gläubiger, ihre Forderungsbeträge und gegebenenfalls ihre Vorrechte festgestellt sind. In das Verteilungsverzeichnis werden alle Gläubiger mit ihren Forderungen aufgenommen, die im Allgemeinen oder in einem besonderen Prüfungstermin festgestellt worden sind. Als Gläubiger sind im Einzelnen zu berücksichtigen:[2]

- Gläubiger festgestellter Forderungen (§ 178 Abs. 3 InsO),
- Gläubiger bestrittener Forderungen, soweit sie bereits durch Vollstreckungstitel festgestellt waren (§ 189 Abs. 1 InsO),
- Gläubiger streitig gebliebener Forderungen, soweit sie die nach § 189 InsO erforderlichen Nachweise erbracht haben; der Nachweis kann schon vor Erstellung des Verteilungsverzeichnisses erbracht werden,

---

[1] *Frege/Keller/Riedel,* Rdn. 1604, 1605.

[2] *Frege/Keller/Riedel,* Rdn. 1654; *Eickmann* in: *Gottwald,* § 65 Rdn. 24.

- Gläubiger, die für ihre Forderung abgesonderte Befriedigung beanspruchen, soweit sie die nach § 190 InsO erforderlichen Nachweise erbracht haben.

Das Verteilungsverzeichnis ist auf der Geschäftsstelle des Insolvenz- 751
gerichts zur Einsicht niederzulegen (§ 188 Satz 2 InsO). Daneben hat der Insolvenzverwalter die Verteilung öffentlich bekanntzumachen, er hat hierbei bekanntzumachen, wie hoch die Summe der Gläubigerforderungen sowie die zu verteilende Masse ist (§ 188 Satz 3 InsO).[1] Daraus soll für jeden Gläubiger die zu erwartende Quote bei der anstehenden Verteilung ersichtlich sein. Eine absolut genaue Quotenberechnung kann erst bei der tatsächlichen Vornahme der Verteilung erfolgen, da sich einerseits unter Berücksichtigung der §§ 189 und 190 InsO die Summe der zu berücksichtigenden Gläubigerforderungen ändern kann und sich andererseits auch der Betrag der zu verteilenden Insolvenzmasse erhöhen oder vermindern kann.

bb) Die Berücksichtigung streitiger Insolvenzforderungen

Gläubiger bestrittener Forderungen werden im Verteilungsverzeichnis 752
und damit bei der Abschlags- oder auch der Schlussverteilung dann berücksichtigt, wenn sie nach Wirksamkeit der öffentlichen Bekanntmachung des § 188 Satz 3 InsO innerhalb einer Ausschlussfrist von zwei Wochen dem Insolvenzverwalter gegenüber nachweisen, dass und für welchen Betrag sie Klage nach § 179 InsO erhoben haben (§ 189 Abs. 1 InsO). Der Nachweis der Klageerhebung erfolgt durch Vorlage der Klageschrift nebst einer Bescheinigung des Prozessgerichts über die Zustellung an den Beklagten zu Nachweis der Rechtshängigkeit (§ 261 ZPO). Erfolgte die Klageerhebung gegen den Insolvenzverwalter, weil dieser die Forderung bestritten hatte, ist ein Klagenachweis nicht notwendig.[2] Bei fruchtlosem Ablauf der Frist werden die Gläubiger im Gläubigerverzeichnis und bei der anstehenden Verteilung nicht berücksichtigt (§ 189 Abs. 3 InsO). Dem Gläubiger kann bei Fristversäumnis keine Wiedereinsetzung in den vorigen Stand gewährt werden,[3] der Gläubiger kann nur nach § 192 InsO noch seinen Anteil aus der Restmasse erhalten.

cc) Die Berücksichtigung absonderungsberechtigter Insolvenzgläubiger

Gläubiger von Forderungen, für welche abgesonderte Befriedigung 753
beansprucht werden kann, können nur insoweit berücksichtigt werden, als der Ausfall bei der abgesonderten Befriedigung feststeht oder bei einer Abschlagsverteilung der so genannte mutmaßliche Ausfall glaubhaft gemacht wird; die Feststellung der Forderung erfolgt in der Insolvenztabelle begrenzt auf den Ausfall (§ 52 Satz 2 InsO).

---

[1] *Frege/Keller/Riedel*, Rdn. 1663 ff.
[2] *Uhlenbruck* in: *Uhlenbruck*, InsO, § 189 Rdn. 3.
[3] *Uhlenbruck* in: *Uhlenbruck*, InsO, § 189 Rdn. 4 m. w. N.

754 Der Gläubiger hat hier innerhalb der Zwei-Wochen-Frist des § 189 Abs. 1 InsO gerechnet ab der öffentlichen Bekanntmachung des § 188 Satz 3 InsO nachzuweisen, dass er abgesonderte Befriedigung betreibt und welcher Höhe sein Ausfall ist (§ 190 Abs. 1 Satz 1 InsO). Für eine Abschlagsverteilung genügt der Nachweis des so genannten mutmaßlichen Ausfalls (§ 190 Abs. 2 Satz 1 InsO). Der endgültige Ausfall ist nur für die Schlussverteilung entscheidend. Ist die abgesonderte Befriedigung bei Vornahme der Schlussverteilung noch nicht abgeschlossen, muss der Gläubiger auf seine abgesonderte Befriedigung in entsprechender Höhe verzichten.[1] Bei Beendigung des Insolvenzverfahrens muss im Hinblick auf den Ausfall des § 52 Satz 2 InsO die abgesonderte Befriedigung gleichsam abgeschlossen sein.

755 Wird der Nachweis der abgesonderten Befriedigung nicht geführt, ist der Gläubiger von der anstehenden Verteilung ausgeschlossen (§ 190 Abs. 1 Satz 2 InsO). Nach der Regelung des § 166 InsO ist bei beweglichen Gegenständen mit Absonderungsrechten sowie bei zedierten Forderungen nur der Insolvenzverwalter zur Verwertung berechtigt.[2] Die abgesonderte Befriedigung und den Ausfall des Gläubigers, der wohl regelmäßig schon die Kostenbeiträge des § 171 InsO umfasst, kann damit der Insolvenzverwalter selbst bestimmen, der Gläubiger muss und kann für eine Abschlagsverteilung daher nichts glaubhaft machen, dies stellt § 190 Abs. 3 InsO klar; der Verwalter berücksichtigt den absonderungsberechtigten Gläubiger nach dem Stand der eigenen Verwertung.

756 **Beispiel 2:** Die Forderung des Gläubigers ist in Höhe von 150.000 EUR festgestellt, der Gläubiger macht abgesonderte Befriedigung aus einer an Dritter Rangstelle im Grundbuch eingetragenen Grundschuld am Grundstück des Schuldners geltend. Die Zwangsversteigerung des Grundstücks wird von ihm und vom erstrangigen Grundschuldgläubiger betrieben. Der Insolvenzverwalter macht am 18. Oktober die Vornahme einer Abschlagsverteilung bekannt.

Der Gläubiger wird mit seiner Insolvenzforderung nur unter der Voraussetzung des § 190 Abs. 1 InsO bei der Abschlagsverteilung berücksichtigt. Die Ausschlussfrist des § 189 Abs. 1 InsO beginnt mit der öffentlichen Bekanntmachung der Abschlagsverteilung nach § 188 Satz 3 InsO unter Berücksichtigung der Wirksamkeit der Bekanntmachung nach § 9 Abs. 1 Satz 3 InsO. Der Gläubiger hat dem Insolvenzverwalter gegenüber nachzuweisen, dass er die Zwangsversteigerung des Grundstücks betreibt. Da in diesem Verfahren der Insolvenzverwalter selbst an Stelle des Schuldners Beteiligter nach § 9 Nr. 1 ZVG ist, ist ihm die abgesonderte Befriedigung regelmäßig bekannt. Für die Abschlagsverteilung muss die abgesonderte Befriedigung noch nicht abgeschlossen sein, der Gläubiger kann den so genannten mutmaßlichen Ausfall geltend machen. Dieser wird sich am zu erwartenden Versteigerungserlös orientieren. Denkbar ist hier, dass der Gläubiger einen Versteigerungserlös in Höhe von 7/10 des nach § 74a Abs. 5 ZVG festgesetzten Verkehrswertes ansetzt. Das Zwangsversteigerungsgesetz geht selbst von einem Meistgebot in dieser Höhe als zu erwartendes Gebot aus (§ 74

[1] *Uhlenbruck* in: *Uhlenbruck*, InsO, § 190 Rdn. 5.

[2] Umfassend hierzu *Lwowski* in: MüKo-InsO, § 166 Rdn. 83 ff.; *Mönning* in: FS Uhlenbruck, S. 239.

Abs. 1 oder § 114a ZVG). Bei Vornahme der Schlussverteilung muss der Ausfall des absonderungsberechtigten Gläubigers feststehen. Soweit das Zwangsversteigerungsverfahren auch hier noch nicht abgeschlossen ist, muss er auf die abgesonderte Befriedigung verzichten; denkbar ist auch hier ein angenommener Versteigerungserlös in Höhe von 7/10 des festgesetzten Verkehrswertes des Grundstücks.

dd) Die Berücksichtigung bedingter Forderungen

Aufschiebend bedingte Forderungen werden grundsätzlich als unbedingte behandelt. Daher erhalten sie auch den Betrag der unbedingten Forderung (§ 191 Abs. 1 InsO). Bei der Schlussverteilung wird allerdings ein äußerst unwahrscheinlicher Bedingungseintritt nicht berücksichtigt (§ 191 Abs. 2 Satz 1 InsO). 757

Auflösend bedingte Forderungen werden solange berücksichtigt, als die auflösende Bedingung nicht eingetreten ist. bis dahin bestehen sie noch (§ 42 InsO). 758

b) Die Erhebung von Einwendungen gegen das Verzeichnis

Werden die erforderlichen Nachweise innerhalb der Ausschlussfrist nach Bekanntmachung des Verteilungsverzeichnisses erbracht, hat der Insolvenzverwalter binnen drei Tagen das Verzeichnis entsprechend zu berichtigen (§ 193 InsO). Im Verteilungsverzeichnis sind dann neben den festgestellten und titulierten Forderungen auch die bestrittenen Forderungen sowie die absonderungsberechtigten Gläubiger mit voraussichtlichem oder endgültigem Ausfall ihrer Forderung berücksichtigt. 759

Gegen das Gläubigerverzeichnis können im Übrigen nur formelle Einwendungen erhoben werden (§ 194 InsO).[1] Sie sind innerhalb einer Woche nach Ablauf der Ausschlussfrist zulässig. Einwendungsberechtigt sind nur Insolvenzgläubiger. Mit der Einwendung kann nur gerügt werden, dass zum Beispiel eine Forderung trotz Feststellung zur Tabelle oder trotz Klagenachweis nicht in das Verzeichnis aufgenommen sei. Materiellrechtliche Einwendungen können nicht vorgebracht werden, insbesondere kann nicht eingewendet werden, dass eine Gläubigerforderung erloschen sei, dies geltend zu machen ist Sache des Insolvenzverwalters über § 767 ZPO.[2] Auch kann ein nicht nachrangiger Gläubiger nicht die Aufnahme eines nachrangigen Gläubigers rügen, er ist insoweit nicht beschwert.[3] Nachrangige Gläubiger nach § 39 Abs. 1 InsO werden im Übrigen nur dann berücksichtigt, wenn sie ihre Forderungen nach § 174 Abs. 3 InsO anmelden durften; bei einer Abschlagsverteilung sollen sie überhaupt nicht berücksichtigt werden, um nicht den Vorrang gewöhnlicher Gläubiger zu beeinträchtigen (§ 187 Abs. 2 Satz 2 InsO). 760

---

[1] *Frege/Keller/Riedel,* Rdn. 1660 ff.

[2] BGH WM 1957, 1225; *Uhlenbruck* in: *Uhlenbruck,* InsO, § 194 Rdn. 5; Jaeger/*Weber,* KO, § 158 Rdn. 4; *Eickmann* in: *Gottwald,* § 65 Rdn. 7.

[3] *Uhlenbruck* in: *Uhlenbruck,* InsO, § 194 Rdn. 3 m. w. N.

761 Über die Einwendung entscheidet das Insolvenzgericht durch Beschluss (§ 194 Abs. 2 InsO). Gegen die Entscheidung ist sofortige Beschwerde nach § 194 Abs. 2 Satz 2, Abs. 3 Satz 2, § 6 InsO statthaft.

762 Nach Bereinigung des Verteilungsverzeichnisses durch den Verwalter nach § 193 InsO und nach rechtskräftiger Entscheidung über erhobene Einwendungen nach § 194 InsO ist die Zahl der Gläubiger und ihrer Forderungen festgestellt. Nach § 195 InsO ist der Prozentsatz der Zuteilung zu ermitteln. Er wird festgesetzt vom Gläubigerausschuss oder dem Insolvenzverwalter. Die Quote ist an die Gläubiger mitzuteilen.

2. Die Abschlagsverteilung nach § 187 Abs. 2 InsO

763 Eine Abschlagsverteilung soll vorgenommen werden, sobald hinreichend bare Masse vorhanden ist (§ 187 Abs. 2 InsO). Zur Abschlagsverteilung bedarf der Insolvenzverwalter der Genehmigung des Gläubigerausschusses, wenn ein solcher bestellt ist (§ 187 Abs. 3 Satz 2 InsO). Verweigert der Gläubigerausschuss die Zustimmung, kann das Insolvenzgericht sie nicht ersetzen.[1] Ist ein Gläubigerausschuss nicht bestellt bedarf es auch nicht der Zustimmung des Insolvenzgerichts. Abschlagsverteilungen werden in der Mehrzahl der Insolvenzverfahrens nicht durchgeführt. Dies hat im Wesentlichen Praktikabilitätsgründe: Dem Insolvenzverwalter steht häufig nur eine Insolvenzmasse zur Verfügung, die dem einzelnen Gläubiger eine sehr geringe Quote bietet. Der Aufwand einer Abschlagsverteilung stünde dann in keinem Verhältnis zum tatsächlich ausgezahlten Geldbetrag an dem jeweiligen Gläubiger. Es ist dann häufig auch für die Gläubiger günstiger, wenn der Insolvenzverwalter den Verwertungserlös zinsgünstig (§ 149 Abs. 1 InsO) bis zur Beendigung des Insolvenzverfahrens anlegt.

764 Grundlage der Abschlagsverteilung ist das nach §§ 188 bis 194 InsO erstellte Verteilungsverzeichnis. Nachweispflichtige Gläubiger nach §§ 189 und 190 InsO, die nicht rechtzeitig ihren erforderlichen Nachweis erbracht haben, werden bei der anstehenden Verteilung nicht berücksichtigt (§§ 189 Abs. 3 und 190 Abs. 1 Satz 2 InsO). Aus der restlichen Insolvenzmasse können sie aber die Quote erhalten, soweit diese Insolvenzmasse reicht und nicht bereits eine neue Ausschlussfrist für die nächste Abschlagsverteilung abgelaufen ist (§ 192 InsO).[2]

765 Die Zuteilung der Quote erfolgt an die im Verteilungsverzeichnis berücksichtigten Gläubiger grundsätzlich durch Auszahlung. Die Verteilung nimmt der Insolvenzverwalter vor (§ 187 Abs. 3 Satz 1 InsO). Bei den Gläubigern bestrittener Forderungen nach § 189 InsO oder

---

[1] *Uhlenbruck* in: *Uhlenbruck*, InsO, § 187 Rdn. 10; *Becker* in: *Nerlich/Römermann*, InsO, § 187 Rdn. 12; *Eickmann* in: *Gottwald*, § 65 Rdn. 3.

[2] Zur Zusammensetzung der restlichen Insolvenzmasse *Uhlenbruck* in: *Uhlenbruck*, InsO, § 192 Rdn. 7.

Gläubigern mit Absonderungsrecht nach § 190 InsO kann noch keine Auszahlung erfolgen, weil noch nicht feststeht, ob und in welcher Höhe die Forderungen endgültig festgestellt werden oder wie hoch der endgültige Ausfall sein wird. In diesen Fällen sind die Beträge zurückzubehalten:

- § 189 Abs. 2 InsO: Anteile auf bestrittene Forderungen werden zurückbehalten, bis der Rechtsstreit nach § 179 InsO beendet und die Forderung ihrer Höhe nach festgestellt ist. Anteile für titulierte bestrittene Forderungen werden dann zurückbehalten, wenn der Widerspruch nach § 179 Abs. 2 InsO verfolgt wird, insoweit gilt auch sie als bestrittene Forderung. Auch wenn der Insolvenzverwalter gegen eine festgestellte Forderung mit Aussicht auf Erfolg Vollstreckungsgegenklage nach § 767 ZPO erhoben hat, ist der entsprechende Anteil analog § 189 Abs. 2 InsO zurückzubehalten (so auch früher nach § 168 Nr. 1 KO).[1]
- § 190 Abs. 2 Satz 2 InsO: Anteile für absonderungsberechtigte Gläubiger werden zurückbehalten, solange der Ausfall bei der abgesonderten Befriedigung noch nicht feststeht; die Quote wird nach der Forderung berechnet, die der Gläubiger im Nachweis nach § 190 InsO angegeben hat.
- § 191 Abs. 1 Satz 2 InsO: Anteile für aufschiebend bedingte Forderungen werden zurückbehalten solange der Bedingungseintritt noch nicht erfolgte, im Übrigen steht die aufschiebend bedingte Forderung der unbedingten gleich.

Über die Vornahme der Abschlagsverteilung soll der Insolvenzver- 766
walter dem Insolvenzgericht gegenüber Rechnung legen.[2] Die Abschlagsverteilung kann vom Insolvenzgericht in der Insolvenztabelle vermerkt werden, im Übrigen muss auch der Insolvenzverwalter für spätere Abschlagsverteilungen und für die Schlussverteilung die bereits erfolgten Auszahlungen an die Gläubiger berücksichtigen.

3. Die Schlussverteilung nach § 196 InsO

a) Die allgemeinen Voraussetzungen der Schlussverteilung

aa) Die vollständige Verwertung der Insolvenzmasse

Die Schlussverteilung erfolgt, wenn die Insolvenzmasse vollständig 767
verwertet ist (§ 196 Abs. 1 InsO). Es muss keine vollständige Verwertung eines jeden auch noch so geringwertigen Gegenstandes erfolgt sein, über das Schicksal unverwertbarer Gegenstände entscheidet die Gläubigerversammlung im Schlusstermin (§ 197 Abs. 1 Nr. 3

[1] *Uhlenbruck* in: *Uhlenbruck*, InsO, § 189 Rdn. 8, geht von einem Redaktionsversehen des Gesetzgebers aus.

[2] *Frege/Keller/Riedel*, Rdn. 1670.

InsO).[1] Erhält der Schuldner laufendes Arbeitseinkommen, das in Höhe des pfändbaren Betrages zur Insolvenzmasse gehört (§ 36 Abs. 1 InsO mit § 850c ZPO), hindert auch dies die Vornahme der Schlussverteilung nicht.[2] Das laufende Arbeitseinkommen des Schuldners steht den Gläubigern im weiteren Verfahren der Restschuldbefreiung zur Verfügung; im Übrigen würde der Bezug des Arbeitseinkommens zu einem theoretisch immerwährenden Insolvenzverfahren führen. Die Schlussverteilung und die Aufhebung des Insolvenzverfahrens können auch erfolgen, wenn für oder gegen die Insolvenzmasse noch Prozesse anhängig sind. Der Insolvenzverwalter bleibt insoweit prozessführungsbefugt.[3] Hinsichtlich eines nach Beendigung des Prozesses zur Masse fließenden Betrages ist eine Nachtragsverteilung nach § 203 Abs. 1 Nr. 2 InsO möglich, hinsichtlich der von der Masse möglicherweise zu zahlenden Beträge bei negativem Ausgang des Prozesses ist durch den Insolvenzverwalter eine Rückstellung in angemessener Höhe zu bilden.[4] Auch Rechtsstreitigkeiten über das Bestehen einer Insolvenzforderung (§§ 179ff. InsO) hindern die Vornahme der Schlussverteilung nicht, die Berücksichtigung der streitigen Forderung des Gläubigers erfolgt durch § 189 Abs. 2 InsO.

bb) Die Beteiligung des Gläubigerausschusses und des Insolvenzgerichts

768 Die Schlussverteilung darf ebenso wie Abschlagsverteilungen nur mit Zustimmung des Gläubigerausschusses erfolgen (§ 187 Abs. 3 Satz 2 InsO). Der Gläubigerausschuss hat hierbei die Pflicht, die Rechnungslegung des Insolvenzverwalters zu prüfen. Der Gläubigerausschuss hat die Schlussrechnung und den Schlussbericht des Insolvenzverwalters mit einer entsprechenden Bemerkung über die durchgeführte Prüfung zu versehen (§ 66 Abs. 2 Satz 2 InsO).[5]

769 Die Schlussverteilung bedarf zusätzlich der vorherigen Zustimmung des Insolvenzgerichts nach § 196 Abs. 2 InsO. Der Insolvenzverwalter beantragt beim Insolvenzgericht die Genehmigung der Schlussverteilung regelmäßig mit Vorlage der Schlussrechnung nach § 66 InsO,[6]

---

[1] Allgemein *Uhlenbruck* in: *Uhlenbruck,* InsO, § 196 Rdn. 2; *Kuhn/Uhlenbruck,* KO, § 161 Rdn. 2ff.; plakativ *Kilger/K. Schmidt,* Insolvenzgesetze, § 161 KO Anm. 1: „*Sobald das letzte verwertbare Massestück in Geld umgesetzt ist.*“; eingehend *Westphal* in: *Nerlich/Römermann,* InsO, § 196 Rdn. 4ff.; *Bihler,* KTS 1962, 84.

[2] § 196 InsO im Wortlaut durch InsOÄndG vom 26. 10. 2001 (BGBl. I S. 2710) ergänzt; zur Begründung BT-Drucks. 14/5680 S. 28; in: diesem Sinne bereits AG Duisburg NZI 2001, 106; eingehend *Henning,* ZInsO 1999, 333.

[3] *Kuhn/Uhlenbruck,* KO, § 161 Rdn. 3; *Irschlinger* in: HK-InsO, § 196 Rdn. 1; abweichend (keine Schlussverteilung zulässig) *Westphal* in: *Nerlich/Römermann,* InsO, § 196 Rdn. 7ff.

[4] Allgemein *Uhlenbruck* in: *Uhlenbruck,* InsO, § 196 Rdn. 5.

[5] Allgemein *Delhaes* in: *Nerlich/Römermann,* InsO, § 66 Rdn. 22.

[6] Begründung des Regierungsentwurfs BT-Drucks. 12/2443, S. 131; ein Anspruch eines einzelnen Gläubigers auf Rechnungslegung oder Auskunft während des Insolvenzverfahrens besteht nicht, BGHZ 62, 1, 3.

des Schlussberichts und des Schlussverzeichnisses.[1] Das Insolvenzgericht hat die Schlussrechnung nach § 66 Abs. 2 Satz 1 InsO im Rahmen seiner Aufsichtspflicht gegenüber dem Insolvenzverwalter zu prüfen.[2]

b) Die Vorlage von Schlussrechnung, Schlussbericht und Schlussverzeichnis

aa) Die Rechnungslegungspflicht des Insolvenzverwalters

Eine Schlussrechnung hat der Insolvenzverwalter jeweils bei Beendi- 770
gung seines Amtes nach § 66 InsO vorzulegen.[3] Die Schlussrechnung soll rechnerisch die Tätigkeit des Insolvenzverwalters in Bezug auf die Verwaltung und Verwertung der Insolvenzmasse darstellen, der Schlussbericht soll die Vorgänge erläutern und begründen.[4] Schlussrechnung und Schlussbericht müssen ein vollständiges Bild der gesamten Geschäftsführung des Verwalters abgeben. Sie müssen beispielsweise erkennen lassen, welche Aus- und Absonderungsrechte beansprucht, festgestellt oder bedient worden sind, welche Gegenstände freigegeben worden sind, mit welchem Erfolg der Verwalter schwebende Rechtsgeschäfte und Prozesse abgewickelt hat und was durch Anfechtung für die Masse zurückgewonnen werden konnte.[5]

bb) Die Anforderungen an die Schlussrechnung und den Schlussbericht

Die Schlussrechnung und der Schlussbericht gehen von den bei Er- 771
öffnung des Insolvenzverfahrens vorgelegten Verzeichnissen nach §§ 151 ff. InsO aus.[6] Hiervon ausgehend ist darzustellen, in welcher Art und Weise der Insolvenzverwalter mit dem jeweiligen Gegenstand verfahren ist, ob und in welchem Umfang für die Insolvenzmasse etwas erwirtschaftet werden konnte. Masseverbindlichkeiten, die der Insolvenzverwalter befriedigt hat und insbesondere diejenigen Beträge, die er für sich selbst entnommen hat, müssen aus der Schlussrechnung voll-

---

[1] *Uhlenbruck* in: *Uhlenbruck,* InsO, § 196 Rdn. 8, nicht praxisgerecht aber der Hinweis, es genüge die Vorlage vor dem Schlusstermin; *Kuhn/Uhlenbruck,* KO, § 161 Rdn. 5 a; *Holzer* in: *Kübler/Prütting,* InsO, § 196, Rdn. 9.

[2] *Kuhn/Uhlenbruck,* KO, § 86 Rdn. 7 ff.; *Delhaes* in: *Nerlich/Römermann,* InsO, § 66 Rdn. 16 ff.

[3] *Uhlenbruck* in: *Uhlenbruck,* InsO, § 66 Rdn. 17; *Kuhn/Uhlenbruck,* KO, § 86 Rdn. 3; *Delhaes* in: *Nerlich/Römermann,* InsO, § 66 Rdn. 11, 14; *Kuhn/Uhlenbruck,* KO, § 86 Rdn. 6 d; *Kilger/K. Schmidt,* Insolvenzgesetze, § 86 Anm. 1; *Bähner,* KTS 1991, 347.

[4] *Uhlenbruck* in: *Uhlenbruck,* InsO, § 66 Rdn. 21 ff.; *Kuhn/Uhlenbruck,* KO, § 86 Rdn. 6 d („erläuterndes Bindeglied"); *Delhaes* in: *Nerlich/Römermann,* InsO, § 66 Rdn. 11; *Holzer* in: *Kübler/Prütting,* InsO, § 196, Rdn. 11.

[5] So *Uhlenbruck/Delhaes,* Rdn. 895; ausführlich ferner *Uhlenbruck* in: *Uhlenbruck,* InsO, § 66 Rdn. 26; *Onusseit* in: *Kübler/Prütting,* InsO, § 66 Rdn. 12; *Eickmann* in: *Gottwald,* § 65, 18 ff.

[6] Eingehend dazu *Holzer* in: *Kübler/Prütting,* InsO, § 151 Rdn. 4 ff., 14 ff., § 152 Rdn. 8 ff., § 153 Rdn. 8 ff.

ständig ersichtlich sein.[1] Insgesamt hat die Schlussrechnung sämtliche Einnahmen und Ausgaben des Insolvenzverwalters darzustellen und ist mit einer Schlussbilanz abzuschließen.[2] Das Buchwerk besteht in der Praxis der meisten Insolvenzverfahren in einer nach kaufmännischen Grundsätzen geführten doppelten Buchführung des Insolvenzverwalters.[3] Als so genannte interne Rechnungslegung ist diese gesetzlich zwar nicht gefordert, es würde auch eine einfache Einnahmen- und Ausgabenrechnung genügen.[4] Der diesbezügliche Streit in der insolvenzrechtlichen Literatur[5] hat kaum praktische Bedeutung, da wenn überhaupt nur noch bei Einzelkaufleuten mit geringem Geschäftsumfang eine einfache Einnahmen- und Ausgabenrechnung ausreichend sein wird.

cc) Die Vorlage des Schlussverzeichnisses

772 Im Rahmen der Verfahrensbeendigung hat der Insolvenzverwalter mit der Schlussrechnung und dem Schlussbericht das abschließende Verteilungsverzeichnis als so genanntes Schlussverzeichnis vorzulegen.[6] Für die Erstellung des Schlussverzeichnisses und die Aufnahme einzelner Insolvenzforderungen gelten die §§ 188 ff. InsO. Hinsichtlich einer Forderung, für die abgesonderte Befriedigung beansprucht wird, ist der endgültige anzugeben oder auf die abgesonderte Befriedigung in bestimmter Höhe zu verzichten (§ 190 Abs. 1 Satz 1 InsO).[7] In Abweichung zu § 194 Abs. 1 InsO können Einwendungen gegen das Schlussverzeichnis nur im Schlusstermin nach § 197 Abs. 1 Nr. 2 InsO geltend gemacht werden.

---

[1] Grundlegend BGHZ 139, 309; fortgeführt in: BGH ZIP 2005, 36; *Eickmann* in: *Gottwald*, § 65 Rdn. 20, 21.

[2] Ausführlich zu allen Fragen der Erstellung der Schlussrechnung, des Schlussberichts und der Schlussbilanz *Uhlenbruck* in: *Uhlenbruck*, InsO, § 66 Rdn. 21 ff.; *Kuhn/Uhlenbruck*, KO, § 85 Rdn. 6 ff.; *Delhaes* in: *Nerlich/Römermann*, InsO, § 66 Rdn. 7 bis 10; *Holzer* in: *Kübler/Prütting*, InsO, § 196 Rdn. 13; *Pelka/Niemann*, Rdn. 92 ff., 456 ff.; *Möhlmann*, S. 327 ff.; *Klasmeyer/Kübler*, BB 1978, 369; *Uhlenbruck*, ZIP 1982, 125; *Kilger/Nitze*, ZIP 1988, 957; *Bähner*, KTS 1991, 347; *Bähner/Berger/Braun*, ZIP 1993, 1283; *Pink*, ZIP 1997, 177; *Hess/Weis*, InVo 1997, 281; *Lièvre/Stahl/Ems*, KTS 1999, 1; *Hess/Weis*, NZI 1999, 260.

[3] So zutreffend *Braun*, ZIP 1997, 1013; zutreffend auch die negative Analyse von *Möhlmann*, S. 336 ff.; abzulehnen *Delhaes* in: *Nerlich/Römermann*, InsO, § 66 Rdn. 8, der behauptet, das Insolvenzgericht verlange keine doppelte Buchführung.

[4] *Uhlenbruck* in: *Uhlenbruck*, InsO, § 66 Rdn. 23; Muster bei *Pelka/Niemann*, Rdn. 96; *Hess/Weis*, NZI 1999, 260, Abschn. III.

[5] *Holzer* in: *Kübler/Prütting*, InsO, § 196 Rdn. 12; *Delhaes* in: *Nerlich/Römermann*, InsO, § 66 Rdn. 8 ff.; *König*, ZIP 1988, 1003; *Bähner/Berger/Braun*, ZIP 1993, 1283; sehr lesenswert *Braun*, ZIP 1997, 1013.

[6] *Uhlenbruck* in: *Uhlenbruck*, InsO, § 66 Rdn. 27; *Kuhn/Uhlenbruck*, KO, § 86 Rdn. 6 e; *Delhaes* in: *Nerlich/Römermann*, InsO, § 66 Rdn. 12; *Westphal* in: *Nerlich/Römermann*, InsO, § 196 Rdn. 16 ff.; *Onusseit* in: *Kübler/Prütting*, InsO, § 66 Rdn. 16.

[7] Ausführlich *Westphal* in: *Nerlich/Römermann*, InsO, § 190 Rdn. 20 ff.; *Eickmann* in: *Gottwald*, § 65 Rdn. 24 ff.

c) Das Prüfungsrecht und die Prüfungspflicht des Insolvenzgerichts

aa) Der Umfang der gerichtlichen Prüfung

773 Die Prüfungspflicht des Insolvenzgerichts ergibt sich einerseits aus § 196 Abs. 2 InsO, andererseits aus § 66 Abs. 2 Satz 1 InsO. Das Insolvenzgericht prüft die Schlussrechnung und den Schlussbericht sowohl in formeller als auch in materieller Hinsicht.[1] Das Insolvenzgericht prüft formell, ob die Schlussrechnung mit der Buchführung des Insolvenzverwalters rechnerisch richtig ist. Die Prüfungspflicht des Insolvenzgerichts erstreckt sich auch auf die Rechtmäßigkeit[2] der Entnahme von Beträgen durch den Insolvenzverwalter beispielsweise als Vorschuss auf seine Vergütung oder im Rahmen anwaltlicher Tätigkeit für die Insolvenzmasse[3] oder bei Beauftragung eines Unternehmens oder einer Gesellschaft, an welcher der Insolvenzverwalter selbst beteiligt ist.[4]

774 Die materielle Prüfung bezieht sich auf die Verwertung der Insolvenzmasse. Hier hat das Insolvenzgericht lediglich eine Prüfungskompetenz dahingehend, dass es Handlungen des Insolvenzverwalters beanstanden kann und muss, wenn diese aus Rechtsgründen falsch waren.[5] Wirtschaftliche Erwägungen oder Ermessensentscheidungen des Insolvenzverwalters darf das Insolvenzgericht nicht beanstanden.[6] Das Insolvenzgericht kann sich zur Prüfung der Schlussrechnung der Hilfe eines Sachverständigen bedienen, es gilt auch hier § 5 Abs. 1 Satz 2 InsO.[7]

bb) Die Genehmigung der Schlussverteilung und die Anberaumung des Schlusstermins

775 Über die Prüfung der Schlussrechnung und des Schlussberichts hat das Insolvenzgericht nach § 66 Abs. 2 Satz 2 InsO einen Vermerk für die Insolvenzakten zu fertigen. Ein genauer Wortlaut des Prüfungsver-

---

[1] *Uhlenbruck* in: *Uhlenbruck,* InsO, § 66 Rdn. 30 ff.; *Kuhn/Uhlenbruck,* KO, § 86 Rdn. 7, 7 a ff.; *Delhaes* in: *Nerlich/Römermann,* InsO, § 66 Rdn. 17 ff.; *Onusseit* in: *Kübler/Prütting,* InsO, § 66 Rdn. 19 ff.; *Eickmann* in: HK-InsO, § 66 Rdn. 10; *Breutigam/Blersch/Goetsch,* InsO, § 66 Rdn. 7 ff.; *Eickmann* in: *Gottwald,* § 65 Rdn. 14 ff.; *Uhlenbruck,* ZIP 1982, 125; *Lièvre/Stahl/Ems,* KTS 1999, 1, Abschnitt III.; einschränkend nur *Bernsen* in: KS, S. 1843 Rdn. 21.

[2] Ausdrücklich in: diesem Sinne BGH ZIP 2005, 39.

[3] BGHZ 55, 101; BGHZ 139, 309; ausführlich *Kuhn/Uhlenbruck,* KO, § 85 Rdn. 11 ff.; *Keller,* Vergütung, Rdn. 84 ff.

[4] BGHZ 113, 262; *Onusseit* in: *Kübler/Prütting,* InsO, § 66 Rdn. 22.; eingehend *Keller,* DZWIR 2000, 265.

[5] *Onusseit* in: *Kübler/Prütting,* InsO, § 66 Rdn. 20; *Delhaes* in: *Nerlich/Römermann,* InsO, § 66 Rdn. 19; *Eickmann* in: *Gottwald,* § 65 Rdn. 17.

[6] *Uhlenbruck* in: *Uhlenbruck,* InsO, § 66 Rdn. 32; eingehend *Frege/Keller/Riedel,* Rdn. 1682 mit Checkliste zur Prüfung des Schlussberichts.

[7] OLG Hamm ZIP 1986, 724, dazu EWiR 1986, 399 *(Eickmann)*; *Kuhn/Uhlenbruck,* KO, § 86 Rdn. 7; *Delhaes* in: *Nerlich/Römermann,* InsO, § 66 Rdn. 16; *Onusseit* in: *Kübler/Prütting,* InsO, § 66 Rdn. 23; etwas einschränkend *Hess/Weis/Wienberg,* InsO, § 66 Rdn. 33, 34; *Hösl* in: FK-InsO, § 66 Rdn. 8; eingehend mit Mustern *Frege/Keller/Riedel,* Rdn. 1685 ff.

merks ist gesetzlich nicht vorgeschrieben, aus dem Vermerk soll aber hervorgehen, dass das Insolvenzgericht die Schlussrechnung und den Schlussbericht rechnerisch und rechtlich geprüft hat und diese zu keiner Beanstandung Anlass gegeben haben.[1] Bei Beanstandungen der Schlussrechnung und des Schlussberichts ist dem Insolvenzverwalter Gelegenheit zu geben, diese auszuräumen.[2]

776 Die Genehmigung der Schlussverteilung nach § 196 Abs. 2 InsO erfolgt durch Beschluss.[3] Gleichzeitig bestimmt das Gericht von Amts wegen die letzte Gläubigerversammlung des Insolvenzverfahrens, den Schlusstermin mit den Tagesordnungspunkten des § 197 InsO.

777 Nach der Genehmigung der Schlussverteilung durch das Insolvenzgericht hat der Insolvenzverwalter nach § 188 Satz 3 InsO die Vornahme der Schlussverteilung öffentlich bekanntzumachen.[4]

d) Der Schlusstermin nach § 197 InsO

778 Der Schlusstermin als regelmäßig letzte Gläubigerversammlung des Insolvenzverfahrens[5] ist von Amts wegen zu bestimmen. Nach § 197 Abs. 2 InsO soll der Schlusstermin frühestens einen Monat nach Wirksamwerden der öffentlichen Bekanntmachung abgehalten werden, spätestens nach zwei Monaten. Der Schlusstermin hat die besonderen Tagesordnungspunkte des § 197 Abs. 1 InsO.

aa) Die Erörterung der Schlussrechnung des Insolvenzverwalters nach § 197 Abs. 1 Nr. 1 InsO

779 Der Schlusstermin dient nach § 197 Abs. 1 Nr. 1 InsO der Erörterung der Schlussrechnung des Insolvenzverwalters durch die Insolvenzgläubiger. Einwendungen der Insolvenzgläubiger oder des Schuldners gegen die Schlussrechnung des Insolvenzverwalters können nur mündlich im Termin erhoben werden.[6] Die Insolvenzgläubiger können beispielsweise geltend machen, dass der Insolvenzverwalter durch pflichtwidriges Handeln der Insolvenzmasse Schaden zugefügt hat und daher ein Anspruch nach § 60 InsO besteht. Der Schadensersatzanspruch selbst

---

[1] Beispiel eines Prüfungsvermerks bei *Lièvre/Stahl/Ems,* KTS 1999, 1, Abschnitt III. Nr. 6.; *Pink,* ZIP 1997, 177.

[2] *Uhlenbruck* in: *Uhlenbruck,* InsO, § 66 Rdn. 35; *Delhaes* in: *Nerlich/Römermann,* InsO, § 66 Rdn. 21; *Onusseit* in: *Kübler/Prütting,* InsO, § 66 Rdn. 19.

[3] Eingehend *Frege/Keller/Riedel,* Rdn. 1692 ff.; zum Widerruf OLG Frankfurt am Main KTS 1971, 218 (Beschwerde gegen die Zurückweisung des Antrags auf Widerruf der Genehmigung).

[4] Eingehend *Frege/Keller/Riedel,* Rdn. 1696 ff.

[5] Zur Notwendigkeit des Schlusstermins bei den verschiedenen Arten der Verfahrensbeendigung eingehend *Frege/Keller/Riedel,* Rdn. 1699, 1793.

[6] *Uhlenbruck* in: *Uhlenbruck,* InsO, § 197 Rdn. 4; *Holzer* in: *Kübler/Prütting,* InsO, § 197 Rdn. 6; *Kuhn/Uhlenbruck,* KO, § 86 Rdn. 8 a; *Eickmann* in: *Gottwald,* § 65 Rdn. 45; anders wohl AG Krefeld NZI 2001, 45; unklar *Westphal* in: *Nerlich/Römermann,* InsO, § 197 Rdn. 6, wonach auch schriftsätzlich vorgetragene Einwendungen beachtlich seien; so auch für Einwendungen gegen das Schlussverzeichnis *Irschlinger* in: HK-InsO, § 197 Rdn. 4.

muss im ordentlichen Prozesswege geltend gemacht werden.[1] Einwendungen gegen die Schlussrechnung hat das Insolvenzgericht zu Protokoll zu nehmen.[2] Das Insolvenzgericht entscheidet nicht in eigener Zuständigkeit oder Kompetenz über die Einwendungen, § 197 Abs. 3 mit § 194 Abs. 2 und 3 InsO ist auf Einwendungen gegen die Schlussrechnung nicht anwendbar.[3] Würde das Insolvenzgericht entscheiden, käme ihm eine materielle Prüfungskompetenz hinsichtlich des Handelns des Insolvenzverwalters zu; der Beschluss würde nach Ablauf der Beschwerdefrist mithin materielle Rechtskraft erlangen, da dann Ansprüche nach § 60 InsO endgültig ausgeschlossen sein müssten. Zudem wird mit Hinweis auf § 194 Abs. 2 InsO ein Beschwerderecht des Schuldners verneint.[4] Gerade dies zeigt aber, dass § 194 Abs. 2 und 3 InsO über § 197 Abs. 3 InsO auf Einwendungen gegen die Schlussrechnung gar nicht anwendbar sein kann. § 194 InsO regelt nur die Einwendungen gegen das Schlussverzeichnis, beteiligt und betroffen sind hier nur die Insolvenzgläubiger, daher ist ein Beschwerderecht des Schuldners in § 194 Abs. 2 InsO nicht erforderlich. Soweit er aber berechtigt ist, gegen die Schlussrechnung des Insolvenzverwalters Einwendungen nach § 197 Abs. 1 Nr. 1 InsO zu erheben, ist dies ein von § 194 InsO überhaupt nicht berührter Fall.

Gegenüber möglichen Einwendungen der Gläubiger hat der Schlusstermin keine Präklusionswirkung,[5] die Gläubiger können in einem Prozess gegen den Insolvenzverwalter auch weitere, im Schlusstermin nicht erhobene Einwendungen, geltend machen, er kann lediglich von den übrigen Gläubigern nichts mehr zurückfordern.[6] 780

bb) Die Erhebung von Einwendungen gegen das Schlussverzeichnis nach § 197 Abs. 1 Nr. 2 InsO

Abweichend von § 194 Abs. 1 InsO können Einwendungen der Insolvenzgläubiger gegen die Berücksichtigung oder Nichtberücksichtigung im Schlussverzeichnis nach § 197 Abs. 1 Nr. 2 InsO nur im 781

---

[1] OLG Nürnberg KTS 1966, 63; Jaeger/*Weber*, KO, § 86 Rdn. 6; zur Geltendmachung der Haftung des Insolvenzverwalters bei Nichterfüllung steuerlicher Buchführungspflichten BGHZ 74, 316; allgemein *Abeltshauser* in: *Nerlich/Römermann*, InsO, § 60 Rdn. 64 ff., 73.

[2] *Eickmann* in: *Gottwald*, § 65 Rdn. 45.

[3] So aber nun *Uhlenbruck* in: *Uhlenbruck*, InsO, § 197 Rdn. 5; *Westphal* in: *Nerlich/Römermann*, InsO, § 197 Rdn. 14; *Irschlinger* in: HK-InsO, § 197 Rdn. 10; *Smid* in: *Smid*, InsO, § 197 Rdn. 10.

[4] *Uhlenbruck* in: *Uhlenbruck*, InsO, § 197 Rdn. 5 a. E.

[5] In Abkehr zu § 86 Satz 4 KO Begründung des Regierungsentwurfs BT-Drucks. 12/2443, S. 131; *Uhlenbruck* in: *Uhlenbruck*, InsO, § 197 Rdn. 7; *Westphal* in: *Nerlich/Römermann*, InsO, § 197 Rdn. 6; *Delhaes* in: *Nerlich/Römermann*, InsO, § 66 Rdn. 24; *Breutigam/Blersch/Goetsch*, InsO, § 197 Rdn. 10; *Onusseit* in: *Kübler/Prütting*, InsO, § 66 Rdn. 32; unzutreffend *Holzer* in: *Kübler/Prütting*, InsO, § 197 Rdn. 8.

[6] BGHZ 91, 198, für die Säumnis bei Erhebung von Einwendungen gegen das Schlussverzeichnis.

Schlusstermin geltend gemacht werden.[1] Einwendungen können wie im Falle des § 194 InsO nur auf verfahrensrechtliche Gründe gestützt werden.[2] Das Insolvenzgericht entscheidet über die hier erhobenen Einwendungen in Anwendung des § 194 Abs. 2 und 3 InsO (§ 197 Abs. 3 InsO). Die Vorschrift des § 197 Abs. 1 Nr. 2 InsO ersetzt allein die Regelung des § 194 Abs. 1 InsO bezüglich der Einwendungsfrist gegen das Verteilungsverzeichnis bei einer Abschlagsverteilung. Erhebt ein Gläubiger gegen seine Nichtberücksichtigung im Schlussverzeichnis nicht rechtzeitig Einwendung, ist er mit bereicherungsrechtlichen Ansprüchen gegen die übrigen Gläubiger, die bereits Zuteilung erhalten haben, ausgeschlossen.[3]

cc) Die Beschlussfassung über nicht verwertbare Gegenstände nach § 197 Abs. 1 Nr. 3 InsO

782 Die Gläubigerversammlung entscheidet nach § 197 Abs. 1 Nr. 3 InsO über nicht verwertbare Gegenstände der Insolvenzmasse. Beispielsweise könnte ein einzelner Gläubiger bereit sein, einen Gegenstand zum angemessenen Wert selbst zu übernehmen.[4] Zumeist werden unverwertbare Gegenstände dem Schuldner freigegeben.[5] Kommt eine Beschlussfassung der Gläubigerversammlung nicht zustande, gilt der betreffende Gegenstand als an den Schuldner freigegeben.[6]

dd) Die Erörterung weiterer Tagesordnungspunkte

783 Der Schlusstermin kann auch als besonderer Prüfungstermin nach § 177 InsO bestimmt werden. Die erst im Schlusstermin geprüften und festgestellten Insolvenzforderungen können aber keine Aufnahme in das Schlussverzeichnis erhalten, da die möglicherweise notwendige Frist des § 189 Abs. 1 InsO bereits abgelaufen ist.

784 Das Insolvenzgericht kann im Schlusstermin die Gläubigerversammlung auch zur Festsetzung der Vergütung der Mitglieder des Gläubigerausschusses (§ 73 Abs. 1 InsO, § 17 InsVV) hören. Zur Festsetzung der Vergütung des Insolvenzverwalters wird die Gläubigerversammlung regelmäßig nicht gehört.

e) Die Vornahme der Schlussverteilung durch den Insolvenzverwalter

785 Die Schlussverteilung selbst ist durch den Insolvenzverwalter vorzunehmen (§ 187 Abs. 3 Satz 1 InsO).[7] Die Bestimmung der an die

---

[1] AG Krefeld NZI 2000, 45; *Holzer* in: *Kübler/Prütting*, InsO, § 197 Rdn. 10.

[2] *Uhlenbruck* in: *Uhlenbruck*, InsO, § 197 Rdn. 7; *Holzer* in: *Kübler/Prütting*, InsO, § 194 Rdn. 6; *Kuhn/Uhlenbruck*, KO, § 158 Rdn. 2.

[3] BGHZ 91, 198.

[4] *Irschlinger* in: HK-InsO, § 197 Rdn. 7; *Schulz* in: FK-InsO, § 197 Rdn. 16.

[5] *Kuhn/Uhlenbruck*, KO, § 162 Rdn. 6; *Westphal* in: *Nerlich/Römermann*, InsO, § 197 Rdn. 11.

[6] RG JW 1888, 288; Jaeger/*Weber*, KO, § 162 Rdn. 6.

[7] Eingehend *Frege/Keller/Riedel*, Rdn. 1713 ff.

Insolvenzgläubiger auszuzahlenden Quote erfolgt durch den Insolvenzverwalter, § 195 Abs. 1 Satz 1 InsO gilt hier nicht.

Nach § 198 InsO sind diejenigen Anteile der Gläubiger zu hinterlegen, bei welchen noch ein Prozess über das Bestehen der Insolvenzforderung anhängig ist (§ 189 Abs. 2 InsO), oder deren aufschiebende Bedingung für den Eintritt der Forderung noch nicht eingetreten ist (§ 191 Abs. 1 Satz 2 InsO). Die Hinterlegung nach § 198 InsO kann bei einer Bank oder sonst geeigneten Stellen erfolgen.[1] Die Hinterlegung muss so erfolgen, dass der Geldbetrag im Falle einer Nachtragsverteilung nach § 203 Abs. 1 Nr. 1 InsO zur Insolvenzmasse gezogen werden kann. 786

Der Insolvenzverwalter hat gegenüber dem Insolvenzgericht über die erfolgte Verteilung Rechnung zu legen. Endgültig entlastet ist der Insolvenzverwalter erst dann, wenn das von ihm geführte Anderkonto der Insolvenzmasse auf den Geldbetrag Null geführt ist. 787

f) Die Aufhebung des Insolvenzverfahrens nach § 200 InsO

Nach Durchführung der Schlussverteilung hebt das Insolvenzgericht das Insolvenzverfahren nach § 200 Abs. 1 InsO auf.[2] Die Aufhebung des Insolvenzverfahrens erfolgt anders als im früheren Konkursverfahren nicht bereits nach Abhaltung des Schlusstermins.[3] Die Aufhebung erfolgt durch Beschluss, der als solcher nicht anfechtbar ist.[4] Die Aufhebung des Insolvenzverfahrens ist nach § 200 Abs. 2 Satz 1 InsO öffentlich bekanntzumachen, eine Bekanntmachung erfolgt auch im Bundesanzeiger (§ 200 Abs. 2 Satz 2 InsO). 788

Mit Aufhebung des Insolvenzverfahrens sind im Handelsregister oder im Grundbuch noch eingetragene Insolvenzvermerke zur Löschung zu bringen, in entsprechender Anwendung der §§ 31, 32 InsO (§ 200 Abs. 2 Satz 3 InsO) ersucht das Insolvenzgericht um entsprechende Löschung. Von der Aufhebung des Insolvenzverfahrens ist all denjenigen Stellen Mitteilung zu machen, denen auch die Eröffnung des Insolvenzverfahrens mitgeteilt worden ist. 789

---

[1] *Uhlenbruck* in: *Uhlenbruck,* InsO, § 198 Rdn. 7; *Holzer* in: *Kübler/Prütting,* InsO, § 198 Rdn. 12; *Hess/Weis/Wienberg,* InsO, § 198 Rdn. 8.

[2] *Frege/Keller/Riedel,* Rdn. 1721 ff.

[3] Die Frage war aber stets umstritten, *Kilger/K. Schmidt,* Insolvenzgesetze, § 163 KO Anm. 1; *Uhlenbruck/Delhaes,* Rdn. 936; *Klopp/Kluth* in: *Gottwald,* § 75 Rdn. 3.

[4] Als Rechtspflegerentscheidung anfechtbar mit § 11 Abs. 2 RPflG; völlig praxisfremd sind die Hinweise auf die Unanfechtbarkeit des Aufhebungsbeschlusses, *„wenn ihn der Richter erlassen hätte"*, bei *Hess/Weis/Wienberg,* InsO, § 200 Rdn. 13; *Breutigam/Blersch/Goetsch,* InsO, § 200 Rdn. 27.

4. Die Nachtragsverteilung nach § 203 InsO

a) Die Voraussetzungen der Nachtragsverteilung nach § 203 Abs. 1 InsO

790 Auch nach Beendigung des Insolvenzverfahrens können noch Gegenstände der Insolvenzmasse oder Geldbeträge ermittelt werden.[1] Diese müssen im Verfahren der Nachtragsverteilung an die Insolvenzgläubiger verteilt werden. Nach § 203 Abs. 1 InsO ist die Nachtragsverteilung anzuordnen, wenn nach dem Schlusstermin Beträge für die Masse frei werden.[2] In der Rechtspraxis ist es wegen weiterer Massezuflüsse, beispielsweise aus Steuererstattung, günstiger, den maßgeblichen Zeitpunkt auf den der Aufhebung des Insolvenzverfahrens nach § 200 InsO zu bestimmen.[3] § 203 Abs. 1 InsO bestimmt in drei Fällen die Anordnung der Nachtragsverteilung:

- § 203 Abs. 1 Nr. 1 InsO: Für einzelne Gläubiger zurückbehaltene Anteile werden für die Insolvenzmasse frei (§§ 189 Abs. 2, 191 Abs. 1 Satz 2 und 198 InsO).[4] Dies ist beispielsweise gegeben, wenn ein Insolvenzgläubiger den Prozess über die Feststellung seiner Insolvenzforderung zur Tabelle endgültig verliert; der auf diese Forderung entfallende und zunächst zurückbehaltene Anteil wird nun für die Nachtragsverteilung frei.
- § 203 Abs. 1 Nr. 2 InsO: Aus der Insolvenzmasse gezahlte Beträge fließen zurück. Dies kann der Fall sein, wenn ein Gläubiger außerhalb des Insolvenzverfahrens – beispielsweise durch eine neben dem Schuldner haftende Person – bereits volle Befriedigung erfahren hat und ihm dennoch bei der Schlussverteilung eine Quote zugeteilt worden ist.
- § 203 Abs. 1 Nr. 3 InsO: Es wird ein Gegenstand ermittelt, der nach § 35 InsO zur Insolvenzmasse des bereits beendeten Insolvenzverfahrens gehörte, in diesem Insolvenzverfahren aber unbekannt war oder nicht ermittelt werden konnte.[5] Zu berücksichtigen ist hierbei, dass der Gegenstand seinerzeit Bestandteil der Insolvenzmasse gewesen

---

[1] Zur Nachtragsverteilung nach Einstellung des Verfahrens wegen Masseunzulänglichkeit oder Mangels Masse *Holzer* in: *Kübler/Prütting*, InsO, § 203 Rdn. 28, 29; *Kübler* in: KS, S. 967 Rdn. 48 ff.; *Pape*, ZIP 1992, 747.

[2] Zum Gesetzeswortlaut Begründung des Regierungsentwurfs BT-Drucks. 12/2443, S. 187.

[3] Auf den Wortlaut nur des § 203 Abs. 1 InsO wird abgestellt bei *Westphal* in: *Nerlich/Römermann*, InsO, §§ 203, 204 Rdn. 4; *Holzer* in: *Kübler/Prütting*, InsO, § 203 Rdn. 6; eher kein Problem sieht *Eickmann* in: *Gottwald*, § 65 Rdn. 49.

[4] *Uhlenbruck* in: *Uhlenbruck*, InsO, § 203 Rdn. 5; *Holzer* in: *Kübler/Prütting*, InsO, § 203 Rdn. 9.

[5] Allgemein *Uhlenbruck* in: *Uhlenbruck*, InsO, § 203 Rdn. 8, 9; *Holzer* in: *Kübler/Prütting*, InsO, § 203 Rdn. 13; *Westphal* in: *Nerlich/Römermann*, InsO, §§ 203, 204 Rdn. 8; *Kuhn/Uhlenbruck*, KO, § 166 Rdn. 4.

sein muss, es darf sich also nicht um einen insolvenzfreien Neuerwerb aus der Zeit nach Beendigung des Insolvenzverfahrens handeln. Der Gegenstand muss im Zeitpunkt der Anordnung der Nachtragsverteilung im Schuldnervermögen noch vorhanden sein. Hieran kann es im Einzelfall scheitern, mit Aufhebung des Insolvenzverfahrens erhält der Schuldner seine Verfügungsbefugnis zurück, Verfügungen über diesen Gegenstand sind nach Aufhebung des Insolvenzverfahrens voll wirksam.[1] Weder der wirksam veräußerte Gegenstand selbst noch eine aus der Verfügung erlangte Gegenleistung oder ein sonstiges Surrogat für den Gegenstand können dann zur Nachtragsverteilung herangezogen werden.[2] Soweit die Nicht-Ermittlung des Gegenstandes während des Insolvenzverfahrens auf ein Fehlverhalten des Insolvenzverwalters zurückzuführen ist, könnte gegen diesen ein Anspruch aus § 60 InsO in Betracht kommen.

b) Die Anordnung der Nachtragsverteilung durch das Insolvenzgericht

Das Insolvenzgericht ordnet die Nachtragsverteilung auf Antrag 791
des Insolvenzverwalters, eines Insolvenzgläubigers oder auch von Amts wegen an, wenn es Kenntnis von einem Tatbestand des § 203 Abs. 1 InsO erlangt. Die Anordnung der Nachtragsverteilung ergeht durch Beschluss. Gegen den Beschluss steht den Beteiligten nach Maßgabe des § 204 InsO die sofortige Beschwerde zu.[3] Die Anordnung der Nachtragsverteilung wird nicht öffentlich bekannt gemacht.

Das Insolvenzgericht kann von der Anordnung der Nachtragsver- 792
teilung absehen, wenn der für die Verteilung zur Verfügung stehende Betrag oder der voraussichtliche Verwertungserlöses des ermittelten Gegenstandes mit den Kosten der Nachtragsverteilung in keinem angemessenen Verhältnis steht (§ 203 Abs. 3 Satz 1 InsO).[4] Sieht das Gericht von der Anordnung einer Nachtragsverteilung ab, stehen der Geldbetrag oder der Gegenstand dem Schuldner zu seiner freien Verfügung zu.[5]

---

[1] RGZ 25, 7; RGZ 36, 20; *Uhlenbruck* in: *Uhlenbruck,* InsO, § 203 Rdn. 9; *Holzer* in: *Kübler/Prütting,* InsO, § 203 Rdn. 14; Jaeger/*Weber,* KO, § 166 Rdn. 7; *Kuhn/Uhlenbruck,* KO, § 166 Rdn. 5; eingehend *Eickmann* in: *Gottwald,* § 65 Rdn. 59ff.

[2] RGZ 25, 7; *Uhlenbruck* in: *Uhlenbruck,* InsO, § 203 Rdn. 9; für eine Surrogation *Häsemeyer,* Rdn. 7.68, 9.28.

[3] *Westphal* in: *Nerlich/Römermann,* InsO, §§ 203, 204 Rdn. 17, 18.

[4] Begründung des Regierungsentwurfs BT-Drucks. 12/2443, S. 187; *Frege/Keller/Riedel,* Rdn. 1734; so bereits *Kuhn/Uhlenbruck,* KO, § 166 Rdn. 7.

[5] Zum vergleichbaren Fall der nicht verteilbaren Restmasse *Frege/Keller/Riedel,* Rdn. 1717.

c) Der Vollzug der Nachtragsverteilung durch den Insolvenzverwalter nach § 205 InsO

793 Die Nachtragsverteilung ist durch den Insolvenzverwalter nach § 205 InsO vorzunehmen. Einen nach § 203 Abs. 1 Nr. 3 InsO ermittelten Gegenstand hat er zu verwerten, der Erlös und sonst freiwerdende Geldbeträge sind an die Gläubiger auf Grund des Schlussverzeichnisses zu verteilen. Eine Änderung des Schlussverzeichnisses etwa durch Aufnahme neuer Gläubiger findet nicht statt.[1] Es findet auch keine neuerliche Gläubigerversammlung über die Nachtragsverteilung statt.

794 Gegenüber dem Insolvenzgericht hat der Insolvenzverwalter über den Vollzug der Nachtragsverteilung gesondert Rechnung zu legen und Bericht zu erstatten (§ 205 Satz 2 InsO). Der Insolvenzverwalter erhält für die Nachtragsverteilung eine besondere Vergütung nach § 6 Abs. 1 InsVV, das Insolvenzgericht hat die Höhe der Vergütung nach billigem Ermessen festzusetzen.[2]

5. Die Einstellung des Insolvenzverfahrens aus sonstigen Gründen

a) Die Arten der Verfahrenseinstellung im Überblick

795 Abweichend von der Verfahrensbeendigung nach § 200 InsO sehen die Bestimmungen der §§ 207 bis 216 InsO mit der Einstellung des eröffneten Verfahrens dessen vorzeitige Beendigung aus unterschiedlichen Gründen vor. Es kommen vier Fallgestaltungen in Betracht:

- die Einstellung mangels Masse nach § 207 InsO; sie erfolgt, wenn die Insolvenzmasse nicht ausreicht, um die Kosten des Verfahrens nach § 54 InsO zu decken.
- die Einstellung auf Grund Masseunzulänglichkeit nach §§ 208 bis 211 InsO; sie erfolgt, wenn zwar die Kosten des Insolvenzverfahrens, nicht aber die sonstigen Masseverbindlichkeiten des § 55 InsO gedeckt werden können.
- die Einstellung wegen Wegfalls des Eröffnungsgrunds (§ 212 InsO); sie soll erfolgen, wenn nachträglich der Eröffnungsgrund der Zahlungsunfähigkeit oder der der Überschuldung (§§ 16ff. InsO) beseitigt werden konnte.
- die Einstellung mit Zustimmung der Gläubiger (§ 213 InsO); diese Einstellungsmöglichkeit hat praktisch keine Bedeutung.

796 Die Abgrenzung zwischen der so genannten Masselosigkeit und der Masseunzulänglichkeit war im früheren Konkursrecht sehr lückenhaft (§§ 60, 204 KO). Für den Fall der Masseunzulänglichkeit prägte *Jo-*

---

[1] *Holzer* in: *Kübler/Prütting*, InsO, § 203 Rdn. 7.
[2] *Keller*, Vergütung, Rdn. 136ff.

achim Kilger den Begriff des „Konkurses im Konkurs“, der die Problemlage durchaus treffend bezeichnet.[1] Mit der Differenzierung zwischen der Einstellung wegen Masselosigkeit und derjenigen auf Grund Masseunzulänglichkeit wollte der Gesetzgeber die Streitfragen lösen, die sich im Anwendungsbereich der Konkursordnung ergaben.[2]

Schaubild 10: Masselosigkeit und Masseunzulänglichkeit 797

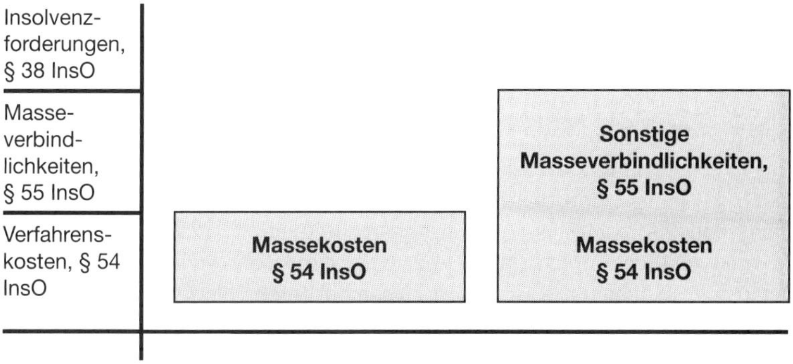

Verfahren bei Masselosigkeit, § 207 InsO

Insolvenzverwalter	**Insolvenzgericht**
Feststellung der Masselosigkeit, Anzeige an das Insolvenzgericht.	Prüfung der Masselosigkeit anhand der Angaben des Insolvenzverwalters. Anhörung der Gläubiger (§ 207 Abs. 2 InsO); Gelegenheit zur Zahlung eines Kostenvorschusses; Hinweis an den Schuldner auf Kostenstundung nach § 4 a InsO.
Berichtigung der Kosten (§ 54 Nr. 1 und 2 InsO) aus der baren Masse; keine Pflicht zur weiteren Verwertung (§ 207 Abs. 3 InsO).	Einstellung des Insolvenzverfahrens nach § 215 InsO.

[1] *Kilger,* KTS 1975, 142.

[2] Begründung des Regierungsentwurfs BT-Drucks. 12/2443, S. 218 ff.; eingehend zur Problematik *Hefermehl* in: MüKo-InsO, § 208 Rdn. 4 ff.; *Uhlenbruck* in: *Uhlenbruck,* InsO, § 207 Rdn. 1, 2 und § 208 Rdn. 1; *Pape* in: *Kübler/Prütting,* InsO, § 207 Rdn. 2 ff. und § 208 Rdn. 2 a ff.; *Kuhn/Uhlenbruck,* KO, § 204 Rdn. 3 a; *Kilger/K. Schmidt,* Insolvenzgesetze, § 60 KO Anm. 1 und 4 a; grundlegend *Henckel* in: FS Einhundert Jahre Konkursordnung, S. 169; *Kübler* in: KS, S. 967; *K. Schmidt,* Wege, S. 177 ff.; *Uhlenbruck* in: Fünfzig Jahre Bundesgerichtshof, S. 803; *Uhlenbruck,* KTS 1976, 212; *Uhlenbruck,* Rpfleger 1982, 410; *Gerhardt,* ZIP 1992, 741; *Pape,* ZIP 1992, 747; *Pape,* NJW 1992, 1348; *Uhlenbruck,* ZIP 1993, 242; *Uhlenbruck,* KTS 1993, 373; *Henckel,* ZIP 1993, 1277; *Pape,* KTS 1995, 189; *Pape,* KTS 1997, 49.

b) Die Einstellung wegen Masselosigkeit nach § 207 InsO

aa) Die Einstellung wegen Masselosigkeit als Gegenstück zur Abweisung mangels Masse

798 Das Insolvenzverfahren darf nicht eröffnet werden, wenn die Insolvenzmasse zur Deckung der nach § 54 InsO voraussichtlichen Kosten nicht ausreicht (§ 26 Abs. 1 InsO). Eine so genannte Masselosigkeit kann sich aber auch im bereits eröffneten Insolvenzverfahren herausstellen. Ein solcher Fall muss keineswegs auf Fehler des Sachverständigen im Insolvenzeröffnungsverfahren, des Insolvenzgerichts oder des Insolvenzverwalters zurückzuführen sein.[1] Beispielsweise kann der Sachverständige im Insolvenzeröffnungsverfahren einen Gegenstand als zur Insolvenzmasse gehörig bewerten und erst im eröffneten Insolvenzverfahren stellt sich heraus, dass dieser der Aussonderung nach § 47 InsO unterliegt. Auch kann es passieren, dass ein ursprünglich voll werthaltiges Anfechtungsrecht nach § 129 InsO wertlos wird, weil der Anfechtungsgegner selbst insolvent wird und der Anfechtungsanspruch des § 143 InsO nicht mehr verwirklicht werden kann.[2] Eine Masselosigkeit kann aber auch einfach nur dadurch eintreten, dass bei Insolvenzeröffnung Forderungen des Schuldners gegen Dritte zu hoch bewertet worden sind und sich diese nicht verwirklichen ließen.

bb) Die Durchführung der Einstellung des Verfahrens

799 Nach § 207 Abs. 1 InsO erfolgt die Einstellung wegen Masselosigkeit von Amts wegen. Das Insolvenzgericht hat zu prüfen und festzustellen, dass Masselosigkeit vorliegt. Regelmäßig wird der Insolvenzverwalter das Gericht auf eine mögliche Masselosigkeit hinweisen. Er hat mit seiner Anregung auf Einstellung Schlussrechnung nach § 66 InsO zu legen und Schlussbericht zu erstatten. Die Erstellung eines Verteilungsverzeichnisses nach § 188 InsO unterbleibt, da keine Verteilung an die Insolvenzgläubiger erfolgt, nicht einmal die Masseverbindlichkeiten werden befriedigt.[3]

800 Wie auch im Falle des § 26 InsO unterbleibt eine Einstellung, wenn ausreichend Massekostenvorschuss geleistet wird (§ 207 Abs. 1 S. 2 InsO).[4] Die bevorstehende Einstellung ist daher allen Gläubigern bekanntzumachen, die Gläubigerversammlung soll gehört werden (§ 207 Abs. 2 InsO).[5] Im Insolvenzverfahren über das Vermögen einer natür-

---

[1] Eingehend *Uhlenbruck* in: *Uhlenbruck,* InsO, § 207 Rdn. 3.

[2] Zur Frage, in welchen Fällen der Anspruch in der Insolvenz des Anfechtungsgegners ein Aussonderungsrecht gewährt oder Insolvenzforderung ist BGHZ 156, 350, und BGHZ 155, 199; *Gerhardt/Kreft,* Aktuelle Probleme der Insolvenzanfechtung, Rdn. 162.

[3] Anderer Ansicht wohl *Kübler* in: KS, S. 967 Rdn. 48 ff.

[4] Dazu *Uhlenbruck* in: *Uhlenbruck,* InsO, § 207 Rdn. 5.

[5] *Frege/Keller/Riedel,* Rdn. 1748 ff.

lichen Person kann die Einstellung auch dann unterbleiben, wenn noch Kostenstundung nach §§ 4a ff. InsO gewährt werden kann.[1]

Aus der vorhandenen baren Masse werden lediglich die Kosten nach § 54 InsO berichtigt, Gerichtskosten und Verwaltervergütung stehen dabei in keiner Rangfolge zueinander sondern sind anteilig zu berichtigen, von den Kosten sind zunächst die baren Auslagen zu berichtigen (§ 207 Abs. 3 Satz 1 InsO).[2] Zu einer weiteren Verwertung der Masse ist der Verwalter nicht verpflichtet. Hat der Insolvenzverwalter auf seine Vergütung bereits einen Vorschuss nach § 9 InsVV erhalten, muss er diesen nicht zurückzahlen.[3] 801

Der Einstellungsbeschluss ist öffentlich bekanntzumachen und auch im Bundesanzeiger zu veröffentlichen (§ 215 Abs. 1 InsO). Der Schuldner erhält seine Verfügungsbefugnis über die verbliebene Insolvenzmasse zurück (§ 215 Abs. 2 InsO). Soweit die Gläubiger bereits durch Feststellung ihrer Insolvenzforderungen zur Insolvenztabelle einen Vollstreckungstitel gegen den Schuldner besitzen, können sie gegen ihn die Zwangsvollstreckung betreiben (§§ 215 Abs. 2 Satz 2, 201 InsO). Ob auch nach Einstellung mangels Masse eine Nachtragsverteilung nach § 203 InsO angeordnet werden kann, ist mangels gesetzlicher Regelung nicht geklärt, wohl aber zu bejahen.[4] 802

c) Die Einstellung wegen Masseunzulänglichkeit nach §§ 208ff. InsO

aa) Der Begriff der Masseunzulänglichkeit

Soweit die Insolvenzmasse zwar die Kosten des Verfahrens abdecken kann, nicht aber die sonstigen Masseverbindlichkeiten nach § 55 InsO, ist das Verfahren nicht sofort einzustellen, sondern unter Berücksichtigung der §§ 208ff. InsO fortzusetzen und zu beenden. Gleiches gilt, wenn die Insolvenzmasse voraussichtlich nicht ausreicht, um die bestehenden Masseverbindlichkeiten im Zeitpunkt ihrer Fälligkeit zu erfüllen, § 208 Abs. 2 InsO spricht in Entsprechung zu § 18 InsO von der so genannten drohenden Masseunzulänglichkeit.[5] Betrachtet man die Insolvenzmasse als eine Art eigenständiges Unternehmen mit dem In- 803

[1] *Uhlenbruck* in: *Uhlenbruck,* InsO, § 207 Rdn. 6; *Frege/Keller/Riedel,* Rdn. 104, 121.

[2] LG Frankfurt/Oder ZInsO 2004, 1370; *Uhlenbruck* in: *Uhlenbruck,* InsO, § 207 Rdn. 12.

[3] BGHZ 116, 233; 242; BGHZ 157, 370, 379; BGH NZI 2003, 31 = ZIP 2002, 2223; *Haarmeyer/Wutzke/Förster,* InsVV, § 1 Rdn. 95; *Eickmann,* VergütungsR, Vor § 1 Rdn. 44; *Keller,* Vergütung, Rdn. 169; *Keller,* DZWIR 2003, 101; zum Konkursrecht bereits *Kuhn/Uhlenbruck,* KO, § 60 Rdn. 3o, § 85 Rdn. 20c, 22; *Pape,* ZIP 1986, 756.

[4] *Uhlenbruck* in: *Uhlenbruck,* InsO, § 207 Rdn. 13; *Pape* in: *Kübler/Prütting,* InsO, § 207 Rdn. 39, 45; *Uhlenbruck,* NZI 2001, 408; anders *Hefermehl* in: MüKo-InsO, § 207 Rdn. 85; *Westphal* in: *Nerlich/Römermann,* InsO, § 207 Rdn. 35.

[5] *Uhlenbruck* in: *Uhlenbruck,* InsO, § 208 Rdn. 7; *Pape* in: *Kübler/Prütting,* InsO, § 208 Rdn. 16; *Kübler* in: KS, S. 967 Rdn. 28.

solvenzverwalter als Unternehmer, dann entsprechen die sonstigen Masseverbindlichkeiten des § 55 InsO den Verbindlichkeiten aus gewöhnlicher Geschäftsführung. Ergibt sich hier die Zahlungsunfähigkeit, wäre das Unternehmen als solches insolvenzreif. Es ist deshalb völlig zutreffend, bei der Masseunzulänglichkeit auch vom „Konkurs im Konkurs" zu sprechen.[1]

804 Ebenso wie die Masselosigkeit muss die Masseunzulänglichkeit nicht auf ein Fehlverhalten des Insolvenzverwalters zurückzuführen sein. die besondere Haftung des § 61 InsO gegenüber Massegläubigern besteht nur bei pflichtwidriger Begründung von Masseverbindlichkeiten,[2] nicht, wenn der Insolvenzverwalter die ihm obliegenden Pflichten erfüllt und trotzdem Masseunzulänglichkeit eintritt. Eine Masseunzulänglichkeit kann auch bereits bei Insolvenzeröffnung bestehen, für die Eröffnung des Insolvenzverfahrens genügt wegen § 26 InsO die Deckung allein der Massekosten nach § 54 InsO.[3]

bb) Die Anzeige der Masseunzulänglichkeit durch den Insolvenzverwalter

805 Sobald der Insolvenzverwalter Kenntnis von einer eingetretenen Masseunzulänglichkeit hat, hat er dies gemäß § 208 Abs. 1 InsO dem Gericht gegenüber anzuzeigen.[4] Gleiches gilt bei drohender Masseunzulänglichkeit nach § 208 Abs. 2 InsO. Unterlässt er dies, kann bei Begründung neuer Masseverbindlichkeiten eine persönliche Haftung nach § 61 InsO in Betracht kommen.[5] Das Insolvenzgericht hat die Masseunzulänglichkeit öffentlich bekanntzumachen und den Massegläubigern mitzuteilen (§ 208 Abs. 2 InsO); es muss und kann aber nicht von Amts wegen prüfen, ob tatsächlich Masseunzulänglichkeit vorliegt. Die Prüfung und Feststellung der Masseunzulänglichkeit obliegt allein dem Insolvenzverwalter.[6] Die Anzeige der Masseunzulänglichkeit durch den Insolvenzverwalter hat materiellrechtliche Wirkung in dem Sinne, dass der Insolvenzverwalter gegenüber den Massegläubigern nicht mehr die Beweislast für das Bestehen der Masseunzulänglichkeit trägt,[7] im Übrigen ist die Anzeige allein von verfahrensrechtlicher Bedeutung im Hinblick auf die Rangfolge der Massegläubiger und

---

[1] *Kilger,* KTS 1975, 142.

[2] BGH NZI 2004, 435 = ZIP 2004, 1109.

[3] Zur strittigen Frage der Einbeziehung so genannter „unausweislicher Masseverbindlichkeiten" AG Charlottenburg NZI 1999, 383; AG Charlottenburg ZIP 1999, 1688, dazu EWiR 2000, 241 *(Pannen);* AG Charlottenburg NZI 2000, 387 = ZIP 1999, 1687; *Uhlenbruck* in: *Uhlenbruck,* InsO, § 207 Rdn. 3; *Rattunde/Röder,* DZWIR 1999, 314; sehr kritisch *Hefermehl* in: MüKo-InsO, § 207 Rdn. 29.

[4] *Uhlenbruck* in: *Uhlenbruck,* InsO, § 208 Rdn. 9 ff.; *Frege/Keller/Riedel,* Rdn. 1767 ff.

[5] BGHZ 99, 151.

[6] Anders noch der Gesetzentwurf der Bundesregierung, der mit § 318 die Feststellung der Masseunzulänglichkeit durch das Gericht vorsah, Begründung des Regierungsentwurfs BT-Drucks. 12/2443, S. 219; hierzu *Dinstühler,* ZIP 1998, 1697.

[7] BAG ZInsO 1999, 180; anders noch BAG KTS 1986, 484.

deren Rechte aus § 210 InsO.[1] Im Falle einer ungerechtfertigten Anzeige der Masseunzulänglichkeit kann gegenüber den Massegläubigern, deren Verbindlichkeiten nicht durch eine Handlung des Insolvenzverwalters begründet wurden, eine Haftung aus § 60 InsO in Betracht kommen.[2]

Der Insolvenzverwalter hat die Insolvenzmasse vollständig zu verwerten und nach Abschluss der Verwertung Schlussbericht und Schlussrechnung zu legen (§§ 66, 211 Abs. 2 InsO). Die eingetretene Masseunzulänglichkeit darf ausdrücklich nicht dazu führen, dass eine weitere Masseverwertung unterbleibt (§ 208 Abs. 3 InsO).[3] 806

cc) Die Wirkung der Masseunzulänglichkeit gegenüber den Massegläubigern

Mit Feststellung der Masseunzulänglichkeit wirkt gegen die Massegläubiger, deren Ansprüche vor Anzeige der Masseunzulänglichkeit begründet worden sind, ein Vollstreckungsverbot aus (§ 210 InsO).[4] Aus § 210 InsO wird auch ein Verbot der weiteren Prozessführung gegenüber dem Insolvenzverwalter hergeleitet, es ist den Massegläubigern untersagt, gegen den Insolvenzverwalter auf Leistung zu klagen,[5] sie können ihre Masseverbindlichkeiten nur noch im Wege der Feststellungsklage geltend machen. 807

Stellt sich im Rahmen der weiteren Masseverwertung heraus, dass entgegen erster Annahmen eine Masseunzulänglichkeit nicht vorliegt und die Masseverbindlichkeiten vollständig befriedigt werden können, steht einer „Rückkehr zum normalen Verfahren“ nichts entgegenstehen.[6] Es muss auch keine besondere Beschlussfassung seitens des Insolvenzgericht erfolgen.[7] Es sollte allenfalls ist der Insolvenzverwalter an das Gericht anzeigen, dass nunmehr keine Masseunzulänglichkeit mehr vorliegt. 808

---

[1] In Abkehr zu früher vertretenen Ansichten *Uhlenbruck* in: *Uhlenbruck,* InsO, § 208 Rdn. 17, 18 m. w. N.

[2] *Schmidt,* NZI 1999, 442.

[3] Zu den Haftungsrisiken insbesondere bei Unternehmensfortführung *Uhlenbruck* in: *Uhlenbruck,* InsO, § 208 Rdn. 19; *Pape* in: *Kübler/Prütting,* InsO, § 208 Rdn. 21, 22; *Kübler* in: KS, S. 967 Rdn. 30 ff.

[4] BFH NZI 2001, 612 = ZIP 2001, 1549; allgemein *Uhlenbruck* in: *Uhlenbruck,* InsO, § 210 Rdn. 2 ff.; hierzu auch *Runkel/Schnurbusch,* NZI 2000, 49; zur Zuständigkeit nach § 766 ZPO mit § 89 Abs. 3 InsO AG Köln NZI 2004, 592; der Insolvenzverwalter kann die Masseunzulänglichkeit auch mit Klage nach § 767 ZPO einwenden, LG Heilbronn ZIP 2002, 1214, dazu EWiR 2002, 923 *(Keller).*

[5] BGH NZI 2005, 328 = ZIP 2005, 817; BGH NZI 2005, 680; BAG ZIP 2002, 628, dazu EWiR 2002, 815 *(Berscheid);* LAG Düsseldorf ZIP 2000, 2034; LAG Stuttgart ZIP 2001, 657; OLG München ZIP 2004, 138 und ZIP 2004, 2248 (jeweils Erlass eines Kostenfestsetzungsbeschlusses); OLG Hamm ZIP 2002, 993; *Uhlenbruck* in: *Uhlenbruck,* InsO, § 210 Rdn. 6; *Pape,* KTS 1995, 189; anders *Runkel/Schnurbusch,* NZI 2000, 49.

[6] Differenzierend *Uhlenbruck,* NZI 2001, 408.

[7] So aber *Schmidt,* NZI 1999, 442.

dd) Die Rangfolge der Masseverbindlichkeiten nach § 209 InsO

809 Die entscheidende Besonderheit der Masseunzulänglichkeit besteht in der Befriedigung allein der Masseverbindlichkeiten im Rangverhältnis des § 209 InsO; die Insolvenzforderungen des § 38 InsO werden nicht befriedigt, sie fallen vollständig aus. Die Rangfolge des § 209 InsO basiert auf der Befriedigungsreihenfolge im Konkursverfahren, wie sie in der Praxis seit jeher gehandhabt worden und seitens der konkursrechtlichen Literatur erarbeitet ist.[1] Der Bundesgerichtshof sah dagegen in Anwendung des § 60 KO zunächst keinen Anlass für die Aufstellung eines Rangverhältnisses der Masseverbindlichkeiten untereinander.[2] Der Gesetzgeber der Insolvenzordnung schloss sich mit der Regelung des § 209 InsO ausdrücklich der in der Literatur vertretenen Ansicht und der von der gerichtlichen Praxis geübten Verfahrensweise an.[3]

810 Bei der Rangfolge des § 209 Abs. 1 InsO sind besonders diejenigen Massegläubiger zu berücksichtigen, deren Verbindlichkeiten der Insolvenzverwalter nach Feststellung der Masseunzulänglichkeit im weiteren Verlauf der Masseverwertung begründet hat, sie müssen vorrangig befriedigt werden, da sonst eine weitere Masseverwertung durch den Verwalter unmöglich würde. Der Insolvenzverwalter würde für die notwendige Masseverwertung keinen Vertragspartner finden, wenn er diesem nicht eine vorrangige Befriedigung aus der Insolvenzmasse zusprechen könnte. In der zeitlichen Abgrenzung der Masseverbindlichkeiten aus der Zeit vor Feststellung der Masseunzulänglichkeit und aus der Zeit danach spricht man von so genannten Altmasseverbindlichkeiten und Neumasseverbindlichkeiten, letztere sind nach § 209 Abs. 1 Nr. 2 InsO vorrangig zu befriedigen. Es ergibt sich folgende Rangfolge der Masseverbindlichkeiten:[4]

- § 209 Abs. 1 Nr. 1 InsO: Kosten des Verfahrens nach § 54 InsO; sie müssen voll gedeckt sein, da ansonsten ein Fall des § 207 InsO vorläge.
- § 209 Abs. 1 Nr. 2 InsO: Neumasseverbindlichkeiten, die nach Anzeige der Masseunzulänglichkeit durch den Insolvenzverwalter begründet wurden; sie sind vorrangig zu befriedigen, um eine vollständige Masseverwertung durch den Verwalter zu gewährleisten; als Neumasseverbindlichkeiten kommen zum Beispiel die Kosten der weiteren Verwaltung und Verwertung nach § 55 Abs. 1 Nr. 1 InsO in Betracht.
- § 209 Abs. 1 Nr. 3 InsO: Alle sonstigen Masseverbindlichkeiten des § 55 InsO sind unter sich gleichrangig (abgesehen von einer mögli-

---

[1] Sehr gut erläutert bei *Kilger/K. Schmidt*, Insolvenzgesetze, § 60 KO Anm. 1 und 4 a.

[2] BGHZ 90, 145.

[3] Begründung des Regierungsentwurfs BT-Drucks. 12/2443, S. 218 ff.

[4] Ausführlich *Hefermehl* in: MüKo-InsO, § 209 Rdn. 13 ff.; *Uhlenbruck* in: *Uhlenbruck*, InsO, § 209 Rdn. 7 ff.; *Pape* in: *Kübler/Prütting*, InsO, § 209 Rdn. 4 ff.

chen Unterstützung an den Schuldner nach § 100 InsO) zu befriedigen; so genannte Altmasseverbindlichkeiten sind insbesondere Verbindlichkeiten, die der vorläufige Verwalter nach § 55 Abs. 2 InsO begründet hatte oder die der Insolvenzverwalter nach § 55 Abs. 1 Nr. 2 zweite Alternative InsO für die Zeit nach Insolvenzeröffnung erfüllen muss.

Den Neumasseverbindlichkeiten stehen nach § 209 Abs. 2 InsO weite- 811
re Masseverbindlichkeiten gleich. Ihnen ist gemeinsam, dass sie aus einem gegenseitigen Vertrag oder aus Dauerschuldverhältnissen, insbesondere aus Dienst- und Arbeitsverträgen, begründet sind, und der Verwalter nach Anzeige der Masseunzulänglichkeit den gegenseitigen Vertrag erfüllt oder das Dauerschuldverhältnis nicht kündigt. Wählt der Insolvenzverwalter beispielsweise nach Anzeige der Masseunzulänglichkeit bei einem gegenseitigen Vertrag nach § 103 Abs. 1 InsO dessen Erfüllung, kommt dies dem Neuabschluss des entsprechenden Vertrages gleich, der Anspruch des Vertragspartners ist deshalb nach § 209 Abs. 2 Nr. 1 InsO als Neuemasseverbindlichkeit zu befriedigen, auch wenn der Vertrag selbst aus der Zeit vor Anzeige der Masseunzulänglichkeit stammte. Gesetzlich nicht geregelt ist die Frage, ob der Insolvenzverwalter bei einem von ihm selbst vor Anzeige der Masseunzulänglichkeit geschlossenen gegenseitigen Vertrag in entsprechender Anwendung des § 103 InsO nach Anzeige der Masseunzulänglichkeit dessen Nichterfüllung wählen kann. Der erste Entwurf zur Insolvenzordnung sah eine diesbezügliche Regelung vor, sie fiel allein redaktioneller Straffung zum Opfer.[1]

ee) Die Einstellung des Verfahrens nach §§ 211 ff. InsO

Das Insolvenzverfahren ist auch bei Masseunzulänglichkeit zu been- 812
den, wenn die Verwertung der Insolvenzmasse vollständig abgeschlossen ist. Der Insolvenzverwalter hat nach den allgemeinen Vorschriften Schlussrechnung und Schlussbericht zu erstatten (§ 66 InsO).[2] Nicht geregelt ist, ob ein Verteilungsverzeichnis der Insolvenzgläubiger nach §§ 188 ff. InsO zu erstellen ist und ob eine abschließende Gläubigerversammlung stattfindet.[3] Zumindest im Insolvenzverfahren über das Vermögen einer natürlichen Person ist beides ratsam, da das Schlussverzeichnis Grundlage für die mögliche Verteilung während des Abtretungszeitraums nach § 292 Abs. 1 InsO ist und in der abschließende Gläubigerversammlung mögliche Versagungsanträge gegen die Restschuldbefreiung nach § 290 InsO gestellt werden könnten.

Nach Abhaltung des Schlusstermins und Vornahme der Verteilung 813
des Verwertungserlöses an die Massegläubiger stellt das Insolvenzgericht das Verfahren durch Beschluss ein (§ 211 Abs. 1 InsO).[4] Die Ein-

[1] Dazu *Hefermehl* in: MüKo-InsO, § 209 Rdn. 29; *Uhlenbruck* in: *Uhlenbruck,* InsO, § 209 Rdn. 12 m. w. N.; *Pape* in: *Kübler/Prütting,* InsO, § 209 Rdn. 12, 12 a.

[2] *Frege/Keller/Riedel,* Rdn. 1789.

[3] *Frege/Keller/Riedel,* Rdn. 1793.

[4] *Frege/Keller/Riedel,* Rdn. 1797.

stellung ist nach § 215 Abs. 1 InsO öffentlich bekanntzumachen, der Schuldner erhält mit Einstellung seine Verfügungsbefugnis zurück (§ 215 Abs. 2 InsO). Die Verfahrenseinstellung ist nach § 216 InsO nicht anfechtbar. Stellt sich nach Verfahrensbeendigung noch Insolvenzmasse heraus, kann nach § 211 Abs. 3 InsO eine Nachtragsverteilung entsprechend § 203 InsO erfolgen.

d) Die Einstellung bei Wegfall des Eröffnungsgrundes nach § 212 InsO

814 Fällt im Laufe des Insolvenzverfahrens der Insolvenzgrund nach §§ 17 ff. InsO weg, ist das Verfahren auf Antrag des Schuldners einzustellen.[1] Dieser Einstellungsgrund hat in der Konkursordnung, wohl aber in § 19 Abs. 1 Nr. 4 2. Alt. GesO, eine Parallele. Er kann insbesondere dann in Betracht kommen, wenn die drohende Zahlungsunfähigkeit, die nach § 18 InsO für den Schuldner Eröffnungsgrund war, nicht eintritt, oder durch außergerichtliche Sanierung eine Überschuldung beseitigt werden konnte.[2] Der Schuldner hat das Fehlen des Eröffnungsgrundes glaubhaft zu machen (§ 212 Satz 2 InsO).

815 Der Antrag ist nach § 214 InsO öffentlich bekanntzumachen und zur Einsicht niederzulegen. Die Gläubiger können dagegen Widerspruch erheben. Das Gericht beschließt nach Anhörung aller Beteiligten über die Einstellung, Masseverbindlichkeiten sind durch den Insolvenzverwalter zu berichtigen oder sicherzustellen (§ 214 Abs. 2, 3 InsO). Für die Bekanntmachung und Wirkungen der Einstellung gelten die §§ 215, 216 InsO.[3]

e) Die Einstellung mit Zustimmung der Gläubiger nach § 213 InsO

816 Auf Antrag des Schuldners kann das Insolvenzverfahren eingestellt werden, wenn er hierzu die Zustimmung aller Gläubiger beibringt, deren Forderungen zum Insolvenzverfahren bereits angemeldet sind (§ 213 Abs. 1 InsO). Die Zustimmung ist nur als Verzicht auf das Insolvenzverfahren zu sehen, sie ist kein materiellrechtlicher Verzicht auf die Forderung im Sinne des § 397 BGB.

817 Der Antrag des Schuldners ist öffentlich bekanntzumachen und zur Einsicht auf der Geschäftsstelle auszulegen (§ 214 Abs. 1 InsO). Gegen den Antrag können Gläubiger Widerspruch binnen einer Woche einlegen. Das Gericht entscheidet über den Antrag nach Anhörung des Schuldners und des Verwalters (§ 214 Abs. 2 InsO). Beschluss ergeht nach §§ 214, 215 InsO.[4]

---

[1] Zum Antrag der juristischen Person als Schuldner OLG Celle ZIP 2000, 1943.
[2] *Uhlenbruck* in: *Uhlenbruck*, InsO, § 212 Rdn. 2.
[3] Eingehend *Frege/Keller/Riedel*, Rdn. 1808 ff.
[4] Eingehend *Frege/Keller/Riedel*, Rdn. 1829 ff.

3. Teil. Das so genannte materielle Insolvenzrecht

5. Kapitel. Die vermögensrechtlichen Wirkungen der Insolvenzeröffnung

I. Der Entzug der Verfügungsbefugnis nach § 80 InsO

Mit dem Zeitpunkt der Insolvenzeröffnung verliert der Schuldner kraft Gesetzes die Verfügungsbefugnis über sein zur Insolvenzmasse gehörendes Vermögen gemäß § 80 Abs. 1 InsO. Unter den materiellrechtlichen Folgen der Insolvenzeröffnung ist der Entzug der Verfügungsbefugnis die einschneidendste; dem Schuldner wird die rechtliche Möglichkeit, über sein Vermögen weiter zu verfügen, vollständig genommen und auf den Insolvenzverwalter übertragen. 818

1. Die Verfügungsentziehung als Folge der Insolvenzeröffnung

Die absolute Unwirksamkeit von Verfügungen des Schuldners nach Insolvenzeröffnung nach § 81 Abs. 1 Satz 1 InsO ist Folge dieser Verfügungsentziehung. § 80 Abs. 1 InsO beschreibt die Verfügungsentziehung im Gegensatz zur früheren Regelung des § 6 KO weitgehend klar und eindeutig. In der konkursrechtlichen Literatur wurde die Verfügungsentziehung auch als Beschlagnahme oder Verfügungsverbot im Sinne der §§ 135, 136 BGB bezeichnet.[1] Verfügungen des Schuldners nach Konkurseröffnung wären dann lediglich den Konkursgläubigern gegenüber relativ unwirksam gewesen; zwar beschreibt diese noch der Wortlaut des § 7 Abs. 1 KO, doch war auch hier zuletzt unstreitig, dass die Unwirksamkeit des § 7 Abs. 1 KO eine absolute Unwirksamkeit war.[2] 819

---

[1] *v. Wilmoski*, KO, § 7 Anm. 2; *Kuhn/Uhlenbruck*, KO, § 6 Rdn. 2; zur Frage der relativen Wirkung des § 6 KO RGZ 157, 295; RGZ 83, 184; zu dieser Frage bereits *Riezler* in: *Staudinger*, BGB, § 135 Anm. 9; *Degg* in: RGRK-BGB, § 135 Anm. 2 mit Hinweis auf RGZ 83, 184, 189, wonach die Unwirksamkeit von jedermann geltend gemacht werden könne; *Jaeger*, KO, § 7 Anm. 8; *v. Wilmoski*, KO, § 7 Anm. 2; Jaeger/*Lent*, KO, § 7 Anm. 8 mit Hinweis auf die Motive zur Konkursordnung; Jaeger/*Henckel*, KO, § 7 Rdn. 17 ff.

[2] *Kuhn/Uhlenbruck*, KO, § 7 Rdn. 6 a, missverständlich aber in § 6 Rdn. 2; eingehend und treffend bereits *Jaeger*, KO, § 7 Anm. 1; eingehend auch Jaeger/*Henckel*, KO, § 7 Rdn. 17 ff.; für die Verfügungsentziehung bei Eröffnung des Gesamtvollstreckungsverfahrens *Hess/Binz/Wienberg*, GesO, § 7 Rdn. 1 a; eher abwegig für ein besonderes Pfandrecht kraft staatlichen Hoheitsakts aber *Smid/Zeuner*, GesO, § 7 Rdn. 12; zur dogmatischen Einordnung eher merkwürdig *Merkle*, Rpfleger 2002, 105.

2. Der Begriff der Verfügungsbefugnis

a) Die Systematik der Verfügungsbeeinträchtigungen

820 Der Gebrauch des Begriffs Verfügungsbefugnis ist sowohl in der insolvenzrechtlichen wie auch der allgemeinen juristischen Literatur als auch in der Insolvenzordnung selbst nicht einheitlich, die Begriffe Verfügungsbefugnis, Verfügungsverbot, Zustimmungsvorbehalt, Verfügungsentziehung oder Verfügungsmacht werden verschiedentlich für dasselbe gebraucht und nicht systematisch voneinander abgegrenzt.[1] Die Insolvenzordnung selbst spricht beispielsweise in § 21 Abs. 2 Nr. 2 erste Alternative InsO von der Anordnung des allgemeinen Verfügungsverbots gegen den Schuldner, wie aus der Verweisung in § 24 Abs. 1 InsO aber deutlich wird, handelt es sich in Wirklichkeit auch hier bereits um eine Verfügungsentziehung.

821 Eine Systematik der Verfügungsbeeinträchtigungen mit einzelnen Arten von Verfügungsentziehung, Verfügungsverbot oder Verfügungsbeschränkung soll nachfolgend skizziert werden:[2]

- Die Rechtsinhaberschaft als Ausgangspunkt stellt die sachenrechtliche Rechtsstellung dar, die als solche die Befugnis gewährt, über einen Gegenstand oder Vermögenswert eine Verfügung im sachenrechtlichen Sinne treffen zu können.[3]
- Aus der Rechtsinhaberschaft fließt die Verfügungsbefugnis als die rechtliche Fähigkeit, von der Befugnis zu Verfügungen auch tatsächlich Gebrauch machen zu können, also tatsächlich eine Verfügung treffen zu können. Die Verfügungsbefugnis steht grundsätzlich dem Rechtsinhaber zu, sie kann aber eingeschränkt oder entzogen sein. Demnach ist beispielsweise der minderjährige Eigentümer eines Gegenstandes dessen Rechtsinhaber, wegen seiner fehlenden oder zumindest beschränkten Geschäftsfähigkeit (§ 104 Nr. 1, § 106 BGB) ist er jedoch in der Verfügungsbefugnis eingeschränkt.[4]

---

[1] Siehe bereits *Kuhn/Uhlenbruck*, KO, einerseits § 7 Rdn. 6a, andererseits § 6 Rdn. 2; *Smid/Zeuner*, GesO, § 7 Rdn. 12 („Pfandrecht"); *Häsemeyer*, Rdn. 10.11 („Verfügungssperre"); *Jaeger*, § 7 I. 1.; *Baur/Stürner*, SachenR, § 15 Rdn. 31, § 19 Rdn. 35, § 23 Rdn. 41; *Landfermann* in: KS, S. 159 Rdn. 5; *Gerhardt* ebenda, S. 193 Rdn. 37; *Pape/Uhlenbruck*, Rdn. 553, 559; *Foerste*, Rdn. 155, *Güthe/Triebel*, GBO, Vorbemerkung zu § 13 Rdn. 69ff.; eingehend zur Terminologie *Böttcher* in: *Meikel*, GBO, Anhang zu den §§ 19, 20 Rdn. 25.

[2] Grundlegend dazu *Böttcher*, Rpfleger 1983, 49; *ders.*, Rpfleger 1983, 187; *ders.*, Rpfleger 1984, 377; *ders.*, Rpfleger 1985, 381; eingehend auch *Böttcher* in: *Meikel*, GBO, Anhang zu den §§ 19, 20 Rdn. 2ff.

[3] Zum Verfügungsbegriff allgemein BGHZ 1, 294, 304; BGHZ 75, 221, 226; BGHZ 101, 24; Palandt/*Heinrichs*, BGB, Überblick vor § 104 Rdn. 16; *Schramm* in: MüKo-BGB, § 185 Rdn. 5ff.

[4] Die Insolvenzeröffnung berührt die Geschäftsfähigkeit des Schuldners selbstverständlich nicht, *Jaeger*, § 7 I. 2. a) zweiter Absatz; *Uhlenbruck* in: *Uhlenbruck*, InsO,

Die Verfügungsbeeinträchtigungen stellen je nach Grad der Beeinträchtigung Einschränkungen der Verfügungsbefugnis dar: 822

- Im schwächsten Grad der Einschränkung wird dem Rechtsinhaber durch das Verfügungsverbot die Ausübung seiner Verfügungsbefugnis zum Schutz einer bestimmten Person untersagt; eine entgegenstehende Verfügung ist dann nur dieser Person gegenüber relativ unwirksam (§§ 135, 136 BGB); diese bereits im römischen Privatrecht bekannte Form der relativen Unwirksamkeit[1] war bei den Beratungen zum Bürgerlichen Gesetzbuch nicht unumstritten,[2] hat sich letztlich jedoch als zunächst allgemeine Form der Verfügungsbeeinträchtigung in den verschiedensten Vorschriften des bürgerlichen Rechts durchgesetzt (zum Beispiel § 161 Abs. 1 Satz 1, § 883 Abs. 2 Satz 1, § 892 Abs. 1 Satz 2, § 2113 Abs. 1 BGB).[3] Vielfach wird heute jedoch bereits eine absolute Unwirksamkeit gegenüber jedermann angenommen.[4] So kann auch der Wortlaut des früheren § 7 Abs. 1 KO nur historisch verstanden werden, wenn nach ganz allgemeiner Ansicht die Konkurseröffnung nicht lediglich ein Verfügungsverbot gegen den Schuldner darstellte. 823
- In einer stärkeren Beeinträchtigung wird die Verfügungsbefugnis dergestalt beschränkt, dass eine Verfügung wirksam nur mit Zustimmung einer bestimmten Person getroffen werden kann (zum Beispiel § 1365 BGB, § 5 Abs. 1 ErbbauVO, § 12 WEG). Eine entgegenstehende Verfügung des Rechtsinhabers ist bis zur Genehmigung durch die geschützte Person schwebend unwirksam (§ 1366 Abs. 1 BGB, § 6 Abs. 1 ErbbauVO, § 12 Abs. 3 WEG).[5] Im Sinne einer solchen Verfügungsbeschränkung könnte auch der so genannte Zustimmungsvorbehalt des § 21 Abs. 2 Nr. 2 zweite Alternative InsO gesehen werden, doch hier handelt es sich nach der Verweisung des § 24 Abs. 1 InsO nicht um eine Verfügungsbeschränkung mit lediglich schwebender Unwirksamkeit als Folge eines Verstoßes. 824
- Stärkste Form der Verfügungsbeeinträchtigung ist die Verfügungsentziehung, durch welche dem Rechtsinhaber die Verfügungsbefugnis vollständig weggenommen und auf einen Dritten übertragen wird. Das bürgerliche Recht kennt als Verfügungsentziehung die Testamentsvollstreckung, bei welcher der Erbe keine Verfügungsbefugnis 825

§ 80 Rdn. 6; in diesem Sinne aber mit merkwürdiger Analogie *Merkle,* Rpfleger 2002, 105, Abschnitt II. 2.

[1] *Windscheid/Kipp,* Band 1 S. 795 ff.; *Dernburg,* Pandekten, Band 1 S. 281 ff.

[2] Motive zum BGB, Band 1 S. 212; dagegen kritisch *v. Gierke,* S. 169 Fn. 1.

[3] Motive zum BGB, Band 1 S. 212; *Riezler* in: *Staudinger,* BGB, § 135 Anm. 2.

[4] So beispielsweise zu § 2113 Abs. 1 BGB bei Bestellung eines Erbbaurechts durch den Vorerben BGHZ 52, 269; allgemein *Grunsky* in: MüKo-BGB, § 2113 Rdn. 10; so auch bereits *Herzfelder* in: *Staudinger,* BGB, § 2113 Anm. III B.

[5] Eingehend *Böttcher* in: *Meikel,* GBO, Anhang zu den §§ 19, 20 Rdn. 105 ff.

über den Nachlass besitzt (§§ 2205, 2211 BGB).[1] Die Verfügung des Rechtsinhabers ist hier nicht lediglich relativ unwirksam oder schwebend unwirksam, die Unwirksamkeit ist mit Wirkung gegenüber jedermann absolut, letztlich deshalb, weil dem Rechtsinhaber die rechtliche Möglichkeit Verfügungen zu treffen völlig fehlt. Als Verfügungsentziehung wird nunmehr in § 80 Abs. 1 InsO die Eröffnung des Insolvenzverfahrens bezeichnet, der Schuldner ist in seiner Verfügungsbefugnis nicht lediglich beschränkt, die Ausübung ist ihm nicht lediglich verboten, die Verfügungsbefugnis wird dem Schuldner vollständig entzogen.

b) Der Eintritt der Verfügungsentziehung mit Insolvenzeröffnung

826 Die Verfügungsentziehung der Insolvenzeröffnung tritt mit dem im Eröffnungsbeschluss nach § 27 Abs. 2 Nr. 3 InsO genannten Zeitpunkt ein. Dabei ist unmaßgeblich, zu welchem Zeitpunkt der Eröffnungsbeschluss dem Schuldner nach § 30 Abs. 2 InsO zugestellt wird oder wann er sonst Kenntnis von der Insolvenzeröffnung erlangt. Die materiellrechtliche Wirkung des § 80 Abs. 1 InsO ist deshalb von der verfahrensrechtlichen Frage des Wirksamwerdens des Eröffnungsbeschlusses als gerichtliche Entscheidung zu unterscheiden. Den allgemeinen Regeln des Verfahrensrechts entsprechend wird der Beschluss wirksam, wenn er den internen Geschäftsbereich des Gerichts verlässt.[2] Die öffentliche Bekanntmachung der Insolvenzeröffnung oder die Zustellung des Beschlusses an den Schuldner sind nicht Wirksamkeitsvoraussetzungen für die materiellrechtliche Wirkung der Insolvenzeröffnung, verfahrensrechtlich sind sie lediglich maßgebend für den Lauf der Beschwerdefrist (§ 34 InsO).[3] In gewisser Weise tritt damit die materiellrechtliche Wirkung der Verfügungsentziehung mit dem im Eröffnungsbeschluss genannten Zeitpunkt rückwirkend ein. Dabei sei unterstellt, dass es sich bei dem in § 27 Abs. 2 Nr. 3 InsO genannten Zeitpunkt tatsächlich um denjenigen handelt, zu welchem der Richter tatsächlich den Eröffnungsbeschluss unterschreibt.[4] Die in der Rechtspraxis häufig anzutreffende Eröffnung des Insolvenzverfahrens um Mitternacht (0.00 Uhr) ist vom Sinn der Regelung des § 27 Abs. 2 Nr. 3 InsO nicht gedeckt und im Hinblick auf die materiellrechtliche Wirkung der Insolvenzeröffnung bedenklich.[5]

---

[1] Motive zum BGB, Band 5 S. 233; BGHZ 48, 214, 219; *Brandner* in: MüKo-BGB, § 2211 Rdn. 2.

[2] Zum Wirksamwerden des allgemeinen Verfügungsverbots nach § 2 Abs. 3 GesO BGHZ 133, 307.

[3] *Schmahl* in: MüKo-InsO, §§ 27 bis 29 Rdn. 40, 121, 125.

[4] Zur Eröffnung des Vergleichsverfahrens BGHZ 50, 242.

[5] *Uhlenbruck* in: *Uhlenbruck*, InsO, § 27 Rdn. 9; *Frege/Keller/Riedel*, Rdn. 763; großzügiger *Schmahl* in: MüKo-InsO, §§ 27 bis 29 Rdn. 29 bis 38.

3. Die Übertragung der Verfügungsbefugnis auf den Insolvenzverwalter

Mit dem Entzug der Verfügungsbefugnis gegenüber dem Schuldner 827 wird diese nach § 80 Abs. 1 InsO auf den Insolvenzverwalter übertragen. Rechtsinhaber der von der Insolvenzeröffnung betroffenen Insolvenzmasse nach § 35 InsO bleibt jedoch der Schuldner. Mit dem gleichzeitigen Übergang der Verfügungsbefugnis soll ein zeitliches Vakuum vermieden werden, unmittelbar soll der Insolvenzverwalter über die Insolvenzmasse verfügen können.

Mit der Verfügungsbefugnis geht auch die so genannte Empfangs- 828 zuständigkeit zur Annahme geschuldeter Leistungen[1] oder Entgegennahme von Willenserklärungen betreffend die Insolvenzmasse auf den Insolvenzverwalter über. Für und gegen die Insolvenzmasse können damit Verfügungen nur wirksam durch den Insolvenzverwalter getroffen werden, Leistungen können grundsätzlich nur an ihn wirksam erbracht werden, Willenserklärungen können nur an ihn gerichtet werden. Im bargeldlosen Zahlungsverkehr geht auch das Recht zum Widerspruch gegen Lastschriften auf dem Konto des Schuldners auf den Insolvenzverwalter über.[2] Hinsichtlich des Prozessrechts verliert der Schuldner mit Insolvenzeröffnung auch die Parteifähigkeit für die Insolvenzmasse, als Partei kraft Amtes ist nur der Insolvenzverwalter zur Prozessführung befugt.[3]

4. Die Unwirksamkeit anderer Verfügungsverbote nach § 80 Abs. 2 InsO

a) Die Arten von Veräußerungsverboten

Nach § 80 Abs. 2 Satz 1 InsO verlieren mit Insolvenzeröffnung sons- 829 tige gegen den Schuldner bestehende Verfügungsbeeinträchtigungen kraft Gesetzes ihre Wirksamkeit, sie wirken mithin nicht gegen den Insolvenzverwalter. § 80 Abs. 2 Satz 1 InsO erfasst sowohl gesetzliche als auch im gerichtliche oder behördliche Veräußerungsverbote im Sinne der §§ 135, 136 BGB. Gesetzliche Verbote im Sinne des § 134 BGB werden von § 80 Abs. 2 Satz 1 InsO nicht erfasst, sie gelten auch

[1] *Uhlenbruck* in: *Uhlenbruck*, InsO, § 82 Rdn. 1.

[2] BGHZ 144, 349; BGH ZIP 2004, 2442; eingehend *Obermüller*, Rdn. 3438 ff.

[3] Allgemein zur Parteirolle des Insolvenzverwalters nach der so genannten Amtstheorie BGHZ 12, 380, 386; BGHZ 21, 285, 291; BGHZ 24, 393, 396 BGHZ 32, 114, 118; BGHZ 44, 1, 4; BGHZ 49, 11, 16; BGHZ 88, 331, 334; BGHZ 100, 346, 351; *Uhlenbruck* in: *Uhlenbruck*, InsO, § 80 Rdn. 67 ff.; Jaeger/*Henckel*, KO, § 6 Rdn. 54 ff.

gegenüber dem Insolvenzverwalter.[1] Dies gilt beispielsweise für das Verbot der Übertragung des Anteils an einer Gesellschaft nach § 719 BGB,[2] aber auch für das vereinbarte Abtretungsverbot nach § 399 BGB.[3] Gerichtliche Verfügungsverbote, beispielsweise im Wege der einstweiligen Verfügung nach §§ 935, 938 Abs. 2 ZPO, verlieren mit Insolvenzeröffnung gegenüber dem Insolvenzverwalter ihre Wirkung. Gleiches gilt für die vorläufige Beschlagnahme nach §§ 111 b ff. StPO.[4]

b) Die Wirksamkeit der Zwangsvollstreckung

830 Durch § 80 Abs. 2 Satz 2 InsO wird klargestellt, dass die Wirkungen einer Pfändung im Wege der Zwangsvollstreckung von der Insolvenzeröffnung zunächst unberührt bleiben. Zwar bewirkt auch die wirksame Pfändung eines körperlichen Gegenstandes (§ 808 ZPO), die Pfändung einer Forderung (§ 829 ZPO) oder die Anordnung der Zwangsversteigerung (§§ 20, 23 ZVG) ein Verfügungsverbot gegen den Schuldner,[5] dessen Wirksamkeit ist im Hinblick auf das Insolvenzverfahren jedoch mit dem Schicksal der Pfändung selbst verbunden. Nach § 50 Abs. 1 InsO erhält der Vollstreckungsgläubiger im Hinblick auf eine von ihnen wirksam ausgebrachte Pfändung grundsätzlich ein Absonderungsrecht. Die Wirksamkeit dieses Absonderungsrechts nach Insolvenzeröffnung bestimmt sich nach den besonderen Regeln des § 88 InsO oder der §§ 129 ff. InsO.

II. Die absolute Unwirksamkeit von Verfügungen des Schuldners nach Insolvenzeröffnung

1. Der Grundsatz der absoluten Unwirksamkeit als Folge der Verfügungsentziehung

831 Eine Verfügung des Schuldners nach Eröffnung des Insolvenzverfahrens über das zur Insolvenzmasse gehörende Vermögen ist absolut unwirksam (§ 81 Abs. 1 Satz 1 InsO). Ein Rechtserwerb aus der Insolvenzmasse soll auch dann nicht mehr möglich sein, wenn nach Insol-

---

[1] Allgemein *Uhlenbruck* in: *Uhlenbruck*, InsO, § 80 Rdn. 143 ff.; Übersichten zu gesetzlichen Verboten bei *Mayer-Maly* in: MüKo-BGB, § 134 Rdn. 47 bis 85; Palandt/*Heinrichs*, BGB, § 134 Rdn. 14 bis 25.

[2] Dazu BGHZ 13, 179, 183; *Ulmer* in: MüKo-BGB, § 719 Rdn. 3, 4; anders noch *Degg* in: RGRK-BGB, § 135 Anm. 2.

[3] BGHZ 56, 228.

[4] *Uhlenbruck* in: *Uhlenbruck*, InsO, § 80 Rdn. 145; *Lüke* in: *Kübler/Prütting*, InsO, § 80 Rdn. 73; *Eickmann* in: HK-InsO, § 80 Rdn. 19.

[5] Allgemein zum Verfügungsverbot als Folge wirksamer Verstrickung durch Zwangsvollstreckung *Rosenberg/Gaul/Schilken*, § 50 III. 2.; *Brox/Walker*, Zwangsvollstreckungsrecht, Rdn. 361 ff.

venzeröffnung zwar keine Rechtshandlung oder Verfügung des Schuldners mehr erfolgt, aber ein sonstiger Tatbestand eintritt, der zum Rechtserwerb des Dritten erforderlich ist (§ 91 Abs. 1 InsO). Unter Einbeziehung dieser so genannten mehraktigen Verfügungen, zu welchen insbesondere Verfügungen über Grundstücke und Grundstücksrechte gehören, da hier nach § 873 Abs. 1 BGB regelmäßig die Grundbucheintragung als weiterer Tatbestand erforderlich ist, kann auch der Grundsatz aufgestellt werden, dass die Verfügungsbefugnis des Schuldners stets bis zur Vollendung des Rechtserwerbs durch den letzten materiellrechtlich notwendigen Tatbestand vorliegenden muss.[1] Der Wegfall der Verfügungsbefugnis vor Erfüllung eines solchen Tatbestandes, beispielsweise der Grundbucheintragung, führt sowohl nach § 81 Abs. 1 Satz 1 InsO als auch nach § 91 Abs. 1 InsO zur absoluten Unwirksamkeit des Rechtserwerbs nach Insolvenzeröffnung.[2]

Unter Berücksichtigung dieses Grundsatzes können die Regelungen 832
der § 81 Abs. 1 Satz 1 und § 91 Abs. 1 InsO als Ausfluss und logische Folge der durch § 80 Abs. 1 InsO normierten Verfügungsentziehung gesehen werden. Würden sie fehlen, wäre das Ergebnis im Hinblick auf die Unwirksamkeit von Verfügungen des Schuldners kein anderes.[3]

2. Die Verfügung des Schuldners nach Insolvenzeröffnung

a) Der Grundsatz der absoluten Unwirksamkeit nach § 81 Abs. 1 Satz 1 InsO

Die Regelung des § 81 Abs. 1 Satz 1 InsO zielt auf die Verfügung, die 833
der Schuldner nach Eröffnung des Insolvenzverfahrens über einen zur Insolvenzmasse gehörenden Gegenstand trifft.[4] Auf die Unwirksamkeit einer Verfügung des Schuldners nach Insolvenzeröffnung kann sich nicht nur der Insolvenzverwalter berufen, sondern jeder, der durch die Verfügung des Schuldners in seinen Rechten beeinträchtigt ist.

---

[1] Ausdrücklich BGHZ 27, 360, 366; *Munzig* in: *Kuntze/Ertl/Herrmann/Eickmann,* GBO, § 19 Rdn. 85; *Eickmann,* GrundbuchverfahrensR, Rdn. 141; grundlegend bereits *Güthe/Triebel,* GBO, § 19 Rdn. 45 mit Hinweis auf RGZ 84, 105.

[2] Kritisch zur Einordnung mehraktiger Verfügungen in das Regelungsgefüge zwischen § 81 und § 91 InsO im Gegensatz zu den früheren § 7 und § 15 KO *Eickmann* in: HK-InsO, § 81 Rdn. 5; *Eickmann* in: FS Uhlenbruck, S. 149.

[3] So auch Begründung des Regierungsentwurfs BT-Drucks. 12/2443, S. 136, 138; *Kuhn/Uhlenbruck,* KO, § 7 Rdn. 7; *Hess,* KO, § 7 Rdn. 1.

[4] Begründung des Regierungsentwurfs BT-Drucks. 12/2443, S. 136 links oben; statt aller *Uhlenbruck* in: *Uhlenbruck,* InsO, § 81 Rdn. 7; als grammatisch merkwürdig erscheint die Zeitenfolge in § 81 Abs. 1 Satz 1 InsO: Der Konditionalsatz steht im Tempus des Perfekt, während der Hauptsatz die unmittelbare Rechtsfolge im Realis des Präsens ausdrückt; wenn dies richtig wäre, bestünde zwischen Nebensatz und Hauptsatz die Tempusrelation der Vorzeitigkeit, gemeint ist aber Gleichzeitigkeit: Die Verfügung, die der Schuldner nach Insolvenzeröffnung tätigt, ist unmittelbar unwirksam; zur korrekten Bildung der Tempus-Perspektive *Weinrich,* Textgrammatik der deutschen Sprache, Mannheim 1993, S. 207 ff., 252 ff.

834 § 81 Abs. 1 Satz 1 InsO spricht ebenso klar von Verfügungen des Schuldners und bezieht sich damit auf den Begriff der Verfügung im sachenrechtlichen Sinne. Der Schuldner kann mithin Gegenstände der Insolvenzmasse nicht mehr veräußern, mit Rechten Dritter belasten, in ihrem Inhalt ändern oder als Recht aufheben.[1] Der Schuldner kann beispielsweise bewegliche Gegenstände der Insolvenzmasse nicht mehr veräußern oder verpfänden, er kann Forderungen oder sonstige Vermögensrechte der Insolvenzmasse nicht mehr abtreten, er kann unbewegliches Vermögen nicht mehr veräußern oder mit Grundpfandrechten belasten, er kann zur Insolvenzmasse gehörende grundstücksgleiche Rechte, beispielsweise ein Erbbaurecht, nicht mehr in ihrem Inhalt verändern, er kann Vermögensrechte der Insolvenzmasse, beispielsweise Grundpfandrechte oder Sicherungsrechte an beweglichen Gegenständen, nicht mehr aufheben.

835 Die Regelung des § 7 Abs. 1 KO verwendete dagegen den allgemeinen Begriff der Rechtshandlung statt den der Verfügung des Schuldners, was in der konkursrechtlichen Literatur und Rechtsprechung zahlreiche Einzelfragen aufwarf. Beispielsweise sollten auch Realakte des Schuldners oder Prozesshandlungen als Rechtshandlung unwirksam sein.[2] Eine erweiterte Auslegung des § 81 Abs. 1 Satz 1 InsO in diesem Sinne ist jedoch nicht erforderlich, da beispielsweise der Realakt des Schuldners – Übergabe eines Gegenstandes – schon wegen § 91 Abs. 1 InsO einen Rechtserwerb nicht mehr herbeiführen kann, und Prozesshandlungen des Schuldners nach Insolvenzeröffnung schon deshalb unwirksam sind, weil mit dem Verlust der Verfügungsbefugnis dem Schuldner auch die Parteifähigkeit im Hinblick auf die Insolvenzmasse entzogen ist.[3] Bemerkenswert ist, dass bereits bei den Beratungen zur Konkursordnung die Formulierung des § 7 Abs. 1 KO umstritten war und auch eine präzisere Formulierung der Vorschrift, wie sie nun in § 81 Abs. 1 Satz 1 InsO erfolgt ist, gefordert wurde.[4]

836 **Beispiel 1:** Der Schuldner übereignet einen Tag nach Insolvenzeröffnung einen zur Insolvenzmasse gehörenden Schaufelbagger an einen Dritten. Ihm zustehende und auch zur Insolvenzmasse gehörende Forderungen tritt er ebenfalls einen Tag nach Insolvenzeröffnung zur Erfüllung von Verbindlichkeiten an einen Geschäftspartner ab.

---

[1] Allgemein zum Begriff der Verfügung RGZ 90, 395, 399; BGHZ 1, 294, 304; *Schramm* in: MüKo-BGB, § 185 Rdn. 5 ff.; Palandt/*Heinrichs*, BGB, Überblick vor § 104 Rdn. 16; zum Inhalt des so genannten dinglichen Rechtsgeschäfts bereits Motive zum BGB, Band 3 S. 8 unten.

[2] *Hess*, KO, § 7 Rdn. 2; *Kuhn/Uhlenbruck*, KO, § 7 Rdn. 2 (keine Realakte); nicht sehr deutlich *Häsemeyer*, 1. Auflage Köln 1992, S. 190; umfassend *Jaeger*, KO, § 7 Anm. 2; Jaeger/*Lent*, KO, § 7 Anm. 2.

[3] Für eine erweiterte Auslegung aber *Ott* in: MüKo-InsO, § 81 Rdn. 3; *Uhlenbruck* in: *Uhlenbruck*, InsO, § 81 Rdn. 2 („verfügungsähnliche Geschäfte"); *Eickmann* in: HK-InsO, § 81 Rdn. 5.

[4] *Jaeger*, KO, § 7 Anm. 8; zu dieser Frage sehr lesenswert *v. Olshausen*, ZIP 1998, 1093.

Die Übereignung des zur Insolvenzmasse gehörenden Schaufelbaggers erfordert nach § 929 Satz 1 BGB die Einigung über den Eigentumserwerb und die Übergabe der Sache. In jedem Fall muss der verfügende Rechtsinhaber auch Verfügungsbefugnis besitzen. Dies ist beim Schuldner nach Insolvenzeröffnung nicht gegeben, die Verfügungsbefugnis ist ihm nach § 80 Abs. 1 InsO entzogen, die Übereignung ist deshalb nach § 81 Abs. 1 Satz 1 InsO unwirksam. Der Schaufelbagger gehört weiterhin zur Insolvenzmasse. Gleiches gilt für die zur Insolvenzmasse gehörenden Forderungen des Schuldners gegen Dritte, die er nach § 398 BGB nach Insolvenzeröffnung abtritt. Die Abtretung in Erfüllung von Verbindlichkeiten gegenüber einem Geschäftspartner ist insolvenzrechtlich auch deshalb nicht zulässig, weil sie den Geschäftspartner als Insolvenzgläubiger im Sinne des § 38 InsO gegenüber den übrigen Insolvenzgläubigern bevorteilen würde. Die Unwirksamkeit der Abtretung nach Insolvenzeröffnung nach § 81 Abs. 1 Satz 1 InsO schützt deshalb die übrigen Insolvenzgläubiger.

Hat der Schuldner am Tag der Insolvenzeröffnung eine Verfügung 837
über einen zur Insolvenzmasse gehörenden Gegenstand getroffen, vermutet § 81 Abs. 3 InsO widerleglich, dass die Verfügung nach dem Zeitpunkt der Insolvenzeröffnung erfolgt ist. Unter Bezugnahme auf den Zeitpunkt der Insolvenzeröffnung nach § 27 Abs. 2 Nr. 3 InsO ist es Sache des jeweiligen Erwerbers, zu beweisen, dass sein Rechtserwerb tatsächlich vor diesem Zeitpunkt lag.[1]

b) Die Verfügungen über insolvenzfreies Vermögen

Der Entzug der Verfügungsbefugnis nach § 80 Abs. 1 InsO betrifft 838
nur das zur Insolvenzmasse gehörende Vermögen. Über das nach § 36 Abs. 1 InsO insolvenzfreie Vermögen kann der Schuldner auch nach Insolvenzeröffnung ungehindert verfügen.[2]

Unabhängig von dem §§ 80 und 81 InsO ist auch die Frage zu beur- 839
teilen, inwieweit der Schuldner über Vermögen verfügen kann, das ihm nicht gehört, bei welchem er mithin nicht Rechtsinhaber ist. Materiellrechtlich kann ein solcher Rechtserwerb gutgläubig über § 932 BGB und § 892 Abs. 1 Satz 1 BGB erfolgen,[3] die bereicherungsrechtliche Abwicklung gegenüber dem wahren Rechtsinhaber nach § 816 Abs. 1 BGB erfolgt im Verhältnis zwischen dem Schuldner und dem wahren Rechtsinhaber, die Insolvenzmasse ist grundsätzlich nicht berührt.

Beispiel 2: Der Schaufelbagger, den der Schuldner nach Insolvenzeröffnung 840
veräußert, gehört nicht ihm, sondern einem Dritten. Den Kaufpreis aus der Veräußerung vereinnahmt der Schuldner, er gelangt nicht zur Insolvenzmasse.

Über § 929 Satz 1 und § 932 BGB konnte der Schuldner den Schaufelbagger gutgläubig übereignen. § 81 Abs. 1 Satz 1 InsO steht dem nicht entgegen, weil

---

[1] *Ott* in: MüKo-InsO, § 81 Rdn. 14; *Uhlenbruck* in: *Uhlenbruck,* InsO, § 81 Rdn. 15; *Häsemeyer,* Rdn. 10.12.

[2] So bereits *Jaeger,* KO, § 7 Anm. 4; *Uhlenbruck* in: *Uhlenbruck,* InsO, § 81 Rdn. 3.

[3] Jaeger/*Henckel,* KO, § 7 Rdn. 71; *Lüke* in: *Kübler/Prütting,* InsO, § 81 Rdn. 24; enger *Uhlenbruck* in: *Uhlenbruck,* InsO, § 81 Rdn. 11; *Kuhn/Uhlenbruck,* KO, § 7 Rdn. 16.

der Entzug der Verfügungsbefugnis sich nur auf das zur Insolvenzmasse gehörende Vermögen bezieht, der Schaufelbagger aber einem Dritten gehörte, der Schuldner mithin nicht Rechtsinhaber war; innerhalb der Insolvenzmasse hätte der Schaufelbagger nach § 47 InsO ausgesondert werden müssen. Der wahre Rechtsinhaber hat nach § 816 Abs. 1 Satz 1 BGB Anspruch auf die aus der Veräußerung erlangte Gegenleistung. Der Anspruch richtet sich gegen den Schuldner selbst, da er hinsichtlich des Kaufpreises als Gegenleistung aus der Veräußerung bereichert ist. Gegen die Insolvenzmasse richtet er sich nach § 48 Satz 2 InsO dann, wenn diese selbst bereichert ist.

841 Scheinbar kompliziert kann die Sach- und Rechtslage werden, wenn der Schuldner zu Unrecht als Eigentümer eines Grundstücks im Grundbuch eingetragen ist. Über § 892 Abs. 1 Satz 1 BGB könnte er das Grundstück gutgläubig veräußern, die Gegenleistung hätte er nach § 816 Abs. 1 Satz 1 BGB an den wahren Berechtigten herauszugeben. Soweit der Schuldner aber als Eigentümer im Grundbuch eingetragen ist wird regelmäßig das Insolvenzgericht die Eintragung eines Insolvenzvermerks nach § 32 Abs. 1 Nr. 1 InsO veranlassen. Der Schuldner ist dadurch formal an der Veräußerung des Grundstücks gehindert, auch wenn dieses tatsächlich nicht zur Insolvenzmasse gehört. Es ist dann Sache des wirklichen Grundstückseigentümers, gegenüber dem Insolvenzverwalter das Eigentum geltend zu machen und das Grundstück aus der Insolvenzmasse nach § 47 InsO auszusondern.

c) Die Verfügungen eines Vertreters

842 Eine vom Schuldner in Bezug auf das zur Insolvenzmasse gehörende Vermögen erteilte Vollmacht erlischt mit Insolvenzeröffnung nach § 117 Abs. 1 InsO. Damit kann ein Vertreter des Schuldners nach Insolvenzeröffnung über die Insolvenzmasse nicht mehr verfügen, seine Verfügung ist gleichbedeutend mit der des Schuldners nach § 81 Abs. 1 InsO und deshalb unwirksam. Die Wirksamkeit einer Verfügung des Vertreters des Schuldners kann unter den gleichen Voraussetzungen gegeben sein, unter welchen eine Verfügung des Schuldners nach Insolvenzeröffnung Wirksamkeit erlangt.

3. Die Verfügung über künftige Dienstbezüge nach § 81 Abs. 2 InsO

843 Eine Sonderregelung für den Schuldner, der natürliche Person ist, enthält § 81 Abs. 2 Satz 1 InsO. Er betrifft er Verfügungen über das künftige Arbeitseinkommen des Schuldners für die Zeit nach Beendigung des Insolvenzverfahrens. Dieses Arbeitseinkommen gehört nicht mehr zur Insolvenzmasse nach § 35, § 36 Abs. 1 Satz 2 InsO, als künftiges Forderungsrecht könnte es in Höhe des nach § 850c ZPO pfändbaren Teils (§ 400 BGB) vom Schuldner bereits während des Insolvenzverfahrens an einen Dritten abgetreten werden. Von der Verfügungs-

entziehung des § 80 Abs. 1 InsO ist dagegen das Arbeitseinkommen des Schuldners für die Zeit vor Insolvenzeröffnung und während des Insolvenzverfahrens betroffen.

Das Arbeitseinkommen des Schuldners für die Zeit nach Beendigung des Insolvenzverfahrens soll den Insolvenzgläubigern aber im Rahmen des Restschuldbefreiungsverfahrens nach §§ 286 ff. InsO zur Verfügung stehen, der Schuldner hat es nach § 287 Abs. 2 InsO für die Dauer der Wohlverhaltensperiode von regelmäßig sechs Jahren seit Insolvenzeröffnung an den Treuhänder abzutreten. Diese Abtretung und damit der Zweck des Restschuldbefreiungsverfahrens wären beeinträchtigt, wenn der Schuldner sein künftiges Arbeitseinkommen noch an einen anderen als den Treuhänder abtreten könnte, § 81 Abs. 2 Satz 1 InsO verbietet dies.[1] 844

4. Die Geltendmachung der Unwirksamkeit durch den Insolvenzverwalter

a) Die Geltendmachung des dinglichen Anspruchs

Soweit die Verfügung des Schuldners nach Insolvenzeröffnung unwirksam ist, gilt diese Unwirksamkeit gegenüber jedermann. Die Geltendmachung der Unwirksamkeit erfolgt in aller Regel durch den Insolvenzverwalter, er hat je nach dem Gegenstand der Insolvenzmasse und der Art der Verfügung den sachenrechtlichen Anspruch geltend zu machen, der dem Schuldner als Rechtsinhaber zusteht. Hat beispielsweise der Schuldner einen beweglichen Gegenstand übereignet, kann der Insolvenzverwalter Herausgabe nach § 985 BGB verlangen, da der Schuldner weiterhin Eigentümer des Gegenstandes ist; die Aktivlegitimation des Insolvenzverwalters folgt aus seiner Verfügungsbefugnis nach § 80 Abs. 1 InsO. Hat der Schuldner über unbewegliches Vermögen verfügt, kann der Insolvenzverwalter Grundbuchberichtigung nach § 894 BGB verlangen. 845

b) Die Abwicklung der unwirksamen Verfügung im Ganzen

§ 81 Abs. 1 Satz 1 InsO verbietet dem Schuldner nicht den Abschluss eines Verpflichtungsgeschäftes betreffend einen Gegenstand der Insolvenzmasse. Das vom Schuldner als Grundlage der sachenrechtlichen und regelmäßig unwirksamen Verfügung abgeschlossene Verpflichtungsgeschäft ist demnach wirksam.[2] Freilich kann der Schuldner nach Insolvenzeröffnung nicht den Insolvenzverwalter oder die Insolvenzmasse verpflichten sondern nur sich selbst in Bezug zu seinem insolvenzfreien Vermögen. Die Abwicklung des vom Schuldner mit dem 846

[1] Allgemein *Ott* in: MüKo-InsO, § 81 Rdn. 25 ff.; *Uhlenbruck* in: *Uhlenbruck*, InsO, § 81 Rdn. 14.

[2] *Ott* in: MüKo-InsO, § 81 Rdn. 5; *Eickmann* in: HK-InsO, § 81 Rdn. 3; so bereits *Jaeger*, KO, § 7 Anm. 3; *Jaeger*, § 7 I. 2. a) zweiter Absatz.

Dritten wirksam begründeten Schuldverhältnisses erfolgt damit grundsätzlich ohne Beteiligung der Insolvenzmasse. § 81 Abs. 1 Satz 3 InsO schreibt vor, dass die aus der unwirksamen Verfügung erlangte Gegenleistung aus der Insolvenzmasse herauszugeben sei, soweit diese bereichert ist; es liegt dann ein Fall des § 55 Abs. 1 Nr. 3 InsO vor. Dieser Anspruch setzt wesentlich die Bereicherung der Insolvenzmasse im Hinblick auf die Gegenleistung des Dritten voraus.[1] Ist diese nicht zur Insolvenzmasse gelangt, besteht auch kein Anspruch gegen sie.

847 **Beispiel 3:** Der Schuldner verkauft einen Tag nach Insolvenzeröffnung den zur Insolvenzmasse gehörenden Schaufelbagger zum Preis von 4.000 EUR; er einigt sich mit dem Erwerber über den Eigentumsübergang und übergibt ihm den Schaufelbagger. Der Erwerber zahlt den Kaufpreis bar an den Schuldner, er gelangt nicht zur Insolvenzmasse.

Der Insolvenzverwalter hat Anspruch auf Rückgabe des Schaufelbaggers aus § 985 BGB, da die Verfügung des Schuldners wegen § 81 Abs. 1 Satz 1 InsO unwirksam ist. Einen Anspruch auf Herausgabe des Kaufpreises hat der Erwerber gegenüber der Insolvenzmasse nicht, da der Kaufpreis zur Insolvenzmasse nicht geflossen ist und deshalb eine Bereicherung im Sinne des § 812 Abs. 1 Satz 1 erste Alternative BGB nicht vorliegt, § 81 Abs. 1 Satz 3 InsO greift nicht. Der Erwerber hat auch keinen Bereicherungsanspruch gegen den Schuldner, da er auf den wirksam bestehenden Kaufpreisanspruch nach § 433 Abs. 2 BGB geleistet hat. Weil der Schuldner dem Erwerber letztlich das Eigentum am Schaufelbagger nicht verschaffen kann, kann dieser nach § 323 Abs. 1 BGB vom Vertrag zurücktreten, nach § 346 BGB Rückgabe des Kaufpreises und im Übrigen über §§ 325 und 281 BGB Schadensersatz statt Leistung vom Schuldner verlangen.

848 Letztlich ist im Hinblick auf das vom Schuldner abgeschlossene schuldrechtliche Verpflichtungsgeschäft gedanklich zwischen dem Schuldner selbst und der Insolvenzmasse zu unterscheiden, auch wenn der Schuldner nach Insolvenzeröffnung weiterhin Rechtsträger der Insolvenzmasse bleibt: Der Schuldner kann über Gegenstände der Insolvenzmasse keine Verfügung treffen, durch ein Verpflichtungsgeschäft kann er nur sich selbst und seine insolvenzfreies Vermögen verpflichten.

5. Die Unwirksamkeit sonstigen Rechtserwerbs nach § 91 Abs. 1 InsO

a) Der sonstige Tatbestand zum Rechtserwerb im Sinne des § 91 Abs. 1 InsO

849 Ein wirksamer Rechtserwerb aus der Insolvenzmasse ist nach Eröffnung des Insolvenzverfahrens auch dann nicht mehr möglich, wenn diesem keine Rechtshandlung des Schuldners zu Grunde liegt (§ 91 Abs. 1 InsO). Die Regelung des § 91 Abs. 1 InsO ist einerseits Folge der Verfügungsentziehung des Schuldners nach § 80 Abs. 1 InsO, geht

[1] *Uhlenbruck* in: *Uhlenbruck*, InsO, § 81 Rdn. 13; *Lüke* in: *Kübler/Prütting*, InsO, § 81 Rdn. 26.

andererseits aber auch darüber hinaus, da mit ihr insgesamt ein Rechtserwerb aus der Insolvenzmasse nach Insolvenzeröffnung unterbunden werden soll, auch und gerade wenn dieser nicht auf eine Rechtshandlung oder Verfügung des Schuldners zurückzuführen ist.[1] Es sind im Wesentlichen zwei Fälle zu unterscheiden:

- Der Schuldner hat bereits vor Insolvenzeröffnung eine mehraktige Verfügung getroffen, deren letzter zur Wirksamkeit der sachenrechtlichen Verfügung erforderlicher Tatbestand tritt erst nach Insolvenzeröffnung ein; der Tatbestand kann in einem Realakt des Schuldners, beispielsweise der Übergabe des übereigneten beweglichen Gegenstandes, oder in einer hoheitlichen Maßnahme, insbesondere der Grundbucheintragung bei Verfügungen über unbewegliche Gegenstände nach § 873 Abs. 1 BGB, liegen.
- Der Rechtserwerb erfordert den Eintritt eines Umstandes, der nicht unmittelbar auf eine Verfügung des Schuldners zurückzuführen ist. Zu denken ist hier an einen Rechtserwerb kraft Gesetzes, beispielsweise durch Verarbeitung und Vermischung (§§ 946 ff. BGB), durch Ersitzung (§ 937 BGB), durch Entstehen eines künftigen Anspruchs, durch Eintritt einer aufschiebenden Bedingung oder durch Valutierung eines Grundpfandrechts.

Die Anwendung des § 91 Abs. 1 InsO erfährt innerhalb der zahlrei- 850
chen Einzelfälle möglicher mehraktiger Rechtsgeschäfte, Verfügungen über künftige Forderungen und Ansprüche oder bedingte Verfügungen einige Besonderheiten und Ausnahmen.[2]

b) Der sonstige Tatbestand im Bereich des Fahrniserwerbs

aa) Die Übereignung, Verpfändung und Abtretung von Gegenständen und Rechten der Insolvenzmasse

Praktische Bedeutung erfährt § 91 Abs. 1 InsO im Bereich des Rechts 851
der beweglichen Sachen, wenn der Schuldner über Gegenstände, Forderungen oder Vermögensrechte der Insolvenzmasse bereits vor Insolvenzeröffnung in Ansehung künftiger Ansprüche oder unter aufschiebender Bedingung verfügt hat:

- Veräußert der Schuldner vor Insolvenzeröffnung einen Gegenstand, 852
der zur Insolvenzmasse gehört, und erfolgt die nach § 929 Satz 1 BGB erforderliche Übergabe erst nach Insolvenzeröffnung, kann diese Übergabe als Tatbestand im Sinne des § 91 Abs. 1 InsO angesehen werden. In erweiterter Auslegung des § 81 Abs. 1 Satz 1 InsO kann die Übereignung als Gesamtvorgang auch als eine Verfügung

---

[1] Zum Zweck der Vorschrift BGHZ 106, 236, 243; *Uhlenbruck* in: *Uhlenbruck*, InsO, § 91 Rdn. 1; *Bork*, Einführung, Rdn. 146; *Gerhardt* in: KS, S. 193 Rdn. 51.

[2] Mit zahlreichen Einzelfällen *Breuer* in: MüKo-InsO, § 91 Rdn. 19 bis 68; *Uhlenbruck* in: *Uhlenbruck*, InsO, § 91 Rdn. 2 bis 27; *Lüke* in: *Kübler/Prütting*, InsO, § 91 Rdn. 18 bis 56; *Eickmann* in: HK-InsO, § 91 Rdn. 12 ff.

des Schuldners nach Insolvenzeröffnung angesehen werden. Das Ergebnis ist in beiden Fällen die Unwirksamkeit des Rechtserwerbs.[1]

853 – Verpfändet der Schuldner vor Insolvenzeröffnung einen Gegenstand der Insolvenzmasse zur Sicherung einer künftigen Forderung des Gläubigers, wird die Verpfändung nach §§ 1204 ff. BGB erst mit Entstehen der gesicherten Forderung wirksam.[2] Deren Entstehen nach Insolvenzeröffnung führt wegen § 91 Abs. 1 InsO nicht mehr zum Entstehen des Pfandrechts für den Gläubiger.[3] Das Pfandrecht ist als Fremdpfandrecht nicht bereits mit seiner Bestellung entstanden,[4] die Regelung des § 1209 BGB regelt lediglich den Rang des Pfandrechts gegenüber anderen Rechten am Gegenstand und sichert ihm keine Insolvenzfestigkeit zu.

854 – Tritt der Schuldner vor Insolvenzeröffnung künftige Forderungen gegen Dritte an einen Gläubiger ab, was regelmäßig bei der so genannten Globalzession der Fall ist,[5] werden wegen § 91 Abs. 1 InsO die nach Insolvenzeröffnung entstehenden Forderungen von dieser Abtretung nicht mehr erfasst, da die Abtretung erst im Augenblick des Entstehen des der abgetretenen Forderung wirksam werden kann.[6] Davon zu unterscheiden ist die Abtretung bereits entstandener, aber noch nicht fälliger, so genannter betagter Forderungen. Der Eintritt der Fälligkeit einer zur Insolvenzmasse gehörenden Forderung nach Insolvenzeröffnung ist kein Tatbestand im Sinne des § 91 Abs. 1 InsO.[7] Werden Ansprüche aus einem Dauerschuldverhältnis, insbesondere aus Miet- oder Pachtverträgen im Voraus abgetreten, soll § 91 Abs. 1 InsO die Abtretung der nach Insolvenzeröffnung entstehenden Mietzinsforderungen nicht beeinträchtigen,[8] die Abtretung

---

[1] Insofern missverständlich *Häsemeyer,* Rdn. 10.22, der die Ersetzung des Begriffs der „Rechtshandlung“ in § 7 KO durch den der „Verfügung“ in § 81 Abs. 1 InsO als unglücklich bezeichnet, im Übrigen aber § 91 Abs. 1 InsO anwendet.

[2] *Damrau* in: MüKo-BGB, § 1204 Rdn. 15, 22, sieht ein Besitzrecht an der Sache mit Erwerbsaussicht auf das Pfandrecht für eine künftige Forderung; anders aber im Hinblick auf die Anfechtbarkeit der Pfandrechtsbestellung BGHZ 86, 340.

[3] Jaeger/*Lent,* KO, § 15 Anm. 22; Jaeger/*Henckel,* KO, § 15 Rdn. 21; *Häsemeyer,* Rdn. 10.28.

[4] Anders wohl BGHZ 86, 340; *Uhlenbruck* in: *Uhlenbruck,* InsO, § 91 Rdn. 10.

[5] Allgemein zur Zulässigkeit der Vorausabtretung BGHZ 7, 365; BGHZ 70, 86 (Vorausabtretung im verlängerten Eigentumsvorbehalt mit Kontokorrent); BGHZ 108, 98 (vorformulierte Vorausabtretung von Lohnforderungen); *Roth* in: MüKo-BGB, § 398 Rdn. 75 ff.; Palandt/*Heinrichs,* BGB, § 398 Rdn. 11 ff.; *Uhlenbruck* in: *Uhlenbruck,* InsO, § 91 Rdn. 17; umfassend *Serick,* Band III § 47 und Band V § 65.

[6] Grundlegend BGH NJW 1955, 544; allgemein zum Wirksamwerden der Abtretung BGHZ 32, 367, 369; BGHZ 70, 86; BGHZ 106, 236, 241; Jaeger/*Henckel,* KO, § 15 Rdn. 44; *Uhlenbruck* in: *Uhlenbruck,* InsO, § 91 Rdn. 17; eingehend auch zur Rechtsprechung *Serick,* Band V § 65 I. 3. und II.

[7] OLG Celle InVo 1999, 231 (Abtretung künftiger Mietforderungen); *Uhlenbruck* in: *Uhlenbruck,* InsO, § 91 Rdn. 13; zur Abtretung der aufschiebend bedingten Forderung *Christiansen,* KTS 2003, 549.

[8] *Uhlenbruck* in: *Uhlenbruck,* InsO, § 91 Rdn. 21.

verliert jedoch wegen § 110 Abs. 1 InsO mit Insolvenzeröffnung ihre Wirksamkeit.

– Verpfändet der Schuldner vor Insolvenzeröffnung eine zur Insolvenzmasse gehörende Forderung an einen Gläubiger und wird diese Verpfändung dem Drittschuldner erst nach Insolvenzeröffnung angezeigt (§ 1280 BGB), kann die Verpfändung nach Insolvenzeröffnung nicht mehr wirksam werden.[1] 855

Beispiel 4: Zur Sicherung der Ansprüche aus gegenseitiger Geschäftsverbindung tritt der Schuldner an seine Bank sämtliche ihm zustehenden gegenwärtigen und zukünftigen Forderungen aus Kaufverträgen gegen Dritte ab. Zwei Monate später wird über sein Vermögen das Insolvenzverfahren eröffnet, die zu diesem Zeitpunkt bereits entstandenen und an die Bank abgetretenen Forderungen betragen 192.594,53 EUR. Der Insolvenzverwalter führt das Unternehmen des Schuldners fort, es entstehen weitere Forderungen gegen Dritte in Höhe von 20.154,25 EUR. Die Bank verlangt vom Insolvenzverwalter Herausgabe dieser Forderungen. 856

Durch die Abtretung der gegenwärtigen und künftigen Forderungen aus Kaufverträgen im Rahmen einer so genannten Globalzession erwirbt die Bank gemäß § 51 Nr. 1 InsO ein Absonderungsrecht an den Forderungen. Fraglich ist, ob sich die Abtretung auch auf die nach Insolvenzeröffnung noch entstehenden Forderungen erstreckt. Dies ist mit § 91 Abs. 1 InsO zu verneinen. Die Bank kann an den nach Insolvenzeröffnung entstehenden Forderungen keine Rechte mehr geltend machen.

bb) Der aufschiebend bedingte Rechtserwerb

Eine wichtige Ausnahme erfährt § 91 Abs. 1 InsO im Falle des aufschiebend bedingten Rechtserwerbs. Hat der Schuldner vor Insolvenzeröffnung unter einer aufschiebenden Bedingung über einen Gegenstand oder Vermögenswert der Insolvenzmasse verfügt, so ist nach allgemeiner Regelung des § 161 BGB jede weitere Verfügungen im Falle des Eintritts der aufschiebenden Bedingung unwirksam. Nach § 161 Abs. 1 Satz 2 BGB gilt dies auch für Verfügungen des Insolvenzverwalters. Hieraus folgt, dass auch die Insolvenzeröffnung den Rechtserwerb mit Eintritt der aufschiebenden Bedingung nicht mehr verhindern kann.[2] Die Wirksamkeit des nach Insolvenzeröffnung eintretenden Rechtserwerbs kann auch mit der Konstruktion des Anwartschaftsrechts des Erwerbers aus bedingter Übereignung begründet werden.[3] Die große Bedeutung des aufschiebend bedingten Rechtserwerbs liegt im Bereich des Eigentumsvorbehalts, wenn der Schuldner vor Insolvenzeröffnung Waren veräußert und die vollständige Kaufpreiszahlung erst nach Insolvenzeröffnung erfolgt.[4] 857

---

[1] Jaeger/*Henckel*, KO, § 15 Rdn. 54; *Breuer* in: MüKo-InsO, § 91 Rdn. 41; *Uhlenbruck* in: *Uhlenbruck*, InsO, § 91 Rdn. 14.

[2] BGHZ 124, 76, 80; Jaeger/*Henckel*, KO, § 15 Rdn. 60; *Uhlenbruck* in: *Uhlenbruck*, InsO, § 91 Rdn. 2, 18.

[3] Zum Entstehen des Anwartschaftsrechts bei aufschiebend bedingtem Rechtserwerb und der Problematik des § 91 InsO (§ 15 KO) *Serick*, Band V § 65 I. und II.

[4] Statt aller *Uhlenbruck* in: *Uhlenbruck*, InsO, § 91 Rdn. 19 m. w. N.

858 **Beispiel 5:** Der Schuldner veräußert vor Insolvenzeröffnung ein Kraftfahrzeug zum Preis von 15.000 EUR, der Kaufpreis soll in monatlichen Raten zu je 300 EUR gezahlt werden, der Schuldner soll bis zur vollständigen Kaufpreiszahlung Eigentümer des Wagens bleiben. Nach Übergabe des Wagens an den Käufer wird das Insolvenzverfahrens eröffnet.

In diesem typischen Fall des einfachen Eigentumsvorbehalts (§ 449 BGB) stellen sich insolvenzrechtlich zwei Fragen: Zum einen ist schuldrechtlich fraglich, ob der Insolvenzverwalter den noch nicht vollständig abgewickelten Kaufvertrag weiterhin erfüllen muss, zum anderen ist sachenrechtlich fraglich, ob der Käufer durch Zahlung der Kaufpreisraten und letztlich vollständige Zahlung des Kaufpreises ungeachtet der Insolvenzeröffnung das Eigentum an dem Wagen noch erwerben kann. Die Pflicht des Insolvenzverwalters zur Erfüllung des Kaufvertrages ergibt sich aus § 107 Abs. 1 InsO. Der Käufer kann damit einhergehend durch vollständige Zahlung des Kaufpreises die aufschiebende Bedingung für den Eigentumserwerb ungeachtet des § 91 Abs. 1 InsO herbeiführen und das Eigentum am Wagen erwerben. Sein mit Abschluss des Kaufvertrages und Übergabe des Wagens begründetes Anwartschaftsrecht wird durch die Insolvenzeröffnung nicht zerstört (Jaeger/*Henckel,* KO, § 15 Rdn. 61; *Häsemeyer,* Rdn. 10.25; zum Wesen des Anwartschaftsrechts *Serick,* Band I § 11 I., § 13).

cc) Der Eigentumserwerb kraft gesetzlichen Tatbestandes

859 Wenig praktische Bedeutung hat der Eigentumserwerb kraft Gesetzes, der sich nach Insolvenzeröffnung vollziehen kann; es handelt sich insbesondere um den Eigentumserwerb des Pächters oder sonst nach §§ 955 ff. BGB zur Fruchtziehung Berechtigten,[1] den Eigentumserwerb des Finders nach §§ 973 ff. BGB,[2] und den Eigentumserwerb durch Verarbeitung, Verbindung oder Vermischung nach §§ 946 ff. BGB.[3]

c) Die Unwirksamkeit von Verfügungen über Immobiliarvermögen

aa) Die Übertragung des Eigentums am Grundstück

860 Die Übertragung des Eigentums an einem Grundstück, an selbstständigem Gebäudeeigentum oder an einem grundstücksgleichen Recht erfolgt nach §§ 873, 925 BGB durch formwirksam erklärte Auflassung und Eintragung des Erwerbers als Eigentümer in das Grundbuch. Hat der Schuldner als Eigentümer eines Grundstücks bereits vor Insolvenzeröffnung mit dem Erwerber die Auflassung erklärt, erfolgt die Grundbucheintragungen aber erst nach Insolvenzeröffnung, ist ein Eigentumserwerb nach § 91 Abs. 1 InsO grundsätzlich ausgeschlossen. Die

---

[1] BGHZ 27, 360, 365; *Uhlenbruck* in: *Uhlenbruck,* InsO, § 91 Rdn. 16; *Lüke* in: *Kübler/Prütting,* InsO, § 91 Rdn. 50.

[2] Eingehend Jaeger/*Henckel,* KO, § 15 Rdn. 84; *Lüke* in: *Kübler/Prütting,* InsO, § 91 Rdn. 51; *Hess/Weis/Wienberg,* InsO, § 91 Rdn. 26; Staudinger/*Gursky,* BGB (2004), § 977 Rdn. 2; Palandt/*Bassenge,* BGB, § 977 Rdn. 1.

[3] *Uhlenbruck* in: *Uhlenbruck,* InsO, § 91 Rdn. 22; nach Serick 63 III 6 b S. 440 nur Sicherungseigentum, zum damit verbundenen Absonderungsrecht *Serick,* Band V § 63 III. 6. a).

Grundbucheintragung kann hier als sonstiger Tatbestand im Sinne des § 91 Abs. 1 InsO betrachtet werden.[1]

Sind für den Eigentumserwerb öffentlich-rechtliche Genehmigungen oder Genehmigungen Dritter erforderlich, ist der Eigentumserwerb nicht gehindert, wenn die entsprechende Genehmigung erst nach Insolvenzeröffnung erteilt wird. Für den Eigentumserwerb materiellrechtlich erforderlich[2] sind beispielsweise bei Verfügungen über landwirtschaftliche Grundstücke die Genehmigung nach § 2 Abs. 1 GrdstVG,[3] bei Verfügungen über Grundstücke in den neuen Bundesländern die Genehmigung nach § 2 Abs. 1 Nr. 1 GVO,[4] bei Verfügungen über Grundstücke innerhalb eines Sanierungsgebietes die Genehmigung nach § 144 Abs. 2 Nr. 1 BauGB, innerhalb eines Umlegungsgebietes diejenige nach § 51 Abs. 1 Nr. 1 BauGB.[5] Genehmigungserfordernisse von dritter Seite können insbesondere in der Zustimmung der Miteigentümer oder des Verwalters bei Veräußerung von Wohnungseigentum nach § 12 WEG oder in der Zustimmung des Grundstückseigentümers bei Veräußerung oder Belastung eines Erbbaurechts nach § 5 ErbbauVO liegen.[6] Dass Genehmigungen als letzter Tatbestand des Rechtserwerbs erst nach Insolvenzeröffnung erteilt werden, kann praktisch aber nicht gegeben sein, weil das Grundbuchamt die Eintragung erst nach Erteilung aller notwendiger Genehmigungen vornehmen darf. Letzter Tatbestand des Eigentumserwerbs ist stets die Grundbucheintragung des Erwerbers als Eigentümer. 861

bb) Die Bestellung eines beschränkten dinglichen Rechts

Die Belastung eines Grundstücks mit einem beschränkten dinglichen Recht, beispielsweise einer Dienstbarkeit (§§ 1018 ff. BGB), stellt eine Verfügung über das Grundstück dar. Die Bestellung eines Grundstücksrechts erfolgt nach § 873 Abs. 1 BGB durch Einigung des Grundstückseigentümers mit dem Berechtigten und Eintragung des Rechts in das Grundbuch. Die Einigung erfolgt hier zumeist formlos, notariell beglaubigt wird den § 29 Abs. 1 Satz 1 GBO lediglich die Eintragungsbe- 862

---

[1] Anders *Eickmann* in: HK-InsO, § 81 Rdn. 5; Eickmann in: FS Uhlenbruck, S. 149; hierauf eingehend *Uhlenbruck* in: *Uhlenbruck,* InsO, § 81 Rdn. 6; bei Grundbucheintragung nach Insolvenzeröffnung sei danach von einer Verfügung des Schuldners im Sinne des § 81 Abs. 1 InsO auszugehen, die Regelung des § 878 BGB sei ohne dazu nötige Verweisung direkt anwendbar.

[2] Lediglich verfahrensrechtlich erforderlich sind die Unbedenklichkeitsbescheinigung nach § 22 GrdEStG, dazu *Schöner/Stöber,* Rdn. 148, 151, oder das Negativattest nach § 28 BauGB, dazu BayObLG NJW 1983, 1567; *Schöner/Stöber,* Rdn. 4123.

[3] *Grziwotz* in: *Meikel,* GBO, Einleitung Rdn. J 85 ff., J 126; *Schöner/Stöber,* Rdn. 3946 und 4021 ff.

[4] *Böhringer* in: *Meikel,* GBO, § 19 Rdn. B 185 ff.; *Schöner/Stöber,* Rdn. 4229, 4242; *Moser-Merdian/Flik/Keller,* Rdn. 122 ff.

[5] Allgemein dazu *Grziwotz* in: *Meikel,* GBO, Einleitung Rdn. J 65 ff.; *Schöner/Stöber,* Rdn. 3856 ff. und 3885 ff.

[6] *Uhlenbruck* in: *Uhlenbruck,* InsO, § 91 Rdn. 27; *Lüke* in: *Kübler/Prütting,* InsO, § 91 Rdn. 52; *Eickmann* in: HK-InsO, § 91 Rdn. 16.

willigung des Grundstückseigentümers nach § 19 GBO. Liegt die Grundbucheintragung zeitlich nach Eröffnung des Insolvenzverfahrens, kann ein wirksamer Rechtserwerb nicht mehr erfolgen.

cc) Die Bestellung einer Vormerkung

863 Die Bestellung der Vormerkung erfolgt nach §§ 883 und 885 Abs. 1 BGB durch Bewilligung des Grundstückseigentümers und Eintragung der Vormerkung in das Grundbuch bei Vorliegenden des nach § 883 Abs. 1 Satz 1 BGB vormerkbaren Anspruchs. Bewilligt der Schuldner als Grundstückseigentümer die Eintragung der Vormerkung noch vor Insolvenzeröffnung, erfolgt die Eintragung aber erst später, kann die Vormerkung nach § 91 Abs. 1 InsO nicht mehr wirksam entstehen. Wird die Bewilligung seitens des Schuldners erst nach Insolvenzeröffnung erteilt, liegt bereits ein Fall des § 81 Abs. 1 Satz 1 InsO vor. § 91 Abs. 1 InsO findet keine Anwendung, wenn die Vormerkung auf Grund einer einstweiligen Verfügung nach §§ 935 ff. ZPO im Wege der Vollziehung der einstweiligen Verfügung (§§ 936, 928 ZPO) in das Grundbuch eingetragen wird. Die Eintragung in das Grundbuch nach Insolvenzeröffnung ist als Vollstreckungsmaßnahme bereits nach § 89 Abs. 1 InsO unzulässig.

864 Insbesondere die so genannte Auflassungsvormerkung als Sicherung des Anspruchs auf Erwerb des Eigentums an einem Grundstück hat in der Rechtspraxis große Bedeutung, da sie dem Vormerkungsberechtigten gegenüber dem Insolvenzverwalter nach § 106 InsO das Recht auf Erfüllung des vorgemerkten Anspruchs sichert. Der Erwerber eines Grundstücks sollte deshalb stets bemüht sein, rechtzeitig die Eintragung der Auflassungsvormerkung zu erlangen. Eine Vormerkung kann auch für einen aufschiebend bedingten Anspruch eingetragen werden (§ 883 Abs. 1 Satz 2 BGB).[1] Die Vormerkung sichert bereits ab dem Zeitpunkt ihrer Eintragung in das Grundbuch den aufschiebend bedingten Anspruch (§ 883 Abs. 2 Satz 1 BGB). Der Eintritt der aufschiebenden Bedingung stellt keinen Fall des § 91 Abs. 1 InsO dar, das Entstehen des Anspruchs und der Vormerkung nach Insolvenzeröffnung ist möglich.[2]

Eine Vormerkung kann auch im Wege des echten Vertrages zu Gunsten Dritter für einen vom Versprechensempfänger zu benennenden Dritten in das Grundbuch eingetragen werden.[3] In der Praxis erfolgt dies beispielsweise bei Veräußerung durch den Grundstückseigentümer und Weiterveräußerung durch einen Bauträger.[4] Als Berechtigter der

---

[1] Eingehend *Wacke* in: MüKo-BGB, § 883 Rdn. 22 ff.; *Preuß* in: *Schreiber*, Kap. 14 Rdn. 14 ff.; *Schöner/Stöber*, Rdn. 1489 mit unfangreichsten Rechtsprechungsnachweisen.

[2] *Uhlenbruck* in: *Uhlenbruck*, InsO, § 91 Rdn. 26; *Eickmann* in: HK-InsO, § 91 Rdn. 31.

[3] *Wacke* in: MüKo-BGB, § 883 Rdn. 20; *Eickmann* in: HK-InsO, § 91 Rdn. 32; *Preuß* in: *Schreiber*, Kap. 14 Rdn. 22 ff.; *Schöner/Stöber*, Rdn. 1494.

[4] *Schöner/Stöber*, Rdn. 905.

Vormerkung ist zunächst der Versprechensempfänger einzutragen,[1] der endgültig zu benennenden Dritte, kann als Berechtigter der Vormerkung erst eingetragen werden, wenn ein wirksamer Kaufvertrag oder wenigstens ein bindendes Angebot auf Abschluss eines Kaufvertrages zu seinen Gunsten vorliegt.[2] Im Übrigen kann der Versprechensempfänger seine Rechte aus dem Kaufvertrag mit dem Eigentümer an den Dritten abtreten, die Vormerkung geht als unselbstständiges Nebenrecht über (§ 401 BGB). Erfolgte die Eintragung der auf diese Weise bestellten Vormerkung bereits vor Insolvenzeröffnung, stellt die Benennung des endgültig Berechtigten nach Insolvenzeröffnung keinen Tatbestand im Sinne des § 91 Abs. 1 InsO dar, da die Vormerkung bereits wirksam vor Insolvenzeröffnung zur Gunsten des Versprechensempfängers wirksam geworden ist.[3]

Eine Vormerkung kann nach § 883 Abs. 1 Satz 2 BGB auch für einen 865
lediglich künftigen Anspruch in das Grundbuch eingetragen werden, das Entstehen des künftigen Anspruchs muss nach allgemeiner Ansicht jedoch soweit vorbereitet sein, dass der Verpflichtete sich nicht mehr einseitig hiervon lösen kann.[4] Ein solcher künftiger Anspruch auf Eigentumserwerb am Grundstück, der durch Vormerkung gesichert werden kann, liegt vor, wenn der Grundstückseigentümer dem Erwerber ein notariell beurkundetes Kaufangebot unterbreitet; der Grundstückseigentümer ist nach § 145 BGB an sein Angebot regelmäßig gebunden.[5] Gelangt der auf diese Weise gesicherte Anspruch erst nach Insolvenzeröffnung zur Entstehung, ist fraglich, ob § 91 Abs. 1 InsO greift und das Entstehen der Vormerkung mit dem gesicherten Anspruch verhindert. Diese wurde zunächst allgemein angenommen, da das durch die Vormerkung gesicherte künftige Recht gegenüber dem Insolvenzverwalter nach Insolvenzeröffnung nicht mehr entstehen könne, insbesondere weil der nach Insolvenzeröffnung entstehende Übereignungsanspruch weder Insolvenzforderung noch Masseverbindlichkeit sei.[6] Der Bundesgerichtshof sah in einem Urteil vom 14. September

---

[1] Voraussetzung ist, dass ihm auch das Recht zusteht, sich selbst als Dritten zu benennen, da andernfalls der Grundstückseigentümer an sein Kaufvertragsangebot gegenüber dem noch unbekannten Dritten mangels Zugang noch nicht gebunden ist, dazu *Schöner/Stöber,* Rdn. 906.

[2] *Schöner/Stöber,* Rdn. 905, 906, 1494.

[3] *Uhlenbruck* in: *Uhlenbruck,* InsO, § 91 Rdn. 26; *Eickmann* in: HK-InsO, § 91 Rdn. 32; *Kuhn/Uhlenbruck,* KO, § 24 Rdn. 4 a; *Eickmann* in: *Gottwald,* § 31 Rdn. 63; eingehend *Preuß,* AcP (201) 2001, 580; *dies.,* DNotZ 2002, 283.

[4] RGZ 151, 75, 77; BGHZ 12, 115, 117 (Unzulässigkeit der Eintragung einer Vormerkung für erbvertraglich zugewendeten Anspruch zu Lebzeiten); BGH Rpfleger 2002, 612; BayObLG DNotZ 1977, 611; BayObLG Rpfleger 1977, 360; Staudinger/*Gursky,* BGB (2002), § 883 Rdn. 173, 176 ff.; *Wacke* in: MüKo-BGB, § 883 Rdn. 24; *Schöner/Stöber,* Rdn. 1489.

[5] Dazu *Schöner/Stöber,* Rdn. 900 ff.

[6] *Jaeger,* KO, § 24 Anm. 7; Jaeger/*Lent,* KO, § 24 Anm. 7; *Uhlenbruck* in: *Uhlenbruck,* InsO, § 91 Rdn. 26; *Lüke* in: *Kübler/Prütting,* InsO, § 91 Rdn. 38; *Eickmann* in: HK-InsO, 2. Aufl. 2001, § 91 Rdn. 31; *Erber-Faller* in: *Kuntze/Ertl/Herrmann/*

2001[1] diese Argumentation unter Berücksichtigung aller bisher vertretenen Ansichten[2] nicht als stichhaltig an und ließ den künftigen Rechtserwerb und das Entstehen der Vormerkung für den künftigen Anspruch ungehindert von § 91 Abs. 1 InsO zu. Er betonte dabei, dass die Eröffnung des Insolvenzverfahrens dem Schuldner nicht die Möglichkeit nehme, Verpflichtungsgeschäfte einzugehen und die Annahme des Kaufvertragsangebots seitens des Erwerbers auch nach Insolvenzeröffnung möglich sei. Zudem werde die mit der Eintragung in das Grundbuch entstehende Sicherungswirkung der Vormerkung (§ 883 Abs. 2 Satz 1 BGB) beeinträchtigt, wenn das Entstehen an § 91 Abs. 1 InsO scheitern sollte.[3]

866 **Beispiel 6** (BGHZ 149, 1): Noch vor Eröffnung des Verfahrens bietet der Schuldner einem potentiellen Käufer durch notariell beurkundetes Angebot sein Grundstück zum Kauf an und bestellt eine Vormerkung. Erst nach Insolvenzeröffnung nimmt der Käufer das Angebot an. Vom Insolvenzverwalter verlangt er Übereignung des Grundstücks aus der Insolvenzmasse.

Die Vormerkung konnte vor Insolvenzeröffnung zur Sicherung des künftigen Anspruchs nach § 883 Abs. 1 Satz 2 BGB in das Grundbuch eingetragen werden. Der Schuldner war durch sein notariell beurkundetes (§ 311 b BGB) Kaufangebot hinreichend gebunden. Mit Annahme des Angebots nach Insolvenzeröffnung ist zwischen dem Schuldner und dem Erwerber der vormerkbare Anspruch entstanden, damit auch die Vormerkung nach § 883 BGB. Ein Fall des § 91 Abs. 1 InsO liegt nach Ansicht des Bundesgerichtshofs nicht vor, da sonst die Sicherungswirkung der Vormerkung ab dem Zeitpunkt ihrer Grundbucheintragung nach § 883 Abs. 2 BGB keine Bedeutung hätte. Ausdrücklich sieht der Bundesgerichtshof kein Hindernis darin, dass der vorgemerkte Anspruch keine Insolvenzforderung nach § 38 InsO und keine Masseverbindlichkeit nach § 55 Abs. 1 Nr. 1 InsO darstellt. Der Übereignungsanspruch richtet sich schuldrechtlich gegen den Schuldner selbst, dessen rechtliche Möglichkeit Verpflichtungsgeschäfte einzugehen durch § 80 Abs. 1 InsO nicht berührt ist. Da die Vormerkung aber wirksam an einem zur Insolvenzmasse gehörenden Grundstück besteht, ist letztlich der Insolvenzverwalter durch § 106 InsO verpflichtet, den vorgemerkten Anspruch zu erfüllen.

dd) Die Bestellung und Übertragung von Grundpfandrechten

867 Neben Einigung und Grundbucheintragung sind bei der Bestellung eines Grundpfandrechtes weitere Voraussetzungen zum Rechtserwerb

---

Eickmann, GBO, Einleitung Rdn. G 21; *Häsemeyer*, Rdn. 10.27; *Bork*, Einführung, Rdn. 151; *Preuß* in: *Schreiber*, Kap. 14 Rdn. 50; *Wörbelauer*, DNotZ 1963, 580; *Haegele*, BWNotZ 1971, 1; *Ertl*, Rpfleger 1977, 345; *Ludwig*, NJW 1983, 2792; *ders.*, Rpfleger 1986, 345.

[1] BGHZ 149, 1; ebenso bereits Staudinger/*Gursky*, BGB (2002), § 883 Rdn. 292; *Kilger/K. Schmidt*, Insolvenzgesetze, § 24 KO Anm. 2 b; *Ott* in: MüKo-InsO, § 106 Rdn. 16; *Wacke* in: MüKo-BGB, § 883 Rdn. 53; *Balthasar* in: *Nerlich/Römermann*, InsO, § 106 Rdn. 8; *Tintelnot* in: *Kübler/Prütting*, InsO § 106 Rdn. 16; *Knott*, MittRhNotK 1967, 586; *Allerkamp*, MittRhNotK 1981, 55; *Denck*, NJW 1984, 1009; eher undeutlich in diesem Sinne Jaeger/*Henckel*, KO § 24 Rdn. 18; *Kuhn/Uhlenbruck*, KO, § 24 Rdn. 2; dem Bundesgerichtshof folgend Palandt/*Bassenge*, BGB, § 883 Rdn. 25; *Schöner/Stöber*, Rdn. 1570.

[2] BGHZ 149, 1, 7 ff.

[3] Eingehend *Assmann*, ZfIR 2002, 11; *Preuß* in: Anmerkung zu BGH DNotZ 2002, 275.

erforderlich:[1] Die Hypothek entsteht erst mit der durch sie gesicherten Forderung nach §§ 1113 und 1115 BGB, Briefhypothek und Briefgrundschuld entstehen nach § 1117 Abs. 1 Satz 1 BGB mit Übergabe des Hypotheken- oder Grundschuldbriefes durch den Grundstückseigentümer an den Gläubiger. Je nachdem, welcher Tatbestand der für den Rechtserwerb zeitlich Letzte ist, ist ein Erwerb des Grundpfandrechts nach Insolvenzeröffnung nicht mehr möglich. Im Hinblick auf das Entstehen der durch das Grundpfandrecht gesicherten Forderung ist zu unterscheiden:

- Die Hypothek ist bis zum Entstehen der gesicherten Forderung (Va- 868 lutierung) nach §§ 1163 Abs. 1 Satz 1, 1177 Abs. 1 BGB Eigentümergrundschuld. Die Valutierung nach Insolvenzeröffnung stellt einen sonstigen Tatbestand im Sinne des § 91 Abs. 1 InsO dar, die Hypothek kann nicht mehr auf den Gläubiger übergehen und bleibt gleichsam im Stadium der Eigentümergrundschuld stecken.[2] Mit der nach Insolvenzeröffnung entstehenden Forderung wäre der Gläubiger im Übrigen nicht Insolvenzgläubiger nach § 38 InsO.
- Die Grundschuld als von der Forderung abstraktes Sicherungsrecht 869 steht dagegen dem Gläubiger unmittelbar zu. Aus dem der Grundschuldbestellung zu Grunde liegenden Sicherungsvertrag steht dem Grundstückseigentümer gegen die Geltendmachung der Grundschuld die Einrede der Nichtvalutierung zu.[3] Auch hier kann der Gläubiger durch Valutierung nach Insolvenzeröffnung diese Einrede nicht beseitigen, er kann gleichsam die Grundschuld nicht mehr an sich ziehen. Ein einredefreies Absonderungsrecht nach § 49 InsO erhält er mit der Sicherungsgrundschuld damit nur für Forderungen, die bereits vor Insolvenzeröffnung für ihn entstanden sind;[4] dies gilt insbesondere auch dann, wenn der Gläubiger vor Insolvenzeröffnung Forderungen Dritter an sich abtreten lässt, um sie durch eine bisher nicht valutierte Grundschuld zu besichern.[5]

Bei Bestellung eines Briefgrundpfandrechts entsteht dieses mit seiner 870 Grundbucheintragung gemäß § 1163 Abs. 2 BGB zunächst für den Grundstückseigentümer und geht mit Briefübergabe nach § 1117 Abs. 1 Satz 1 BGB auf den Gläubiger über.[6] Auch hier sind zwei Fälle zu unterscheiden:

---

[1] Eingehend zur Grundpfandrechtsbestellung *Schöner/Stöber,* Rdn. 1913 ff.; *Wolff/Raiser,* § 133 1.; *Baur/Stürner,* SachenR, § 37; *Eickmann* in: *Westermann,* §§ 94, 95.

[2] *Jaeger,* KO, § 15 Rdn. 16; *Uhlenbruck* in: *Uhlenbruck,* InsO, § 91 Rdn. 10; *Eickmann* in: HK-InsO, § 91 Rdn. 26; *Eickmann* in: *Gottwald,* § 31 Rdn. 51.

[3] *Eickmann* in: MüKo-BGB, § 1191 Rdn. 46; *Kuhn/Uhlenbruck,* KO, § 15 Rdn. 9.

[4] *Uhlenbruck* in: *Uhlenbruck,* InsO, § 91 Rdn. 10, 12.

[5] Zur Anfechtung BGHZ 59, 230.

[6] Allgemein *Schöner/Stöber,* Rdn. 1913 ff.; *Wolff/Raiser,* § 142; *Baur/Stürner,* SachenR, § 37 Rdn. 22; *Eickmann* in: *Westermann,* § 95 A; *Nußbaum,* § 13.

- Erfolgt die Übergabe des Hypotheken- oder Grundschuldbriefes durch den Grundstückseigentümer oder durch das Grundbuchamt als Bote gemäß § 60 Abs. 2 GBO nach Insolvenzeröffnung, stellt dies einen Tatbestand im Sinne des § 91 Abs. 1 InsO dar, das Grundpfandrecht kann nicht mehr auf den Gläubiger übergehen und bleibt Eigentümerrecht.
- Haben der Grundstückseigentümer und der Gläubiger bei Bestellung des Grundpfandrechts vereinbart, dass der Gläubiger berechtigt sei, sich den Grundschuldbriefes vom Grundbuchamt aushändigen zu lassen (§ 1117 Abs. 2 BGB), erwirbt der Gläubiger das Grundpfandrecht ungeachtet der Briefübergabe bereits mit Eintragung im Grundbuch.[1] § 91 Abs. 1 InsO greift dann nur, wenn schon die Grundbucheintragung nach Insolvenzeröffnung erfolgt.

871 **Beispiel 7:** Vor Insolvenzeröffnung einigen sich Schuldner und Gläubiger über die Bestellung einer Briefgrundschuld zur Sicherung eines in Aussicht gestellten Darlehens über 100.000 EUR, sie vereinbaren, dass der Gläubiger berechtigt sein soll, sich den Grundschuldbrief unmittelbar vom Grundbuchamt aushändigen zu lassen. Unter Vorlage der Eintragungsbewilligung wird der Antrag auf Grundbucheintragung einen Tag nach Insolvenzeröffnung gestellt, die Grundbucheintragung erfolgt drei Tage später, zu diesem Zeitpunkt hatte der Gläubiger bereits Kenntnis von der Insolvenzeröffnung.

Der Gläubiger konnte die Grundschuld grundsätzlich nicht mehr wirksam erwerben, ein Absonderungsrecht am Grundstück nach § 49 InsO steht ihm nicht zu. Zwar erfolgte die nach § 873 Abs. 1 BGB in notwendige Einigung vor Insolvenzeröffnung, auch wurde eine Vereinbarung nach § 1117 Abs. 2 BGB getroffen, wonach die Grundschuld für den Gläubiger bereits bei Grundbucheintragung und nicht erst mit Übergabe des Grundschuldbriefes entsteht, letztlich erfolgte jedoch die Grundbucheintragung selbst nach Insolvenzeröffnung. Der Rechtserwerb ist nach § 91 Abs. 1 InsO unwirksam.

872 Gehört die Hypothek oder die Grundschuld selbst zur Insolvenzmasse, kann auch deren Abtretung oder Verpfändung durch den Schuldner als unwirksame Verfügung zu betrachten sein. Die Abtretung der durch Briefhypothek gesicherten Forderung oder die Abtretung der Briefgrundschuld erfolgen nach § 1154 Abs. 1 BGB durch schriftliche Abtretungserklärung des Zedenten und Übergabe des Grundpfandrechtsbriefes, eine Grundbucheintragung hat nur deklaratorische Bedeutung.[2] Die Abtretung fällt dann unter § 91 Abs. 1 InsO, wenn die Übergabe des Grundpfandrechtsbriefes nach Insolvenzeröffnung erfolgt, erfolgt die Abtretung insgesamt erst nach Insolvenzeröffnung, greift bereits § 81 Abs. 1 Satz 1 InsO. Die Abtretung der durch Buchhypothek gesicherten Forderung sowie die Abtretung der Buchgrundschuld bedarf nach § 1154 Abs. 3 mit § 873 Abs. 1 BGB der Grund-

---

[1] RGZ 89, 161; *Eickmann* in: MüKo-BGB, § 1117 Rdn. 18 ff.; *Eickmann* in: *Westermann*, § 95 A II. 4. c.

[2] *Eickmann* in: MüKo-BGB, § 1154 Rdn. 33 ff.

bucheintragung; auch hier kann § 91 Abs. 1 InsO greifen, wenn die Grundbucheintragung nach Insolvenzeröffnung erfolgt.

Letztlich kann auch die Rangänderung eines zur Insolvenzmasse gehörenden Grundpfandrechts unter § 91 InsO fallen, wenn das im Range zurücktretende Recht zur Insolvenzmasse gehört.[1] Die Rangänderung erfordert nach § 880 Abs. 1 BGB Einigung der an der Rangänderung beteiligten Berechtigten und Eintragung in das Grundbuch. Ist der Schuldner lediglich Grundstückseigentümer, kann auch seine nach § 880 Abs. 2 Satz 2 BGB zum Rangrücktritt eines Grundpfandrechts notwendige Zustimmung nach § 81 Abs. 1 Satz 1 InsO oder § 91 Abs. 1 InsO unwirksam sein.[2] 873

III. Die Wirksamkeit der Verfügung des Schuldners

1. Überblick zur Wirksamkeit einer unwirksamen Verfügung des Schuldners

Die Unwirksamkeit einer Verfügung des Schuldners nach Insolvenzeröffnung oder die Unwirksamkeit eines sonstigen Rechtserwerbs nach Insolvenzeröffnung ist nicht gleichbedeutend der Nichtigkeit einer solchen Verfügung, die unwirksame Verfügung oder der unwirksame Rechtserwerb können unter bestimmten Voraussetzungen geheilt werden.[3] Allgemein anerkannt ist die Heilung auf Grund Einwilligung oder Genehmigung des Insolvenzverwalters entsprechend § 185 BGB, diese kann sich auf jede Art der Verfügung des Schuldners und jeden Fall eines Rechtserwerbs aus der Insolvenzmasse beziehen. 874

Im Bereich des Immobiliarsachenrechts ist wirksamer Rechtserwerb in Anwendung des § 878 BGB und des § 892 Abs. 1 Satz 2 BGB möglich. Die Vorschriften sind über § 81 Abs. 1 Satz 2 InsO oder § 91 Abs. 2 InsO anwendbar. Die Verweisung auf § 878 BGB oder auf den Gutglaubensschutz des § 892 Abs. 1 Satz 2 BGB ist eher als gedanklicher Hinweis denn als echte Verweisung zu sehen, würden § 81 Abs. 1 Satz 2 InsO oder § 91 Abs. 2 InsO fehlen, wären die Vorschriften des bürgerlichen Rechts gleichwohl anwendbar. Die Anwendbarkeit des § 878 BGB ergibt sich schon daraus, dass diese Vorschrift gerade den Fall des § 91 Abs. 1 InsO, nämlich den Eintritt einer Verfügungsbeeinträchtigung vor Wirksamwerden der Verfügung durch Grundbucheintragung, betrifft. Gleiches gilt für den Gutglaubensschutz des § 892 Abs. 1 Satz 2 BGB in Ansehung einer nicht im Grundbuch eingetragenen Verfügungsbeeinträchtigung. Zu §§ 7 und 15 KO, den Vorgängerregelungen zu §§ 81 und 91 InsO, wurde vertreten, die Verweisung auf 875

[1] *Eickmann* in: HK-InsO, § 91 Rdn. 22.
[2] *Eickmann* in: HK-InsO, § 91 Rdn. 24.
[3] *Jaeger*, KO, § 7 Anm. 11; *Uhlenbruck* in: *Uhlenbruck*, InsO, § 81 Rdn. 7.

§ 892 BGB sei deshalb erforderlich, weil diese Vorschrift in ihrem Wortlaut nur Verfügungsbeeinträchtigung mit relativer Unwirksamkeit benennt, während die Unwirksamkeit des § 7 Abs. 1 KO eine absolute sei.[1] Dies ist nicht richtig. Der Wortlaut des § 892 Abs. 1 Satz 2 BGB ist historisch allein dahin zu verstehen, dass bei der Konzeption des Bürgerlichen Gesetzbuchs ausgehend vom römischen Recht jede Verfügungsbeeinträchtigung, sofern es sich nicht um ein absolutes gesetzliches Verbot handelte, nur relative Unwirksamkeit nach sich zog.[2] Auch im Wortlaut des § 7 Abs. 1 KO war nur von Unwirksamkeit der Verfügung des Schuldners gegenüber den Konkursgläubigern die Rede, obgleich dies zuletzt allgemein als absolute Unwirksamkeit verstanden wurde.[3] Völlig unstreitig ist § 892 Abs. 1 Satz 2 BGB unmittelbar auf alle Arten relativer Verfügungsverbote und absolut wirkender Verfügungsentziehungen anzuwenden.[4]

876 Einer Verweisung auf § 878 BGB in § 81 Abs. 1 Satz 2 InsO bedarf es freilich nicht, da § 81 Abs. 1 InsO von dem Fall ausgeht, dass der Schuldner nach Insolvenzeröffnung seine Verfügung trifft, § 878 BGB kann in seinen Voraussetzungen dann logisch keine Anwendung finden. Die Anwendung des § 892 BGB ist dagegen stets möglich. Bei der Prüfung, ob ein Rechtserwerb des Immobiliarsachenrechts nach Insolvenzeröffnung wirksam ist, muss im Ergebnis nicht weiter zwischen § 81 InsO und § 91 InsO unterschieden werden. Ausgehend von der bereits festgestellten Überlegung, dass die Verfügungsbefugnis des Schuldners bis zur Vollendung des sachenrechtlichen Rechtserwerbs vorliegen muss, kann die Prüfung der Wirksamkeit in jedem Fall zuerst nach § 878 BGB und – sofern diese Vorschrift nicht greift – nach § 892 Abs. 1 Satz 2 BGB erfolgen.

2. Die Zustimmung des Insolvenzverwalters nach § 185 BGB

877 Unstreitig findet die Regelung des § 185 BGB im Verhältnis zwischen Schuldner und Insolvenzverwalter entsprechende Anwendung.[5] Nichtberechtigter im Sinne der Vorschrift ist der Schuldner, auch wenn er Rechtsträger der Insolvenzmasse ist, Berechtigter ist der Insolvenzver-

---

[1] So wohl *v. Wilmowsi*, KO, § 7 Anm. 7; *Kuhn/Uhlenbruck*, KO, § 7 Rdn. 12; *Eickmann* in: *Westermann*, § 84 II. 2.

[2] Motive zum BGB, Band 1 S. 212.

[3] Dazu noch *v. Wilmowski*, KO, § 7 Anm. 2, 3; *Jaeger*, KO, § 7 Anm. 7 ff.; *Kuhn/Uhlenbruck*, KO, § 7 Rdn. 6 a.

[4] Palandt/*Bassenge*, BGB, § 892 Rdn. 17; zu ungenau *Wacke* in: MüKo-BGB, § 892 Rdn. 62; *Böttcher* in: *Meikel*, GBO, Anhang zu den §§ 19, 20 Rdn. 55 ff.

[5] Begründung des Regierungsentwurfs BT-Drucks. 12/2443, S. 136; *Jaeger*, KO, § 7 Anm. 11; Jaeger/*Henckel*, KO, § 7 Rdn. 26; *Uhlenbruck* in: *Uhlenbruck*, InsO, § 81 Rdn. 8 m. w. N.

walter.[1] Die Anwendung des § 185 BGB im Insolvenzverfahren kennt drei Fälle:

- Die Verfügung des Schuldners nach Insolvenzeröffnung ist voll wirksam, wenn Sie mit Einwilligung des Insolvenzverwalters nach § 185 Abs. 1 BGB erfolgt. Die Einwilligung des Insolvenzverwalters ist entsprechend der Terminologie des allgemeinen Zivilrechts vor der Verfügung zu erteilen. Die Verfügung des Schuldners über den Gegenstand oder den Vermögenswert der Insolvenzmasse ist sofort voll wirksam, ein Fall des § 81 Abs. 1 InsO ist nicht gegeben.
- Die Verfügung des Schuldners nach Insolvenzeröffnung wird wirksam, wenn er Insolvenzverwalter nach § 185 Abs. 2 erste Alternative BGB sie genehmigt. Mit der Genehmigung wird die ursprünglich unwirksame Verfügung des Schuldners mit rückwirkender Kraft wirksam. Der Insolvenzverwalter ist keineswegs gehindert, Verfügungen des Schuldners zu genehmigen, sie können für die Insolvenzmasse von Vorteil sein, wenn der Schuldner beispielsweise einen Vermögenswert gewinnbringend veräußert und die Gegenleistung unmittelbar zur Masse gelangt.
- Die Verfügung des Nichtberechtigten wird wirksam, wenn er entsprechend § 185 Abs. 2 zweite Alternative BGB den Gegenstand der Verfügung erwirbt. Im Insolvenzverfahren könnte dies bei Freigabe des Gegenstandes oder des Vermögenswerts aus der Insolvenzmasse durch den Insolvenzverwalter der Fall sein.[2] Als Erwerb im Sinne des § 185 Abs. 2 zweite Alternative BGB wäre die Rückerlangung der Verfügungsbefugnis an Gegenstand der Insolvenzmasse durch den Schuldner anzusehen. Die Heilung wirkt aber allgemein nicht auf den Zeitpunkt der Vornahme der Verfügung zurück.[3] Daher kann ein nach § 91 Abs. 1 InsO an sich unwirksamer Rechtserwerb nach § 185 Abs. 2 zweite Alternative BGB nicht insolvenzfest sein.[4]

Eine Heilung nach § 185 Abs. 2 dritte Alternative BGB kommt im Insolvenzverfahren nicht in Betracht; die Verfügung des Schuldners wird nicht dadurch wirksam, dass er stirbt und vom Verwalter allein beerbt wird. 878

---

[1] *Schramm* in: MüKo-BGB, § 185 Rdn. 21, 22; Palandt/*Heinrichs*, BGB, § 185 Rdn. 5.

[2] Jaeger/*Henckel*, KO, § 7 Rdn. 29; kritisch dagegen *Uhlenbruck* in: *Uhlenbruck*, InsO, § 81 Rdn. 8.

[3] *Schramm* in: MüKo-BGB, § 185 Rdn. 57.

[4] BGH NZI 2004, 29; *Uhlenbruck* in: *Uhlenbruck*, InsO, § 91 Rdn. 30.

3. Die Anwendung des § 878 BGB beim Rechtserwerb nach § 91 InsO

a) Die allgemeinen Voraussetzungen des § 878 BGB

879 Verfügungen über Grundstücke grundstücksgleiche Rechte und Grundstücksrechte bedürfen nach § 873 Abs. 1 BGB zu ihrer Wirksamkeit regelmäßig der Eintragung in das Grundbuch. Um den Erwerber eines Grundstücks oder eines Grundstücksrechts vor nachträglich eintretenden Verfügungsbeeinträchtigungen in der Person des Verfügenden zu schützen, lässt § 878 BGB die Verfügungsbefugnis des Verfügenden bis zum Zeitpunkt der Grundbucheintragung als bestehend ansehen, so dass auch nach Eintritt einer Verfügungsbeeinträchtigung ein wirksamer Rechtserwerb erfolgen kann.[1] Die Regelung des § 878 BGB gilt deshalb insbesondere für den Fall der Insolvenzeröffnung über das Vermögen des Verfügenden. Die Anwendung des § 878 BGB verlangt folgende Voraussetzungen:

880 Die nach § 873 Abs. 1 BGB durch den Schuldner als Grundstückseigentümer oder als Berechtigten eines Grundstücksrechts erklärte Einigung muss für ihn im Sinne des § 873 Abs. 2 BGB bindend geworden sein. Grundsätzlich ist die dingliche Einigung als Willenserklärung bis zur Grundbucheintragung frei widerruflich, sofern nicht ein Fall des § 873 Abs. 2 BGB vorliegt. Bindung tritt danach ein, wenn die Einigung notariell beurkundet wird, wenn sie dem Grundbuchamt vorgelegt wird oder wenn der Berechtigte dem anderen Teil eine den Erfordernissen des Grundbuchrechts genügende Eintragungsbewilligung ausgehändigt hat. Die notarielle Beurkundung der Einigung nach § 873 Abs. 1 BGB ist in keinem Fall einer Grundstücksverfügung materiellrechtlich vorgeschrieben, auch nicht im Falle der Erklärung der Auflassung nach § 925 Abs. 1 BGB.[2] Die Auflassung wird regelmäßig aber nicht zuletzt wegen des für das Grundbuchamt erforderlichen Nachweises nach § 29 Abs. 1 Satz 2 GBO notariell beurkundet.[3] Die Einigung nach § 873 Abs. 1 BGB wird auch nur in den Fällen des § 20 GBO dem Grundbuchamt vorgelegt, mithin nicht bei der Bestellung eines beschränkten dinglichen Rechts oder eines Grundpfandrechts. In diesen Fällen tritt für den Berechtigten eine Bindung

---

[1] Eingehend hierzu *Wacke* in: MüKo-BGB, § 878 Rdn. 6 ff.; Palandt/*Bassenge*, BGB, § 878 Rdn. 12 ff.; *Böttcher* in: *Meikel*, GBO, Anhang zu den §§ 19, 20 Rdn. 79 ff.; *Munzig* in: *Kuntze/Ertl/Herrmann/Eickmann*, GBO, § 19 Rdn. 87 ff.; *Schöner/Stöber*, Rdn. 110 bis 129; *Weirich*, Rdn. 548 ff.; *Wolff/Raiser*, § 38 V.; *Baur/Stürner*, SachenR, § 19 Rdn. 35 ff.; *Eickmann* in: *Westermann*, § 75 III. 3.; *Eickmann*, GrundbuchverfahrensR, Rdn. 145 ff.

[2] BGHZ 22, 312; BGH NJW 1992, 1101; *Schöner/Stöber*, Rdn. 3324.

[3] BayObLG Rpfleger 2001, 228; *Demharter*, GBO, § 20 Rdn. 27; *Schöner/Stöber*, Rdn. 3324; zu den historischen Gründen des Formerfordernisses des § 925 BGB *Güthe/Triebel*, GBO, § 20 Rdn. 29.

an seine Einigungserklärung regelmäßig nur durch Übergabe der Eintragungsbewilligung nach § 19 GBO an den Erwerber ein. Stellt der Erwerber oder der Notar gemäß § 15 GBO für ihn[1] unter Vorlage der Eintragungsbewilligung beim Grundbuchamt den Eintragungsantrag, ist von einer solchen Bindung nach § 873 Abs. 2 letzte Alternative BGB auszugehen.[2] im Falle der Aufhebung eines Grundstücksrechts (§ 875 BGB) durch den Schuldner als Berechtigten tritt Bindungswirkung an die Aufhebungserklärung unter den Voraussetzungen des § 875 Abs. 2 BGB ein.

Als zweite Voraussetzung muss der Antrag auf Eintragung der Rechtsänderung beim Grundbuchamt vor Wirksamwerden der Verfügungsbeeinträchtigung, hier also vor Eröffnung des Insolvenzverfahrens, gestellt werden. Der Zeitpunkt des Eingangs des Antrags beim Grundbuchamt ist von diesem nach § 13 Abs. 2 GBO genau zu beurkunden, im Vergleich zum Zeitpunkt der Insolvenzeröffnung nach § 27 Abs. 2 Nr. 3 InsO entscheidet deshalb mitunter die Minute. § 878 BGB verlangt nicht, dass der Eintragungsantrag beim Grundbuchamt vom Erwerber gestellt wird, ein Eintragungsantrag von jedem nach § 13 Abs. 1 Satz 2 GBO Antragsberechtigten genügt.[3] Dennoch ist es für den Erwerber empfehlenswert, selbst den Antrag zu stellen oder durch den Notar nach § 15 GBO stellen zu lassen, da andernfalls der Insolvenzverwalter den Eintragungsantrag noch zurücknehmen könnte und damit die Schutzwirkung des § 878 BGB entfiele. Zudem entsteht mit Antragstellung seitens des Erwerbers für diesen ein dingliches Anwartschaftsrecht,[4] das im Hinblick auf eine mögliche Anfechtbarkeit der Rechtshandlung nach § 140 Abs. 2 InsO den Zeitpunkt der Vornahme der Rechtshandlung bildet. 881

Als dritte und letzte Voraussetzung des § 878 BGB darf für den Rechtserwerb nur noch die Grundbucheintragung fehlen. Dies folgt aus dem Zweck der Vorschrift, allein die Unwägbarkeiten des Grundbuchverfahrens und die Bearbeitungsdauer des Grundbuchamts zu über- 882

[1] Im Zweifel tritt der Notar für alle Antragsberechtigten auf, *Böttcher* in: *Meikel,* GBO, § 15 Rdn. 18; *Demharter,* GBO, § 15 Rdn. 11; *Schöner/Stöber,* Rdn. 182 je mit umfangreichen Nachweisen.

[2] Palandt/*Bassenge,* BGB, § 873 Rdn. 18; *Böttcher* in: *Meikel,* GBO, Anhang zu den §§ 19, 20 Rdn. 94; *Schöner/Stöber,* Rdn. 116; *Eickmann,* GrundbuchverfahrensR, Rdn. 249 Beispiel 49.

[3] Palandt/*Bassenge,* BGB, § 873 Rdn. 14; *Böttcher* in: *Meikel,* GBO, Anhang zu den §§ 19, 20 Rdn. 80 m. w. N.; *Schöner/Stöber,* Rdn. 117.

[4] BGHZ 45, 186, 188; BGHZ 49, 197 (zur Pfändung des Auflassungsanspruchs); BGHZ 83, 395, 399 (Beurkundungszwang eines Aufhebungsvertrages); BGHZ 106, 108 (Pfändung der Anwartschaft und Grundbucheintragung einer Sicherungshypothek); zu weitgehend OLG Düsseldorf Rpfleger 1981, 199 m. Anm. *Eickmann* (Antrag auf Vormerkung); Staudinger/*Pfeifer,* BGB (2004), § 925 Rdn. 120 ff.; *Kanzleiter* in: MüKo-BGB, § 925 Rdn. 32; Palandt/*Bassenge,* BGB, § 925 Rdn. 23 ff.; *Munzig* in: *Kuntze/Ertl/Herrmann/Eickmann,* GBO, Einleitung Rdn. L 6 ff.; *Schöner/Stöber,* Rdn. 3318 m. w. N.; kritisch zum Konstrukt des Anwartschaftsrechts *Wacke* in: MüKo-BGB, § 873 Rdn. 43 und § 952 Rdn. 32.

winden.[1] Ein Rechtserwerb über § 878 BGB ist deshalb bei Bestellung eines Briefgrundpfandrechts nicht möglich, wenn letzter Tatbestand des Rechtserwerbs die Briefübergabe nach § 1117 Abs. 1 Satz 1 BGB ist. Streitig ist, ob bei der Antragstellung auf Grundbucheintragung bereits alle erforderlichen öffentlich-rechtlichen Genehmigungen, die für den Rechtserwerb erforderlich sind, vorliegen müssen[2] oder ob es genügt, dass diese Genehmigungen bei der zuständigen Behörde rechtzeitig beantragt worden sind.[3] Der ersteren Ansicht ist zu folgen, denn § 878 BGB soll den Rechtserwerb nur im Hinblick auf die noch ausstehende Grundbucheintragung schützen. In der Grundbuchpraxis ist im Übrigen häufig zu beobachten, dass seitens der Notare entgegen § 53 BeurkG nicht vollzugsreife Anträge an das Grundbuchamt wegen noch fehlender Genehmigungen gestellt werden, nur um einen Rangwahrung nach § 17 GBO zu erlangen.[4] Es ist aber nicht Sinn und Zweck des Grundbuchverfahrens, für nicht vollzugsreife Anträge eine Rangwahrung nach § 17 GBO oder Schutz nach § 878 BGB uneingeschränkt zu gewähren.

883 § 878 BGB fordert keinen guten Glauben des Erwerbers hinsichtlich der Insolvenzeröffnung, auch eine Grundbuchunrichtigkeit hinsichtlich des nach § 32 Abs. 1 InsO einzutragenden Insolvenzvermerks ist nicht erforderlich. Mit Vorliegen der Voraussetzungen fingiert § 878 BGB die Verfügungsbefugnis des Schuldners bis zum Zeitpunkt der Eintragung des Rechtserwerbs in das Grundbuch, der Erwerber erwirbt daher wirksam vom Berechtigten.

b) Der wirksame Erwerb des Eigentums am Grundstück

884 Auf den Erwerb des Eigentums am Grundstück nach §§ 873 und 925 BGB ist § 878 BGB uneingeschränkt anwendbar. Der Rechtserwerb vollzieht sich auch unter Berücksichtigung möglicher öffentlich-rechtlichen Genehmigungen, deren Vorliegen das Grundbuchamt zu prüfen hat, mit Eintragung des Erwerbers als Eigentümer in das Grundbuch.

885 **Beispiel 8:** Der Schuldner veräußert vor Eröffnung des Insolvenzverfahrens sein Grundstück an den Erwerber, die Auflassung wird zusammen mit dem Kaufvertrag notariell beurkundet. Der Antrag auf Eigentumsumschreibung unter Vorlage aller zum Eigentumserwerb erforderlichen Genehmigungen wird noch vor Insolvenzeröffnung beim Grundbuchamt gestellt. Die Grundbucheintragung des Eigentumswechsels erfolgt drei Wochen nach Eröffnung des Insolvenzverfahrens.

Fraglich ist, ob der Erwerber Eigentümer des an sich zur Insolvenzmasse gehörenden Grundstücks geworden ist. Auflassung und Grundbucheintragung nach §§ 873 und 925 BGB liegen vor, die Grundbucheintragung erfolgte jedoch nach Eröffnung des Insolvenzverfahrens, der Eigentumserwerb ist grundsätzlich nach

---

[1] Motive zum BGB, Band 3 S. 190; BGHZ 9, 250, 252.

[2] So Palandt/*Bassenge*, BGB, § 878 Rdn. 15; *Schöner/Stöber*, Rdn. 121 m. w. N.

[3] *Wacke* in: MüKo-BGB, § 878 Rdn. 12 m. w. N. Fn. 20.

[4] *Schöner/Stöber*, Rdn. 122.

§ 91 Abs. 1 InsO unwirksam. Ein wirksamer Rechtserwerb kann nach § 878 BGB eingetreten sein. Die Auflassungserklärung erfolgte zu notarieller Urkunde für den Schuldner bindend nach § 873 Abs. 2 1. Alt. BGB, der Antrag auf Eigentumsumschreibung wurde vor Insolvenzeröffnung gestellt, es bedurfte zum Eigentumswechsel nur noch der Grundbucheintragung. Mit dieser ist über § 878 BGB (§ 91 Abs. 2 InsO) der Erwerber wirksam Eigentümer des Grundstücks geworden.

Fehlte bei Antragstellung beim Grundbuchamt zum Beispiel noch die für den Eigentumserwerb gegebenenfalls erforderliche Genehmigung nach § 2 Abs. 1 GrdstVG, wäre der Eigentumserwerb nicht wirksam erfolgt, da § 878 BGB beim Fehlen weiterer materiellrechtlich notwendiger Voraussetzungen keinen Schutz gewährt.

Das Grundbuchamt hat, soweit es Kenntnis von der Insolvenzeröff- 886
nung und damit der Verfügungsentziehung gegenüber dem Schuldner erlangt, die Anwendung des § 878 BGB selbstständig zu prüfen und zu beachten. Ein Rechtserwerb, der nach § 878 BGB mit Grundbucheintragung wirksam werden kann, darf seitens des Grundbuchamtes nicht abgelehnt werden.[1]

c) Der wirksame Erwerb der Vormerkung

Eine Vormerkung kann nach §§ 883 und 885 BGB auch über § 878 887
BGB wirksam bestellt werden.[2] Unerheblich ist dabei, ob die Vormerkung einen bereits bestehenden, einen aufschiebend bedingten oder lediglich einen künftigen Anspruch sichert. Der gesicherte Anspruch, insbesondere der Anspruch auf Eigentumserwerb, muss letztlich auch keine Insolvenzforderung im Sinne des § 38 InsO sein.[3]

Beispiel 9: Der Schuldner verkauft vor Eröffnung des Insolvenzverfahrens sein 888
Grundstück an den Erwerber, im notariell beurkundeten Kaufvertrag bewilligt er die Eintragung einer Auflassungsvormerkung. Der Antrag auf Eintragung der Vormerkung wird einen Tag vor Eröffnung des Insolvenzverfahrens gestellt. Die Vormerkung wird drei Tage später in das Grundbuch eingetragen. Der Erwerber verlangt vom Insolvenzverwalter auf Grund des mit dem Schuldner abgeschlossenen Kaufvertrages die Auflassung des Grundstücks.

Fraglich ist, ob der Anspruch auf Eigentumserwerb aus § 433 Abs. 1 Satz 1 BGB wirksam durch die Auflassungsvormerkung nach § 883 BGB gesichert ist, nur dann ist der Insolvenzverwalter nach § 106 InsO verpflichtet, den Anspruch zu erfüllen. Die Vormerkung wurde nach Eröffnung des Insolvenzverfahrens in das Grundbuch eingetragen, ein Rechtserwerb ist nach § 91 Abs. 1 InsO grundsätzlich unwirksam. Allerdings findet § 878 BGB auf den Erwerb der Vormerkung entsprechende Anwendung. Die Bewilligung des Schuldners zu Eintragung der Vormerkung nach § 885 Abs. 1 BGB ist in entsprechender Anwendung des § 873

[1] Staudinger/*Gursky*, BGB (2002), § 878 Rdn. 11; *Wacke* in: MüKo-BGB, § 878 Rdn. 11; *Böttcher* in: *Meikel*, GBO, Anhang zu den §§ 19, 20 Rdn. 79; *Munzig* in: *Kuntze/Ertl/Herrmann/Eickmann*, GBO, § 19 Rdn. 88; *Schöner/Stöber*, Rdn. 127; *Eickmann*, GrundbuchverfahrensR, Rdn. 145 ff.

[2] BGHZ 28, 182; ebenso bereits Staudinger/*Gursky*, BGB (2002), § 883 Rdn. 293; Palandt/*Bassenge*, BGB, § 878 Rdn. 4; *Uhlenbruck* in: *Uhlenbruck*, InsO, § 91 Rdn. 33; *Schöner/Stöber*, Rdn. 1533.

[3] BGHZ 149, 1.

Abs. 2 erste Alternative BGB für ihn bindend geworden. Der Antrag auf Eintragung beim Grundbuchamt wurde rechtzeitig gestellt, die Eintragung einer Auflassungsvormerkung bedarf keinerlei öffentlich-rechtlicher Genehmigung. Der Erwerber hat die Vormerkung wirksam erworben und kann vom Insolvenzverwalter Übereignung des Grundstücks verlangen.

889 Ist die Auflassungsvormerkung nach § 878 BGB wirksam entstanden, ist für den späteren Eigentumserwerb nicht maßgeblich, ob der Erwerber hinsichtlich der Insolvenzeröffnung gutgläubig ist oder ob der Insolvenzvermerk im Grundbuch eingetragen ist oder nicht. Der spätere Eigentumserwerb muss nicht unter den Voraussetzungen des § 892 Abs. 1 Satz 2 BGB erfolgen, da der Insolvenzverwalter wegen § 106 InsO verpflichtet ist, den vorgemerkten Anspruch zu erfüllen.

d) Der wirksame Erwerb von Grundpfandrechten

890 Schließlich findet § 878 BGB auf die Bestellung eines beschränkten dinglichen Rechts am Grundstück, insbesondere aber auch auf die Bestellung eines Grundpfandrechts Anwendung. Bei Bestellung einer Hypothek oder einer Grundschuld ist zwischen Briefrecht und Buchrecht zu unterscheiden:

- Die Briefhypothek oder Briefgrundschuld entsteht mit Grundbucheintragung zunächst als Eigentümerrecht nach § 1163 Abs. 2 BGB; als solches kann das Recht auch in Anwendung des § 878 BGB wirksam entstehen.[1] Auf den Gläubiger geht es erst mit Briefübergabe nach § 1117 Abs. 1 Satz 1 BGB über; hier kann § 878 BGB keine Anwendung mehr finden. Der Gläubiger kann nur durch Vereinbarung mit dem Grundstückseigentümer nach § 1117 Abs. 2 BGB die Briefübergabe ersetzen und so dass Grundpfandrecht auch unter Anwendung des § 878 BGB bereits mit Grundbucheintragung erwerben.
- Die Buchhypothek oder Buchgrundschuld entsteht mit Grundbucheintragung bereits für den Gläubiger, § 878 BGB ist uneingeschränkt anwendbar. Lediglich bei Bestellung der Hypothek ist zusätzlich die Regelung des § 1163 Abs. 1 Satz 1 BGB zu beachten, wonach bis zum Entstehen der hypothekarisch gesicherten Forderung das Recht dem Grundstückseigentümer zusteht.

891 **Beispiel 10:** Vor Insolvenzeröffnung einigen sich Schuldner und Gläubiger über die Bestellung einer Briefgrundschuld. Der Gläubiger stellt noch vor Insolvenzeröffnung unter Vorlage der Eintragungsbewilligung des Schuldners Antrag auf Eintragung beim Grundbuchamt. Die Eintragung erfolgt zwei Tage nach Insolvenzeröffnung. Das Grundbuchamt übersendet den Grundschuldbrief an den Schuldner, der ihn dem Gläubiger übergibt.

Die Grundschuld selbst konnte noch unter Anwendung des § 878 BGB wirksam entstehen, der Schuldner war nach § 873 Abs. 2 vierte Alternative BGB an seine Einigung gebunden, Eintragungsantrag wurde beim Grundbuchamt rechtzeitig

[1] *Eickmann* in: HK-InsO, § 91 Rdn. 20; *Eickmann* in: *Gottwald*, § 31 Rdn. 36.

gestellt. Jedoch konnte die Briefübergabe nach § 1117 Abs. 1 Satz 1 BGB an den Gläubiger nicht mehr wirksam erfolgen, und dieser konnte die Grundschuld nicht mehr wirksam erwerben, die Briefübergabe ist sonstiger Tatbestand im Sinne des § 91 Abs. 1 InsO. Unter Anwendung des § 878 BGB ist nach §§ 1163 Abs. 2, 1177 Abs. 1 BGB wenigstens eine Eigentümergrundschuld wirksam entstanden.

4. Die Wirksamkeit durch gutgläubigen Erwerb

a) Der gutgläubige Erwerb nach § 892 Abs. 1 Satz 2 BGB

Sowohl im Falle des § 81 Abs. 1 InsO als auch bei sonstigem Rechts- 892
erwerb nach § 91 InsO ist ein gutgläubiger Erwerb an einem unbeweglichen Gegenstand der Insolvenzmasse über die Regelung des § 892 Abs. 1 Satz 2 BGB möglich. Die Regelungen der § 81 Abs. 1 Satz 2 und § 91 Abs. 2 InsO verweisen sowohl auf § 892 BGB als auch auf § 893 BGB. Insgesamt sind damit verschiedene Möglichkeiten des gutgläubigen Rechtserwerbs am Immobiliarvermögen des Schuldners denkbar:

- Der Erwerb des Eigentums an einem zur Insolvenzmasse gehörenden Grundstücken über § 892 Abs. 1 Satz 2 BGB.
- Der Erwerb einer Vormerkung, insbesondere einer Auflassungsvormerkung an einem zur Insolvenzmasse gehörenden Grundstücken über § 892 Abs. 1 Satz 2 BGB.
- Der Erwerb eines dinglichen Rechts entweder an einem zur Insolvenzmasse gehörenden Grundstück oder an einem zur Insolvenzmasse gehörenden Recht am Grundstück über § 892 Abs. 1 Satz 2 BGB.
- Die Leistung auf ein im Grundbuch eingetragenes zur Insolvenzmasse gehörendes Recht, insbesondere die Zahlung des Grundstückseigentümers an den Schuldner als Grundpfandrechtsgläubiger nach § 1142 Abs. 1 BGB über § 893 erste Alternative BGB.
- Die Inhaltsänderung oder sonstige Verfügung über eines zur Insolvenzmasse gehörenden Grundstücksrechtsausfall eines sonstigen Rechtsgeschäfts im Sinne des § 893 zweite Alternative BGB.

Der gutgläubiger Erwerb nach § 892 BGB verlangt bezogen auf die 893
Insolvenzeröffnung als Verfügungsbeeinträchtigung folgende Voraussetzungen:[1]

Das Grundbuch muss hinsichtlich der eingetretenen Verfügungsbe- 894
einträchtigung im Sinne des § 892 Abs. 1 Satz 2 BGB unrichtig sein, es darf mithin der Insolvenzvermerk nach § 32 Abs. 1 InsO nicht im Grundbuch eingetragen sein. Diese Grundbuchunrichtigkeit muss bis zur Vollendung des Rechtserwerbs vorliegen, regelmäßig bis zur nach

---

[1] Eingehend *Wacke* in: MüKo-BGB, § 892 Rdn. 6 ff., 62 ff.; Palandt/*Bassenge*, BGB, § 892 Rdn. 3 ff., 16 ff.; *Munzig* in: *Kuntze/Ertl/Herrmann/Eickmann*, GBO, § 19 Rdn. 94 ff.; *Schöner/Stöber*, Rdn. 343 ff.; *Jurgeleit* in: *Schreiber*, Kap. 8 Rdn. 58 ff., 86 ff.; *Weirich*, Rdn. 487 ff., 557 ff.; *Wolff/Raiser*, § 45; *Baur/Stürner*, SachenR, § 23; *Eickmann* in: *Westermann*, § 84.

§ 873 Abs. 1 BGB notwendigen Grundbucheintragung. Bei der Bestellung einer Hypothek kann auch die Valutierung der Forderung letzter Tatbestand des Rechtserwerbs sein, bei der Bestellung eines Briefgrundpfandrechts kann der letzter Tatbestand des Rechtserwerbs in der Briefübergabe nach § 1117 Abs. 1 Satz 1 BGB liegen. In diesen Fällen darf der Insolvenzvermerk bis zur vollständigen Vollendung des Rechtserwerbs nicht im Grundbuch eingetragen sein; die Regel kennt keine Ausnahme.[1]

895 Der Rechtserwerb muss rechtsgeschäftlich erfolgen, nur er ist durch die Gutglaubensvorschriften geschützt.[2] Beispielsweise kann eine Sicherungshypothek nach §§ 866, 867 ZPO im Wege der Zwangsvollstreckung nicht gutgläubig am Grundstück der Insolvenzmasse erworben werden, auch wenn der Insolvenzvermerk noch nicht im Grundbuch eingetragen ist. Der rechtsgeschäftliche Erwerb muss ferner wirtschaftlich ein so genanntes Verkehrsgeschäft darstellen, Veräußerer und Erwerber des Rechts dürfen wirtschaftlich nicht miteinander verbunden sein.[3] Ein solcher Fall liegt beispielsweise vor, wenn der Schuldner eine Grundpfandrecht zu Gunsten einer Gesellschaft bestellt, deren alleiniger Gesellschafter er selbst ist.[4] Bei Rechtsgeschäften zwischen natürlichen Personen ist stets von einem Verkehrsgeschäft auszugehen, auch wenn diese Personen verwandt oder sonst persönlich miteinander verbunden sind.

896 Der Erwerber muss hinsichtlich der Insolvenzeröffnung gutgläubig sein, er darf hiervon keine Kenntnis haben. Die Gutgläubigkeit des Erwerbers wird durch § 892 Abs. 1 Satz 2 BGB vermutet, im Streitfall hat ihm der Insolvenzverwalter Bösgläubigkeit nachzuweisen. An den Nachweis sind strenge Anforderungen zu stellen:[5] Dem Erwerber schadet nur positive Kenntnis von der Insolvenzeröffnung, keine grob fahrlässige Unkenntnis.[6] Der Erwerber kann beispielsweise Kenntnis von der Zahlungsunfähigkeit des Schuldners oder sogar vom Insolvenzantrag haben, er steht einer Kenntnis der Insolvenzeröffnung nicht gleich, zumal nicht jeder Insolvenzantrag zur Eröffnung führt. Auch darf dem Erwerber nicht allein auf Grund der öffentlichen Bekanntmachung der Insolvenzeröffnung nach § 30 Abs. 1 und § 9 Abs. 1 Satz 3 InsO schon eine Kenntnis von der Insolvenzeröffnung unterstellt werden. Der Erwerber muss grundsätzlich bis zur Vollendung des Rechtserwerbs

---

[1] BGH NJW 1980, 2413; etwas undeutlich *Wacke* in: MüKo-BGB, § 892 Rdn. 58; *Schöner/Stöber*, Rdn. 348.

[2] *Wacke* in: MüKo-BGB, § 892 Rdn. 31 ff.; Palandt/*Bassenge*, BGB, § 892 Rdn. 3; *Schöner/Stöber*, Rdn. 343 m. w. N.

[3] Eingehend *Wacke* in: MüKo-BGB, § 892 Rdn. 38.

[4] Zur Erbringung der Sacheinlage an die eigene Gesellschaft KG NZG 2002, 679; Palandt/*Bassenge*, BGB, § 892 Rdn. 5.

[5] RGZ 79, 165; RGZ 90, 395; RGZ 156, 122; Staudinger/*Gursky*, BGB (2002), § 892 Rdn. 114 ff.; *Wacke* in: MüKo-BGB, § 892 Rdn. 48 ff.; *Eickmann* in: *Westermann*, § 84 II. 6.

[6] Allgemein Motive zum BGB, Band 3, S. 208, 212.

gutgläubig sein.[1] Als strenge Ausnahme ist § 892 Abs. 2 BGB zu betrachten, wonach die Gutgläubigkeit bis zum Zeitpunkt des Eintragungsantrags beim Grundbuchamt genügt, wenn für den Rechtserwerb nur noch die Grundbucheintragung fehlt.[2]

In der Anwendung der § 81 Abs. 1 Satz 2 und § 91 Abs. 2 InsO muss 897
bei Prüfung des gutgläubigen Erwerbs nicht unterschieden werden, ob der Schuldner seine Verfügung – regelmäßig die Einigung nach § 873 Abs. 1 BGB – vor oder nach Eröffnung des Insolvenzverfahrens getroffen hat. Der gutgläubige Erwerb nach § 892 BGB ist in beiden Fällen möglich. Soweit der Schuldner seine Verfügung bereits vor Eröffnung des Insolvenzverfahrens getroffen hat, kann dem gutgläubigen Erwerb und damit der Prüfung der Voraussetzungen des § 892 BGB der wirksame Rechtserwerb nach § 878 BGB vorausgehen; ist dieser zu bejahen, bedarf es keiner Prüfung der Voraussetzungen des § 892 BGB mehr.

Tritt gutgläubiger Erwerb ein, ist hierdurch das Grundbuch nicht 898
unrichtig, der gutgläubige Erwerb ist materiellrechtlich wirksamer Rechtserwerb. Der Insolvenzverwalter wird im Falle der Verfügung des Schuldners über einen unbeweglichen Gegenstand der Insolvenzmasse über den Grundbuchberichtigungsanspruch des § 894 BGB zu prüfen haben, ob gutgläubiger Erwerb eingetreten ist. Ist dies der Fall, ist ein Anspruch auf Grundbuchberichtigung nach § 894 BGB gegenüber dem im Grundbuch eingetragenen Erwerber nicht gegeben.

aa) Der gutgläubige Erwerb des Eigentums am Grundstück

Der gutgläubige Erwerb des Eigentums an einem Grundstück stellt 899
den klassischen Fall des gutgläubigen Erwerbs nach § 892 Abs. 1 BGB dar, wenngleich er in der Rechtspraxis nicht häufig auftritt.

Beispiel 11: Über das Vermögen des Schuldners wird mit Beschluss vom 900
2. Januar das Insolvenzverfahren eröffnet. Einen Tag später veräußert er ein zur Insolvenzmasse gehörendes Grundstück und erklärt zusammen mit dem Erwerber die Auflassung. Der Antrag auf Eigentumsumschreibung wird beim Grundbuchamt unter Vorlage aller erforderlichen Urkunden und Genehmigungen am 4. Januar gestellt, am 5. Januar erlangt der Erwerber Kenntnis von der Insolvenzeröffnung. Das Grundbuchamt trägt am 6. Januar den Eigentumswechsel in das Grundbuch ein. Der Insolvenzverwalter verlangt vom Erwerber Herausgabe des Grundstücks.

Der Anspruch aus § 894 BGB ist gegeben, wenn der Erwerber zu Unrecht als Eigentümer im Grundbuch eingetragen ist, sein Eigentumserwerb mithin unwirksam ist. Auflassung und Grundbucheintragung nach §§ 873 und 925 BGB erfolgten nach Insolvenzeröffnung, die Verfügung des Schuldners ist nach § 81 Abs. 1 Satz 1 InsO grundsätzlich unwirksam. Diese Verfügung des Schuldners kann hier unter den Voraussetzungen des § 892 Abs. 1 Satz 2 BGB wirksam sein. Die Voraussetzungen des gutgläubigen Erwerbs liegen vor, der Insolvenzvermerk war im Zeitpunkt der Eigentumsumschreibung nicht im Grundbuch eingetragen, der Rechtserwerb erfolgte rechtsgeschäftlich und stellte ein so genanntes Verkehrsgeschäft dar. Für die Gutgläubigkeit des Erwerbers kommt es vorliegend nur auf

---

[1] Zur Vertretung durch mehrere Personen und Bösgläubigkeit eines Vertreters BGH NJW 2001, 359.

[2] *Wacke* in: MüKo-BGB, § 892 Rdn. 54; Palandt/*Bassenge*, BGB, § 892 Rdn. 26.

den Zeitpunkt der Antragstellung an, da zum Eigentumserwerb nur noch die Grundbucheintragung erforderlich war, es gilt § 892 Abs. 2 BGB. Seine Kenntnis von der Insolvenzeröffnung am 5. Januar schadet ihm nicht. Der Insolvenzverwalter hat keinen Anspruch aus § 894 BGB.

901 Höchst umstritten ist die Frage, wie das Grundbuchamt zu entscheiden hat, wenn es neben dem Antrag auf Eigentumsumschreibung das Ersuchen auf Eintragung des Insolvenzvermerks nach § 32 Abs. 3 InsO und § 38 GBO zu erledigen hat. In diesem Fall hat das Grundbuchamt regelmäßig Kenntnis von der Insolvenzeröffnung über das Vermögen des Schuldners und weiß, dass der Eigentumserwerb des Erwerbers – soweit der Insolvenzverwalter nicht zugestimmt hat und kein Fall des § 878 BGB vorliegt – mitunter nur auf Grund der Vorschrift des § 892 Abs. 1 Satz 2 BGB möglich ist. Fraglich ist dann, ob das Grundbuchamt dem möglichen gutgläubigen Erwerb zum Erfolg verhelfen und die Eintragung vollziehen darf.[1] In Rechtsprechung und älterer Literatur wird vertreten, dass das Grundbuchamt den Antrag auf Eintragung des Eigentumswechsels zurückzuweisen und den Insolvenzvermerk sogleich einzutragen habe, gegebenenfalls müsse es dabei auch die Erledigungsreihenfolge bei mehreren Anträgen nach § 17 GBO missachten.[2] Dagegen spricht sich die neuere Literatur überwiegend dafür aus, dass das Grundbuchamt den möglichen gutgläubigen Erwerb nicht verhindern dürfe und bei Vorliegen der Voraussetzungen des § 892 BGB die beantragte Eintragung des Eigentumswechsels vorzunehmen habe.[3] Dieser Ansicht ist mit der Erwägung zuzustimmen, dass das Grundbuchamt bei Vorliegen mehrerer Eintragungsanträge, die dasselbe Recht betreffen, stets nach der Reihenfolge der Anträge nach § 17 GBO verfahren sollte. Im Übrigen sollte die grundbuchrechtliche Frage richtigerweise

---

[1] Davon zu unterscheiden ist der Fall von BGHZ 97, 184, wonach einer Erbbauberechtigter unter Vorlage einer gefälschten Eigentümerzustimmung nach § 5 ErbbauVO die Eintragung einer Eigentümergrundschuld beantragte, um diese später an einen gutgläubigen Dritten abzutreten; dazu *Schöner/Stöber,* Rdn. 352 Fn. 43.

[2] OLG Frankfurt am Main Rpfleger 1991, 361; BayObLG NJW 1954, 1120; eingehend, jedoch in anderem Zusammenhang, BayObLG Rpfleger 1994, 453; OLG Zweibrücken Rpfleger 1997, 428; OLG Karlsruhe Rpfleger 1998, 68 (jedoch unzutreffend zu den Wirkungen einer Vormerkung, dazu *Schöner/Stöber,* Rdn. 352 a); OLG Dresden NotBZ 1999, 261 m. Anm. *Scheel;* Palandt/*Bassenge,* BGB, § 892 Rdn. 1; *Predari,* GBO, § 19 Anm. 15 und 41; *Demharter,* GBO, § 13 Rdn. 12 und § 19 Rdn. 59; *Kössinger* in: *Bauer/v. Oefele,* GBO, § 19 Rdn. 233 ff., 251; *Stöber,* GBO-Verfahren, Rdn. 321 ff.; *Güthe/Triebel,* GBO, Vor § 13 Rdn. 70: *Bestelmeyer,* Rpfleger 1997, 424.

[3] Staudinger/*Gursky,* BGB (2002), § 892 Rdn. 176 ff., 201; *Wacke* in: MüKo-BGB, § 892 Rdn. 70; sehr ausführlich *Munzig* in: *Kuntze/Ertl/Herrmann/Eickmann,* GBO, § 19 Rdn. 100 ff.; ebenso eingehend *Böttcher* in: *Meikel,* GBO, Einleitung Rdn. H 68 ff.; *Wilke* in: *Bauer/v. Oefele,* GBO, § 13 Rdn. 97; *Kohler* in: *Bauer/v. Oefele,* GBO, AT VIII Rd. 31; *Ott* in: MüKo-InsO, § 81 Rdn. 23; *Uhlenbruck* in: *Uhlenbruck,* InsO, § 91 Rdn. 39; *Keller,* Grundstücke, Rdn. 100; *Eickmann,* GrundbuchverfahrensR, Rdn. 155 ff.; *Eickmann,* Rpfleger 1972, 77; *Ertl,* MittBayNot 1975, 204; *ders.,* Rpfleger 1980, 41; *Böttcher,* Rpfleger 1983, 187; *ders.,* Rpfleger 1990, 486; *Lenenbach,* NJW 1999, 923.

nicht lauten, ob das Grundbuchamt dem gutgläubigen Erwerb zum Erfolg verhelfen dürfe, sie muss vielmehr lauten, ob das Grundbuchamt eine Eintragung, die Kraft gut Glaubensvorschrift zum wirksamem Rechtserwerb führt, ablehnen darf.[1]

Beispiel 12: Der Schuldner veräußert am 3. Januar sein Grundstück, einen Tag vorher wurde das Insolvenzverfahren über sein Vermögen eröffnet. Antrag auf Eintragung des Eigentumswechsels wird am 4. Januar gestellt, am 5. Januar geht beim Grundbuchamt das Ersuchen des Insolvenzgerichts auf Eintragung des Insolvenzvermerks ein. Dieses wird sofort vollzogen, während der Eigentumswechsel erst am 6. Januar eingetragen wird. 902

Ein wirksamer Eigentumserwerb nach § 892 Abs. 1 Satz 2 BGB scheidet hier aus, da im Zeitpunkt der Eintragung des Eigentumswechsels das Grundbuch nicht mehr unrichtig war, der Insolvenzvermerk war eingetragen, wenn auch unter Verstoß gegen § 17 GBO. Auf eine Gutgläubigkeit des Erwerbers kommt es nicht mehr an. Im Übrigen hätte das Grundbuchamt nach Eintragung des Insolvenzvermerks den Eigentumswechsel wegen der fehlenden Verfügungsbefugnis des Schuldners nicht mehr eintragen dürfen, es hätte durch Zwischenverfügung nach § 18 Abs. 1 GBO die Zustimmung des Insolvenzverwalters entsprechend § 185 Abs. 2 erste Alternative BGB fordern müssen.

Für die Beurteilung der materiellen Rechtslage nach Vornahme der Eintragung ist nicht maßgebend, welcher Ansicht sich das Grundbuchamt bei seiner Entscheidung angeschlossen hat. Die materielle Rechtslage ist allein nach den sich aus dem Grundbuch ergebenden Eintragungen zu beurteilen.[2] Die Eintragung eines Amtswiderspruchs nach § 53 Abs. 1 Satz 1 GBO gegen die Eigentumseintragung kommt nicht in Betracht, weil sich das Grundbuchamt, sofern es sich der Ansicht von der Beachtung des gutgläubigen Erwerbs im Grundbuchverfahren angeschlossen hat, eine in der Rechtslehre vertretbaren Meinung teilt und dies nicht als Gesetzesverletzung im Sinne des § 53 Abs. 1 Satz 1 GBO angesehen werden kann.[3] Hat das Grundbuchamt möglicherweise unter Verletzung des § 17 GBO mit Eintragung des Insolvenzvermerks den gutgläubigen Erwerb des Eigentums wie in Beispiel 12 verhindert, stellt dies ebenfalls keine Gesetzesverletzung dar, der Verstoß gegen § 17 GBO macht das Grundbuch nicht unrichtig. 903

bb) Der gutgläubige Erwerb der Vormerkung

Die Bestellung der Vormerkung, insbesondere der Auflassungsvormerkung, nach §§ 883, 885 BGB kann nach allgemeiner Ansicht gutgläubig erfolgen, wenn der Grundstückseigentümer als Nichtberechtigter dem Käufer die Eintragung der Auflassungsvormerkung bewilligt 904

---

[1] *Munzig* in: *Kuntze/Ertl/Herrmann/Eickmann,* GBO, § 19 Rdn. 96.

[2] *Wacke* in: MüKo-BGB, § 892 Rdn. 71; bei einer Weiterveräußerung durch den gutgläubigen Erwerber kann der Zweiterwerber hinsichtlich der ursprünglichen Grundbuchlage auch bösgläubig sein, er erwirbt vom nunmehr Berechtigten, BGH NJW-RR 2001, 1097; Palandt/*Bassenge,* BGB, § 892 Rdn. 21.

[3] *Streck* in: *Meikel,* GBO, § 53 Rdn. 76 m. w. N.; *Meinicke* in: *Bauer/v. Oefele,* GBO, § 53 Rdn. 88; *Keller,* RpflStud 1992, 161.

und diese in das Grundbuch eingetragen wird. Die Zulässigkeit dieses so genannten gutgläubigen Ersterwerbs der Vormerkung wird teilweise direkt über § 892 BGB, teilweise in Anwendung des § 893 zweite Alternative begründet.[1] Allgemeine Voraussetzung ist freilich, dass ein im Sinne des § 883 Abs. 1 BGB vormerkbarer Anspruch wirksam entstanden ist.[2]

905 **Beispiel 13:** Der Grundstückseigentümer verkauft nach Insolvenzeröffnung mit notariell beurkundetem Vertrag ein Grundstück an einen Erwerber und bewilligt diesem die Eintragung einer Auflassungsvormerkung. Diese wird in das Grundbuch eingetragen, in welchem die Insolvenzeröffnung nicht vermerkt ist. Der Erwerber verlangt, nachdem er von der Insolvenzeröffnung Kenntnis erlangt hat, vom Insolvenzverwalter die Übereignung des Grundstücks. Der Insolvenzverwalter verlangt im Gegenzug Löschung der Vormerkung im Wege der Grundbuchberichtigung.

Wesentliche Frage für die Durchsetzung beiderlei Ansprüche ist, ob für den Erwerber wirksam eine Vormerkung entstanden ist. Ein vormerkbarer Anspruch liegt mit dem Anspruch auf Eigentumsverschaffung nach § 433 Abs. 1 Satz 1 BGB vor, Bewilligung und Grundbucheintragung nach § 885 BGB erfolgten jedoch nach Insolvenzeröffnung; die Bestellung der Vormerkung ist grundsätzlich unwirksam (§ 81 Abs. 1 Satz 1 InsO). Der Erwerber konnte die Vormerkung über § 892 Abs. 1 Satz 2 BGB gutgläubig erwerben, der Insolvenzvermerk war im Grundbuch nicht eingetragen, der Erwerber war gutgläubig. Er kann vom Insolvenzverwalter Übereignung des Grundstücks verlangen, eine Grundbuchunrichtigkeit hinsichtlich der eingetragenen Vormerkung besteht nicht.

906 Der so genannte gutgläubige Zweiterwerb der Vormerkung ist im Insolvenzverfahren dagegen ausgeschlossen. Ein solcher liegt vor, wenn zu Gunsten des Schuldners eine Vormerkung im Grundbuch eingetragen ist, der vorgemerkte schuldrechtliche Anspruch auch wirksam besteht, jedoch die eingetragene Vormerkung aus einem sachenrechtlichen Grunde nicht wirksam entstanden ist. Mit wirksamer Abtretung des vorgemerkten Anspruchs nach § 398 BGB kann über § 401 BGB mit Anwendung der § 893 zweite Alternative und § 892 Abs. 1 Satz 2 BGB die Vormerkung wirksam auf den Erwerber des vorgemerkten Anspruchs übertragen werden.[3] In einen solchen Fall ist die Abtretung des schuldrechtlichen Anspruchs gegen § 81 Abs. 1 Satz 1 InsO unwirksam, Gutglaubensschutz besteht bei der Abtretung nach § 398 BGB generell nicht. Der Schuldner kann damit den ihm zustehenden vorgemerkten

---

[1] BGHZ 25, 16; allgemein Staudinger/*Gursky*, BGB (2002), § 883 Rdn. 315 ff.; *Wacke* in: MüKo-BGB, § 883 Rdn. 64 ff.; Palandt/*Bassenge*, BGB, § 885 Rdn. 12; *Schöner/Stöber*, Rdn. 1534 ff.; *Preuß* in: *Schreiber*, Kap. 14 Rdn. 57; *Eickmann* in: *Westermann*, § 84 IV.

[2] BayObLG Rpfleger 1993, 58; BayObLG Rpfleger 2000, 9; zur Unwirksamkeit des Scheingeschäfts bei falscher Angabe des Kaufpreises BGHZ 54, 56.

[3] BGHZ 25, 16; LG Köln NJW-RR 2001, 306; *Wacke* in: MüKo-BGB, § 883 Rdn. 66; *Eickmann* in: *Westermann*, § 84 IV.; kritisch *Schöner/Stöber*, Rdn. 1534; *Preuß* in: *Schreiber*, Kap. 14 Rdn. 59; gegen die Zulässigkeit des gutgläubigen Zweiterwerbs Staudinger/*Gursky*, BGB (2002), § 892 Rdn. 45 ff., 57, 58; Palandt/*Bassenge*, BGB, § 885 Rdn. 20; *Baur/Stürner*, SachenR, § 20 Rdn. 65.

Anspruch nicht abtreten, damit auch nicht die Vormerkung. § 892 BGB kann im Falle des gutgläubigen Zweiterwerbs lediglich den achenrechtlichen Mangel der im Grundbuch eingetragenen und in Wirklichkeit nicht bestehenden Vormerkung heilen, nicht aber einen gutgläubigen Erwerb eines schuldrechtlichen Anspruchs herbeiführen.

cc) Der gutgläubige Erwerb von Grundstücksrechten

Für die Bestellung eines beschränkten dinglichen Rechts am Grundstück gilt allgemein § 873 BGB, die Bestellung beispielsweise einer Dienstbarkeit, eines Nießbrauchs oder einer Reallast am Grundstück kann unter den Voraussetzungen des § 892 Abs. 1 Satz 2 BGB wirksam sein. 907

Besonderheiten sind zu beachten beide Bestellung von Grundpfandrechten, da diese als Briefrechte nicht immer bereits mit Grundbucheintragung entstehen, bei der Hypothek zudem das Bestehen der durch die Hypothek gesicherten Forderung notwendig ist. Im Einzelnen sind folgende Fälle zu unterscheiden: 908

- Die Hypothek entsteht mit Grundbucheintragung zunächst als Eigentümerrecht nach § 1163 Abs. 1 Satz 1 BGB, sie ist vorläufige Eigentümergrundschuld (§ 1177 Abs. 1 BGB). Mit dem Entstehen der durch die Hypothek gesicherten Forderung geht sie auf den Hypothekengläubiger über, dieser Rechtserwerb des Gläubigers kann nach § 892 Abs. 1 Satz 2 BGB gutgläubig erfolgen, wenn im Zeitpunkt der Valutierung das Grundbuch hinsichtlich des Insolvenzvermerks immer noch unrichtig und der Gläubiger gutgläubig ist. § 892 Abs. 2 BGB findet keine Anwendung, da das Recht für den Gläubiger erst mit der Forderung entsteht und nicht bereits mit Grundbucheintragung; der Gläubiger muss also bis zuletzt gutgläubig sein. 909
- Die Hypothek oder Grundschuld entsteht als Briefgrundpfandrecht mit der Grundbucheintragung zunächst als Eigentümerrecht nach § 1163 Abs. 2 BGB. Erfolgt die nach § 1117 Abs. 1 Satz 1 BGB notwendige Briefübergabe nach Insolvenzeröffnung, kann unter den Voraussetzungen des § 892 Abs. 1 Satz 2 BGB gutgläubiger Erwerb erfolgen, der Gläubiger muss auch hier bis zum Zeitpunkt der Briefübergabe gutgläubig sein.[1] Wird die Briefübergabe durch die Vereinbarung nach § 1117 Abs. 2 BGB ersetzt, erwirbt der Gläubiger das Recht bereits mit Grundbucheintragung; in diesem Falle kann zu seinen Gunsten auch § 892 Abs. 2 BGB Anwendung finden. Streng zu unterscheiden ist hierbei die Vereinbarung nach § 1117 Abs. 2 BGB von der bloßen Anweisung des Eigentümers an das Grundbuchamt, den Grundpfandrechtsbrief nach § 60 Abs. 2 GBO unmittelbar dem Gläubiger zu übersenden.[2] 910

---

[1] *Eickmann* in: HK-InsO, § 91 Rdn. 20.

[2] *Eickmann* in: MüKo-BGB, § 1117 Rdn. 34 ff.; *Bestelmeyer* in: *Meikel*, GBO, § 60 Rdn. 74 ff.; eingehend *Eickmann*, Rpfleger 1972, 77.

911 – Die Hypothek oder Grundschuld als Buchrecht entsteht mit Grundbucheintragung; § 892 Abs. 1 Satz 2 BGB ist hier unmittelbar anwendbar.

912 Gerade bei der Bestellung eines Grundpfandrechts durch den Schuldner ist vor einer möglichen Prüfung des gutgläubigen Erwerbs die Anwendung des § 878 BGB in Betracht zu ziehen. Hierbei muss natürlich die Einigungserklärung des Schuldners für ihn bereits vor Insolvenzeröffnung bindend geworden sein (§ 873 Abs. 2 BGB), es darf bei Insolvenzeröffnung mithin nur noch die Grundbucheintragung fehlen. § 878 BGB findet damit keine Anwendung, wenn bei Bestellung der Hypothek die gesicherten Forderung noch nicht zur Entstehung gelangt ist oder wenn bei Bestellung eines Briefgrundpfandrechts noch die Briefübergabe nach § 1117 Abs. 1 Satz 1 BGB fehlt und keine Vereinbarung nach § 1117 Abs. 2 BGB getroffen worden ist. In diesen Fällen kann der Gläubiger wenn überhaupt das Grundpfandrecht nur gutgläubig erwerben.

913 **Beispiel 14:** Schuldner und Gläubiger einigen sich am 23. Oktober, einen Tag nach Eröffnung des Insolvenzverfahrens, auf die Bestellung einer Briefgrundschuld am Grundstück des Schuldners. Der Antrag auf Grundbucheintragung wird am 24. Oktober gestellt. Bei Eintragung der Grundschuld am 25. Oktober ist der Insolvenzvermerk im Grundbuch nicht eingetragen. Dessen Eintragung erfolgt am 26. Oktober, am 27. Oktober erhält der Gläubiger den Grundschuldbrief vom Grundbuchamt auf Anweisung des Schuldners ausgehändigt.

Die Bestellung der Grundschuld nach Insolvenzeröffnung ist grundsätzlich unwirksam (§ 81 Abs. 1 Satz 1 InsO). Sie könnte nur in Anwendung des § 892 Abs. 1 Satz 2 BGB wirksam sein. Voraussetzung ist hier die Grundbuchunrichtigkeit bis zur Vollendung des Rechtserwerbs mit Übergabe des Grundschuldbriefes an den Gläubiger (§§ 1192, 1117 Abs. 1 Satz 1 BGB). Zu diesem Zeitpunkt war der Insolvenzvermerk im Grundbuch bereits eingetragen, das Grundbuch war nicht mehr unrichtig. Der Gläubiger konnte die Grundschuld nicht wirksam erwerben. Einen gutgläubigen Rechtserwerb hätte der Gläubiger nur durch eine Vereinbarung nach §§ 1192, 1117 Abs. 2 BGB erlangen können, er hätte dann die Grundschuld bereits mit Grundbucheintragung erworben, die Grundbuchberichtigung vor Übergabe des Grundschuldbriefes hätte nicht mehr geschadet. Anders als im Falle der Anwendung des § 878 BGB kann hier auch nicht davon ausgegangen werden, dass mit Grundbucheintragung wenigstens eine Eigentümergrundschuld nach § 1163 Abs. 2 BGB entstanden ist, gutgläubig kann eine Eigentümergrundschuld mangels eines Verkehrsgeschäfts nicht entstehen.

b) Kein gutgläubiger Erwerb beweglicher Sachen

914 Durch § 81 Abs. 1 Satz 2 InsO und § 91 Abs. 2 InsO mit § 892 BGB wird nur der gutgläubige Erwerb an Grundstücken und Grundstücksrechten geschützt, nur hier kennt das bürgerliche Rechte mit § 892 Abs. 1 Satz 2 BGB den guten Glauben an die Verfügungsbefugnis des Rechtsinhabers. Ein gutgläubiger Erwerb an beweglichen Gegenständen der Insolvenzmasse nach Eröffnung des Insolvenzverfahrens ist dagegen ohne Ausnahme ausgeschlossen. Der Schuldner kann nach Eröffnung des Insolvenzverfahrens beweglichen Gegenständen oder sonstige Ver-

mögenswerte der Insolvenzmasse nicht in Anwendung des § 932 BGB an einen gutgläubigen Dritten veräußern.[1]

Auch gutgläubiger Erwerb nach § 366 HGB ist ausgeschlossen, ebenso der gutgläubige Erwerb eines Nießbrauchs oder eines Pfandrecht an einem beweglichen Gegenstand oder einer Forderung der Insolvenzmasse (§§ 1032, 1207 BGB). 915

5. Die Anfechtbarkeit des Rechtserwerbs durch den Insolvenzverwalter

Der in Anwendung des § 878 BGB oder in Anwendung des § 892 Abs. 1 Satz 2 BGB sachenrechtlich wirksame Rechtserwerb aus der Insolvenzmasse ist für den Insolvenzverwalter nicht unangreifbar. Wie in allen anderen Fällen einer Verfügung oder Rechtshandlung des Schuldners vor Insolvenzeröffnung kann der Rechtserwerb der Insolvenzanfechtung nach §§ 129ff. InsO unterliegen. 916

Für den in Anwendung des § 878 BGB wirksamen Rechtserwerb gilt der Zeitpunkt der Antragstellung beim Grundbuchamt als der für die Anfechtbarkeit der Rechtshandlung maßgebliche Zeitpunkt, wenn den Antrag der Erwerber gestellt hat (§ 140 Abs. 2 InsO). Zu diesem Zeitpunkt soll der Erwerber sachenrechtlich das dingliche Anwartschaftsrecht erworben haben, auf den Zeitpunkt der Grundbucheintragung soll es dann nicht mehr ankommen.[2] Wurde der Antrag beim Grundbuchamt dagegen nur vom Schuldner als Veräußerer gestellt, findet § 140 Abs. 2 InsO keine Anwendung, die Rechtshandlung gilt mit Grundbucheintragung als beendet,[3] was im Hinblick auf die Anfechtungszeiträume der §§ 130ff. InsO für den Erwerber nachteilig sein kann. 917

Der gutgläubige Erwerb des § 892 BGB vollendet sich stets nach Insolvenzeröffnung, seine Anfechtbarkeit ergibt sich aus § 147 InsO.[4] 918

---

[1] *Jaeger*, KO, § 7 Anm. 31; statt aller zur Insolvenzordnung *Uhlenbruck* in: *Uhlenbruck*, InsO, § 81 Rdn. 11.

[2] Begründung des Regierungsentwurfs BT-Drucks. 12/2443, S. 166.

[3] So zur vergleichbaren Regelung des § 10 Abs. 3 GesO BGH VIZ 1997, 251 = WM 1997, 436; dazu auch *Uhlenbruck* in: *Uhlenbruck*, InsO, § 91 Rdn. 44; *Kreft* in: HK-InsO, § 147 Rdn. 5.

[4] Allgemein *Uhlenbruck* in: *Uhlenbruck*, InsO, § 81 Rdn. 42ff.

6. Kapitel. Die Leistungserfüllung nach Insolvenzeröffnung

I. Die Leistungserfüllung an den Schuldner

919 Die Insolvenzeröffnung ist auch gegenüber Schuldnern des Schuldners (Drittschuldner) von Bedeutung, wenn diese nach Eröffnung des Insolvenzverfahrens ihre Leistung erbringen wollen. Die Frage, an wen ein Drittschuldner nach Insolvenzeröffnung seine Leistung zu erbringen hat und unter welchen Voraussetzungen diese wirksam ist, erfordert zwei Vorüberlegungen:

- Zum einen gehört der Anspruch des Schuldners gegen den Dritten als Vermögensrecht zur Insolvenzmasse im Sinne des § 35 InsO; er ist mithin durch den Insolvenzverwalter geltend zu machen. Im Zusammenhang mit § 82 InsO ist nicht nur an die Leistung von Geld seitens des Drittschuldners zu denken, auch der Anspruch auf Leistung einer Sache, etwa auf Übereignung, gehört zur Insolvenzmasse, auch seine Leistungserbringung fällt unter § 82 InsO.
- Zum anderen verliert der Schuldner mit Insolvenzeröffnung seine Verfügungsbefugnis und im Hinblick auf das Einziehungsrecht von Forderungen und Ansprüchen; in der Terminologie der Theorie der realen Leistungsbewirkung zu § 362 BGB fehlt ihm gleichsam die Empfangszuständigkeit zur Entgegennahme der geschuldeten Leistung.[1] Die Annahme einer geschuldeten Leistung durch den Schuldner kann innerhalb des § 81 Abs. 1 Satz 1 InsO auch als Verfügung über den Anspruch auf Leistung gegenüber dem Drittschuldner betrachtet werden.

1. Der offene Arrest nach § 28 Abs. 3 InsO

920 Der Insolvenzeröffnungsbeschluss enthält nach § 28 Abs. 3 InsO den so genannten offenen Arrest, in welchem die Drittschuldner aufgefordert werden, nicht mehr an den Schuldner sondern an den Insolvenzverwalter zu leisten. Diese Aufforderung entfaltet keine unmittelbar materiellrechtliche Wirkungen in dem Sinne, dass eine an den Schuldner erbrachte Leistung ohne Ausnahme unwirksam wäre. Der offene Arrest hat lediglich kundmachenden und hinweisenden Charakter gegenüber den Drittschuldnern. In gleicher Weise soll die Zustellung des

---

[1] Zu den Erfüllungstheorien allgemein *Heinrichs* in: MüKo-BGB, § 362 Rdn. 5 ff.; zur Theorie der realen Leistungsbewirkung BGH NJW 1991, 1294; BGH NJW 1992, 2698; *Larenz*, § 18 I.; *Medicus*, Schuldrecht I, Rdn. 237.

Insolvenzeröffnungsbeschlusses an die bereits bekannten Schuldner des Schuldners nach § 30 Abs. 2 InsO diese informieren.

2. Die Wirksamkeit der Leistung nach § 82 InsO

Die Wirksamkeit einer nach Insolvenzeröffnung an den Schuldner 921
statt an den Insolvenzverwalter erbrachten Leistung richtet sich nach § 82 InsO.[1] Ihr liegt die Überlegungen zu Grunde, dass die Eröffnung des Insolvenzverfahrens mit der Übertragung der Verfügungsbefugnis auf den Insolvenzverwalter im Hinblick auf die Leistungserbringung dem Fall der Forderungsabtretung und § 407 BGB entspricht. So kann bereits festgehalten werden, dass die Leistung durch den Drittschuldner an den Schuldner nach Insolvenzeröffnung dann wirksam ist, wenn der Drittschuldner von der Insolvenzeröffnung keine Kenntnis hatte.

a) Die Leistung zur Insolvenzmasse

In jedem Fall ist eine Leistung an den Schuldner wirksam, wenn das 922
Geleistete tatsächlich noch zur Insolvenzmasse gelangt, mithin der Schuldner die Leistung an den Insolvenzverwalter abführt. Bezug nehmend auf § 362 Abs. 1 BGB ist die Leistung schon deshalb wirksam, weil sie in richtiger Weise bewirkt an den tatsächlichen Leistungsempfänger gelangt. Der Gesetzgeber sah es deshalb als nicht erforderlich an, diesen Fall wirksamer Leistung besonders zu erwähnen.[2] Die Beweislast dafür, dass das Geleistete zur Masse gelangt ist, trägt der Drittschuldner.[3]

b) Die Leistung an den Schuldner selbst

aa) Die Leistung ohne Kenntnis der Insolvenzeröffnung

Die Problematik der Wirksamkeit einer Leistungserbringung an den 923
Schuldner stellt sich deshalb nur dann, wenn das Geleistete nicht zur Insolvenzmasse gelangt. Nach § 82 Satz 1 InsO wird der leistende Drittschuldner nur dann von seiner Leistungspflicht befreit, wenn er von der Insolvenzeröffnung keine Kenntnis hatte. Die Regelung entspricht dem Grundgedanken des § 407 BGB, wonach für den Fall der

---

[1] Basierend auf § 8 KO und § 7 Abs. 4 GesO Begründung des Regierungsentwurfs BT-Drucks. 12/2443, S. 136; zu § 7 Abs. 4 GesO *Haarmeyer/Wutzke/Förster*, GesO, § 7 Rdn. 43; *Kilger/K. Schmidt*, Insolvenzgesetze, § 7 GesO Anm. 4; *Hess/Binz/Wienberg*, GesO, § 7 Rdn. 45.

[2] *Jaeger*, KO, § 8 Anm. 10.

[3] *Jaeger*, KO, § 8 Anm. 11 mit Hinweis auf die Beweislast des § 363 BGB und instruktivem Beispiel der Übereignung einer unvollständigen Rolle Münzgeld an den Schuldner und Weitergabe an den Verwalter; während nach § 363 BGB der Schuldner dem Drittschuldner gegenüber zu beweisen hat, dass die Rolle unvollständig war (90 Mark statt 100 Mark), hat gegenüber dem Insolvenzverwalter der Drittschuldner zu beweisen, dass tatsächlich 100 Mark zur Masse gelangt sind.

Forderungsabtretung der insoweit gutgläubige Schuldner wirksam an den bisherigen Gläubiger leisten darf. Wie auch im Falle des § 407 BGB schadet dem Drittschuldner des § 82 Satz 1 InsO nur positive Kenntnis von der Insolvenzeröffnung, fahrlässige oder grob fahrlässige Unkenntnis sind nicht ausreichend. Auch trifft den Drittschuldner keine Erkundigungspflicht dahingehend, ob über das Vermögen seines Gläubigers bereits das Insolvenzverfahren eröffnet sei, selbst die Kenntnis über einen Insolvenzantrag reicht nicht aus.[1] Die Beweislast der Kenntnis von der Forderungsabtretung trägt im Falle des § 407 BGB der Zessionar als Gläubiger der Forderung. Im Insolvenzverfahren ist der Insolvenzverwalter gegenüber dem Drittschuldner beweispflichtig. Die Wirksamkeit der Leistung nach § 82 Satz 1 InsO bewirkt gegenüber dem Insolvenzverwalter und der Insolvenzmasse die Befreiung von der Verbindlichkeit im Sinne des § 362 BGB.

bb) Die Beweislastregel des § 82 Satz 2 InsO

924 Anders als im Falle des § 407 BGB verschärft die Insolvenzordnung gegenüber dem Drittschuldner die Maßstäbe seiner Kenntnis von der Insolvenzeröffnung. § 82 Satz 2 InsO stellt ihm gegenüber eine Beweislastregel auf, nach welcher die Kenntnis von der Insolvenzeröffnung vermutet wird, wenn die Leistung nach dem Zeitpunkt der Wirksamkeit der öffentlichen Bekanntmachung der Insolvenzeröffnung erfolgt. Umgekehrt gilt bis zur Wirksamkeit der öffentlichen Bekanntmachung der Drittschuldner als gutgläubig.[2] Dies regelte ausdrücklich § 8 Abs. 2 und 3 KO, Bezug nehmend auf § 407 BGB erscheint dies jedoch als selbstverständlich, da die Gutgläubigkeit des leistenden Schuldners dort stets vermutet wird.[3]

925 Die Insolvenzeröffnung ist nach § 30 Abs. 1 Satz 1 InsO öffentlich bekanntzumachen (§ 9 Abs. 1 InsO). Die öffentliche Bekanntmachung gilt mit Ablauf des zweiten Tages nach Erscheinen des Amtsblattes als bewirkt (§ 9 Abs. 1 Satz 3 InsO). Dieser Zeitpunkt ist maßgebend im Sinne des § 82 Satz 2 InsO.

926 **Beispiel 1:** Das Insolvenzverfahren wird am Freitag, den 4. April, eröffnet; die öffentliche Bekanntmachung im Amtsblatt erfolgt am darauf folgenden Donnerstag, den 10. April (tatsächliches Erscheinen des Amtsblatts mit Datum zum 11. April). Der Drittschuldner zahlt an den Schuldner am Montag, dem 14. April, die geschuldete Forderung von 100 EUR in bar.

Fraglich ist, ob der Anspruch auf Leistung gegenüber der Insolvenzmasse nach § 362 BGB erloschen ist. Die tatsächliche Leistungserbringung erfolgte an den Schuldner, dem nach Eröffnung des Insolvenzverfahrens zur Entgegennahme der Leistung die rechtliche Fähigkeit (Empfangszuständigkeit) fehlt. In Anwendung des § 82 Satz 1 InsO kann die Leistung aber wirksam sein, wenn der Drittschuldner von der Insolvenzeröffnung keine Kenntnis hatte. Dies wird grundsätzlich ver-

---

[1] *Uhlenbruck* in: *Uhlenbruck*, InsO, § 82 Rdn. 11 m.w.N.; für die Forderungsabtretung Palandt/*Heinrichs*, BGB, § 407 Rdn. 6.

[2] *Uhlenbruck* in: *Uhlenbruck*, InsO, § 82 Rdn. 12.

[3] *Roth* in: MüKo-BGB, § 407 Rdn. 17.

mutet. Fraglich ist, ob nicht § 82 Satz 2 InsO Anwendung findet. Die öffentliche Bekanntmachung gilt mit Ablauf des zweiten Tages als bewirkt, das ist zunächst Samstag, der 12. April; entsprechend § 222 Abs. 2 ZPO verlängert sich die Frist auf den Ablauf des folgenden Montags, sie gilt damit ab Dienstag, den 15. April als bewirkt. Erst ab diesem Zeitpunkt hat der leistende Drittschuldner seine Unkenntnis von der Insolvenzeröffnung zu beweisen. Im vorliegenden Fall gilt er noch als gutgläubig, die Zahlung ist wirksam.

Die Beweislastregelung des § 82 InsO ist widerleglich, es kann beispielsweise der Drittschuldner auch bereits vor der öffentlichen Bekanntmachung Kenntnis von der Insolvenzeröffnung haben und deshalb nicht mehr schuldbefreiend an den Schuldner leisten. Die Beweislast hierfür trägt der Insolvenzverwalter. Zusammengefasst gelten folgende Regeln: 927

- Leistet der Drittschuldner vor Wirksamkeit der öffentlichen Bekanntmachung und hat er keine positive Kenntnis von der Insolvenzeröffnung, leistet er schuldbefreiend; hat er Kenntnis von der Insolvenzeröffnung, gilt seine Leistung als schuldbefreiend, solange ihm diese Kenntnis nicht nachgewiesen werden kann.
- Leistet der Drittschuldner nach Wirksamkeit der öffentlichen Bekanntmachung, muss er zusätzlich seine Unkenntnis von der Insolvenzeröffnung beweisen, um gegenüber dem Insolvenzverwalter und der Insolvenzmasse Schuldbefreiung erlangen zu können.

cc) Die Kenntnis des Drittschuldners bei Vornahme der Leistungshandlung

Wie im Falle des § 407 BGB ist nicht der Zeitpunkt des Eintritts des Leistungserfolges maßgeblich. Maßgeblich ist vielmehr, ob der Drittschuldner nach Kenntnis von der Insolvenzeröffnung den Eintritt des Leistungserfolges noch verhindern kann oder nicht.[1] Kann er den Eintritt des Leistungserfolges nicht mehr verhindern, gilt zu seinen Gunsten der Zeitpunkt der Leistungshandlung als maßgebend für die Kenntnis und die Beweislastverteilung nach § 82 Satz 2 InsO. 928

Beispiel 2: Der Drittschuldner ist dem Schuldner zur Lieferung von Möbeln im Wert von 35.000 EUR verpflichtet, der Schuldner hatte die Möbel bereits vor Insolvenzeröffnung bezahlt. Bezüglich der Lieferung wurde vereinbart, dass der Drittschuldner sie auf Kosten und Gefahr des Schuldners an diesen liefere. Am 26. August wird über sein Vermögen das Insolvenzverfahren eröffnet, die Insolvenzeröffnung wird am 1. September im Amtsblatt öffentlich bekannt gemacht, sie gilt mit Ablauf des 3. September als bewirkt. An diesem Tag beauftragt der Drittschuldner den Spediteur mit der Lieferung der Möbel an den Schuldner, diese erfolgt am 4. September frühmorgens. 929

Der Anspruch auf Lieferung der Möbel gehört zur Insolvenzmasse, nach § 362 BGB ist er nur dann erloschen, wenn die Möbel auch tatsächlich zur Insolvenzmasse gelangen. Dies ist nicht der Fall. Die Leistung an den nicht empfangsberechtigten Schuldner kann nur unter der Voraussetzung des § 82 InsO wirksam

[1] *Kuhn/Uhlenbruck,* KO, § 8 Rdn. 6; Jaeger/*Henckel,* KO § 8 Rdn. 59; für die Forderungsabtretung *Roth* in: MüKo-BGB, § 407 Rdn. 5 und 17.

sein. Für die Beurteilung der Beweislast ist der Zeitpunkt der Leistungshandlung des Drittschuldners maßgebend, da eine so genannte Schickschuld vereinbart worden ist (Leistungsort ist der Ort des Schuldners, Leistungserfolg tritt beim Gläubiger ein, allgemein Palandt/*Putzo*, BGB, § 447 BGB, Rdn. 11 ff.; beim Verbrauchsgüterkauf findet § 447 BGB nach § 474 Abs. 2 BGB keine Anwendung mehr). Die Leistungshandlung erfolgte noch vor Wirksamwerden der öffentlichen Bekanntmachung der Insolvenzeröffnung, es wird deshalb die Gutgläubigkeit des Drittschuldners vermutet. Die von ihm an den Schuldner erbrachte Leistung ist auch dem Insolvenzverwalter und der Insolvenzmasse gegenüber wirksam.

c) Die Geltung des § 82 InsO im bargeldlosen Zahlungsverkehr

930 Die besondere praktische Bedeutung des § 82 InsO liegt im bargeldlosen Zahlungsverkehr des Schuldners mit dem Drittschuldner. Zu unterscheiden ist zwischen der Insolvenz des Leistungsempfängers und der des Leistenden, zu unterscheiden ist ferner zwischen Überweisungsverkehr, Lastschriftverkehr, Scheck- und Wechselverkehr.[1]

aa) Die Insolvenz des Leistungsempfängers

931 Überweist der Drittschuldner einen Geldbetrag an den Schuldner, tritt die Leistungserfüllung erst mit der Gutschrift auf dem Konto des Schuldners ein. Der für die Kenntnis des Drittschuldners nach § 82 InsO maßgebliche Zeitpunkt ist derjenige der Erteilung des Überweisungsauftrags an seine Bank, beziehungsweise derjenige, zu welchem der erteilte Überweisungsauftrag nicht mehr rückgängig gemacht werden kann.[2] Überweisungen, die nach Insolvenzeröffnung dem Konto des Schuldners gutgeschrieben werden sollen, hat die Bank grundsätzlich auszuführen, eine Hinweispflicht oder Pflicht zur Warnung gegenüber dem Auftraggeber der Überweisung besteht nicht.[3] Soweit das Konto bereits vom Insolvenzverwalter in Beschlag genommen ist, gelangt der Guthabensbetrag zur Insolvenzmasse, die Leistung ist dann schon aus diesem Grunde wirksam.[4] Zum Ausgleich eines mit Insolvenzeröffnung festgestellten debitorischen Saldos aus dem Kontokorrent darf der Betrag nach Insolvenzeröffnung nicht verwendet werden.[5] Eine Verrechnung vor Insolvenzeröffnung kann nach Maßgabe der

---

[1] Eingehend *Ott* in: MüKo-InsO, § 82 Rdn. 17 ff. und § 116 Rdn. 33 ff.; *Uhlenbruck* in: *Uhlenbruck*, InsO, § 82 Rdn. 14 ff.; *Lüke* in: *Kübler/Prütting*, InsO, § 82 Rdn. 10 bis 37; sehr ausführlich *Obermüller*, Rdn. 3.1 bis 3618; *Berscheid* in: *Uhlenbruck*, InsO, §§ 115, 116 Rdn. 16 ff.; sämtlich wird inhaltlich zumeist noch die Rechtslage vor Inkrafttreten des § 116 Satz 3 InsO erläutert.

[2] *Eickmann* in: HK-InsO, § 82 Rdn. 16, zitiert hierzu BGHZ 105, 358; diese Entscheidung betrifft die Pfändung einer Forderung, bei welcher der Drittschuldner nach Vornahme der Leistungshandlung an den Schuldner nicht mehr verpflichtet sei, seine Leistung nach Kenntnis von der Pfändung rückgängig zu machen.

[3] *Obermüller*, Rdn. 3.71 ff.

[4] Treffend *Uhlenbruck* in: *Uhlenbruck*, InsO, § 82 Rdn. 23; *Obermüller*, Rdn. 3.70.

[5] Dazu *Lüke* in: *Kübler/Prütting*, InsO, § 82 Rdn. 26; *Obermüller*, Rdn. 3.86 ff.

§§ 129 ff. InsO durch den Insolvenzverwalter anfechtbar sein.[1] Da die Verrechnung als Aufrechnung mit einer eigenen Forderungen aus Kontokorrent bei Insolvenzeröffnung anzusehen ist, scheitert sie an § 96 Abs. 1 Nr. 1 InsO.[2] Erfolgt die Insolvenzeröffnung vor der buchmäßigen Deckung des Überweisungsauftrags seitens des Leistenden, ist die Bank nicht mehr verpflichtet, die Gutschrift auszuführen. Sie kann den Insolvenzverwalter darauf verweisen, selbst den Betrag einzuziehen, zur Mitwirkung ist sie nicht verpflichtet. Es kann jedoch ausnahmsweise auch hier eine Verpflichtung zur Gutschrift bestehen, wenn mit dem Aufschub Gefahr verbunden ist, beispielsweise weil auch der Überweisende insolvent zu werden droht (§ 116 Satz 1, § 115 Abs. 2 InsO).[3]

Gibt der Drittschuldner an den Schuldner zur Erfüllung einer ihm 932
obliegenden Leistungen eine Anweisung, wird er von seiner Leistungspflicht erst dann befreit, wenn die angewiesenen Bank in Ausführung dieser Anweisung an den Schuldner als Anweisungsempfänger leistet (§ 364 Abs. 2 mit den §§ 783 und 788 BGB). Nimmt die Bank die Anweisung vor Insolvenzeröffnung an, erhält der Schuldner als Anweisungsempfänger einen Anspruch gegen sie auf Zahlung, die Zahlung kann dann auch nach Insolvenzeröffnung erfolgen. Die Anweisung gehört als Wertpapier zur Insolvenzmasse nach § 35 InsO und ist vom Insolvenzverwalter einzulösen.[4] Wird die Anweisung durch den Schuldner selbst eingereicht und an diesen ausgezahlt, fließt der Betrag mithin nicht zur Insolvenzmasse, richtet sich die Erfüllungswirkung die Kausalforderung betreffend für den Drittschuldner nach § 82 InsO. Er wird von seiner Schuld befreit, wenn er in dem Zeitpunkt, zu welchem die Anweisung nicht mehr zurückgeholt oder gesperrt werden konnte, von der Insolvenzeröffnung keine Kenntnis hatte.

Sinngemäß Gleiches gilt in der Insolvenz des Scheckinhabers. Der 933
Scheck gehört zur Insolvenzmasse und ist vom Insolvenzverwalter einzureichen. Das Erlöschen der durch den Scheck zu erfüllenden Forderung des Schuldners gegen den Drittschuldner ist für diesen nach Maßgabe des § 82 InsO zu beurteilen.[5] Maßgebend für die Kenntnis von der Insolvenzeröffnung ist wieder der Zeitpunkt, zu welchem der Dritte die Einlösung des Schecks nicht mehr verhindern kann.

Beispiel 3: Der Drittschuldner ist dem Schuldner gegenüber zur Zahlung von 934
5.000 EUR verpflichtet. Er übergibt ihm einen Tag vor Insolvenzeröffnung einen Barscheck über diesen Betrag. Das Insolvenzverfahren wird am 1. Februar eröffnet, die Eröffnung wird am 3. Februar im amtlichen Verkündungsblatt öffentlich bekannt gemacht. Der Schuldner reicht den Scheck am 6. Februar bei der Bank ein, die Auszahlung des Betrages erfolgt unmittelbar.

---

[1] BGHZ 58, 108; eingehend *Obermüller,* Rdn. 3.86 ff.
[2] Eingehend *Obermüller,* Rdn. 3.141.
[3] *Obermüller,* Rdn. 3.84, 3.85.
[4] *Uhlenbruck* in: *Uhlenbruck,* InsO, § 82 Rdn. 28.
[5] *Kuhn/Uhlenbruck,* KO, § 8 Rdn. 9h; *Lüke* in: *Kübler/Prütting,* InsO, § 82 Rdn. 31.

Fraglich ist, ob der Insolvenzverwalter vom Drittschuldner nochmalige Leistung verlangen kann oder ob die Verbindlichkeit durch Hingabe des Schecks und dessen Einlösung erloschen ist. Scheckzahlung wird allgemein als Leistung erfüllungshalber im Sinne des § 364 Abs. 2 BGB betrachtet (BGHZ 44, 178, 179; Palandt/*Heinrichs,* BGB, § 364 Rdn. 10). Die Schuld erlischt erst, wenn der Barscheck durch die angewiesene Bank akzeptiert und eingelöst wird. Dieser Zeitpunkt war nach Insolvenzeröffnung, eine Schuldbefreiung wäre für den Drittschuldner nur eingetreten, wenn der Betrag zur Masse geflossen wäre. Die Leistung kann nach § 82 InsO wirksam sein, wenn der Drittschuldner von der Insolvenzeröffnung keine Kenntnis hatte. Maßgeblicher Zeitpunkt ist hier derjenige, zu welchem der Drittschuldner durch Erklärung gegenüber seiner Bank den Scheck noch hätte widerrufen können (Art. 32 Abs. 1 SchG). Zwar hindert der vor Ablauf der Vorlegungsfrist erteilte Widerruf die Bank nicht, auf den Scheck zu zahlen, zumeist wird der Widerruf jedoch beachtet. Der Drittschuldner hätte daher bis zur Auszahlung am 6. Februar zumindest versuchen können, den Scheck zu widerrufen. Da der 6. Februar nach dem Wirksamwerden der öffentlichen Bekanntmachung der Insolvenzeröffnung (§ 9 Abs. 1 Satz 3 InsO) liegt, wird der Drittschuldner nur befreit, wenn er seine Unkenntnis von der Insolvenzeröffnung beweisen kann (§ 82 Satz 2 InsO).

935 Wird ein vom Schuldner ausgestellter Wechsel vor Insolvenzeröffnung akzeptiert, erwirbt der Schuldner den Anspruch auf Leistung, der durch die Insolvenzeröffnung nicht beeinträchtigt wird.[1] Wird er erst nach Verfahrenseröffnung akzeptiert, gilt für den Bezogenen im Hinblick auf seine Leistungspflicht § 82 InsO.[2]

bb) Die Insolvenz des Leistenden

936 Die Regelung des § 82 InsO ist auch im Verhältnis zwischen dem Schuldner als dem Leistenden und seiner Bank im Hinblick auf Ausführungen einzelner Leistungen aus dem Girovertrag und der damit zusammenhängenden Ersatzansprüche anzuwenden. Ein zwischen den Beteiligten bestehender Geschäftsbesorgungsvertrag, insbesondere auch der Girovertrag, erlischt mit Eröffnung des Insolvenzverfahrens kraft Gesetzes (§ 116 mit § 115 Abs. 1 BGB).[3] Überweisungsaufträge, die der Schuldner bereits vor Insolvenzeröffnung erteilt hat, sollten nach einer früher vertretenen Erlöschenstheorie ebenfalls erlöschen, nach der so genannten Fortbestandstheorie sollten sie grundsätzlich wirksam bleiben.[4] Die Bank konnte nach der Erlöschentheorie Überweisungsaufträge nur unter den Voraussetzungen der §§ 116, 115 Abs. 3 InsO ausführen, insbesondere wenn sie von der Insolvenzeröffnung keine Kenntnis

[1] *Uhlenbruck* in: *Uhlenbruck,* InsO, § 82 Rdn. 30; *Lüke* in: *Kübler/Prütting,* InsO, § 82 Rdn. 33.

[2] *Uhlenbruck* in: *Uhlenbruck,* InsO, § 82 Rdn. 30; *Lüke* in: *Kübler/Prütting,* InsO, § 82 Rdn. 33.

[3] BGHZ 58, 108; BGHZ 63, 87; umfassend *Berscheid* in: *Uhlenbruck,* InsO, §§ 115, 116 Rdn. 16ff.

[4] Mit umfangreichen Nachweisen *Ott* in: MüKo-InsO, § 116 Rdn. 38; *Uhlenbruck* in: *Uhlenbruck,* InsO, § 82 Rdn. 17; *Kuhn/Uhlenbruck,* KO, § 8 Rdn. 9b und § 23 Rdn. 13a; *Obermüller,* Rdn. 3.22; die Erlöschenstheorie wurde auch vom Bundesgerichtshof favorisiert, BGHZ 67, 75.

hatte.[1] Soweit danach die Bank wirksam einen Überweisungsauftrag des Schuldners ausführte, erwarb sie den ihr gewöhnlich aus dem Geschäftsbesorgungsvertrag zustehenden Anspruch auf Aufwendungsersatz als Insolvenzforderung.[2]

Der Gesetzgeber hat sich mit dem durch das Überweisungsgesetz[3] 937
angefügten Satz 3 zu § 116 InsO der Fortbestandstheorie angeschlossen.[4] Danach behalten die vor Insolvenzeröffnung nach § 676a BGB erteilten Überweisungen mit Wirkung für und gegen die Insolvenzmasse ihre Wirksamkeit. Der Grund der Regelung liegt darin, dass die Überweisung nach § 676a BGB nicht mehr als Anweisung im Sinne des § 665 BGB[5] sondern als Vertrag zwischen dem Überweisenden und seiner Bank anzusehen ist.[6] Der Insolvenzverwalter hat aber alles zu unternehmen, was noch möglich ist, um die Durchführung der Überweisung zu verhindern.[7] Nach der Fortbestandstheorie darf die Bank die Überweisung stets ausführen, mit dem Aufwendungsersatzanspruch ist sie Massegläubigerin nach § 55 Abs. 1 Nr. 2 zweite Alternative InsO.[8] Allerdings wird sie nur dann ein Interesse am Ausführen der Überweisung haben, wenn das Konto des Schuldners Deckung aufweist, das debitorische Konto gibt der Bank mangels Verrechnungsmöglichkeit wegen des Erlöschens des Kontokorrents praktisch keinen Aufwendungsersatz. Daher kann in diesem Fall die Bank den Überweisungsauftrag nach § 676a Abs. 3 BGB kündigen und muss ihn nicht ausführen.[9] Im Ergebnis kann es dann auch nach der Fortbestandstheorie des § 116 Satz 3 InsO auf die Kenntnis der Bank von der Insolvenzeröffnung ankommen: Bei Unkenntnis wird sie einen Überweisungsauftrag des Schuldners ausführen, im debitorisch geführten Konto wird sie ihren Aufwendungsersatzanspruch aber nicht erlangen können.[10] Bei Kenntnis von der Insolvenzeröffnung wird sie den Überweisungsauftrag nur ausführen, wenn das Konto des Schuldners Deckung aufweist.[11] § 116 Satz 3 InsO findet nur auf Überweisungsaufträge Anwendung, die vor Insolvenzeröffnung erteilt worden sind. Nach Insolvenzeröffnung kann der Schuldner schon wegen § 80 Abs. 1 InsO mit Wirkung gegen die Insolvenzmasse keine Überweisungsaufträge erteilen. Die Bank ist bei Ausführung solcher Aufträge nur durch § 116 Satz 1, § 115 Abs. 3

[1] Zur positiven Kenntnis oder lediglich fahrlässiger Unkenntnis *Lüke* in: *Kübler/Prütting,* InsO, § 82 Rdn. 14; *Bork,* Zahlungsverkehr, Rdn. 172.

[2] *Uhlenbruck* in: *Uhlenbruck,* InsO, § 82 Rdn. 17 a.E., 19.

[3] Gesetz vom 21. Juli 1999 (BGBl. I S. 1642).

[4] *Uhlenbruck* in: *Uhlenbruck,* InsO, § 82 Rdn. 17; *Marotzke* in: HK-InsO, § 116 Rdn. 6; *Bork,* Zahlungsverkehr, Rdn. 161 ff.

[5] So noch BGHZ 10, 319.

[6] Palandt/*Sprau,* BGB, § 676a Rdn. 9 ff.; *Ott* in: MüKo-InsO, § 116 Rd. 52.

[7] *Uhlenbruck* in: *Uhlenbruck,* InsO, § 82 Rdn. 17.

[8] *Marotzke* in: HK-InsO, § 116 Rdn. 6; eingehend *Obermüller,* ZInsO 1999, 690.

[9] *Berscheid* in: *Uhlenbruck,* InsO, §§ 115, 116 Rdn. 35.

[10] Eingehend *Bork,* Zahlungsverkehr, Rdn. 178 ff.

[11] Zu den Handlungsalternativen eingehend *Obermüller,* ZInsO 1999, 690.

InsO geschützt, ihr Aufwendungsersatzanspruch ist Insolvenzforderung.

938 Stellt der Schuldner vor Insolvenzeröffnung einen Scheck aus, behält dieser auch nach Insolvenzeröffnung seine Wirksamkeit, da er unabhängig vom zu Grunde liegenden Rechtsverhältnis wirksam ist.[1] Die Einlösung des Schecks durch die angewiesene Bank kann auch nach Insolvenzeröffnung erfolgen, mit Wirkung gegen die Insolvenzmasse entsprechend § 82 InsO aber nur, wenn die Bank von der Insolvenzeröffnung keine Kenntnis hat.[2] Ihr Aufwendungsersatzanspruch kann dann mit dem Guthaben des Schuldners verrechnet werden. Im debitorischen Konto ist der Anspruch lediglich Insolvenzforderung (§ 116 Satz 1, § 115 Abs. 3 InsO). Löst die Bank den Scheck trotz Kenntnis von der Insolvenzeröffnung ein, erwirbt sie keinen Aufwendungsersatzanspruch, auch nicht als Insolvenzforderung. Sie kann lediglich gegen den Empfänger der Leistung ungerechtfertige Bereicherung geltend machen.[3]

939 Akzeptiert der Schuldner vor Insolvenzeröffnung einen Wechsel, ist er dem Berechtigten gegenüber zur Erfüllung verpflichtet, wenn das Akzept vor Insolvenzeröffnung erteilt worden ist. Die Bank des Schuldners ist wegen des Erlöschens des Geschäftsbesorgungsvertrages mit dem Schuldner aber nicht mehr berechtigt, den Wechsel einzulösen. Bei Einlösung trotz Kenntnis von der Insolvenzeröffnung erwirbt sie keinen Aufwendungsersatzanspruch gegen die Insolvenzmasse.[4] Hat die Bank aber keine Kenntnis, wird sie entsprechend § 82 InsO mit Einlösung von ihrer Verbindlichkeit gegenüber dem Schuldner befreit und kann den Aufwendungsersatzanspruch mit einem Kontoguthaben verrechnen. Beim debitorisch geführten Konto ist sie mit diesem Anspruch lediglich Insolvenzgläubigerin (§ 116 Satz 1, § 115 Abs. 3 InsO).[5] Erfolgt durch die Bank des Akzeptanten die Leistung nicht schuldbefreiend, hat sie gegen den Empfänger der Leistung Anspruch aus ungerechtfertigter Bereicherung, wenn dieser die Insolvenzeröffnung kannte.[6] Gleiches kann der Insolvenzverwalter gegen den Empfänger geltend machen, wenn die Leistung für die Bank schuldbefreiend war.[7]

940 **Beispiel 4** (BGHZ 67, 75): Die Elektrogroßhandlung E hatte von der Firma S rund 18.000 EUR zu fordern. Darauf akzeptierte deren Inhaber einen von E auf ihn gezogenen Wechsel über 15.000 EUR. Dieser Wechsel wurde zum 15. Juni bei der Bank der Firma S zahlbar gestellt. E gab den Wechsel seiner Hausbank, die

---

[1] Jaeger/*Henckel*, KO, § 8 Rdn. 42; *Obermüller*, Rdn. 3.206.

[2] *Uhlenbruck* in: *Uhlenbruck*, InsO, § 82 Rdn. 26.

[3] *Kuhn/Uhlenbruck*, KO, § 8 Rdn. 4; eingehend Jaeger/*Henckel*, KO, § 8 Rdn. 18 ff.

[4] Jaeger/*Henckel*, KO, § 8 Rdn. 42.

[5] *Uhlenbruck* in: *Uhlenbruck*, InsO, § 82 Rdn. 29; *Lüke* in: *Kübler/Prütting*, InsO, § 82 Rdn. 32.

[6] BGHZ 67, 75; *Uhlenbruck* in: *Uhlenbruck*, InsO, § 82 Rdn. 30; *Lüke* in: *Kübler/Prütting*, InsO, § 82 Rdn. 33.

[7] *Uhlenbruck* in: *Uhlenbruck*, InsO, § 82 Rdn. 30.

ihn mit banküblichem Vorbehalt gutschrieb. Am 6. Mai wurde über das Vermögen der Firma S das Insolvenzverfahren eröffnet. Am 11. Juni meldete E eine Forderung von insgesamt 19.327,08 EUR zur Insolvenztabelle an; in dieser Summe war der Wechselbetrag enthalten. Am 15. Juni wurde der Wechsel durch die Hausbank des E der Bank der Firma S als Domizilbank vorgelegt und drei Tage später eingelöst. Ein Angestellter der Bank der Firma S hatte die Insolvenzeröffnung übersehen. Nunmehr verlangt die Bank der Firma S die 15.000 EUR nebst Zinsen von der Elektrogroßhandlung E aus ungerechtfertigter Bereicherung zurück.

Der Bundesgerichtshof bejaht einen Bereicherungsanspruch gegen die Elektrogroßhandlung E, betont jedoch, dass im Mehrpersonenverhältnis eine schematische Lösung zu § 812 BGB nicht angezeigt sei und eine angemessene Lösung nach Einzelfall gesucht werden müsse. Ausschlaggebend sind danach folgende Überlegungen: Der Bankvertrag der Schuldnerin mit der Hausbank (Domizilbank) ist mit Insolvenzeröffnung erloschen (§ 116 Satz 1, § 115 Abs. 1 InsO). Die Einlösung und Zahlung konnte danach grundsätzlich nicht mehr wirksam erfolgen. Die Bank hätte gegen die Firma S einen Aufwendungsersatzanspruch nur als Insolvenzforderung nach § 116 Satz 1, § 115 Abs. 3 InsO erwerben können, wobei die mögliche Kenntnis von der Insolvenzeröffnung zu berücksichtigen ist. Da deshalb die Bank von der Insolvenzmasse keinen Ersatz verlangen kann, stellt sich die Frage eines Bereicherungsanspruchs gegen Elektrogroßhändler E als Empfänger der Leistung. Dieser hatte im Sachverhalt Kenntnis von der Insolvenzeröffnung, da er seine Forderung zur Insolvenztabelle anmeldete und selbst wohl nicht mehr mit einer Zahlung auf den Wechsel rechnete. Daraus folge, dass die Bank, die den auf ihren Kunden gezogenen, von diesem angenommenen und bei ihr zahlbar gestellten Wechsel einlöste, nachdem über das Vermögen des Kunden das Insolvenzverfahren eröffnet worden sei, wie der Empfänger der Zahlung wisse, gegen diesen einen unmittelbaren Bereicherungsanspruch habe. Ob es sich dabei um eine Leistungs- oder um eine Eingriffskondiktion handele, sei im Ergebnis belanglos und könne daher auf sich beruhen (eingehend BGHZ 67, 75, 80).

3. Die Folgen unwirksamer Leistung

Konnte der Drittschuldner nach Insolvenzeröffnung nicht mehr über 941 § 82 InsO wirksam an den Schuldner leisten, bleibt seine Erfüllungspflicht gegenüber dem Insolvenzverwalter und der Insolvenzmasse bestehen. Der Drittschuldner hat seine Leistung weiter an den Insolvenzverwalter zu erbringen und muss gegebenenfalls nochmals leisten. Unter Berücksichtigung der Voraussetzungen des § 82 InsO erscheint dies aber gerechtfertigt, da er ja von der Insolvenzeröffnung Kenntnis hatte oder auf Grund der öffentlichen Bekanntmachung hätte haben müssen.

Der Drittschuldner kann dem Insolvenzverwalter die verzögerliche 942 Arglisteinrede des „dolo facit, qui petit, quod statim redditurus esset“ aus § 242 BGB entgegenhalten.[1] Der Insolvenzverwalter soll versuchen, dass Geleistete vom Schuldner zu erlangen, dies entspricht letztlich seiner Aufgabe zur Inbesitznahme der Insolvenzmasse aus § 148 InsO.

[1] Jaeger/*Henckel*, KO, § 8 Rdn. 48; zur Herkunft der Einrede aus dem Recht der Aufrechnung (Compensatio) des römischen Rechts *Windscheid/Kipp*, Band 2, S. 428.

943 Der Drittschuldner, der nochmals an den Insolvenzverwalter leisten muss, hat seinerseits gegen den Schuldner persönlich einen Anspruch auf Rückgabe des an ihn Geleisteten aus Bereicherungsrecht. Teilweise wird hier ein Fall der so genannten Zweckverfehlungskondiktion nach § 812 Abs. 2 Satz 2 zweite Alternative BGB gesehen, teilweise ein einfacher Fall der Leistungskondiktion.[1] Der Bereicherungsanspruch des Drittschuldners gegen den Schuldner ist praktisch kaum durchsetzbar, wenn bereits der Insolvenzverwalter erfolglos versucht hat, die Leistung beim Schuldner zu erlangen und zudem der Drittschuldner mit seinem Bereicherungsanspruch so genannter Neugläubiger ist, ihm praktisch kein Zugriff auf das Vermögen des Schuldners zusteht.

II. Die Leistung auf ein im Grundbuch eingetragenes Recht

1. Die Unterscheidung der Leistungsarten

944 Von der Erfüllung nach § 82 InsO ist die Leistung eines Drittschuldners auf ein im Grundbuch eingetragenes Recht zu unterscheiden. Die Frage der Wirksamkeit einer Leistung auf ein im Grundbuch eingetragenes Recht, insbesondere ein Grundpfandrecht, ist nicht nach § 82 InsO sondern nach der allgemeinen Regelung des § 81 InsO zu beantworten. Im Wortlaut des Gesetzes wird dies dadurch deutlich, dass § 82 Satz 1 InsO von der Erfüllung einer Verbindlichkeit spricht. Die Leistung auf einem Grundbuch eingetragenes Recht stellt keine Erfüllung einer Verbindlichkeit im Sinne des allgemeinen Schuldrechts dar sondern eine Verfügung über das Recht.

a) Die Leistung auf ein Grundpfandrecht

945 Der Sonderfall der Leistung auf ein im Grundbuch eingetragenes Recht hat bei Grundpfandrechten Bedeutung. Schuldner des Insolvenzverfahrens ist hierbei der Grundpfandrechtgläubiger, der leistende Drittschuldner – sofern mangels einer Verbindlichkeit von einem solchen gesprochen werden kann – ist regelmäßig der nicht insolvente Grundstückseigentümer. Der Hypothekengläubiger oder Grundschuldgläubiger hat gegen den Grundstückseigentümer den Anspruch auf Duldung der Zwangsvollstreckung aus § 1147 BGB, der Grundstückseigentümer ist als solcher nicht zur Zahlung verpflichtet.[2] Als Grundstückseigentümer ist er sowohl bei der Hypothek als auch bei der

[1] Für Zweckverfehlung *Uhlenbruck* in: *Uhlenbruck*, InsO, § 82 Rdn. 6; *Eickmann* in: HK-InsO, § 82 Rdn. 13; *Lüke* in: *Kübler/Prütting*, InsO, § 82 Rdn. 7; für § 812 Abs. 1 Satz 1 erste Alternative BGB *Ott* in: MüKo-InsO, § 82 Rdn. 11.

[2] Allgemein *Westermann/Eickmann*, Sachenrecht, § 100 II. 2.; eingehend *Eickmann* in: MüKo-BGB, § 1147 Rdn. 2 ff.

Grundschuld in Anwendung des § 1142 BGB jedoch zur Zahlung an den Grundpfandrechtgläubiger berechtigt, letztlich zur Abwendung der Zwangsvollstreckung in das eigene Grundstück.[1] Wegen der Akzessorietät der Hypothek von der gesicherten Geldforderung (§ 1113 BGB) ist zu unterscheiden:

- Ist der Grundstückseigentümer nicht zugleich Schuldner der persönlichen Forderung, richtet sich die Wirksamkeit der Zahlung der persönlichen Forderung seitens des Schuldners dieser Forderung an den Hypothekengläubiger und gleichzeitigen Insolvenzschuldner nach § 82 InsO. Ist die Leistung der persönlichen Forderung nach dieser Vorschrift wirksam, wandelt sich die Hypothek nach § 1163 Abs. 1 Satz 2 mit § 1177 Abs. 1 BGB kraft Gesetzes zur Eigentümergrundschuld. 946

  Der Grundstückseigentümer, der nicht zugleich Schuldner der persönlichen Forderung ist, kann unter den Voraussetzungen des § 1142 BGB an den Hypothekengläubiger leisten. Hier findet § 82 InsO keine Anwendung, die Leistung erfolgt nicht in Erfüllung einer Verbindlichkeit. Soweit die Leistung nach § 1142 BGB gegenüber dem Insolvenzverwalter und der Insolvenzmasse unter den noch darzustellenden Voraussetzungen wirksam ist, geht nach § 1143 BGB die Forderung des Hypothekengläubigers und Insolvenzschuldners auf den Grundstückseigentümer über, mit ihr geht auch die Hypothek über (§ 1153 BGB), sie wird zur Eigentümerhypothek. 947
- Ist der Grundstückseigentümer gleichzeitig persönlicher Schuldner der Forderung, ist § 1142 BGB regelmäßig nicht anwendbar, der Schuldner/Eigentümer zahlt stets auf die persönliche Forderung.[2] 948

Die Grundschuld ist als so genannte Sicherungsgrundschuld regelmäßig durch die Sicherungsabrede mit der persönlichen Forderung verbunden. Der Bestand der Grundschuld als dingliches Recht ist nicht vom Bestand der Forderung abhängig. Bei Wegfall der gesicherten Forderungen und Erledigung des Sicherungszwecks der Grundschuld hat der Grundstückseigentümer gegen den Grundschuldgläubiger Anspruch auf Rückgewähr der Grundschuld.[3] Im Hinblick auf die Leistung des Grundstückseigentümers ist zu unterscheiden: 949

- Ist der Grundstückseigentümer gleichzeitig Schuldner der persönlichen Forderung, ist zunächst nach der Sicherungsabrede zu prüfen, ob eine Zahlung auf die Forderung oder die Grundschuld erfolgen soll. Regelmäßig wird hierbei vereinbart, dass Zahlungen allein auf 950

---

[1] Allgemein *Eickmann* in: MüKo-BGB, § 1142 Rdn. 3 ff.

[2] BGHZ 7, 123, 126; *Eickmann* in: MüKo-BGB, § 1142 Rdn. 7 m.w.N.; anders *Wolff/Raiser,* Sachenrecht, § 140 V. 1., die inzident auch von Personenidentität zwischen Schuldner und Eigentümer ausgehen.

[3] Allgemein zum Rückgewähranspruch *Eickmann* in: MüKo-BGB, § 1191 Rdn. 87 ff.; *Westermann/Eickmann,* Sachenrecht, § 117 II.; *Schöner/Stöber,* Rdn. 2304 ff.; umfassend *Clemente,* Rdn. 383 bis 512.

die Forderung anzurechnen seien. Betreibt der Grundschuldgläubiger jedoch die Zwangsvollstreckung oder droht er mit ihr, wird dem Grundstückseigentümer uneingeschränkt das Recht zugebilligt, in Anwendung des § 1142 BGB auf die Grundschuld zu zahlen, eine Zahlungsvereinbarung der Sicherungsabrede ist dann ohne Bedeutung.[1]

951 – Ist der Grundstückseigentümer nicht gleichzeitig Schuldner der persönlichen Forderung, leistet er an den Grundschuldgläubiger stets auf das dingliche Recht in Anwendung des § 1142 BGB.[2] Als Folge geht analog § 1143 BGB die Grundschuld als Eigentümerrecht auf ihn über.[3]

b) Die Leistung auf eine Reallast

952 Auch bei einer im Grundbuch eingetragenen Reallast nach §§ 1105 ff. BGB kann eine Leistung in Ansehung dieses im Grundbuch eingetragenen Rechtes vorliegen, wenn Inhalt der Reallast die Verpflichtung des Grundstückseigentümers zur Leistung von Geld oder vertretbarer Sachen besteht. Über § 1107 BGB finden die Vorschriften des Hypothekenrechts für Hypothekenzinsen auf die einzelnen Leistungen der Reallast entsprechende Anwendung.

2. Die Anwendung der Gutglaubensvorschrift des § 892 BGB

953 Die Leistung auf ein im Grundbuch eingetragenes Recht ist als Rechtsgeschäft des Sachenrechts anzusehen. Es stellt die Entgegennahme der Leistung durch den Grundpfandrechtsgläubiger und Insolvenzschuldner eine Verfügung über das im Grundbuch eingetragenes Recht dar, auch wenn die sachenrechtliche Folge der Leistung unmittelbar kraft Gesetzes eintritt. Die an den Schuldner als Grundpfandrechtsgläubiger seitens des Grundstückseigentümers erbrachte Leistung ist grundsätzlich nach § 81 Abs. 1 Satz 1 InsO unwirksam.

954 Die Leistung an den Grundpfandrechtsgläubiger kann in Anwendung des § 893 erste Alternative BGB über § 81 Abs. 1 Satz 2 InsO wirksam sein. Soweit nämlich die Entgegennahme der Leistung auf ein im Grundbuch eingetragenes Recht als sachenrechtliche Verfügung anzusehen ist, müssen auch die allgemeinen über § 81 Abs. 1 Satz 2 oder § 91 Abs. 2 InsO anzuwendenden Gutglaubensvorschriften des Immobiliarrechts Anwendung finden. Nach § 893 erste Alternative BGB finden die Vorschriften zum gutgläubigen Erwerb (§ 892 Abs. 1 Satz 2

---

[1] BGH NJW 1987, 838; BGH NJW RR 1989, 1036; *Eickmann* in: MüKo-BGB, § 1191 Rdn. 75; *Clemente*, Rdn. 592.

[2] *Eickmann* in: MüKo-BGB, § 1191 Rdn. 76; *Clemente*, Rdn. 595 ff.

[3] *Eickmann* in: MüKo-BGB, § 1191 Rdn. 65, 75, 83; *Clemente*, Rdn. 592.

BGB) auch auf den Fall Anwendung, dass eine Leistung in Ansehung eines im Grundbuch eingetragenen Rechtes erfolgt. Dieser Fall liegt hier vor. Eine Leistung des Grundstückseigentümers an den Schuldner als Berechtigten eines Grundpfandrecht oder einer Reallast ist unter den folgenden Voraussetzungen der §§ 893 mit 892 Abs. 1 Satz 2 BGB wirksam:

- Im Grundbuch darf bei dem Grundpfandrecht oder der Reallast der Insolvenzvermerk nach § 32 Abs. 1 Nr. 2 InsO nicht eingetragenen sein, das Grundbuch muss hinsichtlich der Insolvenzeröffnung über das Vermögen des Grundpfandrechtsgläubigers oder Reallastberechtigten unrichtig sein.
- Die Leistung muss rechtsgeschäftlich erfolgen und darf wirtschaftlich ein Verkehrsgeschäft beinhalten. Der Grundstückseigentümer darf nicht gesellschaftsrechtlich mit dem Schuldner verbunden sein.
- Der Grundstückseigentümer muss bei seiner Leistungshandlung gutgläubig sein, er darf von der Insolvenzeröffnung keine Kenntnis haben. Nach § 892 BGB schadet dem Grundstückseigentümer allein die positive Kenntnis der Insolvenzeröffnung. Anders als im Falle des § 82 Satz 2 InsO bewirkt die öffentliche Bekanntmachung der Insolvenzeröffnung auch keine Beweislastumkehr. Der Grundstückseigentümer muss seine Unkenntnis von der Insolvenzeröffnung in keinem Fall beweisen, die Beweislast trägt immer der Insolvenzverwalter.

Liegen diese Voraussetzungen vor, ist die Leistung auf ein im Grund- 955
buch eingetragenes Recht wegen gutgläubigen Erwerbs wirksam. Soweit der Grundstückseigentümer auch persönlicher Schuldner der Hypothekenforderung ist, erlischt diese und die Hypothek wird zur Eigentümergrundschuld, im Übrigen geht die Forderung gegen den persönlichen Schuldner auf den Grundstückseigentümer über (§ 1143 BGB). Bei der Leistung auf die Grundschuld geht diese selbst auf den Grundstückseigentümer über, der Grundschuldgläubiger (Insolvenzverwalter) ist zudem verpflichtet, die Forderung an den Grundstückseigentümer abzutreten.[1]

Beispiel 5: Zu Gunsten des Schuldners ist im Grundbuch eine Grundschuld zu 956
50.000 EUR eingetragen, sie sichert eine gleichhohe Forderung des Schuldners gegen den Grundstückseigentümer. Eigenmächtig droht der Schuldner dem Grundstückseigentümer mit Zwangsvollstreckung, falls dieser die bereits fällige Forderung nicht zahlt. Am 15. Juli wird über das Vermögen des Schuldners das Insolvenzverfahren eröffnet, die öffentliche Bekanntmachung erfolgt am 22. Juli. Am 1. August zahlt der Grundstückseigentümer an den Schuldner den vollen Kapitalbetrag der Grundschuld, von der Insolvenzeröffnung hat keine Kenntnis, ein Insolvenzvermerk ist im Grundbuch nicht eingetragen.

Fraglich ist, ob die Forderung von 50.000 EUR sowie die im Grundbuch eingetragene Grundschuld noch zur Insolvenzmasse gehören. Hinsichtlich der Zahlung der persönlichen Forderung könnte gegen den Eigentümer § 82 Satz 2 InsO gelten. Allerdings ist der Eigentümer berechtigt, ungeachtet der Verrechnungsabrede

---

[1] BGH ZIP 1981, 558; *Clemente*, Rdn. 596 ff.

die Grundschuld nach § 1142 BGB abzulösen. Die Leistung ist in Anwendung der § 81 Abs. 1 Satz 2 InsO mit § 893 erste Alternative und § 892 Abs. 1 Satz 2 BGB wirksam, auf den Zeitpunkt der öffentlichen Bekanntmachung kommt es hinsichtlich des guten Glaubens nicht an. Die Beweislast hierfür trifft den Insolvenzverwalter. Als Folge wirksamer Leistung ist entsprechend § 1143 BGB die Grundschuld auf den Grundstückseigentümer übergegangen und gehört damit nicht mehr zur Insolvenzmasse.

7. Kapitel. Die Wirkungen der Insolvenzeröffnung auf anhängige Prozesse

I. Die Prozessunterbrechung nach § 240 ZPO

1. Allgemeiner Überblick zu den Regelungen der §§ 85 ff. InsO

Die Wirkungen der Insolvenzeröffnung auf Zivil-, Verwaltungs- oder finanzgerichtliche Verfahren gehören nicht eigentlich zum materiellen Insolvenzrecht, die Insolvenzordnung behandelt sie jedoch innerhalb des Abschnitts der allgemeinen Wirkungen der Insolvenzeröffnung. 957

Ausgangsnorm für die Wirkungen der Insolvenzeröffnung auf laufende Prozesse ist § 240 ZPO, wonach anhängige Verfahren mit Insolvenzeröffnung kraft Gesetzes unterbrochen werden. Es soll den Verfahrensbeteiligten Gelegenheit gegeben werden, sich auf die veränderte Situation durch Insolvenzeröffnung einzustellen. Verändert ist die Situation mindestens dadurch, dass nunmehr der Insolvenzverwalter an Stelle des Schuldners als gesetzlicher Prozessstandschafter auftritt.[1] Die Prozessunterbrechung voraussetzend regelt die Insolvenzordnung in den §§ 85 ff. InsO die Aufnahme und Fortführung des unterbrochenen Verfahrens. In einem groben Überblick dargestellt sind die Regelungen wie folgt voneinander zu unterscheiden:[2] 958

- Ein Aktivprozess des Schuldners kann nach § 85 InsO durch den Insolvenzverwalter aufgenommen werden; erscheint dem Insolvenzverwalter die Prozessaufnahme nicht Erfolg versprechend, gibt er gleichsam den Streitgegenstand aus der Insolvenzmasse frei und der Prozess kann vom Schuldner selbst wie auch vom Prozessgegner aufgenommen und fortgeführt werden.
- Bei Passivprozessen des Schuldners ist zu unterscheiden, ob diese ein Aus- oder Absonderungsrecht oder eine Masseforderung zum Gegenstand haben oder ob sie eine Insolvenzforderung betreffen:
  Ein Passivprozess des Schuldners, der ein Aussonderungsrecht, ein Absonderungsrecht oder eine Masseforderung betrifft, kann sowohl vom Insolvenzverwalter als auch vom Prozessgegner aufgenommen werden (§ 86 InsO).
  Ein Passivprozess des Schuldners, der eine Insolvenzforderung zum Streitgegenstand hat, bleibt unterbrochen, der Prozessgegner als Insolvenzgläubiger wird auf den Weg der Forderungsanmeldung zur Insolvenztabelle nach §§ 174 ff. InsO verwiesen (§ 87 InsO); erst

[1] BGHZ 88, 331, 334; Zöller/*Vollkommer,* ZPO, Vor § 50 Rdn. 21.
[2] Begründung des Regierungsentwurfs BT-Drucks. 12/2443, S. 136.

wenn im insolvenzrechtlichen Prüfungsverfahren die Forderung bestritten bleibt, kann der Prozess als Feststellungsprozess wieder aufgenommen werden (§ 180 Abs. 2 InsO).

2. Die von der Unterbrechung betroffenen Verfahrensarten

a) Zivilprozessuale Verfahren

959 Die Prozessunterbrechung nach § 240 ZPO tritt ein, wenn der Streitgegenstand des Prozesses die Insolvenzmasse betrifft. Nichtvermögensrechtliche Streitigkeiten des Schuldners, insbesondere Familiensachen wie Scheidungsverfahren oder Kindschaftssachen, sind von der Prozessunterbrechung nicht betroffen. Zwar hat beispielsweise die Feststellung der Vaterschaft des Schuldners mittelbar auch Auswirkungen auf dessen Vermögen – letztlich mit der Folge der Unterhaltspflicht –, der Streitgegenstand betrifft jedoch nicht die Insolvenzmasse. Auch Prozesse, die ein tatsächliches Handeln oder Unterlassen des Schuldners oder des Prozessgegners zum Gegenstand haben, werden nicht unterbrochen. Verfahrensunterbrechung tritt auch nicht im Zwangsvollstreckungsverfahren ein, weder bei Insolvenz des Gläubigers[1] noch bei Insolvenz des Schuldners. Auch ein Prozesskostenhilfeverfahren oder ein Schiedsgerichtsverfahren werden nicht unterbrochen. Ob das selbstständige Beweisverfahren nach § 485 Abs. 2 ZPO von § 240 ZPO erfasst wird, ist sehr streitig.[2] In Verfahren zur Anordnung eines Arrestes oder einer einstweiligen Verfügung nach §§ 916 ff. und §§ 935 ff. ZPO tritt dagegen Verfahrensunterbrechung ein, da diese Verfahren als summarische Erkenntnisverfahren dem Zivilprozess gleichstehen.

b) Verwaltungsverfahren und Steuerfestsetzungsverfahren

960 In Verfahren der Verwaltungs- und Finanzgerichte sowie der Sozialgerichte findet § 240 ZPO entsprechende Anwendung.[3] Ein Verfahren der Verwaltungsbehörde wird dagegen von § 240 ZPO grundsätzlich nicht erfasst.[4] Auch das Klageverfahren den Bescheid über die Rück-

---

[1] Zutreffend für die Insolvenz des Gläubigers im Zwangsversteigerungsverfahren AG Göttingen NZI 2000, 95 = ZIP 1999, 2107; ferner KG NZI 2000, 228; für das Verfahren zur Abnahme der eidesstattlichen Versicherung nach §§ 807, 899 ff. ZPO ebenso LG Stuttgart Rpfleger 1999, 268; *Uhlenbruck* in: *Uhlenbruck*, InsO, § 85 Rdn. 21.

[2] Gegen eine Unterbrechung BGH ZIP 2004, 186; OLG Frankfurt am Main NZI 2003, 62; OLG Hamm NJW-RR 1997, 723; dafür OLG Dresden NZI 2002, 688; OLG München NZI 2003, 57; LG Stuttgart NZI 2003, 232; OLG Frankfurt am Main ZIP 2003, 2043; eingehend *Uhlenbruck* in: *Uhlenbruck*, InsO, § 85 Rdn. 26; *Lüke* in: *Kübler/Prütting*, InsO, § 85 Rdn. 30; *Meyer*, NZI 2005, 9.

[3] BVerwG KTS 1989, 493; *Uhlenbruck* in: *Uhlenbruck*, InsO, § 85 Rdn. 30 mit umfangreichen Nachweisen.

[4] Jaeger/*Henckel*, KO, § 10 Rdn. 44; *Schumacher* in: MüKo-InsO, vor §§ 85 bis 87 Rdn. 50 ff.

übertragung enteigneten Vermögens in den neuen Bundesländern betreffend (§ 36 VermG) soll von § 240 ZPO unberührt bleiben.[1] Grund hierfür ist die Regelungen des § 3b Abs. 1 Satz 1 VermG, wonach die Eröffnung des Insolvenzverfahrens über das Vermögen des Verfügungsberechtigten den Rückübertragungsanspruch nicht berührt.

Die Unterbrechungswirkung gilt dann, wenn das Verfahren den Er- 961
lass eines Bescheides gegen den Schuldner zum Gegenstand hat und die Forderung Insolvenzforderung im Sinne des § 38 InsO ist. Praktische Bedeutung hat dies vor allem im Steuerverfahren, nach Eröffnung des Insolvenzverfahrens ist der Erlass eines Steuerbescheides unzulässig.[2] Die Finanzbehörde ist wie jeder andere Insolvenzgläubiger gehalten, die Steuerforderung als Insolvenzforderung zur Insolvenztabelle anzumelden. Erst wenn im Prüfungsverfahren nach §§ 174ff. InsO eine Feststellung der Forderung nicht erfolgt, verweist § 185 InsO wieder in das öffentlich-rechtliche Verfahren, die Finanzbehörde hat dann nach § 251 Abs. 3 AO durch Feststellungsbescheid (nicht Leistungsbescheid) ihre Forderung festzustellen.[3]

3. Der Eintritt der Unterbrechungswirkung

a) Die Unterbrechung mit Verfahrenseröffnung

Die Unterbrechungswirkung tritt unabhängig vom Willen der Betei- 962
ligten oder des Gerichts und unabhängig von deren Kenntnis über die Insolvenzeröffnung kraft Gesetzes ein. Ein Beschluss des Gerichts über die Prozessunterbrechung hat lediglich deklaratorische Bedeutung. Ist für den Schuldner ein Prozessbevollmächtigter bestellt, ist dessen Prozessvollmacht gleichfalls mit Insolvenzeröffnung kraft Gesetzes erloschen (§ 117 InsO); § 246 ZPO, der in anderen Fällen der Prozessunterbrechung bei anwaltlicher Vertretung Ausnahmen vorsieht, gilt nicht.[4] Das Gericht hat das Erlöschen der Prozessvollmacht von Amts wegen zu berücksichtigen.

Nach § 240 Satz 2 ZPO tritt die Unterbrechungswirkung bereits mit 963
Anordnung der vorläufigen Insolvenzverwaltung während des Eröffnungsverfahrens ein, wenn ein so genannter starker vorläufigen Insolvenzverwalter nach § 21 Abs. 2 Nr. 1 mit § 22 Abs. 1 InsO bestellt wird.[5] Über § 24 Abs. 2 InsO ist dieser starke vorläufige Insolvenzverwalter auch befugt, einen unterbrochenen Prozess aufzunehmen.

---

[1] BVerwG NZI 2003, 338.

[2] Grundlegend zuletzt BFH NZI 2003, 456 m. Anm. *Stöcker;* eingehend auch *Uhlenbruck* in: *Uhlenbruck,* InsO, § 85 Rdn. 31ff.; *Schumacher* in: MüKo-InsO, vor §§ 85 bis 87 Rdn. 51 mit umfangreichen Nachweisen; *Frotscher* in: *Gottwald,* § 124 Rdn. 4.

[3] BFH ZVI 2005, 497; *Frotscher* in: *Gottwald,* § 124 Rdn. 10.

[4] *Kuhn/Uhlenbruck,* KO, § 23 Rdn. 7a.

[5] BGH NZI 1999, 363 = ZIP 1999, 1314.

b) Die Rechtshängigkeit des Verfahrens

964 Wesentliche Voraussetzung der Anwendung des § 240 ZPO ist die Rechtshängigkeit des Prozesses nach § 261 ZPO mit Zustellung der Klageschrift an den Beklagten. Im Mahnverfahren muss nach § 693 ZPO der Mahnbescheid dem Antragsgegner zugestellt sein (§ 700 Abs. 2 ZPO).[1]

965 Rechtshängig ist das Verfahren, solange es nicht durch wirksame Klagerücknahme oder rechtskräftige Entscheidung abgeschlossen ist. Auch nach Erlass des Urteils ist das Verfahren noch solange von § 240 ZPO unterbrochen, als eine Rechtsmittelfrist oder Rechtsbehelfsfrist noch nicht abgelaufen ist. Die Prozessunterbrechung bewirkt auch die Unterbrechung der Berufungsfrist (§§ 511 und 517 ZPO), der Revisionsfrist (§§ 542 und 548 ZPO) oder der Einspruchsfrist gegen das Versäumnisurteil oder den Vollstreckungsbescheid (§§ 339 und 700 Abs. 1 ZPO).

c) Die Unterbrechung bei Streitgenossenschaft

aa) Die Unterbrechung bei notwendiger und einfacher Streitgenossenschaft

966 Problematisch ist die Unterbrechungswirkung, wenn der Schuldner mit anderen Beteiligten als Streitgenosse am Prozess beteiligt ist. Bei der notwendigen Streitgenossenschaft nach § 62 ZPO trifft die Prozessunterbrechung alle Streitgenossen gemeinschaftlich.[2] Bei einfacher Streitgenossenschaft des Schuldners berührt die Prozessunterbrechung das Verfahren gegen die anderen Streitgenossen des Schuldners nicht, gegen sie kann regelmäßig ein Teilurteil ergehen.[3]

967 Einfache Streitgenossenschaft liegt insbesondere vor, wenn im selben Prozess die offene Handelsgesellschaft oder Kommanditgesellschaft wie auch die Gesellschafter wegen ihrer persönlichen Haftung verklagt werden.[4] Hier verbietet jedoch § 93 InsO ein weiteres klageweises Vorgehen des Gläubigers gegen den Gesellschafter. Es wird argumentiert, dass der Gläubiger, der wegen § 93 InsO die persönliche Haftung des Gesellschafters nicht mehr geltend machen darf, gegen diesen auch nicht mehr klagen dürfe.[5] Dieses Recht steht nunmehr allein dem Insolvenzverwalter zu.

---

[1] Zöller/*Vollkommer,* ZPO, § 693 Rdn. 3, § 700 Rdn. 1.

[2] *Feiber* in: MüKo-ZPO, § 240 Rdn. 16; Zöller/*Greger,* ZPO, § 240 Rdn. 7; *Uhlenbruck* in: *Uhlenbruck,* InsO, § 85 Rdn. 5; differenzierend Jaeger/*Henckel,* KO, § 10 Rdn. 9.

[3] BGH ZIP 2003, 594; OLG Köln ZInsO 2004, 1143.

[4] Zöller/*Vollkommer,* ZPO, § 62 Rdn. 7 m. w. N.

[5] BGH NZI 2003, 94 = ZIP 2003, 28; *Brandes* in: MüKo-InsO, § 93 Rdn. 13; *Lüke* in: *Kübler/Prütting,* InsO, § 93 Rdn. 36.

bb) Die Besonderheiten bei der Gesellschaft bürgerlichen Rechts

Mit Anerkennung der Rechtsfähigkeit der Gesellschaft bürgerlichen 968
Rechts[1] ist diese prozessrechtlich der offenen Handelsgesellschaft gleichzusetzen. Es ist bei einem Prozess gegen die Gesellschafter zu unterscheiden, ob die Gesellschafter in Gesamthand verklagt werden oder als Gesellschafter wegen ihrer persönlichen Haftung entsprechend § 128 HGB:[2]

- Im Prozess betreffend die Gesamthandsschuld ist die Gesellschaft selbst Partei, vertreten durch die Gesellschafter. Der Prozess wird nach § 240 ZPO nur unterbrochen, wenn über das Vermögen der Gesellschaft selbst das Insolvenzverfahrens eröffnet wird. Bei der Insolvenz der Gesellschaft kann aber wie bei der offenen Handelsgesellschaft über § 93 InsO eine Prozessunterbrechung gegen die Gesellschafter angenommen werden.[3]
- Im Prozess betreffend die einzelnen Gesellschafter sind diese einfache Streitgenossen.[4] Die Insolvenz eines Gesellschafters berührt den Prozess gegen die übrigen Gesellschafter nicht.

Die Praxis unterscheidet zumeist nicht ausreichend zwischen 969
dem Prozess gegen die Gesamthand und denjenigen gegen die Gesellschafter, in aller Regel werden noch die Gesellschafter in gesamtschuldnerischer Haftung ohne weitere Differenzierung verklagt. Dies ist nicht richtig. Ein Klage gegen die Gesellschafter in gesamtschuldnerischer Haftung kann nur deren persönliche Haftung betreffen. Die Regelung des § 736 ZPO, wonach für die Zwangsvollstreckung in das Gesellschaftsvermögen ein Vollstreckungstitel gegen alle Gesellschafter erforderlich ist, ist so zu lesen, dass die Gesellschaft selbst als Partei ausreichend durch Benennung ihrer Gesellschafter identifiziert sein muss.[5]

4. Die Wirkung der Unterbrechung

a) Die Fristunterbrechung nach § 249 ZPO

Die Unterbrechung bewirkt nach § 249 Abs. 1 ZPO das Ende einer 970
jeden bei der Unterbrechung noch laufenden Frist. Die unterbrochene Frist beginnt nach Prozessaufnahme von neuem zu laufen. Von der Unterbrechung ist jede Frist betroffen, beispielsweise die Frist zur Klageerwiderung nach §§ 275 und 277 ZPO, die Frist zur Erhebung des Widerspruchs gegen einen Mahnbescheid nach § 692 Abs. 1 Nr. 2

---

[1] BGHZ 146, 341.
[2] Eingehend zur Klage gegen die Gesellschafter *Ulmer* in: MüKo-BGB, § 718 Rdn. 45 ff.; zur persönlichen Haftung der Gesellschafter BGHZ 142, 315.
[3] *Uhlenbruck* in: *Uhlenbruck*, InsO, § 85 Rdn. 5.
[4] BGHZ 54, 251.
[5] Allgemein Zöller/*Stöber*, ZPO, § 736 Rdn. 1.

ZPO, insbesondere aber die Berufungsfrist (§ 517 ZPO), die Revisionsfrist (§ 548 ZPO)[1] oder die Einspruchsfrist (§ 339 ZPO).

b) Die Unwirksamkeit von Prozesshandlungen

971 Prozesshandlungen einer Partei sind während der Unterbrechung ohne Wirkung (§ 249 Abs. 2 ZPO). Die Unwirksamkeit einer Prozesshandlung ist vom Gericht nicht von Amts wegen zu berücksichtigen, sondern nur auf Rüge des Prozessgegners, der nach § 295 ZPO hierauf verzichten kann.[2]

c) Die Verkündung gerichtlicher Entscheidungen

972 Nach § 249 Abs. 3 ZPO sind nach Unterbrechung auch dem Gericht prozessuale Handlungen untersagt. Tritt die Unterbrechung nach dem Schluss der mündlichen Verhandlung ein, ist das Gericht an der Verkündung eines Urteils aber nicht gehindert.[3] Nach dem Schluss der mündlichen Verhandlung können nämlich keine Angriffs- und Verteidigungsmittel mehr vorgebracht werden (§ 296a ZPO), die Prozessunterbrechung kann letztlich keinen Einfluss mehr auf die gerichtliche Entscheidung haben.

II. Die Aufnahme eines Aktivprozesses nach § 85 InsO

1. Die Aufnahme durch den Insolvenzverwalter

a) Der Begriff des Aktivprozesses

973 Die Aufnahme des unterbrochenen Aktivprozesses regelt § 85 InsO. Aktivprozess ist zunächst der Rechtsstreit, bei welchem der Schuldner als Kläger den Beklagten auf Leistung verklagt hat. Allgemein ist ein Aktivprozess aber danach zu beurteilen, ob der Streitgegenstand als das den Rechtsstreit bildende Recht zur Insolvenzmasse gehört, wenn der Prozess für den Schuldner positiv endet; der Schuldner kann dann auch Beklagter des Rechtsstreits sein.[4] Beispielsweise kann eine gegen den Schuldner erhobene negative Feststellungsklage dahingehend, dass ein bestimmter Gegenstand oder Vermögenswert nicht dem Schuldner zustehe, für diesen einen Aktivprozess darstellen, denn bei Klageabweisung wäre der bestimmte Gegenstand oder Vermögenswert gegenüber dem Kläger als zur Insolvenzmasse gehörend gesichert.[5]

---

[1] *Uhlenbruck* in: *Uhlenbruck*, InsO, § 85 Rdn. 36; zur Revisionsbegründungsfrist BGH JurBüro 1997, 151.

[2] Eingehend *Uhlenbruck* in: *Uhlenbruck*, InsO, § 85 Rdn. 37.

[3] Zum Erlass eines Zwischenurteils und dessen Anfechtung BGH NZI 2005, 64; BGH ZIP 2004, 2399.

[4] BGHZ 36, 258, 264 a. E.

[5] RGZ 73, 278; *Uhlenbruck* in: *Uhlenbruck*, InsO, § 85 Rdn. 47 m. w. N.

b) Die Aufnahme durch den Insolvenzverwalter

Zur Aufnahme des Aktivprozesses ist nach § 85 Abs. 1 Satz 1 InsO 974
allein der Insolvenzverwalter befugt. Er führt den Prozess als gesetzlicher Prozessstandschafter des Schuldners. Seine Entscheidung zur Aufnahme und Fortführung des Prozesses hat der Insolvenzverwalter unter Berücksichtigung des Streitgegenstandes und der Beweislage davon abhängig zu machen, ob Aussicht besteht, den Prozess zu gewinnen und den Streitgegenstand zur Insolvenzmasse ziehen zu können. Für die Entscheidung über die Prozessaufnahme sind damit allein sachliche und prozessrechtliche Erwägungen ausschlaggebend.[1] Zur Aufnahme eines Prozesses mit erheblichem Streitwert bedarf der Insolvenzverwalter der Genehmigung des Gläubigerausschusses oder der Gläubigerversammlung, wenn kein Gläubigerausschuss bestellt ist (§ 160 Abs. 2 Nr. 3 InsO).[2]

Der Prozessgegner ist zur Aufnahme des Prozesses gegen den Insol- 975
venzverwalter nicht befugt. Er kann nach § 85 Abs. 1 Satz 2 InsO und § 239 Abs. 2 ZPO den Insolvenzverwalter zum Termin über die Erklärungen der Aufnahme und zur Verhandlung in der Hauptsache laden lassen.

c) Die Form der Aufnahme

Der Insolvenzverwalter hat den unterbrochenen Prozess nach § 250 976
ZPO durch Erklärung gegenüber dem Gericht unter Zustellung des entsprechenden Schriftsatzes an den Prozessgegner aufzunehmen.[3] Die Prozessaufnahme kann auch konkludent durch Einlegung dessen noch zulässigen Rechtsmittels erklärt werden, wenn die Prozessunterbrechung nach Verkündung der gerichtlichen Entscheidung und vor Ablauf der Rechtsmittelfrist eingetreten ist.[4] Nicht ausreichend ist es, wenn der Insolvenzverwalter nur gegenüber dem Schuldner erklärt, dass er den Prozess aufnehmen wolle.[5]

d) Die Kosten des Rechtsstreits

Nimmt der Insolvenzverwalter den Rechtsstreit auf, sind die ihm 977
nach § 91 ZPO auferlegten Kosten Masseverbindlichkeiten nach § 55 Abs. 1 Nr. 1 InsO.[6] Dem Grundsatz der Einheitlichkeit der Kostenent-

---

[1] *Jaeger*, KO, § 10 Anm. 30.

[2] Begründung des Regierungsentwurfs BT-Drucks. 12/2443, S. 174.

[3] Allgemein Zöller/*Greger*, ZPO, § 250 Rdn. 4.

[4] BGHZ 30, 112, 119 (Berufungsbegründung mit Wiedereinsetzungsantrag wegen Fristversäumnis); BGHZ 36, 258, 260 (Einlegung der Revision); ausdrücklich BGHZ 111, 104; BGH ZIP 2001, 578 (Aufnahme in Revisionsinstanz).

[5] Im Umkehrschluss zu BGHZ 36, 258.

[6] Zum bisherigen Recht Jaeger/*Henckel*, KO, § 10 Rdn. 119; *Kuhn/Uhlenbruck*, KO, § 10 Rdn. 5; w. N. bei *Uhlenbruck* in: *Uhlenbruck*, InsO, § 85 Rdn. 51.

scheidung folgend betrifft diese Kostentragungspflicht nach bislang allgemeiner Ansicht die Kosten des gesamten Rechtsstreits in allen Instanzen. Wurde beispielsweise der Rechtsstreit unterbrochen, nachdem das Amtsgericht sein Urteil verkündet hatte, und nimmt der Insolvenzverwalter den Rechtsstreit durch Einlegung der Berufung auf, würden ihn im Falle der Zurückweisung der Berufung sowohl die amtsgerichtlichen als auch die landgerichtlichen Kosten des Verfahrens treffen.

978 Dieser Grundsatz wird zunehmend von Rechtsprechung und Literatur in Frage gestellt.[1] Es wird unter entsprechender Anwendung des § 105 Satz 1 InsO vertreten, der Insolvenzverwalter müsse lediglich die durch seine Prozessaufnahme im weiteren gerichtlichen Verfahren entstehenden Kosten als Masseverbindlichkeiten befriedigen; die bis zur Insolvenzeröffnung dem Schuldner nach § 91 ZPO entstandenen Prozesskosten seien dagegen stets Insolvenzforderungen nach § 38 InsO. Nach § 105 Satz 1 InsO ist bei einem gegenseitigen Vertrag mit teilbarer Leistung der Anspruch des Vertragspartners auf die Gegenleistung für bereits vor Insolvenzeröffnung erbrachte Teilleistungen stets Insolvenzforderung, auch wenn der Insolvenzverwalter für die Zukunft die Erfüllung des Vertrages wählt. Hierin wird allgemein ein Wille des Gesetzgebers gesehen, Ansprüche aus der Zeit vor Insolvenzeröffnung stets als Insolvenzforderungen zu betrachten, auch wenn der Insolvenzverwalter im Übrigen eine Masseverbindlichkeit begründet.[2] Eine analoge Anwendung des § 105 Satz 1 InsO oder auch nur eine Heranziehung des vermeintlich allgemeinen gesetzgeberischen Willens scheitert aber an der Vergleichbarkeit der Sachverhalte: Wesentliche Voraussetzung des § 105 Satz 1 InsO ist beim gegenseitigen Vertrag die Teilbarkeit des Leistungsgegenstandes. Auch wenn der Begriff der Teilbarkeit oder der teilbaren Leistung weit auszulegen ist, ist er doch Grundvoraussetzung der Norm. Bei der Prozessführung durch den Insolvenzverwalter handelt es sich jedoch nicht um die Teilbarkeit einer Leistung, auch nicht hinsichtlich der Prozesskosten. Der Insolvenzverwalter, der einen unterbrochenen Prozess aufnimmt, möchte den Prozess möglichst vollständig zu seinen Gunsten entschieden wissen, der Streitgegenstand ist als solcher keine teilbare Leistung. Wenn nun aber beispielsweise der Insolvenzverwalter gegen ein amtsgerichtliches Urteil Berufung einlegt, so doch mit dem Ziel, den Prozess vor dem Landgericht noch zu gewinnen. Die dem Schuldner im amtsgerichtlichen Urteil auferlegten Kosten müssen dann ebenso wie die Kosten der Berufungsinstanz einheitlich getragen werden. Wollte man § 105 Satz 1 InsO ergänzend heranzie-

[1] OLG Hamm ZIP 1994, 1547, dazu EWiR 1994, 1115 *(Pape)*; OLG Rostock ZIP 2001, 2145; bezüglich der erstinstanzlichen Kosten, auch wenn die Kostengrundentscheidung anders lautet BFH ZIP 2002, 2225; *Lüke* in: *Kübler/Prütting*, InsO, § 85 Rdn. 59; *Uhlenbruck* in: *Uhlenbruck*, InsO, § 85 Rdn. 51; *Schumacher* in: MüKo-InsO, § 85 Rdn. 20.

[2] So insbesondere *Lüke* in: *Kübler/Prütting*, InsO, § 85 Rdn. 59; eingehend *Uhlenbruck*, ZIP 2001, 1988.

hen, müsste es dem Insolvenzverwalter möglich sein, die Berufung auch abgekoppelt von der amtsgerichtlichen Entscheidung zu führen. Gerade das ist aber nicht möglich und auch nicht sein Bestreben. Die Kosten wären schließlich auch dann vollständig Masseverbindlichkeiten, wenn der Insolvenzverwalter selbst den Prozess von Anbeginn geführt hätte. Zwischen einer solchen originären Prozessführung durch den Insolvenzverwalter und einer Prozessaufnahme besteht kein Unterschied, in beiden Fällen wird der Insolvenzverwalter seine Prozessführung von der Frage abhängig machen, ob Aussicht besteht, den Prozess zu gewinnen. Weshalb sollen dann aber die Prozesskosten des Schuldners Insolvenzforderung sein, wenn der Insolvenzverwalter ebenso gehandelt hätte? Im Ergebnis besteht kein sachlicher Grund für eine Trennung der Prozesskosten in Insolvenzforderung und Masseverbindlichkeit, die vom Insolvenzverwalter in Folge seiner Prozessaufnahme zu tragenden Kosten sind sämtlich Masseverbindlichkeiten.[1]

2. Die Freigabe der streitbefangenen Sache nach § 85 Abs. 2 InsO

a) Die Ablehnung der Aufnahme durch den Insolvenzverwalter

Sieht der Insolvenzverwalter die weitere Prozessführung als nicht Erfolg versprechend an, ist er nicht verpflichtet, dem Prozess aufzunehmen, eine Prozessführung wurde für ihn mitunter ein Haftungsrisiko nach § 60 InsO bedeuten. Der Insolvenzverwalter kann deshalb gegenüber dem Prozessgegner oder gegenüber dem Schuldner erklären, dass er an einer Aufnahme des Prozesses kein Interesse habe. 979

b) Freigabe der streitbefangenen Sache

Lehnt der Insolvenzverwalter die Prozessführung ab, können sowohl der Schuldner als auch der Prozessgegner den Prozess aufnehmen (§ 85 Abs. 2 InsO). In der Ablehnung des Insolvenzverwalters sieht das Gesetz eine Freigabe der streitbefangenen Sache an den Schuldner.[2] Der Streitgegenstand des Prozesses ist damit aus der Insolvenzmasse entlassen. Der Schuldner führt den Prozess im eigenen Namen, im Falle seines Obsiegens ist der Streitgegenstand frei vom Insolvenzbeschlag und kann auch nicht nachträglich vom Insolvenzverwalter zur Insolvenzmasse gezogen werden. Daher ist auch eine Freigabe seitens des Insolvenzverwalters unzulässig, wenn sie nur dazu dient, das Prozessrisiko auf den Schuldner abzuwälzen. Umgekehrt sind auch die vom 980

[1] Zu den Prozesskosten bei Vergleich OLG Köln NZI 2004, 665 = ZIP 2004, 2247.

[2] BGH ZVI 2005, 492; so bereits *Jaeger*, KO, § 10 Anm. 31; mit umfangreichen Nachweisen *Lüke* in: *Kübler/Prütting*, InsO, § 85 Rdn. 69; *Uhlenbruck* in: *Uhlenbruck*, InsO, § 85 Rdn. 56.

Schuldner nach seiner Prozessführung zu tragenden Kosten keine Insolvenzforderung oder Masseverbindlichkeit.

981 Die Prozessaufnahme durch den Schuldner oder den Prozessgegner erfolgt nach § 250 ZPO, die Prozessunterbrechung endet nicht bereits mit der Erklärung der Freigabe des Insolvenzverwalters an den Schuldner.[1]

III. Die Aufnahme eines Passivprozesses nach § 86 InsO

1. Die Ansprüche auf Aus-, Absonderung und Masseansprüche

a) Der Begriff des Passivprozesses

982 Als Passivprozess ist primär das Verfahren anzusehen, bei welchem der Schuldner auf Leistung verklagt wird. Ähnlich wie beim Begriff des Aktivprozesses kann ein Passivprozess aber auch dann vorliegen, wenn der Schuldner selbst Kläger ist, beispielsweise bei Klage auf Feststellung des Nichtbestehens des vom Beklagten an einem Gegenstand beanspruchten Eigentums.[2] Mit Erfolg der Klage wäre der Gegenstand nicht für die Insolvenzmasse gesichert, dafür hätte der Schuldner auf Herausgabe klagen müssen, mit Abweisung der Klage wäre das Ergebnis für die Insolvenzmasse aber ungünstig. Die Ansehung eines solchen Verfahrens als Passivprozess ermöglicht zudem dem Beklagten, nach § 86 InsO gegen den Insolvenzverwalter den Prozess aufzunehmen.

b) Aussonderung, Absonderung, Masseansprüche

983 Unter die Regelung des § 86 InsO fallen nur Prozesse, die ein mögliches Aussonderungsrecht nach § 47 InsO, ein Absonderungsrecht nach §§ 49ff. InsO oder eine mögliche Masseverbindlichkeit nach § 55 InsO zum Gegenstand haben. Masseverbindlichkeiten können zwar erst nach Insolvenzeröffnung entstehen, sie können ihrem Grunde nach aber auch vor Insolvenzeröffnung angelegt sein, insbesondere als Anspruch bei Erfüllung eines gegenseitigen Vertrages durch den Insolvenzverwalter nach §§ 103 und 55 Abs. 1 Nr. 2 InsO. Bei Masseverbindlichkeiten des vorläufigen Insolvenzverwalters nach § 55 Abs. 2 InsO ist wegen der regelmäßigen Anordnung so genannter starker vorläufiger Insolvenzverwaltung eine Prozessunterbrechung mit Insolvenzeröffnung nicht mehr denkbar, diese ist bereits mit Bestellung des vorläufigen Insolvenzverwalters erfolgt (§ 240 Satz 2 ZPO), der mögliche Massegläubiger klagt dann unmittelbar gegen den Insolvenzverwalter.

---

[1] BGHZ 36, 258; BGH NZI 2005, 387.

[2] Beispiel nach *Gerhardt* in: *Gottwald*, § 32 Rdn. 35.

2. Die Aufnahme durch Verwalter oder den anderen Teil

Den mit Insolvenzeröffnung unterbrochenen Passivprozess können 984 sowohl der Insolvenzverwalter als auch der Prozessgegner aufnehmen. Die Form der Prozessaufnahme regelt § 250 ZPO. Nimmt der Insolvenzverwalter dem Prozess auf, sind die ihm nach § 91 ZPO auferlegten Prozesskosten Masseschulden nach § 55 Abs. 1 Nr. 1 InsO.

3. Die Kostenregelung bei sofortigem Anerkenntnis

Der Insolvenzverwalter kann zwar selbst die Aufnahme des unter- 985 brochenen Passivprozesses unterlassen, die von Prozessgegner erklärte Aufnahme kann er nicht verhindern. Erscheinen ihm im Passivprozess, bei welchem der Schuldner regelmäßig Beklagter ist, die Erfolgsaussichten nicht ausreichend, ist er regelmäßig bestrebt, die Prozesskosten möglichst gering zuhalten. Dies ermöglicht § 86 Abs. 2 InsO, indem er die dem Insolvenzverwalter auferlegten Prozesskosten im Falle des sofortigen Anerkenntnisses nach § 307 ZPO zu Insolvenzforderungen erklärt. Zwar wären die Prozesskosten auch hier Masseverbindlichkeiten, die Insolvenzordnung will jedoch ausdrücklich den Insolvenzverwalter und die Insolvenzmasse schonen.

Es ergeben sich für den Insolvenzverwalter folgende Handlungsalter- 986 nativen:

- Der Insolvenzverwalter nimmt den Prozess auf oder führt den vom Prozessgegner aufgenommenen Prozess streitig fort und unterliegt im Prozess; hatte der Schuldner vor Klageerhebung Anlass zu dieser gegeben, werden nach § 91 ZPO die Prozesskosten dem Insolvenzverwalter auferlegt, sie sind Masseverbindlichkeiten.
- Der Insolvenzverwalter erkennt nach der Aufnahme des Prozesses durch den Prozessgegner den geltend gemachten Anspruch sofort an (§ 307 ZPO).
  Hatte der Schuldner vor Klageerhebung keinen Anlass zu dieser gegeben, trägt der Prozessgegner die Kosten bereits nach § 93 ZPO.
  Hatte der Schuldner vor Klageerhebungsanlass zu dieser gegeben, wird der Insolvenzverwalter zwar nach § 91 ZPO in die Kosten verurteilt, diese sind wegen § 86 Abs. 2 InsO aber keine Masseverbindlichkeit, sondern nur Insolvenzforderung.

Haftungsgefahr für den Insolvenzverwalter kann sich hieraus er- 987 geben, wenn er erst im streitigen Verfahren die Aussichtslosigkeit seiner Rechtsposition erkennt. Durch sofortiges Anerkenntnis hätte er der Insolvenzmasse die Kostentragungspflicht ersparen können.

IV. Der Prozess wegen einer Insolvenzforderung nach § 87 InsO

1. Keine Prozessaufnahme

988 Betrifft der Passivprozess des Schuldners einen Anspruch, der im Insolvenzverfahren als Insolvenzforderung nach § 38 InsO zu qualifizieren ist, bleibt der Prozess unterbrochen und kann nicht aufgenommen werden (§ 87 InsO).

989 Im früheren Konkursrecht wurde dem Gläubiger zugebilligt, den Prozess gegen den Schuldner selbst wiederaufnehmen zu können, wenn er auf die Teilnahme am Konkurs Verfahren verzichtet.[1] Der Wortlaut des § 87 InsO schließt dies aus, Insolvenzgläubiger können nicht mehr auf die Teilnahme am Insolvenzverfahren verzichten, um weiter gegen den Schuldner persönlich vorzugehen.[2]

2. Anmeldung der Forderung zur Tabelle

990 Der Gläubiger der Insolvenzforderung wird darauf verwiesen, diese nach §§ 174 ff. InsO zur Insolvenztabelle anzumelden. Soweit die Forderung im allgemeinen Prüfungstermin festgestellt wird, gilt sie nach § 178 Abs. 3 InsO als rechtskräftig festgestellt. der unterbrochene Prozess ist damit in der Hauptsache erledigt. das Gericht hat lediglich nach § 91 a ZPO über die Prozesskosten zu entscheiden, sie sind einfache Insolvenzforderung.

991 Der unterbrochene Passivprozess wegen einer Insolvenzforderung wird nur dann wieder aufgenommen, wenn die vom Gläubiger zur Insolvenztabelle angemeldete Insolvenzforderung bestritten wird und im Feststellungsprozess nach § 179 InsO zu prüfen ist (§ 180 Abs. 2 InsO). Im unterbrochenen und wieder aufgenommenen Prozess ist lediglich der Klageantrag des Gläubigers von Leistungsklage auf Feststellungsklage umzustellen (§ 263 ZPO).[3]

V. Exkurs: Die Prozesskostenhilfe für den Insolvenzverwalter

1. Die Anwendung des § 116 Satz 1 Nr. 1 ZPO auf den Insolvenzverwalter

992 Sowohl wenn der Insolvenzverwalter einen unterbrochenen Prozess aufnimmt oder selbst einen Prozess führt, stellt sich regelmäßig die

---

[1] BGHZ 25, 395; BGHZ 72, 234; *Uhlenbruck* in: *Uhlenbruck,* InsO, § 87 Rdn. 13.

[2] Begründung des Regierungsentwurfs BT-Drucks. 12/2443, S. 137.

[3] Dazu *Uhlenbruck* in: *Uhlenbruck,* InsO, § 87 Rdn. 9.

Frage, ob ihm als Partei kraft Amtes Prozesskostenhilfe gewährt werden kann.[1] Grundsätzlich kann auch der Insolvenzverwalter gemäß § 116 Satz 1 Nr. 1 ZPO Prozesskostenhilfe für die eigene Prozessführung beanspruchen,[2] auch die Beiordnung eines Anwalts für das jeweilige Verfahren ist grundsätzlich möglich.[3]

2. Die sachlichen Voraussetzungen zur Gewährung von Prozesskostenhilfe

a) Die Haftung der Insolvenzmasse

Sehr streitig ist die Frage, unter welchen Voraussetzungen und in welchem Umfang der Insolvenzverwalter die Insolvenzmasse in Anspruch nehmen muss, um die Prozesskosten aufzubringen. Allgemein ist auf die vorhandene bare Insolvenzmasse sowie auf noch zu erwartende Massezuflüsse abzustellen,[4] ein zu berücksichtigender Massezufluss kann bei einem im zweiten Rechtszug geführten Prozess auch im Mittelzufluss aus der ersten Instanz bestehen.[5] Der Insolvenzverwalter hat konkret darzulegen, dass der Bestand und Wert der Masse nicht ausreicht, um die Kostenpflicht im Prozess zu erfüllen. Er muss zwar sicherstellen, dass die Befriedigung von Massekosten und Masseschulden aus der Insolvenzmasse sichergestellt bleibt, im Übrigen ist die Insolvenzmasse aber vollständig zur Finanzierung der Prozessführung heranzuziehen. 993

b) Die Einstandspflicht der Gläubiger als wirtschaftlich Beteiligte

Kann die Prozessführung durch die Insolvenzmasse nicht finanziert werden, ist fraglich, ob und in welchem Umfang es nach § 116 Satz 1 Nr. 1 ZPO[6] den Insolvenzgläubigern zuzumuten sei, die Prozessführung für den Insolvenzverwalter zu finanzieren. Zu Gute kommt den Insolvenzgläubigern die Prozessführung, wenn mit dem Erfolg des Rechts- 994

---

[1] Allgemein *Frege/Keller/Riedel,* Rdn. 159 ff.; eingehend *Oepen/Rettmann,* Rpfleger 1998, 273; *Pape,* ZInsO 2003, 845; *Mitlehner,* NZI 2001, 617; *Gundlach/Frenzel,* NJW 2003, 2412; *Ringstmeier/Homann,* ZIP 2005, 284.

[2] *Prütting* in: *Kübler/Prütting,* InsO, § 4 Rdn. 11; *Schmerbach* in: FK-InsO, § 26 Rdn. 27 ff.; *Hess/Weis/Wienberg,* InsO, § 4 Rdn. 90 ff.; ausführlich *Kuhn/Uhlenbruck,* KO, § 6 Rdn. 31; zur Prozessführung des so genannten starken vorläufigen Insolvenzverwalters AG Göttingen NZI 1999, 506; Prozessunterbrechung nach § 240 ZPO mit den Wirkungen des § 24 Abs. 2 InsO tritt nur bei Bestellung des so genannten „starken vorläufigen Verwalters" ein, BGH Rpfleger 1999, 504; für den so genannten schwachen vorläufigen Insolvenzverwalter LG Essen NZI 2000, 552.

[3] Dazu *Pape,* ZIP 1988, 1293; *ders.,* ZIP 1990, 1529; *ders.,* ZIP 1989, 692; eingehend ferner *ders.,* NZI 1998, 64.

[4] *Prütting* in: *Kübler/Prütting,* InsO, § 4 Rdn. 11; *Schmerbach* in: FK-InsO, § 26 Rdn. 34; *Kuhn/Uhlenbruck,* KO, § 6 Rdn. 31.

[5] OLG Dresden ZIP 2004, 187.

[6] BGH NZI 2005, 560 = ZIP 2005, 1519.

streits sich ihre Quote erhöhen würde,[1] nicht aber, wenn bei Obsiegen des Verwalters im Prozess voraussichtlich nur die Massekosten gedeckt werden könnten und die Gläubiger keine Quote zu erwarten hätten. Dem Insolvenzverwalter soll in diesem Fall Prozesskostenhilfe zu gewähren sein.[2] Ihm ist Prozesskostenhilfe selbst dann zu gewähren sein, wenn die Prozessführung nur der Deckung der Verfahrenskosten nach § 54 InsO und damit auch seiner eigenen Vergütung dient.[3] Dem entspricht auch die Zulässigkeit der Führung eines Anfechtungsprozesses nach §§ 129 ff. InsO nach Anzeige der Masseunzulänglichkeit zum Zwecke der Deckung der Verfahrenskosten.[4]

995 Der vielfach vertretenen Einstandspflicht der Insolvenzgläubiger steht nach mehrfach bekräftigter Ansicht des Bundesgerichtshofs[5] ein schutzwürdiges öffentliches Interesse an der Prozessführung durch den Insolvenzverwalter gegenüber, das die Bewilligung von Prozesskostenhilfe als Regelfall erscheinen lassen soll; Prozesskostenvorschuss durch die Gläubiger soll die Ausnahme sein. Dies sollte insbesondere für Arbeitnehmer des Schuldners,[6] die Bundesagentur für Arbeit[7] und Träger der Sozialversicherung[8] gelten. Für den Fiskus als bevorrechtigten Konkursgläubiger im Range des § 61 Abs. 1 Nr. 2 KO hatte der Bundesgerichtshof seine zunächst großzügige Rechtsprechung[9] allerdings zurückgenommen und festgestellt, dass der Fiskus als bevorrechtigter

---

[1] So für den Fall möglicher voller Befriedigung der Gläubiger OLG Köln MDR 2000, 51; OLG Koblenz NZI 2000, 529 (Leitsatz); vorsichtig noch OLG Köln WM 1990, 1646; Nachweise zu dieser Rechtsprechung bei *Kuhn/Uhlenbruck*, KO, § 6 Rdn. 31, 31 b; zur Insolvenzordnung OLG Rostock ZIP 2003, 1721.

[2] OLG Celle ZIP 1987, 729.

[3] BGH NZI 2004, 27 m. Anm. *Gundlach/Frenzel;* OLG Düsseldorf NZI 1999, 455; ähnlich OLG Köln NZI 1999, 80; OLG Köln NZI 2000, 540 = ZIP 2000, 1779; OLG Jena ZIP 2001, 579; *Ott* in: MüKo-InsO, § 80 Rdn. 89; *Uhlenbruck* in: *Uhlenbruck*, InsO, § 80 Rd. 80; *Kreft* in: HK-InsO, § 129 Rdn. 100.

[4] BGH NZI 2001, 585 = ZIP 2001, 1641; LG Hamburg ZIP 2001, 711; anders noch LG Stralsund ZIP 2001, 936; dazu *Pape*, ZIP 2001, 901.

[5] BGH NJW 1991, 40 = ZIP 1990, 1490; dazu EWiR 1990, 1243 *(Merz);* bekräftigt durch BGHZ 119, 372 = ZIP 1992, 1644; dazu EWiR 1992, 1241 *(Gerhardt);* dazu *Kuhn/Uhlenbruck*, KO, § 6 Rdn. 31; *Uhlenbruck*, KTS 1988, 435; *Pape*, KTS 1991, 33.

[6] BGH NJW 1991, 40 = ZIP 1990, 1490; dazu EWiR 1990, 1243 *(Merz);* OLG Schleswig ZIP 1995, 759; OLG Schleswig ZIP 1997, 1427, dazu EWiR 1997, 911 *(Hess)*.

[7] OLG Celle ZIP 1991, 600; OLG Hamm ZIP 1995, 758.

[8] OLG Köln ZIP 1991, 1603; dazu EWiR 1992, 103 *(Onusseit);* OLG Düsseldorf ZIP 1995, 1277.

[9] BGH NJW 1994, 3170 ZIP 1990, 660; dazu EWiR 1995, 617 *(Uhlenbruck);* OLG Hamburg ZIP 1994, 221; OLG Köln ZIP 1994, 724; dazu EWiR 1994, 829 *(Hess);* OLG Hamm ZIP 1995, 758; OLG Dresden ZIP 1995, 1830; OLG Stuttgart ZIP 1996, 1670; OLG Schleswig ZIP 1999, 201; dazu EWiR 1999, 1083 *(Hess);* umfangreiche Nachweise bei *Kuhn/Uhlenbruck*, KO, § 6 Rdn. 31 c; *Prütting* in: *Kübler/Prütting*, InsO, § 4 Rdn. 12; *Schmerbach* in: FK-InsO, § 26 Rdn. 35 ff.; *Hess/Weis/Wienberg*, InsO, § 4 Rdn. 117 ff.; eingehend auch *Oepen/Rettmann*, Rpfleger 1998, 273.

Gläubiger keine generelle Freistellung von der Kostenaufbringung in Prozessen des Konkursverwalters beanspruchen könne.[1] Die Frage der Anwendung dieser Rechtsprechung im Insolvenzverfahren unter Berücksichtigung des gleichen Ranges aller Insolvenzgläubiger nach § 38 InsO ist noch offen.[2]

---

[1] BGHZ 138, 188 = ZIP 1998, 789; dazu EWiR 1998, 1007 *(Holzer)* = DZWIR 1998, 380 m. Anm. *Smid;* BGH ZIP 1998, 792; BGH NZI 1999, 26; bestätigt von BGH NZI 1999, 152 = ZIP 1999, 494; dazu EWiR 1999, 1031 *(Holzer);* zuletzt BGH NZI 1999, 450; dem folgend OLG Celle NZI 1999, 231; OLG Köln InVo 2000, 346; OLG Koblenz NZI 2000, 81; noch zur Prozesskostenhilfe für den Konkursverwalter ebenso OLG Koblenz NZI 2000, 81; eine Einstandspflicht des Fiskus bei weniger als fünfzig Prozent voraussichtlicher Quote verneinte OLG Schleswig ZIP 1999, 201; zu diesen Fragen auch *Harms,* InVo 2000, 41.

[2] Streng gegenüber Trägern der Sozialversicherung Nach KG NZI 2000, 221; restriktiv ebenso OLG Düsseldorf ZIP 2002, 1208; *Breutigam/Blersch/Goetsch,* InsO, § 4 Rdn. 24, sehen hier bereits eine Wende in der Rechtsprechung; nach *Hess,* InsO, § 4 Rdn. 118 a. E., dürfte eine Bewilligung von Prozesskostenhilfe zukünftig dann problematisch werden, wenn der Fiskus als Massegläubiger beteiligt ist; für eine gesetzliche Neuregelung *Oepen/Rettmann,* Rpfleger 1998, 273; umfassend *Pape* in: *Henckel/Kreft,* S. 29 ff.

8. Kapitel.
Das Verbot der Einzelzwangsvollstreckung

I. Die Systematik der vollstreckungshindernden Regelungen

1. Der Zweck der vollstreckungshindernden Regelungen

996 Es wäre mit dem Zweck des Insolvenzverfahrens nicht vereinbar, dürften einzelne Gläubiger auch nach Insolvenzeröffnung weiterhin unbeschränkt die Zwangsvollstreckung betreiben. Sie würden auf diese Weise aus einzelnen Vermögenswerten des Schuldners bevorzugt befriedigt, während die übrigen nicht durch Zwangsvollstreckung gesicherten Gläubiger auf die anteilige Befriedigung aus der Insolvenzmasse verwiesen sind. Daher regelt die Insolvenzordnung umfassend das Verbot der Zwangsvollstreckung und enthält auch Regelungen, durch welche eine bereits vor Insolvenzeröffnung erlangte Sicherung durch Zwangsvollstreckung wieder rückgängig gemacht werden kann.

997 Das Verbot der Einzelzwangsvollstreckung mit Insolvenzeröffnung dient auch dem Schuldner. Mit der Regelung des § 14 KO, dem das Vollstreckungsverbot des § 89 InsO weitgehend entspricht, sollte auch das konkursfreie Vermögen des Schuldners vor Einzelzwangsvollstreckung geschützt werden. Dadurch sollte zum einen dem Schuldner der Aufbau einer neuen wirtschaftlichen Existenz nach Konkurseröffnung ermöglicht werden, zum anderen sollte den Neugläubigern die Zugriffsmöglichkeit auf den konkursfreien Neuerwerb gesichert werden.[1] Mit Einbindung des so genannten Neuerwerbs in die Insolvenzmasse durch § 35 InsO ist dieser Schuldnerschutz durch die vollstreckungshindernden Regelungen weitgehend verloren gegangen. Andererseits erhält der Schuldner durch das Verfahren der Restschuldbefreiung mehr als im früheren Konkursrecht die Möglichkeit, sich wirtschaftlich zu konsolidieren. Vor Einzelzwangsvollstreckung der Insolvenzgläubiger wird er deshalb logisch auch im Restschuldbefreiungsverfahren umfassend geschützt.

[1] *Jaeger,* KO, § 1 Anm. 52 mit Hinweis auf die Motive zur Konkursordnung, § 14 Einleitung mit wörtlicher Zitierung der Motive (Band II S. 51 ff.).

2. Die insolvenzrechtlichen Regelungen im Vergleich zu Konkurs und Gesamtvollstreckung

Zentrale Regelung nach Eröffnung des Insolvenzverfahrens ist § 89 Abs. 1 InsO, der ein Vollstreckungsverbot sowohl in die Insolvenzmasse als auch in das insolvenzfreie Vermögen des Schuldners bestimmt. Die Vorschrift entspricht inhaltlich dem im Konkursrecht geltenden § 14 KO.[1] 998

Bereits im Rahmen der Gesamtvollstreckungsordnung bestimmte § 2 Abs. 4 GesO ein kraft Gesetzes wirkendes Vollstreckungsverbot, sobald ein zulässiger Antrag auf Eröffnung des Gesamtvollstreckungsverfahrens gestellt wurde.[2] Ferner bestimmte § 7 Abs. 3 GesO ein zeitlich unbefristet wirkende Rückschlagsperre gegen nicht beendete Vollstreckungsmaßnahmen.[3] Das Konkursrecht kannte eine Rückschlagsperre lediglich in §§ 28, 87 und 104 VerglO, wonach Zwangsvollstreckungsmaßnahmen der letzten dreißig Tage vor dem Vergleichsantrag kein Absonderungsrecht im Anschlusskonkursverfahren begründen konnten. 999

Die Insolvenzordnung gibt nunmehr anders als die Konkursordnung bereits im Insolvenzeröffnungsverfahren dem Insolvenzgericht ausdrücklich die Möglichkeit, ein Vollstreckungsverbot zu erlassen (§ 21 Abs. 2 Nr. 3 InsO).[4] Im eröffneten Insolvenzverfahren wurde neben dem Vollstreckungsverbot des § 89 InsO mit § 88 InsO eine zeitlich befristete Rückschlagsperre – ausdrücklich in Distanz zu § 7 Abs. 3 GesO – eingeführt.[5] Für die Pfändung des Arbeitseinkommens gilt zudem mit § 114 Abs. 3 InsO eine Sonderregelung, wonach die Pfändung nur für den bei Eröffnung des Insolvenzverfahrens laufenden Kalendermonat Wirkung behält. Besondere Regelungen enthält die Insolvenzordnung mit § 294 InsO schließlich für das Restschuldbefreiungsverfahren des Schuldners, das bei Zulässigkeit der Zwangsvollstreckung praktisch seine Wirkung verlöre.

---

[1] Eingehend *Keller* in: *Gottwald/Riedel,* Teil 6/6.1.

[2] Im Zusammenhang mit dem aus § 394 BGB folgenden Verbot der Aufrechnung BGHZ 130, 76; BGH WM 1996, 834; OLG Dresden ZIP 1998, 609; dazu eingehend *Hess/Binz/Wienberg,* GesO, § 2 Rdn. 120ff.; *Haarmeyer/Wutzke/Förster,* GesO, § 2 Rdn. 271ff.

[3] Dazu allgemein *Hess/Binz/Wienberg,* GesO, § 7 Rdn. 30ff.; *Haarmeyer/Wutzke/Förster,* GesO, § 7 Rdn. 24ff.

[4] Die Anordnung eines Vollstreckungsverbots war auch im Konkurseröffnungsverfahren nach § 106 Abs. 1 Satz 2 KO wohl zulässig, jedoch in der Praxis kaum gebräuchlich, dazu *Kuhn/Uhlenbruck,* KO, § 106 Rdn. 4b; eingehend bereits *Jaeger,* KO, § 106 Anm. 6.

[5] Begründung des Regierungsentwurfs BT-Drucks. 12/2443, S. 137.

II. Die zeitliche Einordnung der vollstreckungshindernden Regelungen

1000 Eine Erfassung aller vollstreckungshindernden Regelungen der Insolvenzordnung ist am ehesten unter Beachtung der zeitlichen Abfolge des Verfahrens möglich. Die einzelnen Vorschriften der Insolvenzordnung erscheinen zunächst unzusammenhängend geregelt, ergeben unter dieser Betrachtungsweise aber ein geschlossenes System des Insolvenzrechts in Beziehung zum allgemeinen Zwangsvollstreckungsrecht.

1. Die Anfechtbarkeit von Vollstreckungsmaßnahmen

1001 Vor dem Insolvenzantrag und vor Insolvenzeröffnung ist eine Zwangsvollstreckung selbstverständlich unbeschränkt möglich und zulässig, das Insolvenzrecht kann sie logisch noch nicht beschränken. War der Schuldner im Zeitpunkt der einzelnen Vollstreckungshandlung aber bereits zahlungsunfähig und erfolgt die Antragstellung auf Eröffnung des Insolvenzverfahrens ein, zwei oder drei Monate später, kann dem Gläubiger unter den Voraussetzungen des § 131 Abs. 1 InsO die Anfechtung seiner Vollstreckungsmaßnahme durch den Insolvenzverwalter drohen (§§ 129, 141 InsO).[1] Die Einzelzwangsvollstreckung des Gläubigers wird damit nachträglich rückgängig gemacht. Zwar konnte der Gläubiger von dem nach seiner Zwangsvollstreckung gestellten Insolvenzantrag noch nichts wissen, die mögliche Zahlungsunfähigkeit des Schuldners oder zumindest die drohenden Anzeichen einer kommenden Insolvenz muss sich der Gläubiger aber unter den Voraussetzungen des § 131 Abs. 1 InsO vorhalten lassen, erst recht, weil ihm mit dem Betreiben der Zwangsvollstreckung die wirtschaftliche Lage des Schuldners in aller Regel bekannt war.

2. Die Einstellung der Zwangsvollstreckung im Insolvenzeröffnungsverfahren

1002 Im Rahmen einstweiliger Sicherungsmaßnahmen während des Insolvenzeröffnungsverfahrens kann das Insolvenzgericht ausdrücklich nach § 21 Abs. 2 Nr. 3 InsO die Einzelzwangsvollstreckung untersagen

[1] Grundlegend bereits BGH WM 1959, 891; BGHZ 34, 254 (Vormerkung auf Grund einstweiliger Verfügung) zuletzt BGHZ 128, 196 (zur Frage der Begünstigungsabsicht bei § 30 Nr. 2 KO); BGHZ 135, 140 (Bestand der Kontenpfändung in der Sequestration); BGHZ 136, 309 (Anfechtung einer Bargeldpfändung); allgemein zur Anfechtung der Zwangsvollstreckung *Kirchhof* in: MüKo-InsO, § 131 Rdn. 26ff., § 141 Rdn. 8, 9; *Hirte* in: *Uhlenbruck*, InsO, § 141 Rdn. 6; *Baur/Stürner*, InsolvenzR, Rdn. 19.37ff.; *Häsemeyer*, Rdn. 21.56, 21.60.

und die Einstellung bereits laufender Vollstreckungsmaßnahmen anordnen.[1]

3. Die Rückschlagsperre mit Verfahrenseröffnung

Mit dem Zeitpunkt der Insolvenzeröffnung tritt gegen Zwangsvollstreckungsmaßnahmen aus der Zeit vor dem Insolvenzantrag eine so genannte Rückschlagsperre ein, nach welcher die durch Zwangsvollstreckung erlangte Sicherung des Gläubigers unwirksam wird (§ 88 InsO). Der Zeitraum der Rückschlagsperre beträgt im Regelinsolvenzverfahren einen Monat vor dem Insolvenzantrag, in der Verbraucherinsolvenz drei Monate (§ 312 Abs. 1 Satz 3 InsO). Die Rückschlagsperre wird allgemein als eine vereinfachte Form der Anfechtung verstanden, da sie in ihren Voraussetzungen dem Anfechtungstatbestand des § 131 Abs. 1 Satz 1 InsO gleicht.[2] 1003

4. Das Verbot der Zwangsvollstreckung im eröffneten Insolvenzverfahren

Mit Eröffnung des Insolvenzverfahrens tritt schließlich das allgemeine Vollstreckungsverbot des § 89 Abs. 1 InsO gegen Insolvenzgläubiger betreffs die Zwangsvollstreckung in die Insolvenzmasse und in das insolvenzfreie Vermögen des Schuldners in Kraft. Gegen bestimmte Massegläubiger gilt mit § 90 InsO ein temporäres Vollstreckungsverbot für die Dauer von sechs Monaten nach Insolvenzeröffnung. 1004

5. Die Zwangsvollstreckung nach Verfahrensbeendigung

Nach Beendigung des Insolvenzverfahrens können die Insolvenzgläubiger wegen des im Insolvenzverfahren nicht befriedigten Teils ihrer Forderung gegen den Schuldner die Zwangsvollstreckung wieder betreiben (§ 201 Abs. 1 InsO).[3] Die Regelung hat kaum praktische Bedeutung: Ist nämlich Schuldner des Insolvenzverfahrens eine juristische Person oder eine Gesellschaft ohne Rechtspersönlichkeit, wird diese im Insolvenzverfahren vollständig abgewickelt, die juristische Person oder die Gesellschaft ist gleichsam erloschen und – soweit im Handelsregis- 1005

---

[1] Zu den Erwägungen des Gesetzgebers Begründung des Regierungsentwurfs BT-Drucks. 12/2443, S. 116.

[2] *Bork*, Einführung, Rdn. 128; *Häsemeyer*, Rdn. 21.14; zum kritischen Verhältnis zwischen Rückschlagsperre und Anfechtung *Lüke* in: *Kübler/Prütting*, InsO, § 88 Rdn. 3.

[3] *Uhlenbruck* in: *Uhlenbruck*, InsO, § 201 Rdn. 1; zur Rechtsgeschichte *Keller*, Concursus, S. 18; *Kuhn/Uhlenbruck*, KO, § 164 Rdn. 1 *(„lebenslängliche Schuldverstrickung"), Häsemeyer*, Rdn. 25.11 ff.

1006 **Schaubild 11: Zeitliche Einordnung der vollstreckungshindernden Regelungen**

10. Juli Insolvenzeröffnung	– Das Vollstreckungsverbot des § 89 InsO tritt in Kraft. – Die Rückschlagsperre des § 88 InsO gegen alle Vollstreckungsmaßnahmen seit 5. Mai (5. März nach § 312 Abs. 1 Satz 3 InsO) tritt in Kraft. – Bei Abweisung der Insolvenzeröffnung mangels Masse entfällt das Vollstreckungshindernis des § 21 Abs. 2 Nr. 3 InsO; die Gläubiger können die Einzelzwangsvollstreckung wieder unbeschränkt betreiben.
6. Juni Anordnung einstweiliger Sicherungsmaßnahmen; Untersagung der Einzelzwangsvollstreckung	– Der Zustimmungsvorbehalt beinhaltet eine Verfügungsbeschränkung gegen Schuldner; eine Verfügung ohne Zustimmung des vorläufigen Insolvenzverwalters ist nach §§ 24 Abs. 1, 81 Abs. 1 Satz 1 InsO unwirksam. – Bereits eingeleitete Vollstreckungsmaßnahmen bleiben trotz Untersagung nach § 21 Abs. 2 Nr. 3 InsO bestehen, werden aber einstweilen eingestellt. – Neue Vollstreckungsmaßnahmen sind nicht mehr zulässig, auf Erinnerung (§ 766 ZPO) sind sie aufzuheben.
5. Juni Insolvenzantrag	– Der Antrag selbst bewirkt keine Beeinträchtigung in der Verfügungsbefugnis des Schuldners, daher auch keine Beschränkung der Zwangsvollstreckung.
5. Mai	– Zwangsvollstreckung gegen den Schuldner.
5. März	– Zwangsvollstreckung nach Eintritt der Zahlungsunfähigkeit des Schuldners oder bei Kenntnis der Benachteiligung anderer Gläubiger.

ter eingetragen – löschungsreif, Vermögen, auf das nach Insolvenzeröffnung zugegriffen werden könnte, kann es nicht mehr geben.[1] Die Erteilung einer vollstreckbaren Ausfertigung aus der Insolvenztabelle nach § 201 Abs. 2 InsO dient dem Gläubiger zumeist nur zum Nachweis des Ausfalls seiner Forderung gegenüber einer Ausfallversicherung oder gegenüber dem Fiskus im Rahmen des steuerlichen Verlustabzugs. Ist Schuldner des Insolvenzverfahrens eine natürliche Person, schließt sich an das Insolvenzverfahren regelmäßig das Verfahren der Restschuldbefreiung an, das dem Gläubiger wiederum die Zwangsvollstreckung verwehrt.

1007 Praktische Bedeutung kann § 201 InsO nur in dem seltenen Fall haben, dass dem Schuldner als natürliche Person die Restschuldbefreiung bereits mit Beendigung des Insolvenzverfahrens versagt wird. Der

[1] Zur Haftung der Gesellschafter einer Personengesellschaft *Uhlenbruck* in: *Uhlenbruck,* § 201 Rdn. 1.

Gläubiger kann aus der Insolvenztabelle als Vollstreckungstitel die Zwangsvollstreckung betreiben, wenn seine Forderung nach § 178 Abs. 3 InsO festgestellt und auch vom Schuldner nicht bestritten beziehungsweise ein Widerspruch des Schuldners nach § 184 InsO beseitigt ist. Die Erteilung der vollstreckbaren Ausfertigung aus der Tabelle sowie besondere Zuständigkeiten für Rechtsbehelfe gegen die Zwangsvollstreckung regeln § 201 Abs. 2 und § 202 InsO.[1]

6. Die Zwangsvollstreckung im Restschuldbefreiungsverfahren

Im Restschuldbefreiungsverfahren setzt sich das Vollstreckungsverbot des § 89 InsO durch die Regelung des § 294 Abs. 1 InsO gleichsam fort. In Erweiterung zu dem gegen die Insolvenzgläubiger wirkenden Vollstreckungsverbot können auch so genannte Neugläubiger während des Insolvenzverfahrens nicht bereits in das künftige Arbeitseinkommen des Schuldners für die Zeit nach dessen Beendigung vollstrecken (§ 89 Abs. 2 Satz 1 InsO), da dieses die Grundlage des Restschuldbefreiungsverfahrens darstellt. Besonderheiten gelten für den Unterhaltsgläubiger wegen des Anspruchs auf laufenden Unterhalt, mit welchem er nicht Insolvenzgläubiger ist (§ 89 Abs. 2 Satz 2 InsO). 1008

Diese vollstreckungshindernden Regelungen sind nicht völlig widerspruchsfrei. Beispielsweise erscheint es unlogisch, die Gläubiger, die nach § 302 InsO von der Erteilung der Restschuldbefreiung nicht betroffen sind, zunächst dem Vollstreckungsverbot des § 294 Abs. 1 InsO zu unterwerfen.[2] 1009

III. Die Rückschlagsperre mit Verfahrenseröffnung

1. Die Voraussetzungen der Rückschlagsperre nach § 88 InsO

Mit Eröffnung des Insolvenzverfahrens tritt kraft Gesetzes die Rückschlagsperre des § 88 InsO gegen Zwangsvollstreckungsmaßnahmen, die vor dem Insolvenzantrag einem Insolvenzgläubiger Sicherung verschafft haben, in Kraft. Der Gesetzgeber übernahm die Regelungen der §§ 28, 87 und 104 VerglO für das Insolvenzverfahren.[3] Allgemein wird die Rückschlagsperre als eine erleichterte Form der Anfechtung durch den Insolvenzverwalter verstanden, in den Voraussetzungen deckt sie sich mit dem Tatbestand der inkongruenten Deckung nach § 131 Abs. 1 Nr. 1 InsO. Systematisch könnte die Vorschrift des § 88 InsO daher ebenso innerhalb der Anfechtungsvorschriften der §§ 129ff. 1010

---

[1] Eingehend *Frege/Keller/Riedel*, Rdn. 1844 ff.
[2] Sehr instruktiv hierzu *Steder*, RpflStud 2003, 104.
[3] Begründung des Regierungsentwurfs BT-Drucks. 12/2443, S. 137.

InsO ihren Platz finden. Die Rückschlagsperre des § 88 InsO überlagert die Anfechtung aber nicht vollständig, weil sie lediglich die Sicherung des Gläubigers, nicht aber dessen inkongruente Befriedigung unwirksam werden lässt.[1]

a) Die von der Rückschlagsperre betroffenen Gläubiger

aa) Die Insolvenzgläubiger und absonderungsberechtigten Gläubiger

1011 Die Rückschlagsperre trifft jeden Gläubiger, dessen Forderung im Insolvenzverfahren als Insolvenzforderung nach § 38 InsO anzusehen ist; es kommt nicht darauf an, ob der Gläubiger seine Forderung zur Insolvenztabelle anmeldet und am Insolvenzverfahren teilnimmt oder nicht.[2] Zumeist wird als Insolvenzforderung – erst recht im Zusammenhang mit Zwangsvollstreckungen – nur die Geldforderung eines Gläubigers gesehen, dies ist auch für die Anwendung des § 88 InsO jedoch zu eng. Beispielsweise stellt auch der Anspruch des Bauhandwerkers auf Bestellung einer Sicherungshypothek nach § 648 BGB eine Insolvenzforderung dar.[3] Die Sicherung dieses Anspruchs durch Eintragung einer Vormerkung in das Grundbuch des Schuldners im Wege der einstweiligen Verfügung (§§ 935ff. ZPO) stellt in der Rechtspraxis nicht selten einen Fall für die Anwendung des § 88 InsO dar.

1012 Auch der absonderungsberechtigte Gläubiger ist von der Rückschlagsperre betroffen, wenn er die Zwangsvollstreckung in den Gegenstand seines Absonderungsrechts betreibt. Dieser Fall liegt vor, wenn beispielsweise der Vermieter des Schuldners Gegenstände pfänden lässt, die seinem Vermieterpfandrecht nach § 562 BGB unterliegen.[4] Die Rückschlagsperre zerstört dann das durch die Pfändung erlangte Pfändungspfandrecht, nicht das aus anderem Rechtsgrund bestehende Absonderungsrecht.[5]

1013 **Beispiel 1:** Der Großhändler verkauft dem Schuldner vor Insolvenzeröffnung Waren unter verlängertem Eigentumsvorbehalt. Da dieser den Kaufpreis nicht zahlen kann, lässt der Großhändler die Waren durch den Gerichtsvollzieher pfänden. Der Schuldner stellt innerhalb des folgenden Monats Insolvenzantrag.

Durch den verlängerten Eigentumsvorbehalt besitzt der Großhändler ein Absonderungsrecht an den verkauften Waren entsprechend § 51 Nr. 1 InsO. Durch die Pfändung hat er zusätzlich ein Pfändungspfandrecht erlangt. Dieses Pfändungspfandrecht kann unter die Rückschlagsperre des § 88 InsO fallen. Zwar hat

---

[1] *Kreft* in: HK-InsO, § 131 Rdn. 15; *Keller* in: *Gottwald/Riedel*, Teil 6/6.2.1; *Steder* in: *Weisemann/Smid*, Teil 9 Rdn. 137; allgemein zur Dogmatik des § 88 InsO auch *Raebel* in: FS Kirchhof, S. 443.

[2] *Uhlenbruck* in: *Uhlenbruck*, InsO, § 88 Rdn. 3; *Hess/Weis/Wienberg*, InsO, § 88 Rdn. 12.

[3] *Holzer* in: *Kübler/Prütting*, InsO, § 38 Rdn. 30.

[4] *Keller* in: *Gottwald/Riedel*, Teil 6/6.4.1; zu undifferenziert *Lüke* in: *Kübler/Prütting*, InsO, § 88 Rdn. 5; davon zu unterscheiden ist der von *Uhlenbruck* in: *Uhlenbruck*, InsO, § 88 Rdn. 5, angesprochene Fall, dass der Gläubiger das Sicherungsgut in Ausübung seiner Rechte selbstständig in Besitz nimmt.

[5] Wohl in diesem Sinne *Uhlenbruck* in: *Uhlenbruck*, InsO, § 88 Rdn. 3.

der Insolvenzverwalter wegen des Absonderungsrechts dem Großhändler den Erlös aus der Verwertung der Waren herauszugeben (§ 170 Abs. 1 Satz 2 InsO), kann aber die Kostenbeiträge des § 171 InsO für die Insolvenzmasse beanspruchen. Hätte dagegen nach der Pfändung der Gerichtsvollzieher die Waren bereits weggeschafft, wäre das Verwertungsrecht des Insolvenzverwalters aus § 166 Abs. 1 InsO und letztlich auch der Kostenbeitrag für die Insolvenzmasse verloren gegangen. Die Einbindung des Absonderungsberechtigten Gläubigers in § 88 InsO verhindert damit, dass dieser kurz vor dem Insolvenzantrag durch Zwangsvollstreckung das Verwertungsrecht des Insolvenzverwalters vereitelt.

bb) Die Massegläubiger nach § 55 InsO

Logische Voraussetzung für die Frage, die Frage, ob auch Massegläu- 1014
biger von der Rückschlagsperre des § 88 InsO betroffen sein können, ist, dass der Anspruch des Massegläubigers bereits vor Insolvenzeröffnung entstanden sein muss, nur dann kann seitens des Gläubigers eine Zwangsvollstreckung überhaupt stattfinden. Praktisch kann dies im Rahmen des § 55 Abs. 2 InsO der Fall sein, wenn der so genannte starke vorläufige Insolvenzverwalter Verbindlichkeiten begründet oder aus Dauerschuldverhältnissen die Gegenleistung des Vertragspartners in Anspruch nimmt. § 88 InsO kann auf diese Gläubiger aber keine Anwendung finden, zum einen weil die Vorschrift ausdrücklich nur vom Insolvenzgläubiger spricht, zum anderen weil die Massegläubiger von dem nachfolgenden Vollstreckungsverbot des § 89 InsO nicht betroffen sind, mithin auch im Insolvenzverfahren gegen den Insolvenzverwalter die Zwangsvollstreckung betreiben können.[1]

Auch Massegläubiger des § 55 Abs. 1 InsO können von der Rück- 1015
schlagsperre des § 88 InsO nicht betroffen sein, da sie sämtlich ihre Forderungen erst nach Insolvenzeröffnung erwerben. Dies gilt auch für Massegläubiger aus § 55 Abs. 1 Nr. 2 erste Alternative InsO mit dem Anspruch auf die Gegenleistung aus einem bei Insolvenzeröffnung nicht erfüllten Vertrag bei Wahl der Erfüllung durch den Insolvenzverwalter (§ 103 Abs. 1 InsO). Denkbar ist eine solche Fallkonstellation im Kaufvertrag oder Werkvertrag, wenn nach Insolvenzeröffnung Sachmängel auftreten und diese als Hauptleistungsansprüche durch den Insolvenzverwalter geltend gemacht werden (§§ 437 ff., 634 ff. BGB); der Kaufpreisanspruch oder der Werklohnanspruch ist dann aber wegen § 105 Satz 1 InsO keine Masseverbindlichkeit sondern Insolvenzforderung.[2]

b) Der zeitliche Umfang der Rückschlagsperre

aa) Die Monatsfrist im Regelinsolvenzverfahren

Die Rückschlagsperre betrifft im Regelinsolvenzverfahren Vollstre- 1016
ckungsmaßnahmen, die innerhalb des letzten Monats vor dem Insol-

---

[1] Eingehend *Keller,* ZIP 2000, 1324, Abschn. III. 1.2 a. E.

[2] Dazu eingehend *Keller,* Rpfleger 1997, 45; *Keller,* ZIP 2000, 1324, Abschn. III. 1.2; ihm folgend OLG Dresden Rpfleger 1999, 442; zur Eintragung einer Vormerkung auf eine Bauhandwerkersicherungshypothek nach § 648 BGB BGH ZIP 2000, 931.

venzantrag oder nach dem Antrag bis zur Insolvenzeröffnung vorgenommen worden sind. § 88 InsO umfasst damit den gesamten Zeitraum des Insolvenzeröffnungsverfahrens, unabhängig davon, wie lange dieses dauert. Die Monatsfrist als feststehender Zeitraum berechnet sich ab dem Insolvenzantrag zeitlich rückwärts. Sie entspricht dem Krisenzeitraum des § 131 Abs. 1 Nr. 1 InsO, bei welchem anfechtungsrechtlich unwiderleglich die Zahlungsunfähigkeit des Schuldners und die Kenntnis des Gläubigers hiervon vermutet werden.[1] Für die Fristberechnung findet über § 4 InsO und § 222 Abs. 1 ZPO die Regelung des § 188 Abs. 2 BGB Anwendung.

1017 Maßgeblich im Sinne des § 88 InsO ist auch ein formal mangelhafter oder ein bei einem örtlich unzuständigen Gericht gestellter Insolvenzantrag.[2] Genügt beispielsweise der Insolvenzantrag des Gläubigers zunächst nicht den Anforderungen des § 14 Abs. 1 InsO, wird aber nach dessen Ergänzung das Insolvenzverfahren eröffnet, berechnet sich die Monatsfrist ab diesem zunächst unvollständigen Antrag. Gleiches gilt, wenn beispielsweise der Schuldner seinen Insolvenzantrag bei einem örtlich unzuständigen Gericht stellt und dieser erst später zum zuständigen Insolvenzgericht gelangt.

1018 Wird das Insolvenzverfahren auf Grund mehrerer Insolvenzanträge eröffnet, gilt in Anwendung des § 139 InsO der zum frühesten Zeitpunkt gestellte Antrag. Wurde ein früher gestellter Antrag zurückgewiesen, ist er für die Fristberechnung nur zu berücksichtigen, wenn die Zurückweisung nach § 26 InsO als Abweisung mangels Masse erfolgte (§ 139 Abs. 2 Satz 2 InsO).

1019 **Beispiel 2:** Am 5. Juni stellt ein Gläubiger des Schuldners Insolvenzantrag. Das Insolvenzverfahren wird mit Beschluss vom 10. Juli eröffnet. Von der Rückschlagsperre betroffen sind alle Zwangsvollstreckungsmaßnahmen, die innerhalb des letzten Monats vor dem Insolvenzantrag, also seit 5. Mai, durchgeführt worden sind. Hatte bereits am 30. Mai ein Gläubiger Insolvenzantrag gestellt wird, ist nach § 139 Abs. 2 InsO dieser Antrag maßgebend. Die Rückschlagsperre reicht dann bis 30. April zurück. Dies gilt dann nicht, wenn der Antrag vom 30. Mai vom Insolvenzgericht als unzulässig verworfen wird oder wenn der Gläubiger seinen Antrag zurücknimmt. Dies ergibt sich aus dem Umkehrschluss zu § 139 Abs. 2 Satz 2 InsO; maßgeblich ist dann wieder der Antrag vom 5. Juni.

bb) Die Dreimonatsfrist im Verbraucherinsolvenzverfahren

1020 Für dass Verbraucherinsolvenzverfahren gilt nach § 312 Abs. 1 Satz 3 InsO die Rückschlagsperre für einen Zeitraum von drei Monaten vor dem maßgeblichen Insolvenzantrag. Die unterschiedliche Behandlung von Regel- und Verbraucherinsolvenzverfahren beruht auf den Änderungen des Insolvenzrechtsänderungsgesetzes, das am 1. Dezember 2001 in Kraft getreten ist.[3] Mit der Ausdehnung des für die

---

[1] Begründung des Regierungsentwurfs BT-Drucks. 12/2443, S. 158 rechte Spalte.

[2] BayObLG ZIP 2000, 1263; zur Rückschlagsperre nach § 87 VerglO ebenso *Uhlenbruck* in: *Gottwald*, 1. Auflage München 1990, § 73 Rdn. 12.

[3] InsOÄndG vom 26. Oktober 2001 (BGBl. I S. 2710).

Rückschlagsperre geltenden Zeitraums sollen Störungen des außergerichtlichen Einigungsversuchs durch die Zwangsvollstreckung einzelner Gläubiger unterbunden werden.[1] Ferner stärkt die Dreimonatsfrist die Stellung des Treuhänders, der nach § 313 Abs. 2 InsO grundsätzlich nicht zur Anfechtung nach §§ 129 ff. InsO befugt ist. Mit Ausdehnung des für die Rückschlagsperre maßgeblichen Zeitung auf drei Monate ist gleichsam der gesamte Anfechtungszeitraum des § 131 Abs. 1 InsO abgedeckt. § 312 Abs. 1 Satz 3 InsO gilt nach Art. 103 a EGInsO nur für Verbraucherinsolvenzverfahren, die nach dem 1. Dezember 2001 eröffnet worden sind.

c) Die Sicherung des Gläubigers durch Zwangsvollstreckung

aa) Die Sicherung durch Zwangsvollstreckung in das bewegliche Vermögen

Die Zwangsvollstreckungsmaßnahme muss dem Gläubiger innerhalb 1021
der für die Rückschlagsperre maßgeblichen Frist eine Sicherung verschafft haben. Bei der Zwangsvollstreckung in das bewegliche Vermögen besteht diese Sicherung in der Erlangung eines Pfändungspfandrechts durch den Gläubiger. Das Pfändungspfandrecht entsteht bei Pfändung körperlicher Gegenstände regelmäßig durch die Inbesitznahme seitens des Gerichtsvollziehers (§ 808 ZPO), bei Pfändung von Geldforderungen und sonstigen Vermögensrechten durch Zustellung des Pfändungsbeschlusses an den Drittschuldner (§ 829 Abs. 3 ZPO). Die Pfändung einer lediglich künftigen Forderung wird erst mit ihrem tatsächlichen Entstehen wirksam.[2] Wurde bereits vor Insolvenzeröffnung eine Vorpfändung nach § 845 ZPO ausgebracht, kann auch diese wegen der Wirkung des § 845 Abs. 2 ZPO unter die Rückschlagsperre fallen,[3] nach Insolvenzeröffnung darf schon wegen § 89 Abs. 1 InsO ein der Vorpfändung folgender Pfändungs- und Überweisungsbeschluss nicht mehr erlassen werden. Für die Frage, ob die konkrete Zwangsvollstreckungsmaßnahme unter die Rückschlagsperre des § 88 InsO fällt, sind allein diese Zeitpunkte maßgebend; es kommt nicht darauf an, wann der Gläubiger dem Gerichtsvollzieher den Vollstreckungsauftrag erteilt oder beim Vollstreckungsgericht Antrag auf Erlass des Pfändungsbeschlusses stellt. Der Zwangsvollstreckung nach dem Achten Buch der Zivilprozessordnung steht die Vollstreckung der Verwaltungs- oder der Finanzbehörden gleich.[4]

---

[1] Begründung zum Entwurf des Insolvenzrechtsänderungsgesetzes BT-Drucks. 14/5680, S. 54.

[2] BFH NZI 2005, 569; BGHZ 157, 350; OLG Jena NZI 2002, 550.

[3] Die Vorpfändung ist nach BGHZ 87, 166, 168, nicht bloß vorbereitende Maßnahme der Zwangsvollstreckung; es soll aber allein darauf ankommen, ob die Pfändung innerhalb der maßgeblichen Frist erfolgt, *Uhlenbruck* in: *Uhlenbruck,* InsO, § 88 Rdn. 5 m. w. N.; kritisch *Grothe,* KTS 2001, 205, 225.

[4] *Breuer* in: MüKo-InsO, § 88 Rdn. 11 ff.; *App* in: FK-InsO, § 88 Rdn. 4; *Uhlenbruck* in: *Uhlenbruck,* InsO, § 88 Rdn. 5.

1022 Unter Berücksichtigung der verschiedenen Theorien zum Entstehen eines Pfändungspfandrechts können jedoch Mängel der Zwangsvollstreckung und ihre spätere Heilung zu einer unterschiedlichen Anwendung des § 88 InsO führen. Maßgebend ist, nach welcher Theorie für den Gläubiger das Pfändungspfandrecht entsteht. In sehr grober Charakterisierung ist nach der so genannten öffentlich-rechtlichen Theorie allein die hoheitliche Verstrickung des gepfändeten Gegenstandes oder der gepfändeten Forderung Grundlage des Pfändungspfandrechts,[1] nach der insbesondere auch vom Bundesgerichtshof[2] gestützten so genannten gemischt privatrechtlich-öffentlich-rechtlichen Theorie müssen weitere Voraussetzungen erfüllt sein, insbesondere müssen auch die wesentlichen Verfahrensvorschriften des Zwangsvollstreckungsrechts eingehalten sein.[3] Ein hier vorliegender Mangel kann zwar geheilt werden, die Heilung wirkt jedoch nicht auf den Zeitpunkt der Pfändung zurück und lässt das Pfändungspfandrecht für den Gläubiger nur ex nunc entstehen.[4] Gleichfalls entsteht bei Pfändung einer künftigen Forderung das Pfändungspfandrecht erst mit Entstehen dieser gepfändeten Forderung, nicht bereits mit Zustellung des Pfändungsbeschlusses nach § 829 Abs. 3 ZPO.[5]

1023 **Beispiel 3:** Der Gläubiger pfändet auf Grund einer notariellen Urkunde als Vollstreckungstitel (§ 794 Abs. 1 Nr. 5 ZPO) ein Festgeldkonto des Schuldners und lässt sich dieses zur Einziehung überweisen (§§ 828, 829, 835 ZPO). Die Zustellung der Urkunde als Vollstreckungstitel an den Schuldner erfolgt am 14. Oktober. Der Pfändungs- und Überweisungsbeschluss des Vollstreckungsgerichts wird der Bank als Drittschuldnerin am 21. Oktober zugestellt. Das Insolvenzverfahren wird auf Antrag vom 25. November am 16. Dezember eröffnet.

Wirksame Pfändung des Festgeldkontos erfolgt bei Vorliegen der allgemeinen und besonderen Vollstreckungsvoraussetzungen durch Zustellung des entsprechenden Pfändungs- und Überweisungsbeschlusses an die Drittschuldnerin (§§ 828, 829 Abs. 3 ZPO). Als besondere Vollstreckungsvoraussetzung muss bei der Zwangsvollstreckung aus notariellen Urkunden die Wartefrist des § 798 ZPO von zwei Wochen seit Zustellung der Urkunde an den Schuldner eingehalten sein, die Zwangsvollstreckung durfte danach nicht vor Ablauf des 28. Oktober erfolgen. Die Zustellung des Vollstreckungstitels erfolgte jedoch am 14. Oktober, unter Berücksichtigung von § 798 ZPO hätte die Pfändung frühestens am 29. Oktober erfolgen dürfen. Die Pfändung war damit zunächst fehlerhaft, der Vollstreckungsmangel wurde durch Zeitablauf geheilt. Im Zeitpunkt der Insolvenzeröffnung war

---

[1] Eingehend Stein/Jonas/*Münzberg,* ZPO, § 804 Rdn. 7, 16 ff.; Zöller/*Stöber,* ZPO, § 804 Rdn. 2; *Thomas/Putzo,* ZPO, § 804 Rdn. 4.

[2] BGHZ 20, 88 (Pfändung bei Eigentumsvorbehalt); BGHZ 56, 339, 351 (Pfändung abgetretener Forderung); BGHZ 119, 75 (Versteigerung eines gepfändeten Gegenstandes durch Auktionator und gutgläubiger Erwerb); eingehend *Schilken* in: MüKo-ZPO, § 804 Rdn. 4 ff.; *Schuschke/Walker,* Zwangsvollstreckung, Vor §§ 803, 804 Rdn. 10 ff.

[3] Allgemein zu den Theorien zum Entstehen des Pfändungspfandrechts *Rosenberg/Gaul/Schilken,* § 50 III. 3.; *Brox/Walker,* Rdn. 374 ff.; *Baur/Stürner,* EinzelvollstreckungsR, Rdn. 27.6 ff.

[4] *Brox/Walker,* Rdn. 389; grundlegend zur Heilung von Vollstreckungsmängeln *Stöber,* Rpfleger 1962, 9.

[5] BFH ZIP 2005, 1182; ebenso für die Pfändung der offenen Kreditlinie und der künftigen Inanspruchnahme durch den Schuldner BGHZ 147, 193; BGHZ 157, 350.

die Pfändung wirksam und gewährte dem Gläubiger ein Absonderungsrecht nach § 50 InsO.

Mit Geltung des § 88 InsO könnte die Pfändung unwirksam geworden sein, dem Gläubiger wäre damit das Absonderungsrecht nach § 50 Abs. 1 InsO abhanden gekommen. Durch die Zwangsvollstreckung erlangte der Gläubiger Sicherung seiner Insolvenzforderung. Fraglich ist allein, ob diese Sicherung innerhalb des letzten Monats vor dem Insolvenzantrag wirksam geworden ist. Damit die Pfändung des Festgeldkontos unter § 88 InsO fällt, müsste die Pfändung nach dem 25. Oktober erfolgt sein. Maßgeblich ist, zu welchem Zeitpunkt der Gläubiger das Pfändungspfandrecht erlangt hat: Nach der so genannten öffentlich-rechtlichen Theorie erlangt der Gläubiger das Pfändungspfandrecht unmittelbar mit wirksamer Verstrickung und Pfändung. Fehlerhafte Vollstreckungsakte begründen demnach wirksame Verstrickung und auch ein Pfändungspfandrecht für den Gläubiger. Die hier bei Wirksamwerden der Pfändung am 21. Oktober erfolgte Verletzung des § 798 ZPO ist nicht so schwerwiegend, dass eine völlige Nichtigkeit der Pfändung angenommen werden müsste. Der Gläubiger hat damit zu diesem Zeitpunkt ein Pfändungspfandrecht erlangt. Nach der so genannten gemischt privatrechtlich-öffentlich-rechtlichen Theorie erlangt der Gläubiger das Pfändungspfandrecht mit wirksamer Verstrickung und bei Vorliegen weiterer Voraussetzungen. Es muss der Schuldner Eigentümer des gepfändeten Vermögenswerte sein, dem Gläubiger muss seine Vollstreckungsforderung noch zustehen. Es müssen nach dieser Theorie für ein wirksames Pfändungspfandrecht aber auch die wesentlichen Vollstreckungsvoraussetzungen eingehalten sein, wozu auch § 798 ZPO gehört. Bei Wirksamwerden der Pfändung nach § 829 Abs. 3 ZPO lag hier ein Vollstreckungsmangel vor. Dieser wurde durch Zeitablauf am 29. Oktober geheilt. Die Heilung des Vollstreckungsmangels hat keine rückwirkende Kraft. Der Gläubiger hat nach dieser Theorie sein Pfändungspfandrecht erst am 29. Oktober erlangt. Er unterliegt damit der Rückschlagsperre des § 88 InsO. Soweit man dieser letzten Theorie folgt und die Anwendung des § 88 InsO bejaht, hat der Gläubiger letztlich kein Absonderungsrecht am Guthabenbetrag des Festgeldkontos.

Die Vollziehung von Arrest und einstweilige Verfügung nach § 928 ZPO stellt ebenfalls eine Maßnahme der Zwangsvollstreckung dar. Bei der Arrestvollziehung in das bewegliche Vermögen ist der Zeitpunkt des Entstehens des Arrestpfandrechts nach § 930 ZPO maßgebend. 1024

bb) Die Sicherung durch Zwangsvollstreckung in das unbewegliche Vermögen

Die Zwangsvollstreckung in das unbewegliche Vermögen erfolgt nach § 866 ZPO durch Zwangsversteigerung, Zwangsverwaltung und Eintragung einer Sicherungshypothek. Auch die Eintragung einer Vormerkung auf Grund einstweiliger Verfügung nach § 885 BGB und §§ 935, 938 und 928 ZPO stellt eine Form der Zwangsvollstreckung in das unbewegliche Vermögen dar. Sicherung durch Zwangsvollstreckung erlangt der Gläubiger bei Anordnung der Zwangsversteigerung oder Zwangsverwaltung des schuldnerischen Grundstücks mit Wirksamwerden der Beschlagnahme durch Zustellung des entsprechenden Anordnungsbeschlusses an den Schuldner oder Eingang des Ersuchen zum Eintragung des Versteigerungsvermerks beim Grundbuchamt nach § 22 Abs. 1 ZVG.[1] 1025

[1] Allgemein *Stöber*, ZVG, § 22 Rdn. 2.1

1026 Die Sicherungshypothek entsteht nach § 867 Abs. 1 Satz 2 ZPO mit Eintragung in das Grundbuch, mit diesem Zeitpunkt erlangt der Gläubiger Sicherung seiner Forderung durch Zwangsvollstreckung im Sinne des § 88 InsO. Für die Anwendung dieser Vorschrift auf Sicherungshypotheken nach § 867 ZPO ist deshalb allein der Zeitpunkt der Eintragung in das Grundbuch maßgebend.[1] Der Gläubiger kann nicht darauf vertrauen, mit der Antragstellung beim Grundbuchamt alles erforderliche getan zu haben und als maßgeblichen Zeitpunkt für die Geltung der Rückschlagsperre den Zeitpunkt seiner Antragstellung zu erhalten.[2] Der Zeitpunkt der Antragstellung beim Grundbuchamt ist zwar für den rechtsgeschäftlichen Erwerb eines Grundstücksrechts unter Beachtung des § 878 BGB oder auch für die Frage des guten Glaubens bei Anwendung des § 892 Abs. 2 BGB entscheidend, in keinem Fall aber für die Frage des wirksamen Rechtserwerbs Kraft Zwangsvollstreckung.[3] Auch eine entsprechende Anwendung des § 932 Abs. 3 ZPO scheidet aus, da diese Vorschrift dem Gläubiger nur die Einhaltung der Vollziehungsfrist des § 929 Abs. 2 ZPO sichern soll, ihm aber sonst keinen weitergehenden Schutz gewährt.[4]

1027 **Beispiel 4:** Der Gläubiger beantragt am 22. April die Eintragung einer Sicherungshypothek im Wege der Zwangsvollstreckung in das Grundbuch des Schuldners, die Eintragung erfolgt am 6. Mai. Am 5. Juni stellt ein anderer Gläubiger Antrag auf Insolvenzeröffnung, das Verfahren wird mit Beschluss vom 10. Juli eröffnet.

Für die Frage, ob die Sicherungshypothek unter der Rückschlagsperre des § 88 InsO fällt, ist entscheidend, zu welchem Zeitpunkt sie dem Gläubiger eine Sicherung gewährt. Dem eindeutigen Wortlaut des § 867 Abs. 1 Satz 2 ZPO entsprechend entsteht die Sicherungshypothek mit ihrer Eintragung im Grundbuch, mithin am 6. Mai; sie ist damit von der Rückschlagsperre erfasst. Stellt man dagegen auf den Zeitpunkt des Antrags des Gläubigers beim Grundbuchamt ab, ist die Sicherungshypothek von der Rückschlagsperre nicht betroffen. Allein die Erwägung, der Gläubiger könne den Zeitpunkt der Eintragung der Sicherungshypothek nicht bestimmen und habe mit seiner Antragstellung alles ihm mögliche getan, kann nicht genügen, den Zeitpunkt der Antragstellung als maßgeblich anzusehen. Zum einen steht der Wortlaut des § 867 Abs. 1 Satz 2 ZPO entgegen, zum anderen

---

[1] BayObLG ZIP 2000, 1263; LG Nürnberg-Fürth Rpfleger 2001, 410; LG Berlin ZIP 2001, 2293; LG Bonn, ZIP 2004, 1374, dazu EWiR 2004, 861 *(Gerhardt); Breuer* in: MüKo-InsO, § 88 Rdn. 21; *Schöner/Stöber,* Rdn. 2223a, auf die weitere Problematik aber nicht eingehend; wie hier wohl auch *Raebel* in: FS Kirchhof, S. 443, 451, mit Bezug auf § 878 BGB.

[2] Anders *Lüke* in: *Kübler/Prütting,* InsO, § 88 Rdn. 17; *Eickmann* in: HK-InsO, § 88 Rdn. 8 mit Hinweisen auf die Rückschlagsperre nach §§ 28, 87 VerglO, dazu Stein/Jonas/*Grunsky,* ZPO, § 932 Rdn. 8; *Rosenberg/Gaul/Schilken,* § 78 II. 3. lit. c).

[3] Für das Sachenrecht ganz allgemeine Meinung, statt aller Staudinger/*Gursky,* BGB (2002), § 892 Rdn. 83ff.; Palandt/*Bassenge,* BGB, § 892 Rdn. 2, 3; für § 878 BGB insbesondere BGHZ 9, 250; anders nur *Wacke* in: MüKo-BGB, § 878 Rdn. 18.

[4] LG Nürnberg-Fürth Rpfleger 2001, 410; LG Berlin ZIP 2001, 2293; LG Bonn ZIP 2004, 1374; Zöller/*Vollkommer,* ZPO, § 932 Rdn. 7; anders aber *Eickmann* in: HK-InsO, § 88 Rdn. 8; Stein/Jonas/*Münzberg,* ZPO, § 867 Rdn. 9; Stein/Jonas/*Grunsky,* ZPO, § 932 Rdn. 8; *Lüke* in: *Kübler/Prütting,* InsO, § 88 Rdn. 17.

können § 878 und § 892 Abs. 2 BGB nicht herangezogen werden, da sie nur für den rechtsgeschäftlichen Erwerb gelten. Im Ergebnis kommt dem Eintragungsantrag beim Grundbuchamt keine Schutzwirkung zu.

Gleiches gilt bei Eintragung einer Vormerkung durch Vollziehung 1028 einer einstweiligen Verfügung nach §§ 935 ff. ZPO. Auch hier entsteht die Vormerkung erst mit Eintragung in das Grundbuch (§ 885 BGB). Die Eintragung der Vormerkung stellt ferner eine Vollstreckungsmaßnahme dar, weshalb auch hier mit der Antragstellung beim Grundbuchamt keine Schutzwirkung verbunden sein kann.[1]

2. Die Wirkungen der Rückschlagsperre

a) Der Wegfall des Pfändungspfandrechts

Die Rückschlagsperre führt zum Wegfall des durch die Pfändung er- 1029 langten Pfändungspfandrechts des Gläubigers mit Insolvenzeröffnung.[2] Die Wirkung ist absolut, wirkt also gegenüber jedermann, nicht nur im Verhältnis zum Insolvenzverwalter und den übrigen Gläubigern.[3] Der von der Rückschlagsperre betroffene Gläubiger kann im Insolvenzverfahren keine abgesonderte Befriedigung nach § 50 Abs. 1 InsO geltend machen, er ist gewöhnlicher Insolvenzgläubiger nach § 38 InsO. Nach Beendigung des Insolvenzverfahrens, insbesondere nach Einstellung wegen Masselosigkeit nach § 207 InsO, lebt die Sicherung nicht wieder auf.[4]

Die Rückschlagsperre gilt auch dann, wenn der Gläubiger eine so ge- 1030 nannte Vorpfändung oder ein vorläufiges Zahlungsverbot nach § 845 ZPO ausgebracht hat und die Pfändung innerhalb der Frist des § 845 Abs. 2 Satz 1 ZPO nachfolgt. Natürlich muss dann auch die Vorpfändung selbst innerhalb der Monatsfrist des § 88 InsO oder innerhalb der letzten drei Monate des § 312 Abs. 1 Satz 3 InsO jeweils vor dem Insolvenzantrag wirksam geworden sein.

Beispiel 5 (BGHZ 128, 365): Das Finanzamt erlässt unter dem 19. Februar we- 1031 gen Steuerforderungen eine Pfändungs- und Einziehungsverfügung gegen die Schuldnerin. Gepfändet wird unter anderem ein Guthaben der Schuldnerin bei der Bank. Dieser wird die Verfügung am 24. Februar zugestellt. Am 30. April wird das Insolvenzverfahren über das Vermögen der Schuldnerin eröffnet. Der Insolvenzverwalter lehnt eine Auszahlung des Kontoguthabens an das Finanzamt ab.

---

[1] *Keller* in: *Gottwald/Riedel,* Teil 6/6.4.2.4; zur ähnlichen Frage der Anwendbarkeit des § 878 BGB auf die einstweilige Verfügung BGHZ 9, 250; Staudinger/*Gursky,* BGB (2002), § 885 Rdn. 46.

[2] In Anwendung des § 7 Abs. 3 GesO bei Forderungspfändung BGHZ 128, 365.

[3] *Uhlenbruck* in: *Uhlenbruck,* InsO, § 88 Rdn. 11 m.w.N.; anders nur *Lüke* in: *Kübler/Prütting,* InsO, § 88 Rdn. 19, 24; *Hess/Weis/Wienberg,* InsO, § 88 Rdn. 31, 33.

[4] *Uhlenbruck* in: *Uhlenbruck,* InsO, § 88 Rdn. 14; anders LG Leipzig NZI 2005, 685; dazu kritisch *Gundlach/Frenzel/Schmidt,* NZI 2005, 663; *Lüke* in: *Kübler/Prütting,* InsO, § 88 Rdn. 24; *Grothe,* KTS 2001, 205.

Das Finanzamt als Gläubiger könnte einen Anspruch auf Herausgabe des gepfändeten Kontoguthabens aus § 50 Abs. 1 mit § 170 Abs. 1 InsO haben. Mit Zustellung der Pfändungs- und Einziehungsverfügung an die Drittschuldnerin wurde das Kontoguthaben wirksam gepfändet (§ 309 Abs. 2 Satz 1 AO; ebenso § 829 Abs. 3 ZPO); im eröffneten Insolvenzverfahren steht dem Finanzamt damit grundsätzlich ein Absonderungsrecht an dem Kontoguthaben zu. Unter Berücksichtigung der mit Insolvenzeröffnung wirkenden Rückschlagsperre des § 88 InsO ist das Pfändungspfandrecht des Finanzamts und damit sein Absonderungsrecht aber erloschen. Aus dem Sachverhalt ist nicht ersichtlich, wann Antrag auf Insolvenzeröffnung gestellt worden ist, die Geltung des § 88 InsO kann deshalb nicht exakt festgestellt werden. Die Entscheidung des Bundesgerichtshofs vom 26. Januar 1995 bezog sich jedoch auf einen Sachverhalt der Gesamtvollstreckungsordnung und der Rückschlagsperre des § 7 Abs. 3 GesO. Diese Vorschrift enthielt keine absolute Frist sondern erklärte alle Vollstreckungsmaßnahmen für unwirksam, wenn sie bei Eröffnung des Gesamtvollstreckungsverfahrens noch nicht beendet waren. Streitig war hier, ob die Beendigung der Zwangsvollstreckung mit der Erlangung des Pfändungspfandrechts durch den Gläubiger gesehen werden kann (so insbesondere *Braun/Bußhardt,* ZIP 1992, 902) oder erst mit der tatsächlichen Befriedigung des Gläubigers (so *Lübchen/Landfermann,* ZIP 1990, 829). Der Bundesgerichtshof hat sich in seiner Entscheidung der letztgenannten Ansicht angeschlossen (allgemein *Haarmeyer/Wutzke/Förster,* GesO, § 7 Rdn. 27) und so die Pfändung des Finanzamts insgesamt für unwirksam erklärt.

b) Die Unzulässigkeit von Zwangsversteigerung und Zwangsverwaltung

1032 Besteht die Zwangsvollstreckungsmaßnahme in der Anordnung der Zwangsversteigerung oder der Zwangsverwaltung – ebenso in dem Beitritt eines Gläubigers nach § 27 ZVG –, wird die mit der Anordnung begründete Beschlagnahme nach §§ 22ff. ZVG mit der Rückschlagsperre unwirksam. Hinsichtlich der einzelnen Gläubiger, welche die Zwangsversteigerung oder Zwangsverwaltung betreiben, ist aber zu unterscheiden:

1033 – Betreibt ein Gläubiger aus einem dinglichen Recht in der Rangklasse des § 10 Abs. 1 Nr. 4 ZVG die Zwangsversteigerung, wird er von der Rückschlagsperre des § 88 InsO nicht erfasst. Sein Absonderungsrecht nach § 49 InsO hat dieser Gläubiger nicht erst durch die Anordnung der Zwangsversteigerung erlangt sondern bereits durch die Eintragung seines Grundpfandrechts in das Grundbuch; bereits der Duldungsanspruch aus §§ 1113, 1147 BGB gibt das Recht auf abgesonderte Befriedigung.[1] Der Insolvenzverwalter könnte hier bestenfalls die Bestellung des Grundpfandrechts nach §§ 129ff. InsO anfechten.

1034 – Betreibt ein Gläubiger aus einem persönlichen Schuldtitel in der Rangklasse des § 10 Abs. 1 Nr. 5 ZVG die Zwangsversteigerung, erlangt er sein Absonderungsrecht nach § 49 InsO mit Wirksamwerden

[1] Dazu *Ganter* in: MüKo-InsO, § 49 Rdn. 56ff.; allgemein zum dinglichen Anspruch aus der Hypothek *Eickmann* in: *Westermann,* § 100 II. 2.; *Wolff/Raiser,* Sachenrecht, § 139; *Nußbaum,* § 29 I.

der Beschlagnahme nach §§ 22, 23 ZVG. Die Wirkungen der Rückschlagsperre des § 88 InsO treffen ihn voll. Das Versteigerungsgericht hatten je nach Fortgang des Verfahrens einem bereits angesetzten Versteigerungstermin abzusetzen oder die Erteilung des Zuschlags zu versagen, letztlich ist das Verfahren aufzuheben.[1] Umgekehrt bedeutet dies aber auch, dass auch der persönlich betreibende Gläubiger unangreifbar die Zwangsversteigerung während des Insolvenzverfahrens betreiben kann, wenn er nur seine Beschlagnahme rechtzeitig – das heißt außerhalb der Fristen der Rückschlagsperre und unanfechtbar nach § 131 InsO – erlangt hat (§§ 49, 80 Abs. 2, § 165 InsO).

c) Die Unwirksamkeit der Sicherungshypothek

Ein in der Rechtspraxis nicht selten auftauchendes Problem ist die Wir- 1035
kung der Rückschlagsperre auf die im Wege der Zwangsvollstreckung eingetragene Sicherungshypothek in das Grundbuch des Schuldners (§§ 866, 867 ZPO). Zweck der Sicherungshypothek ist die Sicherung der Forderung des Gläubigers, nicht seine Befriedigung.[2] Ausgehend von der Rechtslage bei der Rückschlagsperre im Gesamtvollstreckungsverfahren nach § 7 Abs. 3 GesO ist streitig, wie die Unwirksamkeit im Sinne des § 88 InsO auf die Sicherungshypothek zu verstehen ist: Judikatur und Literatur zu § 7 Abs. 3 GesO sahen die Sicherungshypothek teils als beendete und nicht mehr angreifbare Vollstreckungsmaßnahme,[3] teils als nicht beendete und von der Rückschlagsperre erfasste Maßnahme an.[4] Wegen der nunmehr fest bestimmten Frist für die Rückschlagsperre des § 88 InsO[5] hat diese Frage keine Bedeutung mehr. Soweit aber die Rückschlagsperre des § 7 Abs. 3 GesO auch die Sicherungshypothek erfassen sollte, war und ist streitig, wie in Anwendung dieser Regelung die Unwirksamkeit umzusetzen ist. Der Bundesgerichtshof postulierte mit Urteil vom 3. August 1995[6] eine Art relativer und zeitlicher Unwirksamkeit gegenüber dem Gesamtvollstreckungsverwalter für die Dauer des Gesamtvollstreckungsverfahrens. Diese Rechtsprechung des Bundesgerichtshofs führte in der Rechtspraxis, insbesondere im Grundbuchrecht, zu großen Schwierigkeiten und war auch dogmatisch höchst angreifbar.[7]

---

[1] Eingehend *Keller* in: *Gottwald/Riedel,* Teil 6/6.4.2.2.

[2] *Eickmann* in: MüKo-ZPO, § 866 Rdn. 3.

[3] So zunächst OLG Dresden ZIP 1995, 142; *Hess,* KO, Anhang GesO § 7 Rdn. 36; *Moser-Merdian/Flik/Keller,* Rdn. 324; *Keller* in: *Gottwald/Riedel,* Teil 6/6.4.2.3.

[4] BGHZ 130, 347; LG Dresden ZIP 1994, 1710, LG Chemnitz ZIP 1995, 306; OLG Jena ZIP 1996, 467; *Haarmeyer/Wutzke/Förster,* GesO, § 7 Rdn 27 a.

[5] Nicht zuletzt deshalb hatte sich der Gesetzgeber des § 88 InsO gegen eine vollständige Übernahme des § 7 Abs. 3 GesO ausgesprochen; Begründung des Regierungsentwurfs BT-Drucks. 12/2443, S. 137.

[6] BGHZ 130, 347.

[7] Zustimmend zunächst *Holzer,* ZIP 1996, 780; *Pape,* KTS 1996, 231; dem BGH folgend OLG Dresden ZIP 1998, 215; OLG Jena, ZIP 1996, 467 = FGPrax 1996, 88 m. abl. Anm. *Keller;* KG ZIP 1996, 645; sehr kritisch LG Schwerin Rpfleger 1996,

1036 Die neuere Rechtsprechung zu § 88 InsO zieht dagegen in bewusster Abgrenzung zur Rechtsprechung des Bundesgerichtshofs eine Analogie zu § 868 ZPO und nimmt eine Umwandlung der Sicherungshypothek in eine Eigentümergrundschuld an. Grundlegend hatte dies das Bayerische Oberste Landesgericht mit Beschluss vom 15. Juni 2000[1] festgestellt und ausführlich begründet.[2] Sowohl die Analogie zu § 868 ZPO ist gerechtfertigt, weil die dort genannten Tatbestände der Aufhebung des Vollstreckungstitels oder des Wegfalls der vorläufigen Vollstreckbarkeit vergleichbar sind mit der Unzulässigkeit der Zwangsvollstreckung aus § 88 InsO, als auch die Annahme der Umwandlung der Sicherungshypothek in eine Eigentümergrundschuld, weil damit das im Bürgerlichen Gesetzbuch normierte Wechselspiel zwischen Hypothek und Grundschuld (siehe nur § 1163 BGB) aufgenommen und fortgeführt wird.[3] Unwirksam im Sinne des § 88 InsO wird demnach nicht das Grundpfandrecht als solches[4] sondern nur die für den Gläubiger erlangte Sicherung, das Grundpfandrecht bleibt als Eigentümergrundschuld bestehen und gehört als Vermögenswert zur Insolvenzmasse. Unwirksam wird die Sicherungshypothek lediglich dann, wenn sie zulässig an den Miteigentumsanteilen der Grundstückseigentümer eingetragen ist und nur über das Vermögen eines Miteigentümers das Insolvenzverfahren eröffnet wird.[5]

1037 Mit Insolvenzeröffnung wird das Grundbuch dahingehend unrichtig, dass aus der Sicherungshypothek nunmehr eine Grundschuld für den Schuldner als Grundstückseigentümer entstanden ist. Die Grundbuchberichtigung nach § 22 GBO besteht zunächst darin, die Hypothek in eine Eigentümergrundschuld umzuschreiben. Der Insolvenzverwalter als Antragsteller hat dabei dem Grundbuchamt sämtliche Voraussetzungen des § 88 InsO in der Form des § 29 Abs. 1 Satz 2 GBO nachzuweisen. Gelingt dies nicht, kann er vom eingetragenen Hypothekengläubiger die Abgabe einer entsprechenden Berichtigungsbewilligung verlangen (§ 894 BGB). In der Rechtspraxis lässt der Insolvenzverwaltern häufig die Sicherungshypothek im Grundbuch löschen, letztlich weil er das Grundstück lastenfrei verwerten möchte. Sachenrechtlich stellt dies die Aufgabe des Grundpfandrechts nach § 875 BGB dar. Die Löschung im Grundbuch ist dann keineswegs lediglich Grundbuchbe-

---

168; zum Grundbuchverfahren OLG Dresden, Rpfleger 1999, 442; *Keller,* Rpfleger 1997, 45; *Bestelmeyer,* DtZ 1997, 274; grundlegend *Muth,* KTS 1997, 347; eingehend auch *Keller,* Grundstücke, Rdn. 350 ff.

[1] BayObLG ZIP 2000, 1263.

[2] Dem BayObLG folgend OLG Düsseldorf NZI 2004, 93 und 94 = Rpfleger 2004, 39 m. Anm. *Deimann; Uhlenbruck* in: *Uhlenbruck,* InsO, § 88 Rdn. 11 ff.; *Breutigam/Blersch/Goetsch,* InsO, § 88 Rdn. 17; *Demharter,* GBO, Anhang § 44 Rdn. 66.

[3] Umfassend *Keller,* ZIP 2000, 1324.

[4] So aber *Eickmann* in: HK-InsO, § 88 Rdn. 11; Zöller/*Stöber,* ZPO, § 868 Rdn. 2.

[5] OLG Düsseldorf Rpfleger 2004, 39; zur zulässigen Eintragung als Gesamtrecht an Miteigentumsanteilen und § 1114 BGB *Stöber,* ZVG, Einleitung Rdn. 68.8.

richtigung, sondern konstitutive Eintragung auf Bewilligung des Insolvenzverwalters als Bewilligungsberechtigten.[1]

Beispiel 6 (nach BayObLG ZIP 2000, 1263): In das Grundbuch des Schuldners wird am 7. März im Wege der Zwangsvollstreckung eine Sicherungshypothek eingetragen. Auf Antrag eines Gläubigers vom 30. März wird am 2. April das Insolvenzverfahren eröffnet. Der Insolvenzverwalter beantragt unter Vorlage des Eröffnungsbeschlusses beim Grundbuchamt die Löschung der Sicherungshypothek mit der Begründung, sie sei nach § 88 InsO erloschen. Das Grundbuchamt trägt die Löschung der Hypothek ein, ohne eine entsprechende Bewilligung des Gläubigers zu verlangen. Gegen die Löschung regt der Gläubiger die Eintragung eines Amtswiderspruchs nach § 53 Abs. 1 GBO an. 1038

Die Eintragung eines Amtswiderspruchs nach § 53 Abs. 1 GBO hat zu erfolgen, wenn das Grundbuchamt unter Verletzung einer gesetzlichen Vorschrift eine Eintragung vorgenommen hat, durch diese Eintragung das Grundbuch im Sinne des § 894 BGB unrichtig wird und zuletzt auf Grund der Unrichtigkeit gutgläubiger Erwerb droht. Eine Gesetzesverletzung sah das Bayerische Oberste Landesgericht darin, dass das Grundbuchamt die Löschung der Hypothek auf Antrag und damit verbundener Bewilligung des Insolvenzverwalters vornahm, ohne die Formvorschriften der §§ 30 und 29 Abs. 1 Satz 1 GBO beachtet zu haben. Unter Zugrundelegung der Überlegung, das mit Insolvenzeröffnung die Sicherungshypothek sich in eine Eigentümergrundschuld gewandelt hat, ist das Grundbuch diesbezüglich unrichtig geworden, die Grundbuchberichtigung besteht in der Umschreibung des Rechts in eine Eigentümergrundschuld auf den Schuldner als Gläubiger. Die Voraussetzungen des § 88 InsO sind dann dem Grundbuchamt in der Form der §§ 22 und 29 Abs. 1 Satz 2 GBO nachzuweisen. Da im vorliegenden Fall zwischen der Eintragung der Sicherungshypothek und der durch Vorlage des Eröffnungsbeschlusses urkundlich nachgewiesenen Insolvenzeröffnung kein Monat lag, waren die Voraussetzungen des § 88 InsO für das Grundbuchamt offenkundig. Soweit der Insolvenzverwalter die Löschung der Hypothek im Wege der Grundbuchberichtigung beantragte, irrte er, in Wirklichkeit gab er selbst die Eigentümergrundschuld als Grundstücksrecht nach § 875 BGB auf. Der Antrag auf Löschung hätte dann die Löschungsbewilligung nach § 19 GBO beinhaltet und deshalb der öffentlich-beglaubigten Form des § 29 Abs. 1 Satz 1 GBO bedurft. Die Eintragung eines Amtswiderspruchs gegen die Löschung konnte nach Ansicht des Bayerischen Obersten Landesgerichts jedoch deshalb unterbleiben, weil mit der Löschung des Rechts keine Grundbuchunrichtigkeit gegeben war. Die in eine Eigentümergrundschuld umgewandelte Sicherungshypothek ist mit Löschung im Grundbuch auch wirksam erloschen (§ 875 BGB).

Die Rückschlagsperre des § 88 InsO erfasst nur die Sicherungshypothek, die im Wege der Zwangsvollstreckung eingetragen wird. Grundpfandrechte, die rechtsgeschäftlich in das Grundbuch eingetragen werden, sind niemals von der Rückschlagsperre erfasst, auch wenn ihre rechtsgeschäftliche Bestellung im Einzelfall seitens des Schuldners nicht ganz freiwillig erfolgt sein mag.[2] Dem Insolvenzverwalter bleibt hier die 1039

---

[1] Umfassend zum Grundbuchverfahren *Keller,* ZIP 2000, 1324.

[2] So bereits für §§ 28, 104 VerglO BGHZ 55, 307; für § 7 Abs. 3 GesO OLG Dresden und OLG Jena Rpfleger 1996, 418; LG Leipzig ZIP 1996, 880; LG Magdeburg Rpfleger 1996, 210; *Pape,* KTS 1996, 231, 239; *Muth,* KTS 1997, 346, 368; kritisch *Uhlenbruck* in: *Uhlenbruck,* InsO, § 88 Rd. 1; *Eickmann* in: HK-InsO, § 88 Rdn. 4; *Gerhardt* in: KS, S. 193 Rdn. 43.

Möglichkeit der Anfechtung nach §§ 129ff. InsO. Insbesondere die Sicherungshypothek des Bauhandwerkers wird stets rechtsgeschäftlich bestellt, § 648 BGB gibt mit dem Gläubiger lediglich den schuldrechtlichen Anspruch auf Bestellung der Hypothek. Auch wenn – wie in der Praxis häufig – der Gläubiger im Wege der einstweiligen Verfügung eine Vormerkung zur Sicherung des Anspruchs auf Eintragung einer Bauhandwerkersicherungshypothek erwirkt und die Hypothek selbst gegen den Schuldner einklagen muss, ist zwar die Eintragung der Vormerkung eine Zwangsvollstreckungsmaßnahme, die Hypothek selbst ist aber niemals Sicherungshypothek durch Zwangsvollstreckung im Sinne der §§ 866, 867 ZPO.[1]

d) Die Unwirksamkeit bei Arrestvollziehung und einstweiliger Verfügung

1040 Erlangte der Gläubiger im Wege der Arrestvollziehung ein Arrestpfandrecht an einem gepfändeten Gegenstand oder einer gepfändeten Forderung (§ 930 ZPO), erlischt auch dieses durch die Rückschlagsperre des § 88 InsO. Eine nach § 932 ZPO eingetragene Arresthypothek wird analog § 868 ZPO zur Eigentümergrundschuld.

1041 Ein durch einstweilige Verfügung angeordnetes Veräußerungsverbot gegen den Schuldner (§ 938 Abs. 2 ZPO) verliert bereits nach § 80 Abs. 2 Satz 1 InsO mit Insolvenzeröffnung seine Wirkung. Die auf Grund einstweiliger Verfügung in das Grundbuch eingetragene Vormerkung wird durch die Rückschlagsperre unwirksam. Sie kann im Grundbuch im Wege der Grundbuchberichtigung unter Nachweis der Voraussetzungen des § 88 InsO oder auf Bewilligung des Vormerkungsberechtigten gelöscht werden.[2]

3. Die Geltendmachung der Unwirksamkeit durch den Insolvenzverwalter

1042 Bezug nehmend auf eine Bemerkung in der Gesetzesbegründung zu § 88 InsO[3] wird vielfach betont, die Wirkungen der Rückschlagsperre treten de iure ein und seien von den Beteiligten von Amts wegen zu be-

---

[1] BGHZ 144, 138; BGH Rpfleger 2000, 382; OLG Frankfurt am Main Rpfleger 1995, 500 (je zur Unanwendbarkeit von § 867 Abs. 2 ZPO); Palandt/*Sprau,* BGB, § 648 Rdn. 5; *Schöner/Stöber,* Rdn. 2102; lesenwert bereits *Güthe/Triebel,* GBO, Band II Legitimationsfragen S. 1745.

[2] Zur Unwirksamkeit der Vormerkung bei der Rückschlagsperre des § 7 Abs. 3 GesO bereits BGHZ 142, 208; zur Löschung im Grundbuch BGH, ZIP 2000, 931; LG Dresden, Rpfleger 1997, 107 m. abl. Anm. *Keller;* dagegen die Anwendung des § 7 Abs. 3 GesO ablehnend – da bereits bei Eröffnung der Gesamtvollstreckung als beendete Vollstreckungsmaßnahme anzusehen – OLG Jena, Rpfleger 1996, 211; ausführlich dazu *Keller,* Grundstücke, Rdn. 359ff.

[3] Begründung des Regierungsentwurfs BT-Drucks. 12/2443, S. 137.

achten.[1] Für die Umsetzung der Rückschlagsperre in der Rechtspraxis ist diese Aussage wenig hilfreich. Allein der Gerichtsvollzieher, der bei Insolvenzeröffnung den gepfändeten Gegenstand noch nicht verwertet hat, kann die Rückschlagsperre durch Aufhebung der Pfändung und Herausgabe des gepfändeten Gegenstandes an den Insolvenzverwalter selbstständig beachten (§ 91 Nr. 1 Satz 4 und § 171 Nr. 2 Satz 2 GVGA). Hat aber beispielsweise das Vollstreckungsgericht den Pfändungs- und Überweisungsbeschluss betreffend eine zu pfändende Forderung bereits vor Insolvenzeröffnung erlassen (§ 829 ZPO), ist das gerichtliche Verfahren insoweit beendet, die konkrete Vollstreckungsmaßnahme ist mit Zustellung des Beschlusses an den Drittschuldner abgeschlossen (§ 829 Abs. 3 ZPO). Es wäre hier Sache des Drittschuldners, unter Verweis auf die eingetretene Rückschlagsperre gegenüber dem Gläubiger die Leistung der diesem zur Einziehung überwiesenen Forderung zu verweigern. Die Aufhebung des Pfändungs- und Überweisungsbeschlusses durch das Vollstreckungsgericht kann nicht von Amts wegen erfolgen.[2]

Im allgemeinen Vollstreckungsverfahren ist die Rückschlagsperre 1043
durch Erhebung der Vollstreckungserinnerung nach § 766 ZPO geltend zu machen.[3] Der für die Vollstreckungserinnerung erforderliche Verfahrensverstoß liegt darin begründet, dass der Gläubiger nach Insolvenzeröffnung weiterhin die Zwangsvollstreckung betreibt, obwohl diese für ihn wegen des Wegfalls des Pfändungspfandrechts nicht mehr möglich ist. Als dann gewöhnlicher Insolvenzgläubiger ist er mithin vom allgemeinen Vollstreckungsverbot des § 89 Abs. 1 InsO erfasst.[4] Über die Vollstreckungserinnerung entscheidet in Anwendung des § 89 Abs. 3 InsO an Stelle des Vollstreckungsgerichts das Insolvenzgericht, die funktionelle Zuständigkeit bleibt jedoch wegen § 20 Nr. 17 RPflG beim Richter.[5]

Eine Grundbuchberichtigung hinsichtlich einer in eine Eigentümer- 1044
grundschuld umgewandelten Sicherungshypothek nach §§ 866, 867 ZPO oder hinsichtlich einer erloschenen Vormerkung, die durch einstweilige Verfügung eingetragen worden ist, erfolgt schon wegen des

---

[1] *Lüke* in: *Kübler/Prütting,* InsO, § 88 Rdn. 19; *Breutigam/Blersch/Goetsch,* InsO, § 88 Rdn. 15; *Kroth* in: *Braun,* InsO, § 88 Rdn. 7; *Vallender,* ZIP 1997, 1993.

[2] Treffend *Eickmann* in: HK-InsO, § 88 Rdn. 12; anders wohl *Lüke* in: *Kübler/Prütting,* InsO, § 88 Rdn. 22; *Vallender,* ZIP 1997, 1993; undeutlich auch *Uhlenbruck* in: *Uhlenbruck,* InsO, § 88 Rdn. 13 und 16.

[3] OLG Köln NZI 2002, 554; *Breuer* in: MüKo-InsO, § 88 Rdn. 22; *Uhlenbruck* in: *Uhlenbruck,* InsO, § 88 Rdn. 16; *Lüke* in: *Kübler/Prütting,* InsO, § 88 Rdn. 22 a.E.; *Breutigam/Blersch/Goetsch,* InsO, § 88 Rdn. 15 f.

[4] Ausführlich *Vallender,* ZIP 1997, 1993; *App,* NZI 1999, 138.

[5] AG Hamburg NZI 2000, 96; *Keller* in: *Gottwald/Riedel,* Teil 6/6.5.4; *Frege/Keller/Riedel,* Rdn. 219; anders – Zuständigkeit des Rechtspflegers – AG Duisburg NZI 2000, 608; AG Halle/Saalkreis DZWIR 2002, 173; *Schmerbach* in: FK-InsO, § 2 Rdn. 32; für das Vollstreckungsverbot nach § 21 Abs. 2 Nr. 3 InsO ebenso AG Göttingen NZI 2000, 493; eingehend *Keller,* RpflStud 2002, 33.

grundsätzlichen Antragserfordernisses aus § 13 Abs. 1 GBO niemals von Amts wegen. Auch die Eintragung eines Amtswiderspruchs nach § 53 Abs. 1 Satz 1 GBO, eine Löschung wegen inhaltlicher Unzulässigkeit nach § 53 Abs. 1 Satz 2 GBO oder wegen Gegenstandslosigkeit nach § 84 Abs. 2 lit. a) GBO kommen nicht in Betracht.[1]

1045 Ein Zwangsversteigerungs- oder Zwangsverwaltungsverfahren, das hinsichtlich des betreibenden Gläubigers unter die Rückschlagsperre fällt, ist dagegen seitens des Vollstreckungsgerichts in Anwendung des § 28 Abs. 2 ZVG nach Anhörung des betreffenden Gläubigers von Amts wegen aufzuheben.[2]

4. Die Befriedigung des Gläubigers während des maßgeblichen Zeitraums

1046 Die Rückschlagsperre des § 88 InsO zerstört lediglich das durch die Zwangsvollstreckung erlangte Sicherungsrecht des Gläubigers, macht jedoch nicht seine inzwischen eingetretene Befriedigung auf Grund dieser Zwangsvollstreckung rückgängig, dies wäre praktisch auch schwer durchführbar. Es sind drei Fallgestaltungen zu unterscheiden:

- Die Zwangsvollstreckungsmaßnahme des Gläubigers, die ihm Sicherung gewährt, liegt vor dem für die Rückschlagsperre maßgeblichen Zeitraum, allein die Befriedigung des Gläubigers fällt in diesen Zeitraum.
- Sowohl die Zwangsvollstreckungsmaßnahme als auch die Befriedigung des Gläubigers liegen innerhalb des für die Rückschlagsperre maßgeblichen Zeitraums, mithin wurde der Gläubiger auch vor Insolvenzeröffnung hinsichtlich seiner Forderung befriedigt.
- Vor Insolvenzeröffnung erfolgte lediglich die Zwangsvollstreckungsmaßnahme innerhalb des für die Rückschlagsperre maßgeblichen Zeitraums, der Gläubiger wurde vor Insolvenzeröffnung hinsichtlich seiner Forderung nicht befriedigt.

1047 Bei der ersten Fallgestaltung ist zunächst festzustellen, dass die Vollstreckungsmaßnahme von der Rückschlagsperre nicht erfasst wird; der Gläubiger hätte, auch wenn die Befriedigung nicht erfolgt wäre, im eröffneten Insolvenzverfahren ein Absonderungsrecht nach § 50 Abs. 1 InsO. Die Befriedigung selbst fällt als Rechtshandlung nicht unter die Rückschlagsperre. Zwar könnte der Insolvenzverwalter die Befriedi-

[1] OLG Dresden Rpfleger 1999, 442; LG Schwerin Rpfleger 1996, 168; *Keller,* Rpfleger 1997, 45; umfassend dazu *Keller,* ZIP 2000, 1324; teilweise zu § 7 Abs. 3 GesO anders – aus grundbuchrechtlichen Gründen jedoch abzulehnen – AG Meiningen ZIP 1995, 308, dazu EWiR 1995, 257 *(Pape)*; LG Meiningen, Beschl. v. 9. 2. 2000 – 4 T 416/99, dazu EWiR 2000, 289 *(Hintzen)*; unzutreffend im Hinblick auf § 53 GBO insbesondere *Holzer,* ZIP 1996, 780, Abschn. II 4.; dazu auch *Schöner/Stöber,* Rdn. 401 a. E.

[2] *Stöber,* ZVG, § 15 Rdn. 23.5 und § 28 Rdn. 8.1.

gung des Gläubigers unter den Voraussetzungen des § 131 Abs. 1 InsO anfechten, die Anfechtung hätte praktisch jedoch keinen Sinn, wenn nicht auch das Absonderungsrecht des Gläubigers angegriffen werden kann.

Bei der zweiten Fallgestaltung fällt mit Insolvenzeröffnung das Pfändungspfandrecht des Gläubigers weg, dem Gläubiger wird gleichsam nachträglich sein Recht auf die Befriedigung aus dem gepfändeten Gegenstand oder seitens des Drittschuldners genommen. Die materielle Berechtigung des Gläubigers, den Verwertungserlös aus einem gepfändeten Gegenstand oder die Zahlung des Drittschuldners erhalten zu dürfen, besteht in dem durch die Zwangsvollstreckung erlangten Pfändungspfandrecht.[1] Fällt dieses Recht nachträglich weg, kann für den Insolvenzverwalter gegen den Gläubiger ein Anspruch aus Wegfallskondiktion nach § 812 Abs. 1 Satz 2 erste Alternative BGB angenommen werden.[2] Es kann aber auch auf die Anfechtungsmöglichkeit des § 131 Abs. 1 Nr. 1 InsO Bezug genommen werden, die innerhalb des letzten Monats vor dem Insolvenzantrag oder nach diesem erlangte Befriedigung des Gläubigers ist ohne weiteres für den Insolvenzverwalter anfechtbar. Die Anfechtung der Befriedigung ist im Regelinsolvenzverfahren unproblematisch, weil der Anfechtungszeitraum des § 131 Abs. 1 Nr. 1 InsO mit dem Zeitraum des § 88 InsO völlig identisch ist und weil für die Anfechtung keinerlei Kenntnis des Gläubigers von einer möglichen Zahlungsunfähigkeit des Schuldners erforderlich ist. Im Verbraucherinsolvenzverfahren beträgt der für die Rückschlagsperre maßgebliche Zeitraum nach § 312 Abs. 1 Satz 3 InsO seit 1. Dezember 2001 dagegen drei Monate, die Anfechtung einer Befriedigung des Gläubigers innerhalb des zweiten oder dritten Monats vor dem Insolvenzantrag wäre dann nur unter den Voraussetzungen der Nrn. 2 oder 3 des § 131 Abs. 1 InsO möglich,[3] diese fordern als besondere Anfechtungsvoraussetzungen aber entweder die bereits eingetretene Zahlungsunfähigkeit des Schuldners im Zeitpunkt der Befriedigung oder die Kenntnis des Gläubigers von der Benachteiligung der übrigen Gläubiger bei seiner eigenen Befriedigung. Wählt man deshalb für die Rückforderung des an den Gläubiger auf Grund der Zwangsvollstreckung Geleisteten den Weg der Anfechtung, kann dies im Verbraucherinsolvenzverfahren zu Problemen führen, wenn einerseits das Pfändungspfandrecht ohne weiteres durch die Rückschlagsperre erlischt, das an den Gläubiger Geleistete jedoch nur unter den zusätzlichen Voraussetzungen der Nrn. 2 oder 3 des § 131 Abs. 1 InsO zurückgefordert werden kann. Insgesamt ist es ist deshalb für die Rechtspraxis einfacher, die 1048

[1] *Schuschke/Walker,* Zwangsvollstreckung, Vor §§ 803, 804 Rdn. 15; *Rosenberg/Gaul/Schilken,* § 50 III. 3. und § 53 V.

[2] *Uhlenbruck* in: *Uhlenbruck,* InsO, § 88 Rdn. 13; *Lüke* in: *Kübler/Prütting,* InsO, § 88 Rdn. 19 b; *Gerhardt* in: *Gottwald,* § 33 Rdn. 34; *Vallender,* ZIP 1997, 1993.

[3] Dazu auch *Vallender* in: *Uhlenbruck,* InsO, § 312 Rdn. 23, allerdings ohne wirkliches Ergebnis.

Befriedigung des Gläubigers über den Weg der ungerechtfertigten Bereicherung aus § 812 Abs. 1 Satz 2 erste Alternative BGB zu kondizieren.[1]

1049 Bei der dritten Fallgestaltung ist hinsichtlich der Befriedigung des Gläubigers seitens des Insolvenzverwalters schon deshalb nichts veranlasst, weil eine Befriedigung vor Insolvenzeröffnung nicht erfolgt ist. Die Rückschlagsperre lässt allein die Sicherung des Gläubigers unwirksam werden und macht diesen zum gewöhnlichen Insolvenzgläubiger nach § 38 InsO.

IV. Das Vollstreckungsverbot im eröffneten Insolvenzverfahren

1. Das Wirksamwerden des Vollstreckungsverbots mit Insolvenzeröffnung

1050 Mit Insolvenzeröffnung tritt kraft Gesetzes das Vollstreckungsverbot des § 89 Abs. 1 InsO in Kraft. Soweit das Insolvenzgericht bereits ein Vollstreckungsverbot nach § 21 Abs. 2 Nr. 3 InsO angeordnet hat, geht dieses mit Insolvenzeröffnung in das Vollstreckungsverbot des § 89 Abs. 1 InsO über. Gegenüber den betroffenen Gläubigern stellt § 89 Abs. 1 InsO ein Vollstreckungshindernis eigener Art dar.[2] Das Vollstreckungshindernis tritt mit Wirksamwerden der Insolvenzeröffnung zu dem im Eröffnungsbeschluss genannten Zeitpunkt (§ 27 Abs. 2 Nr. 3 InsO) in Kraft, auf eine Kenntnis des Gläubigers oder des Vollstreckungsorgans kommt es nicht an.

2. Die vom Vollstreckungsverbot betroffenen Gläubiger

a) Die Insolvenzgläubiger

1051 Das Vollstreckungsverbot des § 89 Abs. 1 InsO betrifft alle Insolvenzgläubiger nach § 38 InsO, ihm unterliegen auch die nachrangigen Insolvenzgläubiger des § 39 InsO.[3] Ein Gläubiger kann das Vollstreckungsverbot nicht dadurch umgehen, dass er auf die Teilnahme am Insolvenzverfahren verzichtet und auf Grund eines bereits vor Insolvenz-

---

[1] *Uhlenbruck* in: *Uhlenbruck*, InsO, § 88 Rdn. 13; *Lüke* in: *Kübler/Prütting*, InsO, § 88 Rdn. 19 b; *Gerhardt* in: *Gottwald*, § 33 Rdn. 34; im Ergebnis besteht zwischen beiden Wegen kein großer Unterschied, da auch der Rückgewähranspruch des § 143 Abs. 1 Satz 1 InsO bereicherungsrechtlichen Grundsätzen folgt, ohne selbst ein Bereicherungsanspruch zu sein, BGHZ 15, 333, 337; BGHZ 41, 98, 103; *Jaeger*, KO, § 29 Anm. 7; *Kirchhof* in: MüKo-InsO, § 143 Rdn. 10.

[2] Zöller/*Stöber*, ZPO, § 775 Rdn. 5; sehr treffend bereits *Jaeger*, KO, § 14 Anm. 22.

[3] Begründung des Regierungsentwurfs BT-Drucks. 12/2443, S. 137.

eröffnung erworbenen Vollstreckungstitels gegen den Schuldner die Zwangsvollstreckung betreibt.[1]

b) Die absonderungsberechtigten Gläubiger

Bei dem absonderungsberechtigten Insolvenzgläubiger ist zu unterscheiden, ob das Absonderungsrecht an unbeweglichen Gegenständen des Schuldners besteht (§ 49 InsO) oder an beweglichen Gegenständen, Forderungen und sonstigen Vermögensrechten (§§ 50 ff. InsO). Im letzteren Fall ist dem Gläubiger mit den (§§ 166 ff. InsO) eine selbstständige Verwertung des verhafteten Gegenstandes verwehrt, er ist deshalb auch vom Vollstreckungsverbot des § 89 Abs. 1 InsO betroffen. Der Gerichtsvollzieher hat den Gegenstand an den Insolvenzverwalter herauszugeben (§§ 171 Nr. 2 Satz 2 GVGA). Dieser hat den Gegenstand unter Beachtung des Absonderungsrechts zu verwerten (§§ 166 ff. InsO). 1052

Der Absonderungsberechtigte nach § 49 InsO kann dagegen selbstständig die Zwangsvollstreckung in den ihm verhafteten Gegenstand (§ 165 InsO) durch Zwangsversteigerung oder Zwangsverwaltung betreiben. Eine Zwangsvollstreckung in das unbewegliche Vermögen liegt auch dann vor, wenn ein Grundpfandrechtsgläubiger auf Grund seines Duldungstitels (§ 1147 BGB) die dem Schuldner gegen einen Mieter zustehenden Mietzinsansprüche pfändet. Diese gehören nach § 1123 BGB zum Haftungsverband des Grundpfandrechts und unterliegen deshalb der Immobiliarvollstreckung, ob das Vollstreckungshindernis des § 89 Abs. 1 InsO für diese besondere Form der Immobiliarvollstreckung durch Forderungspfändung gilt, ist nicht geklärt.[2] Dafür spricht, dass § 49 InsO in seinem Wortlaut nur auf das Zwangsversteigerungsgesetz Bezug nimmt und damit jede andere Form der zwangsweisen abgesonderten Befriedigung ausgeschlossen wäre.[3] 1053

c) Die Aussonderungsberechtigten

Der Aussonderungsberechtigte nach § 47 InsO ist kein Insolvenzgläubiger, er ist deshalb vom Vollstreckungsverbot nicht betroffen. Gegen den Insolvenzverwalter kann er sein Aussonderungsrecht durch Zwangsvollstreckung nach §§ 883 ff. ZPO geltend machen. 1054

d) Die Massegläubiger

Die Massegläubiger des § 55 InsO unterliegen dem Vollstreckungsverbot des § 89 Abs. 1 InsO nicht, sie können grundsätzlich in die Insolvenzmasse vollstrecken, Vollstreckungsschuldner ist für sie der In- 1055

---

[1] RGZ 28, 284; *Jaeger*, KO, § 14 Anm. 21.

[2] Dagegen LG Traunstein NZI 2000, 438; eingehend *Eickmann* in: MüKo-BGB, § 1123 Rdn. 22 ff.

[3] AG Kaiserslautern NZI 2005, 636; AG Hamburg ZIP 2005, 1801; anders LG Münster ZIP 2005, 2331.

solvenzverwalter als Partei kraft Amtes.[1] Gegen so genannte oktroyierte Masseschulden besteht nach § 90 Abs. 1 InsO ein zeitlich befristetes Vollstreckungsverbot für die ersten sechs Monate nach Insolvenzeröffnung. Als oktroyierte Masseschulden werden diejenigen bezeichnet, die der Insolvenzverwalter nicht selbst begründet und deren Entstehung er nicht verhindern kann.[2] Beispielsweise sind die bis Ablauf der Kündigungsfrist entstehenden Lohnforderungen der vom Insolvenzverwalter bei Insolvenzeröffnung nach § 113 Abs. 1 InsO gekündigten Arbeitnehmer zwingend Masseschulden nach § 55 Abs. 1 Nr. 2 zweite Alternative InsO, diese unterliegen dem Vollstreckungsverbot des § 90 Abs. 1 InsO. Für bestimmte Ansprüche aus Dauerschuldverhältnissen, bei welchen der Verwalter für die Zukunft Erfüllung wählt, gilt nach § 90 Abs. 2 InsO das Vollstreckungsverbot jedoch nicht.[3]

1056 Forderungen aus einem Sozialplan sind nach § 123 Abs. 2 Satz 1 InsO zwar Masseverbindlichkeiten, die Zwangsvollstreckung ist hier jedoch wegen § 123 Abs. 3 Satz 2 InsO unzulässig.[4]

1057 Im Falle der Masseunzulänglichkeit nach §§ 208 ff. InsO tritt auch gegen die Massegläubiger ein Vollstreckungsverbot über § 210 InsO in Kraft. Von diesem Vollstreckungsverbot sind Massegläubiger betroffen, die bei der Verteilung in der Rangklasse des § 209 Abs. 1 Nr. 3 InsO berücksichtigt werden, Sie sind gleichsam die anteilig zu befriedigenden Insolvenzgläubiger des masseunzulänglichen Verfahrens.[5]

e) Die Neugläubiger des Schuldners

1058 Neugläubiger des Schuldners können nur in das insolvenzfreie Vermögen des Schuldners vollstrecken, der Zugriff auf die Insolvenzmasse ist ihnen schon deshalb verwehrt, weil ihre Forderungen erst nach Eröffnung des Insolvenzverfahrens entstehen.[6] Da nach § 35 InsO auch der Neuerwerb des Schuldners zur Insolvenzmasse gehört und umgekehrt nur unpfändbare Gegenstände und Forderungen insolvenzfrei sind, ist der theoretisch mögliche Vollstreckungszugriff des Neu-

---

[1] Ein bereits vorhandener Titel kann entsprechend § 727 ZPO gegen den Insolvenzverwalter umgeschrieben werden, eingehend Zöller/*Stöber*, ZPO, § 727 Rdn. 18.

[2] Begründung des Regierungsentwurfs BT-Drucks. 12/2443, S. 138.

[3] Eingehend *Uhlenbruck* in: *Uhlenbruck*, InsO, § 90 Rdn. 8.

[4] *Uhlenbruck* in: *Uhlenbruck*, InsO, § 89 Rdn. 14; eingehend *Schwerdtner* in: KS, S. 1605 Rdn. 109 ff.

[5] Zu Vollstreckungsverbot und dem Verbot der Leistungsklage BGHZ 154, 358; BAG ZIP 2002, 628, dazu EWiR 2002, 815 *(Berscheid)*; LAG Düsseldorf ZIP 2000, 2034; zur Forderungspfändung durch die Finanzbehörde BFH NZI 2001, 612; zur Anwendung des § 767 ZPO gegen eine Zwangsvollstreckung LG Heilbronn ZIP 2002, 1214, dazu EWiR 2002, 923 *(Keller)*; eingehend auch *Uhlenbruck* in: *Uhlenbruck*, InsO, § 88 Rdn. 2 ff.; *Pape* in: *Kübler/Prütting*, InsO, § 210 Rdn. 3 ff.; *Kübler* in: KS, S. 967 Rdn. 43 ff.

[6] Für die Gesamtvollstreckung OLG Rostock NZI 1999, 240 = ZIP 1999, 294.

gläubigers auf das insolvenzfreie Vermögen des Schuldners praktisch wertlos.[1]

3. Das durch das Vollstreckungsverbot geschützte Vermögen

a) Die Insolvenzmasse und das insolvenzfreie Vermögen

Das Vollstreckungsverbot des § 89 Abs. 1 InsO schützt sowohl die Insolvenzmasse als auch das insolvenzfreie Vermögen des Schuldners vor dem Zugriff der Insolvenzgläubiger.[2] Die Einbindung des Neuerwerbs in die Insolvenzmasse macht aber die Unterscheidung von Insolvenzmasse und insolvenzfreiem Vermögen im § 89 Abs. 1 InsO bedeutungslos, denn insolvenzfrei ist nurmehr das ohnehin der Zwangsvollstreckung nicht unterliegende Vermögen des Schuldners. 1059

In der Insolvenz der Personengesellschaft genießt das Vermögen des einzelnen Gesellschafters nicht unmittelbar den Schutz des § 89 Abs. 1 InsO. Die persönliche Haftung des Gesellschafters ist jedoch wegen § 93 InsO allein durch den Insolvenzverwalter geltend zu machen. Der einzelne Gläubiger ist wegen der Sperrwirkung des § 93 InsO an der Zwangsvollstreckung gegen den Gesellschafter gehindert.[3] 1060

b) Das ausländische Vermögen des Schuldners

Das im Ausland befindliche Vermögen des Schuldners gehört zwar zur Insolvenzmasse nach § 35 InsO, vom Vollstreckungsverbot des § 89 InsO ist es jedoch nicht betroffen. In diesem Fall würde nämlich die Regelung auf ausländisches Verfahrensrecht angewendet, obwohl der Gläubiger im Ausland die Zwangsvollstreckung entsprechend dem dort geltenden Verfahrensrecht in Vermögenswerte des Schuldners zulässig betreibt.[4] Lange Zeit war dabei umstritten, ob und in welchem Umfang der Gläubiger das aus der Zwangsvollstreckung Erlangte an den Insolvenzverwalter herauszugeben hat. Der Bundesgerichtshof hatte sich grundlegend für eine volle Herausgabepflicht des Gläubigers aus § 812 Abs. 1 Satz 1 zweite Alternative BGB ausgesprochen.[5] 1061

---

[1] Kritisch daher *Henckel* in: Aktuelle Probleme, S. 97, 113; Intention der Regelung des § 14 KO war es insbesondere auch, den Neugläubigern den Vollstreckungszugriff auf den konkursfreien Neuerwerb zu gewähren, *Jaeger*, KO, § 14 Einleitung.

[2] BGH WM 1971, 859; *Kuhn/Uhlenbruck*, KO, § 14 Rdn. 1 a.E.

[3] *Brandes* in: MüKo-InsO, § 93 Rdn. 13.

[4] BGHZ 88, 147, 154; zu den Ausnahmen bei zwischenstaatlichen Abkommen *Uhlenbruck* in: *Uhlenbruck*, InsO, § 89 Rdn. 17; zum umgekehrten Fall der Inlandsvollstreckung bei ausländischem Insolvenzverfahren *Uhlenbruck* in: *Uhlenbruck*, InsO, § 89 Rdn. 18.

[5] BGHZ 88, 147; dazu auch *Uhlenbruck* in: *Uhlenbruck*, InsO, § 89 Rdn. 17; *Breuer* in: MüKo-InsO, § 89 Rdn. 19; *Kemper* in: *Kübler/Prütting*, InsO, Art. 102 EGInsO Rdn. 209.

1062 **Beispiel 7** (BGHZ 88, 147): Über das Vermögen der X-GmbH & Co. KG wird das Insolvenzverfahren eröffnet. Einen Tag später wird über das Vermögen des Geschäftsführers der X-GmbH das Insolvenzverfahren eröffnet. Dem Geschäftsführer gelingt es, Gelder der X-GmbH & Co. KG auf ein eigenes Konto in der Schweiz zu transferieren. Dieses Konto wird von einem Insolvenzgläubiger der Gesellschaft gepfändet. Die Zwangsvollstreckung führt in der Folgezeit gemäß dem Kollokations- und Verteilungsplan des zuständigen eidgenössischen Betreibungsamts dazu, dass der Gläubiger 211.876,99 EUR auf Grund seiner Vollstreckung in der Schweiz ausbezahlt erhält. Der Insolvenzverwalter verlangt vom Gläubiger Herausgabe dieses Betrages.

Der Bundesgerichtshof bejaht einen Anspruch des Insolvenzverwalters aus § 812 Abs. 1 Satz 1 zweite Alternative BGB gegen den Gläubiger in Höhe des vollen Betrages lediglich unter Abzug seiner Vollstreckungskosten. In seiner Begründung führt der Bundesgerichtshof zunächst aus, dass unstreitig das im Ausland befindliche Vermögen des Schuldners zur Insolvenzmasse im Sinne des § 35 InsO (§ 1 KO) gehört. Die Frage, in welcher Art und Weise der Insolvenzverwalter hierauf Zugriff nehmen kann, spiele dabei keine Rolle. Auch betont der Bundesgerichtshof, dass das Vollstreckungsverbot des § 89 Abs. 1 InsO (§ 14 KO) nur für die Inlandsvollstreckung gelten könne. In Abkehr zu frühere Rechtsprechung des Reichsgerichts (RGZ 54, 193) zieht er hieraus aber nicht den Schluss, dass der Gläubiger das aus der Auslandsvollstreckung Erlangte behalten dürfe. Vielmehr widerspreche dies dem Grundsatz der Gleichbehandlung der Gläubiger im Insolvenzverfahren, der betreffende Gläubiger habe deshalb einen ungerechtfertigten Vermögensvorteil durch die Auslandsvollstreckung (eingehend BGHZ 88, 147, 154).

1063 Der Ansicht des Bundesgerichtshof ist im Ergebnis zuzustimmen, auch wenn die Begründung des Kondiktionsanspruchs eher auf allgemeinen Erwägungen des Insolvenzrechts als auf konkreter Anspruchsgrundlage zu beruhen scheint.[1] Die Insolvenzordnung enthält in ihren Regelungen zum internationalen Insolvenzrecht in § 342 Abs. 1 Satz 1 InsO nunmehr eine eigenständige Anspruchsgrundlage des Insolvenzverwalters gegen den Gläubiger, und verweist in Satz 2 der Vorschrift auf die Regelungen der ungerechtfertigten Bereicherung.[2] Im Ergebnis führt die Herausgabepflicht des Gläubigers dazu, dass für ihn eine Zwangsvollstreckung in ausländisches Vermögen des Schuldners nicht Erfolg versprechend erscheint. Damit wird letztlich auf diese Weise dem Vollstreckungsverbot auch bezüglich des im Ausland befindlichen Vermögens Geltung verschafft.

---

[1] Kritisch daher *Hanisch*, ZIP 1983, 1289; *Mincke* in: *Nerlich/Römermann*, InsO, Art. 102 EGInsO Rdn. 141 ff.

[2] §§ 335 bis 358 InsO eingefügt durch Art. 2 des Gesetzes vom 14. März 2003 (BGBl. I S. 345); eine dem § 342 Abs. 1 InsO entsprechende Regelung war bereits in § 383 Abs. 1 des Regierungsentwurfs zur Insolvenzordnung vom 15. April 1992 vorgesehen, BT-Drucks. 12/2443, S. 68, 240; dazu *Stephan* in: HK-InsO, § 342 Rdn. 9, 10; *Lüer* in: *Uhlenbruck*, InsO, Art. 102 Rdn. 94, 95.

4. Die vom Vollstreckungsverbot erfassten Vollstreckungsmaßnahmen

a) Die Zwangsvollstreckung in das bewegliche Vermögen

aa) Die einzelnen Vollstreckungsmaßnahmen

Nach Eröffnung des Insolvenzverfahrens ist es durch § 89 Abs. 1 1064
InsO dem Gerichtsvollzieher untersagt, im Auftrag eines Gläubigers körperliche Gegenstände beim Schuldner zu pfänden. Bereits gepfändete Gegenstände sind an den Insolvenzverwalter herauszugeben (§ 91 Nr. 1 GVGA). Die Zwangsvollstreckung des Gerichtsvollziehers beginnt jedoch nicht erst mit dem eigentlichen Pfändungsakt, sondern bereits mit dem Aufsuchen des Schuldners, der Aufforderung zur Leistung (§ 105 Nr. 2 GVGA) oder der Einziehung von Ratenzahlungen des Schuldners (§ 806 b ZPO).[1] Auch diese Handlungen sind dem Gerichtsvollzieher untersagt, mithin darf er den Vollstreckungsauftrag eines von dem Vollstreckungsverbot des § 89 Abs. 1 InsO betroffenen Gläubigers nicht ausführen.

Auch das Verfahren zur Abgabe der eidesstattlichen Versicherung 1065
nach §§ 807, 899 ff. ZPO ist von dem Vollstreckungsverbot erfasst. Der Schuldner ist bereits durch § 153 Abs. 2 InsO zur Vermögensoffenbarung verpflichtet, die Vermögensoffenbarung gegenüber einem einzelnen Gläubiger bringt diesem keinen Vorteil und ist auch im Hinblick auf die denkbare Zwangsvollstreckung nach Beendigung des Insolvenzverfahrens nicht bereits während des Verfahrens zulässig.[2] Die Insolvenzeröffnung über das Vermögen des Gläubigers hindert die Abnahme der eidesstattlichen Versicherung natürlich nicht, auch § 240 ZPO findet keine Anwendung.[3]

Ein Pfändungs- und Überweisungsbeschluss hinsichtlich einer Geld- 1066
forderung des Schuldners an einen Dritten oder hinsichtlich eines sonstigen Vermögenswertes (§§ 828 ff., 857 ZPO) kann nach Insolvenzeröffnung nicht mehr wirksam erlassen werden. Hat der Gläubiger bereits vor Insolvenzeröffnung wirksam die Pfändung einer Geldforderung oder eines sonstigen Vermögenswertes erwirkt, ist zwischen ihm und dem Insolvenzverwalter gegebenenfalls im Wege der Vollstreckungserinnerung nach § 766 ZPO zu klären, ob die Pfändung unter Berücksichtigung des § 88 InsO noch wirksam ist. Für die Pfändung

---

[1] Der Beginn der Zwangsvollstreckung liegt in der ersten gegen den Schuldner gerichteten Vollstreckungshandlung des Vollstreckungsorgans, OLG Köln JurBüro 1989, 870; KG DGVZ 1991, 170; LG Berlin DGVZ 1991, 9; Stein/Jonas/*Münzberg*, ZPO, Vor § 704 Rdn. 110; *Brox/Walker*, Rdn. 1189; sehr weitgehend dagegen – Vollstreckungsantrag des Gläubigers – *Rosenberg/Gaul/Schilken*, § 44 I.

[2] *Jaeger*, KO, § 14 Anm. 1; *Uhlenbruck* in: *Uhlenbruck*, InsO, § 89 Rdn. 5 m. w. N.; eingehend *Keller*, Eidesstattliche Versicherung, Rdn. 43 ff.

[3] LG Stuttgart Rpfleger 1999, 286.

von Arbeitseinkommen und gleichgestellten Bezüge nach §§ 850ff. ZPO enthält § 114 Abs. 3 InsO eine Sonderregelung, die Pfändung bleibt grundsätzlich nur für den Kalendermonat der Insolvenzeröffnung wirksam.

1067 **Beispiel 8:** Der Gläubiger lässt am 3. Mai eine Festgeldkonto des Schuldners bei dessen Bank pfänden (§ 829 Abs. 3 ZPO). Noch vor Auszahlung des Guthabens an den Gläubiger wird am 10. Juni auf Grund eines am 3. Juni gestellten Insolvenzantrags über das Vermögen des Schuldners das Insolvenzverfahren eröffnet.

Die Pfändung des Gläubigers ist ganz offensichtlich von der Rückschlagsperre des § 88 InsO betroffen, sie ist mit Insolvenzeröffnung unwirksam geworden. Würde der Gläubiger hier von der Bank als Drittschuldnerin noch Leistung verlangen, betriebe er weiterhin die Zwangsvollstreckung, obwohl ihm dies als gewöhnlichem Insolvenzgläubiger nach § 89 Abs. 1 InsO untersagt ist. Der Insolvenzverwalter kann durch Einlegung der Vollstreckungserinnerung nach § 766 ZPO die Aufhebung des Pfändungs- und Überweisungsbeschlusses erwirken.

bb) Die Heilung fehlerhafter Vollstreckungsakte

1068 Ein vor Insolvenzeröffnung fehlerhaft ausgebrachter Vollstreckungsakt kann nach Insolvenzeröffnung nicht mehr geheilt werden.[1] Da in aller Regel der Heilung eines Vollstreckungsmangels keine Wirkung ex nunc zukommt, würde ein Gläubiger mit Heilung seines Vollstreckungsmangels die wirksame Pfändung und zumindest nach der so genannten gemischt-öffentlich-rechtlichen Pfändungspfandrechtstheorie das Pfändungspfandrecht erst ex nunc und damit nach Insolvenzeröffnung erlangen. Diese würde § 89 Abs. 1 InsO widersprechen.

1069 **Beispiel 9:** Der Gläubiger lässt im Januar durch den Gerichtsvollzieher beim Schuldner ein wertvolles Bild pfänden. Weder der Gläubiger noch der Gerichtsvollzieher wissen, dass das Bild nicht dem Schuldner sondern seiner Großmutter gehört. Im Juni wird gegen den Schuldner Insolvenzantrag gestellt, das Insolvenzverfahren wird eröffnet. Nach Insolvenzeröffnung schenkt und übereignet die ahnungslose Großmutter das bislang nicht verwertete Bild an ihren Enkel. Der Insolvenzverwalter verwertet das Bild, der Gläubiger verlangt unter Hinweis auf seine nicht durch die Rückschlagsperre unwirksam gewordene Pfändung Herausgabe des Verwertungserlöses.

Zur Herausgabe des Verwertungserlöses ist der Insolvenzverwalter nur verpflichtet, wenn zu Gunsten des Gläubigers durch die Pfändung wirksam ein Absonderungsrecht bestanden hat (§ 50 Abs. 1 InsO, §§ 804, 808 ZPO). Die Pfändung des Bildes im Januar erfolgte formell ordnungsgemäß. Nach der so genannten gemischt-öffentlich-rechtlichen Pfändungspfandrechtstheorie ist für das Entstehen des Pfandrechts aber auch Voraussetzung, dass der Schuldner Eigentümer des gepfändeten Gegenstandes ist (BGH WM 1992, 1626; *Brox/Walker,* Rdn. 383; für das kraft Gesetzes entstehende Unternehmerpfandrecht nach § 647 BGB ebenso BGHZ 34, 153). Dies war bei der Pfändung durch den Gerichtsvollzieher nicht der Fall. Entsprechend § 185 Abs. 2 Satz 1 zweiter Fall BGB entsteht das Pfändungspfandrecht jedoch mit dem Eigentumserwerb des Schuldners (*Brox/Walker,* Rdn. 383; im Zusammenhang mit der Frage der Wirksamkeit der Pfändung einer vom Schuldner abgetretenen und später an ihn zurück abgetrete-

---

[1] *Uhlenbruck* in: *Uhlenbruck,* InsO, § 89 Rdn. 3 m. w. N.

nen Forderung BGHZ 56, 339, 351). Die Heilung dieses Vollstreckungsmangels kann nicht auf den Zeitpunkt der Vornahme der Pfändung zurückwirken. Der Gläubiger erwarb sein Pfändungspfandrecht erst zu dem Zeitpunkt, zu welchem der Schuldner Eigentümer des Bildes wurde. Dies war nach Insolvenzeröffnung, wegen § 89 Abs. 1 InsO konnte zu diesem Zeitpunkt kein Pfändungspfandrecht mehr entstehen. Der Insolvenzverwalter ist deshalb zur Herausgabe des Verwertungserlöses nicht verpflichtet.

cc) Die Zulässigkeit vorbereitender Handlungen der Zwangsvollstreckung

Im Hinblick auf die nach Beendigung des Insolvenzverfahrens grund- 1070
sätzlich wieder mögliche Zwangsvollstreckung gegen den Schuldner (§ 201 Abs. 1 InsO) kann ein Gläubiger versucht sein, noch während des Insolvenzverfahrens vorbereitende Maßnahmen auf die künftige Zwangsvollstreckung zu treffen. Soweit er aus der Insolvenztabelle als Vollstreckungstitel die Zwangsvollstreckung betreiben will, kann er die Erteilung einer vollstreckbaren Ausfertigung erst nach Aufhebung des Insolvenzverfahrens beantragen (§ 201 Abs. 2 Satz 3 InsO). Die Erteilung einer vollstreckbaren Ausfertigung eines anderen Vollstreckungstitels nach den allgemeinen Vorschriften der §§ 724 ff. ZPO ist dagegen grundsätzlich zulässig.[1] Zulässig ist es auch, dem Schuldner den Vollstreckungstitel wegen § 750 Abs. 1 ZPO zustellen zu lassen.

Auch die so genannte Vorpfändung nach § 845 ZPO stellt eine 1071
vorbereitende Maßnahme der Zwangsvollstreckung dar, der wegen der Sicherungswirkung des § 845 Abs. 2 ZPO jedoch besondere Bedeutung zukommt. Würde hier ein Gläubiger noch während des Insolvenzverfahrens eine Vorpfändung hinsichtlich einer Forderung des Schuldners ausbringen und innerhalb des Monatszeitraums des § 845 Abs. 2 ZPO nach Aufhebung des Insolvenzverfahrens wirksam die Pfändung, wurde sein Pfändungspfandrecht auf einen Zeitraum während des Insolvenzverfahrens zurückwirken; dies verbietet § 89 Abs. 1 InsO. Damit ist auch die Vorpfändung als vorbereitende Maßnahme der Zwangsvollstreckung während des Insolvenzverfahrens unzulässig.[2]

b) Die Eintragung einer Sicherungshypothek in das Grundbuch

Die Eintragung einer Sicherungshypothek in das Grundbuch nach 1072
§§ 866, 867 ZPO ist nach Eröffnung des Insolvenzverfahrens nicht mehr zulässig. Unmaßgeblich ist dabei, ob der Gläubiger seinen Antrag auf Eintragung beim Grundbuchamt noch vor Insolvenzeröffnung gestellt hat oder nicht. Der Antrag an das Grundbuchamt wahrt für den Gläubiger keinen Rang oder keine Rechtsposition, nach Insol-

---

[1] *Uhlenbruck* in: *Uhlenbruck,* InsO, § 89 Rdn. 9; *Wittkowski* in: *Nerlich/Römermann,* InsO, § 89 Rdn. 15; *Gerhardt* in: *Gottwald,* § 33 Rdn. 6; *Steder,* ZIP 1996, 1072; differenzierend und teilweise anders Jaeger/*Henckel,* KO, § 6 Rdn. 96.

[2] Stein/Jonas/*Münzberg,* ZPO, § 845 Rdn. 10; *Behr,* DGVZ 1977, 54.

venzeröffnung ist er vom Vollstreckungsverbot des § 89 InsO betroffen.[1] Dem Grundbuchamt ist das Vollstreckungsverbot regelmäßig bekannt, wenn in Grundbuch der Insolvenzvermerk nach § 32 Abs. 1 Nr. 1 InsO eingetragen ist. Auch wenn dies nicht der Fall ist, muss das Grundbuchamt das Vollstreckungsverbot jedoch beachten, soweit es ihm bekannt ist.

1073 Die unter Verstoß gegen § 89 Abs. 1 InsO eingetragene Sicherungshypothek ist zunächst wirksam, sie wird jedoch als auflösend bedingt mit der Geltendmachung des zulässigen Rechtsbehelfs oder des materiellrechtlichen Anspruchs betrachtet. Im Hinblick auf die zu Unrecht eingetragene Sicherungshypothek hat der Insolvenzverwalter gegen den Gläubiger einen Anspruch auf Grundbuchberichtigung nach § 894 BGB mit dem Ziel der Löschung der Sicherungshypothek.[2] Die Eintragung eines Amtswiderspruchs nach § 53 Abs. 1 Satz 1 GBO ist nur dann möglich, wenn das Grundbuchamt trotz Kenntnis von der Insolvenzeröffnung und dem Vollstreckungsverbot die Sicherungshypothek einträgt, nur dann liegt ein Gesetzesverstoß im Sinne dieser Vorschrift vor. Ist dem Grundbuchamt jedoch die Insolvenzeröffnung nicht bekannt, hat es keinen Gesetzesverstoß begangen, da ihm der Sachverhalt unvollständig zu Grunde lag.[3]

1074 **Beispiel 10:** Der Gläubiger beantragt beim Grundbuchamt am 5. April die Eintragung einer Sicherungshypothek nach §§ 866, 867 ZPO. Am 6. April wird über das Vermögen des Schuldners das Insolvenzverfahren eröffnet. Das Grundbuchamt trägt in Unkenntnis der Insolvenzeröffnung die Sicherungshypothek am 7. April in das Grundbuch ein.

Die Sicherungshypothek wurde unter Verstoß gegen § 89 Abs. 1 InsO in das Grundbuch eingetragen. Dem Antrag des Gläubigers vom 5. April kommt keine rangwahrende Wirkung nach § 17 GBO, nach § 932 Abs. 2 ZPO oder nach §§ 878 oder 892 Abs. 2 BGB zu. In jedem Fall kommt es nur auf dem Zeitpunkt der Eintragung der Sicherungshypothek in das Grundbuch an, mit diesem entsteht sie (§ 867 Abs. 1 Satz 2 ZPO). Der Insolvenzverwalter hat gegenüber dem Gläubiger einen Anspruch auf Löschung der Hypothek nach § 894 BGB, der Anspruch ist

---

[1] Sehr instruktiv zur Frage der Anwendung des § 878 BGB, wenn ein Gläubiger erfolgreich auf Bestellung einer Bauhandwerkersicherungshypothek nach § 648 BGB klagt und die Hypothek kraft der Urteilswirkung des § 894 ZPO als rechtsgeschäftlich bestellte Hypothek in das Grundbuch eingetragen wird, im Gegensatz dazu, wenn ein Gläubiger auf Grund des Zahlungstitels die Eintragung der Sicherungshypothek nach §§ 866, 867 ZPO beantragt und keinen Schutz nach § 878 BGB genießt, Jaeger/*Henckel*, KO, § 14 Rdn. 38; *Uhlenbruck* in: *Uhlenbruck*, InsO, § 89 Rdn. 4.

[2] *Stöber*, ZVG, Einleitung Rdn. 71.3.

[3] KG JW 1932, 1064; *Schöner/Stöber*, Rdn. 401 a. E.; *Keller*, RpflStud 1992, 161; zu undifferenziert dagegen *Uhlenbruck* in: *Uhlenbruck*, InsO, § 89 Rdn. 25, der ohne weiteres von der Eintragung eines Amtswiderspruches ausgeht und zudem dem Insolvenzgericht das Recht zuspricht, dessen Eintragung anordnen zu können, ebenso *Lüke* in: *Kübler/Prütting*, InsO, § 89 Rdn. 36; zu Recht wird dies verneint von *Eickmann* in: HK-InsO, § 89 Rdn. 10; das Insolvenzgericht steht nicht höher als das Grundbuchamt und besitzt im Hinblick auf die Eintragung eines Amtswiderspruchs keine Befugnis nach § 38 GBO.

auf zivilrechtlichem Wege durchzusetzen. Davon unabhängig ist zu fragen, ob das Grundbuchamt von Amts wegen einem Widerspruch nach § 53 Abs. 1 Satz 1 GBO gegen die Sicherungshypothek einzutragen hat. Zwar ist mit deren Eintragung – und Geltendmachung der Unwirksamkeit durch den Insolvenzverwalter – das Grundbuch unrichtig und es droht gutgläubiger Erwerb, da der Gläubiger die Hypothek mit der ihm zustehenden Forderung abtreten kann (§§ 1154 mit 892 BGB), dem Grundbuchamt kann jedoch kein Gesetzesverstoß bei Eintragung der Hypothek vorgeworfen werden. Das Grundbuchamt hatte von der Insolvenzeröffnung keine Kenntnis, ihm lag deshalb der für die Eintragung maßgebliche Sachverhalt nicht vollständig vor. Hieraus kann keine Gesetzesverletzung abgeleitet werden. Selbstverständlich ist die Eintragung eines Amtswiderspruchs aber dann angezeigt, wenn das Grundbuchamt in Kenntnis der Insolvenzeröffnung die Sicherungshypothek in das Grundbuch einträgt, beispielsweise wenn bereits ein Insolvenzvermerk dort eingetragen ist.

c) Die Vollziehung von Arrest und einstweiliger Verfügung

Die Vollziehung von Arrest und einstweiliger Verfügung erfolgt nach § 928 ZPO nach den allgemeinen Regelungen der Zwangsvollstreckung, auch hier gilt das Vollstreckungsverbot des § 89 Abs. 1 InsO. Nach Insolvenzeröffnung darf deshalb keine Arrestpfändung nach § 930 ZPO mehr erfolgen, es darf auch keine Arresthypothek nach § 932 ZPO in das Grundbuch eingetragen werden. § 932 Abs. 2 ZPO findet im Hinblick auf das Vollstreckungsverbot zu Gunsten des Gläubigers keine Anwendung, er soll für diesen lediglich die Vollziehungsfrist des § 929 Abs. 2 ZPO wahren.[1] 1075

Die Vollziehung einer einstweiligen Verfügung, insbesondere durch Eintragung einer Vormerkung oder eines Widerspruchs in das Grundbuch des Schuldners ist nach Insolvenzeröffnung ebenso unzulässig. 1076

d) Die Zwangsvollstreckung wegen besonderer Ansprüche

Die Zwangsvollstreckung von Duldungs- oder Unterlassungsansprüchen gegen den Schuldner nach §§ 890 ff. ZPO ist auch nach Insolvenzeröffnung zulässig, der entsprechende Anspruch des Gläubigers ist der keine Insolvenzforderung im Sinne des § 38 InsO, dem Gläubiger ist die Zwangsvollstreckung nach Insolvenzeröffnung deshalb nicht untersagt.[2] 1077

Wurde bereits vor Insolvenzeröffnung gegen den Schuldner nach § 890 ZPO Ordnungsgeld verhängt, ist dieses Ordnungsgeld nachrangige Insolvenzforderung im Sinne des § 39 Abs. 1 Nr. 3 InsO. Mit diesen Anspruch ist der Gläubiger vom Vollstreckungsverbot des § 89 Abs. 1 InsO betroffen. 1078

---

[1] BGHZ 146, 361; Zöller/*Stöber*, ZPO, § 932 Rdn. 7.
[2] KG NZI 2000, 228.

5. Der statthafte Rechtsbehelf gegen Vollstreckungsmaßnahmen

a) Die Vollstreckungserinnerung nach § 766 ZPO

1079 Die gegen das Vollstreckungsverbot des § 89 Abs. 1 InsO ausgebrachte Vollstreckungsmaßnahme kann durch den Insolvenzverwalter mit der Vollstreckungserinnerung des § 766 ZPO angegriffen werden.[1] Die jeweilige Vollstreckungsmaßnahme ist nach § 775 Nr. 1 und § 776 Satz 1 ZPO aufzuheben.[2] Die Zwangsvollstreckung kann vor der Entscheidung über die Vollstreckungserinnerung in Anwendung des § 732 Abs. 2 ZPO einstweilen eingestellt werden (§ 89 Abs. 3 Satz 2 InsO).

b) Die Zuständigkeit des Insolvenzgerichts

1080 Abweichend von der allgemeinen Zuständigkeitsregelung der §§ 766 und 764 Abs. 2 ZPO bestimmt § 89 Abs. 3 Satz 1 InsO für die Vollstreckungserinnerung die Zuständigkeit des Insolvenzgerichts.[3] Unter Berücksichtigung der möglichen Konzentration der Insolvenzgerichte nach § 2 Abs. 2 InsO kann die Zuständigkeit des Insolvenzgerichts nachteilig sein, wenn beispielsweise die betreffenden Vollstreckungsakten vom Amtsgericht – Vollstreckungsgericht an das Insolvenzgericht – das Amtsgericht am Sitz des Landgerichts – versandt werden müssen. Über die Vollstreckungserinnerung entscheidet am Insolvenzgericht funktionell der Richter (§ 20 Nr. 17 RPflG).[4] Seine Entscheidung ist mit sofortiger Beschwerde nach § 793 ZPO anfechtbar.[5]

V. Das Arbeitseinkommen des Schuldners

1. Der pfändbare Teil des Arbeitseinkommens als Teil der Insolvenzmasse

1081 Das Arbeitseinkommen, das der Schuldner während des Insolvenzverfahrens erwirbt, gehört nach § 35 InsO zur Insolvenzmasse. In Anwendung der §§ 850ff. ZPO und über § 36 Abs. 1 Satz 2 sowie § 4 InsO ist der der nach § 850c ZPO für einen gewöhnlichen Gläubiger der Einzelzwangsvollstreckung pfändbare Teil des Arbeitseinkommens

---

[1] BGH NZI 2004, 447; *Hess/Weis/Wienberg*, InsO, § 89 Rdn. 49 m. w. N.
[2] *Vallender*, ZIP 1997, 1993; *App*, NZI 1999, 138
[3] Begründung des Regierungsentwurfs BT-Drucks. 12/2443, S. 138.
[4] AG Hamburg NZI 2000, 96; *Frege/Keller/Riedel*, Rdn. 219; anders – Zuständigkeit des Rechtspflegers – AG Duisburg NZI 2000, 608; *Schmerbach* in: FK-InsO, § 2 Rdn. 32; eingehend *Keller*, RpflStud 2002, 33.
[5] BGH NZI 2004, 278 = ZIP 2004, 732 = ZVI 2004, 441, dazu EWiR 2004, 1231 *(Lüke/Ellke)*.

Teil der Insolvenzmasse und vom Insolvenzverwalter zu vereinnahmen.[1] Zwischen Insolvenzverwalter und Schuldner kann auch die Vorschrift des § 850c Abs. 4 ZPO Anwendung finden, wonach eine gegenüber dem Schuldner unterhaltsberechtigter Person bei der Bestimmung des pfändbaren Teils des Arbeitseinkommens außer Betracht bleiben kann, wenn sie eigenes Einkommen erzielt. Zu Gunsten des Schuldners kann unter den Voraussetzungen des § 850f Abs. 1 der ZPO auch eine Erhöhung des unpfändbaren Betrages des Arbeitseinkommens in Betracht kommen. Nach § 36 Abs. 4 Satz 1 InsO soll hierüber auf Antrag des Insolvenzverwalters oder des Schuldners das Insolvenzgericht entscheiden.[2]

Insolvenzfrei ist demnach nur der unpfändbare Teil des Arbeitsein- 1082
kommens des Schuldners, dem Vollstreckungszugriff der Insolvenzgläubiger ist das Arbeitseinkommen schon wegen des Vollstreckungsverbots des § 89 Abs. 1 InsO entzogen. Nachteilig wirkt sich die Einbindung des laufenden Arbeitseinkommens in die Insolvenzmasse für die so genannten Neugläubiger des Schuldners aus, denen das Arbeitseinkommen damit auch nicht als Haftungsgrundlage zur Verfügung steht.[3]

2. Die Pfändung des Arbeitseinkommens durch einen Insolvenzgläubiger

a) Die Zulässigkeit der Pfändung vor Insolvenzeröffnung

Hat ein Gläubiger das Arbeitseinkommen des Schuldners bereits vor 1083
Insolvenzeröffnung gepfändet und sich zur Einziehung überweisen lassen (§§ 828ff., 850ff. ZPO), behält die Pfändung auch hinsichtlich des künftigen Arbeitseinkommens ihre Wirksamkeit, bis der Anspruch des Gläubigers vollständig befriedigt ist (§ 832 ZPO). Da der jeweils pfändbare Teil des Arbeitseinkommens nach § 850c ZPO nicht sehr hoch ist, führt dies in der Rechtspraxis stets zu langen Laufzeiten der Pfändung von Arbeitseinkommen, insbesondere auch dann, wenn zeitlich aufeinander folgend mehrere Gläubiger das Arbeitseinkommen des Schuldners pfänden. In der zeitlichen Reihenfolge der Insolvenz sind folgende Schritte zu beachten:[4]

– Vor Insolvenzeröffnung und vor der Stellung des Insolvenzantrags 1084
besteht keine Beschränkung der Zwangsvollstreckung betreffend das

---

[1] Allgemein *Eickmann* in: HK-InsO, § 35 Rdn. 10 bis 22; *Holzer* in: *Kübler/Prütting*, InsO, § 35 Rdn. 77; *Klopp/Kluth* in: *Gottwald*, § 25 Rdn. 19; *Steder*, ZIP 1999, 1874.

[2] Eingehend *Frege/Keller/Riedel*, Rdn. 2138, 2139; *Keller*, NZI 2001, 449.

[3] *Henckel* in: Aktuelle Probleme, S. 97, 113.

[4] Eingehend *Stöber*, Forderungspfändung, Rdn. 577cff., 972a, 972b; *Keller*, Zwangsvollstreckung in Geldforderungen, Rdn. 535 bis 552; *Steder*, ZIP 1999, 1874; *Dörndorfer*, NZI 2000, 292; *Hellwich*, NZI 2000, 460; *Keller*, NZI 2001, 449.

Arbeitseinkommen des Schuldners. Der Arbeitgeber als Drittschuldner hat den jeweils pfändbaren Betrag des Arbeitseinkommens an den Vollstreckungsgläubiger abzuführen, bei mehrfacher Pfändung hat er die zeitliche Reihenfolge der Pfändungspfandrechte zu beachten (§ 804 Abs. 3 ZPO).

1085 – Nach Erlass des Vollstreckungsverbots nach § 21 Abs. 2 Nr. 3 InsO darf der Arbeitgeber als Drittschuldner keine Zahlungen an den Vollstreckungsgläubiger mehrere leisten, da die Zwangsvollstreckung auch hinsichtlich der Pfändung des Arbeitseinkommens einstweilen eingestellt ist. Der pfändbare Teil des Arbeitseinkommens ist gegebenenfalls an den vorläufigen Insolvenzverwalter abzuführen, soweit ein solcher nicht bestellt ist, kann der Arbeitgeber den jeweils pfändbaren Betrag des Arbeitseinkommens hinterlegen.[1] Ob dieser während des Vollstreckungsverbots des § 21 Abs. 2 Nr. 3 InsO aufgelaufene pfändbare Teil des Arbeitseinkommens nach Insolvenzeröffnung an den Vollstreckungsgläubiger auszuzahlen ist oder zur Insolvenzmasse gehört, hängt wesentlich davon ab, ob der Gläubiger mit seiner Pfändung von der Rückschlagsperre des § 88 InsO betroffen ist.

1086 – Mit Insolvenzeröffnung tritt auch bezüglich der Pfändung des Arbeitseinkommens die Rückschlagsperre des § 88 InsO in Kraft, wenn die Pfändung innerhalb des für die Rückschlagsperre maßgeblichen Zeitraums von einem Monat vor dem Insolvenzantrag (im Verbraucherinsolvenzverfahren drei Monate nach § 312 Abs. 1 Satz 3 InsO) wirksam geworden ist. Beträge, die der Gläubiger für diesen Zeitraum vom Drittschuldner erlangt hat, sind nach den Regeln der ungerechtfertigten Bereicherung an den Insolvenzverwalter herauszugeben.[2]

1087 Praktische Bedeutung hat die Konkurrenz von Pfändung des Arbeitseinkommens und Insolvenzrecht vor allem im Verbraucherinsolvenzverfahren, sie kann auch im Regelinsolvenzverfahren in Betracht kommen, wenn der Schuldner als bisher Selbstständiger nunmehr einer nicht selbstständigen Tätigkeit nachgeht. Dem Arbeitseinkommen des Schuldners sind Bezüge gleichzusetzen, die wie Arbeitseinkommen gepfändet werden können, insbesondere laufende Sozialleistungen (§ 54 Abs. 4 SGB I) wie beispielsweise Altersrente nach §§ 35 ff. SGB VI oder Arbeitslosengeld nach §§ 116 ff. SGB III.[3]

b) Die Unwirksamkeit der Pfändung nach § 114 Abs. 3 InsO

1088 Ist die Pfändung des Arbeitseinkommens nicht nach § 88 InsO mit Insolvenzeröffnung unwirksam, würde sie wie auch die Pfändung eines körperlichen Gegenstandes oder einer gewöhnlichen Geldforderung mit Insolvenzeröffnung ihre Wirksamkeit behalten und dem Gläubiger ein

---

[1] Für das Vollstreckungsverbot nach § 2 Abs. 3 GesO BGHZ 140, 253.
[2] *Lüke* in: *Kübler/Prütting*, InsO, § 88 Rdn. 19b.
[3] Umfassend *Stöber*, Forderungspfändung, Rdn. 1301 ff.

Absonderungsrecht nach § 50 Abs. 1 InsO verschaffen. Damit würde wegen der fortdauernden Pfändung des Arbeitseinkommens des Schuldners nach § 832 ZPO dieses als Bestandteil der Insolvenzmasse aber dauerhaft entfallen. Aus diesem Grunde bestimmt § 114 Abs. 3 InsO, dass die Pfändung des Arbeitseinkommens, auch und gerade wenn sie nicht unter die Rückschlagsperre des § 88 InsO fällt, nur für den bei Eröffnung des Insolvenzverfahrens laufenden Kalendermonats ihre Wirksamkeit behält.[1] Erfolgt die Eröffnung nach dem Fünfzehnten eines Monats, bleibt die Pfändung auch für den folgenden Kalendermonats bestehen. Praktisch führt die die Regelung des § 114 Abs. 3 InsO dazu, dass mit Eröffnung des Insolvenzverfahrens die Pfändung des Arbeitseinkommens in jedem Fall beendet ist.

Beispiel 11: Der Gläubiger pfändet das Arbeitseinkommen am 1. März. Am 1089
15. Juni stellt der Schuldner Insolvenzantrag, das Insolvenzverfahren wird mit Beschluss vom 14. Juli eröffnet.

Die Pfändung des Arbeitseinkommens unterliegt nicht der Rückschlagsperre des § 88 InsO. Nach § 114 Abs. 3 Satz 1 InsO bleibt die Pfändung nach Insolvenzeröffnung jedoch nur für den Monat Juli wirksam. Der Gläubiger erhält somit den pfändbaren Teil des Arbeitseinkommens bis einschließlich Juli; für die folgenden Monate ist das Arbeitseinkommen Bestandteil der Insolvenzmasse.

Die Unwirksamkeit der Pfändung nach § 114 Abs. 3 InsO hat der 1090
Insolvenzverwalter mit der Vollstreckungserinnerung des § 766 ZPO geltend zu machen. Insbesondere ist gegenüber dem Drittschuldner die Pfändung des Arbeitseinkommens aufzuheben, damit dieser nicht weiter an den Vollstreckungsgläubiger leistet. Über die Vollstreckungserinnerung soll das Vollstreckungsgericht und nicht das Insolvenzgericht entscheiden, auf § 89 Abs. 3 InsO wird in § 114 Abs. 3 InsO nicht verwiesen.[2] Erhält der Gläubiger nach Insolvenzeröffnung noch Beträge vom Drittschuldner überwiesen, hat er diese an den Insolvenzverwalter herauszugeben.

Hat der Schuldner den pfändbaren Teil seines Arbeitseinkommens 1091
bereits vor Insolvenzeröffnung an einen Gläubiger abgetreten (§§ 398, 400 BGB), behält diese Abtretung Wirksamkeit für die Dauer von zwei Jahren seit Insolvenzeröffnung (§ 114 Abs. 1 InsO).[3] Der Pfändungsgläubiger ist damit ungleich schlechter gestellt als der Abtretungsgläubiger. Diese Ungleichbehandlung wird vom Gesetzgeber nicht be-

---

[1] Nach der Gesetzesbegründung gehe es nicht um eine Kreditsicherheit, sondern um einen – häufig zufälligen – Vorsprung eines Gläubigers vor den übrigen, Begründung des Regierungsentwurfs BT-Drucks. 12/2443, S. 151.

[2] LG München I Rpfleger 2000, 467 m. Anm. *Zimmermann;* anders aber AG Göttingen Rpfleger 2002, 170 und NZI 2000, 493, das bereits für das Eröffnungsverfahren in analoger Anwendung des § 89 Abs. 3 InsO die Zuständigkeit des Insolvenzgerichts und dort des Rechtspflegers als gegeben ansieht; dazu kritisch *Keller,* RpflStud 2002, 33.

[3] Die Frist betrug bis 1. Dezember 2001 drei Jahre; § 114 Abs. 1 InsO geändert durch Art. 1 Nr. 11 a InsOÄndG vom 26. 10. 2001 (BGBl. I S. 2710); zum Überleitungsrecht Art. 103 a EGInsO.

1092 **Schaubild 12: Die Pfändung des Arbeitseinkommens**

Pfändung des Arbeitseinkommens vor Insolvenzeröffnung

Vollstreckungsverbot nach § 21 Abs. 2 Nr. 3 InsO	Einstellung der Zwangsvollstreckung. Der Drittschuldner darf nicht mehr an den Gläubiger leisten, gegebenenfalls ist der Geldbetrag zu hinterlegen. Bei Verstoß Vollstreckungserinnerung (§ 766 ZPO; Zuständigkeit des Vollstreckungsgerichts nach AG Köln NZI 1999, 381; AG Rostock Rpfleger 2000, 182; Zuständigkeit des Insolvenzgerichts analog § 89 Abs. 3 InsO nach AG Göttingen Rpfleger 2002, 170).

Behandlung der Pfändung des Arbeitseinkommens nach Insolvenzeröffnung

Unwirksamkeit nach § 88 InsO	Unwirksamkeit der Pfändung seit maßgeblichem Zeitraum. Herausgabepflicht des Gläubigers gegenüber dem Insolvenzverwalter bezüglich erhaltener Beträge. Bei weiterer Vollstreckung Vollstreckungserinnerung nach § 766 ZPO (Zuständigkeit des Insolvenzgerichts nach § 89 Abs. 3 InsO).
Unwirksamkeit nach § 114 Abs. 3 InsO	Wirksamkeit der Pfändung für den laufenden Kalendermonat. Bei weiterer Vollstreckung Vollstreckungserinnerung nach § 766 ZPO (Zuständigkeit des Vollstreckungsgerichts nach LG München I Rpfleger 2000, 467).
Vollstreckungsverbot nach § 89 Abs. 1 InsO	Unzulässigkeit der Pfändung für die Insolvenzgläubiger. Bei weiterer Vollstreckung Vollstreckungserinnerung nach § 766 ZPO (Zuständigkeit des Insolvenzgerichts nach § 89 Abs. 3 InsO).

gründet, es wird lediglich ausgeführt, dass die Gehaltsabtretung als wichtiges Sicherungsmittel für den Konsumentenkredit nicht übermäßig beeinträchtigt werden dürfe.[1] Ob diese Erwägung zutrifft mag bezweifelt werden.[2]

c) Die Pfändung des Arbeitseinkommens durch einen Unterhaltsgläubiger

Der Unterhaltsgläubiger ist mit dem bis zur Insolvenzeröffnung ent- 1093
standenen Unterhaltsansprüchen Insolvenzgläubiger im Sinne des § 38 InsO. Als solcher unterliegt auch er dem Vollstreckungsverbot des § 89 Abs. 1 InsO, wegen der Unterhaltsansprüche, die Insolvenzforderung sind, kann er nach Insolvenzeröffnung nicht mehr in das Arbeitseinkommen des Schuldners vollstrecken.

Hinsichtlich der nach Insolvenzeröffnung entstehenden Unterhalts- 1094
ansprüche ist der Unterhaltsgläubiger nicht Insolvenzgläubiger sondern Neugläubiger. Als solcher kann er in das insolvenzfreie Vermögen des Schuldners die Zwangsvollstreckung betreiben. Zwar ist nur noch der nach § 850c ZPO unpfändbare Teil des Arbeitseinkommens des Schuldners insolvenzfrei, der Unterhaltsgläubiger kann jedoch bevorrechtigt in das Arbeitseinkommen vollstrecken (§ 850d ZPO)[3] und erhält damit für seine laufenden Unterhaltsleistungen einen erweiterten Pfändungszugriff. Aus dem an sich unpfändbaren Teil des Arbeitseinkommens steht ihm der so genannte bevorrechtigt pfändbare Teil des Arbeitseinkommens zur Verfügung. Der Sachverhalt ist insoweit vergleichbar mit der mehrfachen Pfändung des Arbeitseinkommens durch einen gewöhnlichen Gläubiger sowie durch einen bevorrechtigten Unterhaltsgläubiger.

Das Arbeitseinkommen des Schuldners ist in drei Teile zu gliedern:[4] 1095

- Als ersten Teil erhält der Schuldner den ihm nach § 850d Abs. 1 Satz 2 ZPO notwendigen Selbstbehalt zur Deckung des notwendigen Lebensbedarfs; der notwendigen Lebensbedarfs des Schuldners bestimmt sich nach dem vergleichbaren Sozialhilfebedarf unter Einschluss seiner Mietkosten und besonders anfallenden Sonderaufwendungen.[5]

---

[1] Beschlussempfehlung und Bericht des Rechtsausschusses des Deutschen Bundestages vom 19. 4. 1994, BT-Drucks. 12/7302, S. 170.

[2] Kritisch *Grote,* ZInsO 1999, 31; zur Gesetzgebungsgeschichte *Moll* in: *Kübler/Prütting,* InsO, § 114 Rdn. 2 bis 3a.

[3] Allgemein hierzu Zöller/*Stöber,* ZPO, § 850d Rdn. 6ff.; *Schuschke/Walker,* Zwangsvollstreckung, § 850d Rdn. 6ff.; *Stöber,* Forderungspfändung, Rdn. 1075ff.

[4] Zöller/*Stöber,* ZPO, § 850e Rdn. 29; *Stöber,* Forderungspfändung, Rdn. 1269ff.; *Keller,* Zwangsvollstreckung in Geldforderungen, Rdn. 467ff.

[5] Grundlegend für eine Bemessung in Anlehnung an den notwendigen Lebensunterhalt nach Sozialhilferecht BGHZ 156, 30; BGHZ 161, 73; ebenso im Grundsatz OLG Hamm Rpfleger 1974, 30; KG Rpfleger 1987, 73; für eine pauschale Anhebung des Sozialhilfebetrages um 20 Prozent LG Ellwangen InVo 2000, 215; für eine

- Zur Insolvenzmasse fließt der nach § 850c ZPO unter Berücksichtigung der Zahl der Unterhaltsverpflichtungen des Schuldners pfändbare Betrag des Arbeitseinkommens nach der Tabelle zu § 850c Abs. 3 ZPO.
- Der Unterhaltsgläubiger als Neugläubiger erhält aus dem Restbetrag des Arbeitseinkommens seine laufende Unterhaltsforderung und etwaige Rückstände seit Insolvenzeröffnung; hat der Schuldner neben dem vollstreckenden Gläubiger weitere Unterhaltsverpflichtungen zu erfüllen, sind diese in der Rangfolge des § 850d Abs. 2 ZPO, bei gleicher Rangfolge gleichrangig zu berücksichtigen.

1096 **Beispiel 12:** Der Schuldner ist einem minderjährigen Kind zum Barunterhalt verpflichtet, weitere Unterhaltsverpflichtungen bestehen nicht. Am 15. Juli wird über das Vermögen des Schuldners das Insolvenzverfahren eröffnet, Barunterhalt leistet der Schuldner seit Anfang des Jahres nicht mehr. Am 12. August erwirkt das Kind einen Pfändungs- und Überweisungsbeschluss das Arbeitseinkommen des Schuldners betreffend unter Ausübung des Vorrechts nach § 850d ZPO. Das Vollstreckungsgericht setzt in dem Beschluss den notwendigen Selbstbehalt des Schuldners mit 750 EUR fest, sein monatliches Arbeitseinkommen beträgt netto 1.750 EUR.

Mit den Unterhaltsansprüchen bis einschließlich Juli ist das minderjährige Kind Insolvenzgläubiger und unterliegt dem Vollstreckungsverbot des § 89 Abs. 1 InsO. Die Unterhaltsansprüche seit August sind am Insolvenzverfahren nicht beteiligt mit diesen ist das Kind Neugläubiger und darf die Zwangsvollstreckung in das insolvenzfreie Vermögen des Schuldners betreiben. Von dem Arbeitseinkommen erhält der Schuldner insolvenzfrei und pfändungsfrei 750 EUR als notwendigen Selbstbehalt. Unter Berücksichtigung von einer Unterhaltsverpflichtung sind beim Arbeitseinkommen des Schuldners 197,50 EUR pfändbar, dieser Betrag fließt zur Insolvenzmasse. Für das minderjährige Kind bleiben demnach 802,50 EUR des monatlichen Arbeitseinkommens zur Befriedigung der laufenden Unterhaltsverpflichtungen und der seit Eröffnung des Insolvenzverfahrens aufgelaufenen Rückstände.

1097 Dem Unterhaltsgläubiger als Neugläubiger nach § 850d ZPO ist der Neugläubiger wegen einer Forderung aus einer nach Insolvenzeröffnung vorsätzlich begangenen unerlaubten Handlung des Schuldners (Deliktsgläubiger)[1] gleichgestellt, er kann nach § 850f Abs. 2 ZPO durch das Vollstreckungsgericht zur bevorrechtigten Pfändung des Arbeitseinkommens zugelassen werden. Dem Vollstreckungsgericht ist jedoch durch den Vollstreckungstitel oder durch besonderes Feststellungsurteil nachzuweisen, dass wegen einer Forderung aus vorsätzlich begangener unerlaubter Handlung die Zwangsvollstreckung betrieben

---

pauschale Verdopplung des Sozialhilfebetrages LG Dresden MDR 1999, 118; LG Zweibrücken InVo 2000, 24; für eine Anlehnung an unterhaltsrechtliche Leitlinien OLG Frankfurt am Main Rpfleger 1998, 165; m. w. N. Zöller/*Stöber,* ZPO, § 850d Rdn. 10; Musielak/*Becker,* ZPO, § 850d Rdn. 5, 6; eingehend *Stöber,* Forderungspfändung, Rdn. 1093 ff.; teilweise fragwürdig *Büttner,* FamRZ 1994, 1433; umfassend auch *Rudolph,* Rpfleger 1996, 490.

[1] Zutreffend wird vom so genannten „privilegierten Neugläubiger" gesprochen, *Stöber,* Forderungspfändung, Rdn. 972 a.

Schaubild 13: Zusammentreffen von Insolvenz und Pfändung des Arbeitseinkommens 1098

Ausgangslage

Das Arbeitseinkommen ist im Umfang des nach § 850 c ZPO pfändbaren Teils Bestandteil der Insolvenzmasse. Im Verhältnis zwischen Insolvenzverwalter und Schuldner sind die §§ 850 ff. ZPO, insbesondere § 850 c Abs. 4 ZPO oder § 850 f Abs. 1 ZPO entsprechend anwendbar (§ 36 Abs. 1 Satz 2, Abs. 4 InsO).

Zulässigkeit der Pfändung des Arbeitseinkommens

Insolvenzgläubiger § 38 InsO	Der nicht nachrangige wie auch der nachrangige Insolvenzgläubiger (§§ 38, 39 InsO) unterliegt dem Vollstreckungsverbot nach § 89 Abs. 1 InsO.
Neugläubiger	Der Neugläubiger kann in das insolvenzfreie Vermögen vollstrecken, dieses besteht nach §§ 35, 36 Abs. 1 InsO aber nur aus unpfändbarem Vermögen; in den (unpfändbaren) insolvenzfreien Teil des Arbeitseinkommens kann deshalb nicht vollstreckt werden. Nach § 89 Abs. 2 Satz 1 InsO kann auch das künftige Arbeitseinkommen für die Zeit nach Beendigung des Insolvenzverfahrens nicht gepfändet werden.
Unterhaltsgläubiger	Der Unterhaltsgläubiger ist mit der Unterhaltsforderung nach Insolvenzeröffnung Neugläubiger, er kann wegen § 850 d ZPO in den bevorrechtigt pfändbaren Teil des Arbeitseinkommens vollstrecken. In diesem Umfang kann auch das künftige Arbeitseinkommen für die Zeit nach Beendigung des Insolvenzverfahrens nicht gepfändet werden (§ 89 Abs. 2 Satz 2 InsO).

Teilung des Einkommens

Betrag I	Eigener notwendiger Unterhalt des Schuldners	Der eigene notwendige Unterhalt ist absolut unpfändbar und insolvenzfrei; gegebenenfalls sind zurückbehaltene Unterhaltsbeträge vorrangiger Unterhaltsgläubiger gemäß § 850 d Abs. 2 ZPO einzustellen; auf sie kann ein solcher Unterhaltsgläubiger Zugriff nehmen, auch wenn er später als der ihm im Rang des § 850 d Abs. 2 ZPO nachstehende Gläubiger gepfändet hat.

Betrag II	Pfändbarer Betrag für den Unterhaltsgläubiger	Der Unterhaltsgläubiger kann auf diesen Betrag Zugriff nehmen, auch wenn das Insolvenzverfahren eröffnet ist; mehreren pfändenden Unterhaltsgläubigern stehen unabhängig ihres Pfändungsranges die Kopfanteile zu.
Betrag III	Pfändbarer Betrag für die Insolvenzmasse nach § 850 c ZPO	Der Insolvenzverwalter kann immer nur auf diesen Betrag Zugriff nehmen, er ist dem gewöhnlichen Gläubiger, der das Arbeitseinkommen pfändet, gleichgestellt.

wird.[1] Der Deliktsgläubiger, dessen Forderung Insolvenzforderung nach § 38 InsO ist, der also bereits bei Insolvenzeröffnung Gläubiger des Schuldners war, unterliegt wie auch der Unterhaltsgläubiger wegen älterer Unterhaltsrückstände als Insolvenzgläubiger dagegen dem Vollstreckungsverbot des § 89 Abs. 1 InsO.[2]

3. Die Pfändung des künftigen Arbeitseinkommens

a) Das Verbot der Zwangsvollstreckung nach § 89 Abs. 2 InsO

1099 Eine schwer verständliche Sonderregelung betreffend die Pfändung des Arbeitseinkommens enthält § 89 Abs. 2 InsO. Danach ist das künftige Arbeitseinkommen des Schuldners auch für einen Gläubiger nicht pfändbar, der nicht Insolvenzgläubiger ist. Mit künftigem Arbeitseinkommen sind die Bezüge des Schuldners aus einem Dienstverhältnis für die Zeit nach Beendigung des Insolvenzverfahrens gemeint, dass während des Insolvenzverfahrens laufenden erzielte Arbeitseinkommen ist bereits durch § 89 Abs. 1 InsO geschützt. Das nach Beendigung des Insolvenzverfahrens künftig erzielte Arbeitseinkommen soll der Wohlverhaltensphase des möglichen Restschuldbefreiungsverfahrens nach §§ 286 ff. InsO zur Verfügung stehen und ist deshalb schon während des Insolvenzverfahrens besonders zu schützen.[3] Ob der Schuldner An-

---

[1] Unter Aufgabe früherer Rechtsprechung BGHZ 152, 166; dazu eingehend *Behr*, Rpfleger 2003, 389; allgemein Zöller/*Stöber*, ZPO, § 850 f Rdn. 8; *Stöber*, Forderungspfändung, Rdn. 1190 ff.

[2] Allgemein wird die Unterscheidung zwischen dem Deliktsgläubiger, der Insolvenzgläubiger ist, und demjenigen der privilegierter Neugläubiger (*Stöber*, Forderungspfändung, Rdn. 972 a) nicht ausreichend hervorgehoben, *Uhlenbruck* in: *Uhlenbruck*, InsO, § 89 Rdn. 22.

[3] *Uhlenbruck* in: *Uhlenbruck*, InsO, § 89 Rdn. 22; *Eickmann* in: HK-InsO, § 89 Rdn. 12.

trag auf Restschuldbefreiung gestellt hat, ist für die Anwendung des § 89 Abs. 2 InsO jedoch nicht maßgebend.[1]

b) Die Pfändung durch einen Unterhaltsgläubiger

Das Vollstreckungsverbot in künftiges Arbeitseinkommen gilt nicht 1100
für den bevorrechtigte Unterhaltsgläubiger nach § 850d ZPO (§ 89 Abs. 2 Satz 2 InsO). Der Unterhaltsgläubiger kann wegen der seit Insolvenzeröffnung entstehenden Unterhaltsansprüche[2] in den nach § 850d Abs. 1 ZPO erweitert pfändbaren Teil des Arbeitseinkommen vollstrecken, auch in das nach Beendigung des Insolvenzverfahrens künftig fällig werdende Arbeitseinkommen. Im Ergebnis ist das Arbeitseinkommen in gleicher Weise zu teilen wie bei der Pfändung während des Insolvenzverfahrens. Der nach der Tabelle zu § 850c Abs. 3 ZPO pfändbare Teil des Arbeitseinkommens gehört dann jedoch nicht mehr zur Insolvenzmasse sondern ist an den Treuhänder des Restschuldbefreiungsverfahrens zur Befriedigung der Insolvenzgläubiger abgetreten (§§ 287, 292 InsO).

Das Vorrecht des § 89 Abs. 2 Satz 2 InsO gilt auch für den Delikts- 1101
gläubiger als Neugläubiger, der nach § 850f Abs. 2 ZPO einem Unterhaltsgläubiger gleichgestellt ist, nicht aber für den Deliktsgläubiger, der Insolvenzgläubiger ist. Er ist mit seiner Forderung als Insolvenzgläubiger im Sinne des § 38 InsO vom allgemeinen Vollstreckungsverbot des § 89 Abs. 1 InsO betroffen, selbst dann, wenn er auf seine Teilnahme am Insolvenzverfahren verzichtet.[3]

VI. Die Besonderheiten der Zwangsversteigerung und der Zwangsverwaltung

1. Die Zwangsversteigerung auf Antrag eines Gläubigers

Bei Anordnung der Zwangsversteigerung oder Zwangsverwaltung 1102
eines zur Insolvenzmasse gehörenden Grundstücks oder bei Fortführung eines bereits vor Eröffnung des Insolvenzverfahrens angeordneten Verfahrens ist zu unterscheiden, auf wessen Betreiben das Zwangsversteigerungs- oder Zwangsverwaltungsverfahren durchgeführt wird:[4]

- Betreibt der durch ein Grundpfandrecht am Grundstück gesicherte 1103
  Gläubiger das Verfahren, ist er absonderungsberechtigter Gläubiger im Sinne des § 49 InsO und kann in der Rangklasse des § 10 Abs. 1 Nr. 4

---

[1] *Uhlenbruck* in: *Uhlenbruck*, InsO, § 89 Rdn. 22.

[2] Zutreffend *Lüke* in: *Kübler/Prütting*, InsO, § 89 Rdn. 28; in der sonstigen Kommentarliteratur wird diese Voraussetzung meist nicht besonders erwähnt.

[3] OLG Zweibrücken NZI 2001, 423.

[4] Eingehend *Keller* in: *Gottwald/Riedel*, Teil 6/6.5.3.2 und 6/6.7; *Stöber*, NZI 1998, 105.

ZVG vom Vollstreckungsverbot des § 89 Abs. 1 InsO unberührt die Zwangsversteigerung oder die Zwangsverwaltung betreiben (§ 165 InsO). Soll das Verfahren erst nach Insolvenzeröffnung gegen den Insolvenzverwalter angeordnet werden, bedarf der Gläubiger zu seinem dinglichen Vollstreckungstitel (Duldungstitel) einer Vollstreckungsklausel analog § 727 ZPO gegen den Insolvenzverwalter.[1] War das Verfahren bereits vor Insolvenzeröffnung angeordnet, ist eine Titelumschreibung dagegen nicht erforderlich, der Insolvenzverwalter tritt ohne weiteres in die verfahrensrechtliche Stellung des Schuldners ein.[2]

1104 – Betreibt der so genannte persönliche Gläubiger die Zwangsversteigerung oder Zwangsverwaltung in der Rangklasse des § 10 Abs. 1 Nr. 5 ZVG ist er ebenso absonderungsberechtigter Gläubiger nach § 49 InsO, wenn er seine Beschlagnahme nach § 22 ZVG rechtzeitig vor Insolvenzeröffnung erlangt hat, die Beschlagnahme mithin nicht unter die Rückschlagsperre des § 88 InsO fällt oder nicht nach § 131 Abs. 1 InsO anfechtbar ist. Die Beschlagnahme der Zwangsversteigerung oder Zwangsverwaltung ist in diesem Fall auch zu Gunsten des so genannten persönlich betreibenden Gläubigers insolvenzfest (§ 80 Abs. 2 Satz 2 InsO). Nach Insolvenzeröffnung darf zu Gunsten eines persönlich betreibenden Gläubigers in der Rangklasse des § 10 Abs. 1 Nr. 5 ZVG das Zwangsversteigerungs- oder das Zwangsverwaltungsverfahren nicht mehr angeordnet werden, der Gläubiger ist hier lediglich Insolvenzgläubiger, gegen ihn wirkt das Vollstreckungsverbot des § 89 Abs. 1 InsO.

1105 Diese Grundsätze gelten gleichermaßen für den Gläubiger, zu dessen Gunsten das Zwangsversteigerungs- oder das Zwangsverwaltungsverfahren angeordnet wird sowie für den Gläubiger, der einem bereits angeordneten Verfahren nach § 27 ZVG beitritt. Auch der so genannte Beitrittsgläubiger betreibt die Zwangsversteigerung oder die Zwangsverwaltung, er ist lediglich nicht der zeitlich erste Gläubiger, auf dessen Wirken hin das Verfahren läuft. Im Übrigen sind stets die Zwangsversteigerungs- oder Zwangsverwaltungsverfahren für den Anordnungsgläubiger und jeden Beitrittsgläubiger selbstständig zu betrachten.[3]

2. Die Einstellung des Zwangsversteigerungsverfahrens

a) Die Voraussetzungen der Einstellung nach § 30d ZVG

1106 Kann der der Insolvenzverwalter die durch einen am Grundstück absonderungsberechtigten Gläubiger betriebene Zwangsversteigerung zwar nicht verhindern, so gibt ihm das Gesetz die Möglichkeit, umfas-

---

[1] Allgemein Zöller/*Stöber,* ZPO, § 727 Rdn. 18; speziell zur Zwangsversteigerung *Stöber,* ZVG, § 15 Rdn. 23.9; *Keller,* Grundstücke, Rdn. 439 ff.
[2] *Stöber,* ZVG, § 15 Rdn. 23.11.
[3] *Jaeckel/Güthe,* ZVG, § 27 Rdn. 5; *Stöber,* ZVG, § 15 Rdn. 4.14, § 27 Rdn. 6.2.

send eine einstweilige Einstellung des Zwangsversteigerungsverfahrens zu erwirken. Die einstweilige Einstellung des Zwangsversteigerungsverfahrens auf Antrag des Insolvenzverwalters ist in den §§ 30d bis 30f ZVG geregelt.[1] Die durch einen absonderungsberechtigten Gläubiger betriebene Zwangsversteigerung ist nach § 30d Abs. 1 ZVG auf Antrag des Insolvenzverwalters durch das Versteigerungsgericht einstweilen einzustellen, wenn

- nach § 30d Abs. 1 Nr. 1 ZVG der Berichtstermin nach § 29 Abs. 1 Nr. 1 und § 156 InsO noch bevorsteht; durch die einstweilige Einstellung soll eine angemessene Verwertung der Insolvenzmasse entsprechend der möglichen Beschlussfassung der Gläubigerversammlung ermöglicht werden.
- nach § 30d Abs. 1 Nr. 2 ZVG das Grundstück für die Fortführung des schuldnerischen Unternehmens oder für die Betriebsveräußerung benötigt wird; durch diese einstweilige Einstellung soll die Einheit des schuldnerischen Unternehmens und seine mögliche Verwertung als Ganzes gesichert werden.
- nach § 30d Abs. 1 Nr. 3 ZVG durch die Zwangsversteigerung ein vorgelegter Insolvenzplan nach §§ 217ff. InsO in seiner Umsetzung gefährdet würde.
- nach § 30d Abs. 1 Nr. 4 ZVG in sonstiger Weise die Verwertung der Insolvenzmasse wesentlich erschwert würde; diese Generalklausel entspricht der früheren Einstellungsmöglichkeit des Zwangsversteigerungsverfahrens im Konkurs nach § 30c Abs. 1 ZVG.[2]

Für die Ausfüllung des unbestimmten Rechtsbegriffs in § 30d Abs. 1 1107
Nr. 4 ZVG wird allgemein auf den im früheren Konkursrechts ergänzenden § 30c Abs. 1 ZVG verwiesen,[3] möglicher Grund für die einstweilige Einstellung ist danach beispielsweise die Aussicht auf eine wesentlich bessere Verwertung des Grundstücks zur freihändigen Verkauf seitens des Insolvenzverwalters.

b) Das Verfahren der Einstellung auf Antrag des Insolvenzverwalters

Der Insolvenzverwalter unterliegt für den Antrag auf einstweilige 1108
Einstellung des Zwangsversteigerungsverfahrens keiner Frist, insbesondere unterliegt er nicht der zweiwöchigen Antragsfrist des § 30b Abs. 1 ZVG. Die einstweilige Einstellung kann durch den Insolvenzverwalter auch mehrfach beantragt und erwirkt werden. Nach Erteilung des Zuschlags ist eine einstweilige Einstellung jedoch nicht mehr möglich, da

---

[1] Der Regierungsentwurf der Insolvenzordnung sah diese Regelungen ursprünglich in §§ 187 bis 190 vor, Begründung des Regierungsentwurfs BT-Drucks. 12/2443, S. 39, 176ff.

[2] Dazu noch Steiner/*Storz*, ZVG, § 30c Rdn. 15ff.

[3] *Stöber*, ZVG, § 30d Rdn. 2.3d; Begründung des Regierungsentwurfs BT-Drucks. 12/2443, S. 176 rechte Spalte.

der Ersteher mit dem Zuschlag Eigentümer des Grundstücks geworden ist (§ 90 ZVG).[1]

1109 Der Insolvenzverwalter hat in seinem Einstellungsantrag den Einstellungsgrund nach § 30d Abs. 1 Nrn. 1 bis 4 ZVG glaubhaft zu machen, das Versteigerungsgericht hat den oder die betreibenden Gläubiger zu hören. Die Einstellung unterbleibt, wenn sie dem betreibenden Gläubiger unter Berücksichtigung seiner wirtschaftlichen Interessen nicht zuzumuten ist. Gerade beim Einstellungsgrund des § 30d Abs. 1 Nr. 4 ZVG sind dabei die Interessen der Gläubigergesamtheit im Insolvenzverfahren gegenüber denen des die Zwangsversteigerung betreibenden Gläubigers abzuwägen. Es besteht dabei auch die Gefahr, dass der Insolvenzverwalter den Einstellungsantrag als taktisches Mittel gegen einen absonderungsberechtigten Gläubiger einsetzt, um ihn beispielsweise zur Zustimmung zu freihändiger Veräußerung des Grundstücks zu bewegen.[2]

1110 Das einstweilen eingestellte Zwangsversteigerungsverfahren ist unter den Voraussetzungen des § 30f ZVG auf Antrag des betreibenden Gläubigers fortzusetzen. Die einstweilige Einstellung selbst kann zeitlich unbefristet erfolgen, erst nach Wegfall der Einstellungsvoraussetzungen beginnt gegenüber dem betreibenden Gläubiger eine sechsmonatige Frist, innerhalb derer er die Fortsetzung des Zwangsversteigerungsverfahrens zu beantragen hat (§ 30f Abs. 1, § 31 Abs. 1 ZVG).[3]

c) Die Zinszahlungspflicht des Insolvenzverwalters nach § 30e ZVG

1111 Allein diese Vorschriften betrachtet scheint der Insolvenzverwalter durchaus Möglichkeiten zu haben, dass Zwangsversteigerungsverfahren auf Dauer zu blockieren. Die Rechtspraxis macht von der Möglichkeit des § 30d ZVG aber nur wenig Gebrauch. Nach § 30e ZVG hat der Insolvenzverwalter für die Dauer der Einstellung des Zwangsversteigerungsverfahrens nämlich die Verpflichtung dem betreibenden Gläubiger die laufend geschuldeten Zinsen zu zahlen.[4] „Geschuldete Zinsen" im Wortlaut der Vorschrift sind bei dem persönlich betreibenden Gläubiger (§ 10 Abs. 1 Nr. 5 ZVG) die im vollstreckbaren Schuldtitel genannten Zinsen der Forderung. Bei den dinglich betreibenden Gläubigern (§ 10 Abs. 1 Nr. 4 ZVG) ist streitig, ob „geschuldete Zinsen" diejenigen des dinglichen Rechts sind oder diejenigen der persönlichen Forderung des Gläubigers. Das Zwangsversteigerungsverfahren wird hier nämlich nicht aus der persönlichen Forderung sondern aus dem dinglichen Recht betrieben. Allgemein werden aber gerade Sicherungsgrundschulden mit Zinssätzen

---

[1] *Stöber,* ZVG, § 30d Rdn. 5.1.
[2] So auch *Stöber,* NZI 1998, 105, 109; dazu auch *Keller,* ZfIR 2002, 861.
[3] Eingehend *Stöber,* NZI 1999, 439.
[4] Allgemein zur etwas unklaren Berechnung der Zahlungspflicht zwei Wochen nach Fälligkeit *Stöber,* ZVG, § 30d Rdn. 2.2ff.

von 12 bis 18 Prozent in das Grundbuch eingetragen;[1] vom Grundpfandrechtsgläubiger wird regelmäßig auch dieser volle Prozentsatz geltend gemacht.[2] Hieraus folgernd kann auch das Absonderungsrecht im Insolvenzverfahren für laufende Zinsen der Insolvenzforderung des Gläubigers geltend gemacht werden, § 39 Abs. 1 Nr. 1 InsO steht dem nicht entgegen.[3] Daher vertritt die gesamte versteigerungsrechtliche Literatur zu recht die Auffassung, das „geschuldete Zinsen" im Sinne des § 30e ZVG bei dem in Rangklasse § 10 Abs. 1 Nr. 4 ZVG betreibenden Gläubiger die Zinsen des im Grundbuch eingetragenen Rechts sind.[4]

Der Insolvenzverwalter, der die einstweilige Einstellung der Zwangs- **1112**
versteigerung nach § 30d Abs. 1 ZVG erwirkt, läuft damit Gefahr, laufende Zinsen aus einer Grundschuld an den Gläubiger in einem Umfang zahlen zu müssen, den die Insolvenzmasse regelmäßig nicht bewältigen kann. Unter Berücksichtigung der Zinszahlungspflicht erscheint die Einstellungsmöglichkeit des Insolvenzverwalters nach § 30d Abs. 1 ZVG als stumpfe Waffe. Zu bedenken ist aber immer noch, dass der Insolvenzverwalter aus taktischen Gründen die einstweilige Einstellung beantragen kann, um beispielsweise den die Zwangsversteigerung betreibenden Gläubiger zu Zugeständnissen zu zwingen oder um kurzfristig eine bevorstehende Zwangsversteigerung zu verhindern und potentielle Interessenten abzuschrecken, wenn beispielsweise der Einstellungsantrag unmittelbar vor dem Versteigerungstermin gestellt wird.

Zusätzlich zur gesetzlich zwingenden Zinszahlungspflicht kann der **1113**
Insolvenzverwalter vom Versteigerungsgericht zu Zahlungen verpflichtet werden, wenn bei seiner Nutzung des Grundstücks ein Wertverlust und damit einen Nachteil für den die Zwangsversteigerung betreibenden Gläubiger eintritt (§ 30e Abs. 2 ZVG). Ein solcher Wertverlust kann beispielsweise eintreten, wendet der Insolvenzverwalter außerdem Grundstückbodenschätze abbaut. Allein die bestimmungsgemäße Nutzung eines Grundstücks, beispielsweise durch Vermietung oder Verpachtung, dürfte jedoch keinen Wertverlust beinhalten, Wertausgleichs-

[1] Dazu *Schöner/Stöber,* Rdn. 2315; zu dieser Problematik *Sostmann,* MittRhNotK 1999, 274; *Stöber,* MittBayNot 1999, 441; *Clemente/Lenk,* ZfIR 2002, 337.

[2] BGH ZIP 1981, 487; BGH ZIP 1982, 1051; BGH ZIP 1995, 1973; dazu auch *Stöber,* ZVG, § 114 Rdn. 7.6d ff.; *Clemente,* Rdn. 11 ff.; kritisch dagegen jüngst *Clemente/Lenk,* ZfIR 2002, 337; der Gläubiger ist schließlich berechtigt, den Betrag der persönlichen Hauptforderung auf die dinglichen Zinsen zu verrechnen, BGH NJW 1981, 1505; *Stöber,* ZVG, § 114 Rdn. 7.6g m. w. N.

[3] BGHZ 134, 195; *Ganter* in: MüKo-InsO, § 52 Rdn. 29; *Eickmann* in: HK-InsO, § 52 Rdn. 9.

[4] *Stöber,* ZVG, § 30e Rdn. 2.2; *Böttcher,* ZVG, § 30e Rdn. 4; *Keller* in: *Gottwald/Riedel,* Teil 6/6.3.7; *Eickmann,* ZfIR 1999, 81; *Hintzen,* Rpfleger 1999, 256; *Alff,* Rpfleger 2000, 228; anders *Lwowski* in: MüKo-InsO, § 165 Rdn. 104 ff.; *Kemper* in: *Kübler/Prütting,* InsO, § 165 Rdn. 38.

zahlungen in Höhe fiktiver Miet- oder Pachteinnahmen sind deshalb nicht anzusetzen.[1]

3. Die Zwangsversteigerung auf Antrag des Insolvenzverwalters

a) Die Besonderheiten der Insolvenzversteigerung nach § 172 ZVG

1114 Unabhängig vom Verwertungsrecht absonderungsberechtigter Gläubiger kann auch der Insolvenzverwalter selbstständige die Zwangsversteigerung des zur Insolvenzmasse gehörenden Grundbesitzes betreiben. Dies erfolgt im Verfahren der so genannten Insolvenzversteigerung nach §§ 172ff. ZVG. Betreibender Gläubiger im Sinne des Zwangsversteigerungsrechts ist dann der Insolvenzverwalter kraft seiner Verfügungsbefugnis.[2] Das Versteigerungsverfahren nach § 172 ZVG ist unabhängig von dem Zwangsversteigerungsverfahren auf Betreiben eines Gläubigers zu sehen, das Grundstück selbst kann freilich nur einmal versteigert und zugeschlagen werden.

1115 Der Insolvenzverwalter kann die Zwangsversteigerung nur unter Wahrung aller am Grundstück Berechtigen nach § 10 Abs. 1 ZVG, insbesondere auch der so genannten älteren Ansprüche nach § 10 Abs. 1 Nr. 7 und 8 ZVG betreiben, all diese Ansprüche sind in das so genannte geringste Gebot einzustellen.[3] Dies kann zu einer praktischen Unversteigerbarkeit des Grundstücks führen.[4] Die Insolvenzversteigerung nach §§ 172ff. ZVG hatte deshalb im früheren Konkursrecht praktisch keine Bedeutung und wird auch heute noch selten betrieben.

b) Der Antrag des dinglich Berechtigten nach § 174 ZVG

1116 Weil bei der Versteigerung auf Antrag des Insolvenzverwalters das geringste Gebot unter Wahrung sämtlicher am Grundstück lastenden Rechte zu berechnen ist, kann dieses sehr hoch sein und im Einzelfall den Grundstückswert bei weitem überschreiten. Um hier das geringste Gebot auf ein vernünftiges Maß zu reduzieren, kann nach § 174 ZVG ein Grundpfandrechtgläubiger den Antrag stellen, das sein Anspruch der Bildung des geringsten Gebot zu Grunde gelegt werde.[5] Auf diese

---

[1] So auch *Stöber,* NZI 1998, 105, 109; anders *Riedel* in: *Gottwald/Riedel,* Teil 4/4.2.3.2.4.

[2] Allgemein *Stöber,* ZVG, § 172 Rdn. 3.1; *Lwowski* in: MüKo-InsO, § 165 Rdn. 119ff.; *Keller* in: *Gottwald/Riedel,* Teil 6/6.7.1; *Frege/Keller/Riedel,* Rdn. 1510ff.; eingehend auch *Muth,* ZIP 1999, 945.

[3] *Stöber,* ZVG, § 174 Rdn. 2.2; *Dassler/Schiffhauer/Gerhardt/Muth,* ZVG, § 174 Rdn. 2; zu undifferenziert dagegen Steiner/*Eickmann,* ZVG, § 174 Rdn. 3, 4; *Lwowski* in: MüKo-InsO, § 165 Rdn. 145, wonach der Insolvenzverwalter als betreibender Gläubiger in der Rangklasse des § 10 Abs. 1 Nr. 5 ZVG angesehen werden soll; in diesem Sinne auch schon undeutlich *Jaeckel/Güthe,* ZVG, § 174 Rdn. 1.

[4] Umfangreicher Beispielsfall bei K*eller*, RpflStud 1998, 14.

[5] *Stöber,* ZVG, § 174 Rdn. 3.2; Steiner/*Eickmann,* ZVG, § 174 Rdn. 7.

Weise wird durch § 174 ZVG gleichsam abgesonderte Befriedigung aus dem Grundstück betrieben, der antragstellende Gläubiger wird im Hinblick auf die Berechnung des geringsten Gebot des so behandelt, als würde er das Zwangsversteigerungsverfahren betreiben, die rechtliche Stellung eines betreibenden Gläubigers hat er jedoch nicht.[1]

Das Grundstück ist im so genannten Doppelausgebot zur Versteige- 1117
rung auszubieten, einmal mit dem geringsten Gebot berechnet nach § 172 ZVG, einmal mit dem geringsten Gebot berechnet nach dem Anspruch des Gläubigers nach § 174 ZVG.[2] Bei der Zuschlagserteilung hat grundsätzlich das abweichende Ausgebot nach § 174 ZVG Vorrang.[3]

c) Der Antrag des Insolvenzverwalters nach § 174 a ZVG

Auch der Insolvenzverwalter kann das nach § 172 ZVG unangemes- 1118
sen hohe geringste Gebot auf ein Minimum reduzieren. Er kann nach § 174 a ZVG beantragen, seinen Feststellungskostenanspruch aus § 10 Abs. 1 Nr. 1 a ZVG dem geringsten Gebot zu Grunde zu legen. Nach dieser Vorschrift kann der Insolvenzverwalter aus dem Wert der bei der Zwangsversteigerung mithaftenden beweglichen Gegenstände (Zubehör) einen pauschalen Kostenbeitrag von vier Prozent verlangen.[4] Mit diesem Kostenbeitrag ist er im Falle des § 174 a ZVG gleichsam betreibender Gläubiger.[5] Durch das geringste Gebot sind dann praktisch nur die gerichtlichen Kosten der Zwangsversteigerung gedeckt, allein sie gehen den Ansprüchen des § 10 Abs. 1 ZVG vor. Alle anderen Ansprüche und Rechte, darunter auch öffentliche Lasten im Range des § 10 Abs. 1 Nr. 3 ZVG und insbesondere sämtliche Grundpfandrechte erlöschen mit dem Zuschlag in der Zwangsversteigerung und werden aus dem Meistgebot befriedigt.[6]

Der Insolvenzverwalter kann auf diese Weise die Rechte eines Grund- 1119
pfandrechtsgläubigers empfindlich beeinträchtigen, war dieser bisher der Ansicht, mit der ersten Rangstelle im Grundbuch vollständig ge-

---

[1] *Stöber,* ZVG, § 174 Rdn. 3.8; Steiner/*Eickmann,* ZVG, § 174 Rdn. 20.

[2] *Stöber,* ZVG, § 174 Rdn. 3.9.

[3] *Stöber,* ZVG, § 174 Rdn. 3.10; Steiner/*Eickmann,* ZVG, § 174 Rdn. 21; zur Anwendung von § 74 a Abs. 1 und § 85 a ZVG *Stöber,* ZVG, § 74 a Rdn. 3.7, § 85 a Rdn. 1.2; *Keller* in: *Gottwald/Riedel,* Teil 6/6.7.1.3.

[4] Eingehend zu der zweifelhaften Regelung des Kostenbeitrages *Stöber,* ZVG, § 174 a Rdn. 2.6; *Lwowski* in: MüKo-InsO, § 165 Rdn. 163; *Depré* in: *Smid,* InsO, § 165 Rdn. 22, 23; *Vallender,* Rpfleger 1997, 353; *Eickmann,* ZfIR 1999, 81; *Muth,* ZIP 1999, 945.

[5] *Stöber,* ZVG, § 174 a Rdn. 2.4; *Lwowski* in: MüKo-InsO, § 165 Rdn. 158; *Keller* in: *Gottwald/Riedel,* Teil 6/6.7.1.4.

[6] Sinn und Zweck der Regelung sind nicht nur deshalb sehr zweifelhaft, *Stöber,* ZVG, § 174 a Rdn. 2.6; *Depré* in: *Smid,* InsO, § 165 Rdn. 22 ff.; *Keller* in: *Gottwald/Riedel,* Teil 6/6.7.1.4; *Eickmann,* ZfIR 1999, 81; *Muth,* ZIP 1999, 945; nicht als überzogen erscheint die Kritik von *Weinbörner,* Rdn. A 66, der anmerkt, die Grundschuld oder Hypothek sei das Papier nicht mehr wert, auf dem sie stehe.

sichert zu sein, erlischt sein Recht nun und wird auf den Erlös gesetzt. Die Gesetzesbegründung zur Insolvenzordnung schlägt dem Gläubiger vor, den Kostenanspruch des Insolvenzverwalters nach § 268 BGB abzulösen.[1] Der Insolvenzverwalter kann mit § 174a ZVG aber auch versuchen, das Grundstück selbst zu einem günstigen Preis zu ersteigern. Mit dem Erlöschen sämtlicher Grundpfandrechte hätte die Insolvenzmasse dann ein lastenfreies und gut verwertbares Grundstück erworben.[2]

1120 **Beispiel 15:** Das Grundstück des Schuldners ist mit folgenden Grundpfandrechten belastet:

Nr. 1	Hypothek für A	120.000 EUR mit 10% Zinsen
Nr. 2	Grundschuld für B	240.000 EUR mit 5% Zinsen

Das Zwangsversteigerungsverfahren wird durch den Insolvenzverwalter nach § 172 ZVG betrieben. Das Gericht setzt den Verkehrswert des Grundstücks gemäß § 74a Abs. 5 ZVG mit 580.000 EUR fest; für die beweglichen mithaftenden Gegenstände wird ein Wert von 20.000 EUR festgesetzt. Der Kostenbeitrag nach § 10 Abs. 1 Nr. 1a ZVG beträgt danach 800 EUR.

Alle Gläubiger melden zum Versteigerungstermin laufende und rückständige Zinsen der letzten zwei Jahre an. Grundschuldgläubiger B stellt Antrag nach § 174 ZVG, der Insolvenzverwalter stellt Antrag nach § 174a ZVG und meldet die Kosten nach § 10 Abs. 1 Nr. 1a ZVG von 800 EUR zum Zwangsversteigerungsverfahren an.

Es sind zunächst drei geringste Gebote zu berechnen: In den bar zu zahlenden Teil der geringsten Gebote sind jeweils die Kosten des Verfahrens, die hier pauschal mit 5.000 EUR beziffert werden, aufzunehmen. Stark vereinfacht ergeben sich folgende geringste Gebote:

1. Geringstes Gebot nach § 172 ZVG:

bar zu zahlen:	Kosten des Verfahrens	5.000 EUR
	Kostenbeitrag nach § 10 Abs. 1 Nr. 1a ZVG	800 EUR
	rückständige und laufende Zinsen aller Rechte (§ 47 ZVG nicht berücksichtigt)	48.000 EUR
bestehen bleibend:	Alle eingetragenen Rechte	360.000 EUR
Gesamtbetrag des geringsten Gebots:		413.800 EUR

2. Geringstes Gebot nach § 174 ZVG:

bar zu zahlen:	Kosten des Verfahrens	5.000 EUR
	Kostenbeitrag nach § 10 Abs. 1 Nr. 1a ZVG	800 EUR
	laufende und rückständige Zinsen der Hypothek A (§ 47 ZVG nicht berücksichtigt)	24.000 EUR
bestehen bleibend:	Hypothek A	120.000 EUR
Gesamtbetrag des geringsten Gebots:		149.800 EUR

3. Geringstes Gebot nach § 174a ZVG:

bar zu zahlen:	Kosten des Verfahrens	5.000 EUR
bestehen bleibend:	Keine Rechte	
Gesamtbetrag des geringsten Gebots:		5.000 EUR

---

[1] Begründung des Regierungsentwurfs zum Einführungsgesetz zur Insolvenzordnung BT-Drucks. 12/3803, S. 70; allgemein zur Ablösung *Stöber*, ZVG, § 15 Rdn. 20, § 174 Rdn. 3.11.

[2] Zu Recht spricht *Lwowski* in: MüKo-InsO, § 165 Rdn. 161, von § 174a ZVG als einem Drohpotential des Insolvenzverwalters gegen die Grundpfandrechtsgläubiger.

Nicht geklärt ist, ob das Grundstück hiernach im Dreifachausgebot oder im Doppelausgebot auszubieten ist. Es wird vertreten, das Ausgebot nach § 174a ZVG verdränge dasjenige nach § 174 ZVG (*Stöber,* ZVG, § 174a Rdn. 2.4). Wird kein Antrag eines Gläubigers nach § 174 ZVG gestellt und stellt lediglich der Insolvenzverwalter den Antrag nach § 174a ZVG, bleibt es freilich beim Doppelausgebot. Werden nebeneinander Anträge nach § 174 ZVG und nach § 174a ZVG gestellt, wird auch vertreten, dass das Ausgebot nach § 172 ZVG entfalle (*Muth,* ZIP 1999, 945, Abschn. IV. 6.).

4. Die Zwangsverwaltung im Insolvenzverfahren

Ein von einem absonderungsberechtigten Gläubiger betriebenes **1121**
Zwangsverwaltungsverfahren kann der Insolvenzverwalter nur nach § 153b ZVG einstweilen einstellen lassen. Voraussetzung ist, dass durch die Fortsetzung des Verfahrens eine wirtschaftlich sinnvolle Nutzung der Insolvenzmasse wesentlich erschwert wird.[1] Nach § 153b Abs. 2 ZVG sind auch hier den betreibenden Gläubigern die durch die Einstellung entstehenden Nachteile auszugleichen.

---

[1] *Stöber,* ZVG, § 153b Rdn. 2ff.; allgemein zum Verhältnis zwischen Zwangsverwaltung und Insolvenz *Lwowski* in: MüKo-InsO, § 165 Rdn. 237ff.; *Kemper* in: *Kübler/Prütting,* InsO, § 165 Rdn. 55ff.; *Depré* in: *Smid,* InsO, § 49 Rdn. 84ff.

9. Kapitel. Die Zulässigkeit der Aufrechnung nach Insolvenzeröffnung

I. Der Grundsatz der Erhaltung der Aufrechnungslage nach § 94 InsO

Die Zulässigkeit der Aufrechnung seitens eines Insolvenzgläubigers nach Insolvenzeröffnung stellt eine Ausnahme des Grundsatzes der gleichmäßigen Befriedigung der Insolvenzgläubiger dar. Der Insolvenzgläubiger, der bereits im Zeitpunkt der Eröffnung des Insolvenzverfahrens gegen den Schuldner zur Aufrechnung befugt war, soll dies wegen § 389 BGB auch nach Insolvenzeröffnung gegenüber dem Insolvenzverwalter sein.[1] Auf diese Weise kann sich der Insolvenzgläubiger hinsichtlich seiner Insolvenzforderung in Höhe des aufrechenbaren Betrages – im Idealfall vollständig – befriedigen, er ist nicht auf die anteilsmäßige Befriedigung durch Zahlung einer Quote seitens des Insolvenzverwalters angewiesen.

1. Die Systematik der Aufrechnung im Insolvenzverfahren

a) Der persönliche Anwendungsbereich der §§ 94 ff. InsO

1122 § 94 InsO unterscheidet nicht zwischen nicht nachrangigen Insolvenzgläubigern nach § 38 InsO und nachrangigen Insolvenzgläubigern nach § 39 InsO, auch Letztere sind zur Aufrechnung gegenüber dem Insolvenzverwalter befugt.[2] Die Massegläubiger sind grundsätzlich vom Anwendungsbereich der §§ 94 ff. InsO ausgenommen, da sie nach § 53 InsO vorab zu befriedigen sind, ihre Aufrechungsbefugnis gegenüber dem Insolvenzverwalter richtet sich daher nach den allgemeinen bürgerlich-rechtlichen Voraussetzungen ihm gegenüber. Allein im Falle der Masseunzulänglichkeit nach § 208 InsO kann überlegt werden, für die dann im Rang des § 209 Abs. 1 Nr. 3 InsO zu befriedigenden Altmassegläubiger die entsprechende Anwendung der §§ 94 ff. InsO zuzulassen.[3]

---

[1] Allgemein zum Zweck der Aufrechnung *Lüke* in: *Kübler/Prütting,* InsO, § 94 Rdn. 6; *Häsemeyer,* Rdn. 19.01 a, 19.04.

[2] *Uhlenbruck* in: *Uhlenbruck,* InsO, § 94 Rdn. 3; *Eickmann* in: HK-InsO, § 94 Rdn. 2; *Häsemeyer,* Rdn. 19.01 a; einschränkend *Lüke* in: *Kübler/Prütting,* InsO, § 94 Rdn. 13.

[3] *Brandes* in: MüKo-InsO, § 94 Rdn. 46; *Lüke* in: *Kübler/Prütting,* InsO, § 94 Rdn. 23; eine entsprechende Regelung im Regierungsentwurf zur Insolvenzordnung fiel redaktioneller Straffung zum Opfer, die Frage sollte nach dem Rechtsausschuss des Bundestages der Klärung durch die Rechtsprechung vorbehalten bleiben, Begründung des Regierungsentwurfs BT-Drucks. 12/2443, S. 219; Beschlussempfehlung des Rechtsausschusses BT-Drucks. 12/7302, S. 180.

Nach den Regeln des bürgerlichen Rechts ist jeder Beteiligte im Gegenseitigkeitsverhältnis zur Aufrechnung befugt. Damit könnte auch der Insolvenzverwalter gegenüber dem Insolvenzgläubiger die Aufrechnung erklären. Dies geschieht freilich nicht gegenüber der Insolvenzforderung selbst, weil die Aufrechnung nach §§ 94 ff. InsO allein dem Insolvenzgläubiger und nicht der Insolvenzmasse zu Gute kommt. Der Insolvenzverwalter wird deshalb selbst in keinem Fall die Aufrechnung erklären, sondern vom Insolvenzgläubiger stets die Leistung verlangen und diesen wegen seiner Forderung auf die anteilsmäßige Befriedigung verweisen. eine Aufrechnung des Insolvenzverwalters kann sich allenfalls gegen die auf den Gläubiger entfallende Quote richten und ist auch erst nach Feststellung seiner Forderung zur Insolvenztabelle zulässig.[1] Es ist Sache des Insolvenzgläubigers selbst, die Möglichkeit der Aufrechnung nach §§ 94 ff. InsO zu prüfen und zu ergreifen.[2] 1123

b) Die Prüfungsreihenfolge zur Aufrechnung

In der Systematik der Insolvenzordnung ist nach § 94 InsO zunächst zu prüfen, ob der Insolvenzgläubiger im Zeitpunkt seiner Erklärung der Aufrechnung hierzu befugt ist, mithin ob die Voraussetzungen des § 387 BGB vorliegen oder eine wirksame Aufrechnungsvereinbarung getroffen ist.[3] § 94 InsO geht davon aus, dass die Aufrechnungslage bereits im Zeitpunkt der Insolvenzeröffnung vorliegen muss. Soweit die vom Insolvenzgläubiger nach Insolvenzeröffnung erklärte Aufrechnung jedoch unzulässig ist, weil die Aufrechnungslage erst später eintritt, wird dies über § 96 Abs. 1 InsO geregelt. Auch kann in den Fällen des § 95 InsO zulässigerweise die Aufrechnung erklärt werden, auch wenn die Aufrechnungslage erst nach Insolvenzeröffnung entsteht. 1124

Gelangt man deshalb bei der ersten Prüfung der Voraussetzungen des § 387 BGB zu dem Ergebnis, dass einer Aufrechnung nicht oder noch nicht möglich ist, kann § 95 InsO die Möglichkeit der Aufrechnung erleichtern. Gelangt man bei Prüfung des § 387 BGB zu einer zulässigen Aufrechnung, ist nach § 96 Abs. 1 InsO zu prüfen, ob die Aufrechnung in den dort bestimmten Fällen nicht unzulässig ist. 1125

Der Wortlaut des § 94 InsO erfasst nicht nur den Gläubiger, der kraft Gesetzes zur Aufrechnung befugt ist, er erfasst ausdrücklich auch die 1126

---

[1] BGHZ 100, 222; eingehend *Uhlenbruck* in: *Uhlenbruck*, InsO, § 94 Rdn. 5.

[2] Zur Unanwendbarkeit der insolvenzrechtlichen Regelungen für den Verwalter bereits *v. Wilmowsky*, KO, § 53 Anm. 1 mit Hinweis auf die Motive zur Konkursordnung; *Kuhn/Uhlenbruck*, KO, § 53 Rdn. 3; *Jaeger*, KO, § 53 Anm. 2, erörtert demgegenüber auch die Wirkungen der vom Verwalter erklärten Aufrechnung.

[3] Zu so genannten Aufrechnungsvereinbarungen eingehend *Brandes* in: MüKo-InsO, § 94 Rdn. 36 ff.; *Uhlenbruck* in: *Uhlenbruck*, InsO, § 94 Rdn. 20 ff.; *Lüke* in: *Kübler/Prütting*, InsO, § 94 Rdn. 73 ff.; *Häsemeyer* in: KS, S. 645 Rdn. 37 ff.; zur Wirksamkeit so genannter Konzernverrechnungsklauseln kritisch BGHZ 81, 15.

vereinbarte Aufrechnung zwischen den Parteien.[1] Nach Ansicht des Bundesgerichtshofs sollen jedoch so genannte Konzernverrechnungsklauseln, bei denen auf das Erfordernis der Gegenseitigkeit verzichtet wird,[2] nicht ohne weiteres unter § 94 InsO subsumiert werden können.[3] Insbesondere ist die nach Eröffnung des Insolvenzverfahrens erklärte Aufrechnung eines Gläubigers des Schuldners mit Forderungen anderer Gläubiger, die dem gleichen Konzern angehören wie der aufrechnende Gläubiger, gemäß § 96 Abs. 1 Nr. 2 InsO unzulässig, eine nach dem Insolvenzantrag erklärte Aufrechnung ist nach § 96 Abs. 1 Nr. 3 InsO unwirksam, wenn der aufrechnende Gläubiger die Zahlungsunfähigkeit des Schuldners oder den Insolvenzantrag kannte.

2. Die Voraussetzungen der Aufrechnung nach §§ 387 ff. BGB

a) Die allgemeinen Voraussetzungen der Aufrechnung

1127 Entsprechend den allgemeinen Voraussetzungen des § 387 BGB kann die Aufrechnung erklärt werden, wenn die gegeneinander aufzurechnenden Forderungen sich gegenseitig gegenüberstehen, sie auf gleichartige Leistungen gerichtet sind, die Gegenforderung des Aufrechnenden wirksam und fällig ist[4] und die Hauptforderung, gegen die aufgerechnet werden soll, für den Aufrechnenden erfüllbar ist. Es dürfen schließlich keine Aufrechnungsverbote nach §§ 390 ff. BGB vorliegen.[5]

1128 Diese allgemeinen Voraussetzungen der Aufrechnung müssen auch für den Insolvenzgläubiger, der gegenüber dem Insolvenzverwalter aufrechnen will, vorliegen.[6] Gegenforderung im Sinne der §§ 387 ff. BGB ist die Insolvenzforderung des Gläubigers, Hauptforderung ist die Forderung des Schuldners gegen den Gläubiger, die regelmäßig der Insolvenzverwalter geltend macht. Von den §§ 94 ff. InsO werden die Aufrechnungsverbote der §§ 390 ff. BGB nicht berührt, sie dürfen auch für den Insolvenzgläubiger nicht vorliegen.[7] Die Regelung des § 392 BGB, welche die Aufrechnung gegen eine beschlagnahmte Forderung regelt, wird im Insolvenzverfahren durch die Sonderregelungen der §§ 94 ff. InsO verdrängt.

---

[1] Allgemein *Uhlenbruck* in: *Uhlenbruck,* InsO, § 94 Rdn. 20 ff.; *Häsemeyer* in: KS, S. 645 Rdn. 37 ff.

[2] Hierzu *Lüke* in: *Kübler/Prütting,* InsO, § 94 Rdn. 73.

[3] BGH NZI 2004, 585 = ZIP 2004, 1764; ebenso OLG Köln NZI 2005, 167; eingehend dazu *K. Schmidt,* NZI 2005, 138.

[4] Allgemein BGHZ 2, 300, 302; Palandt/*Heinrichs,* BGB, § 387 Rdn. 11.

[5] Allgemein Palandt/*Heinrichs,* BGB, § 387 Rdn. 4 ff.; *Medicus,* Schuldrecht I, Rdn. 263 ff.; zum vergleichbaren Rechtsinstitut der compensatio im römischen Recht *Windscheid/Kipp,* Band 2, S. 425 ff.

[6] Zu insolvenzrechtlichen Besonderheiten eingehend *Brandes* in: MüKo-InsO, § 94 Rdn. 4 ff.; *Uhlenbruck* in: *Uhlenbruck,* InsO, § 94 Rdn. 6 ff., 15 bis 19; *Lüke* in: *Kübler/Prütting,* InsO, § 94 Rdn. 37 ff.

[7] Eingehend *Brandes* in: MüKo-InsO, § 94 Rdn. 22 ff.; *Uhlenbruck* in: *Uhlenbruck,* InsO, § 94 Rdn. 23 ff.

b) Die Besonderheiten in der Insolvenz der Personengesellschaft

In der Insolvenz der Personengesellschaft hat die Voraussetzung der Gegenseitigkeit der Forderungen im Verhältnis zwischen dem Insolvenzgläubiger, dem einzelnen Gesellschafter und der insolventen Gesellschaft besondere Bedeutung. Für den Gesellschaftsgläubiger sind folgende Fallgestaltungen zu unterscheiden: **1129**

- Der Gläubiger der insolventen Gesellschaft kann gegen eine Forderung der Gesellschaft gegen ihn unter den Voraussetzungen der §§ 94 ff. InsO aufrechnen.
- Dem Gläubiger der Gesellschaft haftet der Gesellschafter regelmäßig auch persönlich (§ 128 HGB). Durch § 93 InsO ist der Gläubiger jedoch an der Geltendmachung dieser persönlichen Haftung gehindert. Folgerichtig kann er auch nicht mit seiner Gesellschaftsforderung gegen den Gesellschafter wegen einer diesem zustehenden Forderung gegen ihn aufrechnen.[1]
- Durch die Ermächtigungswirkung des § 93 InsO hat der Insolvenzverwalter gegenüber dem Gesellschafter dessen persönliche Haftung geltend zu machen. Hiergegen kann der Gesellschafter die Aufrechnungsmöglichkeit der Gesellschaft nach § 129 Abs. 3 HGB einwenden.[2]
- Steht gegenüber dem nach § 93 InsO in Anspruch genommenen Gesellschafter unmittelbar ein Anspruch gegen den Insolvenzgläubiger zu, kann er in entsprechender Anwendung des § 406 BGB aufrechnen, wenn die Aufrechnungslage schon vor Insolvenzeröffnung bestand.[3]

Im Verhältnis zwischen dem Gesellschafter und der insolventen Gesellschaft kommt eine Aufrechnung insbesondere wegen der gegenseitigen Ansprüche auf Leistung des Gesellschaftsanteils oder der Hafteinlage des Kommanditisten (§ 171 HGB), auf Zahlung eines Gewinnanteils bei Ausscheiden oder Rückzahlung der Hafteinlage in Betracht.[4] **1130**

Eingehend hatte sich der Bundesgerichtshof mit Urteil vom 9. Dezember 1971 mit der Aufrechnungsbefugnis des ausgeschiedenen Kommanditisten gegenüber der insolventen Kommanditgesellschaft beschäftigt.[5] Der Bundesgerichtshof billigte dem Kommanditisten unter Bezugnahme auf den Rechtsgedanken des § 406 BGB die Aufrechnung mit einer ihm abgetretenen Forderung eines Dritten gegen den Hafteinlageanspruch des Insolvenzverwalters nach § 171 Abs. 2 HGB zu. **1131**

---

[1] *Brandes* in: MüKo-InsO, § 93 Rdn. 32; *Lüke* in: *Kübler/Prütting,* InsO, § 93 Rdn. 33; jeweils gegen die Aussagen in der Begründung des Regierungsentwurfs BT-Drucks. 12/2443, S. 141 linke Spalte.

[2] *Lüke* in: *Kübler/Prütting,* InsO, § 93 Rdn. 34; *Bork* in: KS, S. 1333 Rdn. 30.

[3] *Lüke* in: *Kübler/Prütting,* InsO, § 93 Rdn. 35; *Kroth* in: *Braun,* InsO, § 93 Rdn. 23.

[4] Eingehend *Uhlenbruck* in: *Uhlenbruck,* InsO, § 94 Rdn. 10.

[5] BGHZ 58, 72.

1132 **Beispiel 1** (nach BGHZ 58, 72): Der Kommanditist gründet zusammen mit seinem Sohn als persönlich haftendem Gesellschafter eine Kommanditgesellschaft, als Leistung sollte ein ihm gehörendes Grundstück in die Gesellschaft eingebracht werden, die Hafteinlage beträgt 50.000 EUR. Das Grundstück wird nicht an die Gesellschaft aufgelassen und steht bei Insolvenzeröffnung noch im Eigentum des Kommanditisten. Der Insolvenzverwalter verlangt vom Kommanditisten Zahlung der Hafteinlage von 50.000 EUR, dieser wendet ein, zum Teil einen Gesellschaftsgläubiger bereits vor Insolvenzeröffnung aus eigenen Mitteln befriedigt zu haben, zum Teil mit Forderungen, die er von Gesellschaftsgläubigern erworben habe, wirksam aufgerechnet zu haben.

Fraglich ist, in welchem Umfang die Leistungspflicht des Kommanditisten aus § 171 Abs. 2 HGB erloschen ist. Hinsichtlich der Befriedigung eines Gesellschaftsgläubigers sieht der Bundesgerichtshof eine befreiende Leistung an die Gesellschaft durch die Befreiung von der Verbindlichkeit der Gesellschaft gegenüber dem Gläubiger; dies entlastet den Kommanditisten bezüglich seiner Hafteinlageschuld auch mit Wirkung gegenüber dem Insolvenzverwalter (so bereits BGHZ 51, 391, 393). Hinsichtlich der von Gesellschaftsgläubigern erworbenen Forderungen gegen die Gesellschaft lässt der Bundesgerichtshof die Aufrechnung des Kommanditisten gegen die Gesellschaft zu, obwohl seine Haftung aus § 171 Abs. 1 HGB eine Haftung gegenüber den Gesellschaftsgläubigern darstellt, es für die Aufrechnung mithin an der Gegenseitigkeit der Forderungen mangelt: Der Kommanditist kann Leistung von der Gesellschaft verlangen, zu Leistung der Hafteinlage ist er den Gläubigern der Gesellschaft gegenüber verpflichtet. Weil sich regelmäßig aber der Kommanditist durch Leistung der Einlage von seiner Haftung gegenüber den Gesellschaftsgläubigern aus § 171 HGB befreien kann, sieht der Bundesgerichtshof eine gleiche Interessenlage wie bei der Aufrechnung gegenüber der Gesellschaft. Eine Aufrechnung wird zumindest dann für zulässig erachtet, wenn der Gesellschafter bereits vor Insolvenzeröffnung die Ansprüche der Gesellschaftsgläubiger wirksam erwirbt.

1133 Auch mit dem eigenen Anspruch auf Auszahlung des Gewinnanteils kann der Kommanditist – damit auch jeder andere Gesellschafter einer Personengesellschaft – gegen den Insolvenzverwalter aufrechnen.[1] Die Aufrechnung gegen den Anspruch des Insolvenzverwalters aus § 171 Abs. 2 HGB mit einer Forderung, die dem Kommanditisten gegen einen einzelnen Insolvenzgläubiger zusteht, ist mangels Gegenseitigkeit der Forderungen aber ausgeschlossen.[2]

3. Die Wirkungen wirksam erklärter Aufrechnung

1134 Erklärt der Insolvenzgläubiger gegenüber dem Insolvenzverwalter wirksam die Aufrechnung (§ 388 BGB), treten im Verhältnis der aufrechenbaren Forderungen die Wirkungen des § 389 BGB ein. Für den Insolvenzgläubiger bedeutet dies, dass er hinsichtlich seiner Insolvenzforderung in Höhe des aufrechenbaren Betrages befriedigt ist und deshalb nicht mehr am Insolvenzverfahren teilzunehmen braucht, er ist kein Insolvenzgläubiger mehr.[3]

---

[1] *Uhlenbruck* in: *Uhlenbruck*, InsO, § 94 Rdn. 10.
[2] BGHZ 42, 192.
[3] *v. Wilmowsky*, KO, § 53 Anm. 2.

Nach § 389 BGB erlischt auch die Forderung der Insolvenzmasse gegen den Gläubiger in Höhe der Aufrechenbarkeit. 1135

II. Der spätere Eintritt der Aufrechnungslage nach § 95 InsO

1. Die Aufrechnung betagter und bedingter Forderungen

Die Aufrechnung des Gläubigers kann zunächst dadurch ausgeschlossen sein, dass seine Forderung noch nicht fällig ist, seine Forderung oder auch die Forderung der Insolvenzmasse gegen ihn als aufschiebend bedingt noch nicht entstanden ist oder eine der Forderungen nicht auf Geldzahlung gerichtet ist. Diese Fälle regelt § 95 Abs. 1 Satz 1 InsO. Der Gläubiger soll hier nicht sofort mit Insolvenzeröffnung zur Aufrechnung berechtigt sein, sondern erst dann, wenn nach Insolvenzeröffnung die entsprechende Voraussetzung der Aufrechnung eintritt.[1] Daher nimmt § 95 Abs. 1 Satz 2 InsO die Anwendung der §§ 41 und 45 InsO für den Fall der Aufrechnung aus. Ist beispielsweise die Forderung des Gläubigers nicht auf Geldzahlung gerichtet, muss der Gläubiger zunächst seine Insolvenzforderung mit dem in Geld umgerechneten Betrag nach § 45 InsO zur Insolvenztabelle anmelden (§§ 174 ff. InsO). Erst mit Feststellung der Forderung zur Insolvenztabelle ist sie zur Geldforderung geworden und kann gegenüber der Forderung der Insolvenzmasse gegen ihn aufgerechnet werden. Ist die Forderung des Gläubigers aufschiebend bedingt, kann der Gläubiger nach Insolvenzeröffnung nur und erst dann aufrechnen, wenn mit Eintritt der aufschiebenden Bedingung seine Forderung tatsächlich entsteht. Ist die Forderung des Gläubigers bei Insolvenzeröffnung noch nicht fällig, muss er bis zum Eintritt der Fälligkeit seiner Forderung warten, um aufrechnen zu können. 1136

Beispiel 2: Der Schuldner hatte vor Insolvenzeröffnung beim Gläubiger Waren gekauft, der Kaufpreis sollte am 1. Dezember fällig sein. Ungekehrt schuldet der Gläubiger Rückzahlung einer Darlehensforderung, diese ist am 15. Dezember fällig. Am 1. Oktober wird über das Vermögen des Schuldners das Insolvenzverfahren eröffnet. Am 15. Oktober erklärt der Gläubiger gegenüber dem Insolvenzverwalter die Aufrechnung, welche dieser nicht akzeptiert und für den Fall der Nichtzahlung der Darlehensforderung Klageerhebung ankündigt. 1137

Fraglich ist, ob die Kaufpreisforderung des Gläubigers wie auch die Darlehensforderung des Schuldners beziehungsweise der Insolvenzmasse wirksam durch Aufrechnung erloschen sind (§ 389 BGB). Die Aufrechnung wurde nach Insolvenzeröffnung erklärt, weshalb die Regelungen der §§ 94 ff. InsO Anwendung finden. Die allgemeinen Voraussetzungen der Aufrechnung lagen im Zeitpunkt der Erklärung der Aufrechnung nicht vor, die Gegenforderung des Gläubigers, mit der auf-

[1] Grundlegend BGHZ 160, 1; anders noch § 54 KO, wonach der Gläubiger sofort zur Aufrechnung befugt war; ausdrücklich hiergegen die Begründung des Regierungsentwurfs BT-Drucks. 12/2443, S. 140 ff.; zu § 54 KO bereits BGHZ 71, 380.

gerechnet werden sollte, war nicht fällig. Sie wird erst am 1. Dezember fällig. Da dieser Zeitpunkt nach Insolvenzeröffnung liegt, wäre die Aufrechnungslage bei Insolvenzeröffnung nicht entstanden, die Aufrechnung mithin nicht zulässig. Hier greift § 95 Abs. 1 Satz 1 InsO, der die Aufrechnung des Gläubigers ab dem Zeitpunkt der Fälligkeit seiner Forderung für zulässig erklärt. Hierbei findet § 41 Abs. 1 InsO, der für gewöhnlich die Fälligkeit betagter Insolvenzforderungen auf den Zeitpunkt der Insolvenzeröffnung verlegt, keine Anwendung (§ 95 Abs. 1 Satz 2 InsO). Der Gläubiger konnte am 15. Oktober die Aufrechnung nicht wirksam erklären, ab dem 1. Dezember ist ihm dies möglich, so dass er vor Fälligkeit der von ihm geschuldeten Darlehensforderung diese zum Erlöschen bringen kann.

2. Die Verschärfung der Aufrechnung nach § 95 Abs. 1 Satz 3 InsO

1138 Für alle Fälle des § 95 Abs. 1 Satz 1 InsO schränkt Satz 3 der Vorschrift die Möglichkeit der Aufrechnung ein: Der Gläubiger ist zur eigentlich durch Satz 1 der Vorschrift ermöglichten Aufrechnung nicht befugt, wenn die Forderung des Schuldners, gegen die aufgerechnet werden soll, unbedingt oder fällig wird, bevor die Aufrechnung erfolgen kann, also bevor für den Gläubiger die Aufrechnungslage eintritt. Damit kann der Gläubiger überhaupt nur dann aufrechnen, wenn nach Insolvenzeröffnung seine Forderung vor derjenigen des Schuldners unbedingt und fällig wird.[1] Die Vorschrift nimmt den Rechtsgedanken des § 392 zweite Alternative BGB auf, wonach die Möglichkeit der Aufrechnung nicht durch bloßes Zuwarten gegeben sein soll, wenn der Aufrechnende seinerseits bereits zur Leistung verpflichtet gewesen wäre.[2]

1139 **Beispiel 3** (nach BT-Drucks. 12/2443, S. 141): Die Forderung des Gläubigers ist bei Insolvenzeröffnung noch nicht fällig, die Forderung des Schuldners jedoch schon. Der Gläubiger kann nicht aufrechnen, er hat seine Schuld an die Masse zu leisten und erhält auf seine Forderung nur Befriedigung als Insolvenzgläubiger. Die Aufrechnungslage ist für den Gläubiger nach Insolvenzeröffnung zwar entstanden (§ 95 Abs. 1 Satz 1 InsO), jedoch hätte er wegen der Fälligkeit der Hauptforderung schon längst an den Schuldners beziehungsweise an die Insolvenzmasse leisten müssen.

1140 Es ist daher stets zu fragen, wann die Gegenforderung des Gläubigers fällig wird – dies ist bereits allgemeine Voraussetzung der Aufrechnung nach § 387 BGB – und ob nicht die Hauptforderung des Schuldners beziehungsweise der Insolvenzmasse gegen ihn bereits vorher fällig geworden ist. Es ergeben sich folgende Alternativen:

- Bei Insolvenzeröffnung sind sowohl die Forderung des Gläubigers als auch die des Schuldners fällig; der Gläubiger kann unproblematisch auch nach Insolvenzeröffnung aufrechnen, es gilt allein § 94 InsO. Es kommt auch nicht darauf an, welche der aufzurechnenden Forderun-

[1] BGH NZI 2004, 583 = ZIP 2004, 1608.
[2] Begründung des Regierungsentwurfs BT-Drucks. 12/2443, S. 141.

gen als erste fällig geworden ist, in jedem Fall bestand die Aufrechnungslage bereits bei Insolvenzeröffnung.

- Bei Insolvenzeröffnung ist die Forderung des Gläubigers bereits fällig, die des Schuldners noch nicht. Auch hier kann der Gläubiger unproblematisch nach § 94 InsO aufrechnen, die Aufrechnungslage ist bereits vor Insolvenzeröffnung entstanden; die Hauptforderung des Schuldners muss nach § 387 BGB für den aufrechnenden Gläubiger lediglich erfüllbar sein.[1]
- Bei Insolvenzeröffnung ist die Forderung des Gläubigers als aufschiebend bedingte noch nicht entstanden oder noch nicht fällig, die Forderung des Schuldners ist bereits fällig. Der Gläubiger könnte bei Fälligkeit seiner eigenen Forderung aufrechnen (§ 95 Abs. 1 Satz 1 InsO), dies verbietet aber § 95 Abs. 1 Satz 3 InsO. Mit Fälligkeit der Forderung des Schuldners gegen ihn hätte der Gläubiger bereits die ihm obliegenden Leistung erbringen müssen, bevor er nach Insolvenzeröffnung mit Eintritt der Fälligkeit seiner eigenen Forderung hätte aufrechnen können.
- Bei Insolvenzeröffnung ist weder die Forderung des Gläubigers noch die der Insolvenzmasse gegen ihn fällig. Der Gläubiger kann aufrechnen, wenn seine Forderung fällig wird (§ 95 Abs. 1 Satz 1 InsO); zudem darf die Forderung der Insolvenzmasse gegen ihn nicht vorher fällig werden, dann ist nämlich die Aufrechnung nach § 95 Abs. 1 Satz 3 InsO ausgeschlossen. Der Gläubiger hat seine Leistung zur Insolvenzmasse zu erbringen und wird mit seiner Forderung nur als Insolvenzgläubiger befriedigt. Ist also bei Insolvenzeröffnung keine der beiden Forderungen fällig, kommt es auf den Eintritt der Fälligkeit der Gläubigerforderung gegenüber derjenigen der Insolvenzmasse an.

3. Die Aufrechnung bei unterschiedlichen Währungseinheiten

Eine weitere Erleichterung der Aufrechnung enthält § 95 Abs. 2 InsO 1141
für Forderungen, die auf unterschiedliche Währungen oder Rechnungseinheiten lauten. Für die Aufrechnung sind sie nach dem Kurswert zum Zeitpunkt der Aufrechnungserklärung am Ort des Zugangs der Aufrechnungserklärung umzurechnen. Die Vorschrift entspricht sachlich § 244 Abs. 1 BGB und findet für alle Fälle der insolvenzrechtlichen Aufrechnung Anwendung.[2]

III. Die Unzulässigkeit der Aufrechnung nach § 96 InsO

Kann der Gläubiger nach den allgemeinen Voraussetzungen des 1142
§ 387 BGB nach Insolvenzeröffnung aufrechnen, ist zu prüfen, ob nicht

[1] BGHZ 160, 1, 6.

[2] *Brandes* in: MüKo-InsO, § 95 Rdn. 35, 36; *Uhlenbruck* in: *Uhlenbruck,* InsO, § 95 Rdn. 21; *Lüke* in: *Kübler/Prütting,* InsO, § 95 Rdn. 41.

einen Fall unzulässiger Aufrechnung nach § 96 Abs. 1 InsO vorliegt. Durch die insgesamt vier Fälle dieser Vorschrift soll ausgeschlossen werden, dass einerseits die Aufrechnungslage erst nach Insolvenzeröffnung entstanden ist, andererseits die Aufrechnungslage auf unlautere Art und Weise zustande gekommen ist. Liegt im konkreten Fall der Aufrechnung seitens des Gläubigers kein Ausschlusstatbestand des § 96 Abs. 1 InsO vor, ist die von ihm erklärte Aufrechnung wirksam. Schließlich können auch Fälle des § 96 Abs. 1 InsO mit denen des § 95 Abs. 1 InsO zusammentreffen. Es kann beispielsweise die Forderung des Gläubigers erst nach Insolvenzeröffnung fällig werden, was nach § 95 Abs. 1 Satz 1 InsO der Aufrechnung nicht entgegensteht, und trotzdem kann die Aufrechnung des Gläubigers nach § 96 Abs. 1 InsO unzulässig sein.

1. Die Fälle unzulässiger Aufrechnung

a) Die Unzulässigkeit der Aufrechnung gegen Masseansprüche

1143 Unzulässig ist die Aufrechnung nach § 96 Abs. 1 Nr. 1 InsO, wenn der Insolvenzgläubiger erst nach Insolvenzeröffnung etwas zur Insolvenzmasse schuldig geworden ist. Ein solcher Fall liegt insbesondere dann vor, wenn der Gläubiger mit dem Insolvenzverwalter ein Rechtsgeschäft tätigt und hieraus eine Leistung zur Insolvenzmasse zu erbringen hat. Die Aufrechnungslage entsteht für den Gläubiger damit erst nach Insolvenzeröffnung, die Regelung des § 96 Abs. 1 Nr. 1 InsO kann daher auch als eine spezielle Ausformulierung des bereits in § 94 InsO festgelegten Grundsatzes des Bestehens der Aufrechnungslage bei Insolvenzeröffnung gesehen werden.[1] Auch kann § 96 Abs. 1 Nr. 1 InsO als ein Fall fehlender Gegenseitigkeit der aufzurechnenden Forderungen angesehen werden, wenn man nämlich die Insolvenzforderung des Gläubigers als gegen den Schuldner gerichtet ansieht, die Hauptforderung, gegen die aufgerechnet werden soll, aber als eine solche der Insolvenzmasse gegen den Gläubiger.

1144 **Beispiel 4:** Der Gläubiger hat gegen den Schuldner eine bereits vor Insolvenzeröffnung fällige Forderung in Höhe von 10.000 EUR. Vom Insolvenzverwalter erwirbt er einen Gegenstand der Insolvenzmasse zum Kaufpreis von 5.000 EUR. Nach Aufforderung zur Zahlung des Kaufpreises erklärt Gläubiger gegenüber dem Insolvenzverwalter die Aufrechnung.

Die allgemeinen Voraussetzungen der Aufrechnung nach § 387 BGB liegen zwar vor, die Aufrechnung ist aber nach § 96 Abs. 1 Nr. 1 InsO unzulässig. Der Gläubiger ist erst nach Insolvenzeröffnung etwas zur Insolvenzmasse schuldig geworden, die Aufrechnungslage ist erst nach Insolvenzeröffnung im Verhältnis zum Insolvenzverwalter und zur Insolvenzmasse – und nicht bereits gegenüber dem Schuldner vor Insolvenzeröffnung – entstanden.

---

[1] Allgemein *Uhlenbruck* in: *Uhlenbruck*, InsO, § 96 Rdn. 4; *Lüke* in: *Kübler/Prütting*, InsO, § 96 Rdn. 8; *Bork*, Einführung, Rdn. 270; noch weitergehend in Anwendung des § 7 Abs. 5 GesO für die Gesamtvollstreckung BGH ZIP 2001, 2055.

b) Die künstlich hergestellte Aufrechnungslage

aa) Das Verbot des Forderungshandels zu Lasten der Insolvenzmasse

Die Regelung des § 96 Abs. 1 Nr. 2 InsO betrifft den so genannten Fall der künstlich hergestellten Aufrechnungslage. Der Insolvenzgläubiger ist dann nicht zur Aufrechnung befugt, wenn er seine Forderung nach Insolvenzeröffnung seitens eines anderen Gläubigers erworben hat. Die Forderung war hier bereits als Insolvenzforderung für den anderen Gläubigers entstanden und wird nach Insolvenzeröffnung an den Aufrechnenden abgetreten. Die Abtretung allein ist dabei nicht unzulässig, es ist mithin gleichgültig, wer Gläubiger der Insolvenzforderung ist. § 96 Abs. 1 Nr. 2 InsO verbietet aber die Aufrechnung mit dieser Forderung, da die Abtretung letztlich nur zu dem Zwecke erfolgte, nach Insolvenzeröffnung aufrechnen zu können. Dogmatisch präzisiert § 96 Abs. 1 Nr. 2 InsO die Grundaussage des § 94 InsO, der das Bestehen der Aufrechnungslage bei Insolvenzeröffnung fordert, für den aufrechnenden Gläubiger ist die Aufrechnungslage durch die nach Insolvenzeröffnung erfolgte Abtretung erst später entstanden. Durch das Aufrechnungsverbot des § 96 Abs. 1 Nr. 2 InsO soll verhindert werden, dass Beteiligte sich gegenseitig Forderungen abtreten und zum Schaden der Insolvenzmasse sich den wirtschaftlichen Verlust an der Insolvenz des Schuldners teilen.[1] 1145

Beispiel 5: Gläubiger X hat gegen den Schuldner eine Forderung in Höhe von 10.000 EUR. Die Forderung ist Insolvenzforderung im Sinne des § 38 InsO. Dem Schuldner steht eine fällige Forderung in Höhe von 10.000 EUR gegen Y zu. Gläubiger X könnte nun seine Forderung an Y verkaufen und abtreten, damit dieser gegenüber der Insolvenzmasse die Aufrechnung erklären könnte. Als Kaufpreis für den Forderungserwerb würden 5.000 EUR vereinbart. Auf diese Weise könnten sich Gläubiger X und Y den wirtschaftlichen Verlust durch die Insolvenz des Schuldners teilen. Gläubiger X erhielte auf seine Forderung Befriedigung in Höhe von 50 Prozent durch den von Y gezahlten Kaufpreis, Y dagegen müsste wegen der Aufrechnung gegenüber dem Insolvenzverwalter keine Leistungen erbringen. Den Schaden hätte letztlich die Insolvenzmasse, weil sie von Y keine Leistungen mehr verlangen kann. Dies will § 96 Abs. 1 Nr. 2 InsO verhindern. Die Vorschrift berührt nicht die Wirksamkeit der Abtretung der Forderung des X an Y, verbietet letzterem aber die Aufrechnung gegenüber der Insolvenzmasse. Der Forderungserwerb des Y wäre für ihn wirtschaftlich sinnlos. 1146

In der Anwendung des § 96 Abs. 1 Nr. 2 InsO ist zu beachten, dass die Vorschrift nur den Forderungserwerb des Gläubigers nach Insolvenzeröffnung betrifft. Erwirbt der Gläubiger die Forderung vor Insolvenzeröffnung, ist auch die Aufrechnungslage vor Insolvenzeröffnung entstanden und die Aufrechnung nicht nach § 96 Abs. 1 Nr. 2 InsO unzulässig. Es kann hier jedoch ein Fall des anfechtbaren Erwerbs der Aufrechnungslage nach § 96 Abs. 1 Nr. 3 InsO vorliegen. 1147

---

[1] Allgemein zum Grundfall *Uhlenbruck* in: *Uhlenbruck*, InsO, § 96 Rdn. 14 mit Hinweis auf die Motive zur Konkursordnung.

bb) Der Rückerwerb abgetretener Forderungen

1148 Die Aufrechnung ist nach § 96 Abs. 1 Nr. 2 InsO auch dann unzulässig, wenn der Gläubiger seine Forderung vor Insolvenzeröffnung an einen Dritten abgetreten hat und nach Insolvenzeröffnung zurück erwirbt. Selbst bei treuhänderischer Abtretung der Forderung oder im Fall der Sicherungsabtretung seitens des Gläubigers als Sicherungsgeber an einen Dritten und bei späterem Rückerwerb der Forderung ist die Aufrechnung regelmäßig ausgeschlossen. In diesen Fällen kommt es darauf an, ob für den Gläubiger die Aufrechnungslage bereits vor Insolvenzeröffnung entstanden war und lediglich durch zwischenzeitliche Sicherungsabtretung suspendiert wurde.[1] Dies gilt insbesondere auch dann, wenn im Rahmen einer so genannten Konzernverrechnungsklausel der Gläubiger die Forderung einer zu ihm konzernrechtlich verbundenen Gesellschaft gegen den Schuldner aufrechnen will.[2]

1149 Ein zunächst merkwürdig anmutender Fall liegt vor, wenn der Schuldner vor Insolvenzeröffnung die ihm gegen den Gläubiger zustehende Forderung abgetreten hatte und nach Insolvenzeröffnung zurück erwirbt. Hier entsteht die Aufrechnungslage ebenfalls erst nach Insolvenzeröffnung, jedoch nicht auf Grund einer Abtretung zu Gunsten des Gläubigers sondern zu Gunsten des Schuldners. Es liegt deshalb kein Fall des § 96 Abs. 1 Nr. 2 InsO vor, vielmehr wäre an die Anwendung des § 96 Abs. 1 Nr. 1 InsO zu denken, weil durch die Abtretung der Forderung an den Schuldner der Insolvenzgläubiger erst nach Insolvenzeröffnung etwas zur Masse schuldig geworden ist. Die Aufrechnung soll nach Auffassung des Bundesgerichtshofs gleichwohl zulässig sein, § 96 Abs. 1 Nr. 1 InsO steht der Aufrechnung nicht entgegen.[3] Der Bundesgerichtshof begründet sein Ergebnis mit der Anwendung des § 406 BGB und stellt fest, dass der Gläubiger, wenn er bereits nach der Forderungsabtretung seitens des Schuldners an dem Dritten und vor Insolvenzeröffnung unter den Voraussetzungen des § 406 BGB zur Aufrechnung berechtigt war, dies auch nach Insolvenzeröffnung und nach abermals erfolgter Abtretung sein müsse.[4]

1150 **Beispiel 6** (nach BGHZ 56, 111): Der spätere Schuldner schließt einen Pachtvertrag mit dem Grundstückseigentümer. Nach Abschluss des Pachtvertrages tritt er seine Ansprüche auf Aufwendungsersatz gegen den Grundstückseigentümer zur Sicherung von Forderungen an einen Dritten ab. Der Grundstückseigentümer kündigt später den Pachtvertrag fristlos wegen Zahlungsverzugs des Pächters, über dessen Vermögen wird das Insolvenzverfahren eröffnet. Der Dritte, an den die Aufwendungsersatzansprüche des Schuldners abgetreten worden waren, tritt diese nach Insolvenzeröffnung an den Insolvenzverwalter zurück. Der Grund-

---

[1] *Uhlenbruck* in: *Uhlenbruck,* InsO, § 96 Rdn. 18 mit unfangreichen Nachweisen; *Lüke* in: *Kübler/Prütting,* InsO, § 96 Rdn. 31; differenzierend *Serick,* Band V § 69 III. 2. b).

[2] BGHZ 81, 15; BGHZ 160, 107.

[3] BGHZ 56, 111.

[4] *Uhlenbruck* in: *Uhlenbruck,* InsO, § 96 Rdn. 8; *Lüke* in: *Kübler/Prütting,* InsO, § 96 Rdn. 10; eingehend *Serick,* Band V § 69 IV.

stückseigentümer rechnet hierauf mit rückständigen Pachtzinsforderungen gegen den Insolvenzverwalter auf.

Fraglich ist, ob die Aufrechnung seitens des Grundstückseigentümers als Insolvenzgläubiger mit der ihm zustehenden Pachtzinsforderung gegen die Ansprüche auf Aufwendungsersatz zulässig ist. Die allgemeinen Voraussetzungen der Aufrechnung liegen vor, die Aufrechnung könnte aber wegen § 96 Abs. 1 Nr. 1 InsO unzulässig sein: Vor Insolvenzeröffnung schuldete der Grundstückseigentümer den Aufwendungsersatz dem Dritten als Zessionar, auf Grund der Rückabtretung ist er erst nach Insolvenzeröffnung zur Insolvenzmasse schuldig geworden. Der Bundesgerichtshof lässt die Aufrechnung des Gläubigers zu, wenn er bereits vor Insolvenzeröffnung dem Dritten gegenüber nach § 406 BGB zur Aufrechnung befugt war. Auf das Sicherungsverhältnis zwischen dem Schuldner und dem Dritten, auf Grund dessen die Aufwendungsersatzansprüche überhaupt abgetreten waren, kommt es nach Auffassung des Bundesgerichtshofs nicht an (dazu eingehend *Serick,* Band V § 69 IV., V.).

c) Die anfechtbar erworbene Aufrechnungslage

Besonders große praktische Bedeutung hat § 96 Abs. 1 Nr. 3 InsO, 1151
der die Aufrechnung für unzulässig erklärt, wenn der Insolvenzgläubiger die Aufrechnungslage in anfechtbarer Weise erlangt hat.[1] Hier liegt bei Insolvenzeröffnung die Aufrechnungslage für den Insolvenzgläubiger vor, sie wurde durch ihn jedoch durch eine Rechtshandlung erlangt, die als solche nach §§ 129ff. InsO anfechtbar ist. Dem Insolvenzgläubiger wird gleichsam vorgeworfen, die Aufrechnungslage in unlauterer Weise erworben zu haben. Im Unterschied zur eigentlichen Anfechtung muss hier der Insolvenzverwalter nicht gegen den Gläubiger vorgehen sondern kann ihm die kraft Gesetzes normierte Unzulässigkeit der Aufrechnung entgegenhalten.

aa) Der anfechtbare Forderungserwerb kraft Verfügungsgeschäft

Bei Anwendung des § 96 Abs. 1 Nr. 3 InsO ist zu fragen, auf welche 1152
Art und Weise der Gläubiger die Aufrechnungslage, insbesondere aber seine eigene Forderung erworben hat und ob er in diesem Zeitpunkt Kenntnis von der Zahlungsunfähigkeit des Schuldners hatte. Gerade die Kenntnis der Zahlungsunfähigkeit ist wesentliche Voraussetzung der Anfechtbarkeit der Rechtshandlung. Allgemein wird in der Literatur hierbei die Anfechtbarkeit nach § 130 InsO als Fall so genannter kongruenter Deckung angesehen, es spricht jedoch auch vieles dafür, die Herstellung der Aufrechnungslage als inkongruente Deckung nach § 131 InsO anzusehen, da dem Gläubiger eine Befriedigung ermöglicht wird, die er in dieser Weise nicht zu fordern berechtigt war.[2]

---

[1] Wortlaut und Anwendungsbereich der Norm wurden gegenüber der früheren Regelung des § 55 Nr. 3 KO unter Bezugnahme auf Rechtsprechung und Schrifttum erheblich erweitert, Begründung des Regierungsentwurfs BT-Drucks. 12/2443, S. 141; *Uhlenbruck* in: *Uhlenbruck,* InsO, § 96 Rdn. 24; zum wenig geglückten Wortlaut des § 55 Nr. 3 KO bereits BGHZ 58, 108; *Kuhn/Uhlenbruck,* KO, § 55 Rdn. 15 b.

[2] Zu dieser Frage *Uhlenbruck* in: *Uhlenbruck,* InsO, § 96 Rdn. 24; für die kongruente Deckung *Lüke* in: *Kübler/Prütting,* InsO, § 96 Rdn. 47; *Eickmann* in: HK-InsO, § 96 Rdn. 11; *Landfermann* in: KS, S. 159 Rdn. 74; *Häsemeyer,* S. 645

1153 **Beispiel 7** (nach OLG Köln NZI 2001, 474): Der Gläubiger ist seit längerem dem Schuldner zur Zahlung von 20.000 EUR verpflichtet. Nach Zahlungseinstellung seitens des Schuldners erwirbt der Gläubiger in Kenntnis hiervon seitens eines Dritten eine diesem gegen den Schuldner zustehende Forderung. Auf das Zahlungsverlangen des Insolvenzverwalters nach Insolvenzeröffnung erklärt der Gläubiger die Aufrechnung.

Die Aufrechnung ist nach § 96 Abs. 1 Nr. 3 InsO unzulässig. Zwar liegen die allgemeinen Voraussetzungen der Aufrechnung vor, die Aufrechnungslage war auch bereits bei Insolvenzeröffnung gegeben. Der Gläubiger hat durch Abtretung der Forderung die Aufrechnungslage aber in anfechtbarer Weise erworben. Die Abtretung seitens des Dritten stellt hierbei eine Rechtshandlung dar, die dem Gläubiger durch die Möglichkeit der Aufrechnung Befriedigung nach § 130 Abs. 1 InsO gewährt. Soweit die Abtretung innerhalb der letzten drei Monate vor dem Insolvenzantrag erfolgte und der Gläubiger Kenntnis von der bereits eingetretenen Zahlungsunfähigkeit des Schuldners hatte – die über § 17 Abs. 2 Satz 2 InsO mit Zahlungseinstellung vermutet wird –, liegt ein Fall des § 130 Abs. 1 Nr. 1 InsO vor.

1154 Der Fall des anfechtbaren Forderungserwerbs durch Abtretung seitens eines anderen Gläubigers kann leicht mit der Unzulässigkeit der Aufrechnung nach § 96 Abs. 1 Nr. 2 InsO verwechselt werden. Während aber nach dieser Vorschrift der Forderungserwerb erst nach Insolvenzeröffnung stattfindet und deshalb die Aufrechnungslage erst nach Insolvenzeröffnung eintritt, erfolgt im Fall des § 96 Abs. 1 Nr. 3 InsO der Forderungserwerb vor Insolvenzeröffnung, unter Berücksichtigung der Tatbestände der §§ 129 ff. InsO jedoch nach Eintritt der Zahlungsunfähigkeit des Schuldners oder gar erst nach dem Insolvenzantrag und bei Kenntnis des Gläubigers hiervon.

1155 Bei der Frage, was als anfechtbare Rechtshandlung des Gläubigers zu betrachten sei, die ihm die Aufrechnung ermögliche, hat sich in der Rechtsprechung des Bundesgerichtshofs ausgehend von der früheren Regelung des § 55 Nr. 3 KO ein Wandel hin zu einer differenzierteren Betrachtungsweise vollzogen. Bereits bei Anwendung des § 55 Nr. 3 KO war unstreitig, dass die Frage der Anfechtbarkeit der Rechtshandlung und insbesondere die Frage der Kenntnis des Gläubigers von einer Zahlungsunfähigkeit des Schuldners weit auszulegen sei.[1] Der Bundesgerichtshof hatte dies grundlegend für den Fall der Aufrechnung seitens der Bank des Schuldners im Kontokorrentverhältnis entschieden:[2] Nach Zahlungseinstellung seitens des Schuldners und Kenntnis hierüber führte die Bank auf dem Konto des Schuldners eingehende Gutschriften aus und verrechnete diese mit dem Debetsaldo des Kontos. Diese Verrechnungen sah der Bundesgerichtshof als anfechtbare Rechtshandlungen an, die Bank hatte die eingehenden Beträge an den Verwalter auszuzahlen.[3] Die Aufrechnung seitens der Bank wurde in dem vom Bundesge-

Rdn. 35; für inkongruente Deckung bei Befriedigung des Insolvenzgläubigers durch erklärte Aufrechnung aber BGHZ 147, 233.

[1] *Kuhn/Uhlenbruck*, KO, § 55 Rdn. 15 b.

[2] BGHZ 58, 108.

[3] Zur Anfechtung selbst BGHZ 150, 122; kritisch dazu *Lüke* in: *Kübler/Prütting*, InsO, § 96 Rdn. 49 ff.

richtshof entschiedenen Fall vor Konkurseröffnung erklärt, weswegen die Sonderregelung des § 55 Nr. 3 KO (§ 96 Abs. 1 Nr. 3 InsO) nicht einschlägig war. Der Bundesgerichtshof betonte hierzu, dass diese Vorschrift nur dann Anwendung findet, wenn ein Schuldner dem Gemeinschuldner etwas schulde und dann gegen diesen eine Gegenforderung in Kenntnis der Zahlungseinstellung oder des Konkursantrages erwirbt.

bb) Die anfechtbar erworbene Aufrechnungslage kraft Rechtsgeschäft

Der anfechtbare Erwerb der Aufrechnungslage kann auch unmittelbar in einem Rechtsgeschäft mit dem Schuldner liegen. Beispielsweise kann der Gläubiger durch Kaufvertrag mit dem Schuldner sich diesem gegenüber nach Eintritt der Zahlungsunfähigkeit und in Kenntnis hiervon zur Kaufpreiszahlung verpflichtet haben. Naturgemäß dürfte der Gläubiger den Vertrag mit dem bereits zahlungsunfähigen Schuldner auch nur deshalb abschließen, weil er auf die spätere Möglichkeit der Aufrechnung vertraut. Als anfechtbare Rechtshandlung wurde hier bislang der Abschluss des Kaufvertrages nach § 132 Abs. 1 InsO angesehen, weil er durch den Kaufvertrag der Anspruch auf Kaufpreiszahlung als Hauptforderung, gegen die später aufgerechnet werden sollte, begründet wird.[1] 1156

Der Bundesgerichtshof sieht in seiner Rechtsprechung vom 5. April 2001[2] nicht bereits den Abschluss des Kaufvertrages als anfechtbare Rechtshandlung sondern den Zeitpunkt des Entstehens der Aufrechnungslage und die Herstellung der Aufrechnungslage als solche.[3] Auf diese Weise wird je nach Fälligkeit der gegenseitigen Ansprüche und Entstehen der Aufrechnungslage der für die Anfechtbarkeit maßgebliche Zeitpunkt verschoben, was unter Berücksichtigung des § 130 Abs. 1 Nr. 1 InsO für den aufrechnenden Gläubiger nachteilig sein kann. Hatte er nämlich den Kaufvertrag gleichsam unanfechtbar abgeschlossen, kann mit Fälligkeit seiner Forderung und Entstehen der Aufrechnungslage im Zeitraum des § 130 Abs. 1 Nr. 1 InsO die Aufrechnung dennoch nach § 96 Abs. 1 Nr. 3 InsO unzulässig sein. Auch bringt die isolierte Betrachtung der Herstellung der Aufrechnungslage als anfechtbare Rechtshandlung Vorteile für den Insolvenzverwalter. 1157

Beispiel 8 (nach BGHZ 147, 233): Der Schuldner schuldet dem Gläubiger aus Warenlieferung 200.000 EUR. Eine Woche vor Stellung des Insolvenzantrags ver- 1158

---

[1] Zur Bewertung des anfechtbaren Rechtsgeschäfts als Gesamtvorgang noch BGHZ 86, 349 und BGHZ 129, 336, 342.

[2] BGHZ 147, 233.

[3] Fortgeführt in BGH NZI 2004, 82 m. Anm. *Gundlach/Schmidt* = ZIP 2003, 2370, dazu EWiR 2004, 241 *(Beutler/Vogel)*; BGH NZI 2004, 620 = ZIP 2004, 1912; BGH NZI 2005, 553 m. Anm. *Gundlach/Frenzel* = ZIP 2005, 1521; bereits vorbereitet durch Urteil des VI. Zivilsenats vom 28. September 2000, BGHZ 145, 245; der dort entschiedene Fall betraf die Inanspruchnahme von Baugeräten als anfechtbare Rechtshandlung; eingehend auch Jaeger/*Henckel*, KO, § 30, Rdn. 279 ff.; allgemein in gleicher Weise für die zeitliche Fixierung der anfechtbaren Rechtshandlung *Henckel* in: KS, S. 813 Rn. 76.

kauft der Schuldner dem Gläubiger Fleisch im Wert von 141.195 EUR zum angemessenen Kaufpreis. Auf die Klage des Insolvenzverwalters erklärt der Gläubiger mit seiner älteren Kaufpreisforderung die Aufrechnung.

Da die allgemeinen Voraussetzungen der Aufrechnung vorliegen, ist allein fraglich, ob ein Aufrechnungsverbot nach § 96 Abs. 1 Nr. 3 InsO vorliegt. Als anfechtbare Rechtshandlung könnte in Anwendung des § 132 Abs. 1 InsO der Kaufvertrag angesehen werden, die Vorschrift verlangt jedoch eine unmittelbare Gläubigerbenachteiligung, die bei Angemessenheit des Kaufpreises gegenüber dem Wert der Ware nicht gegeben ist. Der Bundesgerichtshof sieht über den Vertragsschluss jedoch ein weiteres Element der Anfechtbarkeit, der Vertragsschluss bilde nämlich für den Gläubiger die Grundlage der späteren Aufrechnung, anfechtbare Rechtshandlung sei deshalb die mit dem Vertragsschluss verbundene Herstellung der Aufrechnungslage. Anfechtbare Rechtshandlung ist demnach nur die Herstellung der Aufrechnungslage, die in der Weise zurückgewährt wird, dass die Aufrechnung unzulässig ist und der Insolvenzverwalter den vollen Kaufpreis fordern kann. Die Herstellung der Aufrechnungslage für sich genommen ermöglicht dem Gläubiger inkongruente Deckung durch Aufrechnung und ist deshalb nach § 131 Abs. 1 Nr. 1 InsO anfechtbar. Die Rückgewähr der Aufrechnungslage besteht dann nicht in der Rückabwicklung des Kaufvertrages selbst, sondern in der Durchsetzung der Kaufpreisforderung unabhängig von der Gegenforderung; diese kann also nicht im Wege der Aufrechnung zur Erfüllung der Schuld aus § 433 Abs. 2 BGB verwendet werden.

1159 Der Bundesgerichtshof weicht mit seinem Urteil vom 5. April 2001 ausdrücklich von früheren Entscheidungen ab, die noch den Abschluss des Rechtsgeschäfts und die Begründung der gegenseitigen Zahlungsverpflichtungen als anfechtbare Rechtshandlung im Hinblick auf die spätere Möglichkeit der Aufrechnung angesehen hatten.[1]

d) Die Unzulässigkeit der Aufrechnung des Neugläubigers

1160 Einen vergleichsweise unkomplizierten Fall regelt schließlich § 96 Abs. 1 Nr. 4 InsO. Die Aufrechnung des Gläubigers ist ausgeschlossen, wenn seine Forderung aus dem freien Vermögen des Schuldners zu erfüllen ist. Dies ist insbesondere dann der Fall, wenn der Gläubiger seine Forderung erst nach Insolvenzeröffnung auf Grund eines Rechtsgeschäftes mit dem Schuldner erwirbt. Er ist dann nicht Insolvenzgläubiger im Sinne des § 38 InsO sondern so genannter Neugläubiger und kann als solcher selbstverständlich nicht gegen die Insolvenzmasse aufrechnenden.[2]

e) Die Zulässigkeit der Aufrechnung im internationalen Zahlungsraum

1161 In Umsetzung der EG-Richtlinie 98/26 des Europäischen Parlaments und des Rates vom 19. Mai 1998 über die Wirksamkeit von Abrechnungen in Zahlungs- sowie Wertpapierliefer- und Abrechnungssyste-

---

[1] Überholt sind insoweit BGHZ 86, 349 und BGHZ 129, 336, sowie BGH WM 1971, 908; BGHZ ZIP 1998, 2165.

[2] Eingehend *Uhlenbruck* in: *Uhlenbruck,* InsO, § 96 Rdn. 31.

men[1] wurde mit Gesetz vom 8. Dezember 1999[2] zu § 96 InsO ein weiterer Absatz 2 eingefügt. Danach sollen die Einschränkungen der Aufrechenbarkeit nach § 96 Abs. 1 InsO sowie nach § 95 Abs. 1 Satz 3 InsO eine Verrechnung von Ansprüchen und Leistungen im Zahlungsverkehr der Mitgliedsstaaten der Europäischen Union nicht beeinträchtigen. Praktische Bedeutung hat die Vorschrift in der Insolvenz von Banken und Kreditinstituten, es sollen interne Abrechnungen zwischen den Zahlungs- und Abrechnungssystemen der hieran teilnehmenden Banken und Kreditinstituten nicht nachträglich insolvenzbedingt behindert werden.[3]

IV. Die Wirksamkeit einer Aufrechnung vor Insolvenzeröffnung

1. Die Anfechtbarkeit der Aufrechnung

Die §§ 94 ff. InsO regeln die Zulässigkeit der seitens des Insolvenz- 1162
gläubigers nach Insolvenzeröffnung erklärten Aufrechnung. Erklärt ein Gläubiger bereits vor Insolvenzeröffnung die Aufrechnung, liegt kein Fall von § 94 InsO vor.[4]

Die Wirksamkeit der vor Insolvenzeröffnung erklärten Aufrechnung 1163
bestimmt sich zunächst allein nach den Vorschriften des bürgerlichen Rechts.[5] Nach Eröffnung des Insolvenzverfahrens kann die bereits erklärte Aufrechnung gegenüber dem Gläubiger jedoch als Rechtshandlung, durch welche er Befriedigung seiner Forderung erlangt hat, nach §§ 129 ff. InsO anfechtbar sein. Die Anfechtbarkeit einer vor Insolvenzeröffnung erklärten Aufrechnung soll sich allgemein nach den Regeln der Anfechtung wegen kongruenter Deckung (§ 130 InsO) richten.[6] Gerade unter Berücksichtigung des § 96 Abs. 1 Nr. 3 InsO wäre es nicht logisch, die nach Insolvenzeröffnung erklärten Aufrechnung für unzulässig zu erklären, eine unter den gleichen Voraussetzungen des Zustandekommens der Aufrechnungslage vor Insolvenzeröffnung erklärte Aufrechnung jedoch unangetastet zu lassen.

---

[1] Amtsblatt der Europäischen Union Nr. L 166 vom 19. 5. 1998, S. 45.

[2] Gesetz zur Änderung insolvenzrechtlicher und kreditwesenrechtlicher Vorschriften vom 8. 12. 1999 (BGBl. S. 2384).

[3] Eingehend *Uhlenbruck* in: *Uhlenbruck,* InsO, § 96 Rdn. 34 m. w. N.

[4] Allgemein *Uhlenbruck* in: *Uhlenbruck,* InsO, § 94 Rdn. 46.

[5] BGHZ 99, 36 und BGHZ 109, 321.

[6] BGHZ 58, 108, 113; *Kirchhof* in: MüKo-InsO, § 129 Rdn. 148; *Hirte* in: *Uhlenbruck,* InsO, § 130 Rdn. 11; *Paulus* in: *Kübler/Prütting,* InsO, § 130 Rdn. 14; eingehend *Paulus,* ZIP 1997, 569.

2. Die Zulässigkeit der Aufrechnung im Insolvenzeröffnungsverfahren

1164 Im Geltungsbereich der bis 31. Dezember 1999 in den neuen Bundesländern geltenden Gesamtvollstreckungsordnung waren nach Stellung des Eröffnungsantrags kraft Gesetzes die Zwangsvollstreckung gegen den Schuldner unzulässig (§ 2 Abs. 4 GesO).[1] Aus diesem Vollstreckungsverbot folgerte in Verbindung mit § 394 BGB der Bundesgerichtshof ein kraft Gesetzes wirkendes Aufrechnungsverbot gegen die Gläubiger.[2] Faktisch wurde damit der für die Zulässigkeit der Aufrechnung maßgebliche Zeitpunkt des Entstehung der Aufrechnungslage entgegen dem des die Aufrechnung regelnden § 7 Abs. 5 GesO vom Zeitpunkt der Eröffnung der Gesamtvollstreckung auf den Zeitpunkt der Stellung des Antrags vorverlegt.[3] Der Bundesgerichtshof sah diese Konstruktion des Aufrechnungsverbot aus § 394 BGB jedoch ausdrücklich als Hilfskonstruktion für die fehlende Möglichkeit der Anfechtung der Aufrechnungshandlung seitens des Gläubigers nach § 10 Abs. 1 GesO an; nach dieser Vorschrift konnten nur Rechtshandlungen des Schuldners angefochten werden.[4]

1165 Im Insolvenzeröffnungsverfahren kann das Gericht nach § 21 Abs. 2 Nr. 3 InsO die Zwangsvollstreckung gegen den Schuldner untersagen beziehungsweise einstweilen einstellen. Aus dieser Untersagung der Zwangsvollstreckung in Fortführung der Rechtsprechung des Bundesgerichtshofs zur Regelung des § 2 Abs. 4 GesO nun ebenfalls ein Aufrechnungsverbot sehen zu wollen, ginge jedoch zu weit.[5] Zum einen stellt § 21 Abs. 2 Nr. 3 InsO anders als § 2 Abs. 4 GesO keine gesetzlich zwingende Rechtsfolge dar, sondern stellt die Untersagung der Zwangsvollstreckung in das Ermessen des Insolvenzgerichts, zum anderen besteht für die hilfsweise Anwendung des § 394 BGB kein Bedürfnis, da die Aufrechnung seitens eines Gläubigers nach § 129 Abs. 1 InsO ohne weiteres eine anfechtbare Rechtshandlung darstellt.[6]

---

[1] Allgemein *Haarmeyer/Wutzke/Förster*, GesO, § 2 Rdn. 271 ff.; *Hess/Binz/Wienberg*, GesO, § 2 Rdn. 120 ff.

[2] BGHZ 130, 76.

[3] BGHZ 135, 30; zur Aufrechnung in der Gesamtvollstreckung *Hess/Binz/Wienberg*, GesO, § 7 Rdn. 90 r; *Haarmeyer/Wutzke/Förster*, GesO, § 7 Rdn. 45 bis 57 m. w. N.

[4] So noch *Haarmeyer/Wutzke/Förster*, GesO, § 10 Rdn. 12 und 16; anders zuletzt aber auch für eine Anfechtung der Rechtshandlung des Gläubigers BGHZ 143, 332.

[5] Zutreffend OLG Rostock ZIP 2003, 1805.

[6] BGH NZI 2004, 580 = ZIP 2004, 1558; *Uhlenbruck* in: *Uhlenbruck*, InsO, § 21 Rdn. 21 und § 96 Rdn. 2; *Gerhardt* in: KS, S. 193 Rdn. 12.

V. Die Besonderheiten bei öffentlich-rechtlichen Forderungen

1. Die Aufrechnung von Steuerforderungen

Auch für die Aufrechnung des Fiskus gegenüber dem Insolvenzverwalter nach § 226 AO gelten die Regelungen der §§ 94 ff. InsO. Im Verhältnis zwischen Fiskus und Insolvenzmasse ist besonders zu prüfen, wann die jeweiligen Forderungen entstanden und fällig geworden sind.[1] Regelmäßig ist der Fiskus mit rückständigen Steuerforderungen Insolvenzgläubiger im Sinne des § 38 InsO und deshalb bestrebt, durch Aufrechnung Befriedigung zu erlangen. Der mögliche Erstattungsanspruch des Schuldners aus zu viel gezahlter Steuervorauszahlung stellt dabei die Hauptforderung dar, gegen die seitens des Fiskus aufgerechnet wird. Der Erstattungsanspruch eines Steuerpflichtigen entsteht bereits mit Leistung der Vorauszahlung als aufschiebend bedingter Anspruch für den Fall, dass nach Ablauf des Veranlagungszeitraums und mit Festsetzung der Steuerschuld sich eine Erstattung ergibt.[2] Erfolgten bereits vor Insolvenzeröffnung Vorauszahlungen seitens des Schuldners, wird der Fiskus bereits vor Insolvenzeröffnung etwas zur Masse schuldig, mit bestehenden Steuerforderungen aus der Zeit vor Insolvenzeröffnung kann er gegenüber dem Insolvenzverwalter aufrechnen.[3] Dass der Erstattungsanspruch aufschiebend bedingt erst mit Festsetzung der Steuerpflicht endgültig entsteht, steht nach § 95 Abs. 1 Satz 1 InsO der Aufrechnung gerade nicht entgegen. 1166

2. Die Verrechnung von Sozialleistungsansprüchen

Im Insolvenzverfahrens über das Vermögen natürlicher Personen stellt sich ferner das Problem der Zulässigkeit der Aufrechnung seitens eines Leistungsträgers einer Sozialleistung mit seinem Anspruch auf Rückzahlung zu Unrecht erhaltener Sozialleistungen des Schuldners gegen den Anspruch des Schuldners auf noch zu erbringende Sozialleistungen (§ 28 Nr. 1 SGB IV). Zu unterscheiden ist hier, ob der Anspruch des Schuldners auf Bezug von Sozialleistung zur Insolvenzmasse gehört oder nicht: 1167

---

[1] BFH ZIP 2004, 1423; *Uhlenbruck* in: *Uhlenbruck,* InsO, § 94 Rdn. 13; *Lüke* in: *Kübler/Prütting,* InsO, § 94 Rdn. 97 ff.

[2] BFH ZIP 1993, 933; dagegen *Häsemeyer* in: KS, S. 645 Rdn. 24; eingehend auch mit Bezug zum Restschuldbefreiungsverfahren *Grote,* ZInsO 2001, 452.

[3] BFH NZI 2000, 501; zur Aufrechnung bei Umsatzsteuer BFH ZIP 2001, 428 (Vorsteuer aus Verwaltervergütung gegen Umsatzsteueranspruch als Altmasseverbindlichkeit); BFH ZIP 2005, 266; BFH ZIP 2004, 1423; eingehend *Uhlenbruck* in: *Uhlenbruck,* InsO, § 96 Rdn. 12; *Onusseit,* ZIP 2002, 22.

- Auf Grund der eingeschränkten Pfändbarkeit der einmaligen Sozialleistungen nach § 54 Abs. 2 SGB I gehört die einmalige Sozialleistung nicht zur Insolvenzmasse im Sinne des § 35 InsO, der Sozialleistungsträger schuldet sie gleichsam dem Schuldner persönlich. Eine Aufrechnung mit dem Rückzahlungsanspruch, der Insolvenzforderung ist, ist danach nicht möglich. Die Rechtsprechung des Bundessozialgerichts lässt die Aufrechnung dagegen zu, wenn beide Ansprüche vor Insolvenzeröffnung entstanden sind.[1]
- Die laufende Sozialleistung ist nach § 54 Abs. 4 SGB I wie Arbeitseinkommen pfändbar und gehört im Umfang des nach § 850c ZPO pfändbaren Teils zur Insolvenzmasse (§§ 35, 36 Abs. 1 InsO). Die Aufrechnung mit einem Rückzahlungsanspruch hiergegen ist nur in den Grenzen des § 114 Abs. 2 InsO möglich.

Sind die Leistungsträger der aufzurechnenden Sozialleistungen verschieden, scheidet die Aufrechnung nach § 387 BGB mangels Gegenseitigkeit der Forderungen aus. Nach § 52 SGB I kann jedoch im allgemeinen Sozialrecht ein Leistungsträger zum Zwecke der Aufrechnung den Anspruch eines anderen Leistungsträgers auf sich überleiten. Ob diese Vorschrift auch im Rahmen des Insolvenzverfahrens Anwendung finden darf, war anfangs umstritten, wird nunmehr jedoch von der Rechtsprechung überwiegend verneint.[2] Zutreffend werden die Regelungen der §§ 94ff. InsO als dem Sozialgesetzbuch vorgehende Spezialregelungen angesehen.

---

[1] BSG ZIP 1995, 396, 400; ebenso *Uhlenbruck* in: *Uhlenbruck*, InsO, § 96 Rdn. 9; *Hess/Weis/Wienberg*, InsO, § 96 Rd. 40.

[2] BayObLG NZI 2001, 367 = ZIP 2001, 970; OLG Karlsruhe NZI 2001, 662; LG Göttingen, NZI 2001, 267; SG Münster ZIP 2002, 448; anders wohl BSG ZIP 2004, 1327, dazu EWiR 2004, 927 *(Gagel)*; AG Bielefeld NZI 2001, 268.

10. Kapitel. Die Abwicklung nicht erfüllter oder laufender Vertragsverhältnisse

I. Die Problemstellungen für die Beteiligten in der Insolvenz

1. Die Gliederungssystematik der gesetzlichen Regelungen

Ein Kerngegenstand sowohl in der Dogmatik der Insolvenzrechtswissenschaft als auch in der Praxis der Insolvenz ist die Abwicklung gegenseitiger Vertragsverhältnisse durch den Insolvenzverwalter.[1] Gerade hier verzahnen sich Insolvenzrecht und allgemeines Schuldrecht, vor allem die Prioritäten des Insolvenzrechts gegenüber dem allgemeinen Vertragsrecht werden hier besonders deutlich. Die Insolvenzordnung regelt die Abwicklung gegenseitiger Verträge oder laufender Vertragsverhältnisse im zweiten Abschnitt des Dritten Teils mit den §§ 103 bis 128 InsO: 1168

- Die §§ 103 bis 107 InsO behandeln allgemein die Abwicklung des gegenseitigen Vertrages in enger Anlehnung an die früheren Regelungen der §§ 17ff. KO, jedoch auch mit bedeutenden Unterschieden insbesondere im Hinblick auf die Erfüllung von Verträgen mit teilbarem Leistungsgegenstand (§ 105 Satz 1 InsO).
- Die §§ 108 bis 128 InsO betreffen die Abwicklung von Dauerschuldverhältnissen, insbesondere von Miet- und Pachtverhältnissen über unbewegliche Gegenstände und Räume (§§ 109 bis 112 InsO) und von Dienst- und Arbeitsverträgen (§§ 113 und 120ff. InsO).
  § 114 InsO behandelt das Schicksal von Verfügungen über das Arbeitseinkommen des Schuldners aus der Zeit vor Insolvenzeröffnung für die Zeit danach. Die Vorschrift ist systematisch den §§ 35 und 36 InsO zuzuordnen.
  Die §§ 115 bis 117 InsO betreffen das Schicksal von Aufträgen, Geschäftsbesorgungsverhältnissen und Vollmachten für die Zeit nach Insolvenzeröffnung.

---

[1] Allgemein *Berscheid* in: *Uhlenbruck,* InsO, Vor § 103 Rdn. 1ff.; *Marotzke* in: HK-InsO, § 103 Rdn. 1, 2; *Huber* in: *Gottwald,* § 34 Rdn. 1ff.; *Ringstmeier* in: *Beck/Depré,* § 14 Rdn. 7ff.; *Pape* in: KS, S. 531; zur Entwicklung der Dogmatik *Marotzke,* Rdn. 3.1ff.

2. Die typischen Interessenlagen der Vertragsparteien

a) Die Abwicklung nicht erfüllter gegenseitiger Verträge

1169 Die besondere Problematik der Vertragesabwicklung nach Insolvenzeröffnung ist im Fall des so genannten nicht erfüllten gegenseitigen Vertrages besonders deutlich. Hat beispielsweise der Schuldner vor Insolvenzeröffnung beim Vertragspartner Waren gekauft, hat aber keine Vertragspartei Leistungen vor Insolvenzeröffnung erbracht, wäre allein nach der Grundregel des § 38 InsO der Vertragspartner mit seinem Anspruch auf Kaufpreiszahlung (§ 433 Abs. 2 BGB) gewöhnlicher Insolvenzgläubiger.[1] Andererseits müsste er in Erfüllung des wirksam geschlossenen Vertrages die bei ihm gekaufte Ware an den Insolvenzverwalter liefern (§ 433 Abs. 1 Satz 1 BGB).

1170 Die Folge, dass ein Gläubiger mit seinem Anspruch Insolvenzgläubiger wird, wäre für sich hinzunehmen, dies gehört zu dem allgemeinen Folgen einer Insolvenzeröffnung. Im gegenseitigen Vertrag kommt jedoch hinzu, das der Vertragspartner wegen § 320 BGB grundsätzlich die ihm obliegenden Leistung nur Zug um Zug gegen Erbringung der Gegenleistung erfüllen muss. Die allgemeine insolvenzrechtliche Folge, ihn zum Insolvenzgläubiger zu machen und ihm gleichzeitig die Pflicht zur vollständigen Leistungserfüllung aufzuerlegen, ist mit der Einrede des nicht erfüllten Vertrages aus § 320 BGB nicht zu vereinbaren.[2]

1171 Bereits an dieser Stelle ist festzuhalten, dass die Regelung des § 103 InsO, die dem Insolvenzverwalter ein Wahlrecht auf Erfüllung eines nicht erfüllten gegenseitigen Vertrages gibt, nicht nur dem Insolvenzverwalter und der Insolvenzmasse Vorteile bringen soll, sondern auch im Interesse des Vertragspartners liegt. Gäbe es die Möglichkeit der Erfüllung für den Insolvenzverwalter nicht, wäre der Vertragspartner mit seinem Leistungsanspruch stets Insolvenzgläubiger und müsste dagegen die ihm obliegenden Leistung an die Insolvenzmasse voll erbringen, die Einrede des nicht erfüllten Vertrages wäre für ihn dann nutzlos.

b) Die Erfüllung vormerkungsgesicherter Ansprüche

1172 Ein besonderes Sicherungsinteresse hat ein Vertragspartner des Schuldners dann, wenn sein Anspruch auf eine Rechtsänderung an einem zur Insolvenzmasse gehörenden Grundstück oder Grundstücksrecht gerichtet ist. Hat der Schuldner beispielsweise vor Insolvenzeröff-

---

[1] Hierzu bereits Motive zur Konkursordnung, zitiert bei *Kreft* in: MüKo-InsO, § 103 Rdn. 20; *Marotzke*, Rdn. 3.6.

[2] Allgemein hierzu *Kreft* in: MüKo-InsO, § 103 Rdn. 16, 17; *Marotzke*, Rdn. 2.8, 2.26; zur Frage, ob die Einrede selbst noch geltend gemacht werden kann BGHZ 89, 189; *Huber* in: MüKo-InsO, § 103 Rdn. 62.

nung ein ihm gehörendes Grundstück an den Käufer verkauft, billigt diesem das Gesetz über die allgemeine Erfüllungswahl des § 103 InsO hinaus ein besonderes Sicherungsinteresse zu. Dieses wird mit der Eintragung der Vormerkung nach §§ 883 und 885 BGB und § 106 InsO verwirklicht.[1]

c) Die Besonderheiten beim Kauf unter Eigentumsvorbehalt

Der Kauf unter Eigentumsvorbehalt (§ 449 BGB) hat in all seinen 1173
Erscheinungsformen und Erweiterungsmöglichkeiten gerade in der Unternehmensinsolvenz überragende Bedeutung. Beispielsweise liefert ein Großhändler an den Schuldner als Unternehmer Waren regelmäßig unter Eigentumsvorbehalt mit der Einwilligung zur Weiterveräußerung dieser Waren gegen Abtretung der künftigen Kaufpreisansprüche gegen die Endkäufer (verlängerter Eigentumsvorbehalt), oder ein Lieferant liefert Rohstoffe unter Eigentumsvorbehalt mit der Vereinbarung, dass auch die durch den Schuldner hergestellten Produkte Eigentum des Lieferanten werden sollen (Verarbeitungsklausel).[2]

In allen Fällen des Eigentumsvorbehalts steht das Sicherungsinteresse 1174
des Vorbehaltsverkäufers in der Insolvenz des Käufers im Vordergrund. Der Verkäufer will einerseits seine Forderung aus dem Schuldverhältnis soweit wie möglich gesichert haben, andererseits will er die verkaufte Ware zurückerhalten oder wenigstens durch ihre Verwertung die Realisierung seiner Forderungen gesichert haben.

In der Insolvenz des Vorbehaltsverkäufers steht dagegen das Interesse 1175
des Käufers an der Erfüllung des Vertrages im Vordergrund. Dies regelt die Vorschrift des § 107 Abs. 1 InsO.[3]

d) Die Abwicklung von Dauerschuldverhältnissen

Ein anderes Interesse ist für die Vertragsparteien bei Dauerschuld- 1176
verhältnissen gegeben. Hier geht es dem Insolvenzverwalter primär um die Möglichkeit, frühzeitig und kostengünstig ein laufendes Dauerschuldverhältnis beenden zu können, dagegen steht das Interesse des Vertragspartners an der Aufrechterhaltung des Vertragsverhältnisses, wenn es bereits vor Insolvenzeröffnung begründet und in Vollzug gesetzt worden ist.

Als Grundregel für alle Dauerschuldverhältnisse bestimmt § 108 1177
Abs. 1 Satz 1 InsO deren Fortbestehen für die Zeit nach Insolvenzeröffnung. Die Lösungsmöglichkeiten für den Insolvenzverwalter sind je nach Art des Vertragsverhältnisses differenziert geregelt.

---

[1] Staudinger/*Gursky,* BGB (2002), § 883 Rdn. 286, und *Baur/Stürner,* SachenR, § 20 Rdn. 45, sprechen treffend von der so genannten Vollwirkung der Vormerkung.

[2] Zu den Erweiterungsformen sehr instruktiv *Westermann* in: MüKo-BGB, § 455 Rdn. 89 ff.; Erman/*Grunewald,* BGB, § 449 Rdn. 42 ff.; allgemein Palandt/*Putzo,* BGB, § 449 Rdn. 16 ff.

[3] Begründung des Regierungsentwurfs BT-Drucks. 12/2443, S. 146.

II. Die Abwicklung gegenseitiger Verträge nach §§ 103ff. InsO

1. Der Begriff des gegenseitigen Vertrages

a) Der gegenseitige Vertrag im Sinne des § 320 BGB

1178 Grundvoraussetzung für die Anwendung der §§ 103ff. InsO ist ein gegenseitiger Vertrag, der im Zeitpunkt der Insolvenzeröffnung von keiner Vertragspartei vollständig erfüllt worden ist. Die Qualifizierung eines Vertragsverhältnisses als gegenseitiger Vertrag erfolgt in Entsprechung zum allgemeinen bürgerlichen Recht in Anlehnung an die Grundsätze der §§ 320ff. BGB (so genanntes Synallagma).[1]

1179 Gegenseitige Verträge im Anwendungsbereich des § 103 InsO sind danach der Kaufvertrag nach § 433 BGB, der Werkvertrag nach § 631 BGB, der Werklieferungsvertrag nach § 651 BGB, insbesondere auch der Bauvertrag oder der Bauträgervertrag mit den Elementen des Kaufvertrages und des Werkvertrages.[2] Unerheblich ist, welchen Gegenstand ein Kaufvertrag oder Werkvertrag hat, ebenso unerheblich ist, ob die Leistungspflichten einmalig (Austauschverhältnis) oder über eine bestimmte Zeit (Sukzessivlieferung oder Wiederkehrschuldverhältnis) zu erfüllen sind. Daher ist auch der Energielieferungsvertrag als Kaufvertrag über eine sonstige Sache im Sinne des § 453 Abs. 1 BGB[3] gegenseitiger Vertrag im Anwendungsbereich des § 103 InsO.[4]

1180 Gegenseitiger Vertrag ist auch der Tauschvertrag nach § 480 BGB, ebenso der entgeltliche Verwahrvertrag nach § 688 BGB. Der Reisevertrag als Sonderform des Werkvertrages (§ 651a BGB) ist ebenfalls gegenseitiger Vertrag. Das Factoring als Sonderform des Kaufvertrages über Forderungen ist ein gegenseitiger Vertrag im Sinne des § 103 InsO, soweit die betroffenen Forderungen nicht bereit abgetreten und bezahlt sind; der Rahmenvertrag zum Factoring fällt als Geschäftsbesorgungsvertrag unter § 116 InsO.[5]

1181 Die Handelsgeschäfte sind regelmäßig gegenseitige Verträge, insbesondere der Handelskauf nach § 373 HGB, der Frachtvertrag nach

---

[1] Zum Begriff des Synallagma *Kaser,* § 261 I. 3. d) Fn. 18; *Kaser/Knütel,* § 38 Rdn. 24; zu den Graden der gegenseitigen Verknüpfung der Leistungspflichten *Emmerich* in: MüKo-BGB, Vor § 320 Rdn. 8ff.; Palandt/*Heinrichs,* BGB, Einf vor § 320 Rdn. 5 bis 16; Erman/*Westermann,* BGB, Vor § 320 Rdn. 6ff.

[2] Eingehend *Schöner/Stöber,* Rdn. 3204ff.; zur Verknüpfung des Bauvertrages mit der Verpflichtung zur Grundstücksveräußerung BGHZ 76, 43; BGHZ 78, 346; BGHZ 101, 393; zur Sachmängelhaftung nach Werkvertragsrecht BGHZ 60, 362; BGHZ 63, 96; BGHZ 68, 372; BGHZ 96, 275.

[3] Palandt/*Putzo,* BGB, § 453 Rdn. 6; Erman/*Grunewald,* BGB, § 433 Rdn. 11.

[4] *Huber* in: MüKo-InsO, § 103 Rdn. 70.

[5] Eingehend *Obermüller,* Rdn. 7.70ff.; *Obermüller* in: KS, S. 985 Rdn. 54ff.; *Sinz* in: KS, S. 593 Rdn. 69ff.

§ 407 HGB oder das Lagergeschäft nach § 416 HGB. Der Kommissionsvertrag nach § 383 HGB wird in der Insolvenz des Kommissionärs als gegenseitiger Vertrag des § 103 InsO angesehen, in der Insolvenz des Kommittenten soll grundsätzlich § 116 InsO gelten.[1] Gleiches gilt für den Speditionsvertrag (§ 453 HGB), in der Insolvenz des Spediteurs gilt § 103 InsO, in der Insolvenz des Versenders gilt § 116 InsO. Die Wettbewerbsabrede des Handelsvertreters für die Zeit nach Beendigung seines Vertragsverhältnisses (§ 74 HGB) gilt jedenfalls in der Insolvenz des Dienstherrn als gegenseitiger Vertrag, da sie auch dem vormaligen Dienstherrn Pflichten auferlegt, die gegenüber der Unterlassungspflicht des ehemaligen Handelsvertreters in einem Synallagma stehen.[2]

Der Mietvertrag und der Pachtvertrag (§§ 535 und 581 BGB) sind **1182**
jeweils gegenseitiger Vertrag im Sinne des § 320 BGB. Wegen der Sonderregelung des § 108 Abs. 1 Satz 1 InsO gilt die Grundnorm des § 103 InsO aber nur für den Vertrag, der eine bewegliche Sache oder eine Forderung betrifft. Für das Leasing gilt grundsätzlich § 103 InsO mit der Sonderregelung des § 108 Abs. 1 Satz 2 InsO; das in der Praxis eher selten vorkommende Immobilienleasing wird als Mietvertrag mit Anwendung des § 108 Abs. 1 Satz 1 InsO und §§ 109ff. InsO behandelt.[3]

Der Darlehensvertrag nach § 488 BGB ist ein gegenseitiger Vertrag, **1183**
wenn das Darlehen verzinslich ist.[4] Es stehen sich hier die Pflicht des Darlehensgebers zur Darlehensgewährung und die Zinszahlungspflicht des Darlehensnehmers gegenseitig gegenüber, für den Darlehensgeber kommt die Nebenpflicht des Stehenlassens des Darlehens während der Vertragslaufzeit hinzu.[5] Die Anwendung des § 103 InsO kommt praktisch aber nur dann in Betracht, wenn das Insolvenzverfahren über das Vermögen des Darlehensnehmers vor Valutierung des Darlehensbetrages eröffnet wird. Bei Insolvenzeröffnung nach Valutierung hat der Darlehensgeber bereits geleistet und ist mit seinem Rückzahlungsanspruch nur Insolvenzgläubiger, der Insolvenzverwalter wird niemals mit der Wahl zur Erfüllung nach § 103 Abs. 1 InsO das Darlehen zu einem Massedarlehen machen, insbesondere wenn der Darlehensbetrag in der Insolvenzmasse nicht mehr vorhanden ist. Die Anwendung des § 103 InsO wird zudem durch § 490 Abs. 1 BGB eingeschränkt, wonach der Darlehensgeber im Falle wesentlicher Verschlechterung gerade vor Valutierung ein außerordentliches Kündigungsrecht hat.[6] Die Regelung

---

[1] RGZ 71, 76; RGZ 78, 94; *Huber* in: MüKo-InsO, § 103 Rdn. 74; *Berscheid* in: *Uhlenbruck,* InsO, § 103 Rdn. 45; *Wegener* in: FK-InsO, § 103 Rdn. 11; *Tintelnot* in: *Kübler/Prütting,* InsO, § 103 Rdn. 17.

[2] *Huber* in: MüKo-InsO, § 103 Rdn. 84; Jaeger/*Henckel,* KO, § 17 Rdn. 215.

[3] *Huber* in: MüKo-InsO, § 103 Rdn. 75; *Obermüller,* Rdn. 7.2ff.; *Sinz* in: KS, S. 593 Rdn. 2ff.

[4] Palandt/*Putzo,* BGB, Vorb. vor § 488 Rdn. 2; *Huber* in: MüKo-InsO, § 103 Rdn. 69; Jaeger/*Henckel,* KO, § 17 Rdn. 12.

[5] Palandt/*Putzo,* BGB, § 488 Rdn. 5; eingehend *Mülbert,* WM 2002, 465.

[6] Allgemein hierzu Palandt/*Putzo,* BGB, § 490 Rdn. 6, 7.

des § 119 InsO, die eine vertragliche Umgehung der §§ 103ff. InsO verbietet, steht nicht entgegen, da es sich bei dem außerordentlichen Kündigungsrecht um ein gesetzliches Recht des Darlehensgebers handelt.[1] Der Sicherungsvertrag, in welchem sich der Darlehensnehmer oder sonstige Sicherungsgeber gegenüber dem Kreditgeber und Sicherungsnehmer zur Bestellung einer dinglichen Sicherheit verpflichtet, wird als gegenseitiger Vertrag im Anwendungsbereich des § 103 InsO angesehen.[2] Auch hier wird die Vertragserfüllung aber wesentlich von der Erfüllung des Kreditgeschäfts abhängen.

1184 **Beispiel 1:** Der Schuldner vereinbart mit seiner Hausbank, der ABC-Bank, die Gewährung eines Darlehens zu 500.000 EUR mit nominell 4,60 Prozent Zinsen jährlich. Die Auszahlung des Darlehens soll zum 1. Dezember erfolgen. Zur Sicherung des Darlehens soll an dem bislang unbelasteten Grundstück des Schuldners eine Buchgrundschuld bestellt werden. Am 29. November wird über das Vermögen des Schuldners das Insolvenzverfahren eröffnet.

Der Darlehensvertrag nach § 488 BGB ist beim verzinslichen Darlehen ein gegenseitiger Vertrag im Sinne des § 320 BGB; es gilt grundsätzlich § 103 InsO, da auch keine Vertragspartei die ihr obliegende Leistung erbracht hat. Dem theoretisch denkbaren Erfüllungsverlangen des Insolvenzverwalters nach § 103 Abs. 1 InsO steht aber regelmäßig das Kündigungsrecht des Darlehensgebers nach § 490 Abs. 1 BGB entgegen. Der Insolvenzverwalter würde zwar mit einer Erfüllungswahl den Darlehensrückzahlungsanspruch zur Masseverbindlichkeit nach § 55 Abs. 1 Nr. 2 InsO erheben, letztlich wird er aber ohne Zustimmung des Darlehensgebers und dessen Verzicht auf das Kündigungsrecht den Vertrag nicht erfüllen können. Gleiches gilt in der Folge für den Sicherungsvertrag über die Bestellung der Buchgrundschuld. Zu beachten ist, dass nach § 490 Abs. 1 BGB dem Darlehensgeber das Kündigungsrecht auch dann zusteht, wenn zwar nicht der Rückzahlungsanspruch, wohl aber die bestellte Sicherheit in ihrer Werthaltigkeit nicht mehr ausreichend gewährleistet ist. So kann es auch wegen der Insolvenz des Sicherungsgebers, insbesondere des Bürgen, der nicht Darlehensnehmer ist, zur Kündigung des Darlehensvertrages kommen.

1185 Für Vertragsverhältnisse des Versicherungswesens gelten regelmäßig Sonderregelungen des Versicherungsrechts.[3] Lebens-, Unfall- und Krankenversicherungen erlöschen mit Eröffnung des Insolvenzverfahrens über das Vermögen des Versicherers (§ 13 VVG mit §§ 77 Abs. 3 und 79 VAG). Zuviel gezahlte Prämien erhält der Versicherungsnehmer als Masseverbindlichkeit zurück (§ 40 Abs. 3 VVG). In der Insolvenz des Versicherungsnehmers findet dagegen § 103 InsO Anwendung. Der Insolvenzverwalter kann den Vertrag gegenüber dem Versicherer erfüllen, er hat dann die Prämien als Masseverbindlichkeiten nach § 55 Abs. 1 Nr. 2 InsO zu entrichten. Gerade bei gesetzlich vorgeschriebenen Haftpflichtversicherungen gehörte es im Übrigen zu den wichtigsten Aufgaben des Insolvenzverwalters nach Insolvenzeröffnung, die ausreichende

[1] *Huber* in: MüKo-InsO, § 103 Rdn. 69; *Wegener* in: FK-InsO, § 103 Rdn. 6.
[2] *Wegener* in: FK-InsO, § 103 Rdn. 80; *Berscheid* in: *Uhlenbruck*, InsO, § 103 Rdn. 22; *Tintelnot* in: *Kübler/Prütting*, InsO, § 103 Rdn. 19.
[3] *Huber* in: MüKo-InsO, § 103 Rdn. 117, 118.

Zahlung der Versicherungsprämien zu prüfen und Versicherungsschutz herzustellen.

b) Die Erfassung gesetzlicher Schuldverhältnisse mit Gegenseitigkeitscharakter

Vom Anwendungsbereich des § 103 InsO sind auch gesetzliche Schuldverhältnisse erfasst, wenn die aus ihnen erwachsenen Leistungspflichten in einem Gegenseitigkeitsverhältnis im Sinne des § 320 BGB stehen. Kraft der Verweisung durch § 348 BGB ist dies im Rückgewährschuldverhältnis nach Rücktritt gemäß § 346 BGB der Fall.[1] Dies soll aber auch bei ungerechtfertigter Bereicherung gelten, wenn die Leistung noch zurückgegeben werden kann.[2] **1186**

c) Die Unanwendbarkeit der §§ 103 ff. InsO

aa) Die Zugehörigkeit des Leistungsgegenstandes zur Insolvenzmasse

Die Regelung des § 103 InsO findet keine Anwendung, wenn der Vertrag oder das Rechtsgeschäft sich auf das insolvenzfreie Vermögen des Schuldners bezieht. Hat der Schuldner vor Insolvenzeröffnung beispielsweise einen Gegenstand gekauft, der nach § 811 Abs. 1 Nr. 1 ZPO unpfändbar und damit nach § 36 Abs. 1 Satz 1 InsO insolvenzfrei ist, fällt der Kaufvertrag nicht unter das Wahlrecht des Insolvenzverwalters, letztlich könnte dieser den Gegenstand für die Insolvenzmasse überhaupt nicht verwerten.[3] Gleiches gilt, wenn der Schuldner vor Insolvenzeröffnung Verpflichtungen eingegangen ist, die er nur höchstpersönlich erfüllen kann. Zwar könnte die Gegenleistung beispielsweise der künstlerischen Tätigkeit des Schuldners zur Insolvenzmasse gezogen werden, allerdings kann der Insolvenzverwalter den Schuldner nicht über § 103 InsO zur Vornahme der Handlung zwingen.[4] **1187**

Anders ist die Rechtslage, wenn bereits ein verwertbares Recht des Schuldners vorliegt, beispielsweise ein Patent, verwertbare Software oder ein der kommerziellen Nutzung unterliegendes Werk des Urheberrechts.[5] In der Insolvenz des Verlegers[6] findet nach § 36 Abs. 1 VerlG die Regelung des § 103 InsO auch dann Anwendung, wenn das Werk **1188**

---

[1] *Huber* in: MüKo-InsO, § 103 Rdn. 86; *Berscheid* in: *Uhlenbruck,* InsO, § 103 Rdn. 31 mit unfangreichen Nachweisen; grundlegend bereits Jaeger/*Henckel,* KO, § 17 Rdn. 28.

[2] *Huber* in: MüKo-InsO, § 103 Rdn. 86 a. E., jedoch ohne Begründung; *Berscheid* in: *Uhlenbruck,* InsO, § 103 Rdn. 31.

[3] *Huber* in: MüKo-InsO, § 103 Rdn. 87; Jaeger/*Henckel,* KO, § 17 Rdn. 107.

[4] Jaeger/*Henckel,* KO, § 17 Rdn. 88; Jaeger/*Henckel,* KO, § 17 Rdn. 108; *Marotzke,* Rdn. 4.15; kritisch hiergegen *Balthasar* in: *Nerlich/Römermann,* InsO, § 103 Rdn. 11.

[5] Dazu eingehend *Berscheid* in: *Uhlenbruck,* InsO, § 103 Rdn. 26, 34, 37, 38; Jaeger/*Henckel,* KO, § 17 Rdn. 233 ff.

[6] Eingehend *Huber* in: MüKo-InsO, § 103 Rdn. 120 ff.; Jaeger/*Henckel,* KO, § 17 Rdn. 233 ff.; eingehend bereits *Jaeger,* KO, § 17 Anm. 56 ff.

bereits vor Insolvenzeröffnung abgeliefert worden war, der Verfasser also insoweit seine Leistungspflicht erbracht hat. Diesem steht jedoch nach § 36 Abs. 3 VerlG ein besonderes Rücktrittsrecht zu, wenn mit der Vervielfältigung des Werkes noch nicht begonnen wurde.[1] In der Insolvenz des Verfassers findet § 103 InsO Anwendung, wenn das Werk zur Insolvenzmasse gehört. Nach §§ 31 und 113 UrhG mit § 36 Abs. 1 Satz 1 InsO ist dies nur dann der Fall, wenn an dem Werk ein Nutzungsrecht eingeräumt werden kann und der Schuldner der Verwertung zustimmt.

bb) Der Gesellschaftsvertrag

1189 Der Gesellschaftsvertrag ist zwar ein gegenseitiger Vertrag im Sinne des § 320 BGB,[2] die Regelung des § 103 InsO findet auf ihn aber keine Anwendung, da hier die Sonderregelungen des Gesellschaftsrechts vorgehen; neben § 728 BGB oder § 131 HGB sind auch §§ 84 und 118 InsO zu beachten, wonach die Liquidation der Gesellschaft nach gesellschaftsrechtlichen Regelungen erfolgt.

cc) Die banktypischen Vertragsverhältnisse

1190 Der Vertrag des Kunden mit der Bank über die Führung eines Kontos mit Kontokorrentabrede wird allgemein als Geschäftsbesorgungsverhältnis im Sinne des § 675 BGB angesehen, im Insolvenzverfahren des Kunden gilt deshalb § 116 InsO.[3] Auch Treuhandaufträge oder Inkassoaufträge gelten als Geschäftsbesorgungsvertrag mit Anwendung des § 116 InsO.

1191 Das Depotgeschäft stellt eine Mischung zwischen Verwahrvertrag und Geschäftsbesorgung dar.[4] In der Insolvenz des Kunden gilt deshalb § 116 InsO, in der Insolvenz des Kreditinstituts soll für den Insolvenzverwalter § 103 InsO gelten. Der Kunde kann allerdings bei der Sonderverwahrung (§ 2 DepotG) Rückgabe der Effekten, bei der Sammelverwahrung Auslieferung in Einzelstücken (§ 7 DepotG) verlangen.[5]

dd) Die einseitig oder unvollkommen zweiseitig verpflichtenden Verträge

1192 Schon nach dem Wortlaut des § 103 InsO gilt die Vorschrift nicht für einseitig verpflichtende Verträge des Schuldners oder für unvollkommen zweiseitig verpflichtende Verträge. Dabei kommt es nicht darauf

---

[1] *Berscheid* in: *Uhlenbruck,* InsO, § 103 Rdn. 35; Jaeger/*Henckel,* KO, § 17 Rdn. 235.

[2] Palandt/*Sprau,* BGB, § 705 Rdn. 13; einschränkend differenzierend *Ulmer* in: MüKo-BGB, § 705 Rdn. 137 ff.

[3] *Berscheid* in: *Uhlenbruck,* InsO, § 103 Rdn. 47; eingehend hierzu *Obermüller,* Rdn. 2.53 ff.; für den stillschweigend vereinbarten Kontokorrent unter Kaufleuten OLG Köln NZI 2004, 668.

[4] *Berscheid* in: *Uhlenbruck,* InsO, § 103 Rdn. 57; Jaeger/*Henckel,* KO, § 17 Rdn. 22; *Kuhn/Uhlenbruck,* KO, § 17 Rdn. 2e; eingehend *Obermüller,* Rdn. 2124 ff.

[5] *Berscheid* in: *Uhlenbruck,* InsO, § 103 Rdn. 57; *Obermüller,* Rdn. 2131 ff.

an, ob die Hauptleistungspflicht beim Schuldner oder beim Vertragspartner liegt. Einfachstes Beispiel des lediglich einseitig verpflichtenden Vertrages ist die Schenkung, die im Insolvenzverfahren nur als Schenkungsversprechen nach § 518 BGB Bedeutung haben kann. Hat der Schuldner vor Insolvenzeröffnung eine Schenkung versprochen, ist es letztlich eine Frage der §§ 80 ff. InsO, ob er dieses Versprechen einlösen kann, der Versprechensempfänger ist mit seinem Anspruch im Übrigen nachrangiger Insolvenzgläubiger nach § 39 Abs. 1 Nr. 4 InsO. In der Insolvenz des Versprechensempfängers ist der Schenker zur Erfüllung an die Insolvenzmasse verpflichtet.

Auch der Bürgschaftsvertrag (§ 765 BGB) ist kein gegenseitiger Vertrag. 1193 Die Verpflichtung liegt hier allein bei dem Bürgen gegenüber dem Gläubiger, der Bürge geht sie gerade für den Fall der Zahlungsunfähigkeit des Hauptschuldners ein.

2. Der Stand der Erfüllung bei Insolvenzeröffnung

a) Der Begriff der vollständigen Leistungserfüllung

Zweite wesentliche Voraussetzung des § 103 InsO neben dem gegen- 1194 seitigen Schuldverhältnis ist, dass dieses im Zeitpunkt der Insolvenzeröffnung von keiner Seite vollständig erfüllt sein darf. Es darf mithin weder der Schuldner noch der andere Teil die ihm obliegende Leistung vollständig erbracht haben. Ist das der Fall, verbleibt es bei den allgemeinen Folgen der Insolvenzeröffnung, für die Anwendung des § 103 Abs. 1 InsO bleibt kein Raum.

Für der Frage, ob die im Schuldverhältnis zu erbringenden Leistun- 1195 gen vollständig erbracht worden sind, sind im Interesse sowohl des Insolvenzverwalters als auch des Vertragspartners die zu erfüllenden Leistungspflichten weit auszulegen.[1] Grundsätzlich müssen sowohl die Hauptleistungspflichten als auch die Nebenleistungspflichten vollständig erbracht sein, um § 103 InsO auszuschließen. Hat eine Vertragspartei lediglich Nebenleistungspflichten nicht erbracht, hat sie im Sinne des § 103 InsO immer noch nicht vollständig geleistet.[2] Die Regelung des § 320 Abs. 2 BGB, die bei ausstehenden Nebenleistungspflichten die Einrede des nicht erfüllten Vertrages ausschließt,[3] ist für das Insolvenzrecht nicht anzuwenden.[4] Unerheblich ist, aus welchen Gründen die vollständige Leistung ausgeblieben ist, die Nichterfüllung kann auch auf Schuldnerverzug oder Gläubigerverzug beruhen.[5]

---

[1] *Marotzke* in: HK-InsO, § 103 Rdn. 24 ff.

[2] BGHZ 87, 156, 162 (Kaufpreiszahlung auf Notaranderkonto); *Huber* in: MüKo-InsO, § 103 Rdn. 123.

[3] Palandt/*Heinrichs*, BGB, § 320 Rdn. 10.

[4] BGHZ 58, 246, 251 (Mitwirkung bei Erklärung der Auflassung als Nebenpflicht des Käufers); *Huber* in: MüKo-InsO, § 103 Rdn. 122 ff.

[5] BGH NJW 1983, 1619; *Huber* in: MüKo-InsO, § 103 Rdn. 121.

1196 Maßgebend für die Erfüllung der Leistung ist der Eintritt des Leistungserfolges im Sinne des § 362 BGB, nicht allein die Vornahme der Leistungshandlung.[1] Unerheblich ist, ob die Leistungspflicht in Gemäßheit des § 362 BGB oder an Erfüllungs statt nach § 364 Abs. 1 BGB, durch Aufrechnung nach §§ 387 und 389 BGB, durch schuldbefreiende Hinterlegung nach §§ 372 und 378 BGB oder selbst durch Zwangsvollstreckung erfüllt worden ist.[2] Die Leistung erfüllungshalber nach § 364 Abs. 2 BGB führt allein nicht zum Leistungserfolg, hier kommt es auf die Erfüllung der durch den Schuldner zusätzlich übernommenen Verpflichtung an.

1197 Auch eine durch Zwangsvollstreckung erzwungene Leistung kann den Leistungserfolg herbeiführen. Es ist jedoch zu differenzieren: Wurde zur Abwendung der Zwangsvollstreckung an den Gerichtsvollzieher gezahlt (§ 105 Nr. 2 GVGA), tritt der Leistungserfolg erst mit Ablieferung des Geldes an den Gläubiger ein; Schuldbefreiung erlangt der Schuldner dagegen in entsprechender Anwendung des § 815 Abs. 3 ZPO entgegen § 270 BGB schon mit der Zahlung.[3] Wurde durch den Gerichtsvollzieher Geld gepfändet, gilt trotz § 815 Abs. 3 ZPO ebenfalls erst mit Ablieferung an den Gläubiger der Leistungserfolg als eingetreten.[4] Wurde ein körperlicher Gegenstand gepfändet, tritt der Leistungserfolg mit Ablieferung des Versteigerungserlöses an den Gläubiger ein (§ 819 ZPO).[5] Wurde im Wege der Forderungspfändung eine Forderung oder ein sonstiger Vermögenswert gepfändet und dem Gläubiger zur Einziehung überwiesen (§§ 828, 829 und 835 sowie §§ 857ff. ZPO), ist die Zahlung durch den Drittschuldner maßgebend.[6]

aa) Die Erfüllung von Haupt- und Nebenleistungspflichten

1198 Da im Sinne des § 103 InsO eine Vertragspartei auch dann nicht vollständig geleistet hat, wenn lediglich Nebenleistungspflichten nicht erfüllt sind, hat die Unterscheidung des allgemeinen Schuldrechts zwischen Haupt- und Nebenleistungspflichten untergeordnete Bedeutung.

---

[1] BGHZ 87, 156, 162 mit Hinweis auf BGHZ 1, 4, 6; BGHZ 12, 267, 268; *Huber* in: MüKo-InsO, § 103 Rdn. 122; *Marotzke* in: HK-InsO, § 103 Rdn. 28ff.

[2] *Huber* in: MüKo-InsO, § 103 Rdn. 124, 125; *Berscheid* in: *Uhlenbruck*, InsO, § 103 Rdn. 60, 61; Jaeger/*Henckel*, KO, § 17 Rdn. 43.

[3] Zu den Theorien über die Stellung des Gerichtsvollziehers bei Zahlung durch den Schuldner *Schuschke*/*Walker*, Zwangsvollstreckung, § 815 Rdn. 11; *Schilken* in: MüKo-ZPO, § 815 Rdn. 14; sehr anschaulich *Baur*/*Stürner*, EinzelvollstreckungsR, Rdn. 8.7; mit Differenzierung betreffend die Zahlung auf einen vorläufig vollstreckbaren Titel Musielak/*Becker*, ZPO, § 815 Rdn. 5; anders (keine Anwendung § 815 Abs. 3 ZPO) Zöller/*Stöber*, ZPO, § 755 Rdn. 4; Stein/Jonas/*Münzberg*, ZPO, § 815 Rdn. 23 mit umfangreichen Nachweisen.

[4] Eingehend Stein/Jonas/*Münzberg*, ZPO, § 815 Rdn. 13ff.

[5] Stein/Jonas/*Münzberg*, ZPO, § 819 Rdn. 1.

[6] Umfassend zur Überweisungswirkung *Stöber*, Forderungspfändung, Rdn. 602ff.; die Überweisung an Zahlungs Statt (§ 835 Abs. 2 ZPO) hat in der Vollstreckungspraxis keine Bedeutung.

Nebenleistungspflichten sollen nur dann unbeachtlich sein, wenn sie im Verhältnis zu den sonstigen Verpflichtungen einer Vertragspartei und dem Inhalt des Schuldverhältnisses völlig nebensächlich sind. Hat beispielsweise der Verkäufer eines Gebrauchtwagens diesen bei Übergabe trotz vorherigen Versprechens nicht gewaschen, kann diese Nebenleistungspflicht außer Betracht bleiben. Gerade im Interesse des Vertragspartners ist es jedoch geboten, bei der Frage der vollständigen Leistungserfüllung auch Nebenleistungspflichten möglichst einzubeziehen. Inwieweit Sorgfalts- und Hinweispflichten im Sinne des § 241 Abs. 2 BGB zu berücksichtigen sind, bestimmt sich nach dem Einzelfall. Primär sollen diese Pflichten (Verhaltenspflichten, Schutzpflichten oder Aufklärungspflichten) die Rechtsgüter des Vertragspartners schützen und insbesondere mögliche Folgeschäden vermeiden.[1] Ihre Bedeutung für die Leistungserfüllung im Schuldverhältnis ist demgegenüber nachrangig. Es ist in jedem Falle besonders wichtig, für jedes Schuldverhältnis die einem jeden Vertragspartner zukommenden Leistungspflichten genau zu definieren.

Im Kaufvertrag als dem typischen gegenseitigen Vertrag besteht 1199
die Hauptleistungspflicht des Verkäufers in der Übereignung des verkauften Gegenstandes oder der Verschaffung des verkauften Rechtes an den Käufer (§ 433 Abs. 1 Satz 1 BGB). Die Leistungserfüllung kann auch auf Grund gutgläubigen Erwerbs nach § 932 BGB möglich sein. Im Falle des Grundstückskaufvertrages ist der Hauptleistungsanspruch erst mit Eintragung des Käufers als Eigentümer in das Grundbuch erfüllt (§§ 873 und 925 BGB), nicht bereits mit Eintragung einer Auflassungsvormerkung oder Stellung des Antrags auf Eigentumsumschreibung beim Grundbuchamt, § 878 BGB ist hier nicht im Entferntesten entsprechend anzuwenden.[2] Wesentliche Nebenleistungspflicht des Verkäufers ist die Besitzverschaffung des verkauften Gegenstandes an den Käufer. Ist diese bei Insolvenzeröffnung nicht erfolgt, hat der Verkäufer nicht vollständig geleistet. Dies gilt freilich nicht, wenn ein Besitzkonstitut gemäß § 930 BGB vereinbart war, beispielsweise wenn der Verkäufer die verkaufte Sache weiterhin für den Käufer verwahren sollte. Auch die gleichzeitige Rückübereignung als Sicherungsübereignung an den Verkäufer setzt logisch voraus, dass dieser an den Käufer das Eigentum wirksam übertragen hat.[3] Beim Kauf unter Eigentumsvorbehalt übereignet der Verkäufer nach § 449 BGB lediglich aufschiebend bedingt bei vollständiger Kaufpreiszahlung; solange daher

---

[1] Palandt/*Heinrichs*, BGB, § 241 Rdn. 6ff.; Erman/*Westermann*, BGB, § 241 Rdn. 10ff.; zu den bekannten Fällen einer Schutzpflichtverletzung, aus welcher die Haftung aus culpa in contrahendo (§ 311 Abs. 2 mit § 280 BGB) hergeleitet wurde, RGZ 66, 289 („Pferdefutter"); BGHZ 66, 51 („Gemüseblatt"); BGHZ 93, 23 („Kartoffelpülpe").

[2] RGZ 113, 403, 405; *Huber* in: MüKo-InsO, § 103 Rdn. 132; Jaeger/*Henckel*, KO, § 17 Rdn. 63.

[3] BGH NJW 1980, 226; *Huber* in: MüKo-InsO, § 103 Rdn. 129 a.E.

der Kaufpreis seitens des Käufers nicht vollständig entrichtet ist, hat auch der Verkäufer die ihm obliegenden Übereignungspflicht nicht erfüllt.[1] In gleicher Weise führt die Besitzverschaffung allein nicht zur Erfüllung durch den Verkäufer, dies gilt insbesondere auch für den Versendungskauf nach § 447 BGB, bei dem die Leistungsgefahr mit Übergabe der Ware an den Frachtführer auf den Käufer übergeht.[2] Im Verbrauchsgüterkauf ist nach § 474 Abs. 2 BGB die Regelung des § 447 BGB unanwendbar.

1200 Erste Hauptleistungspflicht des Käufers ist die Zahlung des Kaufpreises (§ 433 Abs. 2 BGB). Der Käufer hat daneben die Pflicht, die gekaufte Ware abzunehmen. Solange deshalb ein Besitzübergang noch nicht stattgefunden hat, hat auch der Käufer diese ihm obliegenden Pflicht noch nicht erfüllt. Im Falle des Grundstückskaufvertrages hat der Käufer eine wesentliche Mitwirkungspflicht bei Erklärung der Auflassung nach §§ 873 und 925 BGB. Solange die Auflassung nicht erklärt ist, hat deshalb auch der Käufer nicht vollständig geleistet, selbst wenn er den Kaufpreis bereits entrichtet hat.[3] Für den Kauf beweglicher Gegenstände bedeutet dies, dass auch bei vollständiger Kaufpreiszahlung der Käufer nicht vollständig geleistet hat, wenn die Ware bei Insolvenzeröffnung noch nicht übergeben ist.[4]

1201 **Beispiel 2:** Der Schuldner verkauft an den Käufer ein ihm gehörendes Grundstück zum Preis von 100.000 EUR. Die Vertragsparteien verzichten auf die Eintragung einer Vormerkung zur Sicherung des Übereignungsanspruchs des Käufers. Der Kaufpreis soll am 1. Dezember auf ein Anderkonto des den Kaufvertrag beurkundenden Notars überwiesen werden, erst dann soll die Auflassung erklärt werden. Der Käufer zahlt den Kaufpreis ordnungsgemäß ein. Vor Erklärung der Auflassung wird am 2. Dezember über das Vermögen des Schuldners das Insolvenzverfahren eröffnet.

Mit dem Kaufvertrag liegt ein gegenseitiger Vertrag im Sinne des § 103 InsO vor. Der Schuldner als Verkäufer hat bereits seine Hauptleistungspflicht zur Eigentumsübertragung noch nicht erfüllt, da der Käufer im Zeitpunkt der Insolvenzeröffnung nicht als Eigentümer im Grundbuch eingetragen war. Fraglich ist allein, ob auch seitens des Käufers zu seinen Gunsten keine vollständige Leistungserfüllung angenommen werden kann. Hinsichtlich der Kaufpreiszahlung als der Hauptleistungspflicht des Käufers aus § 433 Abs. 2 BGB ist wirksame Leistungserbringung zu verneinen. Die Zahlung auf ein Anderkonto des Notars stellt regelmäßig keine Leistungserfüllung im Sinne des § 362 BGB dar, durch sie wird zwar die Kaufpreiszahlung für den Verkäufer sichergestellt, der Käufer gerät auch nicht in Verzug, da die Zahlung auf das Anderkonto vertraglich vereinbart ist. Der Kaufpreis-

---

[1] Grundlegend *Serick,* Band I § 13 III. 1.

[2] *Westermann* in: MüKo-BGB, § 447 Rdn. 2; Erman/*Grunewald,* BGB, § 447 Rdn. 3 ff.; *Kuhn/Uhlenbruck,* KO, § 17 Rdn. 18 a.

[3] Grundlegend BGHZ 58, 246; *Huber* in: MüKo-InsO, § 103 Rdn. 123; *Marotzke* in: HK-InsO, § 103 Rdn. 28; *Hess/Weis/Wienberg,* InsO, § 103 Rdn. 66; *Wegener* in: FK-InsO, § 103 Rdn. 41; *Kuhn/Uhlenbruck,* KO, § 17 Rdn. 18 i; kritisch dagegen vor allem Jaeger/*Henckel,* KO, § 17 Rdn. 8, 47; *Tintelnot* in: *Kübler/Prütting,* InsO, § 103 Rdn. 37 m. w. N.

[4] *Huber* in: MüKo-InsO, § 103 Rdn. 123; anders wiederum *Tintelnot* in: *Kübler/Prütting,* InsO, § 103 Rdn. 37.

anspruch selbst erlischt jedoch erst mit Auskehr des Kaufpreises seitens des Notars an den Verkäufer (grundlegend hierzu BGHZ 87, 156), dessen vertraglich vereinbarter Anspruch auf den Kaufpreis richtet sich dann gegen den Notar (hierzu BGHZ 138, 179, 184, 185). Hinsichtlich der noch ausstehenden Auflassungserklärung nach §§ 873 und 925 BGB trifft den Käufer eine wesentliche Mitwirkungspflicht, auch diesbezüglich ist von seiner Seite der Vertrag nicht vollständig erfüllt (BGHZ 58, 246).

Im Werkvertrag besteht die Hauptleistungspflicht des Unternehmers 1202
in der Herstellung des vereinbarten Werkes (§ 631 Abs. 1 BGB). Erfüllungswirkung tritt regelmäßig erst mit Abnahme des Werkes durch den Besteller ein (§ 640 BGB). Nimmt dieser das Werk unter Vorbehalt an, insbesondere weil er Mängel rügt, ist für den Unternehmer keine Erfüllungswirkung eingetreten. Die Hauptleistungspflicht des Bestellers liegt in der Zahlung des Werklohns, ferner ist er zur Abnahme des Werkes verpflichtet.

Große praktische Bedeutung hat die Frage der Erfüllung des Werk- 1203
vertrages beim Bauvertrag in der Insolvenz des Bauunternehmers. Wird das Insolvenzverfahren vor Abnahme des Bauwerks eröffnet, mithin noch während „die Baustelle voll im Gange ist", liegt in jedem Fall seitens des Unternehmers keine vollständige Leistung vor. Auch wenn nach Abnahme noch Restarbeiten zu erledigen sind, beispielsweise die Beräumung der Baustelle, hat der Unternehmer nicht vollständig geleistet. Zwar mag eine Beräumung oder die Beseitigung von Schmutz nicht unmittelbar im Leistungsinteresse des Bestellers im Hinblick auf das Bauwerk liegen, diese Pflichten gehören aber zu wesentlichen Nebenpflichten des Unternehmers, da durch sie beispielsweise Unfallgefahren vermieden werden sollen.

bb) Die nicht vollständige Leistungserfüllung bei mangelhafter Leistung

Die mangelhafte Leistung im Kaufvertrag oder im Werkvertrag stellt 1204
einen Sonderfall für die Frage der vollständigen Leistungserfüllung dar. Während im Werkvertrag die Gewährleistungshaftung bei mangelhafter Leistung seit jeher als Modifizierung der Hauptleistungspflicht des Unternehmers angesehen wurde,[1] wurden Gewährleistungsansprüche im Kaufvertrag bis zum In-Kraft-Treten des Schuldrechtmodernisierungsgesetzes am 1. Januar 2002 als eigenständige Ansprüche betrachtet. Durch die Neuregelungen des Schuldrechtsmodernisierungsgesetzes wurde die Pflicht des Verkäufers zur Leistung einer mangelfreien Sache mit § 433 Abs. 1 Satz 2 BGB zum Bestandteil der vertraglichen Hauptleistungspflicht.[2] Die Gewährleistungsansprüche des Käufers

[1] BGHZ 26, 337, 340; BGHZ 42, 232, 233; BGHZ 61, 42, 45; BGHZ 96, 111 (jeweils für den Werkvertrag nach VOB/B); BGH NJW 1976, 143; BGH NJW 1999, 1105; Palandt/*Sprau*, BGB, § 634 Rdn. 3 und § 635 Rdn. 2; Erman/*Schwenker*, BGB, § 634 Rdn. 4.

[2] Allgemein Palandt/*Putzo*, BGB, § 433 Rdn. 21; *Haas/Medicus/Rolland/Schäfer/Wendtland*, 5. Kap. Rdn. 143.

nach §§ 437 ff. BGB sind damit ebenso wie diejenigen des Bestellers nach §§ 633 ff. BGB Ansprüche, welche die Erfüllung der vertraglichen Leistungspflicht des Käufers oder des Unternehmers zur Lieferung oder Stellung einer mangelfreien Sache zum Ziel haben.[1]

1205 Für die insolvenzrechtliche Bewertung bedeutet dies zunächst, dass ein Kaufvertrag oder ein Werkvertrag auch bei zunächst vollständiger Leistung durch den Verkäufer oder Unternehmer vor Insolvenzeröffnung solange nicht endgültig als von diesem erfüllt angesehen werden kann, als die für den jeweiligen Vertrag maßgebende Gewährleistungsfrist des § 438 BGB oder des § 634 a BGB noch nicht abgelaufen ist. Es ist damit weiterhin § 103 InsO anwendbar.

1206 Im Kaufrecht hat die mangelhafte Leistung nur in der Insolvenz des Käufers praktische Bedeutung.[2] In der Insolvenz des Verkäufers könnte der Käufer gegenüber dem Insolvenzverwalter zwar einen Mangel rügen und die ihm zustehenden Rechte aus §§ 437, 439 ff. BGB geltend machen, der Insolvenzverwalter wird es hier jedoch regelmäßig bei der Nichterfüllung des Vertrages belassen. Der Käufer ist mit seinen Ansprüchen, insbesondere mit dem möglichen Anspruch auf Rückzahlung des zu viel gezahlten Kaufpreises bei Minderung nach § 441 BGB, Insolvenzgläubiger. In der Insolvenz des Käufers kann der Insolvenzverwalter dagegen gegenüber dem Verkäufer die ihm zustehenden Rechte auf Nacherfüllung (§ 439 BGB), Rücktritt (§§ 440, 323 BGB) oder Minderung (§ 441 BGB) uneingeschränkt geltend machen.[3] Es ist umstritten, ob im Falle der Nachlieferung als Form der Nacherfüllung beim Gattungskauf der Insolvenzverwalter den vom Schuldner vor Insolvenzeröffnung nicht entrichteten Kaufpreis als Masseverbindlichkeiten nach § 55 Abs. 1 Nr. 2 InsO begleichen und die mangelhafte Sache zurückgeben muss.[4] Wäre dies richtig, hätte der Verkäufer durch die ursprünglich mangelhafte Lieferung gerade einen Vorteil, weil sein Kaufpreisanspruch nun zur Masseverbindlichkeit erhoben wird.[5] Mit Einbeziehung der Gewährleistungsansprüche in die Leistungspflichten des Verkäufers macht der Insolvenzverwalter als Käufer aber lediglich die Rechte geltend, die auch der Schuldner ohne Insolvenzeröffnung hätte. Der Verkäufer kann deshalb nicht besser gestellt werden, als wenn er von Anfang an eine mangelfreie Sache geleistet hätte. Ist bei einem entsprechenden Kaufvertrag der Kaufpreis deshalb noch offen, bleibt er auch dann Insolvenzforderung, wenn der Insolvenzverwalter als Käufer Gewährleistungsansprüche geltend macht und insoweit Erfüllung des Vertrages verlangt.

---

[1] Dazu *Boerner,* ZIP 2001, 2264.

[2] Eingehend *Scherer,* NZI 2002, 356.

[3] Dazu *Huber* in: MüKo-InsO, § 103 Rdn. 143.

[4] So *Huber* in: MüKo-InsO, § 103 Rdn. 144; *Wegener* in: FK-InsO, § 103 Rdn. 53; *Kuhn/Uhlenbruck,* KO, § 17 Rd. 18 u.

[5] Zu Recht ablehnend daher Jaeger/*Henckel,* KO, § 17 Rdn. 103 (Kaufpreisanspruch ist Insolvenzforderung).

In gleicher Weise kommt im Werkvertragsrecht der mangelhaften Leistung vor allem in der Insolvenz des Unternehmers praktische Bedeutung zu.[1] Der Insolvenzverwalter, welchem gegenüber der Besteller einen Mangel am Werk, insbesondere am Bauwerk, geltend macht, kann diesen auf die Insolvenztabelle verweisen und die Erfüllung ablehnen. Akzeptiert der Insolvenzverwalter den Mangel und wählt er damit Vertragserfüllung, ist er zur Mangelbeseitigung als Masseverbindlichkeit verpflichtet. Allein darin, dass er gegenüber dem Besteller den Werklohn fordert, liegt aber keine Wahl der Vertragserfüllung. Praktisch ist dies aber denkbar, wenn der Mangel leicht zu beheben ist und der Werklohn damit voll zur Insolvenzmasse gezogen werden kann. In der Insolvenz des Bestellers kann der Insolvenzverwalter mit seiner Erfüllungswahl die Ansprüche aus §§ 633 ff. BGB gegenüber dem Unternehmer geltend machen. Der Werklohn ist entsprechend bereits erbrachter Leistungen nach § 105 Satz 1 InsO lediglich Insolvenzforderung und nur hinsichtlich noch zu erbringender Leistungen, die nicht Gegenstand der Mängelbeseitigung sind, Masseverbindlichkeit. Auch hier wäre es unbillig, dem Unternehmer bei Mängelbeseitigung einen Werklohn als Masseverbindlichkeit zuzubilligen, den er bei anfänglich ordnungsgemäßer Leistung nur als Insolvenzforderung hätte fordern können.[2] 1207

Beispiel 3: Der Schuldner betreibt einen Gebrauchtwagenhandel. Er lässt von dem Bauunternehmer einen neuen Ausstellungspavillon bauen, der Werklohn beträgt 25.000 EUR. Der Pavillon wird vertragsgemäß am 1. April abgenommen. Über das Vermögen des Schuldners wird am 4. April das Insolvenzverfahren eröffnet, den Werklohn ist der Schuldner weiterhin schuldig. Im Mai zeigen sich massive Mängel an der Dachkonstruktion des Gebäudes. Der Insolvenzverwalter verlangt vom Bauunternehmer Beseitigung des Mangels, dieser will dies nur gegen Zahlung des Werklohns leisten. 1208

Der Werkvertrag ist im Zeitpunkt der Insolvenzeröffnung weder von Seiten des Schuldners noch seitens des Bauunternehmers vollständig erfüllt. Der Schuldner hatte den Werklohn nicht gezahlt, wegen der zwei Monate nach Abnahme auftretenden Mängel hat auch der Bauunternehmer die ihm obliegende Leistungspflicht aus § 631 Abs. 1 BGB nicht erfüllt. In der Aufforderung zur Mängelbeseitigung durch den Insolvenzverwalter könnte ein Erfüllungsverlangen nach § 103 Abs. 1 InsO gesehen werden, der Werklohnanspruch wäre dann vollständig Masseverbindlichkeit. Damit wäre der Bauunternehmer aber besser gestellt, als wenn er von Anfang an ein mangelfreies Bauwerk errichtet hätte. Die Lösung liegt in § 105 Satz 1 InsO: Der Bauunternehmer ist hinsichtlich der vor Insolvenzeröffnung erbrachten Leistungen mit seinem Gegenleistungsanspruch stets Insolvenzgläubiger. Das Erfüllungsverlangen des Insolvenzverwalters für die Zukunft bezieht sich nicht auf weiter zu erbringende Leistungen, sondern auf Mängelbeseitigung bereits erbrachter Leistungen, deren Gegenleistungsanspruch eben stets Insolvenzforderung ist. Ebenso wie im allgemeinen Werkvertragsrecht der Unternehmer zu einer kostenfreien Män-

---

[1] Eingehend hierzu *Schmitz*, ZIP 2001, 765; *Gottwald*, NZI 2005, 589.

[2] Insoweit zu allgemein und undifferenziert *Huber* in: MüKo-InsO, § 103 Rdn. 146.

gelbeseitigung verpflichtet ist (§ 635 Abs. 2 BGB), ist er dies auch gegenüber dem Insolvenzverwalter als Besteller. Der Werklohnanspruch ist damit Insolvenzforderung, die Mängelbeseitigung kann nicht von der Zahlung des Werklohns abhängig gemacht werden.

b) Der Vertrag ist von einer Seite vollständig erfüllt

aa) Die vollständige Leistung durch den Schuldner

1209 Hat unter Berücksichtigung aller Nebenpflichten der Schuldner vor Insolvenzeröffnung die ihm obliegende Leistung vollständig erbracht, findet § 103 InsO keine Anwendung. Der Vertragspartner ist auch nicht besonders schutzbedürftig, da er die ihm zustehenden Leistungen vollständig erhalten hat. Er ist deshalb zur Erbringung der Gegenleistung an den Insolvenzverwalter verpflichtet.

bb) Die vollständige Leistung durch den Vertragspartner

1210 Hat allein der Vertragspartner vor Insolvenzeröffnung vollständig geleistet, ist er mit seinen Anspruch auf die Gegenleistung lediglich Insolvenzgläubiger nach § 38 InsO. Die Regelung des § 103 InsO findet keine Anwendung. Dem Vertragspartner wird durch die mit Insolvenzeröffnung kraft Gesetzes eintretende Qualifizierung einer Forderung zur Insolvenzforderung gleichsam vorgeworfen, dass er im gegenseitigen Vertrag einseitig vorgeleistet hat, obgleich er dies nach § 320 BGB nicht hätte tun müssen. Dass im modernen Wirtschaftverkehr, insbesondere aber auch im Verbrauchsgüterkauf, die einseitige Vorleistung oft die Regel ist, ist insolvenzrechtlich nicht von Belang.

1211 Die Leistung, welche vor Insolvenzeröffnung vom Vertragspartner erbracht worden ist, kann er nicht mit der Begründung zurückfordern, dass er seinerseits als Insolvenzgläubiger mit seinem Gegenleistungsanspruch nur anteilig befriedigt wird. Insbesondere besteht kein Anspruch aus § 812 BGB, da ja auf Grund eines wirksamen Vertrages oder Schuldverhältnisses geleistet worden ist. Die Insolvenzeröffnung über das Vermögen des Empfängers ändert hieran nichts. Demgemäß stellt § 105 Satz 2 InsO klar, dass Leistungen, die vor Insolvenzeröffnung in das Vermögen des Schuldners gelangt sind, nicht zurückgefordert werden können.

c) Der Vertrag ist von keiner Seite vollständig erfüllt

1212 Die Regelung des § 103 InsO findet nur dann Anwendung, wenn der gegenseitige Vertrag im Zeitpunkt der Insolvenzeröffnung von keiner Seite, weder vom Schuldner noch vom Vertragspartner, vollständig erfüllt worden ist. Es wurde bereits betont, dass die Regelung des § 103 InsO für diesen Fall auch die Interessen des Vertragspartners berücksichtigt und auch zu seinen Gunsten für den Insolvenzverwalter die Möglichkeit der Vertragserfüllung besteht.

3. Die Wirkung der Insolvenzeröffnung auf die Leistungsansprüche

a) Die Entwicklung einer Dogmatik zu § 17 KO und zu § 103 InsO

Die Regelung des § 103 Abs. 1 InsO entspricht beinahe wörtlich der 1213
Vorgängernorm des § 17 Abs. 1 KO. Danach hat der Konkurs- beziehungsweise nun der Insolvenzverwalter die Möglichkeit, den beiderseits nicht erfüllten gegenseitigen Vertrag an Stelle des Schuldners zu erfüllen und die Erfüllung vom anderen Teile zu fordern. § 103 Abs. 1 InsO regelt damit eine Rechtsfolge für die mögliche Vertragserfüllung, sagt aber nichts über die Folgen der Insolvenzeröffnung hinsichtlich des Vertrages aus. Welche unmittelbare Auswirkung hat aber die Insolvenzeröffnung auf den beiderseits nicht vollständig erfüllten gegenseitigen Vertrag? Mit dieser Frage beschäftigten sich Rechtsprechung und Wissenschaft des Konkurs- und Insolvenzrechts sehr lange und kontrovers, schon die Auslegung der Vorgängerregelung des § 17 Abs. 1 KO war lange unklar und umstritten.[1] Ausgehend von der Rechtsprechung des Reichsgerichts seit 1884[2] und der Lehre *Ernst Jaeger*[3] wurde vertreten, die Konkurseröffnung selbst habe keine Wirkung auf den Bestand des gegenseitigen Vertrages und die aus ihm bestehenden Ansprüche. Erst die Wahl des Konkursverwalters auf Ablehnung der Erfüllung gestalte den Vertrag um. Der Konkursverwalter übe damit ein materiellrechtliches Gestaltungsrecht aus, mit welchem die Erfüllungsansprüche endgültig erlöschen.[4] Der Anspruch des Vertragspartners auf Schadensersatz wegen Nichterfüllung sollte auch erst mit Ausübung des Gestaltungsrechtes des Konkursverwalters entstehen.[5] Teilweise erbrachte Vorleistungen des Schuldners sollten hierauf angerechnet werden, ein den Schaden übersteigender Mehrbetrag der Vorleistung sollte über § 812 BGB seitens des Vertragspartners zurückzuerstatten sein.[6]

Der Entscheidung des Konkursverwalters, nach § 17 Abs. 1 KO den 1214
gegenseitigen Vertrag zu erfüllen, kam dagegen eher deklaratorische

---

[1] Zur Auslegungsgeschichte *Kreft* in: MüKo-InsO, § 103 Rdn., 8, 9; *Berscheid* in: *Uhlenbruck,* InsO, § 103 Rdn. 3 ff.; *Marotzke,* Rdn. 3.2 ff.; *Huber* in: *Gottwald,* § 34 Rdn. 30 ff.; *Gerhardt* in: FS Merz, S. 117; *Pape* in: KS, S. 531 Rdn. 10 ff.

[2] RGZ 11, 49, 51.

[3] *Jaeger,* KO, § 17 Anm. 40 ff.; die Rechtsentwicklung der frühen Rechtsprechung und der Lehre sind gut nachgewiesen bei *Henckel* in: FS Kirchhof, S. 191.

[4] RGZ 79, 209; RGZ 135, 167, 170; umfassend mit zahlreichen Nachweisen *Marotzke,* Rdn. 3.2 ff.

[5] RGZ 11, 49, 51; RGZ 22, 107, 111; RGZ 58, 11; RGZ 64, 204, 207; RGZ 135, 167, 170; RGZ 140, 10, 15; BGHZ 68, 379, 380; BGHZ 89, 189, 195; BGHZ 96, 392, 394; BGHZ 98, 160, 169; *Jaeger,* KO, § 17 Anm. 30, 40, 43, 44.

[6] RGZ 135, 167, 172; BGHZ 15, 333, 335; Jaeger/*Lent,* KO, § 17 Rdn. 44; Jaeger/*Henckel,* KO, § 17 Rdn. 70.

Bedeutung zu.[1] Der Vertrag sollte in gleicher Weise wie vor Konkurseröffnung zu erfüllen sein.[2] Die Erfüllungswahl sollte grundsätzlich zu einer vollständigen Vertragserfüllung führen. Damit sollte der Konkursverwalter die dem Schuldner obliegende Gegenleistung auch dann als Masseverbindlichkeit zu entrichten haben, wenn der Vertragspartner seinerseits Teilleistungen vor Konkurseröffnung erbracht hat, der Konkursmasse selbst also nur mehr eine teilweise Leistung zukommt.[3] Eine Teilung oder Aufspaltung des Vertrages wurde lediglich für Wiederkehrschuldverhältnisse bei Verträgen mit Monopolunternehmen (Energielieferungsverträge) zugelassen,[4] im Übrigen sollte auch der Konkursverwalter einen Vertrag nur als Ganzes erfüllen oder ablehnen können.[5]

1215 Zu Recht bezeichnet *Gerhart Kreft* die Folgen dieses dogmatischen Ansatzes für die Rechtspraxis als katastrophal.[6] Die Pflichten des Konkursverwalters zu vollständigen Vertragserfüllung begünstige einseitig den Vertragspartner vor anderen Vertragspartnern und Gläubigern des Schuldners, die mit ihren Gegenleistungsansprüchen lediglich Insolvenzgläubiger sind. Hatte zudem der Schuldner bereits vor Konkurseröffnung den ihm zustehenden Anspruch gegen den Vertragspartner an einen Dritten abgetreten, insbesondere an eine Bank im Wege der Sicherungszession, bliebe diese Abtretung auch gegenüber dem Insolvenzverwalter wirksam.[7] Hatte zuletzt der Vertragspartner eine aufrechenbare Gegenforderung gegen den Schuldner, die im Übrigen gewöhnliche Insolvenzforderung war, sollte er mit dieser Forderung auch zur Aufrechnung gegenüber dem Erfüllungsanspruch des Konkursverwalters berechtigt sein.[8] Die Möglichkeit der Vertragserfüllung durch den Konkursverwalter nach § 17 Abs. 1 KO verkehre damit den Zweck der Vorschrift in das Gegenteil. Der Konkursverwalter würde eher abgehalten, einen beiderseits nicht erfüllten gegenseitigen Vertrag zu erfüllen, es sei denn, er konnte mit dem Vertragspartner besondere Vereinbarungen über die weitere Vertragserfüllung treffen.[9] Das Ablehnungsrecht des Verwalters, das vom Wortlaut des § 17 Abs. 1 KO wie des § 103 Abs. 1 InsO als originäres Gestaltungsrecht eigentlich nur durch ein argumen-

---

[1] Grundlegend *Jaeger,* KO, § 17 Anm. 40; Jaeger/*Henckel,* KO, § 17 Rdn. 114, 131; zusammenfassend erläutert bei *Gerhardt* in: FS Merz, S. 117.

[2] *Jaeger,* KO, § 17 Anm. 40 ff.

[3] RGZ 39, 57, 58; RGZ 62, 201, 202; RGZ 85, 221, 222; RGZ 98, 136, 137; RGZ 129, 228, 229; BGHZ 81, 90, 91; BGHZ 83, 359, 363; BGHZ 97, 87, 90; Jaeger/*Henckel,* KO, § 17 Rdn. 84, 132; *Kuhn/Uhlenbruck,* KO, § 17 Rdn. 23 f; ausdrücklich in: diesem Sinne *Jaeger,* KO, § 17 Rdn. 33.

[4] RGZ 148, 326, 330; BGHZ 83, 359; *Jaeger,* KO, § 17 Anm. 18 a; Jaeger/*Henckel,* KO, § 17 Rdn. 85 ff.; *Kuhn/Uhlenbruck,* KO, § 17 Rdn. 27.

[5] Mit umfangreichen Nachweisen *Kreft* in: MüKo-InsO, § 103 Rdn. 9; *Jaeger,* KO, § 17 Anm. 16.

[6] *Kreft* in: MüKo-InsO, § 103 Rdn. 10.

[7] RGZ 11, 49, 51; *Marotzke* in: HK-InsO, § 103 Rdn. 17; Jaeger/*Henckel,* KO, § 17 Rdn. 145.

[8] Dazu BGHZ 89, 189, 191; *Häsemeyer* in: KS, S. 645 Rdn. 56, 57.

[9] *Kreft* in: MüKo-InsO, § 103 Rdn. 10.

tum e contrario zu begründen ist, habe denn Sinn, die Masse vor Schaden zu bewahren, der sich aus der Erfüllung eines möglicherweise sinn- und zwecklosen Vertrages ergäbe.[1] Dass aber vom Wortlaut der Normen gesehen gerade die Vertragserfüllung der Insolvenzmasse Nutzen bringen soll, wurde nicht ausreichend beachtet.

Im Schrifttum setzte sich eine Betrachtungsweise durch, die aus- 1216
gehend vom Wortlaut des § 17 Abs. 1 KO beziehungsweise des § 103 Abs. 1 InsO und unter Berücksichtigung der unmittelbaren Wirkungen der Insolvenzeröffnung auf Ansprüche und Forderungen nicht mehr die Erfüllungsablehnung durch den Konkurs- oder Insolvenzverwalter, sondern dessen Erfüllungswahl als konstitutiv ansah.[2] Für diesen dogmatischen Ansatz sprechen sowohl der Wortlaut der Normen als auch die Motive zur Konkursordnung. Wenn nämlich sowohl § 17 Abs. 1 KO als auch § 103 Abs. 1 InsO lediglich die Möglichkeit der Erfüllung des Vertrages durch den Verwalter regeln, muss der umgekehrte Fall, nämlich die Nichterfüllung denknotwendig vorausgesetzt werden. Dies lässt sich mit § 3 KO beziehungsweise § 38 InsO begründen, wonach mit Insolvenzeröffnung der Anspruch des anderen Teils ohne weiteres zur Insolvenzforderung wird. Die Einrede des § 320 BGB wird damit hinfällig. Um diese Rechtsfolge nicht nur für den Vertragspartner sondern auch im Interesse der Insolvenzmasse zu vermeiden, regelt das Gesetz die Erfüllungswahl durch den Insolvenzverwalter als Ausnahme zur Kraft Insolvenzeröffnung eintretenden Nichterfüllung des Vertrages und Qualifizierung des Anspruch des Vertragspartners zu einer Insolvenzforderung. Damit besteht das Gestaltungsrecht des Insolvenzverwalters nicht in der Erfüllungsablehnung sondern gerade in der Erfüllungswahl. Schon beinahe selbstverständlich gehen auch die Motive zur Konkursordnung in ihren Erläuterungen zu § 17 KO von einer solchen Nichterfüllung aus.[3]

b) Die Entwicklung der Rechtsprechung des Bundesgerichtshofs

aa) Die so genannte „Erlöschenstheorie“ nach BGHZ 106, 236

Der Bundesgerichtshof nahm die dogmatische Entwicklung zunächst 1217
vorsichtig auf, er stellte zwar fest, dass mit Konkurs- beziehungsweise Insolvenzeröffnung sämtliche Ansprüche Insolvenzforderung werden, hielt anfangs jedoch immer noch an der rechtsgestaltenden Erfüllungswahl durch den Verwalter fest.[4] Erst mit Urteil vom 11. Februar

---

[1] *Baur* in: FS Weber, S. 41, 43 unten mit Hinweis auf *Häsemeyer,* KTS 1973, 2, 4.

[2] Umfangreiche Nachweise bei *Marotzke,* Rdn. 3.5; *Gerhardt* in: FS Merz, S. 117, 118 Fn. 8.

[3] Motive zur Konkursordnung, S. 67; ebenso *Kreft* in: MüKo-InsO, § 103 Rdn. 20; *Marotzke,* Rdn. 3.6; dagegen bezeichnet *Jaeger,* KO, § 17 Rdn. 40, diese Formulierung in den Motiven als einen „verhängnisvollen Irrtum des Verfassers“.

[4] BGHZ 89, 189, 194; BGHZ 96, 392, 394; BGHZ 98, 160, 169 mit Bezugnahme auf BGHZ 68, 379, 380.

1988[1] kehrte er von seiner bisherigen Rechtsprechung vollständig ab und stellte fest, dass die beiderseitigen Erfüllungsansprüche bereits im Augenblick der Konkurseröffnung erlöschen und erst durch das Erfüllungsverlangen des Verwalters wieder aufleben sollen.[2] Der Bundesgerichtshof setzte diese Linie in weiteren Entscheidungen konsequent fort.[3] Aus dieser Rechtsprechung entwickelte sich die so genannte „Erlöschenstheorie", nach welcher mit Insolvenzeröffnung zwar nicht der gegenseitigen Vertrag als solcher wohl aber die gegenseitigen Leistungsansprüche erlöschen sollten.[4]

1218 Die Zielrichtung der Änderung der Rechtsprechung des Bundesgerichtshofs bestand primär in der Erhöhung der Verteilungsgerechtigkeit für die Insolvenzgläubiger durch Verkürzung der Gegenrechte und Gestaltungsrechte des Vertragspartners oder Dritter im Falle der Erfüllung durch den Insolvenzverwalter. Hat nämlich der Schuldner vor Insolvenzeröffnung die ihm zustehenden Ansprüche aus dem Vertrag an einen Dritten zur Sicherung abgetreten, erlischt diese Sicherungsabtretung zusammen mit dem Anspruch bei Insolvenzeröffnung. Mit Neubegründung des Anspruchs durch konstitutive Erfüllungswahl des Verwalters kann aber wegen § 91 Abs. 1 InsO (früher § 15 KO) die Sicherungsabtretung nicht wiederaufleben, der Erfüllungsanspruch steht ungeschmälert der Insolvenzmasse zu. Hat weiter der Vertragspartner aus anderem Rechtsgrund eine Insolvenzforderung gegen den Schuldner und hätte er gegen den ursprünglich bestehenden Erfüllungsanspruch auch nach Insolvenzeröffnung aufrechnen können (§ 94 InsO), scheitert die Aufrechnung gegen den durch Erfüllungswahl neu begründeten Anspruch der Insolvenzmasse an § 96 Abs. 1 Nr. 1 InsO (früher § 55 Nr. 1 KO).[5]

bb) Die Differenzierung bei teilbarer Leistungserfüllung nach BGHZ 129, 336

1219 Die „Erlöschenstheorie" des Bundesgerichtshofs mit der entscheidenden Folge der Unzulässigkeit einer Aufrechnung seitens des Vertragspartners mit weiteren Insolvenzforderungen gegen den Erfüllungsanspruch der Insolvenzmasse ist dann sachgerecht, wenn keine der Parteien vor Insolvenzeröffnung Leistungen erbracht hat. Hat aber der Schuldner bereits vor Insolvenzeröffnung teilweise geleistet, ist gleichsam der Anspruch gegen den Vertragspartner auf die teilweise Gegenleistung bereits entstanden. Steht dem Vertragspartner seinerseits

---

[1] BGHZ 103, 250, 254 mit Bezug auf BGH NJW 1987, 1702; bestätigt in BGHZ 109, 368, 373; BGH ZIP 1990, 1354; BGH ZIP 1991, 945.

[2] Zu dieser Entwicklung der Rechtsprechung umfassend, aber auch kritisch *Marotzke,* Rdn. 3.42 ff.

[3] Grundlegend BGHZ 106, 236.

[4] BGHZ 106, 236, 242; BGHZ 116, 156, 158; zur Rezeption der „Erlöschenstheorie" in der Literatur *Marotzke,* Rdn. 3.42, 3.44; *Kreft,* ZIP 1997, 865; *Huber,* NZI 1998, 97.

[5] So ausdrücklich BGHZ 116, 156, 158.

eine Insolvenzforderung zu, muss hier eine zulässige Aufrechnungslage nach § 94 InsO anerkannt werden. Dies stellte der Bundesgerichtshof ausdrücklich mit Urteil vom 4. Mai 1995[1] fest. Das Schrifttum verstand die frühere Rechtsprechung nämlich so, dass die Unzulässigkeit der Aufrechnung auch Teilleistungen vor Insolvenzeröffnung erfassen solle.[2] Ausdrücklich stellt der Bundesgerichtshof fest, dass die Versagung der Aufrechnung mit vorinsolvenzlichen Gegenansprüchen dem Schutzzweck des § 94 InsO (früher § 54 KO) zuwiderlaufe.[3] Soweit ferner der Schuldner bereits vor Insolvenzeröffnung eine Leistung erbracht habe, habe auch bei weiterer Erfüllungswahl durch den Insolvenzverwalter die Masse diesbezüglich keine Leistungen zu erbringen. Deshalb erscheine es nicht gerechtfertigt, die Insolvenzmasse vor einer Aufrechnung gegen diesen Teil der Gegenleistung zu schützen.[4]

Wesentliche Voraussetzung für die Eröffnung der Aufrechnungslage 1220
bei teilweise Vorleistungen des Schuldners ist jedoch die Teilbarkeit der Leistung und des Vertrages als solchem. Der Bundesgerichtshof betont hier ausdrücklich, dass die Aufspaltung eines einheitlichen Vertragsverhältnisses dem geltenden Recht durchaus nicht fremd ist. Insbesondere kann ein Bauvertrag hinsichtlich einzelner Leistungen und Gewerke geteilt werden, hinsichtlich bereits erbrachten Bauleistungen kann die anteilige Gegenleistung bestimmt werden.[5]

Die Aufspaltung des Vertrages bei teilbarer Leistung wird schließlich 1221
in § 105 InsO gleichsam zur Regel gemacht, dort allerdings im Hinblick auf Teilleistungen des Vertragspartners vor Insolvenzeröffnung. Mit dem anteiligen Anspruch auf die Gegenleistung ist der Vertragspartner nach § 105 Satz 1 InsO stets Insolvenzgläubiger, die Leistung, die bereits in das Vermögen des Schuldners geflossen ist, kann er nach § 105 Satz 2 InsO nicht zurückfordern.[6]

Mit Urteil vom 22. Februar 2001[7] bekräftigte und konkretisierte der 1222
Bundesgerichtshof seine Auffassung zur Teilbarkeit des Vertrages bei Vertrageserfüllung. Letztlich ist damit endgültig auch Abschied von dem Postulat genommen, der Insolvenzverwalter könne einen beiderseits nicht vollständig erfüllten Vertrag bei Erfüllungswahl nur als Ganzes erfüllen. Mit einer weiten Auslegung des Begriffs der Teilbarkeit[8]

[1] BGHZ 129, 336.
[2] *Gerhardt* in: FS für Merz, S. 117, 125 ff.; *Bork*, Einführung (2. Auflage 1998); Rdn. 156.
[3] BGHZ 129, 336, 341.
[4] BGHZ 129, 336, 340.
[5] BGHZ 129, 336, 342; zum Bauvertrag eingehend *Kreft* in: FS Uhlenbruck, S. 387; auch *Scheffler*, ZIP 2001, 1182; *Meyer*, NZI 2001, 294; *Huber*, NZI 2002, 467.
[6] So zur Auslegung des § 17 KO und § 9 Abs. 1 GesO bereits BGHZ 135, 25.
[7] BGHZ 147, 28.
[8] BGHZ 147, 28, 31; für das Vergleichsrecht mit § 36 Abs. 2 VerglO bereits BGHZ 67, 242.

kann beinahe jeder Vertrag in einen vorinsolvenzlichen und einen späteren Teil aufgespalten werden,[1] die Vertragserfüllung bezieht sich dann nur auf den späteren Teil.

cc) Die „modifizierte Erlöschenstheorie" nach BGHZ 150, 353

1223 Mit einer letzten Grundsatzentscheidung vom 25. April 2002[2] konkretisierte der Bundesgerichtshof seine Rechtsprechung zur Aufspaltung des nicht erfüllten Vertrages und zum vermeintlichen Erlöschen der gegenseitigen Ansprüche bei Insolvenzeröffnung. Allgemein stellte der Bundesgerichtshof zur Teilbarkeit von Leistungen eines Vertrages fest, dass diese regelmäßig dann vorliege, wenn sich die vor und nach Eröffnung des Insolvenzverfahrens erbrachten Leistungen feststellen und bewerten lassen. Die Beweislast für den Zeitpunkt der Leistungserbringung liege bei demjenigen, der sich darauf zu seinem Vorteil beruft. Hat der Schuldner vor Insolvenzeröffnung Leistungen erbracht, erstreckt sich eine Sicherungsabtretung noch auf die für diese Leistungen anteilige Gegenleistung,[3] nicht aber auf weitere Leistungen nach Insolvenzeröffnung, wenn der Insolvenzverwalter die Erfüllung wählt.

1224 In einer Nuance korrigierte der Bundesgerichtshof auch seine „Erlöschenstheorie" hin zur so genannten „modifizierten Erlöschenstheorie".[4] Klarstellend wurde festgestellt, dass die Eröffnung des Insolvenzverfahrens nicht ein Erlöschen der gegenseitigen Leistungsansprüche im Sinne des § 362 BGB bewirke sondern lediglich zu einer Nicht-Durchsetzbarkeit der Ansprüche für die Dauer und die Wirkungen des Insolvenzverfahrens. Damit bleibt mit Insolvenzeröffnung zwar der gegenseitigen Vertrag als solcher bestehen, mit ihm bleiben auch die gegenseitigen Leistungsansprüche bestehen, sie können jedoch nicht mehr durchgesetzt werden, die Erfüllung hängt allein von der weiterhin konstitutiven Wahl des Insolvenzverwalters nach § 103 Abs. 1 InsO ab. Im Kern ist der Bundesgerichtshof damit nicht wesentlich von seiner bisherigen Rechtsprechung abgewichen, sondern hat sie lediglich hinsichtlich der materiellrechtlichen Wirkungen der Insolvenzeröffnung korrigiert.[5] Die Nicht-Durchsetzbarkeit soll auch nur insolvenzspezifisch gelten, wird das Insolvenzverfahren beendet, ohne dass durch den Insolvenzverwalter über die Erfüllung des Vertrages entschieden worden ist, können sowohl der Schuldner als auch der Vertragspartner die ihnen zustehenden Leistungsansprüche wieder geltend machen, so als hätte es kein Insolvenzverfahren gegeben.[6]

---

[1] *Kreft* in: MüKo-InsO, § 105 Rdn. 12, 15 ff.

[2] BGHZ 150, 353; dazu *Graf/Wunsch,* ZIP 2002, 2117.

[3] BGHZ 150, 353, 358; BGHZ 135, 25, 29.

[4] Begriff bei *Henckel* – zur Dogmatik des Bundsgerichtshofs aber sehr kritisch – in: FS Kirchhof, S. 191, 199, 200; *Marotzke,* ZZP 2002, 507.

[5] So ausdrücklich BGHZ 150, 353, 359; dogmatisch vorbereitet durch *Kreft* in: MüKo-InsO, § 103 Rdn. 13, 19.

[6] *Kreft* in: MüKo-InsO, § 103 Rdn. 18 a. E.; Jaeger/*Henckel,* KO, § 17 Rdn. 160.

c) Die Wirkung der Insolvenzeröffnung gegenüber den Ansprüchen des Vertragspartners

Zusammenfassend ergibt die Rechtsprechung des Bundesgerichtshofs ein in sich geschlossenes, logisches und praxisgerechtes Bild über die Wirkungen der Insolvenzeröffnung gegenüber dem nicht erfüllten Vertrag und dessen Abwicklung nach § 103 InsO: 1225

- Mit Eröffnung des Insolvenzverfahrens können die Leistungsansprüche aus einem gegenseitigen, beiderseits nicht vollständig erfüllten Vertrag nicht mehr durchgesetzt werden; der Leistungsansprüche des Vertragspartners würde kraft Gesetzes Insolvenzforderung, der Leistungsanspruch des Schuldners könnte gegen den Vertragspartner zwar durchgesetzt werden, ihm stünde aber die Einrede des § 320 BGB entgegen.[1] Die eintretende Nicht-Durchsetzbarkeit stellt kein Erlöschen der Ansprüche in materiellrechtlichen Sinne dar.
- Wählt der Insolvenzverwalter nach § 103 Abs. 1 InsO die Erfüllung des Vertrages, sind dieser Erfüllungswahl die gleichen Wirkungen beizumessen, als wenn der Insolvenzverwalter und der Vertragspartner den entsprechenden Vertrag mit identischem Inhalt neu abgeschlossen hätten.[2]
- Der mit Erfüllungswahl konstitutiv wieder begründete Leistungsanspruch des Vertragspartners wird Masseverbindlichkeiten nach § 55 Abs. 1 Nr. 2 InsO.
- Der mit Erfüllungswahl konstitutiv wieder begründete Leistungsanspruch des Schuldners ist zur Insolvenzmasse zu erfüllen; gegen ihn kann der Vertragspartner wegen § 96 Abs. 1 Nr. 1 InsO mit keiner ihm sonst zustehenden Insolvenzforderung aufrechnen.
- Hat der Schuldner vor Insolvenzeröffnung den ihnen zustehenden Leistungsanspruch sicherungshalber abgetreten, ist die Abtretung mit Insolvenzeröffnung zusammen mit der Nicht-Durchsetzbarkeit des Anspruchs wirkungslos; auf den durch die Erfüllungswahl wieder neu begründeten Leistungsanspruch kann sie sich wegen § 91 Abs. 1 InsO nicht mehr erstrecken.
- Hat der Vertragspartner vor Insolvenzeröffnung teilweise Leistungen erbracht, ist er mit dem anteiligen Anspruch auf die Gegenleistung lediglich Insolvenzgläubiger nach § 105 Satz 1 InsO.
- Hat der Schuldner vor Insolvenzeröffnung teilweise Leistungen erbracht, kann gegen den anteiligen Gegenleistungsanspruch des Schuldners gegen den Vertragspartner von diesem mit einer ihm sonst zustehenden Insolvenzforderung aufgerechnet werden (§ 94 InsO). Ebenso erstreckt sich eine Sicherungsabtretung des Leistungs-

---

[1] Die Einrede selbst kann nicht geltend gemacht werden, BGHZ 89, 189, 194; *Huber* in: MüKo-InsO, § 103 Rdn. 62; anders *Marotzke* in: HK-InsO, § 103 Rdn. 2, 47, 54; *Marotzke*, Rdn. 2.8, 2.26, 2.45.

[2] *Kreft* in: MüKo-InsO, § 103 Rdn. 41.

anspruchs des Schuldners noch auf den anteiligen Gegenleistungsanspruch.
- Teilbar im Sinne des § 105 InsO ist ein Vertrag immer dann, wenn die geschuldeten Leistungen sich in zeitliche Abschnitte feststellen und bewerten lassen; der Begriff der Teilbarkeit ist weit auszulegen.

1226 Ausgehend von diesen Grundsätzen lassen sich die Rechtsfolgen bei endgültiger Nichterfüllung des Vertrages durch den Insolvenzverwalter oder bei Erfüllungswahl ohne große Probleme feststellen.

4. Die endgültige Nichterfüllung durch den Insolvenzverwalter

a) Die deklaratorische Wahl der Nichterfüllung

1227 Entschließt sich der Insolvenzverwalter, den gegenseitigen Vertrag nicht weiter zu erfüllen, bleibt es bei der kraft Insolvenzeröffnung eingetretenen Nicht-Durchsetzbarkeit der Ansprüche. Die Wahl des Insolvenzverwalters auf Nichterfüllung des Vertrages hat keine konstitutive Wirkung, sie bekräftigt lediglich deklaratorisch die bereits eingetretene Rechtsfolge.[1] Die diesbezügliche Erklärung des Insolvenzverwalters stellt eine einseitige, formfreie aber empfangsbedürftige Willenserklärung gegenüber dem Vertragspartner dar. Sie ist als Willenserklärung nach den allgemeinen Regeln des bürgerlichen Rechts auslegungsfähig, unwiderruflich, aber auch nach § 119 BGB anfechtbar.

1228 Das Wahlrecht auf Nichterfüllung oder Erfüllung des Vertrages steht im Regelinsolvenzverfahren allein dem Insolvenzverwalter zu, es kann nicht bereits der vorläufige Insolvenzverwalter im Eröffnungsverfahren das Wahlrecht ausüben.[2] Im Eröffnungsverfahren ist der Vertragspartner aber regelmäßig bemüht, für den Fall der Insolvenzeröffnung eine Zusage auf Erfüllung seines Vertrages zu erhalten; dies ist verständlich, sonst würde er nicht mit dem vorläufigen Insolvenzverwalter einen Vertrag abschließen wollen. Der vorläufige Insolvenzverwalter sollte hier stets auf § 103 InsO hinweisen, ebenso auf die mögliche Anfechtbarkeit nach § 129 InsO. Andernfalls könnte ihm als endgültigem Insolvenzverwalter treuwidriges Verhalten unterstellt werden (§ 242 BGB), wenn er später die Nichterfüllung des von ihm selbst geschlossenen Vertrages wählt.[3]

---

[1] *Kreft* in: MüKo-InsO, § 103 Rdn. 20; Jaeger/*Henckel*, KO, § 17 Rdn. 149, 163.

[2] So bereits für den Sequester im Konkurseröffnungsverfahren BGHZ 97, 87, 90; *Kuhn/Uhlenbruck*, KO, § 17 Rdn. 13b; für das Insolvenzverfahren *Huber* in: MüKo-InsO, § 103 Rdn. 150, 151; *Uhlenbruck* in: *Uhlenbruck*, InsO, § 22 Rdn. 45; *Balthasar* in: *Nerlich/Römermann*, InsO, § 103 Rdn. 40; *Tintelnot* in: *Kübler/Prütting*, InsO, § 103 Rdn. 51.

[3] BGHZ 97, 87, 92 (Zahlung des Sequesters im Konkurseröffnungsverfahren an Energieversorger und spätere Anfechtung der Zahlung); *Huber* in: MüKo-InsO, § 103 Rdn. 151.

Im Verfahren der Eigenverwaltung (§§ 270ff. InsO) tritt nach § 279 Satz 1 InsO der Schuldner an die Stelle des Insolvenzverwalters, das Wahlrecht liegt beim Schuldner. Er soll es jedoch im Einvernehmen mit dem Sachwalter ausüben (§ 279 Satz 2 InsO). Im vereinfachten Insolvenzverfahren über das Vermögen eines Verbrauchers übt das Wahlrecht der Treuhänder aus, § 313 InsO enthält diesbezüglich keine Einschränkung. 1229

aa) Die Aufforderung des Vertragspartners nach § 103 Abs. 2 Satz 2 InsO

Die Vorschriften der §§ 103ff. InsO enthalten keine explizite Regelung zu der Frage, bis zu welchem Zeitpunkt oder auf welche Art und Weise der Insolvenzverwalter dem Vertragspartner gegenüber die Nichterfüllung erklären soll. Lediglich beim Kauf unter Eigentumsvorbehalt bestimmt § 107 Abs. 2 InsO in der Insolvenz des Käufers, dass der Insolvenzverwalter erst nach dem Berichtstermin (§ 156 InsO) sich auf die Aufforderung des Vertragspartners nach § 103 Abs. 2 Satz 2 InsO erklären muss. Erwägung des Gesetzgebers bei dieser Regelung war, das erst nach dem Berichtstermin und der Beschlussfassung der Gläubigerversammlung über die Fortführung eines Geschäftsbetriebes der Insolvenzverwalter entscheiden kann, ob er die unter Eigentumsvorbehalt erworbene Ware weiter nutzen kann und muss.[1] Diese zutreffende Erwägung greift aber nicht nur beim Kauf unter Eigentumsvorbehalt sondern eigentlich bei jedem nicht erfüllten gegenseitigen Vertrag. Es wird deshalb vertreten, § 107 Abs. 2 InsO generell auf die Erfüllungswahl des Insolvenzverwalters anzuwenden. 1230

Der Vertragspartner kann nach § 103 Abs. 2 Satz 2 InsO den Insolvenzverwalter auffordern, sich über die Ausübung eines Wahlrechts zu erklären. Die Erklärung soll nach dem Wortlaut der Vorschrift unverzüglich erfolgen. Welcher Zeitraum hier dem Insolvenzverwalter im Sinne des unbestimmten Rechtsbegriffs „unverzüglich" (§ 121 Abs. 1 BGB)[2] zuzubilligen ist, ist für den Einzelfall unter Berücksichtigung der Besonderheiten des Insolvenzverfahrens und des konkreten Vertrages zu bestimmen.[3] Unterlässt der Insolvenzverwalter eine Erklärung, kann er nach § 103 Abs. 2 Satz 3 InsO dem Vertragspartner gegenüber nicht mehr auf Erfüllung des Vertrages bestehen. Es bleibt insoweit bei der eingetretenen Nichterfüllung. § 103 Abs. 2 Satz 3 InsO verbietet aber nicht, dass der Insolvenzverwalter und der Vertragspartner einvernehmlich noch die Erfüllung des Vertrages vereinbaren. 1231

Bleiben aber sowohl der Insolvenzverwalter als auch der Vertragspartner nach Insolvenzeröffnung untätig, bleibt es bei der Nicht-Durchsetzbarkeit des Vertrages und bei einem ungewissen Schwebezustand hinsichtlich seiner möglichen Erfüllung. Es liegt letztlich in der Hand 1232

[1] Begründung des Regierungsentwurfs BT-Drucks. 12/2443, S. 146.
[2] Zur Definition des Begriffs bereits *Riezler* in: *Staudinger*, BGB, § 121 Anm. 3.
[3] *Huber* in: MüKo-InsO, § 103 Rdn. 173.

der Parteien, diesen Zustand zu beenden. Meldet der Vertragspartner den ihm zustehenden Schadensersatzanspruch nach § 103 Abs. 2 Satz 1 InsO zur Insolvenztabelle an, kann das als Aufforderung zur Ausübung des Wahlrechts angesehen werden.[1]

bb) Der Schadensersatzanspruch nach § 103 Abs. 2 Satz 1 InsO

1233 Bleibt es bei der mit Insolvenzeröffnung eingetretenen Nichterfüllung des Vertrages, steht dem Vertragspartner nach § 103 Abs. 2 Satz 1 InsO eine Forderung wegen Nichterfüllung zu, es handelt sich letztlich um einen Schadensersatz wegen Nichterfüllung oder in der Terminologie des § 281 Abs. 1 BGB um einen Schadensersatz statt Leistung. Der Schadensersatzanspruch entsteht nicht bereits mit Insolvenzeröffnung, dies hatte der Bundesgerichtshof noch in seinen Entscheidungen zur Erlöschenstheorie angenommen, sondern erst dann, wenn endgültig die Nichterfüllung des Vertrages feststeht.[2] Wenn beispielsweise der Insolvenzverwalter keine Erklärung zur Vertragserfüllung abgibt, der Vertragspartner seinen Schadensersatzanspruch zur Insolvenztabelle anmeldet und der Insolvenzverwalter den Anspruch zumindest dem Grunde nach anerkennt, steht die Nichterfüllung des Vertrages fest. Will der Insolvenzverwalter hingegen sein Wahlrecht auf Erfüllung ausüben, muss er den Schadensersatzanspruch als Insolvenzforderung bestreiten und gegenüber dem Vertragspartner die Erfüllung des Vertrages erklären.

1234 Über die Rechtsnatur des Anspruchs aus § 103 Abs. 2 Satz 1 InsO besteht Unklarheit, der Anspruch wird teilweise aus dem bürgerlichen Recht hergeleitet, es wird beispielsweise vertreten, er habe seinen Ursprung in der (früher noch konstitutiv gedachten) Erfüllungsablehnung des Insolvenzverwalters als Fall positiver Vertragsverletzung (§ 280 BGB).[3] Teilweise wird er als insolvenzspezifischer Nichterfüllungsanspruch bezeichnet, für den allerdings die allgemeinen bürgerlichrechtlichen Regeln zum Schadensersatz gelten.[4] Der Streit hat praktisch keine Bedeutung.[5] Einigkeit besteht nämlich darüber, dass der Anspruch wie der Schadensersatzanspruch wegen Nichterfüllung oder statt Leistung auf das positive Interesse des Vertragspartners geht und nach allgemeinen Grundsätzen des Schadensersatzes (§§ 249 ff., § 281 BGB) berechnet wird.

---

[1] *Huber* in: MüKo-InsO, § 103 Rdn. 171, 173.

[2] *Kreft* in: MüKo-InsO, § 103 Rdn. 22; zum Verjährungsbeginn *Berscheid* in: *Uhlenbruck*, InsO, § 103 Rdn. 90.

[3] *Hess/Weis/Wienberg*, InsO, § 103 Rdn. 151; *Wegener* in: FK-InsO, § 103 Rdn. 82; *Kuhn/Uhlenbruck*, KO, § 17 Rdn. 37 und § 26 Rdn. 9.

[4] Jaeger/*Henckel*, KO, § 17 Rdn. 171 m. w. N.; *Tintelnot* in: *Kübler/Prütting*, InsO, § 103 Rdn. 98.

[5] Deshalb offen gelassen von BGHZ 68, 379; hierzu auch *Huber* in: MüKo-InsO, § 103 Rdn. 184; *Berscheid* in: *Uhlenbruck*, InsO, § 103 Rdn. 86 ff.; *Balthasar* in: *Nerlich/Römermann*, InsO, § 103 Rdn. 61; *Huber* in: *Gottwald*, § 35 Rdn. 32.

Da der Anspruch als Insolvenzforderung befriedigt wird, kann er nur nach der strengen Differenztheorie berechnet werden.[1] Der Vertragspartner kann den Schaden sowohl konkret als auch abstrakt nach den allgemeinen Vorschriften der §§ 249 ff. BGB berechnen, in den Schadensersatz fließen insbesondere bereits erbrachte Vorleistungen, entgangener Gewinn,[2] Aufwendungen für mögliche Deckungsgeschäfte oder frustrierte Aufwendungen ein. Letztlich ist der Vertragspartner nach den allgemeinen bürgerlich-rechtlichen Regelungen so zu stellen, wie wenn er nach §§ 323 Abs. 1, 325 und 281 Abs. 1 BGB wegen Nichtleistung des Schuldners vom Vertrag zurückgetreten wäre und Schadensersatz hätte verlangen können. Sein Nachteil besteht allein darin, dass der Anspruch nur noch Insolvenzforderung ist. 1235

Beispiel 4: K verkauft dem B Waren im Wert von 25.000 EUR zu einem Kaufpreis von 26.750 EUR. Noch vor Übergabe der Waren und Zahlung des Kaufpreises wird über das Vermögen des K das Insolvenzverfahren eröffnet. Der Insolvenzverwalter lehnt auf Anfrage des B eine Erfüllung des Vertrages ab. B hat aber seinerseits die Waren bereits an T für 28.000 EUR weiterverkauft. Um diese Verpflichtung erfüllen zu können, muss er nun bei einem anderen Händler die Waren zum Preis von 30.500 EUR beschaffen. 1236

Mit Insolvenzeröffnung ist Nichterfüllung des Kaufvertrages eingetreten. Der Verwalter belässt es ausdrücklich bei dieser Nichterfüllung, er macht von dem Wahlrecht aus § 103 InsO keinen Gebrauch. Der Vertragspartner kann nur Schadensersatz wegen Nichterfüllung geltend machen (§ 103 Abs. 2 Satz 1 InsO). Als Schaden ist dem B zunächst der entgangene Gewinn aus Weiterveräußerung von 1.250 EUR zuzubilligen (§ 252 Satz 1 BGB). Durch den notwendigen Deckungskauf in Höhe von 30.500 EUR hat er aber letztlich einen Schaden von 3.750 EUR (30.500 EUR abzüglich 26.750 EUR). Es ist dabei unerheblich, ob er den Deckungskauf vornehmen musste, um eine eigene Verpflichtung zu erfüllen oder um nur die Ware zu erhalten. Hätte er die Waren für 32.500 EUR weiterveräußert, betrüge sein Schaden aus entgangenem Gewinn unter Berücksichtigung des notwendigen Deckungskaufs 5.750 EUR.

Bestehende Sicherheiten für den Vertragspartner zur Absicherung des Erfüllungsanspruchs decken auch den bei der Erfüllungsablehnung gegebenen Schadensersatzanspruch ab.[3] Hat sich beispielsweise ein Dritter dem Vertragspartner gegenüber für die Erfüllung durch den Schuldner verbürgt, haftet er als Bürge auch in Ansehung des Schadensersatzes. 1237

---

[1] BGHZ 96, 392, 395; *Huber* in: MüKo-InsO, § 103 Rdn. 185; *Berscheid* in: *Uhlenbruck*, InsO, § 103 Rdn. 87 ff.; Jaeger/*Henckel*, KO, § 17 Rdn. 173.

[2] *Huber* in: MüKo-InsO, § 103 Rdn. 190; *Berscheid* in: *Uhlenbruck*, InsO, § 103 Rdn. 88; Jaeger/*Henckel*, KO, § 17 Rdn. 177; *Kuhn/Uhlenbruck*, KO, § 17 Rdn. 37; ablehnend *Balthasar* in: *Nerlich/Römermann*, InsO, § 103 Rdn. 62; *Tintelnot* in: *Kübler/Prütting*, InsO, § 103 Rdn. 98; *Marotzke*, Rdn. 5.26; *Häsemeyer*, Rdn. 20.24.

[3] *Kreft* in: MüKo-InsO, § 103 Rdn. 24.

b) Das Schicksal teilweise erbrachter Leistungen vor Insolvenzeröffnung

aa) Die teilweise Leistung durch den Vertragspartner

1238 Hat der Vertragspartner vor Insolvenzeröffnung teilweise geleistet, kann er diese Leistung nach § 105 Satz 2 InsO nicht mehr zurückfordern. Er hat lediglich einen seiner teilweise Leistung entsprechenden Erfüllungsanspruch auf die Gegenleistung als Insolvenzforderung[1] beziehungsweise kann den Wert der von ihm erbrachten Leistung als Mindestschaden in seinen Schadensersatzanspruch einstellen.[2] Die Regelung des § 105 Satz 2 InsO ist insolvenzrechtlich logisch und zwingend, würde man dem Vertragspartner seine Leistung zurückgewähren, würde er als Insolvenzgläubiger gegenüber den übrigen Gläubigern bevorzugt werden.

1239 **Beispiel 5:** Die Eheleute K bestellen beim Möbelhaus eine Einbauküche, diese wird individuell für die Eheleute K geplant und soll im Auftrag des Möbelhauses von der Herstellerfirma erstellt werden. Auf den Kaufpreis von 20.000 EUR leisten die Eheleute K eine Anzahlung von 4.000 EUR. über das Möbelhaus wird das Insolvenzverfahren eröffnet, der Insolvenzverwalter belässt es hinsichtlich des Kaufvertrages mit den Eheleute K bei der Nichterfüllung.

Nach § 103 Abs. 2 Satz 1 InsO steht den Eheleuten K ein Anspruch auf Schadensersatz zu, sie können beispielsweise die Aufwendungen für ein Deckungsgeschäft geltend machen, erhalten auf den Schadensersatz wie die übrigen Insolvenzgläubiger auch aber lediglich die Quote. Die geleistete Anzahlung können sie nach § 105 Satz 2 InsO nicht zurückfordern. Der Insolvenzverwalter ist keineswegs verpflichtet, den Vertrag zu erfüllen oder die Käufer besserzustellen als andere Vertragspartner oder Gläubiger. Er würde damit sogar pflichtwidrigen handeln. Es ist schließlich unerheblich, aus welchem Grund der Insolvenzverwalter es bei der Nichterfüllung des Vertrages belässt, beispielsweise weil er zur Erfüllung des mit der Herstellerfirma geschlossenen Vertrages außerstande ist.

1240 Unter § 105 Satz 2 InsO fallen Leistungen des Vertragspartners dann nicht, wenn sie noch in seinem Eigentum stehen, bei dem Kaufvertrag lediglich die Übergabe, nicht aber die Übereignung stattgefunden hat. Der Vertragspartner kann hier wegen seines Anspruchs aus § 985 BGB die von ihm erbrachten Leistung aus der Insolvenzmasse aussondern (§ 47 InsO). Der Wortlaut des § 105 Satz 2 InsO ist insoweit unsauber, als er vom „Vermögen" des Schuldners spricht. Die Vorgängernorm des § 26 KO sprach dagegen ausdrücklich von Leistungen, die in das „Eigentum" des Schuldners übergegangen sind.

bb) Die teilweise Leistung durch den Schuldner

1241 Hat der Schuldner vor Insolvenzeröffnung teilweise geleistet, steht dem Insolvenzverwalter gegen den Vertragspartner ein Anspruch auf

---

[1] BGHZ 135, 25, 27; *Kreft* in: MüKo-InsO, § 103 Rdn. 25.

[2] So wohl Jaeger/*Henckel,* KO, § 17 Rdn. 7, 70, 83, 162; dagegen aber *Kreft* in: MüKo-InsO, § 103 Rdn. 26; zur Vorleistung des anderen Teils als Mindestschaden allgemein BGHZ 57, 78; ausdrücklich BGHZ 71, 234, 238; *Emmerich* in: MüKo-BGB, § 325 Rdn. 83 ff.

die anteilige Gegenleistung zu.[1] Die Rückgabe der Leistung, beispielsweise bereits gelieferter Ware, kann der Insolvenzverwalter nicht verlangen.[2] Die Nichterfüllung des Vertrages mit Insolvenzeröffnung führt nicht zu seinem Wegfall und nicht zu einem Fall des § 812 BGB.[3]

Teilleistungen des Schuldners fließen gegenüber dem Schadensersatz- 1242
anspruch des Vertragspartners in ein Abrechnungsverhältnis, wonach der Schadensersatzanspruch um die anteilige Gegenleistung für die erbrachten Teilleistungen gemindert wird. Der Vertragspartner kann also gleichsam die vom Schuldner erbrachte Teilleistung behalten, muss sie aber auf seinen Schadensersatzanspruch anrechnen.[4] Dies kann auch dazu führen, dass der Vertragspartner an die Insolvenzmasse etwas zurückerstatten muss, wenn nämlich sein Schadensersatzanspruch insgesamt geringer ist als der Wert der vom Schuldner erbrachten Teilleistungen.

An der Möglichkeit dieser Verrechnung von Teilleistungen des 1243
Schuldners und Schadensersatz des Vertragspartners zweifelt *Gerhart Kreft*.[5] Er verweist auf das Aufrechnungsverbot des § 95 Abs. 1 Satz 3 InsO, wonach die Aufrechnung unzulässig ist, da der Anspruch des Schuldners auf die anteilige Gegenleistung spätestens mit Insolvenzeröffnung entsteht und fällig wird, der Anspruch des Vertragspartners aber erst mit endgültigen Nichterfüllung des Vertrages. Gleichzeitig gibt er aber zu bedenken, dass die Regelungen der §§ 94 und 95 InsO auf Forderungen aus einem Synallagma ihrem Sinn und Zweck nach nicht anwendbar sein dürften. Die Verrechnung sollte deshalb nicht an der mangelnden Fälligkeit des Schadensersatzanspruchs oder fehlender Gleichartigkeit, wenn der Gegenleistungsanspruch der Insolvenzmasse nicht in Geld besteht, scheitern.

Beispiel 6: S verkauft dem T Waren im Wert von 25.000 EUR zu einem Kauf- 1244
preis von 26.500 EUR. Nach teilweiser Lieferung von einem Fünftel der Waren wird über das Vermögen des S das Insolvenzverfahren eröffnet. Der Insolvenzverwalter lehnt auf Anfrage des T eine Erfüllung des Vertrages ab. T muss nun bei einem anderen Händler die Waren zum Preis von 35.500 EUR beschaffen.

Der Schadensersatzanspruch des T beträgt 9.000 EUR (Aufwendungen für den Deckungskauf abzüglich der eigenen Leistungen bei Erfüllung des Vertrages). Allerdings hat er bereits eine teilweise Leistung erhalten. Der Insolvenzverwalter hat damit Anspruch auf den anteiligen Kaufpreises von einem Fünftel, mithin von 5.300 EUR. Innerhalb des Abrechnungsverhältnisses zwischen Schadensersatz und anteiligem Gegenleistungsanspruch beträgt der Anspruch des T nur noch 3.700 EUR. Er kann gleichsam gegen den anteiligen Gegenleistungsanspruch des Insolvenzverwalters mit seinen Schadensersatzanspruch eines Insolvenzforderung aufrechnen.

---

[1] BGHZ 129, 336, 340.

[2] RGZ 56, 238, 241; *Kreft* in: MüKo-InsO, § 103 Rdn. 32; Jaeger/*Henckel*, KO, § 17 Rdn. 80; anders *Häsemeyer*, KTS 1973, 2, 9.

[3] So aber wohl noch BGH NJW 1986, 1176; BGH NJW 1977, 1345.

[4] BGH NJW 2001, 1136 = NZI 2001, 85 = ZIP 2001, 31; *Huber* in: MüKo-InsO, § 103 Rdn. 185; *Berscheid* in: *Uhlenbruck*, InsO, § 103 Rdn. 89; *Fischer*, NZI 2001, 281.

[5] *Kreft* in: MüKo-InsO, § 103 Rdn. 35.

5. Das Wahlrecht des Insolvenzverwalters auf Erfüllung nach § 103 Abs. 1 InsO

a) Die konstitutive Wahl der Erfüllung

1245 Die entscheidende Sonderregelung des Insolvenzrechts zum gegenseitigen Vertrag besteht in der Möglichkeit des Insolvenzverwalters, diesen trotz Insolvenzeröffnung noch erfüllen zu können. Allein darin besteht das eigentliche Wahlrecht des Insolvenzverwalters nach § 103 Abs. 1 InsO, das er mit konstitutiver Wirkung ausüben kann. Anders als das Belassen des Vertrages bei seiner Nicht-Durchsetzbarkeit wirkt die Erfüllungswahl rechtsgestaltend hinsichtlich der vertraglichen Leistungsansprüche.[1]

1246 Die Erfüllungswahl erfolgt durch einseitige empfangsbedürftige Willenserklärung gegenüber dem Vertragspartner. Die Erklärung ist unwiderruflich und bedingungsfeindlich, als Willenserklärung aber nach §§ 119ff. BGB anfechtbar. Die Erklärung ist an keine Frist gebunden, es ist Sache des Vertragspartners, über § 103 Abs. 2 Satz 2 InsO den Insolvenzverwalter hierzu aufzufordern. Die Erklärung des Insolvenzverwalters bedarf auch keiner bestimmten Form, selbst schlüssiges Verhalten kommt in Betracht, wenn beispielsweise der Insolvenzverwalter gegenüber dem Vertragspartner die dem Schuldner obliegenden Leistung erbringt und die Gegenleistung hierfür fordert;[2] eine bloße Zalungsaufforderung an den Vertragspartner genügt nicht.[3]

1247 Die Erfüllungswahl kann nicht unter Vorbehalten oder Einschränkungen hinsichtlich des ursprünglichen Vertrages und seiner Ansprüche erfolgen. Der Insolvenzverwalter kann den Vertrag nicht einseitig ändern. Die Erfüllungswahl unter Vorbehalten oder Einschränkungen ist grundsätzlich als Erfüllungsablehnung mit gleichzeitigem Angebot auf Abschluss eines neuen Vertrages zu betrachten.[4] Die Rechtsfolgen hinsichtlich der Leistungsansprüche sind indes die gleichen, die Forderung des Vertragspartners ist dann Masseverbindlichkeit nach § 55 Abs. 1 Nr. 1 InsO statt nach Nr. 2 der Vorschrift. Der Unterschied besteht darin, dass bei einer Erfüllungswahl mit Vertragsänderungen der Vertragspartner nicht verpflichtet ist, dem zuzustimmen; ein neuer Vertrag mit ähnlichem Inhalt kann nur im Einvernehmen mit dem Vertragspartner geschlossen werden. Das Wahlrecht des § 103 Abs. 1 InsO ohne Änderungen an Vertragsinhalt führt dagegen auch ohne Zustimmung oder gar gegen den Willen des Vertragspartners zur Erfüllung. Der Vertragspartner ist an den von ihm bereits vor Insolvenzeröffnung ge-

[1] *Kreft* in: MüKo-InsO, § 103 Rdn. 39, 40.
[2] BGH NJW-RR 1998, 1338; *Huber* in: MüKo-InsO, § 103 Rdn. 156.
[3] OLG Dresden ZIP 2002, 815; OLG Stuttgart ZIP 2005, 588.
[4] So im Sachverhalt zu BGHZ 116, 156; *Huber* in: MüKo-InsO, § 103 Rdn. 159.

schlossenen Vertrag gebunden und hat durch die Erfüllungswahl des Insolvenzverwalters grundsätzlich keinen Nachteil.

Ob der Insolvenzverwalter sich für die Erfüllung des Vertrages entscheidet oder es bei der Nichterfüllung belässt, wird er regelmäßig danach beurteilen, welche Alternative für die Insolvenzmasse günstiger ist, insbesondere welche Leistungen die Insolvenzmasse noch zu erbringen hat und welchen Wert die Gegenleistung des Vertragspartners hat. Es muss aber immer wieder betont werden, das die Erfüllungswahl auch dem Vertragspartner grundsätzlich einen Vorteil bringt, da er selbst bei nur teilweiser Erfüllung für die Zukunft (§ 105 Satz 1 InsO) regelmäßig besser gestellt ist als bei völliger Nichterfüllung des Vertrages. 1248

b) Die Wirkungen der Erfüllungswahl

aa) Das Entstehen der Leistungsansprüche des Vertragspartners als Masseverbindlichkeit nach § 55 Abs. 1 Nr. 2 InsO

Der Vertrag ist so zu erfüllen, wie er sich im Zeitpunkt der Insolvenzeröffnung befunden hat. Der Leistungsansprüche des Vertragspartners entsteht neu als Masseverbindlichkeit nach § 55 Abs. 1 Nr. 2 InsO.[1] Nach der modifizierten Erlöschenstheorie kann zwar davon gesprochen werden, dass der ursprüngliche Leistungsanspruch des Vertragspartners, der bisher lediglich nicht mehr durchsetzbar war, wieder seine volle Wirksamkeit und Durchsetzbarkeit erhält, ihm wird jedoch die spezifische Qualität der Masseverbindlichkeit beigegeben, er erhält gleichsam einen Qualitätssprung.[2] 1249

Da in der Systematik der Abgrenzung von Insolvenzforderungen zu Masseverbindlichkeiten Letztere regelmäßig erst nach Insolvenzeröffnung entstehen und durch ein Handeln des Insolvenzverwalters begründet werden, ist es sachgerecht und systematisch logisch, den Leistungsanspruch des Vertragspartners durch Erfüllungswahl des Insolvenzverwalters als Masseverbindlichkeit „wieder entstehen" zu lassen. Die Erfüllungswahl des Insolvenzverwalters hat damit die gleichen Wirkungen, wie ein mit dem Vertragspartner neu abgeschlossener Vertrag mit identischem Inhalt.[3] 1250

bb) Das Entstehen der Leistungsansprüche des Insolvenzverwalters

In gleicher Weise hat der Vertragspartner den Anspruch des Schuldners aus dem gegenseitigen Vertrag zur Insolvenzmasse zu erfüllen. Inhalt und Umfang der Leistungserfüllung bestimmen sich auch hier nach dem Stand des gegenseitigen Vertrages im Zeitpunkt der Insolvenzeröffnung. 1251

Einwendungen und Einreden, die im ursprünglichen Vertragsverhältnis bestanden haben, bestehen auch nach der Erfüllungswahl des Insolvenzverwalters im Verhältnis der wieder begründeten Ansprüche. Hatte 1252

---

[1] BGHZ 103, 250; BGHZ 106, 236.
[2] *Kreft* in: MüKo-InsO, § 103 Rdn. 40.
[3] BGHZ 116, 156; treffend *Kreft* in: MüKo-InsO, § 103 Rdn. 41.

beispielsweise der Schuldner dem Vertragspartner gegenüber bereits Stundung gewährt, ist auch der Insolvenzverwalter hieran gebunden.[1] Auch die Einrede des § 320 BGB kann gegenseitig geltend gemacht werden.[2]

c) Das Schicksal teilweise erbrachter Leistungen vor Insolvenzeröffnung

aa) Die teilweise Leistung durch den Vertragspartner

1253 Hat der Vertragspartner vor Insolvenzeröffnung Teilleistungen erbracht, ist er mit seinem Anspruch auf die anteilige Gegenleistung stets nur Insolvenzgläubiger (§ 105 S. 1 InsO), dies gilt gerade dann, wenn der Insolvenzverwalter Erfüllung des Vertrages wählt. Zwar ist ein Vertrag grundsätzlich vollständig zu erfüllen, soweit aber die Leistungen teilbar sind, erfolgt eine Vertragsspaltung.[3]

1254 Der Bundesgerichtshof legt den Begriff der Teilbarkeit nach § 105 Satz 1 InsO und damit den Anwendungsbereich der Vorschrift weit aus.[4] Er ermöglicht damit sowohl dem Insolvenzverwalter die Wahl auf Erfüllung, da dieser bereits erbrachte Leistungen des Vertragspartners nicht mehr als Masseverbindlichkeit erfüllen muss. Ein weiter Anwendungsbereich des § 105 Satz 1 InsO dient aber auch dem Vertragspartner, wenn der Vertrag wenigstens teilweise noch erfüllt wird, bei völliger Nichterfüllung werde der Vertragspartner gänzlich nur Insolvenzgläubiger. Diese extensive Auslegung des § 105 Satz 1 InsO stößt im Schrifttum auf Kritik, es wird vor allem eingewendet, dass diese Vorschrift als Sonderregelung für Wiederkehrschuldverhältnisse gedacht sei und als solche einer weiten Auslegung unzugänglich.[5] Daher solle am Grundsatz der einheitlichen Vertrageserfüllung möglichst festgehalten werden. Zu weitgehend ist es aber, § 105 Satz 1 InsO als unangemessene Benachteiligungsvorschrift gegenüber dem Vertragspartner gänzlich für verfassungswidrig anzusehen.[6]

bb) Die Besonderheiten bei mangelhafter Leistung des Vertragspartners

1255 Die mangelhafte Leistung durch den Vertragspartner vor Insolvenzeröffnung stellt sowohl im Kaufvertrag (§ 433 Abs. 1 Satz 2 BGB), erst

---

[1] BGH NJW 1999, 1261 = ZIP 1999, 199.

[2] Allgemein *Huber* in: MüKo-InsO, § 103 Rdn. 166; *Berscheid* in: *Uhlenbruck,* InsO, § 103 Rdn. 71, 72; *Balthasar* in: *Nerlich/Römermann,* InsO, § 103 Rdn. 53; *Wegener* in: FK-InsO, § 103 Rdn. 66; Jaeger/*Henckel,* KO, § 17 Rdn. 135; *Kuhn/Uhlenbruck,* KO, § 17 Rdn. 23c.

[3] Zur Auslegungsgeschichte der Norm *Kreft* in: MüKo-InsO, § 105 Rdn. 10ff.

[4] BGHZ 147, 28; BGHZ 150, 353.

[5] *Henckel* in: FS Kirchhof, S. 191, 199, 200; *Kessler,* ZIP 2005, 2046; dogmatisch kritisch im Übrigen *Marotzke* in: HK-InsO, § 103 Rdn. 39ff.; *Marotzke,* ZZP 2002, 507; zur einschränkenden Auslegung der Norm für Fälle der Sukzessivlieferung *Marotzke,* Rdn. 4158ff.

[6] *Marotzke* in: HK-InsO, § 105 Rdn. 7; *Marotzke,* Rdn. 4164; *Häsemeyer,* Rdn. 20.27; kritisch auch *Henckel,* JZ 1988, 155 (zu § 36 Abs. 2 VerglO).

recht aber im Werkvertrag nach § 631 BGB keine vollständige Leistungserfüllung dar, es gilt § 103 InsO. Der Insolvenzverwalter kann mit der Erfüllungswahl Mängelbeseitigung vom Vertragspartner verlangen und die ihm zustehenden Gewährsleistungsansprüche aus §§ 437ff. BGB oder §§ 634ff. BGB geltend machen. Dieses Erfüllungswahl kann aber nicht dazu führen, dass der Kaufpreisanspruch oder der weitere Anspruch des Vertragspartners nunmehr zur Masseverbindlichkeit wird.[1] Der Vertragspartner würde dann gerade wegen seiner mangelhaften Leistung besser gestellt, als wenn er vor Insolvenzeröffnung vollständige und mangelfrei geleistet hätte. Der Vertragspartner bleibt mit seinem Anspruch Insolvenzgläubiger.

cc) Die teilweise Leistung durch den Schuldner

Hat der Schuldner vor Insolvenzeröffnung Teilleistungen erbracht, ist 1256
die Erfüllungswahl diesbezüglich ohne Bedeutung. Bei Teilbarkeit der Leistung steht dem Insolvenzverwalter die anteilige Gegenleistung zu, gleichgültig ob er Erfüllung des Vertrages wählt oder nicht.[2] Es erleidet der Vertragspartner mit der Erfüllungswahl durch den Insolvenzverwalter auch keinerlei Nachteil. Er erhält die noch ausstehenden Leistungen als Masseverbindlichkeit und hat die vollständige Gegenleistung zur Insolvenzmasse zu erfüllen. Für den Insolvenzverwalter ist bei seiner Entscheidung allein zu überlegen, welche Leistungen er mit Mitteln der Insolvenzmasse noch erbringen muss und welche Gegenleistung er dafür erhalten kann.

dd) Die Vertragserfüllung bei beiderseits teilweiser Leistung

Bei teilweiser Leistungserbringung sowohl des Schuldners Ablauf 1257
des Vertragspartners vor Insolvenzeröffnung stehen sich der Anspruch des Insolvenzverwalters auf die anteilige Gegenleistung für die erbrachte Teilleistung des Schuldners sowie die teilweise Vorleistung des Vertragspartners, aus der nach § 105 Satz 1 InsO der Gegenleistungsanspruch nur als Insolvenzforderung geltend gemacht werden kann, gegenüber. Im Idealfall, bei welchem sich die Teilleistung des Schuldners und die Leistung des Vertragspartners anteilig entsprechen, kann der Vertrag als teilweise erfüllt betrachtet werden. Ist die Teilleistung des Vertragspartners dagegen höher als der Gegenleistungsanspruch, den er für die Leistung des Schuldners zu erbringen hätte, steht ihm im Übrigen nur eine Insolvenzforderung zu. Wählt der Insolvenzverwalter hier die Erfüllung des Vertrages, führt dies dazu, dass er nicht die gesamte restliche Leistung des Schuldners als Masseverbindlichkeit erfüllen darf, sondern wegen § 105 Satz 1 InsO durch den Teil der Leistung, der auch über die bereits erbrachte Vorleistung des Vertragspartners hinausgeht. Diese Rechtsfolge erscheint zunächst merkwürdig, ist

---

[1] So aber für den Werkvertrag zu allgemein *Huber* in: MüKo-InsO, § 103 Rdn. 146 a.E.

[2] BGHZ 129, 336, 340; *Kreft* in: MüKo-InsO, § 103 Rdn. 51.

wegen § 105 Satz 1 InsO jedoch zwingend und auch logisch. Hätte nämlich der Vertragspartner die ihm obliegende Leistung bereits vollständig vor Insolvenzeröffnung erbracht, wäre er mit seinem Gegenleistungsanspruch unstreitig Insolvenzgläubiger. Übersteigt nun seine Vorleistung lediglich diejenige des Schuldners, kann nichts anderes gelten.

1258 **Beispiel 7:** Der Schuldner verkauft vor Insolvenzeröffnung an H als Vertragspartner Waren zum Kaufpreis von 20.000 EUR. Ebenfalls vor Insolvenzeröffnung wird die Hälfte der Waren geliefert und dem H übereignet, er zahlt einen Teilkaufpreis von 15.000 EUR. Der Insolvenzverwalter wählt die Erfüllung des Vertrages und verlangt von H Zahlung der Hälfte des Kaufpreises. H will dagegen nur noch 5.000 EUR zahlen, verlangt jedoch Lieferungen der zweiten Hälfte der Waren.

Die Ansprüche aus dem Kaufvertrag bestanden unter Berücksichtigung der Teilleistungen im Zeitpunkt der Insolvenzeröffnung seitens des Schuldners auf Zahlung von 10.000 EUR (Hälfte des Kaufpreises); diesen Betrag hatte H bereits gezahlt. Die Teilleistung des H betrug aber 15.000 EUR, unter Berücksichtigung des § 105 Satz 1 InsO ist er mit seinem Anspruch auf Lieferung eines wieteren Viertels der Waren nur Insolvenzgläubiger. Die Erfüllung des Vertrages durch den Insolvenzverwalter beschränkt sich deshalb auf Lieferung von einem Viertel der Waren als Masseverbindlichkeit nach § 55 Abs. 1 Nr. 2 InsO, für das auch der anteilige Kaufpreis von 5.000 EUR zu zahlen ist. Der Vertragspartner H erhält letztlich nur drei Viertel der Waren, auch wenn er insgesamt den vollen Kaufpreis zahlen muss. Hinsichtlich 5.000 EUR hat er vor Insolvenzeröffnung vorgeleistet und ist hinsichtlich des Lieferungsanspruchs hierauf nur Insolvenzgläubiger, seine Vorleistung kann er wegen § 105 Satz 2 InsO nicht zurückverlangen.

1259 **Schaubild 14: Die Erfüllung des gegenseitigen Vertrages**

Wirkung der Insolvenzeröffnung BGHZ 103, 250; BGHZ 106, 236; BGHZ 150, 353	
Gegenseitige Leistungsansprüche	Die Insolvenzeröffnung bewirkt eine Nicht-Durchsetzbarkeit der Ansprüche; der Vertrag als solcher bleibt bestehen, kann aber nicht mehr erfüllt werden.
Teilweise Vorleistung des Vertragspartners	Mit dem Anspruch auf anteilige Gegenleistung aus der Insolvenzmasse ist der Vertragspartner stets Insolvenzgläubiger (§ 105 Satz 1 InsO). Vor Insolvenzeröffnung erbrachte Leistungen können nicht zurückgefordert werden (§ 105 Satz 2 InsO).
Teilweise Vorleistungen des Schuldners	Der Insolvenzmasse steht unabhängig von der späteren Vertragserfüllung ein der Teilleistung entsprechender Anspruch auf die Gegenleistung des Vertragspartners zu.

Die „Wahl auf Nichterfüllung"	
Erklärung des Insolvenzverwalters	Der Insolvenzverwalter bestätigt durch seine Erklärung lediglich die kraft Insolvenzeröffnung eingetretene Rechtsfolge endgültig.
Anspruch wegen Nichterfüllung	Der Vertragspartner erhält nach § 103 Abs. 2 Satz 1 InsO einen Anspruch auf Schadensersatz wegen Nichterfüllung (Schadensersatz statt Leistung) als Insolvenzforderung. Sicherheiten des Vertragspartners für die Vertragserfüllung sichern auch den Schadensersatzanspruch.

Die Erfüllungswahl nach § 103 Abs. 1 InsO	
Gegenseitige Ansprüche	Mit Erfüllungswahl entstehen die gegenseitigen Ansprüche mit rechtlicher Qualität neu, mit ihrem bei Insolvenzeröffnung bestehenden Inhalt.
Leistungsanspruch des Vertragspartners	Der Anspruch des Vertragspartners wird Masseverbindlichkeit nach § 55 Abs. 1 Nr. 2 InsO. Bei teilweiser Vorleistung ist er mit dem Anspruch auf anteilige Gegenleistung aber stets Insolvenzgläubiger (§ 105 Satz 1 InsO).
Leistungsanspruch der Insolvenzmasse	Der Insolvenzmasse steht der Erfüllungsanspruch gegen den Vertragspartner zu.

Sicherungsrechte bei Vertragserfüllung	
Sicherungsabtretung	Sicherungsabtretungen des Erfüllungsanspruchs durch den Schuldner lasten nicht mehr am jetzt bestehenden Anspruch der Insolvenzmasse (§ 91 Abs. 1 InsO). Lediglich soweit für Vorleistungen des Schuldners ein Anspruch gegen den Vertragspartner besteht, kann hieran die Sicherungsabtretung noch geltend gemacht werden.
Aufrechnungsbefugnis	Eine Aufrechnungsbefugnis des Vertragspartners mit einer ihm sonst zustehenden Insolvenzforderung gegen den Erfüllungsanspruch ist nicht gegeben (§ 96 Abs. 1 Nr. 1 InsO). Lediglich soweit für Vorleistungen des Schuldners ein Anspruch gegen den Vertragspartner besteht, kann hiergegen aufgerechnet werden.

6. Die Abwicklung besonderer Vertragsverhältnisse

a) Die Abwicklung von Warentermin- und Finanztermingeschäften nach § 104 InsO

1260 Für Verträge, deren Leistungen nur zu einem fest bestimmten Zeitpunkt oder innerhalb einer bestimmten Frist zu erfolgen haben und die nach dem Markt- oder Börsenpreis bestimmt werden, gilt § 104 InsO als Sondervorschrift. § 104 Abs. 1 InsO erfasst jeden Vertrag, dessen Bestand von der Einhaltung einer Leistungszeit oder Leistungsfrist abhängig ist (§ 361 BGB, § 376 HGB).[1] § 104 Abs. 2 InsO erweitert den Anwendungsbereich der Vorschrift auf Finanzleistungen und Finanztermingeschäfte. Hierzu zählen insbesondere Edelmetall-, Wertpapier-, Devisen- und Optionsgeschäfte. Die Aufzählung im § 104 Abs. 2 Satz 2 Nrn. 1 bis 6 InsO ist lediglich beispielhaft.[2]

1261 Als Rechtsfolge mit Insolvenzeröffnung bestimmt § 104 Abs. 1 Satz 1 InsO die endgültige Nichterfüllung des Vertrages, den Insolvenzverwalter steht mithin kein Wahlrechts auf Erfüllung nach § 103 Abs. 1 InsO zu. Der Insolvenzverwalter soll nicht durch riskante Börsenspekulationen oder Termingeschäfte die Insolvenzmasse in Gefahr bringen und sich selbst einem Haftungsrisiko aussetzen. Auch soll eine Saldierung des Geschäfts mit Insolvenzeröffnung für den Vertragspartner und den Rechtsverkehr mehr Sicherheit bringen.[3] Die Rechtsfolge der Nichterfüllung entspricht letztlich § 376 Abs. 1 HGB, der bei Nichterfüllung eines Fixhandelsgeschäfts dem anderen Teil ein Wahlrecht zwischen Rücktritt und Schadensersatz wegen Nichterfüllung gibt.

1262 Dem anderen Teil steht nach § 104 Abs. 1 und Abs. 2 Satz 1 InsO ein Anspruch auf Schadensersatz wegen Nichterfüllung zu. Der Anspruch ist Insolvenzforderung. Der Schadensersatzanspruch ist abstrakt nach § 104 Abs. 3 InsO zu berechnen. Er bemisst sich nach der Differenz zwischen dem vereinbarten Preis und dem Markt- oder Börsenpreis am zweiten Werktag nach Insolvenzeröffnung. War der vertraglich festgelegte Leistungszeitpunkt vor dem zweiten Tag, ist dieser maßgebend.[4]

b) Die Abwicklung von Wiederkehrschuldverhältnissen und insbesondere von Energielieferungsverträgen

1263 Die insolvenzrechtliche Behandlung von Wiederkehrschuldverhältnissen und Sukzessivlieferungsverträgen war bereits im früheren Kon-

---

[1] *Jahn* in: MüKo-InsO, § 104 Rdn. 32; zu § 18 KO bereits Jaeger/*Henckel*, KO, § 18 Rdn. 8.

[2] Ausführlich *Jahn* in: MüKo-InsO, § 104 Rdn. 39 ff.; *Lüer* in: *Uhlenbruck*, InsO, § 104 Rdn. 17 ff.

[3] Ausführlich begründet in der Beschlussempfehlung des Rechtsausschusses, BT-Drucks. 12/37.302, S. 167 ff.

[4] Beschlussempfehlung des Rechtsausschusses, BT-Drucks. 12/7302, S. 168.

kurs- und Vergleichsrecht ein zentrales Problem. Insbesondere bei der Abwicklung von Energielieferungsverträgen trafen und treffen die unterschiedlichen Interessen des Lieferanten auf Begleichung auch der vor Insolvenzeröffnung gelieferten Leistungen und des Insolvenzverwalters auf Fortführung des Vertrages aufeinander.[1] Die dogmatische Auseinandersetzung über die Frage, wann ein Sukzessivlieferungsvertrag im Unterschied zu einem Wiederkehrschuldverhältnis vorliegt, kann hier dahingestellt bleiben.[2] In jedem Fall geht es um die Frage, ob der Insolvenzverwalter gegenüber dem Vertragspartner die Erfüllung des Vertrages für die Zukunft wählen kann, ohne bereits erbrachte Leistungen des Vertragspartners als Masseverbindlichkeit erfüllen zu müssen. Mit der Regelung des § 105 Satz 1 InsO, der sowohl auf Sukzessivlieferungsverträge als auch auf Wiederkehrschuldverhältnisse ohne weiteres Anwendung findet, da deren Leistungen stets teilbar sind, ist diese Frage beantwortet. Der Vertragspartner ist mit seinem Gegenleistungsanspruch für die von ihm bereits erbrachte Leistung vor Insolvenzeröffnung stets Insolvenzgläubiger, auch und gerade wenn der Insolvenzverwalter die Erfüllung des Vertrages für die Zukunft verlangt.

Für Energielieferungsverträge, die als Kaufverträge anzusehen sind 1264
(§ 453 Abs. 1 BGB),[3] war bereits durch die Rechtsprechung zum früheren Konkursrecht in diesem Sinne entschieden worden.[4] Der Bundesgerichtshof löste mit Urteil vom 21. April 1982[5] die Rechtslage dergestalt, dass der Verwalter den bisherigen Energielieferungsvertrag nicht erfüllen müsse, im Übrigen der weitere Energiebezug allein keine konkludente Erfüllungshandlung darstelle. Das Versorgungsunternehmen als Vertragspartner sei dagegen wegen des Kontrahierungszwanges des § 10 EnWG[6] verpflichtet, einen neuen Vertrag mit dem Verwalter abzuschließen.[7] Dieser bezieht sich jedoch nur auf den Bezug von Energie zum so genannten Normaltarif, auf Großkundenrabatt konnte sich der Verwalter nicht berufen.

Mit der durch § 105 Satz 1 InsO geschaffenen Rechtslage kann da- 1265
gegen nun auch der Insolvenzverwalter den bestehenden Energielieferungsvertrag mit den für das insolvente Unternehmen möglicherweise günstigen Vertragsbedingungen fortführen, ohne rückständige Leistungen begleichen zu müssen.

---

[1] Eingehend bereits *Jaeger,* KO, § 17 Anm. 18 a, 18 b.

[2] Dazu Palandt/*Heinrichs,* BGB, Überbl. vor § 311 Rdn. 27 ff.; eine genaue Differenzierung zwischen Sukzessivlieferungsvertrag und Widerkehrschuldverhältnis nahm bereits *Jaeger,* KO, § 17 Anm. 18 a, vor.

[3] Palandt/*Putzo,* BGB, § 453 Rdn. 6; Erman/*Grunewald,* BGB, § 433 Rdn. 11; zweifelnd noch *Jaeger,* KO, § 17 Anm. 18 b.

[4] BGHZ 81, 90; BGHZ 83, 359.

[5] BGHZ 83, 359.

[6] Gesetz zur Neuregelung des Energiewirtschaftsrechts vom 24. April 1998 (BGBl. I S. 730).

[7] BGHZ 83, 359, 364.

III. Die Durchsetzung vormerkungsgesicherter Ansprüche nach § 106 InsO

1. Der Zweck der Vormerkung nach § 883 BGB

a) Das Sicherungsbedürfnis des künftigen Rechtsinhabers

1266 Der Zweck der Vormerkung ergibt sich aus dem Buchungsgrundsatz des Immobiliarsachenrechts, wonach die rechtsgeschäftliche Eigentumsübertragung am Grundstück sowie die Bestellung, Inhaltsänderung oder Rangänderung eines Grundstücksrechtes neben der sachenrechtlichen Einigung der Eintragung in das Grundbuch bedürfen (§ 873 Abs. 1 BGB). In der zeitlichen Abfolge von dem Abschluss des schuldrechtlichen Grundgeschäftes und der sachenrechtlichen Einigung, der Stellung des Eintragungsantrags beim Grundbuchamt und der Abgabe der verfahrensrechtlich notwendigen Erklärungen bis zur Grundbucheintragung soll der Erwerber oder künftigen Rechtsinhaber im Hinblick auf seine künftige Rechtsposition gesichert werden.[1] Ohne Eintragung einer Vormerkung zur Sicherung des Anspruchs des Erwerbers, insbesondere des Käufers mit seinem Anspruch auf Eigentumserwerb, wären diese verschiedenen Interessen und Erforderlichkeiten in der Praxis des Grundstücksverkehrs kaum aufeinander abzustimmen.[2]

1267 Die Vormerkung nach § 883 BGB sichert die künftige sachenrechtliche Position des Erwerbers, sie schützt vor beeinträchtigenden Verfügungen des Rechtsinhabers, auch vor Zwangsvollstreckungsmaßnahmen in das Grundstück gegen ihn (Sicherungswirkung des § 883 Abs. 2 BGB). Im Hinblick auf die Eintragung eines Grundstücksrechtes sichert sie dessen Rangposition (Rangwirkung des § 883 Abs. 3 BGB). Schließlich sichert die Vormerkung die Erfüllung des durch sie geschützten Anspruchs im Falle der Insolvenz des Rechtsinhabers (Vollwirkung des § 106 InsO).[3]

b) Der vormerkbare Anspruch nach § 883 Abs. 1 BGB

1268 Die Vormerkung ist kein Grundstücksrecht im sachenrechtlichen Sinne sondern ein besonders geartetes Sicherungsmittel das dem durch sie geschützten schuldrechtlichen Anspruch Sicherung im Sinne einer dinglichen Gebundenheit des Grundstücks gewährt.[4] Der Anspruch, der

---

[1] Allgemein Staudinger/*Gursky*, BGB (2002), § 883 Rdn. 3, 303 ff.; *Eickmann* in: *Westermann*, § 83 I. 1. a); *Baur/Stürner*, SachenR, § 20 Rdn. 1, 9; *Wolff/Raiser*, Sachenrecht, § 48.

[2] Allgemein hierzu *Schöner/Stöber*, Rdn. 1477 ff.

[3] Zum Begriff und zur Notwendigkeit des § 106 InsO als Sonderregelung zu § 883 Abs. 2 BGB Staudinger/*Gursky*, BGB (2002), § 883 Rdn. 286.

[4] BGHZ 25, 16, 23; 60, 46, 49; Staudinger/*Gursky*, BGB (2002), § 883 Rdn. 303 ff.; *Wacke* in: MüKo-BGB, § 83 Rdn. 3; *Baur/Stürner*, SachenR, § 20 Rdn. 60.

durch die Vormerkung gesichert werden soll, muss stets auf eine sachenrechtliche Änderung am Grundstück oder an einem Grundstücksrecht, mithin auf eine Verfügung gerichtet sein.[1] Im Sinne einer Faustregel kann festgehalten werden, dass ein Anspruch stets dann durch Vormerkung gesichert werden kann, wenn zu seiner sachenrechtlichen Verwirklichung die Grundbucheintragung notwendiger Bestandteil der Verfügung ist.

Der vorgemerkte Anspruch kann nach § 883 Abs. 1 Satz 2 BGB auch 1269
aufschiebend oder auflösend bedingt sein. Es kann auch lediglich ein künftiger Anspruch vorgemerkt werden, soweit seine künftige Entstehung nur noch vom Willen des demnächst Berechtigten abhängt, der Verpflichtete sich also nicht mehr einseitig von der künftigen Anspruchsentstehung lösen kann.[2] Die Vormerkung für einen bedingten oder künftigen Anspruch entsteht sachenrechtliche zwar erst mit Entstehung des Anspruchs, die Sicherungswirkungen der Vormerkung bestehen aber bereits ab dem Zeitpunkt ihrer Grundbucheintragung (§ 883 Abs. 2 Satz 1 BGB). Damit kann auch bereits vor Insolvenzeröffnung zur Sicherung eines künftigen Anspruchs einer Vormerkung eingetragen werden, selbst wenn der Anspruch erst nach Insolvenzeröffnung zur Entstehung gelangen, § 91 Abs. 1 InsO steht nicht entgegen.[3]

c) Die Eintragung der Vormerkung nach § 885 BGB

Die Eintragung der Vormerkung erfolgt nach § 885 Abs. 1 BGB ent- 1270
weder auf Grund einer Bewilligung des betroffenen Rechtsinhabers oder auf Grund einer einstweiligen Verfügung des Berechtigten gegen diesen (§§ 935, 938 ZPO). Der Gesetzgeber ging noch davon aus, dass die Eintragung einer Vormerkung nur ausnahmsweise erforderlich sei, er sah deshalb zunächst nur die Eintragung auf Grund einstweiliger Verfügung vor, weshalb im Wortlaut des § 885 Abs. 1 BGB diese noch zuerst genannt ist.[4] In der heutigen Grundstückspraxis ist die Vormerkung dagegen nahezu unverzichtbares Sicherungsmittel für den Erwerber eines Grundstücksrechts.

Die Vormerkung entsteht mit ihrer Eintragung in das Grundbuch. 1271
Die Eintragung auf Grund einstweiliger Verfügung kann auf Antrag des

[1] Eingehend Staudinger/*Gursky*, BGB (2002), § 883 Rdn. 26 ff.; *Schöner/Stöber*, Rdn. 1482 ff.; allgemein Palandt/*Bassenge*, BGB, § 883 Rdn. 5 ff.; *Baur/Stürner*, SachenR, § 20 Rdn. 14 ff.

[2] BGHZ 12, 115, 117; BGHZ 134, 182, 185; BGH NJW 2002, 2461 = Rpfleger 2002, 612; BayObLGZ 1974, 118, 123; BayObLGZ DNotZ 1989, 370; BayObLG MittBayNot 1995, 207; BayObLGZ DNotZ 1996, 374; BayObLG DNotZ 2001, 803 = Rpfleger 2001, 539; umfassend Staudinger/*Gursky*, BGB (2002), § 883 Rdn. 169 ff., insbesondere 173 ff.; *Schöner/Stöber*, Rdn. 1489.

[3] Grundlegend BGHZ 149, 1; zum Streitstand Staudinger/*Gursky*, BGB (2002), § 883 Rdn. 292.

[4] Motive zum BGB, Band III, S. 242 bis 244.

Berechtigten als Antragsteller des Verfügungsverfahrens erfolgen, die Vollziehungsfrist des § 929 Abs. 2 ZPO ist mit rechtzeitiger Antragstellung nach § 932 Abs. 3 ZPO gewahrt.[1] Sie kann auch auf Ersuchen des Prozessgerichts nach § 941 ZPO erfolgen.[2] Die Eintragung auf Grund einstweiliger Verfügung ist als Zwangsvollstreckungsmaßnahme gegen den Rechtsinhaber anzusehen (§§ 936, 928 ff. ZPO). Sie unterliegt deshalb der Rückschlagsperre des § 88 InsO im Insolvenzverfahren oder auch der Insolvenzanfechtung.[3]

1272 Die Vormerkung entsteht in jedem Fall nur dann, wenn der vorgemerkte Anspruch wirksam besteht, oder als bedingter oder künftiger Anspruch auch tatsächlich zur Entstehung gelangt; sie ist streng akzessorisch. Für einen nicht wirksam entstandenen Anspruch, beispielsweise bei Formnichtigkeit des schuldrechtlichen Grundgeschäftes, kann keine Vormerkung entstehen.[4]

2. Der Anspruch des Vormerkungsberechtigten auf Erfüllung

a) Die Voraussetzungen des § 106 InsO

aa) Die Wirksamkeit der Vormerkungsbestellung

1273 Ist zur Sicherung eines Anspruchs auf Eigentumsübertragung, auf Bestellung eines Grundstücksrechts, auf Inhaltsänderung oder auf Rangänderung eines solchen eine Vormerkung im Grundbuch eingetragen, hat nach Eröffnung des Insolvenzverfahrens über das Vermögen des Rechtsinhabers der Berechtigte gegenüber dem Insolvenzverwalter das Recht, die Erfüllung des vorgenannten Anspruchs, zu verlangen. Die Vormerkung entfaltet durch § 106 Abs. 1 Satz 1 InsO ihre volle Wirkung in dem Sinne, dass der Insolvenzverwalter keinerlei Wahlmöglichkeit hinsichtlich der Anspruchserfüllung hat.

1274 Voraussetzungen des § 106 Abs. 1 Satz 1 InsO ist freilich die wirksame Bestellung der Vormerkung nach §§ 883 und 885 BGB. Die vom Schuldner bewilligte Vormerkung kann auch über § 878 BGB (§ 91 Abs. 2 InsO) oder über § 892 Abs. 1 Satz 2 BGB (§ 81 Abs. 1 Satz 2 oder § 91 Abs. 2 InsO; so genannter gutgläubiger Ersterwerb der Vormerkung) zur Entstehung gelangt sein.[5]

---

[1] Zur Wahrung der Vollziehungsfrist BGHZ 146, 361; eingehend hierzu Stein/Jonas/*Grunsky*, ZPO, § 932 Rdn. 6 ff.; Staudinger/*Gursky*, BGB (2002), § 885 Rdn. 25 ff.; *Schöner/Stöber*, Rdn. 1548 ff.

[2] Stein/Jonas/*Grunsky*, ZPO, § 941 Rdn. 3.

[3] BGHZ 34, 254; BGH NJW 1978, 1437; BGH NJW 2002, 213; Staudinger/*Gursky*, BGB (2002), § 883 Rdn. 298; *Berscheid* in: *Uhlenbruck*, InsO, § 106 Rdn. 26.

[4] BGHZ 54, 56; umfassend Staudinger/*Gursky*, BGB (2002), § 883 Rdn. 44.

[5] BGHZ 25, 16; allgemein Staudinger/*Gursky*, BGB (2002), § 883 Rdn. 315 ff.; *Wacke* in: MüKo-BGB, § 883 Rdn. 64 ff.; Palandt/*Bassenge*, BGB, § 885 Rdn. 12; *Schöner/Stöber*, Rdn. 1534 ff.; *Preuß* in: *Schreiber*, Kap. 14 Rdn. 57; *Eickmann* in: *Westermann*, § 84 IV.; zum so genannten gutgläubigen Zweiterwerb durch Abtre-

Von größter praktischer Bedeutung sind die Vormerkung zur Sicherung des Anspruchs auf Eigentumsübertragung (Auflassungsvormerkung) und die Vormerkung zur Sicherung des Anspruchs auf Bestellung einer Sicherungshypothek für den Bauhandwerker aus § 648 BGB. Letztere wird regelmäßig im Wege der einstweiligen Verfügung in das Grundbuch des Grundstückseigentümers und Schuldners der Werklohnforderung eingetragen. Die Sicherungshypothek selbst ist stets rechtsgeschäftlich bestellte Sicherungshypothek nach §§ 1184 ff. BGB, auch wenn die Eintragungsbewilligung des Grundstückseigentümers durch Urteil (§ 894 ZPO) ersetzt werden muss, sie ist niemals Zwangssicherungshypothek im Sinne des § 867 ZPO.[1] 1275

Beispiel 8: Der Schuldner lässt durch den Bauunternehmer auf seinem Grundstück eine Lagerhalle errichten. Nach Fertigstellung und Abnahme des Bauwerks zahlt der Schuldner den Werklohn in Höhe von 50.000 EUR nicht. Der Bauunternehmer klagt auf Zahlung des Werklohns sowie auf Abgabe der Eintragungsbewilligung zu Eintragung einer Sicherungshypothek für diesen und beantragt den Erlass einer einstweiligen Verfügung zu Eintragung einer Vormerkung zur Sicherung des Anspruchs auf Bestellung des Sicherungshypothek. Die einstweilige Verfügung wird durch das Prozessgericht erlassen, die Vormerkung wird am 1. April in das Grundbuch eingetragen. Auf eigenen Antrag des Schuldners vom 15. Mai wird über sein Vermögen am 1. Juni das Insolvenzverfahren eröffnet. 1276

Hinsichtlich seines Anspruchs auf den Werklohn ist der Bauunternehmer Insolvenzgläubiger nach § 38 InsO. Der Rechtsstreit über die Zahlung des Werklohns wird nach § 240 ZPO unterbrochen, der Werklohn ist nach §§ 87 und 174 ff. InsO zur Insolvenztabelle anzumelden und festzustellen. Hinsichtlich des Streitgegenstandes betreffen die Eintragung der Sicherungshypothek hat der Bauunternehmer nach § 648 BGB einen Anspruch auf Bestellung einer Sicherungshypothek, die ihm abgesonderte Befriedigung nach § 49 InsO gewähren soll. Die Durchsetzung dieses Anspruchs und damit das Absonderungsrecht sichert die durch einstweilige Verfügung nach §§ 935 ff. ZPO erwirkte Vormerkung.

Nach § 106 Abs. 2 InsO gilt die Vorschrift auch für Vormerkungen, die im Schiffsregister oder im Register für Pfandrechte an Luftfahrzeugen eingetragen sind.[2] Auf die lediglich verfahrensrechtlichen und rangwahrenden Vormerkungen der §§ 18 Abs. 2 oder 76 GBO findet § 106 InsO keine Anwendung.[3] 1277

bb) Die mögliche Anfechtbarkeit der Vormerkung

Der Insolvenzverwalter kann die Erfüllungswirkung des § 106 Abs. 1 InsO zerstören, wenn die Bestellung der Vormerkung als solche ein an- 1278

---

tung des Anspruchs bei nicht wirksam bestellter Vormerkung umfassend Staudinger/*Gursky*, BGB (2002), § 883 Rdn. 319; *Wacke* in: MüKo-BGB, § 883 Rdn. 67 ff.; Palandt/*Bassenge*, BGB, § 885 Rdn. 12, 20; *Eickmann* in: *Westermann*, Band II, § 100 IV.

[1] BGHZ 144, 138; BGH NJW 2000, 1861 = Rpfleger 2000, 382; Schöner/Stöber, Rdn. 2102.

[2] Gesetz über Rechte an eingetragenen Schiffen und Schiffsbauwerken vom 15. November 1940 (RGBl. I S. 1499); Gesetz über Rechte an Luftfahrzeugen vom 26. Februar 1959 (BGBl. I S. 57).

[3] *Berscheid* in: *Uhlenbruck*, InsO, § 106 Rdn. 19; Jaeger/*Henckel*, KO, § 24 Rdn. 21.

fechtbares Rechtsgeschäft nach §§ 130 oder 131 InsO darstellt. Die Vormerkung sichert den Anspruch des Berechtigten, der im Übrigen Insolvenzforderung nach §§ 38 und 45 InsO wäre. Die rechtsgeschäftlich bestellte Vormerkung, die auf Bewilligung des Rechtsinhabers nach § 885 Abs. 1 BGB in das Grundbuch eingetragen wird, stellt dabei eine kongruente Deckung im Sinne des § 130 InsO dar, die auf Grund einstweiliger Verfügung eingetragene Vormerkung ist als Zwangsvollstreckungsmaßnahme dagegen ein Fall inkongruenter Sicherung nach § 131 InsO[1] und unterliegt zudem der Rückschlagsperre des § 88 InsO.[2] Als beendet im anfechtungsrechtlichen Sinne gilt die rechtsgeschäftlich bestellte Vormerkung unter den Voraussetzungen des § 140 Abs. 2 InsO mit dem Zeitpunkt der Antragstellung auf Eintragung beim Grundbuchamt. Eine dieser Regelung entsprechende Anwendung des § 932 Abs. 3 ZPO für die Vormerkung auf Grund einstweiliger Verfügung kann nicht angenommen werden,[3] da § 932 Abs. 3 ZPO zu Gunsten des Berechtigten lediglich die Einhaltung der Vollziehungsfrist des § 929 Abs. 2 ZPO sichern soll und § 140 Abs. 2 InsO ausdrücklich nur für den rechtsgeschäftlichen Erwerb gilt.[4]

cc) Kein Erfordernis eines gegenseitigen Vertrages

1279 Es ist kein Erfordernis des § 106 Abs. 1 InsO, dass der dem vorgemerkten Anspruch zu Grunde liegende schuldrechtlichen Vertrag nicht erfüllt ist; es muss mithin kein beiderseits nicht erfüllter gegenseitiger Vertrag im Sinne des § 103 InsO vorliegen. Die Vollwirkung der Vormerkung durch § 106 Abs. 1 InsO ist aus sich heraus gegeben. Hat beispielsweise im Kaufvertrag der Käufer sämtliche ihm obliegenden Leistungspflichten erfüllt, wurde insbesondere auch die Auflassung bereit erklärt, wäre zwar § 103 InsO nicht anwendbar, der vorgemerkte Anspruch des Käufers auf Eigentumsübertragung müsste durch den Insolvenzverwalter aber gleichwohl erfüllt werden.

1280 Im Zusammenhang mit den Leistungspflichten des Käufers und der Abwicklung des schuldrechtlichen Vertrages wird ein wichtiges Problem der Gestaltung von Grundstücksverträgen deutlich: Der Käufer muss mit seinen Rechten wesentlich vor einer möglichen Insolvenz des Verkäufers geschützt werden, insbesondere darf die Kaufpreisfälligkeit erst dann eintreten, wenn die Verwirklichung des Anspruchs auf Eigentumsübertragung auch und gerade für den Fall der Insolvenz des Verkäufers gesichert ist. Der Kaufpreis sollte deshalb stets erst dann fällig

---

[1] Verneint für Vormerkung zur Sicherung des Anspruchs aus § 648 BGB BGHZ 34, 254.

[2] Zur Rückschlagsperre des § 7 Abs. 3 GesO bereits BGHZ 142, 208; ausführlich dazu *Keller*, Grundstücke, Rdn. 359 ff.

[3] So aber *Eickmann* in: HK-InsO, § 88 Rdn. 8; Stein/Jonas/*Grunsky*, ZPO, § 932 Rdn. 8; *Lüke* in: *Kübler/Prütting*, InsO, § 88 Rdn. 17.

[4] Zur ähnlichen Frage der Anwendbarkeit des § 878 BGB auf die einstweilige Verfügung BGHZ 9, 250; Staudinger/*Gursky*, BGB (2002), § 885 Rdn. 46; *Berscheid* in: *Uhlenbruck*, InsO, § 106 Rdn. 21, 22.

werden, wenn die Eintragung der Auflassungsvormerkung erfolgt ist, lediglich Antragstellung beim Grundbuchamt ist nicht ausreichend, und sämtliche zur Eigentumsumschreibung erforderlichen öffentlich-rechtlichen Genehmigungen vorliegen, ferner zur Lastenfreistellung erforderliche Erklärungen dinglich Berechtigter in grundbuchverfahrensrechtlich erforderlicher Form vorliegen.[1] Soll der Kaufpreis zu einem fest bestimmten Zeitpunkt gezahlt werden, kann nur die Zahlung auf ein Notaranderkonto empfohlen werden, da dies noch keine Leistungsbewirkung im Sinne des § 362 BGB enthält, der Kaufpreis also noch zurückgefordert werden kann.[2] Auskehr des Kaufpreises durch den Notar an den Verkäufer darf dann auch erst unter den genannten Voraussetzungen erfolgen. Jede andere Vereinbarung einer Kaufpreisfälligkeit, insbesondere unmittelbare Zahlung an den Verkäufer ohne Sicherung des Käufers oder auch Bestimmung der Kaufpreisfälligkeit lediglich nach Antragstellung auf Eintragung der Vormerkung, gefährdet den Käufer in nicht hinzunehmender Weise und darf von diesem keinesfalls hingenommen werden. Wird nämlich das Insolvenzverfahren über das Vermögen des Käufers eröffnet, bevor die Vormerkung wirksam entstehen konnte, bleibt es hinsichtlich des Kaufvertrages bei den allgemeinen Rechtsfolgen des § 103 Abs. 1 InsO, der Insolvenzverwalter würde es hier regelmäßig bei der Nichterfüllung des Vertrages belassen.

Beispiel 9: Der Schuldner veräußert ein ihm gehörendes Grundstück an den 1281
Käufer zum Kaufpreis von 200.000 EUR. Bei der notariellen Beurkundung des Kaufvertrages wird der Kaufpreis mit 100.000 EUR angegeben, die Beteiligten wollen die gerichtlichen Gebühren sowie die Grunderwerbsteuer niedrig halten. Der Kaufpreis soll ferner unabhängig von der Eintragung einer Vormerkung zu Gunsten des Käufers am 1. August unmittelbar an den Verkäufer gezahlt werden. Die Erklärung der Auflassung soll später erfolgen. Am 1. September wird über das Vermögen des Verkäufers das Insolvenzverfahren eröffnet.

Fraglich ist, ob der Insolvenzverwalter gegenüber dem Verkäufer zur Erfüllung des Vertrages verpflichtet ist. Es liegt ein beiderseits nicht erfüllter gegenseitiger Vertrag vor, der Verkäufer hat seine Pflicht zur Übereignung noch nicht erbracht, der Käufer hat zwar den Kaufpreis bereits gezahlt, ist bei noch ausstehenden Auflassung aber auch seine Pflicht zur Mitwirkung hierzu noch nicht nachgekommen. Es gilt deshalb § 103 InsO, der Insolvenzverwalter könnte die Erfüllung des Vertrages wählen. Er wird dies indes nicht tun. Zum einen ist der beurkundete Kaufvertrag, der einen in Wirklichkeit nicht vereinbarten Kaufpreis ausweist, als Scheingeschäft nach § 117 BGB nichtig. Der Kaufvertrag mit dem tatsächlich vereinbarten Kaufpreis von 200.000 EUR wurde nur mündlich geschlossen und ist wegen Verstoßes gegen § 311 b Abs. 1 BGB formnichtig (§ 125 BGB). Zum anderen ist eine Vertragserfüllung nach § 103 Abs. 1 InsO für die Insolvenzmasse ungünstig. Der Insolvenzverwalter müsste nämlich seine Pflicht zur Eigentumsübertragung als Masseverbindlichkeit erfüllen und könnte keinen Kaufpreis mehr zur Masse ziehen. Im Falle der Nichterfüllung kann er den Käufer dagegen auf den Schadensersatz als Insolvenzforderung nach § 103 Abs. 2 Satz 1 InsO verweisen und den Kaufpreis wegen § 105 Satz 2 InsO behalten. Der Käufer hätte sich letzt-

---

[1] *Schöner/Stöber*, Rdn. 3152 a.
[2] BGHZ 87, 156.

lich durch Eintragung einer Vormerkung sichern müssen. Die Vormerkung mit der Wirkung des § 106 Abs. 1 InsO setzt aber stets einen wirksamen schuldrechtlichen Anspruch voraus, der auf Grund des nichtigen Kaufvertrages wegen bewusst falscher Angabe der Kaufpreishöhe nicht gegeben ist.

b) Die Pflicht des Insolvenzverwalters zur Anspruchserfüllung und zur Vertragserfüllung

1282 Liegen die Voraussetzungen des § 106 Abs. 1 InsO vor, hat der Insolvenzverwalter den durch die Vormerkung gesicherten Anspruch zu erfüllen, ihm steht keinerlei Wahlmöglichkeit zu, er kann vom Vormerkungsberechtigten auf Abgabe der zur Anspruchserfüllung erforderlichen Erklärungen verklagt werden.[1]

1283 Entspringt der vorgemerkte Anspruch einem beiderseits nicht erfüllten gegenseitigen Vertrag, muss auch dieser durch den Insolvenzverwalter erfüllt werden. Dies ist insoweit selbstverständlich, als sonst der Berechtigte unentgeltlich die Erfüllung seines vorgemerkten Anspruchs erhielte. Wie im Falle des § 103 Abs. 1 InsO kann der Insolvenzverwalter einseitig keine Änderungen am gegenseitigen Vertrag vornehmen, er darf insbesondere nicht die Erfüllung des vorgemerkten Anspruchs von einer weiteren über den vereinbarten Kaufpreis hinausgehenden Zahlung des Käufers abhängig machen.[2] Zur Lastenfreistellung des Grundstücks soll er aber durch § 106 InsO nicht verpflichtet sein.[3] Allerdings sind nach der Vormerkung eingetragene Rechte dem Erwerber gegenüber schon wegen § 883 Abs. 2 BGB unwirksam.

3. Die Besonderheiten beim Bauträgervertrag

a) Der Bauträgervertrag als besonderer Vertrag

1284 Der Bauträgervertrag als spezieller Vertragstyp ist eine Kombination aus Grundstückskaufvertrag und Werkvertrag. Der Bauträger verpflichtet sich als Werkunternehmer zur Errichtung eines Bauwerks auf dem Grundstück und als Verkäufer zur Übereignung des Grundstücks nach Fertigstellung und Abnahme des Bauwerks. Der vom Käufer zu zahlende Kaufpreis ist damit auch Werklohn für die Errichtung des Bauwerks. Der Bauträgervertrag ist zunächst als einheitlicher Vertrag anzusehen, er ist wegen § 311b Abs. 1 BGB mit allen Nebenabreden beurkundungspflichtig.[4]

---

[1] *Berscheid* in: *Uhlenbruck,* InsO, § 106 Rdn. 33; *Balthasar* in: *Nerlich/Römermann,* InsO, § 106 Rdn. 13.

[2] Zu Kostenfragen *Kesseler,* MittBayNot 2005, 108; *Amann,* MittBayNot 2005, 111.

[3] BGH ZIP 1994, 1705; BayObLG MittBayNot 2004, 206; kritisch dagegen *Amann,* MittBayNot 2004, 165.

[4] BGHZ 76, 43; BGHZ 78, 346; BGHZ 101, 393; eingehend *Schöner/Stöber,* Rdn. 3204 ff.

Die Vormerkung zu Gunsten des Käufers kann aber nur dessen Anspruch auf Eigentumsübertragung am Grundstück aus § 433 Abs. 1 Satz 1 BGB sichern. Der Anspruch auf Herstellung des Bauwerks ist nicht auf eine Verfügung über das Grundstück gerichtet und kann nicht durch die Vormerkung gesichert werden. 1285

Da gerade in der Baubranche die Zahl der Insolvenzen nicht gering ist, ist ein Bedürfnis des Käufers auf Sicherung seiner Ansprüche bei Insolvenz des Bauträgers vor vollständiger Vertragsabwicklung von großer praktischer Bedeutung. Wird über das Vermögen des Bauträgers das Insolvenzverfahren eröffnet, noch ehe das Bauwerk fertig gestellt ist, stellt sich die Frage, ob der Käufer die Übereignung des Grundstücks verlangen kann und in welchem Umfang er zur Zahlung des anteiligen Kaufpreises und Werklohnes verpflichtet ist. 1286

b) Die Rechtsprechung des Bundesgerichtshofs zur Vertragserfüllung

Der Bundesgerichtshof hatte mit Urteil vom 29. Oktober 1976[1] entschieden, dass der Bauträgervertrag als einheitlicher Vertrag zu behandeln sei, und der Verwalter die Erfüllung des Vertrages vollständig ablehnen könne. Die Entscheidung wurde durchweg heftig kritisiert[2] und führte nur kurze Zeit später zu einer klarstellenden Änderungen des § 24 KO,[3] die wörtlich in § 106 Abs. 1 Satz 2 InsO übernommen ist. 1287

c) Die Lösung des Gesetzgebers durch § 106 Abs. 1 Satz 2 InsO

Der missverständliche Wortlaut des § 106 Abs. 1 Satz 2 InsO (früher § 24 Satz 2 KO) soll klarstellen, dass die Vormerkungswirkung Sicherungswirkung des vorgemerkten Anspruchs auch dann erhalten bleiben soll, wenn im Rahmen des schuldrechtlichen Vertrages der Schuldner weitere Verpflichtungen übernommen hat. Diese weiteren Verpflichtungen sind im Rahmen des Bauträgervertrages insbesondere jene zur Errichtung eines Bauwerks. 1288

Der Bauträgervertrag wird mit Eröffnung des Insolvenzverfahrens aufgespalten:[4] 1289

- Hinsichtlich des kaufrechtlichen Teils und des Anspruchs des Käufers auf Übereignung bleibt die Vormerkungswirkung des § 106 Abs. 1 Satz 1 InsO erhalten, der Insolvenzverwalter ist zur Erfüllung des

[1] BGH NJW 1977, 146, dazu *Ott* in: MüKo-InsO, § 106 Rdn. 25.

[2] Jaeger/*Henckel*, KO, § 24 Rdn. 39; *Kuhn/Uhlenbruck*, KO, § 24 Rd. 10; *Götte*, NJW 1977, 524; *Lichtenberger*, NJW 1977, 519; *Marotzke*, JZ 1977, 552; *Weitnauer*, DNotZ 1977, 225.

[3] Gesetz vom 22. Juni 1977 (BGBl. I S. 998).

[4] Nach der Gesetzesänderung BGH NJW 1978, 1437; BGHZ 79, 103; *Ott* in: MüKo-InsO, § 106 Rdn. 28ff.; *Berscheid* in: *Uhlenbruck*, InsO, § 106 Rdn. 37ff., 40.

Anspruchs auf Eigentumsübertragung verpflichtet.[1] Zusammen mit dem Grundstück ist das bis zum Zeitpunkt der Insolvenzeröffnung errichtete Bauwerk als wesentlicher Bestandteil des Grundstücks (§ 94 BGB) an den Käufer zu übereignen.

- Hinsichtlich des werkvertragsrechtlichen Teils kann der Insolvenzverwalter es bei der mit Insolvenzeröffnung eingetretenen Nicht-Durchsetzbarkeit der gegenseitigen Ansprüche belassen und den Auftraggeber auf dem Schadensersatz des § 103 Abs. 2 Satz 1 InsO verweisen. Vom Schuldner bereits erbrachte Leistungen sind der in Höhe der anteiligen Gegenleistung vom Auftraggeber zu entgelten. Der Kaufvertrag ist auch hier regelmäßig teilbarer Vertrag im Sinne des § 105 InsO.

d) Die Ansprüche des Vertragspartners

1290 Der Vertragspartner als Käufer und Auftraggeber erhält damit wenigstens das Grundstück mit den bislang erbrachten Bauleistungen, in Erfüllung des insoweit geteilten Vertrages hat er auch anteilig den Kaufpreis und die Werklohnforderung zu zahlen. Ein weiterer Schaden, der ihm insbesondere bei der Fertigstellung des Bauwerks durch einen anderen Bauunternehmer entsteht, ist Insolvenzforderung nach § 103 Abs. 2 Satz 1 InsO.

1291 Für die Rechtspraxis ist hier die Bestimmung der Kaufpreisfälligkeit im notariell beurkundeten Vertrag je nach Baufortschritt von größter Bedeutung. Der Käufer soll stets nur dann Abschlagszahlungen auf Kaufpreis und Werklohn leisten müssen, soweit diese dem jeweiligen Baufortschritt entsprechen. Die Abschlagszahlungen sind regelmäßig in der von § 3 Abs. 2 MaBV festgelegten Reihenfolge nach Fälligkeit und Höhe zu entrichten, § 3 Abs. 2 MaBV ist nach § 1 Satz 1 der Verordnung über Abschlagszahlungen bei Bauträgerverträgen vom 23. Mai 2001[2] mit der Verordnungsermächtigung des Art. 244 EGBGB[3] zwingendes Recht und geht der Regelung des § 632a BGB zu Abschlagszahlungen im Werkvertrag vor. Hintergrund dieser Regelung des Gesetzgebers ist die Rechtsprechung des Bundesgerichtshofs aus dem Jahre 2000,[4] wonach bei einem Bauträgervertrag eine von § 3 Abs. 2 MaBV abweichende Bestimmung der Kaufpreisfälligkeit nichtig sei und an deren Stelle die allgemeine Fälligkeit des Werklohnes nach Fertigstellung und Abnahme des gesamten Bauwerks trete (§ 641 Abs. 1 BGB). Diese Rechtsprechung des Bundesgerichtshofs hat für Unsicherheiten bei der Gestaltung von Bauträgerverträgen und der Bewertung von § 3 Abs. 2

---

[1] Im Zusammenhang mit teilweise erbrachter Werkleistung und Mängelrügen OLG Stuttgart ZInsO 2004, 1087.

[2] BGBl. I S. 981.

[3] Palandt/*Sprau*, BGB, Art. 244 EGBGB Rdn. 1; kritisch Staudinger/*Peters*, BGB (2003), Art. 244 EGBGB Rdn. 5 ff.

[4] BGHZ 146, 250.

MaBV zu § 632a BGB geführt, die durch die klarstellende Verordnung beseitigt werden sollten.[1]

Der Regelung des § 3 Abs. 2 MaBV über Abschlagszahlungen im Bauträgervertrag liegt das Äquivalenzprinzip zu Grunde, nach welchen die zu zahlenden Teilbeträge stets der jeweils erbrachten Werkleistung entsprechen sollen.[2] Damit wird zu Gunsten des Käufers und Auftraggebers sichergestellt, dass er keine Vorleistung erbringen muss, für die er im Falle der Insolvenz des Bauträgers keine Gegenleistung mehr erhält. 1292

IV. Der Kauf unter Eigentumsvorbehalt

1. Die dogmatische Einordnung des Eigentumsvorbehalts in § 103 InsO

a) Die Wesensmerkmale des Eigentumsvorbehalts

Das den Kauf unter Eigentumsvorbehalt bestimmende Wesensmerkmal besteht nach der Auslegungsregel des § 449 BGB in der aufschiebend bedingten Übereignung durch den Verkäufer an den Käufer mit vollständiger Zahlung des Kaufpreises.[3] Der Kauf unter Eigentumsvorbehalt hat damit in erster Linie eine sachenrechtliche Bedeutung. Das nach der früheren Regelung des § 455 BGB zusätzlich gewährte sofortige Rücktrittsrecht des Verkäufers ohne Nachfristsetzung an den Käufer[4] ist mit der Neuregelung des § 449 BGB zum 1. Januar 2002 weggefallen.[5] 1293

Bereits mit Abschluss des Kaufvertrages und Übergabe der verkauften Ware erlangt der Käufer im Hinblick auf sein künftiges Eigentum ein Anwartschaftsrecht, das der Verkäufer wegen § 161 Abs. 1 BGB nicht mehr einseitig zerstören kann.[6] 1294

[1] Palandt/*Sprau,* BGB, § 632a Rdn. 3; Erman/*Schwenker,* BGB, § 632a Rdn. 6, 13, 14; *Blank,* ZfIR 2001, 85; *Brambring,* ZfIR 2001, 257; *Grziwotz,* ZfIR 2001, 521.

[2] Erman/*Schwenker,* BGB, § 632a Rdn. 14.

[3] Allgemein Staudinger/*Wiegand,* BGB (2004), § 929 Rdn. 33; Palandt/*Putzo,* BGB, § 449 Rdn. 8, 9; Erman/*Grunewald,* BGB, § 449 Rdn. 16ff.; *Medicus,* Schuldrecht II, Rdn. 120ff.; umfassend *Serick,* Band I §§ 10 und 11; *Serick,* Neueste Rechtsentwicklungen, § 2 I. 3., 4., II.

[4] Dazu umfassend *Westermann* in: MüKo-BGB, § 455 Rdn. 34ff.; *Serick,* Band I § 7 II. 2.; zum Erfordernis des Rücktritts BGHZ 54, 214; zur zulässigen Vereinbarung in Allgemeinen Geschäftsbedingungen BGHZ 96, 182.

[5] Erman/*Grunewald,* BGB, § 449 Rdn. 11ff.; *Haas/Medicus/Rolland/Schäfer/Wendtland,* 5. Kap. Rdn. 419; *Huber,* NZI 2004, 57.

[6] RGZ 16, 24; Staudinger/*Beckmann,* BGB (2004), § 449 Rdn. 75; Staudinger/*Wiegand,* BGB (2004), Anh. zu § 929 Rdn. 24ff.; *Westermann* in: MüKo-BGB, § 455 Rdn. 45ff.; Palandt/*Putzo,* BGB, § 449 Rdn. 9; Palandt/*Bassenge,* BGB, § 929 Rdn. 27; Erman/*Grunewald,* BGB, § 449 Rdn. 27; umfassend *Serick,* Band I § 11.

b) Der Eigentumsvorbehalt als nicht erfüllter Vertrag

1295 Wird über das Vermögen eines Vertragspartners das Insolvenzverfahren eröffnet, bevor der Kaufpreis vollständig gezahlt worden ist, liegt im Eigentumsvorbehaltskauf nach beinahe einhelliger Ansicht[1] ein beiderseits nicht erfüllter Vertrag im Sinne des § 103 InsO. Der Käufer hat seine Leistungspflicht schon mangels Kaufpreiszahlung nicht erbracht, der Verkäufer ist wegen § 433 Abs. 1 Satz 1 BGB zur unbedingten Übereignung der verkauften Ware verpflichtet, mangels Eintritt der aufschiebenden Bedingung für die Übereignung hat er diese Pflicht noch nicht vollständig erfüllt.[2]

1296 Für den Kauf unter Eigentumsvorbehalt gilt grundsätzlich § 103 InsO. Der Vertrag wandelt sich mit Eröffnung des Insolvenzverfahrens in das Stadium der Nicht-Durchsetzbarkeit der Leistungsansprüche. Hinsichtlich der weiteren Vertragserfüllung durch den Insolvenzverwalters ist zu unterscheiden, ob über das Vermögen des Käufers oder des Verkäufers das Insolvenzverfahren eröffnet worden ist.

2. Die Vertragserfüllung in der Insolvenz des Käufers

a) Das Wahlrecht des Insolvenzverwalters nach § 103 Abs. 1 und § 107 Abs. 2 InsO

1297 In der Insolvenz des Käufers steht dem Insolvenzverwalter das Wahlrecht auf Erfüllung des Vertrages nach § 103 Abs. 1 InsO ungeschmälert zu. Wählt er die Erfüllung des Vertrages, hat er den Kaufpreis als Masseverbindlichkeit zu entrichten (§ 55 Abs. 1 Nr. 2 InsO). Soweit der Verkäufer erst teilweise geliefert hat, gilt auch hier § 105 Satz 1 InsO: Der Verkäufer ist mit dem Anspruch auf den Kaufpreis hinsichtlich bereits gelieferter Ware Insolvenzgläubiger, die Vertragserfüllung bezieht sich nur auf die Zeit nach Insolvenzeröffnung. Allerdings ist der Verkäufer immer noch Eigentümer bereits gelieferter Ware, er kann deshalb ungeachtet des § 105 Satz 2 InsO bereits gelieferte, und nicht bezahlte Ware, zurückverlangen.

1298 Umgekehrt kann der Insolvenzverwalter es auch bei der Nichterfüllung des Vertrages belassen und den Verkäufer auf den Anspruch aus § 103 Abs. 2 Satz 1 InsO verweisen. Nach § 107 Abs. 2 InsO muss sich der Insolvenzverwalter nach der Aufforderung des Verkäufers nach § 103 Abs. 2 Satz 2 InsO erst nach dem Berichtstermin über seine Wahl zur Vertragserfüllung erklären. Der Berichtstermin soll abgewartet werden, weil ausgehend von der Beschlussfassung der Gläubigerver-

---

[1] Anders Jaeger/*Henckel*, KO, § 17 Rdn. 49ff.

[2] BGHZ 54, 214, 216; BGHZ 98, 160, 168; so bereits *Kuhn/Uhlenbruck*, KO, § 17 Rdn. 18c; zur früheren Streitfrage im Konkurs auch *Ott* in: MüKo-InsO, § 107 Rdn. 3; umfassend *Serick*, Band I § 13 II. 1.

sammlung (§ 157 InsO) die Vertragserfüllung beim Kauf unter Eigentumsvorbehalt gerade in der Unternehmensinsolvenz bei Unternehmensfortführung bedeutsam sein kann.[1] Von diese Regel macht § 107 Abs. 2 Satz 2 InsO wiederum eine Ausnahme, wenn mit dem Zuwarten bis zum Berichtstermin eine erhebliche Wertverminderung der Sache zu befürchten ist. Dies kann beispielsweise der Fall sein, wenn Saisonware veräußert wurde, die bei einer späteren Erfüllungsablehnung durch den Insolvenzverwalter für den Verkäufer keinen Wert mehr hat.

b) Der Schadensersatzanspruch des Verkäufers nach § 103 Abs. 2 Satz 1 InsO

Belässt es der Insolvenzverwalter bei der Nichterfüllung des Vertrages, steht dem Verkäufer der Anspruch des § 103 Abs. 2 Satz 1 InsO zu. Der Schadensersatzanspruch des Verkäufers wegen Nichterfüllung besteht insbesondere im entgangenen Gewinn (§ 252 Satz 2 BGB) und im geminderten Gewinn bei späterer Veräußerung an einen Dritten.[2] 1299

c) Das Recht des Verkäufers auf Aussonderung der Ware nach § 47 InsO

Der entscheidende Unterschied beim Kauf unter Eigentumsvorbehalt in der Insolvenz des Käufers gegenüber der Abwicklung eines gewöhnlichen Kaufvertrages besteht in dem Recht des Verkäufers, die verkaufte Ware aus der Insolvenzmasse aussondern zu können (§ 47 InsO).[3] Mangels Eintritts der aufschiebenden Bedingung vollständiger Kaufpreiszahlung bei Nichterfüllung des Vertrages durch den Insolvenzverwalter ist der Verkäufer weiterhin Eigentümer der Ware und bleibt dies auch, da die aufschiebende Bedingung letztlich endgültig ausfällt. Mit Nichterfüllung des Vertrages erlischt auch das Anwartschaftsrecht des Käufers an der gekauften Ware und sein Recht zum Besitz aus § 986 BGB.[4] Das Recht auf Aussonderung scheitert nicht an § 105 Satz 2 InsO, weil die verkaufte Ware gerade noch nicht in das Vermögen und damit in das Eigentum des Käufers übergegangen ist. Hat der Schuldner die Ware im Rahmen ordnungsgemäßer Wirtschaft bestimmungsgemäß weiterveräußert, steht dem Verkäufer an der Gegenleistung kein Ersatzaussonderungsrecht nach § 48 InsO zu.[5] 1300

---

[1] Begründung des Regierungsentwurfs BT-Drucks. 12/2443, S. 146.

[2] *Serick*, Band I § 13 II. 2. b).

[3] BGHZ 100, 19, 24; *Henckel* in: *Jaeger*, InsO, § 47 Rdn. 42; *Ott* in: MüKo-InsO, § 107 Rdn. 23; *Uhlenbruck* in: *Uhlenbruck*, InsO, § 47 Rdn. 19 mit umfangreichen Nachweisen; *Marotzke* in: HK-InsO, § 107 Rdn. 12, 20; *Hess/Weis/Wienberg*, InsO, § 47 Rdn. 42 und § 107 Rdn. 30; für eine abgesonderte Befriedigung allein *Smid* in: *Smid*, InsO, § 47 Rdn. 17ff.; *Häsemeyer*, Rdn. 11.10.

[4] Allgemein zur aufschiebend bedingten Übereignung BGHZ 10, 69, 72; Palandt/*Putzo*, BGB, § 449 Rdn. 27; Erman/*Grunewald*, BGB, § 449 Rdn. 13; *Serick*, Band I § 13 II. 3.

[5] BGHZ 68, 199; für den Kontokorrentvorbehalt BGHZ 73, 259.

1301 Den Wert der zurückzugebenden Ware hat sich der Verkäufer auf seinen Schadensersatzanspruch anrechnen zu lassen, im Umfang des Werts der Ware ist ihm letztlich kein Schaden entstanden.[1] Übersteigt zuletzt der Wert der Ware einschließlich vom Käufer bereits erbrachter Zahlungen den Schadensersatzanspruch des Verkäufers, hat er den Differenzbetrag an die Insolvenzmasse zu erstatten.[2] Im Idealfall führt die Nichterfüllung des Kaufvertrages für den Verkäufer dazu, dass er durch die Insolvenz des Käufers keinen Schaden erleidet.

1302 **Beispiel 10:** Der Schuldner erwirbt unter Eigentumsvorbehalt Waren im Wert von 20.000 EUR zum Kaufpreis von 25.000 EUR. Bei Insolvenzeröffnung waren 5.000 EUR des Kaufpreises gezahlt. Der Insolvenzverwalter lehnt gegenüber dem Verkäufer die Erfüllung des Vertrages ab.

Mit Insolvenzeröffnung wurden die gegenseitigen Leistungsansprüche nicht mehr durchsetzbar, mit Ablehnung der Vertragserfüllung durch den Insolvenzverwalter bleibt es bei endgültiger Nichterfüllung des Vertrages. Dem Verkäufer steht ein Schadensersatzanspruch wegen Nichterfüllung nach § 103 Abs. 2 Satz 1 InsO zu, die gelieferte Ware kann er wegen § 47 InsO aus der Insolvenzmasse aussondern. Als Mindestschaden könnte der Verkäufer den Wert der gelieferten Ware geltend machen; da er diese aber aus der Insolvenzmasse aussondern kann, mindert sich der Schadensersatzanspruch um ihren Wert. Es bleibt dem Verkäufer als Schaden der entgangene Gewinn von 5.000 EUR. Auf diesen sind die Teilleistungen anzurechnen, die er an die Insolvenzmasse zurückzugeben hätte. Damit ergibt sich für den Verkäufer kein Schaden, tatsächlich steht er vermögensrechtlich so wie er bei Erfüllung des Vertrages stünde.

3. Die Vertragserfüllung in der Insolvenz des Verkäufers

a) Der Meinungsstand im früheren Konkursrecht

1303 Im früherem Konkursrecht war zwischen Rechtsprechung und Schrifttum höchst streitig, ob in der Insolvenz des Verkäufers der Insolvenzverwalter gegenüber dem Käufer ebenfalls die Nichterfüllung des Vertrages werden konnte. Der Bundesgerichtshof sprach sich für dieses Wahlrecht aus[3] und regelte für den Käufer besonders nachteilige Rechtsfolgen, beispielsweise wenn er den Kaufpreis bis auf einen kleinen Rest bereits gezahlt hatte, über § 242 BGB.[4] Das Schrifttum verwies dagegen auf das nach § 161 BGB unzerstörbare Anwartschaftsrecht des Käufers, das den Verwalter zur Erfüllung des Vertrages zwinge.[5]

---

[1] Umfassend zur Schadensberechnung *Serick*, Band I § 13 II. 2. b).

[2] Umfassend zur dogmatischen Begründung nach § 812 Abs. 1 Satz 2 BGB *Serick*, Band I § 13 II. 2. b).

[3] BGH NJW 1962, 2296; zuletzt nachdrücklich gegen die überwiegende Literatur BGHZ 98, 160, 169; hierzu noch *Kuhn/Uhlenbruck*, KO, § 17 Rdn 18 d.

[4] BGHZ 98, 160, 168, 169 mit Bezugnahme auf RGZ 133, 40, 42; RGZ 140, 156, 160.

[5] Jaeger/*Henckel*, KO, § 17 Rdn. 52; *Kuhn/Uhlenbruck*, KO, § 17 Rdn. 18 d; *Kilger/K. Schmidt*, Insolvenzgesetze, § 17 KO Anm. 3 b; *Westermann* in: MüKo-BGB, § 455 Rdn. 84, 87; differenzierend *Serick*, Band I § 13 III. 1.

b) Die Pflicht zur Erfüllung nach § 107 Abs. 1 InsO

Der Gesetzgeber hat sich mit der Neuregelung des § 107 Abs. 1 InsO ausdrücklich der vom Schrifttum vertretenen Ansicht angeschlossen.[1] Unter den Voraussetzungen des § 107 Abs. 1 InsO ist demnach der Insolvenzverwalter in der Insolvenz des Verkäufers verpflichtet, den Kaufvertrag gegenüber den Käufer zu erfüllen, er kann es nicht bei der gesetzlich eingetretenen Nichterfüllung belassen. 1304

Voraussetzungen des § 107 Abs. 1 InsO ist ein wirksam abgeschlossener Kauf unter Eigentumsvorbehalt. Die Insolvenzeröffnung muss ferner über das Vermögen des Verkäufers erfolgen. Wesentliche Voraussetzung ist, dass bereits vor Insolvenzeröffnung dem Käufer der Besitz an der verkauften Ware eingeräumt sein muss.[2] Mit Abschluss des Kaufvertrages und Besitzerlangung als Teil des Verfügungsgeschäfts nach § 929 Satz 1 BGB hat der Käufer das Anwartschaftsrecht erworben.[3] Das Anwartschaftsrecht entsteht auch bei einer Übereignung nach § 930 BGB, wenn also die veräußerte Ware weiterhin beim Veräußerer verbleiben soll.[4] Auch für diesen Fall ist § 107 Abs. 1 InsO anwendbar, das Anwartschaftsrecht des Käufers muss nicht mit dessen unmittelbarer Besitzerlangung verbunden sein, gerade wenn bei der bedingten Übereignung vor Insolvenzeröffnung ein Besitz konstitutiv § 930 BGB vereinbart worden war.[5] 1305

Die Erfüllung des Kaufvertrages führt zur weiteren Übereignungspflicht des Insolvenzverwalters als Masseverbindlichkeit. Da aber die verkaufte Ware sich bereits im Besitz des Käufers befindet, besteht regelmäßig für diesen kein besonderer Handlungsbedarf. Er muss allein den Kaufpreis zur Insolvenzmasse entrichten und kann damit die aufschiebende Bedingung für seinen Eigentumserwerb eintreten lassen. Mit der Verpflichtung zur Vertragserfüllung kann der Insolvenzverwalter vom Käufer keine Rückgabe der Waren verlangen, er kann auch die Annahme von Zahlungen des weiteren Kaufpreises nicht verweigern. 1306

---

[1] Begründung des Regierungsentwurfs BT-Drucks. 12/2443, S. 146.

[2] Dazu *Ott* in: MüKo-InsO, § 107 Rdn. 11; das Gesetz formuliert sprachlich misslungen von der „Übertragung" des Besitzes, dieser wird als tatsächliches Sachherrschaftsverhältnis terminologisch aber lediglich „eingeräumt"; hierzu auch Staudinger/*Bund*, BGB (2000), § 854 Rdn. 21.

[3] Palandt/*Putzo*, BGB, § 449 Rdn. 9; *Serick*, Band I § 11 I.

[4] *Quack* in: MüKo-BGB, § 929 Rdn. 30; Palandt/*Bassenge*, BGB, § 929 Rdn. 26.

[5] *Ott* in: MüKo-InsO, § 107 Rdn. 11; *Berscheid* in: *Uhlenbruck*, InsO, § 107 Rdn. 4; *Balthasar* in: *Nerlich/Römermann*, InsO, § 107 Rdn. 8, 9; *Tintelnot* in: *Kübler/Prütting*, InsO, § 107 Rdn. 7; *Marotzke* in: HK-InsO, § 107 Rdn. 6; einschränkend nur *Wegener* in: FK-InsO, § 107 Rdn. 9 ff.

4. Die Sonderformen des Eigentumsvorbehalts in der Insolvenz

a) Die praktische Bedeutung von Erweiterungen des Eigentumsvorbehalts

1307 Die praktische Bedeutung des einfachen Eigentumsvorbehalts tritt gerade in der Unternehmensinsolvenz weit hinter diejenige der Sonderformen des Eigentumsvorbehalts zurück.[1] Für die Sonderformen des Eigentumsvorbehalts gelten im Verhältnis zwischen Käufer und Verkäufer zunächst keine Besonderheiten. In der Insolvenz des Verkäufers ist der Insolvenzverwalter unter den Voraussetzungen des § 107 Abs. 1 InsO zur Erfüllung des Vertrages verpflichtet. In der Insolvenz des Käufers kann er es gegenüber dem Verkäufer bei der eingetretenen Nichterfüllung belassen und den Verkäufer auf den Schadensersatz verweisen. Die eigentliche Bedeutung der Sonderformen des Eigentumsvorbehalts liegt in der unterschiedlichen Bewertung des Eigentums an der verkauften Ware als Sicherungsmittel für die Ansprüche des Verkäufers. Das Recht zur Aussonderung nach § 47 InsO steht ihm grundsätzlich nur im Falle des einfachen Eigentumsvorbehalts zu, sobald oder soweit der Eigentumsvorbehalt nur als Sicherungsrecht anzusehen ist, steht dem Verkäufer nur ein Recht auf abgesonderte Befriedigung zu.

1308 Bei der Abwicklung des Kaufs unter Eigentumsvorbehalt im Insolvenzverfahren ist deshalb stets zu prüfen, über wessen Vermögen das Insolvenzverfahren eröffnet worden ist und ob der Kaufvertrag erfüllt wird oder nicht. Problematisch ist letztlich nur der Eigentumsvorbehalt in der Insolvenz des Käufers, wenn der Insolvenzverwalter den Vertrag nicht erfüllt.

b) Der erweiterte Eigentumsvorbehalt

1309 Durch den erweiterten Eigentumsvorbehalt werden neben der eigentlichen Kaufpreisforderung weitere Forderungen des Verkäufers gegen den Käufer aus sonstiger Geschäftsverbindung gesichert. Der Verkäufer bleibt solange Eigentümer der Ware, bis sämtliche Forderungen befriedigt sind. Im Hinblick auf die sonstigen Forderungen des Verkäufers, die durch den Eigentumsvorbehalt gesichert werden sollen, geht es dem

[1] Eingehend zu den Sonderformen *Westermann* in: *Westermann,* § 39 V; *Baur/Stürner,* SachenR, § 59; *Westermann* in: MüKo-BGB, § 455 Rdn. 89 bis 102; Palandt/*Putzo,* BGB, § 449 Rdn. 16 ff.; Erman/*Grunewald,* BGB, § 449 Rdn. 42 ff.; *Henckel* in: *Jaeger,* InsO, § 47 Rdn. 41, 48, 49; *Ganter* in: MüKo-InsO, § 47 Rdn. 87 ff.; *Ott* in: MüKo-InsO, § 107 Rdn. 25 ff.; *Uhlenbruck* in: *Uhlenbruck,* InsO, § 47 Rdn. 21 bis 30; *Kuhn/Uhlenbruck,* KO, § 17 Rdn. 18 n und 18 m; *Kilger/K. Schmidt,* Insolvenzgesetze, § 17 KO Anm. 3 d.; umfassend *Serick,* Band IV §§ 44, 47, Band V § 56 und insbesondere § 62 bis § 69; *Serick,* Neueste Rechtsentwicklungen, §§ 3 und 4.

Verkäufer aber nur noch um Sicherung, nicht mehr um Rückgabe der Waren für den Fall der Nichtzahlung des Kaufpreises. Soweit deshalb der Kaufpreis für die Waren bereits gezahlt ist, steht der erweiterte Eigentumsvorbehalt einer Sicherungszession gleich (Erweiterungsfall). In diesem Falle kann der Verkäufer an den Waren lediglich abgesonderte Befriedigung nach § 51 Nr. 1 InsO geltend machen. Das Aussonderungsrecht nach § 47 InsO steht ihm nur insoweit zu, als der eigentliche Kaufpreis noch offen ist beziehungsweise unmittelbar wegen der Nichterfüllung der Anspruch aus § 103 Abs. 2 Satz 1 InsO geltend gemacht wird.

Gegen den erweiterten Eigentumsvorbehalt bestehen grundsätzlich 1310
keine Bedenken, er steht jedoch als so genannter Kontokorrentvorbehalt[1] unter der Inhaltskontrolle der §§ 307 ff. BGB[2] und kann gegenüber Nichtkaufleuten nach § 307 Abs. 2 Nr. 2 BGB unwirksam sein.[3] Als so genannter Konzernvorbehalt ist er nach § 449 Abs. 3 BGB generell unzulässig.

c) Der weitergeleitete Eigentumsvorbehalt mit Abtretung des Anwartschaftsrechts

Der weitergeleitete Eigentumsvorbehalt hat keine große Bedeutung. 1311
Der Käufer ist zwar berechtigt, die Ware weiterzuveräußern (§ 185 Abs. 1 BGB), jedoch nur durch Übertragung des Anwartschaftsrechtes, so dass bis zur vollständigen Bezahlung des Kaufpreises der Verkäufer Eigentümer bleibt.[4] Dadurch wird der Käufer genötigt, gegenüber dem Zweitkäufer den Eigentumsvorbehalt offen zu legen, im Übrigen kann aber gutgläubiger Erwerb nach § 932 BGB eintreten.

In der Insolvenz des Käufers wird der Insolvenzverwalter gegenüber 1312
dem Verkäufer regelmäßig die Nichterfüllung des Vertrages wählen, da er bei bereits erfolgter Weiterveräußerung an den Zweitkäufer durch die Vertragserfüllung keinen Nutzen mehr erlangen kann. Da aber durch die Übertragung des Anwartschaftsrechts der Eigentumserwerb des Zweitkäufers von der vollständigen Kaufpreiszahlung an den Verkäufer abhängt, ist in Anwendung des § 268 BGB der Zweitkäufer berechtigt, unmittelbar an den Erstkäufer zu zahlen.[5] Der Anspruch des

---

[1] Umfassend zum Kontokorrentvorbehalt in der Insolvenz *Serick,* Band V § 68 II., III.

[2] BGHZ 82, 50 (erweiterter Eigentumsvorbehalt und Factoring); BGHZ 94, 105 (Kontokorrentvorbehalt mit Freigabeklausel); BGHZ 98, 303 (Kontokorrentvorbehalt ohne Freigabeklausel); BGHZ 125, 83 (Unzulässigkeit bei unzureichender Freigabeklausel); Palandt/*Heinrichs,* BGB, § 307 Rdn. 99, 100; dazu und zur möglichen Übersicherung mit Freigabeanspruch des Schuldners *Berger,* ZIP 2004, 1073.

[3] Palandt/*Heinrichs,* BGB, § 307 Rdn. 99; Palandt/*Putzo,* BGB, § 449 Rdn. 19; Erman/*Grunewald,* BGB, § 449 Rdn. 60.

[4] Palandt/*Putzo,* BGB, § 449 Rdn. 16; Palandt/*Bassenge,* BGB, § 929 Rdn. 45; kritisch zur Zulässigkeit *Westermann* in: MüKo-BGB, § 455 Rdn. 102.

[5] Palandt/*Bassenge,* BGB, § 929 Rdn. 58.

Erstkäufers gegen den Käufer als Insolvenzverwalter geht dann zwar nach § 268 Abs. 3 BGB auf den Zweitkäufer über, ist aber wegen § 103 Abs. 2 Satz 1 BGB lediglich Insolvenzforderung. Der weitergeleitete Eigentumsvorbehalt beinhaltet deshalb für den Zweitkäufer das Risiko, in der Insolvenz des Käufers notfalls zweimal zahlen zu müssen.

d) Der nachgeschaltete Eigentumsvorbehalt

1313 Vom weitergeleitete Eigentumsvorbehalt ist der nachgeschaltete Eigentumsvorbehalt zu unterscheiden. Hier ist die Weiterveräußerung durch den Käufer auch ohne Offenlegung des eigenen Eigentumsvorbehalts gestattet, jedoch nur bei Weiterveräußerung unter neuerlichem Eigentumsvorbehalt und Abtretung des Kaufpreisanspruches gegen den Zweitkäufer an den Verkäufer.[1] Es entsteht dann an der verkauften Ware eine Verdoppelung des Anwartschaftsrechtes, einerseits für den Käufer mit Abschluss des ersten Kaufvertrages, andererseits für den Zweitkäufer bei seinem Erwerb.

1314 In der Insolvenz des Erstkäufers sind die Vertragsverhältnisse getrennt voneinander zu betrachten. Den Kaufvertrag mit dem Verkäufer muss der Insolvenzverwalter nicht erfüllen, er kann den Verkäufer auf den Schadensersatzanspruch verweisen. Dieser ist aber weiterhin solange Eigentümer der Waren, als nicht wenigstens eine der beiden Kaufpreisforderungen getilgt und eines der beiden Anwartschaftsrechte zum Vollrecht erstarkt ist.[2] Den Kaufvertrag mit dem Zweitkäufer muss der Insolvenzverwalter wegen § 107 Abs. 1 InsO dagegen erfüllen. Der Zweitkäufer ist seinerseits nicht in der Not, den Verkäufer befriedigen zu müssen, da er allein mit Zahlung seines Kaufpreises auf Grund des eigenen Anwartschaftsrechtes Eigentümer werden kann.[3]

e) Der Eigentumsvorbehalt mit Verarbeitungsklausel

1315 Die Vereinbarung einer Verarbeitungsklausel erfolgt dann, wenn der Käufer die vom Verkäufer gelieferte Ware weiterverarbeitet und hier das eigene Produkte herstellt. Nach § 950 BGB erwirbt in einem solchen Fall der Hersteller kraft Gesetzes das Eigentum an der neu hergestellten Sache, das Eigentum des Verkäufers würde kraft Gesetzes erlöschen. Mit Hilfe der so genannten Verarbeitungsklausel in Eigentumsvorbehalt wird vereinbart, das als Hersteller im Sinne des § 950 BGB nicht der Käufer sondern der Verkäufer anzusehen sei und deshalb unmittelbar Eigentümer der neu hergestellten Sache wird.[4] Die Verarbeitungsklausel wird häufig mit dem verlängerten Eigentumsvorbehalt

---

[1] Palandt/*Putzo*, BGB, § 449 Rdn. 17.
[2] BGHZ 56, 34 (für den verlängerten Eigentumsvorbehalt).
[3] BGHZ 56, 34, 36.
[4] Grundlegend BGHZ 20, 159; BGHZ 46, 117; Palandt/*Bassenge*, BGB, § 950 Rdn. 11; Erman/*Grunewald*, BGB, § 449 Rdn. 43, 44 ff.; umfassend *Serick*, Band IV § 44 II., III.

kombiniert. Der Verkäufer hat regelmäßig kein Interesse am hergestellten Produkt selbst, es soll lediglich der Sicherung seiner Kaufpreisforderung dienen.

In der Insolvenz des Käufers steht bei Nichterfüllung des Vertrages 1316
durch den Insolvenzverwalter dem Verkäufer an den hergestellten Produkten nur ein Absonderungsrecht nach § 51 Nr. 1 InsO zu, die Verarbeitungsklausel hatte nur den Zweck, Sicherungseigentum zu erlangen. Ein Aussonderungsrecht an den hergestellten Produkten steht dem Verkäufer nicht zu.[1]

f) Der verlängerte Eigentumsvorbehalt

Die wichtigste Sonderform des Eigentumsvorbehalts im Wirtschafts- 1317
leben ist der so genannte verlängerte Eigentumsvorbehalt. Hier willigt der Verkäufer in die Weiterveräußerung der Waren durch den Käufer im Rahmen des ordnungsgemäßen Geschäftsbetriebes ein (§ 185 Abs. 1 BGB), der Käufer tritt im Gegenzug im Rahmen einer antizipierten Zession (Vorausabtretung) die ihm zukünftig zustehenden Forderungen gegen die Zweitkäufer an den Verkäufer ab.[2] Die Sicherung der Kaufpreisforderung des Verkäufers ist dann mit den Kaufpreisforderungen gegen die Zweitkäufer als Sicherungsabtretung gegeben. Für die Wirksamkeit der Vorausabtretung genügt es, wenn die betreffenden Forderungen individualisierbar und von anderen unterscheidbar sind.[3] Beispielsweise ist auch die Abtretung künftiger Werklohnforderungen bei Lieferung von Baustoffen unter verlängertem Eigentumsvorbehalt möglich.[4] Tritt der Käufer ihm zustehende Kaufpreisansprüche mehrfach an verschiedene Verkäufer ab, gilt das Prioritätsprinzip, es ist nur die erste Abtretung wirksam.[5] Wie bei der Sicherungsabtretung und insbesondere der Globalzession ist es in der Praxis häufig eine Frage der Einhaltung des sachenrechtlichen Bestimmtheitsgrundsatzes, wenn der Schuldner Forderungen mehrfach abgetreten hat und Streit über die Wirksamkeit einzelner Abtretungen besteht.

Beispiel 11: Der Schuldner betreibt ein Elektrofachgeschäft. Er bezieht vom 1318
Großhändler 25 Küchenmaschinen eines bestimmten Typs zum Gesamtkaufpreis von 3000 EUR. Die Küchenmaschinen werden an den Schuldner geliefert, es wird

---

[1] *Henckel* in: *Jaeger,* InsO, § 51 Rdn. 36 ff.; *Ganter* in: MüKo-InsO, § 47 Rdn. 114; *Uhlenbruck* in: *Uhlenbruck,* InsO, § 47 Rdn. 26 m.w.N.; *Prütting* in: *Kübler/Prütting,* InsO, § 47 Rdn. 36; eingehend *Serick,* Band V § 63 III., IV. 1. b); kritisch *Westermann* in: MüKo-BGB, § 455 Rdn. 101.

[2] *Westermann* in: MüKo-BGB, § 455 Rdn. 94 ff.; Palandt/*Putzo,* BGB, § 449 Rdn. 18; Erman/*Grunewald,* BGB, § 449 Rdn. 43 ff.; *Ganter* in: MüKo-InsO, § 47 Rdn. 105 ff, insbesondere Rdn. 129 ff.; *Uhlenbruck* in: *Uhlenbruck,* InsO, § 47 Rdn. 27; umfassend *Serick,* Band IV § 47 I.

[3] Palandt/*Heinrichs,* BGB, § 398 Rdn. 14, 20; *Uhlenbruck* in: *Uhlenbruck,* InsO, § 47 Rdn. 29; umfassend *Serick,* Band IV § 47 II. und III.

[4] BGHZ 26, 178.

[5] BGHZ 32, 361; Palandt/*Heinrichs,* BGB, § 398 Rdn. 24.

vereinbart, dass bis zur vollständigen Kaufpreiszahlung die Küchenmaschinen in Eigentum des Großhändlers bleiben sollen. Der Schuldner wird zur Weiterveräußerung ermächtigt, jedoch nur bei gleichzeitiger Abtretung des jeweiligen Kaufpreisanspruchs gegen den Endkäufer an den Großhändler. Noch bevor der Schuldner eine Küchenmaschine verkaufen kann wird über sein Vermögen das Insolvenzverfahren eröffnet.

Zwischen Schuldner und Großhändler wurde ein Kaufvertrag geschlossen. Der Vertrag beinhaltet einen Eigentumsvorbehalt nach § 449 BGB. Im Zeitpunkt der Insolvenzeröffnung hat der Schuldner den Kaufpreis noch nicht entrichtet, damit ist die aufschiebende Bedingung für die Übereignung der Küchenmaschine an ihn nicht eingetreten, seitens des Großhändlers liegt damit keine vollständige Leistungserfüllung vor. Vorliegend ist zudem ein so genannter verlängerter Eigentumsvorbehalt vereinbart worden, bei welchem der Käufer zur Veräußerung der gekauften Ware ermächtigt wird (§ 185 Abs. 1 BGB), der Kaufpreisanspruch des Verkäufers dann aber durch den an ihn abgetretenen Kaufpreisanspruch gegen den Zweitkäufer gesichert werden soll.

1319 In der Insolvenz des Käufers steht dem Verkäufer neben dem Schadensersatzanspruch aus § 103 Abs. 2 Satz 1 InsO das Aussonderungsrecht des § 47 InsO soweit zu, als die gekaufte Ware noch beim Käufer vorhanden ist. Soweit dieser mit Einwilligung des Verkäufers bereits weiterveräußert hat, ist ein Fall des § 103 InsO a priori nicht gegeben.[1] Der Verkäufer ist mit seinem Kaufpreisanspruch gewöhnlicher Insolvenzgläubiger. An den an ihn abgetretenen Kaufpreisforderungen gegen die Zweitkäufer kann er abgesonderte Befriedigung nach § 51 Nr. 1 InsO geltend machen.[2] Soweit die Kaufpreisforderungen bereits durch Zahlung an den Käufer erloschen sind, insbesondere über § 407 BGB, wenn der Zweitkäufer von der Vorausabtretung keine Kenntnis hatte, kann dem Verkäufer analog § 48 InsO ein Ersatzabsonderungsrecht zustehen.

1320 Gleiches gilt dann, wenn der Käufer die Ware ohne Einwilligung weiterveräußert hat, beispielsweise weil der Zweitkäufer die Abtretung des gegen ihn gerichteten Kaufpreises von seiner Zustimmung abhängig machen wollte; in einem solchen Fall hätte der Käufer nicht weiterveräußern dürfen.[3] Im Übrigen ist bereits sehr differenziert zu überlegen, bis zu welchem Zeitpunkt die Einwilligung des Verkäufers in einer Weiterveräußerung im Rahmen ordnungsgemäßer Geschäftsführung reicht. Spätestens mit Eintritt der Zahlungsunfähigkeit und dem Antrag auf Insolvenzeröffnung kann nämlich für den Verkäufer die Sicherung seiner Kaufpreisforderung auch durch Vorausabtretungen bei Weiterveräußerung nicht mehr gewährleistet werden. Seine Einwilligung darf spätestens dann nicht mehr ohne weiteres angenommen werden.[4]

---

[1] *Kilger/K. Schmidt,* Insolvenzgesetze, § 17 KO Anm. 3 d; *Gottwald* in: *Huber,* Insolvenzrechts-Handbuch, § 37 Rdn. 30.

[2] *Henckel* in: *Jaeger,* InsO, § 47 Rdn. 49 und § 51 Rdn. 32; *Ganter* in: MüKo-InsO, § 47 Rdn. 144 ff.

[3] BGHZ 27, 306.

[4] *Henckel* in: *Jaeger,* InsO, § 51 Rdn. 33 m. w. N.; umfassend *Serick,* Band V § 62 VIII.

g) Die Verbindung verschiedener Eigentumsvorbehaltsformen

Probleme bereitet der Kaufvertrag dann, wenn verschiedene Sonderformen des Eigentumsvorbehalts miteinander kombiniert werden und im Zeitpunkt der Insolvenzeröffnung je unterschiedliche Tatbestände vorliegen, beispielsweise wenn der Käufer aus der Ware teilweise neue Produkte hergestellt hat oder die Ware teilweise bereits veräußert hat. Auch hier ist im Verhältnis zum Verkäufer sowie im Verhältnis zu möglichen Zweitkäufer zunächst zu untersuchen, welcher Kaufvertrag erfüllt werden soll. Bleibt es im Kaufvertrag mit dem Verkäufer bei der Nichterfüllung, steht diesem der Schadensersatzanspruch als Insolvenzforderung zu, inwieweit er eine noch vorhandene Ware, an den aus dieser hergestellten Produkten oder an den Gegenleistungsansprüchen aus Weiterveräußerung Sicherungsrechte geltend machen kann, ist für jeden Gegenstand gesondert zu untersuchen. 1321

Beispiel 12: V liefert an Möbelfabrikant K Holz unter Eigentumsvorbehalt. Es wird vereinbart, dass dem V das Eigentum auch an den aus dem Holz hergestellten Möbeln zustehe. K solle jedoch berechtigt sein, die Möbel an seine Kunden zu veräußern. Die Forderungen aus dem Verkauf der Möbel werden im Voraus an V abgetreten. Am 1. November wird über das Vermögen des S das Insolvenzverfahren eröffnet. 3 m^3 Holz und 10 Schränke aus dem von V gelieferten Holz sind noch auf Lager, zwei Gegenstände aber hat K bereits verkauft, darunter am 1. Oktober einen Schrank an Z unter Eigentumsvorbehalt, drei Raten des Kaufpreises stehen noch aus. Eine Kommode hat er an D am 15. Oktober gegen Barzahlung veräußert, die Kommode sollte an D erst am 5. November geliefert werden. V macht gegen K eine Forderung aus der noch nicht bezahlten Holzlieferung geltend. Der Insolvenzverwalter erklärt gegenüber V, dass er an einer Vertragserfüllung kein Interesse habe. 1322

Der Verkäufer V hatte Holz unter Eigentumsvorbehalt geliefert, es gilt § 103 InsO. der Insolvenzverwalter belässt es bei Nichterfüllung des Vertrages. Dem V steht ein Anspruch aus § 103 Abs. 2 Satz 1 InsO zu. Zu untersuchen ist, welche Sicherungsrechte er an den Waren, Produkten und den Forderungen gegen Dritte geltend machen kann: Das noch nicht verarbeitete Holz steht immer noch in seinem Eigentum und kann ausgesondert werden (§ 47 InsO). Durch den verlängerten Eigentumsvorbehalt mit Verarbeitungsklausel ist V auch Eigentümer der hergestellten und noch auf Lager befindlichen Schränke. An ihnen kann er entsprechend § 51 Nr. 1 InsO abgesonderte Befriedigung geltend machen. An Z wurde im Wege des verlängerten Eigentumsvorbehalts weiterveräußert. An den noch offenen Kaufpreisraten gegen Z steht dem V ein Absonderungsrecht nach § 51 Nr. 1 InsO zu. Soweit Raten bereits wirksam an den Schuldner gezahlt worden sind, kommt eine Ersatzabsonderung entsprechend § 48 Satz 2 InsO in Betracht. Die an D verkaufte aber noch nicht übereignete Kommode steht noch im Eigentum des V, er hat hier ein Absonderungsrecht nach § 51 Nr. 1 InsO. Der Übereignungsanspruch des D ist im Übrigen gewöhnliche Insolvenzforderung.

V. Die Abwicklung von Miet- und Pachtverhältnissen nach §§ 108 ff. InsO

1. Das Fortbestehen von Dauerschuldverhältnissen

a) Die von § 108 InsO erfassten Rechtsverhältnisse

1323 Bei der Abwicklung von Dauerschuldverhältnissen im Insolvenzverfahren muss anders als bei reinen Austauschverträgen auch das berechtigte Interesse des Vertragspartners an einer zumindest zeitlich begrenzten Fortsetzung des Vertrages berücksichtigt werden. Die Behandlung von Dauerschuldverhältnissen wird in den §§ 108 bis 128 InsO geregelt, Miet- und Pachtverhältnisse in den §§ 108 bis 112 InsO.

1324 § 108 Abs. 1 InsO beschränkt den Anwendungsbereich anders als die früheren §§ 19 ff. KO auf Miet- und Pachtverhältnisse über unbewegliche Gegenstände und Räume (§§ 535 ff., 581 BGB). Die Vorschriften gelten damit insbesondere für Miet- und Pachtverhältnisse über Grundstücke, Wohnungseigentum, selbstständiges Gebäudeeigentum in den neuen Ländern, grundstücksgleiche Rechte sowie über Geschäftsräume und Wohnräume. Mietverhältnisse über bewegliche Gegenstände und Rechte,[1] beispielsweise über Fahrzeuge, Büroeinrichtung, Adresskontigenten oder Patenten, werden von § 108 Abs. 1 InsO nicht erfasst, für sie gilt die Grundregel des § 103 InsO, wonach der Vertrag mit Eröffnung des Insolvenzverfahrens nicht mehr durchgeführt werden kann und der Insolvenzverwalter die Erfüllung des Vertrages wählen kann.[2] Als besonderen Fall regelt § 108 Abs. 1 Satz 2 InsO das so genannte refinanzierte Leasingverhältnis, das, auch wenn es bewegliche Gegenstände betrifft, nach Insolvenzeröffnung grundsätzlich weiter besteht.

b) Das Fortbestehen nach § 108 InsO

1325 Die Regelung des § 108 InsO enthält zwei Grundaussagen, die für alle betroffenen Rechtsverhältnisse, auch für die in den §§ 113 ff. InsO geregelten Dienst- und Arbeitsverhältnisse, gelten:[3]

- Das Miet- oder Pachtverhältnis besteht auch nach Insolvenzeröffnung für und gegen die Insolvenzmasse fort, es tritt mit Insolvenzeröffnung keine Nichterfüllung ein (§ 108 Abs. 1 Satz 1 InsO).
- Ansprüche des Vermieters oder Verpächters oder auch des Mieters oder Pächters gegen den Schuldner aus der Zeit vor Insolvenzeröffnung sind stets Insolvenzforderung (§ 108 Abs. 2 InsO); dies korres-

---

[1] Beispiele bei *Kuhn/Uhlenbruck*, KO, § 19 Rdn. 3.

[2] Begründung des Regierungsentwurfs BT-Drucks. 12/2443, S. 144; dazu *Eckert* in: MüKo-InsO, § 108 Rdn. 3 ff.

[3] Allgemein *Eckert* in: MüKo-InsO, § 108 Rdn. 10 ff.; *Berscheid* in: *Uhlenbruck*, InsO, § 108 Rdn. 6 ff.

pondiert mit § 105 Satz 1 InsO, wobei gerade bei Miet- und Pachtverhältnissen die Teilbarkeit der Gegenleistung nach Zeitabschnitten Bestandteil des Vertrages ist.

Ausgehend von diesen Grundregeln bestimmen die §§ 109 bis 112 InsO Möglichkeiten für den Insolvenzverwalter, den Miet- oder Pachtvertrag zu kündigen, oder sie regeln die Rechte des Mieters gegenüber dem Insolvenzverwalter oder gegenüber einem Erwerber des Objekts nach Veräußerung durch den Insolvenzverwalter. 1326

c) Die Regelungssystematik der §§ 109ff. InsO

aa) Die Unterscheidung nach Insolvenz des Mieters oder des Vermieters

Systematisch ist zwischen der Insolvenz des Mieters oder Pächters und der Insolvenz des Vermieters oder Verpächters zu unterscheiden. je nach Fall besteht sowohl für den Insolvenzverwalter als auch für den Vertragspartner eine andere Interessenlage. Der Insolvenzverwalter will in der Insolvenz des Mieters die Möglichkeit haben, sich frühzeitig vom Vertrag zu lösen, wenn die Fortführung des Mietvertrages für die Insolvenzmasse nicht mehr sinnvoll ist. In der Insolvenz des Vermieters erhält die Insolvenzmasse dagegen die Miete, das Interesse des Mieters als Vertragspartner an der Fortführung des Vertrages wiegt hier höher. 1327

bb) Die Unterscheidung nach dem Zeitpunkt der Gebrauchsüberlassung

Weiter ist zu unterscheiden, ob im Zeitpunkt der Insolvenzeröffnung der gemietete Gegenstand, mithin das Grundstück oder die Räume, den Mieter bereits zum Gebrauch überlassen waren, ob also der Vermieter seine Hauptpflicht aus § 535 Abs. 1 Satz 1 BGB bereits erfüllt hat.[1] Ist das nicht der Fall, kann für beide Seiten einberechtigtes Interesse daran bestehen, den Vertrag nicht mehr in Vollzug zu setzen. 1328

cc) Die Regelungssystematik im Überblick

Ausgehend von diesen beiden Grundunterscheidungen sind bei der Abwicklung des Miet- oder Pachtverhältnisses vier Fälle denkbar: 1329

- Wird über das Vermögen des Mieters oder Pächters das Insolvenzverfahren eröffnet und ist der gemietete Gegenstand dem Mieter oder Pächter noch nicht zum Gebrauch überlassen, gilt § 109 Abs. 2 Satz 1 InsO. Sowohl der Insolvenzverwalter als auch der Mieter oder Pächter können vom Vertrag noch zurücktreten.
- Wird über das Vermögen des Mieters oder Pächters das Insolvenzverfahren eröffnet und ist der gemietete Gegenstand bereits zum Gebrauch überlassen, handelt es sich also um ein laufendes Vertragsverhältnis, gilt § 109 Abs. 1 Satz 1 InsO. Der Insolvenzverwalter kann

---

[1] Dazu BGHZ 65, 137; *Eckert* in: MüKo-InsO, § 109 Rdn. 12ff.; *Emmerich* in: *Emmerich/Sonnenschein,* Miete, § 535 Rdn. 7ff.

unter Einhaltung der gesetzlichen Kündigungsfrist das Vertragsverhältnis kündigen.

- Wird über das Vermögen des Vermieters oder Verpächters das Insolvenzverfahren eröffnet und ist der gemietete Gegenstand noch nicht überlassen, gilt die Grundregel des § 108 Abs. 1 Satz 1 InsO. Das Vertragsverhältnis ist durch Gebrauchsüberlassung in Vollzug zu setzen, eine spätere Beendigung nach den allgemeinen Regeln des Miet- und Pachtrechts ist dadurch nicht ausgeschlossen.
- Wird über das Vermögen des Vermieters oder Verpächters das Insolvenzverfahren eröffnet und ist der gemietete Gegenstand bereits zum Gebrauch überlassen, gilt ebenfalls § 108 Abs. 1 Satz 1 InsO. Das Vertragsverhältnis bleibt bestehen, dem Insolvenzverwalter steht auch kein besonderes Kündigungsrecht zu. Besondere Regelungen sind lediglich für den Mieter bezüglich geleisteter Vorauszahlungen erforderlich oder für den Fall der Veräußerung des Objekts.

2. Das Mietverhältnis in der Insolvenz des Mieters nach § 109 InsO

a) Die Insolvenz vor Gebrauchsüberlassung an den Mieter

aa) Das Rücktrittsrecht des Insolvenzverwalters oder des Vermieters

1330 In der Insolvenz des Mieters können sowohl der Insolvenzverwalter als auch der Vermieter vom Vertrag zurücktreten, wenn im Zeitpunkt der Insolvenzeröffnung das Objekt dem Schuldner noch nicht zum Gebrauch überlassen war (§ 109 Abs. 2 Satz 1 InsO). Das Rücktrittsrecht liegt in beiderseitigem Interesse.[1] Der Insolvenzverwalter soll nicht dazu gezwungen werden, einen für ihn unnötigen und die Insolvenzmasse belastenden Mietvertrag zu übernehmen. Der Vermieter soll nicht gezwungen werden, einen insolventen Mieter zu akzeptieren.

1331 Das Rücktrittsrecht wird jeweils durch einseitige empfangsbedürftige Willenserklärung gegenüber dem anderen Teil ausgeübt. Weder der Insolvenzverwalter noch der Vermieter sind verpflichtet, vom Vertrag zurückzutreten, es besteht auch keine gesetzlich vorgegebene Frist, innerhalb derer das Rücktrittsrecht ausgeübt werden muss. In gewisser Weise entsteht daher ähnlich wie beim beiderseits nicht erfüllten gegenseitigen Vertrag ein Schwebezustand hinsichtlich der Vertragserfüllung.[2]

1332 Nach § 109 Abs. 2 Satz 3 InsO kann jeder Teil den anderen zur Erklärung über seine Rücktrittsrecht auffordern. Die Erklärung ist innerhalb einer Frist von zwei Wochen[3] ab Zugang der Aufforde-

---

[1] Allgemein zum Rücktrittsrecht *Börstinghaus*, DZWIR 1999, 205.

[2] *Eckert* in: MüKo-InsO, § 109 Rdn. 63.

[3] Zur Frage der Angemessenheit der Frist *Eckert* in: MüKo-InsO, § 109 Rdn. 63, 64; *Berscheid* in: *Uhlenbruck*, InsO, § 109 Rdn. 25, 26.

rung[1] abzugeben. Verstreicht die Frist, verliert der Betroffene sein Rücktrittsrecht. Es steht dann im Belieben des anderen Vertragspartners, den Vertrag zu erfüllen oder selbst noch zurückzutreten. Lässt der Insolvenzverwalter die Frist des § 109 Abs. 2 Satz 3 InsO verstreichen und muss er deshalb den Mietvertrag zunächst erfüllen, stellt sich die Frage, ob er diesen dann noch unter Berufung auf § 109 Abs. 1 InsO kündigen kann.[2]

bb) Der Schadensersatzanspruch des Vermieters nach § 109 Abs. 2 Satz 2 InsO

Tritt der Insolvenzverwalter vom Vertrag zurück, steht nach § 109 Abs. 2 Satz 2 InsO dem Vermieter ein Anspruch auf Schadensersatz als Insolvenzforderung zu. ausdrücklich bezieht sich der Schadensersatz auf den Umstand der vorzeitigen Beendigung des Vertragsverhältnisses. Dem Vermieter ist der Mietausfall zu ersetzen, der bis zum ersten allgemein zulässigen Kündigungstermin entsteht.[3] 1333

Beispiel 13: Der Schuldner mietet eine kleine Lagerhalle an, der Mietvertrag wird unbefristet geschlossen und soll am 1. Dezember beginnen, die monatliche Miete beträgt 1.000 EUR. Am 20. November wird über das Vermögen des Schuldners das Insolvenzverfahren eröffnet. Der Insolvenzverwalter erklärt gegenüber dem Vermieter den Rücktritt vom Mietvertrag. 1334

Das Rücktrittsrecht des Insolvenzverwalters ergibt sich aus § 109 Abs. 2 Satz 1 InsO, der Mietvertrag war im Zeitpunkt der Insolvenzeröffnung noch nicht in Vollzug gesetzt. Als Schadensersatz nach § 109 Abs. 2 Satz 2 InsO ist dem Vermieter die Miete zuzusprechen, die ihm vom Beginn des Mietverhältnisses bis zum ersten zulässigen ordentlichen Kündigungstermin zugestanden hätte. Denn wäre das Insolvenzverfahren nicht eröffnet worden, hätte der Schuldner nach den allgemeinen Regelungen kündigen können. Die gesetzliche Kündigungsfrist beträgt nach § 580 a Abs. 1 Nr. 3 BGB drei Monate; der Schuldner hätte mithin am 3. Dezember zum Ablauf des Februar des Folgejahres kündigen können. Selbstverständlich trifft den Vermieter auch die im allgemeinen Schadensersatzrecht geltende Schadenminimierungspflicht, er darf beispielsweise die jetzt freie Lagerhalle nicht ungenutzt lassen und soll sich um eine zeitnahe Neuvermietung bemühen.

Tritt umgekehrt der Vermieter vom Vertrag zurück, steht dem Insolvenzverwalter kein Schadensersatzanspruch zu.[4] 1335

---

[1] *Eckert* in: MüKo-InsO, § 109 Rdn. 63; *Berscheid* in: *Uhlenbruck*, InsO, § 109 Rdn. 25; *Marotzke* in: HK-InsO, § 109 Rdn. 38; anders *Smid* in: *Smid*, InsO, § 109 Rdn. 10.

[2] Nicht eindeutig Begründung des Regierungsentwurfs BT-Drucks. 12/2443, S. 147; für das Kündigungsrecht *Eckert* in: MüKo-InsO, § 109 Rdn. 73; *Berscheid* in: *Uhlenbruck*, InsO, § 109 Rdn. 27; *Tintelnot* in: *Kübler/Prütting*, InsO, § 109 Rdn. 31; *Eckert*, ZIP 1996, 897.

[3] *Berscheid* in: *Uhlenbruck*, InsO, § 109 Rdn. 8; *Marotzke* in: HK-InsO, § 109 Rdn. 22; *Tintelnot* in: *Kübler/Prütting*, InsO, § 109 Rdn. 18; *Wegener* in: FK-InsO, § 109 Rdn. 12; *Balthasar* in: *Nerlich/Römermann*, InsO, § 109 Rdn. 12; zur Zulässigkeit von Vereinbarungen über den Rücktritt und seine Folgen, insbesondere zu Schadensersatzpauschalierungen *Eckert* in: MüKo-InsO, § 109 Rdn. 82 ff.; *Berscheid* in: *Uhlenbruck*, InsO, § 109 Rdn. 9.

[4] *Eckert* in: MüKo-InsO, § 109 Rdn. 71.

cc) Das taktische Verhalten des Insolvenzverwalters nach § 109 Abs. 2 Satz 3 InsO

1336 Aus dem gegenseitigen Rücktrittsrecht und der Schadensersatzpflicht des § 109 Abs. 2 Satz 2 InsO ergeben sich für den Insolvenzverwalter taktische Verhaltensmöglichkeiten, je nachdem, ob er selbst an einer Vertragserfüllung interessiert ist oder nicht:

- Ist er an der Vertragserfüllung interessiert, wird er dies dem Vertragspartner mitteilen, damit dieser von seinem Rücktrittsrecht keinen Gebrauch macht. Den möglichen Rücktritt des Vermieters kann der Insolvenzverwalter freilich nicht verhindern.
- Ist er an einer Vertragserfüllung nicht interessiert, könnte er den Vertragspartner nach § 109 Abs. 2 Satz 3 InsO auffordern, sich zu erklären. Macht der Vermieter dann von seinem Rücktrittsrecht Gebrauch, braucht der Insolvenzverwalter seinerseits nicht mehr zurückzutreten, es besteht auch kein Schadensersatzanspruch nach § 109 Abs. 2 Satz 2 InsO. Tritt der Vermieter dagegen nicht zurück, kann der Insolvenzverwalter sein Rücktrittsrecht trotzdem noch ausüben, dann allerdings mit dem Schadensersatzanspruch als Insolvenzforderung.
- Ist er schließlich nur an einer zeitlich beschränkten Vertragserfüllung interessiert, kann er zunächst auf sein Rücktrittsrecht verzichten, den dann in Vollzug gesetzten Vertrag aber nach § 109 Abs. 1 InsO später kündigen.

dd) Die Vollziehung des Miet- oder Pachtverhältnisses

1337 Die Vollziehung des Miet- oder Pachtvertrages kann letztlich nur in beiderseitigem Einvernehmen durch Gewährung der Gebrauchsüberlassung erfolgen.[1] Der Anspruch des Vermieters auf die Miete ist dann Masseverbindlichkeiten (§ 55 Abs. 1 Nr. 2 InsO). Die spätere Beendigung des Miet- oder Pachtverhältnisses erfolgt nach den allgemeinen vertraglichen Regelungen oder nach den gesetzlichen Regelungen des Mietrechts.

b) Die Insolvenz nach Gebrauchsüberlassung an den Mieter

aa) Das besondere Kündigungsrecht des Insolvenzverwalters nach § 109 Abs. 1 InsO

1338 Ist im Zeitpunkt der Insolvenzeröffnung das vermietete Objekt dem Schuldner bereits zum Gebrauch überlassen, handelt es sich also um einen bereits laufenden Miet- oder Pachtvertrag, steht dem Insolvenzverwalter nach § 109 Abs. 1 Satz 1 InsO ein besonderes Kündigungsrecht zu. Er kann ohne Rücksicht auf einen vertraglich vereinbarten Ausschluss des Kündigungsrechts oder eine vertraglich vereinbarte

---

[1] Nicht in jedem Falle zutreffend sind die Überlegungen bei *Huber* in: *Gottwald*, § 37 Rdn. 28, wonach der Vermieter regelmäßig zurücktrete und der Insolvenzverwalter dies begrüße.

Kündigungsfrist unter Einhaltung der jeweils geltenden gesetzlichen Kündigungsfrist den Miet- oder Pachtvertrag kündigen. Die maßgeblichen gesetzlichen Kündigungsfristen nach den Neuregelungen des Mietrechts durch das Mietrechtsreformgesetz[1] sind Folgende:

- Mietverhältnisse über Grundstücke und Räume, die keine Geschäftsräume sind, können nach § 580a Abs. 1 BGB gekündigt werden; die Kündigungsfrist bestimmt sich nach der Fälligkeit der Miete, bei monatlicher Zahlung ist die Kündigung am dritten Werktag eines Kalendermonats zum Ablauf des übernächsten Monats zulässig die Kündigungsfrist beträgt praktisch drei Monate zum Ende eines Kalendermonats; der Mietvertrag über gewerblich genutzte unbebaute Grundstücke kann aber nur zum Ende eines Kalendervierteljahres gekündigt werden.
- Mietverhältnisse über Geschäftsräume sind nach § 580a Abs. 2 BGB spätestens am dritten Werktag eines Kalendervierteljahres zum Ablauf des nächsten Kalendervierteljahres zulässig, praktisch beträgt die Kündigungsfrist sechs Monate.[2]
- Mietverhältnisse über Wohnraum sind nach § 573c Abs. 1 Satz 1 BGB spätestens am dritten Werktag eines Kalendermonats zum Ablauf des übernächsten Kalendermonats kündbar; die Verlängerung der Kündigungsfrist entsprechend der Dauer des Mietverhältnisses nach § 573c Abs. 1 Satz 2 BGB gilt nicht gegenüber dem Mieter und damit auch nicht gegenüber dem Insolvenzverwalter des Mieters.

Praktische Bedeutung hat das besondere Kündigungsrecht des Insol- 1339 venzverwalters nach § 109 Abs. 1 Satz 1 BGB nur bei Mietverhältnissen über Grundstücke und Räume, die keine Wohnungen sind, insbesondere Geschäftsräume. Ferner ist es nur relevant, wenn das Mietverhältnis befristet ist oder die vertraglich vereinbarte Kündigungsfrist länger ist als die gesetzliche. In allen übrigen Fällen kann der Verwalter als Mieter ohnehin nach den gesetzlichen Kündigungsfristen kündigen. Ist die vertraglich vereinbarte Kündigungsfrist kürzer als die gesetzliche, ist die vertragliche maßgebend, der Insolvenzverwalter muss sich nicht auf § 109 Abs. 1 Satz 1 InsO berufen.[3]

Bei Mietverhältnissen über Wohnraum ist eine Befristung nur unter 1340 den Voraussetzungen des § 575 BGB zulässig,[4] hier gilt ein besonderes

---

[1] Mietrechtsreformgesetz vom 19. Juni 2001 (BGBl. I S. 1149); dazu Palandt/*Weidenkaff*, BGB, Vor § 535 Rdn. 77 ff.; Erman/*Jendrek*, BGB, Vor § 535 Rdn. 6 ff.; *Lützenkirchen*, Rdn. 7 ff.

[2] Dazu kritisch Palandt/*Weidenkaff*, BGB, § 580a Rdn. 13; zur früheren strittigen Regelung des § 565 Abs. 1a BGB OLG Hamm NZI 2000, 372; LG Kiel NJW-RR 1995, 585; *Eckert* in: MüKo-InsO, § 109 Rdn. 22; *Berscheid* in: *Uhlenbruck*, InsO, § 109 Rdn. 5; *Krull*, ZMR 1998, 125.

[3] *Berscheid* in: *Uhlenbruck*, InsO, § 109 Rdn. 4 m. w. N.; *Pape* in: KS, S. 531 Rdn. 82; *Tintelnot*, ZIP 1995, 616; *Eckert*, ZIP 1996, 897; anders nur *Smid* in: *Smid*, InsO, § 109 Rdn. 4.

[4] Eingehend *Haug* in: *Emmerich/Sonnenschein*, Miete, § 575 Rdn. 8 ff.

gesetzliches Kündigungsrecht nach § 575a BGB mit einer Kündigungsfrist von drei Monaten zum Ende eines Kalendermonats (§ 575a Abs. 3 Satz 1 BGB). Eine vertragliche Änderung der Kündigungsfristen zu Lasten des Wohnungsmieters ist im Übrigen nach § 573c Abs. 4 BGB unzulässig.[1]

1341 **Beispiel 14:** Zwischen dem Schuldner als Mieter und dem Vermieter besteht ein Mietvertrag über Geschäftsräume mit einer Laufzeit von drei Jahren, die monatliche Miete beträgt 2.500 EUR. Am 1. April wird das Insolvenzverfahren eröffnet, der Insolvenzverwalter kündigt gegenüber dem Vermieter mit Schreiben vom 3. April, das diesem am selben Tag zugeht, den Mietvertrag.

Das Mietverhältnis wurde bei Insolvenzeröffnung zunächst nach § 108 Abs. 1 Satz 1 InsO fortgesetzt. In der Insolvenz des Mieters steht dem Insolvenzverwalter das besondere Kündigungsrecht des § 109 Abs. 1 Satz 1 InsO zu. Die gesetzliche Kündigungsfrist bei Geschäftsräumen beträgt gemäß § 580a Abs. 2 BGB sechs Monate zum Ablauf eines Kalendervierteljahres. Das Mietverhältnis endet damit mit Ablauf des 30. September.

1342 Der Insolvenzverwalter kann sein Kündigungsrecht während der gesamten Dauer des Insolvenzverfahrens ausüben, er ist nicht auf den ersten zulässigen Kündigungstermin nach Insolvenzeröffnung angewiesen.[2] Der Insolvenzverwalter kann daher auch das Mietverhältnis für eine gewisse Zeit fortsetzen, beispielsweise für die Dauer zwischenzeitlicher Unternehmensfortführung, und es später kündigen.

bb) Die Ansprüche des Vermieters nach Kündigung durch den Insolvenzverwalter

1343 Kündigt der Insolvenzverwalter das Mietverhältnis, steht dem Vermieter nach § 109 Abs. 1 Satz 3 InsO ein Schadensersatzanspruch wegen der vorzeitigen Beendigung des Mietverhältnisses zu, der Anspruch ist gewöhnliche Insolvenzforderung. Der Schaden des Vermieters bemisst sich in der Miete nach Ablauf der gesetzlichen Kündigungsfrist, nach welcher der Insolvenzverwalter gekündigt hat, bis zum Ablauf des Mietvertrages oder der vertraglich vereinbarten Kündigungsfrist.[3]

1344 Für die Dauer der vom Insolvenzverwalter einzuhaltenden Kündigungsfrist besteht das Mietverhältnis freilich weiter, die hier noch entstehenden Mietansprüche sind als so genannte oktroyierte Masseverbindlichkeiten nach § 55 Abs. 1 Nr. 2 zweite Alternative InsO zu befriedigen. In der zeitlichen Abfolge sind die Ansprüche des Vermieters wie folgt zu berücksichtigen:

---

[1] Palandt/*Weidenkaff*, BGB, § 573c Rdn. 3; *Haug* in: *Emmerich/Sonnenschein*, Miete, § 573c Rdn. 25, 26.

[2] *Berscheid* in: *Uhlenbruck*, InsO, § 109 Rdn. 4; *Marotzke* in: HK-InsO, § 109 Rdn. 4; *Tintelnot* in: *Kübler/Prütting*, InsO, § 109 Rdn. 8; *Pape* in: KS, S. 531 Rdn. 83; *Eckert*, ZIP 1996, 897.

[3] *Eckert* in: MüKo-InsO, § 109 Rdn. 28 ff.; *Berscheid* in: *Uhlenbruck*, InsO, § 109 Rdn. 8.

- Mietansprüche aus der Zeit vor Insolvenzeröffnung sind stets Insolvenzforderung (§ 108 Abs. 2 InsO).
- Mietansprüche von Insolvenzeröffnung bis zum Ablauf der Kündigungsfrist nach einer Kündigung durch den Insolvenzverwalter sind Masseverbindlichkeiten nach § 55 Abs. 1 Nr. 2 InsO.
- Mietansprüche für die Zeit nach Beendigung des Mietverhältnisses bis zu dessen vertragsgemäßem Ende sind als Schadensersatz nach § 109 Abs. 1 Satz 3 InsO Insolvenzforderung.

An den vom Mieter eingebrachten Gegenständen kann der Vermieter **1345** das gesetzliche Pfandrecht des § 562 Abs. 1 BGB geltend machen. Das gesetzliche Pfandrecht gewährt ihm in der Insolvenz ein Absonderungsrecht nach § 50 Abs. 1 InsO. Dieses Absonderungsrecht ist durch § 50 Abs. 2 InsO allerdings beschränkt.[1] Es kann nicht für ältere Mietansprüche als ein Jahr vor Insolvenzeröffnung und nicht für den Schadensersatz wegen der Kündigung des Insolvenzverwalters geltend gemacht werden. Diese Einschränkung entspricht der Regelung des § 562 Abs. 2 BGB. Das Absonderungsrecht steht dem Vermieter damit nur wegen der rückständigen Miete des letzten Jahres vor Insolvenzeröffnung zu.

Eine besondere Haftung der Insolvenzmasse für den vertragsgemä- **1346** ßen Zustand der Mietsache bei Beendigung des Mietverhältnisses und Rückgabe an den Vermieter als Aussonderungsberechtigten besteht nicht. Diesbezügliche Ansprüche sind lediglich Insolvenzforderungen.[2]

cc) Die Kündigung durch den Vermieter

Die Regelung des § 109 InsO billigt das Kündigungsrecht nur dem **1347** Insolvenzverwalter zu. Der Vermieter hat kein außerordentliches Kündigungsrecht. Dies ist auch nicht notwendig, denn wenn der Insolvenzverwalter nicht kündigt, bleibt das Mietverhältnis bestehen, die Mietansprüche sind als Masseverbindlichkeiten nach § 55 Abs. 1 Nr. 2 InsO zu befriedigen.

Nicht ausgeschlossen ist natürlich die Kündigung durch den Vermie- **1348** ter, wenn die allgemeinen mietrechtlichen Voraussetzungen vorliegen. Eine fristlose Kündigung des Vermieters wegen Zahlungsverzugs nach § 543 Abs. 2 BGB ist möglich, wenn der Insolvenzverwalter die geschuldete Miete nicht mehr zahlt. War der Schuldner bereits vor Insolvenzeröffnung in Zahlungsverzug, kann das Kündigungsrecht aber durch § 112 InsO eingeschränkt sein. Der eigentliche Anwendungsbereich des § 112 InsO liegt im Insolvenzeröffnungsverfahren:[3] Mit der Stellung des Insolvenzantrags kann der Schuldner eine an sich berechtigt der fristlose Kündigung des Vermieters wegen Zahlungsverzugs

---

[1] Umfassend *Henckel* in: *Jaeger,* InsO, § 50 Rdn. 34 ff.; *Uhlenbruck* in: *Uhlenbruck,* InsO, § 50 Rdn. 25 ff.

[2] BGHZ 148, 252, in Abweichung von BGHZ 127, 156, 165.

[3] *Eckert* in: MüKo-InsO, § 112 Rdn. 1, 18; *Berscheid* in: *Uhlenbruck,* InsO, § 112 Rdn. 6 ff.

blockieren. Es soll damit eine Sanierung und Erhaltung des schuldnerischen Unternehmens erleichtert werden.[1] Praktisch führt die Kündigungssperre dazu, dass der Vermieter gezwungen wird, das Mietverhältnis fortzusetzen, rückständige Miete aus der Zeit vor Insolvenzeröffnung erhält er nur als Insolvenzforderung.[2]

c) Die besondere Erklärung des Insolvenzverwalters bei Wohnraummiete

aa) Die Problemstellung für den Insolvenzverwalter und den Schuldner

1349 Im Insolvenzverfahren über das Vermögen einer natürlichen Person stellen sich besondere Probleme, wenn der Schuldner mit seiner Familie (oder auch ohne) zur Miete wohnt. Bezieht der Schuldner zudem Arbeitseinkommen, ist ihm dieses im Umfang des § 850c ZPO insolvenzfrei, der hier pfandfreie und damit auch insolvenzfreie Betrag soll gerade auch die Miete des Schuldners abdecken. Andererseits sind beilaufendem Mietverhältnis die Mietansprüche des Vermieters Masseverbindlichkeiten nach § 55 Abs. 1 Nr. 2 InsO und deshalb vom Insolvenzverwalter zu entrichten. Um dies zu verhindern, könnte der Insolvenzverwalter versucht sein, den Mietvertrag zu kündigen. Es wäre dann Sache des Schuldners, sich eine neue Wohnung zu suchen, die Mietansprüche aus einem neu abgeschlossenen Mietverhältnis sind keine Masseverbindlichkeiten, insbesondere nicht nach § 55 Abs. 1 Nr. 1 oder 2 InsO. Unabhängig von der Feststellung, dass der Schuldner keineswegs das garantierte Recht haben kann,[3] in der Insolvenz seine Wohnung um jeden Preis behalten zu dürfen, wurde diese Rechtslage als unbefriedigend empfunden.[4] Mit Wirkung zum 1. Dezember 2001 wurde deshalb § 109 Abs. 1 Satz 2 InsO geschaffen.[5]

bb) Die Erklärung nach § 109 Abs. 1 Satz 2 InsO

1350 Die Regelung des § 109 Abs. 1 Satz 2 InsO konstruiert den Mietvertrag über Wohnraum des Schuldners dogmatisch fragwürdig[6] aber praktisch sinnvoll in einen Art Dreipersonenverhältnis zwischen Vermieter, Insolvenzmasse und Schuldner. Der Insolvenzverwalter kann gleichsam für die Insolvenzmasse das Mietverhältnis gegenüber dem Vermieter kündigen, so dass der Mietvertrag nur noch zwischen dem Vermieter und dem Schuldner weiter besteht; für die Miete hat dieser persönlich aufzukommen. Die Erklärung nach § 109 Abs. 1 Satz 2

[1] Begründung des Regierungsentwurfs BT-Drucks. 12/2443, S. 148.

[2] Kritisch daher *Eckert* in: MüKo-InsO, § 112 Rdn. 1 a. E.

[3] BGHZ 12, 380, 391; dazu *Kuhn/Uhlenbruck*, KO, § 129 Rdn. 2.

[4] *Eckert* in: MüKo-InsO, § 109 Rdn. 45, 48 ff.; *Berscheid* in: *Uhlenbruck*, InsO, § 109 Rdn. 12 ff.; zur Problemdiskussion *Marotzke*, KTS 1999, 269; *Grote*, NZI 2000, 66; *Vallender/Dahl*, NZI 2000, 246.

[5] InsOÄndG vom 26. 10. 2001 (BGBl. I S. 2710); dazu Begründung des Gesetzentwurfs der Bundesregierung BT-Drucks. 14/5680, S. 27.

[6] Zurückgehend auf *Marotzke*, KTS 1999, 269.

InsO ist innerhalb der Frist abzugeben, die für die Kündigung des Mietverhältnisses über Wohnraum maßgebend ist, es gilt § 573c BGB. Als Masseverbindlichkeiten sind dann nur die Mietansprüche bis zum Ablauf dieser Frist zu befriedigen. Mit der Erklärung nach § 109 Abs. 1 Satz 2 InsO kündigt der Insolvenzverwalter gleichsam das Mietverhältnis im Verhältnis zur Insolvenzmasse. Mit der Freigabe eines Vermögensgegenstandes aus der Insolvenzmasse hat dies wiederum nichts zu tun, da das Mietverhältnis für den Insolvenzverwalter des Mieters gerade kein Gegenstand der Insolvenzmasse ist.[1]

Ob und in welcher Weise der Schuldner nach Abgabe der entsprechenden Erklärung des Insolvenzverwalters in der Lage ist, die Miete aus seinem insolvenzfreien Vermögen aufzubringen, ist nicht von Belang. Im schlimmsten Falle kann dies zu einer Kündigung des Vermieters nach § 543 Abs. 2 BGB führen. 1351

Beispiel 15: Der Schuldner bewohnt allein eine Mietwohnung mit 120 m^2 bei einer monatlichen Miete von 960 EUR warm; er bezieht Arbeitseinkommen von netto 2.400 EUR. Am 1. November wird das Insolvenzverfahren eröffnet. Am 3. November erklärt der Insolvenzverwalter gegenüber dem Vermieter, dass er ab 1. Februar des folgenden Jahres nicht mehr bereit sei, die Miete zu übernehmen. Der Schuldner bleibt im Folgenden die Miete für Februar, März und April schuldig. 1352

Das Mietverhältnis konnte vom Insolvenzverwalter mit Wirkung für die Insolvenzmasse unter Einhaltung der Kündigungsfrist des § 573c Abs. 1 BGB zum Ablauf des 31. Januar „gekündigt" werden. Als Masseverbindlichkeit hat der Insolvenzverwalter die Miete für November bis Januar zu entrichten (§ 55 Abs. 1 Nr. 2 zweite Alternative InsO). Für die Zeit ab Februar ist der Schuldner allein für die Mietzahlung verantwortlich. Bei einem Arbeitseinkommen von netto 2.400 EUR ist nach § 35 InsO mit § 850c ZPO ein Betrag von 1.371 EUR pfandfrei. Der Schuldner kann hiervon sicherlich nicht mehr seinen Lebensunterhalt bei einer monatlichen Mietbelastung von 960 EUR bestreiten. Es ist letztlich seine persönliche Angelegenheit, sich eine günstigere Wohnung zu suchen. Nicht zu vergessen ist schließlich, dass auch ein Eigenheim oder eine Eigentumswohnung des Schuldners ohne weiteres zur Insolvenzmasse gehören und verwertet werden müssen. Auch hier hat der Schuldner keinen Anspruch darauf, sein Grundstück oder seine Eigentumswohnung behalten zu können.

d) Die Ansprüche des Vermieters bei Vertragserfüllung

Kündigt schließlich der Insolvenzverwalter das Mietverhältnis nicht, bleibt es mit Wirkung gegen die Insolvenzmasse bestehen, die Mietansprüche sind Masseverbindlichkeiten nach § 55 Abs. 1 Nr. 2 InsO. 1353

3. Das Mietverhältnis in der Insolvenz des Vermieters

a) Die Insolvenz vor Gebrauchsüberlassung an den Mieter

Bei Insolvenzeröffnung vor Gebrauchsüberlassung an den Mieter könnte man von einem nicht erfüllten gegenseitigen Vertrag im Sinne 1354

---

[1] Zur Diskussion um die Freigabe mit Zustimmung des Vermieters *Huber* in: *Gottwald*, § 37 Rdn. 39; *Vallender/Dahl*, NZI 2000, 246, 249.

des § 103 InsO ausgehen, da ja auch der Schuldner als Vermieter seine Hauptpflicht zur Gebrauchsüberlassung noch nicht erfüllt hat.[1] Es gilt jedoch die Grundregel des § 108 Abs. 1 Satz 1 InsO: Der Mietvertrag ist vom Insolvenzverwalter als Vermieter so zu erfüllen, wie der Schuldner als Vermieter ihn hätte erfüllen müssen. Das vermietete Grundstück oder die vermieteten Räume sind an den Mieter zu überlassen, das Mietverhältnis ist zu vollziehen.[2]

1355 Im Gegenzug gebührt die Miete der Insolvenzmasse. Der Insolvenzverwalter kann den Mietvertrag nach den allgemeinen mietrechtlichen Regelungen oder unter Berücksichtigung vertraglicher Vereinbarungen kündigen. Die Beendigung des Mietvertrages erfolgt dann nicht unmittelbar wegen der Insolvenz des Vermieters, dem Mieter steht bei einer späteren Kündigung des Insolvenzverwalters kein Schadensersatzanspruch zu.

b) Die Insolvenz nach Gebrauchsüberlassung an den Mieter

aa) Die Fortdauer des Vertragsverhältnisses ohne Sonderkündigungsrecht

1356 War der vermietete Gegenstand im Zeitpunkt der Insolvenzeröffnung dem Mieter bereits überlassen, gilt die Regel des § 108 Abs. 1 Satz 1 InsO unmittelbar. Der Mietvertrag besteht für und gegen die Insolvenzmasse weiter. Dem Insolvenzverwalter steht kein Sonderkündigungsrecht zu; man denke nur, in der Insolvenz einer Wohnungsbaugesellschaft könne oder müsse der Insolvenzverwalter allen Mietern kündigen.

1357 Die Miete ist zur Insolvenzmasse zu ziehen. Die Kündigung eines Mietvertrages durch den Insolvenzverwalter oder auch durch den Mieter erfolgt nach den allgemeinen vertraglichen oder gesetzlichen Regelungen. Ebenso hat nach den allgemeinen Regelungen der Insolvenzverwalter als Vermieter dem Mieter gegenüber die Betriebskosten des vermieteten Objekts abzurechnen, die Abrechnungspflicht gilt grundsätzlich auch für Zeiträume vor Insolvenzeröffnung, wenn die Abrechnung nach Eröffnung fällig wird.[3] Hieraus zu leistende Nachzahlungen des Mieters gebühren der Insolvenzmasse,[4] umgekehrt ist der Mieter mit einem Rückzahlungsanspruch aus der Zeit vor Insolvenzeröffnung wegen § 108 Abs. 2 InsO nur Insolvenzgläubiger.

---

[1] So noch die Regelung zum Konkursrecht, *Kuhn/Uhlenbruck,* KO, § 21 Rdn. 2.

[2] Zu erfüllen sind auch die vertraglichen und gesetzlichen Nebenpflichten des Vermieters, BGH NZI 2003, 373 m. Anm. *Gundlach/Frenzel* = ZIP 2003, 854, dazu EWiR 2003, 641 *(Eckert)*; *Berscheid* in: *Uhlenbruck,* InsO, § 108 Rdn. 27; *Balthasar* in: *Nerlich/Römermann,* InsO, § 108 Rdn. 9; *Pape* in: KS, S. 531 Rdn. 88; anders *Tintelnot* in: *Kübler/Prütting,* InsO, § 108 Rdn. 20; *Fehl,* DZWIR 1999, 89.

[3] Hierzu *Eckert* in: MüKo-InsO, § 108 Rdn. 69.

[4] Zur Fälligkeit mit Zugang der Abrechnung BGHZ 113, 188; allgemein zur Abrechnungspflicht *Weitemeyer* in: *Emmerich/Sonnenschein,* Miete, § 556 Rdn. 61 ff.

Sonderregelungen trifft die Insolvenzordnung nur für Vorausverfügungen des Schuldners über die Miete, die Aufrechnungsbefugnis des Mieters mit eigenen Ansprüchen sowie für den Fall der Veräußerung des Objekts. 1358

bb) Die Vorausverfügungen über die Miete nach § 110 Abs. 1 InsO

Hatte der Schuldner vor Insolvenzeröffnung über die Miete für die Zeit nach Insolvenzeröffnung eine Verfügung getroffen, ist diese Verfügung nach § 110 Abs. 1 InsO nur für den bei Insolvenzeröffnung laufenden Kalendermonat wirksam. Erfolgte die Insolvenzeröffnung nach dem Fünfzehnten des Kalendermonats, gilt dies auch für den Folgemonat. § 110 InsO entspricht in seiner Regelungssystematik dem § 1124 BGB betreffend die Haftung von Mietzinsen für die Hypothek.[1] 1359

Als Verfügung über die Miete gilt insbesondere die Abtretung des Anspruchs an einen Dritten oder die Einziehung gegenüber dem Mieter (§ 110 Abs. 2 InsO). Der Mieter muss deshalb bei Vorauszahlungen der Miete damit rechnen, im Insolvenzfall des Vermieters erneut zahlen zu müssen. 1360

Beispiel 16: Der Schuldner zieht als Vermieter im Januar beim Mieter die Miete für die Monate Januar bis April ein. Am 14. Februar wird über das Vermögen des Schuldners das Insolvenzverfahren eröffnet. Der Insolvenzverwalter verlangt vom Mieter Zahlung der Miete für die Monate März und April, der Mieter wendet ein, bereits gezahlt zu haben. 1361

Der Anspruch auf Mietzahlung folgt aus § 535 Abs. 2 BGB. Fraglich ist, ob der Anspruch für die Monate März und April bereits durch Zahlung erloschen ist. Der Mieter hatte bereits an den Schuldner geleistet. Nach § 110 Abs. 1 InsO gilt die Leistung für einen späteren Zeitpunkt als den bei Insolvenzeröffnung laufenden Kalendermonat als nicht wirksam. Der Mieter hat deshalb die Miete für die Monate März und April nochmals an den Insolvenzverwalter zu zahlen. Gegenüber dem Schuldner steht dem Mieter ein Anspruch aus § 812 BGB zu, dieser ist gewöhnliche Insolvenzforderung (*Eckert* in: MüKo-InsO, § 110 Rdn. 21).

§ 110 Abs. 2 Satz 2 InsO nennt als Verfügung auch die Pfändung der Miete im Wege der Zwangsvollstreckung. Auch diese zwangsweise Verfügung steht unter der zeitlichen Grenze des § 110 Abs. 1 InsO, sofern sie nicht bereits wegen § 88 InsO mit Insolvenzeröffnung unwirksam wird.[2] Nicht geregelt ist der Fall, dass ein Grundpfandrechtsgläubiger auf Grund seines dinglichen Anspruchs (§ 1147 BGB) im Wege der Forderungspfändung die Miete pfändet. Dies ist als besondere Form der Immobiliarvollstreckung zulässig, da nach § 1123 BGB die Miete 1362

---

[1] Auf § 21 KO bezugnehmend die Begründung des Regierungsentwurfs BT-Drucks. 12/2443, S. 147; hierzu *Kuhn/Uhlenbruck*, KO, § 21 Rdn. 6ff.; zu § 1124 BGB Staudinger/*Wolfsteiner*, BGB (2002), § 1124 Rdn. 17ff.; zur Wirksamkeit von so genannten Baukostenzuschüssen BGHZ 6, 202; BGHZ 16, 31; hierzu Staudinger/*Wolfsteiner*, BGB (2002), § 1124 Rdn. 23ff.; *Eckert* in: MüKo-InsO, § 110 Rdn. 5; *Marotzke* in: HK-InsO, § 110 Rdn. 11; *Tintelnot* in: *Kübler/Prütting*, InsO, § 110 Rdn. 6.

[2] *Eckert* in: MüKo-InsO, § 110 Rdn. 7.

auch den Hypothekenhaftungsverband des Grundpfandrechtsgläubigers unterliegt.[1] Fraglich ist hier, ob sich der Grundpfandrechtsgläubiger auf sein Absonderungsrecht berufen kann.[2] Dies ist wohl nicht der Fall, da nach § 49 InsO das Absonderungsrecht am unbeweglichen Vermögen, wozu wegen § 1123 BGB auch die Miete gehört, nur jenen Beteiligten zusteht, die nach Maßgabe des Zwangsversteigerungsgesetzes ein Recht auf Befriedigung aus dem Grundstück haben. Das Absonderungsrecht des § 49 InsO berechtigt dann nur zum Betreiben der Zwangsversteigerung oder der Zwangsverwaltung (§§ 146 ff. ZVG). Der absonderungsberechtigte Grundpfandrechtsgläubiger kann deshalb wohl nur über den Weg der Zwangsverwaltung auf die Miete Zugriff nehmen (§ 148 Abs. 1 Satz 1 mit § 21 Abs. 2 ZVG).

cc) Die Aufrechnungsbefugnis des Mieters nach § 110 Abs. 3 InsO

1363 Gegen den Anspruch des Insolvenzverwalters auf Zahlung der Miete kann der Mieter mit eigenen Ansprüchen nur im Rahmen des § 110 Abs. 3 InsO die Aufrechnung erklären. Die Aufrechnung ist bis zu dem Betrag möglich, der der Miete im Zeitraum des § 110 Abs. 1 InsO entspricht. Es geht hier also nicht um die Frage der Wirksamkeit einer Vorausverfügungen des Schuldners, sondern um die Frage, inwieweit der Mieter mit einer Forderung, die im Übrigen Insolvenzforderung ist, gegen den Insolvenzverwalter aufrechnen und insoweit leisten kann. § 110 Abs. 3 InsO stellt eine zeitliche und betragsmäßige Beschränkung des § 94 InsO, gleichzeitig aber eine Erleichterung zu § 96 Abs. 1 Nr. 1 InsO, dar.[3]

1364 **Beispiel 17:** Die monatliche Miete beträgt 900 EUR. Das Insolvenzverfahren ist am 14. Februar eröffnet worden. Der Insolvenzverwalter verlangt vom Mieter Zahlung der Miete ab Februar. Dieser hat wegen verauslagter Reparaturausgaben eine Insolvenzforderung in Höhe von 2.700 EUR. Er rechnet gegenüber dem Insolvenzverwalter auf und erklärt, erst wieder ab Mai Miete zu zahlen. Der Insolvenzverwalter erkennt die Aufrechnung nur in Höhe von 900 EUR an und verlangt Zahlung der Miete ab März.

Fraglich ist nur, ob der Anspruch auf Mietzahlung für die Monate Februar bis April durch Aufrechnung seitens des Mieters erloschen ist. Die Voraussetzungen des § 94 InsO mit § 387 BGB liegen vor. Die Aufrechnung mit der vollständigen Insolvenzforderung ist wegen § 110 Abs. 3 InsO aber nicht möglich. Die Aufrechnung ist nur für den bei Insolvenzeröffnung laufenden Kalendermonat zulässig, mithin für Februar. Der Mieter hat deshalb die Miete ab März zu zahlen, er ist Insolvenzgläubiger in Höhe von dann noch 1.800 EUR.

1365 Die Aufrechnungsbefugnis des Mieters steht unter dem Vorbehalt der Anwendung der §§ 95 und 96 Abs. 1 Nrn. 2 bis 4 InsO (§ 110 Abs. 3

---

[1] Eingehend Staudinger/*Wolfsteiner*, BGB (2002), § 1123 Rdn. 18 ff.; *Eickmann* in: MüKo-BGB, § 1123 Rdn. 22 ff.

[2] Bejahend *Marotzke* in: HK-InsO, § 110 Rdn. 10 m. w. N.; nicht eindeutig *Eckert* in: MüKo-InsO, § 110 Rdn. 19; *Berscheid* in: *Uhlenbruck*, InsO, § 110 Rdn. 8.

[3] *Eckert* in: MüKo-InsO, § 110 Rdn. 22 ff.; *Berscheid* in: *Uhlenbruck*, InsO, § 110 Rdn. 13.

Satz 2 InsO). Wird beispielsweise die Forderung des Mieters erst nach dem Mietanspruch fällig, scheitert die Aufrechnung an § 95 Abs. 1 Satz 3 InsO. Hat der Mieter seine eigene Forderung durch ein anfechtbares Rechtsgeschäft erlangt, scheitert die Aufrechnung an § 96 Abs. 1 Nr. 3 InsO. Als maßgeblicher Zeitpunkt für die Beendigung der Rechtshandlung bei der Aufrechnung von Mietansprüchen gegen einen Rückzahlungsanspruch aus Betriebskostenvorauszahlung soll im Sinne des § 140 Abs. 3 InsO zu Gunsten des Mieters der Zeitpunkt des Abschlusses des Mietvertrages gelten, so dass mit Ansprüchen aus der Zeit vor Insolvenzeröffnung aufgerechnet werden kann, auch wenn die Betriebskostenabrechnung erst nach Insolvenzeröffnung erfolgt.[1]

dd) Die Rechte des Mieters nach Beendigung des Mietverhältnisses

Wird das Mietverhältnis wird durch Kündigung eines der Vertrags- 1366
partner beendet, gelten zunächst die allgemeinen mietrechtlichen Regelungen betreffs die gegenseitigen Ansprüche.[2] Der wichtigste Anspruch des Mieters gegenüber dem Insolvenzverwalter als Vermieter besteht in der Rückzahlung der nach § 551 BGB geleisteten Kaution. Ob und wie der Mieter die Kaution zurückverlangen kann, hängt von der Art und Weise der Kautionsleistung ab.[3] Wurde die Kaution in bar geleistet, hat der Vermieter nach § 551 Abs. 3 Satz 3 BGB diese getrennt von seinem Vermögen anzulegen.[4] Der Mieter kann Aussonderung der Kaution nach § 47 InsO geltend machen. Ist die ordnungsgemäße Anlegung der Kaution unterblieben, steht dem Mieter keine Masseverbindlichkeit nach § 55 Abs. 1 Nr. 2 InsO zu.[5] Der Anspruch auf Rückzahlung der Kaution ist vielmehr vor Insolvenzeröffnung mit Leistung der Kaution aufschiebend bedingt mit Beendigung des Mietverhältnisses entstanden, er ist damit gewöhnliche Insolvenzforderung. Wurde die Kaution durch Anlage eines Sparbuches geleistet und dieses dem Vermieter übergeben, liegt regelmäßig eine Sicherungsübertragung vor, die den Mieter zur abgesonderten Befriedigung nach § 51 Nr. 1 InsO berechtigt.[6] Die Leistung der Kaution auf ein Treuhandkonto berechtigt den Mieter nur dann zur Aussonderung nach § 47 InsO, wenn das Konto offen als Treuhandkonto ausgewiesen worden ist.[7]

Die unmittelbare Anwendung des § 566a Satz 1 BGB auf den Insol- 1367
venzverwalter wird bislang nicht in Betracht gezogen. Innerhalb des Zwangsverwaltungsverfahrens haftet dagegen der Zwangsverwalter mit der Zwangsverwaltungsmasse gegenüber dem Mieter für die Rück-

---

[1] BGH NZI 2005, 164 m. Anm. *Gundlach/Schmidt* = ZIP 2005, 181.
[2] Dazu allgemein *Grapentin* in: *Bub/Treier,* Kap. IV.; *Lützenkirchen,* Rdn. 705 ff.
[3] Eingehend *Eckert* in: MüKo-InsO, § 108 Rdn. 109 ff.; zu Treuhandkonten *Ganter* in: MüKo-InsO, § 47 Rdn. 401
[4] Dazu *Emmerich* in: *Emmerich/Sonnenschein,* Miete, § 551 Rdn. 13 ff.
[5] *Eckert* in: MüKo-InsO, § 108 Rdn. 113 mit umfangreichen Nachweisen.
[6] *Eckert* in: MüKo-InsO, § 108 Rdn. 109.
[7] BGH NJW 1984, 1749 = ZIP 1984, 1118; *Eckert* in: MüKo-InsO, § 108 Rdn. 109, 110; *Eckert,* ZIP 1984, 1121.

zahlung der Kaution auch dann, wenn er sie vom Schuldner nicht erlangen konnte.[1]

c) Das Sonderkündigungsrecht des Erwerbers bei Veräußerung nach § 111 InsO

1368 Bei der Veräußerung des vermieteten oder verpachteten Objekts durch den Insolvenzverwalter tritt nach dem Grundsatz des § 566 BGB der Erwerber in bestehende Mietverträge ein.[2]

1369 Nach § 111 Satz 1 InsO steht dem Erwerber gegenüber dem Mieter jedoch ein Sonderkündigungsrecht zu. Der Erwerber kann das Mietverhältnis unter Einhaltung der jeweils geltenden gesetzlichen Kündigungsfrist kündigen. Die Kündigung ist nach § 111 Satz 2 InsO nur für den ersten Termin nach Veräußerung zulässig. Die Regelung entspricht dem Sonderkündigungsrecht des Erstehers im Falle der Zwangsversteigerung nach § 57a ZVG.[3] Das Sonderkündigungsrecht nach § 111 InsO suspendiert im Übrigen wie auch dasjenige nach § 57a ZVG nur sonst geltende längere Kündigungsfristen, die sachlichen Voraussetzungen einer ordentlichen Kündigung müssen im Übrigen vorliegen. Bei Kündigung eines Wohnraummietvertrages muss der Erwerber beispielsweise den so genannten Eigenbedarf nach § 573 Abs. 2 Nr. 2 BGB geltend machen können.[4] Eine Kündigung ist dann ausgeschlossen, wenn und solange der Mieter zur Schaffung und Instandsetzung der Räume Vorauszahlungen geleistet hat, insbesondere wenn ein Baukostenzuschuss vorliegt, es gilt § 57c Abs. 1 Nr. 2 ZVG.[5]

1370 Nicht geregelt ist zuletzt, ob der Mieter wegen der vorzeitigen Kündigung durch den Erwerber gegenüber dem Schuldner einen Schadensersatzanspruch als Insolvenzforderung hat. § 111 InsO gibt ihm einen solchen Anspruch im Gegensatz zu § 109 Abs. 1 Satz 3 InsO nicht. Gleichwohl wird dem Mieter ein Schadensersatzanspruch aus allgemeinem Schuldrecht (§ 281 BGB) zugesprochen.[6] Der Anspruch ist Insolvenzforderung.[7]

---

[1] BGH Rpfleger 2003, 678 m. Anm. *Alff/Hintzen;* OLG Hamburg Rpfleger 2002, 216; dazu *Haarmeyer/Wutzke/Förster/Hintzen,* Zwangsverwaltung, § 6 ZwVwV Rdn. 31 ff., *Depré/Mayer,* Rdn. 493 ff.; zur Rechtslage vor In-Kraft-Treten des § 566a BGB noch BGHZ 141, 160; *Stöber,* ZVG, § 152 Rdn. 9.13.

[2] Dazu *Emmerich* in: *Emmerich/Sonnenschein,* Miete, § 566 Rdn. 23 ff.

[3] Dazu *Stöber,* ZVG, § 57a Rdn. 2.

[4] *Stöber,* ZVG, § 57a Rdn. 6.

[5] Eingehend *Eckert* in: MüKo-InsO, § 111 Rdn. 13 ff.; *Stöber,* ZVG, § 57b Rdn. 7.

[6] *Eckert* in: MüKo-InsO, § 111 Rdn. 28; Jaeger/*Henckel,* KO, § 21 Rdn. 25.

[7] *Wegener* in: FK-InsO, § 110 Rdn. 13; *Tintelnot* in: *Kübler/Prütting,* InsO, § 111 Rdn. 8; *Marotzke* in: HK-InsO, § 111 Rdn. 7; *Balthasar* in: *Nerlich/Römermann,* InsO, § 111 Rdn. 14; anders *Eckert* in: MüKo-InsO, § 111 Rdn. 30.

Schaubild 15: Miet- und Pachtverträge im Insolvenzverfahren

Der Schuldner ist Mieter.	
Das Mietobjekt war bei Insolvenzeröffnung noch nicht zum Gebrauch übergeben.	**Das Mietobjekt war bei Insolvenzeröffnung bereits zum Gebrauch übergeben.**
§ 109 Abs. 2 InsO Der Vermieter kann vom Mietvertrag zurücktreten, ihm soll kein insolventer Mieter aufgezwungen werden. Auch der Insolvenzverwalter kann zurücktreten, der Vermieter hat dann einen Schadensersatzanspruch (§ 109 Abs. 2 Satz 2 InsO). Tritt der Vermieter nicht zurück und erfüllt der Insolvenzverwalter den Mietvertrag, ist die Miete Masseverbindlichkeit nach § 55 Abs. 1 Nr. 2 InsO.	**§ 109 Abs. 1 InsO** Der Mietvertrag bleibt gegenüber der Insolvenzmasse wirksam bestehen. Der Insolvenzverwalter kann unter Einhaltung der gesetzlichen Frist kündigen, der Vermieter hat einen Schadensersatzanspruch (§ 109 Abs. 1 Satz 3 InsO). Bleibt der Mietvertrag bestehen, ist die Miete Masseverbindlichkeit nach § 55 Abs. 1 Nr. 2 InsO.

Der Schuldner ist Vermieter.	
Das Mietobjekt war bei Insolvenzeröffnung noch nicht zum Gebrauch übergeben.	**Das Mietobjekt war bei Insolvenzeröffnung bereits zum Gebrauch übergeben.**
§ 108 Abs. 1 Satz 1 InsO Der Mietvertrag ist durch den Insolvenzverwalter zu erfüllen, er hat das Objekt zu übergeben und den Vertrag gegenüber dem Mieter zu erfüllen. Die Miete gebührt der Insolvenzmasse. Der Vertrag kann später nach allgemeinen Regeln gekündigt werden.	**§ 108 Abs. 1 Satz 1 InsO** Der Mietvertrag bleibt für die Insolvenzmasse wirksam. Die Miete gebührt der Insolvenzmasse. Der Insolvenzverwalter muss seine Verpflichtungen als Vermieter erfüllen und hat kein Sonderkündigungsrecht. Bei Veräußerung der Mietsache hat der Erwerber ein Sonderkündigungsrecht nach § 111 InsO mit §§ 57a ff. ZVG.

4. Die Abwicklung von Leasingverträgen im Insolvenzverfahren

a) Die Nichterfüllung des Leasingvertrages nach § 103 InsO

1371 Im früherem Konkursrecht wurden die Regelungen zur Abwicklung des Miet- oder Pachtvertrages uneingeschränkt auch auf das Leasing angewendet.[1] Die Insolvenzordnung enthält lediglich die Regelung des § 108 Abs. 1 Satz 2 InsO, der sich ausdrücklich nur auf die Insolvenz des Leasinggebers bezieht.[2] Umgekehrt finden deshalb die Regelungen der §§ 108 ff. InsO auf die Insolvenz des Leasingnehmers keine Anwendung. Der Leasingvertrag in der Insolvenz des Leasingnehmers ist deshalb nach der allgemeinen Regelung des § 103 InsO abzuwickeln. Die Unterscheidung führt mitunter zu nicht sachgerechten Ergebnissen, die gesetzliche Regelung wird heftig kritisiert.[3]

1372 Der Leasingvertrag wandelt sich ebenso wie der beiderseits nicht erfüllte gegenseitige Vertrag mit Insolvenzeröffnung in eine Nicht-Durchsetzbarkeit. Im Falle endgültiger Nichterfüllung steht dem Leasinggeber ein Schadensersatzanspruch als Insolvenzforderung zu (§ 103 Abs. 2 Satz 1 InsO). Das Leasinggut ist an den Leasinggeber zurückzugeben, ihm steht ein Aussonderungsrecht zu. Bei verspäteter Rückgabe hat der Insolvenzverwalter Entschädigung nach § 546 a BGB zu leisten.[4] Hat der Insolvenzverwalter das Leasinggut bereits verwertet, kommt eine Ersatzaussonderung nach § 48 InsO in Betracht.

1373 Der Insolvenzverwalter kann nach § 103 Abs. 1 InsO auch die Erfüllung des Vertrages wählen. Die Leasingraten für die Zeit nach Insolvenzeröffnung sind als Masseverbindlichkeiten nach § 55 Abs. 1 Nr. 2 InsO zu befriedigen. Leasingraten aus der Zeit vor Insolvenzeröffnung sind nach § 105 Satz 1 InsO stets Insolvenzforderung.[5]

b) Das Fortbestehen des refinanzierten Leasingkaufs nach § 108 Abs. 1 Satz 2 InsO

1374 In der Insolvenz des Leasinggebers bleibt der Vertrag nach § 108 Abs. 1 Satz 2 InsO auch gegenüber der Insolvenzmasse wirksam, wenn der betreffende Gegenstand den zur Anschaffung oder Herstellung finanzierenden Dritten zur Sicherheit seiner Forderung gegenüber dem

---

[1] *Huber* in: *Gottwald,* Insolvenzrechts-Handbuch, § 38 Rdn. 20, 34; im Konkurs des Leasingnehmers galten je nach Vertragsstand bei Eröffnung die §§ 19, 20 KO, im Konkurs des Leasinggebers § 21 KO, ausführlich *Pape* in: *Mohrbutter/Mohrbutter,* Rdn. III.182.

[2] Eingefügt durch Gesetz vom 19. Juli 1996 (BGBl. I S. 1013).

[3] Ausführlich dazu *Eckert* in: MüKo-InsO, § 108 Rdn. 45 ff.; *Sinz* in: *Uhlenbruck,* InsO, § 108 Rdn. 107 ff.; *Marotzke* in: HK-InsO, § 108 Rdn. 8 ff., 10; *Sinz* in: KS, S. 593; *Eckert,* ZIP 1996, 897; *Schmidt-Burgk/Ditz,* ZIP 1996, 1123; *Eckert,* ZIP 1997, 2077; *Bien,* ZIP 1998, 1017; *Schmid-Burgk,* ZIP 1998, 1022.

[4] BGHZ 107, 123.

[5] *Schmid-Burgk,* ZIP 1998, 1002; anders *Eckert,* ZIP 1997, 2077.

Leasingnehmer übertragen wurde (Refinanzierung mit Sicherungsübertragung).[1]

Der Insolvenzverwalter ist zur Erfüllung des Vertrages verpflichtet, er kann an Stelle des Leasinggebers den Vertrag nur unter den vereinbarten Voraussetzungen kündigen. Hat der Leasinggeber den Leasingnehmer gegenüber weitere Nebenpflichten übernommen, beispielsweise die Wartung des Gegenstandes, müssten auch diese zu erfüllen sein. Da die Leasingraten selbst aber dem finanzierenden Dritten zugute kommen, wäre die Erfüllung des Vertrages durch den Insolvenzverwalter für die Insolvenzmasse nicht nur neutral sondern nachteilig. Es wird deshalb vorgeschlagen, bezüglich der zu erbringenden Nebenleistungen gegen den Dritten einen Bereicherungsanspruch nach § 812 Abs. 1 Satz 1 Fall 2 BGB geltend zu machen.[2] 1375

VI. Dienst-, Arbeits- und Geschäftsbesorgungsverhältnisse im Insolvenzverfahren

1. Die Bedeutung des Arbeitsrechts im Insolvenzverfahren

Die Insolvenzabwicklung besteht für den Insolvenzverwalter zu einem wesentlichen Teil auch in der Abwicklung von Arbeitsverhältnissen und der Beschäftigung mit arbeitsrechtlichen Fragestellungen sowohl des Individual- als auch des Kollektivarbeitsrechtes.[3] 1376

Die Insolvenzordnung enthält mit den §§ 113 bis 128 InsO Regelungen zur Abwicklung von Arbeitsverhältnissen sowie zur Abwicklung von Aufträgen und Geschäftsbesorgungsverhältnissen im Insolvenzverfahren. Erstmals werden im deutschen Insolvenzrecht auch Fragen der Durchführung und Durchsetzung von Massenentlassungen oder Betriebsvereinbarungen besonders geregelt (§§ 120 ff. InsO).[4] Es fließt aber auch die Gesamtheit des allgemeinen Arbeitsrechts in das Insolvenzrecht ein. 1377

---

[1] Ausführlich dazu *Eckert* in: MüKo-InsO, § 108 Rdn. 48 ff.; *Sinz* in: *Uhlenbruck*, InsO, § 108 Rdn. 113 ff.; zu Besonderheiten beim Factoring *Michalski*, NZI 2000, 250.

[2] *Bien*, ZIP 1998, 1017.

[3] Umfassend zum Arbeitsrecht im Insolvenzverfahren *Löwisch/Caspers* in: MüKo-InsO, Vor §§ 113 bis 128 Rdn. 11 ff.; *Berscheid* in: *Uhlenbruck*, InsO, § 108 Rdn. 38 ff.; *Hess/Weis/Wienberg*, InsO, § 113 Rdn. 86 ff.; *Hamacher* in: *Nerlich/Römermann*, InsO, Vor § 113 Rdn. 5 ff.; *Heinze* in: *Gottwald*, § 102; *Depré/Heck* in: *Beck/Depré*, § 19 Rdn. 8 ff.; *Berscheid* und andere in: KS, Teil 6 S. 1361 ff.; *Zwanziger*, Das Arbeitsrecht der Insolvenzordnung, 2. Auflage Heidelberg 2002; *Grunsky/Moll*, Arbeitsrecht und Insolvenz, Köln 1997.

[4] Begründung des Regierungsentwurfs BT-Drucks. 12/2443, S. 97 ff., 149 ff.; im Überblick *Hamacher* in: *Nerlich/Römermann*, InsO, Vor § 113 Rdn. 40 ff.; *Zobel* in: *Beck/Depré*, § 20 Rdn. 2 ff.

2. Die Regelungen der §§ 113 ff. InsO im Überblick

1378 Die §§ 113, 120 ff. InsO gehen von dem nach § 108 Abs. 1 InsO geltenden Grundsatz des Fortbestehens und der Kündigungsmöglichkeit von Dauerschuldverhältnissen, wozu auch Arbeits- und Dienstverhältnisse gehören, aus. Ferner enthalten sie Regelungen zur vereinfachten Durchsetzung geplanter Betriebsänderungen gegenüber dem Betriebsrat, sowie Regelungen zur Geltung eines Sozialplans:

- § 113 Satz 1 InsO normiert den Grundsatz der Kündigungsmöglichkeit von Arbeits- und Dienstverhältnissen sowohl seitens des Insolvenzverwalters als auch seitens des Arbeitnehmers.[1]
- Über Betriebsvereinbarungen, durch welche die Insolvenzmasse belastet wird, sollen nach § 120 Abs. 1 InsO der Insolvenzverwalter und der Betriebsrat beraten; sie können nach § 120 Abs. 2 InsO durch den Insolvenzverwalter gekündigt werden; für das Verfahren zum Interessenausgleich nach § 112 BetrVG und das Verfahren der gerichtlichen Zustimmung enthalten die §§ 121 und 122 InsO erleichterte Regelungen.
- Die §§ 123 und 124 InsO beinhalten Regelungen zur Geltung, zur Gestaltung und zum Umfang eines Sozialplans des Verwalters mit den Arbeitnehmern. Durch sie wurde das Gesetz über den Sozialplan im Konkurs- und Vergleichsverfahren vom 20. Februar 1985[2] ohne wesentliche inhaltliche Änderungen abgelöst.
- Das Kündigungsverfahren bei Massenentlassungen wird im Hinblick auf die Voraussetzungen des § 1 KSchG durch § 125 InsO erleichtert. Die §§ 126 und 127 InsO enthalten ergänzende verfahrensrechtliche Regelungen zum gerichtlichen Beschlussverfahren und zur möglichen Klage des Arbeitnehmers; § 128 InsO bringt diese Vorschriften auch im Falle der Betriebsveräußerung zur Anwendung. Die Geltung des § 613 a BGB für den Fall der Betriebsveräußerung durch den Insolvenzverwalter bleibt erhalten.[3]

1379 Unabhängig von diesen Regelungen gelten die allgemeinen Vorschriften des Arbeitsrechts[4] und des Mitbestimmungsrechts auch im

---

[1] Durch Gesetz vom 19. September 1996 (BGBl. I S. 1476) wurden die §§ 113, 120 bis 122, 125 bis 128 InsO in den alten Bundesländern bereits mit Wirkung zum 1. Oktober 1996 in Kraft gesetzt; dazu noch LAG Stuttgart ZInsO 1999, 55; *Hess/Weis/Wienberg*, InsO, § 113 Rdn. 18 ff.

[2] Gesetz über den Sozialplan im Konkurs- und Vergleichsverfahren vom 20. Februar 1985 (BGBl. I S. 369); hierzu Begründung des Regierungsentwurfs BT-Drucks. 12/2443, S. 154.

[3] Begründung des Regierungsentwurfs BT-Drucks. 12/2443, S. 97; hierzu *Heinze* in: *Gottwald*, § 104 Rdn. 5 ff., 67 ff.; *Hanau/Berscheid* in: KS, S. 1541 Rdn. 5 ff.

[4] Zur Sicherung der betrieblichen Altersversorgung *Hahn*, ZIP 2001, 399; zur Altersteilzeit BAG NZI 2005, 408 (Blockmodellansprüche als Masseverbindlichkeit); LAG Düsseldorf ZIP 2004, 817; *Nimscholz*, ZIP 2002, 1936; *Hanau*, ZIP 2002, 2028; *Vogel/Neufeld*, ZIP 2004, 1938.

Insolvenzverfahren. Beispielsweise hat der Insolvenzverwalter die allgemeinen Vorschriften des Kündigungsschutzgesetzes[1] zu beachten, auch gelten die Regelungen des Betriebsverfassungsgesetzes[2] ihm gegenüber.

3. Der Bestand des Arbeitsverhältnisses vor Insolvenzeröffnung

a) Die systematische Einordnung von Lohn- und Gehaltsforderungen

Die Regelungen der §§ 113 ff. InsO gelten unmittelbar nur für die Zeit nach Eröffnung des Insolvenzverfahrens. Während des Eröffnungsverfahrens bleibt der Schuldner weiterhin Arbeitgeber seiner Beschäftigten, besondere Regelungen zum Kündigungsschutz oder zur Beendigung der Arbeitsverhältnissen bestehen hier nicht. Hat das Insolvenzgericht einen vorläufigen Insolvenzverwalter bestellt (§ 21 Abs. 2 Nr. 1 InsO), dem Schuldner aber kein allgemeines Verfügungsverbot auferlegt (§ 21 Abs. 2 Nr. 2 erste Alternative InsO), verbleibt die Verfügungsbefugnis beim Schuldner, Kündigungen gegenüber den Arbeitnehmern erfolgen deshalb durch ihn als Arbeitgeber, wenn auch mit Zustimmung des vorläufigen Insolvenzverwalters bei Anordnung eines Zustimmungsvorbehalts.[3] Nur wenn das Insolvenzgericht den so genannten starken vorläufigen Insolvenzverwalter bestellt hat, ist dieser als Arbeitgeber gegenüber den Arbeitnehmern anzusehen;[4] die §§ 113 ff. InsO gelten für ihn ebenfalls noch nicht.[5] 1380

Mit dem Lohn- oder Gehaltsanspruch aus der Zeit vor Insolvenzeröffnung sind die Arbeitnehmer nach §§ 108 Abs. 2 InsO stets Insolvenzgläubiger.[6] Werden die Arbeitnehmer während des Eröffnungsverfahrens weiterbeschäftigt, ist zu unterscheiden: 1381

---

[1] Kündigungsschutzgesetz in der Fassung der Bekanntmachung vom 25. August 1969 (BGBl. I S. 1317), zuletzt geändert durch den am 1. Mai 2004 in Kraft getretenen Art. 2a des Gesetzes über den Arbeitsmarktzugang im Rahmen der EU-Erweiterung vom 23. April 2004 (BGBl. I S. 602).

[2] Betriebsverfassungsgesetz in der seit 28. Juli 2001 geltenden Fassung der Neufassungsbekanntmachung vom 25. September 2001 (BGBl. I S. 2518), zuletzt geändert durch den am 1. Juli 2004 in Kraft getretenen Art. 5 des Zweiten Gesetzes zur Vereinfachung der Wahl der Arbeitnehmervertreter in den Aufsichtsrat vom 18. Mai 2004 (BGBl. I S. 974).

[3] LAG Hamm ZIP 2002, 1857; umfassend zur Problematik *Berscheid* in: *Uhlenbruck,* InsO, § 22 Rdn. 49 ff., 56; *Berscheid* in: KS, S. 1361 Rdn. 6, 11, 20; *Heinze* in: *Gottwald,* § 102 Rdn. 18 ff.

[4] *Berscheid* in: *Uhlenbruck,* InsO, § 22 Rdn. 49 ff., 53.

[5] *Berscheid* in: *Uhlenbruck,* InsO, § 22 Rdn. 70 mit umfangreichen Nachweisen; *Kirchhof* in: HK-InsO, § 22 Rdn. 23; *Düwell* in: KS, S. 1433 Rdn. 22; *Berscheid,* NZI 2000, 1; *Bertram,* NZI 2001, 625; anders *Moll* in: *Kübler/Prütting,* InsO, § 113 Rdn. 24 ff.

[6] Dies gilt auch für den vertraglich vereinbarten Abfindungsanspruch des Geschäftsführers, OLG Frankfurt am Main NZI 2004, 667.

1382 – Wurde vorläufige Insolvenzverwaltung zusammen mit dem allgemeinen Verfügungsverbot angeordnet (§ 21 Abs. 2 Nr. 1 mit Nr. 2 erste Alternative und § 22 Abs. 1 InsO), sind die Lohn- und Gehaltsforderungen nach § 55 Abs. 2 Satz 2 InsO im späteren Insolvenzverfahren Masseverbindlichkeiten.[1]

1383 – Hat der so genannte starke vorläufige Insolvenzverwalter den Arbeitnehmern dagegen gekündigt und sie von ihrer Arbeitsleistung freigestellt, nimmt er diese Arbeitsleistung als Gegenleistung nicht mehr im Sinne des § 55 Abs. 2 Satz 2 InsO in Anspruch, die Lohn- und Gehaltsforderungen sind dann gewöhnliche Insolvenzforderungen.[2] Die betroffenen Arbeitnehmer haben unter den Voraussetzungen der §§ 118 ff. SGB III[3] Anspruch auf Arbeitslosengeld, da sie bei Kündigung und Freistellung von der Arbeitsleistung bis zum Ablauf der Kündigungsfrist mit ihrer Arbeitskraft dem Arbeitsmarkt bereits wieder zur Verfügung stehen (so genannte „Gleichwohlgewährung" nach § 143 Abs. 3 Satz 1 SGB III). Die Lohn- oder Gehaltsforderung geht dann nach § 115 Abs. 1 SGB X ohne Rangverlust auf die Bundesagentur für Arbeit über, der Arbeitnehmer kann im Übrigen den so genannten Differenzlohn als Masseverbindlichkeit geltend machen.[4]

1384 – Wurde kein allgemeines Verfügungsverbot angeordnet, ist ein vorläufiger Insolvenzverwalter lediglich so genannter schwacher vorläufiger Insolvenzverwalter (§ 21 Abs. 2 Nr. 1 mit Nr. 2 zweite Alternative und § 22 Abs. 2 InsO). Die Lohn- und Gehaltsforderungen der weiterbeschäftigten Arbeitnehmer sind dann stets Insolvenzforderungen, § 55 Abs. 2 Satz 2 InsO findet keine entsprechende Anwendung.[5]

---

[1] *Henckel* in: *Jaeger,* InsO, § 55 Rdn. 88, 93 ff.; *Uhlenbruck* in: *Uhlenbruck,* InsO, § 22 Rdn. 48; *Uhlenbruck/Berscheid* in: *Uhlenbruck,* InsO, § 55 Rdn. 83.

[2] LAG Hamm NZI 2001, 499 = ZIP 2001, 435; *Uhlenbruck/Berscheid* in: *Uhlenbruck,* InsO, § 55 Rdn. 86, 87.

[3] Sozialgesetzbuch Drittes Buch (SGB III). – Arbeitsförderung – vom 24. März 1997 (BGBl. I S. 594) verkündet als Art. 1 des Gesetzes zur Reform der Arbeitsförderung (Arbeitsförderungs-Reformgesetz – ARFG) vom 24. März 1997 (BGBl. I S. 594), zuletzt geändert durch den am 1. Mai 2004 in Kraft getretenen Art. 1 des Gesetzes über den Arbeitsmarktzugang im Rahmen der EU-Erweiterung vom 23. April 2004 (BGBl. I S. 602); Regelungen zum Bezug von Arbeitslosengeld geändert durch den am 1. Januar 2005 in Kraft tretenden Art. 1 Nr. 62, Art. 124 Abs. 3 des Dritten Gesetzes für moderne Dienstleistungen am Arbeitsmarkt vom 23. Dezember 2003 (BGBl. I S. 2848).

[4] *Hess/Weis/Wienberg,* InsO, § 55 Rdn. 131, 132; *Berscheid,* ZInsO 2000, 134.

[5] BGHZ 151, 353; *Uhlenbruck/Berscheid* in: *Uhlenbruck,* InsO, § 55 Rdn. 80, 81 m. w. N.; eingehend zur erweiterten Auslegung des § 55 Abs. 2 InsO auf den so genannten schwachen vorläufigen Insolvenzverwalter und auf das Verhältnis zu § 108 Abs. 2 InsO *Hefermehl* in: MüKo-InsO, § 55 Rdn. 216, 222 ff.; die Problematik ist durch die Einfügung des Absatzes 3 zu § 55 InsO durch das InsOÄndG vom 26. Oktober 2001 (BGBl. I S. 2710) weitgehend entschärft; dazu Begründung des Gesetzesentwurfs der Bundesregierung BT-Drucks. 14/5680, S. 25.

b) Der Anspruchsübergang bei Leistung von Insolvenzgeld

Im früheren Konkurs- und Gesamtvollstreckungsrecht hatten die Arbeitnehmer mit ihren Lohnforderungen der letzten sechs Monate vor Verfahrenseröffnung die Stellung als Massegläubiger (§ 59 Abs. 1 Nr. 3 lit. a) KO und § 13 Abs. 1 Nr. 3 lit. a) GesO). Mit den Lohnforderungen weiterer sechs Monate waren sie bevorrechtigte Konkursgläubiger nach § 61 Abs. 1 Nr. 1 lit. a) KO und § 17 Abs. 3 Nr. 1 lit. a) GesO.[1] Diese Vorrechte sind sämtlich weggefallen.[2] 1385

Die einzige Milderung der sozialen Härten durch die Insolvenz des Arbeitgebers besteht in der Leistung von Insolvenzgeld als staatliche Sozialleistung nach §§ 183 ff. SGB III.[3] Ein Anspruch auf Insolvenzgeld besteht, wenn das Insolvenzverfahren eröffnet ist, die Insolvenzeröffnung mangels Masse abgelehnt worden ist (§ 26 InsO) oder durch den Arbeitgeber eine Betriebseinstellung erfolgt ist, die sachlich einer Abweisung mangels Masse gleichsteht (§ 183 Abs. 1 Satz 1 Nrn. 1 bis 3 SGB III). Das Insolvenzgeld wird in Höhe des Nettoarbeitseinkommen des Arbeitnehmers bis zur Höhe der Beitragsbemessungsgrenze für die gesetzliche Rentenversicherung (§ 341 Abs. 4 SGB III) gewährt (§ 185 Abs. 1 SGB III). Es ist auf den Betrag des Arbeitseinkommens der letzten drei Monate des Arbeitsverhältnisses vor Insolvenzeröffnung begrenzt (§ 183 Abs. 1 Satz 1 Nr. 3 SGB III). Dieser Zeitraum muss für den einzelnen Arbeitnehmer nicht zwingend mit dem Zeitpunkt der Insolvenzeröffnung oder der Abweisung mangels Masse zusammentreffen. Wurde das Arbeitsverhältnis bereits vorher wirksam beendet und ist der Arbeitgeber Lohn- oder Gehalt der letzten drei Monate schuldig geblieben, besteht auch hier ein Anspruch auf Insolvenzgeld, sofern nur später das so genannte Insolvenzereignis eintritt. Der so genannte Insolvenzgeldzeitraum ist deshalb für jeden Arbeitnehmer gesondert zu berechnen. Lediglich bei den Arbeitnehmern, die bis zur Insolvenzeröffnung beschäftigt werden, besteht er im Umfang der letzten drei Monate vor Insolvenzeröffnung. Ein Antrag auf Leistung von Insolvenzgeld kann bereits vor Insolvenzeröffnung gestellt werden, regelmäßig jedoch nach dem Insolvenzantrag. Unter den Voraussetzungen des § 186 SGB III kann auf das Insolvenzgeld ein Vorschuss gezahlt werden. Bereits mit dem Antrag auf Insolvenzgeld geht der Anspruch des 1386

[1] *Kuhn/Uhlenbruck,* KO, § 59 Rdn. 151 ff., § 61 Rdn. 25 ff.; *Hess,* KO, § 59 Rdn. 103 ff., § 61 Rdn. 39 ff.; *Hess/Binz/Wienberg,* GesO, § 13 Rdn. 44 ff., § 17 Rdn. 14 ff.

[2] Begründung des Regierungsentwurfs BT-Drucks. 12/2443, S. 96 rechte Spalte.

[3] Die Änderungen des Sozialgesetzbuchs durch den am 1. Januar 2005 in Kraft getretenen Art. 1 Nr. 62, Art. 124 Abs. 3 des Dritten Gesetzes für moderne Dienstleistungen am Arbeitsmarkt vom 23. Dezember 2003 (BGBl. I S. 2848) betreffen nicht die Regelungen zum Insolvenzgeld; eingehend *Berscheid* in: *Uhlenbruck,* InsO, § 22 Rdn. 90 ff.; *Hamacher* in: *Nerlich/Römermann,* InsO, Vor § 113 Rdn. 61 ff.; *Hess/Weis/Wienberg,* InsO, Art. 93 EGInsO § 183 SGB III Rdn. 3 ff.; *Heinze* in: *Gottwald,* § 108 Rdn. 6 ff.; *Braun/Wierzioch* in: *Beck/Depré,* § 21 Rdn. 12 ff.

Arbeitnehmers auf Lohn- oder Gehaltszahlung auf die Bundesagentur für Arbeit über. Für die Bundesagentur für Arbeit ist der Anspruch stets Insolvenzforderung, auch dann, wenn er für den Arbeitnehmer nach § 55 Abs. 2 Satz 2 InsO Masseverbindlichkeit gewesen wäre (§ 55 Abs. 3 InsO).[1]

1387 **Beispiel 18:** Am 1. Februar wird gegen den Schuldner Insolvenzantrag gestellt, das Insolvenzverfahren wird mit Beschluss vom 1. März eröffnet. Zu diesem Zeitpunkt sind noch fünf Mitarbeiter beim Schuldner beschäftigt. Das Arbeitsverhältnis eines weiteren Mitarbeiters ist bereits seit 31. Dezember des Vorjahres beendet.

Mit den Lohnforderungen bis zum Zeitpunkt der Insolvenzeröffnung sind sämtliche Mitarbeiter grundsätzlich Insolvenzgläubiger (§ 108 Abs. 2 InsO). Die fünf weiterbeschäftigten Arbeitnehmer könnten unter den Voraussetzungen des § 55 Abs. 2 Satz 2 InsO mit ihren Forderungen für die Zeit des Eröffnungsverfahrens Massegläubiger sein. Anspruch auf Insolvenzgeld haben nach Insolvenzeröffnung (§ 183 Abs. 1 Satz 1 Nr. 1 SGB III) alle Arbeitnehmer. Dem Arbeitnehmer, dessen Arbeitsverhältnis bereits seit 31. Dezember des Vorjahres beendet war, steht der Anspruch für sein Arbeitsentgelt von Oktober bis Dezember zu. Den übrigen Arbeitnehmern gebührt Insolvenzgeld für die letzten drei Monate vor Insolvenzeröffnung, bis zu diesem Zeitpunkt dauerte das jeweilige Arbeitsverhältnis an. Für das Arbeitsentgelt nach Eröffnung des Insolvenzverfahrens besteht kein Anspruch auf Insolvenzgeld (§ 184 Abs. 1 Nr. 1 zweite Alternative SGB III).

4. Die Kündigung von Dienst- und Arbeitsverhältnissen nach § 113 Satz 1 InsO

a) Die Beendigung des Arbeitsverhältnisses

aa) Das Kündigungsrecht beider Teile

1388 Bei Insolvenzeröffnung bestehende Arbeitsverhältnisse werden nach § 108 Abs. 1 Satz 1 InsO grundsätzlich fortgeführt. Sie können sowohl vom Insolvenzverwalter als auch vom Arbeitnehmer ohne Rücksicht auf die Vertragsdauer oder einen vereinbarten Ausschluss des Kündigungsrechts gekündigt werden (§ 113 Satz 1 InsO). Das Kündigungsrecht besteht nur in der Insolvenz des Arbeitgebers, nicht bei Insolvenzeröffnung über das Vermögen des Arbeitnehmers. § 113 InsO betrifft jedes Dienstverhältnis im Sinne des § 611 BGB.[2] Auch der Anstellungsvertrag etwa des Geschäftsführers der GmbH, wird hiervon erfasst; unberührt bleibt seine organschaftliche Stellung als gesetzlicher Vertreter, hier verbleibt es bei den gesellschaftsrechtlichen Regelungen (§ 46 Nr. 5 GmbHG).[3]

---

[1] Eingefügt durch InsOÄndG vom 26. Oktober 2001 (BGBl. I S. 2710); dazu Begründung des Gesetzesentwurfs der Bundesregierung BT-Drucks. 14/5680, S. 25.

[2] *Hamacher* in: *Nerlich/Römermann,* InsO, § 113 Rdn. 36 ff.; *Hess/Weis/Wienberg,* InsO, § 113 Rdn. 46 ff.

[3] Zur Anwendung des § 622 BGB auf den GmbH-Geschäftsführer BGHZ 79, 291; *Berscheid* in: *Uhlenbruck,* InsO, § 113 Rdn. 13 ff.; *Hamacher* in: *Nerlich/Römermann,* InsO, § 113 Rdn. 40; *Hess/Weis/Wienberg,* InsO, § 113 Rdn. 51 mit umfangreichen Nachweisen.

Das Kündigungsrecht steht nicht nur dem Insolvenzverwalter sondern auch dem Arbeitnehmer zu. Ihm soll nicht zugemutet werden, in einem insolventen Unternehmen weiter arbeiten zu müssen.[1] Diese Erwägung trifft in der Insolvenzpraxis freilich nicht auf den einfachen Arbeitnehmer mit durchschnittlicher Qualifikation zu. Handelt es sich aber um Beschäftigte mit besonderen Qualifikationen und Kenntnissen, werden diese nicht selten schon im Vorfeld der Insolvenz von konkurrierenden Unternehmen abgeworben oder versuchen selbst, eine neue Position zu erlangen. 1389

bb) Die Kündigungsfrist des § 113 Satz 2 InsO

Hinsichtlich der Kündigungsfrist wird nicht auf die gesetzliche Kündigungsfrist des § 622 BGB verwiesen, § 113 Satz 2 InsO enthält eine eigene Kündigungsfrist von drei Monaten zum Monatsende, wenn nicht eine kürzere maßgeblich ist. Als kürzere Frist könnte eine tarif- oder einzelvertraglich vereinbarte Frist in Betracht kommen.[2] § 113 Satz 2 InsO bestimmt damit eine in jedem Fall geltende Höchstfrist.[3] Durch § 113 InsO werden auch tarifvertragliche Erschwernisse der Kündigung wie beispielsweise Kündigungsschutz für langjährige Mitarbeiter oder die Pflicht zu Abfindungszahlungen suspendiert.[4] Die Regelung des § 113 Satz 2 InsO verstößt nicht gegen die Tarifautonomie aus Art. 9 Abs. 3 GG.[5] 1390

Die Kündigung muss nicht zum ersten nach Insolvenzeröffnung zulässigen Termin erfolgen, sowohl der Insolvenzverwalter als auch der Arbeitnehmer können auch zu einem späteren Zeitpunkt unter Berufung auf § 113 InsO das Arbeitsverhältnis kündigen.[6] Für die Form der 1391

[1] Dazu *Heinze* in: *Gottwald,* § 103 Rdn. 189 ff.

[2] Begründung des Regierungsentwurfs BT-Drucks. 12/2443, S. 148; zu den zahlreichen Sonderfällen bei Ausbildungsverhältnissen, Probearbeitsverhältnissen, Teilzeit- oder Leiharbeitsverhältnissen oder bei befristeten Arbeitsverhältnissen eingehend *Berscheid* in: *Uhlenbruck,* InsO, § 113 Rdn. 72 ff., 78 ff., 94; *Hamacher* in: *Nerlich/Römermann,* InsO, § 113 Rdn. 43 ff.; *Hess/Weis/Wienberg,* InsO, § 113 Rdn. 55.

[3] BAG NJW 1999, 1571 = NZI 1999, 165 = ZIP 1999, 370; BAG NJW 2000, 972 = NZI 2000, 39 = ZIP 1999, 1933; BAG NJW 2001, 317 = NZI 2001, 611 = ZIP 2001, 1641 (befristetes Arbeitsverhältnis eines Eishockey-Spielers); *Berscheid* in: *Uhlenbruck,* InsO, § 113 Rdn. 75 m. w. N.; *Hamacher* in: *Nerlich/Römermann,* InsO, § 113 Rdn. 82, 87 ff.; mit zahlreichen Einzelfragen *Hess/Weis/Wienberg,* InsO, § 113 Rdn. 129 ff.; *Heinze* in: *Gottwald,* § 103 Rdn. 58 ff.

[4] BAG NZI 2000, 339 = ZIP 2000, 985 (tariflicher Kündigungsschutz für ältere, langjährig Beschäftigte); LAG Hamm ZInsO 1999, 544 (Sozialplanabfindung); *Berscheid* in: *Uhlenbruck,* InsO, § 113 Rdn. 62, 63, 97.

[5] Zu den Anforderungen an Vorlagen gemäß Art. 100 GG BVerfG NZI 1999, 228 = ZIP 1999, 1221; BVerfG NZI 1999, 359 = ZIP 1999, 1219; BAG NJW 2000, 972 = NZI 2000, 39 = ZIP 1999, 1933; BAG NZI 2000, 339 = ZIP 2000, 985; LAG Hamm BB 1999, 1333; LAG Stuttgart ZIP 1998, 2013; anders allein AG München ZIP 1998, 2014 (Vorlage nach Art. 100 GG); *Berscheid* in: *Uhlenbruck,* InsO, § 113 Rdn. 66 ff.

[6] *Berscheid* in: *Uhlenbruck,* InsO, § 113 Rdn. 22 mit Nachweisen bereits zum früheren Konkursrecht.

Kündigung gelten die allgemeinen Regelungen des Arbeitsrechts, die Kündigung hat nach § 623 BGB schriftlich zu erfolgen.[1] Der Arbeitnehmer hat nach Beendigung seines Arbeitsverhältnisses auch gegenüber dem Insolvenzverwalter Anspruch auf Erteilung eines Zeugnisses.[2]

1392 **Beispiel 19:** Im Unternehmen des Schuldners ist Arbeitnehmer A in leitender Position beschäftigt. Am 1. Mai wird das Insolvenzverfahren eröffnet. Am 15. Mai erklärt der Arbeitnehmer A dem Insolvenzverwalter gegenüber die Kündigung des Arbeitsverhältnisses.

Das Arbeitsverhältnis ist mit Insolvenzeröffnung nicht beendet (§ 108 Abs. 1 InsO). In der Insolvenz des Arbeitgebers steht dem Arbeitnehmer aber das Kündigungsrecht des § 113 InsO zu. Die Kündigungsfrist des § 113 Satz 2 InsO von drei Monaten läuft vorliegend zum 31. August ab.

cc) Die Lohn- und Gehaltsforderungen als Masseverbindlichkeiten

1393 Die Lohn- oder Gehaltsforderung des Arbeitnehmers für die Zeit nach Eröffnung des Insolvenzverfahrens ist Masseverbindlichkeit nach § 55 Abs. 1 Nr. 2 InsO.[3] Für den Zeitraum nach Kündigung bis zum Ablauf der Kündigungsfrist greift die zweite Alternative des § 55 Abs. 1 Nr. 2 InsO, solange das Arbeitsverhältnis ungekündigt fortbesteht, greift die erste Alternative.

1394 Die Unterscheidung ist von Bedeutung, wenn das Insolvenzverfahren wegen Masseunzulänglichkeit eingestellt wird. In der Rangfolge der Masseverbindlichkeiten nach § 209 Abs. 1 Nr. 2 InsO gehen die Ansprüche aus ungekündigten Arbeitsverhältnissen denen aus gekündigten und freigestellten Arbeitsverhältnissen nach § 209 Abs. 2 Nrn. 2 und 3 InsO vor. Die Rangfolge der § 209 Abs. 2 Nrn. 2 und 3 InsO gilt für alle Dauerschuldverhältnisse, auch für Miet- und Pachtverträge, hat aber vor allem bei Arbeitsverhältnissen große praktische Bedeutung. Es gilt folgende Unterscheidung:[4]

- Im Rang des § 209 Abs. 1 Nr. 2 InsO stehen Ansprüche aus Verbindlichkeiten, die der Insolvenzverwalter nach Anzeige der Masseunzulänglichkeit eingegangen ist (Neumasseverbindlichkeiten).
- Diesen stehen Ansprüche aus Dauerschuldverhältnissen für den Zeitraum nach dem Termin gleich, zu welchem der Insolvenzverwalter nach Anzeige der Masseunzulänglichkeit hätte kündigen können, sich also von dem Vertrag hätte lösen können (§ 209 Abs. 2 Nr. 2 InsO); tat er dies nicht, hat er den Vertrag gleichsam freiwillig erfüllt.

---

[1] *Berscheid* in: *Uhlenbruck*, InsO, § 113 Rdn. 36; zur Einführung des Formerfordernisses zum 1. Mai 2000 *Heinze* in: *Gottwald*, § 103 Rdn. 24ff. mit Nachweisen Fn. 71.

[2] LAG Köln ZIP 2002, 181.

[3] Gleiches gilt für den Urlaubsabgeltungsanspruch nach § 7 Abs. 4 BUrlG, BAG NZI 2004, 636 = ZIP 2004, 1660, dazu EWiR 2004, 1139 *(Schneider);* BAG ZIP 2003, 1802; ebenso für den Entgeltanspruch bei Altersteilzeit, LAG Düsseldorf ZIP 2003, 2039; LAG Düsseldorf ZIP 2004, 817.

[4] *Uhlenbruck* in: *Uhlenbruck,* InsO, § 209 Rdn. 14ff.

Gleiches gilt für Dauerschuldverhältnisse, insbesondere Arbeitsverhältnisse, wenn der Insolvenzverwalter entweder den Arbeitnehmer weiterbeschäftigt oder zwar kündigt, die Arbeitsleistung aber weiter in Anspruch nimmt, den Arbeitnehmer also nicht freistellt (§ 209 Abs. 2 Nr. 3 InsO). Die Lohnforderung ist dann auch für die Zeit vor dem ersten Kündigungstermin als bevorrechtigte Masseverbindlichkeit zu qualifizieren.
- Im Range des § 209 Abs. 1 Nr. 3 InsO stehen alle sonstigen Masseverbindlichkeiten, mithin Lohnforderungen aus der Zeit vor Anzeige der Masseunzulänglichkeit (Altmasseverbindlichkeiten).

Damit gilt für den Insolvenzverwalter nach Anzeige der Masseunzulänglichkeit im Hinblick auf Lohn- und Gehaltsforderungen: 1395

- Will er sich vor weiteren Masseverbindlichkeiten schützen, muss er den Arbeitnehmern sofort kündigen und sie von der Arbeitsleistung freistellen; dann sind sämtliche Ansprüche als Altmasseverbindlichkeiten zu werten.[1]
- Kündigt der Insolvenzverwalter und lässt er bis zum Ablauf der Kündigungsfrist weiter arbeiten, sind die Ansprüche wegen § 209 Abs. 2 Nr. 3 InsO als Neumasseverbindlichkeiten zu werten.
- Kündigt der Insolvenzverwalter nicht, und lässt demzufolge weiterarbeiten, sind die Ansprüche schon nach § 209 Abs. 2 Nr. 2 InsO als Neumasseverbindlichkeiten einzuordnen.

Beispiel 20: Das Insolvenzverfahren wird am 1. März eröffnet. Im Unternehmen des Schuldners sind vier Arbeitnehmer beschäftigt. Der Insolvenzverwalter kündigt Arbeitnehmer A am 1. März, die Arbeitnehmer B, C und D werden weiterbeschäftigt. Gegenüber B kündigt der Insolvenzverwalter am 30. April, nachdem er am 29. April Masseunzulänglichkeit angezeigt hatte, B wird von der Arbeitsleistung freigestellt. Arbeitnehmer C erhält seine Kündigung am 31. Mai. Arbeitnehmer D wird bis zur endgültigen Einstellung des Betriebes zum 30. November weiterbeschäftigt. 1396

Die Kündigungen erfolgten jeweils in Anwendung des § 113 InsO. Arbeitnehmer A wurde bereits mit Insolvenzeröffnung gekündigt. Nach Anzeige der Masseunzulänglichkeit hätte den übrigen Arbeitnehmern spätestens am 1. Mai gekündigt werden müssen, um die frühestmögliche Kündigungsfrist bis 31. Juli einhalten zu können. Zu prüfen ist die Einteilung der Lohnforderungen als Masseverbindlichkeiten nach § 55 Abs. 1 Nr. 2 InsO in der Rangfolge des § 209 Abs. 1 Nrn. 2 und 3 mit Abs. 2 Nrn. 2 und 3 InsO:

- Arbeitnehmer A wurde sofort nach Insolvenzeröffnung gekündigt, seine Lohnforderung bis 31. Mai (Ende der Kündigungsfrist des § 113 Satz 2 InsO) ist Masseverbindlichkeit nach § 55 Abs. 1 Nr. 2 zweite Alternative InsO und bei Masseunzulänglichkeit in der Rangklasse des § 209 Abs. 1 Nr. 3 InsO zu befriedigen, als so genannte oktroyierte Masseverbindlichkeit fällt sie nicht unter § 209 Abs. 2 Nrn. 2 oder 3 InsO.
- Arbeitnehmer B wurde mit Wirkung zum 31. Juli gekündigt. Seine Lohnforderung von 1. März bis 30. April ist gleichsam freiwillig vom Insolvenzverwalter

[1] Anders aber wohl im Leitsatz BAG ZIP 2004, 1323; klargestellt in Bezug auf die Besonderheiten des Sachverhalts in der Begründung Abschnitt III. Nr. 1 lit. c).

eingegangene Masseverbindlichkeit des § 55 Abs. 1 Nr. 2 erste Alternative InsO. In der Rangfolge des § 209 Abs. 1 InsO stehen die Ansprüche in Rangklasse Nr. 3. Gleiches gilt für Ansprüche bis 31. Juli. Eine Alternative des Absatzes 2 der Vorschrift greift nicht, da der Insolvenzverwalter unmittelbar nach Anzeige der Masseunzulänglichkeit gekündigt und den Arbeitnehmer freigestellt hat.

- Arbeitnehmer C wurde am 31. Mai mit Wirkung zum 31. August gekündigt. Für die Zeit von 31. Juli, dem frühestmöglichen Kündigungstermin nach Anzeige der Masseunzulänglichkeit, bis 31. August ist das Arbeitsverhältnis auch nach Anzeige der Masseunzulänglichkeit freiwillig fortgeführt worden. Die Ansprüche des Arbeitnehmers für diesen Zeitraum stehen in Rangklasse § 209 Abs. 1 Nr. 2 mit Abs. 2 Nr. 2 InsO; für die Zeit von Insolvenzeröffnung bis 31. Juli stehen sie in § 209 Abs. 1 Nr. 2 mit Abs. 2 Nr. 3 InsO, soweit die Arbeitsleistung des Arbeitnehmers in Anspruch genommen worden ist.
- Arbeitnehmer D ist letztlich mit seinen gesamten Ansprüchen bis 30. November bevorrechtigt nach § 209 Abs. 1 Nr. 2 mit Abs. 2 Nr. 2 oder Nr. 3 InsO.

1397 **Schaubild 16: Die Behandlung von Arbeitsverhältnissen bei Masseunzulänglichkeit**

Im Falle der Masseunzulänglichkeit hat der Verwalter nach § 208 Abs. 3 InsO die Insolvenzmasse zu verwalten und zu verwerten. Dabei sind auch Arbeitsverhältnisse unter Berücksichtigung der §§ 113 ff. InsO abzuwicklen. Ansprüche der Arbeitnehmer für die Zeit nach der Insolvenzeröffnung sind dabei Masseverbindlichkeiten nach § 55 Abs. 1 Nr. 2 InsO. Ihre Einordnung in die Rangfolge des **§ 209 Abs. 1 InsO** hat unter Berücksichtigung nach Alt- oder Neumasseverbindlichkeit zu erfolgen.

Neumasseverbindlichkeit	Altmasseverbindlichkeit
§ 209 Abs. 1 Nr. 2 InsO: Der Insolvenzverwalter begründet nach Anzeige der Masseunzulänglichkeit neue Verbindlichkeit (§ 55 Abs. 1 Nr. 1 InsO). **§ 209 Abs. 2 Nr. 1 InsO gleich:** Der Insolvenzverwalter wählt bei nicht erfülltem Vertrag nach § 103 InsO die Erfüllung. **Gesetzlich nicht geregelt:** Der Insolvenzverwalter geht einen gegenseitigen Vertrag ein, der bei Anzeige der Masseunzulänglichkeit nicht erfüllt ist; Der Verwalter soll analog § 103 InsO Erfüllung wählen können, dann gilt § 209 Abs. 2 Nr. 1 InsO (bei Nichterfüllung soll die Schadensersatzforderung des § 103 Abs. 2 Satz 1 InsO Altmasseverbindlichkeit sein; dazu BT-Drucks. 12/2443, S. 219, 220 zu § 320 Abs. 2 RegE-InsO, der dies vorsah).	**§ 209 Abs. 1 Nr. 3 InsO:** Alle übrigen Masseverbindlichkeiten, darunter zuletzt die dem Schuldner und seiner Familie bewilligte Unterstützung, §§ 100, 101 InsO.

Neumasseverbindlichkeit	Altmasseverbindlichkeit
§ 209 Abs. 2 Nrn. 2 und 3 InsO: Bei Dauerschuldverhältnissen (Arbeitsverträgen) bestehen Ansprüche für die Zeit nach dem ersten Kündigungstermin oder wenn der Insolvenzverwalter die Arbeitsleistung (Gegenleistung) in Anspruch genommen hat.	

Bestehendes Arbeitsverhältnis bei Anzeige der Masseunzulänglichkeit

Zur Einordnung von Dauerschuldverhältnissen als Neumasseverbindlichkeit nach § 209 Abs. 2 Nrn. 2 oder 3 InsO gilt als Maßstab die Frage, ob der Insolvenzverwalter nach Anzeige der Masseunzulänglichkeit sich von dem Anspruch lösen konnte oder nicht oder das Vertragsverhältnis freiwillig fortgesetzt hat (BT-Drucks. 12/2443, S. 220).

Wahlmöglichkeiten des Verwalters nach Anzeige der Masseunzulänglichkeit

Kündigung zum ersten möglichen Termin (Frist nach § 113 Satz 2 InsO oder maßgebliche kürzere Frist).	Die gesamten noch entstehenden Ansprüche des Vertragspartners sind Altmasseverbindlichkeit (§ 209 Abs. 1 Nr. 3 InsO).
Kündigung zu einem späteren als dem nächstmöglichen Termin.	Ansprüche vom Ende der frühestmöglichen Kündigung bis zum jetzt geltenden Termin sind Neumasseverbindlichkeit (§ 209 Abs. 2 Nr. 2 InsO).
Weiterbeschäftigung der Arbeitnehmer unter Inanspruchnahme der Gegenleistung.	Ansprüche bis zur Beendigung des Arbeitsverhältnisses sind Neumasseverbindlichkeit (§ 209 Abs. 2 Nr. 3 InsO).
Kündigung und Freistellung der Arbeitnehmer von der Arbeitsleistung.	Ansprüche sind in vollem Umfang Altmasseverbindlichkeiten (§ 209 Abs. 1 Nr. 3 InsO; § 209 Abs. 2 Nr. 3 InsO gilt nicht).

Lohn- und Gehaltsforderungen als Insolvenzforderung und Masseverbindlichkeit

§ 55 Abs. 2 Nr. 2 InsO	Anzeige der Masseunzulänglichkeit	– § 209 Abs. 1 Nr. 3 InsO bei frühestmöglicher Kündigung und Freistellung. – § 209 Abs. 1 Nr. 2 mit Abs. 2 Nr. 3 InsO bei (auch späterer) Kündigung und Inanspruchnahme der Arbeitsleistung bis zum Ablauf der Kündigungsfrist. – § 209 Abs. 1 Nr. 2 mit Abs. 2 Nr. 2 und 3 InsO solange nicht gekündigt und die Arbeitsleistung in Anspruch genommen wird.
	Insolvenzeröffnung	– § 113 InsO, Kündigung des Arbeitsverhältnisses durch den Insolvenzverwalter. – § 55 Abs. 1 Nr. 2 erste Alternative InsO, wenn das Arbeitsverhältnis fortbesteht (§ 108 Abs. 1 Satz 1 InsO). – § 55 Abs. 1 Nr. 2 zweite Alternative InsO bis zum Ablauf der Kündigungsfrist.
§ 38 und § 108 Abs. 2 InsO	Anordnung vorläufiger Insolvenzverwaltung	– § 55 Abs. 2 Satz 2 InsO, wenn der sogenannte starke vorläufige Insolvenzverwalter die Arbeitsleistung in Anspruch nimmt; bei späterer Masseunzulänglichkeit stets § 209 Abs. 1 Nr. 3 InsO. – Bei Anspruchsübergang nach § 187 SGB III auf die Bundesagentur für Arbeit erfolgt Rückstufung in eine Insolvenzforderung nach § 55 Abs. 3 InsO.
	Insolvenzantrag	– Arbeitnehmer hat Anspruch auf Insolvenzgeld für die letzten drei Monate des Arbeitsverhältnisses vor dem Insolvenzereignis im Sinne des § 183 Abs. 1 Nrn. 1 bis 3 SGB III. – Der Insolvenzgeldzeitraum umfasst nicht zwingend die letzten drei Monate vor Insolvenzeröffnung, wenn das Arbeitsverhältnis vorher beendet worden ist.

dd) Der Schadensersatzanspruch des Arbeitnehmers

Kündigt der Insolvenzverwalter dem Arbeitnehmer, steht diesem ein Schadensersatzanspruch wegen Nichterfüllung zu, der Arbeitnehmer ist mit diesen Anspruch Insolvenzgläubiger (§ 113 Satz 3 InsO). Der Schaden bemisst sich in der Differenz der Lohnforderung für die Zeit nach Ablauf der Kündigungsfrist des § 113 Satz 2 InsO bis zum Ablauf der gesetzlich, tarifvertraglich oder einzelvertraglich geregelten Kündigungsfrist. Der Arbeitnehmer muss sich den Bezug von Arbeitslosengeld oder das Arbeitsentgelt aus neuer Beschäftigung auf den Anspruch anrechnen lassen, um diesen Bezug mindert sich sein Schaden; er kann mithin nur den so genannten Differenzlohn geltend machen.[1] 1398

b) Die sachlichen Voraussetzungen wirksamer Kündigung durch den Insolvenzverwalter

aa) Das Vorliegen der individual-arbeitsrechtlichen Voraussetzungen

Der Insolvenzverwalter ist als Arbeitgeber an die gesetzlichen Kündigungsschutzvorschriften gebunden, er hat insbesondere den allgemeinen Kündigungsschutz nach § 1 KSchG zu beachten oder den Betriebsrat anzuhören (§ 102 BetrVG). Die Unwirksamkeitsfolge des § 102 Abs. 1 Satz 3 BetrVG mit der Pflicht, Verzugslohn bei nachfolgend wirksamer Kündigung zu zahlen, trifft auch den Insolvenzverwalter.[2] Es gelten auch die besonderen Kündigungsschutzbestimmungen, etwa nach § 9 Abs. 1 MuSchG oder § 2 Abs. 1 ArbPlSchG.[3] Eine fristlose Kündigung unter den Voraussetzungen des § 626 BGB ist nicht ausgeschlossen und auch für den Insolvenzverwalter möglich.[4] 1399

bb) Der Kündigungsschutz bei Massenentlassungen

Der Kündigungsschutz nach § 1 KSchG wird durch § 125 InsO im Falle der Kündigung durch den Insolvenzverwalter modifiziert und abgeschwächt. Ist im Rahmen der Insolvenzabwicklung zum Zwecke des Erhalts des Unternehmens eine Betriebsänderung geplant, hat der Insolvenzverwalter nach der allgemeinen Regelung des § 111 BetrVG mit dem Betriebsrat des Unternehmens einen Interessenausgleich herzustellen. Kommt ein solcher zustande, kann der Insolvenzverwalter den nach der Betriebsänderung von einer Kündigung betroffenen Arbeit- 1400

---

[1] *Berscheid* in: *Uhlenbruck*, InsO, § 113 Rdn. 107 ff., 112.

[2] Umfassend zum Kündigungsschutz in der Insolvenz *Berscheid* in: *Uhlenbruck*, InsO, Vor § 113 Rdn. 49 ff., 162 ff.; *Hamacher* in: *Nerlich/Römermann*, InsO, § 113 Rdn. 98 ff.; *Heinze* in: *Gottwald*, § 103 Rdn. 67 ff.

[3] *Hess/Weis/Wienberg*, InsO, § 113 Rdn. 433 ff.; *Heinze* in: *Gottwald*, § 103 Rdn. 100 ff., 106 ff., 112 ff., 116 ff.; *Bertram*, NZI 2001, 625.

[4] *Hess/Weis/Wienberg*, InsO, § 113 Rdn. 413 ff.; *Heinze* in: *Gottwald*, § 103 Rdn. 122 ff.; allein die Insolvenzeröffnung oder die Anzeige der Masseunzulänglichkeit sind freilich keine zureichenden Gründe für eine Kündigung nach § 626 BGB.

nehmern mit erleichterten Maßgaben zum Kündigungsschutz nach § 1 KSchG kündigen:[1]

- Es wird vermutet, dass die Kündigung der Arbeitsverhältnisse durch dringende betriebliche Erfordernisse, die einer weiteren Beschäftigung des betroffenen Arbeitnehmers entgegenstehen, bedingt ist. Durch § 125 Abs. 1 Satz 1 Nr. 1 InsO wird der Kündigungsschutz nach § 1 Abs. 2 Satz 1, Abs. 3 KSchG durch das Insolvenzverfahren und die Betriebsänderung bedingt suspendiert.
- Die soziale Auswahl des betroffenen Arbeitnehmers kann nur im Hinblick auf die Dauer der Betriebszugehörigkeit, das Lebensalter und die Unterhaltspflichten nachgeprüft werden. Eine Nachprüfung ist auch nur hinsichtlich grober Fahrlässigkeit der Auswahl zulässig.[2] § 125 Abs. 1 Satz 1 Nr. 2 InsO modifiziert damit den Kündigungsschutzgrund des § 1 Abs. 3 KSchG.

1401 Für die von einer Kündigung betroffenen Arbeitnehmer ist eine Namensliste zu erstellen, bei deren Erstellung nach sachlichen Kriterien dem Insolvenzverwalter ein weiter Gestaltungsspielraum zugebilligt wird.[3] Der zwischen dem Insolvenzverwalter und dem Betriebsrat erzielte Interessenausgleich ersetzt schließlich die für die Vornahme einer Kündigung nach § 17 Abs. 3 KSchG erforderliche Stellungnahme des Betriebsrates (§ 125 Abs. 2 InsO). Im Übrigen hat auch der Insolvenzverwalter die §§ 17 ff. KSchG zu beachten.[4]

cc) Das Beschlussverfahren zu Betriebsänderungen

1402 Kommt ein Interessenausgleich nicht zustande, kann der Insolvenzverwalter nach § 126 Abs. 1 InsO im Wege des arbeitsgerichtlichen Beschlussverfahrens Feststellung dahingehend beantragen, dass die Kündigungen betrieblich bedingt und im Sinne des § 125 Abs. 1 InsO sozial gerechtfertigt sind.[5] Für das Verfahren gelten die §§ 80 ff. ArbGG. Diese Regelungen werden durch § 126 Abs. 2 und Abs. 3 InsO ergänzt.[6] Eine Entscheidung des Arbeitsgerichts nach § 126 InsO ist im Kündigungsschutzprozess des Arbeitnehmers gegen eine erfolgte Kündigung bindend (§ 127 Abs. 1 InsO).

---

[1] Umfassend zur Massenentlassung *Berscheid* in: *Uhlenbruck,* InsO, Vor § 113 Rdn. 107 ff.; *Hess/Weis/Wienberg,* InsO, § 113 Rdn. 326 ff.; zu § 125 InsO *Berscheid* in: *Uhlenbruck,* InsO, § 125 Rdn. 3 ff.

[2] BAG NZI 2004, 338 = ZIP 2004, 1271, dazu EWiR 2004, 1233 *(Moll/Henke).*

[3] BAG DB 2002, 2277; BAG NZA 2004, 432; LAG Köln DB 1997, 2181; LAG Niedersachsen NZA-RR 2004, 317; LAG Hamm ZInsO 2003, 1060; *Berscheid* in: KS, S. 1395 Rdn. 46 ff., 73 ff.

[4] EuGH ZIP 2005, 230, dazu EWiR 2005, 213 *(Grimm/Brock)*; *Ferne/Lipinski,* ZIP 2005, 593.

[5] Das Verfahren erfasst dann auch Kündigungen des vorläufigen Insolvenzverwalters, BAG NZI 2000, 495.

[6] Eingehend *Berscheid* in: *Uhlenbruck,* InsO, § 126 Rdn. 5 ff.; *Lakies,* NZI 2000, 345.

c) Die Vornahme von Entlassungen bei Betriebsübergang und § 613a BGB

Die Frage, ob im Falle der Betriebsveräußerung durch den Insolvenzverwalter die Vorschrift des § 613a BGB Anwendung findet, war schon im bisherigen Konkursrecht umstritten.[1] Der Gesetzgeber konnte sich zu einer Nichtanwendbarkeit der Vorschrift für den Fall der Insolvenz nicht durchringen.[2] § 613a BGB gilt damit weiterhin uneingeschränkt auch für und insbesondere gegen den Insolvenzverwalter und den Betriebsübernehmer.[3] 1403

5. Die Kündigung von Betriebsvereinbarungen und Vornahme von Betriebsänderungen nach §§ 120ff. InsO

a) Die Kündigung von Betriebsvereinbarungen durch den Insolvenzverwalter

Betriebsvereinbarungen enthalten regelmäßig besondere Leistungen an die Arbeitnehmer und sind daher geeignet, die Insolvenzmasse zu belasten. Nach § 120 Abs. 1 InsO sollen der Insolvenzverwalter und der Betriebsrat über mögliche Änderungen beraten. Im Übrigen hat der Insolvenzverwalter das Recht, die Vereinbarungen mit einer Frist von drei Monaten zu kündigen (§ 120 Abs. 1 Satz 2 InsO). Es gelten die Regelungen des § 77 Abs. 2ff. BetrVG zum Inhalt und Abschluss von Betriebsvereinbarungen.[4] 1404

b) Der Anspruch auf Zustimmung zu Betriebsänderungen

Bei der Durchführung von Betriebsänderungen, die insbesondere bei der Sanierung eines Unternehmens notwendig werden,[5] ist der Betriebsrat nach Maßgabe der §§ 111ff. BetrVG zu beteiligen. Kommt eine Einigung zwischen dem Insolvenzverwalter und dem Betriebsrat nicht zustande, enthalten die §§ 121 und 122 InsO Sonderregelungen zum gerichtlichen Verfahren. Der Insolvenzverwalter kann beim Arbeitsgericht die Erteilung der Zustimmung zur Betriebsänderung 1405

---

[1] *Kuhn/Uhlenbruck,* KO, § 1 Rdn. 80g ff.; *Hess,* KO, § 22 Rdn. 869ff.

[2] Begründung des Regierungsentwurfs BT-Drucks. 12/2443, S. 97.

[3] BAG, Urt. v. 17. 1. 1980, AP Nr. 18 zu § 613a BGB; BAG, Urt. v. 26. 3. 1996, AP Nr. 148 zu § 613a BGB; BAG DB 2003, 100; LAG Hamm DZWIR 2000, 240; *Berscheid* in: *Uhlenbruck,* InsO, § 128 Rdn. 6ff.; *Hess/Weis/Wienberg,* InsO, § 128 Rdn. 17ff.; *Hamacher* in: *Nerlich/Römermann,* InsO, § 128 Rdn. 5ff.; *Heinze* in: *Gottwald,* § 104 Rdn. 5ff., 67ff.; *Moll* in: *K. Schmidt/Uhlenbruck,* Rdn. 1428ff.; *Zobel* in: *Beck/Depré,* § 20 Rdn. 290ff.; *Hanau/Berscheid* in: KS, S. 1541 Rdn. 5ff.

[4] Eingehend *Berscheid* in: *Uhlenbruck,* InsO, § 120 Rdn. 6ff.; *Hess/Weis/Wienberg,* InsO, § 120 Rdn. 2ff.; *Hamacher* in: *Nerlich/Römermann,* InsO, § 120 Rdn. 4ff.

[5] Umfassend hierzu *Hess/Weis/Wienberg,* InsO, §§ 121, 122 Rdn. 65ff.

beantragen, wenn der Interessenausgleich nach § 112 BetrVG nicht innerhalb von drei Wochen nach Verhandlungsbeginn oder der schriftlichen Aufforderung des Insolvenzverwalters hierzu zustande kommt (§ 122 Abs. 1 BetrVG). Das Vermittlungsverfahren bei der Bundesagentur für Arbeit nach § 112 Abs. 2 BetrVG wird insoweit nicht durchgeführt.[1]

6. Der Sozialplan im Insolvenzverfahren nach § 123 InsO

a) Die Pflicht des Insolvenzverwalters zur Erstellung eines Sozialplans

1406 Durch die §§ 123 und 124 InsO wurden die Regelungen des Gesetzes über den Sozialplan im Konkurs- und Vergleichsverfahren vom 20. Februar 1985[2] inhaltlich übernommen. Die Insolvenzordnung unterscheidet zwischen dem Sozialplan, der nach Eröffnung des Insolvenzverfahrens zwischen dem Insolvenzverwalter und den Arbeitnehmern geschlossen wird, und dem Sozialplan aus der Zeit vor Insolvenzeröffnung. Für ersteren gilt § 123 InsO, für letzteren gibt § 124 InsO den Beteiligten eine Widerrufsmöglichkeit. Unberührt bleiben die allgemeinen arbeitsrechtlichen Vorschriften zur Erstellung eines Sozialplans bei Entlassungen zur Milderung der sozialen Härten der von der Entlassung betroffenen Arbeitnehmer (§ 112 Abs. 1 Satz 2 BetrVG), auch der Insolvenzverwalter ist im Rahmen dieser Regelungen verpflichtet, mit dem Betriebsrat einen Sozialplan zu vereinbaren.[3]

b) Der Sozialplan vor Insolvenzeröffnung

1407 Ein vor Insolvenzeröffnung bereits zwischen dem Schuldner als Arbeitgeber und den Arbeitnehmern vereinbarter Sozialplan bleibt nach Insolvenzeröffnung grundsätzlich wirksam. Ob die Ansprüche der Arbeitnehmer Insolvenzforderungen oder Masseverbindlichkeit sind, ist nicht geklärt.[4] Der Sozialplan kann nach § 124 Abs. 1 InsO sowohl vom Insolvenzverwalter als auch vom Betriebsrat widerrufen werden. Ein Widerruf durch den Insolvenzverwalter entbindet ihn nicht von der Pflicht, einen neuen Sozialplan zu vereinbaren; für diesen gelten die Grenzen des § 123 InsO. Der Insolvenzverwalter wird des-

---

[1] *Berscheid* in: *Uhlenbruck,* InsO, §§ 121, 122 Rdn. 70.

[2] Gesetz über den Sozialplan im Konkurs- und Vergleichsverfahren vom 20. Februar 1985 (BGBl. I S. 369)

[3] Eingehend *Berscheid* in: *Uhlenbruck,* InsO, §§ 123, 124 Rdn. 4 ff., 23 ff.; *Hamacher* in: *Nerlich/Römermann,* InsO, § 123 Rdn. 5 ff.

[4] Insolvenzforderung nach BAG ZIP 2002, 2051; LAG Köln ZIP 2001, 1070; Masseverbindlichkeit nach ArbG Köln ZInsO 2001, 287; dazu *Berscheid* in: *Uhlenbruck,* InsO, §§ 123, 124 Rdn. 28 ff., der für die Einordnung als Masseverbindlichkeit zur Vermeidung einer „Widerrufsautomatik“ plädiert.

halb nicht stets einen Sozialplan widerrufen. Ebenso ist ein Widerruf durch den Betriebsrat nicht immer ratsam, da der später in den Grenzen des § 123 InsO abzuschließende Sozialplan für die von der Entlassung betroffenen Arbeitnehmer ungünstiger sein kann.

Die Absätze 2 und 3 des § 124 InsO enthalten Regelungen zur Be- 1408
rücksichtigung der Arbeitnehmer in einem neuen Sozialplan beziehungsweise für den Fall, dass sie bereits Leistungen auf den widerrufenen Sozialplan erhalten haben.

c) Die Erstellung eines Sozialplans nach Insolvenzeröffnung

Der Sozialplan, der nach Insolvenzeröffnung zwischen dem Insolvenz- 1409
verwalter und dem Betriebsrat vereinbart wird, darf in seinem Umfang die Grenzen des § 123 InsO nicht überschreiten. Die Vorschrift enthält zwei Grenzen:[1]

- Absolut darf er nicht mehr als die Summe von zweieinhalb Monatsgehältern der von der Entlassung betroffenen Arbeitnehmern umfassen (§ 123 Abs. 1 InsO). Die absolute Grenze gilt nicht in dem Sinne, dass jedem Arbeitnehmer das Zweieinhalbfache seines Monatsverdienstes zugebilligt werden muss oder nicht mehr zugebilligt werden darf; es kann flexibel jedem Arbeitnehmer eine seiner Situation entsprechende Abfindung gewährt werden, die absolute Grenze bemisst sich allein nach der Gesamtheit der zu gewährenden Leistungen.[2]
- Relativ darf er nicht mehr als ein Drittel der gesamten Insolvenzmasse umfassen (§ 123 Abs. 2 Satz 2 InsO). Diese Höchstgrenze muss selbstverständlich nicht ausgeschöpft werden. Sie gilt im Übrigen nur, wenn das Insolvenzverfahren nach den §§ 187ff. InsO beendet wird. Im Insolvenzplanverfahren können die Sozialplanforderungen die Grenze auch übersteigen.[3]

Die Sozialplanforderungen sind nach § 123 Abs. 2 Satz 1 InsO Mas- 1410
severbindlichkeiten. Überschreiten die Sozialplanforderungen die relative Grenze von einem Drittel der Insolvenzmasse, sind sie anteilig zu kürzen (§ 123 Abs. 2 Satz 3 InsO). Im Falle der Masseunzulänglichkeit kann auf die Sozialplanforderungen überhaupt keine Zahlung erfolgen, da die relative Grenze des § 123 Abs. 2 Satz 2 InsO sich auf die für die Insolvenzgläubiger zur Verfügung stehende Teilungsmasse bezieht, diese aber bei Masseunzulänglichkeit gerade Null beträgt. Sozialplanforderungen sollen dann im Range des § 209 Abs. 1 Nr. 3 InsO hinter den Forderungen des § 100 InsO rangieren.[4]

---

[1] *Berscheid* in: *Uhlenbruck*, InsO, §§ 123, 124 Rdn. 17ff.; *Hess/Weis/Wienberg*, InsO, § 123 Rdn. 36ff.

[2] Begründung des Regierungsentwurfs BT-Drucks. 12/2443, S. 154.

[3] Begründung des Regierungsentwurfs BT-Drucks. 12/2443, S. 154; *Hess/Weis/Wienberg*, InsO, § 123 Rdn. 39.

[4] Begründung des Regierungsentwurfs BT-Drucks. 12/2443, S. 154.

7. Das Erlöschen von Auftrags- und Geschäftsbesorgungsverhältnissen nach §§ 115 ff. InsO

a) Die Regelungssystematik der §§ 115 bis 117 InsO

1411 Hat der Schuldner vor Insolvenzeröffnung zur Erledigung einzelner Geschäfte Aufträge und aus diesen resultierende Vollmachten erteilt oder mit Vertragspartnern Geschäftsbesorgungsverträge nach §§ 675 ff. BGB abgeschlossen, wäre ein Fortbestehen dieser Rechtsverhältnisse für die Insolvenzmasse nicht sinnvoll. Der Auftragnehmer und Bevollmächtigte könnte dann nämlich noch nach Insolvenzeröffnung über einzelne Gegenstände der Insolvenzmasse verfügen und so die alleinige Verfügungsbefugnis des Insolvenzverwalters aus § 80 Abs. 1 InsO beeinträchtigen. Deshalb bestimmen die §§ 115 ff. InsO abweichend vom Grundsatz des § 108 Abs. 1 Satz 1 InsO nicht das Fortbestehen sondern das Erlöschen entsprechende Rechtsverhältnisse.[1]

1412 § 115 InsO regelt zunächst allgemein das Erlöschen eines Auftragsverhältnisses nach § 662 BGB. § 116 InsO verweist auf diese Regelung für jede Art von Geschäftsbesorgungsverhältnissen. Schließlich wird durch § 117 InsO analog zur Regelung des § 115 InsO das Erlöschen einer von Schuldner erteilten Vollmacht bestimmt.

b) Die von § 115 InsO erfassten Rechtsverhältnisse

aa) Der Auftrag nach §§ 662 ff. BGB

1413 § 115 InsO gilt für alle Auftragsverhältnisse im Sinne der §§ 662 ff. BGB.[2] Das Auftragsverhältnis muss sich auf die Insolvenzmasse beziehen. Ein Auftrag, der sich auf insolvenzfreies Vermögen bezieht, wird von § 115 InsO nicht erfasst.

1414 Die Regelung bezieht sich beispielsweise auf Auftragsverhältnisse im geschäftlichen Bereich, auf an Vertreter oder Geschäftspartner erteilte Aufträge oder auf Aufträge an Anwälte, Steuerberater oder Unternehmensberater, soweit diese unentgeltlich tätig sind, im Übrigen greift § 116 InsO. Auch der Vollzugsauftrag an den Notar oder einen Notarangestellten im Rahmen eines beurkundeten Geschäfts fällt unter § 115 InsO.[3]

1415 **Beispiel 21:** Der Schuldner veräußert vor Insolvenzeröffnung sein Grundstück. In dem notariell beurkundeten Kaufvertrag wird der Notarangestellte beauftragt, nach Zahlung des Kaufpreises durch den Käufer, für den Schuldner die Auflassung zu erklären. Nach Zahlung des Kaufpreises durch den Käufer wird über das Vermögen des Schuldners das Insolvenzverfahren eröffnet. In Unkenntnis hierüber erklärt der Notarangestellte zu notarieller Urkunde namens des Schuldners für den Käufer die Auflassung.

---

[1] Begründung des Regierungsentwurfs BT-Drucks. 12/2443, S. 151.
[2] Allgemein lesenswert Erman/*Ehmann*, BGB, Vor § 662 Rdn. 1, 6 ff.
[3] BayObLG NZI 2004, 499.

Es liegt ein Auftrag im Sinne des § 662 BGB vor, für ihn gilt nach Insolvenzeröffnung § 115 InsO. Der Auftrag ist mit Insolvenzeröffnung kraft Gesetzes erloschen, der Notarangestellte konnte nicht mehr wirksam für den Schuldner tätig werden.

bb) Die Geschäftsbesorgung nach § 675 BGB

Größere praktische Bedeutung als die unmittelbare Vorschrift des 1416
§ 115 InsO besitzt § 116 Satz 1 InsO. Die Regelung verweist für jede Art von Geschäftsbesorgungsverhältnissen, bei welchen der Schuldner als Auftraggeber tätig war, auf § 115 InsO. Von § 116 Satz 1 InsO werden alle Tätigkeiten erfasst, die im weitesten Sinne als Geschäftsbesorgung nach § 675 BGB angesehen werden können. Zu nennen sind insbesondere die Tätigkeit der Rechtsanwälte,[1] Steuerberater, Handelsvertreter,[2] Inkassounternehmen, Baubetreuungen oder Treuhandverhältnisse.[3] In Abgrenzung zum Dienstvertrag zeichnet den Geschäftsbesorger die weitgehende Weisungsunabhängigkeit vom Geschäftsherrn aus. Vom Auftrag nach § 662 BGB unterscheidet sich der Geschäftsbesorgungsvertrag in seiner Entgeltlichkeit.[4]

cc) Der Girovertrag und der Überweisungsvertrag als Sonderfall des § 116 Satz 3 InsO

§ 116 Satz 1 mit § 115 InsO betrifft auch den Girovertrag und das 1417
damit verbundene Kontokorrentverhältnis zwischen dem Schuldner und seiner Bank, auch der Girovertrag nach § 676f BGB ist ein Geschäftsbesorgungsvertrag.[5] Die Bank hat deshalb mit Insolvenzeröffnung einen außerordentlichen Kontokorrentabschluss nach § 355 HGB durchzuführen.[6] Soweit sich hieraus ein Guthaben für den Schuldner ergibt, gehört dieses zur Insolvenzmasse. Umgekehrt ist der Anspruch der Bank Insolvenzforderung. Von der Bank angenommene Überweisungsverträge des Schuldners vor Insolvenzeröffnung bleiben nach § 116 Satz 3 InsO[7] jedoch bestehen, sie sind grundsätzlich seitens der Bank zu erfüllen.[8] Der Aufwendungsersatzanspruch der Bank ist dann Masseverbindlichkeit. Die Bank kann allerdings nach § 676a Abs. 3 BGB den Überweisungsvertrag kündigen und muss ihn damit nicht ausführen, insbesondere wenn ihr Ersatzanspruch nicht gedeckt ist.

---

[1] OLG Brandenburg NZI 2001, 255.

[2] Dazu *Emde/Kehn*, ZVI 2004, 382; *dies.*, ZIP 2005, 58.

[3] Beispiele bei Palandt/*Sprau*, BGB, § 675 Rdn. 9ff., 22ff.; *Berscheid* in: *Uhlenbruck*, InsO, §§ 115, 116 Rdn. 8; *Hess/Weis/Wienberg*, InsO, §§ 115, 116 Rdn. 2ff.

[4] Kritisch zur diesbezüglichen Gesetzessystematik Erman/*Ehmann*, BGB, Vor § 662 Rdn. 6, § 675 Rdn. 5.

[5] Allgemein zu den bankmäßigen Verträgen *Berscheid* in: *Uhlenbruck*, InsO, §§ 115, 116 Rdn. 16ff.

[6] BGH NJW 1991, 1286 = ZIP 1991, 155; BGH NJW 2002, 1722 = NZI 2002, 311; *Obermüller* in: *Gottwald*, § 97 Rdn. 4ff.; *Obermüller*, Rdn. 2.55. ff.

[7] Eingefügt durch Überweisungsgesetz vom 21. Juli 1999 (BGBl. I S. 1642).

[8] *Berscheid* in: *Uhlenbruck*, InsO, §§ 115, 116 Rdn. 35; zur so genannten Fortbestandstheorie *Uhlenbruck* in: *Uhlenbruck*, InsO, § 82 Rdn. 17; *Marotzke* in: HK-InsO, § 116 Rdn. 6; *Bork*, Zahlungsverkehr, Rdn. 161ff.

dd) Die Vollmachtserteilung nach §§ 164 ff. BGB

1418 Das Schicksal des Auftragsverhältnisses oder der Geschäftsbesorgung teilen auch die vom Schuldner in Bezug auf die Insolvenzmasse erteilten Vollmachten nach §§ 164 ff. BGB (§ 117 Abs. 1 InsO). Ihr Erlöschen erfolgt unabhängig von den Vorschriften des bürgerlichen Rechts (§§ 168 ff. BGB), daher finden die Gutglaubenvorschriften des § 172 BGB auch keine Anwendung.[1] Soweit der Auftrag nach § 115 Abs. 2 InsO als fortbestehend gilt, gilt dies auch für die Vollmacht (§ 117 Abs. 2 InsO).

ee) Die Prokura nach §§ 48 ff. HGB

1419 Im Konkursrecht war umstritten, ob § 23 KO als Vorgängernorm der §§ 115 und 117 InsO auch die nach §§ 48 ff. HGB erteilte Prokura betrifft.[2] Nach der Gesetzesbegründung zur Insolvenzordnung soll auch die Prokura unter § 117 InsO fallen und mit Eröffnung des Insolvenzverfahrens erlöschen.[3] Ob dann der Insolvenzverwalter nach §§ 48, 49 HGB neue Prokura erteilen darf, ist wiederum streitig.[4]

c) Die Folgen der Insolvenzeröffnung

aa) Das Erlöschen der Rechtsverhältnisse mit Insolvenzeröffnung

1420 Folge der Insolvenzeröffnung sowohl für den Auftrag als auch die Geschäftsbesorgung ist nach § 115 Abs. 1 InsO das Erlöschen kraft Gesetzes. Es bedarf keiner Kündigung oder Erklärung durch den Insolvenzverwalter. Selbstverständlich kann dieser einen neuen Auftrag erteilen oder einen neuen Vertrag mit dem Geschäftsbesorger schließen. Das Erlöschen tritt nur ein, wenn sich der Auftrag oder die Geschäftsbesorgung auf die Insolvenzmasse beziehen, das Erlöschen erfolgt auch nur in Bezug auf die Insolvenzmasse und den Insolvenzverwalter. Der Auftragnehmer oder Geschäftsbesorger soll nicht für und gegen den Insolvenzverwalter tätig werden können.

1421 Gleiches gilt für die Vollmacht, die nach § 117 Abs. 1 InsO ebenso mit Insolvenzeröffnung erlischt.[5] Auch dieses Erlöschen bezieht sich nur auf die Insolvenzmasse und das Handeln des Vertreters für den Insolvenzverwalter. Im Verhältnis zum Schuldner und seinem insolvenzfreien Vermögen bleibt die Vollmacht dagegen bestehen; es ist Sache des Schuldners, sie nach § 168 BGB zu widerrufen. Veräußert beispielsweise nach Insolvenzeröffnung der vom Schuldner Bevollmächtigte einen zur Insolvenzmasse gehörenden Gegenstand an einen Dritten, handelt er

[1] *Tintelnot* in: *Kübler/Prütting*, InsO, § 117 Rdn. 4.
[2] *Kuhn/Uhlenbruck*, KO, § 23 Rdn. 7 b.
[3] Begründung des Regierungsentwurfs BT-Drucks. 12/2443, S. 152.
[4] Gegen Prokuraerteilung durch den Verwalter *BGH* WM 1958, 430; Jaeger/ *Henckel*, KO, § 6 Rdn. 52, § 23 Rdn. 49; dafür *Berscheid* in: *Uhlenbruck*, InsO, § 117 Rdn. 9, 10 mit Nachweisen; grundlegend *K. Schmidt*, Wege, S. 123.
[5] Zur Prozessvollmacht OLG Brandenburg NZI 2001, 255; OLG Karlsruhe NZI 2005, 39.

nach § 164 BGB im Namen des Schuldners. Vertretungsmacht gegenüber der Insolvenzmasse hat er wegen § 117 Abs. 1 InsO nicht mehr. Das Rechtsgeschäft des Vertreters erfolgt wirksam für und gegen den Schuldner persönlich, der Dritte ist mit seiner Forderung Neugläubiger, mit dem Insolvenzverfahren hat er nichts zu tun. Eine vom Bevollmächtigten erfolgte Übereignung ist wegen § 81 Abs. 1 Satz 1 InsO absolut unwirksam. Eine Verfügungen über ein Grundstück oder ein Grundstücksrecht durch den Bevollmächtigten kann aber unter den Voraussetzungen des § 892 Abs. 1 Satz 2 BGB mit § 81 Abs. 1 Satz 2 oder § 91 Abs. 2 InsO wirksam sein. Das Handeln des Bevollmächtigten nach Insolvenzeröffnung ist letztlich nur dem Schuldner selbst zuzurechnen.

bb) Das Schicksal von Aufwendungsersatz- und Vergütungsansprüchen

Der Beauftragte hat gegebenenfalls Anspruch auf Aufwendungsersatz **1422**
nach § 670 BGB, er muss andererseits das aus der Durchführung des Auftrags erlangte herausgeben (§ 667 BGB). Der Anspruch auf Aufwendungsersatz ist Insolvenzforderung. Gleiches gilt für den Anspruch des Geschäftsbesorgers auf Vergütung nach §§ 675 und 612 BGB. Ob der Geschäftsbesorger darüber hinaus Schadensersatz wegen Nichterfüllung geltend machen kann, ist nicht geklärt. Im Geltungsbereich der Konkursordnung wurde dies unter analoger Anwendung des § 22 Abs. 2 KO (nun § 113 Satz 3 InsO) und Heranziehung des § 628 BGB vertreten, überwiegend aber abgelehnt.[1] Eine Aufrechnung des Beauftragten oder Geschäftsbesorgers mit seinem Aufwendungsersatz- oder Vergütungsanspruch gegen den Anspruch aus § 670 BGB ist nicht zulässig.[2]

d) Das Fortbestehen bei Notgeschäftsführung

Der Auftrag oder die Geschäftsbesorgung gilt als fortbestehend, **1423**
wenn so genannte Notgeschäftsführung im Sinne des § 115 Abs. 2 InsO vorliegt. Es gelten die Grundsätze des § 672 BGB.[3]

Der Beauftragte oder der Geschäftsbesorger hat den Auftrag fortzu- **1424**
führen, wenn mit dem Aufschub Gefahr verbunden ist, bis der Insolvenzverwalter Fürsorge treffen kann (§ 115 Abs. 2 Satz 1 InsO). Beispielsweise hat ein Hausverwalter des Schuldners bei einem plötzlichen Rohrbruch am Objekt tätig zu werden, wenn dies der Insolvenzverwalter nicht sofort erledigen kann. Soweit dem Beauftragten nach § 670 BGB Ansprüche auf Aufwendungsersatz zustehen, sind sie Masseverbindlichkeiten nach § 115 Abs. 2 Satz 3 InsO. Gleiches gilt für die Vergütung des Geschäftsbesorgers (§ 116 Satz 2 InsO).[4]

---

[1] *Berscheid* in: *Uhlenbruck,* InsO, §§ 115, 116 Rdn. 13; zur Beweislast *Tintelnot* in: *Kübler/Prütting,* InsO, §§ 115, 116 Rdn. 11; anders noch *Kuhn/Uhlenbruck,* KO, § 23 Rdn. 21.

[2] BGHZ 107, 88.

[3] Hierzu kritisch Erman/*Ehmann,* BGB, § 672 Rdn. 2.

[4] Klarstellend zum Konkursrecht, Jaeger/*Henckel,* KO, § 27 Rdn. 4.

e) Der Schutz des gutgläubigen Auftragnehmers oder Bevollmächtigten

1425 Solange der Beauftragte, Geschäftsbesorger oder Bevollmächtigte von der Insolvenzeröffnung keine Kenntnis hat, gelten zu seinen Gunsten der Auftrag oder die Vollmacht als fortbestehend (§ 115 Abs. 3 Satz 1 InsO). Dies entspricht dem Tatbestand des § 674 BGB. Das Fortbestehen gilt aber nur, solange der Beauftragte ohne sein Verschulden von der Insolvenzeröffnung und damit im Erlöschen seines Auftrags keine Kenntnis hat. Das Fortbestehen gilt weiter nur zu seinen Gunsten, nicht im Verhältnis zu Dritten, wie beispielsweise Kenntnis von der Insolvenzeröffnung haben. Der Beauftragte kann deshalb nur für den Schuldner selbst tätig werden, er kann nicht den Insolvenzverwalter und die Insolvenzmasse verpflichten. Daher ist der Beauftragte mit seinem Anspruch auf Aufwendungsersatz und der Geschäftsbesorger mit seinem Vergütungsanspruch Insolvenzgläubiger nach § 115 Abs. 3 Satz 2 InsO.[1]

1426 Bezüglich der Vollmacht gilt § 117 Abs. 3 InsO. Durch diese Vorschrift wird klargestellt, dass der gutgläubige Bevollmächtigte nicht als Vertreter ohne Vertretungsmacht nach § 179 BGB haftbar gemacht werden kann. Zugleich ist damit ausgedrückt, dass die Vollmacht im Außenverhältnis erloschen bleibt und nicht etwa wegen der Gutgläubigkeit des Bevollmächtigten weiter besteht. Er soll lediglich vor einer persönlichen Haftung gegenüber dem Vertragspartner geschützt werden. Der Vertragspartner ist dann letztlich auf die Haftung des Schuldners persönlich angewiesen.

1427 **Beispiel 22:** Der Schuldner erteilt seinem Freund vor Insolvenzeröffnung den Auftrag, eine ihm gehörende wertvolle Briefmarkensammlung auf dem einschlägigen Sammlermarkt anzubieten und bei einem entsprechend guten Angebot zu veräußern. Er erteilt dem Freund Vollmacht zum Abschluss eines entsprechenden Vertrages und zur Übereignung. Einen Tag nach Insolvenzeröffnung schließt der Freund mit einem Sammler einen Kaufvertrag über die Briefmarkensammlung ab. Der Sammler verlangt vom Insolvenzverwalter Übereignung der Briefmarkensammlung, hilfsweise verlangt er vom Freund des Schuldners Schadensersatz.

Ein Anspruch gegen den Insolvenzverwalter könnte aus § 433 Abs. 1 Satz 1 BGB gegeben sein. Fraglich ist, ob ein wirksamer Kaufvertrag vorliegt. Für den Verkäufer handelte der Freund des Schuldners als Vertreter, er gab nach § 164 BGB eine eigene Willenserklärung in fremdem Namen ab. Ihm fehlte die notwendige Vertretungsbefugnis, die vom Schuldner erteilte Vollmacht war durch Insolvenzeröffnung nach § 117 Abs. 1 InsO erloschen. Es ist damit kein wirksamer Kaufvertrag zustande gekommen, dem Sammler steht kein Anspruch gegen den Insolvenzverwalter zu. Vielmehr liegt seitens des Freundes eine vollmachtlose Vertretung im Sinne des § 177 BGB vor. Der Insolvenzverwalter hätte den Vertrag nach § 177 Abs. 1 BGB genehmigen können. Genehmigt der Vertretene nicht, haftet nach § 179 Abs. 1 BGB der vollmachtlose Vertreter auf Erfüllung oder auf

[1] *Berscheid* in: *Uhlenbruck*, InsO, §§ 115, 116 Rdn. 15; zur Beweislast *Tintelnot* in: *Kübler/Prütting*, InsO, §§ 115, 116 Rdn. 13.

Schadensersatz. Soweit der Freund des Schuldners von den Erlöschen seiner Vollmacht keine Kenntnis hatte, wäre der Schadensersatz auf das negative Interesse des § 179 Abs. 2 BGB begrenzt. Insgesamt schließt aber § 117 Abs. 3 InsO die Haftung des Vertreters aus. Im Ergebnis haftet dem Vertragspartner gegenüber nur der Schuldner persönlich als der eigentlich Vertretene auf Erfüllung.

11. Kapitel. Die Insolvenzanfechtung

I. Der Zweck der Insolvenzanfechtung

1428 Nach § 129 Abs. 1 InsO kann der Insolvenzverwalter Rechtshandlungen, die vor Eröffnung des Insolvenzverfahrens vorgenommen worden sind, und durch welche die Insolvenzgläubiger benachteiligt werden, anfechten. Neben den Regelungen zur Abwicklung gegenseitiger Verträge stellt die Insolvenzanfechtung das charakteristischste Rechtsinstitut des materiellen Insolvenzrechts dar.

1. Die Durchsetzung des Gleichbehandlungsgrundsatzes im Vorfeld der Insolvenz

a) Die Rückgängigmachung eines sachlich nicht gerechtfertigten Vermögenserwerbs

1429 In der Insolvenzrechtsdogmatik wird die Insolvenzanfechtung als das Mittel für den Insolvenzverwalter bezeichnet, mit welchem er sachlich nicht gerechtfertigte Verfügungen oder Vermögensveränderungen beim Schuldner im Vorfeld der Insolvenz rückgängig machen kann.[1] Die Zahlungsunfähigkeit des Schuldners tritt nämlich niemals plötzlich und unerwartet ein, sie ist stets Folge des Verlaufs einer Krise, die auch für Gläubiger und Vertragspartner des Schuldners erkennbar sein kann. Befriedigt innerhalb der so genannten Krise der Schuldner einzelne Gläubiger freiwillig oder – in der Praxis weit häufiger – auf Druck dieser Gläubiger, wäre es nicht gerechtfertigt, wenn diese nach Insolvenzeröffnung die erhaltene Leistung auch behalten dürften. Sie wären den übrigen Insolvenzgläubigern gegenüber ungerechtfertigt bevorteilt. Gleiches wäre der Fall, wenn der Schuldner während der Krise Rechtsgeschäfte abschließt, beispielsweise Vermögenswerte veräußert, durch welche die nachmaligen Insolvenzgläubiger unmittelbar benachteiligt würden, beispielsweise weil die Veräußerung weit unter Wert erfolgte. Kannte in einem solchen Falle der Erwerber die Zahlungsunfähigkeit des Schuldners oder Umstände, die zwingend auf eine solche schließen lassen, wäre es ebenfalls nicht gerechtfertigt, wenn er nach Insolvenzeröffnung den erhaltenen Vermögenswert auch behalten dürfte.

1430 Die Insolvenzanfechtung spielt in der Rechtspraxis eine außerordentlich große Rolle.[2] Grund hierfür ist letztlich der Umstand, dass ein

---

[1] *Kirchhof* in: MüKo-InsO, vor §§ 129 bis 147 Rdn. 1 ff.; *Huber* in: *Gottwald*, § 46 Rdn. 3; *Gerhardt/Kreft*, Rdn. 1.

[2] *Kirchhof* in: MüKo-InsO, vor §§ 129 bis 147 Rdn. 5, 6; *Frege/Keller/Riedel*, Rdn. 1387 ff.

Gläubiger regelmäßig nicht die Eröffnung des Insolvenzverfahrens gegen den Schuldner beantragt sondern selbst dann, wenn dessen Zahlungsunfähigkeit für ihn erkennbar ist, er noch durch Zwangsvollstreckung oder auch durch Drohung mit einem Insolvenzantrag den Schuldner zur Zahlung zu bewegen versucht.

b) Die actio Pauliana des römischen Rechts als Urbild der Insolvenzanfechtung

Das römische Insolvenzrecht kannte mit der so genannten actio Pau- 1431
liana[1] die erste Form einer Insolvenzanfechtung, die in ihrer Grundstruktur auch in den Regelungen der §§ 129 ff. InsO nachwirkt.[2] Der allgemeine Grundsatz zur Gleichbehandlung der Gläubiger entstammt dieser ersten Form der Insolvenzanfechtung:[3] „qui vero post bona possessa debitum suum recepit, hunc in portionem vocandum exaequandumque ceteris creditoribus: neque enim debuit praeeripere ceteris post bona possessa, cum iam par conditio omnium creditorum facta esset."

Der achte Titel im 42. Buch der Digesta Iustiniani mit der Überschrift 1432
„quae in fraudem creditorum facta sunt ut restituantur" befasst sich allerdings nur mit der Anfechtung von Rechtshandlungen des Schuldners, die dieser in der Absicht, seine Gläubiger zu benachteiligen (consilium fraudandi),[4] vorgenommen hat (alienatio in fraudem creditorum).[5] Das römische Recht kannte nur die so genannte Absichtsanfechtung als Anfechtungsgrund, die heute in § 133 InsO geregelt ist, die Schenkungsanfechtung (§ 134 InsO) wurde dabei als Unterart der Absichtsanfechtung behandelt.[6]

Die in der heutigen Rechtspraxis bedeutsame Anfechtung wegen 1433
kongruenter oder inkongruenter Gläubigerdeckung (§§ 130 und 131 InsO) war dem römischen Insolvenzrecht dagegen weitgehend unbekannt.[7] Die Insolvenzanfechtung als Mittel zur Durchsetzung des Grundsatzes der Gleichbehandlung der Gläubiger entwickelte sich erst in späterer Zeit und wurde letztlich durch § 30 KO allgemein normiert.[8]

c) Die Anfechtung in Konkurs und Gesamtvollstreckung

Die Konkursordnung von 1877 regelte das Anfechtungsrecht in den 1434
§§ 29 ff. KO. Die wichtigsten Anfechtungstatbestände waren jene des

---

[1] Umfassend *Windscheid/Kipp,* Band 2, S. 938 ff.; *Dernburg,* Pandekten, Band 2, S. 388 ff.; *Savigny,* Band 4, S. 24; der Begriff entstammt den Institutiones 38 § 4 und D 22.1; nachgewiesen bei *Windscheid/Kipp,* Band 2, S. 939 Fn. 1.

[2] Eingehend *Kummer* in: FS Kreft, S. 393.

[3] *Theodor Mommsen,* Digesta Iustiniani Augusti, Berlin 1868 bis 1870, (D 42.8) L XXXXII 8 6 [Band II S. 560].

[4] *Dernburg,* Pandekten, Band 2, S. 390.

[5] *Windscheid/Kipp,* Band 2, S. 942 ff.

[6] *Kummer* in: FS Kreft, S. 393, 394.

[7] *Kummer* in: FS Kreft, S. 393, 394.

[8] *Jaeger,* KO, § 30 Einleitung.

§ 30 KO, die allgemein als kongruente oder inkongruente Gläubigerdeckung bezeichnet wurden und werden.[1] Praktische Probleme bereitete in der Anwendung dieser Vorschriften vor allem der Nachweis der Kenntnis des Gläubigers von der Krise des Schuldners, insbesondere wenn die maßgebliche Rechtshandlung innerhalb der letzten zehn Tage vor Zahlungseinstellung erfolgte (§ 30 Nr. 2 KO).[2] Die Anfechtbarkeit bezüglich kapitalersetzender Leistungen nach § 32a GmbHG durch den Anfechtungstatbestand des § 32a KO wurde im Rahmen der GmbH-Novelle 1980[3] eingeführt.[4]

1435 Die Gesamtvollstreckungsordnung, die nach der Wiedervereinigung in den neuen Bundesländern Anwendung fand, kannte als Anfechtungsvorschrift allein § 10 GesO. Vor allem hinsichtlich so genannter Deckungshandlungen war hier der Anfechtungstatbestand des § 10 Abs. 1 Nr. 4 GesO ungenügend.[5] Nach dem Wortlaut der Norm konnten nur Rechtshandlungen des Schuldners angefochten werden, nicht aber solche eines Gläubigers gegen den Schuldner, insbesondere nicht eine Aufrechnung oder Zwangsvollstreckungsmaßnahmen.[6] Der Bundesgerichtshof hatte sich zuletzt jedoch über den Wortlaut des § 10 Abs. 1 GesO ausdrücklich hinweggesetzt und auch Rechtshandlungen von Gläubigern gegen den Schuldner für anfechtbar erklärt.[7]

d) Die Neuregelung des Anfechtungsrechts durch die Insolvenzordnung

1436 Der Gesetzgeber der Insolvenzordnung wollte mit den Neuregelungen der §§ 129ff. InsO das Anfechtungsrecht ausdrücklich stärken und dem Insolvenzverwalter eine schlagkräftige Waffe an die Hand geben.[8] Hierbei wurden die Anfechtungstatbestände zwar dem Grunde nach erhalten, in ihrer Ausgestaltung der Tatbestandsvoraussetzungen jedoch klarer definiert und in der Beweisführung für den Insolvenzverwalter einfacher gestaltet. So ist beispielsweise der anfechtbare Zeitraum vor dem Insolvenzantrag insbesondere bei der Anfechtung wegen kongruenter oder inkongruenter Deckung (§§ 130 und 131

---

[1] *Jaeger*, KO, § 30 Anm. 44ff.; *Kuhn/Uhlenbruck*, KO, § 30 Rdn. 42.

[2] Eingehend dazu *Kuhn/Uhlenbruck*, KO, § 30 Rdn. 57.

[3] Gesetz zur Änderung des Gesetzes betreffend die Gesellschaften mit beschränkter Haftung und anderer handelsrechtlicher Vorschriften vom 4. Juli 1980 (BGBl. I S. 836).

[4] Zur Rechtsentwicklung *Hueck/Fastrich* in: *Baumbach/Hueck*, GmbHG, § 32a Rdn. 4ff.

[5] Allgemein *Haarmeyer/Wutzke/Förster*, GesO, § 10 Rdn. 83ff.; *Hess/Binz/Wienberg*, GesO, § 10 Rdn. 102ff.

[6] Dazu BGHZ 130, 76 und BGHZ 135, 30 (je zur Aufrechnung durch einen Gläubiger).

[7] BGHZ 143, 332.

[8] Begründung des Regierungsentwurfs BT-Drucks. 12/2443, S. 85 rechte Spalte unten, S. 156.

InsO) genau definiert. Auf subjektive Tatbestandsvoraussetzungen beim Anfechtungsgegner wurde insbesondere bei der so genannten inkongruenten Deckung verzichtet (§ 131 Abs. 1 Nrn. 1 und 2 InsO), im Übrigen wurde die Beweisführung für den Insolvenzverwalter erleichtert (§ 130 Abs. 2 und Abs. 3 mit § 138 InsO).[1] Das Anfechtungsrecht ist letztlich aber auch durch den Wegfall sämtlicher Gläubigervorrechte in § 38 InsO gestärkt worden, weil damit Zahlungen an Gläubiger, die im früheren Konkursrecht bevorrechtigt waren (§ 61 KO), die übrigen Gläubiger benachteiligen und deshalb nun anfechtbar sind.

2. Die Insolvenzanfechtung im Vergleich zur Gläubigeranfechtung

Die Insolvenzanfechtung ist von der Gläubigeranfechtung des Anfechtungsgesetzes[2] zu unterscheiden. Während die Insolvenzanfechtung die Mehrung der Insolvenzmasse und die Durchsetzung der Gleichbehandlung der Gläubiger zum Ziel hat, besteht der Zweck der Anfechtung durch den Gläubiger selbst in der Rückgängigmachung einer Verfügung des Schuldners, die mit der Absicht erfolgte, einen Vermögenswert dem Zugriff durch Zwangsvollstreckung zu entziehen (§§ 1, 13 AnfG).[3] Der maßgebliche Anfechtungstatbestand des § 3 AnfG entspricht demjenigen der Absichtsanfechtung nach § 133 InsO; der Anfechtungstatbestand der Schenkungsanfechtung des § 4 AnfG entspricht demjenigen des § 134 InsO. Dagegen findet die besonderte insolvenzrechtliche Anfechtung nach §§ 130 und 131 InsO keine Entsprechung im Anfechtungsgesetz. 1437

In der Konkurrenz von Insolvenzanfechtung und Gläubigeranfechtung geht die Insolvenzanfechtung vor. Nach Eröffnung des Insolvenzverfahrens ist nach § 16 Abs. 1 AnfG allein der Insolvenzverwalter berechtigt, die Anfechtung weiter zu verfolgen (§ 17 Abs. 1 AnfG). Hat ein Gläubiger auf Grund einer von ihm erstrittenen Anfechtung nach § 3 AnfG Leistungen erhalten, können diese nach § 16 Abs. 2 AnfG seitens des Insolvenzverwalters wiederum angefochten werden (§ 130 InsO). Erst nach Beendigung des Insolvenzverfahrens könnte der Gläubiger sein Anfechtungsrecht wieder verfolgen (§ 18 AnfG).[4] 1438

---

[1] Begründung des Regierungsentwurfs BT-Drucks. 12/2443, S. 156 ff.

[2] Gesetz über die Anfechtung von Rechtshandlungen eines Schuldners außerhalb des Insolvenzverfahrens in der ab 1. Januar 1999 geltenden Neufassung vom 5. Oktober 1994 gemäß Artikel 1 EGInsO (BGBl. I S. 2911).

[3] Allgemein *Baur/Stürner*, EinzelvollstreckungsR, Rdn. 26.3 ff.

[4] Allgemein hierzu OLG Hamburg KTS 1982, 305 m. Anm. *Häsemeyer; Kirchhof* in: MüKo-InsO, § 129 Rdn. 202 ff.; *Baur/Stürner*, EinzelvollstreckungsR, Rdn. 26.60.

3. Die Prüfung eines Anfechtungstatbestandes

1439 Der Insolvenzverwalter hat in jedem Insolvenzverfahren zu prüfen, ob Rechtshandlungen aus der Zeit vor Eröffnung des Insolvenzverfahrens nach §§ 129 ff. InsO angefochten werden können und ob eine Anfechtung auch prozessökonomisch sinnvoll ist, insbesondere ob der Anfechtungsgegner noch leistungsfähig ist.[1] Die Prüfung der Anfechtbarkeit erfolgte nach einem allgemeinen Schema, das durch das Gesetz selbst vorgegeben wird.

1440 In einem ersten Schritt sind die so genannten allgemeinen Voraussetzungen einer Anfechtung zu prüfen, sie ergeben sich aus § 129 InsO:

- Zunächst ist zu untersuchen, ob eine Rechtshandlung vorliegt, und worin genau diese Rechtshandlung besteht; dabei ist streng zwischen Verpflichtungsgeschäften und Verfügungsgeschäften zu unterscheiden.[2] Sinnvoll ist es auch, bereits hier genau festzustellen, zu welchem Zeitpunkt die anzufechtende Rechtshandlung beendet worden ist oder anfechtungsrechtlich als beendet gilt (§§ 140, 147 InsO).
- Die Rechtshandlung muss eine Benachteiligung der Gläubigergesamtheit zur Folge haben; diese so genannte Gläubigerbenachteiligung ist allgemeine Voraussetzung der Anfechtbarkeit und ergibt sich zumeist aus der Rechtshandlung selbst; hat beispielsweise der Schuldner vor Insolvenzeröffnung Zahlungen an einen Gläubiger geleistet, ist allein dadurch gegenüber der Insolvenzmasse eine Gläubigerbenachteiligung eingetreten. Gläubigerbenachteiligung liegt nicht vor, wenn ein so genanntes Bargeschäft im Sinne des § 142 InsO vorliegt.

1441 Liegen die allgemeinen Voraussetzungen der Anfechtung vor, ist zu prüfen, welcher Anfechtungstatbestand für die anzufechtende Rechtshandlung in Betracht kommt. Den gesetzlichen Regelungen liegt auch hier eine gut überschaubare Systematik zu Grunde:[3]

- Verfügungsgeschäfte sind regelmäßig als Fälle kongruenter oder inkongruenter Deckung anfechtbar (§§ 130 oder 131 InsO). Durch die anzufechtende Rechtshandlung wurde eine Insolvenzgläubiger mit seinem Anspruch entweder befriedigt oder so gesichert, dass er im Insolvenzverfahren gegenüber den übrigen Gläubiger eine bevorzugte Stellung einnimmt.
- Verpflichtungsgeschäfte können als unmittelbar benachteiligende Rechtsgeschäfte nach § 132 InsO angefochten werden. Die Anfechtung eines Verpflichtungsgeschäfts hat in der Rechtspraxis nur unter-

[1] *Frege/Keller/Riedel*, Rdn. 1389.

[2] So bereits *Jaeger*, KO, § 29 Anm. 31; *Kirchhof* in: MüKo-InsO, § 129 Rdn. 57; *Kreft* in: HK-InsO, § 129 Rdn. 12; *Hirte* in: *Uhlenbruck*, InsO, § 129 Rdn. 70.

[3] *Huber* in: *Gottwald*, § 46 Rdn. 5; *Frege/Keller/Riedel*, Rdn. 1392.

geordnete Bedeutung,[1] sie würde für die Insolvenzmasse lediglich zum Wegfall des durch das Verpflichtungsgeschäft gegen den Schuldner begründeten schuldrechtlichen Anspruchs führen.

- Als Auffangtatbestand gegenüber §§ 130 oder 131 InsO kann die so genannte Absichtsanfechtung des § 133 InsO gelten. Eine Rechtshandlung ist hier anfechtbar, wenn sie vom Schuldner mit der Absicht vorgenommen wurde, die Insolvenzgläubiger zu benachteiligen und wenn dem Anfechtungsgegner diese Absicht bekannt war.
- Die Schenkungsanfechtung des § 134 InsO kann als einfachster Anfechtungstatbestand bezeichnet werden. Sie erfordert auf Seiten des Anfechtungsgegners keinerlei Kenntnis und beruht auf der Erwägung, dass der Empfänger einer unentgeltlichen Leistung nicht weiter schützenswert sei und die Leistung deshalb zurückzugewähren habe; eine ähnliche Wertung findet sich beispielsweise in § 816 Abs. 1 Satz 2 BGB.
- Hatte die Rechtshandlung die Sicherung oder Befriedigung einer nach § 32a GmbHG kapitalersetzenden Leistung zum Gegenstand, kann sie weitreichend über § 135 InsO angefochten werden.
- Zuletzt sind Rechtshandlungen anfechtbar, die einem stillen Gesellschafter seine Einlage zu gewähren (§ 136 InsO). Dieser Anfechtungstatbestand hat keine praktische Bedeutung.[2]

Die Prüfung des jeweiligen Anfechtungstatbestandes bereiteten wenig **1442**
Probleme, wenn die anzufechtende Rechtshandlung als Verfügungsgeschäft oder ausnahmsweise als Verpflichtungsgeschäft genau definiert und der nach § 140 InsO maßgebliche Zeitpunkt genau bestimmt ist. Subjektive Tatbestandsvoraussetzungen auf Seiten des Anfechtungsgegners (Kenntnis von der Zahlungsunfähigkeit des Schuldners) sind teilweise nicht erforderlich, teilweise durch Beweiserleichterungen (§ 130 Abs. 2 InsO) oder durch Beweislastumkehr bei Rechtshandlungen gegenüber nahe stehenden Personen des § 138 InsO (§ 130 Abs. 3 InsO) für den Insolvenzverwalter günstig geregelt.[3]

---

[1] *Kirchhof* in: MüKo-InsO, § 129 Rdn. 57; zum Zusammentreffen der anfechtungsrechtlichen Voraussetzungen bei Verpflichtungs- und Erfüllungsgeschäft ebenda Rdn. 59ff.

[2] Zur Finanzierungsverantwortung des Stillen Gesellschafters gegenüber einer GmbH BGHZ 106, 7.

[3] Begründung des Regierungsentwurfs BT-Drucks. 12/2443, S. 156, 157.

II. Die Geltendmachung einer Insolvenzanfechtung durch den Insolvenzverwalter

1. Der Anfechtungsanspruch nach § 143 InsO

a) Der Anspruch auf Rückgewähr als schuldrechtlicher Verschaffungsanspruch

1443 Der Insolvenzverwalter hat gegenüber dem Anfechtungsgegner den Anspruch auf Rückgewähr desjenigen, was durch die anfechtbar Rechtshandlung aus dem Vermögen des Schuldners veräußert, weggegeben oder aufgegeben worden ist (§ 143 Abs. 1 Satz 1 InsO). Die Vorschrift bringt zum Ausdruck, dass die Rückerstattung aus dem anfechtbaren Rechtserwerb grundsätzlich in Natur zu erfolgen hat. Durch die Anfechtung soll die Insolvenzmasse vermögensrechtlich in die Lage zurückversetzt werden, die bestanden hätte, wäre die anfechtbar Rechtshandlung nicht erfolgt.[1] Streng genommen wird nicht die Rechtshandlung selbst angefochten sondern deren rechtliche Wirkungen, die eben rückgängig zu machen sind.[2]

aa) Die Rückgewähr bei Anfechtung eines Verfügungsgeschäfts

1444 Bestand die anfechtbare Rechtshandlung in einem Verfügungsgeschäft, insbesondere in der Zahlung an einen Gläubiger, ist der Rückgewähranspruch des § 143 Abs. 1 Satz 1 InsO auf Rückzahlung seitens des Anfechtungsgegners gerichtet. Hatte der Schuldner anfechtbar Vermögensgegenstände übereignet, ist der Anspruch auf Rückübereignung gerichtet.[3] Wurde in anfechtbarer Weise ein beschränktes dingliches Recht bestellt oder eine Forderung übertragen, sind diese jeweils zurückzugewähren. Die Rückgewähr eines anfechtbar bestellten Grundpfandrechts erfolgt je nach Wahl des Insolvenzverwalters durch Aufhebung (§§ 875 und 1183 BGB), Verzicht (§ 1168 BGB) oder Übertragung des Grundpfandrechts an die Insolvenzmasse (§ 1154 BGB).[4] Ein anfechtbar bestelltes Sicherungsrecht an beweglichen Gegenständen hat der Anfechtungsgegner aufzugeben.[5]

---

[1] Begründung des Regierungsentwurfs BT-Drucks. 12/2443, S. 167; *Kirchhof* in: MüKo-InsO, § 143 Rdn. 24; *Kreft* in: HK-InsO, § 143 Rdn. 4; *Hirte* in: *Uhlenbruck*, InsO, § 143 Rdn. 3; Jaeger/*Henckel*, KO, § 37 Rdn. 25.

[2] BGHZ 147, 233; BGH ZIP 1995, 630, dazu EWiR 1995, 429 *(Gerhardt)*; BGH ZIP 1999, 406, dazu EWiR 1999, 465 *(Kranemann)*; *Gerhardt/Kreft*, Rdn. 5.

[3] *Kreft* in: HK-InsO, § 143 Rdn. 8, 10 (auch bei ursprünglich nur schuldrechtlichem Anspruch des Schuldners auf Übereignung).

[4] BGHZ 22, 128, 134; *Kirchhof* in: MüKo-InsO, § 143 Rdn. 44; *Kreft* in: HK-InsO, § 143 Rdn. 14; *Kuhn/Uhlenbruck*, KO, § 37 Rdn. 15; zur Rückgewähr einer Auflassungsvormerkung BGH NJW 1996, 3147 (zu § 7 AnfG).

[5] BGHZ 106, 127, 129; *Kirchhof* in: MüKo-InsO, § 143 Rdn. 36; *Kreft* in: HK-InsO, § 143 Rdn. 15.

Das gilt insbesondere für das Pfandrecht, das ein Gläubiger durch eine anfechtbare Vollstreckungsmaßnahme gegenüber dem Schuldner (§ 141 InsO) erlangt.[1]

Beispiel 1: Der Schuldner erklärt am 1. März gegenüber seinen Gläubigern, 1445
dass er nicht mehr in der Lage ist, seine Zahlungspflichten weiter zu erfüllen. Gleichwohl zahlt er am 15. März auf eine Forderung des Gläubigers 15.000 EUR. Auf Drängen eines weiteren Gläubigers übereignet er diesem zur Sicherheit seiner Forderung einen Kraftwagen. Der Schuldner stellt am 10. April Insolvenzantrag. Nach Eröffnung des Insolvenzverfahrens erklärt der Insolvenzverwalter gegenüber den Gläubigern die Anfechtung.

Die Befriedigung der Forderung in Höhe von 15.000 EUR ist anfechtbare Rechtshandlung nach § 130 Abs. 1 Nr. 1 InsO. Entscheidende Voraussetzung ist hierbei die Kenntnis des Gläubigers von der bereits eingetretenen Zahlungsunfähigkeit des Schuldners, die auf Grund der erklärten Zahlungseinstellung des § 17 Abs. 2 Satz 2 InsO vorliegt. Die Sicherungsübereignung kann sogar als inkongruente Deckung nach § 131 Abs. 1 Nr. 1 InsO gewertet werden, wenn der Gläubiger keinen schuldrechtlichen Anspruch auf Bestellung dieser Sicherheit hatte und die Sicherungsübereignung vor dem Hintergrund einer drohenden Insolvenz erfolgte. Der Anspruch des Insolvenzverwalters aus § 143 Abs. 1 Satz 1 InsO ist im ersten Fall durch Rückzahlung der geleisteten 15.000 EUR zu erfüllen, im zweiten Fall durch Rückübereignung des zur Sicherheit übereigneten Wagens. Die Sicherungsübereignung hätte dem Gläubiger in der Insolvenz ein Absonderungsrecht nach § 51 Nr. 1 InsO verschafft, auf dieses hat er letztlich zu verzichten.

Der Anfechtungsgegner kann eigene Aufwendungen, die er für die 1446
zurückzugebende Sache erbracht hat, gegen den Rückgewähranspruch nur dann geltend machen, wenn es sich um notwendige Verwendungen handelt; lediglich nützliche Verwendungen gewähren dem Anfechtungsgegner einen eigenen Bereicherungsanspruch gegen die Insolvenzmasse.[2]

bb) Die Rückgewähr bei Anfechtung eines Verpflichtungsgeschäfts

Wird ein Verpflichtungsgeschäft des Schuldners angefochten (§ 132 1447
InsO), besteht die Rückgewähr in dem Verzicht auf den durch das Geschäft erlangten schuldrechtlichen Anspruch des Anfechtungsgegners.[3] Der Anspruch wäre ohnehin Insolvenzforderung im Sinne des § 38 InsO, sein Wegfall erhöht die Befriedigungsquote der übrigen Insolvenzgläubiger. Diese Rechtsfolge des unmittelbaren Wegfalls des schuldrechtlichen Anspruchs bei Anfechtbarkeit des Verpflichtungsgeschäfts wurde bereits in den Motiven zur Konkursordnung festgestellt.[4]

---

[1] *Kirchhof* in: MüKo-InsO, § 143 Rdn. 57; *Kreft* in: HK-InsO, § 143 Rdn. 16.

[2] *Kirchhof* in: MüKo-InsO, § 143 Rdn. 64, 68 ff.; *Kreft* in: HK-InsO, § 143 Rdn. 19; noch für uneingeschränkten Aufwendungsersatz BGHZ 131, 189, 199.

[3] *Kreft* in: HK-InsO, § 143 Rdn. 4.

[4] Motive zur Konkursordnung, S. 147; abgedruckt bei *Kreft* in: HK-InsO, § 143 Rdn. 4.

b) Die ergänzende Anwendung bereicherungsrechtlicher Regelungen

1448 Der Rückgewähranspruch des § 143 Abs. 1 Satz 1 InsO ist ein Anspruch eigener Art, er ist seiner Rechtsnatur nach kein Anspruch aus ungerechtfertigter Bereicherung und auch kein Schadensersatzanspruch.[1] Über § 143 Abs. 1 Satz 2 und Abs. 2 InsO finden dennoch in begrenztem Umfang bereicherungsrechtliche Regelungen Anwendung. Insbesondere mit der Verweisung des § 143 Abs. 1 Satz 2 InsO ist eine Regelungslücke des früheren Anfechtungsrechts zur Frage der Haftung des Anfechtungsgegners bei Unmöglichkeit der Rückgewähr geschlossen worden.[2]

1449 Kann die Rückgewähr nicht mehr in Natur erfolgen, insbesondere weil der zurück zu gewährende Gegenstand veräußert oder weggegeben wurde, haftet der Anfechtungsgegner für die von ihm schuldhaft verursachte Unmöglichkeit aus §§ 819 Abs. 1, 818 Abs. 4, 292 Abs. 1 und 989 BGB.[3] Für Herausgabe von Nutzungen und den Ersatz von Verwendungen des Anfechtungsgegners gelten ergänzend die §§ 819 Abs. 1, 818 Abs. 4, 292 Abs. 2, 987 und 994 Abs. 2 BGB.[4] Der Wertersatzanspruch des § 143 Abs. 1 Satz 2 InsO wird als schuldrechtlicher Schadensersatzanspruch angesehen.[5] Seine Höhe ist grundsätzlich auf den Zeitpunkt der letzten mündlichen Verhandlung anzusetzen, bestand die Unmöglichkeit der Rückgewähr in Natur bereits im Zeitpunkt der Insolvenzeröffnung, ist dieser maßgebend.[6] Eine Vorteilsausgleichung wie im allgemeinen Schadensersatzrecht üblich[7] kann der Anfechtungsgegner keinesfalls geltend machen. Er kann gegenüber dem Insolvenzverwalter nicht einwenden, dass dieser auf andere Weise einen durch die anfechtbare Rechtshandlung entstandenen Schaden bereits ausgleichen kann.[8]

1450 Im Falle einer Schenkungsanfechtung (§ 134 InsO) hat der Anfechtungsgegner die Leistung nur zurückzugewähren, soweit er durch sie bereichert ist (§ 143 Abs. 2 InsO; § 818 Abs. 1 bis 3 BGB).[9] Er haftet damit nicht für eine Unmöglichkeit der Rückgewähr oder eine Verschlechterung des zurück zu gewährenden Gegenstandes. Dies gilt aber

---

[1] BGHZ 41, 98; eingehend *Gerhardt/Kreft*, Rdn. 163.

[2] Begründung des Regierungsentwurfs BT-Drucks. 12/2443, S. 167; *Kirchhof* in: MüKo-InsO, § 143 Rdn. 2; *Kreft* in: HK-InsO, § 143 Rdn. 2; Jaeger/*Henckel*, KO, § 37 Rdn. 98 ff.

[3] Allgemein BGHZ 101, 286, 289; BGH ZIP 1986, 791; eingehend *Kirchhof* in: MüKo-InsO, § 143 Rdn. 74 ff.; *Kreft* in: HK-InsO, § 143 Rdn. 20; *Hirte* in: *Uhlenbruck*, InsO, § 143 Rdn. 25 ff.; Jaeger/*Henckel*, KO, § 37 Rdn. 85 ff.

[4] Begründung des Regierungsentwurfs BT-Drucks. 12/2443, S. 167; *Kreft* in: HK-InsO, § 143 Rdn. 2; zur Verzinsung OLG Karlsruhe ZIP 2004, 2064.

[5] *Kreft* in: HK-InsO, § 143 Rdn. 20.

[6] BGHZ 89, 189, 197; BGHZ 101, 286, 289; *Kreft* in: HK-InsO, § 143 Rdn. 22.

[7] Allgemein Erman/*Kuckuk*, BGB, Vor §§ 249–253 Rdn. 90 ff.

[8] BGHZ 97, 87, 95; BGH NJW 1995, 1094; BGH ZIP 2003, 493; *Kirchhof* in: MüKo-InsO, § 143 Rdn. 84; *Kreft* in: HK-InsO, § 143 Rdn. 23; Jaeger/*Henckel*, KO, § 37 Rdn. 135; *Kuhn/Uhlenbruck*, KO, § 37 Rdn. 23.

[9] *Kreft* in: HK-InsO, § 143 Rdn. 27.

nicht, sobald er um die Anfechtbarkeit seines Erwerbs weiß (§ 143 Abs. 2 Satz 2 InsO).[1] Beweispflichtig ist hierfür der Insolvenzverwalter.[2]

2. Der Streit um die Rechtsnatur des Anfechtungsanspruchs

a) Die Theorien zum Anfechtungsanspruch

Die Rechtsnatur der Insolvenzanfechtung und des Rückgewähran- 1451
spruchs aus § 143 InsO war seit jeher streitig. Es werden insgesamt drei Theorien vertreten:[3]

- Nach einer früher vertretenen so genannten Dinglichkeitslehre sollte die Insolvenzanfechtung unmittelbar die rückwirkende Unwirksamkeit der angefochtenen Rechtshandlung bewirken und damit unmittelbar dingliche Rechtswirkung haben.[4] Praktisch vertretbar wäre dies bei der Anfechtung der Bestellung eines dinglichen Rechts, die Anfechtung hätte dann unmittelbar den Anspruch aus §§ 985 oder 894 BGB zur Folge; bei der Anfechtung einer Zahlung durch den Schuldner stößt die Dinglichkeitslehre an ihre Grenzen.
- Nach der schuldrechtlichen Theorie begründet das Anfechtungsrecht lediglich einen schuldrechtlichen Anspruch des Insolvenzverwalters gegen den Anfechtungsgegner auf Rückgewähr.[5] Dieser Theorie liegt der Wortlaut das § 143 Abs. 1 Satz 1 InsO (§ 37 Abs. 1 KO) zu Grunde.[6]
- Nach der haftungsrechtlichen Theorie sollen die aus dem schuldnerischen Vermögen anfechtbar weggegebenen Gegenstände weiterhin der Haftung der Insolvenzmasse unterliegen; die anfechtbare Rechtshandlung soll gleichsam unter Berücksichtigung der Haftung der Insolvenzmasse unwirksam sein.[7]

---

[1] Begründung des Regierungsentwurfs BT-Drucks. 12/2443, S. 162; *Kreft* in: HK-InsO, § 143 Rdn. 2, 28 ff.

[2] Begründung des Regierungsentwurfs BT-Drucks. 12/2443, S. 162; Motive zur Konkursordnung, S. 148; abgedruckt bei *Kreft* in: HK-InsO, § 143 Rdn. 3; anders die bislang herrschende Meinung, RGZ 92, 229; BGH WM 1955, 404, 412; BGH NJW 1970, 46; Jaeger/*Henckel,* KO, § 37 Rdn. 130; *Kuhn/Uhlenbruck,* KO, § 37 Rdn. 38.

[3] Der Streit wurde vom Gesetzgeber bewusst offen gelassen, Begründung des Regierungsentwurfs BT-Drucks. 12/2443, S. 157; umfassend *Kirchhof* in: MüKo-InsO, vor §§ 129 bis 147, Rdn. 11 ff.; *Kreft* in: HK-InsO, § 129 Rdn. 64; *Gerhardt/Kreft,* Rdn. 157 ff.; eingehend bereits *Jaeger,* KO, § 29 Anm. 10 ff.

[4] *Kreft* in: HK-InsO, § 129 Rdn. 65; Jaeger/*Henckel,* KO, § 37 Rdn. 11; *Marotzke,* KTS 1987, 1; umfassend hiergegen bereits *Jaeger,* KO, § 29 Anm. 10 ff.

[5] RGZ 70, 113, RGZ 103, 121, BGHZ 22, 128; BGHZ 71, 61, 63; BGHZ 98, 6, 9; BGHZ 100, 36, 42; BGHZ 101, 286, 288; BGHZ 106, 127; BGHZ 128, 184, 194; *Kirchhof* in: MüKo-InsO, vor §§ 129 bis 147, Rdn. 17; *Kreft* in: HK-InsO, § 129 Rdn. 66.

[6] Begründung des Regierungsentwurfs BT-Drucks. 12/2443, S. 167.

[7] *Kirchhof* in: MüKo-InsO, vor §§ 129 bis 147, Rdn. 18; *Kreft* in: HK-InsO, § 129 Rdn. 67; *Paulus* in: *Kübler/Prütting,* InsO, § 129 Rdn. 45 ff.; Jaeger/*Henckel,* KO, § 37 Rdn. 19.

1452 Der Bundesgerichtshof folgt grundsätzlich der schuldrechtlichen Theorie, die auch unter Berücksichtigung des allgemein geltenden Abstraktionsprinzips gerade bei Rechtshandlungen, die in der Begründung eines dinglichen Rechts, der Veräußerung oder einfach einer Zahlung bestehen, allein richtig sein kann.[1] Die haftungsrechtliche Theorie kann dann Anwendung finden, wenn die Wirkungen der anfechtbaren Rechtshandlung unmittelbar gegenüber der Insolvenzmasse unbeachtet bleiben müssen. Hat beispielsweise ein Gläubiger in anfechtbarer Weise eine Aufrechnungslage gegenüber dem Schuldner erlangt, kann als Rückgewähr im Sinne des § 143 Abs. 1 Satz 1 InsO die Unzulässigkeit der Aufrechnung angesehen werden.[2]

1453 Praktische Bedeutung hat die Frage der Rechtsnatur des Anfechtungsanspruchs auch in der möglichen Erhebung einer Drittwiderspruchsklage seitens des Insolvenzverwalters gegen einen Gläubiger oder in der Insolvenz des Anfechtungsgegners:[3] Betreibt ein Gläubiger in anfechtbarer Weise die Zwangsvollstreckung gegen den Schuldner, billigte die Rechtsprechung des Reichsgerichts[4] und ihr folgend die Literatur[5] dem Insolvenzverwalter das Recht zur Drittwiderspruchsklage nach § 771 ZPO zu. Das Anfechtungsrecht wird damit als ein die Veräußerung hinderndes Recht im Sinne des § 771 ZPO betrachtet. Der Bundesgerichtshof vertritt dagegen die Ansicht,[6] das Anfechtungsrecht gebe dem Insolvenzverwalter aus sich heraus ein Klagerecht gegenüber dem Gläubiger, ohne dass es des § 771 ZPO bedürfe. Praktische Bedeutung hat der Streit für die Feststellung der Zuständigkeit des Prozessgerichts. Im Falle des § 771 ZPO ist das Gericht zuständig, in dessen Bezirk die Zwangsvollstreckung erfolgt, für die Klage aus § 143 InsO gilt dagegen die allgemeine Zuständigkeitsregelung der §§ 13ff. ZPO.[7] Die Anfechtung einer Vollstreckungsmaßnahme begründet der Bundesgerichtshof haftungsrechtlich, der Gläubiger hat auf das anfechtbar erlangte Pfändungspfandrecht zu verzichten, es ist gegenüber der Insolvenzmasse haftungsrechtlich unbeachtlich.[8]

1454 In der Insolvenz des Anfechtungsgegners soll nach neuster Rechtsprechung des Bundesgerichtshofs der Anfechtungsanspruch unmittelbar zur Aussonderung (§ 47 InsO) berechtigen.[9] Dies kann nur haftungs-

---

[1] *Gerhardt/Kreft*, Rdn. 158.

[2] BGH ZIP 2001, 885; BGH ZIP 2000, 2207; *Gerhardt/Kreft*, Rdn. 160; zur Entwicklung der Rechtsprechung *Gerhardt*, ZIP 2004, 1675.

[3] *Kirchhof* in: MüKo-InsO, vor §§ 129 bis 147, Rdn. 20ff.; *Kreft* in: HK-InsO, § 129 Rdn. 68ff.

[4] RGZ 30, 394.

[5] Zöller/*Herget*, ZPO, § 771 Rdn. 14; *Schuschke/Walker*, Zwangsvollstreckung, § 771 Rdn. 28 m.w.N.

[6] BGH ZIP 1990, 246 m. abl. Anm. *K. Schmidt*, dazu EWiR 1990, 257 *(Balz)*.

[7] Allgemein zur Zuständigkeit *Kreft* in: HK-InsO, § 129 Rdn. 95.

[8] BGHZ 135, 140, 148; *K. Schmidt*, JZ 1990, 626.

[9] BGHZ 156, 350; *Gerhardt/Kreft*, Rdn. 162; anders noch BGHZ 71, 296, 302 (zu § 7 AnfG).

rechtlich begründet werden, wenn man dem Anfechtungsanspruch eine unmittelbar haftungsrechtliche Wirkung für die Insolvenzmasse beigibt. Allein mit der schuldrechtlichen Theorie wäre ein Aussonderungsrecht in der Insolvenz des Anfechtungsgegners nicht begründbar. Schuldete der Anfechtungsgegner schon bei Eröffnung des Insolvenzverfahrens nur Wertersatz und war eine Gegenleistung für den anfechtbar erlangten Gegenstand in seinem Vermögen nicht unterscheidbar vorhanden, ist der Anfechtungsanspruch aber lediglich eine Insolvenzforderung.[1] Das ist letztlich immer dann der Fall, wenn der Anfechtungsgegner eine vom Schuldner anfechtbar erfolgte Zahlung zurückzugewähren hat und der gezahlte Geldbetrag nicht mehr unterscheidbar im Vermögen des Anfechtungsgegners vorhanden ist.

Beispiel 2 (BGHZ 156, 350): Der Schuldner räumt bezüglich eines im Jahre 1986 abgeschlossenen Lebensversicherungsvertrages seiner Ehefrau ein widerrufliches Bezugsrecht ein. Bereits vorher hatte er seine Ansprüche aus dem Versicherungsvertrag an eine Bank zur Sicherung von deren Forderungen abgetreten. Nach dem Tod des Schuldners wird die Versicherungssumme an die Bank ausgezahlt, ein verbleibender Überschuss von 50.000 EUR wird beim Amtsgericht hinterlegt. Über das Vermögen des Nachlasses des Schuldners wird das Insolvenzverfahren eröffnet. Der Insolvenzverwalter erklärt gegenüber der Ehefrau die Anfechtung der erteilten Bezugsberechtigung und verlangt die Zustimmung zur Herausgabe des hinterlegt Betrages an ihn. Zwischenzeitlich wird über das Vermögen der Ehefrau ebenfalls das Insolvenzverfahren eröffnet. Der hier bestellte Insolvenzverwalter verweigert seine Zustimmung, er sieht den Anfechtungsanspruch als Insolvenzforderung in seinem Insolvenzverfahren an. 1455

Die widerruflich erteilte Bezugsberechtigung ist als unentgeltliche Leistung nach § 134 InsO der Insolvenzanfechtung unterworfen. Der Rückgewähranspruch des § 143 InsO ist auf Rückzahlung der hinterlegten Versicherungssumme, nicht lediglich auf Rückzahlung der aus dem Schuldnervermögen geleisteten Prämien gerichtet (eingehend BGHZ 156, 350, 355). Nach Eröffnung des Insolvenzverfahrens über das Vermögen der Ehefrau als Anfechtungsgegnerin wäre er als rein schuldrechtlicher Anspruch lediglich Insolvenzforderung. Der Bundesgerichtshof legt dem Anfechtungsanspruch keine unmittelbar dingliche Wirkung bei, sieht ihn aber dennoch als aussonderungsgleich im Sinne des § 47 InsO an und vergleicht dies mit dem Aussonderungsrecht der Treuhand (eingehend BGHZ 156, 350, 360).

b) Der Zeitpunkt des Entstehens des Anfechtungsanspruchs und sein Erlöschen

Weitere Frage ist diejenige nach dem Zeitpunkt des Entstehens des Anfechtungsanspruchs. Der Bundesgerichtshof sieht das Anfechtungsrecht des Insolvenzverwalters als ein eigens für den Insolvenzzweck geschaffenes Rechtsinstitut.[2] Das Anfechtungsrecht entsteht deshalb frühestens mit dem Zeitpunkt der Insolvenzeröffnung.[3] Dies gilt selbst 1456

[1] BGHZ 155, 199; *Kreft* in: HK-InsO, § 129 Rdn. 72; *Gerhardt/Kreft,* Rdn. 162.
[2] RGZ 31, 40, 43; BGHZ 83, 102, 105.
[3] BGHZ 15, 333, 337; BGHZ 83, 102, 105 (keine Fortführung eines Anfechtungsprozesses durch den Schuldner nach Aufhebung des Konkursverfahrens); BGHZ 113, 98, 105; BGH ZIP 1982, 76; BGH NZI 2004, 444 = ZIP 2004, 1653 m. Anm. *Keller; Kreft* in: HK-InsO, § 129 Rdn. 79; *Hirte* in: *Uhlenbruck,* InsO, § 143 Rdn. 2.

dann, wenn bereits vor Insolvenzeröffnung für einen Gläubiger eine Anfechtung nach §§ 2 oder 4 AnfG möglich gewesen wäre und diese über §§ 16 und 17 AnfG vom Insolvenzverwalter geltend gemacht wird.[1] Insbesondere *Wolfram Henckel* sieht den Anfechtungsanspruch dagegen schon mit dem Eintritt der Rechtswirkungen der anfechtbaren Rechtshandlung als gegeben an, die Rechtshandlung ist gleichsam von Anfang an mit dem Makel der Anfechtbarkeit behaftet, die Insolvenzeröffnung bildet dann die aufschiebende Bedingung für die Möglichkeit der Geltendmachung der Anfechtbarkeit.[2]

1457 Praktische Bedeutung hat der Streit für die Fragen, ob auch ein vorläufiger Insolvenzverwalter bereits die Anfechtung erklären darf oder ob mit einer anfechtbar erlangten Forderung seitens eines Gläubigers gegen die Insolvenzmasse aufgerechnet werden kann. Beide Fragen müssen mit dem dogmatischen Ansatz des Bundesgerichtshofs verneint werden. Dem vorläufigen Insolvenzverwalter steht kein Anfechtungsrecht zu,[3] die mögliche Aufrechnung seitens des Gläubigers scheitert an § 96 Abs. 1 Nr. 1 InsO.[4]

1458 Der Anfechtungsanspruch soll für den Insolvenzverwalter grundsätzlich nicht abtretbar sein. Dies folgt aus der haftungsrechtlichen Zuordnung des Anfechtungsanspruchs zum Insolvenzzweck.[5] Abtretbar ist lediglich ein möglicher Wertersatzanspruch aus § 143 Abs. 1 Satz 2 InsO.[6]

1459 Der Anfechtungsanspruch erlischt mit Beendigung des Insolvenzverfahrens.[7] Hinsichtlich noch nicht verwirklichter Anfechtungsansprüche kann eine Nachtragsverteilung nach § 203 InsO vorbehalten werden. Würde erst nach Beendigung des Insolvenzverfahrens eine ursprünglich bestehender Anfechtungsanspruch aufgedeckt, kann auch eine Nachtragsverteilung nach § 203 Abs. 1 Nr. 3 InsO angeordnet werden.[8] Hat der Insolvenzverwalter einen Anfechtungsanspruch irrtümlich verneint oder schuldhaft nicht erkannt, führt dies zu einer Haftung nach § 60 InsO.[9] Dies ist beispielsweise dann der Fall, wenn wegen eingetretener Verjährung nach § 146 InsO der Anfechtungsanspruch auch im Wege der Nachtragsverteilung nicht mehr realisiert werden kann.

---

[1] BGH ZIP 1995, 1204 m. Anm. *Henckel,* dazu EWiR 1995, 795 *(Gerhardt).*

[2] Jaeger/*Henckel,* KO, § 37 Rdn. 84; ihm folgend *Paulus* in: *Kübler/Prütting,* InsO, § 143 Rdn. 6; wohl auch *Kirchhof* in: MüKo-InsO, § 129 Rdn. 186; dazu auch *Gerhardt/Kreft,* Rdn. 178.

[3] BGHZ 86, 195; BGH ZIP 1992, 1009; BGH ZIP 1995, 1204 m. Anm. *Henckel,* dazu EWiR 1995, 795 *(Gerhardt); Hirte* in: *Uhlenbruck,* InsO, § 129 Rdn. 11.

[4] BGHZ 130, 38, 40; BGH ZIP 1999, 318.

[5] RGZ 30, 75; *Gerhardt/Kreft,* Rdn. 203 ff.; kritisch *Eckardt,* KTS 1993, 585; zustimmend *Kirchhof* in: MüKo-InsO, § 129 Rdn. 214; *Kreft* in: HK-InsO, § 129 Rdn. 87, 88; *Paulus* in: *Kübler/Prütting,* InsO, § 143 Rdn. 8; *Kreft,* ZInsO 1999, 372.

[6] *Kreft* in: HK-InsO, § 129 Rdn. 87.

[7] BGHZ 83, 102; *Kreft* in: HK-InsO, § 129 Rdn. 82.

[8] BGHZ 86, 349, 352; *Kreft* in: HK-InsO, § 129 Rdn. 88; *Hirte* in: *Uhlenbruck,* InsO, § 129 Rdn. 25.

[9] BGH NZI 2004, 496 m. Anm. *Huber.*

3. Die Geltendmachung des Anfechtungsanspruchs

a) Die Erhebung der Anfechtungsklage

Der Anspruch aus § 143 InsO ist stets zivilrechtlicher Anspruch, zuständig für die klageweise Durchsetzung sind die ordentlichen Gerichte.[1] Die örtliche Zuständigkeit richtet sich nach dem allgemeinen Gerichtsstand des Anfechtungsgegners, § 19a ZPO findet auf Aktivprozesse des Insolvenzverwalters keine Anwendung.[2] 1460

Der Klageantrag des Insolvenzverwalters hat grundsätzlich auf Rückgewähr in Natur zu lauten, ergibt sich im Prozess ein Fall des § 143 Abs. 1 Satz 2 InsO, kann die Klage auf Wertersatz umgestellt werden.[3] Zur Sicherung des Anfechtungsrechts sind auch Arrest und einstweilige Verfügung (§§ 916ff. und 935ff. ZPO) denkbar. Zur Sicherung des Anfechtungsanspruchs kann gegebenenfalls auch eine Vormerkung in das Grundbuch eingetragen werden.[4] 1461

Die Erhebung der Anfechtungsklage ist auch dann noch möglich, wenn Masseunzulänglichkeit nach §§ 208ff. InsO vorliegt oder wenn die Anfechtung lediglich der Sicherung der Vergütung des Insolvenzverwalters im Hinblick auf § 207 InsO dient.[5] 1462

b) Die Anfechtung gegen den Rechtsnachfolger des Anfechtungsgegners nach § 145 InsO

Anfechtungsgegner ist derjenige, zu dessen Gunsten die anfechtbare Rechtshandlung erfolgt ist. Eine Anfechtung gegen einen Rechtsnachfolger des Anfechtungsgegners kann unter den besonderen Voraussetzungen des § 145 InsO erfolgen. Ohne weiteres ist die Anfechtung zulässig gegen den Erben oder einen sonstigen Gesamtrechtsnachfolger des Anfechtungsgegners (§ 145 Abs. 1 InsO).[6] Es ist dabei unmaßgeblich, ob der Gesamtrechtsnachfolger Kenntnis von der Anfechtbarkeit der Rechtshandlung hatte. 1463

Gegenüber einem Einzelrechtsnachfolger kann die Anfechtung unter den Voraussetzungen des § 145 Abs. 2 InsO geltend gemacht werden: 1464

---

[1] BGHZ 114, 315, 320; BGH NZI 2005, 499 = ZVI 2005, 372; *Kreft* in: HK-InsO, § 129 Rdn. 94; Jaeger/*Henckel*, KO, § 37 Rdn. 138ff.; auch für Steuerforderungen OLG Hamm DZWIR 2003, 385 m. Anm. *App* = NZI 2004, 34.

[2] BGH ZIP 2003, 1420; OLG Schleswig ZIP 2001, 1595; Stein/Jonas/*Roth*, ZPO, § 19a Rdn. 2 m. w. N.

[3] *Kreft* in: HK-InsO, § 129 Rdn. 102; zur Zinszahlungspflicht BGH NZI 2005, 679 = ZIP 2005, 1888.

[4] LG Chemnitz ZIP 1999, 496; *Kirchhof* in: MüKo-InsO, § 146 Rdn. 44; *Kreft* in: HK-InsO, § 129 Rdn. 103; *Hirte* in: *Uhlenbruck*, InsO, § 143 Rdn. 83; Jaeger/*Henckel*, KO, § 37 Rdn. 43.

[5] BGH NZI 2001, 585 = ZIP 2001, 1641; LG Hamburg ZIP 2001, 711; anders noch LG Stralsund ZIP 2001, 936; dazu *Pape*, ZIP 2001, 901.

[6] *Kirchhof* in: MüKo-InsO, § 145 Rdn. 7ff.; *Kreft* in: HK-InsO, § 145 Rdn. 2ff.; eingehend *Gerhardt* in: FS Kirchhof, S. 121.

- Nach § 145 Abs. 2 Nr. 1 InsO ist die Anfechtung zulässig, wenn den Rechtsnachfolger zurzeit seines Erwerbs die Umstände der Anfechtbarkeit bekannt waren. Der Rechtsnachfolger muss keine Kenntnis vom konkreten Anfechtung Tatbestand haben, es genügt die Kenntnis derjenigen Umstände, die zwingend auf eine Anfechtbarkeit gegenüber seinem Rechtsvorgänger schließen lassen.[1] Bei einem Zwischenerwerb und bei entfernterer Rechtsnachfolge muss diese Voraussetzung für jeden Zwischenerwerber erfüllt sein.[2]
- Nach § 145 Abs. 2 Nr. 2 InsO ist die Anfechtung zulässig, wenn der Rechtsnachfolger zurzeit seines Rechtserwerbs eine dem Schuldner nahe stehende Person im Sinne des § 138 InsO war. Hier gilt gleichermaßen wie nach § 130 Abs. 3 InsO eine Beweislastumkehr gegenüber dem Anfechtungsgegner, der zu beweisen hat, dass er von den Umständen der Anfechtbarkeit des Rechtserwerbs keine Kenntnis hatte.
- Nach § 145 Abs. 2 Nr. 3 InsO ist die Anfechtung zulässig, wenn der Rechtsnachfolger das Erlangte unentgeltlich erhalten hat. Gegen den Rechtsnachfolger kann damit eine eigene Anfechtung nach § 134 InsO durchgesetzt werden.

1465 Für den Insolvenzverwalter können sich bei der Anfechtung gegen einen Rechtsnachfolger des Anfechtungsgegners Probleme ergeben. Ein gegen den Anfechtungsgegner erwirktes Urteil soll nicht gegen den Rechtsnachfolger wirken.[3] Damit ist auch eine Titelumschreibung nach § 727 ZPO grundsätzlich ausgeschlossen; unproblematisch denkbar wäre sie lediglich im Falle der Gesamtrechtsnachfolger nach § 145 Abs. 1 InsO. Im Übrigen muss der Insolvenzverwalter bei einer eingetretenen Rechtsnachfolge seine Klage ändern und gegen den Rechtsnachfolger richten, § 265 ZPO findet keine Anwendung.[4]

c) Die Verjährung des Anfechtungsanspruchs nach § 146 InsO

1466 Der Anfechtungsanspruch verjährt nach den allgemeinen Regelungen der §§ 194ff. BGB (§ 146 Abs. 1 InsO).[5] Das frühere Anfechtungsrecht enthielt mit § 41 Abs. 1 KO und § 10 Abs. 2 GesO Ausschlussfristen für

---

[1] *Kirchhof* in: MüKo-InsO, § 145 Rdn. 25; *Kreft* in: HK-InsO, § 145 Rdn. 10; *Hirte* in: *Uhlenbruck*, InsO, § 145 Rdn. 27.

[2] *Kreft* in: HK-InsO, § 145 Rdn. 9; *Hirte* in: *Uhlenbruck*, InsO, § 145 Rdn. 23.

[3] *Kreft* in: HK-InsO, § 145 Rdn. 13; *Gerhardt* in: FS Kirchhof, S. 121, 132.

[4] *Kirchhof* in: MüKo-InsO, § 145 Rdn. 38; Jaeger/*Henckel*, KO, § 40 Rdn. 67ff.

[5] § 146 Abs. 1 InsO neu gefasst durch den am 15. Dezember 2004 in Kraft getretenen Art. 5 Nr. 3, Art. 25 des Gesetzes zur Anpassung von Verjährungsvorschriften an das Gesetz zur Modernisierung des Schuldrechts vom 9. Dezember 2004 (BGBl. I S. 3214); dazu *Wagner*, ZIP 2005, 558; in der bis dato geltenden Fassung betrug die Verjährungsfrist zwei Jahre ab Insolvenzeröffnung, dazu Begründung des Regierungsentwurfs BT-Drucks. 12/2443, S. 168; zuletzt BGH ZIP 2005, 310; *Kirchhof*, WM 2002, 2038.

die Geltendmachung des Anfechtungsanspruchs.[1] Die Neuregelung des § 146 InsO ordnet dagegen die Anfechtungsfrist in das allgemeine Verjährungsrecht ein. Die Verjährung beginnt mit der Kenntnis des Insolvenzverwalters von den Anspruchsbegründenden Tatsachen (§ 199 Abs. 1 Nr. 2 BGB).[2] Die Verjährung wird durch rechtzeitige Klageerhebung gehemmt (§ 204 Abs. 1 Nr. 1 BGB). Die Klage muss hinreichend substantiiert sein,[3] die Angabe des genauen Anfechtungstatbestandes ist aber nicht erforderlich.[4]

Auch nach Verjährung des Anfechtungsanspruchs kann der Insolvenzverwalter unter Berufung auf § 146 Abs. 2 InsO die Erfüllung einer Leistungspflicht verweigern, wenn diese auf einer anfechtbaren Handlungen beruht. Die Vorschrift beruht auf der Billigkeitserwägung, dass der Insolvenzverwalter trotz Ablaufs der Anfechtungsfrist gegenüber dem Anfechtungsgegner die Einrede der Anfechtbarkeit erheben kann, wenn seitens der Insolvenzmasse an sich geleistet werden müsste.[5] Es soll damit verhindert werden, dass Gegenstände und Rechte, die sich noch in der Insolvenzmasse befinden, auf Grund anfechtbare Rechtshandlung herausgegeben werden müssen, auch wenn der Anfechtungsanspruch verjährt ist.[6] Der Insolvenzverwalter macht gleichsam verteidigungsweise die Anfechtbarkeit eines gegen ihn gerichteten Anspruchs geltend.[7] 1467

4. Die Folgen der Anfechtung für den Anfechtungsgegner

Der Zweck der Insolvenzanfechtung besteht darin, eine für die Insolvenzgläubiger nachteilige Rechtshandlung wieder rückgängig zu machen. Der Anfechtungsgegner soll durch die Insolvenzanfechtung nicht bestraft werden. Mit der Durchsetzung des Anfechtungsanspruchs aus § 143 InsO soll er im Gegenzug so gestellt werden, wie wenn die angefochtene Rechtshandlung nicht erfolgt wäre. Dass dies im Einzelfall wegen der inzwischen eingetretenen Insolvenz des Schuldners zu einem Nachteil für den Anfechtungsgegner führen kann, ist angesichts der Anfechtbarkeit seiner Rechtshandlung logisch. 1468

---

[1] Dazu noch BGHZ 59, 353; BGHZ 90, 249, 251; BGHZ 112, 325, 327; BGHZ 122, 23; *Kreft* in: HK-InsO, § 146 Rdn. 6; kritisch dazu schon Jaeger/*Lent*, KO, § 41 Rdn. 2; *Kuhn/Uhlenbruck*, KO, § 41 Rdn. 2.

[2] *Wagner*, ZIP 2005, 558, 559.

[3] BGHZ 122, 23; treffend *Kreft* in: HK-InsO, § 146 Rdn. 7, 8; es genügt jedoch auch ein Antrag auf Zuständigkeitsbestimmung nach § 36 Abs. 1 Nr. 3 ZPO BGH ZIP 2004, 2194.

[4] BGHZ 117, 374, 381; BGH WM 1983, 1313, 1315; BGH NJW 1985, 1560, 1561; BGH ZIP 2001, 33; BGH ZIP 2001, 124.

[5] BGHZ 59, 353, 354; *Kirchhof* in: MüKo-InsO, § 146 Rdn. 45 ff.; *Kreft* in: HK-InsO, § 146 Rdn. 13.

[6] BGHZ 83, 158, 160; BGHZ 106, 127, 130; *Kirchhof* in: MüKo-InsO, § 146 Rdn. 51 ff.

[7] BGH ZIP 2001, 1253; anschaulich im Hinblick auf das Aufrechnungsverbot nach § 96 Abs. 1 Nr. 3 *Kirchhof* in: MüKo-InsO, § 146 Rdn. 56.

1469 Die Folgen der Anfechtung für den Anfechtungsgegner sind in § 144 InsO geregelt, wobei zwischen beiden Absätzen der Vorschrift streng zu unterscheiden ist:[1]

- § 144 Abs. 1 InsO regelt den Fall der Anfechtung eines Verfügungsgeschäfts (§§ 130 oder 131 InsO) oder einer Schenkung (§ 134 InsO), wenn das der Verfügung zu Grunde liegende Verpflichtungsgeschäft selbst nicht anfechtbar ist oder seitens des Insolvenzverwalters nicht angefochten wird.
- § 144 Abs. 2 InsO regelt den Fall der Anfechtung eines Verpflichtungsgeschäfts (§ 132 InsO), wenn der Anfechtungsgegner in Ansehung dieses Rechtsgeschäfts bereits eine Leistung an den Schuldner erbracht hatte.

1470 Regelmäßig ficht gerade wegen der Wirkungen des § 144 Abs. 2 InsO der Insolvenzverwalter nur das Erfüllungsgeschäft gegenüber dem Anfechtungsgegner an, selbst wenn auch das Verpflichtungsgeschäft anfechtbar wäre. Der Insolvenzverwalter ist keineswegs verpflichtet, jeden Anfechtungsanspruch geltend zu machen, er darf dies gar nicht, wenn die Geltendmachung für die Insolvenzmasse nachteilig wäre.

a) Das Wiederaufleben seines Anspruchs als Insolvenzforderung nach § 144 Abs. 1 InsO

1471 Wird lediglich das Verfügungs- oder Erfüllungsgeschäft als Rechtshandlung angefochten, hat der Anfechtungsgegner die empfangene Leistung an die Insolvenzmasse zurückzugewähren (§ 143 InsO). Im Gegenzug lebt sein ursprünglicher Anspruch, der durch die angefochtene Rechtshandlung erfüllt worden war, wieder auf (§ 144 Abs. 1 InsO). Der Anspruch ist gewöhnliche Insolvenzforderung. Der Anfechtungsgegner wird damit in die Rechtsposition versetzt, die gegolten hätte, wäre die anfechtbare Rechtshandlung nicht erfolgt.[2]

1472 Hat im einfachsten Fall der Schuldner einen Insolvenzgläubiger in anfechtbarer Weise durch Zahlung befriedigt, hat der Insolvenzgläubiger die Leistung an den Insolvenzverwalter zurückzuzahlen. Sein ursprünglicher erloschener Anspruch (§ 362 BGB) lebt als Insolvenzforderung wieder auf. Mit dem Anspruch leben auch die unanfechtbar begründeten akzessorischen und nicht akzessorischen Sicherheiten wieder auf.[3] Hat der Schuldner in anfechtbarer Weise einen Gegenstand übereignet, lebt der entsprechende Leistungsanspruch des Gläubigers, beispielsweise aus § 433 Abs. 1 Satz 1 BGB, als Insolvenzforderung wieder auf; der Gläubiger kann den nach § 45 InsO in Geld umgerech-

---

[1] *Kirchhof* in: MüKo-InsO, § 144 Rdn. 3, 13 m.w.N.; *Kreft* in: HK-InsO, § 144 Rdn. 2.

[2] *Kirchhof* in: MüKo-InsO, § 144 Rdn. 7; *Kreft* in: HK-InsO, § 144 Rdn. 3; *Hirte* in: *Uhlenbruck*, InsO, § 144 Rdn. 3.

[3] Begründung des Regierungsentwurfs BT-Drucks. 12/2443, S. 168; *Kreft* in: HK-InsO, § 144 Rdn. 3; *Heidbrink*, NZI 2005, 363.

neten Anspruch zur Insolvenztabelle anmelden. Besteht das anfechtbare Verfügungsgeschäft in der Bestellung eines dinglichen Rechts, lebt über § 144 Abs. 1 InsO der entsprechende Anspruch auf Bestellung dieses Rechts als Insolvenzforderung ebenfalls wieder auf.[1] Sein Wert im Sinne des § 45 InsO bestimmt sich nach dem voraussichtlichen Verwertungserlös, den der Gläubiger erhalten hätte, wäre das dingliche Recht wirksam bestellt und verwirklicht worden.

Eine Gegenleistung, die der Anfechtungsgegner auf Grund des Verpflichtungsgeschäftes mit dem Schuldner an diesen bereits erbracht hatte, darf über § 144 Abs. 1 InsO nicht zurückgewährt werden. Es ist vielmehr Risiko des Anfechtungsgegners, wenn er eine Leistung an den Schuldner erbringt und sich dabei umgekehrt der Anfechtbarkeit seines eigenen Rechtserwerbs bewusst ist. 1473

Beispiel 3: Der Schuldner verkauft im März an den Käufer Waren zum Preis von 12.000 EUR. Die Waren sollen am 1. September geliefert werden. Der Käufer bezahlt den Kaufpreis bereits Anfang April. Die Lieferung der Waren erfolgt abredegemäß am 1. September, jedoch war zu diesem Zeitpunkt der Schuldner bereits zahlungsunfähig, was auch dem Käufer bekannt war. Am 15. September stellt der Schuldner Insolvenzantrag, das Insolvenzverfahren wird daraufhin eröffnet. Der Insolvenzverwalter verlangt vom Käufer Rückgabe der Waren. 1474

Die Übereignung der Waren ist als kongruente Befriedigung nach § 130 Abs. 1 Nr. 1 InsO anfechtbar. Die Anfechtung zielt unmittelbar nur auf dieses Erfüllungsgeschäft, nicht auch auf den Kaufvertrag. Deshalb ist auch ohne Belang, ob der Kaufpreis für die Waren angemessen ist oder nicht. Der Anspruch aus § 143 Abs. 1 Satz 1 InsO ist auf Übereignung der Waren durch den Käufer gerichtet. Im Gegenzug erhält der Käufer seinen durch den Kaufvertrag begründeten und durch die Lieferung vom 1. September ursprünglich erloschenen Leistungsanspruch aus § 433 Abs. 1 Satz 1 BGB zurück (§ 144 Abs. 1 InsO). Der Anspruch ist Insolvenzforderung. Der Käufer wird damit so gestellt, als habe die angefochtene Rechtshandlung nicht stattgefunden. Der geleistete Kaufpreis ist durch den Insolvenzverwalter nicht zurückzugewähren, mithin wurde der Kaufvertrag nicht angefochten. Der Käufer hat schlichtweg zu früh und unbedacht den Kaufpreis gezahlt.

b) Die Rückerstattung der Gegenleistung nach § 144 Abs. 2 InsO bei Anfechtung von Verpflichtungsgeschäften des Schuldners

Die Anwendung des § 144 Abs. 2 InsO setzt die Anfechtung eines schuldrechtlichen Verpflichtungsgeschäftes des Schuldners voraus.[2] Rechtsfolge der Anfechtung selbst ist haftungsrechtlich der Wegfall des entsprechenden Anspruchs des Anfechtungsgegners gegenüber der Insolvenzmasse (§ 143 Abs. 1 InsO). Im Gegenzug wäre die Insolvenzmasse ungerechtfertigt bereichert, dürfte sie eine im Hinblick auf die Wirksamkeit des schuldrechtlichen Geschäfts erlangte Gegenleistung behalten.[3] Dies gleicht § 144 Abs. 2 Satz 1 InsO aus, indem er dem Anfechtungsgegner den Anspruch auf Erstattung der Gegenleistung aus 1475

[1] *Kirchhof* in: MüKo-InsO, § 144 Rdn. 8 ff.; *Kuhn/Uhlenbruck,* KO, § 39 Rdn. 1.
[2] *Kirchhof* in: MüKo-InsO, § 144 Rdn. 13 ff.; *Kreft* in: HK-InsO, § 144 Rdn. 4.
[3] *Kreft* in: HK-InsO, § 129 Rdn. 12.

der Insolvenzmasse gibt. Der Anspruch reicht nur soweit, als die Gegenleistung noch unterscheidbar in der Insolvenzmasse vorhanden ist oder die Masse um ihren Wert bereichert ist; es handelt sich dann um einen Anspruch nach § 55 Abs. 1 Nr. 3 InsO.[1] Im Übrigen gilt § 818 BGB. § 144 Abs. 2 Satz 2 InsO, der dem Anfechtungsgegner lediglich eine Insolvenzforderung gibt, ist erst dann anwendbar, wenn von der Insolvenzmasse auch kein Wertersatz mehr erlangt werden kann, mithin ein Fall des § 818 Abs. 3 BGB vorliegt.

1476 Hat beispielsweise der Schuldner einen Vermögensgegenstand weit unter Wert verkauft, kann der Kaufvertrag nach § 132 InsO anfechtbar sein. Mit Anfechtung seitens des Insolvenzverwalters fällt der Leistungsanspruch des Anfechtungsgegners aus § 433 Abs. 1 Satz 1 BGB weg; er wäre ohnehin nur Insolvenzforderung. Hat aber der Anfechtungsgegner bereits den Kaufpreis gezahlt, ist dieser nach § 144 Abs. 2 InsO zurückzugewähren, da mit Wegfall des Verpflichtungsgeschäftes durch die Anfechtung für die Insolvenzmasse auch kein rechtlicher Grund mehr gegeben ist, den Kaufpreis behalten zu können.

1477 Aus § 144 Abs. 2 InsO folgt aber auch, dass der Insolvenzverwalter ein Verpflichtungsgeschäft des Schuldners in der Praxis der Insolvenz regelmäßig nicht anficht, gerade um eine Gegenleistung nicht herausgeben zu müssen. In aller Regel ist es für die Insolvenzmasse günstiger, die Gegenleistung behalten zu können und den anfechtbar erworbenen Leistungsanspruch als Insolvenzforderung zu befriedigen. Für den Anfechtungsgegner ist dies freilich nachteilig, er muss sich jedoch vorhalten lassen, dass er in Kenntnis der Anfechtbarkeit des Verpflichtungsgeschäftes noch eine Leistung an den Schuldner erbracht hat. Die Anfechtung allein des Verpflichtungsgeschäftes ist für den Insolvenzverwalter damit nur dann interessant, wenn eine Gegenleistung noch nicht erbracht wurde und damit auch nicht zurückgewährt werden muss.

III. Die allgemeinen Anfechtungsvoraussetzungen

1. Die anfechtbare Rechtshandlung nach § 129 InsO

a) Der Begriff der Rechtshandlung

1478 Der Begriff der Rechtshandlung ist im Anwendungsbereich des § 129 InsO weit auszulegen.[2]

1479 Allgemein kann jedes rechtlich erhebliche Handeln als Rechtshandlung im Sinne des § 129 InsO angesehen werden.[3] Die Rechtshandlung

---

[1] *Kirchhof* in: MüKo-InsO, § 144 Rdn. 18; *Kreft* in: HK-InsO, § 144 Rdn. 5.

[2] OLG Stuttgart ZIP 2002, 1900; *Kirchhof* in: MüKo-InsO, § 129 Rdn. 7ff.; *Kreft* in: HK-InsO, § 129 Rdn. 10ff.; *Hirte* in: *Uhlenbruck*, InsO, § 129 Rdn. 62ff.

[3] BGHZ 86, 340 (Pfandrecht für künftige Forderung); *Kreft* in: HK-InsO, § 129 Rdn. 10.

muss kein Rechtsgeschäft im bürgerlich-rechtlichen Sinne sein; entscheidend ist vielmehr, dass die Handlung das Vermögen des Schuldners zum Nachteil der Insolvenzgläubiger verändern kann.[1]

aa) Die Rechtshandlung des Schuldners

Als anfechtbare Rechtshandlung des Schuldners kann ein Verpflichtungsgeschäft wie auch ein Verfügungsgeschäft jeglicher Art in Betracht kommen. Auch ein einseitiges Rechtsgeschäft mit rechtsgestaltender Wirkung kann eine anfechtbare Rechtshandlung sein, beispielsweise die Vornahme einer Kündigung oder die Erklärung der Aufrechnung durch den Schuldner.[2] Als anfechtbares Verfügungs- oder Erfüllungsgeschäft kommt in erster Linie die Zahlung einer Geldsumme durch den Schuldner an einen Gläubiger in Betracht, auch die Zahlung per Lastschrift oder Einzugsermächtigung ist eine Rechtshandlung des Schuldners.[3] 1480

In der Unterscheidung zwischen Verpflichtungsgeschäft und Verfügungsgeschäft sind beide entsprechend dem allgemein geltenden Abstraktionsprinzip streng voneinander zu trennen.[4] Es können sowohl das Verpflichtungsgeschäft als auch das Verfügungsgeschäft anfechtbar sein, es kann auch lediglich das Verfügungs- oder Erfüllungsgeschäft seitens des Schuldners der Anfechtung unterliegen. Gerade im Hinblick auf die Regelung des § 144 Abs. 2 InsO ist die Anfechtung eines Verpflichtungsgeschäftes auch nicht immer sinnvoll. Eine gemeinsame Anfechtung von Verpflichtungs- und Erfüllungsgeschäft kommt regelmäßig bei der Schenkungsanfechtung in Betracht (§ 134 InsO). Angefochten wird hier das Erfüllungsgeschäft auf Grund unentgeltlichen Leistungsversprechens, der aus dem entsprechenden Verpflichtungsgeschäft bestehende Anspruch wäre im Übrigen nur nachrangige Insolvenzforderung (§ 39 Abs. 1 Nr. 4 InsO). Auch bei der Absichtsanfechtung nach § 133 InsO kann eine gemeinsame Anfechtung von Verpflichtungs- und Erfüllungsgeschäft in Betracht kommen, da der Benachteiligungsvorsatz des Schuldners bei Eingehung der Verpflichtung häufig auf das Erfüllungsgeschäft durchschlägt.[5] Ähnlich wird auch im allgemeinen bürgerlichen Recht das Abstraktionsprinzip im Falle des § 138 BGB durchbrochen.[6] 1481

---

[1] *Henckel* in: KS, S. 813 Rdn. 19; zu rechtsgeschäftsähnlichen Handlungen und Realakten *Kirchhof* in: MüKo-InsO, § 129 Rdn. 21 ff.

[2] *Kirchhof* in: MüKo-InsO, § 129 Rdn. 14, 15 ff.; *Kreft* in: HK-InsO, § 129 Rdn. 16; *Hirte* in: *Uhlenbruck*, InsO, § 129 Rdn. 33; *v. Olshausen*, KTS 2001, 45.

[3] BGHZ 70, 177; *Kirchhof* in: MüKo-InsO, § 129 Rdn. 12.

[4] So bereits *Jaeger*, KO, § 29 Anm. 31; *Kirchhof* in: MüKo-InsO, § 129 Rdn. 57; *Kreft* in: HK-InsO, § 129 Rdn. 12; *Hirte* in: *Uhlenbruck*, InsO, § 129 Rdn. 70; Jaeger/*Henckel*, KO, § 29 Rdn. 70; anders wohl noch RGZ 116, 137.

[5] Hierzu *Kirchhof* in: MüKo-InsO, § 129 Rdn. 59 ff.

[6] *Medicus*, Allgemeiner Teil des BGB, Rdn. 231.

1482 Eine anfechtbare Rechtshandlung kann auch in einem Gesellschafterbeschluss liegen.[1] Auch tatsächliche Handlungen, die eine rechtliche Wirkung nach sich ziehen können anfechtbar sein, beispielsweise die Verbindung, Vermischung oder Verarbeitung verschiedener Sache nach §§ 946 ff. BGB.[2] Prozesshandlungen des Schuldners können ebenfalls als anfechtbare Rechtshandlungen angesehen werden, beispielsweise die Rücknahme einer Klage, ein prozessuales Anerkenntnis, ein Geständnis oder ein Vergleich.[3]

1483 **Beispiel 4:** Der Gläubiger hat gegen den Schuldner einen Anspruch auf Darlehensrückzahlung in Höhe von 51.000 EUR; nachdem er von der Zahlungseinstellung des Schuldners Kenntnis erlangt, drängt er auf Zahlung seiner Forderung. Liegen in den folgenden Fallkonstellationen anfechtbare Rechtshandlungen vor?

a) Der Schuldner zahlt auf Drängen des Gläubigers.
b) Der Schuldner tritt an den Gläubiger eine ihm zustehende Forderung gegen einen Dritten erfüllungshalber ab.
c) Der Schuldner weist seinen Drittschuldner an, seine Zahlungen unmittelbar an Gläubiger zu leisten.

In Fall a) liegt eine Rechtshandlung des Schuldners vor, die dem Gläubiger Befriedigung seiner Forderung nach § 362 BGB gewährt, er wird kongruent gedeckt. Es wird eine Anfechtung nach § 130 Abs. 1 Nr. 2 InsO in Betracht kommen. Die Abtretung der Forderung in Fall b) erfolgt in aller Regel erfüllungshalber nach § 364 Abs. 2 BGB. Es liegt hinsichtlich der Forderung des Gläubigers eine Erfüllung erst vor, wenn der Drittschuldner tatsächlich an ihn zahlt. Er ist mit seiner Forderung daher noch nicht befriedigt, aber durch die Abtretung ist er gesichert. Diese Sicherung konnte er nicht verlangen, daher ist er inkongruent gesichert. Die Abtretung kann nach § 131 Abs. 1 Nr. 1 InsO als inkongruente Deckung anfechtbar sein. Im Falle der Zahlung der Forderung durch den Drittschuldner in Fall c) wird der Gläubiger am Ende befriedigt, die anfechtbare Rechtshandlung des Schuldners liegt in der Anweisung an den Drittschuldner, dieser wird durch Zahlung auch von seiner eigenen Schuld gegenüber dem Schuldner befreit, im Schuldverhältnis zwischen Schuldner und Drittschuldner liegt ein Fall des § 362 Abs. 2 mit § 185 Abs. 1 BGB vor. Eine Anfechtung der Anweisung kann mindestens über § 130 Abs. 1 Nr. 2 InsO erfolgen; es kann aber auch inkongruente Deckung nach § 131 InsO erwogen werden, da der Gläubiger die Leistung durch den Drittschuldner nicht verlangen konnte.

1484 Rechtshandlungen, die dem Schuldners als höchstpersönliche Rechte zustehen, sind nicht anfechtbar. Dies gilt namentlich für die Ausschlagung einer Erbschaft die Vereinbarung eines Erbverzichts oder eines Pflichtteilsverzichts.[4] Dies ergibt sich bereits aus § 83 InsO, der das Ausschlagungsrecht auch nach Insolvenzeröffnung ausdrücklich beim Erben belässt.[5]

---

[1] Zur Unternehmensveräußerungen *Kirchhof* in: MüKo-InsO, § 129 Rdn. 94; *Kreft* in: HK-InsO, § 129 Rdn. 15; *Wessels,* ZIP 2004, 1237.

[2] *Kreft* in: HK-InsO, § 129 Rdn. 11; Jaeger/*Henckel,* KO, § 29 Rdn. 16.

[3] *Kirchhof* in: MüKo-InsO, § 129 Rdn. 20; *Kreft* in: HK-InsO, § 129 Rdn. 11; Jaeger/*Henckel,* KO, § 29 Rdn. 4.

[4] *Kreft* in: HK-InsO, § 129 Rdn. 19; *Hirte* in: *Uhlenbruck,* InsO, § 129 Rdn. 100.

[5] BGH ZIP 1997, 1302, dazu EWiR 1997, 683 *(Gerhardt)*; *Kirchhof* in: MüKo-InsO, § 129 Rdn. 90.

Eine unwirksame oder gar nichtige Rechtshandlung muss an sich nicht angefochten werden, der Insolvenzverwalter muss sich lediglich auf die materiellrechtliche Unwirksamkeit oder Nichtigkeit berufen. Gleichwohl wird die Anfechtung zugelassen, insbesondere wenn die Nichtigkeit der Rechtshandlung für den Insolvenzverwalter nur schwer nachweisbar ist.[1] Er kann in einem Prozess die Anfechtung neben der materiellrechtlichen Nichtigkeit geltend machen.[2] 1485

bb) Die Rechtshandlung eines Gläubigers gegen den Schuldner

Auch eine Rechtshandlung eines Gläubigers gegen den Schuldner oder Rechtshandlungen von Gläubigern untereinander, die mittelbar eine Gläubigerbenachteiligung beinhalten, können anfechtbare Rechtshandlungen sein. Ein häufiger Fall der Praxis ist die Aufrechnungserklärung seitens eines Gläubigers gegenüber dem Schuldner im Vorfeld der Insolvenz,[3] hierunter fallen auch sämtliche Verrechnungen eigener Forderungen mit einem Guthaben des Schuldners der kontoführenden Bank innerhalb eines Giroverhältnisses.[4] 1486

Auch die Herstellung einer Aufrechnungslage ist eine anfechtbare Rechtshandlung. Sie kann gegeben sein, wenn ein Gläubiger innerhalb der Krise mit dem Schuldner einen Vertrag schließt und dies mitunter nur deshalb tut, weil er weiß, dass er gegen die Forderung des Schuldners mit einer ihm zustehenden Forderung aufrechnen kann. Entgegen früherer Rechtsprechung sieht der Bundesgerichtshof hier nicht den Abschluss des Vertrages als anfechtbare Rechtshandlung sondern isoliert die Herstellung der Aufrechnungslage durch dieses Geschäft.[5] Die anfechtbare Herstellung einer Aufrechnungslage kann auch in einer Art kollusivem Verhalten zweier Gläubiger erfolgen, wenn nämlich Forderungen gegeneinander abgetreten werden, um eine Aufrechnungslage gegen den Schuldner herzustellen.[6] 1487

Eine anfechtbare Rechtshandlung eines Gläubigers kann auch darin bestehen, bislang nicht gesicherte Forderungen in eine nicht voll valutierte Sicherheit, insbesondere in eine Grundschuldsicherung, einzubringen. Tritt beispielsweise ein Gläubiger seine nicht gesicherte Forderung an einen Grundschuldgläubiger ab und stellte dieser die 1488

---

[1] BGHZ 141, 96, 105; BGH ZIP 1996, 1516; *Kirchhof* in: MüKo-InsO, § 129 Rdn. 135; *Kreft* in: HK-InsO, § 129 Rdn. 22; *Hirte* in: *Uhlenbruck,* InsO, § 129 Rdn. 76.

[2] BGH ZIP 2002, 1155; *Kreft* in: HK-InsO, § 129 Rdn. 22.

[3] BGHZ 86, 349, 353; BGHZ 129, 336, 343; BGH ZIP 2000, 759; *Kreft* in: HK-InsO, § 129 Rdn. 16; Jaeger/*Henckel,* KO, § 30 Rdn. 268 ff.; *Kuhn/Uhlenbruck,* KO, § 30 Rdn. 42 g.

[4] BGHZ 87, 246; BGHZ 99, 36 (Aufrechung im Vergleichsverfahren); BGH ZIP 2005, 585.

[5] BGHZ 147, 233, 236; bereits vorbereitet durch BGHZ 145, 245, 253; eingehend auch Jaeger/*Henckel,* KO, § 30 Rdn. 279 ff.; allgemein *Henckel* in: KS, S. 813 Rdn. 76; überholt insoweit BGHZ 86, 349 und BGHZ 129, 336, sowie BGH WM 1971, 908; BGHZ ZIP 1998, 2165.

[6] OLG Köln NZI 2001, 475; *Kirchhof* in: MüKo-InsO, § 129 Rdn. 15.

Forderung unter die Sicherungsabrede der Grundschuld, liegt hierin eine anfechtbare Rechtshandlung.[1]

cc) Die Zwangsvollstreckungsmaßnahme als anfechtbare Rechtshandlung nach § 141 InsO

1489 Nach der ausdrücklichen Regelung des § 141 InsO wird die Anfechtbarkeit nicht dadurch ausgeschlossen, dass der Gläubiger für seine Forderung bereits einen vollstreckbaren Titel erlangt hat und die anfechtbare Rechtshandlung in einer Zwangsvollstreckungsmaßnahme besteht. Damit wird klargestellt, dass insbesondere die Zwangsvollstreckungsmaßnahme eines Gläubigers selbstständig als anfechtbare Rechtshandlung anzusehen ist.[2] Die Sicherung oder Befriedigung, die ein Gläubiger durch Zwangsvollstreckung erlangt, wird allgemein als inkongruente Deckung des § 131 InsO angesehen.[3]

1490 Die Insolvenzanfechtung einer Zwangsvollstreckungsmaßnahme wird im Übrigen durch die Rückschlagsperre des § 88 InsO ergänzt und überlagert, eine Anfechtung der Sicherung über § 131 Abs. 1 Nr. 1 InsO ist nicht mehr erforderlich. Die Anfechtung greift aber dann, wenn der Gläubiger in dieser Zeit auch tatsächlich durch die Zwangsverwaltungsmaßnahme befriedigt wird, etwa weil der Drittschuldner nach Pfändung und Überweisung einer gegen ihn gerichteten Forderung (§§ 829, 835 ZPO) an den Gläubiger leistet oder der Gerichtsvollzieher gepfändetes Geld an den Gläubiger abliefert[4] oder den Erlös aus der Versteigerung eines gepfändeten Gegenstandes auskehrt.

1491 **Beispiel 5** (BGHZ 136, 309): Der Gläubiger hat eine titulierte Forderung in Höhe von 238.000 EUR gegen den Schuldner. Über dessen Vermögen wird am 10. Oktober das Insolvenzverfahren eröffnet. Am 9. September und 1. Oktober 1994 ließ der Gläubiger aus der Kasse des Schuldners Geld im Betrag von 50.000 EUR beziehungsweise 36.000 EUR pfänden. Der Insolvenzverwalter erklärt die Anfechtung und verlangt Rückgewähr der 86.000 EUR.

Der Anspruch auf Rückgewähr ist aus § 143 Abs. 1 Satz 1 InsO gegeben. Die anfechtbare Rechtshandlung liegt in der Befriedigung des Gläubigers durch Ablieferung des gepfändeten Bargelds seitens des Gerichtsvollziehers nach § 815 ZPO. Anfechtbare Rechtshandlung im eigentlichen Sinne ist nicht die Pfändung des Geldes durch den Gerichtsvollzieher und die Ablieferung an den Gläubiger, sondern die damit verbundene Befriedigung des Gläubigers hinsichtlich seiner Forderung; dies stellt § 141 InsO klar. Da von § 131 InsO sowohl die Sicherung als auch die Befriedigung einer Gläubigerforderung erfasst wird, ist die Insolvenzan-

---

[1] BGHZ 59, 230.

[2] *Jaeger,* KO, § 35 Anm. 5; zur Begrifflichkeit *Kirchhof* in: MüKo-InsO, § 141 Rdn. 8; *Kreft* in: HK-InsO, § 141 Rdn. 1; Jaeger/*Henckel,* KO, § 35 Rdn. 3; *Henckel* in: KS, S. 813 Rdn. 81.

[3] BGHZ 128, 196; BGHZ 135, 140; BGH 136, 309; allgemein *Kirchhof* in: MüKo-InsO, § 131 Rdn. 26 ff., § 141 Rdn. 8, 9; *Hirte* in: *Uhlenbruck,* InsO, § 141 Rdn. 6; *Paulus* in: *Kübler/Prütting,* InsO, § 130 Rdn. 22 ff.; *Baur/Stürner,* InsolvenzR, Rdn. 19.37 ff.; *Häsemeyer,* Rdn. 21.56, 21.60.

[4] BGHZ 136, 309; anders noch *Kuhn/Uhlenbruck,* KO, § 30 Rdn. 52 c.

fechtung auch nach Ablieferung des gepfändeten Geldes durch den Gerichtsvollzieher zulässig.

dd) Das Unterlassen als Rechtshandlung nach § 129 Abs. 2 InsO

Auch das wissentliche und willentliche Unterlassen einer Rechtshandlung kann als solches anfechtbar sein (§ 129 Abs. 2 InsO). Die Vorschrift betrifft wesentlich Rechtshandlungen des Schuldners, der eine gebotene Handlung bewusst unterlässt und damit die Gläubiger benachteiligt.[1] Ähnlich wie beim unechten Unterlassungsdelikt im Strafrecht (§ 13 StGB) kommt das Unterlassen einer anfechtbare Rechtshandlung nur dann gleich, wenn der Schuldner zur Handlung verpflichtet gewesen wäre. 1492

In Betracht kommt hier beispielsweise das bewusste Eintretenlassen der Verjährung einer Forderung gegen einen Dritten, der Verzicht auf ein zwingend einzulegendes Rechtsmittel im Prozess[2] oder auch das bewusste „Stehenlassen" eines kapitalersetzenden Darlehens nach § 32a GmbHG.[3] Das auch und gerade pflichtwidrige Unterlassen der Stellung eines Insolvenzantrags durch den Schuldner kann dagegen nicht als anfechtbare Rechtshandlung gewertet werden.[4] 1493

b) Der für die Beendigung der Rechtshandlung maßgebliche Zeitpunkt

Für Beurteilung der Anfechtbarkeit einer Rechtshandlung nach dem konkreten Anfechtungstatbestand ist der Zeitpunkt, zu welchem die Rechtshandlung vorgenommen oder beendet ist, von entscheidender Bedeutung. Gerade die Anfechtung von Verfügungs- oder Erfüllungsgeschäft nach §§ 130 und 131 InsO ist auf einen Zeitraum von drei Monaten vor dem Insolvenzantrag begrenzt. Es ist deshalb gerade für den Anfechtungsgegner wichtig, den Zeitpunkt der Vornahme der Rechtshandlung im anfechtungsrechtlichen Sinne genau zu bestimmen, so dass gegebenenfalls eine Anfechtung a priori ausscheidet.[5] Für den Insolvenzverwalter gilt freilich die umgekehrte Interessenlage. 1494

Der Bestimmung des genauen Zeitpunkts der Vornahme der Rechtshandlung dient § 140 InsO, der insbesondere bei Grundstücksgeschäften zu Gunsten des Anfechtungsgegners den Zeitpunkt der Vornahme der Rechtshandlung auf denjenigen der Antragstellung beim Grundbuchamt vorverlegt (§ 140 Abs. 2 InsO).[6] 1495

---

[1] BGH ZIP 1996, 2081; *Kirchhof* in: MüKo-InsO, § 129 Rdn. 24; *Hirte* in: *Uhlenbruck*, InsO, § 129 Rdn. 65.

[2] *Kirchhof* in: MüKo-InsO, § 129 Rdn. 27; Jaeger/*Henckel*, KO, § 29 Rdn. 19.

[3] Dazu *Bork* in: FS Uhlenbruck, S. 283.

[4] BGH NZI 2005, 215 (zur Veröffentlichung in BGHZ vorgesehen).

[5] *Kirchhof* in: MüKo-InsO, § 140 Rdn. 3, 4; *Kreft* in: HK-InsO, § 140 Rdn. 2.

[6] Zur Vorgängerregelung des § 10 Abs. 3 GesO BGHZ 131, 189; *Haarmeyer/Wutzke/Förster*, GesO, § 10 Rdn. 35.

aa) Die Grundnorm des § 140 Abs. 1 InsO

1496 Die anfechtbare Rechtshandlung gilt grundsätzlich in dem Zeitpunkt als vorgenommen, zu welchem ihre rechtlichen Wirkungen eintreten (§ 140 Abs. 1 InsO).[1] Der Zeitpunkt bestimmt sich nach materiellem Recht. Ein anfechtbares Verpflichtungsgeschäft des Schuldners, beispielsweise der Verkauf eines beweglichen Gegenstandes, ist danach in dem Zeitpunkt beendet, zu welchem der Vertrag wirksam geschlossen wird. Ein Verfügungs- oder Erfüllungsgeschäft ist zu dem Zeitpunkt beendet, zu welchem die Leistungserfüllung eintritt oder die sachenrechtliche Verfügung wirksam wird. Ein Rechtsgeschäft, das aus einer einseitigen empfangsbedürftigen Willenserklärungen besteht (Kündigung, Aufrechnung) ist in dem Zeitpunkt beendet, zu welchem die Willenserklärungen dem Empfänger zugeht (§ 130 Abs. 1 Satz 1 BGB).

1497 Bei Rechtshandlungen, insbesondere Verfügungsgeschäften, die aus mehreren Tatbeständen bestehen, ist der letzte Tatbestand maßgebend. Die Übereignung eines beweglichen Gegenstandes nach § 929 Satz 1 BGB ist damit in dem Zeitpunkt beendet, zu welchem der Gegenstand dem Erwerber übergeben wird.[2] Die Abtretung einer künftigen Forderung ist erst dann wirksam, wenn die Forderung tatsächlich zur Entstehung gelangt.[3] Gleiches gilt für die Verpfändung oder Pfändung einer künftigen Forderung.[4] Bei Pfändung und Überweisung einer Forderung im Wege der Zwangsvollstreckung (§§ 829 und 835 ZPO) liegen zudem zwei Rechtshandlungen vor, die gegebenenfalls getrennt voneinander zu betrachten sind, wenn Pfändung und Überweisung nicht in einem gemeinsamen Beschluss des Vollstreckungsgerichts ausgesprochen werden.[5] Eine Besonderheit besteht ferner bei der Pfändung der so genannten offenen Kreditlinie, die als solche zulässig ist, jedoch erst dann wirksam wird, wenn der Schuldner den ihm eingeräumten Kreditrahmen tatsächlich in Anspruch nimmt.[6] Die Rechtshandlung gilt dann auch in diesem Zeitpunkt erst als beendet.[7]

---

[1] BGH NJW 1999, 645; BGH NJW 1999, 3047; *Kirchhof* in: MüKo-InsO, § 140 Rdn. 5.

[2] Zur Sicherungsübereignung BGH NJW 2001, 2479.

[3] BGH 30, 238, 239; BGHZ 64, 312, 313, BGHZ 88, 205, 206; BGH ZIP 1988, 1546; ZIP 1995, 634; BGH ZIP 1997, 514; BGH ZIP 1998, 798; BGH ZIP 1998, 835; BGH NJW 2003, 2171; *Kirchhof* in: MüKo-InsO, § 140 Rdn. 12, 13; *Kreft* in: HK-InsO, § 140 Rdn. 13.

[4] BGH NZI 2003, 320 m. Anm. *Gundlach/Frenzel/Schmidt* = ZIP 2003, 808, dazu EWiR 2003, 533 *(Hölzle);* BFH ZIP 2005, 1182 (zu § 88 InsO); zur Anzeige an Schuldner nach § 1280 BGB *Kirchhof* in: MüKo-InsO, § 140 Rdn. 15.

[5] BGH ZIP 2000, 898; BGH NJW 2003, 897; BGH NJW 2003, 2171; zum Vollstreckungsverfahren *Stöber,* Forderungspfändung, Rdn. 582 ff.

[6] BGHZ 147, 193; dazu *Schuschke,* ZIP 2001, 1084.

[7] BGHZ 157, 350; BGH NZI 2005, 690; so auch für die Kontenpfändung hinsichtlich künftiger Gutschriften OLG Jena NZI 2002, 550; für die Pfändung allgemein BFH NZI 2005, 569; dazu auch *Vendolsky,* ZIP 2005, 786.

Bedarf es zur Wirksamkeit eines Rechtsgeschäfts der Zustimmung eines Dritten, gilt das Rechtsgeschäft als vorgenommen, wenn dieser seine Genehmigung erteilt; die Rückwirkung der Genehmigung nach § 184 Abs. 1 BGB ist hier nicht von Bedeutung.[1] Dies gilt erst recht bei erforderlichen öffentlich-rechtlichen Genehmigungen im Grundstücksverkehr. Bedarf beispielsweise der Kaufvertrag über ein landwirtschaftlich genutztes Grundstück der Genehmigung nach § 2 GrdstVG, wird er erst mit Erteilung der Genehmigung nach § 2 Abs. 1 Satz 1 GrdstVG materiellrechtlich wirksam[2] und gilt erst in diesem Zeitpunkt als beendet im Sinne des § 140 Abs. 1 InsO. Die Übereignung als mehraktiges Rechtsgeschäft bestehend aus Erklärung der Auflassung und Grundbucheintragung nach §§ 873 und 925 BGB wird ebenfalls erst nach Erteilung der Genehmigung wirksam, das Grundbuchamt darf ohne Nachweis nach § 7 Abs. 1 GrdstVG eine Eintragung nicht vornehmen. Lediglich verfahrensrechtlich erforderliche Nachweise oder Atteste sind für § 140 Abs. 1 InsO dagegen unbeachtlich; dies gilt beispielsweise für die Unbedenklichkeitsbescheinigung des Finanzamts gemäß § 22 GrdEStG.[3] 1498

bb) Der maßgebliche Zeitpunkt bei Grundstücksgeschäften nach § 140 Abs. 2 InsO

Für Verfügungsgeschäfte über Grundstücke, grundstücksgleiche Rechte und Grundstücksrechte, bei welchen die Grundbucheintragung nach § 873 BGB materiellrechtlich notwendige Voraussetzung ist, gilt § 140 Abs. 2 InsO als Sonderregelung. Die Vorschrift knüpft an die Regelung des § 10 Abs. 3 GesO an[4] und schließt eine Lücke, die im früheren Konkursrecht im Verhältnis zum materiellen Grundstücksrecht gegeben war.[5] Unter den Voraussetzungen des § 878 BGB kann eine Verfügung über eine Grundstück oder eine Grundstücksrecht auch dann materiellrechtlich wirksam werden, wenn die Verführungsbeeinträchtigung nach dem Zeitpunkt der Antragstellung beim Grundbuchamt eintritt; dies berücksichtigt auch die Regelung des § 91 Abs. 2 InsO.[6] Der Gesetzgeber berücksichtigt dies mit der Regelung des § 140 Abs. 2 InsO und bricht mit der in der Rechtsprechung 1499

---

[1] *Kirchhof* in: MüKo-InsO, § 140 Rdn. 8; Jaeger/*Henckel,* KO, § 30 Rdn. 82 ff.

[2] Allgemein *Grziwotz* in: *Meikel,* GBO, Einleitung Rdn. J 85 ff., J 126; *Schöner/Stöber,* Rdn. 3946 und 4021 ff.

[3] *Schöner/Stöber,* Rdn. 148, 151, ebenso zum Negativattest nach § 28 BauGB BayObLG NJW 1983, 1567; *Schöner/Stöber,* Rdn. 4123.

[4] Begründung des Regierungsentwurfs BT-Drucks. 12/2443, S. 166; BGHZ 131, 189, 197.

[5] Jaeger/*Henckel,* KO, § 30 Rdn. 94 ff.; *Henckel* in: KS, S. 813 Rdn. 79.

[6] Eingehend hierzu *Wacke* in: MüKo-BGB, § 878 Rdn. 6 ff.; Palandt/*Bassenge,* BGB, § 878 Rdn. 12 ff.; *Böttcher* in: *Meikel,* GBO, Anhang zu den §§ 19, 20 Rdn. 79 ff.; *Schöner/Stöber,* Rdn. 110 bis 129; *Wolff/Raiser,* Sachenrecht, § 38 V.; *Baur/Stürner,* SachenR, § 19 Rdn. 35 ff.; *Eickmann* in: *Westermann,* § 75 III. 3.; *Eickmann,* GrundbuchverfahrensR, Rdn. 145 ff.

bislang vertretenen Ansicht, dass auch bei Grundstücksgeschäften allein der Zeitpunkt der Grundbucheintragung anfechtungsrechtlich maßgebend sei.[1]

1500 Der Wortlaut des § 140 Abs. 2 InsO ist hinsichtlich der einzelnen Tatbestandsvoraussetzungen umständlich formuliert. Im Einzelnen müssen folgende Voraussetzungen vorliegen:

1501 – Für die Wirksamkeit der Verfügung nach materiellem Recht muss die Grundbucheintragung nach § 873 BGB notwendige Voraussetzung sein, materiellrechtlich wird die Rechtsänderung dann erst mit Grundbucheintragung wirksam.[2] Bedarf es materiellrechtlich keiner Grundbucheintragung, ist eine solche beispielsweise nur berichtigend, findet § 140 Abs. 2 InsO keine Anwendung. Uneingeschränkt anwendbar ist die Norm beispielsweise auf die Eigentumsübertragung (§§ 873 mit 925 BGB), die rechtsgeschäftliche Bestellung einer Vormerkung (§§ 883 und 885 BGB) oder die Bestellung eines Grundstücksrechts. Die Übertragung eines durch Vormerkung gesicherten Anspruchs (§§ 398 mit 413 BGB) fällt dagegen nicht unter § 140 Abs. 2 InsO, da die Vormerkung als akzessorisches Sicherungsrecht ohne Grundbucheintragung auf den Zessionar übergeht.[3] Auch die Abtretung eines Briefgrundpfandrechts durch schriftliche Abtretungserklärung und Briefübergabe (§ 1154 BGB) ist kein Fall des § 140 Abs. 2 InsO.

1502 – Die nach § 873 Abs. 1 BGB erforderliche Einigungserklärung des Schuldners muss für ihn unter den Voraussetzungen des § 873 Abs. 2 BGB bindend geworden sein. § 140 Abs. 2 InsO korrespondiert insoweit mit der Regelung des § 878 BGB. Eine Bindungswirkung tritt für den Schuldner beispielsweise dann ein, wenn er dem Erwerber eine den Erfordernissen der §§ 19, 29 GBO entsprechende Eintragungsbewilligung ausgehändigt hat; hiervon ist auszugehen, wenn der Erwerber oder der beurkundende Notar als dessen Bevollmächtigter (§ 15 GBO) Eintragungsantrags beim Grundbuchamt stellt.[4]

1503 – Der Eintragungsantrag (§ 13 Abs. 1 GBO) muss vom Erwerber gestellt worden sein. Mit dieser Voraussetzung geht § 140 Abs. 2 InsO über § 878 BGB hinaus, der auch einen Eintragungsantrags des

---

[1] RGZ 51, 286; RGZ 68, 152; RGZ 81, 426; RGZ 116, 136; BGHZ 41, 17; BGH 99, 274, 286; BGH 121, 179, 188; BGH 128, 184, 189; BGHZ 131, 189, 196 mit umfangreichen Nachweisen.

[2] Staudinger/*Gursky*, BGB (2000), § 873 Rdn. 184, 185.

[3] Allgemein Staudinger/*Gursky*, BGB (2002), § 883 Rdn. 319 ff.; zur Frage des gutgläubigen Erwerbs BGHZ 25, 16; LG Köln NJW-RR 2001, 306; Staudinger/*Gursky*, BGB (2002), § 892 Rdn. 45 ff., 57, 58; *Wacke* in: MüKo-BGB, § 883 Rdn. 66; *Eickmann* in: *Westermann*, § 84 IV.; kritisch *Schöner/Stöber*, Rdn. 1534; *Preuß* in: *Schreiber*, Kap. 14 Rdn. 59.

[4] *Böttcher* in: *Meikel*, GBO, § 15 Rdn. 18; *Demharter*, GBO, § 15 Rdn. 11; *Schöner/Stöber*, Rdn. 182 je mit umfangreichen Nachweisen.

Schuldners genügen lässt.[1] Der Gesetzgeber rekurriert dabei auf das Anwartschaftsrecht des Erwerbers, das nach ständiger Rechtsprechung des Bundesgerichtshofs nur dann entsteht, wenn dieser selbst Eintragungsantrag stellt, da dann der Rechtserwerb durch den Veräußerer nicht mehr verhindert werden kann.[2] Stellt der Notar in Ausübung der Vollmachtvermutung des § 15 GBO den Eintragungsantrags beim Grundbuchamt, ist regelmäßig davon auszugehen, dass er den Antrag auch im Namen des Erwerbers stellt.[3]

- Zum wirksamen Rechtserwerb darf nur noch die Grundbucheintragung fehlen, sonstige erforderliche Voraussetzungen müssen erfüllt sein. Dies gilt insbesondere für öffentlich-rechtliche Genehmigungen, die materiellrechtliche Wirksamkeitsvoraussetzungen für den Rechtserwerb sind. § 140 Abs. 2 InsO korrespondiert insoweit wieder mit § 878 BGB, bei welchem auch nur noch die Grundbucheintragung fehlen darf. Im Falle des Eigentumserwerbs am Grundstück ist hinsichtlich der dem Grundbuchamt vorzulegenden Genehmigungen deshalb zu unterscheiden, ob diese materiellrechtlich erforderlich sind (§ 2 Abs. 1 GrdstVG oder § 2 Abs. 1 Nr. 1 GVO) oder lediglich verfahrensrechtlich (§ 28 BauGB oder § 22 GrdEStG). 1504

Liegen diese Voraussetzungen vor, gilt die Rechtshandlung als in den Zeitpunkt beendet, zu welchem der Eintragungsantrags beim Grundbuchamt gestellt wird. Nach diesem Zeitpunkt kann einerseits der Schuldner auf Grund des vom Erwerber erlangten Anwartschaftsrecht dessen Rechtserwerb nicht mehr zerstören, andererseits hat der Erwerber alles zum Rechtserwerb für ihn erforderliche getan, den Zeitpunkt der Grundbucheintragung selbst kann er nicht beeinflussen. Wird eine materiellrechtlich erforderliche Genehmigung erst nach dem Eintragungsantrag erteilt, ist der Zeitpunkt der Wirksamkeit der Genehmigung maßgebend. 1505

§ 140 Abs. 2 InsO verlegt zu Gunsten des Erwerbers und möglichen Anfechtungsgegners den für die Anfechtbarkeit der Rechtshandlung maßgeblichen Zeitpunkt nach vorne. Daneben ist es unerheblich, ob die Grundbucheintragung tatsächlich vor oder nach Insolvenzeröffnung erfolgt und materiellrechtlich § 878 BGB zur Anwendung kommt. § 140 Abs. 2 InsO gilt auch dann, wenn alle Voraussetzungen des Rechtserwerbs vor Insolvenzeröffnung erfüllt sind. Materiellrechtlich tritt die 1506

[1] Staudinger/*Gursky*, BGB (2000), § 878 Rdn. 40 ff.; Palandt/*Bassenge*, BGB, § 873 Rdn. 14; *Böttcher* in: *Meikel*, GBO, Anhang zu den §§ 19, 20 Rdn. 80 m. w. N.; *Schöner/Stöber*, Rdn. 117.

[2] Begründung des Regierungsentwurfs BT-Drucks. 12/2443, S. 166; BGHZ 45, 186, 188; BGHZ 49, 197; BGHZ 83, 395, 399; BGHZ 106, 108; Staudinger/*Pfeifer*, BGB (2004), § 925 Rdn. 120 ff.; *Kanzleiter* in: MüKo-BGB, § 925 Rdn. 32; Palandt/*Bassenge*, BGB, § 925 Rdn. 23 ff.; *Schöner/Stöber*, Rdn. 3318 m. w. N.; kritisch *Wacke* in: MüKo-BGB, § 873 Rdn. 43 und § 952 Rdn. 32.

[3] *Böttcher* in: *Meikel*, GBO, § 15 Rdn. 18; *Demharter*, GBO, § 15 Rdn. 11.

Rechtsänderung freilich erst mit Grundbucheintragung ein. Für den Erwerber führt die Anwendung des § 140 Abs. 2 InsO nicht unmittelbar dazu, dass ein Rechtserwerb unanfechtbar wäre. Auch unter Anwendung des § 140 Abs. 2 InsO kann die Rechtshandlung noch in den anfechtbaren Zeitraum der §§ 130 oder 131 InsO fallen; je früher aber die Rechtshandlung anfechtungsrechtlich als vorgenommen gilt, desto höher ist die Chance, dass dies nicht der Fall ist.

1507 **Beispiel 6:** Der Schuldner einigt sich am 3. Januar mit dem Gläubiger über die Bestellung einer Buchgrundschuld zur Sicherung einer bestehenden Forderung, er händigt ihm am gleichen Tag eine Eintragungsbewilligung zur Eintragung in das Grundbuch aus. Am 5. Januar stellt der Gläubiger Eintragungsantrag beim Grundbuchamt. Am 7. April wird über das Vermögen des Schuldners auf dessen Antrag vom selben Tag das Insolvenzverfahren eröffnet. Das Grundbuchamt trägt am 9. April die Grundschuld in das Grundbuch ein. Liegt in der Grundschuldbestellung eine anfechtbare Rechtshandlung des Schuldners, zu welchem Zeitpunkt gilt sie als vorgenommen?

Fallabwandlung: Wie ist die Rechtslage, wenn der Gläubiger erst am 8. Januar den Eintragungsantrag stellt?

Man kann zunächst fragen, ob der Gläubiger die Grundschuld wirksam erworben hat. Einigung und Eintragung nach §§ 1191, 1113, 1116, 873 BGB liegen vor. Die Eintragung erfolgte nach Insolvenzeröffnung, damit fehlte dem Grundstückseigentümer zu diesem Zeitpunkt die Verfügungsbefugnis (§ 80 Abs. 1 InsO). Der Rechtserwerb ist aber über § 878 BGB wirksam, Bindung an die Einigung erfolgte über § 873 Abs. 2 vierte Alternative BGB, die Antragstellung war vor Insolvenzeröffnung. Der Gläubiger hat die Grundschuld wirksam erworben. Fraglich ist nun, ob diese Rechtshandlung angefochten werden kann. Die Bestellung eines Grundpfandrechts ist als Verfügungsgeschäft eine anfechtbare Rechtshandlung im Sinne des § 129 Abs. 1 InsO. Unter den Voraussetzungen des § 140 Abs. 2 Satz 1 InsO gilt sie im Zeitpunkt der Antragstellung beim Grundbuchamt als beendet. Die Voraussetzungen dieser Vorschrift liegen vor. Zu Gunsten des Gläubigers gilt die Rechtshandlung am 5. Januar als beendet. Dieser Zeitpunkt liegt nicht mehr innerhalb der letzten drei Monate vor dem Insolvenzantrag, eine mögliche Anfechtung nach § 130 Abs. 1 InsO scheidet deshalb aus.

In der Fallabwandlung gilt die Rechtshandlung auch unter Anwendung des § 140 Abs. 2 InsO am 8. Januar als vollendet. Hier kann eine Anfechtung nach § 130 Abs. 1 Nr. 1 InsO aber in Betracht kommen wenn die besonderen Voraussetzungen des Anfechtungstatbestandes vorliegen.

1508 Die Regelung des § 140 Abs. 2 Satz 2 InsO verlegt den für die Vornahme der Rechtshandlung maßgeblichen Zeitpunkt auf denjenigen des Antrags auf Eintragung einer Vormerkung vor, wenn für diesen die Voraussetzungen des 140 Abs. 2 Satz 1 InsO vorliegen, wenn der Anspruch auf die anzufechtende Verfügung durch Vormerkung gesichert war.[1] Die Vorschrift soll klarstellende Funktion haben, ist aber eigentlich nicht erforderlich. War beispielsweise der Anspruch des Erwerbers auf Eigentumsübertragung durch eine Auflassungsvormerkung gesichert, soll sein Eigentumserwerb als anfechtbare Rechtshandlung nicht mit dem Zeitpunkt des Antrags auf Eigentumsumschreibung

---

[1] *Kirchhof* in: MüKo-InsO, § 140 Rdn. 46 ff.; *Kreft* in: HK-InsO, § 140 Rdn. 12.

sondern bereits mit dem Zeitpunkt des Antrags auf Eintragung der Vormerkung als vorgenommen anzusehen sein. Durch § 140 Abs. 2 Satz 2 InsO wird die Sicherungswirkung der Vormerkung herausgestellt, die eigentliche Verfügung wird zeitlich auf die Vormerkung vorverlagert. Würde man aber systematisch zutreffend den Eigentumserwerb und die Bestellung der Vormerkung als jeweils eigenständige Verfügung betrachten, wäre das Ergebnis das Gleiche. Es könnte dann zwar auch unter Berücksichtigung des § 140 Abs. 2 Satz 1 InsO der Eigentumserwerb vielleicht noch anfechtbar sein, soweit aber die Bestellung der Vormerkung auch unter Berücksichtigung des § 140 Abs. 2 Satz 1 InsO nicht mehr angefochten werden kann, hat der Insolvenzverwalter wegen § 106 InsO den gesicherten Anspruch zu erfüllen. Eine denkbare Anfechtung des bereits erfolgten Eigentumserwerbs wäre dann sinnlos.

cc) Der maßgebliche Zeitpunkt bei bedingten Rechtshandlungen nach § 140 Abs. 3 InsO

Treten die Wirkungen der anfechtbaren Rechtshandlung mit Eintritt 1509
einer aufschiebenden Bedingung ein, oder treten sie mit Eintritt der auflösenden Bedingung mit Wirkung einer Gläubigerbenachteiligung außer Kraft, gilt § 140 Abs. 3 InsO als Sonderregelung. Ähnlich wie in der Anwendung des § 91 Abs. 1 InsO sollen auch für die zeitliche Bestimmung der Vornahme einer Rechtshandlung Bedingungen oder Befristungen außer Betracht bleiben.[1] Die Rechtshandlung gilt bereits dann als vorgenommen, wenn ihre Wirksamkeit ohne Berücksichtigung des Bedingungseintritts eingetreten ist.

Der Bundesgerichtshof neigt mit der Anwendung des § 140 Abs. 3 1510
InsO zu Gunsten des Anfechtungsgegners großzügig zu verfahren.[2] Vor allem im Hinblick auf die mögliche Unzulässigkeit einer Aufrechnung bei einer anfechtbar erworbenen Aufrechnungslage nach § 96 Abs. 1 Nr. 3 InsO erscheint eine weite Anwendung des § 140 Abs. 3 InsO auch sinnvoll. So soll etwa für den Anspruch eines Mieters gegen den Vermieter auf Rückzahlung von Betriebskostenvorauszahlungen nicht der Ablauf des Abrechnungsjahres oder der Zugang der entsprechenden Nebenkostenabrechnung[3] sondern bereits der Abschluss des Mietvertrages als maßgeblicher Zeitpunkt für die Rechtshandlung, durch welche eine Aufrechnung begründet wird, anzusehen sein.[4] Der Anspruch eines Handelsvertreters auf seine Provision entsteht ebenfalls bereits mit Abschluss des Vertrages, die Ausführung des vermittelten Geschäfts (§ 87a Abs. 1 Satz 1 HGB), durch welche der Anspruch letztlich ver-

---

[1] *Kirchhof* in: MüKo-InsO, § 140 Rdn. 50; *Kreft* in: HK-InsO, § 140 Rdn. 13.

[2] Zu Einzelfällen *Fischer*, ZIP 2004, 1679.

[3] BGHZ 113, 188; dazu *Weitemeyer* in: *Emmerich/Sonnenschein*, Miete, § 556 Rdn. 74ff.

[4] BGH NZI 2005, 164 m. Anm. *Gundlach/Schmidt*.

dient wird, ist lediglich aufschiebende Bedingung[1] und nach § 140 Abs. 3 InsO als solche unbeachtlich.[2] Der Werklohnanspruch des Bauunternehmers entsteht dagegen bereits mit Abschluss des Vertrages und wird mit Abnahme des Werkes fällig (§§ 631, 641 BGB). Die Möglichkeit der Aufrechnung gegen eine solche Forderung entsteht aber erst dann, wenn der Unternehmer eine Leistung erbringt, wofür die Vergütung geschuldet wird. Erst zu diesem Zeitpunkt entsteht die Aufrechnungslage, es gilt § 140 Abs. 1 InsO.[3]

dd) Die Beendigung einer Rechtshandlung nach Insolvenzeröffnung nach § 147 InsO

1511 Die Regelung des § 129 Abs. 1 InsO geht davon aus, dass die anfechtbare Rechtshandlung vor Insolvenzeröffnung vorgenommen wird, auch § 140 InsO liegt dieser Annahme zu Grunde. Eine Rechtshandlung des Schuldners nach Insolvenzeröffnung muss wegen der nach § 80 Abs. 1 InsO eintretenden Verfügungsentziehung grundsätzlich auch nicht angefochten werden, sie ist aus sich heraus unwirksam (§ 81 Abs. 1 Satz 1 InsO).

1512 Unter den Voraussetzungen des § 81 Abs. 1 Satz 2 oder des § 91 Abs. 2 InsO kann ein Rechtserwerb in Anwendung des § 892 oder des § 878 BGB auch nach Insolvenzeröffnung wirksam sein. Diese Fälle will § 147 InsO erfassen. Danach schützt die materiellrechtliche Wirksamkeit eines Rechtserwerbs über § 892 BGB nicht vor der möglichen Anfechtbarkeit desselben.[4] Da in diesen Fällen die anfechtbare Rechtshandlung auch bei Berücksichtigung des § 140 Abs. 2 InsO gegebenenfalls erst nach Insolvenzeröffnung wirksam wird, sind die Fristen der §§ 130 oder 131 InsO unbeachtlich.[5] Die weiteren sachlichen Voraussetzungen der Anfechtung, insbesondere in den Fällen des § 130 die Kenntnis des Anfechtungsgegners von einer Zahlungseinstellung oder vom Insolvenzantrag, werden durch § 147 InsO nicht suspendiert.

1513 **Beispiel 7:** Über das Vermögen des Schuldners wird mit Beschluss vom 2. Januar das Insolvenzverfahren eröffnet. Einen Tag später veräußert er ein zur Insolvenzmasse gehörendes Grundstück und erklärt zusammen mit dem Erwerber die Auflassung. Der Antrag auf Eigentumsumschreibung wird beim Grundbuchamt unter Vorlage aller erforderlichen Urkunden und Genehmigungen vom Erwerber am 4. Januar gestellt, am 5. Januar erlangt der Erwerber Kenntnis von der Insolvenzeröffnung. Das Grundbuchamt trägt am 6. Januar den Eigentumswechsel in das Grundbuch ein. Der Insolvenzverwalter verlangt vom Erwerber Herausgabe des Grundstücks.

---

[1] BGHZ 103, 362, 367; BGH ZIP 2004, 1608.
[2] BGH ZIP 2004, 1558.
[3] BGHZ 145, 245, 253; BGHZ 147, 28, 35.
[4] *Kirchhof* in: MüKo-InsO, § 147 Rdn. 1; *Kreft* in: HK-InsO, § 147 Rdn. 2; Jaeger/*Henckel*, KO, § 42 Rdn. 3.
[5] *Kirchhof* in: MüKo-InsO, § 147 Rdn. 14; *Kreft* in: HK-InsO, § 147 Rdn. 6.

Obwohl die Eintragung des Eigentumswechsels in das Grundbuch (§ 873 Abs. 1 BGB) erst nach Insolvenzeröffnung erfolgt ist, ist der Rechtserwerb in Anwendung des § 892 Abs. 1 Satz 2 BGB mit § 81 Abs. 1 Satz 2 InsO materiellrechtlich wirksam. Diese Wirksamkeit bedeutet aber nicht, dass der Rechtserwerb auch anfechtungsfest sein muss. Die Eigentumsübertragung als Rechtshandlung im Sinne des § 129 Abs. 1 InsO gilt in Anwendung des § 140 Abs. 2 S. 1 InsO am 4. Januar als vorgenommen; die Voraussetzungen der Vorschrift liegen vor. Auch dieser Zeitpunkt liegt nach Insolvenzeröffnung, so dass § 147 InsO Anwendung findet. Für die Anfechtbarkeit der Eigentumsübertragung als kongruente Deckung nach § 130 InsO ist aber ferner die Kenntnis des Erwerbers von der Zahlungsunfähigkeit erforderlich. Im Zeitpunkt der Vornahme der Rechtshandlung lag diese Kenntnis nicht vor.

Im Zusammenspiel von § 147 InsO mit § 140 Abs. 2 InsO und unter 1514 Beachtung des § 878 BGB tritt eine Regelungslücke des Gesetzes zu Tage. Während nämlich § 140 Abs. 2 InsO ausdrücklich den Eintragungsantrags des Erwerbers an das Grundbuchamt verlangt, lässt § 878 BGB auch den Antrag des Veräußerers genügen. In einem solchen Fall kann der über § 878 BGB materiellrechtlich wirksame Rechtserwerb nicht unter § 140 Abs. 2 InsO subsumiert werden, § 147 InsO ist seinem Wortlaut nach aber ebenfalls nicht anwendbar, da er nicht auf § 878 BGB verweist.[1] In berichtigender Auslegung des § 147 InsO wird ein solcher Rechtserwerb gleichwohl als anfechtbar angesehen werden müssen.[2]

Beispiel 8: Der Schuldner veräußert vor Eröffnung des Insolvenzverfahrens 1515 sein Grundstück an den Erwerber, die Auflassung wird zusammen mit dem Kaufvertrag notariell beurkundet. Der Antrag auf Eigentumsumschreibung unter Vorlage aller zum Eigentumserwerb erforderlichen Genehmigungen wird am 5. März allein vom Schuldner beim Grundbuchamt gestellt. Die Grundbucheintragung des Eigentumswechsels erfolgt nach Eröffnung des Insolvenzverfahrens am 15. April.

Der Eigentumserwerb ist auch nach Insolvenzeröffnung in Anwendung des § 878 BGB mit § 91 Abs. 2 InsO wirksam. Für die Anfechtbarkeit dieser Rechtshandlung ist der Zeitpunkt ihrer Vornahme maßgeblich. § 140 Abs. 2 InsO kann nicht greifen, da der Eintragungsantrag beim Grundbuchamt durch den Schuldner und nicht durch den Erwerber gestellt wurde. Die Rechtshandlung gilt damit erst mit Grundbucheintragung als beendet (§ 140 Abs. 1 InsO). Dieser Zeitpunkt war nach Insolvenzeröffnung. Die Rechtshandlung könnte dann nur unter Anwendung des § 147 InsO anfechtbar sein. Diese Vorschrift verweist jedoch nicht auf § 878 BGB. Damit wäre der Eigentumserwerb nicht anfechtbar. Dieses Ergebnis ist nicht vertretbar, denn hätte das Grundbuchamt die Eigentumsumschreibung bereits vor Insolvenzeröffnung vorgenommen, wäre die Anfechtbarkeit unproblematisch gegeben. Es ist aber nicht Sinne des § 878 BGB, den Erwerber vor einer möglichen Anfechtbarkeit zu bewahren; diesem Anliegen dient § 140 Abs. 2 InsO, dessen

---

[1] *Kirchhof* in: MüKo-InsO, § 147 Rdn. 7 ff.; *Kreft* in: HK-InsO, § 147 Rdn. 5.

[2] *Kirchhof* in: MüKo-InsO, § 147 Rdn. 8; *Hirte* in: Uhlenbruck, InsO, § 147 Rdn. 10; *Dauernheim* in: FK-InsO, § 147 Rdn. 2; *Nerlich* in: *Nerlich/Römermann*, InsO, § 147 Rdn. 6, 7, 11; *Jauernig* in: FS Uhlenbruck, S. 3, 14; *Scherer,* ZIP 2002, 345; anders wohl *Raebel,* ZInsO 2002, 955; anders auch *Kreft* in: HK-InsO, § 147 Rdn. 5 (bei § 878 BGB ist auch nur der Antrag des Erwerbers beachtlich).

Voraussetzungen aber nicht erfüllt sind. Die Lösung kann nur in einer berichtigenden Auslegung des § 147 InsO liegen, mit welcher der über § 878 BGB wirksame Rechtserwerb, der nicht zugleich unter § 140 Abs. 2 InsO fällt, für grundsätzlich anfechtbar erklärt werden muss.

2. Die Gläubigerbenachteiligung

a) Die allgemeinen Voraussetzungen der Gläubigerbenachteiligung

aa) Die Gläubigerbenachteiligung als kausale Folge der Rechtshandlung

1516 Zweite allgemeine Voraussetzung der Insolvenzanfechtung ist nach § 129 Abs. 1 InsO die so genannte Gläubigerbenachteiligung. Die Rechtshandlung ist nur dann anfechtbar, wenn durch sie die gleichmäßige Befriedigung der Insolvenzgläubiger negativ beeinträchtigt ist. Dies darf aber nicht in dem Sinne verstanden werden, dass die Insolvenzanfechtung dazu diene, der Insolvenzmasse einen Vermögensvorteil zu verschaffen, den sie sonst nicht hätte.[1] Allgemein liegt eine Gläubigerbenachteiligung vor, wenn sich die Befriedigung der Insolvenzgläubiger ohne die anzufechtende Rechtshandlung wirtschaftlich betrachtet günstiger gestaltet hätte.[2] Die Gläubigerbenachteiligung kann danach im Sinne einer hypothetischen Kausalität[3] beurteilt werden: Hätte die anzufechtende Rechtshandlung nicht stattgefunden, wäre die für die Insolvenzgläubiger nachteilige Veränderung in der Vermögenslage des Schuldners nicht eingetreten. Da somit die Rechtshandlung für die Gläubigerbenachteiligung ursächlich sein muss, ist zu fragen, ob die Gläubigerbenachteiligung auch eingetreten wäre, würde man die anzufechtende Rechtshandlung als solche hinweg denken.[4]

1517 Bei Verfügungs- oder Erfüllungsgeschäften ergibt sich die Gläubigerbenachteiligung zumeist aus der Rechtshandlung selbst. Hätte beispielsweise der Schuldner die Zahlung an einen Insolvenzgläubiger nicht geleistet oder einen zur späteren Insolvenzmasse gehörenden Gegenstand nicht übereignet, stünden der Geldbetrag oder der Gegenstand der gemeinschaftlichen Befriedigung der Gläubiger noch zur Verfügung.[5] Auch hier ist zwischen dem Verpflichtungsgeschäft und dem Erfüllungsgeschäft zu unterscheiden, wird nur das Erfüllungsgeschäft an-

---

[1] BGHZ 97, 87, 96; *Gerhardt/Kreft,* Rdn. 78 ff.

[2] BGHZ 105, 168, 187 (zum Eigenkapitalersatz bei Beteiligung einer Gebietskörperschaft an eine GmbH); BGHZ 124, 76, 78 (zur Teilanfechtung); BGH ZIP 1980, 250; BGH ZIP 1981, 1229; BGH ZIP 1989, 785; BGH ZIP 2003, 1508; *Kirchhof* in: MüKo-InsO, § 129 Rdn. 76 ff.; *Kreft* in: HK-InsO, § 129 Rdn. 36 ff.

[3] BGHZ 86, 349, 354; BGHZ 90, 207, 212; BGHZ 143, 246, 253; BGHZ 104, 355, 357; kritisch zum Begriff *Gerhardt/Kreft,* Rdn. 148 ff.

[4] *Häsemeyer,* Rdn. 21.19.

[5] Umfangreich hierzu *Gerhardt/Kreft,* Rdn. 86 ff.; ferner *Kirchhof* in: MüKo-InsO, § 129 Rdn. 114, 142 ff.; *Hirte* in: *Uhlenbruck,* InsO, § 129 Rdn. 113.

gefochten, ergibt sich die Gläubigerbenachteiligung allein aus der damit verbundenen sachenrechtlichen Verfügung oder Leistung. Ob aus dem zu Grunde liegenden Verpflichtungsgeschäft eine gleichwertige Gegenleistung zur Insolvenzmasse geflossen ist, ist abgesehen von den Fällen des § 142 InsO nicht maßgebend. Da abgesehen von § 39 InsO die Insolvenzgläubiger in keinerlei Rangverhältnis untereinander stehen, beinhaltet die Befriedigung eines einzelnen nicht nachrangigen Insolvenzgläubigers stets eine Gläubigerbenachteiligung.[1] Dies gilt vor allem für die Zahlung von rückständigen Sozialversicherungsbeiträgen und für die Zwangsvollstreckung seitens der Krankenkassen. Werden die Sozialversicherungsbeiträgen einschließlich der Arbeitnehmeranteile im anfechtbaren Zeitraum befriedigt, stellt dies uneingeschränkt eine Gläubigerbenachteiligung dar.[2]

bb) Die Unterscheidung zwischen mittelbarer und unmittelbarer Gläubigerbenachteiligung

Allgemein ist zwischen der so genannten unmittelbaren Gläubigerbe- 1518
nachteiligung und der mittelbaren Gläubigerbenachteiligung zu unterschieden:[3]

- Unmittelbare Gläubigerbenachteiligung liegt vor, wenn die Rechts- 1519
  handlung selbst eine Minderung der Insolvenzmasse bewirkt und dieser keine gleichwertige Gegenleistung zufließt.[4] Sie ist beispielsweise gegeben, wenn der Schuldner Gegenstände zur Sicherung übereignet, deren Wert den Betrag des zusätzlich gewährten Kredits bei weitem übersteigt.[5] Auch die nominell wertausschöpfende Belastung eines Grundstücks kann unmittelbar gläubigerbenachteiligend sein, wenn die Belastungen nicht in voller Höhe valutieren.[6] Bestellt der

---

[1] Zur Benachteiligung bei Befriedigung bevorrechtigte Forderungen untereinander § 61 KO noch BGHZ 114, 315.

[2] BGHZ 149, 100 (noch zu § 10 Abs. 1 Nr. 4 GesO bezüglich der Arbeitnehmeranteile am Sozialversicherungsbeitrag); BGHZ 149, 178; BGHZ 157, 350 (Lohnsteuerabführung); BGH NJW 2001, 967 = ZIP 2001, 80; BGH NJW 2002, 2568; BGH NZI 2003, 542 = ZIP 2003, 1666, dazu EWiR 2004, 197 *(Hölzle)*; BGH ZIP 2004, 862; OLG Hamburg ZIP 2002, 1360; 16. 8. 2005 anders noch OLG Dresden ZIP 2003, 360; zur Lohnsteuer auch OLG Schleswig ZIP 2003, 727, dazu EWiR 2003, 485 *(Hölzle)*; eingehend *Gerhardt/Kreft,* Rdn. 117, 118 ff.; *Röpke/Rothe,* NZI 2004, 430.

[3] *Kirchhof* in: MüKo-InsO, § 129 Rdn. 111 ff.; *Kreft* in: HK-InsO, § 129 Rdn. 39 ff.; *Hirte* in: *Uhlenbruck,* InsO, § 129 Rdn. 124 ff., 127 ff.; Beispiele bei *Frege/Keller/Riedel,* Rdn. 1414, 1415.

[4] BGHZ 128, 184, 187, 190; BGHZ 154, 190, 195; BGH ZIP 1999, 146; *Kirchhof* in: MüKo-InsO, § 129 Rdn. 112 ff.; *Gerhardt/Kreft,* Rdn. 86 ff.

[5] BGH WM 1964, 1166; *Kreft* in: HK-InsO, § 129 Rdn. 41; *Gerhardt/Kreft,* Rdn. 91.

[6] BGH WM 1959, 888; BGH ZIP 1981, 31; BGH ZIP 1985, 372, dazu EWiR 1985, 245 *(Gerhardt)*; BGH NZI 1999, 114 = ZIP 1999, 196, dazu EWiR 1999, 673 *(Holzer)*; *Kreft* in: HK-InsO, § 129 Rdn. 41; *Gerhardt/Kreft,* Rdn. 98; zur wirtschaftlich wertlosen so genannten „Schornsteinhypothek“ OLG Hamburg ZIP 2001, 1332.

Schuldner aber zur Sicherung eines Darlehens eine Sicherungshypothek an einem Grundstück, soll der ihm zur Verfügung gestellte Darlehensbetrag eine Gläubigerbenachteiligung durch die Hypothekenbestellung ausschließen. Unmaßgeblich sei dabei, dass Bargeld durch den Schuldner leichter verschleudert werden kann als das mit der Sicherungshypothek für einen einzelnen Gläubiger belastete Grundstück.[1] Das Gesetz fordert die unmittelbare Gläubigerbenachteiligung nur in den Fällen der §§ 132 und 133 Abs. 2 InsO. Die anfechtbar Rechtshandlung muss im Falle des § 132 InsO zudem in einem Rechtsgeschäft des Schuldners bestehen, im Falle des § 133 Abs. 2 InsO in einem entgeltlichen Vertrag. Die anzufechtende Rechtshandlung besteht dann regelmäßig in einem Verpflichtungsgeschäft.

1520 – Mittelbare Gläubigerbenachteiligung liegt vor, wenn die anzufechtende Rechtshandlung allein noch keine Gläubigerbenachteiligung beinhaltet, ein weiterer Tatbestand aber zu diesem Umstand führt. Hier kann ursprünglich eine angemessene Gegenleistung zur Insolvenzmasse geflossen sein, in dieser aber nicht mehr vorhanden sein. Im einfachsten Beispiel liegt mittelbare Gläubigerbenachteiligung vor, wenn der Schuldner an den Gläubiger leistet, weil dieser dem Schuldner ein Darlehen gewährt hatte, dieser Darlehensbetrag nun aber in der Insolvenzmasse nicht mehr verfügbar ist. Gleiches gilt für einen gezahlten angemessenen Kaufpreis als Gegenleistung für die anzufechtende Erfüllungshandlung des Schuldners.[2] In den Fällen, in denen das Gesetz keine unmittelbare Gläubigerbenachteiligung fordert, genügt die mittelbare Gläubigerbenachteiligung als Anfechtungsvoraussetzung.[3]

1521 Die Beurteilung einer regelmäßig genügenden mittelbaren Gläubigerbenachteiligung bereitet wenig Probleme. Es kann eine Gläubigerbenachteiligung unproblematisch bei reinen Verfügungs- oder Erfüllungshandlungen, insbesondere Zahlungen seitens des Schuldners oder sonstiger Leistung aus der Insolvenzmasse bejaht werden. Auch die Sicherung eines Gläubigers durch Zwangsvollstreckung (§ 141 InsO) stellt eine Gläubigerbenachteiligung dar, da mit dieser Sicherung der Gläubiger ein Absonderungsrecht nach § 50 Abs. 1 InsO erhalten hat, das ihm sonst nicht zusteht. Gleiches gilt für die Gewährung sonstiger Absonderungsrechte des Schuldners an einzelne Gläubiger, insbesondere wenn diese ursprünglich keinen Anspruch hierauf hatten.[4]

---

[1] BGH WM 1955, 404; *Gerhardt/Kreft,* Rdn. 91; umfassend *Kirchhof* in: MüKo-InsO, § 129 Rdn. 150 ff.

[2] BGHZ 123, 320, 325; eingehend sowie differenzierend zur Benachteiligung bei Erfüllungshandlungen des Schuldners *Kirchhof* in: MüKo-InsO, § 129 Rdn. 142 ff.

[3] BGHZ 147, 233, 238.

[4] Zur Befriedigung von Absonderungsrechten umfassend *Kirchhof* in: MüKo-InsO, § 129 Rdn. 152 ff.; *Gerhardt/Kreft,* Rdn. 121 ff.

Umgekehrt wird eine Gläubigerbenachteiligung verneint, wenn die gemeinschaftliche Befriedigung der Gläubiger nicht beeinträchtigt oder nur unwesentlich erschwert wird. Werden beispielsweise Sachen weggegeben, die im Eigentum eines Dritten stehen und an denen diese ein Aussonderungsrecht hat, liegt keine Gläubigerbenachteiligung vor.[1] Auch die Weggabe völlig wertloser oder unpfändbarer Gegenstände oder Vermögenswerte stellt keine Gläubigerbenachteiligung dar.[2]

b) Das Bargeschäft nach § 142 InsO

aa) Die Voraussetzungen des anfechtungsfesten Bargeschäfts

Eine Gläubigerbenachteiligung ist ausgeschlossen, wenn ein so genanntes Bargeschäft vorliegt (§ 142 InsO). Die Insolvenzordnung übernimmt mit dieser Regelung die Rechtsprechung des Bundesgerichtshofs, die schon zur Konkursanfechtung eine Gläubigerbenachteiligung beim so genannten Bargeschäft verneinte.[3] Der Beurteilung der Gläubigerbenachteiligung beim Bargeschäft liegt eine wirtschaftliche Betrachtungsweise zu Grunde: Fließt im Gegenzug zur Leistung des Schuldners unmittelbar eine gleichwertige Gegenleistung in sein Vermögen, soll keine Gläubigerbenachteiligung vorliegen. Diese gilt gerade auch bei Verfügungsgeschäften des Schuldners als anfechtbare Rechtshandlungen. Die Regelung des § 142 InsO geht von der Überlegung aus, dass der Schuldner, der sich in der Krise befindet, praktisch vom Geschäftsverkehr ausgeschlossen wäre, wenn sogar wirtschaftlich gleichwertige Bargeschäfte der Anfechtung unterlägen.[4] 1522

Die Leistung des Schuldners und die Gegenleistung des Vertragspartners können aus einem beliebigen gegenseitigen Vertrag herrühren, auch ein Dienst- oder Geschäftsbesorgungsvertrag kann in Betracht kommen.[5] Als Bargeschäft im Sinne des § 142 InsO kann insbesondere die Beratungstätigkeit eines Anwalts zur Sanierung eines in der Krise befindlichen Unternehmens angesehen werden.[6] Es muss allgemein die Leistung des Schuldners mit der Gegenleistung des 1523

[1] BGH NZI 2000, 422 = ZIP 2000, 1061; *Gerhardt/Kreft,* Rdn. 120.

[2] *Kreft* in: HK-InsO, § 129 Rdn. 49 ff.

[3] Begründung des Regierungsentwurfs BT-Drucks. 12/2443, S. 167; BGHZ 123, 320, 323; BGH WM 1977, 254, 255; BGH NJW 1980, 1961; BGH WM 1984,1430; mit Hinweis auf reichsgerichtliche Rechtsprechung *Kirchhof* in: MüKo-InsO, § 142 Rdn. 2 Fn. 3; Jaeger/*Henckel,* KO, § 30 Rdn. 110; *Kuhn/Uhlenbruck,* KO, § 30 Rdn. 23 ff.

[4] BGHZ 123, 320, 323; *Kreft* in: HK-InsO, § 142 Rdn. 2.

[5] BGHZ 28, 344 und BGHZ 77, 250 (Stellung eines Vergleichsantrags); BGHZ 70, 177, 186; BGH ZIP 1988, 324.

[6] BGH NJW 2002, 3252; OLG Köln ZIP 2001, 251; *Frege/Keller/Riedel,* Rdn. 1412 ff.; *Lwowski/Wunderlich* in: FS Kirchhof, S. 301, 311; *Meyer,* DZWIR 2003, 6.

Vertragspartners verknüpft sein, ein gegenseitiger Vertrag im Sinne des § 320 BGB muss nicht vorliegen.[1] Zwischen der Leistung des Schuldners und der zu seinem Vermögen erbrachten Gegenleistung muss ein enger zeitlicher Zusammenhang bestehen.[2] Es muss zwar kein sofortiger Leistungsaustausch vorliegen, zwischen der Leistung des Schuldners und der Gegenleistung darf aber keine allzu große Zeitspanne liegen.[3] Ein Bargeschäft liegt nämlich nur dann vor, wenn es nach dem Parteiwillen, der Verkehrsanschauung unter tatsächlichen Abwicklung als einheitliches Geschäft angesehen werden kann. Für die Abwicklung eines Kaufvertrages können je nach dessen Umfang zwei Wochen angemessen sein. Auch für die Vergütung eines Rechtsanwalts im Rahmen seiner Geschäftsbesorgung sollen bis zu drei Wochen tolerabel sein, eine Zeitspanne von zwei Monaten ist dagegen zu lang.[4]

1524 Die Gegenleistung, die dem Vermögen des Schuldners zufließt, muss gegenüber seiner erbrachten Leistung gleichwertig sein.[5] Auch hier sollen keine überspitzten Anforderungen gestellt werden, leistet etwa der Schuldner ein Grundpfandrecht an den Gläubiger und erhält er hierfür ein Darlehen, liegt eine gleichwertige Gegenleistung vor, auch wenn der Geldbetrag leicht aufgebraucht werden kann.[6] Die Inanspruchnahme eines zugesagten Kredits fällt aber dann nicht unter § 142 InsO und benachteiligt deshalb die Insolvenzgläubiger, wenn der Schuldner hiermit nur einen einzelnen späteren Insolvenzgläubiger befriedigt und nach Insolvenzeröffnung sein Vermögen nicht ausreicht, um die übrigen Insolvenzgläubiger zu befriedigen.[7] An einer gleichwertigen Gegenleistung fehlt es auch dann, wenn ein Berater von vornherein keine sachgerechten Leistungen erbringt, wenn beispielsweise keine ernsthafte Sanierungsberatung erfolgt oder Sanierungsbemühungen a priori aussichtslos sind.[8]

1525 Liegen die Voraussetzungen des § 142 InsO vor, soll im Umkehrschluss zum Wortlaut der Norm eine Anfechtung nach §§ 130 oder 132 InsO ausgeschlossen sein. Die Anfechtung eines Rechtsgeschäfts des Schuldners nach § 132 InsO scheitert schon daran, dass diese Norm unmittelbare Gläubigerbenachteiligung fordert. Nach dem Wortlaut des

[1] *Kirchhof* in: MüKo-InsO, § 142 Rdn. 5.

[2] *Kirchhof* in: MüKo-InsO, § 142 Rdn. 15.

[3] BGHZ 28, 344, 347; BGH NJW 1980, 1961; BGH ZIP 2003, 493; *Kirchhof* in: MüKo-InsO, § 142 Rdn. 16; Jaeger/*Henckel*, KO, § 30 Rdn. 111.

[4] BGH NJW 2002, 3252 = ZIP 2002, 1540.

[5] *Kirchhof* in: MüKo-InsO, § 142 Rdn. 9; *Kreft* in: HK-InsO, § 142 Rdn. 7; *Hirte* in: *Uhlenbruck*, InsO, § 142 Rdn. 2, 127 ff.; *Paulus* in: *Kübler/Prütting*, InsO, § 142 Rdn. 8.

[6] Begründung des Regierungsentwurfs BT-Drucks. 12/2443, S. 167; *Kirchhof* in: MüKo-InsO, § 142 Rdn. 11.

[7] BGH ZIP 2001, 1248; BGH NZI 2002, 255 = ZIP 2002, 489; *Gerhardt/Kreft*, Rdn. 104.

[8] BGH ZIP 2001, 35.

§ 142 InsO müsste auch eine Anfechtung wegen inkongruenter Deckung nach § 131 InsO ausgeschlossen sein. Der Bundesgerichtshof hatte dagegen festgestellt, dass die Inkongruenz von Leistung und Gegenleistung kein Fall eines Bargeschäfts sein könne.[1] Daher soll die Vorschrift ihrem Zweck nach auch dahin ausgelegt werden, dass eine Anfechtung wegen inkongruenter Deckung nach § 131 InsO nicht ausgeschlossen, also weiterhin möglich sein soll.[2] Eine Anfechtung nach § 133 InsO ist in jedem Fall möglich.[3]

bb) Die Verrechnungen im Kontokorrent als Bargeschäft

Als häufig anzutreffendes Problem der Rechtspraxis hatte sich die 1526
Anfechtbarkeit von Verrechnungen (Aufrechnungen) seitens eines kontoführenden Instituts gegenüber dem Schuldner während seiner Krise ergeben:[4] Die durch Verrechnung von Zahlungseingängen im Debetsaldo des schuldnerischen Kontos erfolgte Aufrechnung seitens der Bank ist grundsätzlich als anfechtbare Rechtshandlung anzusehen. Ob sie als kongruente oder inkongruente Deckung gilt, hängt davon ab, inwieweit die konkrete Aufrechnungslage vereinbart worden war; das allgemeine Pfandrecht der Bank nach Nr. 14 Abs. 1 AGB-Banken (Nr. 21 Abs. 1 AGB-Sparkassen)[5] gibt jedenfalls mangels Konkretisierung keinen Anspruch auf kongruente Deckung.[6] In jedem Fall müsste ein vorsichtig operierendes Bankhaus bei der Kenntnis möglicher Umstände des § 130 Abs. 2 und des § 131 Abs. 2 Satz 1 InsO jegliche Geschäftsbeziehung mit dem Schuldner einstellen, um nicht einer Anfechtung zu unterliegen. Damit wären aber mögliche Sanierungsbemühungen von vornherein zum Scheitern verurteilt.

Der Bundesgerichtshof löst dieses Problem über das Barge- 1527
schäft.[7] Zwar liegt in der Verrechnung eine grundsätzlich anfecht-

---

[1] BGHZ 123, 320, 328; BGHZ 150, 122, 126.

[2] *Kirchhof* in: MüKo-InsO, § 142 Rdn. 7; *Kreft* in: HK-InsO, § 142 Rdn. 7; zweifelnd *Bork* in: FS Kirchhof, S. 57, 62; *de Bra,* NZI 1999, 251; *Eckardt,* ZIP 1999, 1422; anderer Ansicht *Paulus* in: *Kübler/Prütting,* InsO, § 142 Rdn. 2; *Lwowski/Wunderlich* in: FS Kirchhof, S. 301, 304.

[3] *Kirchhof* in: MüKo-InsO, § 142 Rdn. 24; *Kreft* in: HK-InsO, § 142 Rdn. 24; eingehend *Lwowski/Wunderlich* in: FS Kirchhof, S. 301, 317.

[4] *Kirchhof* in: MüKo-InsO, § 142 Rdn. 18; *Kreft* in: HK-InsO, § 142 Rdn. 10; zum Sonderfall der Verrechnung wegen unanfechtbarer Verpfändung eines anderen Kontos BGH NZI 2004, 492 = ZIP 2004, 1509, dazu EWiR 2004, 1043 *(Flitsch)*.

[5] Zur Begründung des Pfandrechts BGHZ 93, 71, 76.

[6] BGHZ 33, 392; BGHZ 150, 122; BGH ZIP 2004, 620; zur Verrechnung von Zahlungen, die daneben zur Sicherheit abgetreten waren BGH ZIP 2000, 245; zur kongruenten Deckung der Inanspruchnahme einer Bürgschaft nach Nr. 21 Abs. 3 Satz 3 AGB-Sparkassen BGH NZI 2004, 248 = ZIP 2004, 324, dazu EWiR 2004, 867 *(Höpfner)*; *Kirchhof* in: MüKo-InsO, § 131 Rdn. 20; *Kreft* in: HK-InsO, § 131 Rdn. 13; *Hirte* in: *Uhlenbruck,* InsO, § 131 Rdn. 15, 127 ff.; Jaeger/*Henckel,* KO, § 30 Rdn. 220; eingehend *Feuerborn,* ZIP 2002, 290.

[7] BGHZ 150, 122; BGH NZI 2004, 491 = ZIP 2004, 1464; BGH NJW 2001, 1650 = ZIP 2001, 524; BGH WM 1999, 781 = NJW 1999, 3266; *Kreft* in: HK-InsO, § 142 Rdn. 10; *Bork* in: FS Kirchhof, S. 57; *Steinhoff,* ZIP 2000, 1141; *Bruckhoff,*

bare Rechtshandlung im Sinne des § 129 Abs. 1 InsO, soweit aber die Bank dem Schuldner die vereinbarte Kreditlinie offen hält und ihn damit über das debitorische Konto weiter verfügen lässt, liegt hierin eine gleichwertige Gegenleistung im Sinne des § 142 InsO.[1] Dabei soll es nicht darauf ankommen, ob der Schuldner den Kreditrahmen tatsächlich in Anspruch nimmt oder nicht.[2] Maßgeblich soll allein sein, dass der Schuldner über seine Kreditrahmen weiter verfügen kann.[3] Ein Bargeschäft liegt dageggen nicht vor, wenn die Verrechnung dazu dient, eigene Forderungen des Kreditinstituts zu tilgen.[4]

IV. Die einzelnen Anfechtungstatbestände

1. Die Anfechtung von Verfügungsgeschäften wegen kongruenter oder inkongruenter Deckung nach §§ 130 oder 131 InsO

a) Die allgemeine Unterscheidung zwischen kongruenter und inkongruenter Deckung

1528 Die Anfechtungstatbestände der §§ 130 und 131 InsO betreffen so genannte Deckungsgeschäfte, bei welchen einem Insolvenzgläubiger durch eine Rechtshandlung Sicherung oder Befriedigung seines Anspruchs gewährt oder dies ermöglicht wurde. In beiden Fällen erfolgte die Sicherung oder Befriedigung innerhalb der so genannten Krise des Schuldners, die in den einzelnen Tatbeständen der Anfechtung bis zu drei Monate vor dem Insolvenzantrag reicht. Ein Insolvenzgläubiger, der innerhalb dieses Zeitraums Sicherung oder Befriedigung erhält, verletzt damit den Grundsatz der Gleichbehandlung der Gläubiger, wodurch die Insolvenzanfechtung gerechtfertigt ist.

aa) Die den Deckungsgeschäften gemeinsamen Tatbestandsmerkmale

1529 Die anzufechtende Rechtshandlung besteht bei Deckungsgeschäften regelmäßig in einem Verfügungs- oder Erfüllungsgeschäft des Schuld-

---

NJW 2002, 330; *Stiller,* ZInsO 2002, 561; *Kirchhof,* ZInsO 2003, 152; *Rigol/Homann,* ZIP 2003, 15.

[1] In Abgrenzung dazu OLG Stuttgart ZVI 2005, 421; OLG Hamm NZI 2002, 201 = ZIP 2001, 1683, dazu EWiR 2001, 1065 *(Heublein)*; LG Bochum ZIP 2001, 87, dazu EWiR 2001, 485 *(Eckardt)*.

[2] Zu weiteren Einzelfragen BGH NJW 2001, 1651; BGH ZIP 2003, 676; *Obermüller* in: FS Kirchhof, S. 355.

[3] Eingehend BGHZ 150, 122, 129.

[4] BGH NZI 2005, 630.

ners,[1] beispielsweise in der Zahlung auf die Forderung eines Gläubigers jedweder Art, sie kann auch im bargeldlosen Zahlungsverkehr, insbesondere im Lastschrifteinzug bestehen. Auch die Übereignung eines beweglichen oder unbeweglichen Gegenstandes in Erfüllung eines entsprechenden Anspruchs, die Bestellung einer vertragsmäßig vereinbarten oder auch einen weiteren Sicherheit gegenüber einem Gläubiger für dessen Forderung, die Sicherungsübereignung, Sicherungsabtretung oder Verpfändung können unter §§ 130 und 131 InsO fallen. Als Rechtshandlung eines Gläubigers kommt insbesondere die Erklärung der Aufrechnung gegenüber dem Schuldner in Betracht oder zumindest die Herstellung einer Aufrechnungslage. Auch die Geltendmachung und Ausübung eines Absonderungsrechts durch den Gläubiger kann eine anfechtbare Rechtshandlung sein.[2]

Die §§ 130 und 131 InsO betreffen auch Rechtshandlungen, die eine 1530
Befriedigung oder Sicherung eines Gläubigers erst ermöglichen, sie muss also durch die Rechtshandlung selbst noch nicht eingetreten sein. Hier kommen vor allem Prozesshandlungen in Betracht, beispielsweise ein Anerkenntnis des Schuldners (§ 307 ZPO), die Abgabe eines Schuldversprechens (§ 780 BGB), die Errichtung einer notariellen Urkunde mit Zwangsvollstreckungsunterwerfung (§ 794 Abs. 1 Nr. 5 ZPO) oder als Unterlassung die Nichteinlegung eines begründeten Rechtsmittels.[3]

bb) Die Abgrenzung von kongruenter von inkongruenter Deckung

Die Anfechtung einer so genannten kongruenten Deckung erfordert 1531
in den einzelnen Voraussetzungen des § 130 InsO neben der Zahlungsunfähigkeit des Schuldners auch die Kenntnis des Gläubigers als Anfechtungsgegner hiervon. Bei der so genannten inkongruenter Deckung des § 131 InsO wird auf subjektive Tatbestandsvoraussetzungen beim Anfechtungsgegner weitgehend verzichtet. Der Gesetzgeber sieht die inkongruente Deckung als weniger schutzwürdig an als die kongruente Deckung.[4] Es ist in der Rechtspraxis für den Insolvenzverwalter regelmäßig einfacher, eine Rechtshandlung wegen inkongruenter Deckung nach § 131 InsO anzufechten.

Inkongruente Deckung liegt nach § 131 Abs. 1 InsO vor, wenn 1532
der Gläubiger die Sicherung oder Befriedigung nicht, nicht in der

---

[1] Zum Fall der Anfechtung bei Zahlung durch einen Dritten OLG München ZIP 2001, 1924; *Lüke,* ZIP 2001, 1.

[2] *Kirchhof* in: MüKo-InsO, § 130 Rdn. 18; *Kreft* in: HK-InsO, § 130 Rdn. 9; *Gundlach/Frenzel/Schmidt,* NZI 2002, 20; anders (nur § 133 InsO) *Henckel* in: KS, S. 819 Rdn. 17; *Eckardt,* ZIP 1999, 1741.

[3] Begründung des Regierungsentwurfs BT-Drucks. 12/2443, S. 157; *Kreft* in: HK-InsO, § 130 Rdn. 11; *Hirte* in: *Uhlenbruck,* InsO, § 130 Rdn. 9; *Henckel* in: KS, S. 819 Rdn. 23; dazu eingehend *Kirchhof* in: FS Uhlenbruck, S. 269.

[4] Begründung des Regierungsentwurfs BT-Drucks. 12/2443, S. 159; BGH ZIP 1998, 2008, 2011; BGHZ 150, 326, 330; *Kirchhof* in: MüKo-InsO, § 131 Rdn. 3, 9; *Kreft* in: HK-InsO, § 131 Rdn. 3; Jaeger/*Henckel,* KO, § 30 Rdn. 185, 224.

Art oder nicht zu der Zeit, zu der er sie erhalten hat, hätte verlangen können. Die inkongruente Deckung unterscheidet sich in diesen drei möglichen Alternativen von der kongruenten Deckung.[1] Als allgemeine Regel kann der Satz aufgestellt werden, dass kongruente Deckung stets dann vorliegt, wenn der Gläubiger genau hinsichtlich desjenigen Anspruchs gesichert oder befriedigt wurde, den er vom Schuldner verlangen konnte;[2] wenn er gleichsam die Leistung, die er erhält, in dieser Art und Weise gegen den Schuldner auch hätte einklagen können.

1533 Häufigster Fall der inkongruenten Deckung ist derjenige, bei welchen der Gläubiger eine Sicherung oder Befriedigung erhält, die er in dieser Art und Weise nicht zu fordern berechtigt war. Haben beispielsweise der Gläubiger und der Schuldner die Sicherungsübereignung bestimmter Vermögensgegenstände vereinbart und übereignet der Schuldner diese später vereinbarungsgemäß, liegt eine kongruente Sicherung vor. Gleiches gilt für das Entstehen eines gesetzlichen Pfandrechts, insbesondere für das Pfandrecht des Frachtführers aus § 441 HGB.[3] Ein vertraglich eingeräumtes allgemeines Sicherungsrecht stellt dagegen keine kongruente Deckung dar, wenn bei Vereinbarung dieser Abrede die zu sichernde Forderung oder auch der Sicherungsgegenstand noch nicht bestimmt werden können. Dies gilt beispielsweise für das allgemeine Pfandrecht nach Nr. 14 Abs. 1 AGB-Banken[4] oder für die so genannte weite Sicherungsabrede bei einer Grundschuldsicherung.[5] Auch die Unterstellung bisher ungesicherter Forderungen unter eine für eine später begründete bestimmte Verbindlichkeit gestellte Sicherheit ist inkongruent.[6] Erst recht liegt ein Fall inkongruenter Sicherung vor, wenn der Gläubiger auf die gewährte Sicherheit überhaupt keinen Anspruch hatte, sie ihm beispielsweise auf

---

[1] *Kirchhof* in: MüKo-InsO, § 131 Rdn. 8 ff.; *Kreft* in: HK-InsO, § 131 Rdn. 8 ff.; *Hirte* in: *Uhlenbruck*, InsO, § 131 Rdn. 3 ff.; *Gerhardt/Kreft*, Rdn. 326 ff.; grundlegend bereits *Jaeger*, KO, § 30 Anm. 49; *Kuhn/Uhlenbruck*, KO, § 30 Rdn. 45 ff.

[2] BGH ZIP 2003, 356, dazu EWiR 2003, 281 *(Pape)*; *Gerhardt/Kreft*, Rdn. 297, 299.

[3] BGHZ 150, 326, 330; ergänzend BGH NZI 2005, 389 = ZIP 2005, 992; dazu *Leithaus*, NZI 2005, 532; anders OLG Rostock ZIP 2004, 864; *Gerhardt/Kreft*, Rdn. 300; *Didier*, NZI 2003, 513.

[4] BGHZ 33, 392; BGHZ 137, 283 (Pfandrecht für DDR-Altkredite); BGHZ 150, 122; BGH NZI 2004, 248 = ZIP 2004, 324, dazu EWiR 2004, 867 *(Höpfner)*; *Kirchhof* in: MüKo-InsO, § 131 Rdn. 20; *Kreft* in: HK-InsO, § 131 Rdn. 13; *Hirte* in: *Uhlenbruck*, InsO, § 131 Rdn. 15, 127 ff.; Jaeger/*Henckel*, KO, § 30 Rdn. 220.

[5] BGHZ 59, 230; allgemein zur so genannten weiten Sicherungsabrede BGHZ 83, 56; BGHZ 100, 82; BGH NJW 1981, 756; BGH ZIP 1987, 245; *Clemente*, Rdn. 283 ff.

[6] BGH NZI 2001, 465 = ZIP 2001, 1265, dazu EWiR 2002, 75 *(Homann)*; zu Sicherheiten-Pools in diesem Zusammenhang BGHZ 138, 291, 304; zur Abtretung einer inkongruent gewährten Sicherung BGH ZIP 2004, 1060; zur Werthaltigmachung einer bereits abgetretenen Forderung OLG Dresden ZIP 2005, 2167; *Gerhardt/Kreft*, Rdn. 342; *Kuhn/Uhlenbruck*, KO, § 30 Rdn. 52 e.

Drohung mit Zwangsvollstreckung oder Insolvenzantrag hin nachträglich gewährt wurde.[1]

Besteht die anzufechtende Rechtshandlung in der Zahlung seitens des Schuldners, sind für die Beurteilung der Kongruenz sowohl der Zeitpunkt der Zahlung als auch die konkreten Umstände, die den Schuldner zur Zahlung bewegt haben, von Bedeutung. Zahlt der Schuldner (mehr oder weniger freiwillig) an einen Gläubiger, allein um dessen Forderung zu tilgen, liegt kongruente Deckung vor.[2] Befindet sich der Schuldner aber bereits in der so genannten Krise, also in den letzten drei Monate vor dem Insolvenzantrag, und zahlt er an den Gläubiger, um unmittelbar drohende Nachteile, insbesondere eine Zwangsvollstreckung oder gar einen Insolvenzantrag, abzuwenden, spricht dies für eine inkongruente Deckung.[3] Die Zahlung seitens des Schuldners erfolgt dann nämlich nicht mehr zum Zwecke der Schuldbefreiung gegenüber diesem Gläubiger sondern nur, um den unmittelbar drohenden Nachteil abzuwenden; der Gläubiger konnte seine Leistung dann nicht mehr „in dieser Art" im Sinne des § 131 Abs. 1 InsO verlangen. Das gilt insbesondere für die Zahlung des Schuldners an den Gerichtsvollzieher zur Abwendung der unmittelbar drohenden Pfändung.[4] Die Zahlung auf ein Versäumnisurteil des Gläubigers noch vor Zustellung des Urteils begründet dagegen noch keine inkongruente Deckung.[5] 1534

Eine Deckung, die der Gläubiger in dieser Art und Weise nicht zu fordern berechtigt war, ist auch bei einer Leistung an Erfüllungs statt oder erfüllungshalber nach § 364 Abs. 1 oder 2 BGB gegeben. Auch die Zahlung durch Scheck wird als inkongruent angesehen.[6] Die Ermächtigung zum Lastschrifteinzug seitens des Schuldners ist dagegen ein Fall kongruenter Deckung.[7] Gleiches gilt, wenn zwi- 1535

---

[1] BGHZ 34, 254, 258; BGH ZIP 1998, 250; BGH ZIP 2002, 1206; BGH NZI 2005, 671 = ZIP 2005, 2025 (Forderungsabtretung des Schuldners zur Gewährung einer Stundung); BGH ZIP 1997, 426; eingehend *Hirte* in: *Uhlenbruck*, InsO, § 131 Rdn. 15, 20; Jaeger/*Henckel*, KO, § 30 Rdn. 218.

[2] BGH ZIP 2003, 1509; BGH ZIP 2003, 1799; BGH ZIP 2003, 1902; BGH ZIP 2004, 1512; *Kreft* in: HK-InsO, § 131 Rdn. 9 a. E.

[3] Grundlegend zur Zahlung auf Drohung mit Insolvenzantrag BGHZ 157, 242; zur Abwendung der Zwangsvollstreckung BGH ZIP 2002, 1159; BGH NZI 2003, 433 = ZIP 2003, 1304, dazu EWiR 2003, 831 *(Eckardt)*; OLG Karlsruhe ZIP 2002, 1591; zur Abhängigmachung der Erteilung öffentlich-rechtlicher Genehmigungen von Zahlungen OLG Rostock ZIP 2004, 1515, dazu EWiR 2004, 1235 *(Gundlach/Frenzel)*; *Kuhn/Uhlenbruck*, KO, § 30 Rdn. 52 c; anders *Paulus* in: *Kübler/Prütting*, InsO, § 130 Rdn. 24; *Nerlich* in: *Nerlich/Römermann*, InsO, § 131 Rdn. 45.

[4] BGHZ 155, 75; OLG München ZIP 2002, 1542; OLG München ZIP 2003, 131; AG Duisburg ZIP 1999, 668.

[5] OLG Düsseldorf ZIP 2003, 1163.

[6] BGHZ 123, 320, 324; *Kirchhof* in: MüKo-InsO, § 131 Rdn. 32 ff.; *Kreft* in: HK-InsO, § 131 Rdn. 9; Jaeger/*Henckel*, KO, § 30 Rdn. 212; *Kuhn/Uhlenbruck*, KO, § 30 Rdn. 48 c.

[7] BGHZ 70, 177, 183; BGH ZIP 2003, 358; *Kirchhof* in: MüKo-InsO, § 131 Rdn. 35; *Hirte* in: *Uhlenbruck*, InsO, § 131 Rdn. 9; Jaeger/*Henckel*, KO, § 30 Rdn. 209.

schen Gläubiger und Schuldner alternative Zahlungsarten zugelassen waren.[1]

1536 Die Deckung ist auch dann inkongruent, wenn der Gläubiger sie zu einer Zeit erhalten hat, zu welcher der sie nicht hätte erhalten dürfen. Der einfachste Fall besteht hier in der Zahlung auf eine noch nicht fällige Forderung des Gläubigers.[2] Ein Fall inkongruenter Deckung liegt auch dann vor, wenn die Bank eingehende Gutschriften auf einen von ihr nicht gekündigten vertraglich vereinbarten Überziehungskredit verrechnet und sich so zu einer Zeit befriedigt, zu der sie Befriedigung nicht hätte verlangen können.[3]

1537 Einer besonderen Betrachtung bedarf die Befriedigung des Gläubigers durch Aufrechnung oder Herstellung einer Aufrechnungslage (§ 96 Abs. 1 Nr. 3 InsO).[4] Für die Frage kongruenter oder inkongruenter Deckung ist zunächst auf den Zeitpunkt der Herstellung der Aufrechnungslage abzustellen,[5] da die Aufrechnung nach § 389 BGB auf diesen Zeitpunkt zurückwirkt. Hatte der Gläubiger einen vertraglichen Anspruch auf Herstellung der Aufrechnungslage, ist die hieraus resultierende Befriedigung als kongruente Befriedigung anzusehen. Ist die Aufrechnungslage dagegen ohne entsprechende rechtliche Vereinbarung entstanden oder wurde sie vom Gläubiger in Ansehung der künftigen Insolvenz künstlich hergestellt, insbesondere durch Forderungsabtretung, liegt eine inkongruente Deckung vor.[6] Gleiches gilt, wenn der Schuldner dem Gläubiger nach Eintritt der Krise einen Gegenstand verkauft und ihm dadurch die Aufrechnung ermöglicht. Unabhängig von der Kenntnis der Krise des Schuldners geht ein Gläubiger einen solchen Vertrag regelmäßig unter Berücksichtigung der möglichen Aufrechnung ein. Anfechtbare Rechtshandlung ist aber nicht das Verpflichtungsgeschäft im Ganzen sondern nur die mit ihm hergestellte Aufrechnungslage, der Gläubiger kann nach Insolvenzeröffnung wegen § 96 Abs. 1 Nr. 3 InsO nicht mehr aufrechnen.[7]

1538 Zuletzt wird auch die Sicherung oder Befriedigung durch Zwangsvollstreckung als ein Fall inkongruenter Deckung angesehen.[8] Der

---

[1] BGHZ 70, 177, 183.

[2] BGH ZIP 1997, 855; BGH ZIP 1998, 478; BGH NZI 2005, 497 = ZVI 2005, 359 (Banküberweisung fünf Tage vor Fälligkeit); LG Münster NZI 2005, 563; *Kirchhof* in: MüKo-InsO, § 131 Rdn. 40ff.; *Kreft* in: HK-InsO, § 131 Rdn. 10.

[3] BGHZ 138, 40, 47.

[4] Eingehend *Kirchhof* in: MüKo-InsO, § 129 Rdn. 148 und § 131 Rdn. 16ff.; Jaeger/*Henckel*, KO, § 30 Rdn. 267ff.

[5] BGHZ 86, 349; BGHZ 118, 171; BGH NZI 2004, 82 m. Anm. *Gundlach/Schmidt* = ZIP 2003, 2370, dazu EWiR 2004, 241 *(Beutler/Vogel)*; zur Gesamtvollstreckung BGH NZI 2004, 446 = ZIP 2004, 1160; dazu EWiR 2004, 977 *(Eckardt)*.

[6] BGHZ 147, 233, 240; Jaeger/*Henckel*, KO, § 30 Rdn. 274.

[7] BGHZ 147, 233; *Kirchhof* in: MüKo-InsO, § 131 Rdn. 17.

[8] BGHZ 34, 254 (verneint für Vormerkung auf Grund einstweiliger Verfügung für § 648 BGB); BGHZ 128, 196 (Kenntnis des Gläubigers nach § 30 Nr. 2 KO); BGHZ 135, 140 (Pfändung Girokonto); BGH 136, 309 (Anfechtung der Pfändung von Geld auch nach Ablieferung); BGH NZI 2002, 378; allgemein *Kirchhof* in: MüKo-InsO,

Bundesgerichtshof begründet dies anders als das Reichsgericht nicht damit, dass der Gläubiger die Sicherung durch Zwangsvollstreckung vom Schuldner nicht verlangen konnte („nicht in der Art zur beanspruchen"),[1] sondern damit, dass der Gläubiger durch seinen Vollstreckungszugriff die gleichmäßige Befriedigung der Insolvenzgläubiger in einem Zeitpunkt verletzt, zu welchem der Schuldner bereits in der Krise war und dem Gläubiger dies bekannt sein musste, da er letztlich sonst nicht vollstreckt hätte.[2] Im Einzelnen kann jede Vollstreckungsmaßnahme, die dem Gläubiger Sicherung oder Befriedigung gewährt, als inkongruente Deckung anfechtbar sein. Es sind dies beispielsweise die Eintragung einer Vormerkung auf Grund einstweiliger Verfügung (§ 885 Abs. 1 BGB, §§ 935, 938 ZPO),[3] die Pfändung eines beweglichen Gegenstandes, die dem Gläubiger ein Absonderungsrecht nach § 50 Abs. 1 InsO gewährt, das Betreiben der Zwangsversteigerung, das auch in der Rangklasse des § 10 Abs. 1 Nr. 5 ZVG dem Gläubiger ein Absonderungsrecht nach § 49 InsO gewährt (§ 80 Abs. 2 InsO), die Pfändung und Überweisung einer Forderung oder eines sonstigen Vermögensrechts (§§ 828ff., 835, 857ff. ZPO) oder auch die Vornahme einer Vorpfändung nach § 845 ZPO.[4] Anfechtbar ist auch die Befriedigung, die der Gläubiger durch die Zwangsvollstreckung erlangt, auch bei Pfändung von Geld, das nach § 815 ZPO an den Gläubiger abzuliefern ist.[5]

b) Die besonderen Anfechtungsvoraussetzungen des § 130 Abs. 1 InsO

Der Anfechtungstatbestand des § 130 Abs. 1 InsO definiert hinsichtlich seiner einzelnen Tatbestandsvoraussetzungen zwei Zeiträume: 1539

- Nach § 130 Abs. 1 Nr. 1 InsO ist die Rechtshandlung, die innerhalb der letzten drei Monate vor dem Insolvenzantrag vorgenommen worden ist, anfechtbar, wenn der Schuldner zu diesem Zeitpunkt be-

---

§ 131 Rdn. 26ff., § 141 Rdn. 8, 9; *Hirte* in: *Uhlenbruck,* InsO, § 141 Rdn. 6; anders nur *Paulus* in: *Kübler/Prütting,* InsO, § 130 Rdn. 22ff.; *Baur/Stürner,* InsolvenzR, Rdn. 19.37ff.

[1] So die frühere ständige Rechtsprechung nach RGZ 17, 26, 29; RGZ 40, 91, 92; RGZ 55, 321, 322; RGZ 78, 331, 334; RGZ 79, 390, 391; so auch noch BGHZ 34, 254, 256; BGH WM 1984, 1103; BGH WM 1991, 150; BGH WM 1991, 152, 153; BGH WM 1995, 446, 450.

[2] BGHZ 136, 309, 311, 312; Jaeger/*Henckel,* KO, § 30 Rdn. 232.

[3] Verneint für den Anspruch aus § 648 BGB BGHZ 34, 254.

[4] Dazu *Kirchhof* in: MüKo-InsO, § 131 Rdn. 28; Jaeger/*Henckel,* KO, § 30 Rdn. 244.

[5] Grundlegend BGHZ 136, 309; OLG Jena ZIP 2000, 1734; LG Stralsund ZIP 2001, 2058, dazu EWiR 2002, 73 *(Neußner)*; Jaeger/*Henckel,* KO, § 30 Rdn. 242; anders noch Stein/Jonas/*Münzberg,* ZPO (21. Aufl. 1993ff.), § 815 ZPO Rdn. 15 m.w.N. Fn. 34 und 44 (inzwischen aufgegeben, 22. Auflage 2004, ebenda); *Kuhn/Uhlenbruck,* KO, § 30 Rdn. 52c.

reits zahlungsunfähig war und der Gläubiger die Zahlungsunfähigkeit kannte.

- Nach § 130 Abs. 1 Nr. 2 InsO ist die Rechtshandlung, die nach dem Insolvenzantrag vorgenommen worden ist, anfechtbar, wenn der Gläubiger die Zahlungsunfähigkeit des Schuldners kannte oder von dem Insolvenzantrag wusste.

1540 Der so genannte Krisenzeitraum wird durch § 130 Abs. 1 Nr. 1 InsO auf die letzten drei Monate vor dem Insolvenzantrag bestimmt. Eine Rechtshandlung, die bereits vorher im Sinne des § 140 InsO beendet war, ist nicht anfechtbar. Die Insolvenzanfechtung ist im Falle einer kongruenten Deckung stets nur möglich, wenn der Gläubiger von der Krise des Schuldners Kenntnis hatte, insbesondere wenn er von dem Insolvenzantrag wusste. Die Zahlungsunfähigkeit des Schuldners als objektive Voraussetzung ist im Falle des § 130 Abs. 1 Nr. 2 InsO nicht mehr erforderlich, da die Rechtshandlung nach dem Insolvenzantrag vorgenommen und das Insolvenzverfahren auch eröffnet worden ist; der Schuldner muss also zwingend zahlungsunfähig gewesen sein.

aa) Die Zahlungsunfähigkeit des Schuldners und die Kenntnis des Gläubigers

1541 Die Zahlungsunfähigkeit des Schuldners als Tatbestandsvoraussetzung zu § 130 Abs. 1 Nr. 1 InsO muss im Zeitpunkt der Vornahme der Rechtshandlung nach § 140 InsO vorgelegen haben. Ebenso musste der Gläubiger zu diesem Zeitpunkt Kenntnis von der Zahlungsunfähigkeit haben.

1542 Die Tatbestandsmerkmale der Zahlungsunfähigkeit ergeben sich auch für die Insolvenzanfechtung aus § 17 Abs. 2 Satz 1 InsO. Der Zahlungseinstellung als gesetzliche Vermutung der eingetretenen Zahlungsunfähigkeit nach § 17 Abs. 2 Satz 2 InsO kommt dabei besondere praktische Bedeutung zu, weil sie für den Gläubiger erkennbar auch dessen Kenntnis von der Zahlungsunfähigkeit und damit die Anfechtbarkeit einer Rechtshandlung begründet.[1]

1543 Der Gläubiger muss keine genaue Kenntnis über die rechtlichen Zusammenhänge und die Tatbestandsmerkmale der Zahlungsunfähigkeit im Sinne des § 17 InsO haben. Es genügt, wenn er aus den ihm bekannten Tatsachen und dem Verhalten des Schuldners bei natürlicher Betrachtungsweise den zutreffenden Schluss zieht, dass jener wesentliche Teil seiner ernsthaft eingeforderten Verbindlichkeiten im Zeitraum etwa des nächsten Monats nicht wird tilgen können.[2] Diese Kenntnis ist für

---

[1] Zur Terminologie von Zahlungsfähigkeit gegenüber Zahlungseinstellung in § 30 KO Begründung des Regierungsentwurfs BT-Drucks. 12/2443, S. 157; allgemein *Kirchhof* in: MüKo-InsO, § 130 Rdn. 27ff.; *Kreft* in: HK-InsO, § 130 Rdn. 12.

[2] So wörtlich *Kreft* in: HK-InsO, § 130 Rdn. 22 mit Bezug auf BGH NJW 1995, 2103; ebenso *Kirchhof* in: MüKo-InsO, § 130 Rdn. 33.

denjenigen zu vermuten, der die zu Grunde liegenden Tatsachen kennt, an die jedermann mit seiner Verkehrserfahrung verständigerweise die Erwartung knüpft, dass der Schuldner wesentliche Zahlungen so gut wie sicher nicht wird erbringen können.[1] Die Kenntnis des Gläubigers von der Zahlungsunfähigkeit ist auch dann gegeben, wenn er seine Forderung gegenüber dem Schuldner ernsthaft eingefordert hat, diese verhältnismäßig hoch war und der Gläubiger wusste, dass der Schuldner nicht in der Lage war, die Forderung zu erfüllen.[2]

bb) Die Kenntnis des Gläubigers vom Insolvenzantrag

Erfolgte die Rechtshandlung nach dem Insolvenzantrag, muss die 1544
Zahlungsunfähigkeit des Schuldners nicht mehr bewiesen werden, sie war logisch zwingend gegeben. dem Gläubiger schadet neben der Kenntnis von der Zahlungsunfähigkeit des Schuldners aber auch die Kenntnis vom Insolvenzantrag. Es genügt, wenn der Gläubiger wusste, dass ein Antrag bei Gericht eingegangen ist, ob diese zulässig und begründet war, muss der Gläubiger nicht beurteilen.[3] Ein Gläubiger, der gegen den Schuldner selbst Insolvenzantrag gestellt hat und deshalb von seiner Zahlungsunfähigkeit ausgegangen ist, daraufhin aber vom Schuldner befriedigt wurde, konnte auch nicht mehr davon ausgehen, dass der Schuldner mit seiner Zahlung nunmehr wieder volle Zahlungsfähigkeit erlangt habe.[4] Er hatte im Hinblick auf die erlangte Befriedigung zumindest Kenntnis der Zahlungsunfähigkeit.

c) Die besonderen Anfechtungsvoraussetzungen des § 131 Abs. 1 InsO

Der Anfechtungstatbestand des § 131 Abs. 1 InsO gliedert die Krise 1545
des Schuldners anders als § 130 Abs. 1 InsO. Es wird nicht zwischen den letzten drei Monaten vor dem Insolvenzantrag und dem Zeitraum danach unterschieden sondern zwischen dem letzten Monat vor dem Insolvenzantrag und der Zeit danach sowie dem zweiten und dritten Monat vor dem Insolvenzantrag:

- Nach § 131 Abs. 1 Nr. 1 InsO ist eine inkongruente Deckung ohne weitere Voraussetzung anfechtbar, wenn sie innerhalb des letzten Monats vor dem Insolvenzantrag oder nach diesem Zeitpunkt vorgenommen worden ist.

---

[1] So wörtlich *Kreft* in: HK-InsO, § 130 Rdn. 22 mit Bezug auf BGH NJW 1995, 2103; ZIP 2003, 492; ebenso für § 10 Abs. 1 Nr. 4 GesO LG Magdeburg DZWIR 1999, 472.

[2] BGH ZIP 1997, 1927; BGH ZIP 1998, 479; so wörtlich *Kreft* in: HK-InsO, § 130 Rdn. 22.

[3] *Kirchhof* in: MüKo-InsO, § 130 Rdn. 54.

[4] BGHZ 149, 100 (zu § 10 Abs. 1 Nr. 4 GesO); BGHZ 149, 178 (zu § 130 InsO); anders die Vorinstanz OLG Dresden ZIP 2001, 621.

- Nach § 131 Abs. 1 Nr. 2 InsO ist eine inkongruente Deckung innerhalb des zweiten oder dritten Monats vor dem Insolvenzantrag anfechtbar, wenn der Schuldner zu diesem Zeitpunkt zahlungsunfähig war.
- Nach § 131 Abs. 1 Nr. 3 InsO ist eine inkongruente Deckung innerhalb des zweiten oder dritten Monats vor dem Insolvenzantrag anfechtbar, wenn der Gläubiger wusste, dass durch die Rechtshandlung die übrigen Insolvenzgläubiger benachteiligt werden.

1546 Vor allem mit der Regelung des § 131 Abs. 1 Nr. 1 InsO wertet das Gesetz die inkongruente Deckung als weniger schutzwürdig als eine kongruente Deckung. Die Rechtshandlung ist als solche anfechtbar, allein weil sie innerhalb des letzten Monats vor dem Insolvenzantrag oder nach diesem Zeitpunkt vorgenommen worden ist. Die Zahlungsunfähigkeit des Schuldners zu diesem Zeitpunkt wird ebenso wie die Kenntnis des Gläubigers hiervon unwiderleglich vermutet.[1] Der durch die inkongruente Deckung befriedigte oder gesicherte Gläubiger hat damit praktisch keine Möglichkeit, der Insolvenzanfechtung zu entgehen.

1547 Auch der Anfechtungstatbestand des § 131 Abs. 1 Nr. 2 InsO verzichtet auf eine Kenntnis des Gläubigers. Die inkongruente Deckung ist anfechtbar, wenn der Schuldner zum Zeitpunkt der Rechtshandlung bereits zahlungsunfähig war; es gilt § 17 InsO. Der Insolvenzverwalter muss hier lediglich den (rechtzeitigen) Eintritt der Zahlungsunfähigkeit nachweisen.

1548 Allein der Anfechtungstatbestand des § 131 Abs. 1 Nr. 3 InsO setzt eine Kenntnis des Gläubigers voraus. Die eine Insolvenzanfechtung begründende Kenntnis besteht aber nicht in der über die Zahlungsunfähigkeit des Schuldners, dann träfe bereits § 131 Abs. 1 Nr. 2 InsO zu, sondern in der allgemeinen Benachteiligung der Insolvenzgläubiger durch die angefochtene Rechtshandlung. Kenntnis von der Gläubigerbenachteiligung hat der Gläubiger, der weiß, dass der Schuldner wegen seiner finanziellen beengten Lage in absehbarer Zeit nicht mehr in der Lage ist, sämtliche Gläubiger zu befriedigen.[2]

d) Die konkrete Berechnung des für die Rechtshandlung maßgeblichen Zeitraums nach § 139 InsO

1549 Der Dreimonatszeitraum, innerhalb dessen eine kongruente Deckung eines Insolvenzgläubigers anfechtbar ist, berechnet sich nach § 139 InsO. Die Dreimonatsfrist ist nach § 139 Abs. 1 InsO in Anlehnung an § 187 Abs. 1, § 188 Abs. 2 und 3 BGB nach Kalendertagen zu berech-

---

[1] Begründung des Regierungsentwurfs BT-Drucks. 12/2443, S. 158.

[2] BGHZ 147, 233, 241; BGH WM 1959, 471; BGH WM 1961, 1372 (jeweils noch zu so genannten Kenntnis von der Begünstigungsabsicht des Schuldners nach § 30 Nr. 2 KO); *Kreft* in: HK-InsO, § 131 Rdn. 21; *Hirte* in: *Uhlenbruck*, InsO, § 131 Rdn. 40; *Henckel* in: KS, S. 819 Rdn. 40.

nen, nicht etwa nach vollen Monaten.[1] Geht beispielsweise der Insolvenzantrag am 8. März bei Gericht ein, endet der Dreimonatszeitraum des § 130 Abs. 1 Satz 1 InsO am 8. Dezember des Vorjahres, eine am 7. Dezember vorgenommene Rechtshandlung wäre nicht mehr anfechtbar. Die Regelung des § 193 BGB findet keine Anwendung.[2]

Der Insolvenzantrag ist für die Fristberechnung auch dann maß- 1550
gebend, wenn er beim örtlichen unzuständigen Gericht oder sonst fehlerhaft gestellt worden ist.[3] Maßgebend ist allein, dass auf diesen Antrag hin das Insolvenzverfahren eröffnet worden ist.

Bei dem so genannten Krisenzeitraum der §§ 130 und 131 InsO ist 1551
unerheblich, wie lange das Insolvenzeröffnungsverfahren vom Insolvenzantrag bis zur Insolvenzeröffnung gedauert hat, so dass der Gesamtzeitraum auch weit mehr als drei Monate umfassen kann.[4] Anders formuliert, kann ein Gläubiger seines Rechtserwerbs nur dann sicher sein, wenn seit Beendigung der Rechtshandlung innerhalb von drei Monaten kein Insolvenzantrag gestellt worden ist.

In der Rechtspraxis werden gegen einen Schuldner nicht selten meh- 1552
rere Insolvenzanträge gestellt, in diesem Falle gilt § 139 Abs. 2 InsO. Maßgeblich für die Fristberechnung ist der erste zulässige und begründete Antrag, auch wenn das Verfahren auf Grund eines späteren Antrags eröffnet worden ist. Ein solcher Fall ist gegeben, wenn der erste Antragsteller seinen Insolvenzantrag zurücknimmt oder für erledigt erklärt, nachdem bereits ein anderer Gläubiger einen weiteren Insolvenzantrag gestellt hat und das Insolvenzverfahren daraufhin eröffnet wird. Schwer verständlich ist die Regelung des § 139 Abs. 2 Satz 2 InsO: Danach soll ein rechtskräftig abgewiesener Antrag grundsätzlich nicht zu berücksichtigen sein; gemeint ist der Fall der Zurückweisung des Antrags, weil der Gläubiger beispielsweise seine Forderung nicht glaubhaft machen konnte (§ 14 Abs. 1 InsO) oder der Schuldner nicht zahlungsunfähig war. Auch die Antragsrücknahme durch den Gläubiger oder die erledigte Erklärung entsprechend § 91 a ZPO soll dazu führen, dass ein Antrag für die Fristberechnung nicht zu berücksichtigen sei.[5] Zu berücksichtigen ist ein abgewiesener Antrag nur dann, wenn die Abweisung nach § 26 InsO erfolgt ist.

Beispiel 9: Gegen den Schuldner stellt Gläubiger I am 15. Oktober Insolvenzan- 1553
trag, er nimmt seinen Antrag am 23. Oktober zurück, nachdem der Schuldner die Forderung gezahlt hat. Am 25. Oktober stellt Gläubiger II gegen den Schuldner

---

[1] Begründung des Regierungsentwurfs BT-Drucks. 12/2443, S. 163.

[2] *Kirchhof* in: MüKo-InsO, § 139 Rdn. 7 m.w.N.; *Kreft* in: HK-InsO, § 139 Rdn. 7; *Hirte* in: *Uhlenbruck,* InsO, § 139 Rdn. 2; Jaeger/*Henckel,* KO, § 31 Rdn. 39.

[3] BayObLG NZI 2000, 427 = ZIP 2000, 1263; *Kirchhof* in: MüKo-InsO, § 139 Rdn. 9.

[4] BGH NJW 1985, 200, 201; *Kirchhof* in: MüKo-InsO, § 139 Rdn. 8.

[5] Begründung des Regierungsentwurfs BT-Drucks. 12/2443, S. 163; BGHZ 149, 178, 180; BGH NJW 2000, 212; *Kirchhof* in: MüKo-InsO, § 139 Rdn. 9; *Kreft* in: HK-InsO, § 139 Rdn. 12; *Hirte* in: *Uhlenbruck,* InsO, § 139 Rdn. 12.

Insolvenzantrag, die Eröffnung des Insolvenzverfahrens wird durch das Insolvenzgericht mit Beschluss vom 15. November mangels Masse abgewiesen. Am 12. Dezember stellt Gläubiger III Insolvenzantrag und leistet Kostenvorschuss zur Eröffnung des Insolvenzverfahrens. Das Insolvenzverfahren wird mit Beschluss vom 15. Dezember eröffnet. Der Insolvenzverwalter möchte gegenüber Gläubiger I dessen Befriedigung durch den Schuldner anfechten.

Die Zahlung durch den Schuldner an Gläubiger I am 23. Oktober ist eine Rechtshandlung, doch welche die Insolvenzgläubigern benachteiligt werden (§ 129 Abs. 1 InsO). Es liegt mit der Zahlung ein Fall inkongruenter Deckung vor (BGHZ 157, 242). Fraglich ist, innerhalb welchen Zeitraums vor dem maßgeblichen Insolvenzantrag die Zahlung erfolgt ist und welcher Tatbestand des § 131 Abs. 1 InsO greift. Gegen den Schuldner wurden mehrere Insolvenzanträge gestellt, maßgeblich ist nach § 139 Abs. 2 InsO der erste zulässige und begründete Antrag. Der Antrag des Gläubigers I vom 15. Oktober muss aber unberücksichtigt bleiben, wenn der Gläubiger den Antrag als in der Hauptsache für erledigt erklärt hatte, noch bevor ein weiterer Insolvenzantrag anhängig war. Der Antrag des Gläubigers II vom 25. Oktober wäre an sich auch unbeachtlich, da der Insolvenzantrag, auf welchen das Verfahren letztlich eröffnet worden ist (Antrag Gläubiger III vom 12. Dezember), gestellt wurde, nachdem dieser Antrag abgewiesen worden ist. Nach § 139 Abs. 2 Satz 2 InsO soll der Insolvenzantrag, der mangels Masse abgewiesen wird, aber zu berücksichtigen sein. Dem liegt die zutreffende Erwägung zu Grunde, dass der Schuldner auch bereits bei diesem Antrag zahlungsunfähig war und die Insolvenzeröffnung nur mangels ausreichender Masse unterblieben ist. Maßgebender Insolvenzantrag im Sinne des § 139 InsO ist damit der Antrag des Gläubigers II vom 25. Oktober. Die inkongruente Deckung des Gläubigers I vom 23. Oktober fällt damit unproblematisch unter § 131 Abs. 1 Nr. 1 InsO.

1554 Über die Anwendung des § 139 Abs. 2 InsO und damit gegebenenfalls auch über die Zulässigkeit oder Begründetheit einzelner Insolvenzanträge hatte im Falle eines Anfechtungsprozesses das Prozessgericht zu entscheiden. Es wird empfohlen, im Eröffnungsbeschluss nach § 27 InsO auch anzugeben, auf welchen Antrag in das Insolvenzverfahren eröffnet worden ist.[1] Beweiskraft im Sinne einer öffentlichen Urkunde hat diese Angabe im Hinblick auf die Fristberechnung des § 139 InsO aber nicht.

e) Die Beweislastregeln und die Beweislastumkehr bei nahe stehenden Personen

1555 Die Beweislast für die besonderen Anfechtungsvoraussetzungen in den Fällen der §§ 130 und 131 InsO liegt beim Insolvenzverwalter. Er hat insbesondere in den Fällen des § 130 Abs. 1 Nrn. 1 und 2 oder des § 131 Abs. 1 Nr. 3 InsO dem Anfechtungsgegner gegenüber zu beweisen, dass dieser im Zeitpunkt der Vornahme der Rechtshandlung Kenntnis von der Zahlungsunfähigkeit des Schuldners, vom Insolvenzantrag oder von der Gläubigerbenachteiligung hatte.

---

[1] *Frege/Keller/Riedel*, Rdn. 771.

aa) Die Beweiserleichterung bei Kenntnis von Umständen der Zahlungsunfähigkeit

Zu Gunsten des Insolvenzverwalters gilt jedoch eine Beweiserleichterung nach § 130 Abs. 2 oder § 131 Abs. 2 Satz 1 InsO.[1] Danach stets die Kenntnis von Umständen, die zwingend auf Zahlungsunfähigkeit oder den Eröffnungsantrag schließen lassen, der Kenntnis von der Zahlungsunfähigkeit oder den Eröffnungsantrag selbst gleich. Der Gläubiger soll sich mit diesen Regelungen die Kenntnis solcher Tatsachen zurechnen lassen müssen, bei welchen ein vernünftig denkender Beteiligter unproblematisch auf eine Zahlungsunfähigkeit, einen Eröffnungsantrag oder im Falle des § 131 Abs. 2 Satz 1 InsO auf eine Gläubigerbenachteiligung schließen würde. 1556

Eine Kenntnis von Umständen im Sinne des § 130 Abs. 2 InsO ist zu bejahen, wenn sich ein redlich Denkender, der vom Gedanken auf den eigenen Vorteil nicht beeinflusst ist, angesichts der ihm bekannten Tatsachen der Einsicht nicht verschließen konnte, der Schuldner sei zahlungsunfähig.[2] Ob der Gläubiger bei Kenntnis dieser Umstände den rechtlich zwingenden Schluss zieht, ist unerheblich,[3] es ist auf das objektive Verhalten eines vernünftig Handelnden abzustellen, nicht auf das konkrete subjektive Verhalten des Gläubigers. Umstände, die zwingend auf eine Zahlungsunfähigkeit schließen lassen, sind beispielsweise die Nichteinhaltung von Zahlungszusagen, die fehlende Deckung hingegebener Schecks,[4] Lohnrückstände beim Schuldner, Steuerrückstände in nicht unbeträchtlicher Höhe, vermehrte Vollstreckungsmaßnahmen einzelner Gläubiger, insbesondere auch des Fiskus oder Kündigungen gewährter Überziehungskredite oder offener Kreditlinien seitens der Banken. 1557

bb) Die Beweislastumkehr bei nahe stehenden Personen nach § 138 InsO

Ist Anfechtungsgegner eine so genannte nahe stehende Person im Sinne des § 138 InsO, gilt über § 130 Abs. 3 und § 131 Abs. 2 Satz 1 InsO hinsichtlich der objektiven Tatbestandsvoraussetzungen der Anfechtbarkeit eine Beweislastumkehr. Es ist dann Sache des Anfechtungsgegners, im Prozess zu beweisen, dass er keine Kenntnis von der Zahlungsunfähigkeit des Schuldners, vom Eröffnungsantrag oder von der Gläubigerbenachteiligung hatte. Zweifelsohne ist die praktische Möglichkeit eines solchen Negativbeweises gering, dies ist vom Gesetzgeber 1558

---

[1] Begründung des Regierungsentwurfs BT-Drucks. 12/2443, S. 161 ff.; später redaktionell gekürzt, Beschlussempfehlung des Rechtsausschusses, BT-Drucks. 12/7302, S. 173, 174.

[2] So wörtlich *Kreft* in: HK-InsO, § 130 Rdn. 26 mit Bezug auf BGHZ 133, 246, 250.

[3] BGHZ 147, 178, 185; zur Kenntnis der Finanzverwaltung BGH ZIP 2003, 410; BGH ZIP 2004, 669.

[4] BGH ZIP 2002, 228.

aber durchaus gewollt.[1] Die Beweislastumkehr bezieht sich nicht nur auf die sonst erforderliche positive Kenntnis sondern auch auf die Kenntnis von Umständen im Sinne des § 130 Abs. 2 oder § 131 Abs. 2 Satz 1 InsO.[2]

1559 Wer im Einzelfall nahe stehende Person des Schuldners ist, definiert § 138 InsO je nachdem, ob der Schuldner eine natürliche Person oder eine Personengesellschaft oder juristische Person ist:

1560 – Ist der Schuldner eine natürliche Person, sind die in § 138 Abs. 1 Nrn. 1 bis 3 InsO genannten Personen nahe stehend. Bemerkenswert mag dabei die Grenze der Verwandtschaft und Schwägerschaft in Nr. 2 der Vorschrift erscheinen; nahe stehend ist beispielsweise der Ehegatte eines Bruders oder eine Schwester des Ehegatten des Schuldners, sowie Schwiegertöchter oder Schwiegersöhne; nicht nahe stehend sind dagegen Nichten oder Neffen, Onkel oder Tanten. Als nahe stehend im Sinne der Nr. 3 der Vorschrift gelten ohne Zweifel dauerhafte Lebensgefährtinnen und -gefährten; bei einer studentischen Wohngemeinschaft sollte von einer häuslichen Gemeinschaft im Sinne der Vorschrift eher nicht gesprochen werden. Die Ehe (Nr. 1) oder Lebenspartnerschaft (Nr. 1 a) muss im Zeitpunkt der Vornahme der Rechtshandlung noch nicht bestanden haben, sie kann auch später geschlossen worden sein. Bei der häuslichen Gemeinschaft (Nr. 3) gilt dies nicht. In allen Fällen ist auch der frühere Ehegatten, Lebenspartner oder Lebensgefährte nahe stehende Person, wenn die entsprechende Verbindungen im letzten Jahr vor der anzufechtenden Rechtshandlung beendet worden ist.

1561 – Ist der Schuldner eine juristische Person oder eine Personengesellschaft, sind die in § 138 Abs. 2 Nrn. 1 bis 3 InsO genannten Personen nahe stehend. Unproblematisch sind dies die Mitglieder des Vertretungs- oder Aufsichtsorgans und die persönlich haftenden Gesellschafter sowie Kapitaleigner, wenn sie zu mehr als einem Viertel am Kapital Schuldners beteiligt sind (Nr. 1); Kapitaleigner kann auch eine juristische Person sein.[3] Nach Nr. 2 der Vorschrift können auch leitende Angestellte, Unternehmensberater, Steuerberater oder Wirtschaftsprüfer[4] nahe stehende Person sein. Einen besonderen Clou enthält § 138 Abs. 2 Nr. 3 InsO, der hinsichtlich dieser Personen auf Abs. 1 der Vorschrift verweist.[5] Danach ist beispielsweise auch die Schwiegertochter des Mehrheitsgesellschafters einer GmbH dieser Gesellschaft gegenüber nahe stehend (§ 138 Abs. 2 Nr. 3 mit Abs. 2 Nr. 1 und Abs. 1 Nr. 2 InsO).

---

[1] Begründung des Regierungsentwurfs BT-Drucks. 12/2443, S. 161 ff.
[2] *Kreft* in: HK-InsO, § 138 Rdn. 31.
[3] BGHZ 131, 189, 193 (zu § 10 Abs. 1 Nr. 2 GesO); *Kirchhof* in: MüKo-InsO, § 138 Rdn. 26; *Kreft* in: HK-InsO, § 138 Rdn. 13.
[4] Beispiele bei *Kreft* in: HK-InsO, § 138 Rdn. 17.
[5] Treffend hierzu *Kirchhof*, ZInsO 2001, 829: *„Musterbeispiel gesetzgeberischer Verschleierungskunst"*; so auch *Kreft* in: HK-InsO, § 138 Rdn. 19.

Die Regelungen des § 138 InsO zur Definition der nahe stehenden Person sind insgesamt wenig geglückt, zu sehr einzelfallbezogen und erscheinen in den Abgrenzungen willkürlich; sie sind auch lückenhaft. So ist der Fall nicht geregelt, dass der Schuldner eine natürliche Person ist, der Anfechtungsgegner jedoch eine juristische Person oder eine Personengesellschaft, an welcher der Schuldner selbst beteiligt ist,[1] es wäre dies gleichsam der umgekehrte Fall des § 138 Abs. 2 Nr. 3 InsO. 1562

2. Die Anfechtung von unmittelbar benachteiligenden Rechtsgeschäften nach § 132 InsO

Die Anfechtung unmittelbar benachteiligender Rechtsgeschäfte nach § 132 Abs. 1 InsO betrifft primär schuldrechtliche Verträge des Schuldners, aber auch einseitige Rechtsgeschäfte.[2] Anders als die Grundnorm des § 129 InsO verlangt § 132 Abs. 1 InsO als anfechtbare Rechtshandlung ein Rechtsgeschäft des Schuldners, doch welches die Insolvenzgläubiger unmittelbar benachteiligt werden. Anders als in den Fällen der §§ 130 und 131 InsO genügt nicht die durch die Rechtshandlung selbst indizierte (mittelbare) Gläubigerbenachteiligung. Gegenüber der besonderen Insolvenzanfechtung nach den §§ 130 und 131 InsO verhält sich die Insolvenzanfechtung nach § 132 InsO subsidiär.[3] Die Anfechtung eines schuldrechtlichen Vertrages nach § 132 Abs. 1 InsO bewirkt nach § 143 Abs. 1 InsO haftungsrechtlich den Wegfall der aus dem Vertrag für den Gläubiger begründeten Forderung. Eine von ihm bereits erbrachte Gegenleistung ist nach § 144 Abs. 2 InsO zurückzugewähren.[4] 1563

Die weiteren Anfechtungsvoraussetzungen und Anfechtungszeiträume des § 132 Abs. 1 Nrn. 1 und 2 InsO entsprechen wörtlich und inhaltlich denen des § 130 Abs. 1 Nrn. 1 und 2 InsO. die Regelungen zur Beweiserleichterung und Beweislastumkehr des § 130 Abs. 2 und 3 InsO finden über § 132 Abs. 3 InsO entsprechende Anwendung. 1564

§ 132 Abs. 2 InsO enthält einen Auffangtatbestand für Rechtshandlungen, die in erster Linie in einem Unterlassen nach § 129 Abs. 2 InsO bestehen.[5] Ein solcher Fall kann gegeben sein, wenn es der Schuldner 1565

---

[1] Zu solchen Fällen BGHZ 96, 352, 358; BGHZ 128, 184, 186; *Kirchhof* in: MüKo-InsO, § 138 Rdn. 4, 8; *Kreft* in: HK-InsO, § 138 Rdn. 5 m.w.N.; *Kirchhof,* ZInsO 2001, 829.

[2] Begründung des Regierungsentwurfs BT-Drucks. 12/2443, S. 159; *Kirchhof* in: MüKo-InsO, § 132 Rdn. 9; *Kreft* in: HK-InsO, § 132 Rdn. 6; *Hirte* in: *Uhlenbruck,* InsO, § 132 Rdn. 5; *Henckel* in: KS, S. 819 Rdn. 43.

[3] BGHZ 142, 284, 286; *Kreft* in: HK-InsO, § 132 Rdn. 6; Jaeger/*Henckel,* KO, § 30 Rdn. 10.

[4] Zur teilweisen Anfechtung und Teilnichtigkeit BGHZ 124, 76.

[5] Begründung des Regierungsentwurfs BT-Drucks. 12/2443, S. 159; *Kirchhof* in: MüKo-InsO, § 132 Rdn. 20; *Kreft* in: HK-InsO, § 132 Rdn. 7; *Hirte* in: *Uhlenbruck,* InsO, § 132 Rdn. 13.

unterlässt, einen erforderlichen Wechselprotest zu erheben, ein zustehendes prozessuales Rechtsmittel einzulegen, einer Willenserklärung nach § 119 BGB anzufechten oder die Einrede der Verjährung gegen eine Forderung des Gläubigers zu erheben.[1] Für die Insolvenzanfechtung nach § 132 Abs. 2 InsO genügt eine mittelbare Gläubigerbenachteiligung.[2]

3. Die Vorsatzanfechtung nach § 133 InsO

1566 Der Anfechtungstatbestands des § 133 InsO entspricht in seinem Kerngedanken der Anfechtung des römischen Insolvenzrechts, der alienatio fraudandi creditorum.[3] Anfechtbar ist hier die Rechtshandlung des Schuldners, wenn er sie mit dem Vorsatz, seine Gläubiger zu benachteiligen, vorgenommen hat.

a) Die allgemeine Vorsatzatzanfechtung nach § 133 Abs. 1 InsO

1567 Allgemein ist eine Rechtshandlung des Schuldners anfechtbar, wenn er sie mit dem so genannten Benachteiligungsvorsatz vorgenommen hat und dem anderen Teil dieser Vorsatz des Schuldners bekannt war (§ 133 Abs. 1 InsO). Der Anfechtungszeitraum beträgt zehn Jahre vor dem Insolvenzantrag oder nach diesem.

1568 Für Rechtshandlung des Schuldners gelten die allgemeinen Maßstäbe des § 129 InsO.[4] Allerdings sind nur Rechtshandlungen des Schuldners selbst anfechtbar, nicht auch Rechtshandlungen eines Gläubigers gegen den Schuldner.[5] Anfechtbar ist insbesondere eine Zahlung des Schuldners, die dieser zur Abwendung unmittelbar drohender Zwangsvollstreckung leistet. Soweit in einem solchen Fall der Anfechtungszeitraum des § 131 Abs. 1 InsO – oder auch bei kongruenter Deckung derjenige des § 130 Abs. 1 InsO – überschritten ist, kann eine Anfechtung über § 133 Abs. 1 InsO in Betracht kommen.[6]

1569 Dagegen ist die Zwangsvollstreckungsmaßnahme eines Gläubigers (§ 141 InsO) einer grundlegenden Entscheidung des Bundesgerichtshofs vom 10. Februar 2005[7] folgend nicht nach § 133 Absatz 1 InsO der

---

[1] Begründung des Regierungsentwurfs BT-Drucks. 12/2443, S. 160.

[2] *Kirchhof* in: MüKo-InsO, § 132 Rdn. 27; *Kreft* in: HK-InsO, § 132 Rdn. 9; *Hirte* in: *Uhlenbruck*, InsO, § 132 Rdn. 14.

[3] Hierzu *Windscheid/Kipp*, Band 2, S. 942 ff.; *Dernburg*, Pandekten, Band 2, S. 390.

[4] *Kirchhof* in: MüKo-InsO, § 133 Rdn. 6; *Kreft* in: HK-InsO, § 133 Rdn. 6; *Paulus* in: *Kübler/Prütting*, InsO, § 133 Rdn. 4.

[5] Zum kollusiven Zusammenwirken BGH WM 1959, 891, 893.

[6] BGHZ 155, 75; BGH NZI 2004, 89 = ZIP 2003, 1900; anders OLG Stuttgart ZIP 2002, 2264.

[7] BGH NZI 2005, 215 (zur Veröffentlichung in BGHZ vorgesehen); dazu *Schoppmeyer*, NZI 2005, 185.

Anfechtung unterworfen.[1] Zum einen liege in der Zwangsvollstreckung keine Rechtshandlung des Schuldners, zum anderen könne der erforderliche Benachteiligungsvorsatz nicht auf den Gläubiger ausgedehnt werden. Die Frage, ob die Zwangsvollstreckung eines Gläubigers im Vergleich mit der Zahlung des Schuldners auf Druck des Gläubigers hin, nicht auch der Anfechtung nach § 133 Abs. 1 InsO unterliege, wird jedoch kontrovers diskutiert.[2] Es wird insbesondere argumentiert, durch einen Ausschluss der Anfechtung nach § 133 Abs. 1 InsO werde der Gläubiger bevorzugt, der gegen den Schuldner sofort die Zwangsvollstreckung betreibt und beispielsweise Teilzahlungen nicht annimmt. Dagegen wendet der Bundesgerichtshof die verschiedenen Zielrichtungen der Anfechtung nach §§ 130 oder 131 InsO und nach § 133 InsO ein. Letzterer setze mit der Rechtshandlung des Schuldners noch ein irgendwie geartetes eigenverantwortliches Handeln des Schuldners voraus, was in den Fällen der §§ 130 oder 131 InsO nicht verlangt wird und im Falle einer Zwangsvollstreckung auch nicht vorliegt. Schließlich würde die Anwendung des § 133 Abs. 1 InsO auf Zwangsvollstreckungsmaßnahmen eines Gläubigers faktisch auf eine Ausweitung der Insolvenzanfechtung nach § 131 InsO auf einen Zeitraum von längstens zehn Jahre vor dem Insolvenzantrag hinauslaufen. Dies sei mit den Zielrichtungen der Anfechtungstatbestände nicht vereinbar. Denn während die §§ 130 oder 131 InsO die Gleichbehandlung der Gläubiger innerhalb der Krise sicherstellen wollen, will § 133 InsO vorsätzliches gläubigerschädigendes Verhalten des Schuldners angreifen.

Der Benachteiligungsvorsatz des Schuldners muss nicht Beweggrund seines Handelns sein, es genügt, wenn der Schuldner die Benachteiligung der Gläubiger als Folge seiner Rechtshandlung billigend in Kauf nimmt.[3] Je nachdem, ob mit der anzufechtenden Rechtshandlung eine kongruente Deckung, eine unmittelbare Gläubigerbenachteiligung oder eine inkongruente Deckung verbunden ist, bestehen für den Benachteiligungsvorsatz des Schuldners unterschiedliche Anforderungen und unterschiedliche Beweisanzeichen.[4] Hat beispielsweise der Schuldner durch seine Rechtshandlung einem Gläubiger kongruente Befriedigung gewährt, war sein Wille regelmäßig darauf gerichtet, die Verbindlichkeit zu erfüllen, insbesondere wenn die Rechtshandlung nicht mehr inner- 1570

[1] So bereits angedeutet in BGHZ 155, 75, 79; BGH NZI 2004, 89 = ZIP 2003, 1900; BGH NJW 2004, 2900; wohl auch Begründung des Regierungsentwurfs BT-Drucks. 12/2443, S. 160.

[2] Für eine Anfechtung dagegen *Kreft*, KTS 2004, 205; *Rendels*, ZIP 2004, 1289.

[3] BGHZ 124, 76, 81; BGHZ 131, 189, 195; BGH WM 1961, 388; BGH ZIP 1985, 1009; BGH ZIP 1991, 808; BGH ZIP 1997, 426; BGH ZIP 2003, 1509; OLG Dresden ZIP 2003, 1052; *Kirchhof* in: MüKo-InsO, § 133 Rdn. 13; *Kreft* in: HK-InsO, § 133 Rdn. 9, 10; *Hirte* in: *Uhlenbruck*, InsO, § 133 Rdn. 12; Jaeger/*Henckel*, KO, § 31 Rdn. 9; so bereits *Dernburg*, Pandekten, Band 2 S. 391 Fn. 5.

[4] BGH ZIP 2004, 1512, dazu EWiR 2005, 85 *(Pape)*; eingehend *Kirchhof* in: MüKo-InsO, § 133 Rdn. 27 ff.; *Kreft* in: HK-InsO, § 133 Rdn. 14 ff.; *Gerhardt/Kreft*, Rdn. 418 ff.

halb des Dreimonatszeitraums des § 130 Abs. 1 Nr. 1 InsO erfolgt ist. an den Beweis eines Benachteiligungsvorsatzes sind dann strengere Maßstäbe anzusetzen.[1]

1571 Der Anfechtungsgegner musste zum Zeitpunkt der Vornahme der Rechtshandlung Kenntnis von dem Benachteiligungsvorsatz des Schuldners gehabt haben. Über § 133 Abs. 1 Satz 2 InsO gilt eine Kenntnisvermutung, wenn der Anfechtungsgegner um die drohende Zahlungsunfähigkeit des Schuldners und eine objektive Gläubigerbenachteiligung wusste. Die Beweislast sowohl hinsichtlich des Benachteiligungsvorsatzes beim Schuldner als auch hinsichtlich der Kenntnis des Anfechtungsgegners liegt beim Insolvenzverwalter.[2]

b) Die Vorsatzanfechtung gegenüber nahe stehenden Personen nach § 133 Abs. 2 InsO

1572 Gegenüber nahe stehende Personen des § 138 InsO begründet § 133 Abs. 2 InsO eine erleichterte Insolvenzanfechtung. Die anzufechtende Rechtshandlung des Schuldners muss hier in einem entgeltlichen Vertrag mit einer nahe stehenden Person bestehen, durch welchen die Insolvenzgläubiger unmittelbar benachteiligt werden. der Begriff des entgeltlichen Vertrages soll dabei weit auszulegen sein, er umfasst auch sachenrechtliche Rechtsgeschäfte.[3]

1573 Mit der Regelung des § 133 Abs. 2 Satz 1 InsO werden der Benachteiligungsvorsatz des Schuldners wie auch die Kenntnis des anderen Teils gesetzlich vermutet. Die Anfechtung ist ausgeschlossen, wenn der Vertrag früher als zwei Jahre vor dem Insolvenzantrag geschlossen worden ist, oder dem anderen Teil der Beachteiligungsvorsatz des Schuldners nicht bekannt war. Die Beweislast liegt beim Anfechtungsgegner, mithin bei der nahe stehenden Person.[4]

1574 Kann die Anfechtung gegen eine nahe stehende Person nach § 133 Abs. 2 InsO nicht erfolgen, beispielsweise weil der Vertrag länger als zwei Jahre vor dem Insolvenzantrag geschlossen worden ist, ist eine Insolvenzanfechtung nach § 133 Abs. 1 InsO möglich.[5] Die Beweislast bezüglich des Benachteiligungsvorsatzes des Schuldners und der Kenntnis des Anfechtungsgegners liegt dann aber beim Insolvenzverwalter.

---

[1] BGHZ 12, 232, 238; BGH ZIP 1998, 263; BGH ZIP 2003, 1509; BGH ZIP 2003, 1800; BGH ZIP 2003, 1902; OLG Dresden ZIP 2003, 1053; *Hirte* in: *Uhlenbruck,* InsO, § 133 Rdn. 18 ff.

[2] BGHZ 129, 236, 240 (zu § 10 Abs. 1 Nr. 2 GesO); BGH ZIP 2003, 1799; BGH NZI 2005, 692; Begründung des Regierungsentwurfs BT-Drucks. 12/2443, S. 160; *Kirchhof* in: MüKo-InsO, § 133 Rdn. 22; *Kreft* in: HK-InsO, § 133 Rdn. 12; *Hirte* in: *Uhlenbruck,* InsO, § 133 Rdn. 29; *Henckel* in: KS, S. 819 Rdn. 50.

[3] *Kreft* in: HK-InsO, § 133 Rdn. 25.

[4] *Kreft* in: HK-InsO, § 133 Rdn. 27.

[5] *Kirchhof* in: MüKo-InsO, § 133 Rdn. 39; *Kreft* in: HK-InsO, § 133 Rdn. 28; *Hirte* in: *Uhlenbruck,* InsO, § 133 Rdn. 40.

4. Die Anfechtung unentgeltlicher Leistungen nach § 134 InsO

Unentgeltliche Leistungen des Schuldners innerhalb der letzten vier Jahre vor dem Insolvenzantrag sind nach § 134 Abs. 1 InsO ohne besondere subjektive Tatbestandsvoraussetzung anfechtbar.[1] Unanfechtbar sind nach § 134 Abs. 2 InsO lediglich Gelegenheitsgeschenke von geringem Wert. Die Angemessenheit des Werts einer solchen Anstandschenkung ist für den jeweiligen Einzelfall zu beurteilen, allgemeinen Grenzen lassen sich nicht aufstellen.[2] **1575**

Als unentgeltliche Leistung im Sinne des § 134 Abs. 1 InsO ist jede Schmälerung des schuldnerischen Vermögens zu verstehen, durch welche die Insolvenzgläubiger unmittelbar oder mittelbar benachteiligt werden.[3] Die anzufechtende Rechtshandlung muss nicht in einer Schenkung im Sinne der §§ 516ff. BGB bestehen. Die Unentgeltlichkeit ist in erster Linie nach objektiven Gesichtspunkten zu beurteilen, wobei den Vertragspartnern ein angemessener Bewertungsspielraum zuzubilligen ist.[4] Eine Schenkungsanfechtung ist aber nicht bereits dann möglich, wenn die vereinbarte Gegenleistung ausgeblieben ist.[5] **1576**

Eine unentgeltliche Leistung im Sinne des § 134 InsO liegt beispielsweise in dem Verzicht des Schuldners auf die Geltendmachung einer Verbindlichkeit,[6] in der Tilgung einer fremden Schuld,[7] in der Abtretung einer wertlosen Forderung,[8] oder in der Einsetzung eine Bezugsberechtigung bei einem Lebensversicherungsvertrag.[9] Bei der Schenkung eines Grundstücks mit der Verpflichtung des Schuldners zur Lastenfreistellung, ist auch diese Teil der unentgeltlichen Leistung.[10] Das so genannte Stehenlassen eines kapitalersetzenden Darlehens nach § 32a GmbHG gegenüber der Gesellschaft kann in der Insolvenz des Gesellschafters auch als unentgeltliche Leistung angesehen werden.[11] Auch die Zahlung der Strafverteidigerhonorars für ein Vorstandsmitglied durch die schuldnerische Gesellschaft kann eine unentgeltliche **1577**

---

[1] BGHZ 41, 298, 301; BGHZ 58, 240, 243; *Kreft* in: HK-InsO, § 134 Rdn. 2.

[2] *Kirchhof* in: MüKo-InsO, § 134 Rdn. 47ff.; *Kreft* in: HK-InsO, § 134 Rdn. 16ff.; *Henckel* in: KS, S. 819 Rdn. 57.

[3] BGHZ 113, 393, 395 (Unanfechtbarkeit des Pflichtteilsverzichts); OLG Hamburg ZIP 2001, 1334; *Kirchhof* in: MüKo-InsO, § 134 Rdn. 43; *Kreft* in: HK-InsO, § 134 Rdn. 6; Jaeger/*Henckel*, KO, § 32 Rdn. 5, 31.

[4] BGHZ 71, 61, 64; BGHZ 113, 98, 101; BGH 113, 393, 395; BGHZ 141, 96; BGH ZIP 1997, 248; BGH ZIP 1998, 838; BGH ZIP 1992, 1092; *Kirchhof* in: MüKo-InsO, § 134 Rdn. 41; *Kreft* in: HK-InsO, § 134 Rdn. 7ff.

[5] BGH NZI 1999, 111 = ZIP 1999, 316.

[6] BGH NJW 1999, 3637 a.E.

[7] BGHZ 41, 298, 302; BGH NZI 2005, 323 m. Anm. *Gundlach/Frenzel.*

[8] BGHZ 113, 98, 103 (Frage der Gläubigerbenachteiligung).

[9] BGHZ 156, 350.

[10] BGHZ 141, 96.

[11] Eingehend *Bork* in: FS Uhlenbruck, S. 279.

Leistung im Sinne des § 134 InsO sein.[1] Selbst die unentgeltliche Überlassung der Arbeitskraft eines Arbeitnehmers kann nach § 134 InsO anfechtbar sein.[2] Die Bestellung einer Sicherheit für eine durch entgeltliche Gegenleistung begründete Verbindlichkeit stellt dagegen keinen Fall des § 134 InsO dar.[3]

5. Die Anfechtung kapitalersetzender Leistungen nach § 135 InsO

a) Der Kapitalersatz des § 32a GmbHG im Insolvenzverfahren

1578 Die Anfechtungstatbestände des § 135 InsO stehen in unmittelbarem Zusammenhang mit dem Recht der kapitalersetzenden Leistungen nach §§ 32a ff. GmbHG[4] sowie mit den Grundsätzen zur Kapitalerhaltung nach §§ 30 und 31 GmbHG. Im System dieses Kapitalersatzrechts kommt der Vorschrift des § 135 InsO eine lediglich ergänzende Funktion zu.[5]

1579 Gewährt ein Gesellschafter seiner GmbH ein Darlehen oder eine sonstige Finanzierungshilfe im Sinne des § 32a Abs. 1 oder 3 GmbHG,[6] ist der Anspruch auf Rückzahlung des Darlehens im Falle der Insolvenz der Gesellschaft eine nachrangige Insolvenzforderung nach § 39 Abs. 1 Nr. 5 InsO.

1580 Das Darlehen oder die ihm wirtschaftlich gleichstehende Leistung müssen im Sinne des § 32a Abs. 1 GmbHG in der so genannten Krise der Gesellschaft gewährt worden sein. Der Begriff der Krise ist hier nicht gleichbedeutend mit jenem nach §§ 130 oder 131 InsO. Als Krise bezeichnet § 32a Abs. 1 GmbHG den Zeitpunkt, zu welchem der Gesellschafter als ordentlicher Kaufmann seiner Gesellschaft Eigenkapital zugeführt hätte.[7] Die GmbH befindet sich insbesondere dann in der Krise, wenn sie allgemein als kreditunwürdig gilt; Kreditunwürdigkeit liegt vor, wenn die Gesellschaft überschuldet oder zahlungsunfähig ist oder wenn sie zur Fortführung notwendigen Kapitalbedarf im gleichen

---

[1] OLG Hamm ZIP 2002, 313.

[2] BGH NZI 2004, 253 = ZIP 2004, 671.

[3] BGHZ 112, 136; bestätigt von BGH NZI 2004, 623 = ZIP 2004, 1819, dazu EWIR 2005, 29 (Holzer).

[4] Zur Rechtsentwicklung *Stodolkowitz* in: MüKo-InsO, § 135 Rdn. 8 ff.; *Hirte* in: *Uhlenbruck,* InsO, § 135 Rdn. 2 ff.; *Hueck/Fastrich* in: *Baumbach/Hueck,* GmbHG, § 32a Rdn. 4 ff.; *Lutter/Hommelhoff,* GmbHG, § 32a/b Rdn. 6 ff.; *K. Schmidt,* GesellschaftsR, § 18 III. 4. mit unfangreichsten Nachweisen; *Henze,* Rdn. 494 ff.; *v. Gerkan,* GmbHR 1994, 152; *Goette,* DStR 1997, 2027; *Haas,* NZI 2001, 1.

[5] BGHZ 133, 298, 305; *Stodolkowitz* in: MüKo-InsO, § 135 Rdn. 5, 6; *Kreft* in: HK-InsO, § 135 Rdn. 7.

[6] Zu Einzelfällen *Stodolkowitz* in: MüKo-InsO, § 135 Rdn. 61 ff.; *Kreft* in: HK-InsO, § 135 Rdn. 4; *Hirte* in: *Uhlenbruck,* InsO, § 135 Rdn. 22 ff.; *Hueck/Fastrich* in: *Baumbach/Hueck,* GmbHG, § 32a Rdn. 28 ff.; *Henze,* Rdn. 544.

[7] *Hueck/Fastrich* in: *Baumbach/Hueck,* GmbHG, § 32a Rdn. 41 ff.

Zeitpunkt nicht durch entsprechenden Kredit von dritter Seite zu marktüblichen Bedingungen hätte decken können.[1] Der in diesem Zeitpunkt vom Gesellschafter gewährte Kredit hat Eigenkapitalersatzfunktion im Sinne des § 32a GmbHG. Dies gilt erst recht für einen Kredit, der gewährt wird, um unmittelbar drohende Vollstreckungsmaßnahmen oder die Insolvenz abzuwenden.[2] Als eigenkapitalersetzend kann auch das so genannte Stehenlassen eines früher gewährten Kredits angesehen werden,[3] nach Eröffnung des Insolvenzverfahrens über das Vermögen der GmbH ist damit letztlich jeder Kredit eines Gesellschafters von § 32 a GmbHG erfasst. In Anwendung des § 32a Abs. 3 GmbHG kann auch eine so genannte Nutzungsüberlassung von Vermögenswerten seitens des Gesellschafters als kapitalersetzend angesehen werden.[4]

Ein Fall des Kapitalersatzes liegt auch dann vor, wenn der Gesell- 1581
schafter sich für den Kredit eines Dritten an seine Gesellschaft verbürgt hat oder aus seinem eigenen Vermögen eine Sicherheit gewährt hat (kapitalersetzende Besicherung).[5] Nach § 32a Abs. 2 GmbHG kann in einem solchen Falle der Kreditgeber im Insolvenzverfahren nur für den Betrag verhältnismäßige Befriedigung verlangen, also als Insolvenzgläubiger an einer Verteilung teilnehmen, mit welchem er bei den Gesellschafter als Bürgen oder bei der Verwertung der vom Gesellschafter gestellten Sicherheit ausgefallen ist. Der Gesellschafter kann mit dem auf ihn als Bürgen nach § 774 Abs. 1 Satz 2 BGB übergegangenen Anspruch gegen die Gesellschaft am Insolvenzverfahren nicht teilnehmen, letztlich gilt gegen ihn wieder § 32a Abs. 1 GmbHG mit § 39 Abs. 1 Nr. 5 InsO.

Beispiel 10: Das Bankhaus G&G KGaA hat gegen die S GmbH eine Forderung 1582
in Höhe von 768.000 EUR. Weil ihr die Realisierung wegen der wirtschaftlichen Lage der Schuldnerin nicht mehr sicher erscheint, tritt sie diese Forderung an den Alleingesellschafter ab. Die GmbH hatte vorher einen Teilbetrag von 155.000 EUR des fälligen Darlehens an die Bank gezahlt; die restliche fällige Darlehenssumme stundet ihr der neue Gläubiger. Zehn Monate später wird über das Vermögen der GmbH das Insolvenzverfahren eröffnet.

Fraglich ist, ob der Alleingesellschafter und Gläubiger noch Rückzahlung seines Darlehensrestbetrages von 613.000 EUR verlangen kann. Durch die Abtretung ist er nun Gläubiger (§§ 398, 488 BGB). Damit liegt der Tatbestand des § 32a Abs. 1 GmbHG vor, insbesondere ist durch die Stundung des fälligen Darlehens eine weitere Darlehensgewährung verbunden, es gilt § 32a Abs. 3 GmbHG. Die Rückzahlung ist ausgeschlossen (§ 39 Abs. 1 Nr. 5 InsO). Fraglich ist weiter, ob die

---

[1] Beispielhaft BGHZ 76, 326; BGHZ 81, 252, 255; BGHZ 81, 311, 317; BGHZ 81, 365, 366; BGHZ 90, 381, 390; BGHZ 105, 168; 184; *Hueck/Fastrich* in: *Baumbach/Hueck,* GmbHG, § 32a Rdn. 43 ff.

[2] BGH NJW 1977, 104; *Hueck/Fastrich* in: *Baumbach/Hueck,* GmbHG, § 32a Rdn. 45, 46.

[3] Zuletzt OLG Naumburg, ZIP 2005, 1564.

[4] *Hueck/Fastrich* in: *Baumbach/Hueck,* GmbHG, § 32a Rdn. 48a ff.; *Henze,* Rdn. 572 ff.

[5] *Hueck/Fastrich* in: *Baumbach/Hueck,* GmbHG, § 32a Rdn. 63 ff.

Rückzahlung des Darlehens an die Bank nach § 135 Nr. 2 InsO angefochten werden kann. Das ist zu verneinen. Denn im Zeitpunkt der Rückzahlung war die Bank noch gewöhnliche Darlehensgläubigerin und es lag kein Fall der § 32a GmbHG vor.

1583 Die Vorschriften zum Kapitalersatz finden keine Anwendung auf den Gesellschafter, der mit zehn vom Hundert oder weniger am Stammkapital beteiligt ist (§ 32a Abs. 3 Satz 2 GmbHG). Sie finden auch keine Anwendung auf den Darlehensgeber, der zum Zweck der Überwindung der Krise Geschäftsanteile der Gesellschaft erwirbt (§ 32a Abs. 3 Satz 3 GmbHG).[1] Für ehemaligen volkseigenen Betriebe in den neuen Bundesländern gelten Sonderregelungen über § 56e DMBilG und § 25 Abs. 5 DMBilG.[2]

b) Die Anfechtung der Besicherung kapitalersetzender Leistung nach § 135 Nr. 1 InsO

1584 Basierend auf § 32a Abs. 1 GmbHG ist nach § 135 Nr. 1 InsO eine Rechtshandlung anfechtbar, die einer kapitalersetzenden Leistung Sicherung gewährt, wenn die Handlung in den letzten zehn Jahren vor dem Insolvenzantrag vorgenommen worden ist.

1585 Durch die Rechtshandlung müssen die Gläubiger benachteiligt werden.[3] Erfasst ist damit nur eine Besicherung am Gesellschaftsvermögen, nicht am Vermögen des Gesellschafters, hier gilt § 32a Abs. 2 GmbHG. Als anfechtbar der Rechtshandlung ist die Bestellung einer Grundschuld am Grundstück der Gesellschaft zu Gunsten des Gesellschafters denkbar oder die Sicherungsübereignung bestimmter Gegenstände.

1586 **Beispiel 11:** Die ABC GmbH ist mit einem Stammkapital von 100.000 EUR im Handelsregister eingetragen, sie verfügt noch über Aktiva in Höhe von 20.000 EUR. Um die Geschäftsfähigkeit des Unternehmens aufrecht zu erhalten, bemüht sich der Geschäftsführer um weitere Darlehen bei verschiedenen Banken. Alle Institute, die er anspricht, verlangen jedoch zu harte Zinskonditionen oder sind gar nicht erst bereit, mit ihm zu reden. Daher gewährt der Alleingesellschafter der GmbH seiner Gesellschaft ein Darlehen in dieser Höhe. Als Sicherheit für sich selbst bestellt er als alleiniger und von den Beschränkungen des § 181 BGB befreiter Geschäftsführer am Firmengrundstück eine Buchgrundschuld.

Zu betrachten ist die schuldrechtliche Seite bezüglich des Anspruchs des Gesellschafters auf Rückzahlung seines Darlehens (§ 488 BGB). Mit diesem Anspruch wäre er normaler Insolvenzgläubiger. Damit würden die übrigen Gläubiger aber benachteiligt, denn als ordentlicher Kaufmann hätte er durch Kapitaler-

---

[1] Zur Einführung dieses so genannten Sanierungsprivilegs durch den Artikel 10 des Gesetzes zur Kontrolle und Transparenz im Unternehmensbereich (KonTraG) vom 27. April 1998 (BGBl. I S. 786) *Stodolkowitz* in: MüKo-InsO, § 135 Rdn. 22ff.; *Hueck/Fastrich* in: *Baumbach/Hueck,* GmbHG, § 32a Rdn. 17, 19; *Obermüller,* ZIP 1998, 51; *Neuhof,* NJW 1998, 3225; *Wittig,* NZI 1998, 49; *Bieder,* NZI 2000, 514.

[2] BGHZ 140, 156; BGHZ 149, 276; BGHZ 155, 227; *Haarmeyer/Wutzke/Förster,* GesO, § 1 Rdn. 150ff., § 10 Rdn. 102ff.; *Uhlenbruck,* BB 1992, 789; *Hommelhoff/Spoerr,* DZWIR 1995, 89.

[3] BGHZ 133, 298, 306; *Kreft* in: HK-InsO, § 135 Rdn. 9.

höhung der Gesellschaft Eigenkapital zuführen müssen oder etwa unverzüglich Insolvenzantrag stellen müssen. Durch § 32a Abs. 1 GmbHG wird er daher so gestellt, als hätte er „ordentlich Kapital zugeführt". Er kann den Anspruch auf Rückzahlung des Darlehens nur nachrangig nach § 39 Abs. 1 Nr. 5 InsO geltend machen. Daneben besteht aber noch die Grundschuld am Grundstück, die ihm als abstraktes Sicherungsmittel abgesonderte Befriedigung verschaffen könnte (§ 49 InsO). Hier greift § 135 Nr. 1 InsO: Die Bestellung der Grundschuld als Sicherheit für ein kapitalersetzendes Darlehen kann durch den Insolvenzverwalter angefochten werden. Er hat insoweit Anspruch auf Aufhebung des Rechts oder Übertragung an die schuldnerische GmbH.

c) Die Anfechtung der Rückzahlung auf kapitalersetzende Leistungen nach § 135 Nr. 2 InsO

Wurde innerhalb des letzten Jahres vor dem Insolvenzantrag eine kapitalersetzende Leistung befriedigt, kann diese Befriedigung über § 135 Nr. 2 InsO angefochten werden. 1587

In der Gesamtbetrachtung von § 32a Abs. 1 und 2 GmbHG und § 135 InsO ergibt sich ein konsistentes Bild in der Insolvenz der GmbH: 1588

- Die Rückzahlung eines kapitalersetzenden Darlehens ist nach § 32a Abs. 1 GmbHG ausgeschlossen.[1] Einem solchen echten Gesellschafterdarlehen stehen nach der Generalklausel des § 32a Abs. 3 GmbHG alle Rechtshandlungen gleich, die dem wirtschaftlich entsprechen, zum Beispiel die Stundung einer Forderung durch den Gesellschafter an die GmbH. Der Anspruch ist nachrangige Insolvenzforderung nach § 39 Abs. 1 Nr. 5 InsO.
- Hat der Gesellschafter für das Darlehen eines Dritten Sicherheit gegeben, kann der Dritte nur mit seiner Ausfallforderung (§ 52 InsO) am Insolvenzverfahren teilnehmen, er muss sich zunächst aus der Sicherheit befriedigen (§ 32a Abs. 2 GmbHG). Der Gesellschafter kann keinen Ersatzanspruch gegen die Insolvenz der Gesellschaft geltend machen.
- Besteht für das Darlehen des Gesellschafters oder für das gleichwertige Rechtsgeschäft (§ 32a Abs. 3 GmbHG) eine Sicherheit an einem Vermögensgegenstand der GmbH, kann diese Bestellung der Sicherheit durch den Insolvenzverwalter angefochten werden (§ 135 Nr. 1 InsO).
- Wurde das Darlehen bereits vor Insolvenzeröffnung ganz oder teilweise zurückgezahlt, kann zusätzlich diese Befriedigung nach § 135 Nr. 2 InsO angefochten werden, wenn sie innerhalb des letzten Jahres vor Insolvenzeröffnung erfolgte.

---

[1] Grundlegend für die die Rechtsprechung zu §§ 30ff. GmbHG wie auch die Gesetzgebung des § 2a GmbHG bereits BGHZ 31, 258; dazu *Hirte* in: *Uhlenbruck*, InsO, § 135 Rdn. 2, 3.

1589 **Schaubild 17: Die Anfechtungstatbestände der Insolvenzordnung**

§ 130 InsO – Kongruente Deckung	
Ein Insolvenzgläubiger erhält Befriedigung oder Sicherung seiner Forderung.	
Nr. 1: Drei Monate vor dem Eröffnungsantrag	– Der Schuldner war zahlungsunfähig. – Der Gläubiger kannte die Zahlungsunfähigkeit.
Nr. 2: Nach dem Eröffnungsantrag	– Der Gläubiger kannte die Zahlungsunfähigkeit oder hatte Kenntnis von dem Eröffnungsantrag.

§ 131 InsO – Inkongruente Deckung	
Ein Insolvenzgläubiger erhält Befriedigung oder Sicherung, die er nicht, nicht in der Art oder nicht zu der Zeit zu fordern berechtigt war.	
Nr. 1: Im letzten Monat vor dem Eröffnungsantrag	– Die Zahlungsunfähigkeit des Schuldners wird unwiderleglich vermutet. – Die Kenntnis des Gläubigers von der Zahlungsunfähigkeit wird unwiderleglich vermutet.
Nr. 2: Im zweiten oder dritten Monat vor dem Eröffnungsantrag	– Der Schuldner war zurzeit der Handlung zahlungsunfähig.
Nr. 3: Im zweiten oder dritten Monat vor dem Eröffnungsantrag	– Der Gläubiger hatte Kenntnis von der Benachteiligung der übrigen Gläubiger durch die Rechtshandlung.

§ 132 InsO – Unmittelbar nachteilige Rechtshandlungen	
Rechtsgeschäft des Schuldners, durch das die Gläubiger unmittelbar benachteiligt werden.	
Nr. 1: Drei Monate vor dem Eröffnungsantrag	– Der Schuldner war zahlungsunfähig. – Der Gläubiger kannte die Zahlungsunfähigkeit.
Nr. 2: Nach dem Eröffnungsantrag	– Der Gläubiger kannte die Zahlungsunfähigkeit oder hatte Kenntnis von dem Eröffnungsantrag.

§ 133 InsO – Vorsätzliche Benachteiligung	
Rechtshandlung des Schuldners mit dem Vorsatz, die Gläubiger zu benachteiligen.	
§ 133 Abs. 1 InsO Innerhalb der Letzten zehn Jahre vor dem Eröffnungsantrag	– Der Schuldner hatte den Vorsatz der Benachteiligung. – Der andere Teil hatte Kenntnis von dem Benachteiligungsvorsatz.
§ 133 Abs. 2 InsO Innerhalb der Letzten zwei Jahre vor dem Eröffnungsantrag	– Der Schuldner schließt einen entgeltlichen Vertrag mit einer nahe stehenden Person. – Benachteiligungsvorsatz und Kenntnis des Gegners werden vermutet.

§ 134 InsO – Unentgeltliche Leistungen	
Unentgeltliche Leistung des Schuldners.	
Vier Jahre vor dem Eröffnungsantrag	– Unentgeltliche Leistung des Schuldners ohne subjektive Voraussetzung.

§ 135 InsO – Kapitalersetzende Darlehen	
Gesellschafter hat seiner Gesellschaft Leistungen im Sinne des § 32 a GmbH gewährt.	
Nr. 1: Zehn Jahre vor dem Eröffnungsantrag	– Sicherung eines Darlehens des Gesellschafters an die GmbH.
Nr. 2: Im letzten Jahr vor dem Eröffnungsantrag	– Befriedigung eines Darlehens des Gesellschafters an die GmbH.

V. Die typischen Beispielsfälle einer Insolvenzanfechtung

1. Die Zahlung des Schuldners zur Abwendung der Zwangsvollstreckung oder eines Insolvenzantrags

a) Die Zahlung zur Abwendung der Zwangsvollstreckung nach BGHZ 155, 75

Zahlungen des Schuldners an einzelne Insolvenzgläubiger im Vorfeld 1590
eines Insolvenzantrags sind stets anfechtbare Rechtshandlungen nach § 129 Abs. 1 InsO, die Gläubigergemeinschaft ist durch die Verkürzung des Vermögens des Schuldners benachteiligt. In der Rechtspraxis sind Zahlungen des Schuldners zur Abwendung der Zwangsvollstreckung

nicht selten, Vollstreckungsgläubiger und damit später Anfechtungsgegner sind häufig die gesetzlichen Krankenkassen als Einzugsstellen der Sozialversicherungsbeiträge[1] oder das Finanzamt. Gerade die gesetzlichen Krankenkassen sind kraft ihres Auftrags (§ 28h SGB IV) auch zu einer zügigen Beitreibung ihrer Forderungen und zur Zwangsvollstreckung verpflichtet.

1591 Der Bundesgerichtshof beschäftigte sich mit dem Problem der Anfechtung von Zahlungen des Schuldners zur Abwendung unmittelbar drohender Zwangsvollstreckung oder auch zur Abwendung eines Insolvenzantrags zunächst im Anwendungsbereich des § 10 Abs. 1 Nr. 4 GesO, der zwischen einer kongruenten und inkongruenten Deckung nicht unterschieden hat.[2] Der Anfechtungstatbestand forderte neben der Zahlungsunfähigkeit des Schuldners auch die Kenntnis des Gläubigers hiervon. Im Urteil vom 25. Oktober 2001[3] stellte der Bundesgerichtshof dazu fest, dass der Schuldner seine Zahlungsfähigkeit nicht bereits mit Begleichung der von dem vollstreckenden Gläubiger geforderten Forderung wiedererlangt, sondern erst, wenn die Zahlungen an die Gesamtheit der Gläubiger im Allgemeinen wieder aufgenommen werden. Der Anfechtungsgegner selbst darf nach seiner eigenen Befriedigung durch den Schuldner auch nicht davon ausgehen, dass dieser die allgemeine Zahlungsfähigkeit wiedererlangt habe. Denn die Zahlung des Schuldners erfolgt in erster Linie nicht, um den Gläubiger zu befriedigen, sondern um unmittelbar drohende Nachteile abzuwenden. Damit hat der Bundesgerichtshof den Weg zur inkongruenten Deckung von Zahlungen zur Abwendung der Zwangsvollstreckung gewiesen. In einem weiteren Urteil vom 20. November 2001[4] übertrug der Bundesgerichtshof diese Grundsätze auf die Anfechtung nach §§ 129ff. InsO, ging bei der Zahlung aber noch von kongruenter Deckung des Gläubigers aus.

1592 **Beispiel 12** (BGHZ 149, 100 und 178): Gegen die S. & P. Gebäudereinigungsgesellschaft mbH beantragt die Krankenkasse nach fruchtlosem Pfändungsversuch mit Schreiben vom 24. November die Eröffnung des Insolvenzverfahrens wegen Zahlungsunfähigkeit. Der Beitragsrückstand der Schuldnerin beläuft sich zu diesem Zeitpunkt auf 75.780,96 EUR. Die Allgemeine Ortskrankenkasse beantragt unter dem 13. Dezember wegen eines Beitragsrückstandes von fast 90.000 EUR gleichfalls die Eröffnung des Insolvenzverfahrens. Die Krankenkasse vereinbart mit der Schuldnerin am 14. Dezember, dass diese sofort einen Betrag

---

[1] Zur Frage der Gläubigerbenachteiligung hinsichtlich der Zahlung der Arbeitnehmeranteile BGHZ 149, 100, 104; in diesem Sinne auch OLG Hamburg ZIP 2001, 708, 710, dazu EWiR 2001, 577 *(Bender)*, 578; LG Hamburg ZInsO 2001, 568, 571; LG Kiel ZIP 2001, 1726; LG Stuttgart ZIP 2001, 2014, 2015; LG Coburg ZInsO 2001, 973f.; AG Düsseldorf NZI 2000, 492, 493; anders *Brückl/Kersten*, NZI 2001, 288, 291.

[2] *Haarmeyer/Wutzke/Förster*, GesO, § 10 Rdn. 83ff.; *Hess/Binz/Wienberg*, GesO, § 10 Rdn. 102ff.

[3] BGHZ 149, 100; BGH NJW 2000, 211 = NZI 2000, 19 = ZIP 1999, 1977.

[4] BGHZ 149, 178.

von 37.000 EUR zahlen und die Restschuld in monatlichen Raten von 6500 EUR abtragen solle. Die Schuldnerin zahlt alsbald 37.000 EUR an die Krankenkasse. Diese nimmt am 16. Januar ihren Antrag zurück. Am 1. Januar 1997 wird das Insolvenzverfahren über das Vermögen der Schuldnerin eröffnet.

Der Insolvenzverwalter hat gegen die Krankenkasse Anspruch auf Rückzahlung aus § 143 Abs. 1 Satz 1 InsO. Die Zahlungen seitens der schuldnerischen Gesellschaft sind anfechtbare Rechtshandlungen im Sinne des § 129 Abs. 1 InsO, die Gläubiger sind hierdurch benachteiligt. Die Zahlungen erfolgten sämtlich nach dem Insolvenzantrag, das Insolvenzverfahren wurde auf Antrag der Allgemeinen Ortskrankenkasse vom 13. Dezember eröffnet. Die Krankenkasse als Anfechtungsgegner hatte auch Kenntnis von der Zahlungsunfähigkeit der Schuldnerin. Allein durch die erfolgte Teilzahlungen dürfte sie nicht davon ausgehen, dass die Schuldnerin wieder Zahlungsfähigkeit geworden sei. Daher kann dahingestellt bleiben, ob die Zahlungen eine kongruenten oder inkongruenten Deckung darstellen. Im Falle kongruenter Deckung wäre die Zahlung nach § 130 Abs. 1 Nr. 1 InsO anfechtbar, im Falle inkongruenter Deckung nach § 131 Abs. 1 Nr. 1 InsO; hier käme es auf eine Kenntnis der Krankenkasse überhaupt nicht mehr an.

Im Sachverhalt des Urteils vom 20. November 2001 (BGHZ 149, 178) hatte der durch die Zahlung befriedigte Gläubiger seinen Insolvenzantrag für erledigt erklärt, einen knappen Monate später stellte ein anderer Gläubiger Insolvenzantrag, woraufhin das Insolvenzverfahren eröffnet wurde. Die Zahlung ist als Rechtshandlung vor dem zweiten Eröffnungsantrag, auf den das Verfahren eröffnet wurde, ausgehend anfechtbar. Der Antrag, der nach § 91 a ZPO für erledigt erklärt worden ist, ist für die Berechnung des Dreimonatszeitraums nach § 139 Abs. 2 Satz 2 InsO nicht zu berücksichtigen. Der Bundesgerichtshof begründete die Anfechtung weitgehend noch mit der kongruenten Deckung des § 130 InsO.

Für den Fall, dass die Zahlung des Schuldners als anfechtbare 1593
Rechtshandlung außerhalb des Dreimonatszeitraums der §§ 130 Abs. 1 und 131 Abs. 1 InsO liegt, kommt eine Anfechtung nach § 133 Abs. 1 InsO in Betracht. Der Benachteiligungsvorsatz des Schuldners ist hier mindestens als bedingter Vorsatz gegeben, da der Schuldner mit seiner Leistung an einen Gläubiger weiß, dass er die übrigen Gläubiger hiermit benachteiligt, und er dies in Kauf nimmt. Im Übrigen ist aber in einem solchen Fall von kongruenter Deckung auszugehen, denn soweit sich der Schuldner noch nicht in der Krise befindet, kann der Gläubiger die Leistung auch in der erlangten Art und Weise fordern. Der Bundesgerichtshof entschied dies mit Urteil vom 27. Mai 2003[1] für Zahlungen des Schuldners an den Gerichtsvollzieher. Bei Zahlungen an den Gerichtsvollzieher kann allerdings von einem eigenverantwortlichen Handeln des Schuldners keine Rede mehr sein, er hat praktisch nur die Wahl zwischen der Zahlung an den Gerichtsvollzieher oder der Pfändung des vorliegenden Bargeldes durch diesen.[2] Die Meinung des Bundesgerichtshofs, der Schuldner habe noch eine Wahlmöglichkeit und entscheide sich deshalb für die Zahlung an den Gerichtsvollzieher, um nachteilige Folgen abzuwenden, ist zwar zutreffend im Hinblick auf die

---

[1] BGHZ 155, 75.

[2] Zahlung durch Scheck bewirkt keine unmittelbare Abwendung der Zwangsvollstreckung, § 106 Nr. 2 Satz 3 GVGA; *Keller/Steder*, Sachpfändung, Rdn. 213.

Bewertung der Zahlung als inkongruente Deckung,[1] aber realitätsfern im Hinblick auf die Frage, ob dann nicht auch eine Vollstreckungsmaßnahme, etwa die Pfändung von Bargeld, dem § 133 Abs. 1 InsO unterliege.[2]

1594 **Beispiel 13** (BGHZ 155, 75): Der Schuldner gerät im Sommer in wirtschaftliche Schwierigkeiten, weil sein Hauptauftraggeber Zahlungsverpflichtungen ihm gegenüber zunächst nur noch schleppend, später gar nicht mehr erfüllen kann. Wegen der aufgelaufenen Beitragsrückstände bei der Innungskrankenkasse erteilt diese am 12. August dem zuständigen Gerichtsvollzieher einen ersten Vollstreckungsauftrag über insgesamt 28.216,47 EUR. Anfang Oktober informiert der Gerichtsvollzieher den Schuldner über den vorliegenden Vollstreckungsauftrag. Um Zwangsvollstreckungsmaßnahmen abzuwenden, leistet der Schuldner am 8. Oktober an den Gerichtsvollzieher eine Barzahlung in Höhe von insgesamt 12.600 EUR. Von diesem Betrag werden 9.790,35 EUR an die Beklagte abgeführt und dieser am 22. Oktober gutgeschrieben; der Restbetrag wird zur vollständigen Befriedigung einer Forderung eines anderen Sozialversicherungsträgers verwendet. Im weiteren Verlauf werden Zahlungen immer wieder nur an den Gerichtsvollzieher geleistet, um Vollstreckungsmaßnahmen abzuwenden. Mit Schreiben vom 18. April beantragt die Innungskrankenkasse sodann die Eröffnung des Insolvenzverfahrens über das Vermögen des Schuldners. Am 27. Juli wird über das Vermögen des Schuldners das Insolvenzverfahren eröffnet.

Das für die Beurteilung des § 133 Abs. 1 InsO maßgebliche Datum ist die erste Barzahlung des Schuldners an den Gerichtsvollzieher vom 8. Oktober, daneben der Insolvenzantrag vom 18. April des folgenden Jahres. Der Zeitraum des § 131 Abs. 1 InsO, innerhalb dessen die Zahlung des Schuldners als inkongruente Deckung hätten angefochten werden können, war hier seit langem abgelaufen. Der Bundesgerichtshof betonte für diesen Fall, dass die Zahlung als solche kongruente Deckung des Gläubigers bewirke (BGHZ 155, 75, 83), dies schließe eine Anfechtung nach § 133 Abs. 1 InsO aber nicht aus. Gerade der geforderte Benachteiligungsvorsatz könne auch bei kongruenter Deckung gegeben sein (eingehend BGHZ 155, 75, 84). Eine Anfechtung nach § 133 Abs. 1 InsO ist damit begründet.

b) Die Zahlung zur Abwendung eines Insolvenzantrags nach BGHZ 157, 242

1595 Ob die Zahlung zur Abwendung eines Insolvenzantrags kongruente oder inkongruente Deckung bewirkt, war lange nicht geklärt.[3] Mit Urteil vom 18. Dezember 2003[4] entschied der Bundesgerichtshof, dass die Leistung zur Abwendung eines Insolvenzantrags ein Fall inkongruenter Deckung sei. Die Inkongruenz ergibt sich in gleicher Weise wie bei Zahlungen zur Abwendung der Zwangsvollstreckung durch den Druck des Gläubigers, der die ihm gebührende Leistung dann in einer Weise erhält, in der sie nicht fordern konnte. Der Druck gegenüber dem Schuldner, und damit auch die Inkongruenz einer Leistung, kann auch

---

[1] BGHZ 155, 75, 79.
[2] BGH NZI 2005, 215 (zur Veröffentlichung in BGHZ vorgesehen).
[3] Dazu *Fischer* in: FS Kirchhof, S. 73.
[4] BGHZ 157, 242.

für mehrere Monate andauern. Ebenso wie bei der Zahlung an den Gerichtsvollzieher zur Abwendung der Zwangsvollstreckung, kann die Zahlung zur Abwendung eines Insolvenzantrags, wenn § 131 Abs. 1 InsO nicht mehr greift, über § 133 Abs. 1 InsO anfechtbar sein.

Beispiel 14 (BGHZ 157, 242): Der Schuldner führt die fälligen Gesamtsozialversicherungsbeiträge zu keinem Zeitpunkt rechtzeitig ab. Anfang Februar stehen Beiträge seit Dezember des Vorjahres in Höhe von gut 8.100 EUR offen. Darauf leistet der Schuldner am 5. Februar eine Teilzahlung von 5.123,95 EUR. Dreimal kündigt die Krankenkasse den Schuldner einen Insolvenzantrag an. Mit Schreiben vom 15. März weist sie auf rückständige Beiträge für die Monate Dezember und Januar sowie Februar in Höhe von insgesamt 15.479,95 EUR hin. In Anbetracht dieser Umstände sehe sie sich gezwungen, am 24. März gegen 14.00 Uhr den Insolvenzantrag beim zuständigen Amtsgericht abzugeben, würde sich aber sehr freuen, wenn es der Schuldnerin gelänge, durch vorherige Zahlung des Beitragsrückstands den Insolvenzantrag abzuwenden. Der Schuldner leistet daraufhin. Die nächste Ankündigung eines Insolvenzantrags erfolgt mit Schreiben vom 17. Mai. Wieder werden Zahlungen geleistet. Der dritte Insolvenzantrag wird in ähnlicher Weise mit Schreiben vom 13. September angekündigt. Am 3. Januar 2000 wird endgültig Insolvenzantrag gestellt, das Verfahren wird am 10. Februar eröffnet. 1596

Der Bundesgerichtshof erkennt an, dass die Drohung mit einem Insolvenzantrag durch einen Gläubiger grundsätzlich berechtigt und die frühzeitige Insolvenzantragstellung seitens des Gesetzes auch gewollt sei. Daraus dürfe aber nicht geschlossen werden, dass die Leistungen des Schuldners kongruente Deckung bewirken. Der Bundesgerichtshof nimmt gleichsam einen „Erst-recht-Schluss" vor; wenn Zahlungen zur Abwendung der Zwangsvollstreckung inkongruent seien, damit gelte dies erst recht für Zahlungen zur Abwendung eines Insolvenzantrags (BGHZ 157, 242, 246). Die Inkongruenz ergibt sich ferner daraus, dass der Insolvenzantrag bei rechtzeitiger Zahlung eben nicht gestellt wird, und deshalb als Druckmittel verwendet wird. Das ist richtig, letztlich aber stets das Kalkül eines Gläubigers, der Insolvenzantrag stellt: Er droht dem Schuldner mit einem Übel, dass er eigentlich selbst nicht möchte, da er bei Eröffnung des Insolvenzverfahrens regelmäßig schlechter steht als bei einer irgendwie gearteten Zahlung des Schuldners. Die Inkongruenz der Zahlung begründet der Bundesgerichtshof mit deutlichen Worten (BGHZ 157, 242, 247).

Die gleichsam fortdauernde Inkongruenz durch den Druck mit einem Insolvenzantrag ist für die Anwendung des § 133 Abs. 1 InsO von praktischer Bedeutung, da sie für die Kenntnis des Gläubigers von dem Benachteiligungsvorsatz ein erhöhtes Beweisanzeichen darstellt.[1] Dies bedeutet: Der Gläubiger, der vom Schuldner Leistungen mit dem Druck eines Insolvenzantrags abnötigt, ist auch nach Ablauf des Dreimonatszeitraums des § 131 Abs. 1 InsO vor einer Insolvenzanfechtung nicht sicher. 1597

[1] Ähnlich für die Kenntnis des Gläubigers nach § 30 Nr. 2 KO BGHZ 128, 196; BGH ZIP 2005, 585.

2. Die Zwangsvollstreckung gegen den Schuldner

a) Die Zwangsvollstreckung als inkongruente Deckung

1598 Die Zwangsvollstreckung als anfechtbare Rechtshandlung (§ 141 InsO) gewährt einem Gläubiger inkongruente Sicherung, soweit er mit der Zwangsvollstreckung ein Pfändungspfandrecht und damit für die Insolvenz ein Absonderungsrecht nach § 50 Abs. 1 InsO erlangt, sowie inkongruente Befriedigung, soweit er durch die Zwangsvollstreckung hinsichtlich seiner Forderung befriedigt wird.[1] Anfechtungsrechtlich ist zwischen der Erlangung des Pfändungspfandrechts und der Befriedigung durch den Gläubiger zu unterscheiden, beides stellt für sich genommen eine Rechtshandlung im Sinne des § 129 InsO dar. Praktisch macht die Anfechtung einer Befriedigung aber nur Sinn, wenn auch die Erlangung des Pfändungspfandrechts anfechtbar ist, da sonst dem Gläubiger ein anfechtungsfestes Absonderungsrecht zusteht. Ausgehend vom Zeitpunkt des Insolvenzantrags ist deshalb zunächst zu prüfen, ob eine Befriedigung des Gläubigers eingetreten und anfechtbar ist, und dann, ob auch die Sicherung der Anfechtung unterliegt.

1599 Für die Erlangung des Pfändungspfandrechts (§ 804 ZPO) ist dabei entscheidend, zu welchem Zeitpunkt die Zwangsvollstreckung als Rechtshandlung beendet ist (§ 140 Abs. 1 InsO). Die Pfändung eines körperlichen Gegenstandes durch den Gerichtsvollzieher nach § 808 InsO ist mit Bewirken des Pfändungsaktes beendet, die Pfändung einer Forderung oder eines sonstigen Vermögenswertes ist regelmäßig mit Zustellung des Pfändungsbeschlusses an den Drittschuldner beendet (§ 829 Abs. 3 ZPO). Die Pfändung einer durch Hypothek gesicherten Forderung sowie die Pfändung einer Grundschuld (§ 857 Abs. 6 ZPO) ist unter den Voraussetzungen des § 830 Abs. 1 ZPO wirksam. Für das wirksamer Entstehen eines Pfändungspfandrechts können auch die verschiedenen Theorien[2] zu diesem Pfandrecht von Bedeutung sein, wenn nämlich die Vollstreckungsmaßnahme an einem Mangel leidet. Nach der in der Literatur vertretenen so genannten gemischten privatrechtlich-öffentlich-rechtlichen Theorien, der auch der Bundesgerichtshof zuzuneigen scheint,[3] entsteht für den Gläubiger ein Pfändungspfandrecht erst dann, wenn Mängel des Vollstreckungsverfahrens geheilt werden.[4] Ebenso wie für die Geltung des § 88 InsO ist dieser Zeitpunkt

---

[1] Grundlegend BGHZ 136, 309.

[2] Eingehend Stein/Jonas/*Münzberg*, ZPO, § 804 Rdn. 7, 16 ff.; Zöller/*Stöber*, ZPO, § 804 Rdn. 2; *Thomas/Putzo*, ZPO, § 804 Rdn. 4.

[3] BGHZ 20, 88; BGHZ 56, 339, 351; eingehend BGHZ 119, 75 82, 83 (Versteigerung eines gepfändeten Gegenstandes durch Auktionator und gutgläubiger Erwerb); eingehend *Schilken* in: MüKo-ZPO, § 804 Rdn. 4 ff.; *Schuschke/Walker*, Zwangsvollstreckung, Vor §§ 803, 804 Rdn. 10 ff.

[4] *Brox/Walker*, Zwangsvollstreckungsrecht, Rdn. 389.

für die Beendigung der Rechtshandlung im Sinne des § 140 InsO maßgebend.[1]

Beispiel 15: Der Gläubiger pfändet auf Grund einer notariellen Urkunde als Vollstreckungstitel (§ 794 Abs. 1 Nr. 5 ZPO) ein Festgeldkonto des Schuldners und lässt sich dieses zur Einziehung überweisen (§§ 828, 829, 835 ZPO). Die Zustellung der Urkunde als Vollstreckungstitel an den Schuldner erfolgt am 14. Oktober. Der Pfändungs- und Überweisungsbeschluss des Vollstreckungsgerichts wird der Bank als Drittschuldnerin am 21. Oktober zugestellt. Das Insolvenzverfahren wird auf Antrag vom 5. Januar des Folgejahres am 16. Januar eröffnet. 1600

Eine wirksame Pfändung des Festgeldkontos erfolgt bei Vorliegen der allgemeinen und besonderen Vollstreckungsvoraussetzungen durch Zustellung des entsprechenden Pfändungs- und Überweisungsbeschlusses an die Drittschuldnerin (§§ 828, 829 Abs. 3 ZPO). Als besondere Vollstreckungsvoraussetzung muss bei der Zwangsvollstreckung aus notariellen Urkunden die Wartefrist des § 798 ZPO von zwei Wochen seit Zustellung der Urkunde an den Schuldner eingehalten sein, die Zwangsvollstreckung durfte danach nicht vor Ablauf des 28. Oktober erfolgen. Unter Berücksichtigung von § 798 ZPO hätte die Pfändung frühestens am 29. Oktober erfolgen dürfen. Die Pfändung war damit zunächst fehlerhaft, der Vollstreckungsmangel wurde durch Zeitablauf geheilt. Der Gläubiger hat sein Pfändungspfandrecht damit am 29. Oktober wirksam erlangt.

Ausgehend vom Insolvenzantrag vom 5. Januar fällt die Pfändung nicht unter die Rückschlagsperre des § 88 InsO; für das Verbraucherinsolvenzverfahren ist § 312 Abs. 1 Satz 3 InsO zu beachten. Sie gewährt dem Gläubiger aber inkongruente Deckung und kann deshalb nach § 131 Abs. 1 Nr. 2 oder 3 InsO anfechtbar sein.

Im Zusammenspiel von Insolvenzanfechtung und § 88 InsO entspricht die Rückschlagsperre nach dieser Vorschrift dem Anfechtungstatbestand des § 131 Abs. 1 Nr. 1 InsO. Die Rückschlagsperre erfasst jedoch nur die dem Gläubiger durch Zwangsvollstreckung gewährte Sicherung, nicht eine Befriedigung. 1601

b) Die Anfechtung der Pfändung auch nach bereits erfolgter Verwertung

Die Insolvenzanfechtung ist auch und gerade dann möglich, wenn der Gläubiger durch Zwangsvollstreckung befriedigt wird. Für die Bestimmung des Anfechtungszeitraums nach § 131 Abs. 1 InsO ist auch hier wieder auf die tatsächliche Befriedigung abzustellen. Die Befriedigung nach Verwertung eines von Gerichtsvollzieher gepfändeten Gegenstandes erfolgt durch Ablieferung des Erlöses an den Gläubiger (§ 819 ZPO).[2] Die Ablieferung gepfändeten Geldes nach § 815 ZPO unterliegt ebenfalls der Anfechtung.[3] 1602

Bei der Forderungspfändung ist zwischen der Überweisung an Zahlungs statt und der Überweisung zur Einziehung zu unterscheiden (§ 835 ZPO). Die in der Vollstreckungspraxis niemals angeordnete 1603

---

[1] Zum maßgeblichen Zeitpunkt bei Pfändung der so genannten offenen Kreditlinie BGHZ 157, 350.

[2] Stein/Jonas/*Münzberg*, ZPO, § 819 Rdn. 11.

[3] BGHZ 136, 309.

Überweisung an Zahlungs statt bewirkt nach § 835 Abs. 2 ZPO eine Forderungsübertragung der gepfändeten Forderung auf den Gläubiger, seine Vollstreckungsforderung wäre damit sofort erloschen und er trüge das Risiko der Einbringlichkeit der gepfändeten Forderung gegenüber den Drittschuldner.[1] Die Überweisung zur Einziehung entspricht dagegen der materiellrechtlichen Leistung erfüllungshalber im Sinne des § 364 Abs. 2 BGB, der Gläubiger wird erst befriedigt, wenn und soweit der Drittschuldner tatsächlich an ihn leistet. Für die Beurteilung der Anfechtbarkeit der Gläubigerbefriedigung ist dieser Zeitpunkt maßgebend im Sinne des § 140 Abs. 1 InsO.

1604 **Beispiel 16:** Der Gläubiger erwirkt gegen den Schuldner die Pfändung seines Geschäftskontos, der Pfändungsbeschluss wird der Bank als Drittschuldnerin am 15. Oktober zugestellt. Mit gleichem Beschluss wird das gepfändete Konto dem Gläubiger zur Einziehung überwiesen. Am 3. November zahlt die Bank an den Gläubiger aus dem Guthaben, welches das Konto im Zeitpunkt der Pfändung auswies, vollständig auf dessen Forderung. Am 2. Dezember stellt der Schuldner Insolvenzantrag, das Verfahren wird mit Beschluss vom 10. Dezember eröffnet.

Zu prüfen ist zunächst, ob die Zahlung seitens der Bank als ein Fall inkongruenter Befriedigung anfechtbar ist. Die allgemeinen Voraussetzungen der Anfechtung liegen unproblematisch vor (§ 129 Abs. 1 InsO). Als Anfechtungstatbestand kommt § 131 Abs. 1 Nr. 1 InsO in Betracht, der Gläubiger erlangte durch die Zwangsvollstreckung inkongruente Befriedigung innerhalb des letzten Monats vor dem Insolvenzantrag. Die Inkongruenz der Befriedigung wird außer durch die vom Gläubiger verursachte Verletzung der Gleichbehandlung der Gläubiger (BGHZ 136, 309) auch dadurch deutlich, dass der Gläubiger Befriedigung seitens der Bank als Drittschuldnerin nicht als Inhalt des Schuldverhältnisses vom Schuldner verlangen konnte. Die Zahlung seitens der Bank ist im Übrigen kein Fall des § 88 InsO. Ihre Anfechtung macht jedoch nur Sinn, wenn auch die Pfändung selbst anfechtbar ist. Sie gewährt dem Gläubiger inkongruente Sicherung seiner Forderung im Sinne des § 131 Abs. 1 InsO. Die Pfändung erfolgte mit Zustellung des Pfändungsbeschlusses an die Bank (§ 829 Abs. 3 ZPO) am 15. Oktober und damit innerhalb des zweiten Monats vor dem Insolvenzantrag. Sie kann nach § 131 Abs. 1 Nr. 2 oder 3 InsO anfechtbar sein. Ob der Schuldner am 15. Oktober bereits zahlungsunfähig war (§ 131 Abs. 1 Nr. 2 InsO), lässt der Sachverhalt offen. Für den Nachweis der Kenntnis des Gläubigers von einer objektiv eintretenden Gläubigerbenachteiligung durch seine Rechtshandlung (§ 131 Abs. 1 Nr. 3 InsO) kann dem Insolvenzverwalter die Beweiserleichterung des § 131 Abs. 2 Satz 1 InsO dienen.

3. Die Insolvenzanfechtung im Grundstücksverkehr

a) Die Anfechtung bei Grundstücksveräußerung

aa) Der Aufbau einer anfechtungsrechtlichen Prüfung

1605 Das System der Insolvenzanfechtung unter Berücksichtigung der verschiedenen Verpflichtungs- und Verfügungsgeschäfte als anfechtbare Rechtshandlungen lässt sich für den Fall einer Grundstücksveräußerung durch den Schuldner besonders gut darstellen. In den verschiede-

[1] *Stöber*, Forderungspfändung, Rdn. 596.

nen Stadien der Grundstücksveräußerung vom Abschluss des Kaufvertrages über die Bestellung einer Auflassungsvormerkung bis zur Eigentumsumschreibung sind verschiedenste anfechtungsrechtliche Besonderheiten zu berücksichtigen.

Die Anfechtbarkeit eines Grundstückserwerbs vor Insolvenzeröffnung ist ausgehend von diesem Zeitpunkt chronologisch rückwärts zu begutachten. Kann nämlich die Eigentumsübertragung selbst nicht angefochten werden, wäre es überflüssig, die Bestellung einer Auflassungsvormerkung oder gar den Kaufvertrag anfechten zu wollen. Andererseits macht die Anfechtung einer Eigentumsübertragung keinen Sinn, wenn nicht auch die Bestellung der Vormerkung angefochten werden kann. 1606

bb) Die Anfechtung des Eigentumserwerbs unter Berücksichtigung des § 140 Abs. 2 InsO

Die Eigentumsübertragung nach §§ 873 und 925 BGB ist als Verfügungsgeschäft anfechtbare Rechtshandlung nach § 129 Abs. 1 InsO. Als mehraktiges Rechtsgeschäft besteht sie aus der Auflassung des Schuldners mit dem Erwerber und der Grundbucheintragung. Der Zeitpunkt der Vollendung der Rechtshandlung ist unter Berücksichtigung des § 140 Abs. 2 InsO genau zu bestimmen; ist der Anspruch auf Eigentumsübertragung durch Eintragung einer Vormerkung gesichert, soll deren Zeitpunkt auch maßgeblich für die Eigentumsübertragung sein (§ 140 Abs. 2 Satz 2 InsO). 1607

Der Prüfung der Anfechtbarkeit geht jedoch die Prüfung der materiellrechtlichen Wirksamkeit der Eigentumsübertragung unter Berücksichtigung der §§ 80, 81 und 91 InsO voraus. Ist nämlich die Eigentumsübertragung als solche nicht wirksam, hat der Insolvenzverwalter gegen den Erwerber den Grundbuchberichtigungsanspruch aus § 894 BGB, eine mögliche Klage hat dann auf Abgabe einer Besichtigungsbewilligung (§ 22 GBO) zu lauten. Im Falle der Anfechtbarkeit des materiellrechtlichen wirksamen Rechtserwerbs (§ 147 InsO) hat der Insolvenzverwalter den Erwerber dagegen auf Rückübereignung und damit auf Abgabe der nach § 873 Abs. 1 und § 925 BGB hierfür erforderlichen Auflassungserklärung zu verklagen (§ 143 Abs. 1 Satz 1 InsO). 1608

cc) Die Anfechtbarkeit der Vormerkungsbestellung

Die Anfechtung des Eigentumserwerbs ist nur dann sinnvoll, wenn auch die für den Erwerber regelmäßig bestellte Auflassungsvormerkung anfechtbar ist; dieser Überlegung liegt auch die Regelung des § 140 Abs. 2 Satz 2 InsO zu Grunde. Die Sicherungswirkung der Vormerkung nach § 106 InsO steht insoweit unter dem Vorbehalt der Anfechtbarkeit. 1609

Die Vormerkung nach §§ 883 und 885 BGB sichert den Anspruch des Erwerbers auf Eigentumsübertragung, der ansonsten Insolvenz- 1610 forderung nach §§ 38 und 45 InsO wäre. Die Bestellung der Vormerkung ist als Verfügungsgeschäft einen anfechtbare Rechtshandlung. Die rechtsgeschäftlich durch Bewilligung und Grundbucheintragung bestellte Vormerkung (§ 885 Abs. 1 BGB) stellt regelmäßig eine kongruente Sicherung für den Erwerber dar (§ 130 Abs. 1 InsO),[1] die durch einstweilige Verfügung (§ 885 Abs. 1 BGB mit § 935 ZPO) erwirkte Vormerkung ist als Vollstreckungsmaßnahme (§§ 936, 928 ZPO) ein Fall inkongruenter Deckung (§ 131 Abs. 1 InsO). Der Bundesgerichtshof verneinte dies für die Vormerkung zur Sicherung des Anspruchs auf Eintragung einer Sicherungshypothek nach § 648 BGB.[2] Die Kongruenz der Vormerkung kann für diesen Fall damit begründet werden, dass der Gläubiger seinen Anspruch auf Bestellung der Hypothek unmittelbar aus dem Gesetz herleiten kann, im Falle der Bestellung einer Auflassungsvormerkung auf Grund einstweiliger Verfügung ist dies aber nicht so. Erfolgte die Grundstücksveräußerung mit Benachteiligungsvorsatz, kann auch eine Anfechtung der Vormerkungsbestellung nach § 133 InsO denkbar sein.

dd) Die Anfechtbarkeit des schuldrechtlichen Grundgeschäfts und § 144 Abs. 2 InsO

1611 Zuletzt kann auch der Abschluss des Kaufvertrages als Verpflichtungsgeschäft eine anfechtbare Rechtshandlung nach § 132 Abs. 1 InsO sein. Im Hinblick auf die Gläubigerbenachteiligung stellt sich allein hier die Frage der Angemessenheit des Kaufpreises im Verhältnis zum Wert des Grundstücks, da § 132 Abs. 1 InsO eine unmittelbare Gläubigerbenachteiligung fordert. Für die Beurteilung der Gläubigerbenachteiligung bei der Anfechtung des Eigentumserwerbs und der Vormerkungsbestellung spielt das Verhältnis von Kaufpreis zum Wert des Grundstücks dagegen keine Rolle, wenn nicht ausnahmsweise ein Bargeschäft des § 142 InsO vorliegt.

1612 Die Anfechtbarkeit des schuldrechtlichen Grundgeschäftes spielt im zweierlei Hinsicht eine untergeordnete Rolle. Zum einen liegt der Zeitpunkt des Abschlusses des Geschäftes gerade im Grundstücksbereich außerhalb des anfechtbaren Zeitraums des § 132 Abs. 1 InsO, zum anderen müsste bei einer Anfechtung der Kaufpreis nach § 144 Abs. 2 InsO aus der Insolvenzmasse zurückgewährt werden; dies ist nicht vorteilhaft.

1613 **Beispiel 17:** Der Schuldner verkauft mit notariell beurkundetem Kaufvertrag vom 18. Juni eine ihm gehörende Eigentumswohnung zum angemessenen Kaufpreis von 213.000 EUR an den Erwerber; der Vertrag bedarf keiner öffentlichrechtlichen Genehmigung. Im Kaufvertrag wird die Bestellung einer Auflassungsvormerkung zu Gunsten des Erwerbers vereinbart, der Schuldner bewilligt ihre Eintragung. Auch die Auflassung wird erklärt. Der Notar stellt im Namen aller Antragsberechtigten am 21. Juni beim Grundbuchamt Antrag auf Eintragung der

---

[1] *Kirchhof* in: MüKo-InsO, § 130 Rdn. 8.
[2] BGHZ 34, 254.

Vormerkung. Sie wird am 2. Juli in das Grundbuch eingetragen. Zu diesem Zeitpunkt war der Schuldner bereits der zahlungsunfähig, er hatte mit Schreiben vom 15. Juni seinen Gläubigern mitgeteilt, dass er ab dem 1. Juli keinerlei Zahlungen mehr leisten werde. Dem Erwerber ist dies seit dem 20. Juni bekannt. Gleichwohl zahlt er am 5. Juli den Kaufpreis unmittelbar an den Schuldner; die Kaufpreisfälligkeit tritt nach den Vereinbarungen im Kaufvertrag mit Eintragung der Auflassungsvormerkung ein, der Kaufpreis sollte unmittelbar an den Schuldner und nicht über ein Notaranderkonto gezahlt werden. Zum 18. August zahlt der Erwerber die für den Eigentumserwerb anfallende Grunderwerbsteuer an das zuständige Finanzamt. Nach Erteilung der Unbedenklichkeitsbescheinigung seitens des Finanzamts stellt der Notar am 15. September im Namen aller Antragsberechtigten Antrag auf Eigentumsumschreibung beim Grundbuchamt. Bereits am 1. September hatte der Schuldner Antrag auf Eröffnung des Insolvenzverfahrens über sein Vermögen gestellt. Das Insolvenzverfahren wird mit Beschluss vom 1. Oktober eröffnet. Am 2. Oktober trägt das Grundbuchamt den Erwerber als Eigentümer in das Grundbuch ein.

Der Sachverhalt gibt zu vielerlei Erwägungen Anlass, neben der Prüfung möglicher Anfechtungsansprüche aus § 143 InsO kann sich auch die Frage der Abwicklung des Kaufvertrages insbesondere im Hinblick auf die nicht unproblematische Zahlung des Kaufpreises durch den Erwerber stellen.

Zunächst ist zu prüfen, ob der Eigentumserwerb materiellrechtlich wirksam ist. Die nach §§ 873 und 925 BGB erforderliche Auflassungserklärung wurde im notariell beurkundetem Kaufvertrag vom 18. Juni abgegeben, die Eintragung des Eigentumswechsels erfolgte am 2. Oktober. Zu diesem Zeitpunkt war über das Vermögen des Schuldners bereits das Insolvenzverfahren eröffnet, ihm fehlte nach § 80 Abs. 1 InsO die erforderliche Verfügungsbefugnis zum Zeitpunkt der Vollendung des Rechtserwerbs. Eine Genehmigung des Rechtserwerbs durch den Insolvenzverwalter liegt nicht vor (§ 185 Abs. 2 BGB). Der Rechtserwerb ist aber über § 878 BGB mit § 91 Abs. 2 InsO wirksam. Die Auflassungserklärung wurde zu notarieller Urkunde und damit für den Schuldner bindend erklärt (§ 873 Abs. 2 erste Alternative BGB), der Antrag auf Eigentumsumschreibung wurde am 15. September vor Wirksamwerden der Verfügungsentziehung doch Insolvenzeröffnung gestellt; einstweilige Sicherungsmaßnahmen nach § 21 Abs. 2 Nr. 2 InsO, die auch nach § 24 Abs. 1 InsO eine Verfügungsentziehung zur Folge gehabt hätten, wurde nicht angeordnet. Öffentlich-rechtlichen Genehmigungen waren zum Eigentumserwerbs nicht erforderlich, die Unbedenklichkeitsbescheinigung des § 22 GrdEStG ist lediglich verfahrensrechtliches Erfordernis der Grundbucheintragung. Der Erwerber hat damit die Eigentumswohnung wirksam erworben, dem Insolvenzverwalter steht kein Anspruch aus § 894 BGB zu.

Fraglich ist, ob er einen Anspruch auf Rückübereignung aus § 143 Abs. 1 Satz 1 InsO hat. Zu prüfen ist zunächst die Anfechtbarkeit der Eigentumsübertragung: Die Eigentumsübertragung ist als Verfügungsgeschäft anfechtbare Rechtshandlung des § 129 Abs. 1 InsO, Gläubigerbenachteiligung ergibt sich dadurch, dass das Wohnungseigentum als Vermögenswert nicht mehr der Insolvenzmasse zusteht. Die Rechtshandlung ist grundsätzlich mit dem Zeitpunkt des materiellrechtlichen Rechtserwerbs beendet (§ 140 Abs. 1 InsO), vorliegend ist § 140 Abs. 2 Satz 1 InsO anwendbar. Der Antrag auf Eigentumsumschreibung wurde vor Insolvenzeröffnung durch den Notar als Bevollmächtigten auch und gerade für den Erwerber gestellt (§§ 15 und 13 Abs. 1 Satz 2 GBO), die Auflassungserklärung dafür den Schuldner bindend, zum Zeitpunkt der Antragstellung fehlte nur die Grundbucheintragung. Die Rechtshandlung gilt dann im Zeitpunkt der Antragstellung am 15. September als beendet; eine Anwendung des § 147 InsO ist nicht erforderlich. Unter Berücksichtigung des § 140 Abs. 2 Satz 2 InsO ist als maßgeblicher Zeitpunkt für den Eigentumserwerb die Bestellung der Vormerkung anzusehen, die ihrerseits nach § 140 Abs. 2 Satz 1 InsO zu beurteilen ist. Dies sei aus systematischen Gründen hier vernachlässigt. Die Eigentumsübertragung befriedigt den Erwerber hinsichtlich seines Anspruchs auf Eigentumserwerb aus § 433 Abs. 1 Satz 1 BGB, er erhält kongruente Befriedigung nach § 130 Abs. 1 InsO. Die Rechtshandlung erfolgte nach dem Antrag auf Eröffnung des Insolvenzverfahrens, es gilt § 130 Abs. 1 Nr. 1 InsO. Der Schuldner war zu diesem Zeitpunkt bereits zahlungsunfähig, dem Erwerber war dies bekannt. Die Eigentumsübertragung ist damit anfechtbar, den Insolvenzverwalter steht ein Anspruch auf Rückübereignung zu.

Die Anfechtung ist nur dann sinnvoll, wenn auch die Bestellung der Vormerkung angefochten werden kann, ansonsten hätte der Insolvenzverwalter den durch die Vormerkung gesicherten Anspruch nach § 106 InsO zu erfüllen. Die Vormerkung Bestellung ist als Verfügungsgeschäft anfechtbare Rechtshandlung, ihre Gläubigerbenachteiligung ergibt sich gerade aus der Sicherungswirkung des § 106 InsO. Die Rechtshandlung gilt nach § 140 Abs. 2 Satz 1 InsO mit dem Zeitpunkt der Antragstellung auf Eintragung der Vormerkung in das Grundbuch als beendet; der Notar hatte als Bevollmächtigter auch für den Erwerber am 21. Juni Antrag auf Eintragung der Vormerkung gestellt, die Bewilligung des Schuldners nach § 885 Abs. 1 BGB war für ihn in entsprechender Anwendung des § 873 Abs. 2 erste Alternative BGB bindend. Die rechtsgeschäftlich bestellte Vormerkung gewährt dem Erwerber kongruente Sicherung seiner Insolvenzforderung. Die Rechtshandlung erfolgte innerhalb der letzten drei Monate vor dem Insolvenzantrag vom 1. September, es gilt § 130 Abs. 1 Nr. 1 InsO. Zu diesem Zeitpunkt (21. Juni) war der Schuldner aber noch nicht zahlungsunfähig. Schon deshalb unterliegt die Bestellung der Vormerkung nicht der Insolvenzanfechtung. Für den Anfechtungstatbestand des § 133 Abs. 1 InsO gibt der Sachverhalt keinerlei Anhaltspunkte, insbesondere liegt keine unmittelbare Gläubigerbenachteiligung vor. Die Vormerkung ist damit insolvenzfest, der Insolvenzverwalter hat den vorgemerkten Anspruch zu erfüllen. Damit ist auch die Anfechtung der Eigentumsübertragung selbst sinnlos.

Mit diesem Ergebnis erübrigt sich die Prüfung der Anfechtbarkeit des Kaufvertrages. Der Erwerber konnte im Übrigen risikolos den Kaufpreis nach Eintragung der Vormerkung zahlen. Anfechtungsrechtlich wäre dies für ihn nur dann problematisch gewesen, wenn er im Zeitpunkt des Antrag auf Eintragung der Vormerkung Kenntnis von einer Zahlungsunfähigkeit des Schuldners gehabt hätte.

b) Die Anfechtung der Bestellung von Grundpfandrechten

aa) Die Anfechtung rechtsgeschäftlich bestellter Grundpfandrechte

1614 Die rechtsgeschäftliche Bestellung eines Grundpfandrechts ist als Verfügungsgeschäft des Schuldners grundsätzlich nach § 130 InsO anfechtbar, eine Anfechtung wegen kongruente Sicherung nach § 131 InsO kann in Betracht kommen, wenn der Gläubiger zunächst keinen Anspruch auf Bestellung des Grundpfandrechts hatte, es zur Sicherung bestehender Forderungen den Schuldner gleichsam abgenötigt wird.

1615 Als für die Vollendung der Rechtshandlung maßgeblicher Zeitpunkt ist grundsätzlich derjenige der Antragstellung auf Eintragung beim Grundbuchamt nach § 140 Abs. 2 InsO maßgeblich. Wird jedoch die Bestellung einer Briefhypothek oder einer Briefgrundschuld vereinbart, ist zu unterscheiden, der der Gläubiger das Recht grundsätzlich erst mit

Briefübergabe nach § 1117 Abs. 1 Satz 1 BGB erwirbt, § 140 Abs. 2 Satz 1 InsO findet dann keine Anwendung.

Beispiel 18: Der Schuldner einigt sich am 13. Januar mit dem Gläubiger über die Bestellung einer Briefgrundschuld zur Sicherung einer bestehenden Forderung, er händigt ihm am gleichen Tag eine Eintragungsbewilligung zur Eintragung in das Grundbuch aus. Am 15. Januar stellt der Gläubiger Eintragungsantrag beim Grundbuchamt. Das Grundbuchamt trägt am 19. März die Grundschuld in das Grundbuch ein und übersendet den Grundschuldbrief dem Gläubiger, der Schuldner hatte dies in der Eintragungsbewilligung so bestimmt. Am 29. April wird über das Vermögen des Schuldners auf dessen Antrag vom selben Tag das Insolvenzverfahren eröffnet. 1616

Fallabwandlung: Wie ist die Rechtslage, wenn sich Gläubiger und Schuldner ausdrücklich darüber geeinigt hätten, dass der Gläubiger berechtigt sei, sich den Grundschuldbrief vom Grundbuchamt aushändigen zu lassen?

Die Grundschuld ist nach §§ 1191, 873, 1113 und 1117 Abs. 1 Satz 1 BGB für den Gläubiger vor Insolvenzeröffnung wirksam entstanden. Sie ist mit Grundbucheintragung zunächst als Eigentümerrecht entstanden (§ 1163 Abs. 2 BGB) und mit Übergabe des Grundschuldbriefes auf dem Gläubiger übergegangen; entsprechend der einseitigen Anweisung des Schuldners an das Grundbuchamt (§ 60 Abs. 2 GBO) wurde dieses als Bote tätig. Der Insolvenzverwalter könnte Anspruch auf Rückgewähr der Grundschuld aus § 143 Abs. 1 Satz 1 InsO haben, der Anspruch richtet sich nach Wahl des Insolvenzverwalters auf Rückübertragung, Aufhebung oder Verzicht auf das Recht. Die Bestellung der Grundschuld ist als Verfügungsgeschäft eine anfechtbare Rechtshandlung im Sinne des § 129 Abs. 1 InsO. Für die Bestimmung des Zeitpunkt der Vollendung der Rechtshandlung findet § 140 Abs. 2 Satz 1 InsO keine Anwendung, da die Grundbucheintragung für den Rechtsanwalt des Gläubigers nicht der letzte materiellrechtliche Tatbestand war. Die Rechtshandlung ist erst mit Briefübergabe beendet. Sie gewährte dem Gläubiger kongruente Deckung und erfolgte innerhalb der letzten drei Monate vor dem Insolvenzantrag (§ 130 Abs. 1 Nr. 1 InsO). Der Sachverhalt lässt offen, ob der Schuldner zum Zeitpunkt der Briefübergabe bereits zahlungsunfähig war und der Gläubiger hiervon Kenntnis hatte.

In der Fallabwandlung gilt materiellrechtlich § 1117 Abs. 2 BGB. In Anwendung dieser Vorschrift erwirbt der Gläubiger das Grundpfandrecht bereits mit Grundbucheintragung. Der für die Vollendung der Rechtshandlung maßgeblicher Zeitpunkt ist dann nach § 140 Abs. 2 Satz 1 InsO der Zeitpunkt der Antragstellung beim Grundbuchamt, mithin der 15. Januar. Dieser Zeitpunkt liegt schon nicht mehr im anfechtbaren Zeitraum des § 130 Abs. 1 Nr. 1 InsO. Die Grundschuldbestellung ist nicht anfechtbar, Anhaltspunkte für eine Anwendung des § 133 InsO liegen nicht vor.

Die Bestellung eines Grundpfandrechts kann als Bargeschäft der Anfechtung nach § 130 InsO entzogen sein, wenn dem Schuldner unmittelbar eine gleichwertige Gegenleistung gewährt wird, insbesondere wenn ein Darlehen in Höhe des Kapitalbetrags der Grundschuld oder der Hypothek gewährt wird.[1] Eine Bargeschäft scheidet aus, wenn die Darlehensmittel einer a priori aussichtslosen Sanierung dienen sollten.[2] Im Übrigen ist eine Anfechtung nach §§ 131 oder 133 InsO nicht ausgeschlossen. 1617

---

[1] BGH WM 1955, 404; *Gerhardt/Kreft*, Rdn. 91.
[2] OLG Brandenburg ZIP 2002, 1902.

bb) Die Anfechtung von Vormerkung und Sicherungshypothek im Wege der Zwangsvollstreckung

1618 Die Eintragung einer Vormerkung auf Grund einstweiliger Verfügung stellt nach §§ 936 und 928 ZPO eine Zwangsvollstreckungsmaßnahme dar.[1] Sie ist damit anfechtbare Rechtshandlung nach § 131 InsO.[2] Maßgeblicher Zeitpunkt für die Beendigung der Rechtshandlung ist der Zeitpunkt der Eintragung der Vormerkung in das Grundbuch, § 140 Abs. 2 InsO findet keine Anwendung, er schützt ähnlich wie § 878 BGB lediglich den rechtsgeschäftlichen Erwerb. Allerdings wird vertreten, in entsprechender Anwendung des § 932 Abs. 3 ZPO sei auch im Hinblick auf die Anfechtbarkeit oder im Hinblick auf die Geltung der Rückschlagsperre des § 88 InsO der Zeitpunkt der Antragstellung maßgebend.[3] Dem ist zu widersprechen.[4] Die Regelung des § 932 Abs. 3 ZPO will allein für den Gläubiger die Einhaltung der Vollziehungsfrist des § 929 Abs. 2 ZPO erleichtern, ihr Zweck besteht nicht darin, allgemein für den Gläubiger einen Rechtserwerb zu sichern. Praktisch liefe dies auch auf eine entsprechende Anwendung des § 878 BGB für den Erwerb der Vormerkung durch Zwangsvollstreckung hinaus.

1619 **Beispiel 19** (BGHZ 34, 254): Der Gläubiger errichtet auf dem Grundstück des Schuldners ein Wohnhaus. Er erwirkt am 20. Juli eine einstweilige Verfügung des Landgerichts dahin, dass ihm auf dem Grundstück des Schuldners eine Vormerkung zur Sicherung einer Bauhandwerker-Sicherungshypothek einzutragen sei. Die Eintragung der Vormerkung erfolgt am 25. Juli, und zwar zur Sicherung einer Hypothek einschließlich Zinsen und Kosten in Höhe von 43.229,10 EUR. Am 28. August wird über das Vermögen des Schuldners das Insolvenzverfahren eröffnet.

Die Bauhandwerker-Sicherungshypothek sichert den Anspruch des Unternehmers gegen den Besteller auf seinen Werklohn aus § 631 BGB. Die Hypothek wird stets rechtsgeschäftlich bestellt (§§ 1185, 1113 ff., 873 BGB). Der Unternehmer hat nach § 648 BGB gegen den Besteller einen Anspruch auf eine Räumung dieser Hypothek. Dieser Anspruch – nicht derjenige auf Werklohnzahlung – wird durch die Vormerkung gesichert. Die Bestellung der Vormerkung im Wege einstweiliger Verfügung ist anfechtbare Rechtshandlung nach §§ 129 mit 141 InsO. Sie ist mit Eintragung der Vormerkung am 25. Juli beendet. Die Gläubigerbenachteiligung besteht darin, dass der Gläubiger mit Erfüllung des vorgemerkten Anspruchs eine Sicherungshypothek und damit ein Absonderungsrecht (§ 49 InsO) für seine Werklohnforderung erhält. Die Vormerkung gewährt ihm eine Sicherung. Als Anfechtungstatbestände kommen § 130 Abs. 1 Nr. 1 InsO oder § 131 Abs. 1 Nrn. 2 oder 3 InsO in Betracht. Nimmt man wie der Bundesgerichtshof (BGHZ 34, 254) kongruente Deckung an, erfordert der Anfechtungstatbestand die Zahlungsunfähigkeit des Schuldners und die Kenntnis des Gläubigers hiervon. Bei inkon-

---

[1] Allgemein Zöller/*Vollkommer*, ZPO, § 928 Rdn. 4 ff.

[2] Allerdings kongruent im Falle des BGHZ 34, 254.

[3] *Eickmann* in: HK-InsO, § 88 Rdn. 8; Stein/Jonas/*Münzberg*, ZPO, § 867 Rdn. 9; Stein/Jonas/*Grunsky*, ZPO, § 932 Rdn. 8; *Lüke* in: *Kübler/Prütting*, InsO, § 88 Rdn. 17.

[4] LG Nürnberg-Fürth Rpfleger 2001, 410; LG Berlin ZIP 2001, 2293; LG Bonn ZIP 2004, 1374; Zöller/*Vollkommer*, ZPO, § 932 Rdn. 7.

gruenter Deckung genügt die Kenntnis einer Gläubigerbenachteiligung. Da der Gläubiger die Vormerkung durch Zwangsvollstreckung erlangt hat, kann dies als Beweisanzeichen für eine Kenntnis von Gläubigerbenachteiligung nach § 131 Abs. 1 Nr. 3 mit Abs. 2 Satz 1 InsO gewertet werden. Der Insolvenzverwalter hat mit erfolgreicher Anfechtung als inkongruente Deckung Anspruch auf Rückgewähr der Vormerkung, mit den Anspruch auf Aufhebung.

Die Eintragung einer Sicherungshypothek im Wege der Zwangsvoll- 1620
streckung nach §§ 866, 867 ZPO stellt ebenfalls eine inkongruente Sicherung nach § 131 InsO dar, soweit nicht bereits die Rückschlagsperre des § 88 InsO gilt.[1] Die Rechtshandlung ist auch hier erst mit Eintragung der Hypothek in das Grundbuch beendet, § 140 Abs. 2 InsO findet ebenso wenig Anwendung wie § 932 Abs. 3 ZPO.

c) Die Anfechtung der Einbeziehung ungesicherter Forderungen in eine offene Sicherheit

Eine inkongruente Sicherung bewirkt schließlich die Einbeziehung 1621
bislang ungesicherter Forderungen in eine offene, nicht valutierte und logisch nicht akzessorische Sicherheit ebenso wie die nachträgliche Besicherung selbst.[2] Die Inkongruenz ergibt sich daraus, dass der Gläubiger für die Forderungen ursprünglich keine entsprechende Besicherung verlangen konnte, sie ihm gerade erst nach Eintritt der Krise des Schuldners gewährt wird. Inkongruent ist eine solche Besicherung gerade auch dann, wenn der Gläubiger durch Zession eine Forderung erwirbt, um sie einer zu seinen Gunsten bestehenden Sicherheit zu unterstellen.[3]

Beispiel 20 (BGHZ 59, 230): Am Grundstück des Schuldners lastet eine Grund- 1622
schuld der Sparkasse zu 100.000 EUR, die nur noch mit einer Forderung von 64.000 EUR valutiert ist. Nachdem für die Sparkasse die Zahlungsunfähigkeit des Schuldners erkennbar ist, lässt sie sich eine ungesicherte Forderung eines anderen Gläubigers gegen den Schuldner in Höhe von 12.000 EUR abtreten. Gegenüber dem Insolvenzverwalter verlangt sie abgesonderte Befriedigung in Höhe von 76.000 EUR, weil nach dem Sicherungsvertrag der Grundschuld diese sämtliche Forderungen gegen den Schuldner, auch soweit sie nicht unmittelbar aus gegenseitiger Geschäftsbeziehung stammen. sichert. Im späteren Zwangsversteigerungsverfahren widerspricht der Insolvenzverwalter der Zuteilung an die Sparkasse in Höhe von 76.000 EUR, da der Rückgewähranspruch in Höhe von gesamt 26.000 EUR dagegenstehe.

Der Insolvenzverwalter macht im Zwangsversteigerungsverfahren für den Schuldner den Widerspruch des § 115 ZVG geltend (dazu BGH ZIP 2001, 933). Der Widerspruch muss sich auf ein dingliches Recht stützen, um zulässig zu sein. Als dingliches Recht wird auch der Rückgewähranspruch des Schuldners gegen einen Grundschuldgläubiger angesehen, da dieser sich durch Abtretung oder Verzicht auf das Recht in ein dingliches Recht umwandeln kann (zuletzt nicht völlig eindeutig BGHZ 108, 237, 247, 248; BGHZ 130, 314, 325; in diesem Sinne aber

---

[1] Umfassend *Keller,* ZIP 2000, 1324.
[2] *Gerhardt/Kreft,* Rdn. 342 ff.
[3] BGHZ 59, 230.

bereits *Jaeckel/Güthe,* ZVG, § 115 Rdn. 5; *Steiner/Teufel,* ZVG, § 115 Rdn. 53; *Stöber,* ZVG, § 115 Rdn. 3.4 a; *Böttcher,* ZVG, § 114 Rdn. 53; *Eickmann* in: MüKo-BGB, § 1191 Rdn. 101). Dieser Rückgewähranspruch besteht unter Berücksichtigung der Einbeziehung der an die Sparkasse abgetretenen Forderung in Höhe von 24.000 EUR; ohne Berücksichtigung dieser Forderung bestünde er in Höhe von 36.000 EUR. Fraglich ist damit, ob die Einbeziehung der abgetretenen Forderung nicht anfechtbar ist. Als anfechtbare Rechtshandlung nach § 129 InsO ist die Abtretung zusammen mit der Einbeziehung in die offene Grundschuld zu sehen. Die Gläubigerbenachteiligung ergibt sich durch die Einbeziehung in die Grundschuldsicherung, die Abtretung als solche ist für die Insolvenzmasse neutral. Diese Sicherung ist für die Sparkasse inkongruent, da sie ursprünglich für die an Sie abgetretene Forderung keine Sicherheit geltend machen konnte. Zwar gewährt die Grundschuld nach der Sicherungsabrede Sicherung für alle im gegenseitigen Geschäftsverkehr und auch durch Abtretung erworbene Forderungen, im Hinblick auf die Kongruenz einer Sicherheit genügt dies jedoch nicht dem Bestimmtheitserfordernis im Hinblick auf die zu sichernden Forderungen (BGHZ 59, 230, 234). Die Einbeziehung der abgetretenen Forderungen in die Grundschuldsicherung ist damit nach § 131 Abs. 1 InsO anfechtbar. Welcher genaue Zeitraum für die Beendigung der Rechtshandlung vor dem Insolvenzantrag und damit welcher genaue Anfechtungstatbestand des § 131 Abs. 1 InsO vorliegt, lässt der Sachverhalt offen. Im Ergebnis hat die Sparkasse auf die abgesonderte Befriedigung in Höhe von 12.000 EUR zu verzichten, sie ist mit dieser Forderung gewöhnliche Insolvenzgläubigerin, ebenso wie der Gläubiger, von welchem sie die Forderung erlangt hat, es gewesen wäre.

4. Teil. Die besonderen Verfahrensarten

12. Kapitel. Das Insolvenzplanverfahren

I. Die Ziele des Insolvenzplanverfahrens

Die Gesetzesbegründung bezeichnet das Insolvenzplanverfahren (§§ 217 bis 269 InsO) als Kernstück der Insolvenzrechtsreform.[1] Mit dem Insolvenzplan soll die gemeinschaftliche Befriedigung der Gläubiger als oberstes Ziel des Insolvenzverfahrens verbunden mit der Möglichkeit der Sanierung des schuldnerischen Unternehmens als weiteres Verfahrensziel erreicht werden, dies wird durch die programmatische Regelung des § 1 Satz 1 InsO verdeutlicht.[2] 1623

1. Die Überlegungen des Gesetzgebers zum Insolvenzplanverfahren

In seiner verfahrensrechtlichen Konzeption ersetzt der Insolvenzplan das bisherige Vergleichsverfahren nach der Vergleichsordnung, den Zwangsvergleich nach §§ 173 ff. KO[3] und den Vergleich nach § 16 GesO.[4] Der Insolvenzplan ist aber nicht wie ein Vergleich als Vertrag zwischen dem Schuldner und seinen Gläubigern zu verstehen, er soll gleichsam allseitig wirkendes Rechtsinstitut zur Liquidation oder Sanierung des schuldnerischen Unternehmens unter Berücksichtigung der Interessen aller Beteiligten sein.[5] Der Insolvenzplan gibt den Beteiligten deshalb weit mehr Gestaltungsspielraum,[6] insbesondere muss den Gläubigern keine so genannte Mindestquote ihrer Forderungen ge- 1624

---

[1] Beschlussempfehlung des Rechtsausschusses, BT-Drucks. 12/7302, S. 181; *Lüer* in: *Uhlenbruck,* InsO, Vor §§ 217–269 Rdn. 1.

[2] Dazu *Henckel* in: *Jaeger,* InsO, § 1 Rdn. 2; etwas überzogen kritisch *Smid* in: *Smid,* InsO, § 1 Rdn. 15; zur Gesetzgebungsgeschichte Begründung des Regierungsentwurfs BT-Drucks. 12/2443, S. 102; *Eidenmüller* in: MüKo-InsO, Vor §§ 217 bis 269 Rdn. 4 ff.; *Lüer* in: *Uhlenbruck,* InsO, Vor §§ 217–269 Rdn. 7 ff.; *Braun* in: *Nerlich/Römermann,* InsO, Vor § 217 Rdn. 24 ff.; *Arnold* in: *Gottwald,* Insolvenzrechts-Handbuch (1. Aufl. 1990), § 1 Rdn. 33; *Braun/Uhlenbruck,* Unternehmensinsolvenz, S. 425 ff.

[3] Dazu *Kuhn/Uhlenbruck,* KO, § 173 Rdn. 1 ff.; im Rechtsvergleich *Braun/Uhlenbruck,* S. 461 ff.

[4] Dazu *Haarmeyer/Wutzke/Förster,* GesO, § 16 Rdn. 2 ff.

[5] Eingehend Begründung des Regierungsentwurfs BT-Drucks. 12/2443, S. 91; *Braun* in: *Nerlich/Römermann,* InsO, Vor § 217 Rdn. 69 ff.; *Braun/Uhlenbruck,* S. 439 ff., 453 ff.

[6] Begründung des Regierungsentwurfs BT-Drucks. 12/2443, S. 90.

währt werden, auch kann die Zustimmung einzelner Gläubiger durch die gesetzliche Zustimmungsfiktion des § 245 InsO (Obstruktionsverbot) ersetzt werden.[1] Mit dem Insolvenzplan kann eine Restschuldbefreiung gegenüber dem Schuldner verbunden sein, der Insolvenzplan bezweckt als Rechtsinstitut jedoch zwingend keine Rechtswohltat ihm gegenüber.[2] Der Ablauf des Insolvenzplanverfahrens ist mit dem Verfahren des Zwangsvergleichs weitgehend identisch. Das Insolvenzgericht bestimmt nach einer formalen Vorprüfung des eingebrachten Insolvenzplans eine Gläubigerversammlung (Erörterungs- und Abstimmungstermin), in welcher die Gläubiger über die Annahme des Insolvenzplans zu befinden haben. Nach deren Zustimmung (§§ 244, 245 ff. InsO) bestätigt das Insolvenzgericht den angenommenen Insolvenzplan, er erlangt Rechtswirksamkeit für alle Beteiligten. Das Insolvenzverfahren wird aufgehoben.

1625 Mit dem Insolvenzplan kann die Abwicklung des Verfahrens durch die Beteiligten flexibel gestaltet werden. Nach § 217 InsO können die Beteiligten abweichend von den gesetzlichen Vorschriften Regelungen treffen über

- die Befriedigung der absonderungsberechtigten Gläubiger, der gewöhnlichen Insolvenzgläubiger und der nachrangigen Insolvenzgläubiger,
- die Verwertung der Insolvenzmasse und die Verteilung des Erlöses an die Beteiligten,
- die Haftung des Schuldners für die Zeit nach Beendigung des Insolvenzverfahrens.

1626 Inhaltlich kann der Insolvenzplan praktisch alles regeln, was rechtlich möglich ist. Die Beteiligten sind nicht an die Vorschriften der Insolvenzordnung gebunden, die inhaltlichen Grenzen des Insolvenzplans setzt das allgemeine bürgerliche Recht, insbesondere das Schuldrecht, das Sachenrecht sowie das Gesellschaftsrecht.[3]

1627 Vorbild für den Insolvenzplan war im Wesentlichen das Reorganisations- und Schuldenregulierungsrecht nach chapter 11 des U.S.-amerikanischen bankruptcy code.[4] Von diesem so genannten „chapter 11-Verfahren“ ist insbesondere das Obstruktionsverbot des § 245 InsO abgeleitet, mit welchem es den Gläubigern verwehrt werden soll, aus sachfremden Erwägungen einen wirtschaftlich sinnvollen Insolvenzplan abzulehnen.

---

[1] Begründung des Regierungsentwurfs BT-Drucks. 12/2443, S. 194.

[2] Begründung des Regierungsentwurfs BT-Drucks. 12/2443, S. 91.

[3] Begründung des Regierungsentwurfs BT-Drucks. 12/2443, S. 90 ff.; *Lüer* in: *Uhlenbruck,* InsO, § 217 Rdn. 7 bis 22.

[4] Begründung des Regierungsentwurfs BT-Drucks. 12/2443, S. 105; *Lüer* in: *Uhlenbruck,* InsO, Vor §§ 217–269 Rdn. 13 ff.; *Eidenmüller* in: MüKo-InsO, Vor §§ 217 bis 269 Rdn. 14 ff.; *Braun* in: *Nerlich/Römermann,* InsO, Vor § 217 Rdn. 34 bis 68; eingehend *Braun/Uhlenbruck,* S. 427 bis 438, 491 ff.; zu aktuellen Neuregelungen *Paulus,* NZI 2005, 439; *Rüfner,* ZIP 2005, 1859.

2. Die Gestaltungsmöglichkeiten im Insolvenzplan

Die konkreten Inhalte eines Insolvenzplans werden vom Ziel des jeweiligen Insolvenzverfahrens unter Berücksichtigung der wirtschaftlichen Lage des schuldnerischen Unternehmens, insbesondere seiner Sanierungsfähigkeit, von den Rechtspositionen einzelner Gläubiger und ihrer Sicherungsrechte und den Interessen der Gläubigergemeinschaft bestimmt. Allgemein kann ein Insolvenzplan gerichtet sein auf[1] 1628

- die Liquidation der schuldnerischen Unternehmens (Liquidationsplan),
- die Sanierung des schuldnerischen Unternehmens durch teilweise oder vollständige Veräußerung des Unternehmens unter anschließender Liquidation des Unternehmensträgers (übertragendes Sanierung),
- die Sanierung des Unternehmens und des Unternehmensträgers nach den Leistungs- und finanzwirtschaftlichen Möglichkeiten und Sanierungschancen.

Zwischen diesen stark vereinfachten Regelungsmöglichkeiten im Insolvenzplan gibt es keine gesetzlich vorgeschriebene Priorität, Liquidation und Sanierung stehen im Gleichrang.[2] 1629

Die grundsätzliche Entscheidung zwischen Liquidation und Sanierung des schuldnerischen Unternehmens ist keine juristische sondern eine betriebswirtschaftliche. Danach ist die Sanierungsfähigkeit des schuldnerischen Unternehmens zu prüfen. Allgemein ist es noch als sanierungsfähig zu bezeichnen, wenn nach Durchführung entsprechender Maßnahmen nachhaltig ein Überschuss an Einnahmen über die Ausgaben erzielt werden kann.[3] Es sind deshalb ausgehend von der Analyse der Ursachen der Insolvenz die Finanz- und Ertragslage des Unternehmens sowie die Marktchancen zu beurteilen. Eine Sanierung kann sich dann auf leistungswirtschaftliche Maßnahmen beschränken, zum Beispiel durch Umstrukturierungen im Produktionsablauf oder durch Stilllegung unrentabeler Unternehmenszweige. Sie kann auch finanzwirtschaftliche Maßnahmen zum Gegenstand haben, beispielsweise eine Kapitalerhöhung der schuldnerischen Gesellschaft. Die so genannte übertragende Sanierung, bei welcher das Unternehmen oder Teile hiervon an einen Dritten oder an einen neu gegründeten Unternehmensträger veräußert werden und der hierbei erzielte Veräußerungserlös die Insolvenzmasse bei der Liquidation des verbliebe- 1630

---

[1] Begründung des Regierungsentwurfs BT-Drucks. 12/2443, S. 195; eingehend *Braun* in: *Nerlich/Römermann,* InsO, Vor § 217 Rdn. 196 ff.; *Braun/Uhlenbruck,* S. 563 ff.; *Maus* in: KS, S. 931 Rdn. 10 ff.

[2] Begründung des Regierungsentwurfs BT-Drucks. 12/2443, S. 77.

[3] Allgemein *Arnold* in: *Gottwald,* Insolvenzrechts-Handbuch (1. Aufl. 1990), § 3 Rdn. 7 ff., 23; *Maus* in: *K. Schmidt/Uhlenbruck,* Rdn. 355 mit umfangreichen Nachweisen; *Maus* in: KS, S. 931 Rdn. 45 ff.

nen Unternehmensträgers darstellt, ist eigentlich eine Maßnahme der Liquidation. Sie war Leitbild des Gesetzgebers auch für den Insolvenzplan.[1]

a) Die Liquidation des schuldnerischen Unternehmens

1631 Die gemeinschaftliche Befriedigung der Gläubiger soll bereits im Regelinsolvenzverfahren durch Verwertung des schuldnerischen Vermögens und Verteilung des Erlöses an die Gläubiger erreicht werden (§ 1 Satz 1, §§ 148 ff., 159 ff. InsO). Ein Insolvenzplan als Liquidationsplan regelt hier nichts grundlegend Neues. Durch den Insolvenzplan kann aber beispielsweise von den Regelungen der §§ 165 ff. InsO betreffend die Verwertung der mit Absonderungsrechten behafteten Gegenstände abgewichen werden. Es kann auch bestimmt werden, dass der Insolvenzverwalter das Unternehmen vor einer Liquidation zeitweilig fortzuführen hat. Zwar kann dies die Gläubigerversammlung auch im Regelinsolvenzverfahren nach § 157 InsO beschließen, der Insolvenzplan kann aber weit flexibler Unternehmensfortführung und anschließende Liquidation miteinander verknüpfen. In Verbindung mit der übertragenden Sanierung spricht die Gesetzesbegründung von einem so genannten Stufenplan.[2]

b) Die übertragende Sanierung des Unternehmens

1632 Die übertragende Sanierung des schuldnerischen Unternehmens hat in der Diskussion um das neue Insolvenzrechts große Beachtung gefunden, in der einfachen Formen der Unternehmensveräußerung ist sie auch in den §§ 160, 162 und 163 InsO geregelt.[3]

1633 Den Begriff prägte *Karsten Schmidt,*[4] der einer Anwendung dieser Liquidations- oder Sanierungsmöglichkeit aber kritisch gegenübersteht.[5] Allgemein erfolgt die übertragende Sanierung in der Weise, dass die bisherigen Gesellschafter beziehungsweise hinzutretende neue Gesellschafter eine Nachfolgegesellschaft, auch in Form einer Kapitalgesellschaft, gründen, die den Betrieb des schuldnerischen Unternehmens übernimmt, während diese das ihr verbleibende Vermögen zur teilweisen Befriedigung der Gläubiger verwendet. Hierbei wird das Unternehmen in seiner neuen rechtlichen Gestalt von Altschulden entweder völlig oder nach Maßgabe der an die schwindende Gesellschaft zu zah-

---

[1] Begründung des Regierungsentwurfs BT-Drucks. 12/2443, S. 94 ff.; *Maus* in: KS, S. 931 Rdn. 15 ff.

[2] Begründung des Regierungsentwurfs BT-Drucks. 12/2443, S. 91 linke Spalte oben.

[3] Begründung des Regierungsentwurfs BT-Drucks. 12/2443, S. 94 ff.; in Abgrenzung zum Plan *Braun* in: *Nerlich/Römermann*, InsO, Vor § 217 Rdn. 197 ff.

[4] *K. Schmidt,* ZIP 1980, 328, 337; *K. Schmidt,* Wege, S. 137 ff. mit Nachweisen; *K. Schmidt* in: *K. Schmidt/Uhlenbruck,* Rdn. 382, 1278 ff.; *K. Schmidt* in: *Leipold,* S. 67.

[5] *K. Schmidt,* Wege, S. 141; *K. Schmidt* in: *K. Schmidt/Uhlenbruck,* Rdn. 382.

lenden Vergütung teilweise entlastet, ihm werden in der Übernahmegesellschaft auch neue Eigenmittel zugeführt.[1]

Die Kritik von *Karsten Schmidt* richtet sich wesentlich dagegen, dass die Übertragung des Unternehmens zum Zerschlagungswert erfolgt und dem verbleibenden Unternehmensträger nur dieser als Vermögensmasse zukommt, während die Übernahme- oder Auffanggesellschaft den Ertragswert des fortgeführten Unternehmens nutzt.[2] Durch die besonderen Zustimmungserfordernisse der Gläubigerversammlung nach den §§ 160, 162 und 163 InsO soll diese Gefahr für das Insolvenzverfahren gebannt werden.[3] Die Erfahrungen der Praxis zeigen auch, das in nahezu allen Fällen der übertragenden Sanierung angemessene Kaufpreise gezahlt werden, die dem Wert der übertragenen Unternehmensteile entsprechen.[4] 1634

Bei einer übertragenden Sanierung auf Grundlage eines Insolvenzplans sieht die Gesetzesbegründung die Gefahr des Missbrauchs als weitgehend ausgeschlossen.[5] Durch die Zustimmung der am Insolvenzverfahren beteiligten Gläubiger, interessengerechte Gruppenbildung und die Sicherung auf angemessene Beteiligung mindestens in Höhe des Liquidationswerts sei sichergestellt, dass marktwidrige und den Verfahrenszweck widersprechende Sondervorteile für einzelne Verfahrensbeteiligte vermieden werden. Im Übrigen gestattet ein Insolvenzplan mit dem Inhalt einer übertragenden Sanierung eine differenziertere Gestaltung gegenüber der Gesamtveräußerung des Unternehmens. Beispielsweise ist es möglich, dem Erwerber den Kaufpreis zu stunden oder diesen von zukünftigen Entwicklungen des Unternehmens abhängig zu machen.[6] 1635

Häufiges Problem einer Unternehmensveräußerung war die gesamtschuldnerische Haftung des Übernehmers nach § 419 BGB, die Vorschrift, die ihren Ursprung im Gemeinen Recht hat,[7] wurde mit Wirkung zum 1. Januar 1999 ersatzlos gestrichen.[8] Die dem § 419 BGB entsprechende Regelung des § 25 HGB ist seit jeher dispositives 1636

---

[1] So BFH DB 1986, 1803; siehe auch den Gebrauch der Terminologie bei BGHZ 99, 151, 155, im Zusammenhang mit der Haftung des Konkursverwalters für Unternehmensfortführung in Ansehung einer künftigen Unternehmensveräußerung.

[2] *K. Schmidt,* Wege, S. 141; *K. Schmidt,* ZGR 1986, 198; *ders.,* ZIP 1988, 1028; *K. Schmidt* in: *K. Schmidt/Uhlenbruck,* Rdn. 382.

[3] Begründung des Regierungsentwurfs BT-Drucks. 12/2443, S. 94, 95, 174.

[4] *Maus* in: KS, S. 931 Rdn. 17.

[5] Begründung des Regierungsentwurfs BT-Drucks. 12/2443, S. 95.

[6] Begründung des Regierungsentwurfs BT-Drucks. 12/2443, S. 95.

[7] Siehe hierzu BGHZ 27, 257, 260 = NJW 1958, 1484; BGHZ 33, 123, 128 = NJW 1960, 1757; BGHZ 83, 122, 128 = NJW 1982, 1703 (Schutz der Gesellschaftsgläubiger gegen die Verflüchtigung von Vollstreckungsobjekten); BGHZ 111, 14 = NJW 1990, 3141 (zur Nicht-Anwendbarkeit bei Abtretung des Meistgebots aus der Zwangsversteigerung durch den sonst vermögenslosen Schuldner und Meistbietenden); zur Kritik an der Vorschrift *Möschel* in: MüKo-BGB, § 419 Rdn. 3 ff.

[8] Art. 31 Nr. 16 EGInsO; dazu Begründung des Regierungsentwurfs BT-Drucks. 12/3803, S. 76, 77.

Recht.[1] Zu einer Aufhebung oder wenigstens Einschränkung der Geltung des § 613a BGB im Bereich der insolvenzrechtlichen Unternehmensveräußerung konnte sich der Gesetzgeber dagegen nicht durchringen.[2] Es ist in diesen Fällen Aufgabe des Insolvenzverwalters, durch vorläufige Unternehmensfortführung, Umstrukturierung des Unternehmens, Vornahme von Kündigungen (§§ 113 ff. InsO) und Erstellung eines Sozialplans diese Probleme zu umgehen und gleichsam „die Braut schön zu machen".[3]

1637 Ungeklärt ist auch die steuerrechtliche Problematik der übertragenden Sanierung. Mit Wegfall oder Erlass der Gläubigerforderungen erzielt das schuldnerische Unternehmen einen Sanierungsgewinn, der früher nach § 3 Nr. 66 EStG steuerfrei war. Die Steuerbefreiung ist mit Wirkung zum 1. Januar 1998 entfallen.[4]

c) Die Sanierung des Unternehmens und des Unternehmensträgers

1638 Ziel der Sanierung ist die Beseitigung der Zahlungsunfähigkeit oder der Überschuldung des Unternehmens. Die Sanierung kann deshalb nicht ohne einen wesentlichen Beitrag der Gläubiger erfolgen, hierzu gehören auch die Arbeitnehmer des Unternehmens oder der Fiskus. Der Insolvenzplan kann wie der frühere Vergleich gegenüber den Gläubigern Stundungsregelungen, Erlass- und Quotenregelungen zum Gegenstand haben.[5] Im Fokus einer leistungswirtschaftlichen Sanierung sind unter anderem die Produktivität des Unternehmens, die Produkte und deren Akzeptanz auf dem Markt, die Einsatz- und Materialkosten, die Vertragslage mit Zulieferern, das Vertriebssystem, das Personalwesen und das Management zu untersuchen.

---

[1] *Baumbach/Duden/Hopt,* HGB, § 25 Rdn. 13 ff.; Der Gesetzgeber sah deshalb keinen Änderungsbedarf bei § 25 HGB, Begründung des Regierungsentwurfs BT-Drucks. 12/3803, S. 77.

[2] Begründung des Regierungsentwurfs BT-Drucks. 12/2443, S. 97.

[3] So treffend *Maus* in: KS, S. 931 Rdn. 19; eingehend zur Unabdingbarkeit des § 613a BGB und zu Lösungsmöglichkeiten *Heinze* in: *Gottwald,* § 104 Rdn. 63 ff.

[4] Gesetz zur Fortsetzung der Unternehmenssteuerreform vom 29. 10. 1997 (BStBl. I S. 2590); aus der Neufassung des Einkommensteuergesetzes ist der Wegfall der Norm nicht mehr ersichtlich, Einkommensteuergesetz 2003 (EStG 2003) in der seit dem 21. September 2002 geltenden Fassung der Bekanntmachung vom 19. 10. 2002 (BGBl. I S. 4210), zuletzt geändert durch den am 1. Januar 2004 in Kraft getretenen Art. 9 des Haushaltsbegleitgesetzes 2004 vom 29. 12. 2003 (BGBl. I S. 3076); zur Problematik *Kling* in: MüKo-InsO, Insolvenzsteuerrecht Rdn. 236, 244; *Kroschel,* DStR 1999, 1383; *Maus,* NZI 2000, 449; *Fritsche,* DStR 2000, 2171; *Trompeter,* BB 2000, 433; eingehend zuletzt *Maus,* ZIP 2002, 589; zur Befassung der Bund-Länder-Arbeitsgruppe zum Insolvenzrecht in den Vorarbeiten zum Insolvenzrechtsänderungsgesetz vom 26. 10. 2001 (BGBl. I S. 2710) *Graf-Schlicker,* ZIP 2002, 1166, Abschn. IX.; zuletzt Schreiben des Bundesministeriums der Finanzen zur ertragsteuerlichen Behandlung von Sanierungsgewinnen, BStBl. I 2003, S. 240.

[5] Zum früheren Vergleichsrecht *Uhlenbruck/Delhaes,* Rdn. 1098; *Mohrbutter* in: *Mohrbutter/Mohrbutter,* Rdn. XXXVI.14; *Kilger/K. Schmidt,* Insolvenzgesetze, § 7 VerglO Anm. 1 bis 4.

Gegenstand einer finanzwirtschaftlichen Sanierung ist der Unternehmensträger selbst. Als mögliche Sanierungsmaßnahmen kommen die Zuführung von Eigenkapital in Form einer Kapitalerhöhung oder die Gewährung von Darlehen in Betracht. Die Kapitalerhöhung bei der Kapitalgesellschaft kann in Form eines so genannten Kapitalschnitts erfolgen, bei welchem zur Beseitigung der Überschuldung und der Unterbilanzierung zunächst das Stammkapital auf den Wert des vorhandenen Gesellschaftsvermögens herabgesetzt wird und anschließend durch Kapitalerhöhung mit Bildung neuer Gesellschaftsanteile neues Kapital zugeführt wird.[1] Dem dient das Instrument der vereinfachten Kapitalherabsetzung nach §§ 58a ff. GmbHG.[2] Die Kapitalerhöhung kann durch die bisherigen Gesellschafter unter Übernahme neuer Stammeinlagen oder durch Eintritt neuer Gesellschafter erfolgen (§ 55 Abs. 2 GmbHG). Ein bisheriger Gläubiger kann seine Stammeinlage dabei aber nicht durch Umwandlung seiner Forderung erbringen, dies käme einer (verbotenen) verdeckten Sacheinlage gleich.[3] 1639

Zur Erleichterung der Kreditaufnahme ermöglicht § 264 InsO die Bildung eines Kreditrahmens für so genannte Plafondskredite.[4] Im Insolvenzplan ist danach ein Gesamtbetrag als Kreditrahmen festzulegen. Die Darlehensforderungen, die in diesen Rahmen eingestellt werden, erhalten in einem möglichen späteren Insolvenzverfahren Vorrang vor den sonstigen Insolvenzforderungen.[5] 1640

Beispiel 1: Die XYZ-GmbH ist insolvent. Gegenstand der Gesellschaft ist die Produktion von Schokoladefiguren und Schokoriegeln im unteren Preissegment; die Produkte sind bei einem bekannten Lebensmittel-Discounter langfristig gelistet. Der Geschäftsführer der Gesellschaft versuchte zwei Jahre vor Eintritt der Zahlungsunfähigkeit vergeblich mit teuren Speiseeisprodukten ein neues Marktsegment zu erschließen; die Erträge aus der Schokoladeproduktion wurden durch die Verluste im hochpreisigen Speiseeissegment aufgezehrt. 1641

Nach Eröffnung des Insolvenzverfahrens tritt ein Schweizer Nahrungsmittelkonzern an den Insolvenzverwalter heran. Er ist am Erwerb der Sparte „Speiseeis“ interessiert, wobei das Interesse weniger an den Produktionsmitteln besteht als an den als Geschmacksmuster geschützten Produkten selbst. Der Lebensmittel-Discounter ist auch weiterhin bereit, die Produkte der Sparte „Schokolade“ zu vertreiben.

In einem Insolvenzplan könnte die Übertragung der Sparte „Speiseeis“ als teilweise übertragende Sanierung geregelt werden, es könnte auch lediglich die Übertragung der zur Insolvenzmasse gehörenden Geschmacksmuster über die

---

[1] *Zöllner* in: *Baumbach/Hueck*, GmbHG, § 58a Rdn. 1, 5; *K. Schmidt*, Gesellschaftsrecht, § 37 V. 3. b); *Bork*, Einführung, Rdn. 370, 371.

[2] Eingefügt durch Art. 48 Nr. 4 EGInsO und Art. 110 Abs. 3 EGInsO; allgemein dazu *Maser/Sommer*, GmbHR 1996, 22.

[3] Für die Aktiengesellschaft BGHZ 110, 47; BGHZ 118, 83; *Hueck/Fastrich* in: *Baumbach/Hueck*, GmbHG, § 19 Rdn. 30 ff.; *Henze*, Rdn. 347; *K. Schmidt*, GesellschaftsR, § 29 II. 1. c) aa); allgemein *Karolius*, ZIP 1994, 589; *Ensele*, NJW 1996, 2681.

[4] Begründung des Regierungsentwurfs BT-Drucks. 12/2443, S. 216.

[5] Begründung des Regierungsentwurfs BT-Drucks. 12/2443, S. 216; allgemein zur Problematik *Wittig* in: *K. Schmidt/Uhlenbruck*, Rdn. 1686 ff.

1642

Schaubild 18: Die Gestaltungsmöglichkeiten des Insolvenzplans

Die Befriedigung der Gläubiger

Sie kann abweichend von §§ 159 ff., 165 ff. InsO Regelungen zur
- Befriedigung der absonderungsberechtigten Gläubiger,
- Befriedigung der Insolvenzgläubiger,

durch
- individuelle Liquidation des Unternehmens,
- Verbindung mit anderen Formen des Plans (Stufenplan)

enthalten.

Die Sanierung des schuldnerischen Unternehmens

Übertragende Sanierung

Sie besteht in der Übertragung des Unternehmens oder von Unternehmensteilen auf einen neu gegründeten Unternehmensträger (Auffanggesellschaft) oder auf eine Übernahmegesellschaft (Kaufpreis fließt zur Insolvenzmasse).
Sie wird erleichtert durch
- Wegfall der Übernahmehaftung § 419 BGB a. F.,
- gelockerten Kündigungsschutz wegen Betriebsänderung, §§ 122 ff., 128 InsO,
- individuelle Regelungen zur Übertragung gegenüber §§ 160 Abs. 2 Nr. 1, 162, 163 InsO.

Leistungs- und finanzwirtschaftliche Sanierung

Eine Sanierung des Unternehmens oder von Unternehmensteilen im Rahmen des Unternehmensträgers nach Maßgabe der betriebswirtschaftlichen Sanierungswürdigkeit setzt voraus
- Prüfung der leistungswirtschaftlichen Chancen (Finanz-, Ertragslage, Marktchancen, Produktpalette),
- Prüfung der finanzwirtschaftlichen Lage (Eigenkapitaldecke, stille Reserven, Überschuldungsstatus).

Sie wird erleichtert durch
- vereinfachte Kapitalherabsetzung §§ 58 a ff. GmbHG (Kapitalschnitt),
- Kapitalerhöhung durch Aufnahme neuer Anteilsinhaber, § 55 Abs. 2 GmbHG,
- Schaffung eines Kreditrahmens, § 264 InsO (Plafondskredite).

Die Haftung des Schuldners

Eine Haftungsbegrenzung sowohl des Schuldners, der natürliche Person ist, als auch der Kapitalgesellschaft ist möglich durch
- Erlass der nachrangigen Forderungen, § 225 InsO,
- Erlass sonstiger Forderungen, § 227 InsO; mit Wiederauflebensklausel, §§ 254, 255 InsO.

Im Insolvenzplan kann von beinahe jeder Regelung der Insolvenzordnung abgewichen werden; die inhaltlichen Grenzen setzt das allgemeine Sachen- oder Gesellschaftsrecht; im Plan kann daher fast alles geregelt werden, was rechtlich überhaupt zulässig ist.

Speiseeisprodukte festgelegt werden. Gegenstand des Insolvenzplans müsste dann die Stilllegung der Speiseeisproduktion sein. Als Beteiligte wären hier die betroffenen Arbeitnehmer sowie die Gläubiger besonders zu berücksichtigen, deren Forderungen aus Verträgen oder sonstigen Rechtsbeziehungen dieser Unternehmenssparte stammen. Für die Sparte „Schokolade“ könnte ein Insolvenzplan eine leistungswirtschaftliche Sanierung vorsehen. Mit langfristiger Zusage der Abnahme der Produkte durch den Discounter könnte eine Sanierungsfähigkeit bejaht werden. Die Arbeitnehmer dieser Unternehmenssparte sowie die Gläubiger, deren Forderungen hiermit in Verbindung stehen, könnten im Insolvenzplan anders berücksichtigt werden als die Gläubiger der zu veräußernden oder stillzulegenden Sparte „Speiseeis“. Es wäre dabei sachgerecht, den Gläubigern der stillzulegenden Sparte eine höhere Befriedigung anzubieten als denen der fortzuführenden Sparte, da diese durch die teilweise Unternehmensfortführung langfristig weitere Verträge erhalten können.

3. Die Stellung des Insolvenzplans innerhalb des Insolvenzverfahrens

Das Insolvenzplanverfahren ist als Verfahren innerhalb des Regel- 1643
insolvenzverfahrens angelegt, für das Verbraucherinsolvenzverfahren sind die §§ 217 ff. nicht anwendbar (§ 312 Abs. 3 InsO). Der Insolvenzplan kann nur im Rahmen des allgemeinen Insolvenzverfahrens eingebracht werden, der Schuldner kann den Plan bereits zusammen mit seinem Insolvenzantrag vorlegen (§ 218 Abs. 1 Satz 2 InsO). Die frühzeitige Antragstellung auch im Hinblick auf das Insolvenzplanverfahren soll durch § 18 InsO gefördert werden, der Schuldner kann bereits bei drohender Zahlungsunfähigkeit den Insolvenzantrag stellen und einen Insolvenzplan einbringen.[1] Im Übrigen hat nach Eröffnung des Insolvenzverfahrens bereits die erste Gläubigerversammlung auch über die Möglichkeit der Erstellung eines Insolvenzplans zu entscheiden (§§ 156, 157 InsO). Letzter möglicher Zeitpunkt für die Einbringung eines Insolvenzplans in das Insolvenzverfahren ist der Schlusstermin nach § 197 InsO (§ 218 Abs. 1 Satz 3 InsO).

Häufig ist schon vor Eröffnung des Insolvenzverfahrens absehbar, ob 1644
ein Insolvenzplan erstellt werden kann oder nicht. Der vorläufige Insolvenzverwalter sollte auch in seiner Eigenschaft als Sachverständiger diese Option stets in Betracht ziehen. Nach Eröffnung des Insolvenzverfahrens wird in einem solchen Falle der Insolvenzverwalter Maßnahmen unterlassen, die den Erfolg des Insolvenzplans gefährden könnten.

Nach Vorlage eines Insolvenzplans prüft das Insolvenzgericht die formale Zulässigkeit und leitet den Plan den Beteiligten zur Stellungnahme zu (§§ 231 ff. InsO). Im Gegensatz zum bisherigen Vergleichsrecht entfällt eine Prüfung der persönlichen Würdigkeit des Schuldners nach § 17 VerglO oder § 175 KO; auch der vermeintlich unredliche

[1] Begründung des Regierungsentwurfs BT-Drucks. 12/2443, S. 196 rechte Spalte unten; *Braun* in: *Nerlich/Römermann*, InsO, Vor § 217 Rdn. 99 und § 218 Rdn. 15 ff.; *Schlegel*, ZIP 1999, 954.

Schuldner soll die Möglichkeit erhalten, sein Unternehmen durch einen Insolvenzplan zu sanieren, der Insolvenzplan ist allein als Instrument zur Durchsetzung der besten wirtschaftlichen Lösung für das Unternehmen zu verstehen.[1] Es soll im Übrigen nicht Aufgabe des Insolvenzplanverfahrens sein, den Schuldner obrigkeitlich zu maßregeln.[2]

1645 Der Erörterungs- und Abstimmungstermin der Gläubiger kann frühestens zusammen mit dem allgemeinen Prüfungstermin nach § 176 InsO abgehalten werden (§ 236 InsO). Die Abstimmung der Gläubiger innerhalb der in den Insolvenzplan gebildeten Gläubigergruppen stellt dabei den zentralen Punkt des Insolvenzplans Verfahrens dar.

1646 Wird der Insolvenzplan von den Gläubigern mit den erforderlichen Mehrheiten angenommen, bestätigt ihn das Insolvenzgericht durch Beschluss (§ 248 InsO). Mit Rechtskraft des Beschlusses treten die gestaltenden Wirkungen des Insolvenzplans mit Wirkung gegen alle Beteiligten ein (§ 254 InsO).

II. Der Aufbau eines Insolvenzplans

1. Die Gliederung des Insolvenzplans nach §§ 219ff. InsO

1647 Der Aufbau eines Insolvenzplans ist in seinen Grundzügen in den §§ 219ff. InsO geregelt. Der Insolvenzplan soll in zwei Teile gegliedert werden, den so genannten darstellenden Teil (§ 220 InsO) und den so genannten gestaltenden Teil (§ 221 InsO):

- Im darstellenden Teil sollen die Ursachen der Insolvenz dargelegt und die seit Eröffnung des Insolvenzverfahrens getroffenen Maßnahmen beschreiben werden. Ferner soll hier erläutert werden, welche Maßnahmen erforderlich sind, um die konkreten Ziele des Plans zu verwirklichen. Der darstellende Teil muss deshalb ganz wesentlich die beabsichtigte Liquidation oder die Sanierung des schuldnerischen Unternehmens in allen Einzelheiten erläutern und begründen.
- Im gestaltenden Teil soll die Änderung der Rechtsstellung der Beteiligten je nach dem im darstellenden Teil erläuterten Ziele des Insolvenzplans festgelegt werden. Der gestaltende Teil muss dazu wesentlich die Rechtsstellung der einzelnen Gläubiger berücksichtigen, es muss angegeben werden, in welcher Art und Weise beispielsweise in Absonderungsrechte eingegriffen wird. Schließlich kann und muss

---

[1] Sehr kritisch zum Wegfall der Würdigkeitsprüfung *Smid/Rattunde*, Rdn. 243ff.; *Smid*, Rpfleger 1997, 501.

[2] Ein § 260 des Regierungsentwurfs zur Insolvenzordnung sah lediglich vor, die Gläubiger über mögliche Insolvenzstraftaten in Kenntnis zu setzen, die Vorschrift wurde wegen redaktioneller Straffung nicht Gesetz, Begründung des Regierungsentwurfs BT-Drucks. 12/2443, S. 50, 198; Beschlussempfehlung des Rechtsausschusses, BT-Drucks. 12/7302, S. 182.

der gestaltende Teil sämtliche rechtlich notwendigen Erklärungen beinhalten, die zur Verwirklichung der Ziele des Insolvenzplans erforderlich sind, es können sämtliche sachenrechtlichen und gesellschaftsrechtlichen Erklärungen abgegeben werden, es kann selbst die Auflassung über ein Grundstück nach §§ 873 und 925 BGB erklärt werden.

Dem Insolvenzplan sind ferner die in den §§ 229 und 230 InsO an- **1648**
gegebenen Anlagen beizufügen.

Die Literatur bietet eine Vielzahl verschiedener Muster von Insol- **1649**
venzplänen oder Mustergliederungen an.[1] Diese orientieren sich weitgehend an den gesetzlichen Vorgaben sowie an den Empfehlungen des Instituts der Wirtschaftsprüfer in Deutschland e. V. (IDW).[2] Besondere Erwähnung verdient der Muster-Insolvenzplan von *Eberhard Braun,*[3] der als leistungswirtschaftlicher Reorganisationsplan mit allen Vergleichsrechnungen und Plananlagen nicht weniger als 250 Seiten umfasst und besonders die betriebswirtschaftlichen Aspekte der Plangestaltung hervorhebt.

2. Der Inhalt des darstellenden Teils nach § 220 InsO

a) Der Bericht zu den Ursachen der Insolvenz und den weiteren Maßnahmen

Nach § 220 Abs. 1 InsO soll im darstellenden Teil des Insolvenzplans **1650**
erläutert werden, welche Maßnahmen nach Eröffnung des Insolvenzverfahrens getroffen worden sind oder noch getroffen werden sollen, um die Grundlagen für die Verwirklichung des Insolvenzplans und seiner Ziele zu schaffen. Wird der Insolvenzplan vom Insolvenzverwalter eingebracht, berichtet dieser bereits in der ersten Gläubigerversammlung (§ 156 Abs. 1 InsO) über Ursachen der Insolvenz und die wirtschaftliche Lage des schuldnerischen Unternehmens. Der Insolvenzverwalter soll bereits hier die Aussichten für eine Unternehmensfortführung erläutern. Dem entspricht für den Insolvenzplan § 220 Abs. 1 InsO. Der darstellende Teil des Insolvenzplans setzt eine fundierte und konkrete Analyse der Insolvenzursachen, der Sanierungsfähig-

---

[1] *Maus* in: *Uhlenbruck,* InsO, § 220 Rdn. 9; *Braun* in: *Nerlich/Römermann,* InsO, § 219 Rdn. 19; *Jaffé* in: FK-InsO, § 220 Rdn. 81; *Hess/Weis/Wienberg,* InsO, § 220 Rdn. 28; *Braun* in: *Braun,* InsO, §§ 219, 220 Rdn. 10; *Breutigam* in: *Breutigam/Blersch/Goetsch,* InsO, Muster zu § 219; *Frege/Keller/Riedel,* Rdn. 2015; *Frege* in: *Gottwald/Riedel,* Teil 9/5; *Depré/Köbler* in: *Beck/Depré,* § 27 Rdn. 243; *Klaas* in: *Bork/Koschmieder,* Rdn. 12.24; *Smid/Rattunde,* Rdn. 206 ff.

[2] Fachnachrichten-IDW 1999, 90; eingehend hierzu *Maus* in: *Uhlenbruck,* InsO, § 220 Rdn. 9; *Braun* in: *Nerlich/Römermann,* InsO, § 219 Rdn. 31; *Braun/Uhlenbruck,* S. 546 ff.; *Keller* in: *Gottwald/Riedel,* Teil 9/4; *Depré/Köbler* in: *Beck/Depré,* § 27 Rdn. 242.

[3] *Braun/Uhlenbruck,* Muster eines Insolvenzplans, Düsseldorf 1998; hiergegen sehr kritisch *Smid,* NZI 2000, 454.

keit und der Liquidationsaussichten des schuldnerischen Unternehmens voraus.[1]

b) Die Darstellung des Ziels des Insolvenzplans

1651 Inhalt des darstellenden Teils sollen nach § 220 Abs. 2 InsO alle Angaben sein, die für die Entscheidung der Gläubiger über den Insolvenzplan von Bedeutung sind.[2] Kernaussage ist freilich die Darstellung des Ziels des Insolvenzplans als Liquidationsplan oder Sanierungsplan oder als Plan, der beide Ziele miteinander kombiniert. Soll der Insolvenzplan beispielsweise eine leistungswirtschaftliche Sanierung der schuldnerischen Unternehmens zum Ziel haben, ist die Sanierungsfähigkeit des Unternehmens besonders zu erläutern und zu begründen. Gleiches gilt für eine beabsichtigte übertragende Sanierung, eine finanzwirtschaftliche Sanierung des Unternehmensträgers oder für eine bestimmte Art der Liquidation des Unternehmens. Damit die Gläubiger ihr Verhalten in der Abstimmung über den Insolvenzplan bestimmen können, muss die Darstellung auch die konkreten Auswirkungen auf die Befriedigung der Gläubiger beinhalten. Eine solche Darstellung ist insbesondere im Falle eines Sanierungsplans zwangsläufig prognostisch, der Planhersteller kann den Gläubigern ihre voraussichtliche Befriedigung nicht garantieren. Er wird sich jedoch bemühen, an Hand realistischer Fortführungswerte und Geschäftsprognosen die Auswirkungen auf die Befriedigung der Gläubiger plausibel darzustellen.

1652 Soll der Insolvenzplan als Liquidationsplan eine bestimmte Form der Verwertung des schuldnerischen Vermögens regeln, hat der darstellende Teil dies besonders zu erläutern und auch hier die Auswirkungen auf die Befriedigung der Gläubiger darzustellen. Beispielsweise sind besondere Ausführungen zur Stilllegung des Unternehmens, zum Personalabbau oder zu den Modalitäten der Verwertung einzelner Unternehmensteile oder Vermögensgegenständen zu machen.

c) Die Vergleichsrechnung

1653 Ein wesentlicher Bestandteil des darstellenden Teils des Insolvenzplans ist die so genannte Vergleichsrechnung.[3] Sie ist für die Gläubiger notwendig, um die eigene Berücksichtigung im Insolvenzplan und insbesondere die voraussichtliche Befriedigung angemessen bestimmen zu können.[4] Der Grundgedanke des Insolvenzplanverfahrens besteht da-

---

[1] Eingehend *Depré/Köbler* in: *Beck/Depré,* § 27 Rdn. 102 ff.

[2] Allgemein *Eilenberger* in: MüKo-InsO, § 220 Rdn. 4 ff.; *Braun* in: *Nerlich/Römermann,* InsO, § 219 Rdn. 42 ff.; *Maus* in: *Uhlenbruck,* InsO, § 220 Rdn. 2 ff.

[3] Zu einem hierzu vorgesehenen § 259 im Regierungsentwurf Begründung des Regierungsentwurfs BT-Drucks. 12/2443, S. 197; Beschlussempfehlung des Rechtsausschusses, BT-Drucks. 12/7302, S. 182.

[4] *Maus* in: *Uhlenbruck,* InsO, § 220 Rdn. 5; *Braun* in: *Nerlich/Römermann,* InsO, Vor § 217 Rdn. 167 ff.

rin, dass kein Gläubiger durch den Insolvenzplan schlechter gestellt werden soll, als er ohne den Plan stünde.[1] Jeder Gläubiger soll deshalb unter Berücksichtigung seiner Rechtsstellung im Insolvenzverfahren bestimmen können, ob er durch den Insolvenzplan besser gestellt wird als bei Liquidation des schuldnerischen Unternehmens im Regelinsolvenzverfahren oder wenigstens nicht schlechter als in diesem Verfahren. Um eine sachgerechte Prüfung dieser Voraussetzungen zu ermöglichen, hat der darstellende Teil diese Vergleichsrechnung zu enthalten. Aus dieser muss für jede Gläubigergruppe je nach ihrer Rechtsstellung (§ 222 Abs. 1 InsO) ersichtlich sein, wie sie bei Annahme und Verwirklichung des Insolvenzplans befriedigt wird, und wie ihre Befriedigung im Regelinsolvenzverfahren wäre. Hat beispielsweise ein Gläubiger an einem Grundstück des schuldnerischen Unternehmens zur Sicherung seiner Forderungen eine Grundschuld, könnte er im Regelinsolvenzverfahren und in der Zwangsversteigerung bestenfalls volle Befriedigung aus dem Wert des Grundstücks erlangen. Der Insolvenzplan und die Vergleichsrechnung müssen dies berücksichtigen, damit der Gläubiger dem Insolvenzplan zustimmt. Handelt es sich dagegen um einen nicht nachrangigen Insolvenzgläubiger nach § 38 InsO, der keinerlei Absonderungsrecht geltend machen kann, ist seine voraussichtliche Befriedigung bei Verwirklichung des Insolvenzplans zu vergleichen mit der Quote, die nach Beendigung des Insolvenzverfahrens für ihn zur Verfügung steht.

Die Vergleichsrechnung ist gerade im Falle eines Sanierungsplans 1654
häufig nicht einfach zu erstellen; es müssen beispielsweise die künftige Ertragslage des Unternehmens, der mögliche Absatz der Produkte und die zukünftige Marktentwicklung plausibel dargestellt werden (Planliquiditätsrechnung).[2] Grundlage der Bewertung der Insolvenzmasse ist das Vermögensverzeichnis nach §§ 151 und 153 InsO, in welchem die Vermögensgegenstände sowohl nach Liquidations- als auch nach Fortführungswerten bewertet sind.[3] Die voraussichtliche Befriedigung bei Abwicklung in der Regelinsolvenz berechnet sich nach den Liquidationswerten.

Zusammengefasst sind für die Vergleichsrechnung zwei inhaltliche 1655
Punkte maßgebend:

– Die Vergleichsrechnung hat eine zahlenmäßige Darstellung der Planalternativen von Liquidation und Sanierung zu enthalten; im Falle

[1] Entlehnt dem U.S.-amerikanischen Recht nach dem so genannten „best interest of creditor's test"; *Braun* in: *Nerlich/Römermann,* InsO, § 245 Rdn. 3; *Braun/Uhlenbruck,* S. 604 ff.

[2] Eingehend *Maus* in: *Uhlenbruck,* InsO, § 229 Rdn. 3 ff.; *Braun* in: *Nerlich/Römermann,* InsO, § 229 Rdn. 4 ff., 29; *Depré/Köbler* in: *Beck/Depré,* § 27 Rdn. 161 ff.

[3] *Eilenberger* in: MüKo-InsO, § 229 Rdn. 9; *Maus* in: *Uhlenbruck,* InsO, § 229 Rdn. 2; *Braun* in: *Nerlich/Römermann,* InsO, § 229 Rdn. 6 ff.; *Braun/Uhlenbruck,* S. 528 ff.

der beabsichtigten Sanierung als so genannte Planliquiditätsrechnung.

- Die Vergleichsrechnung hat die vermögensrechtlichen Folgen für die Gläubiger unter Berücksichtigung ihrer unterschiedlichen Rechtsstellung im Vergleich zur Abwicklung im Regelinsolvenzverfahren plausibel darzustellen; sie hat auch Angaben zur Haftung des Schuldners nach Beendigung des Insolvenzverfahrens bei Durchführung des Insolvenzplans zu enthalten.

1656 **Beispiel 2:** Der Insolvenzplan im Verfahren der XYZ-GmbH (Beispiel 1, S. 619) schlägt den nicht nachrangigen Insolvenzgläubigern, die von der Stilllegung der Sparte „Speiseeis" betroffen sind, Befriedigung in Höhe von 25 Prozent ihrer Forderungen vor. Im Regelinsolvenzverfahren hätten sie eine Quote von höchstens 7,5 Prozent zu erwarten. Für die Gruppe der nicht übernommenen Arbeitnehmer dieser Unternehmenssparte wird zusätzlich eine Abfindung in Höhe von fünf Monatsgehältern vorgeschlagen. Die Alternative für diese Arbeitnehmer bei Abwicklung der Regelinsolvenz bestünde in dem Verlust ihres Arbeitsplatzes ohne Abfindungsregelung und hinsichtlich der rückständigen Lohnforderungen, die Insolvenzforderungen sind, ebenfalls in einer Befriedigungsquote von höchstens 7,5 Prozent.

Den nicht nachrangigen Insolvenzgläubigern der Sparte „Schokolade" wird eine Befriedigung von zunächst 5 Prozent vorgeschlagen gegen Fortführung der Lieferverträge. Verbunden mit der Stundung der weiteren Forderungen sollen diese Gläubiger im Laufe von fünf Jahren jeweils weitere 3 Prozent ihrer Forderungen erhalten. Im Regelinsolvenzverfahren hätten auch sie eine Quote von höchstens 7,5 Prozent zu erwarten. Zunächst erscheint die Befriedigung dieser Gläubiger schlechter als jene der Gläubiger bei dem stillzulegenden Unternehmensteil. Zu berücksichtigen ist aber, dass diese Gläubiger mit der weiteren Erfüllung ihrer Verträge einen Vorteil erlangen. Die Arbeitnehmer dieser Unternehmenssparte sollen nach dem Insolvenzplan ihren Arbeitsplatz behalten, für rückständige Lohnforderungen sollen sie lediglich mit 7,5 Prozent befriedigt werden. Die Alternative bei Abwicklung in der Regelinsolvenz bestünde in einer gleichen Quote mit anschließender Arbeitslosigkeit.

Der darstellende Teils des Insolvenzplans und insbesondere die Vergleichsrechnung haben dies ausführlich darzustellen. Den Gläubigern des fortzuführenden Unternehmensteils dürfte es dabei besonders wichtig sein, die Erfüllung der weiteren Verträge im Rahmen der Unternehmensfortführung plausibel und realistisch erläutert zu erhalten.

1657 Die Vergleichsrechnung ist nicht nur für die Insolvenzgläubiger von Bedeutung sondern auch für das Insolvenzgericht, das im Rahmen seiner Entscheidung über die Bestätigung des Insolvenzplans gegebenenfalls über die Geltung des § 245 Abs. 1 InsO (Obstruktionsverbot) zu entscheiden hat und hierbei ebenfalls die mögliche Besser- oder Schlechterstellung durch den Insolvenzplan prüfen muss.[1]

d) Der beispielhafte Aufbau des darstellenden Teils

1658 Allgemein sollte der darstellenden Teils des Insolvenzplans so aufgebaut und gegliedert werden, dass für alle Beteiligten das Ziel des Insol-

[1] *Maus* in: *Uhlenbruck*, InsO, § 220 Rdn. 5.

venzplans und seine Umsetzung mit den jeweiligen Folgen klar ersichtlich ist. *Karl-Heinz Maus*[1] schlägt hierzu fünf Schritte im Aufbau des Insolvenzplans vor:

- Darstellung der rechtlichen und wirtschaftlichen Verhältnisse des schuldnerischen Unternehmens und Erläuterungen zu den Ursachen der Insolvenz; der Insolvenzverwalter wird hier weitgehend auf sein Sachverständigengutachten zur Insolvenzeröffnung oder seinen Bericht zur ersten Gläubigerversammlung Bezug nehmen können.
- Darstellung der Maßnahmen des Insolvenzverwalters seit Insolvenzeröffnung; einzugehen ist hier beispielsweise auf Maßnahmen zur Erhaltung der Insolvenzmasse, auf die Abwicklung nicht erfüllter Verträge oder auf Verhandlungen mit den Arbeitnehmern über einen Sozialplan.
- Darstellung der verschiedenen Planalternativen; zu erläutern ist insbesondere, aus welchen Gründen eine Liquidation oder eine Sanierung, eine zeitweilige Unternehmensfortführung oder eine übertragende Sanierung als Ziel des Insolvenzplans gewählt werden soll.
- Darstellung des konkreten Konzepts des Insolvenzplans; zu erläutern sind beispielsweise die konkreten Maßnahmen einer leistungswirtschaftlichen Sanierung (Stellenabbau, Betriebsstilllegungen) oder eine finanzwirtschaftlichen Sanierung (Kapitalschnitt, Beteiligungen Dritter).
- Vergleichsrechnung zur Stellung der Beteiligten bei Verwirklichung des Insolvenzplans im Vergleich zur Verwertung der Insolvenzmasse im Insolvenzverfahren.

3. Die Bildung von Gläubigergruppen als zentrales Instrument des Insolvenzplans

Das Gesetz fordert nicht die absolute Gleichbehandlung aller Gläu- 1659
biger im Insolvenzplan sondern ermöglicht gerade eine unterschiedliche Behandlung je nach den Zielen des Insolvenzplans und der wirtschaftlichen Beteiligung der Gläubiger. Dieser aus dem U.S-amerikanischen Recht übernommene Grundsatz[2] ermöglicht und erfordert es, die Gläubiger je nach ihrer Rechtsstellung und ihren wirtschaftlichen Interessen im Insolvenzplan unterschiedlich zu behandeln und demzufolge in verschiedene Gruppen einzuteilen. Diese Bildung von Gläubigergruppen nach § 222 InsO stellt für den Ersteller des Insolvenzplans ein zentrales Instrument dar, da er auf diese Weise die Zustimmung der je unterschiedlich behandelten Gläubiger erlangen und so seinem Insolvenzplan zum Erfolg verhelfen kann.[3]

---

[1] *Maus* in: KS, S. 931 Rdn. 46; auch *Maus* in: *Uhlenbruck,* InsO, § 220 Rdn. 9.

[2] Eingehend *Braun/Uhlenbruck,* S. 604 ff.

[3] Begründung des Regierungsentwurfs BT-Drucks. 12/2443, S. 199; kritisch gegen eine strategische Gruppenbildung zum Zwecke der zwangsweisen Einbindung der

a) Die obligatorische Gruppenbildung nach § 222 Abs. 1 InsO

1660 Die Gläubiger sind nach § 222 InsO zunächst je nach ihrer Rechtsstellung zwingend in Gruppen einzuteilen (obligatorische Gruppenbildung). Innerhalb der Gläubigergruppen mit gleicher Rechtsstellung können je nach wirtschaftlichen Interessen weitere Gruppen gebildet werden (fakultative Gruppenbildung).[1]

1661 Nach § 222 Abs. 1 Satz 2 InsO sind obligatorische Gläubigergruppen zu bilden für

- die absonderungsberechtigten Gläubiger, wenn durch den Insolvenzplan in ihre Rechtsstellung eingegriffen werden soll, mithin wenn ein Absonderungsrecht nicht nach § 223 Abs. 1 InsO bestehen bleiben soll;
- die nicht nachrangigen Insolvenzgläubiger nach § 38 InsO;
- die nachrangigen Insolvenzgläubiger nach § 39 InsO entsprechend den dort festgelegten Rangklassen, soweit deren Forderungen nicht nach § 225 InsO als erlassen gelten sollen.

1662 Ein Gläubiger kann in mehreren dieser Gruppen Berücksichtigung finden, wenn er sowohl ein Absonderungsrecht nach §§ 49 ff. InsO geltend machen kann als auch Insolvenzgläubiger nach § 38 InsO ist. Es ist dann lediglich eine Frage, mit welchen Wert seiner Forderung oder seines Absonderungsrechtes der Gläubiger stimmberechtigt ist (§ 237 Abs. 1 Satz 2 InsO). Der Absonderungsberechtigte, der nicht zugleich Insolvenzgläubiger ist, findet sich lediglich in der ersten Gläubigergruppe wieder. Innerhalb der Gruppe der Absonderungsberechtigten ist weiter zwischen werthaltigen und nicht werthaltigen Rechten zu unterscheiden, dies ist eine Frage sachgerechter Abgrenzung nach § 222 Abs. 2 InsO.[2] Eine Gruppe der nachrangigen Insolvenzgläubiger, in welcher sich wegen der seit Insolvenzeröffnung laufenden Zinsen (§ 39 Abs. 1 Nr. 1 InsO) praktisch alle Insolvenzgläubiger wieder finden, muss nicht gebildet werden, wenn es bei dem gesetzlich geregelten Erlass dieser Forderungen nach § 225 InsO bleiben soll.

1663 Diese obligatorische Gruppenbildung ist für den Planersteller noch nicht ausreichend hilfreich, da den Gläubigern innerhalb einer Gruppe nach § 226 InsO gleiche Rechte gewährt werden müssen. Allein durch die obligatorische Gruppenbildung bliebe es bei den nicht nachrangigen Insolvenzgläubigern in der Gruppe des § 222 Abs. 1 Satz 2 Nr. 2 InsO bei der gleichmäßigen Befriedigung wie in der Regelinsolvenz. Unter Berücksichtigung der §§ 223 und 225 InsO wäre es auch denkbar,

---

Gläubiger *Smid/Rattunde,* Rdn. 480; *Smid,* InVo 1997, 169; hiergegen ausführlich *Braun* in: *Nerlich/Römermann,* InsO, § 222 Rdn. 47 ff.

[1] Grundlegend zur Gruppenbildung *Eidenmüller* in: MüKo-InsO, § 222 Rdn. 8 ff.; *Braun* in: *Nerlich/Römermann,* InsO, § 222 Rdn. 5 ff., 11 ff. (mit Vergleich zum U. S.-amerikanischen Recht); mit eingängiger Systematik *Lüer* in: *Uhlenbruck,* InsO, § 222 Rdn. 11 ff.; dogmatisch grundlegend *Braun/Uhlenbruck,* S. 589 ff.

[2] BGH NZI 2005, 619; dazu *Smid,* NZI 2005, 613.

überhaupt nur eine Gläubigergruppe, und zwar diejenige der nicht nachrangigen Insolvenzgläubiger nach § 222 Abs. 1 Satz 2 Nr. 1 InsO, zu bilden. Dann wäre aber praktisch keine Anwendung des § 245 InsO möglich.[1]

b) Die fakultative Gruppenbildung nach § 222 Abs. 2 InsO

Innerhalb der obligatorisch gebildeten Gruppen erlaubt § 222 Abs. 2 InsO die Bildung weiterer Gläubigergruppen, wenn Gläubiger gleichartige wirtschaftliche Interessen verfolgen und als solche in einer Gruppe zusammengefasst werden können.[2] Diese fakultativ gebildeten Gläubigergruppen stellen keine Untergruppen zu den obligatorischen Gläubigergruppen dar, sondern stehen neben diesen. Ob und in welchen Fällen gleichartige wirtschaftliche Interessen verfolgt werden, hängt von den konkreten Zielen des Insolvenzplans und den Vorstellungen des Planerstellers ab.[3] Er legt mit Einbringung des Insolvenzplans die Gruppenbildung fest und gibt die sachlichen Kriterien für die Abgrenzung an (§ 222 Abs. 2 Satz 3 InsO). Sie ist seitens des Insolvenzgerichts nur insoweit zu beanstanden, als die Kriterien der Gruppenbildung offensichtlich nicht sachgerecht sind (§ 222 Abs. 2 Satz 2 InsO).[4] Ein Gläubiger, der sich unberechtigt in eine Gruppe eingebunden fühlt, hat gegen die Gruppenbildung zunächst kein Rechtsmittel, er kann auf Änderung des Plans hinweisen oder im Ergebnis seine Zustimmung zum Insolvenzplan verweigern. Es ist dann eine Frage der Geltung des Obstruktionsverbots des § 245 InsO, ob durch die vermeintlich nicht sachgerechte Gruppenbildung eine unangemessene Benachteiligung des Gläubigers begründet wird. 1664

Nach § 222 Abs. 3 Satz 1 InsO sollen insbesondere Arbeitnehmer eine Gruppe bilden, wenn sie als Insolvenzgläubiger mit nicht unerheblichen Forderungen beteiligt sind. Innerhalb der Arbeitnehmer kann aber auch eine weitere Unterteilung erfolgen, beispielsweise zwischen den Arbeitnehmern, deren Arbeitsverhältnisse nicht fortgesetzt werden können und jenen, die weiterbeschäftigt werden. Die Regelung des § 222 Abs. 3 Satz 2 InsO, wonach Kleingläubiger eine besondere Gruppe bilden können, entspricht gängiger Praxis bereits im früheren Vergleichsrecht, wo den Kleingläubigern eine höhere Befriedigung gewährt wurde als den Gläubigern mit höheren Forderungen. Allerdings gibt § 222 Abs. 3 Satz 2 InsO den Kleingläubigern keinen Anspruch auf Besserstellung. Ab welchem Forderungsbetrag ein Gläubiger nicht mehr als Kleingläubiger zu betrachten ist, hängt vom Einzelfall und dem Ver- 1665

---

[1] AG Duisburg NZI 2001, 605.

[2] Eingehend *Lüer* in: *Uhlenbruck,* InsO, § 222 Rdn. 29 ff.

[3] Mit Beispielen *Braun/Uhlenbruck,* S. 595 ff.

[4] Begründung des Regierungsentwurfs BT-Drucks. 12/2443, S. 200 linke Spalte oben; kritisch und weit enger *Smid,* InVo 1997, 169; unmittelbar dagegen *Hess/Weis,* InVo; 1998, 64; grundlegend auch *Braun* in: *Nerlich/Römermann,* InsO, § 222 Rdn. 47 ff.; *Lüer* in: *Uhlenbruck,* InsO, § 222 Rdn. 31.

hältnis der Gläubigerforderungen zueinander ab.[1] Oft wird auch vorgeschlagen, den Fiskus zu einer besonderen Gläubigergruppe zu machen;[2] allein die Tatsache, dass öffentlich-rechtliche Forderungen vorliegen, stellt aber noch keine gleichartigen wirtschaftliche Interessen der jeweiligen Forderungsträger und keine sachliche Abgrenzung zu anderen Forderungen dar.[3]

1666 Gleichartige wirtschaftliche Interessen im Sinne des § 222 Abs. 2 Satz 1 InsO verfolgen beispielsweise die Lieferanten des schuldnerischen Unternehmens, wenn dieses fortgeführt und die Lieferverträge für die Zukunft erfüllt werden sollen (§§ 103 und 105 Satz 1 InsO). Gleiches gilt für Gläubiger aus Dauerschuldverhältnissen, wenn diese gekündigt oder fortgeführt werden. Daneben sollen Finanzkreditforderungen, Forderungen der Bundesagentur für Arbeit aus übergegangenen Lohnforderungen bei Insolvenzgeldzahlung (§§ 183 und 187 Satz 1 SGB III) oder Forderungen des Pensions-Sicherungs-Vereins (gesetzlich vorgeschrieben nach §§ 7 Abs. 4 und 9 Abs. 4 Satz 1 BetrAVG) eine besondere Gruppenbildung begründen.[4] Es ist hilfreich und geradezu notwendig, als letzte fakultative Gläubigergruppe eine Auffanggruppe für alle diejenigen Gläubiger zu bilden, die in keiner der sonstigen Gruppen berücksichtigt sind. Es kommt immer wieder vor, dass nach Vorlage des Insolvenzplans und vor den Erörterungs- und Abstimmungstermin Insolvenzgläubiger hinzutreten oder ermittelt werden, die bisher nicht berücksichtigt wurden.

1667 Eine Gleichbehandlung der Gläubiger wird lediglich innerhalb einer Gruppe gefordert (§ 226 Abs. 1 InsO). Eine Ungleichbehandlung innerhalb einer Gruppe ist nur mit ausdrückliche Zustimmung des Betroffenen zulässig (§ 226 Abs. 1 InsO).

1668 **Beispiel 3:** Der Insolvenzplan der XYZ-GmbH (Beispiele 1, S. 619 und 2, S. 626) sieht als Gläubigergruppen der nicht nachrangigen Insolvenzgläubiger abweichend von § 222 Abs. 1 Satz 2 Nr. 2 InsO folgende Gruppen vor:

1. Gläubiger aus Darlehensforderungen und gegenseitigen nicht erfüllten Verträgen, die auch weiterhin nicht erfüllt bleiben (§ 103 Abs. 2 InsO);
2. Gläubiger aus den für die Zukunft zu erfüllenden Verträgen und aus Wiederkehrschuldverhältnissen mit den Ansprüchen auf rückständige Leistungen (§§ 103 mit 105 Satz 1 und § 108 Abs. 2 InsO);
3. Kleingläubiger mit Forderungen bis zu 10.000 EUR Hauptsachebetrag;
4. Nicht weiterbeschäftigte Arbeitnehmer der Unternehmenssparte „Speiseeis" mit ihren rückständigen Lohnforderungen, die nicht durch Insolvenzgeld (letzten drei Monate vor Insolvenzeröffnung, § 183 SGB III) gedeckt sind;
5. Weiterbeschäftigte Arbeitnehmer der Unternehmenssparte „Schokolade" mit ihren rückständigen Lohnforderungen, die nicht durch Insolvenzgeld (letzten drei Monate vor Insolvenzeröffnung, § 183 SGB III) gedeckt sind;

[1] *Eidenmüller* in: MüKo-InsO, § 222 Rdn. 124.
[2] *Lüer* in: *Uhlenbruck*, InsO, § 222 Rdn. 36; *Maus* in: KS, S. 931 Rdn. 66.
[3] Differenzierend deshalb *Braun* in: *Nerlich/Römermann*, InsO, § 222 Rdn. 98.
[4] *Lüer* in: *Uhlenbruck*, InsO, § 222 Rdn. 34.

6. Bundesagentur für Arbeit wegen der auf sie übergegangenen Lohnforderungen aus Insolvenzgeld (§ 187 Satz 1 SGB III);
7. Alle sonstigen nicht nachrangigen Insolvenzgläubiger.

Es kann geregelt werden (siehe Beispiel 2), dass den Gläubigern Nr. 1, 6 und 7 eine Befriedigung ihrer Forderungen in Höhe von fünfundzwanzig Prozent gewährt wird, im Übrigen gelten die Forderungen als erlassen.

Die rückständigen Forderungen der Gläubiger Nr. 2 sollen zunächst mit fünf Prozent befriedigt werden gegen Fortführung der Vertragsverhältnisse, die Forderungen sollen für fünf Jahre je weitere drei Prozent erhalten und im Übrigen erlassen sein.

Die Gläubiger Nr. 3 werden hinsichtlich der Hauptsache voll befriedigt, hinsichtlich Kosten und Zinsen gelten die Forderungen als erlassen.

Die Gläubiger Nr. 4 erhalten wie die Gläubiger 1, 6 und 7 zunächst fünfundzwanzig Prozent ihrer Forderungen, ferner Abfindungen in Höhe von je fünf Monatsgehältern. Letzteres wäre im Hinblick auf § 245 Abs. 1 Nr. 1 InsO wohl nicht erforderlich, da die Arbeitnehmer auch mit der Quote von fünfundzwanzig Prozent besser stehen als bei Regelinsolvenzabwicklung, im Hinblick auf die Stellung der weiterbeschäftigten Arbeitnehmer ist eine besondere Zuwendung wegen § 245 Abs. 2 Nr. 3 InsO aber empfehlenswert.

Die Gläubiger Nr. 5 verzichten auf 92,5 Prozent ihrer offenen Lohnforderungen (Quote damit 7,5 Prozent) gegen Fortführung der Arbeitsverhältnisse (zur Gruppenbildung in der Unterscheidung zwischen ausscheidenden und weiterbeschäftigten Arbeitnehmern *Braun* in: *Nerlich/Römermann,* InsO, § 222 Rdn. 96).

Mit dieser Gruppenbildung kann einerseits eine auf das Unternehmen zugeschnittene Verwirklichung des Insolvenzplans erreicht werden, andererseits werden die Gläubiger sachgerecht voneinander abgegrenzt und berücksichtigt.

Das Gesetz schreibt nicht vor, welche Zahl von Gläubigergruppen mindestens gebildet werden muss und höchstens gebildet werden darf. Die Bildung insgesamt nur einer Gläubigergruppe, die dann aus den nicht nachrangigen Insolvenzgläubigern nach § 222 Abs. 1 Satz 2 Nr. 2 InsO besteht, ist im Hinblick auf die Abstimmungen und das Obstruktionsverbot des § 245 InsO praktisch sinnlos, wenn die durch § 244 Abs. 1 InsO geforderten Mehrheiten nicht gesichert sind. Unter Berücksichtigung des Mehrheitserfordernisses des § 245 Abs. 1 Nr. 3 InsO ist in jedem Fall die Bildung einer ungeraden Zahl von Gläubigergruppen empfehlenswert. Die Zahl ist nach oben offen, wobei freilich eine nicht zu hohe Zahl an Gläubigergruppen die Übersicht des Insolvenzplans erleichtert und auch bei der Abstimmung die Chancen auf eine Annahme erhöht. 1669

4. Der Inhalt des gestaltenden Teils nach §§ 221 ff. InsO

a) Die Änderung der Rechtsstellung der Beteiligten

Der gestaltende Teil des Insolvenzplans hat nach § 221 InsO festzulegen, auf welche Weise entsprechend dem im darstellenden Teil festgelegten Planzielen die Rechtsstellung einzelner Beteiligter geändert werden soll. In den gestaltenden Teil können hierzu sämtliche materiellrechtlich notwendigen Willenserklärungen und verfahrensrechtlich 1670 notwendig Erklärungen, etwa für eine notwendige Grundbucheintragung oder Eintragung in das Handelsregister, abgegeben werden. Im gestaltenden Teil sind insbesondere die Rechtsänderungen bei den absonderungsberechtigten Gläubigern sowie Stundung und Erlass der Forderungen der gewöhnlichen Insolvenzgläubiger sowie die mögliche Haftung des Schuldners nach Beendigung des Insolvenzverfahrens festzulegen. Als rechtliche Umsetzung des Plankonzepts gibt der gestaltende Teil das Ergebnis des Insolvenzplans wieder.

1671 Durch den Insolvenzplan kann in die Rechtsstellung eines jeden Beteiligten eingegriffen werden. Beteiligte im Sinne des § 221 InsO sind die absonderungsberechtigten Gläubiger, die nicht nachrangigen Insolvenzgläubiger sowie die nachrangigen Insolvenzgläubiger. Der nach § 47 InsO Aussonderungsberechtigte ist nicht Beteiligter des Insolvenzplans, er ist auch nicht Gläubiger des Schuldners; in seine Rechtsstellung kann durch den Insolvenzplan nicht eingegriffen werden.[1]

1672 Hinsichtlich der Forderungen der Gläubiger sowie der bestehenden Absonderungsrechte enthalten die §§ 223 bis 227 InsO nachgiebige Regelungen, welche die Rechtsstellung der Beteiligten durch den Insolvenzplan beschreiben, soweit dieser hierzu nichts anderes regelt:

1673 – In Absonderungsrechte wird nach § 223 Abs. 1 Satz 1 InsO grundsätzlich nicht eingegriffen;[2] sollen aber Absonderungsrechte der §§ 49 ff. InsO zum Nachteil des Berechtigten gekürzt werden, ist dies im gestaltenden Teil des Insolvenzplans festzulegen; beispielsweise kann bestimmt werden, dass ein Gläubiger auf die zu seinen Gunsten erfolgte Verpfändung verschiedener Kontoguthaben des Schuldners zu verzichten hat oder dass der Kostenbeitrag abweichend von § 171 InsO bestimmt werden soll; selbst in Grundpfandrechte kann durch den Insolvenzplan eingegriffen werden.[3]

1674 – Für die Forderungen der nicht nachrangigen Insolvenzgläubiger hat der Insolvenzplan festzulegen, in welchem Umfang diese Forderungen gekürzt, für welchen Zeitraum sie gestundet und wie sie weiterhin gesichert werden sollen (§ 224 InsO); zulässig sind so genannte Gesamtabgeltungsklauseln, nach welchen den Gläubigern einer Gläubigergruppe proportional ihre Forderungen gekürzt werden.[4] Zulässig ist auch ein vollständiger Erlass der Forderungen; soweit Forderungen einzelner Insolvenzgläubiger nicht nach § 178 InsO

---

[1] Begründung des Regierungsentwurfs BT-Drucks. 12/2443, S. 195; dazu *Braun* in: *Nerlich/Römermann*, InsO, § 217 Rdn. 7 ff.

[2] Zur Klarstellungsfunktion der Norm *Braun* in: *Braun*, InsO, § 223 Rdn. 1; zur Frage obligatorischer Gruppenbildung *Braun* in: *Nerlich/Römermann*, InsO, § 223 Rdn. 11.

[3] Dazu *Braun* in: *Nerlich/Römermann*, InsO, § 223 Rdn. 9; mit nur allgemeinen Hinweisen auf das Grundpfandrecht und ohne eindeutigen Bezug zum Insolvenzplan *Breuer* in: MüKo-InsO, § 223 Rdn. 8, 19.

[4] Dazu *Braun* in: *Nerlich/Römermann*, InsO, § 224 Rdn. 7.

festgestellt sind, sind entsprechende Rückstellungen bis zur endgültigen Feststellungen der Forderung zu bilden (§ 256 InsO).[1]

- Die Forderungen der nachrangigen Insolvenzgläubiger gelten nach § 225 Abs. 1 InsO als erlassen; diese Forderungen des § 39 Abs. 1 InsO würden auch in der Abwicklung des Regelinsolvenzverfahrens kaum Zuteilung erhalten; von § 225 InsO sind hinsichtlich der seit Insolvenzeröffnung laufenden Zinsen alle Insolvenzgläubiger betroffen (§ 39 Abs. 1 Nr. 1 InsO), diese Zinsen gelten mithin als erlassen; Probleme kann dies bei absonderungsberechtigten Gläubigern bereiten, da diese auch für die seit Eröffnung des Verfahrens laufenden Zinsen ihr Absonderungsrecht geltend machen können;[2] es wird hier vorgeschlagen, für diese Gläubiger eine eigene Gruppe zu bilden und die Regelung des § 225 Abs. 1 InsO auszuschließen.[3] 1675

Die Haftung des Schuldners für die Zeit nach Beendigung des Insolvenzverfahrens wird nach § 227 Abs. 1 InsO grundsätzlich ausgeschlossen, abweichendes muss der Insolvenzplan genau bestimmen. Eine solche Bestimmung ist bereits getroffen durch Regelungen zum Erlass und zur Stundung der Insolvenzforderungen. Ist Schuldner des Insolvenzverfahrens eine Personengesellschaft, gilt die Befreiung auch hinsichtlich der persönlichen Haftung der Gesellschafter (§ 227 Abs. 2 InsO, §§ 124 und 128 HGB). Die Regelung des § 227 InsO hat nur in der Insolvenz der natürlichen Person und der Personengesellschaft Bedeutung, nicht in der Insolvenz der juristischen Person und der Kapitalgesellschaft. § 227 InsO ist deshalb nicht anzuwenden auf mögliche Ansprüchen gegen Organe der juristischen Person oder gegen Gesellschafter aus Pflichtverletzungen oder aus gesellschaftsrechtlicher Haftung. Eine mögliche Geschäftsführerhaftung nach § 43 Abs. 2 GmbHG oder einen Vorstandshaftung nach § 93 Abs. 2 AktG sowie mögliche Ansprüche gegen die Gesellschafter aus §§ 30 und 31 GmbHG werden von § 227 InsO nicht erfasst. 1676

Die Haftungsbefreiung des Schuldners wird relativiert durch die gesetzliche Wiederauflebensklauseln des § 255 InsO. Danach verlieren eine Stundung oder ein Erlass ihre Wirkungen, wenn der Schuldner mit seinen Leistungen, die er nach dem Inhalt des Insolvenzplans an die Gläubiger zu erbringen hat, erheblich in Rückstand gerät. Ein solcher Rückstand ist anzunehmen, wenn der Schuldner eine fällige Verbindlichkeit trotz Mahnung des Gläubigers und zweiwöchiger Fristsetzung nicht begleicht (§ 255 Abs. 1 Satz 2 InsO). 1677

b) Die Änderung sachenrechtlicher Verhältnisse nach § 228 InsO

Die Vorschrift des § 228 InsO ermöglicht es, zur raschen und unkomplizierten Umsetzung des Insolvenzplans, hierin auch sämtliche 1678

---

[1] Dazu *Braun* in: *Nerlich/Römermann*, InsO, § 256 Rdn. 4 ff.

[2] BGHZ 134, 195; *Ganter* in: MüKo-InsO, § 52 Rdn. 29; *Eickmann* in: HK-InsO, § 52 Rdn. 9.

[3] *Braun* in: *Nerlich/Römermann*, InsO, § 225 Rdn. 4.

sachenrechtlich oder gesellschaftsrechtlich notwendigen Erklärungen aufzunehmen. Durch den Insolvenzplan können insbesondere Rechte an Gegenständen der Insolvenzmasse begründet, geändert, übertragen oder aufgehoben werden.[1]

aa) Die Bestellung und Freigabe von Mobiliarsicherheiten

1679 Den absonderungsberechtigten Gläubigern oder den bislang nicht gesicherten Insolvenzgläubigern können zur Sicherung der Stundung ihre Forderungen weitere Vermögenswerte der Insolvenzmasse zur Sicherheit übereignet werden, Forderungen können sicherungshalber übertragen oder Pfandrechte bestellt werden. Umgekehrt kann auch auf Absonderungsrechte verzichtet werden durch Aufhebung von Sicherungsübereignungen oder Verzicht auf Pfandrechte.[2] Auch Gewährung neuer Bürgschaften ist mit den Insolvenzplan möglich. Es sind dann die entsprechenden Erklärungen der Bürgen in den Insolvenzplan aufzunehmen, soweit diese nicht Beteiligte des Insolvenzverfahrens sind, müssen sie sich ausdrücklich als Bürge erklären. Ebenso muss der Berechtigte eines nicht zur Insolvenzmasse gehörenden Gegenstandes ausdrücklich seine Zustimmung erklären, wenn an diesem Gegenstand ein Sicherungsrecht bestellt werden soll.[3]

1680 **Beispiel 4:** Der Insolvenzplan sieht vor, dass die A-Bank die zu ihren Gunsten am Warenlager der Insolvenzmasse bestehende Sicherungsübereignung zurückgibt, da dieses mit dem Unternehmen an einen Investor veräußert werden soll. Als Ausgleich hierfür soll die A-Bank durch eine Bürgschaft der Hausbank des Investors gesichert werden.

Die Regelung zur Freigabe der Sicherungsübereignung stellt eine Ausnahme zu § 223 Abs. 1 InsO dar, die entsprechende sachenrechtlicher Erklärungen der A-Bank kann in den gestaltenden Teil des Insolvenzplans aufgenommen werden. Die Bürgschaftserklärung der Hausbank des Investors muss dagegen ausdrücklich von dieser erklärt werden (§§ 765 ff. BGB).

1681 Die entsprechenden Erklärungen gelten mit Rechtskraft des Bestätigungsbeschlusses als wirksam abgegeben (§ 254 Abs. 1 Satz 2 InsO). Der Insolvenzplan kann nur die Willenserklärungen ersetzen, weitere sachenrechtliche Wirksamkeitsvoraussetzungen, wie etwa die Übergabe einer beweglichen Sache nach § 929 Satz 1 BGB, müssen freilich noch gesondert erfolgen.[4]

---

[1] Der Gesetzgeber übernimmt damit die allgemein übliche Definition der Verfügung im sachenrechtlichen Sinne, BGHZ 1, 294, 304; BGHZ 75, 221, 226; BGHZ 101, 24; Palandt/*Heinrichs*, BGB, Überblick vor § 104 Rdn. 16; *Schramm* in: MüKo-BGB, § 185 Rdn. 5 ff.

[2] Beispielsweise nach Zahlung bestimmter Geldbeträge, so Begründung des Regierungsentwurfs BT-Drucks. 12/2443, S. 202.

[3] *Braun* in: *Braun*, InsO, § 228 Rdn. 3; nicht ganz eindeutig *Lüer* in: *Uhlenbruck*, InsO, § 228 Rdn. 2.

[4] *Lüer* in: *Uhlenbruck*, InsO, § 254 Rdn. 7; *Braun* in: *Braun*, InsO, § 228 Rdn. 4.

bb) Die Abgabe grundstücks- und grundbuchrechtlicher Erklärungen

Die Regelung des § 228 InsO ermöglicht auch sachenrechtliche Änderungen an Grundstücksrechten, an Grundstücken und sonstigem unbeweglichen Vermögen. Die zur sachenrechtlichen Rechtsänderung erforderlichen Willenserklärungen nach § 873 BGB können in den Insolvenzplan aufgenommen werden, die regelmäßig notwendige Grundbucheintragung muss freilich durch das Grundbuchamt nach den Vorschriften des Grundbuchverfahrensrechts vorgenommen werden.[1] Soll beispielsweise die Grundschuld eines absonderungsberechtigten Gläubigers an einem zur Insolvenzmasse gehörenden Grundstück aufgehoben werden, kann die entsprechende Erklärung dieses Gläubigers in den Insolvenzplan aufgenommen werden; gleiches gilt, wenn im Gegenzug an einem anderen Grundstück durch den Schuldner eine neue Grundschuld bestellt werden soll. 1682

Das Grundbuchverfahrensrecht verlangt zur Eintragung der Rechtsänderung in das Grundbuch regelmäßig die Bewilligung des von der Eintragung Betroffenen nach § 19 GBO.[2] Auf diese verfahrensrechtlich abzugebende Bewilligung kann in den Insolvenzplan aufgenommen werden, das betroffene Grundstücksrecht beziehungsweise das betroffene Grundstück ist gemäß § 28 GBO mit der Bezeichnung in Grundbuch oder unter Hinweis auf das Grundbuchblatt zu benennen.[3] § 228 Satz 2 InsO stellt hierfür eine Klarstellung dar, die der Umsetzung der Erklärungen im Grundbuchverfahren dient. Die ordnungsgemäße Grundstücksbezeichnung soll bereits durch das Insolvenzgericht bei Prüfung des Insolvenzplans nach § 231 InsO, spätestens bei der Entscheidung über die Betätigung des Plans geprüft werden.[4] Ob in den Insolvenzplan auch bereits der Eintragungsantrag an das Grundbuchamt nach § 13 GBO aufgenommen werden kann, ist streitig.[5] Jedenfalls wird das Grundbuchamt nicht von Amts wegen tätig, auch ist das Insolvenzgericht nicht befugt, über § 38 GBO um Eintragung der im Insolvenzplan festgelegten Rechtsänderungen zu ersuchen. Praktisch bedeutender als diese Frage ist das Problem ungenauer Eintragungsbewilligungen oder Grundstücksbezeichnungen. Wird beispielsweise im Insolvenzplan zu Gunsten eines Gläubigers eine Grundschuld neu bestellt und enthält die Eintragungsbewilligung im Insolvenzplan unklare Angaben beispielsweise zur Höhe der Zinsen der Grundschuld und zu deren Fälligkeit[6] oder ist das betroffene Grundstück nicht ausreichend 1683

[1] Begründung des Regierungsentwurfs BT-Drucks. 12/2443, S. 202.
[2] Allgemein hierzu *Demharter,* GBO, § 19 Rdn. 3 ff.; *Schöner/Stöber,* Rdn. 95 ff.
[3] *Schöner/Stöber,* Rdn. 130 ff.
[4] Begründung des Regierungsentwurfs BT-Drucks. 12/2443, S. 202.
[5] Bejahend *Bork* in: *Leipold,* S. 51; verneinend *Braun* in: *Nerlich/Römermann,* InsO, § 228 Rdn. 8; *Schiessler,* S. 112; auch die Begründung spricht lediglich von der „Eintragung in das Grundbuch, die anschließend zu beantragen sei“, Begründung des Regierungsentwurfs BT-Drucks. 12/2443, S. 202.
[6] Dazu umfassend *Schöner/Stöber,* Rdn. 1953 ff.

bezeichnet, wird das Grundbuchamt dem Antragsteller durch Zwischenverfügung (§ 18 Abs. 1 GBO) die Behebung dieser Mängel aufgeben. Die spätere Ergänzung der bereits im Insolvenzplan abgegebenen Erklärungen in der für das Grundbuchverfahren notwendigen Form des § 29 Abs. 1 Satz 1 GBO kann dann schwierig sein.

1684 Im gestaltenden Teil des Insolvenzplans kann zwischen den Beteiligten auch eine Auflassung nach §§ 873 und 925 BGB erklärt werden. Der rechtskräftig bestätigte Insolvenzplan ersetzt mit der Regelung des § 254 Abs. 1 Satz 2 InsO nach § 925 Abs. 1 Satz 3 BGB auch das Formerfordernis der gleichzeitigen Anwesenheit.[1] Er hebt jedoch nicht § 925 Abs. 2 BGB auf, wonach eine Auflassung nicht unter einer Bedingung oder einer Befristung erklärt werden darf.[2] Es ist deshalb darauf zu achten, das sich etwaige Bedingungen oder Widerrufsklauseln, die als aufschiebende Bedingung der Wirksamkeit angesehen werden,[3] nicht auf eine erklärte Auflassung beziehen. Eine solche ist nach § 925 Abs. 2 BGB auch dann absolut unwirksam, wenn die aufschiebende Bedingung tatsächlich eintritt.[4] Stellt sich dies erst im Grundbuchverfahren heraus, weil das Grundbuchamt zu Recht die Eintragung ablehnt, könnte der Insolvenzplan in dieser Hinsicht praktisch wertlos sein.

1685 Allgemein ist zu beachten, dass alle grundstücks- und grundbuchrechtlichen Erklärungen so abgegeben werden, dass das Grundbuchamt im Rahmen der von ihm zu beachtenden sachenrechtlichen und verfahrensrechtlichen Vorschriften des Bürgerlichen Gesetzbuchs und der Grundbuchordnung unproblematisch eine Eintragung vornehmen kann. Der Insolvenzplan ersetzt nur die gesetzlich vorgeschriebene Form der entsprechenden Erklärungen, er hilft nicht über mögliche inhaltliche und sachlichrechtliche Mängel hinweg, kann sich mithin nicht über das allgemein geltende Sachenrecht setzen.

cc) Die Abgabe gesellschaftsvertraglicher Erklärungen

1686 Schließlich ist es auch möglich, in den Insolvenzplan sämtliche gesellschaftsrechtlich notwendigen Erklärungen aufzunehmen, die beispielsweise für eine finanzwirtschaftliche Sanierung des Unternehmensträgers erforderlich sind. So kann die Übertragung von Gesellschaftsanteilen nach § 15 GmbHG im Insolvenzplan geregelt werden, die nach § 15 Abs. 2 GmbHG erforderliche notarielle Beurkundung wird durch den Insolvenzplan ersetzt.

---

[1] Dazu allgemein *Schöner/Stöber,* Rdn. 3320 ff.

[2] Allgemein hierzu Palandt/*Bassenge,* BGB, § 925 Rdn. 19; *Schöner/Stöber,* Rdn. 3330 mit unfangreichen Nachweisen.

[3] BGHZ 88, 364.

[4] Grundlegend BayObLG Rpfleger 1970, 400; zuletzt KG FGPrax 1996, 140; *Kanzleiter* in: MüKo-BGB, § 925 Rdn. 25; Palandt/Bassenge, BGB, § 925 Rdn. 19; völlig falsch dagegen im Rahmen einer Kostenentscheidung nur BVerwG NJW 1995, 2179 = Rpfleger 1995, 497; hiergegen zu Recht mit sehr scharfen Worten *Schöner/Stöber,* Rdn. 3333 mit Hinweis in Fn. 67.

Auch die für eine Kapitalherabsetzung nach §§ 58a ff. GmbHG und eine anschließende Kapitalerhöhung nach §§ 55ff. GmbHG erforderlichen Erklärungen und Gesellschafterbeschlüsse können in den Insolvenzplan aufgenommen werden; soweit die Gesellschafter nicht Beteiligte des Insolvenzverfahrens sind, ist deren ausdrückliche Zustimmung erforderlich, da sie ja im Übrigen am Insolvenzplanverfahren nicht beteiligt sind.[1] 1687

Ebenso wie im Grundbuchverfahren ersetzt der Insolvenzplan die notwendigen Eintragungen in das Handelsregister nicht. Es können die hierfür notwendigen Anmeldungserklärungen jedoch in den Insolvenzplan aufgenommen werden. 1688

5. Weitere Festlegungen des Insolvenzplans

a) Die Überwachung der Planerfüllung durch den Insolvenzverwalter

Nach rechtskräftiger Betätigung des Insolvenzplans wird das Insolvenzverfahren aufgehoben. Es ist gerade beim Sanierungsplan Sache des Schuldners, den Plan auszuführen und gegenüber den Gläubigern die übernommenen Pflichten zu erfüllen.[2] Das Insolvenzgericht oder der Insolvenzverwalter überwachen nicht von Amts wegen die Erfüllung des Insolvenzplans durch den Schuldner. Der Plan kann allerdings eine Überwachung durch den Insolvenzverwalter vorsehen (§ 260 Abs. 1 InsO). Eine Planüberwachung kann sowohl gegenüber dem Schuldner als auch gegenüber einer neu gegründeten Übernahmegesellschaft, die im Falle übertragender Sanierung das schuldnerischen Unternehmen oder übernommen hat und Leistungen an die Insolvenzgläubiger zu erbringen hat, richten (§ 260 Abs. 3 InsO). 1689

Ist eine Planüberwachung vorgesehen, bleiben die Befugnisse des Insolvenzverwalters, des Gläubigerausschusses und des Insolvenzgerichts in dem Umfang bestehen, wie dies für die Überwachung erforderlich ist (§ 261 Abs. 1 InsO). Der Insolvenzverwalter hat dem Gericht jährlich Bericht über den Stand der Planerfüllung zu erstatten (§ 261 Abs. 2 InsO).[3] Eine Nichterfüllung des Insolvenzplans hat er nach § 262 InsO anzuzeigen; es ist dann jedoch Sache eines Gläubigers oder des Schuldners, im schlimmsten Fall die Eröffnung eines neuen Insolvenzverfahrens zu beantragen. 1690

Nach § 263 InsO kann bestimmt werden, dass bestimmte Rechtsgeschäfte des Schuldners zu ihrer Wirksamkeit der Zustimmung des überwachenden Insolvenzverwalters bedürfen, die §§ 81 Abs. 1 und 82 InsO gelten entsprechend. 1691

---

[1] Eingehend hierzu *Eidenmüller* in: MüKo-InsO, § 217 Rdn. 64ff.

[2] *Braun/Uhlenbruck*, S. 489ff.; allgemein in Bezug zu den Folgen der Verfahrensaufhebung *Lüer* in: *Uhlenbruck*, InsO, § 259 Rdn. 2ff., § 260 Rdn. 1.

[3] Allgemein *Lüer* in: *Uhlenbruck*, InsO, § 261 Rdn. 15ff.

1692 Es ist sinnvoll, die Planüberwachung für auf einen bestimmten Zeitraum zu begrenzen. § 268 Abs. 1 Nr. 2 InsO sieht die Aufhebung der Planüberwachung nach drei Jahren seit Aufhebung des Insolvenzverfahrens vor.[1]

b) Die Festlegung eines Kreditrahmens nach § 264 InsO

1693 Im Rahmen der Sanierung eines schuldnerischen Unternehmens soll durch den Insolvenzplan auch die weitere Aufnahme von Fremdkapital ermöglicht werden. Nach § 264 InsO kann hierfür ein Kreditrahmen festgelegt werden.[2] Neu aufgenommene Verbindlichkeiten erhalten in einem späteren Insolvenzverfahren Vorrang vor den übrigen Insolvenzforderungen, wenn sie nach Hauptforderung, Zinsen und Kosten ausdrücklich als Forderungen innerhalb des Kreditrahmens vereinbart werden (§ 264 Abs. 2 InsO). Die Festlegung eines Kreditrahmens im gestaltenden Teil des Insolvenzplans stellt seitens der Insolvenzgläubiger einen vorweggenommenen Rangrücktritt hinter diese Forderungen dar.[3] Der Vorrang besteht auch gegenüber Forderungen, die nach Aufhebung des Insolvenzverfahrens entstehen und wie die bereits bestehenden Forderungen in einem weiteren Insolvenzverfahren als nicht nachrangige Insolvenzforderungen zu berücksichtigen sind (§ 265 InsO).

1694 Der Vorrang der so genannten Planfondskredite besteht nur in einem Insolvenzverfahren, dass vor Aufhebung der kann Überwachung nach § 268 InsO eröffnet wird (§ 266 Abs. 1 InsO). Es ergibt sich dann folgende Reihenfolge der Forderungen:

- Ersten Rang haben Forderungen, die im Rahmen des § 264 Abs. 1 InsO wirksam begründet worden sind; untereinander besteht Gleichrang;
- Zweiten Rang haben die Insolvenzgläubiger des ersten Insolvenzverfahrens mit den nicht befriedigten Forderungen sowie Gläubiger, die nach Aufhebung des Insolvenzverfahrens neu hinzugetreten sind; sie sind untereinander nicht nachrangige Insolvenzgläubiger mit gleichem Rang.

1695 Die nach § 39 InsO nachrangigen Forderungen des ersten Insolvenzverfahrens sind mit dem Insolvenzplan regelmäßig nach § 225 InsO erlassen. Die nachrangigen Forderungen des neuen Insolvenzverfahrens sind den gewöhnlichen Insolvenzforderungen selbstverständlich nachrangig; § 266 Abs. 2 InsO stellt dies in missverständlicher Wortwahl klar.[4]

---

[1] Allgemein *Lüer* in: *Uhlenbruck,* InsO, § 268 Rdn. 4.

[2] Umfassend *Braun* in: *Nerlich/Römermann,* InsO, § 264 Rdn. 2 ff.; *Braun/Uhlenbruck,* S. 645 ff.; *Braun* in: KS, S. 1137.

[3] Begründung des Regierungsentwurfs BT-Drucks. 12/2443, S. 216; *Braun* in: *Braun,* InsO, § 264 Rdn. 6.

[4] *Braun* in: *Nerlich/Römermann,* InsO, § 266 Rdn. 3.

In einem zweiten Insolvenzverfahren werden die Massekosten und sonstigen Masseverbindlichkeiten dieses Verfahrens freilich an erster Stelle berücksichtigt, der Vorrang der Plafondskredite kann Masseverbindlichkeiten nicht verdrängen. 1696

Auf die Regelung des § 264 InsO wird sich ein Kreditgeber nur verlassen, wenn aus dem Vermögen des Schuldners keine weitere Sicherungsmöglichkeit mehr besteht, dann wäre der mögliche Vorrang des § 264 InsO die einzige Sicherungsmöglichkeit für neue Kredite.[1] Der Kreditrahmen darf nach § 264 Abs. 1 Satz 3 InsO den Wert der Vermögensgegenstände des schuldnerischen Unternehmens nicht übersteigen; sind diese jedoch bereits anderweitig mit Sicherungsrechten belastet, bringt auch der Vorrang bezogen auf den Wert des Vermögens des Schuldners keine wirklichen Vorteil. Auch wird die Begrenzung des Kreditrahmens auf den Wert der Vermögensgegenstände nach § 264 Abs. 1 Satz 3 InsO als untauglicher Maßstab angesehen, da diese Vermögensgegenstände in einer Folgeinsolvenz zumeist nur noch Liquidationswert besitzen.[2] 1697

6. Die notwendigen Anlagen zum Insolvenzplan

a) Die Vermögensübersicht nach § 229 InsO

Liegt das Ziel des Insolvenzplans in der Sanierung des schuldnerischen Unternehmens, erfolgt die Befriedigung der Gläubiger aus den Erträgen und Überschüssen der Unternehmensfortführung. In diesem Fall muss den Gläubigern die Möglichkeit gegeben werden, sich über den wirtschaftlichen Stand des Unternehmens und die voraussichtliche Unternehmensentwicklung zu informieren. Daher sieht § 229 InsO die Vorlage einer Vermögensübersicht vor, aus der Sicht der Wert der Vermögensgegenstände Schuldners in Gegenüberstellung zu den Verbindlichkeiten ergibt. Die Vermögensgegenstände sind, da dem Plan eine Fortführung zu Grunde liegt, mit den Fortführungswerten oder so genannten „going-concern-Werten" zu bewerten. Diese Vermögensübersicht entspricht weitgehend jener nach den §§ 151 und 153 InsO. 1698

Nach § 229 Satz 2 InsO ist ferner darzustellen, welche Aufwendungen und Erträge für den Zeitraum erwartet werden, während dessen die Gläubiger aus der Erfüllung des Insolvenzplans Leistungen erhalten sollen. Es handelt sich hier wesentlich um einen betriebswirtschaftlichen Ergebnis- und Finanzplan („Plan-Gewinn- und Verlustrechnung" und Planliquiditätsrechnung), mit welchem die voraussichtliche wirtschaft- 1699

---

[1] Kritisch daher *Braun* in: *Nerlich/Römermann,* InsO, § 264 Rdn. 14; *Braun* in: *Braun,* InsO, § 264 Rdn. 1.

[2] *Braun* in: *Nerlich/Römermann,* InsO, § 264 Rdn. 14.

liche Entwicklung des schuldnerischen Unternehmens dargestellt werden soll.[1]

1700 Letztlich handelt es sich bei den von § 229 InsO geforderten Anlagen zum Insolvenzplan um betriebswirtschaftliche Bewertungen des Vermögens des Schuldners sowie um betriebswirtschaftliche Prognoserechnungen einer künftigen Unternehmensentwicklung. In der Rechtspraxis werden die „Plan-Gewinn- und Verlustrechnung“ und die Planliquiditätsrechnung seitens der Gläubiger misstrauisch betrachtet, insbesondere Gläubiger öffentlich-rechtlicher Forderungen sehen im Hinblick auf die künftige Befriedigung ihrer Forderungen in den Berechnungen keine ausreichende Sicherheit.[2] Eine solcher kann aber in keinem Falle gegeben werden. Eine Liquiditätsrechnung ist auch bei einem gesunden Unternehmen mit Unsicherheiten und Unwägbarkeiten in der künftigen Geschäftsentwicklung oder Marktentwicklung verbunden. Sie kann im Falle eines Insolvenzplans wie auch bei einem gesunden Unternehmen aber mit der erforderlichen kaufmännischen Vorsicht und Realitätsnähe im Hinblick auf künftige wirtschaftliche Entwicklungen aufgestellt und bewertet werden.

b) Die Erklärungen bei Unternehmensfortführung nach § 230 InsO

1701 Die Fortführung des schuldnerischen Unternehmens ist nur mit dessen Zustimmung möglich, wenn der Schuldner als natürliche Person das Unternehmen führt. Sieht der Insolvenzplan die Unternehmensfortführung vor, hat der Schuldner dem Plan ausdrücklich zuzustimmen (§ 230 Abs. 1 InsO). Gleiches gilt für die persönlich haftenden Gesellschafter in der Insolvenz der Personengesellschaft.[3] Die Vorschrift regelt auch für die Praxis weitgehend selbstverständliches, wenn der Schuldner den Plan selbst vorlegt, stimmt er der Unternehmensfortführung ohnehin zu (§ 230 Abs. 1 Satz 2 InsO), wenn der Insolvenzplan vom Insolvenzverwalter eingebracht wird, macht es keinen Sinn, den Schuldner womöglich gegen seinen Willen zu Unternehmensfortführung zu zwingen.

1702 In der Insolvenz der juristischen Person und der Kapitalgesellschaft ist § 230 InsO nicht anzuwenden.[4] Die für juristische Personen und Kapitalgesellschaften geltende Regelung des § 230 Abs. 2 InsO gilt für den Fall, dass Gläubiger Gesellschaftsanteile oder Beteiligungen übernehmen sollen; hierzu ist deren ausdrückliche Zustimmung erforderlich.

---

[1] Eingehend *Maus* in: *Uhlenbruck*, InsO, § 229 Rdn. 3 ff.; *Braun* in: *Nerlich/Römermann*, InsO, § 229 Rdn. 26 ff.

[2] Treffend *Braun* in: *Braun*, InsO, § 229 Rdn. 12.

[3] Begründung des Regierungsentwurfs BT-Drucks. 12/2443, S. 203; eingehend *Eidenmüller* in: MüKo-InsO, § 230 Rdn. 4 ff.

[4] *Warrikoff* KTS 1997, 527.

III. Das Insolvenzplanverfahren

1. Die Einbringung des Insolvenzplans

Das Insolvenzplanverfahren ist in das Regelinsolvenzverfahren integriert, es kann nicht losgelöst von diesem durchgeführt werden; der Gesetzgeber geht von der Einheitlichkeit des Insolvenzverfahrens aus.[1] Die §§ 217ff. InsO regeln das Insolvenzplanverfahren ähnlich wie die früheren §§ 173ff. KO das Zwangsvergleichsverfahren als eigene Verfahrensart innerhalb des Insolvenzverfahrens.[2] Da der Schuldner den Insolvenzplan bereits mit seinem Insolvenzantrag vorlegen kann, kann er praktisch schon vor Eröffnung des Insolvenzverfahrens dieses in Richtung Insolvenzplan lenken. 1703

a) Das Recht zur Planinitiative nach § 218 InsO

aa) Das Planinitiativrecht des Schuldners

Das Recht, einen Insolvenzplan einzubringen, steht zunächst dem Schuldner zu (§ 218 Abs. 1 Satz 1 InsO). Der Schuldner kann den Insolvenzplan mit seinem Insolvenzantrag verbinden (§ 218 Abs. 1 Satz 2 InsO); zusammen mit der Stellung des Insolvenzantrags bereits bei drohender Zahlungsunfähigkeit nach § 18 InsO soll dadurch eine frühzeitige Chance zur Sanierung des schuldnerischen Unternehmens ermöglicht werden.[3] *Eberhard Braun* spricht hier in Anlehnung an das U.S.-amerikanische Recht vom „prepackaged plan".[4] 1704

Der Schuldner kann während des Insolvenzverfahrens jederzeit einen Insolvenzplan einbringen, letzter zulässiger Zeitpunkt ist der Schlusstermin nach § 197 InsO (§ 218 Abs. 1 Satz 3 InsO). Der Schuldner kann auch mehrmals den Versuch unternehmen, den Gläubigern einen Insolvenzplan zu unterbreiten, auch wenn dadurch eine Verzögerung der Insolvenzabwicklung eintritt. Es ist dem Schuldner nicht ohne weiteres Verschleppungsabsicht zu unterstellen. Nach § 231 Abs. 2 InsO ist die wiederholte Vorlage eines Insolvenzplans – nicht notwendig mit demselben Inhalt – vom Insolvenzgericht auf Antrag des Insolvenzverwalters mit Zustimmung des Gläubigerausschusses zurückzuweisen, wenn ein früherer Plan von den Gläubigern abgelehnt, vom Gericht nicht bestätigt oder vom Schuldner selbst zurückgezogen worden ist. Auch hier ist im Einzelfall vom Insolvenzverwalter zu prüfen, ob die 1705

---

[1] Begründung des Regierungsentwurfs BT-Drucks. 12/2443, S. 82ff.

[2] Im Unterschied zum Konkursrecht aber nicht lediglich als besondere Form der Beendigung des Konkursverfahrens sondern als eigenständiges Verfahren, Begründung des Regierungsentwurfs BT-Drucks. 12/2443, S. 90ff.

[3] Begründung des Regierungsentwurfs BT-Drucks. 12/2443, S. 196; *Braun* in: *Nerlich/Römermann,* InsO, § 218 Rdn. 15ff.

[4] *Braun* in: *Nerlich/Römermann,* InsO, § 218 Rdn. 16.

wiederholte Vorlage eines Insolvenzplans durch den Schuldner rechtsmissbräuchlich erfolgt oder nicht.

1706 Zu Vorlage eines Insolvenzplans kann der Schuldners seitens des Insolvenzverwalters oder seitens der Gläubiger nicht gezwungen werden. Die Planinitiative steht in seiner Entscheidung. Eine Planinitiative der Insolvenzgläubiger ist im Gesetz nicht vorgesehen.[1]

bb) Das originäre Planinitiativrecht des Insolvenzverwalters

1707 Nach § 218 Abs. 1 Satz 1 InsO ist auch der Insolvenzverwalter zur Vorlage eines Insolvenzplans berechtigt. Er hat bereits im Berichtstermin über die Möglichkeiten der Erstellung eines Insolvenzplans mit den verschiedenen Alternativen einer Liquidation oder einer Sanierung des schuldnerischen Unternehmens den Gläubigern zu berichten (§ 156 Abs. 1 Satz 2 InsO). Die Regelung des § 157 Satz 2 InsO, wonach die Gläubigerversammlung den Insolvenzverwalter mit der Erstellung eines Insolvenzplans beauftragen kann, greift in der Praxis regelmäßig zu spät, da die wirtschaftlichen Möglichkeiten insbesondere zur Erstellung eines Sanierungsplans schwinden, je weiter die Insolvenzeröffnung zurückliegt. Die Aussichten auf einen Insolvenzplan werden deshalb regelmäßig bereits während des Eröffnungsverfahrens ausgelotet; im besten Fall kann der Insolvenzverwalter den Gläubigern bereits im Berichtstermin einen konkreten Insolvenzplan vorlegen.[2] Beauftragt die Gläubigerversammlung den Insolvenzverwalter mit der Erstellung des Insolvenzplans, soll dieser binnen einer angemessenen Frist dem Gericht vorgelegt werden (§ 218 Abs. 2 InsO). Unter Berücksichtigung des Zeitraums zwischen Insolvenzeröffnung und Berichtstermin (§ 29 Abs. 1 Nr. 1 InsO) sowie der notwendigen Beteiligung des Gläubigerausschusses und des Betriebsrates nach § 218 Abs. 3 InsO kann bis zur Vorlage eines Insolvenzplans auf Initiative der Gläubigerversammlung wertvolle Zeit verloren gehen.

1708 Aus der Regelung des § 218 Abs. 1 Satz 1 InsO wird allgemein auch die Befugnis des Insolvenzverwalters abgeleitet, in eigener Initiative einen Insolvenzplan auszuarbeiten und in das Insolvenzverfahrens einzubringen (originäres Planinitiativrecht).[3] Ein solches Recht des Insolvenzverwalters ist sachgerecht, da er zum einen die Chancen eines

[1] Der Regierungsentwurf zur Insolvenzordnung sah hier noch eine Regelung vor, die nicht Gesetz wurde, Begründung des Regierungsentwurfs BT-Drucks. 12/2443, S. 50, 196; Beschlussempfehlung des Rechtsausschusses, BT-Drucks. 12/7302, S. 181.

[2] Zu den Kompetenzen und Aufgaben schon des vorläufigen Insolvenzverwalters im Hinblick auf eine Planerstellung *Eidenmüller* in: MüKo-InsO, § 218 Rdn. 31 ff.; *Braun* in: *Nerlich/Römermann,* InsO, § 218 Rdn. 30 ff.; *Lüer* in: *Uhlenbruck,* InsO, § 218 Rdn. 8; allgemein zur zeitlichen Planung *Braun* in: *Nerlich/Römermann,* InsO, Vor § 217 Rdn. 217 ff.

[3] *Görg* in: MüKo-InsO, § 218 Rdn. 16; *Otte* in: *Kübler/Prütting,* InsO, § 218 Rdn. 11; *Lüer* in: *Uhlenbruck,* InsO, § 218 Rdn. 6; kritisch *Balthasar* in: *Nerlich/Römermann,* InsO, § 157 Rdn. 12; anders nur *Schiessler,* S. 98, 227; eingehend *Braun* in: *Nerlich/Römermann,* InsO, § 218 Rdn. 23 ff.

Insolvenzplans am besten beurteilen kann und zum anderen bei frühzeitiger Einbringung und bis zur ersten Gläubigerversammlung nicht zu viel wertvolle Zeit verstreicht. Die Gläubigerversammlung kann im Rahmen ihrer Beschlussfassung nach § 157 Satz 2 InsO dem Insolvenzverwalter auch bestimmte inhaltliche Vorgaben zum Insolvenzplan machen.[1] Umstritten ist, ob dieser dann an der Vorlage eines eigenes Plans mit anderer Zielsetzung gehindert ist, ob also die Gläubigerversammlung das originäre Initiativrecht des Insolvenzverwalters inhaltlich beschneiden kann. Dies wird mit dem Argument der Grund- oder Generalzuständigkeit der Gläubigerversammlung teilweise bejaht,[2] ist mit Recht aber abzulehnen.[3] Die Weisungen der Gläubigerversammlung können den Insolvenzverwalter nur für den „in Auftrag gegebenen" Plan betreffen, nicht aber für den möglicherweise besseren, den er aus eigener Initiative erstellt. Wie auch in anderen Fällen mehrfacher Planvorlage ist es Sache der Gläubigerversammlung im Erörterungs- und Abstimmungstermin, dem Plan die erforderlichen Mehrheiten zu geben, von welchem sie sich am meisten Erfolg verspricht.[4]

b) Der Insolvenzplan bei Masseunzulänglichkeit

Das Insolvenzplanverfahren dient nach § 217 InsO der Befriedigung 1709
der Insolvenzgläubiger. Fraglich und umstritten ist, ob ein Insolvenzplanverfahren auch dann durchgeführt werden kann, wenn das Insolvenzverfahrens als solches masseunzulänglich nach §§ 208 ff. InsO ist und auch die Massegläubiger nicht vollständig befriedigt werden können. Der Regierungsentwurf zur Insolvenzordnung sah in einem ursprünglichen § 323 Abs. 2 Satz 1 diese Möglichkeit ausdrücklich vor.[5] Die Vorschrift wurde nicht Gesetz. Die allgemeine Meinung sieht trotzdem keinen sachlichen Grund, ein Insolvenzplanverfahren bei Masseunzulänglichkeit für unzulässig zu halten,[6] für eine andere Ansicht[7] könnte lediglich auf den Wortlaut des § 217 InsO, der nur von einer Be-

[1] Allgemein *Uhlenbruck* in: *Uhlenbruck,* InsO, § 157 Rdn. 3 ff.; einschränkend zum möglichen Oktroy der Gläubigerversammlung *Eidenmüller* in: MüKo-InsO, § 218 Rdn. 14 ff.

[2] *Smid/Rattunde,* Rdn. 158; eingehend *Smid,* WM 1996, 1249.

[3] Eingehend *Braun* in: *Nerlich/Römermann,* InsO, § 218 Rdn. 32 ff., zu den möglichen vergütungsrechtlichen Auswirkungen für den Insolvenzverwalter *Klaas* in: *Bork/Koschmieder,* Rdn. 12.32 ff.

[4] Allgemein zum Problem konkurrierender Insolvenzpläne *Eidenmüller* in: MüKo-InsO, § 218 Rdn. 111 ff.; *Braun* in: *Nerlich/Römermann,* InsO, § 218 Rdn. 46 ff.; *Lüer* in: *Uhlenbruck,* InsO, § 218 Rdn. 28 ff.; *Braun/Uhlenbruck,* S. 640 ff.

[5] Begründung des Regierungsentwurfs BT-Drucks. 12/2443, S. 94.

[6] *Eidenmüller* in: MüKo-InsO, Vor §§ 217 bis 269 Rdn. 33, § 217 Rdn. 81; *Braun* in: *Nerlich/Römermann,* InsO, Vor § 217 Rdn. 212; *Lüer* in: *Uhlenbruck,* InsO, § 231 Rdn. 35; *Jaffé* in: FK-InsO, § 217 Rdn. 175.

[7] LG Dresden ZIP 2005, 1607; *Smid/Rattunde* in: *Smid,* InsO, § 231 Rdn. 4; *Häsemeyer,* Rdn. 28.13.

friedigung der Insolvenzgläubiger spricht und damit scheinbar den Fall der Masseunzulänglichkeit ausschließt, verwiesen werden.

1710 Lässt man im masseunzulänglichen Verfahren einen Insolvenzplan zu, bedürfen die Regelungen der §§ 222 und 245 InsO der Ergänzung insoweit, als vorrangig vor die nicht nachrangigen Insolvenzgläubiger die Massegläubiger in der Rangfolge des § 209 Abs. 1 InsO treten.[1] Zu den nach § 222 Abs. 1 Satz 2 Nrn. 1 bis 3 InsO obligatorischen Gläubigergruppen treten die Massegläubiger nach § 209 Abs. 1 Nr. 2 und 3 InsO, so dass nach unterschiedlicher Rechtsstellung fünf Gläubigergruppen zu berücksichtigen sind. In der Anwendung des Obstruktionsverbots des § 245 InsO ist die Regelung des Abs. 2 Nr. 2 im Verhältnisse zwischen den Massegläubigern und den nicht nachrangigen Insolvenzgläubigern zu berücksichtigen. Der Insolvenzplan könnte deshalb den Insolvenzgläubigern keinerlei Leistung anbieten, wenn er nicht auch sämtliche Massegläubiger vorrangig befriedigt (§ 245 Abs. 1 Nr. 2 und Abs. 2 Nr. 2 InsO).

1711 Im Falle völliger Masselosigkeit nach § 207 InsO ist ein Insolvenzplan dagegen ausgeschlossen, die Massekosten nach § 54 InsO – bei Masseunzulänglichkeit in der Rangstufe des § 209 Abs. 1 Nr. 1 InsO – müssen stets gedeckt sein, andernfalls das Insolvenzverfahren von Amts wegen eingestellt werden muss.

2. Das Verfahren bis zum Erörterungs- und Abstimmungstermin

a) Die Vorprüfung durch das Insolvenzgericht nach § 231 InsO

1712 Die Vorlage des Insolvenzplans erfolgt an das Insolvenzgericht. Die funktionelle Zuständigkeit für das gesamte Insolvenzplanverfahren liegt beim Rechtspfleger.[2] Das Insolvenzgericht hat zu prüfen, ob die Vorschriften über das Recht zur Vorlage eines Insolvenzplans und die formalen Anforderungen der §§ 219 ff. InsO betreffend Aufbau und Inhalt des Insolvenzplans erfüllt sind. Eine inhaltliche Prüfung oder Bewertung erfolgt seitens des Gerichts nicht.[3]

1713 Nach § 231 Abs. 1 InsO ist der Insolvenzplan in drei Fällen von Amts wegen zurückzuweisen:

- Nach § 231 Abs. 1 Nr. 1 InsO, wenn die Vorschriften über das Recht zur Planvorlage und den Inhalt des Plans nicht beachtet sind und bestehende Mängel innerhalb einer vom Gericht gesetzten Frist nicht behoben werden;
- Nach § 231 Abs. 1 Nr. 2 InsO, wenn ein vom Schuldner vorgelegter Insolvenzplan offensichtlich keine Aussicht auf Annahme durch die Gläubiger oder auf gerichtliche Bestätigung hat;

---

[1] *Eidenmüller* in: MüKo-InsO, § 222 Rdn. 68; *Jaffé* in: FK-InsO, § 217 Rdn. 177; *Maus* in: KS, S. 931 Rdn. 123.

[2] Eingehend *Frege/Keller/Riedel*, Rdn. 220 ff.; *Keller*, RpflStud 2002, 33.

[3] LG Bielefeld ZIP 2002, 951.

- Nach § 231 Abs. 1 Nr. 3 InsO, wenn die Ansprüche, die den Beteiligten nach dem gestaltenden Teil eines vom Schuldner vorgelegte Plans zustehen, offensichtlich nicht erfüllt werden können.

Ein Zurückweisungsgrund nach § 231 Abs. 1 Nr. 1 InsO liegt bei- 1714
spielsweise vor, wenn der Insolvenzplan keinerlei Gruppenbildung der Gläubiger nach § 222 InsO enthält oder wenn die Gläubigergruppen offensichtlich nicht sachgerecht voneinander abgegrenzt sind (§ 222 Abs. 2 Satz 2 InsO). Auch das Fehlen der Vergleichsrechnung oder der Plananlagen nach § 229 InsO kann zu einer Zurückweisung führen, wenn diese Unterlagen nicht innerhalb einer angemessenen Frist nachgereicht werden.

In den Fällen der Nrn. 2 und 3 des § 231 Abs. 1 InsO ist das Adverb 1715
„offensichtlich" zu beachten. Das Insolvenzgericht darf und muss den vorgelegten Insolvenzplan auf seine offensichtliche Plausibilität hin prüfen, es darf dabei aber keine eigene Bewertung oder gar Mutmaßungen im Hinblick auf das mögliche Verhalten der Gläubiger vornehmen. So hat der Plan offensichtlich keine Aussicht auf Annahme durch die Gläubiger (§ 231 Abs. 1 Nr. 2 InsO), wenn beispielsweise der Schuldner einen Insolvenzplan mit dem Inhalt der Unternehmensfortführung vorlegt, die Gläubigerversammlung aber bereits einstimmig die Liquidation des Unternehmens beschlossen hat.[1] Auch hier könnte der Plan aber nicht völlig aussichtslos sein, die Gläubigerversammlung kann ihre Entscheidung jederzeit ändern (§ 157 Satz 3 InsO). Offensichtlich nicht erfüllbar ist der Insolvenzplan des Schuldners im Sinne von § 231 Abs. 1 Nr. 3 InsO dann, wenn er für die Gläubiger eine Befriedigungsquote vorsieht, die angesichts des Werts der Insolvenzmasse und der vom Schuldner angebotenen Leistungen keinesfalls erzielt werden kann.

Durch die Regelung des § 231 Abs. 2 InsO soll verhindert werden, 1716
dass der Schuldner wiederholt aussichtslose Insolvenzpläne in der Absicht vorlegt, das Insolvenzverfahren zu verschleppen. Die Zurückweisung eines wiederholt eingebrachten Insolvenzplans erfolgt nicht von Amts wegen sondern auf Antrag des Insolvenzverwalters mit Zustimmung des Gläubigerausschusses. Wird ein solcher Antrag zulässig gestellt, muss das Gericht den Plan ohne inhaltliche Prüfung zurückweisen, auch wenn er sinnvoll oder annahmefähig erscheint.[2] Gegen die Zurückweisung des Insolvenzplans steht dem Schuldner die sofortige Beschwerde zu (§ 231 Abs. 3 InsO).

Auch der vom Insolvenzverwalter vorgelegte Insolvenzplan unterliegt 1717
der Vorprüfung durch das Insolvenzgericht. Eine Zurückweisung kann aber nur im Falle des § 231 Abs. 1 Nr. 1 InsO erfolgen. Hinsichtlich

[1] So als Beispiel in der Begründung des Regierungsentwurfs BT-Drucks. 12/2443, S. 204.

[2] *Lüer* in: *Uhlenbruck*, InsO, § 231 Rdn. 40; kritisch zum Wortlaut der Norm deshalb *Braun* in: *Nerlich/Römermann*, InsO, § 231 Rdn. 32.

unklarer oder strittiger Punkte eines vom Insolvenzverwalter eingebrachten Insolvenzplans wird das Insolvenzgericht vor einer Zurückweisung jedoch stets informell Kontakt mit dem Insolvenzverwalter aufnehmen. Es hat sich auch stets als sinnvoll erwiesen, den Insolvenzplan vor der förmlichen Vorlage zwischen Insolvenzverwalter und Insolvenzrechtspfleger formal und inhaltlich abzustimmen und strittige Punkte im Vorfeld zu klären.

b) Die Einbeziehung der Beteiligten nach §§ 232 ff. InsO

1718 Nach Abschluss der Vorprüfung gemäß § 231 InsO leitet das Insolvenzgericht den Insolvenzplan den in § 232 InsO genannten Beteiligten zur Stellungnahme zu. Anzuhören sind insbesondere der Gläubigerausschuss, der Betriebsrates schuldnerischen Unternehmens und der Sprecherausschuss der leitenden Angestellten. Nach § 232 Abs. 2 InsO können auch die Berufsvertretungen des Schuldners, die Industrie- und Handelskammer oder die Handwerkskammer gehört werden.

1719 Der Insolvenzplan ist mit sämtlichen Anlagen und den Stellungnahmen zur Einsicht der Beteiligten auf der Geschäftsstelle des Gerichts niederzulegen (§ 234 InsO).

1720 Nach § 233 InsO kann das Insolvenzgericht auf Antrag des Schuldners oder des Insolvenzverwalters die Aussetzung der Verwertung der Insolvenzmasse anordnen, wenn dadurch der vorgelegte Insolvenzplan gefährdet würde.[1] Ist der Insolvenzverwalter selbst der Planverfasser, wird er freilich von weiteren Maßnahmen absehen, die seinen Plan gefährden könnten, einer Anordnung nach § 233 InsO bedarf es dann nicht. Betreibt ein absonderungsberechtigter Gläubiger die Zwangsversteigerung eines zu Insolvenzmasse gehörenden Grundstücks, kann gemäß § 30d Abs. 1 Nr. 3 und Abs. 2 ZVG die einstweilige Einstellung des Zwangsversteigerungsverfahrens beim zuständigen Versteigerungsgericht beantragt werden.[2]

c) Die Bestimmung des Erörterungs- und Abstimmungstermins nach § 235 InsO

1721 Das Insolvenzgericht bestimmt nach § 235 InsO die Gläubigerversammlung, in welcher über den Insolvenzplan beraten und abgestimmt werden soll (Erörterungs- und Abstimmungstermin). Der Termin soll nach § 235 Abs. 1 Satz 2 InsO nicht über einen Monat hinaus angesetzt werden. Unklar ist hier, ob diese Monatsfrist bereits mit Vorlage des Insolvenzplans nach § 218 InsO, mit Ablauf der Stellungnahmefrist des § 232 InsO oder erst mit Wirksamwerden der öffentlichen Bekanntma-

[1] Allgemein hierzu *Braun* in: *Nerlich/Römermann*, InsO, § 233 Rdn. 6 ff.
[2] Hierzu *Stöber*, ZVG, § 30 d Rdn. 2.1 c, 4; *Stöber*, NZI 1998, 105.

chung der Gläubigerversammlung nach § 235 Abs. 2 mit § 9 Abs. 1 Satz 3 InsO beginnt.[1]

Nach § 235 Abs. 3 InsO sind der Insolvenzverwalter, der Schuldner, der Betriebsrat, der Sprecherausschuss der leitenden Angestellten und die Insolvenzgläubiger die ihre Forderungen bereits zur Insolvenztabelle angemeldet haben, besonders zu laden, ihnen ist nach § 235 Abs. 3 Satz 2 InsO ein Abdruck des Insolvenzplans oder eine Zusammenfassung eines wesentlichen Inhalts zu übersenden. 1722

3. Die Abstimmung der Gläubiger über den Insolvenzplan

a) Der Erörterungs- und Abstimmungstermin nach § 235 InsO

Der Erörterungs- und Abstimmungstermin nach § 235 InsO ist Gläubigerversammlung im Sinne der §§ 74ff. InsO. Gegenstand dieser Gläubigerversammlung ist allein die Beratung der Gläubiger über den vorgelegten Insolvenzplan und die Abstimmung hierüber. Da das Stimmrecht eines Insolvenzgläubigers auch hier von der Höhe seiner Forderung abhängt, kann der Erörterungs- und Abstimmungstermin frühestens nach dem allgemeinen Prüfungstermin nach § 176 InsO abgehalten werden, beide Termine können miteinander verbunden werden (§ 236 Satz 2 InsO). unter Anwendung des § 29 Abs. 2 InsO kann auch eine Verbindung mit dem Berichtstermin erfolgen, so dass im Idealfall bereits in der ersten Gläubigerversammlung auch über den Insolvenzplan entschieden werden kann.[2] Wegen der zu beachtenden Anhörungspflichten, der Anmeldefrist, der Fristen für die Abhaltung des Berichts- und des allgemeinen Prüfungstermins und der Erstellung der Insolvenztabelle ist dies in der Praxis aber kaum zu bewerkstelligen. 1723

Das Insolvenzgericht kann die Erörterung und die Abstimmung über den Insolvenzplan auch in gesonderten Gläubigerversammlungen bestimmen, der Zeitraum zwischen diesen Terminen soll nicht mehr als einen Monat betragen (§ 241 InsO). Die Vorschrift des § 242 InsO gestattet sogar eine schriftliche Abstimmung über den Insolvenzplan. 1724

Im Erörterungs- und Abstimmungstermin hat zunächst der Planersteller seinen Insolvenzplan, dessen Ziele und die Mittel der Umsetzung den Gläubigern darzulegen, er soll insbesondere die Gruppenbildung erläutern sowie die Auswirkungen des Insolvenzplans auf die Befriedigung der Gläubiger. Es wäre kein geschicktes Vorgehen, würde der Planersteller lediglich auf eine vorgedruckte Zusammenfassung verweisen und sich nicht den Fragen der Gläubiger stellen. Den Gläubigern ist 1725

---

[1] Dazu *Lüer* in: *Uhlenbruck,* InsO, § 235 Rdn. 4; *Flessner* in: HK-InsO, § 235 Rdn. 7; auf die Haftungsrisiken des Gerichts bei verspäteter Terminierung hinweisend *Braun* in: *Nerlich/Römermann,* InsO, § 235 Rdn. 4.

[2] Begründung des Regierungsentwurfs BT-Drucks. 12/2443, S. 206.

ausreichend Gelegenheit zur Stellungnahme und zu Fragen an den Planersteller zu geben.[1] Der praktische Ablauf der Erörterungen über den Insolvenzplan ist hier wesentlich eine Frage des Verhandlungsgeschicks und der Verfahrensleitung seitens des Insolvenzrechtspflegers (§ 76 Abs. 1 InsO).[2]

1726 Nach § 240 InsO kann der Insolvenzplan auf Grund der Erörterungen im Termin inhaltlich noch geändert werden. Es sind Änderungen sowohl zum Vorteil als auch zum Nachteil der Gläubiger oder einzelner Gläubigergruppen zulässig.[3] Die Änderung ist freilich nur bezüglich „einzelner Regelungen" zulässig, die Vorlage eines völlig neuen Insolvenzplans, der im Kern nichts mit dem bisherigen Insolvenzplan zu tun hat, ist von § 240 InsO nicht gedeckt.[4] Es obliegt dem Insolvenzgericht, zu prüfen, ob einzelne Änderungen des Plans innerhalb der Gläubigerversammlung über das zulässige Maß hinausgehen.[5]

1727 Der Planersteller kann den Insolvenzplan bis zum Beginn der Abstimmung zurücknehmen.[6]

b) Die Abstimmung über den Insolvenzplan

1728 Das Stimmrecht der Gläubiger im Erörterungs- und Abstimmungstermin bestimmt sich nach §§ 237 und 238 InsO grundsätzlich nach den allgemeinen Regelungen, Besonderheiten gelten für absonderungsberechtigte Gläubiger, denen der Schuldner auch persönlich haftet. § 237 Abs. 1 Satz 1 InsO verweist auf die Regelungen des § 77 InsO, die auch hier Anwendung finden. Der Absonderungsberechtigte, dem der Schuldner auch persönlich haftet, der also gleichzeitig Insolvenzgläubiger ist, erhält auf seine Insolvenzforderung Stimmrecht nur in Höhe des Ausfalls bei abgesonderter Befriedigung (§ 237 Abs. 1 Satz 2 InsO). Dies entspricht den Regelung der § 52 Satz 2 und § 190 InsO zur Teilnahme an den Verteilungen.[7] In der gewöhnlichen Gläubigerversammlung wird das Stimmrecht des absonderungsberechtigten Insolvenzgläubigers dagegen nicht durch seinen Ausfall begrenzt.[8] Für das Stimmrecht betreffend das Absonderungsrecht selbst gilt § 238 InsO.

---

[1] Allgemein *Braun* in: *Nerlich/Römermann,* InsO, § 240 Rdn. 2.

[2] Dazu auch *Braun* in: *Nerlich/Römermann,* InsO, Vor § 217 Rdn. 139; als mediative Tätigkeit beschrieben von *Eidenmüller* in: MüKo-InsO, Vor §§ 217 bis 269 Rdn. 44 ff.

[3] Anders im bisherigen Vergleichsverfahren *Kilger/K. Schmidt,* Insolvenzgesetze, § 76 VerglO Anm. 2.

[4] Beschlussempfehlung des Rechtsausschusses, BT-Drucks. 12/7302, S. 183.

[5] *Braun* in: *Braun,* InsO, § 240 Rdn. 5.

[6] *Flessner* in: HK-InsO, § 240 Rdn. 13; eingehend *Eidenmüller* in: MüKo-InsO, § 218 Rdn. 134 ff.; *Braun* in: *Nerlich/Römermann,* InsO, § 235 Rdn. 14 ff.

[7] Zu den praktischen Problemen *Braun* in: *Braun,* InsO, § 237 Rdn. 7.

[8] Begründung des Regierungsentwurfs BT-Drucks. 12/2443, S. 133; *Ehricke* in: MüKo-InsO, § 76 Rdn. 25; *Kübler* in: *Kübler/Prütting,* InsO, § 76 Rdn. 19; *Uhlenbruck* in: *Uhlenbruck,* InsO, § 76 Rdn. 23.

Unter Berücksichtigung der obligatorischen Gruppenbildung des § 222 Abs. 1 InsO ergibt sich für das Stimmrecht der Gläubiger folgendes Bild: 1729

- Absonderungsberechtigte Gläubiger, bei welchen durch den Insolvenzplan in das Absonderungsrecht selbst eingegriffen werden soll (§ 223 Abs. 2 InsO), bilden die Gruppe nach § 222 Abs. 1 Satz 2 Nr. 1 InsO; das Stimmrecht für das Absonderungsrecht selbst ist nach § 238 Abs. 1 Satz 1 InsO besonders zu erörtern, der Wert des Absonderungsrechts wird nämlich nicht bereits im allgemeinen Prüfungstermin als Forderung festgestellt.[1] Die Höhe des Stimmrechts bestimmt sich nach dem Wert des Absonderungsrechts, mithin nach dem Erlös, den der Berechtigte bei einer Verwertung zu erwarten hat; einigen sich die Beteiligten über das Stimmrecht nicht, entscheidet das Insolvenzgericht nach § 77 Abs. 2 InsO (§ 238 Abs. 1 Satz 3 InsO).[2] 1730
  Absonderungsberechtigte Gläubiger, deren Rechte durch den Insolvenzplan nicht beeinträchtigt werden, bei welchen es mithin bei § 223 Abs. 1 Satz 1 InsO verbleibt, haben nach § 238 Abs. 2 mit § 237 Abs. 2 InsO kein Stimmrecht, sie sind am Insolvenzplanverfahren überhaupt nicht beteiligt und müssen auch keine Gruppe nach § 222 Abs. 1 Satz 2 Nr. 1 InsO bilden.
- Nicht nachrangige Insolvenzgläubiger bilden die obligatorische Gläubigergruppe nach § 222 Abs. 1 Satz 2 Nr. 2 InsO; das Stimmrecht bestimmt sich nach der Höhe der festgestellten Insolvenzforderung (§ 237 Abs. 1 Satz 1 mit § 77 Abs. 1 Satz 1 InsO). 1731
  Über das Stimmrecht einer bestrittenen Forderung ist zunächst zu versuchen, zwischen den Beteiligten eine Einigung zu erzielen, in Ermangelung einer solchen entscheidet das Insolvenzgericht über das Stimmrecht (§ 237 Abs. 1 Satz 1 mit § 77 Abs. 2 Satz 2 InsO);[3] Gleiches gilt für aufschiebend bedingte Insolvenzforderungen.
  Ist ein Insolvenzgläubiger gleichzeitig Absonderungsberechtigter, muss er sowohl in der Gruppe der Absonderungsberechtigten als auch in der Gruppe der Insolvenzgläubiger berücksichtigt werden; hier greift die Regelung des § 237 Abs. 1 Satz 2 InsO, als Insolvenzgläubiger ist ihm ein Stimmrecht nur in der Höhe zu gewähren, mit welcher er bei der abgesonderten Befriedigung ausfällt oder auf sie verzichtet; wird zwischen den Beteiligten keine Einigung erzielt, entscheidet auch hier das Insolvenzgericht über das Stimmrecht.[4]
- Nachrangige Insolvenzgläubiger des § 39 InsO bilden nach § 222 Abs. 1 Satz 2 Nr. 3 InsO nur dann eine Gläubigergruppe, wenn ihre 1732

---

[1] *Lüer* in: *Uhlenbruck,* InsO, § 238 Rdn. 2.
[2] Eingehend *Hintzen* in: MüKo-InsO, §§ 237, 238 Rdn. 13 ff.
[3] *Lüer* in: *Uhlenbruck,* InsO, § 238 Rdn. 8 ff.
[4] Allgemein zur Doppelberücksichtigung *Braun* in: *Nerlich/Römermann,* InsO, § 237 Rdn. 4 ff.

Forderungen nicht nach § 225 Abs. 1 InsO als erlassen gelten sollen; ihnen ist ein Stimmrecht in Höhe ihrer Forderungen zu gewähren; in der gewöhnlichen Gläubigerversammlung steht Ihnen dagegen nach § 77 Abs. 1 Satz 2 InsO generell kein Stimmrecht zu.

1733 In der Praxis kann die Feststellung der Stimmrechte im Erörterungs- und Abstimmungstermin problematisch und langwierig sein. Insbesondere kann die Feststellung des Stimmrechts für ein Absonderungsrecht zu Streitigkeiten führen, die zumindest formal durch die Stimmrechtentscheidung des Insolvenzgerichts beendet werden.[1] Die Stimmrechte der nicht nachrangigen Insolvenzgläubiger leiten sich im Wesentlichen aus der Insolvenztabelle ab, die – da der allgemeine Prüfungstermin dem Erörterungs- und Abstimmungstermin zwingend vorausgeht – notwendig bereits vorliegt. Ist eine Forderung nach § 178 InsO festgestellt, kann im Erörterungs- und Abstimmungstermin nicht nachträglich das Stimmrecht des Gläubigers bestritten werden.

1734 Das Insolvenzgericht führt nach § 239 InsO eine Stimmliste, in welcher das jeweilige Stimmrecht der Gläubiger geordnet nach den Gläubigergruppen des Insolvenzplans festzuhalten ist.

c) Die zur Planannahme erforderlichen Mehrheiten nach § 244 InsO

1735 Über den Insolvenzplan stimmen die Gläubiger getrennt nach den im Plan bestimmten Gläubigergruppen ab (§ 243 InsO). Eine Gesamtabstimmung kommt praktisch nur dann in Betracht, wenn nur eine Gläubigergruppe vorliegt; es könnte dies dann nur die Gruppe der nicht nachrangigen Insolvenzgläubigers nach § 222 Abs. 1 Satz 2 Nr. 2 InsO sein. Die Abstimmung erfolgt nach Aufruf der jeweiligen Gläubigergruppe durch den Insolvenzrechtspfleger. Nehmen am Erörterungs- und Abstimmungstermin viele Gläubiger teil, was im konkreten Insolvenzverfahren regelmäßig vom Insolvenzverwalter und vom Insolvenzgericht vorausgesehen werden kann, empfiehlt es sich, bereits bei Einlass der Gläubiger in den Sitzungssaal eine Anwesenheitskontrolle verbunden mit Erstellung und Kontrolle der Stimmliste durchzuführen und für die Gläubiger einer jeweiligen Gruppe farbige Stimmkarten auszugeben.

1736 Ist ein Gläubiger in mehreren Gruppen berücksichtigt, beispielsweise als Absonderungsberechtigter und als Insolvenzgläubiger, steht ihm in jeder Gruppe ein entsprechendes Stimmrecht zu.[2] In einem solchen Falle könnte der Gläubiger sogar unterschiedlich abstimmen, als Ab-

---

[1] Zu den praktischen Problemen *Braun* in: *Braun*, InsO, § 237 Rdn. 7.

[2] Der Gläubiger zählt mit seiner Forderung bei der Summenmehrheit und bei Ermittlung der Kopfmehrheit in jeder Gruppe gesondert, *Braun* in: *Nerlich/Römermann*, InsO, § 243 Rdn. 15; *Lüer* in: *Uhlenbruck*, InsO, § 244 Rdn. 5.

sonderungsberechtigter könnte er den Plan beispielsweise ablehnen, weil er einen Eingriff in sein Absonderungsrecht verhindern möchte, als Insolvenzgläubiger könnte er dem Plan zustimmen.

Steht eine Forderung oder ein Recht mehreren Gläubigern ge- 1737
meinschaftlich zu, können Sie ihr Stimmrecht nur einheitlich ausüben (§ 244 Abs. 2 InsO). Dies gilt insbesondere für Gesamtgläubiger, Gesamthandsgläubiger oder für die Gesellschaft bürgerlichen Rechts als Gläubiger; die Vorschrift findet auch auf Zusammenschlüsse von Gläubigern oder Absonderungsberechtigten in so genannte „Gläubiger- oder Sicherheiten-Pools" Anwendung.[1] Der Gläubiger kann seine Stimmabgabe nicht nachträglich ändern oder widerrufen, die Stimmabgabe ist nicht als Willenserklärung anfechtbar.[2]

Der Insolvenzplan bedarf zu seiner Annahme nach § 244 Abs. 1 InsO 1738
einer doppelten Mehrheit:

- Nach § 244 Abs. 1 Nr. 1 InsO muss die Mehrheit der abstimmenden Gläubiger dem Plan zustimmen; es handelt sich hier um die so genannte Kopfmehrheit, die nach der Zahl der Gläubiger berechnet wird, die sich an der Abstimmung beteiligen; Stimmenthaltungen werden bei Ermittlung der Mehrheit nicht berücksichtigt;[3] Gläubiger, die am Termin nicht teilnehmen, werden ohnehin nicht mitgezählt, obschon der später rechtskräftig bestätigte Insolvenzplan auch ihnen gegenüber wirkt; die erforderliche Kopfmehrheit ist erreicht, wenn mehr als die Hälfte der Gläubiger einer Gruppe dem Plan zustimmt. Hält ein Gläubiger mehrere Forderungen gegen den Schuldner, wird er bei Ermittlung der Kopfmehrheit innerhalb einer Gruppe dennoch nur einmal gezählt.[4]
- Nach § 244 Abs. 1 Nr. 2 InsO muss die Summe der Ansprüche der zustimmenden Gläubiger mehr als die Hälfte der Summe der abstimmenden Gläubiger betragen (Summenmehrheit); auch hier werden nur diejenigen Gläubiger einer Gruppe berücksichtigt, die sich an der Abstimmung beteiligen, Enthaltungen werden nicht berücksichtigt; auch bei der Summenmehrheit genügt die einfache Mehrheit der Stimmen der Gläubiger, eine Dreiviertelmehrheit, wie sie das frühere Vergleichsrecht gefordert hatte (§ 74 Abs. 1 Nr. 2 VerglO oder § 182 Abs. 1 Nr. 2 KO), ist nicht erforderlich.

Die Mehrheiten des § 244 Abs. 1 InsO müssen in jeder Gläubiger- 1739
gruppe erreicht werden. Der Insolvenzplan ist angenommen, wenn alle Gläubigergruppen ihm mit den erforderlichen Mehrheiten zustimmen. Sind beispielsweise fünf Gläubigergruppen gebildet, verlangt § 244 Abs. 1 InsO die Mehrheiten in allen fünf Gruppen. Stimmt nur eine Gläubigergruppe dem Plan zu, vier dagegen nicht, ist er von den Gläu-

---

[1] *Braun* in: *Nerlich/Römermann,* InsO, § 244 Rdn. 15 ff.
[2] *Flessner* in: HK-InsO, § 243 Rdn. 5 m. w. N.
[3] Begründung des Regierungsentwurfs BT-Drucks. 12/2443, S. 208.
[4] *Lüer* in: *Uhlenbruck,* InsO, § 244 Rdn. 4.

bigern abgelehnt. Die Möglichkeit, in einem neuerlichen Abstimmungstermin die Abstimmung wiederholen zu lassen, sieht das Gesetz nicht vor.[1] Als zulässig wird man es dagegen ansehen müssen, wenn noch im selben Termin den eingebrachten Insolvenzplan ändert (§ 240 InsO) und die Gläubiger erneut über den nunmehr geänderten Insolvenzplan abstimmen.[2]

1740 Hat der Plan nicht von allen Gläubigergruppen die erforderliche Mehrheit erhalten, ist für das weitere Verfahren das Verhältnis der zustimmenden Gruppen zu den ablehnenden von Bedeutung:

- Haben alle Gläubigergruppen dem Insolvenzplan zugestimmt, entscheidet das Gericht über die Bestätigung des Insolvenzplans nach § 248 InsO; das Insolvenzverfahren würde im Ergebnis aufgehoben.
- Hat mehr als die Hälfte der Gläubigergruppen den Insolvenzplan abgelehnt, ist er gescheitert und kann selbstverständlich nicht vom Insolvenzgericht bestätigt werden; das Insolvenzverfahren wird gemäß den allgemeinen Regeln der Insolvenzordnung fortgeführt; die Vorlage eines neuen Insolvenzplans ist möglich, das Verfahren nach §§ 217 ff. InsO würde dann neuerlichen in Gang gesetzt.
- Hat mehr als die Hälfte der Gläubigergruppen dem Insolvenzplan zugestimmt, muss das Insolvenzgericht im Rahmen seiner Entscheidung über die Bestätigung des Insolvenzplans prüfen, ob die Zustimmung der übrigen Gläubigergruppen durch § 245 Abs. 1 InsO als ersetzt gilt; Grundvoraussetzung ist hier nach § 245 Abs. 1 Nr. 3 InsO die Zustimmung der Mehrheit der abstimmenden Gruppen zum Insolvenzplan.

1741 **Beispiel 5:** Im Insolvenzplanverfahren der XYZ-GmbH (Beispiele 1, 2 und 3) sind in der Gruppe 1 insgesamt 24 Gläubiger mit einer Forderungssumme von 748.412,32 EUR zu berücksichtigen, in der Gruppe 2 dagegen 32 Gläubiger mit einer Forderungssumme von 512.804,50 EUR. Im Erörterungs- und Abstimmungstermin Stimmen innerhalb der Gruppe 1 insgesamt zwölf Gläubiger dem Plan zu, ihre Forderungen betragen zusammen 346.218,15 EUR. In Gruppe 2 stimmen 16 Gläubiger mit einer Forderungssumme von 280.486,30 EUR für den Insolvenzplan, 13 stimmen dagegen, drei enthalten sich der Stimme. Die Gruppen 3 bis 7 stimmen mit den erforderlichen Mehrheiten für den Insolvenzplan.

Die nach § 244 Abs. 1 InsO erforderlichen Mehrheiten sind in der Gruppe 1 nicht erfüllt, zur Erlangung der Kopfmehrheit hätten mindestens 13 Gläubiger dem Plan zustimmen müssen, ebenfalls ist die Summenmehrheit nicht erreicht. Dagegen sind in der Gruppe 2 beide Mehrheiten erreicht, für die Ermittlung der Kopfmehrheit waren hier 29 Gläubiger zu berücksichtigen, Enthaltungen zählen nicht mit. Die Summenmehrheit ist in Gruppe 2 sogar bezogen auf die Gesamtforderungen aller Gläubiger erreicht, wobei auch hier die Stimmenthaltungen nicht maßgebend sind, die Gesamtforderungsumme mithin um deren Forderungen zu kürzen ist.

---

[1] Zur Streichung eines im Entwurf vorgesehenen § 292 Beschlussempfehlung des Rechtsausschusses, BT-Drucks. 12/7302, S. 184.

[2] Es wird auch empfohlen, in Zweifelsfällen zunächst eine Probeabstimmung durchzuführen, *Lüer* in: *Uhlenbruck*, InsO, § 240 Rdn. 5.

Von insgesamt sieben Gläubigergruppen haben damit sechs den Insolvenzplan angenommen, ob die Zustimmung der Gläubigergruppe 1 trotz Verfehlen der erforderlichen Mehrheiten als erteilt gilt, ist nunmehr eine Frage des § 245 Abs. 1 InsO.

4. Das Obstruktionsverbot des § 245 InsO

a) Der Zweck des Obstruktionsverbots

Das so genannte Obstruktionsverbot des § 245 InsO will verhindern, 1742
dass einzelne Gläubiger oder Gläubigergruppen die Annahme eines Insolvenzplans aus sachfremden und eigennützigen Erwägungen vereiteln. Es ist den so genannten „cram-down-Regelungen“ mit dem „best interest of creditor's test“ und der „absolute priority-Regel“ des U.S.-amerikanischen „chapter-11-Verfahrens“ nachgebildet, das ebenfalls die Zustimmung einzelner Gläubiger kraft Gesetzes als erteilt ansieht, wenn die Gläubiger durch den Plan nicht schlechter stehen, als sie ohne einen Insolvenzplan im Falle gewöhnliche Insolvenzabwicklung stünden.[1] Die Gesetzesbegründung beruft sich ausdrücklich auf dieses Vorbild des U.S.-amerikanischen Rechts.[2]

Das Obstruktionsverbot kann nur dann greifen, wenn die Mehrheit 1743
der Gläubigergruppen dem Insolvenzplan zugestimmt hat (§ 245 Abs. 1 Nr. 3 InsO). Der Gesetzgeber will mit dieser Voraussetzung das scheinbar auch hier geltende Mehrheitsprinzip hervorheben. Unter Berücksichtigung des aus dem U.S.-amerikanischen Insolvenzrecht übernommenen Grundsatzes, dass durch den Insolvenzplan keine Gläubiger schlechter gestellt werden darf als er ohne den Plan stünde, der Insolvenzplan aber erfolgreich sein muss, wenn wenigstens ein Gläubiger oder eine Gläubigergruppe besser gestellt wird, ist die Regelung des § 245 Abs. 1 Nr. 3 InsO sachlich falsch.[3] Die Frage, ob ein Insolvenzplan für die Gläubiger wirtschaftlich sinnvoll ist oder nicht, ist keine Frage der Mehrheit. Sachlich richtig forderte der Regierungsentwurf daher auch nur die Zustimmung wenigstens einer Gläubigergruppe,[4] der Rechtsausschuss des Deutschen Bundestages sprach sich dagegen für die Gesetz gewordene Regelung aus.[5]

b) Die Voraussetzungen der Zustimmungsfiktion nach § 245 Abs. 1 InsO

Nach § 245 Abs. 1 InsO gilt die Zustimmung einer Gläubigergruppe 1744
trotz Nichterreichens der in § 244 Abs. 1 InsO geforderten Mehrheiten

[1] Eingehend *Braun/Uhlenbruck*, S. 604 ff.

[2] Begründung des Regierungsentwurfs BT-Drucks. 12/2443, S. 93, 94.

[3] *Braun* in: *Nerlich/Römermann*, InsO, Vor § 217 Rdn. 126, 127; dem Gesetzestext zustimmend aber *Flessner* in: HK-InsO, § 245 Rdn. 4; hiergegen *Braun* in: *Braun*, InsO, § 245 Rdn. 17 Fn. 2.

[4] Begründung des Regierungsentwurfs BT-Drucks. 12/2443, S. 94, 209.

[5] Beschlussempfehlung des Rechtsausschusses, BT-Drucks. 12/7302, S. 184.

kraft Gesetzes unter folgenden kumulativ erforderlichen[1] Voraussetzungen als erteilt:

- § 245 Abs. 1 Nr. 1 InsO: Die Gläubiger dieser Gruppe dürfen durch den Insolvenzplan voraussichtlich nicht schlechter gestellt werden, als sie ohne einen Plan stünden.
- § 245 Abs. 1 Nr. 2 InsO: Die Gläubiger dieser Gruppe müssen angemessen an dem wirtschaftlichen Wert des schuldnerischen Unternehmens, der nach dem Insolvenzplan den Beteiligten zufließen soll, beteiligt werden; unter welchen Voraussetzungen eine angemessene wirtschaftliche Beteiligung vorliegt, wird unter § 245 Abs. 2 Nrn. 1 bis 3 InsO näher definiert.
- § 245 Abs. 1 Nr. 3 InsO: Die Mehrheit der Gläubigergruppen muss dem Plan zugestimmt haben.

1745 Wirtschaftlich stellen die Voraussetzungen der Nrn. 1 und 2 des § 245 Abs. 1 InsO auf die angemessene Berücksichtigung der Insolvenzgläubiger im Regelinsolvenzverfahren sowie im Vergleich zu den übrigen Insolvenzgläubigern ab. Zwar muss der Insolvenzplan die Gläubiger nicht vollständig gleichmäßig befriedigen, gerade die fakultative Gruppenbildung des § 222 Abs. 2 InsO soll eine unterschiedliche Behandlung der Gläubiger ja ermöglichen. Eine unterschiedliche Behandlung muss jedoch stets unter Berücksichtigung der besonderen Anforderungen des § 245 Abs. 1 Nrn. 1 und 2 mit Abs. 2 InsO erfolgen, da ansonsten die Zustimmung einer Gläubigergruppe nicht ersetzt werden kann. Die Voraussetzungen des § 245 Abs. 1 InsO müssen vom Planverfasser deshalb bereits bei der Bildung der Gläubigergruppen und der Beteiligung der Gläubiger am Insolvenzplan berücksichtigt werden. Erklären sich freilich die Gläubiger einer Gruppe im Vorfeld mit dem Plan bereits als einverstanden, auch wenn sie im Verhältnis zu anderen Gläubigern nicht angemessen an wirtschaftlichen Wert beteiligt werden, stellt sich die Problematik des § 245 Abs. 1 InsO nicht.

aa) Das Verbot der Schlechterstellung nach § 245 Abs. 1 Nr. 1 InsO

1746 Bei dieser Voraussetzung ist die Befriedigung der betreffenden Gläubiger durch den Insolvenzplan mit der voraussichtlichen Quote bei regelmäßiger Insolvenzabwicklung zu vergleichen.[2] Diese Prüfung erleichtert für die Insolvenzgläubiger wie auch für das Insolvenzgericht die dem Insolvenzplan zwingend beizufügende Vergleichsrechnung. Aus ihr soll sich für jede Gläubigergruppe die wirtschaftliche Berücksichtigung im Insolvenzplan im Vergleich zur Regelinsolvenz ergeben.

1747 Zu vergleichen ist das jeweilige wirtschaftliche Endergebnis. Sollen beispielsweise durch den Insolvenzplan die Forderungen der Gläubiger

---

[1] OLG Köln NZI 2001, 660.
[2] Zur Prognoseentscheidung in diesen Fällen *Eidenmüller*, NJW 1999, 1837.

gestundet und in Raten befriedigt werden, ist neben der Befriedigungsquote in Ansehung der Stundungszeitraums eine Abzinsung der Forderungen vorzunehmen, um den gegenwärtigen Wert zu ermitteln.[1] Wird den Gläubigern zur teilweisen Abgeltung ihrer Forderungen eine Unternehmensbeteiligung gewährt, ist diese konkret zu bewerten.[2] Wird schließlich den Absonderungsberechtigten gegen Verzicht auf ihr Recht eine Abfindung gewährt, ist im Vergleich hierzu der wirtschaftliche Wert des Absonderungsrecht ist, also der voraussichtliche Verwertungserlös, zu bestimmen.

Der Vergleich zur Regelinsolvenz bedeutet nicht zwingend, dass die Befriedigung der Gläubiger im Insolvenzplan mit derjenigen aus einer Liquidation der Insolvenzmasse durch den Insolvenzverwalter zu vergleichen ist. Auch in Regelinsolvenzverfahren kann eine (übertragende) Sanierung des schuldnerischen Unternehmens erfolgen (§§ 160 ff. InsO), die Vermögenswerte des schuldnerischen Unternehmens sind dann mit Fortführungswerten zu bemessen. Es ist Frage des Einzelfalles, ob in der Regelinsolvenz eine Sanierung des schuldnerischen Unternehmens oder eine Liquidation nach Einzelvermögenswerten überwiegend wahrscheinlich ist. 1748

bb) Die angemessene Beteiligung nach § 245 Abs. 1 Nr. 2 InsO

Die Tatbestandsvoraussetzung der angemessenen Beteiligung an wirtschaftlichen Wert, der den Beteiligten zufließen soll, erscheint zunächst als unbestimmt und unklar. § 245 Abs. 2 InsO definiert näher, unter welchen Voraussetzungen eine angemessene Beteiligung der Gläubiger anzunehmen ist, sie liegt vor,[3] 1749

- wenn nach § 245 Abs. 2 Nr. 1 InsO kein anderer Gläubiger wirtschaftliche Werte erhält, die den vollen Betrag seines Anspruchs übersteigen;
- wenn nach § 245 Abs. 2 Nr. 2 InsO weder ein der betreffenden Gläubigergruppe gegenüber nachrangiger Insolvenzgläubiger noch der Schuldner einen wirtschaftlichen Wert erhält;
- wenn nach § 245 Abs. 2 Nr. 3 InsO kein der betreffenden Gläubigergruppe gegenüber gleichrangiger Insolvenzgläubiger besser gestellt wird als die Gläubiger dieser Gruppe.

Durch § 245 Abs. 2 Nr. 1 InsO soll sichergestellt werden, dass kein Gläubiger mehr erhält als ihm überhaupt zusteht. Dies könnte bei einem Absonderungsberechtigten der Fall sein, wenn sie im zur Abgeltung seines Rechts ein Betrag gewährt wird, der den Wert dieses Rechtes übersteigt. Selbst wenn der vom Obstruktionsverbot betroffene 1750

---

[1] *Braun* in: *Nerlich/Römermann*, InsO, § 245 Rdn. 8 ff.

[2] Zu den Schwierigkeiten der Bewertung einer Unternehmensbeteiligung *Maus* in: KS, S. 931 Rdn. 102 mit weiterführenden Hinweisen.

[3] Zur Struktur der Regelung anschaulich *Drukarczyk* in: MüKo-InsO, § 245 Rdn. 8 ff.

Gläubiger durch den Insolvenzplan nicht schlechter gestellt wird als bei der Regelinsolvenz, soll er es dennoch nicht hinnehmen müssen, dass ein anderer Gläubiger über seinen Anspruch hinaus befriedigt wird; mittelbar schmälert eine solche Überdeckung nämlich auch die Befriedigung des betroffenen Gläubigers.

1751 Durch § 245 Abs. 2 Nr. 2 InsO soll verhindert werden, dass nachrangige Gläubiger oder gar der Schuldner überhaupt etwas erhalten, während der vom Obstruktionsverbot betroffene Gläubiger keine volle Befriedigung erhält.[1] Die Vorschrift setzt ein Rangverhältnis der Gläubiger zueinander voraus. Ein solches ist gegeben zwischen der Gläubigergruppe der nicht nachrangigen Insolvenzgläubiger (§ 222 Abs. 1 Satz 2 Nr. 2 InsO) zu der Gläubigergruppe der nachrangigen Insolvenzgläubiger (§ 222 Abs. 1 Satz 2 Nr. 3 InsO), soweit eine solche überhaupt gebildet ist. Zwischen den fakultativen Gläubigergruppen der nicht nachrangigen Insolvenzgläubiger, die nach § 222 Abs. 2 InsO gebildet werden, besteht Gleichrang. Kein Rangverhältnis besteht zwischen der Gruppe der Absonderungsberechtigten (§ 222 Abs. 1 Satz 2 Nr. 1 InsO) zur Gruppe der nicht nachrangigen Insolvenzgläubiger. Das Absonderungsrecht ist gegenüber der Insolvenzforderung nicht höherrangig sondern wesensverschieden.[2] Die Voraussetzung des § 245 Abs. 2 Nr. 2 InsO kann im Verhältnis der Insolvenzgläubiger zueinander unproblematisch aus dem Insolvenzplan ersehen werden.

1752 Die Regelung verbietet jedoch auch die Zuwendung eines wirtschaftlichen Werts an den Schuldner. Hier ergibt sich ein Problem in der Praxis, wenn der Insolvenzplan die Fortführung des schuldnerischen Unternehmens durch den Schuldner oder bei einer Kapitalgesellschaft durch die bisherigen Gesellschafter vorsieht. Es wäre nun zugegeben merkwürdig oder gar unlogisch, einen solchen Insolvenzplan an § 245 Abs. 2 Nr. 2 InsO scheitern zu lassen. Zur Lösung des Problems werden zwei Wege angeboten:[3] Nach Ansicht der Gesetzesbegründung soll in der Unternehmensfortführung dann kein wirtschaftlicher Wert liegen, wenn kein Dritter bereit ist, anstelle des Schuldners das Unternehmen zu den im Insolvenzplan vorgesehenen Bedingungen fortzuführen.[4] Nach anderer Ansicht soll in der Unternehmensfortführung durchaus ein Vermögenswert liegen, wenn sich in der Handelsbilanz nach Plandurchführung ein positiver Kapitalsaldo ergibt. Allerdings dürfe sich ein Gläubiger, der zu einem solchen denkbaren positiven Saldo über-

---

[1] Grundsatz der „absolute priority rule“ des U.S.-amerikanischen Insolvenzrechts; *Braun* in: *Braun,* InsO, § 245 Rdn. 10.

[2] *Braun* in: *Nerlich/Römermann,* InsO, § 245 Rdn. 22; anders *Smid,* InVo 2000, 7.

[3] Eingehend *Braun* in: *Nerlich/Römermann,* InsO, § 245 Rdn. 26; *Maus* in: KS, S. 931 Rdn. 90 ff.; *Eidenmüller,* ZGR 2001, 699; *Smid,* InVo 2000, 7; *Wittig,* ZInsO 1999, 373.

[4] Begründung des Regierungsentwurfs BT-Drucks. 12/2443, S. 209; zur Fortführung einer Zahnarztpraxis durch den Schuldner AG Göttingen ZIP 2002, 953.

haupt nichts beigetragen hat, bei teleologischer Reduktion des § 245 Abs. 2 Nr. 2 InsO nicht auf diese Vorschrift berufen.[1]

Entscheidendes Kriterium der angemessenen Beteiligung ist nach § 245 Abs. 2 Nr. 3 InsO der Vergleich der vom Obstruktionsverbot betroffenen Gläubiger zu den Gläubigern gleichrangiger Gruppen. Diese Voraussetzung trifft in erster Linie auf die fakultativen Gläubigergruppen der nicht nachrangigen Insolvenzgläubiger zu. Im Regelinsolvenzverfahren erhalten sie die gleiche Befriedigungsquote, im Insolvenzplan können sie je nach Gruppe unterschiedlich befriedigt werden. Stimmt in einem solchen Fall die Gläubigergruppe, die weniger erhält als eine andere Gruppe, dem Plan nicht zu, kann ihre Zustimmung wegen § 245 Abs. 2 Nr. 3 InsO nicht ersetzt werden. Die Vorschrift verlangt nicht inzident die absolute Gleichbehandlung gleichrangiger Gläubigergruppen,[2] sondern überlässt die mit der fakultativen Gruppenbildung bewusst zugelassene Möglichkeit der unterschiedlichen Behandlung dem diplomatischen Geschick des Planverfassers. Es ist durchaus nicht ausgeschlossen, dass die Gläubiger einer weniger berücksichtigten Gruppe trotzdem dem Plan zustimmen. Bestes Beispiel ist hier die Bevorzugung der Kleingläubiger gegenüber den übrigen Gläubigern, die in der Praxis dem Insolvenzplan zumeist zustimmen, auch wenn Kleingläubiger eine höhere Befriedigung erhalten. Will der Planverfassers dagegen auf „Nummer Sicher“ gehen und kann er sich der Zustimmung aller Gläubigergruppen nicht sicher sein, wird er die Gruppen der untereinander gleichrangigen Gläubiger gleichmäßig beteiligen müssen. 1753

cc) Das Mehrheitserfordernis des § 245 Abs. 1 Nr. 3 InsO

Das Obstruktionsverbot kann nur dann angewendet werden, wenn die Mehrheit der Gläubigergruppen dem Insolvenzplan zugestimmt hat. Diese dritte Voraussetzung des § 245 Abs. 1 InsO ist eigentlich Grundvoraussetzung für die Anwendung der Vorschrift noch vor den Voraussetzungen der Nrn. 1 und 2 des § 245 Abs. 1 InsO. Die Vorschrift erfordert die Zustimmung der Mehrheit der Gläubigergruppen, weshalb die Bildung stets einer ungeraden Zahl von Gläubigergruppen durch den Planverfasser sinnvoll ist. 1754

Beispiel 6: Der Insolvenzplan der XYZ-GmbH sieht folgende Gläubigergruppen mit jeweiliger Befriedigung vor (siehe zur Gruppenbildung Beispiel 3, S. 630): 1755

1. Gläubiger aus Darlehensforderungen und gegenseitigen nicht erfüllten Verträgen, die auch weiterhin nicht erfüllt bleiben (§ 103 Abs. 2 InsO), erhalten Befriedigung ihrer Forderungen in Höhe von 25 Prozent, im Übrigen gelten die Forderungen als erlassen.
2. Gläubiger aus den für die Zukunft zu erfüllenden Verträgen und aus Wiederkehrschuldverhältnissen mit den Ansprüchen auf rückständige Leistungen (§§ 103 mit 105 Satz 1 und § 108 Abs. 2 InsO) erhalten zunächst 5 Prozent ihrer Forderung und weitere 15 Prozent in fünf Jahren.

---

[1] *Braun* in: *Nerlich/Römermann*, InsO, § 245 Rdn. 25 a. E.
[2] *Braun* in: *Nerlich/Römermann*, InsO, § 245 Rdn. 30.

3. Kleingläubiger mit Forderungen bis zu 10.000 EUR Hauptsachebetrag werden hinsichtlich der Hauptsache voll befriedigt, hinsichtlich Kosten und Zinsen gelten die Forderungen als erlassen.
4. Nicht weiterbeschäftigte Arbeitnehmer der Unternehmenssparte „Speiseeis“ mit ihren rückständigen Lohnforderungen, die nicht durch Insolvenzgeld (letzten drei Monate vor Insolvenzeröffnung, § 183 SGB III) gedeckt sind, erhalten 25 Prozent ihrer Forderungen, ferner Abfindungen in Höhe von je fünf Monatsgehältern.
5. Weiterbeschäftigte Arbeitnehmer der Unternehmenssparte „Schokolade“ mit ihren rückständigen Lohnforderungen, die nicht durch Insolvenzgeld (letzten drei Monate vor Insolvenzeröffnung, § 183 SGB III) gedeckt sind, erhalten 7,5 Prozent ihrer Forderungen.
6. Die Bundesagentur für Arbeit wegen der auf sie übergegangenen Lohnforderungen aus Insolvenzgeld (§ 187 Satz 1 SGB III) erhält Befriedigung in Höhe von 25 Prozent, im Übrigen gelten die Forderungen als erlassen.
7. Alle sonstigen nicht nachrangigen Insolvenzgläubiger erhalten Befriedigung ihrer Forderungen in Höhe von 25 Prozent, im Übrigen gelten die Forderungen als erlassen.

Die Gruppe 1 stimmt dem Insolvenzplan nicht zu, in den übrigen Gläubigergruppen sind die Mehrheiten des § 244 Abs. 1 InsO erfüllt (Beispiel 5).

Es ist zu prüfen, ob die Zustimmung der Gruppe 1 gemäß § 245 Abs. 1 InsO als erteilt gilt. Das Mehrheitserfordernis des § 245 Abs. 1 Nr. 3 InsO ist erfüllt. Als Befriedigung in der Regelinsolvenz ist für die nicht nachrangigen Insolvenzgläubiger eine Quote von 7,5 Prozent anzunehmen (Beispiel 2). Die Gläubiger der Gruppe 1 werden damit durch den Insolvenzplan nicht schlechter gestellt, als sie ohne einen Plan stünden (§ 245 Abs. 1 Nr. 1 InsO).

Genauer zu prüfen ist die angemessenen Beteiligung im Verhältnis zu den übrigen Gläubigergruppen nach § 245 Abs. 1 Nr. 2 mit Abs. 2 InsO. Nach dem Inhalt des Insolvenzplans wird kein Beteiligter über den Wert seines Anspruchs hinaus befriedigt, § 245 Abs. 2 Nr. 1 InsO ist nicht verletzt. Gruppe 1 der Gläubiger besteht aus nicht nachrangigen Insolvenzgläubigern, eine Gruppe mit nachrangigen Insolvenzgläubigern des § 39 InsO ist nicht gebildet, deren Forderungen gelten nach § 225 Abs. 1 InsO als erlassen. Die Regelung des § 245 Abs. 2 Nr. 2 InsO ist deshalb nicht verletzt, auch wird dem Schuldner – der XYZ-GmbH oder ihren Gesellschaftern – kein Vermögenswert zugewendet, die Unternehmensfortführung der Sparte „Schokolade“ ist als neutral zu werten.

Bei Prüfung des § 245 Abs. 2 Nr. 3 InsO ist die Berücksichtigung der gleichrangigen Gläubigergruppen im Insolvenzplan miteinander zu vergleichen. Die Gläubiger der Gruppe 1, denen gegenüber das Obstruktionsverbot Anwendung finden soll, werden durch den Insolvenzplan besser gestellt als die Gläubiger der Gruppen 2 und 5, den Gläubigern der Gruppen 6 und 7 stehen sie gleich. Gegenüber den Gläubigern der Gruppen 3 und 4 besteht jedoch eine Schlechterstellung. Die Kleingläubiger der Gruppe 3 werden nahezu vollständig befriedigt, sie müssen lediglich auf Kosten und Zinsen verzichten. Eine vollständige Befriedigung der Kleingläubiger ist im Übrigen nicht ratsam, da diese ferner wegen § 237 Abs. 2 InsO dann an der Abstimmung über den Insolvenzplan nicht mehr teilnehmen würden, dass sie durch ihn nicht beeinträchtigt wären (*Braun/Uhlenbruck,* S. 602). Die Arbeitnehmer der Gruppe 4 werden auf Grund der weiteren Abfindungen in Höhe von fünf Monatsgehältern besser gestellt als die Gläubiger der Gruppe 1. Der Planverfasser mochte in einem gewissen Dilemma gewesen sein, denn einerseits musste er durch die weiteren Abfindungen die Zustimmung der von der Entlassung betroffenen Arbeitnehmer der Sparte „Speiseeis“ gegenüber den weiterbeschäftigten Arbeitnehmern der Sparte „Schokolade“ in Gruppe 5 erkaufen, andererseits darf er Arbeitnehmer als nicht nachrangige Insolvenzgläubiger nach § 245 Abs. 2 Nr. 3 InsO nicht besser stellen als andere Insolvenzgläubiger. Aus den Erfahrungen der Praxis mag aber auch gefragt werden, weshalb die Gläubiger der Gruppe 1 dem Insolvenzplan (nur) wegen der Besserstellung der von der Entlassung betroffenen Arbeitnehmer nicht zugestimmt haben. Im Ergebnis kann die Zustimmung der Gläubigergruppe 1 nicht durch § 245 InsO ersetzt werden.

Um ein solches Ergebnis zu vermeiden, kann der Insolvenzplan in Form einer salvatorischen Klausel vorsehen, dass zusätzliche Leistungen an solche Beteiligte erbracht werden, die dem Plan widersprechen und den Nachweis führen, dass sie ohne solche zusätzliche Leistungen schlechter gestellt werden als ohne einen Plan (Begründung des Regierungsentwurfs BT-Drucks 12/2443, S. 212; *Braun* in: *Nerlich/Römermann,* InsO, § 245 Rdn. 17; kritisch hiergegen *Smid/Rattunde,* Rdn. 657 ff.). Eine solche Klausel kann auf jede Gläubigergruppe Anwendung finden, die dem Insolvenzplan widerspricht und deren Zustimmung nicht nach § 245 InsO ersetzt werden kann. Die Klausel verleitet Gläubiger auch nicht dazu, dem Plan zum widersprechen, nur um zusätzliche Leistungen zu erhalten, der Gläubiger muss nämlich konkret glaubhaft machen, dass er durch den Plan schlechter gestellt wird als ohne einen Plan oder dass er gegenüber anderen Beteiligten nicht angemessen berücksichtigt wird.

c) Die Anwendung des Obstruktionsverbots in der Rechtspraxis

Nachdem von der Möglichkeit des Insolvenzplans anfangs nur zöger- 1756
lich Gebrauch gemacht wurde, ist er zwischenzeitlich zu einem praktikablen Instrument der Insolvenzabwicklung geworden. Es hat sich insbesondere gezeigt, dass nicht jedes Insolvenzplanverfahren mit einem umfangreichen Insolvenzplan mit zahlreichen Verzeichnissen und Liquiditätsrechnungen durchgeführt werden muss, ein Insolvenzplan kann je nach Art und Umfang des schuldnerischen Unternehmens auch kurz und leicht verständlich sein. Der Insolvenzplan ist ein Instrument der Unternehmenssanierung sowohl für den Handwerksbetrieb als auch für den Großkonzern.

Unsicherheiten in der Anwendung des § 245 InsO sind durch die 1757
Rechtsprechung bislang nur ansatzweise geklärt. Höchste Beachtung fanden einen Beschluss des Amtsgerichts Mühldorf am Inn vom 27. Juli 1999[1] sowie die Beschwerdeentscheidung des Landgerichts Traunstein vom 27. August 1999.[2] Beide setzten sich eingehend mit den Tatbestandsvoraussetzungen des § 245 InsO und teilweise auch mit den vergleichbaren Regelungen des U. S.-amerikanischen Rechts auseinander.[3]

Beispiel 7 (nach AG Mühldorf a. Inn NZI 1999, 422 und LG Traunstein NZI 1758
1999, 461): Unternehmensgegenstand der E-GmbH ist die Herstellung von Gussteilen aus Grauguss, Kugelgraphitguss und Aluminium im Zuliefergeschäft. Die Gesellschaft stellt am 16. Februar Insolvenzantrag, das Insolvenzverfahren wird mit Beschluss vom 1. April eröffnet, am 9. April legt der Geschäftsführer der Gesellschaft einen Insolvenzplan vor, über den im Erörterungs- und Abstimmungstermin am 15. Juli beraten und abgestimmt wird.

---

[1] AG Mühldorf a. Inn NZI 1999, 422.
[2] LG Traunstein NZI 1999, 461.
[3] Eingehend zu den Entscheidungen *Braun,* NZI 1999, 473.

Der Insolvenzplan sieht eine leistungswirtschaftliche Sanierung des schuldnerischen Unternehmens und eine Fortführung des Unternehmensträgers vor, er enthält folgende Gruppenbildung und Gläubigerbefriedigung:

1. Gruppe der absonderungsberechtigten Insolvenzgläubiger; die Gruppe besteht aus zwei Banken, deren Forderungen durch Grundpfandrechte gesichert sind; in die Grundpfandrechte soll nicht eingegriffen werden (§ 223 Abs. 1 Satz 1 InsO); es soll die Tilgung der gesicherten Darlehensverbindlichkeiten ausgesetzt werden, während der Laufzeit des Plans werden die Verbindlichkeiten vertragsgemäß weiter verzinst.
2. Gruppe der absonderungsberechtigten Insolvenzgläubiger; die Gruppe besteht aus nur einer Gläubigerin, deren Insolvenzforderung durch einen Grundpfandrecht gesichert ist, auf welches im Falle der Zerschlagung des Unternehmens aber kein Erlös entfallen würde; der Plan sieht einen Verzicht der Gläubigerin auf die abgesonderte Befriedigung vor, hinsichtlich der Insolvenzforderung soll die Gläubigerin in Gruppe 4 berücksichtigt werden.
3. Gruppe der absonderungsberechtigten Insolvenzgläubiger; die Gruppe besteht aus Lieferanten, deren Forderungen durch verlängerte Eigentumsvorbehalte teilweise gesichert sind; die Forderungen sollen um 20 Prozent gekürzt und in zehn gleichen Monatsraten beglichen werden.
4. Gruppe der sonstigen nicht nachrangigen Insolvenzgläubiger; die Forderungen der Gläubiger dieser Gruppe belaufen sich auf ca. 1,2 Millionen EUR, in die Gruppe sind auch die Bundesagentur für Arbeit, Sozialversicherungsträger und der Fiskus mit ihren Forderungen eingebunden; der Insolvenzplan sieht eine Befriedigung in Höhe von 35 Prozent in 14 gleichen Monatsraten vor, im Übrigen soll auf die Forderungen, auf Verzinsung und etwaige Verzugsschäden verzichtet werden.
5. Gruppe der Kleingläubiger; hierunter fallen die nicht nachrangigen Insolvenzgläubiger deren Forderungen nicht höher als 1.000 EUR sind; die Gläubiger sollen durch einmalige Zahlung 35 Prozent ihrer Forderung erhalten.
6. Gruppe der Arbeitnehmer; für die Zeit vor Insolvenzeröffnung sind die Arbeitnehmer bereits durch Insolvenzgeld befriedigt (§ 183 SGB III); hinsichtlich noch ausstehender Weihnachtvergütung aus der Zeit vor Insolvenzeröffnung soll diese in Höhe von 35 Prozent gewährt werden, im Übrigen sieht der Insolvenzplan die Möglichkeit einer künftigen Unternehmensbeteiligung der Arbeitnehmer vor.
7. Gruppe des Pensions-Sicherungs-Vereins (§§ 7 Abs. 4 und 9 Abs. 4 Satz 1 BetrAVG); die Ansprüche und Anwartschaften aus der betrieblichen Altersversorgung der Arbeitnehmer soll während der Dauer der Umsetzung des Insolvenzplans auf den Pensions-Sicherungs-Verein übergehen und im Anschluss wieder von der Schuldnerin übernommen werden.

In der Gruppe 1 sind zwei Gläubiger stimmberechtigt mit Gesamtforderungen von 12.109.189,11 EUR. Davon stimmt ein Gläubiger mit einer Forderungen von 4.079.900,35 EUR für den Insolvenzplan, der andere Gläubiger mit einer Forderung von 8.029.288,76 EUR gegen den Plan. In den Gruppen 2 und 7 stimmen die Gläubiger einstimmig für den Plan, in den Gruppen 3 bis 6 werden die Mehrheiten des § 244 Abs. 1 InsO erreicht.

Das Insolvenzgericht bestätigt den Insolvenzplan und sieht die Zustimmung der Gläubigergruppe 1 durch § 245 Abs. 1 InsO als erteilt an. Hiergegen legt der den Plan widersprechende Gläubiger der Gruppe 1 sofortige Beschwerde ein.

Der Bestätigungsbeschluss des Insolvenzgerichts, der die Voraussetzungen des § 245 Abs. 1 InsO gegenüber der Gläubigergruppe 1 als erfüllt ansah wurde vom Beschwerdegericht nicht beanstandet. Sehr ausführlich beschäftigte sich das Beschwerdegericht mit den einzelnen Voraussetzungen des § 245 Abs. 1 InsO und sah diese gegenüber der Gläubigergruppe 1 und insbesondere gegenüber dem Gläubiger, der in dieser Gruppe dem Insolvenzplan nicht zugestimmt hatte, als erfüllt an. Als Kernaussagen der Entscheidung sind festzuhalten:

- Ein Gläubiger steht durch den Insolvenzplan nicht schlechter als er ohne einen solchen stünde (§ 245 Abs. 1 Nr. 1 InsO), wenn die Kredittilgung für eine bestimmte Zeit ausgesetzt wird, jedoch fortlaufende Verzinsung erfolgt. Dies gelte jedenfalls dann, wenn der Gläubiger anderweitig keine höheren Zinserträge erzielen könne.
- Eine Schlechterstellung gegenüber der Befriedigung in Regelinsolvenzverfahren gegenüber einem Absonderungsberechtigten liegt dann nicht vor, wenn der Eingriff in das Absonderungsrecht durch eine sonstige Leistungen wirtschaftlich kompensiert wird.
- Bei Prüfung der angemessenen Beteiligung eines Gläubigers nach § 245 Abs. 1 Nr. 2 InsO besteht im Verhältnis zwischen Absonderungsberechtigten und nicht nachrangigen Insolvenzgläubigern kein Rangverhältnis im Sinne des § 245 Abs. 2 Nr. 2 InsO. Absonderungsrecht und Insolvenzforderung sind zueinander als aliud zu betrachten.
- Die Fortführung eines Unternehmens durch den Schuldner stellt nicht zwangsläufig die Zuwendung eines wirtschaftlichen Wertes im Sinne des § 245 Abs. 2 Nr. 2 InsO dar, es kommt vielmehr auf die Umstände des Einzelfalles an, insbesondere ob ein Dritter zur Fortführung des Unternehmens anstelle des Schuldners bereit ist.

Die Beschwerdeentscheidung des Landgerichts Traunstein fand in der insolvenzrechtlichen Literatur teilweise Zustimmung (*Braun,* NZI 1999, 473), teilweise harsche Ablehnung (*Smid,* InVo 2000, 1). Die ablehnende Haltung fußt weniger auf methodisch korrekte Anwendung der Voraussetzungen des § 245 InsO als auf vermeintliche allgemeine Gerechtigkeitserwägungen. Es wird insbesondere kritisiert, das durch die Zustimmungsersetzung gegenüber der Gläubigergruppe 1 und damit gegenüber einer Gläubigerbank – der weitere Gläubiger der Gruppe hatte dem Plan zugestimmt –, diese faktisch gegen ihren Willen gezwungen werde, der Schuldnerin gegenüber durch Aussetzen der Forderungstilgung weiterhin eine offene Kreditlinie zu erhalten. Dagegen ist anzumerken, dass durch die weitere Verzinsung dieser Forderung der Gläubigerin kein wirtschaftlicher Schaden entsteht und sie ferner durch ein Grundpfandrecht, das durch den Insolvenzplan nicht beeinträchtigt wird, weiterhin abgesichert bleibt. Das kritisierte Ergebnis, ein Gläubiger würde gegen seinen freien Willen gezwungen, mit dem Schuldner weiter eine Geschäftsbeziehung zu unterhalten, ist gerade Zweck der Regelung des § 245 InsO. Dies ist nicht zu verwechseln mit der Frage, ob im Rahmen des Insolvenzplans ein Beteiligter gezwungen werden kann, dem Schuldner einen Überbrückungs- oder Sanierungskredit erst zu gewähren, was überwiegend abgelehnt wird (*Eidenmüller* in: MüKo-InsO, § 217 Rdn. 104 ff. mit umfangreichen Nachweisen).

5. Die Zustimmung nachrangiger Gläubiger nach § 246 InsO

Eine besondere Vorschrift zur Zustimmung der nach § 39 InsO nachrangigen Insolvenzgläubiger enthält § 246 InsO. Der Anwendungsbereich der Vorschrift ist gering.[1] 1759

[1] Kritisch *Lüer* in: *Uhlenbruck,* InsO, § 246 Rdn. 2, 3; als ein Versehen des Gesetzgebers bezeichnet von *Flessner* in: HK-InsO, § 246 Rdn. 1.

1760 Die Zustimmung der Gläubiger der Forderungen mit dem Rang des § 39 Abs. 1 Nrn. 1 und 2 InsO (laufende Zinsen und Kosten) gilt als erteilt, wenn schon die Hauptforderungen nach dem Plan nicht vollständig befriedigt werden (§ 246 Abs. 1 InsO). Gelten diese nachrangigen Forderungen nach § 225 InsO bereits als erlassen, ist nach § 222 Abs. 1 Satz 2 Nr. 3 InsO keine Gläubigergruppe zu bilden, § 246 Nr. 1 InsO ist dann ohne Bedeutung.

1761 Die Zustimmung der Gläubiger der Forderungen mit dem Rang des § 39 Abs. 1 Nrn. 4 und 5 (unentgeltliche Leistungen, Kapitalersatz) gilt als erteilt, wenn kein Insolvenzgläubiger durch den Plan besser gestellt wird als die Gläubiger dieser Gruppe (§ 246 Nr. 2 InsO). Der Wortlaut des § 246 Nr. 1 InsO ist unglücklich, da er von Gläubigerin mit Rang „hinter“ § 39 Abs. 1 Nr. 3 InsO spricht, also die Nrn. 4 und 5 des § 39 Abs. 1 InsO meint. Weitergehend kann die Vorschrift im Umkehrschluss dahin verstanden werden, das die Zustimmung nicht als erteilt gilt, wenn ein Insolvenzgläubiger besser gestellt wird als die Gläubiger dieser Rangklasse. Dies sollte der Regelfall sein. Auch hier ist zu berücksichtigen, das die Forderungen regelmäßig nach § 225 InsO als erlassen gelten und damit am Insolvenzplan überhaupt nicht beteiligt werden müssen.

1762 Die Zustimmung der Gläubiger der Forderungen mit dem Rang des § 39 Abs. 1 Nr. 3 InsO (Geldstrafe und Geldbußen) wird doch § 246 InsO nicht geregelt. Ihre Forderungen können nach § 225 Abs. 3 InsO durch den Insolvenzplan weder ausgeschlossen noch eingeschränkt werden, es soll der persönliche Strafcharakter dieser Forderungen erhalten bleiben. Die Gläubiger dieser Forderungen sind damit durch den Plan nicht beeinträchtigt und müssen wegen § 237 Abs. 2 InsO am Verfahren nicht beteiligt werden.

6. Die Zustimmung des Schuldners nach § 247 InsO

1763 Eine Zustimmung des Schuldners zum Insolvenzplan ist grundsätzlich nicht erforderlich, auch dann nicht, wenn eine natürliche Person Schuldner des Insolvenzverfahrens ist, erst recht nicht in der Insolvenz der juristischen Person oder Kapitalgesellschaft. Hat der Schuldner selbst die Planinitiative ergriffen (§ 218 Abs. 1 Satz 1 InsO), stimmt er insoweit dem Plan zu. Sieht der Plan eine Fortführung des schuldnerischen Unternehmens durch diesen vor, ist eine Zustimmung bereits nach § 230 InsO erforderlich. Die Regelung des § 247 InsO, die von der Zustimmung des Schuldners spricht, meint in Wirklichkeit dessen Recht, die Versagung der Bestätigung des Insolvenzplans durch das Gericht zu beantragen und zu verlangen, wenn der Schuldner selbst durch den Plan unangemessen benachteiligt wird.[1]

[1] *Flessner* in: HK-InsO, § 247 Rdn. 1.

Der Schuldner muss spätestens im Abstimmungstermin dem Insolvenzplan widersprechen. Der Widerspruch ist nach § 247 Abs. 2 InsO unter zwei kumulativ erforderlichen Voraussetzungen zu beachten: 1764

- § 247 Abs. 2 Nr. 1 InsO: Der Schuldner ist durch den Insolvenzplan voraussichtlich schlechter gestellt als er ohne einen Plan stünde; ein solcher Fall kann gegeben sein, wenn die Haftung des Schuldners für die Zeit nach Beendigung des Insolvenzverfahrens erweitert werden soll, der Schuldner als natürlicher Personen nach Abschluss des wegen Insolvenzverfahrens aber Restschuldbefreiung erlangen könnte.[1]
- § 247 Abs. 2 Nr. 2 InsO: Ein Gläubiger erhält einen wirtschaftlichen Wert, der den vollen Betrag seines Anspruchs übersteigt; der Schuldner soll nicht gezwungen werden, durch den Insolvenzplan einen Insolvenzgläubiger oder einen Absonderungsberechtigten über den Wert dessen Forderung oder dessen Rechts hinaus aus seinem Vermögen zu befriedigen.

Das Insolvenzgericht berücksichtigt den Widerspruch des Schuldners im Rahmen seiner gerichtlichen Bestätigung nach § 248 InsO. Die Entscheidung über das Vorliegen der Tatbestände des § 247 Abs. 2 InsO ist auch nur im Zusammenhang mit der Anfechtung des Bestätigungsbeschlusses (§ 253 InsO) anfechtbar. 1765

7. Die gerichtliche Bestätigung des Insolvenzplans nach §§ 248ff. InsO

a) Der Prüfungsumfang des Insolvenzgerichts

Der von den Gläubigern angenommene Insolvenzplan bedarf zu seiner Wirksamkeit der Bestätigung durch das Insolvenzgericht (§ 248 Abs. 1 InsO), die Entscheidung trifft funktionell der Rechtspfleger. 1766

Das Gericht hat bei seiner Entscheidung zu prüfen, ob die wesentlichen Verfahrensvoraussetzungen eingehalten worden sind und bei der Abstimmung über den Insolvenzplan die erforderlichen Mehrheiten erreicht worden sind. Auch die Prüfung der Voraussetzungen des § 245 InsO erfolgt durch das Insolvenzgericht im Rahmen der Bestätigungsentscheidung.[2] 1767

Lagen den Gläubigern im Erörterungs- und Abstimmungstermin mehrere Insolvenzpläne zur Annahme vor und fanden auch mehrere Pläne die erforderlichen Mehrheiten, bestätigt das Insolvenzgericht denjenigen Insolvenzplan, der insgesamt die größere Kopf- und Summen- 1768

---

[1] *Braun* in: *Nerlich/Römermann*, InsO, § 247 Rdn. 4.

[2] Eingehend *Braun* in: *Nerlich/Römermann*, InsO, § 245 Rdn. 34, mit Auseinandersetzung zu der von *Smid* und *Rattunde* verlangten korrigierenden Auslegung des § 245 InsO im Hinblick auf die angeblich eingeschränkte Prüfungskompetenz des Gerichts, *Smid/Rattunde* in: *Smid*, InsO, § 245 Rdn. 30, 35; *Smid/Rattunde*, Rdn. 598; vermittelnd *Eidenmüller* in: MüKo-InsO, Vor §§ 217 bis 269 Rdn. 41ff.

mehrheit gefunden hat im Zweifel soll die Summenmehrheit entscheidend sein.[1]

1769 Sieht der Insolvenzplan zu seiner Wirksamkeit besonders zu bewirkende Maßnahmen oder sonstige Voraussetzungen vor, darf das Gericht den Plan erst bestätigen, wenn diese Voraussetzungen erfüllt sind. Es handelt sich dann um einen bedingten Plan im Sinne des § 249 InsO. Als Bedingungen kann beispielsweise die Freigabe eines Pfandrechts durch eine Gläubiger gelten oder die Durchführung gesellschaftsrechtlicher Änderungen beim schuldnerischen Unternehmensträger.[2]

b) Die Prüfung von Verfahrensverstößen nach § 250 InsO

1770 Das Insolvenzgericht hat die Bestätigung in den Fällen des § 250 InsO von Amts wegen zu versagen. Nach § 250 Nr. 1 InsO ist die Bestätigung zu versagen, wenn die Vorschriften über den Inhalt und die verfahrensrechtliche Behandlung des Plans sowie über die Annahme durch die Gläubiger und die Zustimmung des Schuldners in einem wesentlichen Punkt nicht beachtet worden sind und dieser Mangel nicht behoben werden kann.[3] Das Gericht hat hier von Amts wegen die Einhaltung der verfahrensrechtlich zwingenden Vorschriften zu prüfen. Einen Plan kann beispielsweise nicht bestätigt werden, wenn er von einem hierzu nicht befugten Beteiligten eingebracht worden ist (§ 218 Abs. 1 Satz 1 InsO), wenn der Erörterungs- und Abstimmungstermin nicht ordnungsgemäß öffentlich bekannt gemacht worden ist (§ 235 Abs. 2 mit § 74 Abs. 2 InsO), wenn die Stimmrechte einzelner Gläubiger nicht beachtet worden sind oder ihre Forderungen falsch berechnet worden sind oder wenn die nach § 244 Abs. 1 InsO erforderlichen Mehrheiten auch unter Berücksichtigung des § 245 InsO nicht vorliegen. Ein Verfahrensverstoß muss, damit er zur Versagung der Planbestätigung führt, für das Zustandekommen der Annahme des Insolvenzplans wesentlich sein.

1771 Nach § 250 Nr. 2 InsO ist die Bestätigung zu versagen, wenn die Annahme des Plans und lauter, insbesondere durch Begünstigung eines Gläubigers, herbeigeführt worden ist. Exemplarischer Fall ist hier der so genannte verdeckte Stimmenkauf.[4] Eine Begünstigung muss auch hierfür das Verhalten des Gläubigers bei Annahme des Insolvenzplans ausschlaggebend gewesen sein. Den Tatbestand des § 250 Nr. 2 InsO kann das Insolvenzgericht freilich nur beachten, wenn hierfür konkrete Anhaltspunkte vorliegen.

---

[1] *Braun* in: *Braun*, InsO, § 248 Rdn. 7.
[2] Begründung des Regierungsentwurfs BT-Drucks. 12/2443, S. 211.
[3] *Braun* in: *Nerlich/Römermann*, InsO, § 250 Rdn. 7.
[4] BGH NZI 2005, 325 = ZIP 2005, 719; *Braun* in: *Nerlich/Römermann*, InsO, § 250 Rdn. 12.

c) Der Minderheitenschutz nach § 251 InsO

Die Regelung des § 251 InsO beinhaltet ähnlich wie die früheren Regelungen der § 79 Nr. 4 VerglO oder § 188 Abs. 1 Nr. 2 KO einen besonderen Minderheitenschutz für Insolvenzgläubiger. Auf Antrag eines Gläubigers ist die Bestätigung des Insolvenzplans zu versagen, wenn dieser Insolvenzgläubiger durch den Plan voraussichtlich schlechter gestellt wird, als er ohne einen Plan stünde (§ 251 Abs. 1 Nr. 2 InsO). Die Voraussetzung korrespondiert mit § 245 Abs. 1 Nr. 1 InsO und stellt für den betroffenen Gläubiger einen besonderen Schutz im Ausnahmefall dar.[1] Stimmt nämlich ein Insolvenzgläubiger gegen den Insolvenzplan, ist seine vergleichsweise Befriedigung bereits im Rahmen des § 245 Abs. 1 InsO zu prüfen, der Grundsatz des Verbots der Schlechterstellung ist gewahrt. Der Fall des § 251 Abs. 1 Nr. 2 InsO ist denkbar, wenn ein Insolvenzgläubiger innerhalb seiner Gläubigergruppe überstimmt wird und der Insolvenzplan seitens dieser Gläubigergruppe mit den Mehrheiten des § 244 Abs. 1 InsO als angenommen gilt. Hierbei ist zu bedenken, dass wegen § 226 InsO alle Gläubiger dieser Gruppe schlechter gestellt würden als ohne einen Plan und sie diesem trotzdem zugestimmt haben. Die Regelung des § 251 Abs. 1 Nr. 2 InsO ist deshalb als absolute Ausnahmevorschrift anzusehen. Es wäre verfehlt, würde ein gleichsam unterlegener Insolvenzgläubiger gegen die Bestätigung des Insolvenzplans Minderheitenschutz geltend machen, nur weil er bei der Abstimmung über den Insolvenzplan überstimmt worden ist. 1772

Der Antrag auf Versagung der Bestätigung ist spätestens im Abstimmungstermin zu stellen (§ 251 Abs. 1 Nr. 1 InsO). Er ist nur zulässig, wenn der Gläubiger seine Schlechterstellung durch den Insolvenzplan glaubhaft macht (§ 251 Abs. 2 InsO).

d) Die Bekanntgabe der Entscheidung nach § 252 InsO

Das Insolvenzgericht bestätigt den Insolvenzplan durch Beschluss, der insbesondere dann zu begründen ist, wenn § 245 InsO Anwendung findet. Der Beschluss kann im Abstimmungstermin oder in einem besonderen Verkündungstermin bekannt gegeben werden (§ 252 Abs. 1 InsO). Gleiches gilt für den Beschluss zur Versagung der Planbestätigung. Vor seiner Entscheidung hat das Insolvenzgericht den Insolvenzverwalter und die Mitglieder des Gläubigerausschusses zu hören (§ 248 Abs. 2 InsO). 1773

Gegen den Beschluss, durch den der Insolvenzplan bestätigt oder die Bestätigung versagt wird, steht den Gläubigern oder dem Schuldner nach § 253 InsO die sofortige Beschwerde zu.[2] 1774

---

[1] *Braun* in: *Nerlich/Römermann*, InsO, § 251 Rdn. 1.

[2] Zum Fristbeginn BGH NZI 2004, 85; BGH NZI 2005, 619; zu der sehr umstrittenen Beschwerdeentscheidung des LG Berlin (NZI 2005, 335) *Smid,* NZI 2005, 297; *Heublein,* NZI 2005, 381; *Smid* NZI 2005, 613.

8. Die Wirkungen des bestätigten Insolvenzplans nach §§ 254ff. InsO

a) Die allgemeine Wirkungen nach § 254 InsO

1775 Mit Rechtskraft des Bestätigungsbeschlusses treten die gestaltenden Wirkungen des Insolvenzplans für und gegen alle Beteiligten ein, gegenüber den Insolvenzgläubigern und den Absonderungsberechtigten unabhängig davon, ob sie dem Plan zugestimmt haben, sich an der Abstimmung beteiligt haben oder ob sie überhaupt ihre Forderungen zur Insolvenzplan angemeldet haben (§ 254 Abs. 1 InsO). Die Forderungen der Insolvenzgläubiger sind im Umfang des gestaltenden Teils des Insolvenzplans mithin gestundet oder erlassen. Die für die Änderung von sachenrechtlichen Verhältnissen, insbesondere für die Begründung oder Aufhebung von Sicherheiten notwendigen Willenserklärungen gelten als in der jeweils gesetzlich vorgeschriebenen Form als abgegeben (§ 254 Abs. 1 Satz 2 InsO).

1776 Die Rechte der Insolvenzgläubiger gegenüber Mitschuldnern und Bürgen des Schuldners werden durch den Insolvenzplan nicht beeinträchtigt, soweit der Plan dies nicht ausdrücklich vorsieht (§ 254 Abs. 2 InsO). Ihnen gegenüber kann ein Gläubiger weiterhin seine volle Forderungen geltend machen. Der Insolvenzplan begrenzt dagegen die Haftung des Schuldners gegenüber dem Bürgen oder dem Mitschuldner aus § 774 BGB oder aus § 426 BGB.

1777 Hat ein Gläubiger tatsächlich höhere Befriedigung erlangt, als er nach dem Insolvenzplan zu beanspruchen hat (nicht zu verwechseln mit dem Fall des § 245 Abs. 2 Nr. 1 InsO), ist er nach § 254 Abs. 3 InsO zur Rückgewähr nicht verpflichtet. Der Forderungserlass im Insolvenzplan wird als Umwandlung der Forderungen zur Naturalobligation angesehen.[1]

b) Das Wiederaufleben von Forderungen nach § 255 InsO

1778 Die Stundung und der Erlass der Forderungen der Gläubiger wird nach § 255 Abs. 1 Satz 1 InsO kraft Gesetzes hinfällig, wenn der Schuldner mit den im Insolvenzplan festgesetzten Leistungen erheblich in Rückstand gerät. Die Vorschrift beinhaltet eine gesetzliche Verfallklausel hinsichtlich gestundeter Beträge sowie eine Wiederauflebensklausel hinsichtlich erlassener Beträge.[2]

1779 Ein erheblicher Rückstand des Schuldners ist anzunehmen, wenn er trotz schriftlicher Mahnung eines Gläubigers und zweiwöchiger Nach-

[1] Begründung des Regierungsentwurfs BT-Drucks. 12/2443, S. 213.

[2] Allgemein zu diesen auch im allgemeinen Zwangsvollstreckungsrecht üblichen Klauseln Stein/Jonas/*Münzberg*, ZPO, § 726 Rdn. 3, 6; *Wolfsteiner* in: MüKo-ZPO, § 726 Rdn. 18; *Rosenberg/Gaul/Schilken*, § 10 III. 3.

fristsetzung eine fällige Verbindlichkeit nicht zahlt (§ 255 Abs. 1 Satz 2 InsO).[1]

Stundung und Erlass werden auch dann hinfällig, wenn vor voll- 1780
ständiger Erfüllung des Plans über das Vermögen des Schuldners ein neues Insolvenzverfahren eröffnet wird (§ 255 Abs. 2 InsO).

c) Die Berücksichtigung bestrittener Forderungen nach § 256 InsO

Bestrittene Forderungen hat der Schuldner bei seinen Leistungen 1781
zunächst insoweit zu berücksichtigen, als ihnen im Rahmen des § 237 InsO im Abstimmungstermin ein Stimmrecht zuerkannt worden ist. Berücksichtigt er die Forderungen in dieser Höhe, ist eine Rückstand im Sinne des § 255 Abs. 1 InsO nicht anzunehmen (§ 256 Abs. 1 InsO). Dadurch wird aber nicht ausgeschlossen, dass die Forderungen im späteren Feststellungsprozess zu einem höheren Betrag festgestellt wird, der Schuldner hat diesen Betrag nachzuzahlen (§ 256 Abs. 2 InsO).

d) Die Vollstreckung aus dem Insolvenzplan nach § 257 InsO

Der rechtskräftig bestätigte Insolvenzplan stellt zusammen mit der 1782
Forderungserlassstellung aus der Insolvenztabellen zu Gunsten der Insolvenzgläubigern einen Vollstreckungstitel gegen den Schuldner dar (§ 257 Abs. 1 InsO). Die Zwangsvollstreckung kann auch gegen einen Dritten erfolgen, der sich für die Erfüllung des Plans neben dem Schuldner unter Verzicht auf die Einrede der Vorausklage verbürgt hat (§ 257 Abs. 2 InsO).[2]

Die Zwangsvollstreckung findet nach den allgemeinen Vorschriften 1783
des Achten Buchs der Zivilprozessordnung statt, der Insolvenzplan ist mit einer Vollstreckungsklausel nach §§ 724 ff. ZPO zu versehen und spätestens bei Beginn der Zwangsvollstreckung dem Schuldner oder dem Dritten zuzustellen (§ 750 ZPO). Soll die Zwangsvollstreckung auch hinsichtlich einer nach § 255 Abs. 1 InsO wieder aufgelebten Forderung erfolgen, ist die Erteilung einer qualifizierten Vollstreckungsklausel nach § 726 Abs. 1 ZPO erforderlich.[3] Der Gläubiger müsste hier den erheblichen Rückstand des Schuldners durch öffentliche oder öffentlich beglaubigte Urkunde nachweisen. Sinnvoll ist es deshalb, für diesen Fall im Insolvenzplan einen Nachweisverzicht des Schuldners für den Fall der Erteilung der qualifizierten Vollstreckungsklausel aufzunehmen.[4] Für die Erteilung der Vollstreckungsklausel ist sachlich das

---

[1] In Abgrenzung zum Verzug nach §§ 286 ff. BGB *Braun* in: *Braun,* InsO, § 255 Rdn. 6.

[2] *Braun* in: *Nerlich/Römermann,* InsO, § 257 Rdn. 8.

[3] Musielak/*Lackmann,* ZPO, § 726 Rdn. 3; *Wolfsteiner* in: MüKo-ZPO, § 726 Rdn. 18; Stein/Jonas/*Münzberg,* ZPO, § 726 Rdn. 6; abweichend dagegen *Frankenberger/Holz,* Rpfleger 1997, 93; erwidernd dazu *Münzberg,* Rpfleger 1997, 413.

[4] Allgemein Zöller/*Stöber,* ZPO, § 726 Rdn. 16.

Insolvenzgericht zuständig, es ist gleichsam Prozessgericht des ersten Rechtszuges im Sinne des § 724 Abs. 2 ZPO.

1784 Für Klagen gegen die Erteilung der Vollstreckungsklausel oder die Zulässigkeit der Zwangsvollstreckung aus dem Insolvenzplan gilt die Zuständigkeitsregelung des § 202 InsO (§ 257 Abs. 1 Satz 3 InsO).

9. Die Aufhebung des Insolvenzverfahrens nach § 258 InsO

1785 Letzter Verfahrensschritt im Insolvenzplanverfahren ist die Aufhebung des Insolvenzverfahrens nach Rechtskraft des Bestätigungsbeschlusses (§ 258 Abs. 1 InsO). Die Aufhebung des Insolvenzverfahrens ist öffentlich bekanntzumachen (§ 258 Abs. 3 InsO). Das Verfügungsrecht über die Insolvenzmasse geht zurück an den Schuldner, das Amt des Insolvenzverwalters endet (§ 259 Abs. 1 InsO); zu beachten ist jedoch die mögliche Planüberwachung nach §§ 260 ff. InsO durch den Insolvenzverwalter. Einen anhängigen Rechtsstreit, welcher die Insolvenzanfechtung zum Gegenstand hat, kann fortgeführt werden, wenn der Insolvenzplan dies vorsieht (§ 259 Abs. 3 InsO).[1]

1786 Die Regelung des § 258 Abs. 2 InsO kann in der Praxis Schwierigkeiten bereiten. Danach darf die Aufhebung erst erfolgen, wenn der Insolvenzverwalter die unstreitigen Masseansprüche berichtigt hat und für die streitigen Sicherheit geleistet hat. Es sind mithin die Massekosten nach § 54 InsO sowie die sonstigen Masseverbindlichkeiten nach § 55 InsO vorweg aus der Insolvenzmasse zu befriedigen. Dies gilt auch für Masseansprüche, die erst nach Bestätigung des Insolvenzplans entstehen.[2] Insbesondere im Falle einer Unternehmensfortführung ist dies durchweg der Fall, was dazu führen kann, dass ständig Masseansprüche entstehen und das Insolvenzverfahren nie aufgehoben werden könnte. Hier wird vorgeschlagen, für die Aufhebung des Insolvenzverfahrens einen festen Zeitpunkt zu setzen und nur die bis dato entstehenden Masseansprüche zu befriedigen.[3]

1787 Nicht geklärt ist das ebenfalls in der Praxis bereits aufgetretene Problem zwischenzeitlich eintretender Masseunzulänglichkeit. Dies kann dazu führen, dass der Insolvenzplan nicht mehr ausgeführt werden kann, da keine ausreichende Mittel zur Befriedigung der Massegläubiger und damit auch nicht zur Leistung an die Insolvenzgläubiger nach den im Insolvenzplan vorgesehenen Regelungen mehr vorhanden sind. Eine Lösung kann darin bestehen, dass die Insolvenzgläubiger in einer

---

[1] OLG Jena NZI 2002, 435 = ZIP 2002, 538, dazu EWiR 2002, 293 *(Michels);* weniger großzügig LG Erfurt ZIP 2001, 1646, dazu EWiR 2001, 1067 *(Neußner).*

[2] *Otte* in: *Kübler/Prütting,* InsO, § 258 Rdn. 10; *Braun* in: *Braun,* InsO, § 258 Rdn. 5.

[3] Beinhaltet der Insolvenzplan eine Fortführung, sollen nur die hieraus resultierenden Verbindlichkeiten zu befriedigen sein, *Braun* in: *Nerlich/Römermann,* InsO, § 258 Rdn. 3; für eine großzügige Auslegung im Übrigen *Flessner* in: HK-InsO, § 258 Rdn. 4.

Art actus contrarius mit den Mehrheiten des § 244 InsO den Insolvenzplan entsprechend modifizieren oder gar aufheben. Richtiger erscheint es jedoch, das Insolvenzverfahren nach §§ 208 ff. InsO einzustellen, nach § 258 InsO kann es wegen Undurchführbarkeit des Absatzes 2 letztlich nicht aufgehoben werden. Es steht dann der Weg offen für ein neues Insolvenzverfahren und gegebenenfalls einen neuen Insolvenzplan.

13. Kapitel. Das Verfahren der Eigenverwaltung

I. Die Überlegungen des Gesetzgebers zur Eigenverwaltung

1. Die Eigenverwaltung als flexibles Instrument der Selbstverwaltung

1788 Mit der Eigenverwaltung (§§ 270 bis 285 InsO) will der Gesetzgeber den Beteiligten – dem Schuldner wie den Gläubigern – die Möglichkeit eröffnen, das Insolvenzverfahren zeitsparend und kostengünstig abzuwickeln. Ferner soll dem Schuldner durch die Eigenverwaltung ein Anreiz zu frühzeitiger Stellung des Insolvenzantrags gegeben werden, und es sollten die Sanierungschancen eines insolventen Unternehmens erhöht werden.[1] So können beispielsweise bestehende Kundenkontakte des Unternehmens ohne Reibungsverluste durch den Wechsel der Verfügungsbefugnis (§ 80 Abs. 1 InsO) weiter genutzt werden, eine Einarbeitung des Insolvenzverwalters und seiner Mitarbeiter entfällt beziehungsweise kann in kürzerer Zeit erfolgen.[2]

1789 Wie auch das Insolvenzplanverfahren, mit welchem die Eigenverwaltung häufig in Verbindung gebracht wird, kann die Eigenverwaltung eine Sanierung des insolventen Unternehmens durch Fortführung und gegebenenfalls Umstrukturierung ermöglichen und befördern. Die Eigenverwaltung ist hierauf aber nicht beschränkt. Sie ist möglich je nach Willen der Gläubiger und Bereitschaft des Schuldners hierzu, das mögliche Verfahrensergebnis einer Sanierung ist nicht zwingende Voraussetzung. Es kann auch allein für eine Liquidation eine Eigenverwaltung angeordnet werden.[3]

1790 Vorbilder der Eigenverwaltung waren das Verfahren nach der früher geltenden Vergleichsordnung von 1935[4] sowie das Verfahren des „debtor in possession“ des U.S.-amerikanischen Rechts.[5] Im Vergleichsver-

---

[1] Begründung des Regierungsentwurfs BT-Drucks. 12/2443, S. 222; *Uhlenbruck* in: *Uhlenbruck,* InsO, § 270 Rdn. 1; zur Gesetzgebungsgeschichte *Wittig* in: MüKo-InsO, vor §§ 270 bis 285 Rdn. 3 ff.

[2] Begründung des Regierungsentwurfs BT-Drucks. 12/2443, S. 223 linke Spalte oben; *Uhlenbruck* in: *Uhlenbruck,* InsO, § 270 Rdn. 1 m. w. N.

[3] Kritisch hierzu *Häsemeyer,* Rdn. 8.03; *Smid,* Grundzüge, § 28 Rdn. 21; die Begründung des Regierungsentwurfs BT-Drucks. 12/2443, S. 223, geht eher nur von der Eigenverwaltung in Fortführungsfällen aus.

[4] Vergleichsordnung vom 26. 2. 1935 (RGBl. I S. 321); hierzu *Kilger/K. Schmidt,* Insolvenzgesetze, Einleitung VerglO; *Mohrbutter* in: *Mohrbutter/Mohrbutter,* Rdn. XVII.1 ff.

[5] Begründung des Regierungsentwurfs BT-Drucks. 12/2443, S. 105; *Haas* in: *Gottwald,* § 86 Rdn. 9; *Braun/Uhlenbruck,* S. 438; *Schlegel,* S. 38 ff.; *Koch,* S. 299.

fahren zur Abwendung des Konkurses blieb die Verfügungsbefugnis nach Eröffnung des Verfahrens dem Schuldner erhalten, er erhielt lediglich einen Vergleichsverwalter zur Seite gestellt, der die Tätigkeit des Schuldners überwachen sollte.[1] Das Verfahren des „debtor in possession" ist dagegen verwalterlos, die Überwachung des Schuldners erfolgt durch Gläubigerausschüsse.[2] Die Eigenverwaltung knüpft hier an das frühere Vergleichsverfahren an, gesteht dem Schuldner aber weitgehendere Rechte als in diesem zu. Weggefallen ist wie im Insolvenzplanverfahren im Übrigen die so genannte Würdigkeitsprüfung der §§ 17 und 18 VerglO, nach welcher dem „unredlichen" Schuldner das Vergleichsverfahren a priori verwehrt war.[3]

2. Die Akzeptanz der Eigenverwaltung in der Rechtspraxis

Dem Verfahren der Eigenverwaltung wird teilweise sehr positiv be- 1791
gegnet,[4] teilweise kritisch ablehnend.[5] Die Rechtspraxis zögert zumeist noch, von diesem Rechtsinstitut Gebrauch zu machen, zu häufig besteht die Befürchtung, mit der Eigenverwaltung werde „der Bock zum Gärtner" gemacht.[6] Dies ist jedoch nicht gemeint. Beruht die Zahlungsunfähigkeit des Schuldners oder die drohende Zahlungsunfähigkeit (§ 18 InsO) beispielsweise allein auf exogenen Ursachen, im Ausfall eines eigenen Schuldners oder in unvorhergesehenen Umwelthaftungsrisiken, kann der Schuldner durchaus vertrauenswürdig sein.[7] Auch dem reinen Freiberufler, der nicht Verbraucher im Sinne des § 304 InsO ist, steht die Eigenverwaltung offen.[8] In der Insolvenz der juristischen Person kann schließlich durch den Wechsel in der organschaftlichen Vertretung die Eigenverwaltung auch ohne den bisherigen „Schuldner" ermöglicht werden.

Im Zusammenhang mit einem Insolvenzplan als so genanntem „pre- 1792
packaged plan" kann schon im Insolvenzantrag die Eigenverwaltung

---

[1] Allgemein *Mohrbutter* in: *Mohrbutter/Mohrbutter,* Rdn. XVIII.1 ff.

[2] *Haas* in: *Gottwald,* § 86 Rdn. 10; *Braun/Uhlenbruck,* S. 501 ff.

[3] Ausdrücklich Begründung des Regierungsentwurfs BT-Drucks. 12/2443, S. 100 linke Spalte unten; *Koch,* S. 112 ff.

[4] *Braun/Uhlenbruck,* S. 691, 694; *Buchalik,* NZI 2000, 294; *Friedhoff,* ZIP 2002, 497.

[5] Nachweise bei *Uhlenbruck* in: *Uhlenbruck,* InsO, § 270 Rdn. 1 a.E.; *Haas* in: *Gottwald,* § 86 Rdn. 13; *Häsemeyer,* Rdn. 8.02; *Smid,* Grundzüge, § 28 Rdn. 6 ff.; *Grub* in: KS, S: 671 Rdn. 21 ff.; *Grub,* WM 1994, 880; *Smid,* WM 1998, 2489.

[6] *Uhlenbruck* in: *Uhlenbruck,* InsO, § 270 Rdn. 1 a.E.

[7] Weitere Beispiele bei *Uhlenbruck* in: *Uhlenbruck,* InsO, § 270 Rdn. 4 ff.; *Landfermann* in: HK-InsO, Vor §§ 270 ff. Rdn. 7 („wenn ein honoriger Unternehmer einen kostengünstigen Weg zur Restschuldbefreiung sucht"); zu ungenau *Pape* in: *Kübler/Prütting,* InsO, § 270 Rdn. 6.

[8] *Uhlenbruck* in: *Uhlenbruck,* InsO, § 270 Rdn. 6; *Häsemeyer,* Rdn. 8.02, 8.05; *Graf/Wunsch,* ZIP 2001, 1029; einschränkend *Pape* in: *Kübler/Prütting,* InsO, § 270 Rdn. 5.

beantragt werden. Es ist dann auch zulässig und denkbar, vorher als organschaftlichen Vertreter des schuldnerischen Unternehmens eine mit den Besonderheiten des Insolvenzrechts besonders vertraute Person zu bestellen, die nach Verfahrenseröffnung das Insolvenzverfahren abwickelt.[1] Probleme kann hier die Zusammenarbeit während des Eröffnungsverfahrens bereiten, wenn das Gericht einen vorläufigen Insolvenzverwalter (§ 21 Abs. 2 Nr. 1 mit § 22 InsO) bestellt. Im Eröffnungsverfahren gibt es keine Entsprechung zur Eigenverwaltung, es sind nur die allgemeinen Sicherungsmaßnahmen des § 21 InsO vorgesehen. Das Gericht sollte deshalb, um Konflikte zwischen dem Vertreter des schuldnerischen Unternehmens und dem vorläufigen Insolvenzverwalter zu vermeiden und den Erfolg einer möglichen Eigenverwaltung nicht zu gefährden, mit der Anordnung der vorläufigen Insolvenzverwaltung und weiteren Sicherungsmaßnahmen vorsichtig umgehen.[2]

3. Der Anwendungsbereich der Eigenverwaltung

1793 Das Verfahren der Eigenverwaltung ist wie das Insolvenzplanverfahren als besondere Verfahrensart innerhalb der Regelinsolvenz konzipiert. Zeitlich tritt die Eigenverwaltung erst mit Insolvenzeröffnung in Kraft, für das Eröffnungsverfahren gelten keine besonderen Regelungen. Die Eigenverwaltung wird durch das Insolvenzgericht regelmäßig mit dem Eröffnungsbeschluss angeordnet (§ 270 Abs. 1 Satz 1 InsO). Für das Insolvenzverfahren gelten die allgemeinen Regelungen, soweit die §§ 270 ff. InsO keine Besonderheiten enthalten (§ 270 Abs. 1 Satz 2 InsO).

1794 Eine Eigenverwaltung kann in jedem Regelinsolvenzverfahren angeordnet werden, auch wenn Schuldner des Verfahrens eine natürliche Person ist, insbesondere ist auch dem Freiberufler die Eigenverwaltung zugänglich.[3] Im Verbraucherinsolvenzverfahren ist die Eigenverwaltung dagegen nicht zulässig (§ 312 Abs. 3 InsO).

---

[1] Prägnante Beispiele aus jüngster Zeit erläutert *Landfermann* in: HK-InsO, Vor §§ 270 ff. Rdn. 9; zum Verfahren „Philipp-Holzmann“ *Görg* in: FS Uhlenbruck, S. 117; zum Verfahren „Grundig“ *Braun,* NZI 2003, 588; allgemein auch *Uhlenbruck,* NJW 2002, 3219.

[2] *Wittig* in: MüKo-InsO, vor §§ 270 bis 285 Rdn. 38, 39; *Uhlenbruck* in: *Uhlenbruck,* InsO, § 270 Rdn. 7; *Pape* in: *Kübler/Prütting,* InsO, § 270 Rdn. 14, 15; *Pape* in: KS, S. 895 Rdn. 12; *Vallender,* WM 1998, 2129; die praktischen Probleme sehr gut beschreibend *Braun,* NZI 2003, 588; zur Frage der Bestellung eines „vorläufigen Sachwalters“ ablehnend *Uhlenbruck,* NZI 2001, 632; zustimmend *Ehricke,* ZIP 2002, 782; dazu auch *Landfermann* in: HK-InsO, § 270 Rdn. 5b.

[3] Umgekehrt vom Wortlaut der gesetzlichen Regelungen ausgehend betont *Häsemeyer,* Rdn. 8.05, dass die Eigenverwaltung nicht nur für natürliche Personen sondern auch für Korporationen gedacht sei; ähnlich *Pape* in: *Kübler/Prütting,* InsO, § 270 Rdn. 6.

II. Das Verfahren zur Anordnung der Eigenverwaltung

1. Die Anordnung auf Antrag des Schuldners

a) Der Antrag des Schuldners

Die Eigenverwaltung wird nur auf Antrag angeordnet, die Voraussetzungen der Anordnung sind in § 270 Abs. 2 InsO einzeln geregelt. Wesentliche Voraussetzung ist ein entsprechender Antrag des Schuldners (§ 270 Abs. 2 Nr. 1 InsO). Der Antrag auf Anordnung der Eigenverwaltung ist nicht gleichbedeutend mit dem Insolvenzantrag des Schuldners nach §§ 13ff. InsO, er kann selbstverständlich mit diesem verbunden werden.[1] Zeitlich kann der Schuldner den Antrag auf Anordnung der Eigenverwaltung bis zur Rechtskraft der Entscheidung über die Insolvenzeröffnung stellen.[2] Bis zu diesem Zeitpunkt kann der Schuldner den Antrag auch wieder zurücknehmen. 1795

Ist Schuldner des Verfahrens eine Personengesellschaft oder eine juristische Person, soll der Antrag nur von sämtlichen vertretungsberechtigten Gesellschaftern oder Organen gestellt werden können. Dies ergibt sich bereits aus dem Zweck der Eigenverwaltung, wonach die vertretungsberechtigten Gesellschafter oder Organe aktiv in der Verfahrensabwicklung tätig bleiben sollen; die Eigenverwaltung ändert nichts an den gesellschaftsrechtlichen Vertretungsbefugnissen. Sie wäre daher sinnlos, wenn schon zwischen den vertretungsberechtigten Gesellschaftern oder Organen Streit hierüber bestünde.[3] 1796

Unklar ist, ob die gesellschaftsrechtlichen Bindungen der Organe bei Kapitalgesellschaften weiterhin zu beachten sind, ob also weiterhin der Aufsichtsrat der Aktiengesellschaft oder gar die Hauptversammlung den eigenverwaltenden Vorstand kontrollieren dürfen.[4] Dem Zweck der Eigenverwaltung und gerade des Insolvenzverfahrens widerspräche es, wenn dies möglich wäre. Denn der Schuldner ist ebenso wie der Insol- 1797

---

[1] In diesem Sinne bereits Begründung des Regierungsentwurfs BT-Drucks. 12/2443, S. 223.

[2] *Uhlenbruck* in: *Uhlenbruck,* InsO, § 270 Rdn. 12 m. w. N.; *Landfermann* in: HK-InsO, § 270 Rdn. 2; *Pape* in: *Kübler/Prütting,* InsO, § 270 Rdn. 9; *Haas* in: *Gottwald,* § 87 Rdn. 4.

[3] *Uhlenbruck* in: *Uhlenbruck,* InsO, § 270 Rdn. 12 a. E.; *Schlegel,* S. 68ff.; *Haas* in: *Gottwald,* § 87 Rdn. 8, 9; zur Frage entsprechender Anwendung des § 15 InsO *Riggert* in: *Nerlich/Römermann,* InsO, § 270 Rdn. 20; *Koch,* S. 77.

[4] Dazu *Uhlenbruck* in: *Uhlenbruck,* InsO, § 270 Rdn. 3 a. E.; *Riggert* in: *Nerlich/Römermann,* InsO, § 270 Rdn. 15 a ff.; *Landfermann* in: HK-InsO, § 270 Rdn. 9 a; *Graf-Schlicker* in: FS Kirchhof, S. 135; *Uhlenbruck* in: FS Kirchhof, S. 479; *Prütting/Huhn,* ZIP 2002, 777; *Noack,* ZIP 2002, 1873; *Ringstmeier/Homann,* NZI 2002, 406; *Hess/Ruppe,* NZI 2002, 578; *Westrick,* NZI 2003, 65.

venzverwalter besonderer Amtswalter[1] für die Insolvenzmasse, er wird mithin nicht mehr nur als gesellschaftsrechtliches Organ sondern vor allem als insolvenzspezifisches Organ tätig. Eine Kontroll- oder Weisungsbefugnis gesellschaftsrechtlicher Aufsichtsorgane besteht deshalb nicht mehr. Davon zu unterscheiden ist freilich die Frage der gesellschaftsrechtlichen Zuständigkeit für die Einsetzung oder Abberufung des jeweiligen Vertretungsorgans, die durch das Insolvenzrecht nicht berührt wird.

b) Die Zustimmung eines antragstellenden Gläubigers

1798 Hat den Insolvenzantrag ein Gläubiger nach § 14 InsO gestellt, muss er gemäß § 270 Abs. 2 Nr. 2 InsO der Anordnung der Eigenverwaltung zustimmen. Die Zustimmung ist unbedingt und unwiderruflich zu erklären.[2] Sind mehrere Insolvenzanträge verschiedener Gläubiger gestellt, müssen alle ihre Zustimmung zur Eigenverwaltung erklären. Gelingt dies nicht bis zur Insolvenzeröffnung, kann die Anordnung der Eigenverwaltung nur nachträglich auf Beschluss der Gläubigerversammlung erfolgen (§ 271 InsO).

1799 Fraglich ist, ob § 270 Abs. 2 Nr. 2 InsO auch auf den Gläubigerantrag neben einem Eigenantrag des Schuldners Anwendung findet.[3] Zweifelsohne ist das der Fall, wenn der Gläubigerantrag zuerst gestellt wird und der Schuldner seinen Insolvenzantrag mit dem Antrag auf Anordnung der Eigenverwaltung nachschiebt. Im umgekehrten Fall, wenn der Antrag des Gläubigers später gestellt wird, soll für die Anordnung der Eigenverwaltung ebenfalls die Zustimmung des Gläubigers erforderlich sein.[4] Damit könnte aber ein Gläubiger bewusst den Antrag des Schuldners auf Eigenverwaltung torpedieren, wenn er seinen Insolvenzantrag nach dem Eigenantrag des Schuldners stellt, nur um das Zustimmungserfordernis des § 270 Abs. 2 Nr. 2 InsO herzustellen. Dies ist nicht Zweck der Vorschrift, ein solches Verhalten des Gläubigers kommt einer unzulässigen Rechtsausübung gleich. Soweit durch die Anordnung der Eigenverwaltung den Gläubigern Nachteile entstehen, ist dies durch § 270 Abs. 2 Nr. 3 InsO zu berücksichtigen; es besteht deshalb regelmäßig kein sachlicher Grund für einen Gläubiger, das Zustimmungserfordernis des § 270 Abs. 2 Nr. 2 InsO zu erzwingen.[5] Andererseits kann der Gläubiger seinen Insolvenzantrag auch deshalb gestellt haben, damit das Insolvenzverfahren auf jeden Fall er-

---

[1] *Häsemeyer*, Rdn. 8.04.

[2] *Wittig* in: MüKo-InsO, § 270 Rdn. 25, 26; *Uhlenbruck* in: *Uhlenbruck*, InsO, § 270 Rdn. 13; *Pape* in: *Kübler/Prütting*, InsO, § 270 Rdn. 10; *Häsemeyer*, Rdn. 8.05; für eine Widerruflichkeit bis zur Verfahrenseröffnung *Landfermann* in: HK-InsO, § 270 Rdn. 4; einschränkend zur Bedingungsfeindlichkeit *Haas* in: *Gottwald*, § 87 Rdn. 12, 13.

[3] Eingehend *Wittig* in: MüKo-InsO, § 270 Rdn. 28 ff.

[4] AG Potsdam DZWIR 2000, 343.

[5] So auch *Wittig* in: MüKo-InsO, § 270 Rdn. 30.

öffnet wird und der Schuldner durch eine Antragsrücknahme dies nicht mehr verhindern kann. Es kann dem Gläubiger nicht in jedem Fall unterstellt werden, seinen eigenen Insolvenzantrag nur wegen § 270 Abs. 2 Nr. 2 InsO zu stellen.

In diesem Zusammenhang ergibt sich auch die Frage, ob im Vorfeld 1800
der Insolvenz durch eine so genannte Schutzschrift die Anordnung der Eigenverwaltung verhindert werden kann. Auch wenn einer Schutzschrift im Insolvenzverfahren und insbesondere im Vorfeld eines Insolvenzantrags seitens des Gerichts mit Vorsicht zu begegnen ist, kann sie für die Prüfung der Voraussetzungen der Eigenverwaltung hilfreich sein, wenn ein Gläubiger Umstände und Gründe mitteilt, die eine Verzögerung des Verfahrens oder Gläubigernachteile befürchten lassen (§ 270 Abs. 2 Nr. 3 InsO).[1]

c) Keine Benachteiligung der Gläubiger

Als sachliche Voraussetzung ist nach § 270 Abs. 2 Nr. 3 InsO zu prü- 1801
fen, ob die Anordnung der Eigenverwaltung zu einer Verzögerung des Insolvenzverfahrens oder sonst zu Nachteilen für die Insolvenzgläubiger führen kann. Ist dies der Fall, ist die Eigenverwaltung unzulässig. Die Voraussetzungen des § 270 Abs. 2 Nr. 3 InsO hat das Insolvenzgericht im Rahmen einer Prognoseentscheidung zu treffen, es kann im Rahmen des Eröffnungsverfahrens den Sachverständigen, insbesondere auch den vorläufigen Insolvenzverwalter nach § 22 Abs. 1 Satz 2 Nr. 3 InsO, beauftragen zu prüfen, ob Hinderungsgründe für die Anordnung der Eigenverwaltung bestehen.[2] Umstritten ist im Einzelnen, ob und in welchem Umfang das Insolvenzgericht selbst Ermittlungen anstellen kann (§ 5 InsO) oder ob der Schuldner in seinem Antrag substantiiert darlegen muss, dass die Eigenverwaltung zu keinen Nachteilen für die Gläubiger führt.[3] Keinesfalls darf aber die Anwendung des § 270 Abs. 2 Nr. 3 InsO zu einer neuerlichen Würdigkeitsprüfung des Schuldners nach §§ 17 und 18 VerglO führen. Allerdings können Umstände in der Person des Schuldners oder im schuldnerischen Unternehmen einer Eigenverwaltung entgegenstehen, beispielsweise wenn er bereits wegen Bankrotts (§§ 283 ff. StGB) rechtskräftig verurteilt ist oder Zahlungsunfähigkeit ersichtlich auf Missmanagement zurückzuführen ist.[4] Auch

[1] Hierzu *Uhlenbruck* in: *Uhlenbruck,* InsO, § 270 Rdn. 9; *Frege/Keller/Riedel,* Rdn. 582; *Bichlmeier,* DZWIR 2000, 62; *Westrick,* NZI 2003, 65.

[2] *Uhlenbruck* in: *Uhlenbruck,* InsO, § 270 Rdn. 14.

[3] Eingehend und differenzierend *Uhlenbruck* in: *Uhlenbruck,* InsO, § 270 Rdn. 14 ff.; ferner *Landfermann* in: HK-InsO, § 270 Rdn. 5 ff.; *Pape* in: *Kübler/Prütting,* InsO, § 270 Rdn. 11 ff.; *Haas* in: *Gottwald,* § 87 Rdn. 14 ff.; *Smid,* Grundzüge, § 28 Rdn. 23, 24.

[4] Zur entsprechenden Anwendung der Tatbestände des § 290 Abs. 1 Nrn. 1, 2 und 4 InsO *Uhlenbruck* in: *Uhlenbruck,* InsO, § 270 Rdn. 16; *Pape* in: *Kübler/Prütting,* InsO, § 270 Rdn. 11; *Riggert* in: *Nerlich/Römermann,* InsO, § 270 Rdn. 22 ff.; *Foltis* in: FK-InsO, § 270 Rdn. 35 ff.; *Schlegel,* S. 72 ff.

wenn die Eigenverwaltung nur dazu dienen soll, sich einer persönlichen Haftung etwa aus § 64 Abs. 2 GmbHG zu entziehen, spricht dies gegen ihre Anordnung.[1] Hier ist es die Pflicht des Schuldners, Zweifel auszuräumen. Insbesondere ist ihm zuzumuten, die Funktionstüchtigkeit des Geschäftsbetriebes und seine eigenen Fähigkeiten zur Unternehmensfortführung darzulegen.[2] Auch wird er zu erläutern haben, welche besonderen Vorteile die Eigenverwaltung gegenüber der Regelinsolvenz für sein Unternehmen haben wird. Eine Glaubhaftmachung der Tatsachen im Sinne des § 294 ZPO ist nicht gefordert.[3] Die Amtsermittlung des Gerichts besteht darin, die Angaben des Schuldners zu überprüfen und auch sein Verhalten nach Eintritt der Zahlungsunfähigkeit[4] und während des Eröffnungsverfahrens zu bewerten.[5] Auch der mögliche Einfluss einzelner Gläubiger auf die Tätigkeit des Schuldners und seine unternehmerischen Entscheidungen kann gegen die Anordnung der Eigenverwaltung sprechen.[6]

1802 Allgemein ist der voraussichtliche Verlauf des Regelinsolvenzverfahrens mit der Eigenverwaltung zu vergleichen. Die Eigenverwaltung darf und muss angeordnet werden, wenn sie für die Gläubiger nicht ungünstiger, also mindestens ebenso gut erscheint wie das Regelinsolvenzverfahren.[7]

d) Die Anordnung durch das Insolvenzgericht

1803 Liegen die Voraussetzungen des § 270 Abs. 2 InsO vor, ist die Eigenverwaltung im Eröffnungsbeschluss anzuordnen (§ 270 Abs. 1 Satz 1 InsO). Die Anordnung der Eigenverwaltung ist zusammen mit der Insolvenzeröffnung öffentlich bekanntzumachen. Abweichend von § 28 Abs. 3 InsO enthält der Eröffnungsbeschluss keinen so genannten offenen Arrest, da der Schuldner weiterhin berechtigt ist, Forderungen einzuziehen.[8] Da dem Schuldner die Verfügungsbefugnis verbleibt, kann auch auf die Eintragung eines Insolvenzvermerks in das Grundbuch verzichtet werden kann (§ 270 Abs. 3 Satz 3 InsO). Die gesellschaftsrechtlichen Wirkungen der Insolvenzeröffnung (§ 131 Abs. 1 Nr. 3 HGB oder § 60 Abs. 1 Nr. 4 GmbHG) werden durch die Anordnung

---

[1] AG Köln NZI 1999, 466 = ZIP 1999, 1646.

[2] *Wittig* in: MüKo-InsO, § 270 Rdn. 33, 34; *Uhlenbruck* in: *Uhlenbruck,* InsO, § 270 Rdn. 15.

[3] Ausdrücklich *Landfermann* in: HK-InsO, § 270 Rdn. 5.

[4] *Landfermann* in: HK-InsO, § 270 Rdn. 5 a.

[5] AG Darmstadt ZIP 1999, 1494; *Pape* in: *Kübler/Prütting,* InsO, § 270 Rdn. 12, 13; *Pape* in: KS, S. 895 Rdn. 8.

[6] *Haas* in: *Gottwald,* § 87 Rdn. 19; *Häsemeyer,* Rdn. 8.06; eingehend zu möglichen Indizien für zu berücksichtigende Nachteile *Wittig* in: MüKo-InsO, § 270 Rdn. 43 ff.

[7] *Riggert* in: *Nerlich/Römermann,* InsO, § 270 Rdn. 22; *Haas* in: *Gottwald,* § 87 Rdn. 14 ff.; *Koch,* S. 88 ff.

[8] *Pape* in: *Kübler/Prütting,* InsO, § 270 Rdn. 18.

der Eigenverwaltung nicht verdrängt, die Auflösung der Gesellschaft ist deshalb auch bei Anordnung der Eigenverwaltung in das Handelsregister einzutragen (§ 31 InsO, § 143 Abs. 1 Satz 2 und 3 HGB oder § 65 Abs. 1 Satz 2 und 3 GmbHG).

Weist das Gericht den Antrag auf Anordnung der Eigenverwaltung 1804
zurück, soll dies durch besonderen Beschluss erfolgen.[1] Aus dem Eröffnungsbeschluss ist dies insoweit ersichtlich, als eben keine Eigenverwaltung angeordnet ist. Die Zurückweisung der Eigenverwaltung ist für den Schuldner nicht anfechtbar, § 270 InsO sieht kein Rechtsmittel vor, § 34 InsO ist nicht isoliert auf die Entscheidung zur Eigenverwaltung anwendbar.[2] Es bleibt dann lediglich die nachträgliche Anordnung der Eigenverwaltung auf Beschluss der Gläubigerversammlung (§ 271 InsO).

2. Die Anordnung der Eigenverwaltung auf Beschluss der Gläubigerversammlung

Hat das Insolvenzgericht den Antrag des Schuldners auf Anordnung 1805
der Eigenverwaltung mit Eröffnung des Insolvenzverfahrens zurückgewiesen, kann diese unter der Voraussetzung des § 271 Satz 1 InsO nachträglich angeordnet werden. Voraussetzung der nachträglichen Anordnung ist aber nicht, dass der Schuldner ursprünglich Antrag nach § 270 Abs. 2 Nr. 1 InsO gestellt hat, es kann sich aus erst später seine Kompetenz und seine Bereitschaft zur Eigenverwaltung herausstellen, § 271 InsO steht nicht entgegen.[3] Die nachträgliche Anordnung ist möglich, wenn die erste Gläubigerversammlung dies beschließt, erste Gläubigerversammlung ist im Regelinsolvenzverfahren der Berichtstermin nach § 156 InsO. Auch wenn § 271 Satz 1 InsO von einem Antrag der Gläubigerversammlung spricht, ist formal eine entsprechende Beschlussfassung der Gläubiger erforderlich. Diese erfolgt mit der einfachen Mehrheit der Gläubiger berechnet nach ihren Forderungen (§ 76 Abs. 2 InsO), eine besondere qualifizierte Mehrheit ist nicht erforderlich. Hiergegen wird kritisch eingewandt, dass mit dem Erfordernis der einfachen Forderungsmehrheit einzelne Großgläubiger ihr Interesse auf eine Eigenverwaltung gegen die Interessen anderer Gläubiger durchsetzen können.[4] Dies kann zutreffen, diese Gefahr ist aber bei je-

---

[1] *Uhlenbruck* in: *Uhlenbruck,* InsO, § 270 Rdn. 17; *Pape* in: *Kübler/Prütting,* InsO, § 270 Rdn. 24.

[2] AG Köln NZI 2005, 633 = ZIP 2005, 1975; *Uhlenbruck* in: *Uhlenbruck,* InsO, § 270 Rdn. 20 m. w. N.; *Pape* in: *Kübler/Prütting,* InsO, § 270 Rdn. 22 ff.; *Häsemeyer,* Rdn. 8.09; mit ausdrücklichem Hinweis auf § 34 Abs. 2 InsO *Bork,* Einführung, Rdn. 403; kritisch differenzierend *Smid,* Grundzüge, § 28 Rdn. 28 ff.; für die Beschwerde *Foltis* in: FK-InsO, § 270 Rdn. 15; zum Erlass eines Vorbescheides *Schlegel,* S. 89 ff.; *Schlegel,* ZIP 1999, 954.

[3] *Foltis* in: FK-InsO, § 271 Rdn. 5.

[4] Nachweise bei *Uhlenbruck* in: *Uhlenbruck,* InsO, § 271 Rdn. 3.

dem Beschluss der Gläubigerversammlung, der mit der Mehrheit des § 76 Abs. 2 InsO zustande kommt, gegeben. Im Übrigen ist nicht zu befürchten, dass Gläubiger leichtfertig eine Eigenverwaltung beschließen.[1] Letztlich ist § 271 InsO Ausfluss der Gläubigerautonomie, es ist den Gläubigern überlassen zu bestimmen, auf welche Weise das Insolvenzverfahren durchgeführt werden soll.[2]

1806 Gegen den Beschluss der Gläubigerversammlung ist kein Rechtsmittel gegeben, es kann allenfalls die Aufhebung des Beschlusses nach § 78 InsO beantragt werden.[3] Im Rahmen der Entscheidung hierüber kann das Gericht aber nicht die Anordnungsvoraussetzung des § 270 Abs. 2 Nr. 3 InsO als Kriterium heranziehen. Hat das Gericht nämlich die Eigenverwaltung bei Insolvenzeröffnung abgelehnt, weil Nachteile zu befürchten seien, beantragt die Gläubigerversammlung aber dennoch die Anordnung der Eigenverwaltung, ist dies als Ausfluss der Gläubigerautonomie auch von einem bei der Beschlussfassung unterlegenen Gläubiger hinzunehmen.[4] In die Entscheidung zu § 78 InsO können allenfalls besonders schwerwiegende Nachteile für die Gläubigergesamtheit einbezogen werden. Ein Gläubiger, der bei der Beschlussfassung unterlegen ist, kann im Übrigen nach Anordnung der Eigenverwaltung ihre Aufhebung nach § 272 Abs. 1 Nr. 2 InsO beantragen, wenn die Voraussetzung des § 270 Abs. 2 Nr. 3 InsO (keine Nachteile für die Gläubiger) weggefallen ist.[5]

1807 Das Insolvenzgericht hat der Beschlussfassung der Gläubiger zu folgen und die Eigenverwaltung nachträglich anzuordnen, eine eigene sachliche Prüfungskompetenz kommt dem Gericht nicht mehr zu.[6] Die funktionelle Zuständigkeit für die nachträgliche Anordnung der Eigenverwaltung liegt beim Rechtspfleger (§ 3 Nr. 2 lit. e RPflG).[7] Entsprechend § 27 Abs. 2 Nr. 3 InsO sind auch Tag und Stunde der Anordnung der Eigenverwaltung anzugeben.[8]

1808 Der bisherige Insolvenzverwalter kann nach § 271 Satz 2 InsO zum Sachwalter bestellt werden. Dies ist jedoch kein Muss, das Insolvenzgericht kann auch eine andere Person bestellen, welche die Kriterien des § 56 InsO erfüllt (§ 274 Abs. 1 InsO). Vorgaben der Gläubigerver-

---

[1] *Pape* in: *Kübler/Prütting,* InsO, § 271 Rdn. 4; *Pape* in: KS, S. 895 Rdn. 10.

[2] Zur Konkurrenz der Gläubigerentscheidung mit der Unabhängigkeit des Insolvenzverwalters *Graf-Schlicker* in: FS Kirchhof, S. 135.

[3] Begründung des Regierungsentwurfs BT-Drucks. 12/2443, S. 223; *Uhlenbruck* in: *Uhlenbruck,* InsO, § 271 Rdn. 7; *Pape* in: *Kübler/Prütting,* InsO, § 271 Rdn. 6; *Häsemeyer,* Rdn. 8.08.

[4] Eingehend *Wittig* in: MüKo-InsO, § 271 Rdn. 32 ff.

[5] *Uhlenbruck* in: *Uhlenbruck,* InsO, § 271 Rdn. 7.

[6] Zutreffend *Pape* in: *Kübler/Prütting,* InsO, § 271 Rdn. 2, auch für den Fall, dass das Gericht unter Hinweis auf § 270 Abs. 2 Nr. 3 InsO die Eigenverwaltung anfangs bereits abgelehnt hatte.

[7] *Uhlenbruck* in: *Uhlenbruck,* InsO, § 271 Rdn. 4; *Pape* in: *Kübler/Prütting,* InsO, § 271 Rdn. 3; *Frege/Keller/Riedel,* Rdn. 223.

[8] *Pape* in: *Kübler/Prütting,* InsO, § 271 Rdn. 4.

sammlung im Rahmen der Beschlussfassung zur Eigenverwaltung sind für das Insolvenzgericht nicht bindend.[1] Allerdings kann die folgende Gläubigerversammlung gemäß § 57 InsO statt des vom Gericht ernannten Sachwalters einen anderen Sachwalter wählen. Dass ein solches Procedere dem Fortgang des Insolvenzverfahrens abträglich ist, muss nicht weiter betont werden. Sinnvoll ist es in jedem Fall, bei nachträgliche Anordnung der Eigenverwaltung auch Konsens über die Person des Sachwalters zu erzielen.

3. Die Aufhebung der Eigenverwaltung

Die Aufhebung der Eigenverwaltung noch während des laufenden In- 1809
solvenzverfahrens ist unter den Voraussetzungen des § 272 InsO möglich. Das Insolvenzgericht hebt die Eigenverwaltung auf, wenn

- dies von der Gläubigerversammlung beantragt wird (§ 272 Abs. 1 Nr. 1 InsO),
- dies ein Insolvenzgläubiger oder ein absonderungsberechtigter Gläubiger beantragt und die Voraussetzung des § 270 Abs. 2 Nr. 3 InsO weggefallen ist (§ 272 Abs. 1 Nr. 2 InsO),
- dies vom Schuldner beantragt wird (§ 272 Abs. 1 Nr. 3 InsO).

Im Falle der Aufhebung auf Antrag der Gläubigerversammlung ist 1810
entsprechende Beschlussfassung mit der Mehrheit des § 76 Abs. 2 InsO erforderlich, das Insolvenzgericht hat keine weitere Voraussetzung zu beachten. Die Eigenverwaltung ist gleichsam als actus contrarius zu § 271 Satz 1 InsO aufzuheben. Nachteile für einzelne Gläubiger sollen regelmäßig nicht zu befürchten sein,[2] da ja das Insolvenzverfahrens als solches fortgeführt wird. Der Beschluss der Gläubigerversammlung zur Aufhebung der Eigenverwaltung kann jedoch nach § 78 InsO angefochten und durch das Gericht aufgehoben werden.[3]

Beantragt ein Insolvenzgläubiger die Aufhebung der Eigenverwal- 1811
tung, hat er glaubhaft zu machen, dass mit der weiteren Eigenverwaltung eine Verfahrensverzögerung oder sonst Nachteile für die Gläubiger eintreten (§ 272 Abs. 2 Satz 1 InsO). Behauptungen oder vage Hinweise auf mögliche Verfahrensverzögerung sind hierfür nicht ausreichend.[4] Ein Fall des § 272 Abs. 1 Nr. 2 InsO liegt auch dann vor,

---

[1] *Uhlenbruck* in: *Uhlenbruck*, InsO, § 271 Rdn. 8; *Riggert* in: *Nerlich/Römermann*, InsO, § 271 Rdn. 3 ff.; anders *Foltis* in: FK-InsO, § 271 Rdn. 8, der eine Benennung des Sachwalters in der Beschlussfassung der Gläubigerversammlung mit Bindungswirkung an das Insolvenzgericht annimmt.

[2] *Pape* in: *Kübler/Prütting*, InsO, § 272 Rdn. 3.

[3] Dagegen *Wittig* in: MüKo-InsO, § 272 Rdn. 9; *Pape* in: *Kübler/Prütting*, InsO, § 272 Rdn. 3; wenig verständlich *Uhlenbruck* in: *Uhlenbruck*, InsO, § 272 Rdn. 3.

[4] LG Potsdam ZIP 2001, 1689; *Uhlenbruck* in: *Uhlenbruck*, InsO, § 272 Rdn. 4; *Riggert* in: *Nerlich/Römermann*, InsO, § 272 Rdn. 3.

wenn die Voraussetzung des § 270 Abs. 2 Nr. 3 InsO von Anfang an nicht gegeben war, mit der Eigenverwaltung also a priori Nachteile für die Gläubiger verbunden waren.[1] Vor der Aufhebung ist der Schuldner zu hören (§ 272 Abs. 2 Satz 2 InsO).

1812 Beantragt der Schuldner die Aufhebung der Eigenverwaltung, hat das Insolvenzgericht diesem Antrag ohne weiteres stattzugeben. Ist Schuldner des Verfahrens eine Personengesellschaft oder eine juristische Person, die von mehreren Gesellschaftern oder vertretungsberechtigten Organen geleitet wird, genügt der Antrag eines Vertreters.[2]

1813 Über die Aufhebung der Eigenverwaltung entscheidet das Insolvenzgericht durch Beschluss. Das Insolvenzgericht hat nunmehr einen Insolvenzverwalter zu bestellen,[3] es kann dies der bisherige Sachwalter sein (§ 272 Abs. 3 InsO). Die Aufhebung der Eigenverwaltung ist nach § 273 InsO öffentlich bekanntzumachen, die bisher nicht vollzogenen Registereintragungen nach § 32 InsO sind nachzuholen.

1814 Ein Rechtsmittel gegen die Aufhebung der Eigenverwaltung ist nur für den Fall des § 272 Abs. 1 Nr. 2 InsO vorgesehen (§ 272 Abs. 2 Satz 3 InsO). Beschließt die Gläubigerversammlung die Aufhebung der Eigenverwaltung, ist dies nicht weiter anfechtbar, beantragt der Schuldner die Aufhebung, dürfte es für einen Gläubiger schwierig sein, hiergegen vorgehen zu wollen.

III. Die Rechtsstellung der Verfahrensbeteiligten in der Eigenverwaltung

1. Die Befugnisse und die Pflichten des Schuldners

a) Die vermögensrechtlichen Befugnisse des Schuldners

1815 Wird das Insolvenzverfahren mit Anordnung der Eigenverwaltung eröffnet, tritt die sonst wichtigste Folge der Insolvenzeröffnung der Verfügungsentziehung nach § 80 Abs. 1 InsO nicht in Kraft, es ist letztlich kein Insolvenzverwalter vorhanden, auf welchen die Verfügungsbefugnis des Schuldners übergehen könnte. Der Schuldner bleibt deshalb nach Insolvenzeröffnung weiterhin über das zur Insolvenzmasse gehö-

[1] *Landfermann* in: HK-InsO, § 272 Rdn. 3; *Riggert* in: *Nerlich/Römermann,* InsO, § 272 Rdn. 3; *Haas* in: *Gottwald,* § 88 Rdn. 5.

[2] *Uhlenbruck* in: *Uhlenbruck,* InsO, § 272 Rdn. 5; *Landfermann* in: HK-InsO, § 272 Rdn. 6; wenig praxisgerecht differenzierend und die Beschlussfassung der Gläubigerversammlung fordernd dagegen *Foltis* in: FK-InsO, § 272 Rdn. 14.

[3] Auch hierüber entscheidet der Rechtspfleger, *Uhlenbruck* in: *Uhlenbruck,* InsO, § 272 Rdn. 8; *Pape* in: *Kübler/Prütting,* InsO, § 272 Rdn. 11, 12; *Frege/Keller/Riedel,* Rdn. 223.

rende Vermögen[1] verfügungsbefugt. Die Verfügungsbefugnis geht auch nicht auf den Sachwalter über. Daher unterbleibt auch die Eintragung eines Insolvenzvermerks in das Grundbuch nach § 32 Abs. 1 InsO (§ 270 Abs. 3 Satz 3 InsO).

Begründet der Schuldner Verbindlichkeiten, sind diese die im Falle 1816 des Handelns des Insolvenzverwalters Masseverbindlichkeiten nach § 55 InsO.[2] Verbindlichkeiten, die nicht zum gewöhnlichen Geschäftsbetrieb gehören, soll der Schuldner nur mit Zustimmung des Sachwalters begründen (§ 275 Abs. 1 Satz 1 InsO). Auch bei gewöhnlichen Verbindlichkeiten soll er einen Widerspruch des Sachwalters beachten (§ 275 Abs. 1 Satz 2 InsO). Eine unter Missachtung der Verpflichtung aus § 275 InsO eingegangenen Verpflichtungen ist gleichwohl wirksam.[3]

aa) Die Anordnung eines Zustimmungsvorbehalts

Nach § 277 InsO kann dem Schuldner ein so genannter Zustim- 1817 mungsvorbehalt für einzelne Rechtsgeschäfte und Verfügungen auferlegt werden. Diese sollen nur wirksam sein, wenn der Sachwalter ihnen zustimmt.[4] Die Anordnung eines Zustimmungsvorbehalts erfolgt nach § 277 Abs. 1 Satz 1 InsO auf Antrag der Gläubigerversammlung nach entsprechender Beschlussfassung. Rechtsgeschäfte oder Verfügungen des Schuldners entfalten dann nur mit Zustimmung des Sachwalters ihre volle Wirksamkeit, im Übrigen sind sie wie im Falle des § 81 Abs. 1 Satz 1 InsO absolut unwirksam.[5] Insbesondere findet auch § 81 Abs. 1 Satz 2 InsO mit der Möglichkeit gutgläubigen Erwerbs nach § 892 Abs. 1 Satz 2 BGB entsprechende Anwendung (§ 277 Abs. 1 Satz 2 InsO); der Zustimmungsvorbehalt ist deshalb entsprechend § 32 InsO in das Grundbuch einzutragen (§ 277 Abs. 3 Satz 3 InsO).[6]

In besonders dringenden Fällen wird der Zustimmungsvorbehalt 1818 auch auf Antrag eines Insolvenzgläubigers oder eines absonderungsberechtigten Gläubigers angeordnet, wenn bis zu einer entsprechenden Beschlussfassung der Gläubigerversammlung Nachteile für die Gläubiger zu besorgen sind (§ 277 Abs. 2 Satz 1 InsO). Dies ist vom Antragsteller glaubhaft zu machen.

Der Sachwalter ist zur Stellung des Antrags auf Anordnung des 1819 Zustimmungsvorbehalts nicht befugt. Stellt er ein Fehlverhalten des

---

[1] Zur eher dogmatischen Frage der Bildung der Insolvenzmasse nach § 35 InsO *Koch,* S. 174 ff.; *Smid,* Grundzüge, § 28 Rdn. 15; eher beiläufig *Häsemeyer,* Rdn. 8.14.

[2] *Wittig* in: MüKo-InsO, § 270 Rdn. 73.

[3] *Uhlenbruck* in: *Uhlenbruck,* InsO, § 275 Rdn. 6; *Riggert* in: *Nerlich/Römermann,* InsO, § 275 Rdn. 7; *Landfermann* in: HK-InsO, § 275 Rdn. 2; zur früheren, dem § 275 InsO vergleichbaren Vorschrift des § 42 VerglO auch BGHZ 67, 223.

[4] Allgemein *Prütting* in: FS Kirchhof, S. 433.

[5] *Uhlenbruck* in: *Uhlenbruck,* InsO, § 277 Rdn. 4.

[6] *Schöner/Stöber,* Rdn. 1638 b.

Schuldners oder sonst drohenden Nachteile für die Gläubiger fest, hat er dies nach § 274 Abs. 3 InsO dem Gläubigerausschuss, dem Insolvenzgericht und den Gläubigern mitzuteilen.

1820 Eigentliche Frage im Rahmen des § 277 InsO ist, inwieweit die Rechtsgeschäfte oder Verfügungen des Schuldners, die von dem Zustimmungsvorbehalt betroffen sein sollen, bestimmt werden müssen. Keinesfalls ist es zulässig, dem Zustimmungsvorbehalt pauschal für alle Rechtsgeschäfte des Schuldners anzuordnen.[1] Es kann aber beispielsweise bestimmt werden, dass Verfügungen über Gegenstände des Anlagevermögens der Zustimmung des Sachwalters bedürfen.[2] Auch und gerade Verfügungen über Grundstücke und Grundstücksrechte können dem Zustimmungsvorbehalt unterstellt werden. Bei Verpflichtungsgeschäften kann angeordnet werden, dass diese ab einem bestimmten Volumen zustimmungsbedürftig seien.[3]

bb) Die Zustimmungsbedürftigkeit nach § 276 InsO

1821 Vom Zustimmungsvorbehalt des § 277 InsO ist die Mitwirkungspflicht des Gläubigerausschusses oder der Gläubigerversammlung nach § 276 InsO zu unterscheiden. Die Vorschrift entspricht § 160 InsO für den Insolvenzverwalter. Dieser bedarf für besondere Rechtsgeschäfte, insbesondere jene des § 160 Abs. 2 InsO der Zustimmung des Gläubigerausschusses oder der Gläubigerversammlung, wenn kein Gläubigerausschuss bestellt ist. Gleiches gilt für den Schuldner in der Eigenverwaltung über § 276 InsO.

1822 Es findet auch § 164 InsO Anwendung, wonach das Rechtsgeschäft auch ohne Beteiligung des Gläubigerausschusses oder der Gläubigerversammlung materiell wirksam ist. Um dies zu vermeiden, könnte auch für die Fälle des § 160 Abs. 2 InsO ein Zustimmungsvorbehalt nach § 277 InsO angeordnet werden.[4]

b) Die insolvenzspezifischen Aufgaben und Befugnisse des Schuldners

1823 Die Abwicklung des Insolvenzverfahrens obliegt im Wesentlichen dem Schuldner, der insoweit an die Stelle des Insolvenzverwalters tritt. Hinsichtlich der Abwicklung materiellrechtlicher Vertragsverhältnisse nach §§ 103ff. InsO kann der Schuldner an Stelle des Insolvenzverwalters wählen, ob er nicht erfüllte Verträge erfüllt, Miet- und Pachtverhältnisse kündigt oder Arbeitsverhältnisse fortführt (§ 279 Satz 1 InsO). Der Schuldner soll dies jedoch im Einvernehmen mit dem Sachwalter tun (§ 279 Satz 2 InsO). Zur Kündigung von Betriebs-

---

[1] *Uhlenbruck* in: *Uhlenbruck*, InsO, § 277 Rdn. 1; *Landfermann* in: HK-InsO, § 277 Rdn. 2.
[2] *Foltis* in: FK-InsO, § 277 Rdn. 4.
[3] *Pape* in: *Kübler/Prütting*, InsO, § 277 Rdn. 3.
[4] Vorsichtig *Pape* in: *Kübler/Prütting*, InsO, § 277 Rdn. 5.

vereinbarungen oder zur gerichtlichen Durchsetzung von Betriebsänderungen (§§ 120 und 122 InsO) sowie zum gerichtlichen Beschlussverfahren bei Massenentlassungen (§ 126 InsO) bedarf er zwingend der Zustimmung des Sachwalters (§ 279 Satz 3 InsO). Über die Aufnahme schwebender Prozesse nach §§ 85 und 86 InsO[1] entscheidet der Schuldner ebenso wie über die Anerkennung von Aufrechnungen seitens einzelner Insolvenzgläubiger nach §§ 94 ff. InsO. Dem Sachwalter ist nach § 280 InsO die Geltendmachung des so genannten Gesamtschadens und der persönlichen Haftung nach §§ 92 und 93 InsO vorbehalten, ebenso die Anfechtung von Rechtshandlungen nach §§ 129 InsO.

Die verfahrensrechtlichen Verpflichtungen wie Erstellung der Ver- 1824
mögensübersicht und des Gläubigerverzeichnisses (§§ 151 ff. InsO), die Berichterstattung zur Gläubigerversammlung, die Pflicht zur Rechnungslegung (§§ 66 und 155 InsO), die Pflicht zur Anlegung der Insolvenztabelle und zur Forderungsprüfung (§§ 174 ff. InsO) sowie die Vornahme der Verteilungen obliegen sämtlich dem Schuldner (§§ 281 und 283 InsO). Der Sachwalter ist gegebenenfalls hinzuzuziehen (§ 281 Abs. 1 Satz 2 und Abs. 2 Satz 2 InsO). Die Anzeige der Masseunzulänglichkeit nach § 208 InsO ist allein Sache des Sachwalters (§ 285 InsO).

Die Verwertung von Gegenständen und Forderungen, die mit Abson- 1825
derungsrechten behaftet sind, erfolgt nach den §§ 166 ff. InsO durch den Schuldner.[2] § 282 Abs. 1 InsO bestimmt hierzu, dass Kosten der Feststellung nicht erhoben werden und Verwertungskosten nur in Höhe ihres tatsächlichen Entstehens geltend gemacht werden können; § 171 InsO gilt mit seinen Pauschbeträgen nicht.

Will der Schuldner einen Insolvenzplan einbringen, steht ihm schon 1826
nach § 218 InsO das Recht hierauf zu. Beschließt die Gläubigerversammlung die Erstellung eines Insolvenzplans, richtet sich der entsprechender Auftrag entweder an den Schuldner oder an den Sachwalter (§ 284 Abs. 1 InsO), der im Übrigen beratend mitwirkt.

2. Die Rechtsstellung des Sachwalters

Mit Anordnung der Eigenverwaltung bestellt das Insolvenzgericht ei- 1827
nen Sachwalter. Dieser hat nach § 270 Abs. 1 Satz 1 InsO dem Schuldner in der Abwicklung des Insolvenzverfahrens zu beaufsichtigen. Für die Bestellung des Sachwalters sowie für seine Haftung und Vergütung finden die für den Insolvenzverwalter geltenden Vorschriften entsprechende Anwendung (§ 274 Abs. 1 InsO).[3] Insbesondere soll auch der

---

[1] Begründung des Regierungsentwurfs BT-Drucks. 12/2443, S. 223; *Landfermann* in: HK-InsO, Vor §§ 270 ff. Rdn. 6; *Häsemeyer,* Rdn. 8.14.

[2] *Pape* in: *Kübler/Prütting,* InsO, § 282 Rdn. 5 ff.

[3] Zur Haftung nach §§ 60, 61 InsO *Pape* in: KS, S. 895 Rdn. 20, 21.

Sachwalter für das jeweilige Verfahren geeignet und von Schuldner und Gläubigern unabhängig sein (§ 56 InsO).[1] Der Sachwalter unterliegt der Aufsicht des Insolvenzgerichts nach §§ 58 und 59 InsO.[2] Die Vergütung des Sachwalters besteht nach § 12 Abs. 1 InsVV regelmäßig in Höhe von 60 Prozent der Vergütung eines Insolvenzverwalters.[3]

1828 Allgemein hat der Sachwalter die wirtschaftliche Lage des Schuldners zu prüfen und seine Geschäftsführung zu überwachen (§ 274 Abs. 2 Satz 1 InsO).[4] Er kann insbesondere die Buchführung des Schuldners zu kontrollieren und verlangen, dass alle eingehenden Gelder nur von ihm entgegengenommen werden dürfen und Zahlungen nur durch ihn erfolgen dürfen (§ 275 Abs. 2 InsO). Stellt der Sachwalter Umstände fest, die für die Gläubiger von Bedeutung sein können, hatte er diese dem Gläubigerausschuss und dem Insolvenzgericht mitzuteilen (§ 274 Abs. 3 InsO).

1829 Einzelne Befugnisse stehen allein dem Sachwalter zu, insbesondere das Recht zur Anfechtung nach §§ 129 ff. InsO (§ 280 InsO) oder die Feststellungsanzeige der Masseunzulänglichkeit (§ 285 InsO). Auch soll der Schuldner bei bestimmten Handlungen und Geschäften die Mitwirkung des Sachwalters berücksichtigen (beispielsweise § 281 Abs. 1 Satz 2 und Abs. 2 Satz 2 InsO). Im Rahmen der Forderungsprüfung steht auch den Sachwalter das Recht zu, einzelne Forderungen zu bestreiten (§ 283 Abs. 1 Satz 1 InsO).

Insgesamt soll im Rahmen der Eigenverwaltung die Zusammenarbeit zwischen dem Schuldner und dem Sachwalter von gegenseitigem Vertrauen und gleichzeitig sachlicher Kontrolle geprägt sein,[5] Misstrauen und Missgunst sind wenig förderlich, sie würden den Erfolg der Insolvenz eher gefährden.

---

[1] Allgemein *Uhlenbruck* in: *Uhlenbruck*, InsO, § 274 Rdn. 3; großzügig LG Cottbus ZIP 2001, 2188, das die Bestellung des Verfahrensbevollmächtigten des Schuldners zulässt.

[2] Allgemein *Uhlenbruck* in: *Uhlenbruck*, InsO, § 274 Rdn. 5.

[3] Eingehend *Keller*, Vergütung, Rdn. 204 ff.

[4] Ausführlich *Wittig* in: MüKo-InsO, § 270 Rdn. 78 ff.; *Pape* in: *Kübler/Prütting*, InsO, § 270 Rdn. 27 und § 274 Rdn. 7 ff.; *Pape* in: KS, S. 895 Rdn. 27 ff.

[5] In diesem Sinne wohl auch *Pape* in: *Kübler/Prütting*, InsO, § 270 Rdn. 30.

14. Kapitel. Das Restschuldbefreiungsverfahren

I. Die Grundlagen der Restschuldbefreiung

1. Die wirtschaftliche und rechtliche Ausgangssituation

Im Jahr der Verabschiedung der Insolvenzordnung durch den Gesetzgeber (1994) wurden in Deutschland statistisch 1,96 Millionen überschuldete Haushalte gezählt, die Zahl ist bis 1998 auf 2,6 Millionen gestiegen.[1] Vor einer solchen Situation der Überschuldung privater Haushalte in Deutschland sah sich der Gesetzgeber veranlasst, die Möglichkeit der Restschuldbefreiung als Teil des Vollstreckungs- und Insolvenzrechts neu zu schaffen.[2] Im Rahmen der Reformdiskussion wurde dabei der mit der Überschuldung privater Haushalte verbundene volkswirtschaftliche Schaden betont.[3] Der dem Gesetzgeber für das Restschuldbefreiungsverfahren idealtypische Schuldner ist in erster Linie aber nicht die natürliche Person und der private Haushalt, der durch Konsumentenkredite und Ratenkreditverträge überschuldet ist, sondern der Verbraucher, der Kleingewerbetreibende oder auch der Einzelkaufmann, der auf Grund widriger Umstände und schlechter allgemeiner Wirtschaftslage zahlungsunfähig geworden ist.[4] 1830

Als Gegensatz zur Restschuldbefreiung kannte das frühere Konkursrecht basierend auf den Grundsätzen des römischen Rechts[5] nur das unbeschränkte und freie Nachforderungsrecht der Gläubiger gegen den Schuldner nach Beendigung des Konkursverfahrens (§ 164 KO).[6] Das freie Nachforderungsrecht machte das Konkursverfahren für natürliche Personen unattraktiv,[7] es stellte mit der Vermögensliquidation durch 1831

[1] *Vallender* in: *Uhlenbruck,* InsO, Vor § 286 Rdn. 11; *Grote* in: FK-InsO, Vor §§ 286 ff. Rdn. 2.

[2] Sehr ausführlich *Grote* in: FK-InsO, Vor §§ 286 ff. Rdn. 1–7; ausführlich auch *Vallender* in: *Uhlenbruck,* InsO, Vor § 286 Rdn. 13 ff.; *Wenzel* in: *Kübler/Prütting,* InsO, § 286 Rdn. 25–33; *Landfermann* in: HK-InsO, Vor §§ 286 ff. Rdn. 4; *Hess/Weis/Wienberg,* InsO, Vor § 286 Rdn. 1; *Graf-Schlicker/Livonius,* Rdn. 9–18; *Messner/Hofmeister,* S. 1 ff.

[3] Die Begründung des Regierungsentwurfs BT-Drucks. 12/2443, S. 81 ff., spricht von einem drohenden Abwandern in: die Schattenwirtschaft; m. N. bei *Schmidt-Räntsch* in: *Gottwald,* § 76 Rdn. 4.

[4] *Vallender* in: *Uhlenbruck,* InsO, Vor § 286 Rdn. 1; *K. Schmidt* in: KS, S. 1199 Rdn. 38, 39.

[5] *Keller,* Concursus, S. 18 m. w. N.

[6] *Jaeger,* KO, 6. u. 7. Aufl., § 164 Anm. 2; *Vallender* in: *Uhlenbruck,* InsO, Vor § 286 Rdn. 2; als lebenslange Schuldverstrickung bezeichnet von *Kuhn/Uhlenbruck,* KO, § 164 Rdn. 1.

[7] *Vallender* in: *Uhlenbruck,* InsO, Vor § 286 Rdn. 2; *Wenzel* in: *Kübler/Prütting,* InsO, § 286 Rdn. 61; zu den dogmatischen Fragen der unbeschränkten Nachhaftung *Häsemeyer,* Rdn. 25.11 ff.

den Konkursverwalter praktisch eine schwerwiegende Wertvernichtung[1] dar und beseitigte die lebenslange Verschuldung nicht.[2] Vom Grundsatz freier Nachforderung geht zwar auch die Insolvenzordnung aus, die Regelung des § 201 InsO läuft in der Rechtspraxis jedoch weitgehend leer. Der Schuldner als juristische Person erlangt durch die Vollbeendigung im Insolvenzverfahren praktisch Schuldbefreiung, dem Schuldner als natürliche Person steht nunmehr das Restschuldbefreiungsverfahren offen.

2. Der Standort der Restschuldbefreiung im Insolvenzrecht

a) Die Restschuldbefreiung als Teil des Insolvenzrechts

1832 Das Restschuldbefreiungsverfahren ist im Achten Teil (§§ 286 bis 303 InsO) der Insolvenzordnung als besonderes insolvenzrechtliches Verfahren geregelt. Sein Standort im Insolvenzrecht war umstritten, es wurde auch diskutiert, das Verfahren in einem besonderen Gesetz oder innerhalb des allgemeinen Zwangsvollstreckungsrechts zu regeln.[3] Mit der Einbindung in das Insolvenzrecht wird aber betont, dass es sich bei dem Restschuldbefreiungsverfahren nicht nur um ein förmliches Entschuldungsverfahren handelt sondern um Insolvenzrecht im materiellrechtlichen Sinne.[4] Die Restschuldbefreiung regelt das materiellrechtliche Rechtsverhältnis des Schuldners zur Gesamtheit seiner Gläubiger, indem es deren Forderungen unter bestimmten Voraussetzungen zu Naturalobligationen werden lässt und damit materiellrechtlich umwandelt.

b) Die Verfassungsmäßigkeit der Restschuldbefreiung

1833 Die Verfahrensregelungen der §§ 286 ff. InsO werden allgemein mit dem Grundgesetz als vereinbar angesehen.[5] Sie beinhalten keinen Ver-

---

[1] *Jaeger,* § 3 II.; *Uhlenbruck* in: FS Einhundert Jahre Konkursordnung, S. 3, 20; *Frege/Keller/Riedel,* Rdn. 3.

[2] Jaeger/*Weber,* KO, § 164 Anm. 1, 2; *Kuhn/Uhlenbruck,* KO, § 164 Rdn. 1; *Schmidt-Räntsch* in: *Gottwald,* § 76 Rdn. 3; *Hess/Obermüller,* Rdn. 690 mit Nachweisen; *Balz,* ZRP 1986, 12; *Wassner,* ZIP 1986, 343; *Scholz,* MDR 1987, 7; *Pape,* ZRP 1993, 285.

[3] Allgemein zur Gesetzgebungsgeschichte *Stephan* in: MüKo-InsO, § 286 Rdn. 51 ff.; *Vallender* in: *Uhlenbruck,* InsO, Vor § 286 Rdn. 7 ff.; *Römermann* in: *Nerlich/Römermann,* InsO, Vor § 286 Rdn. 11 ff.; *Kohte* in: FK-InsO, Vor §§ 286 ff. Rdn. 12 ff.; *Wenzel* in: *Kübler/Prütting,* InsO, § 286 Rdn. 5–12; *Döbereiner,* S. 33 mit umfangreichen Nachweisen; *Schmidt-Räntsch* in: *Gottwald,* § 76 Rdn. 17 ff.

[4] *Frege/Keller/Riedel,* Rdn. 2053; *Schmidt-Räntsch* in: *Gottwald,* § 76 Rdn. 18, 19; nach *Uhlenbruck,* NZI 1998, 1, Abschn. XIV, handelt es sich bei der Restschuldbefreiung nicht um ein Insolvenzverfahren im eigentlichen Sinne.

[5] Zur Unzulässigkeit der Rechtsbeschwerde BGH NZI 2004, 510; nur am Rande Begründung des Regierungsentwurfs BT-Drucks. 12/2443, S. 187 ff.; ausführlich *Stephan* in: MüKo-InsO, § 286 Rdn. 13 ff.; *Wenzel* in: *Kübler/Prütting,* InsO, § 286

stoß gegen Art. 14 GG hinsichtlich der Gläubigerrechte.[1] Will man in der Gewährung der Restschuldbefreiung eine Legalenteignung des Gläubigers sehen, muss man auch bedenken, dass das freie Nachforderungsrecht des § 164 KO oder § 201 InsO und damit auch die Forderungen der Insolvenzgläubiger wegen der dauerhaften Unpfändbarkeit des Schuldners in der Rechtspraxis nahezu wertlos geworden sind.[2] Vorlagebeschlüsse des Amtsgerichts München[3] gemäß Art. 100 GG, in welchen das Restschuldbefreiungsverfahren schon in seiner Konzeption als verfassungswidrig geradezu gegeißelt wird, wurden vom Bundesverfassungsgericht mit scharfen Worten und äußerst rigide mit der Begründung verworfen, das vorlegende Gericht habe sich nicht eingehend mit den einzelnen Vorschriften der Restschuldbefreiung auseinandergesetzt und deren Verfassungsmäßigkeit geprüft sondern lediglich allgemein und ohne Bezug zum konkret zu bearbeitenden Restschuldbefreiungsverfahren die Verfassungsmäßigkeit der gesetzlichen Regelungen pauschal in Frage gestellt.[4]

Umgekehrt hat der Schuldner auch keinen verfassungsrechtlich ga- 1834
rantierten Anspruch gegen den Staat auf Gewährung einer effektiven Restschuldbefreiung,[5] aus dem Sozialstaatsprinzip des Art. 20 GG lässt sich ein solcher nicht ableiten.[6]

c) Die Restschuldbefreiung im Rechtsvergleich

Die Bundesrepublik Deutschland schließt sich mit der Restschuldbe- 1835
freiung im Insolvenzverfahren[7] anderen europäischen Staaten an, die in

---

Rdn. 56 ff.; *Römermann* in: *Nerlich/Römermann,* InsO, Vor § 286 Rdn. 32 ff.; *Hess/Weis/Wienberg,* InsO, § 286 Rdn. 19; *Döbereiner,* S. 28 ff.; *Seuffert,* ZIP 1986, 1157; *Wenzel,* DGVZ 1993, 81.

[1] Ausführlich zur Verhältnismäßigkeit *Wenzel* in: *Kübler/Prütting,* InsO, § 286 Rdn. 65 ff.; *Christmann,* DGVZ 1992, 177.

[2] *Stephan* in: MüKo-InsO, § 286 Rdn. 8.

[3] AG München ZVI 2002, 330; AG München ZVI 2003, 39.

[4] BVerfG NZI 2003, 162 = ZVI 2003, 79; dazu EWiR 2003, 591 *(Kothe/Busch);* BVerfG NZI 2004, 222 = ZVI 2004, 126, Begründung Abschnitt II. 2. b) ee); eingehend *Sesemann,* NZI 2002, 655; *I. Pape,* NZI 2/2002, NZI-aktuell S. V; *Schilz,* ZVI 2002, 447; *Hofmeister,* ZVI 2003, 12; *Pape,* ZVI 2003, 97; *Ahrens,* ZVI 2004, 69; *Pape,* ZInsO 2004, 314.

[5] *Wenzel* in: *Kübler/Prütting,* InsO, § 286 Rdn. 67, 91.

[6] So aber zu der durch §§ 4 a ff. InsO überholten Frage der Gewährung von Prozesskostenhilfe als Vorlagebeschluss gemäß Art. 100 GG AG Duisburg ZIP 1999, 1399; dazu EWiR 2000, 239 *(Pape)*; LG Bonn ZIP 2000, 367 (Vorlagebeschluss gemäß Art. 100 GG); *Ahrens* in: FK-InsO, § 286 Rdn. 48 ff.; *Henning,* ZInsO 1999, 399; das Bundesverfassungsgericht hatte die Verfassungsbeschwerde eines Schuldners gegen die Versagung von Prozesskostenhilfe nicht zur Entscheidung angenommen, BVerfG VuR 1999, 286.

[7] Von einer beschränkten Restschuldbefreiung wird bei der Regelung des 18 Abs. 2 Satz 3 GesO gesprochen, die in: ihrer praktischen Anwendung zahlreiche Probleme mit sich brachte und kaum Anwendung fand; dazu *Haarmeyer/Wutzke/Förster,* GesO, § 18 Rdn. 53 ff.; *Hess/Binz/Wienberg,* GesO, § 18 Rdn. 100 ff.; *Smid,* Rdn. 367 ff.; *Wenzel,* ZIP 1991, 425; *Smid,* ZIP 1993, 1037.

unterschiedlicher verfahrensrechtlicher Ausgestaltung eine Restschuldbefreiung bereits kennen.[1] Das Restschuldbefreiungsverfahren nach §§ 286ff. InsO ist in seiner Ausgestaltung ähnlich dem österreichischen Abschöpfungsverfahren (§§ 199 bis 216 der österreichischen Konkursordnung), das 1995 in Kraft getreten ist.[2] Der Schuldner hat hier eine maximal siebenjährige Wohlverhaltensphase zu durchlaufen, an deren Ende er den Gläubigern mindestens zehn Prozent ihrer Forderungen geleistet haben muss (§ 213 Abs. 1 österreichische Konkursordnung), bei einer Wohlverhaltensperiode von drei Jahren sind mindestens fünfzig Prozent an die Gläubiger zu leisten.[3]

3. Die Diskussion um Einzelfragen des Verfahrens

a) Die Gewährung von Kostenstundung als Voraussetzung des Insolvenzverfahrens

1836 Die an das Restschuldbefreiungsverfahren bei Inkrafttreten am 1. 1. 1999 geknüpften Erwartungen haben sich nur teilweise erfüllt.[4] Das Verfahren der Restschuldbefreiung zeigt in der Rechtspraxis zahlreiche Unzulänglichkeiten und Schwächen.[5] Wesentliches Problem der Praxis ist die Verknüpfung der Restschuldbefreiung mit einem Insolvenzverfahren, wenn der Schuldner als Verbraucher anzusehen ist und das besondere Verfahren nach §§ 304ff. InsO durchlaufen muss und wenn die Finanzierung des Verfahrens durch Gewährung von Prozesskostenhilfe an den Schuldner erfolgen muss;[6] diese Problematik

---

[1] Sehr ausführlich *Ehricke* in: MüKo-InsO, vor §§ 286 bis 303 Rdn. 1 bis 92; ausführlich ferner *Vallender* in: *Uhlenbruck,* InsO, Vor § 286 Rdn. 28ff.; *Wenzel* in: *Kübler/Prütting,* InsO, § 286 Rdn. 13ff.; *Römermann* in: *Nerlich/Römermann,* InsO, Vor § 286 Rdn. 36ff.; *Schmidt-Räntsch* in: *Gottwald,* § 76 Rdn. 6ff.; zur Restschuldbefreiung im französischen Recht *App,* DGVZ 1991, 180; *Klopp,* KTS 1992, 347; im Rechtsvergleich der EU-Staaten *Ehricke,* ZVI 2005, 285; *Korczak,* ZVI 2005, 471; zur Restschuldbefreiung des schweizerischen Konkursrechts und seine Anerkennung BGHZ 122, 373; das anglikanische Recht kannte bereits seit Anbeginn eine Schuldbefreiung mit Beendigung des Insolvenzverfahrens, *Jaeger,* § 30 II. 1. Fn. 4; *Römermann* in: *Nerlich/Römermann,* InsO, Vor § 286 Rdn. 37; *Wenzel* in: *Kübler/Prütting,* InsO, § 286 Rdn. 14; *Braun/Uhlenbruck,* S. 491ff.; zur Anerkennung einer im Ausland erteilten Restschuldbefreiung *Ehricke,* RabelsZ 62 (1998), 712.

[2] *Römermann* in: *Nerlich/Römermann,* InsO, Vor § 286 Rdn. 41, 42; *Schmidt-Räntsch* in: *Gottwald,* § 76 Rdn. 14; ausführlich *Konecny,* ZEuP 1995, 592.

[3] *Römermann* in: *Nerlich/Römermann,* InsO, Vor § 286 Rdn. 42.

[4] Sehr lesenswert *Pape,* ZIP 1999, 2037; grundlegend *Döbereiner,* S. 21 bis 77.

[5] Umfangreiche Literaturnachweise bei *Hess/Weis/Wienberg,* InsO, Vor § 286; *Römermann* in: *Nerlich/Römermann,* InsO, Vor § 286; *Wenzel* in: *Kübler/Prütting,* InsO, § 286, *Ahrens* in: FK-InsO, § 286, jeweils vor der Kommentierung; *Landfermann* in: Heidelberger Kommentar, Vor §§ 286ff. Rdn. 17; *Schmidt-Räntsch* in: *Gottwald,* Vor § 76.

[6] Dazu ausführlich *Wenzel* in: *Kübler/Prütting,* InsO, § 286 Rdn. 87ff.; *Römermann* in: *Nerlich/Römermann,* InsO, Vor § 286 Rdn. 62ff.

hat sich durch §§ 4a ff. InsO entschärft, die seit 1. Dezember 2001 geltende Kostenstundung führte zu einem explosionsartigen Anstieg der Insolvenzen natürlicher Personen. Im Jahre 2002 lag die Zahl der Insolvenzeröffnungen mit 27.546 ganze 604 Prozent über der des Vorjahres.[1]

b) Die Redlichkeit des Schuldners als sachliche Voraussetzung einer Restschuldbefreiung

Ein das gesamte Restschuldbefreiungsverfahren bestimmendes Problem ist die Frage, unter welchen Voraussetzungen der Schuldner Restschuldbefreiung erlangen kann und als redlich im Sinne des § 1 Satz 2 InsO anzusehen ist. Literatur und Rechtsprechung hierzu sind außerordentlich umfangreich, die Diskussion wird zuweilen auch nicht immer sachlich geführt und ist nicht selten emotional gelenkt. Dabei darf Satz 2 des § 1 InsO nicht überbewertet werden. Dieser Satz sollte lediglich die Restschuldbefreiung als weiteres Ziel des Insolvenzverfahrens programmatisch verdeutlichen.[2] Eine sachliche Aussage ist mit § 1 InsO insgesamt nicht verbunden, die Vorschrift ist praktisch überflüssig.[3] Trotzdem wird das Adjektiv „redlich“ als sachliche Voraussetzung für die Würdigkeit des Schuldners, Restschuldbefreiung erlangen zu können, angesehen.[4] Wenn hieraus geschlossen wird, das Insolvenzgericht solle selbstständig prüfen und entscheiden, ob der Schuldner redlich im Sinne des § 1 Satz 2 InsO sei und Restschuldbefreiung erlangen könne, ist das falsch. Als „methodisch bedenklich“ bezeichnet *Wolfram Hen-* 1837

[1] INDat-Report 1/2003, S. 16.

[2] Die Begründung des Regierungsentwurfs BT-Drucks. 12/2443, S. 109, erwähnt das Merkmal der Redlichkeit in keiner Weise; zur redaktionellen Straffung des § 1 InsO Beschlussempfehlung und Bericht des Rechtsausschusses, BT-Drucks. 12/7302, S. 155.

[3] Sehr scharf die Kritik an der Betuchlichkeit der Formulierung des Gesetzes und dem fehlenden Regelungsgehalt der Norm von *Becker* in: *Nerlich/Römermann,* InsO, § 1 Rdn. 1, 26; gegen die Gefahr der Bevormundung des Gesetzgebers der Insolvenzordnung auch *Heitmann,* NJW 1998, 2649; *ders.,* NJW 1999, 33.

[4] Missverständlich AG Hamburg NZI 2001, 46; unzutreffend ebenso die Gerichte, welche vor Einführung der §§ 4a ff. InsO dem Schuldner die Gewährung von Prozesskostenhilfe mit der Begründung absprechen wollten, er sei nicht redlich, so insbesondere AG Kleve Rpfleger 1999, 346; AG Nürnberg Rpfleger 1999, 348; AG Essen InVo 1999, 148; AG Stendal ZIP 1999, 929 (mit umfangreicher inhaltlicher Prüfungskompetenz bezüglich des Schuldenbereinigungsplans); AG Halle-Saalkreis DZWIR 1999, 425 (mit der Argumentation, der Schuldner im „Null-Plan“ würde einem anderen Schuldner gegenüber im Hinblick auf Art. 3 GG unangemessen bevorteilt); differenzierend AG Köln NZI 1999, 120 = ZIP 1999, 147 = EWiR 1999, 141 *(Bork)*; dagegen völlig zutreffend OLG Stuttgart NZI 2002, 561; zu oft wird jedoch auch noch in der Literatur auf § 1 Satz 2 InsO verwiesen, *Häsemeyer,* Rdn. 26.08, 26.17; *Döbereiner,* S. 114; *Schmidt-Räntsch* in: *Gottwald,* § 77 Rdn. 10; *Vallender,* ZVI 2003, 253; zur Frage der Redlichkeit als Voraussetzung der Restschuldbefreiung, *Frege/Keller/Riedel,* Rdn. 100, 2108.

ckel[1] zu Recht den Versuch, aus § 1 Satz 2 InsO eine Antwort auf die Frage zu suchen, ob im Verbraucherinsolvenzverfahren ein „Null-Plan" zur Restschuldbefreiung führen könne. Die Vorschrift würde zudem missverstanden, wenn aus ihr Rechtsfolgen deduziert würden, die den Inhalt der konkreten Rechtsnormen des Gesetzes verdrängen oder verändern, sie würde missbraucht, wenn einzelne Elemente aus dem Zusammenhang gerissen würden, um bestimmte konkrete Verfahrensweisen und Verfahrensziele zu rechtfertigen.[2]

1838 Die Redlichkeit des Schuldners ist allein nach den Versagungstatbeständen des § 290 Abs. 1 InsO[3] und den Obliegenheiten des Schuldners nach § 295 InsO zu beurteilen, es ist zudem allein Sache der Insolvenzgläubiger, die Versagung der Restschuldbefreiung zu beantragen. In keinem Fall darf dem Schuldner Restschuldbefreiung von Amts wegen versagt werden.[4] Es besteht keine Veranlassung und auch kein Recht für das Insolvenzgericht, im Rahmen einer amtswegigen Würdigkeitsprüfung den Schuldner zu bevormunden oder den Gläubigern die Versagung der Restschuldbefreiung vorzuschreiben oder vorwegzunehmen.[5]

1839 Einen Tiefpunkt juristischer Methodik erreicht in diesem Zusammenhang das Amtsgericht München, das den Schuldnern Zugang zur Restschuldbefreiung nach eigenem Gutdünken unter höchst eigenwilliger Auslegung des § 1 Satz 2 InsO verwehrt und gemäß Art. 100 GG die Frage der Verfassungsmäßigkeit wiederholt dem Bundesverfassungsgericht vorgelegt hat.[6] Die Redlichkeit des Schuldners wird danach unter anderem durch Zuhilfenahme der Definition aus „*Wahrigs Wörterbuch der deutschen Sprache*"[7] beurteilt, die Norm des § 290 Abs. 1 InsO

---

[1] *Henckel* in: *Jaeger,* InsO, § 1 Rdn. 20.

[2] *Henckel* in: *Jaeger,* InsO, § 1 Rdn. 2.

[3] Die Vorschrift beinhaltet keine Generalklausel, Begründung des Regierungsentwurfs BT-Drucks. 12/2443, S. 190.

[4] *Landfermann* in: HK-InsO, § 290 Rdn. 16; *Wenzel* in: *Kübler/Prütting,* InsO, § 290 Rdn. 3.

[5] OLG Celle NZI 2001, 596 und 599; dies aber wohl erwägend *Döbereiner,* S. 114.

[6] AG München ZVI 2003, 546; dazu *Ahrens,* ZVI 2003, 509; AG München NZI 2004, 456 m. Anm. *Sesemann.*

[7] AG München, ZVI 2003, 546, Begründung Abschnitt II. 2. a) ohne konkreten Fundstellennachweis; in der 6. Auflage Gütersloh 1997 beschreibt *Wahrig,* das Wort „redlich" als ehrlich, zuverlässig und pflichtbewusst; in den weiteren Beispielen wird das Wort jedoch nicht im juristischen Zusammenhang oder mit einem Verhalten eines Schuldners gegenüber seinen Gläubigern gebraucht; dazu auch *Duden,* Das große Wörterbuch der deutschen Sprache in zehn Bänden, 3. Aufl. Mannheim 1999, mit Literaturnachweisen unter anderem aus dem Drama „Wilhelm Tell" (Vierter Akt, erste Szene) von *Friedrich Schiller;* in acht Spalten wird das Wort „redlich" erläutert in Band 14 des *Deutschen Wörterbuchs von Jakob und Wilhelm Grimm,* Leipzig 1854 bis 1971; es entstammt dem Althochdeutschen „*redilih, redolih*" und hat sich seit dem Mittelhochdeutschen als „*redelich*" entfaltet; allgemein definiert als „*etwas, wofür man rede stehen kann, wie es zu verantworten ist, ordentlich, gesetzmäszig, von dingen, die einer beurtheilung*

stelle entgegen dem Sprachgebrauch und damit entgegen § 1 Satz 2 InsO alle möglichen im Wortsinne „unredlichen“ Schuldner als redlich dar. Einem Schuldner, der dreizehnmal wegen verschiedener Vermögensdelikte verurteilt worden ist, sei danach von Amts wegen schon keine Restschuldbefreiung zu gewähren, auch wenn kein Fall des § 290 Abs. 1 Nr. 1 InsO vorliegt.[1]

II. Die Durchführung des Restschuldbefreiungsverfahrens

1. Der zur Restschuldbefreiung zugelassene Schuldner

Restschuldbefreiung kann nach § 286 InsO der Schuldner erhalten, 1840
der eine natürliche Person ist. Dabei ist gleichgültig, ob er Verbraucher oder Unternehmer im Sinne des § 304 InsO ist.[2] Haftet neben dem Schuldner eine andere Person, insbesondere als Bürge,[3] kann auch diese Person Restschuldbefreiung unter den Voraussetzungen der §§ 286ff. InsO erlangen. Das Restschuldbefreiungsverfahren des Schuldners erstreckt sich aber nicht automatisch auf mithaftende Bürgen.[4] Juristische Personen und Personengesellschaften sind zur Restschuldbefreiung nicht zugelassen, sie erlangen diese gleichsam durch ihre Vollbeendigung im Insolvenzverfahren. Der persönlich haftende Gesellschafter der Personengesellschaft erhält Restschuldbefreiung nur, wenn über sein eigenes Vermögen das Insolvenzverfahren eröffnet worden ist.[5]

Stirbt der Schuldner während des Insolvenzverfahrens, wird das In- 1841
solvenzverfahren von Amts wegen in ein Nachlassinsolvenzverfahren übergeleitet.[6] Ein Restschuldbefreiungsverfahren wird dann hinfällig, dem Nachlass, der Erbengemeinschaft oder den einzelnen Miterben wird keine Restschuldbefreiung als Rechtsnachfolger des verstorbenen Schuldners gewährt.[7] Haftungsbeschränkung erlangt der Nachlass be-

---

unterworfen sind, ansprüchen, handlungen, zuständen, zumal als rechtlicher ausdruck.“

[1] AG München ZVI 2003, 481.

[2] *Wenzel* in: *Kübler/Prütting*, InsO, § 286 Rdn. 70ff.; *Ahrens* in: FK-InsO, § 286 Rdn. 29ff.; *Hess/Weis/Wienberg*, InsO, § 286 Rdn. 34ff.

[3] Zur Sittenwidrigkeit der Bürgschaftsverpflichtung des wirtschaftlich überforderten Familienangehörigen BGHZ 120, 272; BGHZ 125, 206; BGHZ 136, 347; BGH NJW 2000, 1182; BGH NJW 2002, 744; BGH NJW-RR 2002, 746; BGH NJW-RR 2002, 1130; ausführlich *Nobbe/Kirchhof*, BKR 2001, 5; *Thaß*, KTS 2003, 187.

[4] Dies wurde erwogen im Rahmen der Stellungnahme des Bundesrates zum Gesetzentwurf der Insolvenzordnung, BT-Drucks. 12/2443, S. 258.

[5] *Wenzel* in: *Kübler/Prütting*, InsO, § 286 Rdn. 72; *Hess/Weis/Wienberg*, InsO, § 286 Rdn. 44.

[6] Eingehend *Frege/Keller/Riedel*, Rdn. 2376ff.

[7] *Ahrens* in: FK-InsO, § 286 Rdn. 34ff.; *Döbereiner*, S. 218; *Siegmann*, ZEV 2000, 345; anders wohl *Marotzke* in: HK-InsO, Vor § 315 Rdn. 4.

reits durch das Nachlassinsolvenzverfahren nach §§ 315 ff. InsO und § 1975 BGB, Restschuldbefreiung hinsichtlich ihrer eigenen Forderungen können die Erben nur nach Durchlaufen eines Insolvenzverfahrens über ihr eigenes Vermögen erlangen.

2. Das Durchlaufen eines Insolvenzverfahrens

a) Die Durchführung eines Regel- oder eines Verbraucherinsolvenzverfahrens

1842 Das Restschuldbefreiungsverfahren ist als Anschlussverfahren an ein beendetes Insolvenzverfahren ausgestaltet, es kann nur durchgeführt werden, wenn über das Vermögen des Schuldners eine Insolvenzverfahren eröffnet worden ist;[1] eine Abweisung mangels Masse nach § 26 InsO steht dem nicht gleich,[2] sie dürfte wegen der Kostenstundung des § 4a InsO ohnehin kaum mehr gegeben sein. Als weitere Voraussetzung soll ein solches Insolvenzverfahren auf Antrag des Schuldners selbst eröffnet worden sein, nicht lediglich auf Antrag eines Gläubigers.[3] Für das Verbraucherinsolvenzverfahren schreibt § 305 Abs. 1 Nr. 2 InsO dies vor, der Verbraucher hat bei seinem Insolvenzantrag zwingend anzugeben, ob er Restschuldbefreiung erlangen möchte. Nach dem Wortlaut des § 287 Abs. 1 InsO soll dies auch für das Regelinsolvenzverfahren als zwingende Voraussetzung gelten.[4] Praktisch sollte es im Regelinsolvenzverfahrens jedoch unerheblich sein, ob es auf Antrag eines Gläubigers oder auf Antrag des Schuldners eröffnet worden ist.[5]

1843 Das Insolvenzverfahren ist nach Vornahme der Schlussverteilung aufzuheben (§ 200 InsO). Bindeglied zwischen dem Insolvenzverfah-

---

[1] OLG Köln ZIP 2000, 548; dazu EWiR 2000, 501 *(Wenzel)*.

[2] *Römermann* in: *Nerlich/Römermann*, InsO, § 286 Rdn. 9; *Schmidt-Räntsch* in: *Gottwald*, § 77 Rdn. 3; kritisch dagegen *Häsemeyer*, Rdn. 26.13.

[3] OLG Köln NZI 2000, 367 = ZIP 2000, 1628 = ZInsO 2000, 334 m. abl. Anm. *Delhaes;* AG Köln NZI 2000, 331; LG Rostock NZI 2001, 266 = ZIP 2001, 660; *Wenzel* in: *Kübler/Prütting*, InsO, § 306 Rdn. 4; *Landfermann* in: HK-InsO, § 306 Rdn. 7; anders *Grote* in: FK-InsO, § 306 Rdn. 23; zweifelnd *Kirchhof*, ZInsO 1998, 54; *Vallender*, InVo 1998, 169; anders AG Bielefeld ZIP 1999, 1180; *Ahrens* in: FK-InsO, § 287 Rdn. 5.

[4] BGH NZI 2004, 511 (Schuldner stellte seinen Antrag neun Monate nach dem Insolvenzantrag des Gläubigers); BGH NZI 2004, 593 (verspäteter Antrag bei unsachgemäßer Belehrung nach § 20 Abs. 2 InsO), dazu EWiR 2005, 481 *(Pape)*; LG Dresden ZVI 2002, 472; LG Memmingen NZI 2004, 44; LG Köln NZI 2004, 159; eingehend *Stephan* in: MüKo-InsO, § 287 Rdn. 12, 13; *Vallender* in: *Uhlenbruck*, InsO, § 287 Rdn. 10; *Pape*, ZVI 2002, 225, Abschnitt VII. 2.

[5] AG Hamburg ZVI 2002, 475 und ZVI 004, 56; *Landfermann* in: HK-InsO, § 287 Rdn. 2c; *Frege/Keller/Riedel*, Rdn. 2069; *Heyer*, ZInsO 2002, 59; *Pape*, NZI 2002, 186; *ders.*, ZVI 2002, 231; *ders.*, NZI 2004, 543; *Fuchs*, NZI 2002, 298; letztlich wird dies auch aus der unglücklichen Rechtsprechung des Bundesgerichtshofs zum zulässigen Antrag nach § 287 InsO bei unterbliebener Belehrung nach § 20 Abs. 2 InsO und Insolvenzeröffnung allein auf Antrag eines Gläubigers deutlich, BGH NZI 2005, 271 = ZVI 2005, 220.

ren und dem Restschuldbefreiungsverfahren ist dann der Schlusstermin nach § 197 InsO, in welchem das Insolvenzgericht nach § 289 InsO über die Zulassung des Schuldners zum Restschuldbefreiungsverfahren entscheidet und die Insolvenzgläubiger die Möglichkeit haben, die Versagung der Restschuldbefreiung nach § 290 InsO zu beantragen.[1]

b) Die Einstellung des Verfahrens bei Masseunzulänglichkeit oder Masselosigkeit

aa) Die Einstellung des Verfahrens bei Masseunzulänglichkeit

Die Durchführung des Restschuldbefreiungsverfahrens ist auch dann möglich, wenn das Insolvenzverfahren als masseunzugänglich nach §§ 208 ff. InsO eingestellt wird. Nach § 289 Abs. 3 InsO soll an die Stelle der Aufhebung des Insolvenzverfahrens die Verteilung der Insolvenzmasse nach § 209 InsO und die Einstellung des Verfahrens nach § 211 Abs. 1 InsO treten.[2] Damit der Treuhänder während des Abtretungszeitraums Zahlungen an die Insolvenzgläubiger leisten kann, ist hier ausnahmsweise ein Schlussverzeichnis der Insolvenzgläubiger nach § 188 InsO zu erstellen[3] und ein Schlusstermin abzuhalten.[4] An die bei der Verteilung nach § 209 InsO ausgefallenen Massegläubiger erfolgt in Restschuldbefreiungsverfahren keine Zuteilung, da der Schuldner mit seinem nach Beendigung des Insolvenzverfahrens erworbenen Vermögen für diese Verbindlichkeiten nicht haftet.[5] Die überwiegende Meinung der Literatur vertritt unter Berufung auf Begründung zur Insolvenzordnung[6] dagegen die Ansicht, der Treuhänder habe im Restschuldbefreiungsverfahren zunächst die nicht befriedigten Masseverbindlichkeiten zu bedienen.[7] Dabei wird aber übersehen, dass die vom Treuhänder eingenommenen Beträge insolvenzfreier Neuerwerb des Schuldners sind, mit welchen er für Masseverbindlichkeiten nicht haftet.[8] 1844

[1] Eingehend *Ahrens* in: FK-InsO, § 286 Rdn. 18 und § 289 Rdn. 3.

[2] *Vallender* in: *Uhlenbruck,* InsO, § 286 Rdn. 13 ff.; *Wenzel* in: *Kübler/Prütting,* InsO, § 289 Rdn. 5, 6; *Ahrens* in: FK-InsO, § 289 Rdn. 20 ff., 36; *Landfermann* in: HK-InsO, § 289 Rdn. 8 ff.

[3] *Frege/Keller/Riedel,* Rdn. 2133.

[4] *Frege/Keller/Riedel,* Rdn. 2102.

[5] *Frege/Keller/Riedel,* Rdn. 2133.

[6] Begründung des Regierungsentwurfs BT-Drucks. 12/2443, S. 222.

[7] *Vallender* in: *Uhlenbruck,* InsO, § 289 Rdn. 40 m. w. N.; *Landfermann* in: HK-InsO, § 289 Rdn. 9; *Wenzel* in: *Kübler/Prütting,* InsO, § 289 Rdn. 6; *Buck* in: *Braun,* InsO, § 289 Rdn. 11; *Pape,* ZInsO 2001, 587; *Uhlenbruck,* NZI 2001, 408; *Voigt,* ZInsO 2002, 569; *Pape,* NZI 2004, 1.

[8] *Uhlenbruck* in: *Uhlenbruck,* InsO, § 201 Rdn. 2; *Klopp/Kluth* in: *Gottwald,* § 58 Rdn. 18; kritisch *Häsemeyer,* Rdn. 25.30.

1845 **Schaubild 19: Die Verbindung von Insolvenzverfahren und Restschuldbefreiung**

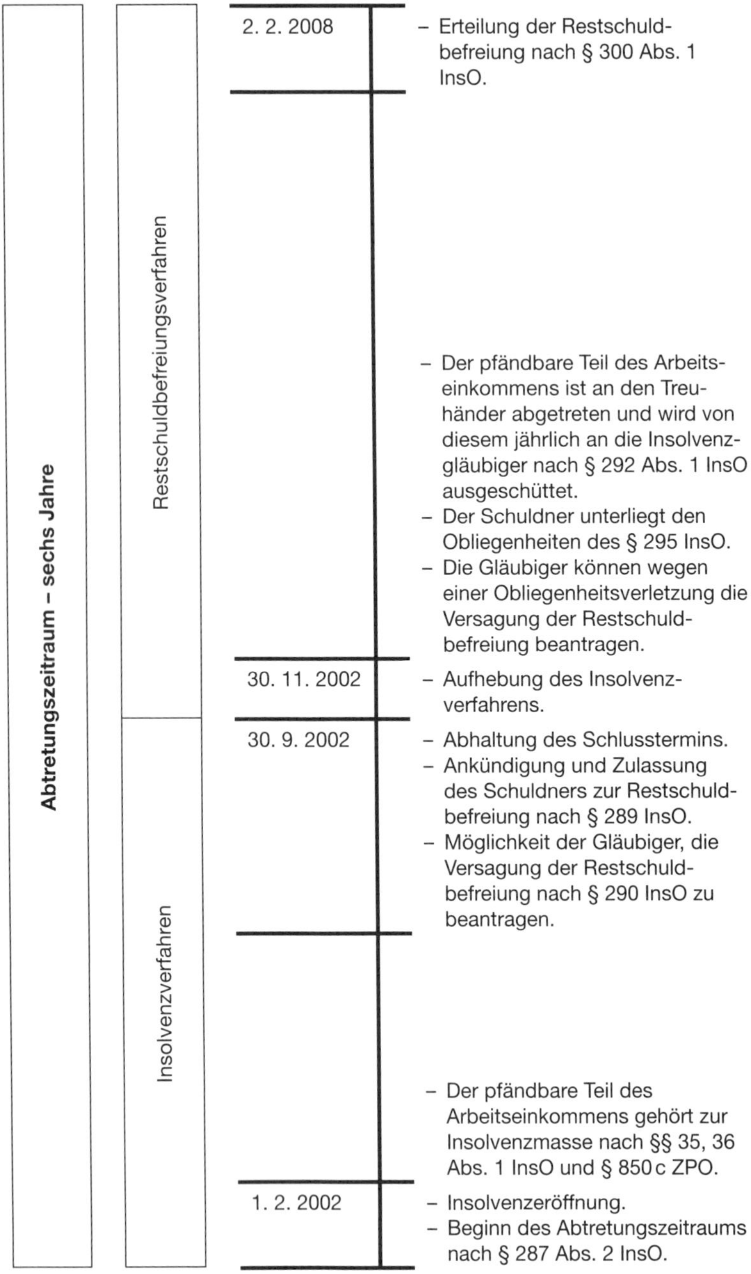

bb) Die Einstellung des Verfahrens bei Masselosigkeit

Wird das Insolvenzverfahren mangels Masse nach § 207 InsO eingestellt, soll nach überwiegend vertretener Ansicht ein Restschuldbefreiungsverfahren nicht zulässig sein.[1] Der Schuldner solle nur dann Restschuldbefreiung erhalten können, wenn die Kosten des Verfahrens vollständig gedeckt und Gläubigerforderungen zumindest teilweise gedeckt worden seien.[2] Dagegen wird vertreten, die Einstellung mangels Masse hindere die Durchführung des Restschuldbefreiungsverfahrens nicht, § 289 Abs. 3 InsO stehe dem nicht entgegen, es könne mithin dem Schuldner die Masselosigkeit des Verfahrens nicht in jedem Fall angelastet werden.[3] Die Möglichkeit der Kostenstundung nach § 4a InsO auch zur Abwendung der Einstellung mangels Masse nach § 207 Abs. 1 Satz 2 InsO entzieht dieser Streitfrage die praktische Bedeutung.[4] 1846

3. Der Antrag des Schuldners auf Erteilung der Restschuldbefreiung

a) Die allgemeinen Zulässigkeitsvoraussetzungen

aa) Die Form der Antragstellung

Das Restschuldbefreiungsverfahren wird nur auf Antrag des Schuldners durchgeführt (§ 287 Abs. 1 Satz 1 InsO). Der Antrag kann schriftlich, zu Protokoll der Geschäftsstelle oder auch per Telefax gestellt werden.[5] Der Schuldner muss den Antrag nicht persönlich stellen, eine Vertretung unter den allgemeinen Voraussetzungen der §§ 80ff. ZPO ist zulässig.[6] Eine besondere Form für den Antrag auf Erteilung der Restschuldbefreiung ergibt sich nur im Verfahren der Verbraucherinsolvenz, bei welchem bereits mit dem schriftlich einzureichenden Insolvenzantrag der Antrag auf Erteilung der Restschuldbefreiung zu stellen ist (§ 305 Abs. 1 Nr. 2 InsO). 1847

---

[1] OLG Stuttgart ZIP 2000, 587 = DZWIR 2000, 109 m. Anm. *Becker* (im Rahmen sofortiger Beschwerde gegen die Vergütung des Insolvenzverwalters); *Vallender* in: *Uhlenbruck,* InsO, § 289 Rdn. 31; *Landfermann* in: HK-InsO, § 289 Rdn. 3; *Wenzel* in: *Kübler/Prütting,* InsO, § 286 Rdn. 74, 75 und § 289 Rdn. 5; *Schmidt-Räntsch* in: *Gottwald,* § 77 Rdn. 4.

[2] Zur Gewährung von Prozesskostenhilfe *Ahrens* in: FK-InsO, § 286 Rdn. 45 ff.; *Wenzel* in: *Kübler/Prütting,* InsO, § 286 Rdn. 87 ff.; *Pape,* ZIP 1999, 2037, Abschn. VII.

[3] *Frege/Keller/Riedel,* Rdn. 2073; eingehend mit Berechnungsbeispiel *Keller,* ZIP 2000, 688, Abschnitt II. 3.; so wohl auch OLG Stuttgart ZVI 2002, 380.

[4] *Frege/Keller/Riedel,* Rdn. 2075.

[5] *Hess/Weis/Wienberg,* InsO, § 287 Rdn. 11; allgemein zur Zulässigkeit von Prozesshandlungen durch Telefax BGHZ 144, 160.

[6] *Frege/Keller/Riedel,* Rdn. 2078, dort auch zur Frage der vollmachtlosen Vertretung nach § 89 ZPO.

1848 Gegenüber einem Insolvenzgläubiger kann sich der Schuldner nicht bindend verpflichten, in einem künftigen Insolvenzverfahren keinen Antrag auf Erteilung der Restschuldbefreiung zu stellen, eine solche Verpflichtung ist als Verstoß gegen § 286 InsO nichtig (§ 134 BGB).[1]

bb) Der Zeitpunkt der Antragstellung

1849 Der Antrag auf Erteilung der Restschuldbefreiung soll nach § 287 Abs. 1 InsO mit dem Antrag auf Eröffnung des Insolvenzverfahrens verbunden werden. Das Insolvenzgericht hat nach § 20 Abs. 2 InsO den Schuldner auf die Möglichkeit der Antragstellung hinzuweisen, der Antrag ist dann spätestens zwei Wochen nach Zugang dieser Mitteilung zu stellen.[2] Die Frist ist keine Notfrist, bei Fristversäumnis durch den Schuldner kann deshalb keine Wiedereinsetzung in den vorigen Stand gemäß §§ 233 ff. ZPO gewährt werden.[3]

1850 **Beispiel 1:** Der Schuldner betreibt als Einzelkaufmann ein Gewerbe, er stellt gegenüber dem zuständigen Insolvenzgericht schriftlich Insolvenzantrag. Noch vor Eröffnung des Insolvenzverfahrens fordert das Insolvenzgericht ihn unter Hinweis auf § 20 Abs. 2 und § 287 Abs. 1 Satz 2 InsO auf, zu erklären, ob der Restschuldbefreiungsantrag stellen wolle. Das Schreiben wird dem Schuldner am 17. Februar persönlich zugestellt. Der Schuldner erscheint am 4. März bei Gericht und stellt den Antrag auf Erteilung der Restschuldbefreiung.

Der Antrag ist nicht innerhalb der Frist des § 287 Abs. 1 Satz 2 InsO gestellt und damit unzulässig. Die Frist ist zwei Wochen nach der Zustellung des Hinweises des Gerichts nach § 20 Abs. 2 InsO abgelaufen, der Schuldner hätte den Antrag auf Erteilung der Restschuldbefreiung spätestens am 3. März stellen müssen. Eine Wiedereinsetzung in den vorigen Stand kann dem Schuldner nicht gewährt werden.

b) Die Abtretung des pfändbaren Teils des Arbeitseinkommens

1851 Mit dem Antrag auf Erteilung der Restschuldbefreiung und spätestens innerhalb der Frist des § 20 Abs. 2 InsO[4] hat der Schuldner für die Dauer von sechs Jahre nach Eröffnung des Insolvenzverfahrens den

---

[1] *Frege/Keller/Riedel*, Rdn. 2077.

[2] BGH NZI 2004, 511; zum Lauf der Frist bei unsachgemäßer Belehrung BGH NZI 2004, 593; AG Göttingen ZVI 2005, 278; dazu *Hackenberg*, ZVI 2005, 468; zur Bedeutung der Belehrung LG Bonn ZVI 2003, 228; § 287 Abs. 1 InsO wurde durch Art. 1 Nr. 15 des Gesetzes zur Änderung der Insolvenzordnung und anderer Gesetze vom 26. 10. 2001 (BGBl. I S. 2710) geändert; Gesetzentwurf der Bundesregierung vom 5. 1. 2001, BT-Drucks. 14/5680; in der bis 1. Dezember 2001 geltenden Fassung des § 287 Abs. 1 InsO war der Antrag spätestens im Berichtstermin nach § 156 InsO zu stellen; dazu noch *Wenzel* in: *Kübler/Prütting*, InsO, § 287 Rdn. 2; zur Begründung der Änderung BT-Drucks. 14/5680, S. 28.

[3] So zu § 287 Abs. 1 InsO in der bis 1. Dezember 2001 geltenden Fassung LG Duisburg NZI 2000, 184; OLG Köln NZI 2000, 587 = ZIP 2001, 252; *Ahrens* in: FK-InsO, § 287 Rdn. 21; zur Neuregelung ebenso *Vallender* in: *Uhlenbruck*, InsO, § 287 Rdn. 16, 19; *Frege/Keller/Riedel*, Rdn. 2082.

[4] AG Duisburg NZI 2002, 216; zur Rechtslage bis 1. 12. 2001 (Änderung des § 287 InsO durch das InsOÄndG vom 26. 10. 2001, BGBl. I S. 2710) OLG Köln ZIP 2001, 252.

pfändbaren Teil seines künftigen Arbeitseinkommens oder gleichgestellter fortlaufender Bezüge an den vom Gericht zu bestellenden Treuhänder abzutreten (§ 287 Abs. 2 InsO).[1] Dieser nach §§ 850ff. ZPO pfändbare Teil des Arbeitseinkommens oder der nach § 54 Abs. 4 SGB I pfändbaren laufenden Sozialleistungen[2] soll für die Dauer des Abtretungszeitraums den Insolvenzgläubigern wegen ihrer restlichen Forderungen zur Verfügung stehen. Unerheblich ist, ob der Schuldner derzeit einer Beschäftigung nachgeht, Arbeitslosengeld oder gar Sozialhilfe empfängt, sogar der selbstständig tätige Schuldner hat die Abtretungserklärung abzugeben.[3] In allen Fällen könnte während des Abtretungszeitraums pfändbares Arbeitseinkommen erzielt werden, das dann von der Abtretung erfasst sein wird.[4] Sonstige Bezüge des Schuldners sind nicht von der Abtretung erfasst, insbesondere erfasst sie nicht Steuererstattungsansprüche des Schuldners.[5] Der Einkommensteuererstattungsanspruch resultiert zwar wirtschaftlich vorwiegend aus dem Arbeitseinkommen, er ist als öffentlich-rechtlicher Anspruch gegen den Fiskus diesem aber nicht gleichzusetzen.

Steuererstattungsansprüche, die nach Aufhebung des Insolvenzverfahrens entstehen (§ 37 Abs. 1 und 2 mit § 38 AO, mit Ablauf des Veranlagungszeitraums nach § 25 Abs. 1 EStG), sind insolvenzfrei und unterliegen nicht der Restschuldbefreiung.

Die Erklärung nach § 287 Abs. 2 InsO ist einerseits zwingendes Ver- **1852**
fahrenserfordernis für die Zulassung zur Restschuldbefreiung andererseits materiellrechtliche Erklärung im Sinne der §§ 398ff. BGB: Der Schuldner tritt ihm möglicherweise zustehende künftige Forderungen rechtsgeschäftlich an den vom Gericht noch zu bestellenden Treuhänder ab. Dem Bestimmtheitserfordernis für die Abtretung künftiger Forderungen ist mit dem Wortlaut des § 287 Abs. 2 Satz 1 InsO Genüge

---

[1] Umfassend *Stephan* in: MüKo-InsO, § 287 Rdn. 35 bis 53; *Vallender* in: *Uhlenbruck,* InsO, § 287 Rdn. 22ff.; *Ahrens* in: FK-InsO, § 287 Rdn. 39 bis 86; *Hess/Weis/Wienberg,* InsO, § 287 Rdn. 20 bis 45; *Wenzel* in: *Kübler/Prütting,* InsO, § 287 Rdn. 8ff.

[2] Je mit umfangreichsten Nachweisen Zöller/*Stöber,* ZPO, § 850 Rdn. 2 bis 16; Musielak/*Becker,* ZPO, § 850 Rdn. 2 bis 11; *Stöber,* Forderungspfändung, Rdn. 873ff.; *Keller,* Zwangsvollstreckung in: Geldforderungen, Rdn. 293ff.

[3] *Ahrens* in: FK-InsO, § 287 Rdn. 19; *Wenzel* in: *Kübler/Prütting,* InsO, § 287 Rdn. 4; *Römermann* in: *Nerlich/Römermann,* InsO, § 287 Rdn. 25; *Hess/Weis/Wienberg,* InsO, § 287 Rdn. 11.

[4] Zur Pfändbarkeit laufender Sozialleistungen Zöller/*Stöber,* ZPO, § 850i Rdn. 6ff.; Musielak/*Becker,* ZPO, § 850i Rdn. 15ff.; *Stöber,* Forderungspfändung, Rdn. 1361ff.; *Keller,* Zwangsvollstreckung in: Geldforderungen, Rdn. 589ff.; die Gesetzesbegründung nennt unglücklich ausdrücklich das Arbeitsentgelt des Strafgefangenen nach § 43 StVollzG, BT-Drucks. 12/2443, S. 189 mit S. 136; zur sehr strittigen Frage der Pfändbarkeit dieser Bezüge BGHZ 160, 112; *Stöber,* Forderungspfändung, Rdn. 133ff.; *Keller,* Zwangsvollstreckung in Geldforderungen, Rdn. 247 bis 259.

[5] BGH NZI 2005, 565; so aber *Vallender* in *Uhlenbruck,* InsO, § 287 Rdn. 31 mit Nachweisen; wohl auch AG Göttingen NZI 2001, 270; AG Göttingen NZI 2004, 332.

getan.[1] Materiellrechtlich wird die Abtretung wirksam, wenn das Gericht den Schuldner zur Restschuldbefreiung zulässt und dem gleichen Beschluss den Treuhänder ernennt.[2]

1853 Mit der Abtretungserklärung hat der Schuldner anzugeben, ob und in welchem Umfang der über sein Arbeitseinkommen bereits verfügt hat (§ 287 Abs. 2 Satz 2 InsO). Der Schuldner hat den Zeitpunkt der Abtretung und die Höhe der durch die Abtretung gesicherten Forderung anzugeben.[3] Eine Abtretung des Arbeitseinkommens behält für das Restschuldbefreiungsverfahren für die Dauer von zwei Jahren nach Eröffnung des Insolvenzverfahrens Wirksamkeit (§ 114 Abs. 1 InsO).[4]

c) Die Dauer des Abtretungszeitraums

1854 Große Unklarheiten bestanden in der Rechtspraxis zu der Frage, wie lange der Abtretungszeitraum des § 287 Abs. 2 InsO im Einzelfall zu dauern habe. In der von 1. Januar 1999 bis 30. November 2001 geltenden Fassung des § 287 Abs. 2 InsO war eine Dauer von sieben Jahren seit Beendigung des Insolvenzverfahrens bestimmt.[5] War der Schuldner schon am 1. Januar 1997 zahlungsunfähig, sollte der Abtretungszeitraum fünf Jahre seit Beendigung des Insolvenzverfahrens betragen (Art. 107 EGInsO). Mit Wirkung zum 1. Dezember 2001 wurde der Abtretungszeitraum auf sechs Jahre verkürzt und zudem auf den Zeitpunkt der Eröffnung des Insolvenzverfahrens gelegt.[6] Nach der Übergangsregelung des Art. 103a EGInsO findet der verkürzte Abtretungszeitraum nur auf Insolvenzverfahren Anwendung, die seit 1. Dezember 2001 eröffnet worden sind oder eröffnet werden. Hieraus ergeben sich je nach einzelnem Insolvenzverfahren und Restschuldbefreiungsverfahren unterschiedlich lange Abtretungszeiträume mit je unterschiedlichem Beginn.

aa) Der Abtretungszeitraum von sechs Jahren

1855 Der Abtretungszeitraum des § 287 Abs. 2 Satz 1 InsO für die Dauer von sechs Jahren seit Eröffnung des Insolvenzverfahrens gilt für Verfahren, die seit 1. Dezember 2001 eröffnet worden sind. Systematisch fällt dieser Zeitraum zumindest teilweise mit dem eigentlichen Insolvenzver-

---

[1] *Frege/Keller/Riedel,* Rdn. 2087 mit Muster Rdn. 2097; allgemein zur Abtretung künftiger Lohnforderungen BGHZ 108, 98 (Abtretung der Lohnforderung im Rahmen eines Ratenkreditvertrages) und BGHZ 7, 365 (Abtretung künftiger Forderungen bei verlängertem Eigentumsvorbehalt).

[2] Begründung des Regierungsentwurfs BT-Drucks. 12/2443, S. 189.

[3] *Frege/Keller/Riedel,* Rdn. 2095.

[4] Der Wirksamkeitszeitraum wurde durch Änderung des § 114 Abs. 1 InsO mit Art. 1 Nr. 11 a InsOÄndG vom 26. Oktober 2001 (BGBl. I S. 2710) von drei auf zwei Jahre verkürzt; dazu bereits Beschlussempfehlung und Bericht des Rechtsausschusses, BT-Drucks. 12/7302, S. 170; kritisch auch *Kießner* in: *Nerlich/Römermann,* InsO, § 114 Rdn. 38; zur Beachtung durch den Treuhänder *Grote* in: FK-InsO, § 292 Rdn. 7 ff.

[5] Begründung des Regierungsentwurfs BT-Drucks. 12/2443, S. 100, 189.

[6] § 287 Abs. 2 InsO geändert durch Art. 1 Nr. 15 lit. b) InsOÄndG vom 26. Oktober 2001 (BGBl. I S. 2710).

fahren zusammen, was wiederum zu dogmatischen Unstimmigkeiten führt:[1] Während des Insolvenzverfahrens gehört der pfändbare Teil des Arbeitseinkommens zur Insolvenzmasse nach §§ 35 und 36 Abs. 1 InsO, der Schuldner kann wegen § 81 Abs. 1 Satz 1 InsO hierüber durch Abtretung nicht verfügen. Die Abtretung nach § 287 Abs. 2 InsO kann deshalb nur das Arbeitseinkommen für die Zeit nach Beendigung des Insolvenzverfahrens erfassen. Es wird deshalb vertreten, dass bis zur Beendigung des Insolvenzverfahrens die Wirkungen der Abtretung gleichsam suspendiert werden.[2] Effektiv beläuft sich der Abtretungszeitraum damit auf sechs Jahre seit Eröffnung des Insolvenzverfahrens abzüglich der der Dauer des Insolvenzverfahrens selbst.

Sollte in einem besonderen Fall das Insolvenzverfahren selbst länger 1856
als sechs Jahre dauern, wäre der Abtretungszeitraum beendet, ehe er eigentlich begonnen hat. Dem Schuldner müsste dann unmittelbar nach Ablauf des Abtretungszeitraums Restschuldbefreiung erteilt werden, obwohl das Insolvenzverfahren noch läuft.[3]

Unklar ist auch, ob der Schuldner während des Insolvenzverfahrens 1857
bereits den Obliegenheiten des § 295 Abs. 1 InsO, die eigentlich für den Abtretungszeitraum gelten, unterliegt oder ob ihn lediglich die allgemeinen Pflichten des § 97 InsO treffen.[4] Allein nach dem Wortlaut des § 295 Abs. 1 InsO ist der Schuldner schon während des Insolvenzverfahrens zur Erfüllung der dort genannten Obliegenheiten verpflichtet.[5] Soweit man aber die Wirkungen der Abtretung als bis zur Beendigung des Insolvenzverfahrens suspendiert ansieht, ist auch § 295 InsO bis zu diesem Zeitpunkt nicht anwendbar.[6]

bb) Der Abtretungszeitraum von sieben Jahren

Der Abtretungszeitraum von sieben Jahren seit Beendigung des Insol- 1858
venzverfahrens in der bis 1. Dezember 2001 geltenden Fassung des § 287 Abs. 2 InsO findet nach Art. 103a EGInsO auf diejenigen Insolvenzverfahren Anwendung, die vor dem 1. Dezember 2001 eröffnet worden sind.[7] Der Abtretungszeitraum beginnt mit dem Zeitpunkt der Rechtskraft des Aufhebungsbeschlusses nach § 200 InsO und der Rechtskraft des Einstellungsbeschlusses nach §§ 208, 216 InsO. Die Anwendung des verkürzten Abtretungszeitraums von sechs Jahren auch auf die am 1. Dezember 2001 bereits laufenden Insolvenzverfahren hätte bedeutet,

---

[1] *Vallender* in: *Uhlenbruck,* InsO, § 287 Rdn. 43, 44.

[2] *Vallender* in: *Uhlenbruck,* InsO, § 287 Rdn. 44.

[3] *Vallender* in: *Uhlenbruck,* InsO, § 287 Rdn. 49, 50.

[4] AG Duisburg NZI 2004, 516; *Vallender* in: *Uhlenbruck,* InsO, § 295 Rdn. 1.

[5] AG Göttingen NZI 2003, 217 m. Anm. *Ahrens; Schmidt/Schröder* in: Dritter Leipziger Insolvenzrechtstag, S. 27, 45; anders AG Köln, ZVI 2004, 261; kritisch auch *Ehricke* in: MüKo-InsO, § 295 Rdn. 11 ff.

[6] LG Göttingen NZI 2004, 596.

[7] Art. 103a EGInsO eingefügt durch Art. 11 des Gesetzes zur Änderung der Insolvenzordnung und anderer Gesetze vom 26. 10. 2001 (BGBl. I S. 2710); Gesetzentwurf der Bundesregierung, BT-Drucks. 14/5680, S. 35.

dass rückwirkend auf den Zeitpunkt der Insolvenzeröffnung die Abtretung des Schuldners hätte gelten müssen, dies ist schwer begründbar.[1]

cc) Der Abtretungszeitraum von fünf Jahren

1859 Nach Art. 107 EGInsO soll für den Schuldner ein verkürzter Abtretungszeitraum von fünf Jahren seit Beendigung des Insolvenzverfahrens gelten, wenn er bereits am 1. Januar 1997 zahlungsunfähig war. Die Übergangsregelung sollte das spätere Inkrafttreten der Insolvenzordnung am 1. Januar 1999 kompensieren.[2] Sie gilt nur für den Schuldner, der seit 1. Januar 1997 bis 1. Januar 1999 ununterbrochen zahlungsunfähig war.[3] Der Schuldner, der den verkürzten Abtretungszeitraum in Anspruch nehmen will, hat gegenüber dem Insolvenzgericht glaubhaft zu machen,[4] dass er bereits seit 1. Januar 1997 zahlungsunfähig war.

1860 In der Übergangsregelung des Art. 103a EGInsO bezüglich der seit 1. Dezember 2001 eröffneten Insolvenzverfahren ist die Regelung des Art. 107 EGInsO nicht erwähnt, weshalb streitig ist, ob für diese Verfahren der verkürzte Abtretungszeitraum von fünf Jahren überhaupt noch gelten kann.[5] Da nach Art. 103a EGInsO der Abtretungszeitraum von sechs Jahre seit Eröffnung des Insolvenzverfahrens nur auf Verfahren seit 1. Dezember 2001 Anwendung findet und andererseits Art. 107 EGInsO als Ausnahmevorschrift zu dem bisherigen Abtretungszeitraum von sieben Jahren konzipiert war, kann die Vorschrift auf Insolvenzverfahren seit 1. Dezember 2001 keine Anwendung mehr finden.[6]

d) Der Vorschlag eines geeigneten Treuhänders

1861 Nach § 288 InsO kann der Schuldner in seinen Antrag auf Erteilung der Restschuldbefreiung eine geeignete Person für das Amt des Treuhänders vorschlagen. Das Insolvenzgericht ist an den Vorschlag des Schuldners nicht gebunden.[7] Es hat objektiv zu prüfen, wer als Treu-

---

[1] *Frege/Keller/Riedel*, Rdn. 2092.

[2] Beschlussempfehlung und Bericht des Rechtsausschusses zum Einführungsgesetz zur Insolvenzordnung, BT-Drucks. 12/7303, S. 118; *Wenzel* in: *Kübler/Prütting*, InsO, § 287 Rdn. 20.

[3] LG Göttingen NZI 2001, 327; *Stephan* in: MüKo-InsO, § 287 Rdn. 65; anders *Bindemann*, ZVI 2002, 248.

[4] AG Duisburg NZI 2000, 607; *Wenzel* in: *Kübler/Prütting*, InsO, § 287 Rdn. 21 ff.; eine Amtsermittlung nach § 5 InsO wird gefordert von *Ahrens* in: FK-InsO, § 287 Rdn. 88.

[5] *Gundlach/Frenzel/Schmidt*, ZVI 2002, 141; *Winter*, ZVI 2002, 239.

[6] BGH NZI 2004, 452 m. Anm. *Ahrens;* so auch LG Bad Kreuznach ZVI 2002, 217 und ZVI 2002, 286; LG Düsseldorf ZVI 2002, 328; LG Oldenburg ZVI 2002, 423; LG München I ZVI 2002, 424; LG Dortmund ZVI 2003, 134; LG Kassel ZVI 2003, 175; LG Köln NZI 2003, 216; LG Memmingen ZVI 2004, 626; AG Düsseldorf ZVI 2002, 170 m. Anm. *Mäusezahl;* AG Dortmund ZVI 2002, 292; anders LG Frankfurt am Main ZVI 2002, 285 und ZVI 2002, 424; LG Hamburg ZVI 2003, 81; LG Aschaffenburg ZVI 2003, 673; LG Freiburg ZVI 2004, 54; AG Tiergarten ZVI 2003, 84; *Vallender* in: *Uhlenbruck*, InsO, § 287 Rdn. 51, sieht im Gesetzeswortlaut nur ein redaktionelles Versehen.

[7] *Landfermann* in: HK-InsO, § 288 Rdn. 2; *Graf-Schlicker/Livonius*, Rdn. 307.

händer geeignet ist, die Kriterien des § 56 InsO können ergänzend herangezogen werden.[1]

4. Die Zulassung des Schuldners zur Restschuldbefreiung

a) Die Prüfung der Zulässigkeit des Antrags

Das Insolvenzgericht prüft von Amts wegen, ob der Antrag auf Erteilung der Restschuldbefreiung zulässig ist. Zu prüfen ist, ob er den formalen Erfordernissen des § 287 InsO genügt, insbesondere ob er rechtzeitig gestellt ist und ob die Abtretungserklärung des § 287 Abs. 2 InsO vorliegt. Ist dies nicht der Fall, hat das Insolvenzgericht bereits vor dem Schlusstermin den Antrag als unzulässig zu verwerfen.[2] Gegebenenfalls ist der Schuldner auf Mängel seines Antrags hinzuweisen, soweit diese Mängel beseitigt werden können. **1862**

Die Prüfung der Zulässigkeit und der Verwerfungsbeschluss liegen in der Zuständigkeit des Rechtspflegers.[3] Streng am Wortlaut des § 6 InsO orientiert ist der Verwerfungsbeschluss unanfechtbar, als Entscheidung des Rechtspflegers kann er nur mitbeschränkter Erinnerung nach § 11 Abs. 2 RPflG angegriffen werden. Es kann aber auch eine analoge Anwendung des § 289 Abs. 2 InsO angenommen werden, dem Schuldner steht dann die sofortige Beschwerde gegen die Verwerfung seines Antrags zu.[4] **1863**

b) Die Zulassung zur Restschuldbefreiung im Schlusstermin

aa) Der Grundsatz der Zulassung nach § 289 InsO

Im Schlusstermin des Insolvenzverfahrens ist über die Zulassung des Schuldners zum Restschuldbefreiungsverfahren und die Ankündigung – nicht bereits die Erteilung – der Restschuldbefreiung auszusprechen (§ 289 Abs. 1 InsO). Der Schlusstermin nach § 197 InsO ist das Verbindungsstück zwischen dem Insolvenzverfahren und dem Restschuldbefreiungsverfahren. Wird das Insolvenzverfahren als masseunzulänglich nach §§ 208 ff. InsO eingestellt, ist auch hier ausnahmsweise ein Schlusstermin abzuhalten.[5] Eine abschließende Gläubigerversammlung nur wegen § 289 Abs. 1 InsO muss auch im Verbraucherinsolvenzverfahren einberufen werden.[6] **1864**

---

[1] Allgemein *Landfermann* in: HK-InsO, § 291 Rdn. 2 ff.; *Müller,* ZInsO 1999, 335.

[2] Eingehend *Frege/Keller/Riedel,* Rdn. 2098 ff.; anders LG Münster NZI 2000, 551; *Landfermann* in: HK-InsO, § 289 Rdn. 5; *Hess/Weis/Wienberg,* InsO, § 287 Rdn. 62; eingehend *Lücke/Schmittmann,* ZInsO 2000, 87.

[3] OLG Köln NZI 2000, 587; LG Göttingen NZI 2001, 220; AG Düsseldorf NZI 2000, 553; *Stephan* in: MüKo-InsO, § 289 Rdn. 11; *Vallender* in: *Uhlenbruck,* InsO, Vor § 286 Rdn. 50 und § 289 Rdn. 22; anders LG Münster Rpfleger 2000, 83; *Hess/Weis/Wienberg,* InsO, § 287 Rdn. 62.

[4] OLG Köln NZI 2000, 587.

[5] *Frege/Keller/Riedel,* Rdn. 2102.

[6] *Landfermann* in: HK-InsO, § 290 Rdn. 9; *Frege/Keller/Riedel,* Rdn. 2102; wenig praxisgerecht *Ahrens* in: FK-InsO, § 290 Rdn. 60.

1865 Das Insolvenzgericht hat den Insolvenzverwalter und die in der Gläubigerversammlung anwesenden Gläubiger zu dem Antrag des Schuldners auf Erteilung der Restschuldbefreiung zu hören (§ 289 Abs. 1 Satz 1 InsO), auch die Mitglieder eines Gläubigerausschusses können zu dem Antrag des Schuldners Stellung nehmen. Die Anhörung des Insolvenzverwalters oder der Mitglieder des Gläubigerausschusses hatte keine selbstständige Bedeutung, da diese die Versagung der Restschuldbefreiung nicht beantragen können. Auskünfte insbesondere des Insolvenzverwalters zum Verhalten des Schuldners während des Insolvenzverfahrens können aber den anwesenden Gläubigern eine Hilfe zum Antrag auf Versagung der Restschuldbefreiung nach § 290 Abs. 1 Nr. 5 InsO sein.[1]

bb) Der Antrag eines Gläubigers auf Versagung der Restschuldbefreiung

1866 Im Schlusstermin kann jeder Insolvenzgläubiger die Versagung der Restschuldbefreiung unter Vorbringen eines Versagungsgrundes nach § 290 Abs. 1 InsO beantragen. Ob der Insolvenzgläubiger am Insolvenzverfahren durch Anmeldung seiner Forderung teilgenommen hat, ist nicht maßgebend, da auch der Insolvenzgläubiger von der Restschuldbefreiung betroffen sein wird, der nicht am Insolvenzverfahren teilgenommen hat (§ 301 Abs. 1 Satz 2 InsO). Ihm muss deshalb auch das Recht zum Antrag auf Versagung der Restschuldbefreiung zugebilligt werden.[2]

1867 **Beispiel 2:** In seinem Antrag auf Eröffnung des Verbraucherinsolvenzverfahrens lässt der Schuldner wider besseren Wissens über dessen Forderung einen Gläubiger in dem nach § 305 Abs. 1 Nr. 3 InsO zu erstellenden Gläubigerverzeichnis unberücksichtigt. Der betreffende Gläubiger erhält von dem Insolvenzverfahren keine Kenntnis. Erst im Schlusstermin des Verfahrens erscheint der Gläubiger und stellt Antrag auf Versagung der Restschuldbefreiung des Schuldners mit der Begründung, der Schuldner habe vorsätzlich das Gläubigerverzeichnis nicht vollständig erstellt (§ 290 Abs. 1 Nr. 6 InsO).

Der im Schlusstermin erscheinende Gläubiger ist antragsberechtigt, auch wenn er im Insolvenzverfahren als Insolvenzgläubiger nicht berücksichtigt worden ist. Von der Restschuldbefreiung wäre er nach § 301 Abs. 1 Satz 2 InsO in jedem Fall betroffen, der Versagungsgrundes § 290 Abs. 1 Nr. 6 InsO liefe leer, würde man ihm das Antragsrecht verwehren. Zugleich wäre dann das unredliche Verhalten des Schuldners, den Gläubiger vorsätzlich unberücksichtigt gelassen zu haben, von Erfolg gekrönt.

1868 Der Antrag auf Versagung der Restschuldbefreiung kann nur im Schlusstermin gestellt werden, ein vorher gestellter Antrag, beispielsweise durch Schriftsatz gegenüber dem Insolvenzgericht, muss im Termin nochmals erklärt werden.[3] § 290 Abs. 1 InsO geht hier eindeutig

---

[1] *Frege/Keller/Riedel,* Rdn. 2103.

[2] Allgemein zu § 290 Abs. 1 Nr. 1 und 2 InsO *Vallender* in: *Uhlenbruck,* InsO, § 290 Rdn. 17, 41; *Frege/Keller/Riedel,* Rdn. 2105.

[3] BGH NZI 2003, 389 m. Anm. *Kothe* = ZVI 2003, 170; BGH NZI 2004, 635; OLG Celle ZVI 2002, 29; LG Nürnberg-Fürth ZVI 2002, 287; LG Mönchengladbach NZI 2004, 514; AG Oldenburg NZI 2002, 327; *Stephan* in: MüKo-InsO, § 290

vom Grundsatz der Mündlichkeit des Verfahrens aus. Könnte der Versagungsantrag bereits während des Insolvenzverfahrens gegenüber dem Insolvenzgericht gestellt werden, wäre hier einerseits das Insolvenzgericht gehalten, die oft mehrbändigen Insolvenzakten stets auf mögliche Versagungsanträge einzelner Gläubiger zu durchsuchen,[1] andererseits wären Insolvenzgläubiger versucht, bloß aus Unzufriedenheit gegenüber dem Schuldner vorschnell entsprechende Anträge zu stellen.[2]

cc) Die Gründe für eine Versagung der Restschuldbefreiung nach § 290 InsO

Der Gläubiger kann im Schlusstermin die Versagung der Restschuld- 1869
befreiung nur auf die in § 290 Abs. 1 Nrn. 1 bis 6 InsO genannten Gründe stützen, die Aufzählung ist abschließend, sie stellt keine Generalklausel dar und ist nicht analogiefähig.[3] Es gibt auch keine ungeschriebenen Tatbestandsmerkmale zur Redlichkeit des Schuldners im Sinne des § 290 Abs. 1 InsO. Dem Schuldner ist die Restschuldbefreiung unter den folgenden Gründen des § 290 Abs. 1 InsO zu versagen:[4]

- § 290 Abs. 1 Nr. 1 InsO, wenn der Schuldner wegen einer Straftat 1870
  nach den §§ 283 bis 283c StGB rechtskräftig verurteilt worden ist. Gefordert ist eine rechtskräftige[5] Verurteilung des Schuldners nur wegen der genannten Straftatbestände, andere sind nicht maßgebend,[6] die Verurteilung muss aber nicht im Zusammenhang mit

---

Rdn. 17; *Frege/Keller/Riedel,* Rdn. 2107; ausdrücklich anders AG Kleve ZInsO 2003, 338; anders ebenfalls *Wenzel* in: *Kübler/Prütting,* InsO, § 290 Rdn. 6.

[1] *Frege/Keller/Riedel,* Rdn. 2107.

[2] In diesem Sinne auch *Pape,* ZVI 2003, 377, zu einer ursprünglich geplanten Änderung des § 290 Abs. 1 InsO durch Art. 1 Nr. 26 eines Diskussionsentwurfs des Bundesministeriums der Justiz zu einem Gesetz zur Änderung der Insolvenzordnung, des Bürgerlichen Gesetzbuches und anderer Gesetze vom 17. April 2003; dazu *Sabel,* ZIP 2003, 781; *Stephan,* ZVI 2003, 145.

[3] Ausdrücklich Begründung des Regierungsentwurfs BT-Drucks. 12/2443, S. 190; BGH NZI 2004, 635 (keine Vorwegnahme des § 296 InsO); LG Hamburg ZVI 2002, 33; *Landfermann* in: HK-InsO, § 290 Rdn. 2; *Ahrens* in: FK-InsO, § 290 Rdn. 5; *Hess/Weis/Wienberg,* InsO, § 290 Rdn. 14; teilweise anderer Ansicht *Döbereiner,* S. 118 ff.

[4] *Stephan* in: MüKo-InsO, § 290 Rdn. 24 bis 79; *Vallender* in: *Uhlenbruck,* InsO, § 290 Rdn. 16 bis 83; *Landfermann* in: HK-InsO, § 290 Rdn. 3 bis 15; *Ahrens* in: FK-InsO, § 290 Rdn. 10 bis 56; *Wenzel* in: *Kübler/Prütting,* InsO, § 290 Rdn. 7 bis 22; *Hess/Weis/Wienberg,* InsO, § 290 Rdn. 15 bis 39b; *Römermann* in: *Nerlich/Römermann,* InsO, § 290 Rdn. 25 bis 102; *Frege/Keller/Riedel,* Rdn. 2109 ff.; *Döbereiner,* S. 120 bis 140; *Schmidt-Räntsch* in: *Gottwald,* § 77 Rdn. 11 bis 16; eine sehr gute Bestandsaufnahme der Rechtsprechung bietet *Schmerbach,* NZI 2005, 521.

[5] Eine staatsanwaltschaftliche Ermittlung genügt nicht, *Vallender* in: *Uhlenbruck,* InsO, § 290 Rdn. 22; *Römermann* in: *Nerlich/Römermann,* InsO, § 290 Rdn. 32, unzutreffend *Döbereiner,* S. 124, der in diesem Fall analog § 148 ZPO eine Aussetzung des Restschuldbefreiungsverfahrens erwägt; dem vorsichtig zustimmend *Stephan* in: MüKo-InsO, § 290 Rdn. 30.

[6] *Wenzel* in: *Kübler/Prütting,* InsO, § 290 Rdn. 9; *Ahrens* in: FK-InsO, § 290 Rdn. 11.

dem aktuellen Insolvenzverfahren stehen.[1] Eine rechtskräftige Verurteilung ist nicht mehr beachtlich, wenn sie im Bundeszentralregister nach §§ 45 ff., 51 Abs. 1 BZRG getilgt ist.[2]

1871 – § 290 Abs. 1 Nr. 2 InsO, wenn der Schuldner in den letzten drei Jahren vor dem Antrag auf Eröffnung des Insolvenzverfahrens oder nach diesem Antrag vorsätzlich oder grob fahrlässig schriftlich unrichtige oder unvollständige Angaben über seine wirtschaftlichen Verhältnisse gemacht hat, um einen Kredit zu erhalten, Leistungen aus öffentlichen Mitteln zu beziehen oder Leistungen an öffentliche Kassen zu vermeiden. Gemein sind hiermit Krediterschleichung oder Leistungserschleichung des Schuldners innerhalb der letzten drei Jahre vor dem Insolvenzantrag; der Schuldner muss die unvollständigen oder unrichtigen Angaben über seine wirtschaftlichen Verhältnisse vorsätzlich oder grob fahrlässig gemacht haben.[3] Es ist dem Schuldner auch zuzurechnen, wenn ein Dritter – insbesondere ein Kreditvermittler – die Angaben mit Billigung des Schuldners gemacht hat.[4] Das Offenlassen von Angaben in einem Fragenkatalog stellt keinen Versagungsgrund dar.[5] Ein Versagungsgrund liegt aber vor, wenn der Schuldner, falsche Angaben über seine Verbindlichkeiten macht[6] oder Lohnabtretungen nicht angibt.[7] Unterlässt es der Schuldner, innerhalb der drei Jahre, Angaben zu berichtigen oder zu ergänzen – insbesondere im Hinblick auf Steuererklärungen –, stellt dies für sich genommen noch keinen Versagungsgrund dar.[8] Eine unterlassene Steuererklärung erfüllt nicht den Tatbestand des § 290 Abs. 1 Nr. 2 InsO, auch wenn der Schuldner damit erlass- oder stundungsunwürdig im Sinne des § 227 AO geworden ist.[9]

---

[1] BGH NZI 2003, 163 = ZVI 2003, 34; BayObLG NZI 2002, 110 = ZVI 2002, 28; OLG Celle NZI 2001, 314; *Stephan* in: MüKo-InsO, § 290 Rdn. 26; *Vallender* in: *Uhlenbruck*, InsO, § 290 Rdn. 16; anders noch AG Göttingen NZI 2002, 446 = ZVI 2002, 290; *Ahrens* in: FK-InsO, § 290 Rdn. 13.

[2] BGH NZI 2003, 163 = ZVI 2003, 34; OLG Celle ZInsO 2000, 667; LG Düsseldorf NZI 2002, 674; AG Duisburg NZI 2001, 669; *Vallender* in: *Uhlenbruck*, InsO, § 290 Rdn. 25 m. w. N.; *Landfermann* in: HK-InsO, § 290 Rdn. 4; *Ahrens* in: FK-InsO, § 290 Rdn. 15; ohne zeitliche Begrenzung dagegen *Wenzel* in: *Kübler/Prütting*, InsO, § 290 Rdn. 8.

[3] Dabei genügt nicht, wenn der Schuldner lediglich angegeben hat, die monatlichen Raten planmäßig zahlen zu können, LG Göttingen NZI 2001, 327; eingehend *Ahrens* in: FK-InsO, § 290 Rdn. 26.

[4] BGHZ 156, 139; BGH NZI 2005, 687 = ZVI 2005, 503; LG Mönchengladbach ZInsO 2004, 515; LG Potsdam ZInsO 2005, 664; anders LG Göttingen NZI 2002, 326.

[5] AG Berlin-Lichtenberg NZI 2004, 390.

[6] LG Potsdam ZInsO 2005, 664; AG Mönchengladbach ZInsO 2001, 186; AG Landau ZVI 2004, 699.

[7] AG Landau ZVI 2004, 629.

[8] BGH NZI 2003, 449 = ZVI 2003, 421; dazu *Urban*, ZVI 2003, 386.

[9] OLG Köln NZI 2001, 205 = ZIP 2001, 466; AG Göttingen ZVI 2002, 385; anders LG Traunstein ZVI 2002, 473; eingehend zu steuerrechtlichen Fragen *Urban*, ZVI 2003, 386.

- § 290 Abs. 1 Nr. 3 InsO, wenn in den letzten zehn Jahren vor dem Antrag auf Eröffnung des Insolvenzverfahrens oder nach diesem Antrag dem Schuldner Restschuldbefreiung erteilt oder nach §§ 296 oder 297 InsO versagt worden ist. Dadurch soll verhindert werden, dass ein Schuldner allzu oft das Restschuldbefreiungsverfahren in Anspruch nimmt;[1] eine bereits früher erfolgte Versagung der Restschuldbefreiung nach § 290 InsO oder eine Verwerfung eines Restschuldbefreiungsantrags als unzulässig fallen nicht unter die Vorschrift.[2] 1872
- § 290 Abs. 1 Nr. 4 InsO, wenn der Schuldner im letzten Jahr vor dem Antrag auf Eröffnung des Insolvenzverfahrens oder nach diesem Antrag vorsätzlich oder grob fahrlässig die Befriedigung der Insolvenzgläubiger dadurch beeinträchtigt hat, dass er unangemessene Verbindlichkeiten begründet oder Vermögen verschwendet oder ohne Aussicht auf eine Besserung seiner wirtschaftlichen Lage die Eröffnung des Insolvenzverfahrens verzögert hat. Dieser Versagungsgrund kann durch den Gläubiger nur schwer glaubhaft gemacht werden, da eine Beeinträchtigung der Insolvenzgläubiger durch das Handeln des Schuldners glaubhaft gemacht werden muss.[3] Die Aufnahme eines Kredits von mehr als 7.500 EUR soll nach Ansicht des Amtsgerichts Hamburg den Tatbestand des § 290 Abs. 1 Nr. 4 InsO zumindest nahe legen.[4] Die Flugreise zu ca. 260 EUR oder die Anmietung einer Wohnung mit einer Größe von 114 m² zu ca. 930 EUR monatlicher Miete stellen für sich gesehen nach Ansicht des Amtsgerichts Bonn noch keinen Versagungsgrund dar.[5] Dagegen soll die Verwendung von finanziellen Mitteln für eine Urlaubsreise statt zur Schuldentilgung ausreichender Versagungsgrund sein.[6] Ob die Führung eines „unangemessenen Lebensstils" hierunter zu subsumieren ist, ist Frage des Einzelfalles.[7] Allgemein setzt die Begründung unangemessener Verbindlichkeiten voraus, dass die mangelnde Erfüllbarkeit schon bei Begründung für den Schuldner vorhersehbar war.[8] 1873
- § 290 Abs. 1 Nr. 5 InsO, wenn der Schuldner während des Insolvenzverfahrens Auskunfts- oder Mitwirkungspflichten nach diesem Gesetz vorsätzlich oder grob fahrlässig verletzt hat. Gemeint sind hier die Pflichten des Schuldners im Insolvenzverfahren und im Insolvenzeröffnungsverfahren nach §§ 20, 97ff. InsO; es sollen nur 1874

---

[1] Begründung des Regierungsentwurfs BT-Drucks. 12/2443, S. 190.

[2] *Vallender* in: *Uhlenbruck*, InsO, § 290 Rdn. 47; *Landfermann* in: HK-InsO, § 290 Rdn. 9; *Ahrens* in: FK-InsO, § 290 Rdn. 31.

[3] Eingehend *Vallender* in: *Uhlenbruck*, InsO, § 290 Rdn. 50ff.; *Schmidt-Räntsch* in: *Gottwald*, § 77 Rdn. 15.

[4] AG Hamburg ZVI 2002, 34.

[5] AG Bonn ZVI 2002, 134.

[6] LG Düsseldorf NZI 2004, 390.

[7] BGH NZI 2005, 233.

[8] AG Oldenburg ZVI 2003, 367.

schwere Pflichtverletzungen des Schuldners in Betracht kommen.[1] Setzt der Schuldner eine frühere Geschäftstätigkeit trotz Verbot durch den Treuhänder fort, soll wegen des hieraus für die Gläubiger möglicherweise entstehenden Schadens ein Versagungsgrund gegeben sein.[2] Dem kann nicht uneingeschränkt zugestimmt werden, denn zum einen kann während des Insolvenzverfahrens dem Schuldner schwerlich untersagt werden, eine Geschäftstätigkeit auszuüben, zum anderen sind hieraus entstehende Verbindlichkeiten nicht Masseverbindlichkeiten im Sinne des § 55 Abs. 1 InsO, durch welche die Gläubiger beeinträchtigt wären.[3] Nur wenn der Schuldner durch seine Tätigkeit die Mitwirkungspflicht des § 97 InsO verletzt, kann eine Versagung der Restschuldbefreiung in Betracht gezogen werden. Verschweigt der Schuldner im Insolvenzverfahren dem Insolvenzverwalter ein zu seinen Gunsten im Musterregister eingetragenes Gebrauchsmuster, stellt dies einen Fall des § 290 Abs. 1 Nr. 5 InsO dar.[4]

1875 – § 290 Abs. 1 Nr. 6 InsO, wenn der Schuldner in den nach § 305 Abs. 1 Nr. 3 InsO vorzulegenden Verzeichnissen seines Vermögens und seines Einkommens, seiner Gläubiger und der gegen ihn gerichteten Forderungen vorsätzlich oder grob fahrlässig unrichtige oder unvollständige Angaben gemacht hat, beispielsweise einen Gläubiger nicht angibt.[5] Der Versagungsgrund gilt nur für den Schuldner, der Verbraucher im Sinne des § 304 InsO ist.[6] Der Schuldner hat sein Einkommen auch dann anzugeben, wenn es unterhalb der Pfändungsfreigrenzen des § 850c ZPO liegt.[7] Das Verschweigen eines nach § 39 Abs. 1 Nr. 3 InsO nachrangigen Insolvenzgläubigers stellt keinen Versagungsgrund nach § 290 Abs. 1 Nr. 6 InsO dar.[8] Auch die Nichtangabe einer sehr alten und im Vergleich zu den übrigen Forderungen sehr geringen Forderung soll keinen Versagungsgrund darstellen.[9] Dagegen ist es beachtlich, wenn der Schuldner bei Abgabe des Vermögensverzeichnisses die Sicherungsabtretung seiner Lohnforderungen unerwähnt gelassen hat.[10] Die Gefährdung der Befriedigung

[1] Begründung des Regierungsentwurfs BT-Drucks. 12/2443, S. 190, 191; Beschlussempfehlung und Bericht des Rechtsausschusses, BT-Drucks. 12/7302, S. 188; *Ahrens* in: FK-InsO, § 290 Rdn. 47.

[2] LG Cottbus ZVI 2002, 218.

[3] Dazu *Tetzlaff*, ZVI 2002, 309.

[4] AG Leipzig ZVI 2002, 427.

[5] LG Göttingen NZI 2002, 564; AG Göttingen NZI 2003, 106 = ZVI 2003, 88; die Vorschrift gibt dem Insolvenzgericht keinen Ermessensspielraum, LG Frankfurt am Main ZVI 2003, 136; ein Versagungsgrund liegt aber nicht vor, wenn die Angaben noch im Eröffnungsverfahren korrekt ergänzt werden, BayObLG NZI 2002, 392.

[6] Sehr anschaulich *Messner/Hofmeister*, S. 152: Die Schuldnerin vergisst, ein Sparkonto ihres verstorbenen und von ihr allein beerbten Ehemannes im Vermögensverzeichnis anzugeben.

[7] OLG Celle NZI 2002, 323 = ZVI 2002, 29.

[8] AG Münster NZI 2000, 555; dazu *Ahrens*, NZI 2001, 113.

[9] LG Berlin ZInsO 2004, 1264.

[10] LG Göttingen ZVI 2002, 383; AG Hamburg NZI 2001, 46.

der Gläubiger ist nicht Tatbestandsvoraussetzung des § 290 Abs. 1 Nr. 6 InsO.[1]

Der Gläubiger, der die Versagung der Restschuldbefreiung beantragt, hat den Versagungsgrund nach § 290 Abs. 2 InsO glaubhaft zu machen, eine Amtsermittlung nach § 5 InsO findet erst nach ausreichender Glaubhaftmachung statt.[2] Für die Glaubhaftmachung gelten die allgemeinen Anforderungen des § 294 ZPO, das Beweismittel zur Glaubhaftmachung muss sofort verfügbar sein (§ 294 Abs. 2 ZPO). Der Versagungsgrund des § 290 Abs. 1 Nr. 1 InsO kann beispielsweise durch eine beglaubigte Abschrift des rechtskräftigen Strafurteils oder einen Auszug aus der Eintragung im Bundeszentralregister glaubhaft gemacht werden. Der Versagungsgrund des § 290 Abs. 1 Nr. 2 InsO kann durch Vorlage entsprechender Unterlagen über die Gewährung des Kredits des Gläubigers glaubhaft gemacht werden. Kann der Gläubiger dem vorgebrachten Versagungsgrund nicht unmittelbar glaubhaft machen, ist ein Antrag auf Versagung der Restschuldbefreiung als unzulässig zu verwerfen. 1876

Beispiel 3: Im Schlusstermin erscheint ein bislang unbekannter Gläubiger des Schuldners, er legt einen Vollstreckungsbescheid aus der Zeit vor Eröffnung des Insolvenzverfahrens vor, aus dem hervorgeht, dass er eine Forderung in Höhe von 12.531 EUR gegen den Schuldner geltend machen kann. Der Gläubiger erklärt, dass er erst durch die öffentliche Bekanntmachung des Schlusstermins von dem Insolvenzverfahren erfahren habe und nicht damit einverstanden sei, dass dem Schuldner Restschuldbefreiung erteilt werde. Der Schuldner hätte als Verbraucher bei seinem Insolvenzantrag seine Forderung mit angeben müssen, er sei als Insolvenzgläubiger am Verfahren zu beteiligen gewesen. 1877

Das Vorbringen des Gläubigers ist als Antrag auf Versagung der Restschuldbefreiung nach § 290 Abs. 1 InsO anzusehen, als Versagungsgrund wird § 290 Abs. 1 Nr. 6 InsO geltend gemacht. Der Versagungsgrund ist durch den Gläubiger ausreichend glaubhaft gemacht (§ 290 Abs. 2 InsO und § 294 Abs. 1 ZPO). Dass ihm eine Insolvenzforderung zusteht, ist aus dem Vollstreckungsbescheid ersichtlich, dass der Schuldner ihn bei dem nach § 305 Abs. 1 Nr. 3 InsO einzureichenden Gläubigerverzeichnis nicht berücksichtigt hat, ist aus den gerichtlichen Insolvenzakten zu ersehen. Die Höhe der Gläubigerforderung lässt auch darauf schließen, dass der Schuldner mindestens grob fahrlässig gehandelt hat (zur Verhältnismäßigkeit LG Saarbrücken NZI 2000, 380). Dem Schuldner ist durch gerichtlichen Beschluss die Zulassung zur Restschuldbefreiung zu versagen.

c) Die Entscheidung des Gerichts

Das Insolvenzgericht hat im Schlusstermin den Schuldner grundsätzlich zum Restschuldbefreiungsverfahren zuzulassen und die Restschuldbefreiung nach § 289 InsO anzukündigen. Die Versagung der Restschuldbefreiung erfolgt nur auf Antrag eines der Gläubigers nach § 290 1878

[1] BGH NZI 2004, 633.

[2] BGHZ 156, 139 = NZI 2003, 662 = ZVI 2003, 538; AG Memmingen ZVI 2004, 630; *Ahrens* in: FK-InsO, § 290 Rdn. 64; anders *Landfermann* in: HK-InsO, § 290 Rdn. 16; dazu auch *Pfeffer*, ZVI 2004, 232.

Abs. 1 InsO unter ausreichender Glaubhaftmachung des Versagungsgrundes und bei voller Überzeugung des Gerichts vom Versagungsgrund.[1] Die Beweismittel der Glaubhaftmachung hat das Insolvenzgericht zu würdigen. In der Entscheidung über die Ankündigung der Restschuldbefreiung steht dem Gericht jedoch kein Ermessen zu.[2]

1879 Die Entscheidung des Gerichts ergeht durch Beschluss (§ 289 Abs. 1 Satz 2 und § 291 Abs. 1 InsO). Wird kein Versagungsantrag gestellt, liegt die Zuständigkeit für die Entscheidung beim Rechtspfleger,[3] ist ein Versagungsantrag gestellt, hat der Richter zu entscheiden (§ 18 Abs. 1 Nr. 2 RPflG).[4] Der Beschluss des Insolvenzgerichts ist für den Schuldner mit sofortiger Beschwerde anfechtbar, wenn ihm die Restschuldbefreiung versagt wird, für den Gläubiger, wenn sie unter Zurückweisung eines entsprechenden Versagungsantrags angekündigt wird (§ 289 Abs. 2 InsO). Nach Rechtskraft des Ankündigungsbeschlusses ist dieser öffentlich bekanntzumachen (§ 289 Abs. 2 Satz 3 InsO).

1880 Mit der Ankündigung der Restschuldbefreiung bestellt das Insolvenzgericht nach § 291 Abs. 2 InsO den so genannten Treuhänder.[5] Wurde über das Vermögen des Schuldners ein Verbraucherinsolvenzverfahren durchgeführt, erfolgte die Bestellung des Treuhänders bereits mit Eröffnung dieses Verfahrens nach § 313 Abs. 1 Satz 2 InsO. Bei der Auswahl der Person des Treuhänders hat das Insolvenzgericht dessen persönliche Eignung in Anlehnung an die Kriterien des § 56 InsO zu prüfen.[6] Die Erwartung, dass auch Verwandte oder Freunde des Schuldners ohne Anspruch auf Vergütung als Treuhänder fungieren könnten,[7] hat sich in der Rechtspraxis nicht bestätigt, regelmäßig wird der im Insolvenzverfahren bestellte Insolvenzverwalter auch zum Treuhänder des Restschuldbefreiungsverfahrens ernannt.

---

[1] BGH ZVI 2003, 538; Muster zu den einzelnen Entscheidungen *Frege/Keller/Riedel*, Rdn. 2126, 2127, 2128.

[2] Zutreffend *Schmidt-Räntsch* in: *Gottwald*, § 77 Rdn. 18, missverständlich AG Münster NZI 2000, 555.

[3] *Stephan* in: MüKo-InsO, § 289 Rdn. 10 und § 291 Rdn. 11; *Landfermann* in: HK-InsO, § 289 Rdn. 2; unzutreffend *Haarmeyer* in: *Smid*, InsO, § 291 Rdn. 3; *Hess/Weis/Wienberg*, InsO, § 289 Rdn. 5.

[4] Eingehend zur Zuständigkeitsverteilung *Frege/Keller/Riedel*, Rdn. 229 ff.

[5] Die Entscheidung ergeht trotz des missverständlichen Wortlauts in § 289 Abs. 1 Satz 2 und § 291 Abs. 1 InsO in einem einheitlichen Beschluss, *Stephan* in: MüKo-InsO, § 291 Rdn. 21; *Frege/Keller/Riedel*, Rdn. 2119; nicht praxistauglich dagegen *Haarmeyer* in: *Smid*, InsO, § 291 Rdn. 2.

[6] *Stephan* in: MüKo-InsO, § 288 Rdn. 26 ff.; *Vallender* in: *Uhlenbruck*, InsO, § 288 Rdn. 6, 7 ff.; *Landfermann* in: HK-InsO, § 291 Rdn. 2 ff.; *Häsemeyer*, Rdn. 26.30; *Müller*, ZInsO 1999, 335.

[7] So noch *Arnold*, DGVZ 1996, 65; kritisch *Stephan* in: MüKo-InsO, § 288 Rdn. 33.

5. Der Ablauf des Abtretungszeitraums

a) Die Rechtsstellung des Treuhänders im Restschuldbefreiungsverfahren

Der Treuhänder steht unter der Aufsicht des Insolvenzgerichts, er ist diesem gegenüber rechenschaftspflichtig (§ 292 Abs. 3 Satz 1 und 2 InsO) und haftet den Gläubigern entsprechend § 60 InsO.[1] Bei Beendigung seines Amtes hat der Rechnung über seine Tätigkeit zu legen, in der Rechtspraxis werden auch während des Abtretungszeitraums in regelmäßigen Abständen Berichte und Zwischenrechnungen an das Gericht übermittelt.[2] 1881

Die Gläubigerversammlung kann nach § 291 Abs. 2 InsO den Treuhänder besonders beauftragen, den Schuldner hinsichtlich der Erfüllung seiner Obliegenheiten nach § 295 InsO zu überwachen (§ 292 Abs. 2 InsO). Eine solche Überwachung des Schuldners soll nicht zu Bevormundung oder Schnüffelei gegenüber dem Schuldner führen.[3] Allgemein wird es genügen, wenn der Treuhänder sich regelmäßig über die Erwerbstätigkeit des Schuldners informiert und ihn in besonderen Fällen zur Erfüllung der Obliegenheiten ermahnt. Obliegenheitsverletzungen hat der Treuhänder den Gläubigern unverzüglich mitzuteilen (§ 292 Abs. 1 Satz 2 InsO). Es bleibt den Gläubigern überlassen, hierwegen die Versagung der Restschuldbefreiung nach § 296 InsO zu beantragen. 1882

Der Treuhänder hat nach § 293 Abs. 1 InsO Anspruch auf Vergütung für seine Tätigkeit. Die Vergütung ist in den §§ 14 bis 16 InsVV geregelt. Die Vergütung ist nach § 14 InsVV als Staffelvergütung nach der Summe der vom Treuhänder eingenommenen Beträge ausgestaltet, als Mindestvergütung beträgt sie nach § 14 Abs. 3 InsVV jährlich 100 EUR. Für Überwachung der Erfüllung der Obliegenheiten des Schuldners erhellte der Treuhänder eine Vergütung nach Stundensätzen gemäß § 15 InsVV. Auslagen und Umsatzsteuer sind ihm zusätzlich zu erstatten (§ 16 InsVV).[4] 1883

---

[1] *Ehricke* in: MüKo-InsO, § 292 Rdn. 70 ff.; *Vallender* in: *Uhlenbruck*, InsO, § 292 Rdn. 4 ff., 11; speziell zur Haftung *Stephan* in: MüKo-InsO, § 292 Rdn. 70 ff.; *Landfermann* in: HK-InsO, § 292 Rdn. 14; *Häsemeyer*, Rdn. 26.32; für eine Haftung analog § 1833 BGB *Döbereiner*, S. 349; für eine Haftung nach allgemeinen Grundsätzen *Wenzel* in: *Kübler/Prütting*, InsO, § 292 Rdn. 16 ff.; *Römermann* in: *Nerlich/Römermann*, InsO, § 292 Rdn. 52 ff.; *Hess/Weis/Wienberg*, InsO, § 292 Rdn. 15, 16; *Grote* in: FK-InsO, § 292 Rdn. 29 ff., mit Bezugnahme BGHZ 24, 393.

[2] Eingehend *Frege/Keller/Riedel*, Rdn. 2143 ff.

[3] *Vallender* in: *Uhlenbruck*, InsO, § 292 Rdn. 57 ff.; *Frege/Keller/Riedel*, Rdn. 2142.

[4] Eingehend *Frege/Keller/Riedel*, Rdn. 2538; *Keller*, Vergütung, Rdn. 227 ff.

b) Die Aufgaben des Treuhänders während des Abtretungszeitraums

1884 Nach Beendigung des Insolvenzverfahrens tritt die Abtretung des pfändbaren Teils des Arbeitseinkommens des Schuldners an den Treuhänder nach § 287 Abs. 2 InsO eigentlich in Kraft, der Treuhänder ist nunmehr Inhaber des pfändbaren Teils des Arbeitseinkommens des Schuldners und als solcher Gläubiger gegenüber dem Arbeitgeber als Drittschuldner.[1] Der Treuhänder hat den Arbeitgeber oder den sonst Zahlungspflichtigen von der Abtretung zu benachrichtigen und den pfändbaren Teil des Arbeitseinkommens einzuziehen (§ 292 Abs. 1 Satz 1 InsO).[2] Er kann auch im eigenen Namen Klage gegen den Arbeitgeber auf Zahlung erheben.[3] Hat der Schuldner vor Insolvenzeröffnung sein Arbeitseinkommen wirksam an einen Dritten abgetreten, bleibt diese Abtretung für zwei Jahre seit Insolvenzeröffnung wirksam (§ 114 Abs. 1 InsO). Dieser Zeitraum kann auch in das Restschuldbefreiungsverfahren und den Abtretungszeitraum fallen, § 114 Abs. 1 InsO ist deshalb vom Treuhänder zu beachten.[4]

1885 Die erlangten Beträge hat der Treuhänder von seinem sonstigen Vermögen getrennt zu halten und auf einem besonderen Konto zu verwahren (§ 292 Abs. 1 Satz 2 InsO). Ist er in mehreren Verfahren als Treuhänder tätig, hat der für jeden Schuldner ein eigenes Konto zu führen, Sammelkonten sind nicht zulässig.[5]

1886 Die eingezogenen Beträge verteilt der Treuhänder einmal jährlich an die Insolvenzgläubiger hinsichtlich ihrer nach Beendigung des Insolvenzverfahrens noch bestehenden Restforderungen zu verteilen (§ 292 Abs. 1 Satz 2 InsO).[6] Die Verteilung erfolgt auf Grund des nach § 188 InsO erstellten Schlussverzeichnisses. Vor der Verteilung an die Insolvenzgläubiger darf der Treuhänder einen angemessenen Vorschuss auf seine Vergütung und auf seinen Auslagenersatz nach § 16 Abs. 2 Satz 1 InsVV entnehmen. Wurden dem Schuldner die Verfahrenskosten nach § 4a InsO gestundet, sind auch diese Kosten sowie die Gebühren eines nach § 4a Abs. 2 InsO beigeordneten Rechtsanwalts, die nach § 59 RVG (§ 130 BRAGO) auf die Staatskasse übergegangen sind, vorweg

---

[1] Zu Rechtsstellung *Ehricke* in: MüKo-InsO, § 292 Rdn. 3ff.; *Wenzel* in: *Kübler/Prütting,* InsO, § 292 Rdn. 2, 3; *Grote* in: FK-InsO, § 292 Rdn. 2; den materiellrechtlichen Wirkungen der Abtretung entspricht am ehesten die Annahme einer echten Gläubigerstellung des Treuhänders gegenüber dem Arbeitgeber des Schuldners; grundlegend *Häsemeyer,* Rdn. 26.31; *Pape,* Rpfleger 1995, 133; *Müller,* ZInsO 1999, 335.

[2] Zur Abführung durch den Schuldner gleichsam im Wege stiller Zession *Frege/Keller/Riedel,* Rdn. 2131.

[3] *Vallender* in: *Uhlenbruck,* InsO, § 292 Rdn. 24; *Landfermann* in: HK-InsO, § 292 Rdn. 2; *Grote* in: FK-InsO, § 292 Rdn. 6.

[4] LG Bochum ZVI 2004, 51; *Grote* in: FK-InsO, § 292 Rdn. 7ff.

[5] *Wenzel* in: *Kübler/Prütting,* InsO, § 292 Rdn. 4ff.

[6] Monatliche oder vierteljährliche Verteilung ist nicht erforderlich, aber wohl zulässig, Beschlussempfehlung und Bericht des Rechtsausschusses, BT-Drucks. 12/7302, S. 188; zur Zulässigkeit einer Zwischenverteilung *Fuchs* in: KS, S. 1679 Rdn. 193.

zu entnehmen (§ 292 Abs. 1 Satz 2 InsO). Die tatsächlich an die Insolvenzgläubiger bei der Verteilung auszuschüttende Quote ergibt sich im Insolvenzverfahren aus dem Verhältnis zur Summe der Gläubigerforderungen.[1]

Das in § 292 Abs. 1 InsO geregelte Verfahren darf nicht überbe- 1887
wertet werden. Es erscheint für die Gläubiger zumindest tröstlich, im Restschuldbefreiungsverfahren noch etwas erhalten zu können, praktisch ist dies jedoch kaum der Fall. Zum einen sind aus den durch den Treuhänder erlangten Zahlungen erhebliche Beträge vorweg abzuziehen, in den meisten Fällen ergibt sich jedoch wegen der Pfändungsfreigrenzen des § 850c ZPO aus dem Arbeitseinkommen oder den gleichgestellten Bezügen des Schuldners kein pfändbarer Betrag. Ist der Schuldner keiner Person zum Unterhalt verpflichtet, muss sein monatliches Arbeitseinkommen netto mindestens 990 EUR betragen, damit 3,40 EUR pfändbar sind; bei einer Unterhaltsverpflichtung mindestens 1360 EUR, damit 2,05 EUR pfändbar sind; bei zwei Unterhaltsverpflichtungen sind erst ab 1570 EUR netto monatlich ganze 3,01 EUR pfändbar.[2]

In der Rechtspraxis können die Insolvenzgläubiger deshalb nur in 1888
den seltensten Fällen mit Zahlungen seitens des Treuhänders während des Abtretungszeitraums rechnen. Zwar kann hinsichtlich des pfändbaren Teils des Arbeitseinkommens auch der Treuhänder eine erweiterte Pfändbarkeit beispielsweise über § 850c Abs. 4 ZPO erwirken (§ 292 Abs. 1 Satz 3 mit § 36 Abs. 1 Satz 2 InsO), praktisch führt aber auch das nur selten zum Erfolg.[3]

Beispiel 4: Nach Beendigung des Insolvenzverfahrens stehen den Insolvenz- 1889
gläubigern des Schuldners noch Forderungen von insgesamt 57.383,00 EUR zu. Der Schuldner ist verheiratet und kinderlos, er erzielt ein monatliches Arbeitseinkommen von netto 1.550,00 EUR; seine Ehefrau ist halbtags berufstätig und erhält hierbei ein monatliches Arbeitseinkommen von netto 800,00 EUR. Der Treuhänder beantragt beim Insolvenzgericht, die Ehefrau des Schuldners als unterhaltsberechtigte Person bei der Berechnung des pfändbaren Teils des Arbeitseinkommens des Schuldners zur Hälfte unberücksichtigt zu lassen, das Insolvenzgericht erlässt einen entsprechenden Beschluss. Beim Arbeitgeber des Schuldners zieht der Treuhänder den pfändbaren Teil des Arbeitseinkommens ein.

Der pfändbare Teil des Arbeitseinkommens bei hälftiger Nichtberücksichtigung der Ehefrau nach § 292 Abs. 1 Satz 3 mit § 36 Abs. 1 Satz 2 InsO und § 850c Abs. 4 ZPO beträgt monatlich 246,22 EUR (pfändbarer Betrag bei einer Unterhaltsverpflichtung 97,05 EUR, ohne Unterhaltsverpflichtung 395,40 EUR; der Dif-

---

[1] *Römermann* in: *Nerlich/Römermann*, InsO, § 292 Rdn. 42; *Döbereiner*, S. 196; eingehend *Moch*, NZI 1998, 68.

[2] Beträge nach der Tabelle zu § 850c Abs. 3 ZPO in der Fassung des Siebten Gesetzes zur Anhebung der Pfändungsfreigrenzen vom 13. 12. 2001 (BGBl. I S. 3638); die Beträge sind entsprechend § 850c Abs. 2a Satz 2 ZPO geändert zum 1. Juli 2005 durch Bekanntmachung des Bundesministeriums der Justiz vom 25. Februar 2005 (BGBl. I S. 493).

[3] Eingehend hierzu *Vallender* in: *Uhlenbruck*, InsO, § 292 Rdn. 51; mit zahlreichen Einzelfällen *Frege/Keller/Riedel*, Rdn. 2136 ff.

ferenzbetrag von 298,35 EUR ist zur Hälfte pfändbar und dem pfändbaren Betrag bei einer Unterhaltsverpflichtung zuzurechnen). Jährlich nimmt der Treuhänder hiermit 2.954,64 EUR ein, hinzu kommt der pfändbare Teil des möglichen Weihnachtsgeldes des Schuldners von angenommen 900 EUR (Weihnachtsgeld von netto 1.400 EUR, unpfändbar zu 500 EUR, zum Restbetrag pfändbar nach § 850a Nr. 4 ZPO). Insgesamt stehen im ersten Jahr des Abtretungszeitraums 3.854,64 EUR zuzüglich möglicher Zinsen zur Verfügung, mithin 3.900,00 EUR.

Von diesem Betrag darf der Treuhänder einen Vorschuss auf seine Vergütung nach § 14 InsVV zuzüglich Auslagenersatz und Umsatzsteuer entnehmen (§ 16 Abs. 2 Satz 1 InsVV), es sind dies nach § 14 Abs. 2 InsVV fünf Prozent der eingenommenen Beträge, als Auslagen sind mindestens Kontoführungsgebühren anzusetzen. Insgesamt kann der Treuhänder damit 240 EUR vorweg in Abzug bringen (Vergütungsvorschuss für das erste Jahr 195,00 EUR, Kontoführung 13,80 EUR, Umsatzsteuerausgleich auf die Vergütung 31,20 EUR).

Zur Verteilung an die Gläubiger verbleibt im ersten Jahr des Abtretungszeitraums ein Betrag von 3.660 EUR. Bei einer Summe der Gläubigerforderungen von 57.383 EUR entspricht dies einer Quote von 6,378 Prozent.

Wurde dem Schuldner Kostenstundung nach § 4a InsO gewährt, ist der vom Treuhänder eingenommene Betrag zunächst an die Staatskasse wegen der Kosten des Verfahrens abzuführen (§ 292 Abs. 1 Satz 2 und Satz 5 InsO). Eine Ausschüttung an die Insolvenzgläubigern erfolgt erst nach vollständiger Tilgung der seitens der Staatskasse gestundeten Verfahrenskosten.

1890 An den Schuldner zahlt der Treuhänder nach Ablauf von vier Jahren zehn Prozent der im vorangegangenen Jahr erwirtschafteten Beträge, nach fünf Jahren fünfzehn Prozent (§ 292 Abs. 1 Satz 4 InsO).[1] Mit diesen Zahlungen soll dem Schuldner ein Anreiz zum Durchhalten des Abtretungszeitraums gegeben werden.[2]

c) Die Rechtsstellung der Insolvenzgläubiger

1891 Die Insolvenzgläubiger unterliegen durch § 294 InsO weitgehenden Beschränkungen. Nach § 294 Abs. 1 InsO ist für jeden Insolvenzgläubiger während des Abtretungszeitraums die Zwangsvollstreckung gegenüber dem Schuldner untersagt. Es wirkt gleichsam das Vollstreckungsverbot des § 89 InsO für das Verfahren der Restschuldbefreiung fort.[3] Von dem Vollstreckungsverbot sind auch diejenigen Gläubiger betroffen wird, die nach § 302 InsO von der Restschuldbefreiung selbst nicht betroffen sein werden.[4] Sie können erst nach Beendigung des Restschuldbefreiungsverfahrens gegen den Schuldner wieder die Zwangsvollstreckung betreiben.[5]

---

[1] *Frege/Keller/Riedel*, Rdn. 2135 a. E.; anders *Döbereiner*, S. 189 (monatliche Zahlung).

[2] Beschlussempfehlung und Bericht des Rechtsausschusses, BT-Drucks. 12/7302, S. 188.

[3] *Ahrens* in: FK-InsO, § 294 Rdn. 5 ff.; zur Zuständigkeit des Insolvenzgerichts LG Köln ZVI 2004, 53; zur Zulässigkeit der Erteilung einer vollstreckbaren Ausfertigung nach § 201 Abs. 2 InsO als vorbereitende Maßnahme LG Göttingen NZI 2005, 689.

[4] *Landfermann* in: HK-InsO, § 294 Rdn. 3; *Ahrens* in: FK-InsO, § 302 Rdn. 18; *Wenzel* in: *Kübler/Prütting*, InsO, § 294 Rdn. 2a; *Römermann* in: *Nerlich/Römermann*, InsO, § 294 Rdn. 7.

[5] Kritisch hiergegen mit beachtlichen Argumenten *Steder*, RpflStud 2003, 104.

Nach § 294 Abs. 2 InsO darf ein Insolvenzgläubiger mit dem Schuldner kein Sonderabkommen schließen, das ihm Sondervorteile gewährt, er darf insbesondere keine Sonderzahlungen des Schuldners annehmen. Für den Schuldner wäre dies eine Obliegenheitsverletzung nach § 295 Abs. 1 Nr. 4 InsO. In der Rechtspraxis kann dieser Fall Bedeutung erlangen, wenn einer Gläubiger den Schuldner zu Zahlungen mit der Drohung nötigt, ansonsten wegen einer Obliegenheitsverletzung Antrag auf Versagung der Restschuldbefreiung zu stellen. Eine entsprechende Zahlung des Schuldners wäre im Hinblick auf § 294 Abs. 2 InsO nicht zulässig. 1892

Nach § 294 Abs. 3 InsO kann der Arbeitgeber des Schuldners als Insolvenzgläubiger gegen das Arbeitseinkommen des Schuldners nur soweit aufrechnen, als dies nach § 114 Abs. 2 InsO auch im Insolvenzverfahren zulässig wäre. Eine Aufrechnung kann nur für hinsichtlich des pfändbaren Teils des Arbeitseinkommens im Zeitraum von zwei Jahren nach Eröffnung des Insolvenzverfahrens erfolgen.[1] 1893

d) Die Obliegenheiten des Schuldners nach § 295 InsO

Während des Abtretungszeitraums unterliegt der Schuldner den Obliegenheiten des § 295 InsO. Nach Zulassung des Schuldners zum Restschuldbefreiungsverfahren kann ein Gläubiger die Versorgung der Restschuldbefreiung nur beantragen, wenn der Schuldner diese Obliegenheiten versetzt. Die Versagungsgründe des § 290 Abs. 1 InsO sind nicht mehr maßgebend, Sie können nur im Schlusstermin geltend gemacht werden.[2] Die Obliegenheiten des § 295 Abs. 1 InsO beinhalten eine abschließende Aufzählung, sie sind nicht analogiefähig[3] und enthalten keine ungeschriebenen Tatbestandsmerkmale. Es gibt etwa keine ungeschriebenen Obliegenheiten des Schuldners dahingehend, dass er sich während des Abtretungszeitraums einer bescheidenen Lebensführung bedienen müsse. Im Hinblick auf die Obliegenheit nach § 295 Abs. 1 Nr. 2 InsO, von Todes wegen erworbenes Vermögen zur Hälfte an der Treuhänder abzuführen, wäre dann nämlich der Schuldner gehindert die andere Hälfte des erworbenen Vermögens, die er eben nicht an den Treuhänder abführen muss, in Anspruch zu nehmen. Auch die Aufnahme neuer Verbindlichkeiten oder das erneute Eintreten einer Zahlungsunfähigkeit stellen für sich keine Obliegenheitsverletzungen im Sinne des § 295 InsO dar.[4] 1894

---

[1] Ausführlich *Ahrens* in: FK-InsO, § 294 Rdn. 35 bis 43.

[2] *Ahrens* in: FK-InsO, § 295 Rdn. 3; *Hess/Weis/Wienberg,* InsO, § 295 Rdn. 2.

[3] Beschlussempfehlung und Bericht des Rechtsausschusses, BT-Drucks. 12/7302, S. 190.

[4] *Frege/Keller/Riedel,* Rdn. 2155; allerdings kann § 290 Abs. 1 Nr. 3 InsO der neuerlichen Restschuldbefreiung entgegenstehen, dazu *Stephan* in: MüKo-InsO, § 290 Rdn. 49.

aa) Der Katalog der Obliegenheiten in § 295 Abs. 1 InsO

1895 Der Schuldner hat nach § 295 Abs. 1 Nr. 1 InsO eine angemessene Erwerbstätigkeit auszuüben oder sich um eine solche zu bemühen. Diese Verpflichtung ist Bestandteil der Obliegenheiten des § 295 Abs. 1 InsO, da aus dem pfändbaren Teil des Arbeitseinkommens des Schuldners die Insolvenzgläubigern nach § 292 InsO zu befriedigen sind. Eine Frage des Einzelfalles ist es, welche Anforderungen an dem Schuldner an das Bemühen um eine angemessene Erwerbstätigkeit zu stellen sind.[1] Allgemein wird von ihm eine erhöhte Arbeitsbereitschaft gefordert, zumutbare Tätigkeiten darf er auch dann nicht ablehnen, wenn sie unterhalb seiner beruflichen Qualifikation stehen.[2] Er darf auch Bewerbungen nicht mit der Begründung unterlassen, seine Erwerbsaussichten seien zu gering.[3] So fordert das Amtsgericht Hamburg von einem dreißigjährigen unverheirateten und kinderlosen Schuldner zu Recht ohne weiteres die Verpflichtung zur Aufnahme einer Vollzeitbeschäftigung.[4] Auch dem Amtsgericht München ist darin zuzustimmen, dass lediglich eine Teilzeitbeschäftigung des Schuldners mit der Begründung, im Übrigen müsse er für seinen Hund sorgen, nicht ausreicht.[5] Ist der Schuldner trotz aller Bemühungen während des Abtretungszeitraums arbeitslos oder kann aus einem Arbeitseinkommen kein pfändbare Betrag erwirtschaftet werden, stellt dies aber keine Obliegenheitsverletzung nach § 295 Abs. 1 Nr. 1 InsO dar. Die Verbüßung einer Haftstrafe darf für sich genommen auch kein Grund sein, dem Schuldner die Restschuldbefreiung zu versagen.[6] Ist der Schuldner selbstständig tätig, hat er nach § 295 Abs. 2 InsO an den Treuhänder einen Geldbetrag abzuführen, der dem pfändbaren Betrag eines vergleichbaren Arbeitseinkommens entspricht.[7] Der nicht selbstständig tätige Schuldner ist durch § 295 Abs. 1 Nr. 1 InsO aber nicht verpflichtet, die für ihn günstigste Steuerklasse zu wählen.[8]

1896 Der Schuldner hat nach § 295 Abs. 1 Nr. 2 InsO Vermögen, das er von Todes wegen erwirbt, zur Hälfte an den Treuhänder abzuführen, die übrige Hälfte steht ihm zur freien Verfügung. Die Verpflichtung ist grundsätzlich durch Zahlung eines Geldbetrages zu erfüllen; um den Vollstreckungszugriff von Neugläubigern auf den an den Treuhänder abzuführenden Nachlass zu vermeiden, ist auch die Abführung des un-

---

[1] *Ehricke* in: MüKo-InsO, § 295 Rdn. 15 bis 48; *Vallender* in: *Uhlenbruck*, InsO, § 295 Rdn. 9 ff.; *Ahrens* in: FK-InsO, § 295 Rdn. 26 ff.; *Wenzel* in: *Kübler/Prütting*, InsO, § 295 Rdn. 7 ff.; *Römermann* in: *Nerlich/Römermann*, InsO, § 295 Rdn. 12 ff.; *Döbereiner*, S. 149 ff.; *Messner/Hofmeister*, S. 163 ff.; *Wenzel*, NZI 1999, 15.

[2] Begründung des Regierungsentwurfs BT-Drucks. 12/2443, S. 192.

[3] LG Kiel ZVI 2002, 474.

[4] AG Hamburg NZI 2001, 103.

[5] AG München ZVI 2003, 481.

[6] So aber LG Hannover ZVI 2002, 130 m. abl. Anm. *Riedel*.

[7] Zur Berechnung in der Rechtspraxis *Frege/Keller/Riedel*, Rdn. 2158.

[8] AG Duisburg NZI 2002, 328.

verteilten Nachlasses denkbar.[1] Das Recht, eine ihm angefallene Erbschaft oder ein Vermächtnis auszuschlagen (§§ 1943 ff. und § 2180 BGB) steht nur dem Schuldner persönlich zu. Die Ausschlagung einer auch noch so hohen Erbschaft stellt keine Obliegenheitsverletzung dar.[2] § 295 Abs. 1 Nr. 2 InsO ist auf sonstige Schenkungen, auf Zugewinnausgleichsansprüche, Steuererstattungen oder Gewinne aus Lotterien und Glücksspielen nicht entsprechend anwendbar.[3]

Der Schuldner hat nach § 295 Abs. 1 Nr. 3 InsO dem Treuhänder **1897** und dem Insolvenzgericht jeden Wechsel seines Wohnsitzes oder seiner Arbeitsstelle unverzüglich mitzuteilen.[4] Er ist jederzeit zur Auskunft über seine Erwerbstätigkeit oder sein Bemühen hierum verpflichtet.

Der Schuldner darf nach § 295 Abs. 1 Nr. 4 InsO keine Sonderzah- **1898** lungen an einzelne Insolvenzgläubiger leisten. Auch in anderer Weise dürften einzelnen Gläubigen keine Sondervorteile verschafft werden.[5]

bb) Die Versagung der Restschuldbefreiung bei Verletzung einer Obliegenheit

Verletzt der Schuldner während des Abtretungszeitraums eine der in **1899** § 295 Abs. 1 InsO genannten Obliegenheiten schuldhaft[6] und wird dadurch die Befriedigung der Insolvenzgläubigern beeinträchtigt, kann ihm auf Antrag eines Insolvenzgläubigern ist die Restschuldbefreiung versagt werden (§ 296 Abs. 1 Satz 1 InsO). Der Antrag auf Versagung der Restschuldbefreiung ist innerhalb eines Jahres ab Kenntnis der Obliegenheitsverletzung zu stellen (§ 296 Abs. 1 Satz 2 InsO), der Insolvenzgläubiger hat die Tatsache der Obliegenheitsverletzung wie auch die Tatsache der Beeinträchtigung der Insolvenzgläubiger und das Verschulden des Schuldners glaubhaft zu machen (§ 296 Abs. 1 Satz 3 InsO). Hinsichtlich des Verschuldens trifft im weiteren Verfahren jedoch den Schuldner die Beweislast, § 296 Abs. 1 Satz 1 zweiter Halbsatz InsO soll als Beweislastumkehr gesehen werden.[7]

Das Insolvenzgericht hört den Schuldner und den Treuhänder zu dem **1900** Versagungsantrag des Gläubigers an (§ 296 Abs. 2 Satz 1 InsO), die Anhörung der übrigen Insolvenzgläubiger wäre praktisch nur in einem

---

[1] *Ehricke* in: MüKo-InsO, § 295 Rdn. 66; *Vallender* in: *Uhlenbruck,* InsO, § 295 Rdn. 40; *Landfermann* in: HK-InsO, § 295 Rdn. 6 a; *Preuß,* NJW 1999, 3450.

[2] LG Mainz ZVI 2003, 362; *Wenzel* in: *Kübler/Prütting,* InsO, § 295 Rdn. 19 b mit Hinweis zu anderer Ansicht; *Frege/Keller/Riedel,* Rdn. 2159; eingehend zum Nachlasserwerb *Bartels,* KTS 2003, 41.

[3] Sehr ausführlich AG Göttingen, NZI 2004, 332; Begründung des Regierungsentwurfs BT-Drucks. 12/2443, S. 257, 267; eingehend mit Auseinandersetzung zu anderen Ansichten *Ehricke* in: MüKo-InsO, § 295 Rdn. 50.

[4] AG Königstein ZVI 2003, 365.

[5] *Frege/Keller/Riedel,* Rdn. 2162; eher großzügig *Landfermann* in: HK-InsO, § 295 Rdn. 9.

[6] *Wenzel* in: *Kübler/Prütting,* InsO, § 296 Rdn. 4; *Römermann* in: *Nerlich/Römermann,* InsO, § 296 Rdn. 7.

[7] Begründung des Regierungsentwurfs BT-Drucks. 12/2443, S. 193; *Ahrens* in: FK-InsO, § 296 Rdn. 26.

mündlichen Termin denkbar.[1] Der Schuldner ist nach § 296 Abs. 2 Satz 2 InsO in besonderem Maße auskunftspflichtig, er hat über die Erfüllung seiner Obliegenheiten bezogen auf den Versagungsantrag des Gläubigers Auskunft zu geben und die Richtigkeit dieser Auskunft an Eides statt zu versichern. Ohne Rücksicht auf die Obliegenheitsverletzung wird ihm die Restschuldbefreiung versagt, wenn er die Auskunft oder die eidesstattliche Versicherung verweigert oder nicht innerhalb der ihm gesetzten Frist abgibt oder zu einem anberaumten Termin ohne hinreichende Entschuldigung nicht erscheint (§ 296 Abs. 2 Satz 3 InsO).[2]

1901 **Beispiel 5:** Der Schuldner geht während des Abtretungszeitraums einer geregelten Arbeitstätigkeit nach und erhält hierbei ein Arbeitseinkommen von netto monatlich 850 EUR. Ein Insolvenzgläubiger vermutet hierin eine Obliegenheitsverletzung, da nach seiner Ansicht der Schuldner ohne weiteres mindestens 1.200 EUR verdienen könne. Er stellt beim Insolvenzgericht Antrag auf Versagung der Restschuldbefreiung. Das Insolvenzgericht übermittelt den Antrag dem Schuldner mit der Aufforderung, hierzu innerhalb von zwei Wochen Stellung zu nehmen und Auskunft über seine Erwerbstätigkeit zu geben. Der Schuldner sieht keine Veranlassung, auf das Schreiben des Gerichts zu reagieren und lässt es unbeantwortet. Das Gericht bestimmt hierauf einen Termin zur Auskunft des Schuldners und zur Abgabe der eidesstattliche Versicherungen hierüber und lädt den Schuldner zu diesem Termin. Das Gericht weist den Schuldner hierbei ausdrücklich auf die Gefahr der Versagung der Restschuldbefreiung hin, wenn er diesen Termin nicht wahrnimmt. Der Schuldner leistet der Ladung nicht Folge.

Dem Schuldner ist die Restschuldbefreiung allein nach § 296 Abs. 2 Satz 3 InsO zu versagen. Er wurde vom Gericht zur Auskunftserteilung aufgefordert, es wurde Termin zur Auskunftserteilung und zur Abgabe der eidesstattliche Versicherung bestimmt. Die Versagung der Restschuldbefreiung erfolgt nach § 296 Abs. 2 Satz 3 InsO nur deshalb, weil der Schuldner dieser Aufforderung nicht Folge geleistet hat. Dabei ist unerheblich, ob er tatsächlich eine Obliegenheitsverletzung nach § 295 Abs. 1 Nr. 1 InsO begangen hat. Die Gefahr dieser strengen Regelung mag darin bestehen, dass einzelne Gläubiger versucht sein könnten, mehr oder weniger offensichtlich unbegründet Antrag auf Versagung der Restschuldbefreiung in der Hoffnung zu stellen, der Schuldner werde seinen verfahrensrechtlichen Verpflichtungen nicht nachkommen und die Restschuldbefreiung werde ihm nur deshalb versagt.

1902 Die Entscheidung des Gerichts über den Versagungsantrag des Gläubigers ergeht durch Beschluss. Wird in dem Beschluss der Antrag des Gläubigers auf Versagung der Restschuldbefreiung zurückgewiesen, steht diesem die sofortige Beschwerde zu (§ 296 Abs. 3 Satz 1 InsO). Wird dem Schuldner vor Ablauf des Abtretungszeitraums die Restschuldbefreiung versagt, ist dieser beschwerdeberechtigt.

---

[1] *Wenzel* in: *Kübler/Prütting,* InsO, § 296 Rdn. 4; nicht praxisgerecht Beschlussempfehlung und Bericht des Rechtsausschusses, BT-Drucks. 12/7302, S. 188, *Ahrens* in: FK-InsO, § 296 Rdn. 29.

[2] Eingehend *Vallender* in: *Uhlenbruck,* InsO, § 296 Rdn. 39; mit Muster *Frege/Keller/Riedel,* Rdn. 2167 ff.

Mit Versagung der Restschuldbefreiung endet die Abtretung des pfändbaren Teils des Arbeitseinkommens vorzeitig, das Restschuldbefreiungsverfahren wird beendet (§ 299 InsO). 1903

e) Die Verurteilung des Schuldners wegen einer Insolvenzstraftat

Einen eigenständigen Versagungsgrund stellt § 297 InsO dar. Die Restschuldbefreiung ist zu versagen, wenn nach Erlass des Ankündigungsbeschlusses während des Abtretungszeitraums der Schuldner rechtskräftig wegen einer Straftat nach den §§ 283 bis 283c StGB verurteilt wird. Die Versagung der Restschuldbefreiung erfolgt auch hier nur auf Antrag eines Insolvenzgläubigers, über § 297 Abs. 2 finden die Vorschriften des § 296 Abs. 1 InsO entsprechende Anwendung.[1] 1904

f) Die Versagung der Restschuldbefreiung auf Antrag des Treuhänders

Kann aus den nach § 292 InsO eingenommenen Beträgen die Mindestvergütung des Treuhänders nach § 14 Abs. 3 InsVV in Höhe von 100 EUR zuzüglich Auslagen und Umsatzsteuer nicht gedeckt werden, ist auf Antrag des Treuhänders die Restschuldbefreiung nach § 298 InsO zu versagen.[2] Der Treuhänder hat den Schuldner schriftlich zur Zahlung der Mindestvergütung aufzufordern, er hat ihn hierbei eine Frist von mindestens zwei Wochen zu geben und auf die Gefahr der Versagung der Restschuldbefreiung hinzuweisen. Die Mindestvergütung des Treuhänders soll dem Schuldner notfalls aus seinem unpfändbaren Vermögen möglich sein.[3] 1905

Das Insolvenzgericht entscheidet nach vorheriger Anhörung des Schuldners über den Antrag des Treuhänders, auch hier ist der Schuldner aufzufordern, den fehlenden Betrag innerhalb einer Frist von zwei Wochen zu zahlen (§ 298 Abs. 2 Satz 1 InsO). Über den Antrag auf Versagung der Restschuldbefreiung entscheidet funktionell der Rechtspfleger, der Versagungsgrund des § 298 InsO ist in § 18 Abs. 1 Nr. 2 RPflG nicht genannt.[4] 1906

Der Versagungsgrund des § 298 InsO ist umstritten,[5] in der Rechtspraxis findet er jedoch kaum Anwendung, da dem Schuldner regelmäßig Kostenstundung nach § 4a InsO gewährt wird. Die Anwendung des § 298 InsO ist dann ausgeschlossen (§ 298 Abs. 1 Satz 2 InsO). Der Antrag auf Gewährung der Kostenstundungen kann auch noch im gerichtlichen Verfahren nach § 298 Abs. 2 InsO gestellt werden. 1907

---

[1] Eingehend *Frege/Keller/Riedel,* Rdn. 2174 ff.
[2] Eingehend *Frege/Keller/Riedel,* Rdn. 2178 ff.
[3] Begründung des Regierungsentwurfs BT-Drucks. 12/2443, S. 193.
[4] *Landfermann* in: HK-InsO, § 298 Rdn. 3; *Fuchs* in: KS, S: 1679 Rdn. 194.
[5] Begründung des Regierungsentwurfs BT-Drucks. 12/2443, S. 257, 258, 267; *Ehricke* in: MüKo-InsO, § 298 Rdn. 2 ff.; zur Verfassungsmäßigkeit *Grote* in: FK-InsO, § 296 Rdn. 3 ff.; *Römermann* in: *Nerlich/Römermann,* InsO, § 298 Rdn. 5 ff.; *Häsemeyer,* Rdn. 26.42; *Döbereiner,* S. 213 ff.

6. Die Erteilung der Restschuldbefreiung

a) Die Erteilung der Restschuldbefreiung nach Ablauf des Abtretungszeitraums

1908 Nach Ablauf des Abtretungszeitraums ist dem Schuldner die Restschuldbefreiung zu erteilen (§ 300 Abs. 1 InsO). Die Erteilung der Restschuldbefreiung bedarf keiner weiteren Voraussetzung, insbesondere keines weiteren Antrags des Schuldners. Das Insolvenzgericht hat die Insolvenzgläubiger, den Treuhänder und den Schuldner vor seiner Entscheidung zu hören. Die Insolvenzgläubiger haben nach § 300 Abs. 2 InsO die Möglichkeit, unter Berufung auf §§ 296 oder 297 InsO die Versagung der Restschuldbefreiung zu beantragen. Auch hier muss der Versagungsantrag noch innerhalb der Jahresfrist des § 296 Abs. 1 Satz 2 InsO gestellt sein.

1909 Soweit kein Antrag auf Versagung der Restschuldbefreiung gestellt ist, erteilt das Insolvenzgericht dem Schuldner die Restschuldbefreiung durch Beschluss. Die Entscheidung ergeht durch den Rechtspfleger. Der Beschluss über die Erteilung der Restschuldbefreiung ist öffentlich bekanntzumachen (§ 300 Abs. 3 Satz 1 InsO).[1]

b) Die Erteilung der Restschuldbefreiung vor Ablauf des Abtretungszeitraums

1910 Die Insolvenzordnung regelt nicht, ob dem Schuldner bereits vor Ablauf des Abtretungszeitraums die Restschuldbefreiung erteilt werden kann. Ausgangsüberlegung des Gesetzgebers war es, dass der Schuldner stets den Abtretungszeitraum des § 287 Abs. 2 InsO zu durchlaufen habe.[2] In der gerichtlichen Praxis wird jedoch überlegt, ob dem Schuldner nicht auch vorzeitig die Restschuldbefreiung erteilt werden kann. Dies wird in verschiedenen Fallkonstellationen diskutiert:[3]

1911 Erklärt sich der Schuldner im Schlusstermin bereit, einen Geldbetrag zu zahlen, der dem gesamten pfändbaren Teils seines Arbeitseinkommens für die restliche Dauer des Abtretungszeitraums entspricht, solle ihm sofort Restschuldbefreiung erteilt werden können. Der vom Schuldner gezahlte Geldbetrag würde im Rahmen der Schlussverteilung an die Insolvenzgläubiger verteilt. Diese Vorgehensweise findet im Gesetz keinerlei Rechtfertigung und ist abzulehnen. Sie berücksichtigt mithin nicht, dass der Schuldner während des Abtretungszeitraums höheres pfändbares Einkommen erzielen könnte; freilich könnte er

---

[1] Muster bei *Frege/Keller/Riedel,* Rdn. 2192.

[2] Begründung des Regierungsentwurfs BT-Drucks. 12/2443, S. 189 linke Spalte unten.

[3] *Vallender* in: *Uhlenbruck,* InsO, § 291 Rdn. 37 ff.; *Winter,* ZVI 2003, 211; *ders.,* ZVI 2003, 451; *Pape,* NZI 2004, 1; *ders.,* ZVI 2003, 624; *Lohmann,* ZInsO 2000, 445.

auch arbeitslos werden. Auch der mögliche Vermögenserwerb des § 295 Abs. 1 Nr. 2 InsO fiele mit dieser Möglichkeit vorzeitiger Erteilung der Restschuldbefreiung völlig weg.

Sind im Insolvenzverfahren keine Insolvenzforderungen nach § 178 Abs. 3 InsO rechtskräftig festgestellt, stellt sich für das Restschuldbefreiungsverfahren die Frage, an welche Gläubiger der Treuhänder nach § 292 Abs. 1 InsO die eingenommenen Beträgen abzuführen habe, da kein Insolvenzgläubiger in einem Schlussverzeichnis nach § 188 InsO berücksichtigt werden kann. Dieser Fall tritt vor allem im Verbraucherinsolvenzverfahren auf, wenn nur wenige Insolvenzgläubiger, unter Umständen nur einer,[1] vorhanden sind, deren Forderungen im allgemeinen Prüfungstermin vom Insolvenzverwalter bestritten worden sind und die Gläubiger hiergegen nicht Klage nach § 179 Abs. 1 InsO erhoben haben.[2] Tatsächlich hätte hier der Treuhänder die von ihm eingenommenen Beträgen abzüglich seiner Vergütung wieder an den Schuldner herauszugeben, da kein berücksichtigungsfähiger Insolvenzgläubiger vorhanden ist. Es könnte während des restlichen Abtretungszeitraums auch kein bislang nicht bekannter Insolvenzgläubiger auftreten und die Versagung der Restschuldbefreiung nach § 296 Abs. 1 InsO beantragen, um gegen ihn die Wirkung des § 301 InsO zu verhindern.[3] Eine Versagung ist nach § 296 Abs. 1 Satz 1 InsO nur möglich, wenn neben der Obliegenheitsverletzung auch die Befriedigung der Insolvenzgläubiger beeinträchtigt ist, aus dem pfändbaren Teil des Arbeitseinkommens während des Abtretungszeitraums kann dieser bisher nicht bekannte Insolvenzgläubigern jedoch nichts erhalten. Allerdings könnte nach dem Schlusstermin der Schuldner noch wegen einer Insolvenzstraftat verurteilt werden und der Versagungsgrund des § 297 InsO eintreten,[4] auf den sich auch ein bislang nicht berücksichtigter Gläubiger berufen kann.[5] Das seitens der Praxis vielfach vorgebrachte Argument, es sei höchst unwahrscheinlich, dass der Schuldner strafrechtlich verurteilt werde, kann die theoretische Möglichkeit dieses Falles nicht entkräften.[6] In der Praxis erscheint es in diesen Fällen zuweilen dennoch als Förmelei, das Restschuldbefreiungsverfahren nur um seiner selbst willen durchzuführen und gleichsam die Obliegenheiten des 1912

---

[1] Hierzu LG Koblenz NZI 2004, 157 = ZVI 2003, 668; AG Köln NZI 2003, 560; AG Bremen ZVI 2003, 608; AG Koblenz NZI 2004, 47; *Vallender* in: *Uhlenbruck,* InsO, § 286 Rdn. 19; *Pape,* ZVI 2003, 624.

[2] AG Frankfurt am Main ZVI 2002, 35.

[3] Hiergegen mit beachtlichen Gründen *Pape,* NZI 2004, 1, Abschnitt III. 1.; ein nicht am Insolvenzverfahren beteiligter Gläubiger könne nicht die von § 296 Abs. 1 InsO geforderte Benachteiligung der Gläubiger glaubhaft machen.

[4] LG Oldenburg NZI 2004, 44 und ZVI 2004, 55; LG Traunstein ZVI 2003, 424; AG Köln NZI 2002, 218 = ZVI 2002, 223; *Vallender* in: *Uhlenbruck,* InsO, § 291 Rdn. 37ff.; *Wenzel* in: *Kübler/Prütting,* InsO, § 299 Rdn. 3; *Fuchs,* ZInsO 2002, 298.

[5] *Vallender* in: *Uhlenbruck,* InsO, § 297 Rdn. 9.

[6] So insbesondere LG Traunstein ZVI 2003, 424.

Schuldners nach § 295 Abs. 1 InsO als Mittel sanktionsloser Disziplinierung zu gebrauchen.[1]

III. Die Wirkungen der Restschuldbefreiung

1. Die Umwandlung der Insolvenzforderungen zu Naturalobligationen

1913 Die Restschuldbefreiung erfasst alle Forderungen gegen den Schuldner, die im vorangegangenen Insolvenzverfahren als Insolvenzforderungen im Sinne des § 38 InsO zu qualifizieren waren, unabhängig davon, ob der betreffende Gläubiger am Insolvenzverfahren teilgenommen hat oder nicht.[2] Die Restschuldbefreiung erfasst auch die nachrangigen Insolvenzforderungen, mithin die seit Insolvenzeröffnung laufenden Zinsen nach § 39 Abs. 1 Nr. 1 InsO. Die Restschuldbefreiung bewirkt eine Umwandlung der Forderungen zu Naturalobligationen.[3] Erhält ein von der Restschuldbefreiung betroffener Gläubiger Befriedigung seiner Forderung, muss er diese deshalb nicht zurückgewähren (§ 301 Abs. 3 InsO).

1914 Von der Restschuldbefreiung sind die Neugläubiger des Schuldners, die seit Eröffnung des Insolvenzverfahren zum Forderungen gegen diesen erworben haben, nicht betroffen. Es sollte daher stets berücksichtigten werden, dass unter Berücksichtigung des Abtretungszeitraums von sechs Jahren die Restschuldbefreiung nur diejenigen Forderungen erfasst, die mindestens sechs Jahre alt sind; die seit Eröffnung des Insolvenzverfahren sind vor sechs Jahren neu begründeten Forderungen gegen den Schuldner sind von der Restschuldbefreiung nicht betroffen.

2. Die Rechte gegenüber den Mitschuldnern und Bürgen

1915 Die Rechte der Insolvenzgläubiger gegenüber Mitschuldnern und Bürgen des Schuldners werden von der Restschuldbefreiung nicht be-

[1] Für eine Erteilung der Restschuldbefreiung daher BGH NZI 2005, 399 m. Anm. *Ahrens* = ZVI 2005, 322; LG Frankfurt am Main ZVI 2003, 426; AG Kiel ZInsO 2003, 1053; AG Münster ZVI 2003, 230; AG Vechta ZInsO 2003, 388 (Leitsatz); AG Rosenheim ZInsO 2001, 48 (Leitsatz); *Landfermann* in: HK-InsO, § 299 Rdn. 4; *Ahrens* in: FK-InsO, § 300 Rdn. 12a; *Lohmann*, ZInsO 2000, 445; *Winter*, ZVI 2003, 211; *Durani*, ZInsO 2003, 1037.

[2] *Wenzel* in: *Kübler/Prütting*, InsO, § 301 Rdn. 2; gleichgültig ist, aus welchem Grund eine Forderungsanmeldung unterblieben ist, *Landfermann* in: HK-InsO, § 301 Rdn. 5; anders *Döbereiner*, S. 240, 243.

[3] Ausführlich *Vallender* in: *Uhlenbruck*, InsO, § 301 Rdn. 10; *Ahrens* in: FK-InsO, § 301 Rdn. 8ff.; *Wenzel* in: *Kübler/Prütting*, InsO, § 301 Rdn. 1ff.; die Erteilung einer vollstreckbaren Ausfertigung aus der Insolvenztabelle nach § 201 InsO ist unzulässig, *Landfermann* in: HK-InsO, § 301 Rdn. 3; einer Zwangsvollstreckung kann der Schuldner mit Klage nach § 767 ZPO begegnen, *Riedel* und *Keller* in: *Gottwald/Riedel*, Teil 11/6.2.

rührt (§ 301 Abs. 2 InsO). Gegen diese kann der betreffende Insolvenzgläubiger weiterhin unbeschränkt vorgehen. Die Restschuldbefreiung trifft dann die Rückgriffsforderung des Mitschuldners oder des Bürgen aus § 426 BGB oder § 774 Abs. 1 BGB.[1]

3. Die von der Restschuldbefreiung nicht erfassten Forderungen des § 302 InsO

Zuletzt enthält § 302 Abs. 1 InsO einen Katalog von Forderungen, **1916** die aus sozialpolitischen oder rechtspolitischen Erwägungen von der Restschuldbefreiung nicht erfasst sein sollen.

Unter § 302 Nr. 1 InsO fallen die Forderungen aus vorsätzlich be- **1917** gangener unerlaubter Handlung des Schuldners. Wesentliche Voraussetzung ist, dass der Gläubiger die Qualität seiner Forderung als so genannte Deliktsforderung nach § 174 Abs. 2 InsO zur Insolvenztabelle angemeldet hat und die Forderung als solche festgestellt worden ist.

Zu den in § 302 Nr. 2 InsO genannten Forderungen gehören insbe- **1918** sondere Geldstrafen und Geldbußen, die nach § 39 Abs. 1 Nr. 3 InsO nachrangigen Insolvenzforderungen sind. Gerade bei Geldstrafen wird hier wiederum deutlich, dass die Regelung des § 39 Abs. 1 Nr. 3 InsO verfehlt ist. Die Strafverfolgungsbehörde als Gläubiger ist nämlich während des Insolvenzverfahrens von dem Vollstreckungsverbot des § 89 Abs. 1 InsO betroffen, während des Restschuldbefreiungsverfahrens von dem Vollstreckungsverbot des § 294 Abs. 1 InsO. Erst nach Erteilung der Restschuldbefreiung kann sie gegen den Schuldner wieder unbeschränkt vorgehen. Der Strafcharakter dieser Forderungen wird damit nahezu vereitelt.[2]

Nach § 302 Nr. 3 InsO sind Forderungen aus zinslosen Darlehen an **1919** den Schuldner von der Restschuldbefreiung nicht erfasst. Gedacht ist in hierbei an die Finanzierung der Verfahrenskosten seitens eines nahen Angehörigen des Schuldners, der ihm den Geldbetrag vorgeschossen hat.[3] Diese Darlehensforderung wäre als gewöhnliche Insolvenzforderung von der Restschuldbefreiung erfasst.

4. Der Widerruf der Restschuldbefreiung

Stellt sich nach Erteilung der Restschuldbefreiung heraus, dass er der **1920** Schuldner während des Abtretungszeitraums vorsätzlich – nicht ledig-

---

[1] *Ahrens* in: FK-InsO, § 301 Rdn. 19 ff.

[2] Zur Verhängung der Ersatzfreiheitsstrafe LG Leipzig ZIP 2002, 142; eingehend *Franke,* NStZ 1999, 548; *Zeitler,* Rpfleger 2001, 337.

[3] § 302 Nr. 3 InsO wurde durch Art. 1 Nr. 20 des Gesetzes zur Änderung der Insolvenzordnung und anderer Gesetze vom 26. 10. 2001 (BGBl. I S. 2710) eingefügt; Gesetzentwurf der Bundesregierung vom 5. 1. 2001, BT-Drucks. 14/5680; zur Begründung der Änderung S. 29.

lich schuldhaft – eine Obliegenheitsverletzung begangen hat und dadurch die Befriedigung der Insolvenzgläubiger erheblich beeinträchtigt worden ist, kann auf Antrag eines Gläubigers die bereits erteilte Restschuldbefreiung widerrufen werden (§ 303 Abs. 1 InsO). Verschärfend zu § 296 Abs. 1 InsO muss die Obliegenheitsverletzung des Schuldners vorsätzlich erfolgt sein und die Beeinträchtigung der Gläubiger muss erheblich sein. Der Widerruf der Restschuldbefreiung ist nur innerhalb eines Jahres nach Rechtskraft ihrer Erteilung zulässig.[1]

---

[1] *Frege/Keller/Riedel,* Rdn. 2198 m. w. N.

15. Kapitel. Das Verbraucherinsolvenzverfahren

I. Die Grundlagen der Verbraucherinsolvenz

1. Die Gesetzgebungsgeschichte zum Verbraucherinsolvenzverfahren

„Der Einheitskonkurs ist das Verfahren der Zukunft." Mit diesen Worten pries *Ernst Jaeger*[1] die Konkursordnung aus dem Jahre 1877, weil sie im Gegensatz zu den früheren konkursrechtlichen Gesetzen wie zu den Gesetzen anderer Länder nicht mehr nur dem Kaufmann die Eröffnung des Konkursverfahrens ermöglichte sondern zwischen dem Schuldner, der Kaufmann ist und dem, der kein Gewerbe betreibt, keinen Unterschied machte. Demgegenüber mag der Neunte Teil der Insolvenzordnung, der mit den §§ 304 bis 314 InsO das Verbraucherinsolvenzverfahren regelt, einen Rückschritt in die Zeit vor Inkrafttreten der Konkursordnung vom 10. Februar 1877 sein.[2] 1921

Der bei In-Kraft-Treten der Insolvenzordnung am 1. Januar 1999 befürchtete Ansturm der Schuldner auf die Insolvenzgerichte blieb zunächst aus. Zum einen lag dies am zwingend vorgeschriebenen außergerichtlichen Schuldenbereinigungsverfahren (§ 305 Abs. 1 Nr. 1 InsO), das regelmäßig mit Hilfe einer geeigneten Stelle zu durchlaufen ist, zum anderen lag es an der seitens vieler Gerichte aufgestellten Hürde der Finanzierung der Kosten des Verfahrens durch den Schuldner und der Verweigerung von Prozesskostenhilfe für den Schuldner.[3] Auch das zwingend durchzuführende gerichtliche Schuldenbereinigungsverfahren (§§ 306 ff. InsO) wurde zu Recht als verfahrensrechtliche Hürde ohne eigene Erfolgsaussicht betrachtet.[4] 1922

Mit dem Gesetz zur Änderung der Insolvenzordnung und anderer Gesetze vom 26. Oktober 2001[5] wurden wesentliche Erschwernisse des Verbraucherinsolvenzverfahrens beseitigt, die Definition des Begriffs des Verbrauchers in § 304 InsO wurde klarer gefasst, das gerichtliche Schuldenbereinigungsverfahren wurde nicht mehr als obligatorisches, sondern als fakultatives Verfahren ausgestaltet, schließlich wurde dem 1923

---

[1] *Jaeger*, KO, Einleitung Abschn. III erster Absatz a. E.

[2] Zur Gesetzgebungsgeschichte Begründung des Regierungsentwurfs BT-Drucks. 12/2443, S. 46 ff., 100; Beschlussempfehlung des Rechtsausschusses, BT-Drucks. 12/7302, S. 154, 186, 189.

[3] *Frege/Keller/Riedel*, Rdn. 99, 100; *Graf-Schlicker* in: FS Uhlenbruck, S. 573.

[4] Begründung des Gesetzentwurfs der Bundesregierung zum InsOÄndG BT-Drucks. 14/5680, S. 11 ff.; *Ott* in: MüKo-InsO, § 306 Rdn. 3 ff.; *Vallender* in: *Uhlenbruck*, InsO, § 306 Rdn. 18; *Riedel/Keller* in: *Gottwald/Riedel*, Teil 12/1.1.

[5] InsOÄndG vom 26. Oktober 2001 (BGBl. I S. 2710).

Schuldner, der nicht in der Lage ist, die Kosten des Insolvenzverfahrens aus einem Vermögen zu finanzieren, die Möglichkeit der Kostenstundung nach §§ 4a ff. InsO eröffnet.[1] Auch wenn die Möglichkeit der Kostenstundung nicht nur dem Verbraucher offen steht, sondern jedem Schuldner, der natürliche Person ist und Restschuldbefreiung begehrt, ist sie doch gerade für den Verbraucher geschaffen worden, um ihm nach Durchlaufen des Insolvenzverfahrens die Möglichkeit der Restschuldbefreiung zu eröffnen. Viele Schuldner sehen deshalb das weiterhin obligatorische außergerichtliche Schuldenbereinigungsverfahren sowie das gerichtliche Verbraucherinsolvenzverfahren nur als zwingend zu absolvierende Verfahrensschritte zur eigentlichen Restschuldbefreiung.

1924 Mit dem Entwurf eines Gesetzes zur Änderung der Insolvenzordnung, des Bürgerlichen Gesetzbuches und anderer Gesetze vom 17. April 2003[2] sollte nach den Vorstellungen des Bundesministeriums der Justiz das Verbraucherinsolvenzverfahren weiter vereinfacht werden, es sollte insbesondere das gerichtliche Schuldenbereinigungsverfahren von einem so genannten Zustimmungsersetzungsverfahren abgelöst werden.[3] Der Gesetzentwurf ist bislang nur teilweise umgesetzt worden,[4] die geplanten Änderungen zum Verbraucherinsolvenzverfahren werden seitens des Bundesministeriums der Justiz jedoch weiter verfolgt.[5]

2. Der Verfahrensablauf im Überblick

1925 Die Konzeption des Gesetzgebers zu einer Verbraucherinsolvenz geht von einem dreistufigen Aufbau des Verfahrens aus:[6]

---

[1] Allgemein zur Rechtsentwicklung *Eckardt* in: *Jaeger,* InsO, § 4a Rdn. 5ff.; *Ganter* in: MüKo-InsO, § 4 Rdn. 17ff.; *Wenzel* in: *Kübler/Prütting,* InsO, § 286 Rdn. 87ff.; *Uhlenbruck* in: *Uhlenbruck,* InsO, § 4a Rdn. 1; *Frege/Keller/Riedel,* Rdn. 98ff.; *Graf-Schlicker* in: FS Uhlenbruck, S. 573.

[2] Diskussionsentwurf des Bundesministeriums der Justiz zu einem Gesetz zur Änderung der Insolvenzordnung, des Bürgerlichen Gesetzbuches und anderer Gesetze vom 17. April 2003; abgedruckt in: NZI 2003, 311; Beilage 1 zu ZVI Heft 4/2003; dazu *Sabel,* ZIP 2003, 781; *Stephan,* ZVI 2003, 145.

[3] Dazu *Stephan,* ZVI 2003, 145; *Pape,* ZInsO 2003, 389; *Vallender* und *Fuchs,* NZI 2003, 292; *Biehl,* ZInsO 2003, 543; *Frind,* ZInsO 2003, 341 und 549; *Heyrath,* ZInsO 2004, 135.

[4] Gesetz zur Umsetzung der Richtlinie 2002/47/EG vom 6. 6. 2002 über Finanzsicherheiten und zur Änderung des Hypothekenbankgesetzes und anderer Gesetze vom 5. 4. 2004 (BGBl. I S. 502); Gesetzentwurf abgedruckt in ZIP 2003, 1563 mit Einführung *Wimmer;* dazu *Ehricke,* ZIP 2003, 1065, *Hölzle,* ZIP 2003, 2144, *Obermüller,* ZIP 2003, 2336 *Zypries,* ZIP 2004, 51.

[5] Diskussionsentwurf des Bundesministeriums der Justiz zu einem Gesetz zur Änderung der Insolvenzordnung und anderer Gesetze vom 16. September 2004; abgedruckt in ZIP 2004, 1868; dazu *Stephan,* ZVI 2004, 505; *ders.,* NZI 2004, 521; *I. Pape,* NZI 2004, 601; *Sternal,* NZI aktuell Heft 8/2005, S. V.

[6] Beschlussempfehlung des Rechtsausschusses, BT-Drucks. 12/7302, S. 154.

- Im *ersten Schritt* soll der Schuldner außergerichtlich versuchen, mit seinen Gläubigern Regelungen über die Bereinigung seine Verbindlichkeiten zu vereinbaren und so im Vergleichswege eine Art Restschuldbefreiung zu erlangen.
- Im *zweiten Schritt* kann der Schuldner nach Scheitern einer außergerichtlichen Schuldenbereinigung Insolvenzantrag stellen, er hat diesem Insolvenzantrag unter anderem einen so genannten Schuldenbereinigungsplan beizufügen, der als Grundlage des gerichtlichen Schuldenbereinigungsverfahrens dient. Auch hier soll mit den Gläubigern im Vergleichswege versucht werden, eine Einigung zu erzielen. Unter bestimmten Voraussetzungen kann das Insolvenzgericht die Zustimmung einzelner Gläubiger zu dem Schuldenbereinigungsplan durch gerichtlichen Beschluss ersetzen. Das gerichtliche Schuldenbereinigungsverfahren wird nur noch durchgeführt, wenn es nach der freien Überzeugung des Gerichts voraussichtlich zum Erfolg führen wird.
- Im *dritten Schritt* ist bei Scheitern auch der gerichtlichen Schuldenbereinigung über die Eröffnung des Insolvenzverfahrens zu befinden; für das eröffnete Verbraucherinsolvenzverfahren sollen Regelungen gelten, die den Besonderheiten des Verbrauchers gerecht werden.

Nach Beendigung des Insolvenzverfahrens steht dem Schuldner das allgemeine Restschuldbefreiungsverfahren der §§ 286ff. InsO offen. Zweck der Mehrstufigkeit des Verfahrens ist es, beim Erfolg eines Verfahrensschrittes die weiteren Stufen überflüssig zu machen. Kann der Schuldner beispielsweise bereits im außergerichtlichen Schuldenbereinigungsverfahren mit seinen Gläubigern eine Einigung über die Schuldentilgung und über einen möglichen Erlass erzielen, erlangt er insoweit Restschuldbefreiung durch Vereinbarung mit seinen Gläubigern, ein gerichtliches Verfahren ist damit nicht mehr erforderlich. Führt das gerichtliche Schuldenbereinigungsverfahren, gegebenenfalls auch auf Grund gerichtlicher Zustimmungsersetzung (§ 309 InsO), zum Erfolg, muss ein Insolvenzverfahren nicht mehr eröffnet werden, auch ein Restschuldbefreiungsverfahren ist nicht mehr notwendig. Die Praxis zeigte schon früh, dass gerade das gerichtliche Schuldenbereinigungsverfahren nur selten zum Erfolg führt, Gläubiger, die außergerichtlich mit dem Schuldner zu keiner Einigung bereit sind, sind dies regelmäßig auch nicht im gerichtlichen Verfahren, insbesondere dann nicht, wenn der Schuldner im Schuldenbereinigungsplan ihnen keinerlei Leistung anbieten kann. Es handelt sich dann um einen so genannten Null-Plan, der regelmäßig keine Aussicht auf Zustimmung seitens der Gläubiger hat.[1] 1926

Stellt ein Gläubiger gegen den Schuldner Antrag auf Insolvenzeröffnung, soll dem Schuldner die Möglichkeit gegeben werden, selbst einen Insolvenzantrag vorzulegen (§ 306 Abs. 3 InsO). Der Schuldner kann 1927

[1] *Ott* in: MüKo-InsO, § 305 Rdn. 55ff.; *Vallender* in: *Uhlenbruck,* InsO, § 305 Rdn. 122; *Wenzel* in: *Kübler/Prütting,* InsO, § 286 Rdn. 78ff.; *Landfermann* in: HK-InsO, § 305 Rdn. 12, 27ff.; *Häsemeyer,* Rdn. 29.25a.

diesen Antrag wiederum nur nach einem gescheiterten Versuch einer außergerichtlichen Schuldenbereinigung stellen. Stellt der der Schuldner keinen eigenen Insolvenzantrag, entscheidet das Gericht unmittelbar nach dem Antrag des Gläubigers über die Insolvenzeröffnung.[1] Der Schuldner kann dann jedoch keine Restschuldbefreiung erlangen, da durch § 305 Abs. 1 Nr. 2 InsO der Restschuldbefreiungsantrag des § 287 InsO jedenfalls in der Verbraucherinsolvenz zwingend durch den Schuldner im Rahmen seines eigenen Insolvenzantrags gestellt sein muss.[2] Damit soll auch beim Antrag eines Gläubigers auf Insolvenzeröffnung die Dreistufigkeit des Verbraucherinsolvenzverfahrens beibehalten werden.

II. Das Insolvenzeröffnungsverfahren

1. Der Antrag des Schuldners auf Insolvenzeröffnung

1928 Für das Verbraucherinsolvenzverfahren gelten die allgemeinen Regelungen des Insolvenzverfahrens, soweit die §§ 304 ff. InsO keine Besonderheiten beinhalten. Für den Antrag des Schuldners auf Insolvenzeröffnung gelten deshalb zunächst die allgemeinen Regelungen der §§ 13 ff. InsO, der Schuldner ist zur Stellung des Insolvenzantrags uneingeschränkt berechtigt, eine Insolvenzantragspflicht besteht grundsätzlich nicht. Allerdings wird aus unterhaltsrechtlichen Erwägungen eine Insolvenzantragspflicht bejaht, wenn beim Schuldner ein so genannter Mangelfall nach § 1603 BGB vorliegt.[3] Allgemeiner Eröffnungsgrund ist die Zahlungsunfähigkeit nach § 17 InsO, denkbar ist auch im Verbraucherinsolvenzverfahren die Stellung des Insolvenzantrags mit dem Insolvenzgrund der drohenden Zahlungsunfähigkeit nach § 18 InsO.[4]

a) Der wesentliche Inhalt des Antrags

aa) Die Bestimmung der Verfahrensart

1929 Der Schuldner muss bei seinem Insolvenzantrag nicht angeben, ob er die Eröffnung eines Verbraucherinsolvenzverfahren oder des Regel-

---

[1] *Vallender* in: *Uhlenbruck*, InsO, § 306 Rdn. 69.

[2] OLG Köln NZI 2000, 367 = ZIP 2000, 1628 = ZInsO 2000, 334 m. abl. Anm. *Delhaes;* AG Köln NZI 2000, 331; LG Rostock NZI 2001, 266 = ZIP 2001, 660; *Vallender* in: *Uhlenbruck,* InsO, § 306 Rdn. 70; *Wenzel* in: *Kübler/Prütting,* InsO, § 306 Rdn. 4; *Landfermann* in: HK-InsO, § 306 Rdn. 7; anders *Grote* in: FK-InsO, § 306 Rdn. 23.

[3] BGH NZI 2005, 342 = ZVI 2005, 188; OLG Dresden ZVI 2003, 113; OLG Naumburg NZI 2003, 615; einschränkend für den Fall des § 1615l Abs. 2 BGB OLG Koblenz NZI 2005, 637; eingehend zur Rechtsprechung *Fischer,* ZVI 2005, 357; *Bayer/Schützeberg,* ZVI 2005, 393; eingehend zum Mangelfall *Kodal* in: *Göppinger/Wax,* Rdn. 1619 ff.

[4] Zur Gefahr, dass der Schuldner Insolvenzantrags stellt, ohne überhaupt drohend zahlungsunfähig zu sein, *Frege/Keller/Riedel,* Rdn. 2228; zum Rechtsschutzbedürfnis des Schuldners allgemein *Ott* in: MüKo-InsO, § 305 Rdn. 84.

insolvenzverfahrens wünscht, er muss mithin nicht entscheiden, ob er sich selbst als Verbraucher im Sinne des § 304 InsO sieht. Das Insolvenzgericht hat über die Verfahrensart selbstständig zu entscheiden. Wenn aber der Schuldner ausdrücklich eine bestimmte Verfahrensart wählt, beispielsweise die Eröffnung des Regelinsolvenzverfahrens wünscht, das Insolvenzgericht ihn jedoch als Verbraucher im Sinne des § 304 InsO sieht, hat es in Anwendung des § 139 ZPO den Schuldner hierauf hinzuweisen. Kommt der Schuldner der gerichtlichen Aufforderung zur Bestimmung der Verfahrensart nicht nach, soll der Insolvenzantrag als unzulässig zurückgewiesen werden.[1] Sieht das Insolvenzgericht den Schuldner als Verbraucher, hat es ihn aufzufordern, den Antrag auf Eröffnung des Insolvenzverfahrens unter Beachtung des § 305 Abs. 1 InsO zu stellen,[2] mit der Aufforderung wird die Frist des § 305 Abs. 3 InsO in Lauf gesetzt. Eröffnet das Insolvenzgericht über das Vermögen des Schuldners ein Verbraucherinsolvenzverfahren, obwohl dieser ausdrücklich die Eröffnung des Regelinsolvenzverfahrens beantragt hatte, soll dem Schuldner hiergegen die sofortige Beschwerde zustehen.[3] Sieht sich umgekehrt der Schuldner als Verbraucher im Sinne des § 304 InsO, wird er den Antrag gemäß § 305 Abs. 1 InsO stellen. Ist das Insolvenzgericht dagegen der Ansicht, der Schuldner unterfalle dem Regelinsolvenzverfahren, gilt spiegelbildlich das Gleiche, wobei die dann irrtümliche Verwendung des amtlichen Vordrucks durch den Schuldner unschädlich ist.

bb) Der Antrag auf Gewährung von Kostenstundung

Ist der Schuldner nicht in der Lage, aus seinem Vermögen, mithin aus 1930
der künftigen Insolvenzmasse, die Verfahrenskosten des § 53 InsO zu decken, kann nach §§ 4a ff. InsO Kostenstundung gewährt werden.[4] Der für die Gewährung der Kostenstundung notwendige Antrag auf Erteilung der Restschuldbefreiung nach § 287 InsO ist nach § 305 Abs. 1 Nr. 2 InsO bereits mit dem Insolvenzantrag zu stellen. Nach § 4a Abs. 1 Satz 3 InsO ist zusätzlich zu erklären, dass kein Versagungsgrund nach § 290 Abs. 1 Nrn. 1 und 3 InsO gegeben ist. Dass die Verfahrenskosten aus dem Vermögen des Schuldners nicht gedeckt werden können, ergibt sich aus dem nach § 305 Abs. 1 Nr. 3 InsO vorzulegenden Vermögensverzeichnis.

---

[1] OLG Köln NZI 2000, 542 = ZIP 2000, 172; OLG Celle NZI 2000, 229 = ZIP 2000, 802; LG Halle NZI 2000, 379; LG Frankfurt am Main ZIP 2000, 1067; *Vallender* in: *Uhlenbruck*, InsO, § 304 Rdn. 26 ff.; *Wenzel* in: *Kübler/Prütting*, InsO, § 304 Rdn. 4 ff.; allgemein *Häsemeyer*, Rdn. 26.07; dazu auch *Henckel*, ZIP 2000, 2051.

[2] LG Göttingen NZI 2001, 218; LG Mannheim NZI 2000, 490.

[3] OLG Köln NZI 2001, 216; *Vallender* in: *Uhlenbruck*, InsO, § 304 Rdn. 34.

[4] *Frege/Keller/Riedel*, Rdn. 2229; unter Berücksichtigung der Gewährung von Kostenstundung für jeden Verfahrensabschnitt sind insgesamt vier Anträge nach § 4a InsO zu stellen, *Uhlenbruck* in: *Uhlenbruck*, InsO, § 4a Rdn. 5.

b) Die Form des Insolvenzantrags

1931 Der Insolvenzantrag des Verbrauchers ist nach § 305 Abs. 1 InsO schriftlich unter Verwendung des amtlichen Vordrucks nach der Verordnung zur Einführung von Vordrucken für das Verbraucherinsolvenzverfahren und das Restschuldbefreiungsverfahren (Verbraucherinsolvenzvordruckverordnung – VbrInsVV) vom 17. Februar 2002[1] auf Grund der Verordnungsermächtigung des § 305 Abs. 5 InsO zu stellen.[2] Der Insolvenzantrag kann damit abweichend vom allgemeinen Verfahrensrecht nicht einfach schriftlich oder zu Protokoll der Geschäftsstelle gestellt werden.[3]

1932 Der amtliche Vordruck umfasst sämtliche von § 305 Abs. 1 InsO für den Insolvenzantrag des Verbrauchers geforderten Angaben und stellt in seinem Umfang von 45 Seiten einschließlich einem elfseitigen Hinweisblatt mit 73 Erläuterungsnummern eine beeindruckende bürokratische Leistung des Verordnungsgebers dar. Die Praxis zeigt, dass der Schuldner nur selten in der Lage ist, den Vordruck ohne sachkundige Hilfe vollständig und korrekt auszufüllen. So enthält beispielsweise die Anlage 5 als Vermögensverzeichnis (§ 305 Abs. 1 Nr. 3 InsO) elf Ergänzungsblätter zu den verschiedensten Vermögenswerten, beispielsweise zu Grundstücken, Eigentumswohnungen, Erbbaurechten, Rechten an Grundstücken (Ergänzungsblatt 5 D) oder zu Beteiligungen an Gesellschaften, Aktien und Genussrechten (Ergänzungsblatt 5 E). Es soll aber nicht vergessen werden, dass ein Vordruckzwang es allgemein dem Antragsteller ermöglicht, sämtliche notwendigen Angaben zu machen und nichts zu vergessen, und dem Gericht die regelmäßig Bearbeitung des Verfahrens erleichtert und es damit beschleunigt.

c) Die inhaltlichen Erfordernisse des § 305 Abs. 1 InsO

aa) Der Nachweis über das Scheitern außergerichtlicher Schuldenbereinigung

1933 Der Schuldner hat nach § 305 Abs. 1 Nr. 1 InsO eine Bescheinigung vorzulegen, aus der sich das Scheitern einer außergerichtlichen Schuldenregulierung ergibt. Der Schuldner muss nachweisen, dass er ernsthaft versucht hat, sich mit seinen Gläubigern über eine Schuldenbereinigung zu einigen. Der Versuch außergerichtlicher Schuldenbereinigung muss auf der Grundlage eines konkreten Schuldenbereinigungsplans er-

---

[1] BGBl. I S. 703.

[2] Der amtliche Vordruck kann entnommen werden aus *Breutigam/Blersch/Goetsch*, InsO, Muster zu § 305–1; *Kübler/Prütting*, InsO, Texte – VbrInsVV; *Gottwald/Riedel*, Teil 12/7.1.

[3] Sehr streng zur Einhaltung des Vordruckzwangs *Vallender* in: *Uhlenbruck*, InsO, § 305 Rdn. 25, 26; dagegen aber BGH ZIP 2003, 359; *Kirchhof* in: HK-InsO, § 13 Rdn. 5.

folgt sein und darf vom Insolvenzantrag gerechnet nicht länger als sechs Monate zurückliegen.[1]

Die Bescheinigung muss von einer geeigneten Person oder einer geeigneten Stelle ausgestellt sein. Als geeignete Personen kommen Angehörige der rechts- und steuerberatenden Berufe in Betracht.[2] Wer geeignete Stelle ist, sollen nach § 305 Abs. 1 Nr. 1 dritter Halbsatz InsO die Länder durch Rechtsverordnung bestimmen.[3] Zur außergerichtlichen Schuldenbereinigung geeignete Stellen sind danach zumeist die von den Kommunen eingerichteten oder von caritativen Einrichtungen oder Wohlfahrtsverbänden betriebenen Schuldnerberatungsstellen. Die Verordnungen der Länder regeln auch, unter welchen Voraussetzungen eine solche Schuldnerberatungsstelle im Sinne des § 305 Abs. 1 Nr. 1 InsO anerkannt werden kann.[4] 1934

Mit dem Nachweis über das Scheitern der außergerichtlichen Schuldenbereinigung hat der Schuldner auch den Plan beizufügen, mit welchem er eine Einigung mit den Gläubigern versucht hat. Auch sind die wesentlichen Gründe für das Scheitern des Einigungsversuchs darzulegen. Letzteres ist erforderlich, damit das Gericht über die Durchführung eines gerichtlichen Schuldenbereinigungsverfahrens nach § 306 Abs. 1 Satz 3 InsO entscheiden kann. Seitens der geeigneten Personen oder der geeigneten Stelle muss lediglich das Scheitern der außergerichtlichen Schuldenbereinigung nachgewiesen werden, der außergerichtliche Einigungsversuch muss nicht unter Mitwirkung der betreffenden Person oder Stelle durchgeführt worden sein.[5] 1935

Zum Inhalt des Schuldenbereinigungsplans und zum Ablauf des außergerichtlichen Schuldenbereinigungsplans macht das Gesetz den Beteiligten keinerlei Vorgaben. Das außergerichtliche Schuldenbereinigungsverfahren soll einen Vergleich zwischen dem Schuldner und seinen Gläubigern unter Berücksichtigung der Interessen und Rechte aller Beteiligten beinhalten. So wird beispielsweise der Schuldner möglichst alle Gläubiger in das außergerichtliche Schuldenbereinigung Verfahren einbeziehen, da nicht beteiligte Gläubiger ihre Forderungen und Rechte in vollem Umfang gegen den Schuldner behalten. Nur bei Berücksichtigung aller Gläubiger liegt ein ernsthafter Schuldenbereinigungsversuch 1936

---

[1] Maßgebend ist der letzte Schriftwechsel mit einem Gläubiger, AG Göttingen NZI 2005, 510; *Vallender* in: *Uhlenbruck,* InsO, § 305 Rdn. 31.

[2] Beschlussempfehlung des Rechtsausschusses, BT-Drucks. 12/7302, S. 190; *Ott* in: MüKo-InsO, § 305 Rdn. 27; *Vallender* in: *Uhlenbruck,* InsO, § 305 Rdn. 49; *Vallender/Fuchs/Rey,* NZI 1999, 219.

[3] Nachweise zu den Ausführungsbestimmungen der Länder finden sich bei *Vallender* in: *Uhlenbruck,* InsO, § 305 Rdn. 35; *Römermann* in: *Nerlich/Römermann,* InsO, § 305 Rdn. 14.

[4] Dazu zusammenfassend *Vallender* in: *Uhlenbruck,* InsO, § 305 Rdn. 56, 58 ff.

[5] OLG Schleswig ZInsO 2000, 170; *Vallender* in: *Uhlenbruck,* InsO, § 305 Rdn. 63 mit Hinweisen zu anderer Ansicht; *Frege/Keller/Riedel,* Rdn. 2233; *Stephan,* ZInsO 1999, 78.

vor, wie ihn das Gesetz vorsieht.[1] Das Schuldenbereinigungsverfahren ist auch dann zulässig, wenn dem Schuldner nur ein Gläubiger mit nur einer Forderung gegenübersteht. Auch hinsichtlich dieser einen Forderung kann dem Schuldner Zahlungsunfähigkeit drohen, weswegen sowohl das Insolvenzverfahren als auch die außergerichtliche Schuldenbereinigung zulässig sein müssen.[2] Der Schuldner muss bei Durchführung des außergerichtlichen Verfahrens noch nicht zahlungsunfähig sein, die Zahlungsunfähigkeit als Insolvenzgrund muss erst bei Stellung des Insolvenzantrags gegeben sein.[3] Mit der Durchführung des außergerichtlichen Schuldenbereinigungsverfahrens kann der Schuldner bewusst auch warten, bis Forderungen einzelner Gläubiger verjährt sind; es ist Sache der Gläubiger, die Verjährung ihrer Forderungen durch geeignete Maßnahmen zu hemmen oder zu unterbrechen.[4] Mit dem außergerichtlichen Schuldenbereinigungsverfahren selbst kann eine Hemmung der Verjährung nach § 203 BGB einhergehen.[5]

1937 Der Schuldenbereinigungsplan kann inhaltlich einen vollständigen oder teilweisen Erlass der Gläubigerforderungen vorsehen, er kann einmalige Zahlungen oder Ratenzahlungen des Schuldners beinhalten, Verfallklauseln bei Verzug des Schuldners hinsichtlich gestundeter Beträge oder Wiederauflebensklauseln hinsichtlich erlassener Beträge.[6] Im Hinblick auf einen möglichen Vermögenszuwachs des Schuldners – beispielsweise ist der Schuldner derzeit arbeitslos, könnte künftig aber wieder Arbeitseinkommen erzielen – können auch so genannte Besserungsklauseln oder Anpassungsklauseln vereinbart werden.[7] Der Schuldner kann den Gläubigern zusätzliche Sicherheiten oder Bürgschaften anbieten. Bereits bestehende Sicherheiten können unter Beachtung des allgemeinen Schuldrechts und Sachenrechts geändert werden; beispielsweise kann ein Gläubiger, dem die Lebensversicherung des Schuldners verpfändet ist, auf dieses Pfandrecht verzichten (§§ 1273 Abs. 2, 1255 BGB). Der Gläubiger ist nicht verpflichtet, auf bestehende Pfandrechte, Grundpfandrechte, Sicherungsübereignungen oder Sicherungsabtretungen zu verzichten. Er wird mit einer Regelung im Schul-

---

[1] *Ott* in: MüKo-InsO, § 305 Rdn. 16, 17; *Vallender* in: *Uhlenbruck,* InsO, § 305 Rdn. 68.

[2] LG Göttingen ZInsO 2000, 118; LG Oldenburg ZInsO 1999, 586; AG Hamburg NZI 2000, 446; *Vallender* in: *Uhlenbruck,* InsO, § 305 Rdn. 29 mit Hinweis zu anderer Ansicht.

[3] *Vallender* in: *Uhlenbruck,* InsO, § 305 Rdn. 3; zur Glaubhaftmachung des Insolvenzgrundes aber *Frege/Keller/Riedel,* Rdn. 2228.

[4] *Vallender* in: *Uhlenbruck,* InsO, § 305 Rdn. 3.

[5] Zum weiten Anwendungsbereich des Begriffs der Verhandlung in § 203 BGB Erman/*Schmidt-Räntsch,* BGB, § 203 Rdn. 4.

[6] Zum Inhalt dieser Klauseln Stein/Jonas/*Münzberg,* ZPO, § 726 Rdn. 3, 6; *Wolfsteiner* in: MüKo-ZPO, § 726 Rdn. 18; *Rosenberg/Gaul/Schilken,* § 10 III. 3.; *Frankenberger/Holz,* Rpfleger 1997, 93; *Münzberg,* Rpfleger 1997, 413.

[7] OLG Frankfurt am Main ZInsO 2000, 288; *Ott* in: MüKo-InsO, § 305 Rdn. 49; *Vallender* in: *Uhlenbruck,* InsO, § 305 Rdn. 12.

denbereinigungsplan vielmehr nur insoweit einverstanden sein, als diese ihm mindestens ebenso viele Befriedigung gewährt, wie er bei Inanspruchnahme seiner Sicherheit erhalten wird.[1] Schließlich ist der Schuldner nicht verpflichtet, im Schuldenbereinigungsplan alle Gläubiger gleichmäßig zu behandeln. Er kann einzelnen Gläubigern eine unterschiedliche Art ihrer Befriedigung vorschlagen, beispielsweise Kleingläubigern einmalige Zahlungen anbieten, Gläubigern hoher Forderungen dagegen Ratenzahlung, es müssen auch nicht zwingend alle Gläubiger mit einer gleichen Quote befriedigt werden. Ob in einem solchen Fall die Gläubiger zur Zustimmung zum Schuldenbereinigungsplan bereit sind, bleibt Frage des Einzelfalles. Richtschnur für die Zustimmungsentscheidung ist in aller Regel die voraussichtliche Befriedigung im Szenario des Insolvenzverfahrens und der Restschuldbefreiung.

Das außergerichtliche Schuldenbereinigungsverfahren ist erfolgreich, 1938
wenn alle Gläubiger dem Schuldenbereinigungsplan des Schuldners zustimmen. Selbstverständlich kann im Rahmen der Verhandlungen der Schuldenbereinigungsplan ergänzt und geändert werden. Die Gläubiger, insbesondere diejenigen, deren Forderungen bereits tituliert sind, sind nicht verpflichtet, dem Plan zuzustimmen oder sich überhaupt am Verfahren zu beteiligen.[2] Das Schweigen eines Gläubigers darf keinesfalls als Zustimmung gewertet werden.[3] Stimmen die Gläubiger nur teilweise dem Schuldenbereinigungsplan zu, kann es der Schuldner hierbei belassen; die Gläubiger, die nicht zugestimmt haben, behalten ihre Forderungen im ursprünglichen Umfang. Hat aber auch nur ein Gläubiger dem Schuldenbereinigungsplan nicht zugestimmt, darf der Schuldner von einem Scheitern im Sinne des § 305 Abs. 1 Nr. 1 InsO ausgehen.[4]

Es ist Frage des Einzelfalles, welche Informationen über noch be- 1939
stehende Vermögenswerte der Schuldner im Rahmen des außergerichtlichen Schuldenbereinigungsverfahrens alle seine Gläubiger preisgibt.[5] Damit diese ihre Befriedigungsaussichten berechnen können, sind sie an möglichst umfassender Offenbarung interessiert. Andererseits will der Schuldner möglichst keine Angriffsflächen bieten.[6] Teilt er beispielsweise den Gläubigern mit, dass er auf einem Bankkonto über ein nicht

---

[1] *Vallender* in: *Uhlenbruck,* InsO, § 305 Rdn. 13.

[2] Dazu beispielhaft die eher restriktive Haltung des Fiskus, der nur unter den Voraussetzungen des § 227 AO dem Plan zustimmen darf, Schreiben des Bundesministeriums der Finanzen zur Zustimmungserteilung im außergerichtlichen Verfahren vom 10. 12. 1998, abgedruckt in ZIP 1999, 258; Schreiben vom 11. 1. 2002, BStBl. I S. 132 = NZI 2002, 193.

[3] Es gelten die allgemeinen Regeln zum Schweigen als Willenserklärung, Palandt/*Heinrichs,* BGB, Einf v § 116 Rdn. 7.

[4] *Ott* in: MüKo-InsO, § 305 Rdn. 19; *Wenzel* in: *Kübler/Prütting,* InsO, § 305 Rdn. 16; *Kirchhof* ZInsO 1998, 54.

[5] Zu den praktischen Problemen *Vallender* in: *Uhlenbruck,* InsO, § 305 Rdn. 5, 6.

[6] Eher schuldnerfreundlich deshalb *Vallender* in: *Uhlenbruck,* InsO, § 305 Rdn. 6.

verpfändetes Guthaben in bestimmter Höhe verfügt, könnte ein Gläubiger ungeachtet des Schuldenbereinigungsverfahrens im Wege der Zwangsvollstreckung unmittelbar auf dieses Konto Zugriff nehmen. Die Zwangsvollstreckung kann während des außergerichtlichen Verfahrens nur über den Weg des § 765 a ZPO beschränkt werden.[1] Ob in einem späteren Insolvenzverfahren ein solcher Zugriff unter die Rückschlagsperre des § 88 InsO (§ 312 Abs. 1 Satz 3 InsO) fällt oder nach § 131 Abs. 1 InsO anfechtbar ist, ist zunächst für den Gläubiger, der sofortige Befriedigung sucht, unerheblich. Deshalb bestimmt § 305 a InsO, dass der Schuldner die außergerichtliche Schuldenbereinigung als gescheitert betrachten darf, sobald ein Gläubiger die Zwangsvollstreckung betreibt.[2] Der Schuldner ist in einem solchen Fall unmittelbar berechtigt, Insolvenzantrag zu stellen.

1940 Zusammenfassend sollte der außergerichtliche Schuldenbereinigungsplan folgende Punkte enthalten:

- Eine Übersicht über das Vermögen des Schuldners und seiner Einkommensverhältnisse.
- Eine Übersicht der Gläubiger und ihrer Forderungen.
- Einen Vorschlag zu einer angemessenen Schuldenbereinigung durch Erlass, Einmalzahlung, Ratenzahlung oder ähnlichem.
- Angaben über die Behandlung von bestehenden Sicherheiten wie Bürgschaften oder Grundpfandrechten sowie über neu zu gewährende Sicherheiten.

1941 **Beispiel 1:** Der Schuldner ist unverheiratet und hat keine Kinder, er bezieht ein monatliches Arbeitseinkommen von netto 1.114,52 EUR und verfügt über kein verwertbares Vermögen. Er ist zahlungsunfähig, ihm stehen Gläubigerforderungen von insgesamt 78.534,82 EUR gegenüber. Davon steht Gläubiger A eine Forderung von 1.500 EUR zu, Hauptgläubiger ist Gläubiger B mit einer Forderung von über 50.000 EUR, er hat das Arbeitseinkommen des Schuldners gepfändet. Die Gläubiger C, D und E besitzen Forderungen von jeweils etwa 9.000 EUR.

Der Schuldner bietet im außergerichtlichen Schuldenbereinigungsverfahren den Gläubigern Folgendes an: Gläubiger A erhält eine Einmalzahlung von 600 EUR und verzichtet im Übrigen auf seine Forderung; Gläubiger A würde damit Befriedigung in Höhe von 40 Prozent erlangen. Gläubiger B soll auf die Pfändung des Arbeitseinkommens verzichten, aus dem insoweit frei werdenden sowie aus dem unpfändbaren Teil seines Nettoeinkommens verpflichtet sich der Schuldner an die Gläubiger C, D und E jeweils 60 EUR monatlich für die Dauer von fünf Jahren zu zahlen; die Gläubiger erhielten dann eine Befriedigung in Höhe von jeweils 3.600 EUR (40 Prozent der Forderung ohne Berücksichtigung des weiteren Zinsverlustes für fünf Jahre). Gläubiger B soll für die Dauer von fünf Jahren 120 EUR monatlich erhalten, insgesamt damit 7.200 EUR (14,4 Prozent ohne Berücksichtigung des Zinsverlustes).

---

[1] Der Entwurf des InsOÄndG vom 28. 3. 2001 sah hier den Erlass eines Vollstreckungsverbots in einem geplanten Absatz 4 zu § 765 a ZPO vor, Begründung des Gesetzentwurfs der Bundesregierung zum InsOÄndG BT-Drucks. 14/5680, S. 9, 34, 35.

[2] Zum weiten Anwendungsbereich der Norm *Vallender* in: *Uhlenbruck,* InsO, § 305 a Rdn. 4.

Gläubiger A würde dem Schuldenbereinigungsplan am ehesten zustimmen können, da er sofort die höchste Befriedigungsaussicht hat. Die übrigen Gläubiger werden überlegen müssen, ob sie unter Berücksichtigung eines möglichen Insolvenzverfahrens und der Restschuldbefreiung eine ähnlich hohe Befriedigungsquote erlangen könnten. Für Gläubiger B kommt hinzu, dass er zwar noch den pfändbaren Teil des Arbeitseinkommens des Schuldners in Höhe von 126,00 EUR vollständig für sich vereinnahmen kann, im Falle einer Insolvenzeröffnung die Pfändung nach § 114 Abs. 3 InsO jedoch ihre Wirksamkeit verlieren wird.

Auf das außergerichtliche Schuldenbereinigungsverfahren kann seitens des Schuldners nicht verzichtet werden, es ist zwingendes Verfahrenserfordernis für das gerichtliche Verfahren. Auch wenn im Vorfeld des außergerichtlichen Einigungsversuchs ein Gläubiger bereits unmissverständlich erklärt, zu einer Einigung nicht bereit zu sein, kann zumindest auf den Nachweis des Scheiterns der außergerichtlichen Schuldenbereinigung nicht verzichtet werden.[1] Dahingestellt sei, ob die geeignete Person oder Stelle die entsprechende Erklärung des Gläubigers bereits als Scheitern einer außergerichtlichen Schuldenbereinigung ansieht. In diesem Zusammenhang ist auch anzumerken, dass das Gericht nicht berechtigt ist, das außergerichtliche Schuldenbereinigungsverfahren in seinem Ablauf zu bewerten oder den Schuldenbereinigungsplan inhaltlich zu prüfen und zu kritisieren, ihm kommt an Hand der vorzulegenden Nachweise lediglich eine Schlüssigkeitsprüfung zu.[2] Mit der Pflicht zur Vorlage des Plans nebst Erläuterungen soll sich das Gericht im Hinblick auf das weitere Verfahren, insbesondere auf die Durchführung eines gerichtlichen Verfahrens, lediglich Kenntnis über den Sachverhalt verschaffen. **1942**

bb) Der Antrag auf Erteilung der Restschuldbefreiung

Der Schuldner hat nach § 305 Abs. 1 Nr. 2 InsO mit dem Insolvenzantrag den Antrag auf Erteilung der Restschuldbefreiung nach § 287 InsO zu verbinden. Die Vorschrift ist lex specialis zu § 287 Abs. 1 Satz 2 InsO, § 20 Abs. 2 InsO gilt hier nicht.[3] Der Schuldner ist nicht verpflichtet, Antrag auf Restschuldbefreiung zu stellen. In diesem Fall hat er zu erklären, dass er diesen Antrag nicht stellt. Das zwingende Erfordernis des § 305 Abs. 1 Nr. 2 InsO soll den Gläubigern im Rahmen des gerichtlichen Schuldenbereinigungsverfahrens die Möglichkeit geben, im Hinblick auf das mögliche weitere Verfahren ihrer Befriedigungsaussichten prognostizieren zu können. Auch soll ihnen die Mög- **1943**

---

[1] *Vallender* in: *Uhlenbruck,* InsO, § 305 Rdn. 31; *Frege/Keller/Riedel,* Rdn. 2234; zur umstrittenen Rechtslage vor Änderung des § 306 Abs. 3 InsO durch das InsOÄndG zum 1. Dezember 2001 *Wenzel* in: *Kübler/Prütting,* InsO, § 305 Rdn. 21.

[2] BayObLG NZI 1999, 412 = ZIP 1999, 1767; BayObLG NZI 1999, 451; *Ott* in: MüKo-InsO, § 305 Rdn. 81; *Vallender* in: *Uhlenbruck,* InsO, § 305 Rdn. 75; *Vallender/Fuchs/Rey,* NZI 1999, 219.

[3] *Vallender* in: *Uhlenbruck,* InsO, § 305 Rdn. 81.

lichkeit gegeben werden, sich frühzeitig über mögliche Versagungsgründe nach § 290 Abs. 1 InsO kundig zu machen.[1]

1944 Fehlt in dem Insolvenzantrag des Schuldners die Erklärung über die Restschuldbefreiung, hat das Gericht dies nach § 305 Abs. 3 Satz 1 InsO zu beanstanden und die Erklärung nachzufordern.[2] Unter Berücksichtigung des amtlichen Vordrucks für das Verbraucherinsolvenzverfahren dürfte es schwierig sein, die entsprechende Erklärung nicht abzugeben.

cc) Das Vermögensverzeichnis und das Gläubigerverzeichnis

1945 Der Schuldner hat nach § 305 Abs. 1 Nr. 3 InsO seinem Eröffnungsantrag ein Verzeichnis des vorhandenen Vermögens (Vermögensverzeichnis), seines Einkommens und eine Zusammenfassung des wesentlichen Inhalts dieses Verzeichnisses (Vermögensübersicht) sowie ein Verzeichnis sämtlicher Gläubiger und der gegen ihn gerichteten Forderungen (Gläubigerverzeichnis) beizufügen.[3] Der amtliche Vordruck enthält hierzu in den Anlagen und Ergänzungsblättern 4 bis 6 detaillierte Vorgaben. Die Vermögensübersicht als Zusammenfassung des Vermögensverzeichnisses soll den Gläubigern die Möglichkeit geben, sich rasch Kenntnis über die Vermögensverhältnisse des Schuldners zu verschaffen.[4] Zur Erstellung des Gläubigerverzeichnisses haben die Gläubiger dem Schuldner auf dessen Aufforderung hin kostenfrei[5] eine Aufstellung ihrer gegen ihn gerichteten Forderungen nach Hauptforderung, Zinsen und Kosten zu erteilen (§ 305 Abs. 2 Satz 1 InsO).[6] Der Schuldner hat selbstverständlich sämtliche gegen ihn gerichteten Forderungen anzugeben, gleichgültig ob sie tituliert sind oder nicht. Auch streitige Forderungen sind in das Verzeichnis aufzunehmen; der Schuldner kann sie im Hinblick auf § 308 Abs. 3 Satz 2 InsO, soweit er sie für völlig unberechtigt hält, mit Null bewerten.[7] Soweit an einzelnen Vermögenswerten Sicherungsrechte einzelner Gläubiger bestehen, sind diese im Vermögensverzeichnis detailliert anzugeben. Ein Problem der Praxis ist die Berücksichtigung der laufenden Zinsen der jeweiligen Gläubigerforderung. Der Schuldner muss hier einen Endzeitpunkt für die Verzinsung der Forderungen setzen, da er ansonsten keine Forderungstilgung und keinen Forderungserlass berechnen kann. Regelmäßig werden die Zinsen bis zum Zeitpunkt der Vorlage des Schuldenbereinigungsplans

---

[1] Beschlussempfehlung des Rechtsausschusses, BT-Drucks. 12/7302, S. 190.

[2] *Vallender* in: *Uhlenbruck*, InsO, § 305 Rdn. 82.

[3] Hierzu BGH ZVI 2005, 364.

[4] BGH NZI 2005, 461.

[5] Für eine Berechtigung der Gläubiger, Entgelt zu verlangen mit anschließender Erstattungspflicht *Wenzel* in: *Kübler/Prütting*, InsO, § 305 Rdn. 33; dagegen *Vallender* in: *Uhlenbruck*, InsO, § 305 Rdn. 105; *Grote* in: FK-InsO, § 305 Rdn. 34.

[6] Dazu OLG Celle ZVI 2002, 62; *Wenzel* in: *Kübler/Prütting*, InsO, § 305 Rdn. 31, 32.

[7] Beschlussempfehlung des Rechtsausschusses, BT-Drucks. 12/7302, S. 191; *Vallender* in: *Uhlenbruck*, InsO, § 305 Rdn. 101; *Landfermann* in: HK-InsO, § 305 Rdn. 22.

berechnet.[1] Auf die weiter laufenden Zinsen könnte seitens der Gläubiger verzichtet werden, je nach Höhe der bis zur vollständigen Forderungstilgung anfallenden Zinsen kann dies jedoch im Rahmen der Zustimmungsersetzung Stellung nach § 309 Abs. 3 InsO problematisch werden.[2]

Der Schuldner hat die Verzeichnisse mit der Erklärung abzugeben, 1946
dass die enthaltenen Angaben richtig und vollständig sind. Ein unvollständiges Vermögensverzeichnis oder das bewusste Außerachtlassen eines Gläubigers kann einen Versagungsgrund für die Restschuldbefreiung nach § 290 Abs. 1 Nr. 6 InsO darstellen.

dd) Der Schuldenbereinigungsplan

Der Schuldner hat nach § 305 Abs. 1 Nr. 4 InsO seinem Insolvenz- 1947
antrag einen Schuldenbereinigungsplan beizufügen, der geeignet ist, zu einer angemessenen Schuldenbereinigung zu führen. Dieser Schuldenbereinigungsplan soll Grundlage des weiteren gerichtlichen Schuldenbereinigungsverfahrens sein, er stellt damit das Kernstück des Insolvenzantrags des Schuldners dar. Nach § 305 Abs. 1 Nr. 4 InsO soll der Schuldenbereinigungsplan unter Berücksichtigung der Gläubigerinteressen, der Vermögens-, Einkommens- und Familienverhältnisse des Schuldners zu einer angemessenen Schuldenbereinigung führen. Inhaltliche Vorgaben macht das Gesetz bewusst nicht. Der Schuldner kann auch den bereits im außergerichtlichen Verfahren den Gläubigern unterbreiteten Plan eines gerichtlichen Schuldenbereinigungsplan einbringen,[3] es ist Frage des Einzelfalles und des Verhaltens der Gläubiger, ob sie diesem Plan im gerichtlichen Verfahren zustimmen.

Wie auch im außergerichtlichen Verfahren ist die inhaltliche Gestal- 1948
tung des Schuldenbereinigungsplans Sache des Schuldners. Er kann den Gläubigern Ratenzahlungen oder Einmalzahlungen[4] anbieten, er kann um Erlass und Verzicht der Forderungen ganz oder zum Teil bitten, er kann Verfallklauseln oder Wiederauflebensklauseln anbieten oder Anpassungsklauseln an veränderte Lebensumstände.[5] Der Schuldner ist aber nicht verpflichtet, alle Gläubiger gleichmäßig zu befriedigen.[6]

Der Schuldner kann den Gläubigern weitere Sicherheiten für ihre 1949
Forderungen anbieten oder um Änderung oder Verzicht einzelner Si-

---

[1] Eingehend *Grote* in: FK-InsO, § 309 Rdn. 12; *Späth* ZInsO 2000, 483.

[2] AG Mönchengladbach ZInsO 2000, 232; *Pape/Pape,* ZIP 2000, 1553.

[3] *Vallender* in: *Uhlenbruck,* InsO, § 305 Rdn. 113.

[4] Besonders Erfolg versprechend sind diese bei geringen Forderungen oder an Stelle von Ratenzahlungen mit Kleinbeträgen; *Vallender* in: *Uhlenbruck,* InsO, § 305 Rdn. 124

[5] Betonung der Privatautonomie OLG Köln ZInsO 2001, 230; LG Oldenburg NZI 2000, 487; LG Traunstein ZInsO 2001, 525; *Ott* in: MüKo-InsO, § 305 Rdn. 45; *Vallender* in: *Uhlenbruck,* InsO, § 305 Rdn. 117; *Römermann* in: *Nerlich/Römermann,* InsO, § 305 Rdn. 36.

[6] Hinweis auf frühere Tilgungsleistungen OLG Köln NZI 2002, 58; gleichmäßige Befriedigung im Hinblick auf § 309 InsO OLG Celle ZInsO 2001, 374.

cherheiten bitten; § 305 Abs. 1 Nr. 4 zweiter Halbsatz InsO ist insoweit irreführend, als durch den Schuldenbereinigungsplan selbst gestaltend in Sicherungsrechte eingegriffen werden könnte; dies ist freilich nicht der Fall.[1] Nach § 305 Abs. 1 Nr. 4 zweiter Halbsatz InsO soll in den Plan aufgenommen werden, ob und inwieweit Bürgschaften, Pfandrechte und andere Sicherheiten der Gläubiger berührt werden sollen. Akzessorische Sicherheiten wie Bürgschaft oder Hypothek teilen grundsätzlich das Schicksal der durch die gesicherten Forderung. Erlässt der Gläubiger dem Schuldner die Forderung, ist insoweit auch der Bürge frei, eine Hypothek wird zur Eigentümergrundschuld (§§ 1163 Abs. 1 Satz 2 mit 1177 Abs. 1 BGB).[2] Nicht akzessorische Sicherheiten wie Sicherungsübereignung oder Grundschuld geben bei Erlass der gesicherten Forderung dem Schuldner einen Freigabe- oder Rückgewähranspruch hinsichtlich der Sicherheiten.[3]

1950 Im Zusammenhang mit der Diskussion um die Gewährung von Prozesskostenhilfe für den Schuldner vor Inkrafttreten der Regelungen zur Kostenstundung (§§ 4a ff. InsO) waren der so genannte „Null-Plan“ oder der so genannte „flexible Null-Plan“ Gegenstand heftiger Auseinandersetzungen in Literatur und Rechtsprechung.[4] Mit dem so genannten „Null-Plan“ bietet der Schuldner seinen Gläubigern keinerlei Leistungen an, insbesondere da er auf Grund seiner Vermögens- und Einkommensverhältnisse zu keinerlei Leistung im Stande ist. Mit dem so genannten „flexiblen Null-Plan“ verpflichtet sich der Schuldner durch Anpassungs- und Besserungsklauseln für den Fall späteren Vermögenserwerbs oder Verbesserung seiner Einkommenssituation zu Zahlungen an die Gläubiger. Derartige Schuldenbereinigungspläne wurden teilweise als unzulässig abgetan, weil sie angeblich dem Zweck des Verfahrens widersprechen oder der Schuldner nicht redlich im Sinne des § 1 Satz 2 InsO sei. Auch sei ein so genannter „Null-Plan“ nicht geeignet, eine im Sinne des § 305 Abs. 1 Nr. 4 InsO angemessene Schuldenbereinigung herbeizuführen;[5] Letzteres ist freilich Frage des

---

[1] LG Traunstein ZInsO 2001, 525; *Ott* in: MüKo-InsO, § 305 Rdn. 53.

[2] *Vallender* in: *Uhlenbruck,* InsO, § 305 Rdn. 128; *Römermann* in: *Nerlich/Römermann,* InsO, § 305 Rdn. 65.

[3] *Vallender* in: *Uhlenbruck,* InsO, § 305 Rdn. 130.

[4] Eingehend *Ott* in: MüKo-InsO, § 305 Rdn. 55 ff.; *Vallender* in: *Uhlenbruck,* InsO, § 305 Rdn. 122; *Landfermann* in: HK-InsO, § 305 Rdn. 27 ff.; umfangreiche Rechtsprechungsübersicht bei *Hess/Weis/Wienberg,* InsO, § 305 Rdn. 37–90.

[5] Mit dieser Problematik – zumeist im Zusammenhang mit der Frage der Gewährung von Prozesskostenhilfe an den Schuldner vor Inkrafttreten der §§ 4a ff. InsO – beschäftigen sich: AG Köln NZI 1999, 120 = ZIP 1999, 147, dazu EWiR 1999, 141 *(Bork)* (differenzierend nach der Quote des Plans); AG Würzburg ZIP 1999, 319 = KTS 1999, 346; LG Lüneburg NZI 1999, 203 = ZIP 1999, 372; LG Köln NZI 1999, 158 = ZIP 1999, 588, dazu EWiR 1999, 765 *(Reifner/Springeneer)* = DZWIR 1999, 216 = Rpfleger 1999, 233 = MDR 1999, 630; AG Stuttgart NZI 1999, 243 (jedoch mit Zulassung eines „Null-Plans“); AG Kleve Rpfleger 1999, 346; AG Nürnberg Rpfleger 1999, 348; LG Baden-Baden NJW-RR 1999, 993 = NZI 1999, 234; LG Saarbrücken ZIP 1999, 975, dazu EWiR 2000, 147 *(A. Schmidt)*; AG Stendal ZIP

Standpunkts des Beobachters. Die Diskussionen fand ihr Ende in einer grundlegenden Entscheidung des Bayerischen Obersten Landesgerichts[1] der die übrigen Oberlandesgerichte einhellig gefolgt sind.[2] Danach ist das Insolvenzgericht nicht befugt, den vom Schuldner vorgelegten Schuldenbereinigungsplan inhaltlich zu überprüfen oder zu beanstanden. Im Rahmen des auf diesem Plan basierenden gerichtlichen Schuldenbereinigungsverfahrens kommt dem Insolvenzgericht keine mate-

---

1999, 929 (mit umfangreicher inhaltlicher Prüfungskompetenz bezüglich des Schuldenbereinigungsplans); LG Berlin NZI 1999, 371= Rpfleger 1999, 459; LG Essen ZIP 1999, 1180 (Unzulässigkeit des Insolvenzantrags eines Sozialhilfeempfängers); LG Braunschweig NZI 1999, 460 = ZIP 1999, 1317; LG Münster NZI 1999, 465 = ZIP 1999, 1316 = Rpfleger 1999, 459; LG München I NZI 1999, 371 = ZIP 1999, 1316; AG Cuxhaven DZWIR 1999, 394 (mit Hinweis auf Art. 3 GG); LG Stuttgart NZI 2000, 236; LG Nürnberg-Fürth NZI 1999, 369 = Rpfleger 1999, 459; AG Halle-Saalkreis DZWIR 1999, 425 (mit der Argumentation, der Schuldner im „Null-Plan“ würde einem anderen Schuldner gegenüber im Hinblick auf Art. 3 GG unangemessen bevorteilt); LG Memmingen ZIP 1999, 419; LG Leipzig DZWIR 1999, 476 = InVo 1999, 346; LG Kiel Rpfleger 2000, 124; LG Tübingen NZI 2000, 281; LG Paderborn Rpfleger 2000, 124; LG Bremen NZI 2000, 181 = DZWIR 2000, 121; LG Bad Kreuznach NZI 2000, 188; OLG Köln NZI 2000, 217 = ZIP 2000, 548 (zur grundsätzlichen Anwendung des § 26 InsO im Verbraucherinsolvenzverfahren); anders dagegen den „Null-Plan“ und die Prozesskostenhilfe zulassend AG München NZI 1999, 31 = ZIP 1999, 46, dazu EWiR 1999, 85 *(Reifner)*; AG Dortmund ZIP 1999, 456, dazu EWiR 2000, 197 *(Voß)*; AG Göttingen NZI 1999, 124 = ZIP 1999, 930; LG Göttingen NZI 1999, 204 = ZIP 1999, 890, dazu EWiR 1999, 715 *(Geßler)*; AG Hamburg NZI 1999, 243; AG Wolfratshausen NZI 1999, 329 = ZIP 1999, 721 = DZWIR 1999, 302; LG Göttingen NZI 1999, 277 = ZIP 1999, 1017, dazu EWiR 1999, 969 *(Voß)*; AG Dortmund NZI 1999, 333; AG Hildesheim NZI 1999, 332 (mit Ausnahme der Vergütung des Treuhänders in der Restschuldbefreiung); LG Lübeck DZWIR 1999, 389; LG Essen 1999, 324 = ZIP 1999, 137; AG Duisburg NZI 1999, 373 = ZIP 1999, 1399, dazu EWiR 2000, 239 *(Pape)* (Vorlagebeschluss gemäß Art. 100 GG); AG Hechingen ZIP 1999, 1182; LG Münster DZWIR 1999, 390; LG Ulm DZWIR 1999, 391; LG Oldenburg NZI 2000, 32 = ZInsO 1999, 586 m. Anm. *Pape;* AG Dortmund NZI 1999, 420; LG Konstanz NZI 2000, 29 = ZIP 1999, 1643; AG Göttingen NZI 2000, 34; LG Göttingen NZI 2000, 187; LG Trier NZI 2000, 187; AG Halle-Saalkreis DZWIR 2000, 212; LG Bonn ZIP 2000, 367 (Vorlagebeschluss gemäß Art. 100 GG); LG Koblenz NZI 2000, 236; AG Halle-Saalkreis DZWIR 2000, 345; AG Hamburg DZWIR 2000, 344 (mit Ausnahme der Kosten nach § 54 Nr. 2 InsO); LG Koblenz NZI 2000, 488 (ausdrücklich auch gegen das die Prozesskostenhilfe ablehnende obiter dictum des Bundesgerichtshofs, BGHZ 144, 78 = NZI 2000, 260); LG Göttingen ZIP 2000, 1902 = DZWIR 2000, 480.

[1] BayObLGZ 1999, 200 = NZI 1999, 412 = NJW-RR 1999, 1570 = ZIP 1999, 1767, dazu EWiR 1999, 955 *(Vallender)* = DZWIR 1999, 456 = Rpfleger 557 (nur Schlüssigkeitsprüfung der Bescheinigung über das Scheitern außergerichtlicher Schuldenbereinigung); fortgeführt in BayObLG NZI 1999, 451 = ZIP 1999, 1926; BayObLG NZI 2000, 129 (weder Einmalzahlungen noch „Null-Plan“ sind zu beanstanden); eingehend *Ott* in: MüKo-InsO, § 305 Rdn. 81 ff.

[2] OLG Köln NZI 1999, 494 = ZIP 1999, 1929 = DZWIR 2000, 29; OLG Karlsruhe NZI 2000, 163; im Ergebnis auch OLG Schleswig NZI 2000, 165; OLG Köln NZI 2001, 211 = ZIP 2001, 754; OLG Celle NZI 2001, 321 = ZIP 2001, 847; ferner LG Würzburg NZI 1999, 417 = ZIP 1999, 1718; LG Würzburg ZInsO 1999, 583 m. Anm. *Grothe;* LG München II NZI 1999, 465 = DZWIR 2000, 33; LG Mainz NZI 2000, 549; dazu *Pape* ZIP 1999, 2037, Abschn. 2.

rielle Prüfungsbefugnis zu. Es darf insbesondere nicht aus eigenen Gerechtigkeitsüberlegungen mögliche Verhaltensweisen der Gläubiger im gerichtlichen Verfahren vorwegnehmen, es darf dem Schuldner auch keine so genannte Mindestquote im Schuldenbereinigungsplan aufoktroyieren. Die Praxis hat im Übrigen gezeigt, dass so genannte „flexible Null-Pläne" seitens der Gläubiger durchaus angenommen werden, selbst der Fiskus hat seine ursprünglich kategorisch ablehnende Haltung hierzu aufgegeben.[1]

1951 **Beispiel 2:** Als Inhalt des Schuldenbereinigungsplans soll vereinbart werden, dass sämtliche Gläubiger auf 70 Prozent ihrer Forderungen verzichten. Die Restforderungen werden im Rahmen einer Umschuldung durch einen Verwandten des Schuldners übernommen, der künftig als einziger Gläubiger dem Schuldner gegenüberstehen soll. Der Schuldner zahlt jeweils monatlich einen Betrag, der dem pfändbaren Teil seines Arbeitseinkommens entspricht, zur Tilgung der Restforderungen; Zinsen und Kosten sind erlassen. Kommt er mit zwei Raten in Verzug, leben die erlassenen Forderungshauptsachebeträge zur Hälfte wieder auf. Wird er arbeitslos, hat er den pfändbaren Betrag seines Arbeitslosengeldes zur Verfügung zu stellen, im Falle der Sozialhilfebedürftigkeit (Arbeitslosengeld II) ruht seine Zahlungspflicht. Anfallende Erbschaften oder Schenkungen hat er zu Drei Vierteln zur Verfügung zu stellen. Zur weiteren Sicherheit wird seitens des Sohnes des Schuldners selbstschuldnerische Bürgschaft erklärt.

d) Mängel des Antrags und Mängelbeseitigung nach § 305 Abs. 3 InsO

1952 Das Insolvenzgericht prüft den Insolvenzantrag des Schuldners auf seine Vollständigkeit,[2] eine inhaltliche materielle Prüfung findet nicht statt. Sind die Angaben des Schuldners unvollständig oder ganz offensichtlich unzulänglich, fordert das Gericht den Schuldner zur Nachbesserung auf (§ 305 Abs. 3 Satz 1 InsO). Kommt der Schuldner dieser Aufforderung nicht innerhalb eines Monats nach, gilt sein Insolvenzantrag als zurückgenommen (§ 305 Abs. 3 Satz 2 InsO);[3] die Aufforderung zur Nachbesserung ist dem Schuldner deshalb zuzustellen. Die Monatsfrist des § 305 Abs. 3 Satz 2 InsO kann seitens des Gerichts nicht verlängert werden, Wiedereinsetzung in den vorigen Stand ist nicht möglich.[4] Um dem Schuldner dennoch ausreichend Zeit zur Nachbesserung zu geben, wird ihm häufig zunächst eine formlose Zwischenverfügung ohne Hinweis auf die Monatsfrist übersandt.[5]

---

[1] Schreiben des Bundesministeriums der Finanzen zur Zustimmungserteilung im außergerichtlichen Verfahren vom 3. Juli 2000 (BStBl. I S. 117); abgedruckt bei *Vallender* in: *Uhlenbruck*, InsO, § 305 Rdn. 123.

[2] *Vallender* in: *Uhlenbruck*, InsO, § 305 Rdn. 133, 141; *Landfermann* in: HK-InsO, § 305 Rdn. 34.

[3] OLG Köln ZIP 2000, 173 und OLG Köln NZI 2000, 317 (keine Fristverlängerung durch das Gericht); LG Göttingen Rpfleger 2000, 176 (keine Hinweispflicht an den Schuldner).

[4] AG Stuttgart NZI 2000, 386; *Ott* in: MüKo-InsO, § 305 Rdn. 76.

[5] *Frege/Keller/Riedel*, Rdn. 2245.

Die Ergänzungsaufforderung des Gerichts und der Hinweis auf die Rücknahmefiktion sind nicht mit sofortiger Beschwerde anfechtbar.[1] Der Beschluss, mit welchem das Gericht die Rücknahme des Antrags durch die gesetzliche Regelung des § 305 Abs. 3 Satz 2 InsO feststellt, ist ebenfalls nicht anfechtbar.[2] Ausnahmsweise soll eine sofortige Beschwerde statthaft sein, der mit dem Schuldner durch das Gericht Auflagen gemacht worden sind, die mit dem in § 305 Abs. 1 InsO genannten Anforderungen nicht im Zusammenhang stehen, mithin wenn das Insolvenzgericht seine Kompetenzen überschritten hat.[3] 1953

2. Der Antrag eines Gläubigers auf Insolvenzeröffnung

a) Das Antragsrecht des Gläubigers nach § 13 InsO

Die Konzeption des Insolvenzantrag des Schuldners nach § 305 InsO führt freilich nicht dazu, dass ein Insolvenzantrag eines Gläubigers im Verbraucherinsolvenzverfahren nicht möglich wäre. Für den Antrag des Gläubigers geltend die allgemeinen Voraussetzungen der §§ 13 ff. InsO. Der Gläubiger hat auch hier seine eigene Forderung sowie die Zahlungsunfähigkeit des Schuldners als Insolvenzgrund glaubhaft zu machen. 1954

b) Die Aufforderung des Schuldners zur eigenen Antragstellung

Das weitere Verfahren beim Gläubigerantrag regelt § 306 Abs. 3 InsO: Das Gericht hat dem Schuldner die Möglichkeit zu geben, einen eigenen Insolvenzantrag unter Beachtung des § 305 Abs. 1 InsO zu stellen, der Schuldner hat insbesondere zunächst eine außergerichtliche Einigung nach § 305 Abs. 1 Nr. 1 InsO zu versuchen und nachzuweisen (§ 306 Abs. 3 Satz 3 InsO). Damit soll zum einen vermieden werden, dass auf Grund allein eines Gläubigerantrags das Insolvenzverfahren eröffnet wird, ohne dass der Schuldner die Möglichkeit gehabt hätte, eine außergerichtliche Schuldenbereinigung zu versuchen,[4] umgekehrt soll der Schuldner diese auch nicht umgehen können, andererseits er- 1955

---

[1] BayObLGZ 1999, 200 = NZI 1999, 412 = NJW-RR 1999, 1570 = ZIP 1999, 1767, dazu EWiR 1999, 955 *(Vallender)* = DZWIR 1999, 456 = Rpfleger 557; BayObLG NZI 2000, 129; LG Berlin NZI 2000, 546.

[2] BGH ZInsO 2003, 1040; BayObLG NZI 2000, 129 = ZIP 2000, 320; OLG Frankfurt am Main NZI 2000, 137; LG Berlin ZInsO 2000, 349; LG Köln NZI 2003, 213 m. Anm. *Sternal;* LG Aachen NZI 2003, 451; LG Düsseldorf NZI 2003, 505; anders OLG Celle ZIP 2001, 340; eingehend *Ahrens,* NZI 2000, 201.

[3] BayObLG ZInsO 1999, 644; BayObLG NZI 2000, 129 = ZIP 2000, 320; OLG Köln NZI 2000, 317 = ZIP 2000, 1397; OLG Köln OLG NZI 2000, 538 = ZIP 2000, 1732; OLG Celle NZI 2001, 254; LG Göttingen NZI 2000, 280; LG Berlin NZI 2000, 546; eingehend *Pape* ZInsO 2000, 214.

[4] Grundsatz des Vorrangs einvernehmlicher Regelung, Begründung des Gesetzentwurfs der Bundesregierung zum InsOÄndG BT-Drucks. 14/5680, S. 31 rechts unten.

hielte bei Eröffnung des Insolvenzverfahrens allein auf Antrag eines Gläubigers wegen § 305 Abs. 1 Nr. 2 InsO der Schuldner keine Restschuldbefreiung.[1]

1956 Der Schuldner hat nach § 305 Abs. 3 Satz 3 InsO drei Monate Zeit, seinen Insolvenzantrag nach § 305 Abs. 1 InsO zu stellen. Stellt der Schuldner innerhalb dieser Frist keinen Insolvenzantrag, entscheidet das Gericht unmittelbar über den Antrag des Gläubigers auf Insolvenzeröffnung.

3. Das gerichtliche Schuldenbereinigungsverfahren

a) Die Entscheidung des Gerichts über Durchführung des Verfahrens

1957 Das gerichtliche Schuldenbereinigungsverfahren nach §§ 307 bis 310 InsO war ursprünglich als obligatorisches Verfahren angelegt. In der gerichtlichen Praxis zeigte sich jedoch sehr rasch, dass das gerichtliche Schuldenbereinigungsverfahren nur selten zu dem vom Gesetzgeber gedachten Ziel führte und allzu häufig als Formalismus ohne Ziel durchgeführt wurde.[2] Zum 1. Dezember 2001 wurde deshalb das gerichtliche Schuldenbereinigungsverfahren mit der Regelung des § 306 Abs. 1 Satz 3 InsO zu einem fakultativen Verfahren ausgestaltet.[3] Das Gericht entscheidet nach seiner freien Überzeugung, ob die Durchführung eines gerichtlichen Verfahrens sinnvoll ist oder nicht. Die Wortwahl „freie Überzeugung" in § 306 Abs. 1 Satz 3 InsO ist nicht glücklich, selbstverständlich darf das Gericht nicht nach persönlichem Gutdünken oder willkürlich über die Durchführung des Verfahrens entscheiden.[4] Maßstab für diese Frage ist, ob der vom Schuldner nach § 305 Abs. 1 Nr. 4 InsO vorgelegte Schuldenbereinigungsplan voraussichtlich Aussicht auf Erfolg hat. Das Gericht hat zu prüfen, inwieweit der vorgelegte Schuldenbereinigungsplan demjenigen der außergerichtlichen Schuldenbereinigung entspricht und aus welchen Gründen die Gläubiger der außergerichtlichen Schuldenbereinigung nicht zugestimmt haben. Hiernach kann beurteilt werden, ob sie dem jetzt vorgelegten Plan voraussichtlich zustimmen werden oder nicht. Das Gericht hat dabei auch die Regelung des § 309 InsO zu berücksichtigen, nach welcher die Zustimmung einzelner Gläubiger durch gerichtliche Entscheidung ersetzt werden kann. Hat beispielsweise die ganz überwiegende Mehrheit der Gläubiger schon dem außergerichtlichen Schuldenbereinigungsplan nicht zugestimmt und entspricht der jetzt vorgelegte Plan diesem weitgehend,

[1] Hierauf sollte der Schuldner hinzuweisen sein, *Frege/Keller/Riedel*, Rdn. 2250.

[2] Begründung des Gesetzentwurfs der Bundesregierung zum InsOÄndG BT-Drucks. 14/5680, S. 15.

[3] InsOÄndG vom 26. 10. 2001 (BGBl. I S. 2710).

[4] Kritisch zur Regelung deshalb *Pape/Pape* ZIP 2000, 1553; *Schmerbach/Stephan* ZInsO 2000, 542; *Grote* ZInsO 2001, 17.

besteht kaum Aussicht darauf, dass die Gläubiger ihre Meinung ändern werden; auch eine Zustimmungsersetzung nach § 309 InsO scheidet dann aus. Haben dagegen nur einzelne Gläubiger im außergerichtlichen Verfahren gegen den Plan gestimmt, könnte mit einer Entscheidung nach § 309 InsO das gerichtliche Verfahren erfolgreich durchgeführt werden.[1] Dabei hat in gewissem Maße auch der Schuldner eine Steuerungsmöglichkeit. Legt er nach § 305 Abs. 1 Nr. 4 InsO nämlich einen Plan vor, der inhaltlich vom Gericht nicht zu prüfen ist und der mit größter Wahrscheinlichkeit von den Gläubigern nicht angenommen werden wird, kann er so faktisch eine negative Entscheidung im Hinblick auf das gerichtliche Schuldenbereinigungsverfahren provozieren.[2]

Das Insolvenzgericht soll nach den Vorstellungen des Gesetzgebers 1958
den Schuldner vor seiner Entscheidung anhören, insbesondere wenn es von der Durchführung des Schuldenbereinigungsverfahrens absehen möchte.[3] Die Praxis zeigt jedoch, das die Schuldner die Durchführung des gerichtlichen Schuldenbereinigungsplanverfahrens oft gar nicht mehr wünschen; eine Anhörung mit der Überlegung, der Schuldner könne durch eine weitere Stellungnahme die Entscheidung zur Durchführung des gerichtlichen Verfahrens fördern, erscheint oft überflüssig.[4]

b) Das Ruhen des Eröffnungsverfahrens nach § 306 Abs. 1 InsO

Das gerichtliche Schuldenbereinigungsverfahren ist systematisch in 1959
das Insolvenzeröffnungsverfahren eingebettet, das Insolvenzeröffnungsverfahren beginnt mit dem zulässigen Antrag des Schuldners oder des Gläubigers auf Insolvenzeröffnung und endet mit der Entscheidung des Gerichts hierüber. § 306 Abs. 1 Satz 1 InsO bestimmt hierzu, dass dieses Eröffnungsverfahren bis zum Abschluss des gerichtlichen Schuldenbereinigungsverfahrens ruht, das Gericht über den Insolvenzantrag mithin noch nicht entscheidet.[5]

Das Ruhen des Verfahrens muss vom Insolvenzgericht nicht durch 1960
ausdrücklichen Beschluss festgestellt werden.[6] Ob das gerichtliche Schuldenbereinigungsverfahren durchgeführt wird oder nicht und demzufolge das Insolvenzeröffnungsverfahren ruht oder nicht, ergibt sich aus dem Beschluss des Gerichts über die Durchführung des fakultativen Schuldenbereinigungsverfahrens nach § 306 Abs. 1 Satz 3 InsO.

---

[1] *Vallender* in: *Uhlenbruck,* InsO, § 306 Rdn. 18, 19; *Frege/Keller/Riedel,* Rdn. 2255.

[2] Zum „Null-Plan" AG Göttingen ZVI 2002, 69; zur Zustimmungsersetzung *Vallender* NZI 2001, 561.

[3] Begründung des Gesetzentwurfs der Bundesregierung zum InsOÄndG BT-Drucks. 14/5680, S. 31; Muster bei *Frege/Keller/Riedel,* Rdn. 2257.

[4] So auch *Vallender* in: *Uhlenbruck,* InsO, § 306 Rdn. 21.

[5] Allgemein hierzu *Vallender* in: *Uhlenbruck,* InsO, § 306 Rdn. 6.

[6] Sinnvoll ist ein Hinweis an den antragstellenden Gläubiger, Muster bei *Frege/Keller/Riedel,* Rdn. 2260, 2262.

1961 Der Zeitraum des Ruhens soll nach § 306 Abs. 1 Satz 2 InsO drei Monate nicht überschreiten. Wird dieser Zeitraum nicht eingehalten, ist dies unschädlich. Für das Insolvenzgericht ist § 306 Abs. 1 Satz 2 InsO insoweit von Bedeutung, als die Durchführung des gerichtlichen Schuldenbereinigungsverfahrens gegebenenfalls mit Planänderungen seitens des Schuldners und wiederholten Stellungnahmen seitens der Gläubiger den Zeitraum von drei Monaten nicht überschreiten soll.

c) Die Anordnung einstweiliger Sicherungsmaßnahmen

1962 In der Rechtspraxis sinnvoll ist die Anordnung einstweiliger Sicherungsmaßnahmen nach § 21 InsO auch während des gerichtlichen Schuldenbereinigungsverfahrens, § 306 Abs. 2 Satz 1 InsO lässt dies ausdrücklich zu. Das Insolvenzgericht kann deshalb wie im Eröffnungsverfahren der Regelinsolvenz alle Maßnahmen treffen, die erforderliche erscheinen, um eine nachteilige Veränderung in der Vermögenslage des Schuldners zu verhindern (§ 21 Abs. 1 InsO). Vorausgesetzt wird wie im Regelinsolvenzverfahren ein formal zulässiger Insolvenzantrag.[1]

1963 Für das Verbraucherinsolvenzverfahren kommen als mögliche Sicherungsmaßnahmen insbesondere in Betracht:

- Die Anordnung eines Verfügungsverbots oder eines allgemeinen Zustimmungsvorbehalts gegen den Schuldner verbunden mit der Bestellung eines so genannten vorläufigen Treuhänders nach § 21 Abs. 2 Nrn. 1 und 2 InsO. Der vorläufige Treuhänder ist im Gesetz zwar nicht erwähnt, aus der Regelung des § 306 Abs. 2 Satz 1 InsO sowie aus § 21 Abs. 2 Nr. 1 InsO ergibt sich jedoch die Möglichkeit der entsprechenden Anordnung.[2] Der vorläufige Treuhänder ist je nach Anordnung eines Verfügungsverbots oder eines allgemeinen Zustimmungsvorbehalts gegen den Schuldner mit dessen Verfügungsmacht ausgestattet („starker vorläufiger Treuhänder“) oder durch gerichtliche Anordnung zu bestimmten Rechtshandlungen befugt („schwacher vorläufiger Treuhänder“); es gilt § 22 InsO.[3]
- Die Anordnung der einstweiligen Einstellung von Zwangsvollstreckungsmaßnahmen nach § 21 Abs. 2 Nr. 3 InsO. Wie im allgemeinen Anwendungsbereich des § 21 Abs. 2 Nr. 3 InsO umfasst die Anordnung die Einstellung bereits laufender Vollstreckungsmaßnahmen sowie das Verbot der Einleitung neuer Vollstreckungsmaßnahmen. Die Anordnung verstärkt zudem die Wirkungen der Rückschlagsperre des § 88 mit § 312 Abs. 1 Satz 3 InsO. Nicht selten sind gegen

---

[1] *Vallender* in: *Uhlenbruck,* InsO, § 306 Rdn. 28.

[2] AG Köln ZIP 2000, 418, dazu EWiR 2000, 403 *(Grub)*; *Vallender* in: *Uhlenbruck,* InsO, § 306 Rdn. 46; *Wenzel* in: *Kübler/Prütting,* InsO, § 306 Rdn. 10; *Grote* in: FK-InsO, § 306 Rdn. 13; *Landfermann* in: HK-InsO, § 306 Rdn. 4; eingehend *Schmidt,* ZIP 1999, 915.

[3] Allgemein *Vallender* in: *Uhlenbruck,* InsO, § 306 Rdn. 46ff., 49.

den Schuldner Pfändungen des Arbeitseinkommens oder gleichgestellter Bezüge anhängig, auch diese Zwangsvollstreckung ist einzustellen, der Drittschuldner darf nicht weiter an den Gläubiger leisten. Ergänzend kann hier das Insolvenzgericht die Hinterlegung der gepfändeten Beträge anordnen.[1]

d) Die Zustellung des Schuldenbereinigungsplans an die Gläubiger

aa) Die zuzustellenden Schriftstücke

Dem Insolvenzgericht kommt im gerichtlichen Schuldenbereinigungs- 1964
verfahrens zunächst eine vermittelnde Aufgabe zu. Es hat den Schuldenbereinigungsplan und die Vermögensübersicht des Schuldners an die im Gläubigerverzeichnis genannten Gläubiger oder ihre Vertreter zuzustellen (§ 307 Abs. 1 Satz 1 InsO). Der Schuldner hat die hierfür erforderliche Zahl von Abschriften des Schuldenbereinigungsplans und der Vermögensübersicht einzureichen (§ 306 Abs. 2 Satz 2 InsO), das Gericht ist nicht verpflichtet, selbst entsprechende Abschriften zu fertigen. Für diese Pflicht des Schuldners gilt § 305 Abs. 3 Satz 2 InsO entsprechend (§ 306 Abs. 2 Satz 3 InsO), kommt er der Aufforderung zur Einreichung der entsprechenden Abschriften nicht rechtzeitig nach, gilt sein Insolvenzantrag schon aus diesem Grunde als zurückgenommen.[2]

Die Zustellung muss in jedem Fall nach §§ 166ff. ZPO erfolgen, eine 1965
Zustellung durch Aufgabe zur Post nach § 8 Abs. 1 Satz 2 InsO, durch den vorläufigen Treuhänder nach § 8 Abs. 3 InsO oder mittels öffentlicher Bekanntmachung nach § 9 Abs. 3 InsO ist ausdrücklich nicht zulässig (§ 307 Abs. 1 Satz 3 InsO).[3] Der Gesetzgeber will mit dieser Regelung sicherstellen, das angesichts der weitreichenden Folgen für die Gläubiger, ihnen auch tatsächlich der Schuldenbereinigungsplan und die Vermögensübersicht zugehen.[4]

bb) Die Notfrist für die Gläubiger nach § 307 Abs. 1 InsO

Die Zustellung des Schuldenbereinigungsplans und der Vermögens- 1966
übersicht erfolgt mit dem Hinweis an die Gläubiger, innerhalb einer Notfrist von einem Monat zu dem Schuldenbereinigungsplan, dem Vermögensverzeichnis und dem Gläubigerverzeichnis, die im Übrigen bei der Geschäftsstelle des Gerichts eingesehen werden können, Stellung zu nehmen (§ 307 Abs. 1 Satz 1 InsO).[5] Die Stellungnahme eines

---

[1] *Vallender* in: *Uhlenbruck,* InsO, § 306 Rdn. 38; zur Hinterlegungspflicht des Drittschuldners im vorläufigen Vollstreckungsverbot des § 2 Abs. 3 GesO bereits BGHZ 140, 253.

[2] Ein erhebliches Risiko hierin sieht *Vallender* in: *Uhlenbruck,* InsO, § 306 Rdn. 62.

[3] *Vallender* in: *Uhlenbruck,* InsO, § 307 Rdn. 4; für die Zulässigkeit öffentlicher Zustellung *Grote* in: FK-InsO, § 307 Rdn. 7.

[4] OLG Frankfurt am Main NZI 2000, 536.

[5] Zur Wiedereinsetzung in den vorigen Stand nach § 233 ZPO Beschlussempfehlung des Rechtsausschusses, BT-Drucks. 12/7302, S. 191; OLG Köln NZI 1999, 458 = ZIP 1999, 1850; OLG Köln ZIP 2000, 281.

Gläubigers innerhalb der Monatsfrist kann und soll sich auf zwei wesentliche Punkte beziehen:

- Der Gläubiger soll erklären, ob er dem Schuldenbereinigungsplan des Schuldners zustimmt oder ihn ablehnt. Wie auch im außergerichtlichen Verfahren ist der Gläubiger keineswegs gezwungen, dem Plan zuzustimmen, er kann ihn ohne Begründung ablehnen.[1] Eine Zustimmung unter einer Bedingungen ist grundsätzlich nicht möglich, es sei denn der Schuldner ist zu einer entsprechenden Änderung des Plans nach § 307 Abs. 3 Satz 1 InsO bereit.[2]
- Der Gläubiger soll prüfen, ob seine eigene Forderung vollständig und richtig im Gläubigerverzeichnis und im Schuldenbereinigungsplan berücksichtigt ist. Auch hier soll er innerhalb der einmonatigen Notfrist auf eine entsprechende Änderung des Forderungsverzeichnisses hinweisen.

e) Die Änderung des Plans durch den Schuldner nach § 307 Abs. 3 InsO

1967 Gehen innerhalb der Monatsfrist Stellungnahmen der Gläubiger zu dem Schuldenbereinigungsplan und zum Gläubigerverzeichnis bei Gericht ein, hat das Gericht den Schuldner aufzufordern, den Schuldenbereinigungsplan entsprechend zu ändern (§ 307 Abs. 3 Satz 1 InsO).[3] Das Gericht hat diesbezüglich kaum Ermessenspielraum;[4] es kann insbesondere eine spätere Zustimmungsersetzung nach § 309 InsO nicht damit begründen, der Schuldner habe seinen Plan nicht entsprechend geändert, wenn es ihn hierzu nicht aufgefordert hat.[5] Eine Änderung des Plans kann zur Förderung einer einverständlichen Schuldenbereinigung auch sinnvoll erscheinen, wenn es beispielsweise lediglich um die Zahlungsweise einzelner Raten oder die Aufnahme einzelner Verfallklauseln geht. Wenn dagegen die überwiegende Mehrheit der Gläubiger den Plan des Schuldners kategorisch ablehnt, dürfte auch eine entsprechende Änderung des Plans kaum zum Erfolg führen. Das Gericht kann hier die Vorlage eines vollständigen neuen Schuldenbereinigungsplans seitens des Schuldners zulassen.[6]

1968 Die Änderung oder Ergänzung des Plans und insbesondere der vollständig neue Schuldenbereinigungsplan sind den Gläubigern mit erneuter Notfrist von einem Monat zuzustellen, soweit dies erforderlich ist.

---

[1] OLG Celle ZIP 2001, 385.

[2] AG Regensburg ZInsO 2000, 516; *Vallender* in: Uhlenbruck, InsO, § 307 Rdn. 56 ff.

[3] LG Hannover ZIP 2001, 208; *Vallender* in: *Uhlenbruck*, InsO, § 307 Rdn. 66 ff.; *Frege/Keller/Riedel*, Rdn. 2278, gehen von einer einmaligen Ergänzungsmöglichkeit aus.

[4] Eingeschränkt BayObLG ZVI 2002, 8; LG Hannover ZIP 2001, 208.

[5] OLG Celle NZI 2002, 213.

[6] So wohl *Vallender* in: *Uhlenbruck*, InsO, § 307 Rdn. 72; *Frege/Keller/Riedel*, Rdn. 2279.

Dieses insbesondere dann der Fall, wenn einzelne Gläubiger durch die Planänderung schlechter gestellt werden. Soweit es lediglich um Korrektur von Rechenfehlern oder ähnlichem geht, dürfte auch eine formlose Übersendung der Planergänzung ausreichen.[1] Auf die Planergänzung oder den geänderten Plan sind § 307 Abs. 1 Satz 1 und 3 und Abs. 2 InsO entsprechend anzuwenden (§ 307 Abs. 3 Satz 2 und 3 InsO).

Das Gesetz regelt nicht, wie oft ein erneut geänderter Schuldenbereinigungsplan zwischen Schuldner und den Gläubigern mit entsprechenden Stellungnahmen, Gegenstellungnahmen, Änderungen und neuerlichen Änderungen vermittelt werden muss. Dies ist Sache des Verhandlungsgeschicks des Insolvenzgerichts. Maßstab für dessen Feststellung, ob das gerichtliche Schuldenbereinigungsverfahren gescheitert ist oder nicht, ist zum einen die Dreimonatsfrist des § 306 Abs. 1 Satz 2 InsO, zum andern sind dies die Stellungnahmen der Gläubiger. Lassen diese inhaltlich eine Annahme eines geänderten Schuldenbereinigungsplans nicht zu, macht es wenig Sinn, das Verfahren fortzuführen. Der Schuldner hat gegenüber dem Insolvenzgericht auch keinen Anspruch auf Zulassung möglicher Planänderungen oder Ergänzungen, eine ablehnende Entscheidung des Gerichts diesbezüglich ist für ihn nicht anfechtbar.[2] **1969**

f) Die Annahme des Schuldenbereinigungsplans

Der Schuldenbereinigungsplan ist von den Gläubigern angenommen, wenn ihm alle im Gläubigerverzeichnis genannten Gläubigern, denen er nach § 307 Abs. 1 Satz 1 InsO zugestellt worden ist, zustimmen (§ 308 Abs. 1 Satz 1 InsO). Es gilt zunächst das Prinzip der Einstimmigkeit, der Schuldenbereinigungsplan wird nicht nur durch einfache Mehrheitsentscheidung der Gläubiger angenommen. Ein Gläubiger kann sein Einverständnis ausdrücklich erklären. Das Einverständnis wird durch § 307 Abs. 2 Satz 1 InsO unwiderleglich vermutet, wenn innerhalb der Notfrist von einem Monat seit Zustellung des Schuldenbereinigungsplans eine Stellungnahme des Gläubigers bei Gericht nicht eingeht. Auf diese Rechtsfolge ist der Gläubiger ausdrücklich hinzuweisen (§ 307 Abs. 2 Satz 2 InsO). Anders als im außergerichtlichen Verfahren ist der Gläubiger durch diese Regelung gleichsam gezwungen, sich am Schuldenbereinigungsverfahren zu beteiligen. **1970**

Das Insolvenzgericht stellt die Annahme des Schuldenbereinigungsplans durch die Gläubiger durch entsprechenden Beschluss fest (§ 308 Abs. 1 Satz 1 InsO). Der Beschluss hat lediglich deklaratorische Bedeutung und ist nicht anfechtbar.[3] **1971**

---

[1] *Vallender* in: *Uhlenbruck,* InsO, § 307 Rdn. 80; *Landfermann* in: HK-InsO, § 307 Rdn. 8 a.

[2] OLG Köln NZI 2001, 593; LG Duisburg NZI 2001, 102; anders LG Göttingen NZI 1999, 277.

[3] BayObLG DZWIR 2001, 118 m. Anm. *Grote* = NZI 2001, 145 = ZIP 2001, 204; *Vallender* in: *Uhlenbruck,* InsO, § 308 Rdn. 11.

g) Die Wirkungen des angenommenen Schuldenbereinigungsplans

aa) Die Wirkung eines Prozessvergleichs nach § 794 Abs. 1 Nr. 1 ZPO

1972 Der angenommene Schuldenbereinigungsplan stellt materiellrechtlich einen Vergleich des Schuldners mit seinen Gläubigern nach § 779 BGB dar. Gemäß § 308 Abs. 1 Satz 2 InsO bildet er gemeinsam mit dem Gläubigerverzeichnis und dem gerichtlichen Beschluss einen Vollstreckungstitel nach § 794 Abs. 1 Nr. 1 ZPO.[1] Die Gläubiger und der Schuldner erhalten je eine Ausfertigung des Schuldenbereinigungsplans (§ 308 Abs. 1 Satz 3 InsO). Die Erteilung der vollstreckbaren Ausfertigung erfolgt nach §§ 795, 724ff. ZPO durch das Insolvenzgericht als Prozessgericht des ersten Rechtszugs im Sinne des § 724 ZPO. Soweit der Schuldenbereinigungsplan so genannte Wiederauflebensklauseln hinsichtlich erlassener Forderungen bei Zahlungsverzug des Schuldners enthält, ist die Erteilung einer vollstreckbaren Ausfertigung in Anwendung des § 726 Abs. 1 ZPO erforderlich.[2] Da in diesem Fall der Gläubiger für den Verzug des Schuldners als Voraussetzung des Wiederauflebens seiner Forderung nachweispflichtig ist, ist es empfehlenswert, in den Schuldenbereinigungsplan bereits einen entsprechenden Nachweisverzicht des Schuldners aufzunehmen.[3] Besteht über die Wirksamkeit des Plans Streit zwischen den Parteien, ist streitig, ob dieser im Klagewege oder durch Fortsetzung des Schuldenbereinigungsverfahrens zu klären ist.[4] Angesichts der Unanfechtbarkeit des Bestätigungsbeschlusses des Gerichts beziehungsweise der materiellen Rechtskraft eines Beschlusses nach § 309 Abs. 2 Satz 3 InsO dürfte der Klagewege über die Feststellung der Wirksamkeit des Plans der richtige Weg sein.

1973 Mit Annahme des Schuldenbereinigungsplans gilt der Insolvenzantrag des Schuldners oder des Gläubigers sowie der Antrag des Schuldners auf Erteilung der Restschuldbefreiung als zurückgenommen (§ 308 Abs. 2 InsO), sowohl das Insolvenzverfahren als auch das Restschuldbefreiungsverfahren haben sich mit dem erfolgreichen Schuldenbereinigungsplan erledigt.

---

[1] Zum vollstreckungsfähigen Inhalt LG Schwerin DZWIR 1999, 34; missverständlich die Ausführungen bei *Vallender* in: *Uhlenbruck*, InsO, § 308 Rdn. 24, wonach auch bei nicht vollstreckungsfähigem Inhalt die Wirkungen des § 308 Abs. 1 Satz 2 InsO, diese sind dann aber praktisch wertlos.

[2] Dazu ausführlich Musielak/*Lackmann*, ZPO, § 726 Rdn. 3; *Wolfsteiner* in: MüKo-ZPO, § 726 Rdn. 18; Stein/Jonas/*Münzberg*, ZPO, § 726 Rdn. 6.

[3] Allgemein Zöller/*Stöber*, ZPO, § 726 Rdn. 16.

[4] Für die Aufnahme eines Klageverfahrens *Grote* in: FK-InsO, § 308 Rdn. 21; *Landfermann* in: HK-InsO, § 308 Rdn. 6; für Wiederaufnahme des Schuldenbereinigungsverfahrens *Vallender* in: *Uhlenbruck*, InsO, § 308 Rdn. 28.

bb) Das Erlöschen von Forderungen der Gläubiger nach § 308 Abs. 3 InsO

Die Forderungen und Sicherheiten der Gläubiger werden für die Zukunft nach dem Inhalt des Schuldenbereinigungsplans umgestaltet. Soweit die Forderung eines Gläubigers bereits tituliert war, verliert mit dem Schuldenbereinigungsplan als Prozessvergleich der bisherige Titel seine Wirksamkeit.[1] Das Schicksal von Sicherheiten für einzelne Forderungen richtet sich ebenfalls nach den Vereinbarungen im Schuldenbereinigungsplan. Akzessorische Sicherheiten wie beispielsweise die Bürgschaft oder das Pfändungspfandrecht erlöschen mit der gesicherten Forderung, nicht akzessorische Sicherheiten sind an den Schuldner zurück zu gewähren. 1974

Gläubiger, deren Forderungen im Gläubigerverzeichnis des Schuldners nicht berücksichtigt waren und die deshalb auch am gerichtlichen Schuldenbereinigungsverfahrens nicht beteiligt waren, behalten ihre Forderungen in voller Höhe (§ 308 Abs. 3 Satz 1 InsO). Der Schuldner sollte aus diesem Grunde bestrebt sein, alle Gläubiger in das gerichtliche Verfahren einzubinden. Häufig „vergisst" der Schuldner bei Erstellung des Gläubigerverzeichnis des nach § 305 Abs. 1 Nr. 3 InsO die Aufnahme einzelner Gläubiger, erst während des gerichtlichen Schuldenbereinigungsverfahrens und dem möglichen Hinweis auf die Regelung des § 308 Abs. 3 Satz 1 InsO „erinnert" er sich an diese. Soweit das Verfahren noch nicht abgeschlossen ist, kann entsprechend § 307 Abs. 3 InsO der Schuldenbereinigungsplan noch ergänzt werden, die neue hinzukommenden Gläubiger können am Verfahren noch beteiligt werden.[2] 1975

Soweit Forderungen einzelner Gläubiger im Forderungsverzeichnis unrichtig, insbesondere zu niedrig aufgenommen waren, und sich diese Gläubiger nicht innerhalb der Monatsfrist des § 307 Abs. 1 Satz 1 InsO hiergegen zur Wehr setzen, gilt die Forderung in der im Verzeichnis festgestellten Höhe; war sie tatsächlich höher, ist sie insoweit erloschen (§ 308 Abs. 3 Satz 2 InsO).[3] Dies gilt auch dann, wenn die Forderung des Gläubigers bereits tituliert ist. Auf diese Rechtsfolge sind die Gläubiger vom Gericht besonders hinzuweisen (§ 307 Abs. 1 Satz 2 InsO). Mit der Regelung des § 308 Abs. 3 Satz 2 InsO wird auch das taktische Verhalten des Schuldners deutlich, strittige Forderungen zwar in das Gläubigerverzeichnis aufzunehmen, jedoch mit dem Forderungsbetrag Null zu bewerten. Versäumt hier der Gläubiger die Monatsfrist des § 307 Abs. 1 Satz 1 InsO, verliert er am Ende seine Forderung. 1976

---

[1] Allgemein *Wolfsteiner* in: MüKo-ZPO, § 794 Rdn. 71.

[2] Zur Berücksichtigung dieser Gläubiger bei der Zustimmungsersetzung BayObLG NZI 2001, 553; *Vallender* in: *Uhlenbruck*, InsO, § 309 Rdn. 3.

[3] Insoweit für Teilforderung anders AG Köln ZIP 2000, 83; *Vallender* in: *Uhlenbruck*, InsO, § 308 Rdn. 39; wie hier LG Göttingen ZInsO 2002, 41; *Wenzel* in: *Kübler/Prütting*, InsO, § 308 Rdn. 9; *Landfermann* in: HK-InsO, § 308 Rdn. 10.

4. Die Zustimmungsersetzung nach § 309 InsO

a) Die Bedeutung und der Zweck der Vorschrift

1977 Die eigentliche Kernvorschrift im gerichtlichen Schuldenbereinigungsverfahren stellt § 309 InsO dar. Danach hat das Insolvenzgericht die Zustimmung einzelner Gläubiger, die dem Schuldenbereinigungsplan widersprochen haben, zu ersetzen, wenn die Mehrheit der Gläubiger ihm zustimmt und die widersprechenden Gläubiger durch den Schuldenbereinigungsplan nicht schlechter gestellt werden als sie ohne den Plan stünden.[1] Der Wortlaut der Vorschrift spricht nur von der Ersetzung der Zustimmung eines Gläubigers, selbstverständlich können aber auch die Zustimmungen mehrerer Gläubiger, die dem Schuldenbereinigungsplan widersprochen haben, ersetzt werden.[2] Ist am gerichtlichen Verfahren nur ein Gläubiger beteiligt oder sind zwei Gläubiger beteiligt, kann eine Zustimmungsersetzung nicht erfolgen, da die durch § 309 Abs. 1 Satz 1 InsO geforderte Kopfmehrheit nicht erreicht werden kann.[3] In diesen Fällen kann ein Schuldenbereinigungsplan zwingend nur einstimmig von den Gläubigern angenommen werden. Bei öffentlich-rechtlichen Forderungen, insbesondere bei Steuerforderungen, ist eine Zustimmungsersetzung allein nach § 309 InsO zu beurteilen, die besonderen Erlassvoraussetzungen nach § 227 AO sind nicht zu prüfen und für das Insolvenzgericht unbeachtlich.[4]

1978 Die Regelung des § 309 InsO ist vergleichbar mit dem Obstruktionsverbot des § 245 InsO im Insolvenzplanverfahren. Auch dort soll ein Gläubiger den Insolvenzplan nicht aus sachfremden Gründen ablehnen, wenn er allein wirtschaftlich nicht schlechter gestellt wird als er ohne den Plan stünde und wenn er nicht schlechter gestellt wird als ein anderer Gläubiger mit gleicher Rechtsposition. Anders als im Fall des § 245 InsO erfolgt die Zustimmungsersetzung des § 309 InsO aber nicht durch gesetzliche Fiktion sondern durch entsprechenden Beschluss des Gerichts, der nur auf Antrag eines Gläubigers oder des Schuldners ergeht. Bei seiner Entscheidung hat das Insolvenzgericht wesentlich zu beurteilen, wie der Gläubiger im Schuldenbereinigungsplan befriedigt wird und wie er bei Durchführung des Insolvenzverfahrens und des Restschuldbefreiungsverfahrens stünde.

1979 Die Zustimmungsersetzung nach § 309 InsO stellt neben der Zustimmungsfiktion des § 307 Abs. 2 InsO den wesentlichen Unterschied des gerichtlichen Schuldenbereinigungsverfahrens zum außergerichtlichen

[1] Beschlussempfehlung des Rechtsausschusses, BT-Drucks. 12/7302, S. 192; *Ott* in: MüKo-InsO, § 309 Rdn. 1 ff.; *Landfermann* in: HK-InsO, § 309 Rdn. 1.

[2] *Vallender* in: *Uhlenbruck*, InsO, § 308 Rdn. 29.

[3] *Vallender* in: *Uhlenbruck*, InsO, § 308 Rdn. 37 mit Hinweisen zu anderer Ansicht.

[4] OLG Köln NZI 2000, 596 = ZIP 2000, 2263.

Verfahren dar. Sie kann deshalb auch Maßstab für das Gläubigerverhalten im außergerichtlichen Verfahren sein. Bietet nämlich der Schuldner schon im außergerichtlichen Verfahren dem Gläubiger eine Befriedigungsquote, bei welcher eine fehlende Zustimmung des Gläubigers im gerichtlichen Verfahren durch § 309 InsO ersetzt würde, besteht für diesen kein sachlicher Grund, dem außergerichtlichen Schuldenbereinigungsplan des Schuldners nicht zuzustimmen.

b) Der Antrag auf Ersetzung der Zustimmung widersprechender Gläubiger

Die Zustimmungsersetzung erfolgt nicht von Amts wegen sondern 1980
nur auf Antrag.[1] Antragsberechtigt sind der Schuldner und jeder Gläubiger des Schuldners. Ein Gläubiger, der dem Schuldenbereinigungsplan zugestimmt hat, kann auch ein Interesse an der Zustimmungsersetzung gegen andere Gläubiger haben, insbesondere wenn er selbst bei Durchführung des Insolvenzverfahrens und der Restschuldbefreiung wesentlich schlechter gestellt sein würde.

Den Antrag auf Zustimmungsersetzung kann der Schuldner bereits 1981
mit dem Insolvenzantrag und Vorlage des Schuldenbereinigungsplans stellen.[2] Zwar bezieht sich der Antrag dann noch nicht auf bestimmte Gläubiger, das Verhalten einzelner Gläubiger bereits im außergerichtlichen Verfahren kann jedoch Hinweis auf deren Verhalten im Verfahren nach § 307 InsO geben und eine Zustimmungsersetzung nach § 309 InsO überwiegend wahrscheinlich erscheinen lassen.

c) Die sachlichen Voraussetzungen der Zustimmungsersetzung

aa) Die Zustimmung mehr als der Hälfte der Gläubiger nach § 309 Abs. 1 Satz 1 InsO

Grundvoraussetzung für eine Zustimmungsersetzung ist nach § 309 1982
Abs. 1 Satz 1 InsO, dass mehr als die Hälfte der benannten Gläubiger dem Schuldenbereinigungsplan zugestimmt haben und ihre Forderungen mehr als die Hälfte der Forderungen alle Gläubiger darstellen, es muss also sowohl eine so genannte Kopfmehrheit als auch eine Summenmehrheit erreicht sein. Stehen einem Gläubiger mehrere Forderungen gegen den Schuldner zu, zählt seine Stimme bei Ermittlung der Kopfmehrheit nur einfach.[3] Ebenso können mehrere Gläubiger einer Forderung (beispielsweise Gesamtgläubiger nach § 428 BGB) nur mit einer Stimme gewertet werden. Ein Gläubiger, der auf seine Forderung gegen den Schuldner verzichtet hat, ist am Schuldenbereinigungsverfah-

---

[1] BayObLG ZIP 2001, 204; *Vallender* in: *Uhlenbruck,* InsO, § 308 Rdn. 21.

[2] *Vallender* in: *Uhlenbruck,* InsO, § 309 Rdn. 23; *Römermann* in: *Nerlich/Römermann,* InsO, § 309 Rdn. 13; *Fuchs* in: KS, S. 1679 Rdn. 92.

[3] OLG Köln ZIP 2000, 2312; anders wenn der Fiskus mehrfach beteiligt ist, *Vallender* in: *Uhlenbruck,* InsO, § 309 Rdn. 10.

rens nicht beteiligt und wird im Rahmen des § 309 InsO nicht berücksichtigt.[1] Verzichtet der Gläubiger dagegen nur auf die Teilnahme am Schuldenbereinigungsverfahren, hat er schon durch § 307 Abs. 2 InsO dem Schuldenbereinigungsplan zugestimmt.

1983 Für die Ermittlung der Summenmehrheit sind die im Schuldenbereinigungsplan und im Gläubigerverzeichnis angegebenen Beträge maßgebend.[2] Soweit die Forderung eines Gläubigers zu niedrig angegeben ist und dieser Gläubiger innerhalb der Monatsfrist des § 307 Abs. 1 Satz 1 InsO hiergegen nicht vorgegangen ist, gilt gegen ihn bereits § 308 Abs. 3 Satz 2 InsO. Hat er der Angabe seine Forderung im Gläubigerverzeichnis widersprochen und hat der Schuldner das Verzeichnis nicht entsprechend berichtigt, kann dies zu einem Ausschluss der Zustellungsersetzung nach § 309 Abs. 3 InsO führen. Es ist deshalb auch für den Schuldner wichtig, hinsichtlich ungeklärter und strittiger Forderungen Einigung mit dem Gläubiger zu erzielen.

1984 **Beispiel 3:** Im Sachverhalt des Beispiel 1 hat der Schuldner den dort dargestellten außergerichtlichen Schuldenbereinigungsplan auch als gerichtlichen Plan nach § 305 Abs. 1 Nr. 4 InsO eingebracht. Von den fünf Gläubigern hat Gläubiger A auf die Übersendung des Schuldenbereinigungsplans mit den entsprechenden Aufforderungen des Gerichts nach § 307 Abs. 1 InsO nicht reagiert. Gläubiger B hat innerhalb der Monatsfrist dem Schuldenbereinigungsplan zugestimmt, ebenso Gläubiger C. Die Gläubiger D und E haben dem Plan ausdrücklich widersprochen. Der Schuldner beantragt die Ersetzung der Zustimmung der Gläubiger D und E.

Eine Zustimmungsersetzung kann erfolgen, wenn mehr als die Hälfte der Gläubiger dem Schuldenbereinigungsplan zugestimmt haben und ihre Forderungen mehr als die Hälfte der Gesamtforderungen betragen (§ 309 Abs. 1 Satz 1 InsO). Im vorliegenden Fall hat Gläubiger A in Anwendung des § 307 Abs. 2 InsO dem Schuldenbereinigungsplan zugestimmt, die Gläubiger B und C haben ausdrücklich zugestimmt, die so genannte Kopfmehrheit ist damit erreicht. Die Summenmehrheit beträgt bei den Gläubigerforderungen von insgesamt 78.534,82 EUR mithin 39.267,41 EUR. Diese Mehrheit ist schon deshalb erreicht, weil die Forderung des Gläubigers B, der dem Plan zugestimmt hat, mehr als 50.000 EUR beträgt. Eine Zustimmungsersetzung kann erfolgen. Hätte dagegen Gläubiger B dem Plan nicht zugestimmt, wäre schon wegen der Höhe seiner Forderung eine Zustellungsersetzung a priori nicht möglich.

1985 Sind Kopfmehrheit und Summenmehrheit gegeben, sieht § 309 Abs. 1 Satz 1 InsO die Zustimmungsersetzung durch das Gericht als Regelfall vor. Die weiteren Voraussetzungen der angemessenen Beteiligung des betroffenen Gläubigers und seine wirtschaftliche Befriedigung nach Nrn. 1 und 2 des § 309 Abs. 1 Satz 2 InsO stellen systematisch Ausschlusstatbestände für die Zustimmungsersetzung vor. Sie sind abschließend geregelt und eng auszulegen.[3] Das Insolvenzgericht ist nicht

---

[1] OLG Karlsruhe NZI 2000, 375; OLG Köln NZI 2001, 88; OLG Braunschweig ZInsO 2001, 227.

[2] LG Berlin ZInsO 2000, 404; AG Köln ZIP 2000, 83; AG Regensburg ZInsO 2000, 516; *Vallender* in: *Uhlenbruck*, InsO, § 309 Rdn. 17.

[3] LG Memmingen NZI 2000, 233; *Vallender* in: *Uhlenbruck*, InsO, § 309 Rdn. 33.

befugt, aus allgemeinen Erwägungen oder vermeintlichem Gerechtigkeitsgefühl heraus eine Zustimmungsersetzung zu versagen.

bb) Die angemessene Beteiligung der Gläubiger nach § 309 Abs. 1 Satz 2 Nr. 1 InsO

Die Zustimmungsersetzung ist zu versagen, wenn der Gläubiger, der 1986
Einwendungen erhoben hat, im Verhältnis zu den übrigen Gläubigern an dem Schuldenbereinigungsplan nicht angemessen beteiligt ist (§ 309 Abs. 1 Satz 2 Nr. 1 InsO). Die angemessene Beteiligung im Sinne dieser Vorschrift ist rechtstechnisch ein unbestimmter Rechtsbegriff, der objektiv definiert und für den Einzelfall bestimmt werden kann.[1]

Angemessene Beteiligung bedeutet zunächst, dass der betroffene 1987
Gläubiger quotal in gleichem Umfang berücksichtigt sein muss wie die übrigen Gläubiger. Die Rechtsprechung verlangt hierbei jedoch keine mathematisch genaue Anteilsberechnung und lässt Toleranzen bei der Quotenberechnung durchaus zu.[2] Eine angemessene Beteiligung liegt beispielsweise auch dann vor, wenn der betroffene Gläubiger eine Quote erhält, die dem Durchschnitt der Befriedigung der übrigen Insolvenzgläubiger entspricht, auch wenn einzelne Gläubiger eine höhere Quote erhalten, andere dafür eine niedrigere.[3]

Die angemessene Beteiligung ist ähnlich wie im Falle des § 245 1988
Abs. 1 Nr. 2 mit Abs. 2 InsO unter Berücksichtigung der rechtlichen Stellung des Gläubigers zu beurteilen. Dabei ist grundsätzlich vom Gleichrang der Gläubigerforderungen auszugehen (§ 38 InsO). Wird aber beispielsweise eine nach § 39 Abs. 1 Nrn. 1 bis 5 InsO nachrangige Insolvenzforderung befriedigt, obwohl ein nicht nachrangiger Gläubiger auf einen Teil seiner Forderung verzichten soll, liegt eine angemessene Beteiligung dieses Gläubigers im Sinne des § 309 Abs. 1 Satz 2 Nr. 1 InsO nicht vor (ähnlich § 245 Abs. 2 Nr. 2 InsO). Eine Ausnahme kann allenfalls bei der Befriedigung von Geldstrafen gelten, die nach § 39 Abs. 1 Nr. 3 InsO nachrangige Insolvenzforderungen sind. Würde hier gleichsam darauf bestanden werden, diese Forderung nicht zu befriedigen, könnte dies gegenüber dem Schuldner schlimmstenfalls die Verbüßung der Ersatzfreiheitsstrafe zur Folge haben, was letztlich keinem Gläubiger dienen wird. Hinsichtlich der laufenden Zinsen der Gläubigerforderungen (§ 39 Abs. 1 Nr. 1 InsO) liegt eine Benachteiligung eines Gläubigers jedenfalls dann nicht vor, wenn auch die Zinsforderungen der übrigen Gläubiger nicht weiter berücksichtigt

---

[1] Missverständlich *Vallender* in: *Uhlenbruck*, InsO, § 309 Rdn. 43, der von begrenztem Ermessensspielraum spricht.

[2] OLG Köln NZI 2001, 594; LG Berlin ZInsO 2000, 404; AG Mönchengladbach ZInsO 2000, 232; AG Hamburg NZI 2000, 283; AG Köln NZI 2000, 441; AG Göttingen DZWIR 2000, 526 (Abweichung von 0,50 Prozent bis 51,13 EUR); *Vallender* in: *Uhlenbruck*, InsO, § 309 Rdn. 47 m. w. N.; *Grote* in: FK-InsO, § 309 Rdn. 19; *Landfermann* in: HK-InsO, § 309 Rdn. 8; *Haarmeyer* in: *Smid*, InsO, § 309 Rdn. 6 ff.; *Schmidt-Räntsch*, MDR 1994, 321.

[3] OLG Köln ZInsO 2001, 34.

sind.[1] Ausnahmen vom Grundsatz der gleichmäßigen Befriedigung sind auch bei Forderungen denkbar, die nach § 302 InsO von der Restschuldbefreiung nicht erfasst sein werden.

1989 Zur rechtlichen Stellung eines Gläubigers gehört auch, ob er für seine Forderung ein Sicherungsrecht geltend machen kann. Es ist angemessen, ihn im Schuldenbereinigungsplan in den Umfang zu berücksichtigen, wie er bei Verwertung der betreffenden Sicherheit Befriedigung erlangen würde.[2] Dies ist schon aus §§ 49 ff. und 165 ff. InsO notwendig, sowie aus der Überlegung, dass ein gesicherter Gläubiger durch den Schuldenbereinigungsplan nicht gezwungen werden kann, auf bestehende Sicherheiten zu verzichten.

1990 Ob es dem Grundsatz angemessener Beteiligung entspricht, wenn ein so genannter Kleingläubiger mit einer höheren Quote bedacht wird als ein sonstiger Gläubiger, insbesondere ein Großgläubiger, wird unterschiedlich gesehen.[3] Ein soziales Bedürfnis für eine Bevorzugung so genannter Kleingläubiger, wie es im Insolvenzplanverfahren regelmäßig bejaht wird, ist in der Verbraucherinsolvenz eher nicht gegeben.

cc) Die wirtschaftliche Stellung der Gläubiger nach § 309 Abs. 1 Satz 2 Nr. 2 InsO

1991 Der zweite Ausschlusstatbestand für eine Zustimmungsersetzung soll den einzelnen Gläubiger durch den Schuldenbereinigungsplan nicht schlechter stellen, als er ohne diesen Plan stünde. Die Befriedigung des Gläubigers durch den Schuldenbereinigungsplan ist damit zu vergleichen mit seiner voraussichtlichen Befriedigung bei Durchführung des Insolvenzverfahrens und des Restschuldbefreiungsverfahrens (§ 309 Abs. 1 Satz 2 Nr. 2 InsO). Das Insolvenzgericht hat hier eine fiktive Vergleichsrechnung durchzuführen, bei welcher es jedoch die gegenwärtigen Einkommensverhältnisse des Schuldners für die gesamte fiktive Verfahrensdauer zu Grunde legen darf. Beruft sich der betroffene Gläubiger dagegen konkret auf eine wirtschaftliche Schlechterstellung hat er die konkreten Tatsachen darzulegen und glaubhaft zu machen (§ 309 Abs. 2 Satz 2 InsO).[4]

1992 Bei Prüfung des Ausschlusstatbestandes des § 309 Abs. 1 Satz 2 Nr. 2 InsO hat das Insolvenzgericht auch das Vorliegen eines Insolvenzgrundes beim Schuldner zu prüfen, denn nur dann kann es zur Eröffnung des Insolvenzverfahrens kommen, was die Vorschrift gedanklich gerade

---

[1] LG Berlin ZInsO 2001, 857; *Vallender* in: *Uhlenbruck,* InsO, § 309 Rdn. 50.

[2] *Wenzel* in: *Kübler/Prütting,* InsO, § 309 Rdn. 6; *Kirchhof,* ZInsO 1998, 54; *Obermüller,* WM 1998, 483.

[3] Bejahend OLG Frankfurt am Main NZI 2002, 266; *Grote* in: FK-InsO, § 309 Rdn. 18; verneinend AG Saarbrücken ZInsO 2002, 340; *Vallender* in: *Uhlenbruck,* InsO, § 309 Rdn. 44; *Landfermann* in: HK-InsO, § 309 Rdn. 9.

[4] OLG Dresden ZInsO 2001, 805; OLG Köln ZInsO 2001, 230; LG Berlin ZInsO 2000, 404; *Vallender* in: *Uhlenbruck,* InsO, § 309 Rdn. 58.

voraussetzt.[1] Versagungstatbestände nach § 290 InsO sind durch das Insolvenzgericht insoweit zu berücksichtigen, als ein Gläubiger voraussichtlich die Versagung der Restschuldbefreiung beantragen wird.[2] In diesem Fall behielten die Gläubiger ihre Forderungen gegen den Schuldner.

Rechnerisch hat das Gericht die voraussichtliche Vermögensverwer- 1993
tung im Insolvenzverfahren sowie die voraussichtliche Befriedigung der Gläubiger während des Restschuldbefreiungsverfahrens abzüglich der jeweiligen Kosten zu prognostizieren.[3] Verwertbares Vermögen ist im Verbraucherinsolvenzverfahren in der Rechtspraxis kaum vorhanden, allenfalls kann der pfändbare Teil des Arbeitseinkommens des Schuldners zur Masse gezogen werden; bei Lohnabtretungen ist § 114 Abs. 2 InsO zu beachten. Nach § 309 Abs. 1 Satz 2 Nr. 2 zweiter Halbsatz InsO dürfen im Zweifel die gegenwärtigen Einkommens-, Vermögens- und Familienverhältnisse für die gesamte Verfahrensdauer zu Grunde gelegt werden. Soweit aber konkrete Hinweise auf Änderungen gegeben sind, sind diese zu berücksichtigen.[4]

Konkret ist in folgenden Schritten vorzugehen, wenngleich zu be- 1994
rücksichtigen ist, dass in der Rechtspraxis regelmäßig von vermögenslosen Schuldnern auszugehen ist, bei welchen angesichts der hohen Pfändungsfreigrenzen des § 850c ZPO kein pfändbarer Teil des Arbeitseinkommens gegeben ist:

- Ermittlung des voraussichtlichen Verwertungserlöses des Vermögens des Schuldners unter Berücksichtigung des pfändbaren Teils seines laufenden Arbeitseinkommens für die Dauer des Insolvenzverfahrens.
- Abzug der Massekosten und sonstigen Masseverbindlichkeiten nach §§ 54 und 55 InsO.
- Hieraus Ermittlung der Befriedigungsquote der nicht nachrangigen Gläubiger.
- Ermittlung des pfändbaren Teils des Arbeitseinkommens des Schuldners für die Dauer des Restschuldbefreiungsverfahrens.
- Abzug der Treuhändervergütung im Restschuldbefreiungsverfahren, der gegebenenfalls an die Staatskasse vorweg abzuführenden Beträge

---

[1] Im Detail sehr umstritten, *Vallender* in: *Uhlenbruck*, InsO, § 309 Rdn. 82 mit umfangreichen Nachweisen; *Landfermann* in: HK-InsO, § 309 Rdn. 11; anders *Römermann* in: *Nerlich/Römermann*, InsO, § 309 Rdn. 32.

[2] OLG Köln NZI 2001, 594; OLG Celle ZInsO 2000, 456; LG Göttingen NZI 2001, 327; LG Saarbrücken NZI 2000, 380; AG Göttingen NZI 2001, 605; *Vallender* in: *Uhlenbruck*, InsO, § 309 Rdn. 83; *Wenzel* in: *Kübler/Prütting*, InsO, § 309 Rdn. 6 mit umfangreichen Nachweisen Fn. 6; *Landfermann* in: HK-InsO, § 309 Rdn. 11.

[3] Eingehend *Grote* in: FK-InsO, § 309 Rdn. 22 ff.; *Vallender* in: *Uhlenbruck*, InsO, § 309 Rdn. 60 ff.

[4] OLG Karlsruhe NZI 2001, 422 (keine Pflicht zur abstrakten Berücksichtigung einer künftigen Erbschaft); LG Heilbronn NZI 2001, 434 (keine Berücksichtigung einer rein theoretischen Möglichkeit künftiger Einkommensentwicklung); *Vallender* in: *Uhlenbruck*, InsO, § 309 Rdn. 72 ff.

nach § 292 Abs. 1 Satz 2 InsO sowie der an den Schuldner zu zahlenden Beträge nach § 292 Abs. 1 Satz 4 InsO.
- Hieraus Ermittlung der weiteren Befriedigungsquote der Gläubiger.

1995 **Beispiel 4:** Im Sachverhalt der Beispiele 1 und 3 hat das Insolvenzgericht zu prüfen, ob die Zustimmung der Gläubiger D und E unter Berücksichtigung der Nrn. 1 und 2 des § 309 Abs. 1 Satz 2 InsO ersetzt werden kann.

Eine angemessene Beteiligung dieser Gläubiger im Sinne des § 309 Abs. 1 Satz 2 Nr. 1 InsO ist gegeben. Die Gläubiger D und E haben gegenüber den übrigen Gläubigern die gleiche rechtliche Stellung wie nicht nachrangige Insolvenzgläubiger nach § 38 InsO. Die Befriedigungsquote dieser Gläubiger beträgt mit 40 Prozent eben so viel wie die des Gläubigers A und mehr als bei Gläubiger B. Eine angemessene Beteiligung könnte allenfalls mit der Begründung verneint werden, die Gläubiger D und E müssten auf ihre weiter anfallenden Zinsen verzichten. Dies gilt letztlich aber auch für Gläubiger A, wenn er auf seine Restforderung verzichtet und erst recht für Gläubiger B, der insgesamt eine weit niedrigere Quote akzeptiert.

Die wirtschaftliche Schlechterstellung nach § 309 Abs. 1 Satz 2 Nr. 2 InsO ist prognostisch zu berechnen:

- Während des Insolvenzverfahrens, das voraussichtlich eine Dauer von neun Monaten haben soll, kann nur der pfändbare Teil des Arbeitseinkommens des Schuldners zur Masse gezogen werden, es sind dies 78,60 EUR (9 Monate × 87,40 EUR). Dem vermögenslosen Schuldner wurde für das Insolvenzverfahren Kostenstundung bewilligt, so dass dieser Betrag nach Abschluss des Insolvenzverfahrens zunächst der Staatskasse auf die Verfahrenskosten zuzuweisen ist.
- Die Gläubiger erhalten im Insolvenzverfahren keine Befriedigung.
- Im anschließenden Restschuldbefreiungsverfahren können bei einer verbleibenden Dauer der Wohlverhaltensperiode von fünf Jahren und drei Monaten (vgl. § 287 Abs. 2 InsO) insgesamt 5.506,20 EUR (63 Monate × 87,40 EUR) vereinnahmt werden, hinzu kommen mögliche Weihnachtsgelder (§ 850 a Nr. 4 ZPO). Hiervon abzuziehen sind die an die Staatskasse abzuführenden Beträge zur Deckung der noch offenen Verfahrenskosten, sie sollen fiktiv 1.734,20 EUR betragen. Abzuziehen ist ferner die Vergütung des Treuhänders gemäß § 14 Abs. 2 InsVV in Höhe von fünf Prozent der eingenommenen Beträge, mindestens in Höhe von 100 EUR jährlich (§ 14 Abs. 3 InsVV) zuzüglich Auslagenersatz und Umsatzsteuer, es soll hier ein Betrag von fiktiv 772 EUR berücksichtigt werden.
- Für die Insolvenzgläubiger verbleibt damit für die gesamte Dauer des Restschuldbefreiungsverfahrens ein Betrag von 3.000 EUR. Die Befriedigungsquote bei Gesamtforderungen in Höhe von 78.534,82 EUR beträgt mithin 3,82 Prozent.

Den Gläubigern D und E verbleibt damit durch den Schuldenbereinigungsplan eine höhere wirtschaftliche Befriedigung als bei Durchführung des Insolvenzverfahrens und des Restschuldbefreiungsverfahrens. Selbst wenn man weitere Einkommensbeträge des Schuldners prognostiziert, etwa durch Einkommenssteigerungen, oder den fiktiven Vergütungsbetrag für den Treuhänder reduziert, ergibt sich dennoch eine deutlich bessere Befriedigung durch den Schuldenbereinigungsplan.

1996 Die Einbeziehung von Verfallklauseln, Wiederauflebensklauseln, Besserungs- oder Anpassungsklauseln für den Fall des Verzugs des Schuldners oder der Verbesserung seiner wirtschaftlichen Lage ist gesetzlich zwar nicht vorgeschrieben, kann aber für die wirtschaftliche Beteiligung eines Gläubigers von Bedeutung sein.[1] Es soll beispielsweise eine wirtschaftliche Schlechterstellung des Gläubigers darstellen, wenn für den Fall der Versagung der Restschuldbefreiung keine Wiederauflebensklausel vereinbart ist.[2]

Die Regelung des § 309 Abs. 1 Satz 2 Nr. 2 InsO lässt die Zustim- 1997
mungsersetzung auch beim so genannten „Null-Plan", beim „fast Null-Plan" oder beim „flexiblen Null-Plan" grundsätzlich zu.[3] Es ist hier Frage des Einzelfalles, ob den Gläubigern bei Durchführung des Insolvenzverfahrens und der Restschuldbefreiung überhaupt eine Befriedigung in Aussicht gestellt werden kann. Besserungs- oder Anpassungsklauseln sind gerade hier sinnvoll und notwendig.

dd) Der Ausschluss der Zustimmungsersetzung nach § 309 Abs. 3 InsO

Einen generellen Ausschlusstatbestand für die Zustimmungsersetzung 1998
sieht § 309 Abs. 3 InsO vor. Die Zustimmungsersetzung ist ausgeschlossen, wenn ein Gläubiger Tatsachen glaubhaft macht, aus denen sich ernsthafte Zweifel an der Richtigkeit der Angaben einzelner Forderungen seitens des Schuldners ergeben. Der Gesetzgeber hat hier insbesondere die Angabe strittiger oder „verdächtiger"[4] Forderungen im Gläubigerverzeichnis im Auge, das Insolvenzgericht soll nicht materiellrechtlich prüfen ob und in welcher Höhe diese Forderungen bestehen und der Gläubiger dann angemessen am Schuldenbereinigungsplan berücksichtigt ist oder nicht.[5] Die Zustimmungsersetzung ist nur dann ausgeschlossen, wenn vom Ausgang des Rechtsstreits über das Bestehen oder die Höhe einer solchen Forderung die angemessene Beteiligung des Gläubigers gegenüber den übrigen Gläubigern im Sinne des § 309 Abs. 1 Satz 2 Nr. 1 InsO abhängt. Hat der Schuldner Forderungen in

---

[1] Allgemein *Grote* in: FK-InsO, § 309 Rdn. 23; *Vallender* in: *Uhlenbruck,* InsO, § 309 Rdn. 77.

[2] LG Memmingen NZI 2000, 233; LG Lübeck ZVI 2002, 10; offen gelassen von OLG Celle ZVI 2002, 19; anders LG Dortmund ZVI 2002, 32; LG Hannover NZI 2004, 389; großzügig auch *Grote* in: FK-InsO, § 309 Rdn. 23; strenger dagegen *Landfermann* in: HK-InsO, § 309 Rdn. 10 a.

[3] OLG Frankfurt am Main ZInsO 2000, 288; LG Memmingen NZI 2000, 233; LG Neubrandenburg ZInsO 2001, 1120; offen gelassen von OLG Köln ZIP 1999, 1929; *Vallender* in: *Uhlenbruck,* InsO, § 309 Rdn. 88; *Grote* in: FK-InsO, § 309 Rdn. 32 m.w.N. aus der Rechtsprechung, die sich teilweise jedoch nur auf den „Null-Plan" im Allgemeinen beziehen; für den „flexiblen Null-Plan" *Landfermann* in: HK-InsO, § 309 Rdn. 10; sehr zweifelnd *Ott* in: MüKo-InsO, § 309 Rdn. 19.

[4] OLG Köln ZInsO 2000, 657 (Darlehensforderung eines Familienangehörigen ohne jegliche Unterlagen); LG Memmingen NZI 2000, 233 (Forderung ist nicht allein deshalb verdächtig, weil sie der Lebensgefährtin des Schuldners zusteht); bei Glaubhaftmachung des Gläubigers hat der Schuldner eine erhöhte Darlegungslast bezüglich der angegriffenen Forderung, OLG Celle ZInsO 2000, 456; LG Bielefeld ZIP 1999, 1275; *Vallender* in: *Uhlenbruck,* InsO, § 309 Rdn. 102, 103.

[5] Beschlussempfehlung des Rechtsausschusses, BT-Drucks. 12/7302, S. 193; BGH NZI 2005, 46.

das Gläubigerverzeichnis aufgenommen, die in Wirklichkeit nicht bestehen, ist dies regelmäßig der Fall.

d) Das Verfahren der Zustimmungsersetzung

aa) Die Anhörung der Beteiligten

1999 Das Insolvenzgericht entscheidet auf Antrag eines Gläubigers oder des Schuldners (§ 309 Abs. 1 Satz 1 InsO). Vor seiner Entscheidung hat es den oder die Gläubiger zu hören, deren Zustimmung ersetzt werden soll (§ 309 Abs. 2 Satz 1 InsO). Diese können Tatsachen und Gründe vortragen, die einer Ersetzung ihrer Zustimmung entgegenstehen, sie haben diese glaubhaft zu machen (§ 309 Abs. 2 Satz 2 InsO).[1] Das Insolvenzgericht ist zu keiner Amtsermittlung verpflichtet oder befugt, es kann insbesondere nicht im Hinblick auf § 309 Abs. 3 InsO eigene Ermittlungen anstellen.[2]

bb) Die Entscheidung des Gerichts

2000 Die Entscheidung ergeht durch Beschluss, der unter Berücksichtigung der Voraussetzungen und der Ausschlusstatbestände des § 309 Abs. 1 InsO zu begründen ist; eine bloß floskelhafte Begründung unter Wiederholung des Gesetzeswortlauts ist hier wie in allen sonstigen Fällen gerichtlicher Begründungspflicht nicht ausreichend.

cc) Die Anfechtung der Entscheidung

2001 Gegen die zustimmungsersetzende Entscheidung steht dem betroffenen Gläubiger die sofortige Beschwerde zu, gegen die ablehnende Entscheidung den Antragsteller (§ 309 Abs. 2 Satz 3 InsO). Der Beschluss ist den Beteiligten deshalb zuzustellen.

e) Die Wirkungen der Zustimmungsersetzung

2002 Mit Rechtskraft des Ersetzungsbeschlusses gilt der Schuldenbereinigungsplan von allen Gläubigern als angenommen, die Wirkungen des § 308 Abs. 1 InsO treten ein. Der Schuldenbereinigungsplan bildet zusammen mit dem Ersetzungsbeschluss und dem Gläubigerverzeichnis auch für und gegen den betroffenen Gläubiger einen Vollstreckungstitel nach § 794 Abs. 1 Nr. 1 ZPO.

2003 Mit Rechtskraft des ablehnenden Beschlusses gilt das gerichtliche Schuldenbereinigungsverfahrens endgültig als gescheitert und das Insolvenzgericht hat über den Insolvenzantrag zu befinden.

---

[1] OLG Köln NZI 2001, 594; BayObLG NZI 2001, 553; OLG Celle ZIP 2001, 1063.

[2] *Vallender* in: *Uhlenbruck*, InsO, § 309 Rdn. 36 m. w. N.

Schaubild 20: Das gerichtliche Schuldenbereinigungsverfahren 2004

Schuldner	Gericht
Vorlage Schuldenbereinigungsplan (§ 305 Abs. 1 Nr. 4 InsO)	Zustellung an die Gläubiger mit Belehrungen zu § 307 Abs. 2 und § 308 Abs. 3 Satz 2 InsO (§ 307 Abs. 1 InsO)

Verhalten der Gläubiger

Zustimmung	Ablehnung	Ablehnung
Mit einstimmiger Zustimmung ist der Schuldenbereinigungsplan angenommen; Gericht beschließt nach § 308 Abs. 1 Satz 1 InsO.	Mit Ablehnung nach Kopf- und Summenmehrheit ist der Plan abgelehnt, Zustimmungsersetzung nach § 309 Abs. 1 InsO kann nicht erfolgen; Gericht stellt dies fest und entscheidet über Insolvenzeröffnung.	Mit Ablehnung von weniger als Kopf- und Summenmehrheit (Enthaltungen kann es wegen § 307 Abs. 2 InsO nicht geben) ist Zustimmungsersetzung nach § 309 InsO möglich.

Voraussetzungen der Zustimmungsersetzung

§ 309 Abs. 1 Satz 1 InsO:	**§ 309 Abs. 1 Satz 2 Nr. 1 InsO:**	**§ 309 Abs. 1 Satz 2 Nr. 2 InsO:**	**§ 309 Abs. 3 InsO:**
Gläubiger stimmen nach Kopf- und Summenmehrheit dem Plan zu; ausdrücklich oder nach § 307 Abs. 2 InsO.	Gläubiger ist im Verhältnis zu den übrigen Gläubigern nach Rechtsstellung in der Befriedigung angemessen am Plan beteiligt.	Gläubiger ist durch den Plan nicht schlechter gestellt als bei Durchführung des Insolvenzverfahrens und der Restschuldbefreiung; Vergleichsrechnung bei gleichbleibenden Verhältnissen.	Keine Zustimmungsersetzung, wenn Gläubiger glaubhaft macht, dass Schuldner Forderungen in Bestand oder Höhe unrichtig angegeben hat.

III. Das vereinfachte Insolvenzverfahren nach §§ 311 ff. InsO

1. Die Entscheidung über die Eröffnung des Insolvenzverfahrens

2005 Das Insolvenzgericht hat über die eigentliche Eröffnung des Insolvenzverfahrens in drei Fällen zu entscheiden:

- Der Schuldner stellt Insolvenzantrag, die Durchführung des gerichtlichen Schuldenbereinigungsverfahrens erscheint nicht Erfolg versprechend und ist gegebenenfalls vom Schuldner auch nicht gewünscht (§ 306 Abs. 1 Satz 3 InsO).
- Ein Gläubiger stellt Insolvenzantrag, der Schuldner schließt sich nach entsprechender Aufforderung des Insolvenzgericht dem Antrag nicht an (§ 306 Abs. 3 InsO).
- Das gerichtliche Schuldenbereinigungsverfahren ist ohne Annahme des Schuldenbereinigungsplans, auch nicht mit Hilfe der Zustimmungsersetzung des § 309 InsO, durchgeführt worden.

2006 Für die letzt genannte Fallgestaltung bestimmt § 311 InsO klarstellend, dass das Insolvenzgericht nunmehr über den Insolvenzantrag als solchen zu entscheiden hat.[1] Das Insolvenzgericht entscheidet über die Insolvenzeröffnung nach denselben Grundsätzen wie im Regelinsolvenzverfahren, das Insolvenzverfahren ist zu eröffnen, wenn der Schuldner zahlungsunfähig ist und die Kosten des Insolvenzverfahrens gedeckt sind (§§ 16 und 26 InsO). Eine Abweisung mangels Masse nach § 26 Abs. 1 InsO ist auch im Verbraucherinsolvenzverfahren denkbar,[2] wegen der Möglichkeit der Gewährung von Kostenstundung nach §§ 4a ff. InsO praktisch aber kaum mehr der Fall. Denkbar wäre die Abweisung mangels Masse dann, wenn nur ein Gläubiger Insolvenzantrag stellt, der Schuldner sich diesen Insolvenzantrag nicht anschließt und der Gläubiger zu keiner Vorschusszahlung nach § 26 Abs. 1 Satz 2 InsO bereit ist.[3] Den Schuldner sollte in diesem Fall jedoch klar sein, dass er mangels eines eigenen Insolvenzantrags keine Restschuldbefreiung erlangen kann (§ 305 Abs. 1 Nr. 2 mit § 287 InsO).

2007 Der Eröffnungsbeschluss hat die in den §§ 27 ff. InsO genannten Angaben zu enthalten, der ist nach §§ 30 ff. InsO den Beteiligten mitzuteilen und öffentlich bekanntzumachen.

---

[1] Beschlussempfehlung des Rechtsausschusses, BT-Drucks. 12/7302, S. 193 rechts oben.

[2] Grundlegend BayObLG NZI 2000, 434; BayObLG NZI 2001, 36; OLG Köln NZI 2000, 217 = ZIP 2000, 548.

[3] Dazu *Vallender* in: *Uhlenbruck*, InsO, § 311 Rdn. 23.

2. Die Besonderheiten des vereinfachten Insolvenzverfahrens nach §§ 312 ff. InsO

Die §§ 312 bis 314 InsO regeln für das eröffnete Insolvenzverfahren über das Vermögen eines Verbrauchers Besonderheiten, die dieses Verfahren im Gegensatz zum Regelinsolvenzverfahren vereinfachen sollen.[1] Das Gesetz entspricht deshalb selbst vom so genannten „vereinfachten Insolvenzverfahren“. Eine wirkliche Verfahrensvereinfachung und insbesondere eine Straffung in der Verfahrensdauer ist in der Praxis aber nur in solchen Fällen gegeben, bei welchen der Schuldner keinerlei verwertbares Vermögen besitzt und nur eine geringe Zahl von Gläubigern am Verfahren beteiligt ist. 2008

a) Die eingeschränkte öffentliche Bekanntmachung

Die Insolvenzeröffnung ist nach § 30 Abs. 1 InsO öffentlich bekanntzumachen. Die öffentliche Bekanntmachung soll nach § 312 Abs. 1 Satz 1 zweiter Halbsatz InsO ohne Anwendung des § 9 Abs. 2 InsO erfolgen. Dies bedeutet umgekehrt, dass sie lediglich in dem amtlichen Verkündungsblatt nach § 9 Abs. 1 InsO[2] sowie im Bundesanzeiger (§ 30 Abs. 1 Satz 2 InsO) erfolgt. Soweit in den Bundesländern die öffentliche Bekanntmachung bereits in elektronischer Form erfolgt (§ 9 Abs. 1 und Abs. 2 Satz 2 InsO mit § 1 Satz 1 InsNetV), gilt dies auch für das Verbraucherinsolvenzverfahren. 2009

b) Die Abhaltung nur einer Gläubigerversammlung

Nach § 312 Abs. 1 Satz 2 InsO soll abweichend von § 29 InsO nur eine Gläubigerversammlung abgehalten werden, das Gesetz spricht hier missverständlich vom Prüfungstermin. Tatsächlich entfällt auch im Verbraucherinsolvenzverfahren der so genannten Berichtstermin (§ 29 Abs. 1 Nr. 1, §§ 156 ff. InsO) als die erste Gläubigerversammlung nicht vollständig. Auch im Verbraucherinsolvenzverfahren haben die Gläubiger beispielsweise die Möglichkeit, statt dessen ernannten Treuhänders einen anderen Treuhänder zu wählen (§ 57 InsO), gegebenenfalls ist auch über besondere Rechtshandlungen nach § 160 InsO zu entscheiden. Es ist deshalb richtiger, bei der Anordnung des § 312 Abs. 1 Satz 2 InsO von einem verbundenen oder kombinierten Termin ähnlich § 29 Abs. 2 InsO zu sprechen. 2010

Ob im Verbraucherinsolvenzverfahren ein Schlusstermin nach § 197 InsO abzuhalten ist, ist nicht geklärt.[3] § 312 Abs. 1 Satz 2 InsO ver- 2011

---

[1] Zu den Änderungen des Verfahrens durch das InsOÄndG vom 26. 10. 2001 (BGBl. I S. 2710) Begründung des Gesetzentwurfs der Bundesregierung zum InsOÄndG BT-Drucks. 14/5680, S. 16 ff.

[2] Dazu umfassend *Keller* ZIP 2003, 149.

[3] *Vallender* in: *Uhlenbruck*, InsO, § 312 Rdn. 64 sieht ihn auch im Hinblick auf § 289 InsO als entbehrlich an; dazu auch *Fuchs* in: KS, S. 1679 Rdn. 120.

bietet mit der Bezugnahme allein auf § 29 InsO dies nicht. Im Hinblick auf die Ankündigung der Restschuldbefreiung im Schlusstermin und die Möglichkeit der Gläubiger, nach § 290 InsO Antrag auf Versagung der Restschuldbefreiung zu stellen, dürfte auch im Verbraucherinsolvenzverfahren der Schlusstermin mindestens als zulässig zu betrachten sein.[1]

c) Die Durchführung im schriftlichen Verfahren

2012 Für das Verbraucherinsolvenzverfahren erlaubt § 312 Abs. 2 InsO die Durchführung des Verfahrens im schriftlichen Wege, wenn die Vermögensverhältnisse des Schuldners überschaubar und die Zahl der Gläubiger oder die Höhe der Verbindlichkeiten gering sind. In welchen Fällen diese Voraussetzungen erfüllt sind, ist letztlich eine Frage der Praxis, auch eine solche der Erfahrung des Rechtspflegers am Insolvenzgericht. Ob das schriftliche Verfahren bei weniger als fünf Gläubigern denkbar ist,[2] oder auch noch bei zehn Gläubigern,[3] lässt sich abstrakt nicht beurteilen. Auch die Höhe der Verbindlichkeiten kann nur allgemeine Richtschnur sein.[4] Hat der Schuldner definitiv kein verwertbares Vermögen und auch kein pfändbares Arbeitseinkommen, ist die Insolvenzmasse mithin mit Null zu bewerten, kommt die Anordnung des schriftlichen Verfahrens eher in Betracht, als in dem Falle, in welchem der Schuldner Grundbesitz hat oder auch Anfechtungsansprüche gegen einzelne Gläubiger bestehen.

2013 Wie ein solches schriftliches Verfahren konkret durchzuführen ist, ist gesetzlich nicht geregelt.[5] Je nach Zahl der Gläubiger kann etwa das Insolvenzgericht allen Gläubigern unter Fristsetzung die Möglichkeit geben, sich über die entsprechenden Punkte einer Beschlussfassung zu äußern. Äußert sich ein Gläubiger hierauf nicht, kann dies freilich nicht als Zustimmung zur Beschlussfassung gewertet werden. Eine schriftliche Forderungsprüfung, die auch für den Fall des § 177 InsO möglich ist, kann durch öffentliche Bekanntmachung erfolgen, in welcher die Gläubiger aufgefordert werden, bis zu einem bestimmten Zeitpunkt Widerspruch gegen angemeldete Forderungen zu erheben. Ähnlich könnte der Schlusstermin durch öffentliche Bekanntmachung durchgeführt werden, wobei darauf hinzuweisen ist, dass Schlussbericht und Schlussrechnung des Treuhänders bei Gericht eingesehen werden können. Im Hinblick auf mögliche Einwendungen

---

[1] *Landfermann* in: HK-InsO, § 290 Rdn. 16; *Frege/Keller/Riedel*, Rdn. 2102; anders *Ahrens* in: FK-InsO, § 290 Rdn. 60.

[2] *Döbereiner*, S. 104 (maximal sieben bis acht Gläubiger).

[3] *Römermann* in: *Nerlich/Römermann*, InsO, § 312 Rdn. 17; *Vallender* in: *Uhlenbruck*, InsO, § 312 Rdn. 74 (höchstens 19 Gläubiger); in Anleihe zu § 304 InsO AG Göttingen ZInsO 2002, 292 m. Anm. *Schmerbach*.

[4] *Römermann* in: *Nerlich/Römermann*, InsO, § 312 Rdn. 18 (10.000 DEM); *Haarmeyer* in: *Smid*, InsO, § 312 Rdn. 10 (50.000 DEM).

[5] *Frege/Keller/Riedel*, Rdn. 2306.

nach § 197 Abs. 1 Nr. 1 InsO oder Anträge nach § 290 InsO ist auch hier den Gläubigern ein bestimmter Zeitpunkt für eventuelle Rückmeldungen zu setzen.

3. Die erweiterte Geltung der Rückschlagsperre nach § 312 Abs. 1 Satz 3 InsO

Durch das Insolvenzrechtsänderungsgesetz vom 26. Oktober 2001[1] 2014
wurden mit Wirkung zum 1. Dezember 2001 die Geltung der Rückschlagsperre des § 88 InsO im Verbraucherinsolvenzverfahren auf einen Zeitraum von drei Monaten vor dem Insolvenzantrag des Schuldners ausgedehnt (§ 312 Abs. 1 Satz 3 InsO).[2] Die Erweiterung der Rückschlagsperre gilt nur für den Fall, dass das Verfahren auf Antrag des Schuldners eröffnet worden ist. Dieser Fall ist auch dann gegeben, wenn der Schuldner erst auf entsprechenden Hinweis des Insolvenzgericht nach § 306 Abs. 3 InsO seinen Insolvenzantrag gestellt hat. Mit der Dreimonatsfrist des § 312 Abs. 1 Satz 3 InsO wird der gesamte Zeitraum der Anfechtung wegen inkongruenter Deckung nach § 131 Abs. 1 InsO abgedeckt. Dies schließt eine Anfechtung nach dieser Vorschrift freilich nicht aus, insbesondere wenn ein Gläubiger durch andere Weise als durch Zwangsvollstreckungen inkongruente Deckung erlangt hat.

4. Die Bestellung des Treuhänders nach § 313 InsO

a) Die Auswahl des Treuhänders und seine Rechtsstellung

Statt des Insolvenzverwalters ist im Verbraucherinsolvenzverfahren 2015
ein so genannter Treuhänder zu bestellen (§ 313 Abs. 1 Satz 1 InsO). Die Funktion und die Aufgaben entsprechend jedoch weitgehend denen des Insolvenzverwalters im Regelinsolvenzverfahren.[3] Der Treuhänder des Verbraucherinsolvenzverfahrens muss nicht mit demjenigen des Restschuldbefreiungsverfahrens personenidentisch sein, auch wenn § 313 Abs. 1 Satz 2 InsO hiervon ausgeht und dies in der Praxis zumeist der Fall ist. Stellung und Aufgaben des Treuhänders im Verbraucherinsolvenzverfahren und desjenigen im Restschuldbefreiungsverfahren sind grundlegend unterschiedlich.[4]

Für die Auswahl des Treuhänders und seine Bestellung gelten die all- 2016
gemeinen Vorschriften, § 313 Abs. 1 Satz 3 InsO verweist auf § 56

[1] InsOÄndG vom 26. Oktober 2001 (BGBl. I S. 2710); Begründung des Gesetzentwurfs der Bundesregierung zum InsOÄndG BT-Drucks. 14/5680, S. 33 links oben.

[2] Begründung des Gesetzentwurfs der Bundesregierung zum InsOÄndG BT-Drucks. 14/5680, S. 31 linke Spalte.

[3] Allgemein *Hergenröder,* ZVI 2005, 521.

[4] Zur praktischen Personenidentität *Vallender* in: *Uhlenbruck,* InsO, § 313 Rdn. 3.

InsO.[1] Für die Bestellung bei Insolvenzeröffnung gilt § 27 Abs. 2 Nr. 2 InsO entsprechend. Die Gläubiger können auch im Verbraucherinsolvenzverfahren gemäß § 57 InsO einen anderen Treuhänder wählen.[2] Der Treuhänder ist dem Schuldner und den Gläubigern gegenüber schadensersatzpflichtig nach §§ 60 und 61 InsO, er ist rechnungslegungspflichtig nach § 66 InsO (§ 313 Abs. 1 Satz 3 InsO). Wie auch der Insolvenzverwalter steht der Treuhänder unter der Aufsicht des Insolvenzgerichts nach §§ 58 und 59 InsO.[3]

b) Die Aufgaben und Befugnisse des Treuhänders

aa) Die Verwertung der Insolvenzmasse

2017 Der Treuhänder hat wie der Insolvenzverwalter im Regelinsolvenzverfahren die Verfügungsbefugnis des Schuldners inne, die diesem nach § 80 Abs. 1 InsO mit Insolvenzeröffnung entzogen wird. Der Treuhänder hat die Insolvenzmasse in Besitz zu nehmen und zu verwerten (§ 148 InsO). Er hat auch nach § 151 InsO ein Verzeichnis der Massegegenstände anzufertigen,[4] hierfür kann auf das Vermögensverzeichnis des Schuldners nach § 305 Abs. 1 Nr. 3 InsO verwiesen werden, auf welches sich der Treuhänder aber freilich nicht ungeprüft verlassen kann.

2018 Die Abwicklung gegenseitiger Verträge erfolgt auch im Verbraucherinsolvenzverfahren nach den §§ 103 ff. InsO, zur Entscheidung über die Erfüllung ist der Treuhänder befugt. Ihm steht insbesondere die Entscheidung über die Fortführung von Mietverträgen des Schuldners nach § 109 Abs. 1 Satz 2 InsO zu.

2019 Das Recht zur Prozessführung als Partei kraft Amtes und damit auch das Recht zur Entscheidung über die Fortführung unterbrochener Prozesse nach § 240 ZPO und §§ 85 ff. InsO steht dem Treuhänder zu.

bb) Die Befugnis zur Anfechtung nach §§ 129 ff. InsO

2020 Der Gesetzgeber hielt es für nicht sachgerecht, dem Treuhänder auch das Recht zur Anfechtung nach den §§ 129 ff. InsO einzuräumen; er hielt die hiermit verbundenen Rechtsfragen und Prozessrisiken für zu schwierig.[5] Daher wurde in der ursprünglichen Regelung des § 313 Abs. 2 InsO das Anfechtungsrecht dem Treuhänder entzogen und allein den Gläubigern zugewiesen. Diese Regelung wurde zu Recht sehr heftig kritisiert, da sie das wichtige Instrument der Insolvenzanfechtung für das Verbraucherinsolvenzverfahren erheblich entwertet hat, immerhin

---

[1] LG Halle DZWIR 2004, 526; AG Göttingen NZI 2005, 117.

[2] *Ott* in: MüKo-InsO, § 313 Rdn. 7; *Vallender* in: *Uhlenbruck,* InsO, § 313 Rdn. 12.

[3] Zur Entlassung wegen eines initiierten Restschuldbefreiungsversagungsantrags AG Hamburg ZInsO 2004, 1324.

[4] *Vallender* in: *Uhlenbruck,* InsO, § 313 Rdn. 25.

[5] Beschlussempfehlung des Rechtsausschusses, BT-Drucks. 12/7302, S. 193, rechts unten.

machen Anfechtungen wegen kongruenter oder inkongruenter Deckung einzelner Insolvenzgläubiger einen wesentlichen Teil der Anfechtungsproblematik überhaupt aus.[1] Die Ausführungen der ursprünglichen Gesetzesbegründung, die Gläubiger seien motiviert und in der Lage, die Anfechtung selbst durchzuführen, gehen an der Rechtspraxis völlig vorbei.[2] Unzutreffend ist auch die Annahme, die Anfechtung beziehe sich am häufigsten auf Rechtsgeschäfte mit nahe stehenden Personen im Sinne des § 138 InsO.[3] Tatsächlich liegen in der Regel- wie in der Verbraucherinsolvenz die meisten Anfechtungstatbestände im Bereich kongruenter und inkongruenter Gläubigerbefriedigung.

Der Gesetzgeber hat deshalb durch § 313 Abs. 2 Satz 3 InsO[4] 2021
wenigstens die Möglichkeit geschaffen, den Treuhänder durch die Gläubigerversammlung zur Verfolgung von Anfechtungsansprüchen zu ermächtigen. Die Problematik ist damit nicht vollständig entschärft, wenn eine entsprechende Beschlussfassung nicht erfolgen kann, beispielsweise weil in der Gläubigerversammlung nur ein Gläubiger anwesend ist und dieser selbst von einer möglichen Anfechtung betroffen wäre. Zwar kann ihm in eigener Sache ein Stimmrecht nach § 76 InsO abgesprochen werden, mangels der Anwesenheit anderer Gläubiger ist dann aber immer noch keine Beschlussfassung erfolgt. Das Insolvenzgericht kann nicht an die Stelle der Gläubigerversammlung treten und den Treuhänder zur Anfechtung beauftragen.[5] Es wäre deshalb die beste Lösung, § 313 Abs. 2 InsO ganz zu streichen.[6] Dies wird auch durch den Vergleich mit § 312 Abs. 1 Satz 3 mit § 88 InsO deutlich. Die Geltendmachung der Rückschlagsperre und gegebenenfalls die Rückforderung des Geleisteten über § 812 BGB obliegt eindeutig dem Treuhänder, obwohl § 88 InsO systematisch zur Insolvenzanfechtung gehört und § 312 Abs. 1 Satz 3 InsO sich mit dem Zeitraum der Insolvenzanfechtung nach §§ 130 oder 131 InsO deckt. Was des Treuhänders Pflicht nach § 312 Abs. 1 Satz 3 InsO ist, ist ihm nach § 313 Abs. 2 InsO im allgemeinen Anfechtungsrecht gerade untersagt.

cc) Die Verwertung von mit Absonderungsrechten behafteten Gegenständen

Der Treuhänder hat die Insolvenzmasse nach § 148 InsO in Besitz zu 2022
nehmen und nach §§ 159ff. InsO zu verwerten. § 313 Abs. 3 Satz 1

[1] *Häsemeyer,* Rdn. 29.53; *Henckel* in: KS, S. 813 Rdn. 97; *Marotzke,* KTS 2001, 67; eher neutral *Ott* in: MüKo-InsO, § 313 Rdn. 10; *Landfermann* in: HK-InsO, § 313 Rdn. 7ff.

[2] Beschlussempfehlung des Rechtsausschusses, BT-Drucks. 12/7302, S. 193, rechts unten.

[3] *Römermann* in: *Nerlich/Römermann,* InsO, § 313 Rdn. 10.

[4] Eingefügt durch InsOÄndG vom 26. 10. 2001 (BGBl. I S. 2710).

[5] *Vallender* in: *Uhlenbruck,* InsO, § 313 Rdn. 69; *Wenzel* in: *Kübler/Prütting,* InsO, § 313 Rdn. 2a; allgemein zur fehlenden Ersetzungsbefugnis des Gerichts *Pape,* Rpfleger 1993, 430; *Pape,* ZInsO 1999, 305; anders *Gundlach/Frenzel/Schmidt,* ZVI 2002, 5.

[6] *Fuchs,* NZI 2001, 15; *Marotzke,* KTS 2001, 67.

InsO verbietet ihm jedoch die Verwertung von Gegenständen und Forderungen, an welchen Absonderungsrechte nach §§ 49ff. InsO lasten, mithin sind die §§ 166ff. InsO für den Treuhänder nicht anwendbar. Das Recht zur Verwertung dieser Gegenstände und Forderungen soll allein beim gesicherten Gläubiger liegen.[1]

2023 Durch § 313 Abs. 3 InsO ist dem Treuhänder auch die zwangsweise Verwertung von Grundbesitz des Schuldners etwa durch §§ 172ff. ZVG untersagt, wenn dieser mit Grundpfandrechten belastet ist.[2] Die Verwertung kann aber wie im Regelinsolvenzverfahren durch freihändige Verwertung unter Beteiligung der gesicherten Gläubiger erfolgen.[3] Völlig abwegig ist es jedoch, aus der Regelung des § 313 Abs. 3 InsO ein Recht des Grundpfandrechtsgläubigers abzuleiten, den Grundbesitz selbst freihändig ohne Beteiligung des Schuldners oder des Treuhänders zu verwerten.[4] Der Grundpfandrechtsgläubiger kann stets nur im Wege der Zwangsvollstreckung (§§ 1113, 1147 BGB) auf das Grundstück Zugriff nehmen.

2024 In Anwendung des § 173 Abs. 2 InsO über § 313 Abs. 3 Satz 3 InsO[5] kann der Treuhänder das Verwertungsrecht an sich ziehen, indem er bei Gericht beantragt, den Gläubiger für die Verwertung des betreffenden Gegenstandes eine Frist zu setzen, nach Ablauf dieser Frist geht gemäß § 173 Abs. 2 Satz 2 InsO das Verwertungsrecht auf den Treuhänder über, anwendbar sind dann auch die Regelungen zur Kostenbeteiligung des Gläubigers nach §§ 170 und 171 InsO.[6] Ob § 173 Abs. 2 InsO hier auch auf unbewegliche Gegenstände Anwendung finden kann, ist umstritten;[7] die Gesetzesbegründung zur Neuregelung des § 313 Abs. 3 Satz 3 InsO geht hiervon aus.[8] Problematisch an einer solchen Analogie

---

[1] Beschlussempfehlung des Rechtsausschusses, BT-Drucks. 12/7302, S. 193, 194.

[2] *Vallender* in: *Uhlenbruck,* InsO, § 313 Rdn. 106; *Landfermann* in: Heidelberger Kommentar, InsO § 313 Rdn. 11; *Stöber,* ZVG, § 172 Rdn. 3.1 b.

[3] *Landfermann* in: Heidelberger Kommentar, InsO § 313 Rdn. 13; allgemein hierzu *Keller,* ZfIR 2002, 861.

[4] So aber im Rahmen einer Grundbuchbeschwerde LG Hamburg MittRhNotK 2000, 31 m. Anm. *Vallender* = NZI 1999, 504 = Rpfleger 2000, 37 m. Anm. *Alff* (die Grundschuldgläubigerin veräußerte im eigenen Namen das Grundstück, das Grundbuchamt forderte völlig zu Recht die Zustimmung des Schuldners als Eigentümer, das LG Hamburg hob die entsprechende Zwischenverfügung auf Beschwerde auf); hierzu eingehend *Ott* in: MüKo-InsO, § 313 Rdn. 17; *Vallender* in: *Uhlenbruck,* InsO, § 313 Rdn. 105; *Stöber,* ZVG, § 172 Rdn. 3.1 b; *Pape,* ZInsO 2000, 268.

[5] Eingefügt durch InsOÄndG vom 26. 10. 2001 (BGBl. I S. 2710).

[6] *Vallender* in: *Uhlenbruck,* InsO, § 313 Rdn. 116; *Landfermann* in: Heidelberger Kommentar, InsO § 173 Rdn. 6; anders *Uhlenbruck in: Uhlenbruck,* InsO, § 173 Rdn. 14; *Kemper* in: *Kübler/Prütting,* InsO, § 173 Rdn. 16; eingehend *Lwowski* in: MüKo-InsO, § 173 Rdn. 28 ff.

[7] Bejahend *Kohte* in: FK-InsO, § 313 Rdn. 66; *Landfermann* in: Heidelberger Kommentar, InsO § 313 Rdn. 12; *Frege/Keller/Riedel,* Rdn. 2310; *Vallender,* NZI 2001, 561; *Schmerbach,* ZVI 2002, 38; verneinend *Wenzel* in: *Kübler/Prütting,* InsO, § 313 Rdn. 3 a; zumindest kritisch *Vallender* in: *Uhlenbruck,* InsO, § 313 Rdn. 111.

[8] Begründung des Gesetzentwurfs der Bundesregierung zum InsOÄndG BT-Drucks. 14/5680, S. 33.

ist jedoch, dass § 173 InsO für sich genommen nur auf bewegliche Gegenstände Anwendung findet. Andererseits würde die gleichsam doppelte Analogie von § 313 Abs. 3 Satz 3 und § 173 Abs. 2 InsO auf unbewegliche Gegenstände zu dem von der Vorschrift ausdrücklich gewünschten Ergebnis führen, dass der Treuhänder im Hinblick auf Gegenstände, die mit Absonderungsrechte behaftet sind, die gleichen Befugnisse erhält, wie der Insolvenzverwalter im Regelinsolvenzverfahren. Unbewegliche Gegenstände kann dieser über § 165 InsO und § 172 ZVG ohne weiteres zwangsweise verwerten.

5. Die vereinfachte Verteilung nach § 314 InsO

a) Der Regelungsgehalt der Vorschrift

Eine höchst merkwürdige Vorschrift stellt § 314 InsO dar. Danach 2025
kann von einer Verwertung der Insolvenzmasse abgesehen werden, wenn der Schuldner an den Treuhänder einen Geldbetrag zahlt, der dem Wert der Insolvenzmasse entspricht, die an die Insolvenzgläubiger zu verteilen wäre. Die Vorschrift ist für Verfahren gedacht, bei welchem nahezu keine verwertbare Insolvenzmasse vorhanden ist, der Verfahrensaufwand soll dadurch auf ein Minimum reduziert werden.[1] Systematisch handelt es sich bei § 314 InsO eher um eine vereinfachte Verwertung als eine vereinfachte Verteilung, die Vorschrift beinhaltet auch eine qualifizierte Freigabe der Insolvenzmasse an den Schuldner. Sie dient nicht dazu, den Schuldner zu maßregeln, indem ihm etwa die Zahlung eines Geldbetrages auferlegt wird, den er keinesfalls aufbringen kann. Sie dient auch nicht dazu, den Treuhänder von seiner Pflicht zur Verwertung der Insolvenzmasse zu entbinden.[2]

b) Der Antrag des Treuhänders auf vereinfachte Verteilung

Das Gericht ordnet die vereinfachte Verteilung nach § 314 InsO 2026
nicht von Amts wegen an sondern nur auf Antrag des Treuhänders. Der Treuhänder soll in seinem Antrag näher begründen, weshalb er das Verfahren nach § 314 InsO wählt, insbesondere soll er den Wert der Insolvenzmasse genau darlegen und den vom Schuldner zu zahlenden Ablösebetrag substantiiert begründen.[3]

Das Insolvenzgericht hat vor Erlass der Anordnung an den Schuldner 2027
die Insolvenzgläubiger zu hören (§ 314 Abs. 2 InsO). Es können seitens der Gläubiger Gründe vorgetragen werden, die einer entsprechenden Anordnung entgegenstehen (§ 314 Abs. 1 Satz 3 InsO). Dies kann der

---

[1] Beschlussempfehlung des Rechtsausschusses, BT-Drucks. 12/7302, S. 194.

[2] *Wenzel* in: *Kübler/Prütting,* InsO, § 314 Rdn. 3; *Frege/Keller/Riedel,* Rdn. 2313; eingehend *Vallender,* NZI 1999, 385.

[3] *Vallender* in: *Uhlenbruck,* InsO, § 314 Rdn. 8.

Fall sein, wenn eine Veräußerung bestimmter Gegenstände einen besonders hohen Erlös verspricht unter Treuhänder diese unrichtig bewertet. Die Anhörung des Schuldners ist nicht ausdrücklich vorgeschrieben, jedoch empfehlenswert.[1]

2028 Der Schuldner hatte keinen Anspruch auf Durchführung des Verfahrens nach § 314 InsO. Gleichwohl kann er in Abstimmung mit dem Treuhänder Initiator des Verfahrens sein, wenn er beispielsweise an der Freigabe bestimmter Gegenstände aus der Insolvenzmasse besonders interessiert ist.[2] Es spricht nichts dagegen, wenn in einem solchen Fall der Schuldner den Treuhänder um Freigabe gegen Zahlung des Wertes der Insolvenzmasse bittet und so eine vereinfachte Verwertung nach § 314 InsO anregt. In der Praxis ist dies häufig beim Kraftfahrzeug des Schuldners der Fall, das als unpfändbar nach § 811 Abs. 1 Nr. 5 ZPO zur Insolvenzmasse gehört.[3]

c) Die Aufforderung des Gerichts an den Schuldner

2029 Das Gericht entscheidet unter Berücksichtigung der Interessen der Gläubiger und der des Schuldners über den Antrag des Treuhänders, ihm ist ein Ermessenspielraum zuzubilligen.[4] Das Gericht ermittelt nicht von Amts wegen, sondern entscheidet auf Grundlage der Angaben des Treuhänders und der Stellungnahmen der Gläubiger oder des Schuldners. Unzulässig ist eine Anordnung nach § 314 InsO insbesondere dann, wenn der vom Schuldner zu zahlende Geldbetrag seine Leistungsfähigkeit bei weitem übersteigt.[5] In diesem Zusammenhang klingt die Bemerkung in der Gesetzesbegründung irritierend, wonach der Schuldner den zu zahlenden Geldbetrag sich auch von einem Dritten, beispielsweise einem Familienangehörigen, geben lassen könne.[6]

2030 In der Entscheidung nach § 314 Abs. 1 InsO ordnet das Gericht zum einen an, dass von einer Verwertung der Insolvenzmasse ganz oder teilweise abzusehen sei. Gleichzeitig bestimmt es dem Schuldner eine Frist, innerhalb derer er den Geldbetrag, der dem Wert der Insolvenzmasse entspricht, an den Treuhänder zu zahlen hat.

2031 Die Entscheidung ergeht durch Beschluss. Da sie zeitlich im eröffneten Insolvenzverfahren erfolgt, ist funktionell der Rechtspfleger zuständig (§ 3 Nr. 2 lit. e RPflG). § 314 InsO sieht kein Rechtsmittel vor, so dass als Rechtsbehelf nur die beschränkte Rechtspflegererinnerung gemäß § 11 Abs. 2 RPflG statthaft ist.

---

[1] *Vallender* in: *Uhlenbruck*, InsO, § 314 Rdn. 15.
[2] *Vallender* in: *Uhlenbruck*, InsO, § 314 Rdn. 6, 7; *Frege/Keller/Riedel*, Rdn. 2313.
[3] Dazu umfassend *Winter*, ZVI 2005, 569.
[4] *Vallender* in: *Uhlenbruck*, InsO, § 314 Rdn. 16 ff.
[5] *Kohte* in: FK-InsO, § 314 Rdn. 14; *Landfermann* in: Heidelberger Kommentar, InsO § 314 Rdn. 2; *Ott* in: MüKo-InsO, § 314 Rdn. 5 a. E.
[6] Beschlussempfehlung des Rechtsausschusses, BT-Drucks. 12/7302, S. 194.

d) Die Versagung der Restschuldbefreiung nach § 314 Abs. 3 Satz 2 InsO

Zahlt der Schuldner den entsprechenden Geldbetrag innerhalb der vom Gericht gesetzten Frist an den Treuhänder, kann dieser die Verteilung an die Gläubiger vornehmen und das Insolvenzverfahren nach den allgemeinen Vorschriften beenden. 2032

Zahlt der Schuldner den Geldbetrag nicht, droht ihm nach § 314 Abs. 3 InsO deswegen die Versagung der Restschuldbefreiung; hierauf sollte er vom Gericht ausdrücklich hingewiesen werden. Die Versagung der Restschuldbefreiung erfolgt auch hier nicht von Amts wegen sondern nur auf Antrag eines Insolvenzgläubigers (§ 314 Abs. 3 Satz 2 InsO). Dem Schuldner ist hierbei nochmals eine Frist von zwei Wochen zu setzen, innerhalb derer er den Geldbetrag zahlen kann. Auch vor Versagung der Restschuldbefreiung nach § 314 Abs. 3 InsO soll der Schuldner nochmals ausdrücklich gehört werden (§ 314 Abs. 3 Satz 3 InsO). Er kann Gründe vortragen, nach welchen die Nichtzahlung des geforderten Geldbetrages von ihm nicht zu verantworten ist. Die Versagung der Restschuldbefreiung nach § 314 Abs. 3 InsO soll nämlich nur dann zulässig sein, wenn der Schuldner diese besondere Mitwirkungspflicht vorsätzlich oder grob fahrlässig verletzt.[1] 2033

Für die Versagung der Restschuldbefreiung nach § 314 Abs. 3 InsO ist funktionell der Rechtspfleger zuständig, ein Richtervorbehalt besteht nach § 18 Abs. 1 Nr. 2 RPflG nicht.[2] Gegen die Versagung der Restschuldbefreiung ist in Anwendung des § 289 Abs. 2 InsO die sofortige Beschwerde statthaft. 2034

---

1 *Vallender* in: *Uhlenbruck,* InsO, § 314 Rdn. 34.

2 *Vallender* in: *Uhlenbruck,* InsO, § 314 Rdn. 35; *Frege/Keller/Riedel,* Rdn. 228; unzutreffend die Richterzuständigkeit annehmend, vom Gesetzeswortlaut nicht gedeckt, *Wenzel* in: *Kübler/Prütting,* InsO, § 286 Rdn. 99; *Kohte* in: FK-InsO, § 314 Rdn. 36.

Stichwortverzeichnis

(Die Verweise beziehen sich auf die Randnummern)